Christian Zech
Siegfried Aufhäuser

Christian Zech

Siegfried Aufhäuser

Gewerkschafter, Politiker und jüdischer Sozialist. 1884–1969

WALLSTEIN VERLAG

Gefördert durch die Deutsche Forschungsgemeinschaft (DFG) – Projektnummer 552703025, die Hans-Böckler-Stiftung, die Herbert und Elsbeth Weichmann-Stiftung und die Ursula Lachnit-Fixson Stiftung.
Diese Publikation wurde aus dem Open-Access-Publikationsfonds der Technischen Universität Berlin unterstützt.

Bibliografische Information der Deutschen Nationalbibliothek
Die Deutsche Nationalbibliothek verzeichnet diese Publikation in der Deutschen Nationalbibliografie; detaillierte bibliografische Daten sind im Internet über https://dnb.dnb.de abrufbar.

 https://orcid.org/0009-0001-1013-1755
Publikation: Wallstein Verlag GmbH, Göttingen 2025
Geiststr. 11, 37073 Göttingen
www.wallstein-verlag.de
info@wallstein-verlag.de
Zugl.: Berlin, Technische Universität, Diss., 2023 u. d. T. Siegfried Aufhäuser (1884-1969). Politisch-gewerkschaftliche Biografie eines jüdischen Sozialisten
Vom Verlag gesetzt aus der Adobe Garamond und der Meta
Umschlaggestaltung: Susanne Gerhards, Düsseldorf
Umschlagbild: © SG-Image unter Verwendung einer Fotografie: Siegfried Aufhäuser by Fred Stein, New York 1943/1944 (mit freundlicher Genehmigung von Fred Stein Archive)
Druck und Verarbeitung: bookSolutions Vertriebs GmbH, Göttingen
ISBN (Print) 978-3-8353-5837-9
ISBN (Open Access) 978-3-8353-8126-1
DOI https://doi.org/10.46500/83535837

Inhalt

II. Politisch-gewerkschaftlicher Einsatz für eine sozial(istisch)e Republik

1919–1933

III. Verortungsversuche und Transformationsprozesse im Exil

1933–1942/43

Einleitung

Nur wenige politische Persönlichkeiten der Weimarer Republik sind auch heute noch einem größeren Publikum bekannt. Das seit einigen Jahren wachsende öffentliche Interesse an der Geschichte der ersten deutschen Demokratie hat daran wenig verändert. Selbst innerhalb der historischen Disziplin geht das Wissen selten über eine rudimentäre politische Einordnung hinaus. Dies gilt auch für Siegfried Aufhäuser, der in der geschichtswissenschaftlichen Forschungsliteratur zum 20. Jahrhundert landläufig primär als Angestelltengewerkschafter rezipiert wird, der von 1921 bis 1933 den *Allgemeinen freien Angestelltenbund* (AfA-Bund) als Dachverband der freien Angestelltenbewegung leitete. In diesem Zusammenhang findet gelegentlich auch seine Flucht aus dem Deutschen Reich im Frühjahr 1933 Erwähnung sowie seine Tätigkeit als Berliner Landesvorsitzender der *Deutschen Angestellten-Gewerkschaft* (DAG) nach der Remigration im Jahr 1951. Nur selten wird auch auf seine parteipolitische Arbeit innerhalb der Sozialdemokratie Bezug genommen.

Dabei gibt es gute Gründe, sich eingehender mit Siegfried Aufhäuser zu beschäftigen: An zahlreichen Umbrüchen und einschneidenden Ereignissen der deutschen Geschichte in der ersten Hälfte des 20. Jahrhunderts war er unmittelbar beteiligt, häufig sogar an exponierter Stelle. Etwa bei der Revolution 1918/19, als sich unter seiner Regie eine Zentrale der Angestelltenräte konstituierte, oder beim Aufruf zum Generalstreik gegen den Kapp-Putsch 1920. Auch an den Debatten zu möglichen Abwehrmaßnahmen beim sogenannten »Preußenschlag« und bei der Ernennung Adolf Hitlers zum Reichskanzler beteiligte er sich leidenschaftlich. In der Reichstagssitzung am 23. März 1933, als das Parlament mit großer Mehrheit seiner eigenen Entmachtung zustimmte, war Siegfried Aufhäuser ebenfalls zugegen. Seine Perspektive auf die nationalsozialistische Machtdurchsetzung und -konsolidierung aus dem europäischen Exil heraus ist vor dem Hintergrund seiner politischen und gewerkschaftlichen Expertise von besonderem Interesse. Damit verknüpft war immer auch die Frage nach den politischen Fehlentwicklungen der Weimarer Zeit und danach, wie die NS-Herrschaft überwunden werden könnte. Als im Verlauf des Zweiten Weltkriegs und nach Kriegsende intensiv debattiert wurde, wie ein zukünftiges Deutschland gestaltet werden sollte, war Aufhäuser ebenfalls maßgeblich involviert – zunächst als Kommentator aus dem US-amerikanischen Exil, später als Remigrant in West-Berlin.

Bei dieser Betrachtung sticht sein politisches und gewerkschaftliches Engagement heraus: Als streitbarer politischer Akteur prägte er die Debatten innerhalb der Sozialdemokratie seit dem Ende des Ersten Weltkriegs bis zur Verabschiedung des »Godesberger Programms« 1959 entscheidend mit. Als Parteipolitiker, aber vor allem als Gewerkschafter, trat er seit den 1910er Jahren vehement für eine Demokratisierung der Wirtschaft ein. Paradigmatisch steht seine Person für die Entwicklung der freigewerkschaftlichen Angestelltenbewegung seit dem ausgehenden 19. Jahrhundert. Dabei war Aufhäusers Engagement sowohl von Kontinuitäten als auch von markanten Brüchen geprägt. Besonders seine Zeit im Exil stellte – ganz abgesehen von den persönlichen Verlusten, Flucht- und Verfolgungserfahrungen – einen bedeutenden Einschnitt dar: Dass seine vertrauten Organisationszusammenhänge wegbrachen und sich sein beruflich-institutionelles Netzwerk samt aller infrastruktureller Ressourcen auflöste, erlebte er als persönlichen Macht- und Bedeutungsverlust, den es zu kompensieren galt. Schon um den Lebensunterhalt für sich, seine Ehefrau Anna und die Tochter Eva zu sichern, intensivierte er sein journalistisches Engagement. Warum er nach den belastenden Erfahrungen dennoch 1951 nach West-Berlin zurückkehrte und sich hier unter anderem aktiv am Wiederaufbau der Jüdischen Gemeinde beteiligte, wird im Rahmen dieser Arbeit zu klären sein.

Charakteristisch für Aufhäusers Biografie ist das Zusammenspiel seiner gewerkschaftlichen und parteipolitischen Arbeit innerhalb und außerhalb von Gremien und institutionalisierten Mitbestimmungsorganen. Dieser Einsatz war rückgebunden an seine gesellschaftspolitischen und wirtschaftlichen Vorstellungen, die sich im Zeitverlauf veränderten. Indem sein Handeln in verschiedenen gewerkschaftlichen Einrichtungen, politischen Institutionen sowie als Repräsentant der SPD und als prominenter, in der politischen Öffentlichkeit stehender Akteur rekonstruiert wird, sollen fundamentale Annahmen und Überzeugungen herausgearbeitet werden, die seinen Vorstellungen einer sozialen und gerechten Gesellschaftsordnung zugrunde lagen.

Siegfried Aufhäuser bemühte sich, seine theoretischen Erörterungen und Vorstellungen immer auch praxisnah zu fundieren. Gleichzeitig versuchte er, die eigenen Möglichkeiten und Chancen, seine durchaus idealistischen Ziele zu verwirklichen, stets im Kontext der zeitgenössischen Rahmenbedingungen und Beschränkungen einzuschätzen und zu verorten. Sein Lebensweg zwischen Kaiserreich und Bundesrepublik war geprägt von zahlreichen markanten Einschnitten deutscher Geschichte, die er teils entscheidend mitprägte. Die jeweiligen wirtschafts- und gesellschaftspolitischen Konstellationen beeinflussten seine Aktivitäten ganz wesentlich, er handelte in ihnen und mit ihnen. Gerade in Phasen des gesellschaftlichen und politischen Umbruchs, in denen sich Handlungsspielräume verschoben und Möglichkeitsspektren mutmaßlich erweiterten, intensivierte er sein Engagement und drängte auf eine entscheidende Veränderung der Machtverhältnisse im Sinne einer sozialistischen Gesellschaftsordnung. Ansonsten überwog die realpolitische Arbeit, jedoch ohne dass Aufhäuser seine idealistischen Zielvorstellungen in der Alltagspraxis gänzlich hintangestellt hätte. Sein Handeln lässt vielmehr darauf schließen, dass er die Strategie verfolgte, diese mittelfristig durchzusetzen. Eine solche Vorgehensweise verweist auf sein politisches Selbstverständnis und sein Verständnis von Politik, von politischen Prozessen und dem politischen System im Allgemeinen. In diesem Kontext kommt auch der innerparteilichen Entscheidungsfindung eine gewichtige Bedeutung zu: Aufhäuser eilte innerhalb der Sozialdemokratie der Ruf eines scharfen Kritikers voraus, der regelmäßig eine Minderheitenposition vertrat und der Parteileitung teils vehement widersprach. Diese Rolle begriff Aufhäuser durchaus nicht als Makel seiner Person. Vielmehr lässt sich diese als Ausdruck der zeitgenössischen Debatten- und Streitkultur innerhalb der Sozialdemokratie deuten. Die Form der öffentlichen Konfliktaustragung, wie sie von Siegfried Aufhäuser bisweilen eingefordert wurde, erscheint dabei als Versuch, Mitglieder und Parteianhänger:innen aktiv in die Entscheidungsfindung mit einzubinden.[1]

Im Rahmen seiner politischen Tätigkeit erwiesen sich wirtschaftliche Fragestellungen häufig als zentral. Immer wieder standen dabei Fragen nach dem Verhältnis von Politik und Ökonomie, einer geeigneten Wirtschaftsordnung, sozialer Sicherung oder den Besitzverhältnissen im Allgemeinen zu Disposition. Wie die politische, so zielte auch Aufhäusers gewerkschaftliche Arbeit langfristig auf eine sozialistische Gesellschaftsordnung ab, die mittels einer grundlegenden politischen und wirtschaftlichen Demokratisierung vorangetrieben und umgesetzt werden sollte. Während der Formierungsphase des AfA-Bundes schienen sich ihm als Angestelltenvertreter im Rahmen der gewerkschaftlichen Interessenvertretung erweiterte Handlungsmöglichkeiten zu offenbaren. Gleichzeitig gingen mit dieser Sonderrolle auch Beschränkungen einher. Er benötigte Fingerspitzengefühl, sowohl im Umgang mit der vielfältigen, oft auch traditionell eingestellten Klientel der Angestellten als auch mit Blick auf die Tatsache, dass die freigewerkschaftlich organisierten Arbeiter:innen durch ihre etablierten Instanzen sehr viel stärker vertreten und institutionell verankert waren.

Neben allen ideologischen Zielvorstellungen diente seine Arbeit innerhalb gewerkschaftlicher Zusammenhänge auch dem elementaren Zweck der Existenzsicherung. Im Exil sah sich Aufhäuser bisweilen jedoch veranlasst, auch andere Arbeiten anzunehmen. In dieser Zeit wuchs die Relevanz seiner journalistischen Betätigung, mit der er seine parteipolitische und gewerkschaftliche Tätigkeit schon zuvor stets flankiert hatte. In Anbetracht der Verfolgungssituation und im Rahmen seines beruflichen Engagements bei der deutsch-jüdischen Zeitung *Aufbau* gewann im letzten Drittel seines Lebens ein weiteres Thema an Bedeutung: das jüdische Leben in Deutschland und dessen Zukunft nach der Shoah.

1 Die vorliegende Arbeit bemüht sich um eine gendersensible Sprache und verwendet neben genderneutralen Formen den sogenannten »Gender-Doppelpunkt«. Dessen stringente Anwendung birgt die Gefahr, historische Diskriminierungspraxen zu kaschieren. Personen, die nicht in die Kategorie »männlich« fielen, wurde der Zugang zu politischen und gesellschaftlichen Bereichen im zu behandelnden Zeitraum teils gänzlich verwehrt. Ein solcher Ausschluss musste nicht formal erfolgen. Auch Orte und Räume, die theoretisch allen Geschlechtern offenstanden, blieben durch gesellschaftliche Alltagspraktiken oft exklusiv. Um einen solchen Ausschluss kenntlich zu machen, wird in der Arbeit auch auf das generische Maskulinum zurückgegriffen. Eigennamen werden in aller Regel ebenfalls nicht angepasst (zum Beispiel: Berliner Arbeiter- und Soldatenrat – nicht zuletzt spiegelt sich in einer solchen Benennungspraxis auch die männliche Dominanz in solchen Gremien wider). Direkte Zitate werden im Original wiedergegeben.

1 Vorgehensweise und Erkenntnisinteresse: Themenkomplexe der Arbeit

Der nachfolgende Text, der auf signifikante Veränderungen und Umbrüche in der ersten Hälfte des 20. Jahrhunderts verweist, versteht sich als »vertikale Untersuchung« einer ereignisreichen historischen Zeitphase, die sich mit ausgewählten Themenfeldern und Ereignissen ausführlicher beschäftigt.[2] Es soll geklärt werden, inwiefern sich historische Brüche und Dynamiken in Siegfried Aufhäusers Biografie widerspiegeln und welche gesellschaftlichen und politischen Entwicklungen er selbst forciert und mitgeprägt hat. Auf dieser Suche nach Beweggründen, die sein Handeln prägten, offenbaren sich gleichzeitig Fragen nach seiner Selbstwahrnehmung, seinen Identitäts-, Werte- und Zukunftsvorstellungen und seiner individuellen Verarbeitung von persönlichen Erfahrungen im Kontext des gesellschaftlichen Wandels. Daher richtet sich der Blick auch auf Aufhäusers politische Zielsetzungen, Gesellschaftsentwürfe sowie auf seine demokratie-, sozial- und wirtschaftstheoretischen Ordnungsvorstellungen im Zeitverlauf.

Hierfür wird seine biografische Entwicklung anhand von drei Themenkomplexen rekonstruiert. Neben der Parteiarbeit liegt der Fokus auf der freigewerkschaftlichen Angestelltenpolitik und dem Aspekt der individuellen Verfolgungserfahrung. Dabei wird einerseits dem Anspruch Rechnung getragen, Verflechtungen und Interdependenzen mit dem sozialen, kulturellen, räumlichen und zeitlichen Umfeld näher zu analysieren. Andererseits sollen Handlungsspielräume aufgezeigt, Entscheidungen nachvollzogen, Beweggründe rekonstruiert und verschiedene historische Traditionslinien und Einflüsse innerhalb der Biografie sichtbar gemacht werden.

Parteiarbeit

Der Blick richtet sich einmal auf sein parteipolitisches Wirken. Aufhäuser war ab 1908 zunächst in der liberal-bürgerlichen *Demokratischen Vereinigung* (DV) aktiv, wandte sich während des Ersten Weltkriegs der Sozialdemokratie zu und saß ab 1921 für die *Unabhängige Sozialdemokratische Partei Deutschlands* (USPD), seit 1922 für die *Sozialdemokratische Partei Deutschlands* (SPD) im Reichstag. Hier engagierte er sich vor allem auf wirtschafts- und sozialpolitischem Gebiet, agierte unter anderem als sozialpolitischer Sprecher seiner Fraktion und trat nicht selten als innerparteilicher Kritiker der Parteiführung in Erscheinung. Dies manifestierte sich etwa in kritischen Äußerungen zur

2 Vgl. Jürgen Mittag, Biografische Forschung und Arbeiterbewegung: Einleitende Anmerkungen, in: ders. (Hg.): Biografische Ansätze zur Geschichte der Arbeiterbewegung im 20. Jahrhundert (Mitteilungsblatt des Instituts für soziale Bewegungen 45), Bochum 2011, S. 5-20, hier S. 7. Mit Originalzitaten wurde im Text wie folgt verfahren: Hervorhebungen durch Unterstreichungen oder Fettdruck werden, wenn nicht anders angegeben, kursiviert wiedergegeben, offensichtliche Rechtschreibfehler sowie Schreibweisen, die auf Schreibmaschinen ohne Umlaute und das Schriftzeichen »ß« zurückzuführen sind, wurden verbessert, die alte Form der Rechtschreibung wurde beibehalten.

SPD-Koalitionspolitik und zur Tolerierung der Regierung Brüning, die letztendlich zur Abspaltung des linken Parteiflügels und zur Gründung der *Sozialistischen Arbeiterpartei Deutschlands* (SAP) führte – einer Entwicklung, der Aufhäuser trotz seiner inhaltlichen Nähe zur SAP aufgrund der kritischen politischen Lage Mitte 1931 ablehnend gegenüberstand. Auch die internen Diskussionen über den Umgang mit den Wahlerfolgen der *Nationalsozialistischen Deutschen Arbeiterpartei* (NSDAP), über mögliche Gegenaktivitäten und über eine Zusammenarbeit mit der *Kommunistischen Partei Deutschlands* (KPD) waren hier relevant.

Als sich um 1930 ein Generationswechsel innerhalb der SPD abzeichnete, schien hiervon zunächst auch Aufhäuser zu profitieren.[3] Obschon er 1929 mit seiner Kandidatur für den Parteivorstand noch klar gescheitert war, wurde er 1932 für den im darauffolgenden Jahr geplanten Reichsparteitag nunmehr als Redner für das prestigeträchtige wirtschafts- und sozialpolitische Hauptreferat eingeplant.[4] Seine Bestrebungen, sich endgültig in der Parteispitze zu etablieren, wurden durch die nationalsozialistische Verfolgungspolitik allerdings jäh unterbunden. Welche weiteren politischen Karrierepfade Aufhäuser eingeschlagen hätte, wären sie durch die nationalsozialistische Herrschaft nicht gewaltsam unterbrochen worden, lässt sich nur erahnen. In den frühen 1930er Jahren hatte er als Wirtschaftsexperte und Angehöriger des linken Parteiflügels in parteiinterner Opposition zur uneingeschränkten Tolerierungspolitik gestanden und mit innovativen Vorschlägen zum sozialistischen Umbau der Wirtschaft auf sich aufmerksam gemacht. Im Verlauf der Krisensituation gegen Ende der Weimarer Republik hatte er zweifellos an Reputation gewonnen und war noch im April 1933 in den SPD-Vorstand gewählt worden, bevor ihn die Verfolgung durch das NS-Regime zur Flucht nötigte.

Infolge der Flucht- und Exilerfahrungen in Anbetracht der nationalsozialistischen Bedrohung lässt sich bald eine partielle Neujustierung seiner politischen Koordinaten ausmachen: Aufhäusers Kritik an der Arbeit des SPD-Exilvorstands hatte schon 1933 größere Querelen ausgelöst und war 1935 in seinen faktischen Ausschluss gemündet. Mit Ausweitung der Fluchtbewegung über den europäischen Kontinent hinaus zeichnete sich zwar eine vorübergehende Annäherung der Konfliktparteien ab, diese wurde jedoch noch vor Kriegsende im US-amerikanischen Exil aufs Neue infrage gestellt. Erst in der zweiten Hälfte der 1940er Jahre begannen sich die Differenzen wieder zu relativieren. Mit der Rekonstruktion dieser Konflikte und der Klärung der Frage, wie Aufhäuser sich in diesen vielfältigen politischen Auseinandersetzungen positionierte, lassen sich Debatten und Konfliktstellungen innerhalb des politischen Exils und der Emigration aus individueller Perspektive nachvollziehen.[5] Diese betrafen beispielsweise die Arbeits-

3 Vgl. hierzu: Meik Woyke, Die »Generation Schumacher«, in: Schönhoven, Klaus/Braun, Bernhard (Hg.): Generationen in der Arbeiterbewegung, München 2005, S. 87-105, hier S. 88.

4 Vgl. Protokoll Sozialdemokratischer Parteitag Magdeburg 1929. Vom 26. bis 31. Mai in der Stadthalle, S. 232 sowie Vorwärts, 50. Jg. Nr. 7 vom 5. 1. 1933 (Morgen-Ausgabe), »Parteitag 1933«.

5 Mit dem Begriff »Emigration« wird häufig die erzwungene Auswanderung bezeichnet, die eine spätere Rückkehr gemeinhin ausschließt, während der Begriff »Exil« den unfreiwilligen Auf-

weise des SPD-Exilvorstands und den von ihm propagierten »Alleinvertretungsanspruch« sowie die Frage nach alternativen Handlungskonzepten und -zusammenschlüssen, etwa in Form von Volks- und Einheitsfrontbestrebungen. Auch die Finanzierung von Widerstandsaktivitäten in Deutschland und die Kooperation mit Parteien und Regierungen der verschiedenen Aufnahmeländer war hier Gegenstand.

Als sich die militärische Niederlage des Deutschen Reichs im Zweiten Weltkrieg abzeichnete, stellte sich darüber hinaus die Frage, inwiefern vonseiten der Emigrierten eine Beteiligung am Wiederaufbau Deutschlands geleistet werden könnte oder sollte. Diese Diskussion erhielt in den USA vor allem durch die Gründung des *Council for a Democratic Germany* (Council) Auftrieb, bei dem auch Aufhäuser maßgeblich mitwirkte. Ebenso stellt sich die Frage, vor welchem Hintergrund Anna und Siegfried Aufhäuser beschlossen, 1951 nach Deutschland zurückzukehren und welche Hilfen ihnen dabei zuteilwurden. In diesem Zusammenhang ist zu klären, wie und mit welcher Motivation sich Aufhäuser, der bereits früh den Kontakt zu zurückkehrenden Sozialdemokrat:innen aufgenommen und sich in den USA lange vor seiner Rückkehr als »Multiplikator für Informationen aus Deutschland« betätigt hatte, beim Wiederaufbau von SPD und Gewerkschaften engagierte.[6]

Ende 1969 dankte der amtierende Bundeskanzler Willy Brandt dem verstorbenen Siegfried Aufhäuser auf der Trauerfeier als SPD-Vorsitzender unter anderem für dessen »eigenwillig-treue Verbundenheit über Jahrzehnte hinweg«.[7] Welche biografischen Entwicklungen Aufhäusers diese Charakterisierung rechtfertigen mögen, wird ebenso Gegenstand dieser Arbeit sein.

Freigewerkschaftliche Angestelltenpolitik

In Zusammenhang mit seinem politischen Engagement standen seine Aktivitäten als gewerkschaftlicher Vertreter der Angestellten. Bereits Anfang der 1920er Jahre, lange bevor Aufhäuser in der SPD an prominenter Stelle in Erscheinung trat, war er als Vorsitzender des AfA-Bundes zum populärsten Vertreter und unumstrittenen Sprachrohr der freien Angestelltenbewegung avanciert. In einem 1932 erschienenen Buch mit 26 satirischen Porträts von Politikern wurde er als »Praktiker[]«, als »Mann der Rede und nicht der Schreibe« mit »intuitive[r] politische[r] Begabung« charakterisiert, dem es ge-

enthalt im Ausland beschreibt, der durch den Wunsch nach einer späteren Rückkehr bestimmt ist (Claus-Dieter Krohn/Patrik von Zur Mühlen/Gerhard Paul/Lutz Winckler, Vorwort, in: dies. [Hg.]: Handbuch der deutschsprachigen Emigration 1933-1945, Darmstadt 1998, S. XI-XIII, S. XII). Beide Begriffe sind in diesem Sinne mit Blick auf individuelle, mit entsprechenden Perspektivwechseln geprägte Lebenswege häufig nicht trennscharf voneinander abzugrenzen.

6 Vgl. Siegfried Heimann, Politische Remigranten in Berlin, in: Krohn, Claus-Dieter/Zur Mühlen, Patrik von (Hg.): Rückkehr und Aufbau nach 1945. Deutsche Remigranten im öffentlichen Leben Nachkriegsdeutschlands, Marburg 1997, S. 189-210, hier S. 190 f.

7 Willy-Brandt-Archiv (WBA) im Archiv der sozialen Demokratie (AdsD), Bonn, A 3-1196, Redemanuskript vom 13.12.1969.

lungen sei, »eine halbe Million Kopfarbeiter verschiedener Angestelltenorganisationen unter einen (sozialistischen) Hut zu bringen«.[8] Weshalb der Zusammenschluss der freigewerkschaftlichen Angestellten in dieser Publikation sowie in der zeitgenössischen Öffentlichkeit oftmals »ausschließlich [als] sein Verdienst« angesehen wurde, gilt es zu klären.[9]

Während sein damaliges gewerkschaftliches und parteipolitisches Handeln oftmals direkt korrespondierte, sind während des Exils wechselnde Schwerpunktsetzungen erkennbar. Gerade in Zeiten SPD-interner Konfrontationsstellungen suchte Aufhäuser Rückhalt und Rückzug in seinem primären Tätigkeitsfeld der gewerkschaftlichen Angestelltenpolitik. Über Kontakte in der internationalen Gewerkschaftsbewegung erhielt er in Prag eine Anstellung bei einer Regionalorganisation des *Internationalen Bundes der Privatangestellten* (IBP), deren Zweck darin bestand, eine einheitliche Großraumwirtschaft im Donaubecken zu fördern. Enger Kontakt bestand darüber hinaus zum *Einheitsverband der Privatangestellten* (EVP) in der Tschechoslowakei, für deren Verbandspublikation er einige Zeit verantwortlich zeichnete. An diese Aktivitäten knüpfte er auch in den USA an, wo er sich publizistisch mit zahlreichen nationalen und internationalen Gewerkschaftsfragen befasste, Verbindungen zu den hiesigen Verbänden unterhielt und versuchte, vor Ort eine deutsche gewerkschaftliche Landesgruppe zu gründen. Bezugnehmend auf sein gewerkschaftliches und verbandspolitisches Engagement, in dessen Kontext er unter anderem als Ansprechpartner des *Internationalen Gewerkschaftsbundes* (IGB) fungierte, sollen im Rahmen der Arbeit Einsichten über die Rolle der Angestelltengewerkschaften und deren Vertreter:innen in Widerstand und Exil gewonnen werden.

Maßgeblich geprägt waren diese Aktivitäten durch die dezidierte Abgrenzung zum *Allgemeinen Deutschen Gewerkschaftsbund* (ADGB). In diesem Zusammenhang kommt insbesondere den Ereignissen rund um den 1. Mai 1933 eine wichtige Rolle zu, die gleichzeitig den Ausgangspunkt für Siegfried Aufhäusers Flucht aus dem Deutschen Reich markieren. Während er 1920 gemeinsam mit dem damaligen ADGB-Vorsitzenden Carl Legien erfolgreich zum Generalstreik gegen den Kapp-Putsch aufgerufen hatte, musste er nun mitansehen, wie die Gewerkschaftsführungen von ADGB und dem christlichen *Deutschen Gewerkschaftsbund* (DGB) gemeinsam mit der NSDAP zum »Feiertag der nationalen Arbeit« aufriefen. Unterdessen hatte der AfA-Bund im April 1933 seine Selbstauflösung vorangetrieben und war noch im selben Monat von der Verbandsführung liquidiert worden. Die Motivlage und die Frage, inwiefern Aufhäuser seinen Posten als Vorsitzender des AfA-Bundes, den er von 1921 bis 1933 innehatte, freiwillig räumte, werden ebenso Gegenstand dieser Arbeit sein wie das Verhältnis zwischen den Angehörigen der unterschiedlichen Gewerkschaftsverbände im Exil und

8 O. B. Server, Matadore der Politik. Sechsundzwanzig Politikerporträts mit 26 Karikaturen von Erich Goltz, Berlin 1932, S. 89, 91 ff.

9 Ebd., S. 90.

sein Engagement beim Wiederaufbau der deutschen Gewerkschaftsbewegung nach dem Zweiten Weltkrieg.

Verfolgungserfahrung, Exil und Judentum

Für das Exilland USA, in dem sich Anna und Siegfried Aufhäuser 1939 niederließen, hatten in erster Linie familiäre Gründe und Netzwerke gesprochen. Anknüpfend an frühere publizistische Aktivitäten betätigte er sich hier nun vorwiegend als Journalist. Ab Mitte 1940 verstetigte sich seine publizistische Arbeit bei der deutsch-jüdischen Wochenzeitung *Aufbau*, für die er zwischen 1940 und 1946 etwa 300 Artikel verfasste. Hier war er unter anderem als »Assistant Editor« tätig und engagierte sich ehrenamtlich im *New World Club* (NWC), der als Herausgeber fungierte. In der zweiten Hälfte der 1930er Jahre hatte sich Aufhäuser in seinen Texten zwar vereinzelt mit dem Judentum auseinandergesetzt, sein Anstellungsverhältnis bei einer Zeitung, die sich maßgeblich und dezidiert mit jüdischen Themen beschäftigte, setzte jedoch unvermittelt ein: Im Kaiserreich und in der Weimarer Republik hatte Aufhäuser religiöse und jüdisch-kulturelle Themenfelder in seinen öffentlichen Beiträgen weitestgehend ausgespart. Seinen Austritt aus der Berliner Jüdischen Gemeinde vollzog er 1929 auch formal. Im Exilzeitraum ist jedoch eine veränderte Bezugnahme auszumachen, die zunächst primär publizistischen Niederschlag fand – etwa im Rahmen einer Artikelserie, die Aufhäuser 1943 zum Thema »Die jüdische Zukunft nach dem Krieg« veröffentlichte.[10] Nach seiner Rückkehr nach (West-)Berlin 1951 kandidierte er bei den Gemeindewahlen der Jüdischen Gemeinde zu Berlin. Gegenüber Kurt R. Grossmann, mit dem er während der Exilzeit unter anderem im *Aufbau* zusammengearbeitet hatte, erklärte er 1958 dazu, dass ihre »demokratisch-sozialistische und politische Wirksamkeit [...] in einer stärkeren Bekenntnisbereitschaft zum Judentum« gemündet sei, als sie beide es »im Vorkriegsdeutschland aufzubringen geneigt waren«.[11]

Die Arbeit beschäftigt sich insofern mit seiner persönlich vorgenommenen Selbst- und subjektiv wahrgenommenen Fremdzuordnung zur jüdischen Gemeinschaft und fragt danach, welche Veränderungen und Konsequenzen sich aus den erlebten Ausgrenzungs- und Verfolgungserfahrungen sowie aus dem Wissen um die systematische Ermordung großer Teile der jüdischen Bevölkerung Europas für Siegfried Aufhäuser persönlich ergaben. In diesem Kontext wird auch auf den Lebensweg seiner Tochter

10 Dass hier nicht von einer konsistenten, konfliktfreien Entwicklung auszugehen ist, wird verschiedentlich deutlich. So sorgte seine Betätigung innerhalb des Council für Unmut in der *Aufbau*-Redaktion, die sich mehrheitlich als Zeitung für Immigrierte und nicht für Exilierte begriff, die aktiv am Wiederaufbau Deutschlands partizipieren wollten. Infolge dieser Unvereinbarkeit mit den Grundsätzen der Zeitung schied Aufhäuser letztlich aus der Redaktion aus, engagierte sich jedoch noch einige Zeit innerhalb des Vereins. Vgl. IV. Kapitel 1.2.

11 Leo Baeck Institute Archives, New York (LBI), AR 25032, Kurt Grossmann Collection, Box 2, Folder 38, Aufhäuser an Grossmann, 10.05.[1958].

Eva einzugehen sein, die ihre Eltern in Prag 1934 als 17-Jährige in Richtung Palästina verließ, um sich dem Kibbuz Hasorea anzuschließen. Ebenso kann an seinem Beispiel veranschaulicht werden, inwieweit sich Remigrant:innen an der Rekonstruktion der politischen Kultur in Deutschland beteiligten. Dabei wird auch zu klären sein, wie sich das Verhältnis zu den in Deutschland Verbliebenen und zu anderen Rückkehrern gestaltete, welche der im Exil entstandenen Netzwerke aufrechterhalten wurden und mit welchen Ressentiments sich die Zurückkehrenden konfrontiert sahen. Darüber hinaus wird die Frage nach den Verbindungen zwischen Arbeiter:innenbewegung und Judentum anhand eines biografischen Beispiels verhandelt.

2 Biografische Ansätze in der historischen Forschung

Das Genre der Biografie hat innerhalb der historischen Disziplin in Deutschland in den letzten Jahrzehnten unverkennbar an Bedeutung gewonnen. Lebensgeschichtliche Ansätze, deren wissenschaftlicher Erkenntnisgewinn auch infolge der strukturalistischen Neuorientierung der Geschichtswissenschaften spätestens seit den 1970er Jahren zunehmend in Zweifel gezogen wurden, erfreuen sich – auch in Form akademischer Qualifizierungsarbeiten – mittlerweile breiter Akzeptanz. Die obligatorische Rechtfertigung einer Herangehensweise, die Anfang des Jahrtausends noch provokativ als »akademischer Selbstmord« bezeichnet wurde, ist kaum mehr angebracht.[12] Auch das »Unbehagen«, das die wissenschaftliche Biografie unter einen »besonderen Begründungszwang« setzte, ist längst verschwunden.[13]

Gleichwohl verweisen die langjährigen Debatten um akteurszentrierte Forschungsansätze auf Fallstricke, die es bei der Verschriftlichung einer Biografie nach wissenschaftlichen Qualitätskriterien zu berücksichtigen gilt.[14] Während die unreflektierte Heroisierung des zu biografierenden Individuums per se ausgeschlossen ist, muss auch die idealisierte Vorstellung einer biografischen Konsistenz stets kritisch reflektiert werden. Diese manifestiert sich nicht selten als teleologische Entwicklung des Subjekts, beschreibbar in Form einer »chronologisch darstellbaren Abfolge kausal sich bedingender Er-

12 Deirdre Bair, »Die Biografie ist akademischer Selbstmord«, in: Literaturen. Das Journal für Bücher und Themen, 7/8 (2001), S. 38 f.

13 Vgl. Margit Szöllösi-Janze, Fritz Haber. 1868-1934. Eine Biographie, München 1998, S. 10.

14 Vgl. zur Entwicklung und der Diskussion um die Biografie etwa: Hans Erich Bödeker, Biographie. Annäherung an den gegenwärtigen Forschungs- und Diskussionsstand, in: ders. (Hg.): Biographie schreiben, Göttingen 2003, S. 9-63 sowie Bernhard Fetz, Die vielen Leben der Biographie. Interdisziplinäre Aspekte einer Theorie der Biographie, in: ders. (Hg.): Die Biographie – Zur Grundlegung ihrer Theorie, Berlin u. a. 2009, S. 3-66, Christian Klein, Einleitung: Biographik zwischen Theorie und Praxis. Versuch einer Bestandsaufnahme, in: ders. (Hg.): Grundlagen der Biographik. Theorie und Praxis des biographischen Schreibens, Stuttgart u. a. 2002, S. 1-22 sowie zahlreiche Beiträge im umfangreichen Sammelband von Christian Klein (Hg.): Handbuch Biographie. Methoden, Traditionen, Theorien, Stuttgart u. a. 2009.

eignisse«.[15] Allzu voreilig kann dadurch eine mit nachträglicher Sinngebung versehene, künstlich-narrative (Re-)Konstruktion des Lebensverlaufs entstehen, die zwar Kohärenz und Plausibilität suggeriert, aber jegliche Rückbindung an historische Gegebenheiten vermissen lässt.[16] Brüche, Diskontinuitäten und inkonsistente Verhaltensweisen innerhalb der verschiedenen Lebensphasen und -bereiche werden dabei allzu selbstverständlich einer konsistenten Erzählung untergeordnet.

Gerade die mehrjährige Beschäftigung mit einer Person kann – trotz proklamierter Wahrung der wissenschaftlichen Distanziertheit – allzu leicht zum Einfallstor werden, Ego-Dokumente, tradierte Inszenierungen, historische und zeitgenössische Zuschreibungen und Überlieferungen, die oftmals eine schlüssige Interpretation individueller Lebens- und Handlungsweisen versprechen, unkritisch zu übernehmen.[17] Jede Neutralität wird bereits durch den Umstand negiert, dass eine biografische Darstellung immer unvollständig bleiben muss und stets auf einer Auswahl als tradierwürdig erachteter Erzählstränge basiert. Abgesehen von der Wahl des Forschungsobjekts und der Schwerpunktsetzung ergibt sich eine Perspektivität ferner durch eigene lebensweltliche Erfahrungszusammenhänge und Interpretationsmuster der untersuchenden Person, die eine individuelle Fokussierung und Schlussfolgerung bedingen, jedoch »nicht den Verzicht auf wissenschaftliche Verbindlichkeit des Arguments« unterminieren.[18]

In Bezug auf die Darstellung individueller Handlungsspielräume ist ebenso entscheidend, wie strukturale und personale Einflussfaktoren bei der Betrachtung eines einzelnen Lebenswegs gewichtet werden.[19] Da hier das Verhältnis von Individuum und Struktur fokussiert wird, hat dieser Aspekt in der Biografieforschung grundsätzliche Bedeutung, zumal sich dadurch der Stellenwert des Subjekts im historischen Prozess bestimmt.[20] Da es sich hierbei nicht um eine dichotome Relation handelt, sondern die Persönlichkeit als »Teil der historischen Lebenswelt« agiert, während sich die gesellschaft-

15 Klein, Einleitung 2002, S. 12.

16 Vgl. dazu: Bödeker, Biographie 2003, S. 39-50.

17 Beispielhaft sei an dieser Stelle auf die Debatte über die Reichweite und Grenzen der Interpretation von Memoiren verwiesen, die von Miriam Gebhardt und Marion A. Kaplan unter Bezugnahme auf die Autobiografien aus dem Bestand des New Yorker Leo Baeck Institut angestoßen wurde (vgl. hierzu die Diskussionsbeiträge bei Heinsohn, Kirsten/Schüler-Springorum, Stefanie [Hg.]: Deutsch-jüdische Geschichte als Geschlechtergeschichte. Studien zum 19. und 20. Jahrhundert, Göttingen 2006). Vgl. zur Performanz von Quellen ferner: Thomas Etzemüller, Biographien. Lesen – erforschen – erzählen, Frankfurt a.M. u.a. 2012, S. 80-101. Wie unbefangen Selbstdarstellungen, populäre Beschreibungen und in Fachkreisen kursierende Behauptungen Eingang in die Forschungsliteratur finden und unkritisch tradiert werden, wird auch mit Blick auf die Rezeption von Siegfried Aufhäusers Lebensweg ersichtlich. Diesem werden mitunter Unternehmungen oder Verdienste zugeschrieben, an deren Realisierung er höchstens randständig beteiligt war. Gleiches gilt vice versa.

18 Bödeker, Biographie 2003, S. 52. Dieser verweist zudem auf Reinhard Koselleck und das »Einspruchsrecht« der Quellen.

19 Szöllösi-Janze, Fritz Haber 1998, S. 13.

20 Vgl. hierzu: Berghahn, Volker R./Lässig, Simone (Hg.): Biography between Structure and Agency. Central European Lives in International Historiography, New York u.a. 2008.

lichen Strukturen wiederum als Produkt des sozialen Handelns konstituieren, erscheint es notwendig, gerade diese »Verflechtungen und Interdependenzen eines individuellen Lebens mit seinem historischen Umfeld« eingehend zu untersuchen.[21]

Milieu und Generation

Methodische Überlegungen, die sich mit Erklärungsansätzen für (über-)individuelle Handlungsweisen beschäftigen, die den Ebenen »Individuum« und »Struktur« zwischengelagert sind oder eine vermittelnde Funktion einnehmen, haben die Biografieforschung inzwischen auf vielfältige Weise bereichert.[22] In der jüngeren Vergangenheit haben speziell Arbeiten, die sich mit Personen aus dem Umfeld der Arbeiter:innenbewegung beschäftigten und den Fokus auf »die Analyse der Prägung [...] durch Institutionen, Strukturen und Praktiken des Sozialisationsprozesses« gelegt haben, vermehrt auf die Milieutheorie und die Generationenforschung Bezug genommen.[23] Beide Ansätze bieten die Möglichkeit, »beim biographischen Unterfangen einen überindividuellen Faktor einzubauen, der politische Vergemeinschaftungen in den Blick nimmt« oder »einen vergemeinschaftenden Erfahrungshintergrund als Fundament für generationelle Kohäsion« proklamiert.[24]

Der Milieu-Ansatz soll es ermöglichen, »aus einer homogenen lebensweltlichen Prägung korrespondierendes politisches Verhalten abzuleiten«.[25] Der Begriff Milieu hat zunächst vor allem durch Mario Rainer Lepsius Eingang in die deutschsprachige politische Kultur- und Wahlforschung gefunden, der ihn »als Bezeichnung für soziale Einheiten [definierte], die durch eine Koinzidenz mehrerer Strukturdimensionen wie Religion, regionale Tradition, wirtschaftliche Lage, kulturelle Orientierung, schichtspezifische Zusammensetzung der intermediären Gruppen, gebildet werden«.[26] Als idealtypische Beispiele wurden katholisch geprägte Räume mit der lokal dominierenden

21 Frank Bajohr, Hanseat und Grenzgänger. Erik Blumenfeld – eine politische Biographie, Göttingen 2010, S. 14. Vgl. auch: Bödeker, Biographie 2003, S. 20 f.

22 Trotz aller Kritik an der »biographischen Illusion« sei an dieser Stelle etwa auf Pierre Bourdieus Habituskonzept verwiesen (siehe etwa Anne Schlüter, Biographisch arbeiten mit Bourdieu?, in: Brake, Anna/Bremer, Helmut/Lange-Vester, Andrea [Hg.]: Empirisch arbeiten mit Bourdieu, Weinheim u. a. 2013, S. 278-297).

23 Volker Depkat, Ein schwieriges Genre: Zum Ort der Biografik in der Arbeitergeschichtsschreibung, in: Mittag, Jürgen (Hg.): Biografische Ansätze 2011, S. 21-35, hier S. 32. Vgl. etwa: Frank Ahland, Bürger und Gewerkschafter Ludwig Rosenberg. 1903 bis 1977. Eine Biografie, Essen 2016, insbesondere S. 69.

24 Wolfram Pyta, Biographisches Arbeiten als Methode. Geschichtswissenschaft, in: Klein (Hg.): Handbuch 2009, S. 331-338, hier S. 333.

25 Ebd.

26 M. Rainer Lepsius, Parteiensystem und Sozialstruktur: zum Problem der Demokratisierung der deutschen Gesellschaft, in: Abel, Wilhelm u. a. (Hg.): Wirtschaft, Geschichte und Wirtschaftsgeschichte. Festschrift zum 65. Geburtstag von Friedrich Lütge, Stuttgart 1966, S. 371-393, hier S. 383.

Zentrumspartei sowie die von der Sozialdemokratie geprägten Organisationszusammenhänge der Arbeiter:innenbewegung angeführt.

In der Folgezeit wurde dieses Verständnis des Milieubegriffs vielfach aufgegriffen, präzisiert oder modifiziert. Mit Bezug auf das sozialdemokratische und katholische Milieu hat Klaus Tenfelde in dezidierter Abgrenzung zu modernen sozialwissenschaftlichen Ansätzen und der damit einhergehenden inflationären Verwendung der Begrifflichkeit Milieus als »Wert- und Deutungsgemeinschaften großer Minderheiten, die wegen einer nicht oder nicht hinreichend auf Integration abgestellten Innen- und Gesellschaftspolitik ausgegrenzt und auf sich allein verwiesen werden«, bezeichnet und ihre Rolle als »generalisierte außerfamiliäre Sozialisationsagenturen« hervorgehoben.[27] Für Karl Rohe wiederum erscheint die Vorstellung einer bestimmten Lebensweise konstitutiv, er plädiert dafür, den Begriff flexibel zu handhaben und etwa zu unterscheiden zwischen »sozialkulturell determinierten Milieus, in die man hineingeboren wird, und Milieus, die man zu einem gewissen Grad frei wählen kann«.[28] Als Analysekategorie bleibt die Begrifflichkeit insofern in gewissem Maße variabel und unpräzise, was einer breiten Anwendbarkeit Vorschub leistet, den Erklärungs- und Deutungsrahmen für individuelle Handlungsweisen in spezifischen Kontexten jedoch entsprechend einschränkt.

Mit Rekurs auf den Milieubegriff wird im Kontext des biografischen Ansatzes häufig auf die Kategorie der »Generation« verwiesen. Bezogen auf die Arbeiter:innenbewegung vor 1933 wird gar ein »schier unauflöslicher Zusammenhang« konstatiert.[29] Werden generationelle Determinanten berücksichtigt, so geschieht dies häufig, um damit »eine spezifische Ausprägung des Denkens, Fühlens und Handelns zu erklären, indem die unterstellte dauerhafte und gleichartige Wirkung von Sozialisationsbedingungen auf eine Gruppe von Menschen als kollektive Erfahrung aufgefasst wird«.[30] Seit den ausgehenden 1920er Jahren wurde die wissenschaftliche Rezeption des Generationsbegriffs durch die Systematisierung nach Karl Mannheim geprägt, der zwischen den Termini Generationslagerung, Generationszusammenhang und Generationseinheit differenzierte.[31] Nach Mannheim ist eine Generation verwandter Geburtsjahrgänge bereits dadurch verwandt gelagert, »daß sie am selben Abschnitt des kollektiven

27 Klaus Tenfelde, Generationelle Erfahrungen in der Arbeiterbewegung bis 1933, in: Schönhoven/Braun (Hg.): Generationen 2005, S. 17-49, hier S. 27 f. Als äußere und innere Bedingungsfaktoren für die Herausbildung eines sozialdemokratischen »Klassenmilieus« macht Tenfelde die gesellschaftliche und politische Ausgrenzung sowie organisatorische Durchwurzelung maßgeblich verantwortlich.

28 Karl Rohe, Wahlen und Wählertraditionen in Deutschland. Kulturelle Grundlagen deutscher Parteien und Parteiensysteme im 19. und 20. Jahrhundert, Frankfurt a. M. 1992, S. 19 ff.

29 Tenfelde, Generationelle Erfahrungen 2005, S. 26.

30 Ulrike Jureit, Generation, Generationalität, Generationenforschung, Version: 2.0, in: Docupedia-Zeitgeschichte, 3. 8. 2017, in: http://docupedia.de/zg/jureit_generation_v2_de_2017, abgerufen am 16. 2. 2023.

31 Karl Mannheim, Das Problem der Generationen, in: Kölner Vierteljahrshefte für Soziologie 7 (1928), S. 157-185 und S. 309-330.

Geschehens parallel teilnimmt«.[32] Der Generationszusammenhang stellt Mannheim zufolge »mehr als die so umschriebene bloße Präsenz in einer bestimmten historisch-sozialen Einheit« dar und manifestiert sich durch eine Verbundenheit, die als tatsächliche »Partizipation an den gemeinsamen Schicksalen dieser historisch-sozialen Einheit« beschrieben werden kann.[33] Hiervon lasse sich wiederum der Begriff der Generationseinheit abstrahieren, der eine noch »viel konkretere Verbundenheit« und eine gemeinsame Verarbeitung der Erlebnisse voraussetze.[34] Generationseinheiten seien »dadurch charakterisiert, daß sie nicht nur eine lose Partizipation verschiedener Individuen am gemeinsam erlebten, aber verschieden sich gebenden Ereigniszusammenhang bedeuten, sondern daß sie ein einheitliches Reagieren, ein im verwandten Sinne geformtes Mitschwingen und Gestalten der gerade insofern verbundenen Individuen einer bestimmten Generationslagerung bedeuten«.[35] Somit verweist der Ansatz von Mannheim auf Erfahrungszusammenhänge, die – alters- und generationsspezifisch rezipiert und gedeutet – die Möglichkeit zur Vergemeinschaftung beziehungsweise zu ähnlich gelagerten Verhaltens- und Handlungsweisen zulassen. Unter welchen konkreten Voraussetzungen sich solche Einheiten bilden, welche Zeitlichkeit sie aufweisen und inwiefern sie eine tatsächlich beschreibbare oder messbare Prägekraft auf die einzelnen Individuen ausüben, bleibt letztlich jedoch abstrakt. Verschiedene Operationalisierungen des generationstheoretischen Ansatzes haben sich inzwischen als überaus fruchtbar für die historische Forschung erwiesen, zugleich aber auch vielfältige konzeptionelle Schwierigkeiten thematisiert.[36] Zu diesen zählt – neben Fragen nach zeitlicher und geografischer Generalisierbarkeit sowie nach geschlechtsspezifischen Unterscheidungen – die problematische Verquickung generationeller Selbstthematisierung und analytischer Konzeptionierung sowie die Veränderung der generationsstiftenden Bezüge im Zeitverlauf.[37]

Generationelle Effekte und milieukonstruierende Faktoren sollten – auch als identitätsstiftende Variablen – bei der Betrachtung individueller Lebenswege insofern nicht vernachlässigt werden. Sie beeinflussen als Sozialisationsfaktoren nicht nur das Selbstverständnis und die Wahrnehmung eigener Handlungsoptionen, sondern bieten als Erfahrungshintergründe auch Erklärungspotenzial für individuelle Handlungsspielräume und -weisen. Allerdings reichen die skizzierten Ansätze nicht aus, um die Auswirkungen milieuspezifischer und generationeller Prägekräfte auf individuelle Hand-

32 »Von einer verwandten Lagerung einer zur gleichen Zeit einsetzenden Generation [könne] […] insofern gesprochen werden, als und insofern es sich um eine potentielle Partizipation an gemeinsam verbindenden Ereignissen und Erlebnisgehalten [handle]« (ebd., S. 180).

33 Ebd., S. 309.

34 Ebd., S. 311.

35 Ebd., S. 313.

36 Vgl. hierzu: Jureit, Generation 2017.

37 Ebd. Vgl. auch: Kirsten Gerland/Benjamin Möckel/Daniel Ristau, Die Erwartung. Neue Perspektiven der Generationenforschung, in: dies. (Hg.): Generation und Erwartung. Konstruktionen zwischen Erwartung und Zukunft, Götttingen 2013, S. 9-26.

lungen präzise zu bestimmen. Von einem kausal-deterministischen Zusammenhang, der sich apodiktisch aufschlüsseln ließe, kann ohnehin nicht ausgegangen werden. Lebensweltliche Erfahrungshintergründe können – unter Berücksichtigung eines intrinsischen Persönlichkeitsfaktors – in diesem Sinne nur gebrochen oder abstrahierend als partiell handlungsleitende motivationale Kräfte auf individueller Ebene identifiziert werden. Deren Deutung kann – im Sinne einer hermeneutischen Herangehensweise – keinen Anspruch auf umfassende Zustimmung beanspruchen, sondern beruht letztlich auf dem Prinzip der Plausibilität.

Mit Blick auf Siegfried Aufhäusers Lebensweg sorgt schon dessen Zuordnung zu einem spezifischen Milieu für forschungspraktische Komplikationen. Spätestens durch seine Verbindung mit der parteipolitisch und gewerkschaftlich organisierten Anna Stein, die er 1912 heiratete, kam er in Kontakt mit der Vorkriegssozialdemokratie und deren Umfeldorganisationen, denen er sich seit dem Ende des Ersten Weltkriegs inhaltlich und organisatorisch zuordnen lässt. Seine Primärsozialisation erfolgte jedoch in einem bürgerlich-jüdischen Umfeld und auch seine berufliche Orientierung sowie sein Engagement innerhalb der *Demokratischen Vereinigung*, einer liberal-bürgerlichen Partei, deuten auf eine lebensweltliche Ausrichtung hin, die sich nicht grundlegend von der bürgerlichen Lebensrealität der Herkunftsfamilie absetzte. Sein späteres Wirken in der Sozialdemokratie und für die freigewerkschaftliche Angestelltenbewegung scheint – auch mit Blick auf die berufliche Entwicklung etwa seiner Geschwister – zumindest nicht familiär vorgezeichnet. Frühestens zum Ende des dritten Lebensjahrzehnts wird eine sich festigende Hinwendung zur Sozialdemokratie und deren Umfeldorganisationen sichtbar. Eine dahingehende milieuspezifische Prägung lässt sich also keinesfalls aus seiner frühen Sozialisation ableiten.

Für die Betrachtung seiner späteren Entwicklung hingegen hat die frühe Sozialisation in zweierlei Hinsicht eine gesteigerte Relevanz. Zunächst sei auf seine persönlich vorgenommene Selbst- und subjektiv wahrnehmbre Fremdzuordnung zur jüdischen Gemeinschaft verwiesen. Diese war im Zeitverlauf durch säkulare Tendenzen, politische Entwicklungen, antisemitische Dynamiken und Diskurse, Ausgrenzungs- und Verfolgungserfahrungen sowie das Wissen um die systematische Ermordung großer Teile der jüdischen Bevölkerung Europas beträchtlichen Veränderungen unterworfen, die es mit Blick auf persönliche Entscheidungen und politische Handlungsweisen zu berücksichtigen gilt. Daneben lässt sich seine frühe Entwicklung, die in der Abkehr von der jüdischen Gemeinde und der Hinwendung zur Sozialdemokratie resultierte, in einen überindividuellen Kontext setzen. Religiöse Abstinenz und Affinität zur sozialistischen Ideologie erscheinen dabei als miteinander korrelierende Entwicklungsprozesse, die in diesem Zeitrahmen kein individuelles Ausnahmephänomen darstellen. Für viele Personen aus dem Umfeld des liberal-bürgerlichen Judentums übte die Arbeiter:innenbewegung im ersten Drittel des 20. Jahrhunderts eine erhebliche Anziehungskraft aus, die sich teils auch in parteipolitischem Engagement manifestierte. Als nächstliegendes Beispiel sei hier auf Aufhäusers spätere Ehefrau Anna Stein verwiesen, Tochter einer jüdischen Unternehmerfamilie aus Frankfurt am Main.[38] Auch unter seinen späteren Weggefährt:innen befinden sich zahlreiche Persönlichkeiten, für die sich eine ähnliche Entwicklung aufzeigen ließe. Beispielhaft seien an dieser Stelle auch Käte Frankenthal (1889-1976), Paul Hertz (1888-1961), Rudolf Katz (1895-1961), Toni Sender (1888-1964) und Hedwig Wachenheim (1891-1969) genannt.

Das signifikante Engagement von in bürgerlich-jüdischen Familien sozialisierten Personen innerhalb der Arbeiter:innenbewegung lässt sich vor dem Hintergrund einer spezifischen historischen Konstellation betrachten. Im ausgehenden 19. und frühen 20. Jahrhundert offerierten sowohl jüdische als auch sozialdemokratische Emanzipationsbewegungen Identifikationsangebote für marginalisierte Bevölkerungsgruppen.[39] Dabei scheinen zunächst auch generationelle Erfahrungen eine Bedeutung für die Herausbildung kohärenter Handlungsmuster zu haben. Als prägend wurde häufig der Zeitraum zwischen dem 21. und dem 36. Lebensjahr angesehen, laut Klaus Tenfelde die Phase, in der sich »die Ausprägung der politischen Orientierung [...] und bewusst vorgenommenen, nach außen erkennbaren Selbstzuordnung vollzieht« und in der politische Formkräfte eine »generationelle Lagerung aus[bilden]«.[40] Aufhäusers Lebensweg zwischen 1904 und 1919 vermag – auch in Anbetracht der gesellschaftlichen Umbrüche jener Zeit – diese These zunächst zu stützen: Seine Biografie in dieser Zeit ist von zahlreichen markanten Einschnitten, Veränderungen und Ambivalenzen geprägt. Politischer Aktivismus, parteipolitischer Wechsel, berufliche Neujustierung und gewerkschaftliche Orientierung lassen eine Verschiebung der ideologischen Verortung naheliegend erscheinen. Um besagte Erfahrungszusammenhänge näher einzugrenzen, sind seine Stationen als Auszubildender und Angestellter im kaufmännischen Sektor im Kontext der Hinwendung zur verbandspolitischen Arbeit ebenso zu berücksichtigen wie sein politisches Engagement innerhalb der *Demokratischen Vereinigung.* In beiden Betätigungsfeldern sammelten sich Persönlichkeiten ähnlich gelagerter Geburtsjahrgänge, die sich später in gewerkschaftlichen Zusammenhängen oder innerhalb der Sozial-

38 Auf deren immense Bedeutung für die persönliche und politische Entwicklung von Siegfried Aufhäuser wird an verschiedenen Stellen dieser Arbeit Bezug genommen.

39 Vgl. dazu: Riccardo Altieri/Bernd Hüttner/Florian Weis, Die Linke, Jüdinnen und Juden und die »jüdische Frage«. Eine Einführung, in: dies. (Hg.): »Die jüdische mit der allgemeinen proletarischen Bewegung zu vereinen«. Jüdinnen und Juden in der internationalen Linken, Berlin 2021, S. 3-13 sowie die Beiträge in dies. (Hg.): »Wenn du ausgegrenzt wirst, gehst du zu anderen Ausgegrenzten«. Jüdinnen und Juden in der internationalen Linken (Band 2), Berlin 2022. Siehe ferner: Mario Keßler, Sozialisten gegen Antisemitismus. Zur Judenfeindschaft und ihrer Bekämpfung (1844-1939), Hamburg 2022, S. 19 ff. Philipp Graf hat unlängst darauf verwiesen, dass »mit dem sozialistischen Gleichheitsversprechen« oftmals auch die Hoffnung einherging, »den Stigmatisierungen der jüdischen Abstammung zu entfliehen« (Philipp Graf: Rezension von: Daniel Siemens: Hinter der Weltbühne. Hermann Budzislawski und das 20. Jahrhundert, Berlin: Aufbau-Verlag 2022, in: sehepunkte 22 [2022], Nr. 10 [15.10.2022], URL: http://www.sehepunkte.de/2022/10/37061.html, abgerufen am 28.2.2023).

40 Tenfelde, Generationelle Erfahrungen 2005, S. 48.

demokratie wiederfinden sollten.[41] Verbundenheit durch eine gemeinsame und gleichzeitige Partizipation, kollektive Wahrnehmung, Verarbeitung, Deutung und Reaktion auf einzelne Ereigniszusammenhänge musste sich dadurch allerdings nicht zwangsläufig entwickeln. Das wird insbesondere mit Blick auf die krisenhaften wirtschaftlichen und politischen Entwicklungen seit den späten 1920er Jahren deutlich, die individuell ganz unterschiedliche Reaktionen hervorriefen.

Organisationsgeschichtliche Einbettung und die biografische Methode

Gemeinsame Erfahrungszusammenhänge und Räume der Vergemeinschaftung lassen sich rückblickend zumeist anhand organisatorischer Zusammenschlüsse identifizieren. In diesen konkretisiert sich die Zugehörigkeit zunächst institutionell, sie ist durch gemeinsame Erfahrungsräume, Selbst- und Fremdzuordnungen, aber auch sozial und kulturell determiniert und reproduziert sich durch Bezugnahmen auf gemeinsame Wissensvorräte, Deutungsschemata und Praktiken gleichsam partiell.[42] Als Konsequenz bilden sich in aller Regel informelle Beziehungen und gruppenbezogene Solidaritätsmuster heraus.

Nicht zwangsläufig muss die Entscheidung, sich einer Organisation oder Gruppe anzuschließen, auf der Interessenkongruenz ihrer Mitglieder beruhen. Auch können ideologische Übereinstimmungen erst aus der gemeinsamen Zugehörigkeit zu einer Organisation erwachsen. Gegenläufige Tendenzen sind ebenfalls möglich. Jedenfalls scheint es ertragreich, den Charakter und die Intensität der individuellen Verbundenheit in den Blick zu nehmen und die möglichen Motive der Mitglieder zu ergründen. Neben ideologischen, ökonomischen und pragmatischen Gründen erscheint das Motiv der persönlichen Einflussnahme beziehungsweise deren Erweiterung relevant. Mit Fokus auf das individuelle Handlungspotenzial in Organisationen und Gruppenzusammenhängen tritt die Frage nach dem Verhältnis von Individuum und Struktur erneut in den Vordergrund. Anschaulich lässt sich hier die Wechselwirkung zwischen Subjekt und Organisationszusammenhang erfassen: Einerseits treten persönliche Motive und Einflüsse gerade in politischen Kontexten im Zuge des innerorganisatorischen Meinungsfindungsprozesses häufig direkter hervor. Andererseits wirken der sozialdisziplinierende Charakter und die inhärente Aggregationsfunktion in solchen Organisationen unvermittelt auf die jeweiligen Individuen zurück.

41 Vgl. dazu auch: Detlef Lehnert, Von der Liberaldemokratie zur Sozialdemokratie zwischen Kaiserreich und Weimarer Republik, in: ders (Hg.): Vom Linksliberalismus zur Sozialdemokratie. Politische Lebenswege in historischen Richtungskonflikten 1890-1945, Köln u.a. 2015, S. 7-35, hier S. 19 ff.

42 Siehe dazu auch: Frank Wolff, Kollektive Identität als praktizierte Verheißung: Der transnationale Handlungsraum der sozialen Bewegung »Allgemeiner Jüdischer Arbeiterbund«, in: Mittag, Jürgen/Stadtland, Helke (Hg.): Theoretische Ansätze und Konzepte der Forschung über soziale Bewegungen in der Geschichtswissenschaft, Essen 2014, S. 189-217, insbesondere S. 191-195.

Eng verknüpft mit persönlichen und gruppenspezifischen Motiven und Zielsetzungen ist die Frage nach dem Status und dem Tätigkeitsfeld der jeweiligen Organisation sowie dem persönlichen Engagement ihrer Einzelmitglieder. Diesen Aspekten kann mitunter entscheidende Prägekraft bei der Konstitution des individuellen Selbstkonzepts und -verständnisses der beteiligten Individuen zukommen. Für die Anfangsphase des Exils lässt sich im Umfeld der Arbeiter:innenbewegung mit Blick auf die identitätsstiftende Funktion etwa eine unmittelbare Bedeutungssteigerung von Organisationen und Gruppen ausmachen.[43] Befördert wurde diese Entwicklung angesichts von Verfolgung, Flucht und den damit einhergehenden Diskriminierungs-, Fremdheits- und Entortungserfahrungen sowie mit dem Verlust vertrauter Betätigungsfelder. Das Bedürfnis nach Identifikation und Zugehörigkeit gepaart mit dem Verlangen, sich in einem vertrauten Umfeld gesellschaftlich zu orientieren und das Naziregime zu bekämpfen, dürfte gerade für zahlreiche politisch aktive Exilierte die Triebfeder gewesen sein, um sich verstärkt in entsprechenden Zusammenschlüssen zu engagieren.

Dies lässt sich anhand von Aufhäusers Lebensweg exemplifizieren. Zu hinterfragen ist in diesem Kontext einerseits, inwiefern die organisatorischen Zusammenhänge, in denen er mitwirkte, auf die Herausforderungen und Krisen reagierten, die sich etwa in den frühen 1930er Jahren offenbarten. Andererseits gilt es zu klären beziehungsweise zu rekonstruieren, welche Rolle ihm dabei zufiel, welche Positionen er vertrat und was ihn dazu bewogen haben mag, sich einer bestimmten Organisation zuzuwenden, langfristig dort mitzuarbeiten oder sich von ihr abzuwenden und dabei Handlungsalternativen auszuloten. Da er sich schon vor seiner Flucht im Wesentlichen durch seine Arbeit definiert hatte, die durch die konstruktive Verquickung von gewerkschaftlicher, politischer und journalistischer Tätigkeit geprägt war, gilt dabei auch deren identitätsstiftender Funktion besondere Aufmerksamkeit. Mit Blick auf seine Flucht- und Exilerfahrung soll im Rahmen der Dissertation insofern geklärt werden, wie sich der etablierte Gewerkschafter und Parteipolitiker Aufhäuser mit der neuen Situation arrangieren konnte, welche persönlichen, politischen und beruflichen Netzwerke er mobilisierte oder neu knüpfte und welche Aktivitäten er an den jeweiligen Exilzentren zu entfalten vermochte.

Milieu- und Generationsansätze mögen es als theoretische Instrumentarien zwar erlauben, singuläre Lebenswege in überindividuelle Kontexte einzubetten und so individuelle Handlungsweisen an milieu- und generationsspezifische Muster rückzubinden. Dass eine Herangehensweise, die sich primär auf überindividuelle Faktoren konzentriert, als Erklärung für individuelle Handlungen jedoch unzulänglich bleiben muss, lässt sich mit Volker Depkats Argumentation bündig zusammenfassen: Dieser lenkt den Blick auf das »Nicht-Ableitbare des historischen Individuums, das Kontingente, das Deviante, [...] das dann doch ungeachtet aller gesellschaftlichen Prägung die Einmaligkeit einer jeden Einzelperson und ihres Lebenswegs ausmacht«, und stellt in

43 Vgl. III. Kapitel 1.2.

diesem Zusammenhang die sich aufdrängende Frage, »warum einige Sozialdemokraten sich bei vergleichbarer Milieuprägung und generationeller Lagerung im sozialen Raum unter dem Eindruck der Katastrophen des 20. Jahrhunderts nach links und andere nach rechts entwickelten«.[44] Um unterschiedliches Politikverständnis, differierende politische Zielvorstellungen und Handlungsweisen sowie gegenläufige Konsequenzen, die aus den Herausforderungen des 20. Jahrhunderts gezogen wurden, zu verstehen, bedürfe es vielmehr einer Biografieforschung, »die in der Einzelperson mehr sieht als bloß die Konkretisierung des Abstrakten, und die deshalb auf die Binnendifferenzen innerhalb eines Milieus und innerhalb einer Generation abzielt und das Möglichkeitsspektrum sozialdemokratischer Lebensläufe und Politik unter den Bedingungen des 20. Jahrhunderts umreißt«.[45]

Hier setzt der biografische Ansatz an, der auf das hermeneutische »Sinnverstehen als methodisches Fundament« zurückgreift und die »Handlungsmächtigkeit historischer Individuen« auf die Mobilisierung »kollektive[r] Sinnmuster« zurückführt.[46] Der Blick richtet sich dabei oft auf gesellschaftliche oder politische Einschnitte, die sich in tiefgreifenden Umbrüchen manifestieren oder im individuellen Lebenslauf mit persönlichen Brüchen oder Schicksalsschlägen korrespondieren. Gerade in Momenten krisenhafter Entwicklungen und Zuspitzungen eröffnen sich den handlungsfähigen Individuen oftmals neue und veränderte Handlungsoptionen. Für die Biografieforschung liegt hierin ein erkenntnisversprechender Zugang, da das personale Element dabei »in geradezu exemplarischer Weise zum Tragen« kommt.[47] Prägnanter ließe sich formulieren, dass Umbruchsituationen oftmals durch eine veränderte Reichweite der Entscheidungen gekennzeichnet sind.[48] Insofern erscheinen die krisenhaften und desaströsen Entwicklungen der 1930er und 1940er Jahre als geradezu paradigmatische Konstellationen, in denen die Relevanz individueller Handlungsoptionen einer sich im politischen Leben verortenden Person deutlich hervortraten und in denen sich deren individuelle Ziel- und Zukunftsvorstellungen, Erfahrungen und Erwartungen markant artikulierten.

44 Depkat, Ein schwieriges Genre 2011, S. 34.

45 Ebd.

46 Pyta, Biographisches Arbeiten 2009, S. 331 f. Im Original teilweise hervorgehoben.

47 Ebd., S. 336. Der Autor bezeichnete die Krise als eine »Brücke zwischen Individuum und Struktur«. In seinen Ausführungen verwies Pyta auf Olaf Hähner, der »die Darstellungsleistung der historischen Biographie [in verlaufsgeschichtlicher Hinsicht] in der *Konzentration* von historischen Wandlungsprozessen« sah, wobei sich eine solche Konzentration in der »syntagmatische[n] Biographie über Individuen, die in einer historischen Krisensituation eine entscheidende Rolle spielen«, beobachten ließe (Olaf Hähner, Historische Biographik. Die Entwicklung einer geschichtswissenschaftlichen Darstellungsform von der Antike bis ins 20. Jahrhundert, Frankfurt a. M. 1999, S. 255 f., Hervorhebung im Original).

48 Vgl. dazu den Abschlusskommentar von Andreas Fahrmeir bei: Sebastian Schröder, Tagungsbericht: Kulturen des Entscheidens in politischen Übergangssituationen, 11. 11. 2016 Münster, in: H-Soz-Kult, 7. 4. 2017, <www.hsozkult.de/conferencereport/id/tagungsberichte-7103>, abgerufen am 28. 2. 2023.

3 Forschungsstand, Quellenlage und Struktur

Unter Berücksichtigung methodischer und konzeptioneller Fallstricke bereichern biografische Zugänge die historische Disziplin auf vielfältige Art und Weise. Gerade die Perspektivität einer ausschnitthaft-subjektiven Annäherung kann einen entscheidenden Erkenntnisgewinn bieten, wenn »politischer, gesellschaftlicher oder kultureller Wandel im Medium eines individuellen Lebens« dargestellt wird.[49] In diesem Sinne erweist sich die Erforschung von Lebensverläufen als Mittel und Methode des Erkenntnisinteresses, der anderen Ansätzen verwehrt bleibt.[50] Diese Feststellung hat sich inzwischen auch innerhalb der Arbeiter:innen- und Gewerkschaftsgeschichtsschreibung durchgesetzt.[51] Weitgehend unberührt vom konjunkturellen Rückgang dieser Teildisziplin häufen sich seit geraumer Zeit historiografische Untersuchungen zu einzelnen politischen und gewerkschaftlichen, häufig männlichen Akteuren, die auf öffentliches Interesse stoßen.[52] Standen in den letzten Jahrzehnten des vergangenen Jahrhunderts primär Lebensgeschichten sozialdemokratischer Politiker des Kaiserreichs und der Weimarer Republik im Fokus wissenschaftlicher Untersuchungen, wurden zuletzt auch zahlreiche grundlegende Arbeiten zu einzelnen Gewerkschaftern verfasst.[53] Biografische Annäherungen an Persönlichkeiten der freien Angestelltenbewegung spielen hier jedoch nur eine untergeordnete Rolle, entsprechend der bislang nur rudimentär aufgearbeiteten Geschichte der freien Angestellten und ihrer gewerkschaftlichen Organisationen.[54] So wurde insbesondere das Fehlen einer wissenschaftlichen Untersuchung zu Siegfried Aufhäuser lange Zeit als »dringendes Desiderat« beanstandet.[55] Im Jahr 1988 beschäftigte sich Werner Korthaase erstmals aus-

49 Vgl. Cornelia Rauh-Kühne, Das Individuum und seine Geschichte. Konjunkturen der Biographik, in: Wirsching, Andreas (Hg.): Oldenbourg Geschichte-Lehrbuch. Neueste Zeit, München 2006, S. 215-232, hier S. 216.

50 Bajohr, Grenzgänger 2003, S. 13.

51 Vgl. zur problematischen Stellung der Biografik innerhalb der Arbeiter:innengeschichte: Depkat, Ein schwieriges Genre 2011, insbesondere S. 29-31.

52 Vgl. hierzu beispielhaft die Aufzählung bei Jürgen Mittag, Biografische Forschung 2011, S. 11 ff. sowie Siegfried Mielke/Stefan Heinz, Alwin Brandes (1866-1949). Oppositioneller – Reformer – Widerstandskämpfer, Berlin 2019, S. 11, Fußnote 1.

53 Vgl. ebd.

54 Vgl. hierzu Ursula Bitzegeio, Über Partei- und Landesgrenzen hinaus. Hans Gottfurcht (1896-1982) und die gewerkschaftliche Organisation der Angestellten, Bonn 2009, S. 18 f., deren Biografie zu Hans Gottfurcht als seltene Ausnahme hervorzuheben ist. Erwähnenswert erscheinen an dieser Stelle auch Frank Ahlands Arbeiten zu Ludwig Rosenberg, der für die Zeitphase der Weimarer Republik allerdings dem liberalen *Gewerkschaftsbund der Angestellten* (GdA) zuzuordnen ist (vgl. Frank Ahland, Ludwig Rosenberg. Der Bürger als Gewerkschafter [Dissertationsschrift der Ruhr-Universität Bochum], Bochum 2002 sowie ders., Rosenberg 2016).

55 Vgl. Rainer Fattmann, Die Angestellten und die freigewerkschaftliche Angestelltenbewegung im späten Kaiserreich und in der Weimarer Republik, in: Zimmermann, Rüdiger (Hg.): Das gedruckte Gedächtnis der Tertiarisierung. Pilotprojekt zur Sicherung zentraler gewerkschaftlicher Quellenbestände der freien Angestelltenbewegung, Bonn, 2010, S. 65-155, hier S. 72. Ursula Bitzegeio, die sich in einem Exkurs ausführlich mit Siegfried Aufhäuser beschäftigte, verwies ebenfalls auf diesen Umstand (Bitzegeio, Partei- und Landesgrenzen 2009, S. 20).

führlich mit seinem Lebensweg.[56] Korthaase plante zudem eine ausführliche Biografie, die zwar nicht abgeschlossen werden konnte, aber als vorläufiger Manuskriptdruck in Teilen erhalten geblieben ist.[57] Zwei weitere biografische Skizzen zur Person folgten, ehe Gunter Lange 2013 eine erste umfangreiche Studie zu Aufhäusers Leben veröffentlichte.[58] Damit steht eine bemerkenswerte Arbeit zur Verfügung, die sich primär auf veröffentlichte Materialien stützt und als tragfähige Grundlage für weitere Forschungsvorhaben in diesem Bereich gelten kann. Analog zu den bisher veröffentlichten lebensgeschichtlichen Untersuchungen zu herausragenden Persönlichkeiten der Arbeiter:innenbewegung, in denen die Zeit des Exils nur selten explizit fokussiert wird, steht auch hier Aufhäusers aktive Zeit im Kaiserreich und der Weimarer Republik im Vordergrund, die sich vordringlich auf seine Tätigkeit als Angestelltengewerkschafter konzentriert.[59]

Dies mag mitunter auf die dürftige Quellenlage zurückzuführen sein. Nachlassmaterialien von Aufhäuser stehen nur im Umfang von rund 0,2 Regalmetern zur Verfügung und setzen sich im Wesentlichen aus gedrucktem Schriftgut zusammen.[60] Ego-

56 Werner Korthaase, Siegfried Aufhäuser (1884-1969). Der Organisator der »Kopfarbeiter«, in: Lösche, Peter/u.a. (Hg.): Vor dem Vergessen bewahren. Lebenswege Weimarer Sozialdemokraten. Berlin 1988, S. 15-37.

57 Ver.di-Archiv Berlin, Manuskriptdruck »Werner Korthaase, Siegfried Aufhäuser. Leben und Werk eines Gewerkschaftsvorsitzenden und Reichstagsabgeordneten. Auszüge, vorläufiger, nichtkorrigierter Manuskriptdruck vor allem des zweiten Teils. Frau Chawa Nikolai zum 80. Geburtstag überreicht, 1997«. Der 338 Seiten starke Druck besteht im Wesentlichen aus Niederschriften von publizierten Verlautbarungen Aufhäusers. Neben einer knapp 20-seitigen biografischen Skizze ist eine ausführliche Bibliografie von fast 40 Seiten enthalten. Vgl. hierzu auch eine unvollständige Bibliografie seiner Exilschriften: Werner Korthaase, Siegfried Aufhäuser (1884-1969), in: Spalek, John M./Feilchenfeldt, Konrad/Hawrylchak, Sandra H. (Hg.): Deutschsprachige Exilliteratur seit 1933. Band 4. Bibliographien. Schriftsteller, Publizisten und Literaturwissenschaftler in den USA, Bern/München 1994, S. 108-128.

58 Gernot Römer, Siegfried Aufhäuser aus Augsburg. Für den Generalstreik gegen Adolf Hitler, in: ders. (Hg.): »Wir haben uns gewehrt«. Wie Juden aus Schwaben gegen Hitler kämpften und wie Christen Juden halfen, Augsburg 1995, S. 21-29 und William Smaldone, Siegfried Aufhäuser (1884-1969): »Freedom will always triumph.«, in: ders. (Hg.): Confronting Hitler. German Social Democrats in Defense of the Weimar Republic, 1929-1933, Lanham 2009, S. 23-46 sowie Gunter Lange, Siegfried Aufhäuser (1884-1969). Ein Leben für die Angestelltenbewegung, Berlin 2013. Vgl. auch: ders., Siegfried Aufhäuser (1884-1969). Politische Wanderjahre eines Angestelltengewerkschafters, in: Lehnert (Hg.): Lebenswege 2015, S. 125-143. Inzwischen sind darüber hinaus zwei kurze Texte von mir erschienen, die sich mit Aufhäuser beschäftigen (vgl. Christian Zech, Siegfried Aufhäuser. Flucht und Exil 1933, in: Schulte, Sanna/ders. [Hg.]: Exil interdisziplinär 2, Würzburg 2018, S. 89-106 sowie ders., Parteipolitischer Wandel und gewerkschaftliche Weichenstellung. Ideologische Standortbestimmung[en] bei Siegfried Aufhäuser vor dem Hintergrund des Ersten Weltkriegs, in: Schöler, Uli/Scholle, Thilo [Hg.]: Weltkrieg – Spaltung – Revolution. Sozialdemokratie 1916-1922, Bonn 2018, S. 118-129).

59 Zu den Ausnahmen zählt beispielsweise: Reiner Möckelmann, Wartesaal Ankara. Ernst Reuter – Exil und Rückkehr nach Berlin, Berlin 2015.

60 Vgl. AdsD Bonn, Bestand Siegfried Aufhäuser. Ein weiterer Teilnachlass (0,05 Regalmeter), der sich vormals im Archiv der DAG (Regionalverband Berlin) befand, gilt seit einigen Jahren als verschollen.

Dokumente, in denen er auf seine biografische Entwicklung Bezug nahm, sind ebenfalls rar: Hervorzuheben sind Transkripte zweier Interviews, die im deutschen Rundfunk ausgestrahlt wurden sowie Tonbandaufnahmen von Gesprächen, in denen er sich ausführlich zur Zeit im Prager Exil äußerte.[61] Hinsichtlich der detaillierten Darstellung sind diese Quellen zwar von besonderer Bedeutung, gleichwohl unterliegen die geschilderten Entwicklungen der nachträglichen Deutungshoheit von Aufhäuser, was sie in erster Linie dafür prädestiniert, Aussagen über dessen autobiografische Selbstkonstruktion zu treffen. Die vorliegende Arbeit stützt sich insofern primär auf Gegenüberlieferungen von Schriftwechseln mit beziehungsweise über Aufhäuser, die in Nachlässen zahlreicher Persönlichkeiten vor allem aus dem Umfeld der Arbeiter:innenbewegung erhalten geblieben sind.[62] Relevant ist darüber hinaus das Schriftgut staatlicher Provenienzen ebenso wie Hinterlassenschaften der verschiedenen Verbände, Parteien und politischen Gruppierungen, Exilorganisationen, Zeitungsverlagen sowie der Jüdischen Gemeinde zu Berlin, für die sich Aufhäuser engagierte oder mit denen er in engem persönlichem Kontakt stand.[63] Ferner sind zahlreiche seiner Artikel und sonstigen Veröffentlichungen zugänglich. Neben verschiedenen eigenständigen Schriften sind allein für die Zeit des Exils rund 1.000 Beiträge für diverse Zeitschriften und Zeitungen nachgewiesen. Diese Materialfülle wird im Folgenden ausgewertet und »nach eigenen Sinngesichtspunkten

61 Die Interview-Transkriptionen aus den Jahren 1967 und 1969 wurden abgedruckt in der Schrift »Zum 100. Geburtstag von Siegfried Aufhäuser, Vater von Chawa Nikolai – Kibbuz Hasorea – Israel«, zusammengestellt von der Tochter Chawa Nikolai, die unter anderem im LBI New York aufbewahrt wird. Ein Gespräch über seine Emigrationszeit in Prag befindet sich im Deutschen Rundfunkarchiv, Frankfurt am Main (DRA), 73 U 2141/5. 969, einen weiteren Mitschnitt von Aufhäuser hält das Deutschlandradio vor. Biografische Bezüge lassen sich vereinzelt auch in einigen seiner zahlreichen publizierten Zeitungs- und Zeitschriftenartikel ausmachen.

62 Diese finden sich beispielsweise in folgenden Archiven: Archiv der Akademie der Künste, Berlin; AdsD Bonn; Deutsches Exilarchiv 1933-45, Frankfurt am Main (Exilarchiv); Deutsches Literaturarchiv, Marbach (DLA); Institut für Zeitgeschichte, München (IfZ); International Institute of Social History, Amsterdam (IISH); Landesarchiv Berlin; LBI New York; P. Walter Jacob Archiv, Hamburg; Staatsarchiv Hamburg; Stanford University, Hoover Institution Library & Archives; State Historical Society of Wisconsin, Madison; Swarthmore College Peace Collection (SCPC) sowie in den German and Jewish Intellectual Émigré Collections der University at Albany, The State University of New York (Émigré Collections). Verschiedene dieser Nachlässe sind in Teilen veröffentlicht: Fladhammer, Christa/Wildt, Michael (Hg.): Max Brauer im Exil. Briefe und Reden aus den Jahren 1933-1946, Hamburg 1994 sowie Matthias, Erich (Hg.): Mit dem Gesicht nach Deutschland. Eine Dokumentation über die sozialdemokratische Emigration. Aus dem Nachlaß von Friedrich Stampfer ergänzt durch andere Überlieferungen. Bearbeitet von Werner Link, Düsseldorf 1968.

63 In diesem Zusammenhang finden sich – über die bereits erwähnten Archive hinaus – Unterlagen zu Aufhäuser unter anderem im Bundesarchiv am Standort Berlin, im Landesamt für Bürger- und Ordnungsangelegenheiten Berlin (LABO), im Národní Archiv (Prag), in den National Archives and Records Administration, Washington, D.C. (NARA), im Archiv der Stiftung Neue Synagoge Berlin – Centrum Judaicum (Berlin), in den Robert F. Wagner Archives, New York (Wagner-Archives) sowie im ver.di-Archiv (Berlin) und in verschiedenen Stadtarchiven, historischen Sammlungen und bei einzelnen Behörden.

organisiert«, um Aufhäusers Biografie im Sinne der oben genannten Fragestellungen zu rekonstruieren.[64]

Die Arbeit ist im Wesentlichen chronologisch aufgebaut und strukturiert sich in vier Hauptkapitel mit jeweils drei Unterkapiteln, die sich wiederum nach inhaltlich-thematischen Gesichtspunkten organisieren. Kapitel I. befasst sich mit den ersten 35 Lebensjahren von Siegfried Aufhäuser. Seine Hinwendung zur Partei- und Gewerkschaftsarbeit wird hier ebenso aufgegriffen wie seine berufliche Entwicklung, sein Engagement für die Zusammenfassung der freigewerkschaftlichen Angestelltenbewegung während des Ersten Weltkriegs und seine Aktivitäten im Rahmen der Revolution 1918/19. Kapitel II. behandelt Aufhäusers Lebensweg während der Weimarer Zeit, seine gewerkschaftspolitische Karriere, seinen Einsatz für die SPD und seinen Kampf für den Erhalt der Republik sowie die Umsetzung wirtschaftsdemokratischer Vorstellungen. Die Darstellung schließt mit der Flucht aus dem Deutschen Reich. Kapitel III. widmet sich der Zeit im Exil. Vor dem Hintergrund von politischer und beruflicher Neuorientierung, von gewerkschaftlichem Engagement und der Widerstandsaktivitäten gegen das NS-Regime werden seine Lebensjahre in Paris und Prag rekonstruiert. Die späte Flucht über London nach New York wird hier ebenso angesprochen wie seine Ankunft im überseeischen Exil. Die Rahmenbedingungen des Exils in der US-amerikanischen Metropole und seine Aktivitäten in sozialdemokratischen Exilzirkeln spielen dabei ebenso eine Rolle wie die Anstellung bei der deutsch-jüdischen Zeitung *Aufbau*. Das abschließende Kapitel IV. beschreibt die Situation nach dem Kriegseintritt der USA und thematisiert die vieldiskutierte Frage nach einer europäischen Nachkriegsordnung. Das Konfliktpotenzial, das diese Frage barg, wird anhand von Aufhäusers biografischer Entwicklung dargestellt. Die Nachkriegsjahre in New York, seine Remigration und sein Engagement für die Angestelltenbewegung, die Sozialdemokratie und die Jüdische Gemeinde sind Themen dieses Kapitels, das die letzten Lebensjahre von Siegfried Aufhäuser schildert und auch die Erinnerung an ihn heute reflektiert. Das Resümee nimmt abschließend außerdem Bezug auf seine politischen Überzeugungen und die Aktualität der von ihm aufgeworfenen Fragen angesichts gegenwärtiger Entwicklungen.

64 Pyta, Biographisches Arbeiten 2009, S. 332.

I. Frühe Entwicklung und ideologische Standortbestimmungen 1884–1919

1 Jugendliche Prägungen im Kaiserreich

Siegfried Aufhäusers Familiengeschichte lässt sich väterlicherseits bis ins frühe 18. Jahrhundert zurückverfolgen.[1] Die verfügbaren Quellenbestände zeugen von einer bewegten Geschichte, die in Aufhausen, das inzwischen zur baden-württembergischen Kleinstadt Bopfingen (Ostalbkreis) zählt, ihren Ausgangspunkt nahm und über das nahe gelegene Hainsfarth nach Augsburg führte.[2] Dort hatten sich Siegfried Aufhäusers Eltern Hermann und Julie, geborene Reitlinger, um das Jahr 1880 niedergelassen. Im Jahr 1884 offenbarte sich ihnen hier die Gelegenheit, in ein Zigarren- und Spirituosengeschäft einzusteigen, das ein verstorbener Onkel Julie anteilig hinterlassen hatte.[3]

1.1 Erste Lebensjahre im bürgerlichen Augsburg

Das Jahr 1884 markiert gleichzeitig das Geburtsjahr von Siegfried Aufhäuser, der nach Albert (*1877) und David (*1879) am 1. Mai 1884 als dritter Sohn von Hermann und Julie zur Welt kam. Durch die Geburt der Tochter Frieda erhielt die Familie 1892 erneut Zuwachs. Der ererbte Betrieb mit dem Namen des ehemaligen Inhabers »Adolf Rosenfelder«, den Hermann Aufhäuser zunächst gemeinsam mit zwei Vettern seiner Ehefrau führte, sollte bald zum Zuhause der vier Kinder werden. Von der inner-

1 Ein umfassender Familienstammbaum befindet sich im LBI New York, AR 10292, Aufhaeuser Family Collection, Box 1, Folder 1, Family Chart of the Aufhaeuser family. Werner Loval, Urheber des Dokuments und Neffe von Siegfried Aufhäuser, hat darüber hinaus eine umfangreiche und aussagekräftige Familienchronik erstellt (vgl. ders., We Were Europeans. A Personal History of a Turbulent Century, Jerusalem 2010).

2 Zur Entwicklung der jüdischen Gemeinden vgl. Herbert Immenkötter, Die israelitische Kultusgemeinde in Hainsfarth (Landkreis Donau-Ries) im 19. und 20. Jahrhundert, Augsburg 2002 und Ursula Laurentzsch, Zur Geschichte der Judengemeinde Aufhausen bei Bopfingen, Schwäbisch Gmünd 1977. Nicht zu verwechseln mit dem rund 20 Kilometer entfernten Aufhausen der Verwaltungsgemeinschaft Ries.

3 Loval, We were Europeans 2010, S. 105f. Vgl. zur Teilhaberschaft Hermann Aufhäusers auch: Stadtarchiv Augsburg, Bestand Gewerbekartei, Abgabe 1, Firma Adolf Rosenfelder.

städtischen Zeuggasse wurde das Unternehmen in die Hermannstraße 23 verlegt, wo neben der Fabrik ein zweigeschossiges Wohnhaus errichtet wurde, in dessen oberste Etage die Aufhäusersche Familie einzog.[4] Mag man den Ausführungen Werner Lovals folgen, waren beide Elternteile in jüdisch-orthodoxen Familien aufgewachsen, hatten die eigene Religionsausübung jedoch etwas lockerer (»somewhat more relaxed«) gehandhabt, was sich auch auf die religiöse Erziehung der Kinder auswirkte.[5] So war die Küche einerseits koscher eingerichtet, religiöse Feiern wurden zelebriert und der Schabbat mit dem Kiddusch eingeleitet, andererseits übte Hermann Aufhäuser seine berufliche Tätigkeit auch während des Schabbat und an religiösen Festtagen aus.[6] Die Wahl der traditionellen deutschen Vornamen Siegfried, Albert und Frieda stand als deutliches Zeichen dafür, dass die Familie sich nicht primär einer jüdisch-religiösen Tradition verpflichtet sah, sondern – wie viele jüdische Familien jener Zeit – bestrebt schien, ihre Zugehörigkeit zur deutschen Nation auch mittels symbolischer Handlungen nach außen hin zu bekunden.[7]

Über Siegfried Aufhäusers frühe Lebensjahre ist darüber hinaus wenig Detailreiches bekannt. In Werner Lovals Bericht über die Kindheit seiner Mutter Frieda, der Schwester von Siegfried Aufhäuser, finden verschiedene Dienstmädchen sowie eine Klavierlehrerin Erwähnung. Dies deutet darauf hin, dass es sich aller Wahrscheinlichkeit nach um einen wohlsituierten Haushalt gehandelt hatte, in dem der traditionellen formal-bürgerlichen Erziehung ein hoher Stellenwert zukam.[8] Insofern erscheint Siegfried Aufhäusers späteres Engagement für die Sozialdemokratie und die gewerkschaftliche Angestelltenbewegung nicht primär familiär vorgezeichnet, sondern mutet auf den ersten Blick zumindest ungewöhnlich an. Auch die Lebenszusammenhänge und biografischen Stationen seiner Geschwister lassen zunächst nicht auf eine sozialistische Prägung im Rahmen der familiären Sozialisation schließen: Während Siegfrieds ältester Bruder Albert den Geschäftsbetrieb des Vaters übernahm, absolvierte sein zweiter Bruder David zunächst ein naturwissenschaftliches Studium, begründete 1905 die Thermochemische Prüfungs- und Versuchsanstalt in Hamburg und leitete diese im Anschluss fast drei Jahrzehnte. Währenddessen besuchte Siegfrieds Schwester Frieda die Städtische

4 Loval, We were Europeans 2010, S. 105 f.; Stadtarchiv Augsburg, Bestand Meldekarten, Abgabe 2, Hermann Aufhäuser.

5 Ebd., S. 110.

6 Ebd.

7 Vgl. zu Assimilations- und Akkulturationsbestrebungen grundlegend: Marion Kaplan, Konsolidierung eines bürgerlichen Lebens im kaiserlichen Deutschland 1871-1918, in: dies. (Hg.): Geschichte des jüdischen Alltags in Deutschland. Vom 17. Jahrhundert bis 1945, München 2003, S. 226-346, hier S. 301 ff. und Jacob Toury, Soziale und politische Geschichte der Juden in Deutschland 1847-1871. Zwischen Revolution, Reaktion und Emanzipation, Düsseldorf 1977, S. 138 ff. sowie Shulamit Volkov, Jüdische Assimilation und Eigenart im Kaiserreich, in: dies.: Jüdisches Leben und Antisemitismus im 19. und 20. Jahrhundert, 10 Essays, München 1990, S. 131-145.

8 Vgl. Loval, We were Europeans 2010, S. 107.

Töchterschule in Augsburg und heiratete 1922 einen in Bamberg ansässigen Mitinhaber einer Großhandlung und Fabrik für Elektroartikel und Fahrräder.[9]

1.2 Berufliche und verbandspolitische Anfänge in München

Siegfried Aufhäusers erste berufliche Schritte schienen ebenfalls eine bürgerliche Karriere zu begünstigen. Nach abgeschlossener Volks- und Handelsschule begann er – ausgestattet mit der Berechtigung zum Einjährig-Freiwilligen-Dienst – eine Lehre als Kaufmannsgehilfe.[10] Zu diesem Zweck zog er von Augsburg nach München, wo er sich Anfang September 1900 aktenkundig registrieren ließ und eine Ausbildung beim Textilgroßhändler *J. Einhorn & Co., Manufaktur en gros* begann.[11] Um 1900 befand sich diese Firma in der Prannerstraße nicht unweit der Residenz im Zentrum der Stadt.[12] In fußläufiger Entfernung, in der Schwanthalerstraße hinter dem Karlstor, hielt zu jener Zeit die lokale Ortsgruppe des *Vereins der Deutschen Kaufleute* (VdDK) ihre regelmäßigen Versammlungen im Restaurant *Kollergarten* ab. Aufhäuser trat dieser Berufsvereinigung, die 1873/74 auf liberaler Grundlage – gleichwohl parteiunabhängig – gegründet worden war und sich dem *Verband der deutschen Gewerkvereine* (Hirsch-Dunkerschen-Gewerkschaftsvereine) angeschlossen hatte, etwa 1903 bei.[13]

9 Eine Kurzbiografie Frieda Loebls, geborene Aufhäuser, veröffentlichte die Projektgruppe »Spurensuche«: Frieda Aufhäuser, in: http://www.datenmatrix.de/projekte/hdbg/spurensuche/index_extern.html, abgerufen am 28.2.2023. Weitere Informationen zu deren Familie finden sich bei: Werner Loebl, In Ecuador sah sich die Familie wieder, in: Römer, Gernot (Hg.): In der Fremde leben meine Kinder … Lebensschicksale kindlicher jüdischer Auswanderer aus Schwaben unter der Naziherrschaft, Augsburg 1996, S. 37-46. Die Erweiterung des Blicks auf das familiäre Umfeld verweist auf vorwiegend traditionell-bürgerliche Erwerbsbiografien. Als populäres Beispiel sei zudem Heinrich Aufhäuser, ein Cousin von Siegfrieds Vater Hermann, erwähnt. Dieser wurde als Begründer einer traditionellen Münchner Privatbank, in der sich in den Folgejahren zahlreiche Familienmitglieder betätigten, überregional bekannt.

10 LABO Berlin, Entschädigungsbehörde, Reg. 7218 (Aufhäuser, Siegfried), Lebenslauf Siegfried Aufhäuser, undatiert. Zur Ausbildungssituation der damaligen Handelsschulen vgl. Manfred Horlebein, V. Kaufmännische Berufsbildung, in: Berg, Christa (Hg.): Handbuch der deutschen Bildungsgeschichte. Band IV. 1870-1918. Von der Reichsgründung bis zum Ende des Ersten Weltkriegs, München 1991, S. 404-409.

11 Stadtarchiv München, PMB A 58, Meldeunterlagen Aufhäuser, Siegfried; Korthaase, Siegfried Aufhäuser 1988, S. 16.

12 Adressbücher der Stadt München für die Jahre 1899 und 1901.

13 Georg Borchardt, Verein der Deutschen Kaufleute, in: Heyde, Ludwig (Hg.): Internationales Handwörterbuch des Gewerkschaftswesens. Band 2, Berlin 1932, S. 1884ff. Vgl. zur parteipolitischen Neutralität besonders: Verein der Deutschen Kaufleute (Hg.): Jahres-Bericht des Vereins der Deutschen Kaufleute. pro 1904, S. 5. Zahlreiche Belege lassen 1903 als Eintrittsjahr plausibel erscheinen, dennoch lässt Aufhäuser in einem Interview von 1967 die Aussage des Interviewers unwidersprochen, er sei bereits 1902 der Vereinigung beigetreten (vgl. Interview mit Siegfried Aufhäuser im Deutschen Rundfunk, 1. Mai 1967, in: Nikolai [Hg.]: Zum 100. Geburtstag, S. 3.).

Mit Sitz und organisatorischem Zentrum in Berlin sowie rund 100 über das Deutsche Reich verteilten Ortsgruppen trat der Verein laut Satzung dafür ein, die Rechte und Interessen der Handlungsgehilfen durch »Verbesserung der Arbeitsverhältnisse im kaufmännischen Beruf in möglicher Verständigung mit den Principalen« zu fördern.[14] Zu dessen Forderungen zählten etwa die »Verkürzung der Arbeitszeit an den Wochentagen durch Einführung des 8 Uhr-Geschäftsschlusses, Beseitigung der Sonntagsarbeit, Errichtung obligatorischer Fortbildungsschulen, Regelung des Lehrlingswesens [und] Ausdehnung der Gewerbegerichte auf die Kaufleute«.[15] Daneben offerierte er seinen Mitgliedern Zugang zur vereinseigenen Stellenvermittlung, freien Rechtsschutz, begrenzte Unterstützung bei Stellenlosigkeit sowie eine Alters- und Invalidenpension.[16]

Für den Zeitraum um die Jahrhundertwende kann dieser Vereinigung – mit Blick auf die Mitgliedszahlen – eine beachtliche Bedeutungssteigerung attestiert werden. Das Verbandsblatt, die *Kaufmännische Rundschau*, blickte Ende 1903 auf einen kontinuierlichen Mitgliederzuwachs zurück: Waren bis Mai 1894 insgesamt etwa 10.000 Einträge in die »Mitglieder-Stammrolle« erfolgt, konnten hier im Januar 1898 bereits 15.000 Personen verzeichnet werden.[17] Diese Zahl erhöhte sich in den folgenden Jahren auf 20.000 (Januar 1901) beziehungsweise 30.000 (Dezember 1903). Unter Berücksichtigung der personellen Abgänge relativieren sich die Größenverhältnisse zwar deutlich, schmälern das Ausmaß des Trends jedoch nicht. So weisen die detaillierten Jahresberichte eine merkliche Steigerung der Mitgliedszahlen in den Jahren zwischen 1901 und 1905 von 6.815 auf 14.614 aus.[18] Ungeachtet dieses reichsweiten Trends ließen sich in einzelnen Ortsvereinen teilweise gegenläufige Entwicklungen ausmachen. Dies betraf etwa den Münchner Bezirk: Für die fünf Jahre zwischen 1901 und 1905 sind folgende Mitgliederzahlen erfasst: 19 (1901); 20 (1902); 76 (1903); 107 (1904); 62 (1905).[19] Inwiefern Ortsvereinsneugründungen, -schließungen und -zusammenlegungen für diese beträchtlichen Schwankungen verantwortlich gemacht werden können, kann an dieser Stelle nicht abschließend geklärt werden. Auffällig ist, dass der Ortsverein München spätestens ab etwa Mitte 1903 rege Aktivitäten zu entfalten begann.[20] In der überregionalen Verbandszeitung wurde von einer Veranstaltung berichtet, zu der am 19. Mai 1903 der Vor-

14 Verein der Deutschen Kaufleute (Hg.): Jahres-Bericht des Vereins der Deutschen Kaufleute. pro 1903, S. 43. Im Original hervorgehoben. Als Principale oder Prinzipale wurden seinerzeit die Inhaber eines kaufmännischen Unternehmens bezeichnet.

15 Ebd.

16 Ebd. Optional konnten gegen Zuzahlungen unter anderem eine zusätzliche Unterstützung bei Stellenlosigkeit sowie der Zugang zu einer Kranken- und Begräbniskasse gewährt werden.

17 Kaufmännische Rundschau, 11. Jg. Nr. 26 vom 18. 12. 1903, »30 000 Mitglieder«.

18 Vgl. die entsprechenden Jahres-Berichte des *Vereins der Deutschen Kaufleute*.

19 Vgl. Ebd.

20 Für das Jahr 1903 lässt sich beispielsweise ein »Werbeausschuss« für die Rekrutierung neuer Mitglieder nachweisen (vgl. Kaufmännische Rundschau, 11. Jg. Nr. 23 vom 6. 11. 1903, »Aus unseren Vereinen«.). Auch der Wechsel des Versammlungsortes ab Mitte 1903 mag dem Anwachsen der Mitgliederzahlen geschuldet gewesen sein.

sitzende des weitaus größeren Lokalvereins Augsburg geladen war, um über »Die Notwendigkeit der Organisation der Handlungsgehilfen und die Tendenzen und Vorteile des Vereins der Deutschen Kaufleute« zu sprechen.[21] Die Veranstaltung, die aufgrund der Thematik in erster Linie auf die Rekrutierung neuer Mitglieder abzielte, war insofern von Erfolg gekrönt, als sich noch am Abend verschiedene Zuhörer dem Verein anschlossen.[22] Nicht unwahrscheinlich, dass auch Aufhäuser zu den Veranstaltungsbesuchern zählte, um einem Referenten aus seiner alten Heimatstadt zu lauschen. Jedenfalls partizipierte er spätestens ab Mitte 1903 aktiv an der Arbeit des VdDK und engagierte sich bald in überdurchschnittlichem Maße bei der Vereinigung. Gelegentlich erschienen nun Berichte über den Münchner Ortsverein mit seinem Kürzel in der *Kaufmännischen Rundschau*. In einer späten Erinnerung beschreibt er rekapitulierend, er habe innerhalb des VdDK »erst in München, später in Berlin all die Funktionen durchlaufen [...], die Funktionäre üblicherweise hinter sich haben müssen«.[23]

Wenn über sein aktives Engagement innerhalb des Münchner Ortsvereins keine Zweifel bestehen, lassen sich hinsichtlich seiner primären Motivation, sich einer Vertretungskörperschaft der Angestelltenbewegung anzuschließen, lediglich Mutmaßungen anstellen. Retrospektive Bezugnahmen auf diese Zeit seines Wirkens bleiben rar. In einem Interview aus dem Jahre 1958 bezeichnete er seine Laufbahn als »typisch für das Leben eines Angestellten«:

> Meine Lehrzeit fiel in die Zeit der ersten Anfänge des sozialen Emanzipationskampfes der Angestellten. Es war kein Wunder, daß ich schon im dritten Lehrjahr den Weg zur gewerkschaftlichen Angestelltenbewegung gefunden habe.[24]

Ungeachtet dieser – zurückblickend sicherlich verzerrenden – Einordnung seiner eigenen Biografie als »typisch« für die Entwicklung eines Angestellten und der Verortung seines Engagements als folgerichtige Konsequenz der Ausbildungssituation, lassen sich nachfolgend einige Entwicklungen anführen, die ein verbandspolitisches Engagement in seinem beruflichen Umfeld begünstigten und im Einzelfall wohl als notwendig erscheinen ließen.

Das Berufsbild der Angestellten und die kaufmännischen Angestelltenverbände im Wandel

Die divergente Berufsgruppe der Angestellten, die im Zuge der Industrialisierung etwa zur Mitte des 19. Jahrhunderts als größere berufliche Statusgruppierung wahrnehmbar

21 Kaufmännische Rundschau, 11. Jg. Nr. 12 vom 5. 6. 1903, »Aus unseren Vereinen«.
22 Vgl. ebd.
23 Interview mit Siegfried Aufhäuser im Deutschen Rundfunk, 1. Mai 1967, in: Nikolai (Hg.): Zum 100. Geburtstag, S. 3.
24 Ver.di-Archiv Berlin, Mappe Siegfried Aufhäuser II, Manuskript RIAS, Dezember 1958.

wurde, hatte sich seit etwa 1890 durch Bürokratisierung, Technisierung, Konzentration und Kommerzialisierung des sekundären Wirtschaftssektors zügig vergrößert.[25] Dieser Trend ließ sich nicht allein auf die zahlenmäßige Ausweitung der herkömmlichen Berufssparten zurückführen, sondern bedingte sich gleichfalls durch das Aufkommen neuer Berufsfelder und -positionen. Insgesamt war dabei ein überproportionaler Anstieg formalisierter Tätigkeitsfelder mit hohem Routinegehalt zu verzeichnen.[26] Eine klare definitorische Kategorisierung und Abgrenzung zu anderen Berufsgruppen blieb indes zunächst aus.[27] Hans Speier, dessen wegweisende Studie »Die Angestellten vor dem Nationalsozialismus« im Jahre 1933 nicht mehr erscheinen konnte, führte neben kaufmännischem Personal in kleineren und größeren Betrieben etwa Werkmeister, technisches Personal sowie Büro- und Verkaufspersonal ebenso wie Maschinen- und Behördenangestellte als Bestandteile der Angestelltenschaft auf und betonte deren soziale Differenzierung.[28] So ließen sich neben Kaufmannsgehilfen, die landläufig noch am ehesten dem alten Mittelstand zugerechnet wurden, etwa auch Industrie- und Maschinenangestellte mit teils rein mechanischen Tätigkeitsfeldern oder Stenotypistinnen unter die Angestelltenkategorie subsumieren. Die Übergänge zu anderen beruflichen Gruppierungen – wie denen der Arbeiter:innen oder Beamten – waren durchaus fließend. Unterschiede zur Arbeiter:innenschaft wurden unter anderem durch (auf die Betriebe übertragene) »ständisch-hierarchische Ordnungsvorstellungen« akzentuiert und durch staats- und unternehmenspolitische Privilegierung manifestiert.[29] Dabei diente die staatliche Bürokratie oftmals als »Leitbildorientierung«, verfügten Angestellte als sogenannte »Privat-Beamte« doch über ein sicheres Monatsgehalt, einen relativ ungefährdeten Arbeitsplatz und verschiedene Privilegien, die sie zu einer besonderen Treue gegenüber dem Betrieb verpflichteten.[30]

25 Ursula Bitzegeio, Historische Fragen an die Tertiarisierung, in: Zimmermann (Hg.): Das gedruckte Gedächtnis 2010, S. 37-63, hier S. 42. Gleichzeitig begann sich in Industriebetrieben der Angestellten-Terminus gegenüber dem an »staatsbeamtenähnlichen« Berufen orientierten Ausdruck des Industriebeamten als Oberbegriff durchzusetzen (vgl. Jürgen Kocka, Die Angestellten in der deutschen Geschichte 1850-1980. Vom Privatbeamten zum angestellten Arbeitnehmer, Göttingen 1981, S. 121 ff.). Dennoch variierte der Sprachgebrauch auch weiterhin (vgl. Schulz, Günther: Die Angestellten seit dem 19. Jahrhundert, München 2000, S. 3).

26 Ebd., S. 16.

27 Vgl. zur Definitionsproblematik auch: Günther Schulz, Die industriellen Angestellten. Zum Wandel einer sozialen Gruppe im Industrialisierungsprozeß, in: Pohl, Hans (Hg.): Sozialgeschichtliche Probleme in der Zeit der Hochindustrialisierung (1870-1914), Paderborn u. a. 1979, S. 217-266, insbesondere S. 225-231.

28 Vgl. Hans Speier, Die Angestellten vor dem Nationalsozialismus. Ein Beitrag zum Verständnis der deutschen Sozialstruktur 1918-1933, Frankfurt a. M. 1989, S. 29-55. Siehe zu dessen späterem Lebensweg: Daniel Bessner, Democracy in exile. Hans Speier and the Rise of the Defense Intellectual, Ithaca 2018.

29 Gerhard A. Ritter/Klaus Tenfelde, Arbeiter im Deutschen Kaiserreich 1871-1914, Bonn 1992, S. 145 und S. 788. Diese mündeten letztlich in der Schaffung eines eigenen sozialversicherungsrechtlichen Status.

30 Ebd., S. 145.

Für die divergierende Eingruppierung wurden neben rechtlichen besonders sozialökonomische und sozialpsychologische Faktoren verantwortlich gemacht, die sich in Abhängigkeit zur allgemeinen Verkehrsanschauung, der betrieblichen Praxis, der Versicherungspflicht sowie zu den tarifvertraglichen Regelungen offenbarten, wobei sich hier auch berufliche und gewerkschaftliche Faktoren sowie Selbst- und Fremdeinschätzungen als wirkungsmächtig erwiesen.[31] Gleichfalls wurde in diesem Zusammenhang auf die sich von den Arbeiter:innen unterscheidenden Eigenarten in Bezug auf Lebensstil, Konsumverhalten und Karriereerwartung hingewiesen.[32] Vor allem dieser Kategorisierungsproblematik ist es geschuldet, dass sich konkrete Zahlen für die Gesamtgruppe der Angestellten nur schwer ermitteln lassen. Nach einer frühen Arbeit von Günter Hartfiel, der sich wiederum im Wesentlichen auf Statistiken des Deutschen Reichs stützte, zählten 1882 etwa 444.000 Personen (2,5 Prozent aller Erwerbspersonen) zur zusammengefassten Berufsgruppe der Angestellten und Beamten, die sich bis 1907 auf etwa 3.029.000 Personen (11,2 Prozent) vergrößerte.[33] Allerdings wurden in dieser Statistik etwa Handlungsgehilf:innen und Verkäufer:innen neben anderen noch der Kategorie der »Arbeiter« zugeordnet.[34] Dieser enorme Anstieg relativiert sich deutlich, werden Zahlen zugrunde gelegt, die 1933 im Rahmen einer Berufszählung für vorausgegangene Zählungen nachträglich errechnet werden konnten. Auf Grundlage der zeitgenössischen Gebietsstände und angepasst an die gegenwärtig geltende Berufssystematik kam diese Berechnung zu dem Ergebnis, dass die relative Zahl der Angestellten und Beamten 1882 bereits 7,0 Prozent (1.183.000 Personen) aller Erwerbstätigen ausgemacht hatte und im Vergleichszeitraum bis 1907 auf 13,2 Prozent (3.311.000 Personen) angestiegen war.[35] Einzelne Versuche, unter Herausnahme der Beamten lediglich die Zahl der Angestellten zu quantifizieren, gehen davon aus, dass sich diese Gruppe zwischen 1882 und 1907 von etwa 307.000 auf 1.290.000 hauptberuflich Beschäftigte erhöhte.[36]

31 Vgl. Schulz, Die Angestellten 2000, S. 1.

32 Vgl. Jürgen Kocka, Zur Problematik der deutschen Angestellten 1914-1933, in: Mommsen, Hans/Petzina, Dietmar/Weisbrod, Bernd (Hg.): Industrielles System und politische Entwicklung in der Weimarer Republik. Verhandlungen des Internationalen Symposiums in Bochum vom 12.-17. Juni 1973, Düsseldorf 1974, S. 792-811, hier S. 792.

33 Günter Hartfiel, Angestellte und Angestelltengewerkschaften in Deutschland, Berlin 1961, S. 29.

34 Vgl. ebd., S. 32 f.

35 Vgl. ebd., S. 33 f., wo beide Zahlenreihen gegenübergestellt werden. Zur problematischen quantitativen Erfassung der Angestelltenschaft vgl. auch S. 16-27. Geringfügig davon abweichende Zahlen nennt Rainer Fattmann (ders., Angestelltenbewegung 2010, hier S. 74). Dieser nahm Bezug auf Heinz-Jürgen Priamus (ders., Angestellte und Demokratie. Die nationalliberale Angestelltenbewegung in der Weimarer Republik, Stuttgart 1979, S. 13). Diese Zahlen nehmen den Gebietsstand vom 31. Dezember 1937 zum Ausgangspunkt.

36 Kocka, Die Angestellten in der deutschen Geschichte 1981, S. 17. Dieser verweist auf Schulz, Die industriellen Angestellten 1979, S. 230 f. Auch in dieser Zusammenstellung wurden Verkäufer:innen nicht zur Gruppe der Angestellten gerechnet.

Das Wachstum von Großbetrieben und die sich dort vollziehenden Rationalisierungsmaßnahmen begünstigten die Zunahme der angestellt Erwerbstätigen. Hier erhöhte sich die Zahl administrativer Aufgaben, während gleichzeitig viele einstmals komplexe Angestelltentätigkeiten standardisiert und formalisiert wurden.[37] Neben der Erhöhung der Gesamtzahlen lässt sich für diesen Zeitraum eine prozentuale Zunahme weiblicher Angestellten in den entsprechenden Berufsfeldern ausmachen.[38] Diese Entwicklung führte bei vielen männlichen Kollegen zu Verdrängungsängsten und ließ sie einen beruflichen Prestigeverlust fürchten. Die zunehmende Beschäftigung von Frauen scheint sich jedenfalls oft negativ auf »das berufliche wie das patriarchalische Selbstverständnis« der männlichen Kollegen ausgewirkt zu haben.[39] Konkurrenzängste und Statusunsicherheiten traten umso nachhaltiger zutage, da sich die traditionellen Vertreter der Angestelltenschicht häufig an einem bürgerlichen Familienideal orientierten, das dadurch »zumindest unterschwellig in Frage gestellt wurde«.[40]

Steigender Konkurrenz- und Lohndruck durch die Zunahme ungelernter Arbeitskräfte, wachsende Arbeitslosigkeit, wirtschaftliche Konzentrationsprozesse, mangelnde Aufstiegsmöglichkeiten und sich wandelnde Arbeitsbedingungen bei der Berufsgruppe der Angestellten seit der Jahrhundertwende wurden häufig als Anzeichen einer »Krise des berufsständischen Selbstverständnisses« gedeutet.[41] Besonders im Handelssektor, in dem auch Siegfried Aufhäuser beschäftigt war, wurde das tradierte Bild des Handlungsgehilfen, das einstmals als erste Karrierestufe und zeitlich begrenzte Zwischen- und Durchgangsstation auf dem Weg zum Unternehmer und Geschäftsinhaber angesehen

37 Schulz, Die Angestellten 2000, S. 17.

38 Vgl. zur Situation der weiblichen Angestellten in dieser Zeit: Ute Frevert, Traditionelle Weiblichkeit und moderne Interessenorganisation: Frauen im Angestelltenberuf 1918-1933, in: Geschichte und Gesellschaft 7 (1981), S. 507-533, Ellen Lorentz, Aufbruch oder Rückschritt? Arbeit, Alltag und Organisation weiblicher Angestellter in der Kaiserzeit und Weimarer Republik, Bielefeld 1988 sowie Ursula Nienhaus, Von Töchtern und Schwestern. Zur vergessenen Geschichte der weiblichen Angestellten im deutschen Kaiserreich, in: Kocka, Jürgen (Hg.): Angestellte im europäischen Vergleich. Die Herausbildung angestellter Mittelschichten seit dem späten 19. Jahrhundert, Göttingen 1981, S. 309-330 und dies., Berufsstand weiblich. Die ersten weiblichen Angestellten, Berlin 1982.

39 Vgl. Fattmann, Angestelltenbewegung 2010, S. 75.

40 Ebd. S. 76.

41 Michael Prinz, Vom neuen Mittelstand zum Volksgenossen. Die Entwicklung des sozialen Status der Angestellten von der Weimarer Republik bis zum Ende der NS-Zeit, München 1986, S. 19. Toni Pierenkemper konstatiert einen durch ungünstige Marktbedingungen bestimmten Arbeitsmarkt für Handlungsgehilf:innen, bezieht sich dabei auf die Arbeitslosenquote und die Einkommenssituation im Verhältnis zur nicht untersuchten Preisrelation. Die von ihm für die Jahre 1909 bis 1913 genannten Arbeitslosenquoten für kaufmännische Angestellte bewegen sich jedoch durchgängig zwischen 1 und 2 Prozentpunkten (vgl. Toni Pierenkemper, Allokationsbedingungen im Arbeitsmarkt. Das Beispiel des Arbeitsmarktes für Angestelltenberufe im Kaiserreich, 1880-1913, Opladen 1982, S. 235f. Vgl. auch: Toni Pierenkemper, Der Arbeitsmarkt der Handlungsgehilfen 1900-1913, in: Kocka [Hg.]: Angestellte im europäischen Vergleich 1981, S. 257-278).

worden war, dadurch nachdrücklich konterkariert – wodurch die Frage nach der Verbesserung der konkreten, gegenwärtigen Arbeitsbedingungen an Relevanz gewann.[42]

Diese Entwicklungen stellten das etablierte Berufsbild nachdrücklich infrage. Gleichzeitig wirkten sich die gewerkschaftlichen Emanzipationsbewegungen der Arbeiter:innenschaft auf die Organisierungsbestrebungen der Angestellten aus. Obschon sich die Angestellten häufig als Gegenbewegung oder in bewusster Abgrenzung formierten, kam den Gewerkschaften doch eine gewisse Vorbildfunktion zu. Jedenfalls lässt sich in dem Zeitraum ein Wandel in Charakter und Organisationsgrad der kaufmännischen Angestelltenzusammenschlüsse ausmachen: Waren die ersten Vertretungsinstitutionen – in der älteren Forschungsliteratur häufig als »Harmonieverbände« bezeichnet – noch berufsständisch und branchenspezifisch organisiert sowie paritätisch mit Vertretern der Angestellten und Unternehmern besetzt, hatten sich in den 1880er Jahren parallel zum Anstieg der Angestelltenzahlen erste berufsübergreifende Verbände gegründet.[43] Diese etablierten Selbsthilfe-, Stellenvermittlungs- und Geselligkeitsangebote und intensivierten Bemühungen um eine Verbesserung der Aus- und Weiterbildung. Nach wie vor erschwerte die »vermeintliche Interessenidentität mit den Prinzipalen« jedoch gerade im Handel die Verbreitung gewerkschaftlicher Ansätze.[44] Explizit gewerkschaftliche Strategien verfolgten insofern nur wenige Verbände, erst gegen Ende des 19. Jahrhunderts entstanden Angestelltengewerkschaften, in denen Unternehmer nicht zugelassen und der Arbeitskampf als Mittel zur Durchsetzung der eigenen Interessen nicht grundsätzlich abgelehnt wurde.[45]

42 Prinz, Mittelstand 1986, S. 19.

43 Schulz, Die Angestellten 2000, S. 24f. Aufhäuser hat sich in späteren Jahren gegen die Bezeichnung »Harmonieverbände« ausgesprochen, mochte sie stattdessen als »Pioniere der später aufsteigenden Bewegung« anerkannt wissen, die »noch nicht unabhängig genug [gewesen seien], um als autonome Angestellten-Organisation betrachtet zu werden [...] gleichwohl die ersten repräsentativen Berufsvertretungen der deutschen Angestellten« darstellten (Siegfried Aufhäuser, Eine unromantische Betrachtung zum Geschichtsbild der Angestelltenbewegung, Hamburg 1960, S. 9). Er sah deren »organisatorische Entwicklung [...] durchaus parallel mit der Arbeiterbewegung« verlaufend: »Das verschiedenartige Tempo beider Gruppen erklärt sich aus den verschiedenen Wirtschaftsgruppen. Die Handlungsgehilfen kamen aus dem Klein- und Einzelbetrieb des Handels, die Arbeiter organisierten sich von Anfang an aus den Industriebetrieben. Für sie stand der Gegensatz von Kapital und Arbeit am Anfang der Bewegung, während die Angestellten aus dem Bürgertum hervorgegangen waren und einen langwierigen Klärungsprozeß durchlaufen mußten« (ebd. S. 8f.).

44 Eberhard Fehrmann/Ulrike Metzner, Angestellte und Gewerkschaften. Ein historischer Abriß, Köln 1981, S. 36.

45 Vgl. Schulz, Die Angestellten 2000, S. 25. Die Gründe für diese im Vergleich zur Arbeiter:innenschaft zurückhaltende Organisierung und Interessenwahrnehmung sind vielfältig und lassen sich nicht alleine durch Traditionsbezogenheit und bürgerliche Sozialisation eines Teils der kaufmännischen Angestellten oder deren Nähe zu den Prinzipalen erklären. Vielmehr scheint auch die »fein abgestufte[] Büro- und Gehaltshierarchie nicht die Erfahrung einer, ›unmittelbar fassbaren Massenhaftigkeit des Berufsschicksals‹« erlebbar gemacht zu haben (Bitzegeio, Partei- und Landesgrenzen 2009, S. 47).

Insofern bescheinigte Rainer Fattmann dem VdDK eine »Sonderstellung [...] innerhalb des Verbandsspektrums der frühen kaufmännischen Verbände«, da dieser »nur abhängig beschäftigte Kaufmannsgehilfen als Mitglieder zu[ließ] und [...] durch seinen sofortigen Anschluss an die Dachorganisation der liberalen Arbeitergewerkschaften [...] erste Ansätze gewerkschaftlicher Orientierung unter Beweis gestellt« hatte.[46] Obschon sich bis zu Beginn des 20. Jahrhunderts auch Prinzipale unter den Mitgliedern befanden, ist dieser Einschätzung im Wesentlichen zuzustimmen. Auch Speier hatte hier ein »erste[s] schwache[s] Zeichen gewerkschaftlicher Haltung« ausgemacht.[47] Demzufolge stellte der VdDK während der 1880er und der frühen 1890er Jahre durchaus eine Ausnahmeerscheinung innerhalb des Verbandsspektrums der kaufmännischen Hilfsvereine dar. Erst um die Jahrhundertwende entstanden vermehrt Verbände, die eine konfrontativere Haltung gegenüber den Unternehmensleitungen einnahmen, während sich in Anbetracht der wandelnden sozialen und wirtschaftlichen Ausgangslage gleichzeitig eine zunehmende Professionalisierung der Verbandsarbeit ausmachen ließ.[48]

Siegfried Aufhäuser und der *Verein der Deutschen Kaufleute*

In diesen Zeitraum fiel Aufhäusers Ausbildung zum Handlungsgehilfen und seine dadurch bedingte Hinwendung zum VdDK. In einem Radiointerview vom 1. Mai 1967 ließ er seine Kindheit und Jugend nochmals Revue passieren. Dabei thematisierte er seine Ausbildungszeit und den Zeitraum um die Jahrhundertwende, am – wie er bekräftigte – »Wendepunkt der alten Struktur der Wirtschaft des patriarchalischen Verhältnisses zwischen Prinzipal und Angestellten und gleichzeitig auch an der Wende, die man generell als den Anfang der industriellen Revolution in Deutschland bezeichnen kann«.[49] Zwar hatte die Phase der Hochindustrialisierung im Deutschen Reich bereits in den 1880er Jahren ihren ersten Höhepunkt erreicht und auch der Bedeutungswandel des Angestelltenstatus hatte sich schon in den Jahren zuvor abgezeichnet. Vieles spricht jedoch dafür, dass Aufhäuser diese Zeit, wie seine obige Beschreibung nahelegt, als drastischen zeithistorischen Einschnitt erlebte. Tatsächlich hatten beide von Aufhäuser angesprochenen Prozesse um die Jahrhundertwende eine beschleunigte Dynamik entfaltet. Außerdem spielten sich die Veränderungen vor dem Hintergrund persönlicher Entwicklungen und Erfahrungen ab, die mit dem Wegzug aus dem beschaulichen Augs-

46 Fattmann, Angestelltenbewegung 2010, S. 73.

47 Speier, Die Angestellten 1989, S. 154. Er bezog sich dabei auf den Anschluss an die Hirsch-Dunckerschen Gewerkvereine. Vgl. zur Mitgliedschaft von Prinzipalen im VdDK: I. Kapitel 2.1.

48 Fattmann, Angestelltenbewegung 2010, S. 76.

49 Vgl. Interview mit Siegfried Aufhäuser im Deutschen Rundfunk, 1. Mai 1967, in: Nikolai (Hg.): Zum 100. Geburtstag, S. 1.

burger Elternhaus in die Großstadt München ihren Ausgangspunkt nahmen und seine dahingehende Deutung beeinflusst haben dürften.

Aufhäuser beschrieb Augsburg in der Retrospektive als »streng liberal-bürgerliche[] Stadt«, in der die Erziehung »auf dem Gegensatz zwischen Bürgertum und Arbeiterschaft errichtet« worden sei.[50] An anderer Stelle ergänzte er:

> Augsburg war das damalige Großbürgertum; aber die Stadt hatte außerdem auch ihren feudalen Teil, ihren Fürsten und einen alten Adel. [...] Die Erziehung war auch entsprechend, nicht wahr: Strenge Trennung zwischen den arbeitenden Menschen, die wohnten auch mehr in den Vororten, und dem eigentlichen Bürgertum, die beide nichts zu tun haben sollten, nichts miteinander. Über die Lehrzeit brauche ich wohl nicht viel zu sagen; ich habe nicht viel gelernt.[51]

Entsprechend war die Erziehung, so Aufhäuser, »nach dem was ich nachher im Arbeitsleben auch als kaufmännischer Lehrling gesehen und erfahren habe, nicht geeignet mir ein Bild, ein richtiges Bild, von unserer gesellschaftlichen Struktur und vor Allem auch von dem sozialen Leben der verschiedenen Schichten und ihren gegenseitigen Beziehungen zu geben«.[52] Diesen Kontrast, dessen Aufhäuser mit dem Umzug von Augsburg nach München und dem Übergang von der schulischen zur beruflichen Ausbildung gewahr wurde, führte er als Grund an, weshalb ihn »nun im Arbeitsleben die Institutionen und Möglichkeiten interessierten, die [ihm] ein anderes, ein weiteres, erweitertes Bild von [der] heutigen Gesellschaft und ihrer Reformbedürftigkeit geben mussten«.[53] Als der Interviewer seine Verwunderung über diesen – im Hinblick auf die hierarchisch gedachte Trennlinie zwischen Arbeiter:innen und Angestellten – »untypische[n] Gedankengang« ausdrückte, fügte Aufhäuser hinzu, dass es auch vor ihm »schon einige Handlungsgehilfen [gegeben hatte], die auch daran gedacht haben, dass sie zur Verbesserung ihrer Lage, ihrer sozialen Lage einen ähnlichen Weg beschreiten konnten, wie ihn die Arbeiter längst beschritten hatten, nämlich ihre individuelle Ohnmacht durch kollektiven Zusammenschluss zu verstärken«.[54] Diese Motivation zum kollektiven Handeln scheint für ihn letztlich Motiv gewesen zu sein, sich dem VdDK anzuschließen:

> Hier trat ich ein, und hier, muss ich sagen, hat die Gewerkschaft von Anfang an, – ich ging später zu einer anderen Richtung über, in späterem Stadium, – hat die Gewerkschaft mir ein Großteil dessen vom realen Weltbild vermittelt, was ich in

50 Ebd.

51 Interview im Zweiten Deutschen Fernsehen am 1. Mai 1969 anlässlich des 85. Geburtstages von Siegfried Aufhäuser, in: Nikolai (Hg.): Zum 100. Geburtstag, S. 1.

52 Interview mit Siegfried Aufhäuser im Deutschen Rundfunk, 1. Mai 1967, in: ebd., S. 1 f.

53 Ebd., S. 2.

54 Ebd.

meiner Schulerziehung, auch in der Elternerziehung, die rein bürgerlich war, nicht bekommen hatte.[55]

Mithin scheint auch der um die Jahrhundertwende grassierende Antisemitismus für Aufhäusers jugendliche Prägung von nicht unerheblicher Bedeutung gewesen zu sein. Zumindest insofern, als in diesem Zeitraum der *Deutschnationale Handlungsgehilfenverband* (DHV) als Konkurrenz und Gegenspieler des Münchner VdDK auf den Plan trat.[56] Diese Entwicklung blieb nicht auf München beschränkt. So entfaltete der Verband um die Jahrhundertwende in verschiedenen Städten rege Aktivitäten. Hatten dem DHV 1895 kurz nach seiner Gründung lediglich 570 Mitglieder angehört, so stieg diese Zahl bis zur Jahrhundertwende auf knapp 40.000 und überschritt 1907 erstmals die 100.000er-Marke.[57] Dabei stellte die aggressive Form, in der dessen sozialpolitische Forderungen im Rahmen einer völkischen, dezidiert antisemitischen und antifeministischen Standespolitik öffentlich postuliert wurden, ein neues Phänomen dar.[58] Rückblickend beschrieb Aufhäuser das Engagement des DHV als »Einbruch in die Gelassenheit der alten Verbände«, wobei die »liberale Grundauffassung der alten Verbände des laisser-faire, laisser-aller [...] der höchst aktiven Konkurrenz des DHV weichen« musste.[59] Dieser sei von der paritätischen Politik deutlich abgerückt, entfaltete stattdessen bedeutende Aktivität »auf dem Gebiet der staatlichen Sozialpolitik«, wobei dessen »besondere politische Konzeption« zu scharfen Auseinandersetzungen mit dem »streng sozialistisch orientiert[en]« *Zentralverband der Handlungsgehilfen und -gehilfinnen* (ZdH) führte.[60]

Unerwähnt blieb in dieser Darstellung, dass der DHV nicht nur in Konkurrenz zum sozialistischen ZdH stand, sondern 1903 unter anderem in München auch aggressiv gegen den VdDK polemisierte. Davon zeugt eine Episode, die sich aus einem Bericht der *Kaufmännischen Rundschau* rekonstruieren lässt: Auf einer Veranstaltung des Münchner Ortsvereins befanden sich unter den etwa 300 Zuhörer:innen auch einige Mitglieder des DHV. Während der anschließenden Diskussionsrunde hatten diese »es nicht unterlassen [...], mit kleinlichen Nörgeleien aufzutreten« und einige Tage später

55 Ebd., S. 2.

56 Vgl. zum DHV insbesondere: Iris Hamel, Völkischer Verband und nationale Gewerkschaft. Der Deutschnationale Handlungsgehilfen-Verband 1893-1933, Frankfurt a. M. 1967. In dessen Satzung wurde explizit gegen das Eindringen der Sozialdemokratie in den Kaufmannsstand und die Zunahme weiblicher Arbeitskräfte Stellung bezogen (Ebd., S. 53). Juden blieben gleichfalls von der Mitgliedschaft ausgeschlossen.

57 Hermann Schuon, Der Deutschnationale Handlungsgehilfen-Verband zu Hamburg. Sein Werdegang und seine Arbeit, Jena 1914, S. 241.

58 Vgl. hierzu auch: Bitzegeio, Partei- und Landesgrenzen 2009, S. 49 f.

59 Aufhäuser, Angestelltenbewegung 1960, S. 9.

60 Ebd. Obgleich die Führung des Verbandes und dessen Interessenpolitik eindeutig auf der Seite der Kaufmannsgehilfen zu verorten war, hielt der DHV bis 1918 am Prinzip der »Parität« fest (Fattmann, Angestelltenbewegung 2010, S. 77).

ein Flugblatt publiziert, in dem »unrichtige Behauptungen« über die Krankenkasse des VdDK aufgestellt worden waren.[61] Infolgedessen kam es zu einem Gegenbesuch einer DHV-Versammlung. Da während des Vortrags die dort erwarteten Angriffe auf den VdDK ausblieben, meldete sich keiner der VdDK-Vertreter als Beiträger für die nachfolgende Diskussionsrunde.[62] Die Angriffe erfolgten jedoch im Anschluss an die obligatorische Pause »mit besonderem Hinweis darauf, daß der Verein der Deutschen Kaufleute zwar anwesend sei, sich jedoch nicht an der Diskussion zu beteiligen wage«.[63] Gleichfalls wurde der Verein »mit einer Reihe von Kraftausdrücken, wie Hosenjuden« überschüttet.[64] Aufhäuser, der Zeuge dieser Ereignisse geworden war und gemeinsam mit einem zweiten Vertreter des Ortsvereins den Bericht mit seinem Kürzel zeichnete, schloss seine Ausführungen mit den Worten:

> Der Verlauf dieser Versammlung lieferte uns einen weiteren Beweis, mit welchen Mitteln die Deutschnationalen ihre Gegner zu bekämpfen versuchen […] – Wir sind um eine Erfahrung reicher und werden wissen, wie wir uns für die Zukunft in öffentlichen Versammlungen den Deutschnationalen gegenüber zu verhalten haben.[65]

Weitere Aktivitäten Aufhäusers innerhalb des Münchner VdDK sind anhand der Verbandsschriften nicht nachweisbar, lediglich ein Bericht aus dem November 1903 über das Stiftungsfest des Ortsvereins wurde noch mit seinen Initialen gekennzeichnet.[66] Obschon die Ortsgruppe im folgenden Jahr beachtliche Betriebsamkeit entfaltete, entschied sich Aufhäuser bald für einen erneuten Ortswechsel.

2 Vorkriegsjahre im Zentrum des Deutschen Reichs

Nach dem erfolgreichen Abschluss der Kaufmannsgehilfenprüfung zog Siegfried Aufhäuser nach Berlin, in eine der größten Metropolen Europas.[67] Hier befand sich das politische Zentrum des Deutschen Reichs und ein Schwerpunkt der Arbeiter:innenbewegung. Im sogenannten »Roten Berlin« konnte die Sozialdemokratie in diesen Jahren kontinuierlich Zulauf verzeichnen. Kurz vor dem Ersten Weltkrieg

61 Kaufmännische Rundschau, 11. Jg. Nr. 20 vom 25.9.1903, »Aus unseren Vereinen. München«.
62 Ebd.
63 Ebd.
64 Ebd.
65 Ebd.
66 Ebd., 11. Jg. Nr. 24 vom 20.11.1903, »Aus unseren Vereinen. München«.
67 Laut Meldekarte seines Vaters Hermann war Siegfried Aufhäuser am 23. März 1904 nach Berlin gezogen (vgl. Stadtarchiv Augsburg, Bestand Meldekarten, Abgabe 2, Hermann Aufhäuser). Seine eigenen Meldeunterlagen in München verweisen darauf, dass er München zunächst in Richtung Augsburg verließ (Stadtarchiv München, PMB A 58, Meldeunterlagen Aufhäuser).

verfügte die SPD hier über etwa 120.000 Mitglieder.[68] Zugleich galt Berlin als großindustrieller Ballungsraum, in dem Aufhäusers Berufsfeld, das Bekleidungsgewerbe, die wichtigste Einzelbranche darstellte.[69]

2.1 Ankunft in Berlin: Berufliche und private Neujustierungen

In beruflicher Hinsicht hatte sich Aufhäuser zunächst dem Konfektionshandel zugewandt. Dieser Wirtschaftszweig konnte neben dem Textilgeschäft nicht nur in Berlin, sondern in zahlreichen Großstädten des Deutschen Reichs, zur »Hauptbranche jüdischer Handelstätigkeit« gezählt werden.[70] Der allgemeine Befund korrespondiert an dieser Stelle mit dem Einzelfall: Aufhäusers neuer Arbeitgeber, das renommierte Kaufhaus *Gerson*, wurde von Geschäftsinhabern geleitet, die der jüdischen Gemeinschaft nahestanden.[71] Soziostrukturell betrachtet erschienen seine ersten beruflichen Schritte – auch in Anbetracht seines bürgerlichen Hintergrunds – damit keineswegs ungewöhnlich. Zumal mit Blick auf den jüdischen Bevölkerungsteil zur damaligen Zeit insgesamt eine Verschiebung zu jenen Wirtschaftszweigen stattfand, »die sich am schnellsten in Richtung auf ein abhängiges Angestelltenverhältnis [hin] bewegten«.[72] Hinweise auf eine wie auch immer geartete Religiosität oder eine Bezugnahme auf das Judentum lassen sich bei Aufhäuser in diesem Zeitraum dennoch nicht ausfindig machen. Zwar trat er zunächst nicht formal aus der jüdischen Gemeinde aus, seine öffentlichen Verlautbarungen aus jener Zeit, auf die noch zurückzukommen sein wird, lassen jedoch eher auf einen säkularen Lebenswandel schließen.

68 Axel Weipert, Das Rote Berlin. Eine Geschichte der Berliner Arbeiterbewegung 1830-1934, Berlin 2013, S. 62. Die Zahlen beziehen sich auf den Großraum Berlin.

69 Gemessen am Anteil der Beschäftigten. Vgl. Reinhard Schüren, Soziale Mobilität. Muster, Veränderungen und Bedingungen im 19. und 20. Jahrhundert, St. Katharinen 1989, S. 42 f. Die Anzahl der in Berlin beschäftigten Näher:innen wurde in der Hochsaison auf über 100.000 geschätzt, die hier 90 Prozent der deutschen Damen- und Kinderbekleidung sowie etwa 25 Prozent der Herrenkonfektion produzierten (vgl. Weipert, Rote Berlin 2013, S. 94).

70 Bitzegeio, Partei- und Landesgrenzen 2009, S. 41. Wobei sich zu Beginn des 20. Jahrhunderts auch ein großer Prozentsatz der industriell tätigen Jüd:innen in diesem Sektor engagierte (vgl. Werner E. Mosse, Die Juden in Wirtschaft und Gesellschaft, in: ders. [Hg., unter Mitwirkung von Arnold Paucker]: Juden im Wilhelminischen Deutschland 1890-1914. Ein Sammelband, Tübingen 1976, S. 57-113, hier S. 72 f.).

71 Nähere Informationen zu seinem Ausbildungsbetrieb ließen sich nicht ausfindig machen. Im Stadtarchiv München befinden sich Unterlagen zur »Arisierung« der Firma J. Einhorn, persönliche oder geschäftliche Beziehungen zum Textilunternehmen in der Prannerstraße lassen sich jedoch nicht eindeutig rekonstruieren (vgl. Bestand Gewerbeamt, Abgabe 7/12a, 32). Inwieweit Aufhäusers Wahl seiner Ausbildungs- oder Arbeitsstellen auf familiäre und persönliche Kontakte zurückzuführen ist, lässt sich angesichts der Quellenlage nicht bestimmen.

72 Peter Pulzer, Die jüdische Beteiligung an der Politik, in: Mosse (Hg.): Juden im Wilhelminischen Deutschland 1976, S. 143-239, hier S. 198.

Siegfried Aufhäusers neues berufliches Arbeitsumfeld in Berlin, das Kaufhaus *Gerson* am Werderschen Markt, galt als »größte[s] und renommierteste[s] Modekaufhaus Deutschlands« und fungierte unter anderem als Kaiserlicher Hoflieferant.[73] Im Jahr 1839 war es vom jüdischen Kaufmann Herrmann Gerson gegründet und danach von dessen Familie geführt worden, bevor es Ende des 19. Jahrhunderts in den Besitz der Familie Freudenberg überging. 1908 arbeiteten hier mit Aufhäuser etwa 800 kaufmännische Angestellte und 1.500 Arbeiter:innen, die einen jährlichen Umsatz von rund 17 Millionen Mark erwirtschafteten.[74] Im Gegensatz zu seinem Ausbildungsbetrieb im Großhandel, wo Aufhäuser vor allem mit Lager- und Büroarbeiten betraut worden war, betätigte er sich hier im Verkauf, hielt Kontakt zur Kundschaft und hatte täglich im Gehrock zu erscheinen.[75] Zeit für Freizeitaktivitäten blieb – das legen seine Schilderungen nahe – kaum.

Dennoch oder gerade deshalb intensivierte er sein Engagement in den Berliner Ortsgruppen des VdDK, der hier seinen organisatorischen Schwerpunkt besaß. Ab Ende 1904 tauchte sein Name gehäuft im überregionalen Verbandsblatt auf. Erstmals berichtete er im Dezember 1904 aus dem Berliner Ortsverein Nummer IV. von einem Vortragsabend über »Die Notwendigkeit besserer Arbeitsverhältnisse im Handelsgewerbe«.[76] Dabei hielt sich Aufhäuser mit Kritik an den eigenen Verbandskollegen nicht zurück, bemängelte insbesondere deren fehlendes Interesse, wenn es darum ging, »ernste Standesfragen zu behandeln«.[77] Berichte über ein Sitzungsfest des Ortsvereins sowie einen Vortragsabend folgten.[78] Auch an anderer Stelle trat er nun für die Belange des VdDK ein: Mitte des Jahres 1904 war eine frühe Forderung des Verbands, Schiedsgerichte zur Beilegung von arbeitsrechtlichen Streitigkeiten zwischen Prinzipalen und Handlungsgehilf:innen einzurichten, durch ein Reichsgesetz umgesetzt worden. Die sogenannten »Kaufmannsgerichte« sollten als selbstständige Einrichtungen fungieren und eine schnelle und kostengünstige Konfliktlösung ermöglichen.[79] Während der Vorsitzende des Gerichts und sein Stellvertreter durch staatliche Instanzen zu bestellen waren, wurden die zunächst rein männlichen Beisitzer, die sich jeweils zur Hälfte aus Kaufleuten und zur Hälfte aus Handlungsgehilfen zusammensetzten, durch gesonderte

73 Gesa Kessemeier, Ein Feentempel der Mode oder Eine vergessene Familie, ein ausgelöschter Ort. Die Familie Freudenberg und das Modekaufhaus »Herrmann Gerson«, Berlin 2013, S. 11. Vgl. auch dies., Herrmann Gerson. Das erste Berliner Modekaufhaus, Berlin 2016.

74 Kessemeier, Feentempel 2013, S. 19.

75 Interview mit Siegfried Aufhäuser im Deutschen Rundfunk, 1. Mai 1967, in: Nikolai (Hg.): Zum 100. Geburtstag, S. 3 f.

76 Kaufmännische Rundschau, 12. Jg. Nr. 27 vom 30. 12. 1904, »Aus unseren Vereinen. Berlin IV«.

77 Ebd.

78 Vgl. ebd., 13. Jg. Nr. 5 vom 10. 3. 1905, »Aus unseren Vereinen. Berlin IV«.

79 Äußerlich sollte jedoch eine Verbindung mit den bereits seit 1890 existierenden Gewerbegerichten hergestellt werden (vgl. Ursula Zimmermann, Die Entwicklung der Gewerbegerichtsbarkeit in Deutschland. Unter besonderer Berücksichtigung der Verhältnisse in Bayern, Hamburg 2005, S. 275 f.).

Wahlen bestimmt.[80] In dem nun stattfindenden ersten Wahlkampf zum Berliner Kaufmannsgericht präsentierte sich Aufhäuser als einer der regesten Akteure des VdDK, der in verschiedenen Ortsvereinen für die verbandseigene Liste warb, jedoch nicht selbst zur Wahl antrat.[81]

Daneben partizipierte er entschlossen an verbandsinternen Debatten, wie seine Beteiligung an einer Kontroverse über die Mitgliedschaft von Prinzipalen im VdDK belegt: Diese fand in den Spalten der *Kaufmännischen Rundschau* ihren publizistischen Niederschlag. Aufhäuser betonte darin die »unüberbrückbaren Gegensätze« zwischen Handlungsgehilfen und Prinzipalen, woraus er die Forderung nach einer Beschränkung des »Stimm- und Wählbarkeitsrecht[s] auf Handlungsgehilfen« ableitete, um den »Charakter einer reinen Handlungsgehilfenorganisation zu wahren«.[82] Außerdem beschäftigte er sich in diesem Zeitraum intensiv mit der Frage, inwieweit Frauen innerhalb der berufsständischen Handlungsgehilfenorganisationen beteiligt werden sollten. Die sich verändernden Arbeitsmarktstrukturen und die Zunahme wenig formal-qualifizierter Tätigkeiten innerhalb des Handelssektors hatten in zahlreichen Verbänden Debatten angestoßen, die sich speziell auch mit der Frage nach dem Umgang mit den weiblichen Angestellten beschäftigten.[83] Diese übten in den meisten Fällen gering entlohnte Tätigkeiten aus und weckten in den patriarchal geprägten Organisationen Konkurrenzängste oder stießen generell auf Ablehnung. Erst nach und nach setzte sich in den meisten Verbänden die Einsicht durch, dass sich eine dauerhafte Verbannung der Frauen aus dem Berufsfeld als illusionär darstellte und der vermeintlich lohndrückenden Funktion der Frauenarbeit durch Forderungen nach besserer Bezahlung und qualifizierter Ausbildung begegnet werden müsse.[84] Ähnlich verlief die Debatte innerhalb des VdDK: 1903 war auf dem 5. ordentlichen Delegiertentag zunächst ein Statut für einen Handlungsgehilfinnenverein angenommen worden, in dem die Kolleginnen separat organisiert werden sollten.[85] Dieser Beschluss hatte die Diskussion, an der ab 1905 auch Aufhäuser aktiv partizipierte, jedoch keineswegs beendet. Darin trat er nun als aktiver Verfechter einer gemeinsamen Organisationsstruktur auf. Im Anschluss

80 Kurt Ebert, Die Kaufmannsgerichte nach dem Reichsgesetz vom 6. Juli 1904, Greifswald 1906, S. 23-28.

81 Vgl. Kaufmännische Rundschau, 13. Jg. Nr. 10 vom 19.5.1905, »Die erste Wahl zum Kaufmannsgericht in Berlin«.

82 Vgl. ebd., 13. Jg. Nr. 18 vom 8.9.1905, »Sprechsaal. Prinzipale in Gehilfenorganisationen«.

83 Brigitte Kerchner, Beruf und Geschlecht. Frauenberufsverbände in Deutschland 1848-1908, Göttingen 1992, S. 53.

84 So beispielsweise der *Leipziger Verband deutscher Handlungsgehilfen* (vgl. ebd., S. 55). Kerchner beschreibt den Prozess des Umdenkens sowie dessen Ursachen in verschiedenen kaufmännischen Angestelltenverbänden. Sie verweist dabei auch auf das strategische Moment, durch die partielle Integration und Kontrolle die Frauenarbeit auf anderem Wege wiederum einzuschränken oder durch forcierte Segregation den Konkurrenzdruck auf Kosten der Frauen abzumildern (ebd., S. 53-59).

85 Kaufmännische Rundschau, 11. Jg. Nr. 18 vom 28.8.1903, »Vom 5. Delegiertentage unseres Vereins«.

an einen seiner Vorträge über »die Organisation weiblicher Angestellten im Handelsgewerbe« wurde eine Resolution angenommen, in der »die Organisation der weiblichen Handlungsgehilfen als unerläßliche Notwendigkeit« betont wurde.[86] Gleichzeitig erging eine Empfehlung an den Generalrat des VdDK, »aus praktischen und ethischen Gründen, abweichend vom Beschluß des [...] Delegiertentages statt getrennter männlicher und weiblicher Ortsvereine eine gemeinsame Organisation für beide Geschlechter zu bewerkstelligen«.[87] Diese Anschauung konkretisierte Aufhäuser auch an anderer Stelle, wo er auf die mangelhaften Ausbildungsmöglichkeiten der Handlungsgehilfinnen hinwies und darauf aufmerksam machte, dass einer »angeblichen Schädigung der männlichen Gehilfen« nur durch »die Organisation der Frauen« und die Artikulation gemeinsamer Forderungen vorgebeugt werden könne.[88]

Anna Stein. Der Beginn einer lebenslangen Partnerschaft

Es ist anzunehmen, dass Siegfried Aufhäuser in diesem Zeitraum auch seine spätere Ehefrau Anna Stein kennenlernte. Sie wurde am 11. Juni 1878 in Berlin geboren, lebte nach dem Umzug der Eltern Rudolf und Regina Stein, geborene Bronner, jedoch vornehmlich in Frankfurt am Main, wo sie die Mittelschule und die Handelsschule für Mädchen besuchte.[89] 1900 kehrte sie nach Berlin zurück und betätigte sich als kaufmännische Angestellte.[90] Frühzeitig trat sie dem ZdH bei.[91] Der 1897 mit Sitz in Hamburg gegründete sozialistische Berufsverband hatte sich dem *Zentralverband der Generalkommission freier Gewerkschaften* angeschlossen und Frauen von Anfang an als Mitglieder aufgenommen.[92] Die Historikerin Ute Frevert machte in ihm den ersten Angestelltenverband aus, der weibliche Angestellte »als integralen Bestandteil der Arbeiterklasse« begriff, die »Feminisierung der Büroberufe als zwangsläufiges Ent-

86 Ebd., 13. Jg. Nr. 9 vom 5. 5. 1905, »Aus unseren Vereinen. Berlin X«.
87 Ebd.
88 Ebd., 13. Jg. Nr. 23 vom 17. 11. 1905, »Aus unseren Vereinen. Berlin XI«.
89 LABO Berlin, Entschädigungsbehörde, Reg. 312 120 (Aufhäuser, Anna), Lebenslauf Anna Aufhäuser, undatiert.
90 Ebd. Im Vergleich zu ihren männlichen Kollegen, die häufig eine mehrjährige Lehre absolvierten, hatte sie mit ihrem Abschluss – wie die meisten Frauen in dieser Zeit – eine deutlich geringere formale Qualifikation erworben. Durch die mangelnden Aufstiegschancen von Handlungsgehilfinnen wurde deren prekärer Status zusätzlich zementiert (vgl. Schulz, Die Angestellten 2000, S. 79).
91 Vgl. Telegraf, 13. Jg. vom 11. 6. 1958, »Berliner Mosaik«.
92 Handlungsgehülfen-Blatt. Organ des Centralverbandes der Handlungsgehülfen und Gehülfinnen Deutschlands, 1. Jg. Nr. 2 vom 20. 7. 1897, »Bekanntmachungen des Vorstandes«. Allerdings deuteten sich im ersten Grundsatzprogramm die sozialistischen Grundsätze nur zögerlich an (vgl. Bitzegeio, Partei- und Landesgrenzen 2009, S. 54). Zu einer differenzierten politischen Einordnung des Verbandes vor dem Ersten Weltkrieg siehe ebd., S. 68. Zur verbandspolitischen Entwicklung des ZdH und dessen Vorgängerorganisationen vgl. insbesondere: Konrad Stehr, Der Zentralverband der Angestellten. Sein Werdegang, seine Gestalt und sein Charakter, Halle 1926.

wicklungsmoment kapitalistischer Zirkulation« identifizierte und die Notwendigkeit erkannte, Frauen und Männer gemeinsam zu organisieren.[93] Dies geschah jedoch, ohne sich eingehender mit der »Frauenfrage« und den spezifisch weiblichen Belangen und Interessenlagen auseinanderzusetzen.[94] Es verwundert daher kaum, dass weiblichen Mitgliedern ein markanter Einfluss auf die Verbandspolitik noch geraume Zeit vorenthalten wurde.[95]

Wo sich Anna Stein beruflich betätigte und was sie dazu bewegt haben mag, sich dem Verband anzuschließen, muss an dieser Stelle offenbleiben. Belegt ist ihre Mitgliedschaft in der Berliner SPD ab Oktober 1904.[96] Damit zählte sie zu den Pionierinnen der sozialistischen Bewegung in Deutschland. Als erste Partei hatte die SPD ab 1891 das freie, gleiche und geheime Wahlrecht auch für Frauen gefordert. In den meisten Einzelstaaten des Deutschen Reichs – wie beispielsweise in Preußen – war Frauen zu jener Zeit allerdings nicht nur die Mitgliedschaft in politischen Vereinigungen, sondern auch der Besuch politischer Versammlungen verboten. Erst das Reichsvereinsgesetz von 1908, durch das reichseinheitliche Regelungen für Zusammenschlüsse auf überregionaler Basis geschaffen wurden, ermöglichte zahlreichen Frauen erstmals eine – zumindest rudimentäre – politische Partizipation. Aussagekräftige Zahlen zu weiblichen Mitgliedern in der SPD sind erst ab 1906 verfügbar. Unter den 384.000 Parteiangehörigen befanden sich zu diesem Zeitpunkt circa 6.460 Genossinnen (1,7 Prozent), die als »ordentliche Mitglieder« in den Gebieten des Reichs verzeichnet waren, in denen eine weibliche Parteimitgliedschaft nicht mit den jeweiligen Landesregularien kollidierte.[97] Der Historiker Richard J. Evans erwähnte in seiner wegweisenden Studie zu Sozialdemokratie und Frauenemanzipation im deutschen Kaiserreich darüber hinaus die Kategorie der »freiwillige[n] Beiträgerinnen«, die etwa in Preußen zur Umgehung des Vereinsgesetzes angewandt wurde.[98] Zu dieser

93 Ute Frevert, Frauen im freigewerkschaftlichen Zentralverband der Angestellten, in: Borneman, Ernest (Hg.): Der Neanderberg. Vom Aufstieg der Frauen aus dem Neandertal. Beiträge zur Emanzipationsgeschichte des 19. und 20. Jahrhunderts, Frankfurt a. M. u. a. 1983, S. 118-130, hier S. 128, Fußnote 4.

94 König, Die Angestellten unterwegs 1991, S. 51.

95 Kerchner, Beruf und Geschlecht 1992, S. 58. Vgl. auch Lorentz, Aufbruch oder Rückschritt 1988, S. 133-136 und Nienhaus, Berufsstand weiblich 1982, S. 69 ff. Auf Mitgliederebene organisierten sich innerhalb des ZdH vorwiegend Verkäuferinnen größerer Warenhäuser und Konsumgesellschaften, während die weiblichen Büroangestellten sich eher dem 1889 zunächst auf lokaler Ebene gegründeten, rein weiblichen *Kaufmännischen und gewerblichen Hilfsverein für weibliche Angestellte* und dessen Nachfolgeorganisationen anschlossen (Lorentz, Aufbruch oder Rückschritt 1988, S 134 f.).

96 AdsD Bonn, Sammlung »Kleine Erwerbungen«, Mitgliedsbuch Anna Aufhäuser.

97 Zahlen bei Willy Albrecht u. a., Frauenfrage und deutsche Sozialdemokratie vom Ende des 19. Jahrhunderts bis zum Beginn der zwanziger Jahre, in: Borneman (Hg.): Neanderberg 1983, S. 58-117, hier S. 112 f., Tabelle 8.

98 Richard J. Evans, Sozialdemokratie und Frauenemanzipation im deutschen Kaiserreich. Aus dem Englischen übersetzt von W. G. Sebald unter Mitarbeit des Verfassers, Berlin/Bonn 1979, S. 191 f.

Personengruppe, deren Anzahl im Jahr 1905 etwa 1.000 betrug, muss auch Anna Stein gerechnet werden.[99]

Überdies kann sie als eine der Vorkämpferinnen der kaufmännischen Gewerkschaftsbewegung gelten. 1905 befanden sich unter den 1.344.803 Gewerkschaftsmitgliedern 74.411 Frauen (5,5 Prozent), davon lediglich 2.372 in den sozialistischen Verbänden der Handlungsgehilf:innen.[100] Zu einem ernst zu nehmenden Kontrahenten für den DHV, wie Aufhäuser in der Rückschau reklamierte, hatte sich der ZdH jedoch bis dato lediglich in ideologischer Hinsicht entwickelt.[101] Während der DHV 1908 auf etwa 120.000 organisierte Mitglieder verweisen konnte, hatte der ZdH zu dieser Zeit nicht mehr als 8.804 Genoss:innen für seine Gewerkschaftsarbeit gewinnen können.[102] Überhaupt war ein Großteil der in kaufmännischen Verbänden organisierten Angestellten nicht an einer gewerkschaftlichen Vertretung interessiert. Noch 1912 gehörten von den etwa 550.000 Mitgliedern kaufmännischer Verbände lediglich etwa zehn Prozent im weiteren Sinne gewerkschaftlich orientierten Organisationen an.[103]

Im Zentrum der Verbandsarbeit

Über Form und Umfang von Anna Steins Engagement innerhalb des ZdH lassen sich keine weiterführenden Aussagen treffen. Anders verhält es sich mit der Überlieferungslage bei Siegfried Aufhäuser, dessen verbandspolitische Aktivitäten in den kommenden Jahren vermehrt publizistischen Niederschlag erfuhren. So nahm die *Kaufmännische Rundschau* vom 12. Januar 1906 auf einen seiner Vorträge mit dem Titel »Unsere Forderungen an die Gemeinden«, den er bereits an anderer Stelle verschiedentlich gehalten hatte, eingehend Bezug.[104] In seinem Referat kritisierte Aufhäuser die mangelnde soziale Fürsorge für die Handlungsgehilfen, wofür er unter anderem die

99 Ebd., S. 192. In dieser Tabelle werden neben den »freiwilligen Beiträgerinnen« für das Jahr 1905 auch 4.000 »ordentliche« weibliche Parteimitglieder aufgeführt.

100 Albrecht u. a., Frauenfrage 1983, S. 110-113, Tabellen 7 und 8. Mit dieser Umschreibung dürfte in erster Linie der ZdH gemeint sein, da andere Handlungsgehilfenverbände über keine sozialistische Orientierung verfügten und Frauen in aller Regel die Aufnahme verwehrten. Andere Arbeiten gehen für dieses Jahr von 3.088 weiblichen Verbandsmitgliedern innerhalb des ZdH aus (Nienhaus, Berufsstand weiblich 1982, S. 69. Diese bezieht sich auf einen Geschäftsbericht für das Jahr 1913). Siehe zur gewerkschaftlichen Organisation der Handlungsgehilfinnen auch: Gisela Losseff-Tillmanns, Frauenemanzipation und Gewerkschaften, Wuppertal 1978, S. 335 ff.

101 Vgl. hierzu I. Kapitel 1.2.

102 Vgl. Schuon, Der Deutschnationale Handlungsgehilfen-Verband 1914, S. 241; Stehr, Zentralverband 1926, S. 47 f.

103 Fattmann, Angestelltenbewegung 2010, S. 85. Diese Zahlen erscheinen umso bemerkenswerter, berücksichtigt man den Umstand, dass Fattmann auch den VdDK zu dieser Gruppierung rechnete, der mit circa 20.000 Mitgliedern damit fast die Hälfte aller gewerkschaftlich organisierten kaufmännischen Angestellten repräsentierte.

104 Vgl. Kaufmännische Rundschau, 14. Jg. Nr. 1 vom 12. 1. 1906, »Aus unseren Vereinen. Berlin I«.

geringe Organisationsbereitschaft der Kollegen verantwortlich machte.[105] Weitere Vorträge zu »Handlungsgehilfinnen-Organisationen«, zum außerordentlichen Delegiertentag des Vereins und zur kritischen Haltung des Verbands gegenüber der neuen Berliner Handelshochschule sind für die folgenden Monate nachgewiesen.[106]

Welches Renommee Aufhäuser innerhalb des VdDK in jenen Jahren genoss, lässt sich daraus ersehen, dass er zum 25-jährigen Mitgliedschaftsjubiläum des Generalratsvorsitzenden Franz Aniol als Repräsentant der Berliner Ortsvereine IV. und VIII. geladen war, um deren Grußworte zu überbringen.[107] Nur wenig später wurde er zudem als einziger Vertreter des Ortsvereins IV. zum außerordentlichen Delegiertentag des Verbands bestellt.[108] Ein Delegiertentag im Übrigen, der insofern von richtungsweisender Bedeutung war, als hier die »Trennung nach dem Geschlecht« aufgehoben wurde.[109] Auf dem im folgenden Jahr zusammentretenden sechsten ordentlichen Delegiertentag wählten die Mitglieder Aufhäuser erstmals in den fünfzehnköpfigen Generalrat des VdDK und bestimmten ihn zum Abgeordneten für den Verbandstag der deutschen Gewerkvereine.[110] Gleichfalls erfolgte die Aufnahme als Beisitzer in den Hauptvorstand der Krankenkasse des Vereins.[111] Dies ist mitunter als Anerkennung für sein Engagement zu werten, das Aufhäuser zuletzt innerhalb der Berliner Ortsvereine entfaltete. Sein verbandsinterner Bekanntheitsgrad reichte inzwischen über die lokalen Grenzen hinaus: Seit Anfang 1907 agierte Aufhäuser auch als Vorsitzender des Ortsverbandes X. und wirkte zeitweise als Vorsitzender der Gesamtberliner Vereinigung.[112]

Mit Blick auf seine Verlautbarungen in diesem Zeitraum sticht ein längerer Artikel hervor, in dem er sich positiv auf gewerkschaftliche Grundsätze bezog und seine Vor-

105 Vgl. ebd.

106 Ebd., 14. Jg. Nr. 3 vom 9. 2. 1906, »Versammlungs-Anzeigen. Berlin IV«, Nr. 8 vom 20. 4. 1906, »Versammlungs-Anzeigen. Berlin IV«, Nr. 20 vom 15. 10. 1906, »Versammlungs-Anzeigen. Berlin X« und Nr. 23 vom 1. Dezember 1906, »Versammlungs-Anzeigen. Berlin I«.

107 Vgl. ebd., Nr. 6 vom 23. 3. 1906, »Aus unseren Vereinen. Berlin I«.

108 Ebd., Nr. 7 vom 6. 4. 1906, »Ergebnis der Delegiertenwahlen zum außerordentlichen Delegiertentag 16. April 1906 und folgende Tage in Berlin«.

109 Ebd., Nr. 9 vom 4. 5. 1906, »Ein neuer Abschnitt«. Letztlich blieb es den einzelnen Ortsvereinen überlassen, ob sie weibliche Angestellte in die bestehenden Organisationen integrierten oder eigene Frauenvereine gründeten (vgl. Kerchner, Beruf und Geschlecht 1992, S. 57). Neben der Frage nach der zukünftigen Organisation der Handlungsgehilfinnen war insbesondere die vorübergehend zur Disposition stehende Mitgliedschaft im Verband der deutschen Gewerkvereine ausschlaggebender Grund gewesen, die außerordentliche Versammlung einzuberufen (Kaufmännische Rundschau, 14. Jg. Nr. 9 vom 4. 5. 1906, »Unser außerordentlicher Delegiertentag«).

110 Ebd., 15. Jg. Nr. 17 vom 1. 9. 1907, »Von unserm Delegiertentage«.

111 Ebd.

112 Ebd., 16. Jg. Nr. 2 vom 15. 1. 1908, »Aus unseren Vereinen. Berlin, Ortsverein X«. Es erscheint naheliegend, dass Aufhäuser, der im März 1907 im Rahmen einer großen Mitgliederversammlung für Berlin und die Vororte zur Frage referierte, inwiefern eine Gesamtberliner Vereinigung innerhalb des VdDK vonnöten sei, im Anschluss daran diese Position übernahm (vgl. ebd., 15. Jg. Nr. 5 vom 1. 3. 1907, »Versammlungs-Anzeiger. Vereinigung von Berlin und Umgegend«).

stellungen einer schlagkräftigen verbandspolitischen Interessenvertretung erläuterte. In diesem Text skizzierte er in illusionär-wehmütiger Weise eine Vergangenheit, in der eine enge persönliche Bindung zwischen Arbeitgeber und Gehilfen oder Lehrlingen bestanden habe, um diesen Zustand mit der gegenwärtigen Situation zu kontrastieren.[113] Nun würden sich viele »Handelsherren in nichts von den Industriebaronen [unterscheiden], die bestrebt [seien], billige Arbeitskräfte zu kaufen und statt sozialer Fürsorge für ihre Arbeiter und Angestellten lieber für sich und ihren eigenen Geldbeutel [zu] sorgen«.[114] Unter Verweis auf unlautere Behandlungen, denen Handlungsgehilfen vermehrt ausgesetzt seien, was Aufhäuser an verschiedenen Beispielen ausführte, nahm er Bezug auf gewerkschaftliche Kampfmittel der Arbeiter:innenschaft. Diese billigte er implizit, indem er seine Verwunderung darüber ausdrückte, »weshalb von vielen Seiten, auch von Sozialpolitikern, ein Streik im Handlungsgehilfenstande als Utopie bezeichnet [werde]«.[115] In der Tat waren solche Positionen innerhalb der berufsständischen Vereinigungen der Handlungsgehilf:innen weitgehend verpönt, auch in den Gewerkvereinen war die Frage des Streiks immer wieder Gegenstand kontroverser Auseinandersetzungen, was sich in einer ausgesprochenen »Streikzurückhaltung« äußerte.[116] Aufhäuser indes schienen die notwendigen Voraussetzungen eines Streiks lediglich aufgrund der mangelnden »Geschlossenheit [der] Berufsgenossen« noch nicht gänzlich erfüllt, er äußerte sich jedoch in dieser Hinsicht zuversichtlich, dass »die Entwicklung der Zeit das beste Förderungsmittel sein [werde], eine große Handlungsgehilfenorganisation zu schaffen«.[117] Dass aber die Durchsetzung der sozialen Forderungen der Handlungsgehilf:innen nicht allein innerhalb der Verbandspolitik zum Erfolg gelangen könne, konkretisierte er an anderer Stelle. Während eines Vortrags im Vorfeld einer Kaufmannsgerichtswahl forderte er die Anwesenden nachdrücklich dazu auf, sich politisch zu engagieren:

> Nur dadurch, daß die Handlungsgehilfen sich merklich im politischen und kommunalen Leben beteiligen und hervortun, würden sie es erreichen, daß ihren berechtigten sozialen Bestrebungen ein willigeres Gehör seitens der maßgebenden Körperschaften geschenkt würde. Wahre auch der Verein eine streng neutrale Haltung, so bleibe doch keinem Mitglied verwehrt, seine Pflichten als Staatsbürger zu erfüllen.[118]

113 Ebd., Nr. 3 vom 1.2.1907, »Die Zulage mit Valuta«.
114 Ebd.
115 Ebd.
116 Michael Schneider, Kleine Geschichte der Gewerkschaften. Ihre Entwicklung in Deutschland von den Anfängen bis heute, Bonn 2000, S. 84f.
117 Kaufmännische Rundschau, 15. Jg. Nr. 3 vom 1.2.1907, »Die Zulage mit Valuta«.
118 Ebd., Nr. 20 vom 15.10.1907, »Aus unseren Vereinen. Charlottenburg«.

2.2 Von der Verbandsarbeit zur Parteipolitik: Die Demokratische Vereinigung

Dieser Appell erscheint paradigmatisch auch für Siegfried Aufhäusers persönliche und politische Entwicklung in dieser Zeit. Mit seinem entschiedenen Eintreten für die gleichberechtigte Aufnahme weiblicher Mitglieder und den Ausschluss von Prinzipalen aus Verbandsämtern, mit seiner Forderung nach sozialen Verbesserungen und dem kontroversen Beitrag zur Streikfrage nahm er in der zweiten Hälfte der 1900er Jahre zunehmend Themenfelder in den Fokus, die über den verbandsinternen Alltag hinausragten und auf sozialpolitische Veränderungen abzielten. »Zur politischen Arbeit kam ich über die gewerkschaftliche« wird Aufhäuser rückblickend einmal konstatieren.[119] Innerhalb des VdDK, der zwar formal auf seine parteipolitisch neutrale Grundlage pochte, inhaltlich und personell jedoch eng mit der liberalen *Fortschrittspartei* verbunden war, bot sich Aufhäuser in jenen Jahren jedenfalls reichlich Gelegenheit, politische Kontakte zu knüpfen.[120]

Auf sein frühes parteipolitisches Engagement Bezug nehmend führte er an anderer Stelle rekapitulierend aus:

> Ich war nicht nur gewerkschaftlich sondern politisch zunächst nach dem was ich mir an Meinung gebildet hatte, zu den liberalen Parteien gegangen, d.h. in Berlin gab es damals zwei freisinnige Parteien, das war Linksliberalismus, eine freisinnige Volkspartei und eine freisinnige Vereinigung; die Vereinigung war mehr links. Das war speziell in Berlin, und ich habe ja diese ganze Entwicklung in der Hauptsache in Berlin mitgemacht bis zum Schluß.[121]

Als Katalysator für die Hinwendung zum parteipolitischen Tagesgeschäft mögen die Reichstagswahlen 1907 fungiert haben. Ende 1906 war der Reichstag durch Reichskanzler Bernhard von Bülow vorzeitig aufgelöst worden. Vorausgegangen war diesem Schritt die Ablehnung eines Nachtragshaushalts für den südwestafrikanischen Kolonialkrieg, mehrheitlich durch die SPD und Teile der *Deutschen Zentrumspartei* (Zentrum). In dessen Folge bemühte sich von Bülow intensiv um eine Regierungsmehrheit unter Ausschluss des katholischen Zentrums, auf das sich seine Regierungspolitik zuvor im Wesentlichen gestützt hatte. Dies sollte mithilfe eines Bündnisses, bestehend aus Konservativen und Nationalliberalen unter Einbeziehung linksliberaler Kräfte, umgesetzt werden.[122]

119 Interview im Zweiten Deutschen Fernsehen am 1. Mai 1969 anlässlich des 85. Geburtstages von Siegfried Aufhäuser, in: Nikolai (Hg.): Zum 100. Geburtstag, S. 1.

120 Vgl. zur politischen Orientierung auch Aufhäuser, Eine unromantische Betrachtung 1960, S. 12.

121 Interview mit Siegfried Aufhäuser im Deutschen Rundfunk, 1. Mai 1967, in: Nikolai (Hg.): Zum 100. Geburtstag, S. 5.

122 Der Terminus »linksliberal« wird an dieser Stelle – Ludwig Elm folgend – als Sammelbegriff für die nach Abspaltung und Rechtswendung der *Nationalliberalen Partei* (NLP) im liberalen Lager verbliebenen Parteien genutzt – ohne damit gleichzeitig von einem tatsäch-

Zu den »linksliberalen Kräften« zählten in diesem Sinne die *Freisinnige Vereinigung* (FrVg), die *Freisinnige Volkspartei* (FrVP) und die *(Süd-)Deutsche Volkspartei* (DtVP).[123] Vor allem innerhalb der FrVg blieb die neue politische Konstellation, der sogenannte »Bülow-Block«, aufgrund der restaurativen Zugeständnisse an die Bündnispartner und der demonstrativen Frontstellung gegen die Sozialdemokratie heftig umstritten. Belege oder Verlautbarungen, die Aufhäusers Beteiligung an diesen Debatten reflektieren, sind nicht ausfindig zu machen. Ein parteipolitisches Engagement zu jener Zeit erscheint unwahrscheinlich. So trat er 1908 beim konfliktträchtigen Berliner Delegiertentag des Wahlvereins der Liberalen (FrVg) nicht in Erscheinung.[124] Seine rückblickenden Ausführungen zur Thematik geben die damaligen Entscheidungsprozesse nicht adäquat wieder. Hier führte er die Parteispaltung auf eine Debatte um Schutzzölle zurück, die einige prominente Mitglieder der FrVg von der Partei entfremdet hätten.[125] Obschon sich die nun konstituierende Abspaltung namens *Demokratische Vereinigung* am 25. Oktober 1908 auf einer Generalversammlung mittels Resolution dezidiert auch gegen die Zoll-

lich vorhandenen linksliberalen Profil der einzelnen Parteien auszugehen (vgl. Ludwig Elm, Von Naumann zu Barth und Breitscheid. Hellmut von Gerlach als Mitbegründer [1908] und Vorsitzender [1912-18] der Demokratischen Vereinigung [DV], in: Koch, Christoph [Hg.]: Vom Junker zum Bürger. Hellmut von Gerlach – Demokrat und Pazifist in Kaiserreich und Republik, München 2009, S. 71-87, hier S. 72). Zu den kolonialen und innenpolitischen Hintergründen des nationalistisch und antisozialistisch aufgeladenen Wahlkampfs vgl. Frank Becker, Die Hottentotten-Wahl (1907), in: Zimmerer, Jürgen (Hg.): Kein Platz an der Sonne. Erinnerungsorte der deutschen Kolonialgeschichte, Frankfurt a. M. 2013, S. 177-189 sowie Ulrich van der Heyden, Die »Hottentottenwahlen« von 1907, in: Zimmerer, Jürgen/Zeller, Joachim (Hg.): Völkermord in Deutsch-Südwestafrika. Der Kolonialkrieg (1904-1908) in Namibia und seine Folgen, Berlin 2004, S. 97-102.

123 Insgesamt stellt sich die Parteiengeschichte des Liberalismus im Kaiserreich – insbesondere die des Linksliberalismus – bereits mit Blick auf die organisatorischen Verflechtungen als außerordentlich komplex dar. Ausgehend von der *Deutschen Fortschrittspartei* (DFP, 1861-1884) lassen sich, über die Abspaltung des rechtsliberalen Flügels und der daraus entstehenden NLP (1866/67-1918), deren linker Flügel sich wiederum als *Liberale Vereinigung* (1880-1884) konstituierte, um 1884 mit den verbliebenen Mitgliedern der DFP zur *Deutschen Freisinnigen Partei* (DFrP, 1884-1893) zu verschmelzen, die unterschiedlichen, teils äußerst kurzlebigen Konstellationen und Verbindungen kurz darstellen: 1893 zerbrach die Fusion, aus der die DFrP hervorgegangen war, erneut. In Zuge dessen konstituierten sich nun FrVP (1893-1910) und FrVg (1893-1910). Während die FrVg 1903 mit dem 1896 von Friedrich Naumann gegründeten *Nationalsozialen Verein* (NSV, 1896-1903) fusionierte und 1908 eine Abspaltung hinnehmen musste, auf die im Folgenden näher eingegangen wird, war die FrVP zunächst keinen größeren organisatorischen Wandlungen ausgesetzt. Dies änderte sich erst 1910 mit der Fusion von FrVg, FrVP und DtVP (1868-1910) zur *Fortschrittlichen Volkspartei* (FVP, 1910-1918), aus der nach dem Ersten Weltkrieg die *Deutsche Demokratische Partei* (DDP, 1918-1930) hervorging.

124 Vgl. Wahlverein der Liberalen (Hg.): Dritter Delegiertentag des Wahlvereins der Liberalen zu Frankfurt a. M. am 21. und 22. April 1908.

125 Interview mit Siegfried Aufhäuser im Deutschen Rundfunk, 1. Mai 1967, in: Nikolai (Hg.): Zum 100. Geburtstag, S. 5. Zudem liegt er beim Datieren der Gründung falsch. Da eine Beteiligung an der Formierung der DV von Aufhäuser an keiner Stelle beansprucht wird, ist anzunehmen, dass er erst kurz nach der Gründung zur Partei stieß.

politik der Reichsregierung gewandt hatte und dies für Aufhäuser den Ausschlag gegeben haben mag, sich der Neugründung anzuschließen, waren für die Parteispaltung andere Entwicklungsfaktoren maßgebend.[126]

Innerhalb der FrVg hatte sich eine Kontroverse um die fraktionelle Beteiligung am »Bülow-Block« entzündet. Dessen Konstitution war von Teilen der Partei und der Öffentlichkeit als strategisches »Kampfinstrument gegen die Sozialdemokratie« gedeutet worden, was insbesondere dem sozialpolitisch orientierten Parteiflügel, der die SPD als Bündnispartner ins Visier genommen hatte, missfiel.[127] Kumuliert war der Streit über die Politik der Blockparteien, der innerparteilich seit der Regierungsbildung vehement geführt wurde, an einer Regierungsvorlage zum Reichsvereinsgesetz. Trotz zahlreicher Kritikpunkte, vor allem zum sogenannten »Sprachenparagraphen«, war die Vorlage von der eigenen Reichstagsfraktion befürwortet worden, um die Fraktionsdisziplin mit den übrigen liberalen Parteien zu wahren und den Erhalt der Blockgemeinschaft zu gewährleisten.[128] Auf einem Delegiertentag im April 1908 traten nach langen Debatten schließlich 19 Delegierte aus der Partei aus.[129] Unter ihnen befanden sich Theodor Barth, Rudolf Breitscheid und Hellmut von Gerlach. Nur wenige Tage später erklärte auch der von Breitscheid geleitete *Sozialliberale Verein in Berlin* seinen Austritt aus der Partei und bildete in den folgenden Monaten den Ausgangspunkt zur Gründung der DV, deren Basis er zunächst im Wesentlichen stellte.[130] So etablierte sich in Berlin, wo die Partei bereits Mitte 1908 über circa 2.000 Mitglieder verfügte, zügig deren organisatorisches Zentrum.[131]

126 Auf dieser Versammlung war die Umwandlung in eine Partei auf Reichsebene beschlossen worden. Vgl. zur Parteigründung auch Ludwig Elm, Demokratische Vereinigung (DV). 1908-1918, in: Fricke, Dieter/u. a. (Hg.): Lexikon zur Parteiengeschichte. Die bürgerlichen und kleinbürgerlichen Parteien und Verbände in Deutschland (1789-1945). In vier Bänden. Band 1. Alldeutscher Verband – Deutsche Liga für Menschenrechte, Köln 1983, S. 496-503, insbesondere S. 496f. Die Resolution findet sich abgedruckt in der Berliner Volks-Zeitung, 56. Jg. Nr. 504 vom 26. 10. 1908, »Die Generalversammlung der Demokratischen Vereinigung«.

127 Burkhard Gutleben, 100 Jahre linksliberale Kleinparteien in Deutschland (1908 2008), 2008, in: https://nbn-resolving.org/urn: nbn: de: hbz:465-20081022-093024-4, zuletzt abgerufen am 1. 4. 2025, S. 9.

128 Ebd., S. 10ff. Näheres zum Reichsvereinsgesetz und der Kontroverse um den Sprachenparagraphen, demnach öffentliche Versammlungen künftig ausschließlich in deutscher Sprache abgehalten werden sollten, bei: Gerd Fesser, Zur Genesis des Reichsvereinsgesetzes. Staatsorgane, bürgerliche Parteien und Vereinsgesetzgebung im Deutschen Reich 1906 bis 1908, in: Aisin, Boris Aronovič/Gutsche, Willibald (Hg.): Forschungsergebnisse zur Geschichte des deutschen Imperialismus vor 1917, Berlin 1980, S. 107-139, insbesondere S. 120-127 und Hans Tillmann, Staat und Vereinigungsfreiheit im 19. Jahrhundert. Von der Paulskirche zum Reichsvereinsgesetz von 1908, Wattenscheid 1976, S. 183-235, insbesondere S. 212-215.

129 Wahlverein der Liberalen (Hg.): Dritter Delegiertentag 1908, S. 69.

130 Gutleben, Kleinparteien 2008, S. 12. Vgl. auch die Berliner Volks-Zeitung, 56. Jg. Nr. 232 vom 18. 5. 1908, »Der Sozialliberale Verein für Groß-Berlin«.

131 Peter Pistorius, Rudolf Breitscheid 1874-1944. Ein biographischer Beitrag zur deutschen Parteiengeschichte, Nürnberg 1970, S. 84.

Die Dynamik einer solchen Neugründung, die die liberale Berliner Presse teils ausführlich behandelte, scheint auf Aufhäuser eine gewisse Faszination ausgeübt zu haben.[132] Insbesondere die Forderung nach »Demokratisierung von Reich, Staat und Gemeinde« durch das forsche Eintreten für das allgemeine, gleiche, geheime und direkte Wahlrecht für Frauen und Männer und die konsequente Ablehnung des preußischen Dreiklassenwahlrechts sowie die Forderung nach »energische[r] Handhabung des parlamentarischen Steuerbewilligungsrechts« dürften seinen politischen Vorstellungen entgegengekommen sein.[133] Ebenso wird die Willensbekundung, »zur Erreichung demokratischer Reformen [...] eine Kooperation mit der in der Sozialdemokratie organisierten Arbeiterschaft« einzugehen, Aufhäuser den Eintritt in die DV erleichtert haben.[134]

Programmatik, Zielgruppe und Mitgliedschaft

Siegfried Aufhäuser wurde zu dem ersten Parteitag der DV im April 1909 als einer von fünf Vertretern des Parteiausschusses geladen. Es erscheint daher naheliegend, dass er wie viele andere – unter ihnen Minna Cauer, Adele Schreiber und Carl von Ossietzky – bereits im Gründungsjahr 1908 zur neuen Vereinigung gestoßen war. Eine Gründung im Übrigen, die er in späteren Jahren durchaus kritisch beurteilte. Auf seine frühe politische Sozialisation zurückblickend rekapitulierte er 1967:

> Die Demokratische Vereinigung hatte sozial eine Illusion verfolgt, die nie zu verwirklichen war und auch scheiterte; sie glaubte, man könnte zwischen dem Bürgertum, zwischen den bürgerlichen Parteien einerseits, der Sozialdemokratie andererseits, die neue aufkommende Schicht der Angestellten, die damals schon an Zahl enorm zunahmen, man könnte diese Schicht, diese Angestelltenschicht [...] einschließlich eines Teils der Intellektuellen, [gewinnen und] [...] den Raum zwischen bürgerlichen und sozialdemokratischen Parteien ausfüllen. Das war die soziale Vorstellung der Gründer, die sich, wie gesagt, nicht hat verwirklichen lassen, weil die Grenzen zwischen Bürgertum und Angestellten beide so flüssig sind, daß es für eine eigene Partei nicht ausreichte.[135]

Im Parteiprogramm forderten die Mitglieder neben der konsequenten Demokratisierung, der vollsten staatsbürgerlichen Rechtsgleichheit ohne Unterschied von Konfession und

132 Gutleben, Kleinparteien 2008, S. 12. Siehe zu DV-nahen Presseorganen auch Sven Crefelds Einführung in: Rudolf Breitscheid, Vornehmste Aufgabe der Linken ist die Kritik. Publizistik 1908-1912. Herausgegeben von Sven Crefeld, Berlin 2015, S. 15-44, hier S. 27-30.

133 Berliner Volks-Zeitung, 56. Jg. Nr. 504 vom 26.10.1908, »Die Generalversammlung der Demokratischen Vereinigung«.

134 Ebd., 56. Jg. Nr. 232 vom 18.5.1908, »Der Sozialliberale Verein für Groß-Berlin«.

135 Interview mit Siegfried Aufhäuser im Deutschen Rundfunk, 1. Mai 1967, in: Nikolai (Hg.): Zum 100. Geburtstag, S. 5 f.

Geschlecht auch die Trennung von Staat und Kirche sowie Vereins-, Versammlungs-, Gewerbe- und Pressefreiheit.[136] Daneben visierte das Programm den einheitlichen Aufbau von Schule und Oberschule, die Restrukturierung des Reichsheeres zum Volksheer, eine Bodenreform, die volle Selbstverwaltung der Gemeinden und die Förderung des Genossenschaftswesens als zu verwirklichende Ziele an. Steuern und Zölle auf Lebensnotwendigkeiten sollten abgeschafft und der Freihandel ausgebaut werden, gleichzeitig wurden »Verstaatlichung und Kommunalisierung da, wo der Privatbetrieb den Interessen der Allgemeinheit zuwider läuft«, zum Programm erhoben.[137] Die Wirtschaftsordnung in ihrer Gesamtheit wiederum sollte dahingehend Ausgestaltung finden, »der Arbeit in jeder Gestalt einen immer höheren Anteil an dem Produktionsertrag zu sichern«.[138]

Zahlreiche Programmpunkte blieben indes unkonkret und kontrovers diskutiert. Fraglich blieb etwa, ob die republikanische Staatsform angestrebt werden sollte oder ob die genannten Ziele innerhalb der Monarchie verwirklicht werden könnten. Die soziale Basis der Partei setzte sich zunächst aus kleinbürgerlichen und intellektuellen Kreisen sowie aus »einigen kapitalistischen Gruppen in verschiedenen Großstädten« zusammen.[139] Nachdem die Delegierten auf dem zweiten Parteitag das Programm im Anschluss an eine längere Diskussion einstimmig angenommen hatten, veranlasste dessen sozial- und wirtschaftspolitische Ausrichtung »eine Reihe besonders wohlhabender Mitglieder« dazu, die Partei zu verlassen.[140] Auf diesem Parteitag war auch die Forderung nach Abschaffung der Todesstrafe gegen eine große Zahl von Fürsprecher:innen mit der Begründung abgelehnt worden, eine »so strittige Frage gehöre nicht in ein Programm«.[141] Als diese Debatte auf dem dritten Parteitag erneut entbrannte, stand weniger die generelle Abschaffung zur Disposition, als vielmehr die Frage, inwiefern die spezifische Forderung Aufnahme ins Programm finden sollte, das sich im Wesentlichen aus allgemeinen politischen Leitlinien zusammensetzte. Aufhäuser, der sich an dieser Stelle mit anderen – gegen den Parteivorsitzenden Breitscheid und von Gerlach argumentierend – für eine programmatische Verankerung aussprach, konnte sich schließlich durchsetzen.[142]

Abweichend von Aufhäusers oben zitierter Charakterisierung hatte die DV einige Bemühungen unternommen, sich nicht primär als Vertreterin der Angestellteninteressen zu inszenieren, sondern dezidiert auch Arbeiter:innen anzusprechen.[143] Um eine größere

136 Programm der Demokratischen Vereinigung. Beschlossen auf dem Parteitage in Köln 1910, in: Aufhäuser, Siegfried/Lüdemann, Hermann, Angestellte und Demokratie, Berlin [1910], S. 27 ff.

137 Ebd., S. 28.

138 Ebd.

139 Elm, Demokratische Vereinigung 1983, S. 497.

140 Demokratische Vereinigung (Hg.): Der dritte Parteitag der Demokratischen Vereinigung zu Gotha am 4. bis 6. Juni 1911, S. 22.

141 So geäußert durch Hellmut von Gerlach (zitiert nach ebd., S. 139).

142 Vgl. ebd., S. 143 f.

143 Vgl. dazu die Äußerungen Breitscheids auf dem 3. Parteitag der DV (ebd., S. 56-76, insbesondere S. 67-70).

Zielgruppe für die Belange der Partei zu interessieren, hatte die DV programmatisch und inhaltlich sowohl Beamte, Lehrer:innen, unter bürgerlichem Einfluss stehende Arbeiter:innen und Teile der bürgerlichen Frauenbewegung adressiert.[144] Neben Minna Cauer und Adele Schreiber zählten Tony Breitscheid und Regine Deutsch aus der Frauenbewegung zu den aktivsten Mitgliedern der Vereinigung. Mit dem »unzweideutige[n] Eintreten für Demokratie, Säkularismus, Freihandel und Internationalismus« ließen sich zudem inhaltlich-programmatische Überschneidungen zu verschiedenen jüdischen Organisationen und Gruppierungen ausmachen.[145] Zu den prominentesten jüdischen Mitgliedern der DV zählten der Rechtswissenschaftler Hugo Sinzheimer sowie Julius Moses, Herausgeber des *Generalanzeigers für die gesamten Interessen des Judentums*.[146] Berührungspunkte ergaben sich ferner zum *Verein zur Abwehr des Antisemitismus*, dessen Vorsitz Barth seit 1903 innehatte, sowie zu den früheren Leser:innen und Mitarbeiter:innen der von ihm bis 1907 herausgegebenen Zeitschrift *Die Nation*.[147]

Parteitagsdebatten, inhaltliche Ausrichtung und die Angestelltenversicherung

Steigende Mitgliederzahlen konnte die DV vor allem in den ersten Jahren nach ihrer Gründung verzeichnen. Als am 12. April 1909 der erste Parteitag in Berlin tagte, zählte die Partei mehr als 5.000 Mitglieder in 45 Ortsvereinen.[148] Unter den 131 Delegierten trat Aufhäuser als Vertreter des Parteiausschusses an prominenter Stelle in Erscheinung.[149] In deutlichen Worten konkretisierte er auf der Versammlung seine Vorstellungen über die Ziele der neuen Partei, die sich als Hinweis auf seine zeitgenössische politische Selbstverortung lesen lassen:

144 Vgl. Elm, Demokratische Vereinigung 1983, S. 497 f.

145 Pulzer, Die jüdische Beteiligung 1976, S. 195.

146 Vgl. Christoph Müller, Hugo Sinzheimer (1875-1945). Selbstorganisation und Selbstverwaltung im Arbeitsrecht, in: Lehnert (Hg.): Lebenswege 2015, S. 145-174 sowie Heinz-Peter Schmiedebach, Politische Positionen und ethisches Engagement. Julius Moses und die Medizin im 20. Jahrhundert, in: Schneider, Michael (Hg.): Julius Moses. Schrittmacher der sozialdemokratischen Gesundheitspolitik in der Weimarer Republik, Bonn 2006, S. 9-37, hier S. 13-15. Siehe auch Holger Böning, Julius Moses. Volksarzt und Prophet des Schreckens. Ein jüdisches Leben in Deutschland, Berlin 2016.

147 Pulzer, Die jüdische Beteiligung 1976, S. 195. Vgl. zur Vorgeschichte Barths und seiner Rolle als Vorsitzender des Vereins: Konstanze Wegner, Theodor Barth und die Freisinnige Vereinigung. Studien zur Geschichte des Linksliberalismus im wilhelminischen Deutschland (1893-1910), Tübingen 1968 sowie Auguste Zeiß-Horbach, Der Verein zur Abwehr des Antisemitismus. Zum Verhältnis von Protestantismus und Judentum im Kaiserreich und in der Weimarer Republik, Leipzig 2008, hier S. 141-146.

148 Demokratische Vereinigung (Hg.): Der erste Parteitag der Demokratischen Vereinigung zu Berlin am 12. April 1909, S. 19.

149 Vgl. ebd., S. 31 und S. 68. Dem Ausschuss oblag zu dieser Zeit die Kassenprüfung, er fungierte als Berufungsinstanz für Beschwerden gegenüber dem Zentralvorstand und hatte an den Vorbereitungen für den Delegiertentag mitgewirkt (ebd., S. 21).

> Wir haben als Angestellte gemeinsame Interessen mit den Arbeitern. Für uns ist es nicht nur mißlich, daß die Blockpolitik eine Kluft geschaffen hat zwischen uns und den Arbeitern, sondern daß alle sozialpolitischen Gesetzentwürfe ebenfalls die Masse der Privatangestellten trennen wollen von den breiten Massen der Arbeiter. Wir wollen dagegen eine möglichst einheitliche Sozialpolitik auch für die Angestellten. [...] Über das eine müssen wir uns klar sein: Wenn es auch erfreulich ist, daß aus den besitzenden Klassen Freunde sich uns anschließen, die Masse liegt in den Kreisen der Arbeiter und vorwiegend in den Kreisen der Privatangestellten.[150]

Gerade die Artikulation der gemeinsamen Interessenlage von Arbeitern und Angestellten sollte sich in den kommenden Jahren als programmatisch für sein politisches Wirken erweisen – ein »lebenslanges Credo«, wie Gunter Lange vermerkte.[151]

Dass die DV nach Aufhäusers Dafürhalten keine »Sonder-Interessenvertretung der Privatangestellten« sein dürfe, konkretisierte er auf dem zweiten Parteitag 1910 in Köln, wo er für eines der beiden Hauptreferate verantwortlich zeichnete:[152] Als Angestellter erwarte er, dass die DV »für das Mitbestimmungsrecht der heute allenthalben entrechteten Arbeitnehmer [eintrete] und [ihnen], den wirtschaftlich Schwächeren im Kampf um die bürgerliche Gleichberechtigung, im wirtschaftlichen und politischen Leben treue Waffenbrüderschaft [halte]«.[153] Nun »eine einseitige Klassenpolitik zu Gunsten irgend einer Berufsgruppe« zu forcieren, hielt er für verfehlt.[154] Stattdessen propagierte er, einer programmatischen Erklärung von Gerlachs folgend, die DV als »Partei der Arbeit« – gerade auch im Gegensatz zu »allen übrigen bürgerlichen Parteien, die nur für die Freiheit der besitzenden Klassen eintreten«.[155] Zwar charakterisierte er die Gesamtheit der Angestellten als »selbstständige neue Volksschicht«, ging jedoch gleichzeitig offensiv mit dem »Märchen vom neuen Mittelstand« ins Gericht und kritisierte die gegenwärtige soziale Gesetzgebung, die darauf hinausliefe, »die Angestellten möglichst von dem übrigen Teil der Arbeitnehmer, von der Arbeiterschaft fernzuhalten«.[156] Im Gegensatz dazu betonte er »eine natürliche Zusammengehörigkeit aller wirtschaftlich Abhängigen«.[157] Daraus folgerte er, dass »gemeinsame[ ] wirtschaftliche[ ] Interessen von Arbeitern und Angestellten [...] es auch notwendig [machen würden], daß ihre politischen Vertretungen Hand in Hand [gingen]«.[158] Insofern müsse

150 Ebd., S. 58.
151 Lange, Aufhäuser 2013, S. 22.
152 Siegfried Aufhäuser/Hermann Lüdemann, Angestellte und Demokratie, Berlin [1910], S. 3. Beide Referate setzten sich dezidiert mit der Angestelltenthematik auseinander. Sie wurden wenig später als Broschüre veröffentlicht.
153 Ebd., S. 3.
154 Ebd., S. 4.
155 Ebd.
156 Ebd., S. 7.
157 Ebd.
158 Ebd., S. 11.

auch »die positive Gegenwartsarbeit der Sozialdemokratie von den Angestellten dankbar anerkannt werden«, auch wenn sie »mit der Sozialdemokratie in ihren Endzielen nicht zusammen kommen« würden.[159]

Deutlich kommt an dieser Stelle Aufhäusers zeitgenössisches, liberal-bürgerliches Politikverständnis zum Tragen, das eine fundamentale Kritik der bestehenden Herrschaftsverhältnisse vorläufig noch ausschloss und für eine Politik der Reformen warb:

> Ich bin der Ansicht, daß wir in einem rein kapitalistischen Staat leben, der in seiner heutigen Form große Schäden gezeitigt hat, halte es aber für falsch, von außen den Vernichtungsschlag gegen die Gesellschaftsordnung zu führen, und meine, daß dieser kapitalistische Staat in sich selbst zu sozialisieren ist.
> Zweifelsohne ist in unserem Gegenwartsstaat bei all seinen Auswüchsen eine Basis gegeben, auf der die Sozialisierung verwirklicht werden kann, und es liegt an uns, dieses Werk zu vollführen und damit auch den Angestellten einen geeigneten Platz in der Gesellschaft zu geben.[160]

Seine in diesem Kontext geäußerte Ansicht, er halte es »für falsch, dem Kapitalismus jegliche kulturfördernde Wirkung abzusprechen«, wurde im weiteren Verlauf des Parteitags kontrovers diskutiert und bisweilen vehement zurückgewiesen.[161] Breitscheid etwa warf Aufhäuser mangelnde Konsequenz vor und konstatierte:

> Der Kapitalismus hörte auf, kulturfördernd zu sein, als sich herausstellte, daß er nur zum Vorteil gereiche denen, die über das Kapital verfügten, aber zum Nachteil für die, die von den Produktionsmitteln getrennt waren. [...] Jede Kultur wollen wir fördern, die die Persönlichkeit als das Höchste ansieht. Wenn Aufhäuser meint, wir sind deshalb Gegner der Sozialdemokratie, weil die Verstaatlichung aller Produktionsmittel die Persönlichkeit in den Hintergrund drängen würde, so bin ich nicht dieser Ansicht. Eine Verstaatlichung der Produktionsmittel würde der Persönlichkeit unendlich weit dienlicher sein als unsere großkapitalistischen Betriebe.[162]

Im Schlusswort der Debatte verteidigte Aufhäuser seinen Standpunkt, indem er erläuterte, dass durch die »Konzentration der Großbetriebe, die einerseits ungeheuren Schaden angerichtet [habe], andererseits eine Basis geschaffen worden sei, auf der sich die Sozialisierung entwickeln [könne]«.[163] Überdies betonte er die Übereinstimmung

159 Ebd.
160 Ebd.
161 Ebd. sowie Demokratische Vereinigung (Hg.): Der zweite Parteitag der Demokratischen Vereinigung zu Köln am 15. bis 17. Mai 1910, S. 96, S. 112 und S. 115 f.
162 Ebd., S. 116.
163 Ebd., S. 121.

mit Breitscheid bei der grundsätzlichen Position, im Unterschied zur Sozialdemokratie sei er »nicht gegen jede Verstaatlichung [...], sondern nur gegen die bedingungslose«.[164]

Auch wenn, wohl nicht zuletzt aus Gründen der Selbstvergewisserung und des Selbsterhalts, immer wieder die Unterschiede zur SPD hervorgehoben wurden, bestanden seitens der DV keinerlei Zweifel an der inhaltlichen Nähe zur Sozialdemokratie. Ein gemeinsames strategisches Vorgehen und eine Kooperation auf Wahlkampfebene erschienen naheliegend.

Vor dem Hintergrund der zeitgenössischen Diskussion um die Sozialversicherungsgesetzgebung entbehrte die turnusmäßige Betonung des klassenmäßig bedingten Schulterschlusses der Angestellten und ihrer politischen Vertretungen mit Arbeiter:innenschaft und Sozialdemokratie nicht einer brisanten Aktualität: Die in den 1880er und 1890er Jahren verabschiedeten Sozialversicherungsgesetze, in deren Folge gesetzliche Kranken-, Unfall,- Invaliditäts- und Alterssicherungen für Arbeiter:innen eingeführt worden waren, hatten die divergierende Berufsgruppe der Angestellten in Teilen ausgeklammert. Leitend schien die Vorstellung, dass sich die vermeintlich besser situierten Angestellten selbst versorgen könnten, eine staatliche Zwangsversicherung somit nicht vonnöten sei.[165] Im Rahmen der Alters- und Invalidenversicherung war jedoch auch der Großteil der Angestellten aufgrund des geringen Einkommens beitragspflichtig. Diese schien seit geraumer Zeit ausbaufähig und den spezifischen Bedürfnissen einzelner Angestelltenberufsfelder teils unangemessen, weshalb sich ab 1901 zahlreiche Verbände in einem *Ausschuß für die Regelung der Pensions- und Hinterbliebenenversicherung der deutschen Privatangestellten* zusammenschlossen.[166] Daraus ging 1903 der *Hauptausschuß für die staatliche Pensions- und Hinterbliebenenversicherung der Privatangestellten* hervor, dem zunächst 24 Organisationen – unter ihnen VdDK und DHV – mit etwa 300.000 Mitgliedern angehörten.[167] Hier setzte sich bald die Forderung durch, eine von den Arbeiter:innen unabhängige Pensionsversicherung – sozusagen als Sonderkasse – zu schaffen. Argumentiert wurde nicht zuletzt damit, dass absehbar erschien, dass die gewünschten Verbesserungen nur im Rahmen einer Sonderversicherung Aussichten auf Erfolg versprachen und sich nicht im Zuge einer allgemeinen Versicherungsnovelle würden umsetzen lassen.[168] Dessen ungeachtet votierten verschiedene Verbände, hauptsächlich aus den technischen Berufsfeldern, gegen eine solche Privilegierung einer Er-

164 Ebd.
165 Schulz, Die Angestellten 2000, S. 27.
166 Vgl. Hartfiel, Angestelltengewerkschaften 1961, S. 134f. Mario König bezeichnet diesen Zusammenschluss als *Hauptausschuß für die Pensionsversicherung der Privatbeamten* (ders., Die Angestellten unterwegs 1991, S. 34). Hartfiel setzte sich eingehender mit der spezifischen Problematik der Versicherungspflicht auseinander, während Kocka die Agitation der Angestellten in erster Linie »als Ausdruck eines Sonderbewußtseins« deutete (ders., Die Angestellten in der deutschen Geschichte 1981, S. 136).
167 Hartfiel, Angestelltengewerkschaften 1961, S. 135f.
168 Vgl. etwa König, Die Angestellten unterwegs 1991, S. 37. Darauf, dass die Befürwortung der Sonderkasse auch als »Ausdruck einer rückwärtsgewandten mittelständischen Ideologie« be-

werbsgruppe und forderten stattdessen eine allgemeine Anhebung der Versicherungsgrenze und einen Ausbau der bestehenden Versicherungspflicht.[169] Nachdem sich im November 1907 der *Hauptausschuß* mit großer Mehrheit für eine Sonderkasse ausgesprochen hatte, gründeten sie Ende 1907 die *Freie Vereinigung für die soziale Versicherung der Privatangestellten*.[170] Zu ihr zählten neben dem ZdH und dem VdDK auch der *Bund der technisch-industriellen Beamten* (Butib), der 1904 als erster gewerkschaftlicher Technikerverband gegründet worden war. In der Gesamtzahl blieb dieser Zusammenschluss mit lediglich 85.000 Verbandsmitgliedern jedoch weit hinter dem *Hauptausschuß* zurück, der etwa 670.000 Mitglieder vertrat.[171]

Im Reichstag fanden diese Bemühungen um eine Änderung der Sozialgesetzgebung Gehör. Sie mündeten 1911 in der Verabschiedung des *Versicherungsgesetzes für Angestellte*. Darin wurde der Angestelltenstatus erstmals rechtlich definiert und langfristig fixiert.[172] Hatten bereits die Diskussionen und Agitationen um das Gesetz zur Intensivierung der verbandlich-gewerkschaftlichen Kooperation beigetragen und »das Selbstbewußtsein, das berufsübergreifende Zusammengehörigkeitsgefühl und die mittelständische Orientierung der Angestelltenbewegung« bedeutend gestärkt, wurde deren sozialpolitische Stellung nun auch institutionalisiert und mittels Berufsgruppenkatalog verankert.[173] Letztlich trug das Versicherungsgesetz mit seiner durchaus umstrittenen Aufzählung verschiedener Berufsgruppen entscheidend dazu bei, dass sich aus diesen so etwas wie eine »Angestelltenschicht« entwickelte und sich die soziale Kluft zu den Arbeiter:innen weiter vergrößerte.[174]

Mit dem Gesetz fand überdies eine Interessenpolitik ihren Niederschlag, mittels derer die regierungstragenden Parteien und Unternehmensverbände – auch mit Blick auf die anstehenden Reichstagswahlen 1912 – versuchten, die wachsende Gruppierung der Angestellten durch eine sozialpolitische Privilegierung an sich zu binden. Der sozialdemokratische Einfluss auf die Angestelltenschaft sollte geschwächt und die »Front des Mittelstandes der selbstständigen Kaufleute, Handwerker, Beamten und Angehörigen freier Berufe dadurch erweiter[t] [werden], daß man die Angestellten aus der Masse

griffen werden konnte, ist bereits von Zeitgenoss:innen in aller Deutlichkeit aufmerksam gemacht worden (Fattmann, Angestelltenbewegung 2010, S. 88 f.).

169 Schulz, Die Angestellten 2000, S. 27 f. Zu den Gründen im Einzelnen König, Die Angestellten unterwegs 1991, S. 34 ff.

170 Hartfiel, Angestelltengewerkschaften 1961, S. 137 und König, Die Angestellten unterwegs 1991, S. 35. Die Vereinigung wird in der vorliegenden Literatur bisweilen auch als *Freie Vereinigung für die soziale Versicherung der Angestellten* bezeichnet (so bei Hartfiel).

171 Fehrmann/Metzner, Angestellte und Gewerkschaften 1981, S. 50 f. Auf die unterschiedliche Motivlage der einzelnen Verbände verweist Hartfiel, der den Anschluss des VdDK an die *Freie Vereinigung* auf dessen Bestrebungen zurückführt, die Attraktivität des Berufsfeldes für Außenstehende durch eine Sonderversicherung nicht noch weiter zu steigern (ders., Angestelltengewerkschaften, S. 137, Fußnote 42).

172 Vgl. auch Fattmann, Angestelltenbewegung 2010, S. 86 ff.

173 Schulz, Die Angestellten 2000, S. 29.

174 König, Die Angestellten unterwegs 1991, S. 32 und S. 36.

der Arbeitnehmer herauslöste«.[175] In diesen Kontext ist der auf dem zweiten Parteitag der DV von Aufhäuser geäußerte Rekurs auf das »Märchen vom neuen Mittelstand« zu verorten, das darauf abziele, eine »Kluft zwischen Arbeiterschaft und Angestellten zu schaffen« und den »natürliche[n] Zusammenhang zwischen Arbeitern und Angestellten« ins Gegenteil zu verkehren.[176]

2.3 Berufliche Weiterentwicklung und politische Herausforderungen

Im April 1910 veröffentlichte Aufhäuser einen ersten Artikel in der von Rudolf Breitscheid herausgegebenen DV-Parteizeitschrift *Das freie Volk*, die seit Dezember 1909 erschien. Darin unterstützte er die Forderung nach einer Interessenvertretung der Handlungsgehilf:innen und deren Angliederung an die von der Reichsregierung in Aussicht gestellten Arbeitskammern – als Gegengewicht zu den bereits bestehenden Handelskammern der Unternehmer:innen.[177] In diesem Zusammenhang sprach er sich gegen die Errichtung gesonderter Kaufmannskammern aus, wie er überhaupt für ein gemeinsames Vorgehen von Arbeiter:innen und Angestellten eintrat. Immer wieder warf Aufhäuser in dieser Zeit Fragen nach dem Verhältnis von Angestelltenorganisationen und Arbeiter:innengewerkschaften auf und propagierte deren gemeinsame Interessenlage.[178] Ausgangspunkt für einen Artikel zu der Thematik bot etwa der Austritt des VdDK aus dem Verband deutscher Gewerkvereine. Diesen führte Aufhäuser auf die »Unfähigkeit der Hirsch-Dunkerschen Führer vor allem auf sozialpolitischem Gebiet« sowie auf deren freisinnige Parteizugehörigkeit zurück, die ihnen »in Bezug auf radikale Vertretung von Arbeiterforderungen Fesseln auf[erlegten]«.[179] Sein eigenes Engagement innerhalb des VdDK hatte bereits seit 1908 an Intensität eingebüßt, was vermutlich auf sein gesteigertes Interesse für die politische Arbeit zurückgeführt werden kann. Das Amt als Vorsitzender des Berliner Ortsvereins hatte er nach nur einem Jahr niedergelegt. Ein Schritt, der in der Verbandszeitung mit großem Bedauern aufgenommen worden war:

> Nach einem Jahr unermüdlicher Tätigkeit hat unser bisheriger 1. Vorsitzender, Kollege Aufhäuser, auf eine Wiederwahl verzichtet. Wir sehen ihn schweren Herzens von

175 Hartfiel, Angestelltengewerkschaften 1961, S. 137, Fußnote 43. Vgl. hierzu auch Kocka, Die Angestellten in der deutschen Geschichte 1981, S. 137 f. und Ulf Kadritzke, Angestellte – Die geduldigen Arbeiter. Zur Soziologie und sozialen Bewegung der Angestellten, Frankfurt a. M./Köln 1975, S. 222-232, insbesondere S. 229. Dieser verwies ausführlich auch auf die widersprüchlichen Interessenkonstellationen in der Versicherungsfrage.

176 Aufhäuser/Lüdemann, Angestellte und Demokratie [1910], S. 7.

177 Vgl. Das freie Volk, 1. Jg. Nr. 15 vom 9.4.1910, »Handlungsgehilfen und Arbeitskammergesetz«.

178 Vgl. etwa ebd., 2. Jg. Nr. 24 vom 17.6.1911, »Angestellten-Bewegung u. Arbeiter-Gewerkschaften« sowie Nr. 33 vom 19.8.1911, »Angestelltenbewegung und Arbeitergewerkschaft«.

179 Ebd., Nr. 33 vom 19.8.1911, »Angestelltenbewegung und Arbeitergewerkschaft«.

diesem Posten scheiden. Seine große Tatkraft, seine Rednergabe und seine seltenen Talente waren es, die nicht allein unserem Ortsverein zu gute kamen, sondern ihn auch als Vorsitzenden der Berliner Vereinigung in direkte Fühlung mit den anderen Ortsvereinen brachte. [...] Wir hoffen und wünschen, daß unser lieber Kollege Aufhäuser als beratendes Mitglied noch recht lange unserer Organisation erhalten bleibt und seine schätzenswerte Kraft zum Wohle unseres Standes weiterhin zur Verfügung stellt.[180]

Damit wurde ihm eine Ehrbekundung zuteil, die in den Spalten der *Kaufmännischen Rundschau* ihresgleichen sucht. Als Beiträger trat Aufhäuser in der Zeitung in der Folgezeit nun jedoch nur noch äußerst selten in Erscheinung. Sein Arbeitsschwerpunkt verlagerte sich in Richtung Parteipolitik. Auf dem ersten Parteitag der DV im April 1909 war Aufhäuser in den elfköpfigen Zentralvorstand der Partei gewählt worden und hatte sich darüber hinaus per Akklamation in die siebenköpfige Programmkommission bestellen lassen.[181]

Allerdings drängten ihn, so scheint es, familiäre Bindungen und Verpflichtungen nach Frankfurt am Main, wo er sich vermutlich in der zweiten Jahreshälfte 1910 gemeinsam mit Anna Stein niederließ.[182] Dem dritten Parteitag der DV im Juni 1911, als er durch Votum erneut in den Parteiausschuss berufen wurde, wohnte er als Vertreter der Frankfurter Parteigliederung bei.[183] Sein Fortzug aus Berlin, wo sich die Parteizentrale der DV befand, war mit der Aufgabe des Vorstandspostens einhergegangen, wie im Geschäftsbericht der Partei mit Bedauern verkündet wurde.[184] Mit dem Umzug nach Frankfurt erfolgte außerdem eine Veränderung seines beruflichen Betätigungsfelds vom Handlungsgehilfen zum selbstständigen Unternehmer. Hatte er sich auf dem zweiten Parteitag der DV noch mit dem Vorwurf auseinandersetzen müssen, er werde durch seine wirtschaftliche Abhängigkeit in seinen inhaltlichen Ausführungen beschränkt, konnten diese Vorbehalte nun nicht mehr aufrechterhalten werden.[185]

Was den Anstoß zu dieser beruflichen und geografischen Veränderung gegeben haben mag und welche Tätigkeit er in Frankfurt ausübte, lässt sich jedoch nicht im Detail rekonstruieren. Insgesamt ist über diese zeitliche Episode seines Wirkens kaum etwas

180 Kaufmännische Rundschau, 16. Jg. Nr. 2 vom 15. 2. 1908, »Aus unseren Vereinen. Berlin, Ortsverein X«.

181 Demokratische Vereinigung (Hg.): Der erste Parteitag der Demokratischen Vereinigung zu Berlin am 12. April 1909, S. 63 f.

182 Werner Korthaase terminiert den Umzug auf November 1910, führte hierfür jedoch keine Belege an (vgl. ders., Siegfried Aufhäuser 1988, S. 19).

183 Demokratische Vereinigung (Hg.): Der dritte Parteitag der Demokratischen Vereinigung zu Gotha am 4. bis 6. Juni 1911, S. 138.

184 Ebd., S. 25.

185 Vgl. Demokratische Vereinigung (Hg.): Der zweite Parteitag der Demokratischen Vereinigung zu Köln am 15. bis 17. Mai 1910, S. 122 und S. 124. Auf der Anwesenheitsliste der nachfolgenden Jahresversammlung wurde er als Fabrikant geführt (vgl. Demokratische Vereinigung [Hg.]: Der dritte Parteitag der Demokratischen Vereinigung zu Gotha am 4. bis 6. Juni 1911, S. 153).

überliefert. Dies mag damit zusammenhängen, dass Siegfried Aufhäuser dem Frankfurt-Aufenthalt für seinen beruflichen Lebensweg später keine größere Bedeutung beimaß. Rückblickend erschien ihm seine Tätigkeit als »Fabrikant« womöglich sogar als Makel in seiner gewerkschaftlichen Aufstiegskarriere, die in seinen eigenen Darstellungen bis 1933 weitestgehend bruchlos verlief. Jedenfalls ließ Siegfried Aufhäuser den Wohnortwechsel in aller Regel unerwähnt.[186] Auch in Anna Aufhäusers Lebenslauf für das Berliner Entschädigungsamt wurde lediglich ein »vorübergehend[er]« Aufenthalt bei ihren Eltern in Frankfurt am Main vermerkt.[187] Diese lebten seinerzeit in der Merianstraße 32 im Frankfurter Stadtteil Nordend. Darauf hindeutet zumindest eine Eintragung in der hiesigen Wählerliste der Israelitischen Gemeinde aus dem Jahre 1910, die Rudolf Stein als Kaufmann führte.[188] Meldebögen, die Auskunft über den Aufenthalt von Siegfried Aufhäuser und Anna Stein sowie deren Eltern geben könnten, sind in der alten Meldekartei und den Frankfurter Heiratsregistern nicht vorhanden.[189] Hinweise enthalten demgegenüber Adressbücher der Stadt Offenbach, wo Siegfried Aufhäuser 1912 und 1913 neben einem gewissen Moritz Stein als Inhaber einer dort ansässigen Firma namens *Stein & Co.* (Fabrik feiner Lederwaren) geführt wurde. Moritz Stein war ein Bruder von Anna Stein und ebenfalls wohnhaft in der Merianstraße 32.[190] Die Firma *Stein & Co.* hatte 1911 ihren Sitz in der Bettinastraße, 1912 in der Geleitsstraße. Als Wohnadresse von Siegfried Aufhäuser wird im Frankfurter Adressbuch von 1913 die Kranichsteiner Straße 25 I genannt.[191]

186 So auch in einem Lebenslauf, der dem Berliner Entschädigungsamt zuging (vgl. LABO Berlin, Entschädigungsbehörde, Reg. 7218 [Aufhäuser, Siegfried], Lebenslauf Siegfried Aufhäuser, undatiert). Der Umzug nach Frankfurt am Main taucht darin lediglich als Leerstelle auf, wenn Aufhäuser erläutert, er habe »früher von 1904 bis 1910 und vom Dezember 1912 bis Mai 1933 in Berlin gelebt«.

187 Ebd., Reg. 312 120 (Aufhäuser, Anna), Lebenslauf Anna Aufhäuser, undatiert. Der Lebenslauf wurde von Siegfried Aufhäuser im Namen seiner Frau unterzeichnet.

188 Vgl. Paul Arnsberg, Die Geschichte der Frankfurter Juden seit der Französischen Revolution. Band II. Struktur und Aktivitäten der Frankfurter Juden von 1789 bis zu deren Vernichtung in der nationalsozialistischen Ära. Handbuch. Herausgegeben vom Kuratorium für Jüdische Geschichte e.V., Frankfurt am Main. Bearbeitet und vollendet durch Hans-Otto Schembs, Darmstadt 1983, S. 352-446, hier S. 398. Die Wählerliste stellt das einzige verbliebene Dokument dieser Art dar, die Akten der Israelitischen Gemeinde Frankfurt sind nahezu vollständig verloren gegangen.

189 Auskunft Sandra Jahnke, Institut für Stadtgeschichte Frankfurt am Main, per E-Mail am 8.1.2016.

190 Vgl. Adressbücher der Stadt Offenbach 1911-1913. Vgl. zum Verwandtschaftsverhältnis: US Department of Homeland Security, U.S. Citizenship and Immigration Services, Application for Certificate of Identification, Receipt No. 1562185, Anna Aufhäuser.

191 Diese Adresse wird auch im SPD-Mitgliedsbuch von Anna Stein vermerkt (vgl. AdsD Bonn, Sammlung »Kleine Erwerbungen«, Mitgliedsbuch Anna Aufhäuser). Zu jener Zeit lebten in der Mainmetropole verschiedene Verwandte Aufhäusers, die sich teils im Schuhhandel betätigten (vgl. Auskunft von Michael Lenarz, Jüdisches Museum der Stadt Frankfurt am Main, per E-Mail am 29.12.2015 sowie Lange, Aufhäuser 2013, S. 30).

Zwischen Sozialdemokratie und Liberalismus. Die Reichstagswahlen 1912

Nach wie vor blickte Siegfried Aufhäuser mit Interesse auf die Entwicklungen in Berlin. Inhaltlich legte er den Fokus nun auf die Reichspolitik, beteiligte sich aktiv an politischen Debatten und trat während des Reichstagswahlkampfs 1912 an prominenter Stelle als Redner in Erscheinung.[192] Der Aufwand zahlte sich jedoch nicht aus. Die Wahlen endeten für die DV im Januar 1912 in einem Desaster. Von knapp zwölf Millionen gültigen Stimmen entfielen auf die DV-Kandidaten, die in elf Bezirken angetreten waren, lediglich 29.444 (0,24 Prozent).[193] Die Gründe hierfür sind vielfältig: Im Juni 1909 war mit Barth der bekannteste Vertreter der DV und deren profilierteste Integrationsfigur verstorben. Der 34-jährige Breitscheid, formal amtierender Vorsitzender, konnte die personelle Lücke – trotz seiner Nähe zum Verstorbenen – nicht gänzlich ausfüllen.[194] Gerüchte über dessen bevorstehenden Übertritt zur SPD, finanzielle Schwierigkeiten in Wahlkampfzeiten und der Mangel an populären Kandidaten mögen in Anbetracht des bestehenden Persönlichkeitswahlrechts und der organisatorischen und strukturellen Schwäche der Partei das schlechte Abschneiden erklären.[195] Außerdem hatten sich die innenpolitischen Voraussetzungen, die zur Parteigründung geführt hatten, zwischenzeitlich nachhaltig gewandelt. Der »Bülow-Block«, dessen Politik zur Abspaltung der DV von der FrVg geführt hatte, war im Sommer 1909 zerbrochen. Unterdessen hatten sich die beiden Freisinnigen Parteien 1910 zur *Fortschrittlichen Volkspartei* (FVP) zusammengeschlossen und den Schulterschluss mit der *Nationalliberalen Partei* (NLP) geübt. Die im Vorfeld kommunizierte Losung der DV, im Falle einer Stichwahl für die Sozialdemokratie zu stimmen, mag dazu beigetragen haben, »ihre Existenzberechtigung als eigenständige politische Kraft in Zweifel« zu ziehen.[196]

Die große Gewinnerin der Reichstagswahlen war die SPD, deren Mandatszahl sich im Vergleich zu 1907 mehr als verdoppelte. Erstmals bildete sie nun die größte Fraktion des Reichstags. Demgegenüber schien es der DV mittelfristig nicht möglich, eine Massenbasis für sich zu gewinnen. Symptomatisch für diese Einsicht, die sich auch unter zahlreichen Mitgliedern der DV durchgesetzt hatte, stand Breitscheids Übertritt zur SPD, dem bald weitere folgten. Insgesamt verließen im Zeitraum zwischen den Reichstagswahlen und dem Parteitag im Mai 1912 etwa 240 vornehmlich Berliner

192 Berliner Volks-Zeitung, 59. Jg. Nr. 583 vom 13.12.1911, »Der Wahlkampf im ersten Berliner Reichstagswahlkreise«.

193 Pistorius, Rudolf Breitscheid 1970, S. 99 f. (Fußnote 3).

194 Ebd.

195 Ebd., S. 98 f. Die Darstellung, Breitscheid sei bereits im Vorfeld der anstehenden Stichwahlen zur SPD übergetreten, wie seinerzeit von verschiedenen Zeitungen fälschlicherweise vermeldet und auch in der wissenschaftlichen Literatur rezipiert wurde, kann inzwischen als widerlegt gelten, auch wenn Breitscheids Entschluss zum damaligen Zeitpunkt bereits feststand (vgl. Crefeld, Einführung 2015, S. 41 f.).

196 Vgl., Pistorius, Rudolf Breitscheid 1970, S. 100. Dies zumal sich die FVP für die SPD als attraktivere Bündnispartnerin erwies (Gutleben, Kleinparteien 2008, S. 13).

Mitglieder, unter ihnen Siegfried Nestriepke und Tony Breitscheid, die Partei.[197] Im selben Jahr traten auch Julius Moses und Ewald Fabian, der sich in späteren Jahren für USPD, KPD, *Kommunistische Partei-Opposition* (KPD-O) und SAP sowie für den *Verein sozialistischer Ärzte* engagierte, in die SPD über. Aufhäuser hielt der Partei zunächst die Treue. Im Anschluss an den Nürnberger Parteitag 1912 äußerte er sich positiv zu von Gerlachs Wahl zum Vorsitzenden und ließ mit einem Seitenhieb auf Rudolf Breitscheid hoffnungsvoll ertönen:

> Nimmermehr darf die schwarz-rot-goldene Fahne deren Bannerträger Theodor Barth gewesen ist, schwächlichen Führern anvertraut werden; sondern nur solche sind berufen, Barths Erbe zu schirmen, denen der Glaube an den Sieg unserer Idee in Fleisch und Blut übergegangen ist, so daß sie mit kampfesfrohem Optimismus den ›höheren Pflichten‹ eines demokratischen Parteiführers gerecht werden können.[198]

Nur wenige Wochen später gestand er Breitscheid mit Blick auf die Programmdebatte von 1910 jedoch zu, dass »sein Übertritt nur eine Frage der Zeit sein konnte« und dies die »im Rahmen seiner Anschauung konsequente Handlung« gewesen sei.[199] Demgegenüber seien »die wenigen anderen [...] übergetreten, weil's bequemer ist, Mitglied einer großen Partei zu sein«.[200]

Zuvor hatte Siegfried Aufhäuser abermals die Selbstständigkeit der DV betont, die kein »Anhängsel« und keine »Hilfstruppe der Sozialdemokratie« sei, dabei aber »in klarer Erkenntnis [der] grundsätzlichen Gegnerschaft zur Sozialdemokratie, den gemeinsamen Feind rechts [...] im Auge zu behalten« habe.[201] Eine Abgrenzung erschien ihm auch deshalb angebracht, als sich SPD und FVP nunmehr verstärkt auch um die Berufsgruppe der Angestellten bemühten. Nun versuchten sie »gut zu machen, was sie viele Jahre durch ihre Gleichgültigkeit gegenüber den Angestellten gesündigt« hätten, bemerkte Aufhäuser mit Blick auf die jüngsten Werbeaktivitäten der beiden Parteien lakonisch.[202] Jedoch vermochte auch die Betonung der eigenen Leistungen auf dem Gebiet der Angestelltenpolitik den stetigen Rückgang der Mitgliederzahlen nicht aufzuhalten. Insofern markierte das Jahr 1912 einen deutlichen Einschnitt nicht nur in personeller Hinsicht. Gleichzeitig war ein Mitgliederschwund eingeleitet worden, der

197 Crefeld, Einführung 2015, S. 42. Vgl. hierzu auch Demokratische Vereinigung (Hg.): Der vierte Parteitag der Demokratischen Vereinigung zu Nürnberg am 26. bis 28. Mai 1912, S. 35.

198 Das freie Volk, 3. Jg. Nr. 26 vom 29. 6. 1912, »Höhere Pflichten!«.

199 Ebd., 3. Jg. Nr. 32 vom 10. 8. 1912, »Wir und die Sozialdemokratie (Ein Schlußwort)«.

200 Ebd.

201 Ebd., Nr. 28 vom 13. 7. 1912, »Wir und die Sozialdemokratie«. Dieser Artikel löste eine Kontroverse innerhalb der Partei über die Wahltaktik in der vergangenen Reichstagswahl aus.

202 Ebd., Nr. 42 vom 19. 10. 1912, »Die Privatangestellten – ein politischer Machtfaktor«. Vgl. hierzu auch Aufhäusers überblicksartige Darstellung der Aktivitäten der verschiedenen Parteien im Jahrbuch der Angestelltenbewegung, 7. Jg. Nr. 1 von 1913, »Angestelltenbewegung«, S. 66-76, hier S. 74 f.

in den kommenden Jahren nicht wieder aufgefangen wurde. Nachdem die Zahl der Parteiangehörigen bis zum Parteitag in Gotha 1911 auf 10.779 (darunter 563 Frauen) stetig angestiegen war, musste 1912 erstmals ein leichter Rückgang verzeichnet werden.[203] Bis zum Frühjahr 1914 sank die Mitgliederzahl auf 7.412.[204]

Der *Bund der technisch-industriellen Beamten*

In privater und beruflicher Hinsicht wurden im Jahr 1912 ebenfalls Weichen gestellt. Am 2. Mai 1912, einen Tag nach seinem 28. Geburtstag, ehelichte Siegfried Aufhäuser seine langjährige Partnerin Anna Stein.[205] Nur wenige Monate später zog das frisch vermählte Paar zurück nach Berlin, wo Siegfried Aufhäuser ab Anfang 1913 eine Stelle beim Butib, der bereits erwähnten Angestelltengewerkschaft für Privatangestellte, Techniker:innen und Ingenieur:innen, offeriert worden war. So wie die Angestellten als Statusgruppe keine einheitliche Schicht gebildet hatten, zeigten auch deren Berufsverbände zu Beginn des 20. Jahrhunderts ein äußerst differenziertes Bild. Neben den einstmals in überwiegender Form liberalen Vereinigungen hatten sich sozialistische und deutschnational orientierte Verbände mit teils konfessioneller Ausrichtung etabliert. In ihrer Vielzahl wiesen diese einen äußerst heterogenen Charakter auf und deckten ein breites politisch-ideologisches Spektrum ab. Der Großteil dieser Verbände lässt sich den drei weltanschaulichen Richtungen zuordnen, die sich auch innerhalb der Arbeiter:innenbewegung etabliert hatten.[206] Abgesehen von der politisch-ideologischen Dimension waren die Organisationen teils nach Berufsgruppen, beruflichen Positionierungen, Geschlecht oder regional gegliedert. Noch waren berufsständische Bezeichnungen wie »Handlungsgehilfe« oder »Ingenieur« prägend für Sprachgebrauch und Berufsverständnis, während

203 Demokratische Vereinigung (Hg.): Der dritte Parteitag der Demokratischen Vereinigung zu Gotha am 4. bis 6. Juni 1911, S. 23 f. 1912 verfügte die Partei über 10.275 Mitglieder (vgl. dies., Der vierte Parteitag der Demokratischen Vereinigung zu Nürnberg am 26. bis 28. Mai 1912, S. 34). Auf den Parteitagen 1909 und 1910 waren 5.063 beziehungsweise 7.914 Mitglieder gezählt worden.

204 Dies., Der sechste Parteitag der Demokratischen Vereinigung zu Dortmund am 31. Mai, 1. und 2. Juni 1914, S. 32.

205 LABO Berlin, Melderegisterdatei sowie Entschädigungsbehörde, Reg. 312 120 (Aufhäuser, Anna), Lebenslauf Anna Aufhäuser, undatiert und Stiftung Neue Synagoge Berlin – Centrum Judaicum, CJA, 5 A 1, Nr. 141, Bl. 308, Fragebogen Siegfried Aufhäuser. Werner Korthaase und Werner Loval irren, wenn sie die Heirat auf das Jahr 1910 datieren (vgl. hierzu auch: Lange, Aufhäuser 2013, S. 30). Eine Verlobungsanzeige wurde im *Vorwärts* veröffentlicht (Vorwärts, 28. Jg. Nr. 301 vom 24.12.1911).

206 Vgl. Schulz, Die Angestellten 2000, S. 26. Das bedeutet jedoch nicht, dass die Einzelverbände auch organisatorisch in jedem Fall an die entsprechenden Dachverbände angeschlossen waren. Erst nach der Revolution 1918/19 kristallisierte sich eine sich an ideologischen Unterschieden manifestierende klare Dreiteilung der Organisationsstruktur heraus, wodurch die Berufszugehörigkeit als Gliederungskriterium an Relevanz einbüßte (Jürgen Kocka, Klassengesellschaft im Krieg. Deutsche Sozialgeschichte 1914-1918, Frankfurt a. M. 1988, S. 243, Fußnote 63).

der übergreifende Terminus »Angestellter« nur selten zur Anwendung kam.[207] Als Kategorisierung hatte sich in dieser Hinsicht eine Dreigliederung etabliert, die neben Büroberufen (u. a. Kaufleute) und Betriebsberufen (u. a. technisches Personal) auch den engeren Werkstattbereich (u. a. Werkmeister) umfasste.[208]

Aufhäusers berufs- und verbandspolitisches Engagement ließ sich bis zu seiner Rückkehr nach Berlin stets dem kaufmännischen Sektor zuordnen. Mit der relativ kleinen Gruppe der Techniker:innen war er bis dato kaum in Berührung gekommen. Auch in diesem Berufsfeld waren in den Jahrzehnten zuvor Fach- und Standesvereinigungen entstanden. Anders als die Kaufleute waren die Techniker:innen in ihrer verbandspolitischen Orientierung weniger traditionell geprägt und unterhielten vielfach Kontakt zu Arbeiter:innen.[209] Als erste dezidiert gewerkschaftliche Vereinigung hatte sich in diesem Bereich 1904 der *Bund der industriellen Beamten* gegründet, der seit 1905 unter dem Namen *Bund der technisch-industriellen Beamten* firmierte. Der Butib stand allen »Ingenieure[n], Techniker[n], Chemiker[n], Architekten und anderen technisch-industrielle[n] Beamte[n]« in Dienstverhältnissen offen, Selbstständige blieben somit von Anfang an von der Mitgliedschaft ausgeschlossen.[210] Der Streik als Mittel der Interessenpolitik wurde nicht nur theoretisch in Erwägung gezogen, sondern auch strategisch eingesetzt: Der Streik der Berliner Eisenbauanstalten 1911 sollte als größter und bedeutsamster Arbeitskampf der Angestellten vor dem Weltkrieg in die Annalen der Verbandschronik eingehen.[211] Dies vergrößerte die Popularität des Butib ungemein, was sich positiv auf dessen Mitgliederentwicklung auswirkte. Ende 1912 verzeichnete er rund 22.140 Verbandsangehörige.[212] Zahlenmäßig hatte sich der Butib damit dem renommierten *Deutschen Technikerverband* (DTV), der etablierten Standesorganisation, angenähert. Da sich die Repressionen der Arbeitgeber:innen nun auf beide Verbände auszuwirken begannen, sah sich der DTV angesichts der Konkurrenzsituation genötigt, Verbandspolitik und -programmatik den aktuellen Entwicklungen anzupassen und sich einer gewerkschaftlichen Position anzunähern.[213]

207 Schulz, Die Angestellten 2000, S. 14.

208 Vgl. ebd.

209 Ebd., S. 26.

210 Bund der technischen Angestellten und Beamten (Hg.): 25 Jahre Technikergewerkschaft. 10 Jahre Butab. Festschrift zum 25jährigen Jubiläum des Bundes der technisch-industriellen Beamten (Butib) und zum 10jährigen Jubiläum des Bundes der technischen Angestellten und Beamten (Butab) im Mai 1929. Herausgegeben vom Vorstand des Bundes der technischen Angestellten und Beamten, Berlin 1929, S. 27. Frühzeitig hatte der Verband auch Frauen als ordentliche Mitglieder aufgenommen (vgl. Jeffrey A. Johnson, Frauen in der deutschen Chemieindustrie: von den Anfängen bis 1945, in: Tobies, Renate [Hg.]: »Aller Männerkultur zum Trotz«. Frauen in Mathematik, Naturwissenschaften und Technik, Frankfurt a. M. 2008, S. 283-306, hier S. 285 f.).

211 Bund der technischen Angestellten und Beamten (Hg.): 25 Jahre Technikergewerkschaft 1929, S. 41.

212 Ebd., S. 50. Im Jahr 1907 lag die Zahl der Mitglieder bei etwa 10.000.

213 Fattmann, Angestelltenbewegung 2010, S. 82.

Parteipolitisch sah sich der Butib zur Neutralität verpflichtet, auch wenn von den Einzelmitgliedern erwartet wurde, dass sie sich außerhalb des Bundes politisch betätigten.[214] Mitglieder und Angehörige des Funktionärskörpers gehörten nicht selten der SPD an oder agierten innerhalb der DV, die im Lager der technischen Angestelltenbewegung und innerhalb des Butib zeitweise über einen gewissen Einfluss verfügte.[215] Hier ist auch die Schnittstelle zu Aufhäusers Biografie zu suchen. Rückblickend konstatierte dieser, er habe seine »ersten Lorbeeren bei einer Kaufmannsgerichtswahl« erworben, wobei »[d]iese Tätigkeit [...] die Aufmerksamkeit des Bundes der technisch-industriellen Beamten [erregte]«:

> Also dieser damalige ›Butab‹, der wurde auf mich aufmerksam und hat mich dann, obwohl ich mit den technischen Angestellten bisher nichts zu tun hatte, hat mich dann in seine Geschäftsstelle hauptamtlich hereingeholt und beschäftigt. Dort hatte ich unter der Führung des bekannten Führers der technischen Angestellten – Herrmann Lüdemann – sehr viel zugelernt.[216]

Auf welche Wahl Aufhäuser in dieser Schilderung Bezug nahm, lässt sich nicht rekonstruieren. Da sowohl Siegfried Aufhäuser als auch Herrmann Lüdemann als Vertreter des Parteiausschusses zum ersten Parteitag der DV 1909 entsandt worden waren, ist ein persönlicher Kontakt zwischen den beiden bereits in dieser Zeit mehr als wahrscheinlich.[217] Da Aufhäuser sich vor allem zwischen 1905 und 1907 im Vorfeld der Wahlen zu Kaufmannsgerichten betätigte, ist vielmehr anzunehmen, dass Lüdemann, der seit 1905 die Geschäfte des Butib führte, bereits in diesem Kontext auf den jungen VdDK-Vertreter aufmerksam geworden war und ihn entsprechend förderte.[218]

Ein gemeinsames Arbeiten in der Butib-Zentrale wurde jedoch alsbald unterbunden. Innerhalb des Gewerkschaftsverbandes war es zu Kontroversen um die Person Lüdemann gekommen. Ein miserables kollegiales Klima und zahlreiche Missstände in der Geschäftsstelle wurden in erster Linie seinem Führungsstil angelastet. Auf dem neunten Bundestag des Butib im März 1913 wurde die Problematik ausführlich diskutiert. Aufhäuser

214 Bund der technischen Angestellten und Beamten (Hg.): 25 Jahre Technikergewerkschaft 1929, S. 36 f.

215 Fattmann, Angestelltenbewegung 2010, S. 83 und Gutleben, Kleinparteien 2008, S. 12.

216 Interview mit Siegfried Aufhäuser im Deutschen Rundfunk, 1. Mai 1967, in: Nikolai (Hg.): Zum 100. Geburtstag, S. 3. Aufhäuser verwendete hier die Abkürzung Butab. Allerdings entstand der Butab erst in der Weimarer Republik infolge eines Zusammenschlusses, der wiederum vom Butib initiiert wurde (vgl. II. Kapitel 1.1).

217 Während des zweiten Parteitags zeichneten sie gemeinsam für die beiden Hauptreferate verantwortlich.

218 Auch Lüdemann-Biograf Karl-Rudolf Fischer sah eine direkte Verbindung zu Lüdemann, dem späteren Ministerpräsidenten von Schleswig-Holstein, durch die parteipolitische Arbeit. Darüber hinaus betonte er deren freundschaftliches Verhältnis, das auch noch nach 1945 bestehen sollte (vgl. ders., Hermann Lüdemann und die deutsche Demokratie, Neumünster 2006, S. 27).

nahm an dieser Zusammenkunft, die seit 1909 als »[g]esetzgebende Körperschaft und oberste Instanz des Bundes« fungierte und in aller Regel zweimal jährlich in Berlin tagte, erstmals als einer von sechs wissenschaftlichen Hilfsarbeitern teil, ohne jedoch aktiv an den verbandsöffentlichen Diskussionen zu partizipieren.[219] Eine Aussprache über die Arbeitsverhältnisse in der Geschäftsstelle, die von den Hilfssekretären und den wissenschaftlichen Hilfsarbeitern schon im Vormonat initiiert worden war, war letztlich in einer Erklärung des Vorstands gemündet, in der festgehalten wurde,

> daß das gegenseitige Vertrauen zwischen dem Geschäftsleiter und dem Beamtenkörper so gesunken war, daß ein gedeihliches Zusammenarbeiten nicht mehr erwartet werden konnte. Herr Lüdemann hat auf Grund dieser Aussprache sein Entlassungsgesuch eingereicht, das der Vorstand zum 1. Juli d. J. angenommen hat.[220]

Inwiefern Aufhäusers Anstellung Anfang 1913 von Lüdemann im Vorfeld intendiert war, die eigene Position zu stärken, lässt sich nicht mehr rekonstruieren. Ob Aufhäuser bei der Unterzeichnung einer Denkschrift der wissenschaftlichen Mitarbeiter über die »Reorganisation in der Butib-Geschäftsstelle« tatsächlich in einen »Zwiespalt zwischen Loyalität und Solidarität« gegenüber seinem Förderer geriet, wie Gunter Lange vermerkte, lässt sich in Anbetracht der Quellenlage ebenfalls nicht mehr eindeutig belegen.[221] Fest steht, dass Aufhäuser zum Butib stieß, als sich dieser in einer Phase des organisatorischen Umbruchs befand. Der Umzug in neue Büroräumlichkeiten war dem organisatorischen Wandel, der im Jahre 1913 mit zahlreichen personellen Wechseln einherging, die nicht nur auf der Vorstandsebene, sondern auch innerhalb des Beamtenkörpers zu verzeichnen waren, dabei lediglich vorgelagert.

Zu den Aufgabenfeldern, die Aufhäuser in diesem Zeitraum übertragen wurden, existieren unterschiedliche Angaben.[222] Belegt ist, dass er sich bei dem *Jahrbuch der Angestelltenbewegung*, einer seit 1907 vom Butib herausgegebenen wissenschaftlichen Viertel-

219 Bund der technischen Angestellten und Beamten (Hg.): 25 Jahre Technikergewerkschaft 1929, S. 35. Vgl. Bund der technisch-industriellen Beamten (Hg.): Bericht über den neunten ordentl. Bundestag d. technisch-industriellen Beamten, 23. u. 24. März 1913 in Berlin.

220 Ebd., S. 20. Vgl. dazu auch S. 53. Bis zu seinem offiziellen Ausscheiden war Lüdemann von seinem Amt suspendiert worden. Aber auch danach riss die Kontroverse nicht ab. Die folgenden Bundestage, von denen allein drei im Jahre 1913 stattfanden, »dienten zu einem großen Teil der Erörterung innerer Streitfragen«, in der stets auch auf Lüdemann rekurriert wurde (vgl. Bund der technisch-industriellen Beamten [Hg.]: Bericht und Abrechnung für das Jahr 1913. Dem zwölften ordentlichen Bundestage erstattet vom Vorstand, S. 4 und S. 47. Vgl. auch: Bund der technisch-industriellen Beamten [Hg.]: Denkschrift für die Beratungen des dreizehnten ordentlichen Bundestages übereicht vom Vorstand, Berlin 1915).

221 Lange, Aufhäuser 2013, S. 36.

222 Aufhäuser selbst vermerkt in einem Lebenslauf, er habe hier zunächst die Redaktion der verbandseigenen *Deutschen Industriebeamten-Zeitung* übernommen (vgl. LABO Berlin, Entschädigungsbehörde, Reg. 7218 [Aufhäuser, Siegfried], Lebenslauf Siegfried Aufhäuser, undatiert).

jahrschrift, bald als einer der eifrigsten Beiträger betätigte. Hier fiel ihm die Aufgabe zu, im Rahmen der Rubrik »Soziale Rundschau« regelmäßig über Entwicklungen innerhalb der Angestelltenbewegung zu berichten. Eine Aufgabe, die ihm vertiefende Einblicke in die strukturellen und inhaltlichen Debatten, Konflikt- und Bedürfnislagen der Bewegung vermittelte. Dadurch gewann er Erkenntnisse und generierte Wissen, das sich für seine weitere politische und gewerkschaftliche Karriere als überaus nützlich erweisen sollte. Berufsmäßig befasste er sich nun mit (sozial-)politischen Entwicklungen im Kaiserreich, berichtete detailliert über Verbandstage, Konferenzen und Versammlungen der unterschiedlichen Organisationen und kommentierte Satzungsänderungen, Fusionen und Neuerscheinungen auf dem publizistischen Sektor. Geflissentlich informierte er über verbandsübergreifende Zusammenschlüsse und allgemeine Mitgliederbewegungen der kaufmännischen und technischen Verbände, gab dezidiert Auskunft über gewerkschaftliche Aktionen, Arbeitskämpfe und Maßregelungen sowie über Angriffe auf das Koalitionsrecht. Gewerkschaftliche Verhandlungserfolge fanden dabei ebenso Erwähnung wie die Wahlen zur Angestelltenversicherung und zu den Kaufmannsgerichten, Ämterwechsel und programmatische Ausführungen verschiedener Parteien zu Angestelltenfragen. Mit Meldungen über ausländische Angestelltenorganisationen wurde der Blick auch über den nationalen Tellerrand hinaus gerichtet.

Zum Generalstreik

Vereinzelt finden sich in diesem Zeitraum Artikel von Siegfried Aufhäuser in der *Deutschen Industriebeamten-Zeitung* (DIZ), der Verbandspublikation des Butib. Parallel dazu veröffentlichte er nun vermehrt im Parteiblatt der DV (*Das freie Volk*). Seit Breitscheids Parteiaustritt, der mit der Aufgabe seines Redaktionspostens einhergegangen war, intensivierte Aufhäuser sein dortiges Engagement.[223] Für das Jahr 1913 lassen sich dreizehn, teils ausführliche Leitartikel ausfindig machen, die auf ihn zurückgehen. Im selben Jahr erfolgte seine Entsendung in eine neu gegründete fünfköpfige »Preßkommission«.[224] Auf den Parteitagen zwischen 1912 und 1914 zählte Aufhäuser zwar nicht zum Kreis der Teilnehmenden, er wurde jedoch nach seiner Rückkehr nach Berlin erneut in den Zentralvorstand der DV gewählt und übernahm das Amt des 2. Schriftführers.[225]

223 Breitscheid hatte seine journalistische Karriere, die ihn an *Das freie Volk* band, zumindest insofern abgesichert, als er zuvor von Friedrich Stampfer das Angebot erhalten hatte, an dessen politischen Korrespondenzen mitzuarbeiten (Crefeld, Einführung 2015, S. 19). Vor seinem Ausscheiden hatte Breitscheid Stampfer gelegentlich Leitartikel im Presseorgan der DV überlassen, wo dieser als Richard Pfeifer firmierte (ebd., S. 30).

224 Demokratische Vereinigung (Hg.): Der fünfte Parteitag der Demokratischen Vereinigung zu Magdeburg am 11. und 12. Mai 1913, S. 56. Inhaltlich beschäftigte er sich in den Artikeln im Wesentlichen mit der Angestelltenpolitik der Regierung und der parlamentarischen Fraktionen, mit gewerkschaftspolitischen Fragestellungen und verbandspolitischen Aktivitäten.

225 Ebd., S. 3 und S. 89.

Spätestens nach den Bezirkswahlen 1913 in Preußen sanken seine Hoffnungen auf eine parlamentarische Umsetzung seiner gesellschaftlichen und politischen Zielvorstellungen jedoch deutlich.[226] Der neue Landtag verkörpere, so Aufhäuser, »den größten Erfolg der Linken […], der unter dem bestehenden Dreiklassenwahlrecht erreicht werden« konnte.[227] Eine Wahlrechtsreform könne damit jedoch nicht umgesetzt werden, stellte er resigniert fest. Mit Blick auf die innerhalb der SPD abermals aufkeimende Massenstreikdebatte sprach er sich – auf Rosa Luxemburg rekurrierend – dafür aus, dass gegenüber dem Dreiklassenwahlrecht, »diesem Generalhindernis jeglichen Fortschritts […] der Generalstreik als schärfste Waffe der Entrechteten nicht länger undiskutabel bleiben« dürfe.[228] Dabei ließ er verlauten, dass »nur noch Utopisten daran glauben [könnten], die preußische Wahlrechtsreform durch eine parlamentarische Aktion zu erringen«.[229] Insofern bemängelte er, dass »die Manifestation der ruhenden Arbeit im Kampf um die Eroberung politischer Grundrechte für die politischen Parteien Deutschlands, von einigen radikalen Sozialdemokraten und der anarchosozialistischen Gruppe abgesehen, noch niemals ernstlich erwogen worden ist«:

> Die preußische Junkerfeste ist nur durch einen Angriff auf wirtschaftlichem Gebiet zu erschüttern. […] Als Antwort auf die[] Ächtung der Arbeitenden gibt es keine wirksamere Demonstration, als einmal die nährenden Quellen des preußischen Staates zu verstopfen. Das preußische Volk hat keine Gelegenheit, in seinem sogenannten Parlament eine wirksame Willensäußerung zu bekunden; es ist so gut wie getrennt von der Stelle, die seine Schicksale lenkt, und muß also von außen her die politische und wirtschaftliche Macht zum Ausdruck bringen, die es hat, sobald der Wille zur Macht in ihm lebt.[230]

Der Generalstreik war in der SPD auf dem Jenaer Parteitag 1905 nicht als offensives Kampfmittel, aber zur Abwehr von möglichen Angriffen auf das Wahl- und Koalitionsrecht mittels Resolution befürwortet worden.[231] Als der Entschluss innerhalb der Gewerkschaftsbewegung in den Folgemonaten teils auf heftige Widerstände stieß, mündeten die sich anschließenden Debatten auf dem nachfolgenden SPD-Parteitag in einer zweiten Resolution. Darin wurden die vorangegangenen Beschlüsse grundsätzlich bestätigt, jedoch ein einheitliches Vorgehen von Gewerkschaften und sozialdemokratischer

226 Zech, Parteipolitischer Wandel 2018, S. 120.
227 Das freie Volk, 4. Jg. Nr. 28 vom 12.7.1913, »Massenstreik«.
228 Ebd.
229 Ebd.
230 Ebd.
231 Vgl. Resolution des SPD-Parteitages 1905 in Jena zum politischen Massenstreik, in: Langkau, Jochem/Matthöfer, Hans/Schneider, Michael (Hg.): SPD und Gewerkschaften. Band 1: Zur Geschichte eines Bündnisses. Darstellung und Dokumentation von Michael Schneider, Bonn 1994, S. 94 f.

Partei vereinbart (»Mannheimer Abkommen«).[232] Als die Massenstreikdebatte im Jahre 1913 erneut aufkeimte, mündete die entsprechende Resolution in dem Anspruch, dass der Massenstreik »nur bei vollkommener Einigkeit aller Organe der Arbeiterbewegung von klassenbewußten, für die letzten Ziele des Sozialismus begeisterten und zu jedem Opfer bereiten Massen geführt werden« könne, also vom Ausbau der Organisation abhängig gemacht werden müsse.[233]

Dass »bei der Durchführung des Massenstreiks die Arbeitergewerkschaften als Träger der Bewegung angesehen werden müssten« stand für Aufhäuser außer Frage.[234] Daraus folgerte er, dass »bei der engen Verbindung, die zwischen dem größten Teil der gewerkschaftlich organisierten Arbeiter und der sozialdemokratischen Partei besteht, die Stellungnahme dieser Partei zum Problem des Generalstreiks für alle diejenigen von Wichtigkeit [sei], die sich mit der Frage beschäftigen«.[235] In diesem Kontext bemängelte Aufhäuser, dass selbst unter Berücksichtigung, »daß der bedächtige, vielleicht manchmal schwerfällige deutsche Arbeiter nur allmählich für revolutionäre Ideen zu gewinnen [sei], [...] man über die Zurückhaltung der Führer immer noch enttäuscht sein« müsse, die »Jagd nach Stimmen und Mandaten [gar] verflachend auf die Gesamtpartei gewirkt« habe.[236] »Auch die Massen der Partei [seien allerdings] zurzeit nicht geneigt, sich mit der Generalstreikidee zu befreunden, wie überhaupt die Beweglichkeit der sozialdemokratischen Arbeiterbataillone zu wünschen übrig« ließe.[237] Jedoch spreche einiges dafür, »daß die heute bestehende Gegnerschaft zum Generalstreik innerhalb der Sozialdemokratie lediglich eine durch falsche Erziehung bewirkte politische Trägheit als Ursache [habe] und deshalb durch Aufklärungsarbeit leicht überwunden werden« könne.[238] Die gängige Argumentation wiederum, »daß die Organisationen [für die Durchführung des Generalstreiks] noch nicht genügend ausgebaut seien«, ließ Aufhäuser nicht gelten, der mit Verweis auf Rosa Luxemburg die »Unterschätzung der geschichtlichen Rolle und der Aktionsfähigkeit der unorganisierten Masse« hervorhob: Er denke dabei auch an »die Masse der Kopfarbeiter, die nicht Sozialdemokraten und doch als Arbeitnehmer gleich den Lohnarbeitern entrechtet« seien, es bedürfe »bei den Angestellten nur der Anregung, um sie für den hier behandelten großen politischen Kampf einzureihen«.[239]

232 Vgl. Resolution des SPD-Parteitages 1906 in Mannheim zum Massenstreik und zur Rolle der Gewerkschaften (»Mannheimer Abkommen«), in: ebd., S. 95 f.

233 Resolution zum politischen Massenstreik auf dem SPD-Parteitag im September 1913 in Jena, in: ebd., S. 109 f.

234 Das freie Volk, 4. Jg. Nr. 28 vom 12.7.1913, »Massenstreik«.

235 Ebd.

236 Ebd.

237 Ebd.

238 Ebd.

239 Ebd. Ludwig Elm macht darauf aufmerksam, dass in diesem Zeitraum neben Aufhäuser auch andere Vertreter der DV, wie Hellmut von Gerlach und Carl von Ossietzky, ihre Sympathien für die Linken in der SPD bekundeten und im Rahmen dieser »radikaldemokratischen Tendenz [..] auch Kampfformen wie Massen- oder Generalstreik zur Durchsetzung demokratischer Ziele befürwortet wurden« (Elm, Demokratische Vereinigung 1983, S. 501).

Ihm erschien fraglich, ob sich diese einem »rein sozialistischen Generalstreik anschließen würden, […], während eine allgemein demokratische Volksbewegung auf sie rechnen könnte, ebenso wie durch [die Agitation der DV] Teile des übrigen erwerbstätigen Bürgertums zur Solidarität gewonnen werden könnten«.[240]

3 Krieg und Revolution: Gewerkschaftliche Weichenstellungen und politische Linkswendung

Ernüchterung über die Wahlergebnisse der DV und ausbleibende politische Veränderungen nach sozialdemokratischen Wahlerfolgen führten bei Siegfried Aufhäuser zur Einsicht, dass grundlegende politische Forderungen außerhalb des Parlaments durchgesetzt werden müssten. Diese Erkenntnis, die eine deutliche Radikalisierung seiner politischen Position darstellte, mag durch seine vergleichsweise unabhängige berufliche Stellung beim Butib befördert worden sein.[241] Insgesamt wuchs Aufhäusers Skepsis gegenüber reformistischen Konzepten in jenen Jahren deutlich: Wo er die Legitimität der DV als eigenständige Partei bekräftigte, die eine klare Position zum Generalstreik beziehe, kritisierte Aufhäuser zugleich die auf Reformen fixierte Politik der Sozialdemokratie. Diese Kritik fand ihren Ausdruck in einem Artikel vom Spätsommer 1913, in dem er der SPD »ein bedenkliches Erstarren der Parteibewegung« diagnostizierte.[242] Mit Rekurs auf stagnierende Mitgliederzahlen ließ er verlauten, dass die seit 1912 »geübte Realpolitik agitatorisch für die Sozialdemokratie erfolglos geblieben« sei, demgegenüber habe »grundsätzliche Politik vielfach dem Paktieren und Kompromisseln Platz machen müssen«, es sei »eine Selbsttäuschung, zu glauben, daß die Anhänger der Sozialdemokratie die Rechtsschwenkung ihrer Führung unbeachtet gelassen hätten«.[243]

3.1 Kriegsbeginn, Burgfriedenspolitik und die Formierung der freien Angestelltenbewegung

Obschon sich Aufhäuser seit 1913 mit klaren Worten und emanzipatorischen Positionen dezidiert gegen die Sozialdemokratie und deren realpolitische Gebaren wandte und sich trotz forcierter Abgrenzung inhaltlich immer deutlicher deren linken Flügel annäherte, kontrastieren die Verlautbarungen jener Jahre deutlich mit seinem ersten öffentlichen Statement zum Krieg.[244] Seit ihrer Gründung war die DV gegen die

240 Das freie Volk, 4. Jg. Nr. 28 vom 12. 7. 1913, »Massenstreik«.
241 Dies zumal auch vonseiten des Butib inhaltlich kaum Rücksicht auf Konkurrenzverbände und andere weltanschauliche Positionierungen genommen werden musste.
242 Das freie Volk, 4. Jg. Nr. 34 vom 23. 8. 1913, »Zur Entwicklung der Sozialdemokratie«.
243 Ebd.
244 Vgl. dazu ausführlich: Zech, Parteipolitischer Wandel 2018, S: 120 ff.

aggressive Außenpolitik des Deutschen Reichs eingetreten. In ihrem Parteiprogramm hatte sie hervorgehoben, dass »[d]ie auswärtige Politik des Reiches [...] dem Frieden und der Kulturentwicklung zu dienen [habe]« und eine »Minderung der Rüstung im Wege internationaler Vereinbarungen« anzustreben sei.[245] Noch 1913 wurde in Reaktion auf eine Wehrvorlage eine Resolution verabschiedet, in der die »neue Ära des Wettrüstens« bedauert und »Rüstungsbeschränkungen [...] auf dem Wege internationaler Verständigung« sowie »eine wirksame Aufsicht des Parlaments über die Kommandogewalt« gefordert wurden.[246]

Im August 1914 rückte die DV von dieser antimilitaristischen Positionierung deutlich ab. In der einzigen Kriegsausgabe der Parteizeitung, die am 8. August 1914 erschien, wurde ein Aufruf zur Unterstützung der Kriegspolitik publiziert, in dem der Appell erging, »treu zum Vaterland zu stehen«.[247] Pathetisch wurde dazu aufgerufen, das »absolutistische Regime mit seiner Barbarei zu zerschmettern und in seinem eigenen Blute zu ersäufen«.[248] Der russische Absolutismus wurde in diesem Zusammenhang als Bedrohung des »deutschen Wohlstand[s] und [der] deutschen Kultur« dargestellt, die das Deutsche Reich durch einen »aufgedrungenen verbrecherischen Krieg« zum Abwehrkampf nötige.[249] Dieser wurde gleichsam als »Kulturmission« stilisiert, die mit der Hoffnung einherging, »daß das ungeheure Opfer mit seiner entsetzlichen Tragik den Boden [...] für neue Saat« düngen werde.[250]

Ein solcher, mit martialischen Phrasen gespickter Appell mag unter den zeitgenössischen Leser:innen des Blatts mancherorts für Irritation gesorgt haben, standen diese doch im Widerspruch zur bisherigen Politik der DV. Überraschend erscheint ebenfalls der Umstand, dass nicht der Parteivorsitzende von Gerlach den Aufruf gezeichnet hatte, sondern dieser von Aufhäuser – als Repräsentant des Zentralvorstands – signiert worden war. Der Parteivorsitzende erklärte die Begebenheit später dahingehend, dass er sich während der Ausarbeitung des Aufrufs im Ausland aufgehalten habe und aufgrund seiner ablehnenden Haltung die Unterschrift letztlich verweigerte.[251] Ersichtlich wird dadurch einerseits, wie kontrovers die Debatte über eine klare Position zum Krieg innerhalb der DV geführt wurde. Andererseits wird deutlich, welche prominente Rolle Aufhäuser in der Partei inzwischen ausfüllte. Über den Entscheidungsfindungsprozess, der in dem Aufruf zur Unterstützung der kaiserlichen Kriegspolitik resultierte, ebenso

245 Programm der Demokratischen Vereinigung. Beschlossen auf dem Parteitage in Köln 1910, in: Aufhäuser/Lüdemann, Angestellte und Demokratie [1910], hier S. 29.

246 Demokratische Vereinigung (Hg.): Der fünfte Parteitag der Demokratischen Vereinigung zu Magdeburg am 11. und 12. Mai 1913, S. 72.

247 Das freie Volk, 5. Jg. Nr. 32 vom 8. 8. 1914, »An die Partei!«. Der Aufruf findet sich auch in der Berliner Volks-Zeitung (Abendausgabe), 62. Jg. Nr. 373 vom 8. 8. 1914, »Die Demokratische Vereinigung und der Krieg«.

248 Ebd.

249 Ebd.

250 Ebd.

251 Elm, Demokratische Vereinigung 1983, S. 502.

wie über Aufhäusers persönliche Motivation, den Appell zu unterzeichnen, kann indes lediglich spekuliert werden. Der Umstand, dass er aufgrund eines Augenleidens von der Kriegsteilnahme freigestellt blieb, mag im Rahmen eines individualpsychologischen Ansatzes die Interpretation möglich erscheinen lassen, Aufhäuser habe mit seiner Unterschrift auch die persönliche Kampfbereitschaft und unbedingte Solidarität mit den ins Feld ziehenden Soldaten ausdrücken wollen. Eine solche Schlussfolgerung bliebe jedoch analytisch unscharf und spekulativ, zumal auch eine taktische und karrieristische Motivation (schließlich zeichnete Aufhäuser hier stellvertretend für das gesamte Leitungsgremium des DV) sowie zeitlicher Druck, sich als Partei öffentlich zum Kriegsausbruch zu positionieren (Aufhäuser war Mitglied der »Preßkommission«), als Erklärung nicht ausgeschlossen werden können. Die Deklaration hinterlässt jedenfalls Erstaunen, auch weil keine anderen Verlautbarungen von ihm bekannt sind, die inhaltlich damit kongruent gehen.[252]

Mit Blick auf die im Appell enthaltenen Argumentationsmuster lassen sich indes Parallelen zur Reaktion der SPD auf den Beginn des Kriegs ausmachen. Die Rechtfertigungen, mit denen der sogenannte »Burgfriedensschluss« vonseiten der Sozialdemokratie legitimiert wurde, korrelieren im Wesentlichen mit den inhaltlichen Argumentationssträngen des DV-Appells.[253] In der Erklärung zur Bewilligung der Kriegskredite, die Hugo Haase als Co-Partei- und Fraktionsvorsitzender der SPD – trotz der noch in der zweiten Julihälfte nachdrücklich artikulierten Friedensbekundungen – am 4. August 1914 abgab, wurde die »Verteidigung des Landes« als maßgebliches Argument für das Einlenken der SPD angeführt.[254] Zentral schien dabei die Bestrebung, einen »Sieg des russischen Despotismus« zu verhindern und damit »die Kultur und Unabhängigkeit« des eigenen Landes zu sichern.[255] Die Sozialdemokratie würde »in der Stunde der Gefahr das eigene Vaterland nicht im Stich« lassen.[256] Damit scheint sich – über den in einigen Bevölkerungskreisen verbreiteten Kriegsenthusiasmus hinaus – die Pflicht

252 Vgl. dazu auch: I. Kapitel 3.2. und Kapitel 3.3.

253 Die Politik des »Burgfriedens«, die auch auf die Frage nach den Kontinuitätslinien sozialdemokratischer Politik verweist, hat unter der Fragestellung, inwiefern die SPD zu dieser Zeit bereits gesellschaftlich integriert war, inzwischen reichhaltigen und kontroversen Niederschlag gefunden (vgl. als kursorische Zusammenfassung: Wolfgang Kruse, Krieg und nationale Integration. Eine Neuinterpretation des sozialdemokratischen Burgfriedensschlusses 1914/15, Essen 1993, S. 9 ff.). Vgl. daneben: Susanne Miller, Burgfrieden und Klassenkampf. Die deutsche Sozialdemokratie im Ersten Weltkrieg, Düsseldorf 1974.

254 Vgl. zu den Friedensbekundungen etwa den Aufruf des Vorstandes der SPD vom 25. Juli 1914 zum Massenprotest gegen die Kriegsgefahr, in: Institut für Marxismus-Leninismus beim Zentralkomitee der Sozialistischen Einheitspartei Deutschlands (Hg.): Dokumente und Materialien zur Geschichte der deutschen Arbeiterbewegung. Reihe II: 1914-1945. Band 1, Juli 1914-Oktober 1917, Berlin 1958, S. 11 f. Siehe zur Erklärung die Protokolle der Verhandlungen des Deutschen Reichstages. XIII. Legislaturperiode, 4. 8. 1914, Bd. 306, Stenographische Berichte, S. 8.

255 Ebd., S. 9.

256 Ebd.

zur Landesverteidigung als wirkungsmächtigster Argumentationsstrang erwiesen zu haben.[257] Dies zumal als eigentlicher Aggressor das zaristische und reaktionäre Russland angesehen wurde, während in sozialdemokratischen Kreisen weithin die Überzeugung zu überwiegen schien, die deutsche Regierung und Kaiser Wilhelm II. seien an einer Erhaltung des Friedens interessiert.[258] Und auch innenpolitische Erwägungen spielten eine Rolle: Wo das Zustimmungsverhalten innerhalb der Sozialdemokratie als »bestandene Bewährungsprobe in patriotischer Zuverlässigkeit« interpretiert wurde, ging oftmals die Hoffnung mit einher, nun alsbald auch die politische und soziale Gleichberechtigung zu erlangen.[259] Ebenso dürfte sich die Furcht vor Repressionsmaßnahmen gegenüber der Parteiorganisation und ihrem umfassenden Pressebetrieb auf die Entscheidung ausgewirkt haben.[260]

Vorgeprägt wurde das Votum der sozialdemokratischen Reichstagsfraktion durch die Verbandsvorstände der Freien Gewerkschaften, die bereits am 2. August 1914 auf einer gemeinsamen Konferenz grundsätzliche Bereitschaft signalisiert hatten, auf eine klassenkämpferische Antikriegspolitik zu verzichten und mit der kaiserlichen Reichsregierung zusammenzuarbeiten.[261] Die Konferenzen der Vertreter:innen der Verbandsvorstände

257 Miller, Burgfrieden 1974, S. 68f. Siehe zum Verhältnis von sozialdemokratischen Parteifunktionären und Mitgliederbasis auch: Kruse, Integration, S. 223. Dieser identifizierte erstere als treibende Kraft der Integration in die nationale Einheitsfront.

258 Miller, Burgfrieden 1974, S. 70.

259 Ebd., S. 71f. und S. 74. Wolfgang Kruse sieht in dem »Versuch, durch die Unterstützung der nationalen Kriegspolitik endlich das Stigma der Reichsfeindschaft ablegen zu können und so die Voraussetzungen für eine positive, auf gesellschaftspolitischer Gleichberechtigung basierende nationale Integration zu schaffen«, gar das Hauptmotiv (Kruse, Integration 1994, S. 223f.).

260 Miller, Burgfrieden 1974, S. 72f.

261 Klaus Schönhoven, Einleitung, in: Quellen zur Geschichte der deutschen Gewerkschaftsbewegung im 20. Jahrhundert. Bd. 1: Die Gewerkschaften in Weltkrieg und Revolution 1914-1919, bearb. von Klaus Schönhoven, Köln 1985, S. 9-59, hier S. 12. Das Protokoll findet sich abgedruckt auf den Seiten 74-85. Unberücksichtigt blieb die im »Mannheimer Abkommen« von 1906 getroffene Vereinbarung, »bei Aktionen, die die Interessen der Gewerkschaften und der Partei gleichmäßig berühren, ein einheitliches Vorgehen herbeizuführen« (vgl. Resolution des SPD-Parteitages 1906 in Mannheim zum Massenstreik und zur Rolle der Gewerkschaften [»Mannheimer Abkommen«], in: Langkau/Matthöfer/Schneider [Hg.]: SPD und Gewerkschaften 1994, S. 95f.). Als endgültige Weichenstellung scheint diese Entscheidung vonseiten der Partei jedoch zunächst nicht gewertet worden sein. Zumindest wurden in der Öffentlichkeit keinerlei dahingehende Vorwürfe erhoben, auch wenn sich das gewerkschaftliche Votum nicht unwesentlich auf das persönliche Abstimmungsverhalten einer Reihe von Reichstagsabgeordneten ausgewirkt haben dürfte (Schönhoven, Einleitung 1985, S. 12f.). Zumal sich die Freien Gewerkschaften inzwischen schon rein zahlenmäßig zu einem bedeutenden Machtfaktor entwickelt hatten: Die angeschlossenen freigewerkschaftlichen Verbände verfügten über etwa 2,5 Millionen Mitglieder, während die SPD zu jener Zeit etwa eine Million organisierte Anhänger:innen verzeichnen konnte. Hinsichtlich der Mitgliederstärke besaßen die Freien Gewerkschaften auch gegenüber den konkurrierenden Verbänden ein deutliches Übergewicht. Während die christlichen Gewerkschaften etwa 350.000 Mitglieder organisierten, versammelten die Hirsch-Dunkerschen Gewerkvereine circa 100.000 Mitglieder um sich

hatten sich neben den allgemeinen Gewerkschaftskongressen als Forum etabliert, um die Zusammenarbeit der angeschlossenen Verbände, deren Anzahl vor Kriegsbeginn auf 46 angestiegen war, zu gewährleisten.[262] Daneben existierte die *Generalkommission der Gewerkschaften Deutschlands* als drittes institutionell verankertes Gremium, das sich bis 1914 zu einer Art Zentralinstanz entwickelt hatte, die die Freien Gewerkschaften publizistisch und politisch repräsentierte.[263] Von dieser Generalkommission war noch am Vortag eine Friedensresolution veröffentlicht worden, in der »gegen die verbrecherische Kriegshetze« Stellung bezogen und die Mobilisierung aller Kräfte propagiert wurde, »um dem Frieden zu dienen und die Gefahr des Krieges zu bannen«.[264] Insofern vollzog sich auch hier Anfang August ein deutlicher Kurswechsel. Ähnlich wie im Falle der Sozialdemokratie lässt sich ein Ursachenbündel ausmachen, das letztlich in der Unterstützung der reichsdeutschen Kriegsanstrengungen durch die Freien Gewerkschaften mündete.[265] Die nationale Euphorie im August 1914, die Abneigung gegenüber dem Zarismus und die Angst vor staatlichen Repressionen vermögen den ausbleibenden gewerkschaftlichen Widerstand gegen die deutsche Mobilmachung nur partiell zu erklären.[266] Befürchtungen, über keinen gesellschaftlichen Rückhalt für einen solchen Protest zu verfügen und Zweifel an dessen Wirksamkeit dürften die Haltung der Gewerkschaftsverbände ebenfalls nicht grundsätzlich bestimmt haben. Vielmehr scheinen die führenden Vertreter:innen von SPD und Gewerkschaften trotz aller Vorbehalte gegenüber dem Kaiserreich dessen Existenz als »unabdingbare Basis für eine Hebung der materiellen und ideellen Lage der deutschen Arbeiterklasse« angesehen zu haben, die sie in Anbetracht des bevorstehenden Kriegs nicht durch vermeintlich unpatriotisches Verhalten aufs Spiel setzen wollten.[267]

Der Butib in den ersten Kriegsjahren

Der Krieg wirkte sich einschneidend auf das innergewerkschaftliche Leben aus, das auf der unteren und mittleren Ebene nahezu zum Erliegen kam.[268] Da Lohn- und Tarifkämpfe, die primären Triebfedern der Bewegung, ruhten und kriegsbedingt anderweitige Probleme

(Klaus Schönhoven, Die Freien Gewerkschaften zwischen Reichsgründung und Weltkrieg: Organisationsentwicklung, Strukturprobleme und Programmatik, in: Matthias, Erich/ders. [Hg.]: Solidarität und Menschenwürde. Etappen der deutschen Gewerkschaftsgeschichte von den Anfängen bis zur Gegenwart, Bonn 1984, S. 39-56, hier S. 42).

262 Vgl. zur Zusammenarbeit der freigewerkschaftlichen Einzelorganisationen und zu den organisatorischen Restrukturierungen, die auf dem 9. Gewerkschaftskongresses im Juni 1914 beschlossen wurden: Schönhoven, Einleitung 1985, S. 36-50.

263 Vgl. ebd., S. 37 und S. 39.

264 Correspondenzblatt der Generalkommission der Gewerkschaften Deutschlands, 24. Jg. Nr. 31 vom 1. 8. 1914, »Die Kriegsgefahr«.

265 Vgl. Schönhoven, Einleitung 1985, S. 12 ff.

266 Heinrich Potthoff, Gewerkschaften in Weltkrieg und Revolution: Kontinuität und Wandel, in: Matthias/Schönhoven (Hg.): Solidarität und Menschenwürde 1984, S. 107-131, hier S. 108.

267 Ebd., S. 108 f.

268 Vgl. ebd., S. 110.

in den Vordergrund rückten, veränderte sich das Tätigkeitsfeld der Gewerkschaften in diesem Zeitraum grundlegend. So sah sich der Butib zunächst gezwungen, den Betrieb der Bundesgeschäftsstelle und die Veröffentlichung der Verbandspublikationen stark einzuschränken.[269] Um die Existenz des Bundes auch über die Kriegszeit hinaus zu sichern, so argumentierte der Vorstand in einem Aufruf an die Verbandsmitglieder vom 4. August 1914, wurde beschlossen, die Stellenlosen- und Hinterbliebenenunterstützung für die Dauer des Kriegs auszusetzen.[270] Anknüpfend an diese Verlautbarung wies Aufhäuser in den Zeilen der DIZ der »Aufrechterhaltung der Organisation« oberste Priorität zu.[271] Eindringlich appellierte er daran, die örtlichen Kassenverwaltungen trotz zahlreicher Einberufungen aufrechtzuerhalten, auch wenn die gewerkschaftliche Arbeit nunmehr viele Beschränkungen erfahren habe und das Versammlungsleben fast gänzlich unterbunden sei.[272] Dies gelang in den allermeisten Fällen, auch wenn bereits Ende des Jahres 1914 etwa 40 Prozent der Butib-Mitglieder zum Militärdienst eingezogen worden waren.[273]

Wie sehr sich das Aufgabenfeld des Butib in diesem Zeitraum veränderte, wird aus einem von Aufhäuser veröffentlichten Rückblick auf das Jahr 1915 ersichtlich: Darin berichtete er von einer Vielzahl von Einberufungen. Neben 16.000 Mitgliedern waren davon auch zahlreiche Bundesdelegierte, Vorstandsmitglieder und Bundesbeamte betroffen.[274] Wegen der britischen Seeblockade und der problematischen Nahrungsmittelsituation rückten Konsumfragen zunehmend in den Fokus der Aufmerksamkeit. Der Bund appellierte im Rahmen von Versammlungen und Publikationen an die Privatangestellten, »ihre Ernährungsweise der inländischen landwirtschaftlichen Produktion anzupassen«, und war an der Gründung des »Kriegsausschusses für Konsumenteninteressen« beteiligt, um »Wucher«-Bestrebungen seitens der Landwirtschaft und des Handels zu unterbinden.[275] Daneben gewann das Gebiet der Kriegsfürsorge an Bedeutung, insbesondere auf kommunaler Ebene. In diesem Sinne wirkte der Bund an der Schaffung von Einrichtungen zur Arbeitslosenunterstützung mit und fungierte als Ansprechpartner für seine Mitglieder bei Rechts-, Miet-, Militär- und Steuerfragen.[276] Gleichfalls versuchte er mittels verschiedener Eingaben Einfluss auf die soziale Kriegsgesetzgebung zu nehmen. Diese wurden durch Forderungen nach Regelungen für die

269 Bund der technischen Angestellten und Beamten (Hg.): 25 Jahre Technikergewerkschaft 1929, S. 48.
270 Deutsche Industriebeamten-Zeitung, 10. Jg. Nr. 32 vom 14. 8. 1914, »An unsere Mitglieder!«.
271 Ebd., »Organisation und Kriegszeit«.
272 Ebd.
273 So legt es die verbandseigene Historiografie nahe. Vgl. Bund der technischen Angestellten und Beamten (Hg.): 25 Jahre Technikergewerkschaft 1929, S. 48.
274 Deutsche Industriebeamten-Zeitung, 12. Jg. Nr. 1 vom 7. 1. 1916, »Ein Rückblick auf das Jahr 1915«.
275 Ebd. Aufhäuser hat sich vor allem Anfang des Jahres ausgiebig mit diesen Themenfeldern beschäftigt (vgl. 11. Jg. Nr. 1 vom 15. 1. 1915, »Kriegsausschuß für Konsumenteninteressen« und Nr. 4 vom 26. 2. 1915, »Zur Sicherung der Volksernährung«) und dabei nachdrücklich auch das Eingreifen des Staates in die freie Preisbildung auf dem Nahrungsmittelmarkt gefordert.
276 Deutsche Industriebeamten-Zeitung, 12. Jg. Nr. 1 vom 7. 1. 1916, »Ein Rückblick auf das Jahr 1915«.

im Heer stehenden Angestellten und deren Familien (etwa zu den Themen Militärrenten, Pflegschaftsgelder für Kriegerwaisen und Kriegsbeschädigtenfürsorge) bekräftigt.

Zentral erwies sich die Frage nach der Arbeitsbeschaffung für Kriegsinvaliden. Daran schloss sich die Forderung »nach Schaffung einer zentralisierten einheitlich geregelten Stellenvermittlung für das ganze Reich« an, da, so Aufhäuser, »die Regelung des Arbeitsmarktes am Schlusse des Kriegs geradezu eine Staatsnotwendigkeit sein müßte«.[277] In mehreren Leitartikeln beschäftigte er sich ausgiebig mit dieser Thematik und kritisierte dabei einzelne Angestelltengewerkschaften, die die verbandseigene »Stellenvermittlung immer noch in erster Linie als Agitationsmittel« begreifen würden.[278] Stattdessen forderte er öffentliche Arbeitsnachweise auf paritätischer Basis sowie die »Anerkennung der Gewerkschaften und ihre Hinzuziehung zu positiver Mitarbeit« – insbesondere hinsichtlich der Berufswahl der Kriegsverletzten.[279]

Trotz kriegsbedingter Zurückhaltung in Fragen des Arbeitskampfs blieb die Sorge um die Arbeitsverhältnisse der technischen Angestellten in Siegfried Aufhäusers Verlautbarungen präsent. Besondere Berücksichtigung fanden die Versuche verschiedener Firmen, Persönlichkeits- und Koalitionsrechte ihrer Angestellten einzuschränken.[280] »Die harmonische Auffassung unseres Volkes über die Lebensnotwendigkeiten des Vaterlandes [seien] nicht gleichbedeutend mit einer Harmonie der wirtschaftlichen Interessen« konstatierte er in diesem Zusammenhang.[281] Da »[d]ie Interessengegensätze zwischen Kapital und Arbeit [...] vom Krieg der Völker nicht berührt« würden, müsse trotz Burgfrieden »[d]ie Notwendigkeit für die Aufrechterhaltung starker Gewerkschaften [...] außer Zweifel stehen«.[282] Die Bedeutsamkeit einer straffen und zielbewussten Organisation für die Gewerkschaftskämpfe der Kriegs- und der Nachkriegszeit lancierte Aufhäuser im Sommer 1915 in den wieder vermehrt stattfindenden öffentlichen Versammlungen der Regional- und Lokalgliederungen des Butib. Zwischen dem 4. und 7. August referierte er in Dessau, Nürnberg und München über »[d]ie Zukunft der technischen Angestellten nach dem Kriege«.[283] Ende August und Anfang September trat er ferner in Betriebs- und Mitgliederversammlungen in Köln und Düsseldorf sowie als Vertreter des Vorstands auf der *Obmännerkonferenz* des Gaues Rheinland-Westfalen in Erscheinung.[284]

Für die rege Betriebsamkeit in den Ortsgruppen und die Anwesenheit von Aufhäuser und anderen Bundesgenossen der zentralen Ebene in zahlreichen lokalen Ver-

277 Ebd.

278 Ebd., 11. Jg. Nr. 6 vom 26.3.1915, »Arbeitsbeschaffung für Kriegsinvaliden«.

279 Ebd. Vgl. hierzu auch Nr. 21 vom 15.10.1915, »Widerstand gegen die öffentlich-paritätische Arbeitsvermittlung« und 12. Jg. Nr. 8 vom 14.4.1916, »Vom Krieg zur Friedenswirtschaft«.

280 Vgl. etwa ebd., 11. Jg. Nr. 8 vom 16.4.1915, »Eine Abwehraktion« und Nr. 25 vom 10.12.1915, »Burgfriedliches aus Ratingen«.

281 Ebd., Nr. 11 vom 28.5.1915, »Krieg und Gewerkschaft«.

282 Ebd.

283 Ebd., Nr. 17 vom 20.8.1915, »Dessau« und »Nürnberg« sowie Nr. 18 vom 3.9.1915, »München«.

284 Ebd., Nr. 19 vom 17.9.1915, »Obmännerkonferenz des Gaues Rheinland-Westfalen« sowie Nr. 20 vom 1.10.1915, »Cöln« und »Düsseldorf«.

sammlungen gab es einen triftigen Grund: Innerhalb des Butib war zu jener Zeit ein Konflikt eskaliert. Interne Kritik an den Kriegsmaßnahmen des Bundes – etwa die Aufhebung verschiedener Unterstützungsleistungen – hatte nach dem 13. ordentlichen Bundestag im April 1915 zur Abspaltung einer Anzahl von Bundesmitgliedern und der Gründung eines konkurrierenden *Bundes der technischen Angestellten* (BtA) geführt.[285] Nun galt es, Präsenz zu zeigen, den Bund zusammenzuhalten und die einzelnen Ortsgruppen nicht an den neu gegründeten Verband zu verlieren.

Die Gründung der *Arbeitsgemeinschaft für das einheitliche Angestelltenrecht*

In diesem Zeitraum gelang es Siegfried Aufhäuser nicht nur durch sein Auftreten in der Verbandspresse und die gesteigerte Vortragstätigkeit, seine Popularität innerhalb der freien Gewerkschaftsbewegung nachdrücklich zu steigern. Von besonderer Bedeutung sollte sich im Rückblick sein Engagement bei der 1913 gegründeten *Arbeitsgemeinschaft für das einheitliche Angestelltenrecht* erweisen, die als Ausgangspunkt für die spätere Zusammenfassung der freigewerkschaftlichen Angestelltenbewegung anzusehen ist und ihn schließlich an die Spitze dieser Bewegung manövrierte.[286]

In seinem ersten Bericht für das Jahrbuch der Angestelltenbewegung hatte er mit Blick auf das Jahr 1912 wohlwollend über Vereinheitlichungstendenzen innerhalb der Bewegung und den gesteigerten »Wille[n], der übermäßigen Zersplitterung entgegenzuwirken« berichtet.[287] Diese Entwicklung hatte mit der Gründung einer *Sozialen Arbeitsgemeinschaft der kaufmännischen Verbände* (SAG) auch organisatorisch ihren Ausdruck gefunden. Parallel dazu existierten nach wie vor der *Hauptausschuß für die staatliche Pensions- und Hinterbliebenenversicherung der Privatangestellten* sowie die *Freie Vereinigung für die soziale Versicherung der Privatangestellten*.[288] Beide Zusammenschlüsse waren nach der Verabschiedung des Versicherungsgesetzes für Angestellte im Jahr 1911 bestehen geblieben, um einerseits »den Ausbau des bestehenden Gesetzes zu fördern und sich andererseits mit sonstigen aktuellen Fragen der kaufmännischen und technischen Angestellten zu befassen«.[289] Aufhäuser hielt es jedoch für »verfrüht«, in

285 Bund der technischen Angestellten und Beamten (Hg.): 25 Jahre Technikergewerkschaft 1929, S. 48. Aufhäuser reflektierte hierzu, dass »keinerlei sachliche Notwendigkeiten, sondern rein persönliche Zwecke vorlagen«, die zur Gründung des neuen Verbandes geführt hatten (Deutsche Industriebeamten-Zeitung, 12. Jg. Nr. 1 vom 7. 1. 1916, »Ein Rückblick auf das Jahr 1915«). Dass diese Neugründung in Zusammenhang mit dem seit längerem im Bund schwelenden Konflikt um Lüdemanns Ausscheiden stand, legt der Umstand nahe, dass Lüdemann die Leitung der Zeitschrift *Der technische Angestellte* des neu gegründeten Verbands übernahm (ebd., 11. Jg. Nr. 20 vom 1. 10. 1915, »Die Neugründung im Lichte der Gewerkschaftspresse«).

286 Ulf Kadritzke bezeichnete sie als »Keimform der späteren freigewerkschaftlichen Angestelltenbewegung« (ders., Die geduldigen Arbeiter 1975, S. 235).

287 Jahrbuch der Angestelltenbewegung, 7. Jg. Nr. 1/1913, »Angestelltenbewegung«, S. 66-76, hier S. 67. Siehe auch S. 71f.

288 Vgl. dazu I. Kapitel 2.2.

289 Jahrbuch der Angestelltenbewegung, Nr. 2/1913, »Angestelltenbewegung«, S. 151-158, hier S. 155.

der Konkurrenzsituation der beiden Vereinigungen die »endgültige Scheidung der Angestelltenbewegung zu betrachten«.[290] Die entscheidende Konfliktlinie sah er vielmehr im Gegensatz zwischen paritätischen und gewerkschaftlichen Organisationen.[291] Daher begriff er die neue »Koalition der paritätischen Verbände« in Form der SAG als »Anfang einer reinlichen Scheidung« für die gesamte Angestelltenbewegung in Deutschland.[292] Es sei, so Aufhäuser, »nur folgerichtig, wenn die mehr oder weniger paritätischen Organisationen sich als Gegner eines einheitlichen Sozialrechtes bekennen« würden: »Die Organisationen, die den Gedanken einer rein partikularistischen Standespolitik vertreten, handeln nur konsequent, auch für die Beibehaltung einzelner Sonderrechte für kaufmännische Angestellte, für Techniker, für Arbeiter usw. einzutreten«.[293]

Auf der anderen Seite konnte Aufhäuser in der letzten Quartalsausgabe 1913 vermelden, dass »[d]ie Bestrebungen nach Vereinheitlichung des Arbeitsrechtes [...] dazu geführt [hätten], daß eine Reihe auf gewerkschaftlichem Boden stehender Angestelltenverbände in nähere Fühlung getreten [seien], um in dieser Frage zu einem gemeinsamen Vorgehen zu gelangen«.[294] Unter den genannten Verbänden befanden sich neben technisch-industriellen Bünden, die unter anderem vom DTV und dem Butib repräsentiert wurden, auch kaufmännische Organisationen – unter ihnen der VdDK und der ZdH. Dieser lose Zusammenschluss verschiedener Angestelltenverbände war im Oktober 1913 gegründet worden und trat am 26. April 1914 durch die Organisation eines *Kongresses für einheitliches Angestelltenrecht* erstmals öffentlich in Erscheinung.[295] Höhepunkt dieser von zwölf gewerkschaftlichen Angestelltenverbänden, die in ihrer Gesamtheit etwa 120.000 Mitglieder repräsentierten, getragenen Versammlung war ein Referat des Rechtswissenschaftlers und DV-Politikers Hugo Sinzheimer über die »Notwendigkeit des einheitlichen Angestelltenrechts«.[296] Dort wurde nochmals ausführlich auf die »Ungleichheit und Zersplitterung des gegenwärtigen Dienstvertrags-

290 Ebd., Nr. 1/1913, »Angestelltenbewegung«, S. 66-76, hier S. 66.
291 Vgl. ebd., Nr. 3/1913, »Angestelltenbewegung«, S. 312-322, hier S. 312.
292 Ebd., Nr. 1/1913, »Angestelltenbewegung«, S. 66-76, hier S. 72.
293 Ebd., Nr. 4/1913, »Angestelltenbewegung«, S. 386-392, hier S. 386 f.
294 Ebd., S. 390. Vgl. zur Entwicklung der Dachorganisationen auch I. Kapitel 3.2.
295 Bund der technischen Angestellten und Beamten (Hg.): 25 Jahre Technikergewerkschaft 1929, S. 47. Zuvor war die Arbeitsgemeinschaft – die hier als »Arbeitsausschuß für das einheitliche Angestelltenrecht« firmierte – mit einer Stellungnahme zu einem Gesetzentwurf über die Konkurrenzklausel in Erscheinung getreten (vgl. Jahrbuch der Angestelltenbewegung, 8. Jg. Nr. 1/1914, »Angestelltenbewegung«, S. 45-55, hier S. 51). An anderer Stelle wurde der Zusammenschluss als »Arbeitsgemeinschaft der gewerkschaftlichen Angestelltenverbände« tituliert (vgl. Deutsche Industriebeamten-Zeitung, 10. Jg. Nr. 16 vom 17. 4. 1914, »Zwölfter ordentlicher Bundestag«). Rainer Fattmann bezeichnete den Zusammenschluss als »Arbeitsgemeinschaft zur Herbeiführung eines einheitlichen Angestelltenrechts« (ders., Angestelltenbewegung 2010, S. 91).
296 Jürgen Kocka nannte in seiner Studie (ders., Klassengesellschaft 1988, S. 111) eine andere Zahl, geht jedoch auch von einer anderen Zusammensetzung der von ihm als »Arbeitsgemeinschaft zur Herbeiführung eines einheitl. Angestelltenrechts« bezeichneten Organisation aus.

rechtes« Bezug genommen, die sich »nicht in den tatsächlichen Berufs- und Arbeitsverhältnissen der verschiedenen Angestelltenkategorien sachlich begründe[n]« würden und zu »unerträglichsten Ungerechtigkeiten« führten.[297]

In den folgenden Monaten entfaltete die Arbeitsgemeinschaft keine nennenswerten Aktivitäten. Dies ist wohl in erster Linie dem Kriegsausbruch geschuldet, in dessen Zuge ein Aufruf an die Firmen des Handels und der Industrie erfolgte, »den ins Feld ziehenden Angestellten ihre bisherigen Bezüge fortzugewähren«.[298] Erst im Jahre 1915 vereinbarten die angeschlossenen Verbände ein einheitliches Vorgehen für die Organisation der Kriegsgeschädigtenfürsorge.[299] In diesem Sinne wurden in zahlreichen Orten Vertrauenspersonen aufgestellt, um die lokalen Behörden bei der Berufsberatung zu unterstützen.[300] Wenn man den Ausführungen Aufhäusers aus dem Jahre 1920 folgen mag, begann die Arbeitsgemeinschaft im April 1915 als erste Arbeitnehmer:innenorganisation damit, eine eindeutige gesetzliche Regelung der Kriegsgeschädigtenfürsorge zu fordern und diese mit der öffentlich-rechtlichen Arbeitsvermittlung zu verbinden, was alsbald die Anerkennung des *Reichsausschusses der Kriegsgeschädigtenfürsorge* fand.[301] Daneben setzte sie sich für das Recht auf Wiedereinstellung der Kriegsteilnehmer ein, thematisierte vorbereitende Maßnahmen der wirtschaftlichen Demobilisierung, die Reorganisation der Arbeitsvermittlung und weitere Maßnahmen der Kriegssozialpolitik. Dadurch gelang es, »sowohl bei den Behörden, als auch bei der organisierten Arbeiterschaft die Anerkennung als die berufene Angestelltenvertretung zu erringen«.[302] So konnte die Arbeitsgemeinschaft bei ihrer Forderung nach einer Vereinheitlichung des Arbeitsrechts im Kriegsverlauf zwar kaum Erfolge verzeichnen, stattdessen entwickelte sich der Zusammenschluss in diesem Zeitraum immer mehr zu einem gewerkschaftlichen »Spitzenverband«, der die Interessen der Einzelverbände gegenüber den staatlichen und militärischen Behörden vertrat.[303]

297 Deutsche Industriebeamten-Zeitung, 10. Jg. Nr. 18 vom 1. 5. 1914, »Der Kongreß für einheitliches Angestelltenrecht«. Vgl. auch Jahrbuch der Angestelltenbewegung, 8. Jg. Nr. 2/1914, »Angestelltenbewegung«, S. 133-141, hier S. 133 f.

298 Deutsche Industriebeamten-Zeitung, 11. Jg. Nr. 16 vom 6. 8. 1915, »Bund der technisch-industriellen Beamten. Bericht und Abrechnung für das Jahr 1914«. Ferner fand eine Erweiterung der Gemeinschaft um den Verband der deutschen Versicherungsbeamten statt.

299 Ebd., 12. Jg. Nr. 17/18 vom 1. 9. 1916, »Bund der technisch-industriellen Beamten. Bericht und Abrechnung für das Jahr 1915«.

300 Ebd., Nr. 1 vom 7. 1. 1916, »Ein Rückblick auf das Jahr 1915«.

301 S[iegfried] Aufhäuser, Die freie Angestellten- und Arbeiterbewegung. Referat dem Ersten ordentlichen Bundestag der technischen Angestellten und Beamten erstattet von S. Aufhäuser am 14. Juni 1920, Berlin 1920, S. 8.

302 Ebd., S. 8 f.

303 Joachim Palberg-Landwehr, Die Freien Angestelltengewerkschaften zwischen Arbeiterbewegung und ›bürgerlicher‹ Konkurrenz. Eine historisch-soziologische Studie über den Afa-Bund 1921-1933, Paderborn 1993, S. 24 f.

3.2 Gewerkschaftliche Konzentrationsprozesse und die Spaltung der Sozialdemokratie

Eine maßgebliche Beschleunigung erfuhr diese Entwicklung mit dem sogenannten »Hilfsdienstgesetz«, das der Reichstag im Dezember 1916 verabschiedete. Die Reformorientiertheit der Gewerkschaften und ihre rückhaltlose Unterstützung der Kriegspolitik hatten ihnen seit August 1914 eine zuvor nicht erlebte staatliche Wertschätzung eingebracht, die sich nicht nur in demonstrativen Gesten, sondern auch im Rahmen intensiver Verhandlungen ausdrückte.[304] Der intensive Austausch führender Gewerkschaftsvertreter mit Beamten der Reichsämter, Landesverwaltungen und kommunalen Dienststellen sowie mit hohen Offizieren über Ernährungsprobleme und Fragen der Arbeitsbeschaffung sowie Unterstützungs- und Hilfsmaßnahmen gingen einher mit einer Lockerung der Polizeiaufsicht und einer Erweiterung der gewerkschaftlichen Bewegungsfreiheit in staatlichen und kommunalen Betrieben und Gremien.[305] Ein ungewohnter Imagegewinn, der vonseiten gewerkschaftlicher Vertreter:innen als Vorbote einer politischen Neuorientierung des wilhelminischen Obrigkeitsstaates und als möglicher »Ausbruch der Arbeiterbewegung aus einer jahrzehntelangen Pariastellung« interpretiert wurde – zumal sich unter dem Druck der Verhältnisse auch die Unternehmensleitungen genötigt sahen, enge Kooperationen mit den Gewerkschaftsverbänden einzugehen.[306] Die Kompetenzerweiterung der Gewerkschaften war jedoch auf fragilem Fundament errichtet: Die stetig wachsende Protestbewegung gegen die Kriegspolitik, gegen Teuerungen und zunehmende staatliche Reglementierungen und die Einschränkung fundamentaler Rechte ließen es aus staatlicher Sicht notwendig erscheinen, das Protestpotenzial durch eine befristete Kooperation zu kanalisieren und abzuschwächen. Ob die Zusammenarbeit sich auch mittel- und langfristig als tragfähig erweisen würde, blieb zunächst unklar.

Weitgehende Zugeständnisse wurden den Gewerkschaften zuteil, als die *Oberste Heeresleitung* im Rahmen des »Hindenburg-Programms« plante, eine verbindliche Arbeitspflicht einzuführen, die die Mobilisierung des Arbeitslebens im Sinne der Kriegsanstrengungen zum Ziel hatte.[307] Die mit dem *Gesetz über den vaterländischen Hilfsdienst* einhergehenden, tiefgreifenden rechtlichen Einschnitte betrafen die Freizügigkeit der Arbeitnehmer:innen, schürten Ängste vor der Willkür der Unternehmensleitungen und ließen zwangsweise Beschränkungen der Lohn- und Gehaltsentwicklung erwarten. Die Gewerkschaften zeigten zwar keine grundsätzliche Ablehnung gegenüber den staatlichen Eingriffen, forderten im Gegenzug jedoch Konzessionen.[308] Es gelang den drei

304 Schönhoven, Einleitung 1985, S. 14.
305 Ebd.
306 Ebd., S. 14 ff.
307 Vgl. zum »Hindenburg-Programm«: Gerald D. Feldman, Armee, Industrie und Arbeiterschaft in Deutschland 1914 bis 1918, Berlin u. a. 1985, S. 133 ff.
308 Potthoff, Weltkrieg und Revolution 1984, S. 113.

Richtungsgewerkschaften unter Einbeziehung zahlreicher Angestelltenverbände und in Kooperation mit den Parlamentsfraktionen des Linksliberalismus, des politischen Katholizismus und der Sozialdemokratie, bei den Verhandlungen um das »Hilfsdienstgesetz«, zentrale sozialpolitische Reformvorstellungen durchzusetzen.[309]

Aufhäuser und die Zusammenfassung der Angestelltenverbände

In diesen Prozess war die Arbeitsgemeinschaft für das einheitliche Angestelltenrecht maßgeblich eingebunden. Publizistisch hatte Siegfried Aufhäuser deren Aktivitäten in der DIZ begleitet. Er lehnte die Arbeitspflicht zwar nicht rundum ab, kritisierte jedoch vehement, dass die Angestelltenverbände bei den Entwurfsvorbereitungen des Gesetzes im Gegensatz zu den Arbeiter:innengewerkschaften nicht gehört worden waren und forderte die Mitwirkung nun umso eindringlicher ein.[310] Im Vorfeld der entscheidenden Beratungen des Reichstags sah sich der Butib veranlasst, zur Durchsetzung seiner Forderungen über die Arbeitsgemeinschaft für das einheitliche Angestelltenrecht mit der *Generalkommission der Gewerkschaften Deutschlands* in Fühlung zu treten, die sich bereits mit den christlichen Gewerkschaften und den Hirsch-Dunkerschen Gewerksvereinen verständigt hatte.[311] Durch dieses geschlossene Vorgehen wurde es möglich, die eher kurz gehaltene Regierungsvorlage um einige bedeutsame Änderungen zu ergänzen.[312] Konkret ging es um erweiterte Mitbestimmungsrechte bei der Gestaltung der Arbeitsverhältnisse durch neu einzurichtende Arbeitsausschüsse und um den Aufbau eines Systems paritätisch besetzter Schlichtungsausschüsse. Die Erweiterung der gewerkschaftlichen Kompetenzen in diesem Sinne war de facto gleichbedeutend mit der Anerkennung der Gewerkschaften als legitime Vertretung der Arbeiter:innenschaft.

Dass die gesetzliche Regelung neben den sogenannten »Arbeiterausschüssen« explizit die Gründung von »Angestelltenausschüssen« vorsah, ist nicht unwesentlich auf das Engagement der Arbeitsgemeinschaft für das einheitliche Angestelltenrecht zurückzuführen. Neben »umfangreiche[n] persönliche[n] Verhandlungen mit maßgebenden Abgeordneten der verschiedenen Parteien« hatte sie während der Verhandlungen Ende November 1916 eine »dringende Eingabe« für den sozialen Ausbau des Gesetzes formuliert, die in den entscheidenden Sitzungen des Ausschusses und des Plenums zur Verteilung ge-

309 Schönhoven, Einleitung 1985, 17. Die freien Gewerkschaften, die christlichen Gewerkschaften und die Hirsch-Dunkerschen Gewerksvereine verstanden sich als Vertretungen je einer weltanschaulichen oder politischen Richtung (siehe dazu: I. Kapitel 3.1).

310 Deutsche Industriebeamten-Zeitung, 12. Jg. Nr. 24 vom 24.11.1916, »Die Mobilmachung der Arbeitskraft«.

311 Ebd., Nr. 25 vom 8.12.1916, »Das Zivildienstpflichtgesetz im Reichstag. Der Kampf um die obligatorischen Angestelltenausschüsse«.

312 Diese wurden später als »bedeutendste[s] Zugeständnis des Staates an die gewerkschaftlich organisierte Arbeiterbewegung während des Krieges« bezeichnet (vgl. Schönhoven, Einleitung 1985, S. 17).

langte.[313] Als Unterzeichner dieser Eingabe traten Karl Giebel, SPD-Reichstagsabgeordneter und Vorsitzender des *Verbands der Büroangestellten Deutschlands*, Otto Urban, geschäftsführender Vorstand des ZdH und Siegfried Aufhäuser in Erscheinung.[314] Ob er an dieser Stelle als Vertreter des Butib oder als Repräsentant der Arbeitsgemeinschaft fungierte, geht aus dem Dokument nicht eindeutig hervor. Kurze Zeit später firmierte Aufhäuser bei einer groß angelegten Konferenz von Vertretern der Richtungsgewerkschaften und Angestelltenverbände, zu der auch Vizekanzler Karl Helfferich und Generalleutnant Wilhelm Groener erschienen waren, jedenfalls als offizieller Sprecher der Arbeitsgemeinschaft.[315]

Bei dieser Versammlung, die die Mitwirkung der unterschiedlichen Spitzenverbände bei der Durchführung des »Hilfsdienstgesetzes« zum Gegenstand hatte, wurde einerseits der Wille zur Kooperation öffentlichkeitswirksam demonstriert. Andererseits wurde hier eine Basis geschaffen, die sich in der Folgezeit als Ausgangspunkt weiterer gemeinsamer Aktivitäten erweisen sollte. Dem Gewerkschaftsbündnis gehörten die in ideologische Richtungen ausdifferenzierten Verbände der Arbeiter:innen an, deren Dreigliederung sich mittels entsprechender Dachverbände um die Jahrhundertwende auch organisatorisch manifestiert hatte. Beteiligt waren darüber hinaus verschiedene Vertretungsinstanzen der Angestellten.[316] Hier hatten sich während des Ersten Weltkriegs Konzentrationsbestrebungen bemerkbar gemacht, die ebenfalls auf eine dreigliedrige Organisationsstruktur hinausliefen: Neben der 1913 unter Mitwirkung des Butib gegründeten *Arbeitsgemeinschaft für das einheitliche Angestelltenrecht* war 1912 die zuvor erwähnte bürgerlich-berufsständisch orientierte SAG entstanden. Diese wiederum wandelte sich unter Hinzuziehung größerer Handlungsgehilf:innenverbände – wie dem DHV und dem VdDK – im Oktober 1916 in die *Arbeitsgemeinschaft kaufmännischer Verbände* (AKV) um.[317] Daneben war auch der DTV zwischenzeitlich aus der *Arbeitsgemein-*

313 Deutsche Industriebeamten-Zeitung, 12. Jg. Nr. 25 vom 8.12.1916, »Das Zivildienstpflichtgesetz im Reichstag. Der Kampf um die obligatorischen Angestelltenausschüsse«. Darauf, dass sich die Form der Eingabe in diesem Fall als durchaus effektiv erwiesen hatte, deutet auch eine Aussage von Gustav Stresemann im Reichstag hin. Dabei orientierte er sich als Nationalliberaler primär an der *Arbeitsgemeinschaft kaufmännischer Verbände* (AKV, Nachfolgeorganisation der SAG), die in einer zweiten eigenen Eingabe erst spät ebenfalls für die Schaffung von Angestelltenausschüssen eingetreten war (Protokolle der Verhandlungen des Deutschen Reichstages. XIII. Legislaturperiode, 30.11.1916, Bd. 308, Stenographische Berichte, S. 2252).

314 Die Eingabe wurde abgedruckt in: Deutsche Industriebeamten-Zeitung, 12. Jg. Nr. 25 vom 8.12.1916, »Eingabe der Arbeitsgemeinschaft für das einheitliche Angestelltenrecht«.

315 Gemeinsame Konferenz von Vertretern der Richtungsgewerkschaften und Angestelltenverbände über das Hilfsdienstgesetz vom 12. Dezember 1916, in: Quellen zur Geschichte der deutschen Gewerkschaftsbewegung 1985 (Bd. 1), S. 262-298, hier S. 289-292.

316 Auf der gemeinsamen Konferenz von Vertretern der Richtungsgewerkschaften und Angestelltenverbände am 12. Dezember 1916 war auch die polnische Berufsvereinigung (*Zjednoczenie Zawodowe Polskie*) vertreten, die jedoch im weiteren Verlauf der Kooperation kaum in Erscheinung trat.

317 Hartfiel, Angestelltengewerkschaften 1961, S. 143. Vgl. hierzu auch Aufhäusers Kritik an der Ausrichtung des geplanten Zusammenschlusses in: Deutsche Industriebeamten-Zeitung, 12. Jg.

schaft für das einheitliche Angestelltenrecht ausgeschert und hatte gemeinsam mit dem *Deutschen Werkmeister-Verband* (DWV) Ende 1915 eine *Arbeitsgemeinschaft technischer Verbände* gebildet.[318] Während sich die *Arbeitsgemeinschaft für das einheitliche Angestelltenrecht* dezidiert gewerkschaftlich positionierte und für ein einheitliches Arbeitsrecht eintrat, bildete die AKV mit Forderungen nach kaufmännischen Sonderrechten bei der weitgehenden Ablehnung gewerkschaftlicher Kampfmittel deren ideologischen Gegenpart.[319] Die *Arbeitsgemeinschaft technischer Verbände* nahm eine Zwischenposition ein.[320]

Insgesamt blieben die Mitgliederzahlen der drei Angestelltenkartelle während des Ersten Weltkriegs zwar relativ gering, dafür erweiterten sich das Tätigkeitsfeld sowie deren Mitbestimmungs- und Gestaltungsmöglichkeiten im Zuge des »Hilfsdienstgesetzes« – auch im Vergleich zu den Einzelverbänden – ungemein.[321] Als Ansprechpartner für die Belange der Angestellten vergrößerten sich deren Handlungsspielräume insbesondere bei Verhandlungen mit den Zivil- und Militärbehörden, aber auch im Rahmen der Kooperation mit den Gewerkschaften der Arbeiter:innenschaft, beträchtlich. Dabei gestaltete sich ihr Verhältnis zueinander trotz ideologischer Differenzen überwiegend kooperativ. Dies drückte sich nicht nur in gemeinsamen Eingaben – unter anderem zur Friedensfrage, zur Lebensmittelversorgung oder zur Organisation des Kriegsernährungsamtes – aus, sondern manifestierte sich auch im Rahmen eines Abkommens zur Intensivierung der Zusammenarbeit, das im Juli 1917 geschlossen wurde.[322]

Nr. 2 vom 21. 1. 1916, »Hie mittelständische – hie Arbeitnehmerpolitik«. Der VdDK hatte sich zwischenzeitlich von der *Arbeitsgemeinschaft für das einheitliche Angestelltenrecht* distanziert.

318 Hartfiel, Angestelltengewerkschaften 1961, S. 144.

319 Vgl. zur Komplexität der Unterscheidung, in der auch die unentschlossene Haltung einzelner Verbände gegenüber der freien Gewerkschaftsbewegung zum Ausdruck kam: ebd., S. 142 ff.

320 Vgl. hierzu die Interpretation Aufhäusers. Demnach wurde deren Position im Wesentlichen durch die ambivalente Haltung der beiden Gründungsorganisationen geprägt (Deutsche Industriebeamten-Zeitung, 14. Jg. Nr. 25 vom 13. 12. 1918, »Der gewerkschaftliche Einheitsverband der Techniker«).

321 Schätzungen für das Jahr 1916 gehen davon aus, dass die drei Kartelle zusammengenommen etwa 250.000 Mitglieder repräsentierten (vgl. Kocka, Klassengesellschaft 1988, S. 111. Allerdings sind die hier genannten Zahlen mit Skepsis zu betrachten. Einerseits waren die Aufzeichnungen während der Kriegszeit lückenhaft und größeren Schwankungen unterworfen. Andererseits berücksichtigt Kocka nicht, dass wiederholt Übertritte einzelner Verbände in konkurrierende Arbeitsgemeinschaften stattgefunden haben.).

322 Hartfiel, Angestelltengewerkschaften 1961, S. 146. Vgl. auch die Deutsche Industriebeamten-Zeitung, 13. Jg. Nr. 23 vom 9. 11. 1917, »Die Gruppierung der Angestelltenverbände«. Die enge Zusammenarbeit ist mitunter auf die sich verändernden Rahmenbedingungen im Zuge der Kriegsereignisse zurückzuführen. Als Reaktion auf die durch das »Hilfsdienstgesetz« institutionalisierten Mitbestimmungsrechte der Angestellten intensivierten etwa zahlreiche Unternehmensleitungen den Aufbau von lokalen, wirtschaftsfriedlichen und finanziell abhängigen »gelben« Angestellten- und Betriebsvereinen. Wo diese Vereinigungen über einen gewissen Einfluss verfügten, kandidierten die Verbände der Arbeitsgemeinschaften häufig mit gemeinsamen Gegenlisten (Kocka, Klassengesellschaft 1988, S. 108. Vgl. auch: Deutsche Industriebeamten-Zeitung, 13. Jg. Nr. 5 vom 2. 3. 1917, »Die Angestelltenausschüsse«). Aufhäuser beschäftigte sich im letzten Kriegsjahr ausführlich mit dieser – von Unter-

Für Siegfried Aufhäuser, der als Verhandlungsführer der freigewerkschaftlichen Arbeitsgemeinschaft auftrat, bedeutete diese Entwicklung einen immensen Kompetenz- und Prestigegewinn. War es 1914 auf dem Kongress für einheitliches Angestelltenrecht noch Otto Schweitzer oblegen, als Vorstandsmitglied und Leiter der Abteilung »Sozialpolitik und Schriftwesen« die Belange des Butib zu repräsentieren, hatte sich Aufhäuser spätestens seit 1916 zur herausragenden Figur des neuen Dachverbands entwickelt.[323] Dies dürfte in erster Linie auf den Umstand zurückzuführen sein, dass er mit der Übernahme des von Schweitzer bearbeiteten Aufgabenfeldes beauftragt wurde, nachdem dieser 1914 zum Kriegsdienst eingezogen worden war.[324] Der besoldete Butib-Stab war in der Kriegszeit überhaupt sehr geschrumpft: Von sechs Zentralbeamten, die im Jahresbericht 1916 aufgeführt werden, waren drei zu Kriegszwecken einberufen worden.[325] Diesen Zentralbeamten standen neben regional verteilten Gaubeamten an leitenden Funktionären mit Aufhäuser und Ernst Schleifenbaum nunmehr lediglich zwei Verbandssekretäre zur Seite.[326] Vier ihrer Kollegen leisteten ebenfalls Kriegsdienst ab, während zwei weitere Sekretäre zwischenzeitlich ausgeschieden oder gefallen waren. Aufhäuser allein oblag dadurch innerhalb des Butib die Verantwortung über den Aufgabenbereich, der in Zusammenhang mit der *Arbeitsgemeinschaft für das einheitliche Angestelltenrecht* stand. Die Aktivitäten der Arbeitsgemeinschaft wurden wiederum federführend vom Butib – und damit von ihm – geplant und umgesetzt.

nehmerkreisen initiierten – wirtschaftsfriedlichen Bewegung. Diese fand ihren vorläufigen Höhepunkt mit der Gründung der Zeitschrift *Die Hanse* und dem Versuch, einen Verband der wirtschaftsfriedlichen Angestellten zu gründen (vgl. etwa: ebd., 14. Jg. Nr. 11 vom 24.5.1918, »Die gelbe ›Hanse‹« und Nr. 16/17 vom 2.8.1918, »Der gelbe Sumpf«). Auch das gemeinsame Vorgehen bei der Forderung nach Teuerungszulagen für Angestellte und eine zunehmende Zentralisierung der Stellenvermittlung, die vorher von den Verbänden in Einzelregie betrieben wurde, trug zum Abbau von Konfliktpotenzial zwischen den drei Arbeitsgemeinschaften bei (Kocka, Klassengesellschaft 1988, S. 108). Gleichzeitig reflektierte das Kooperationsverhalten zumindest ansatzweise »die zunehmende Vorherrschaft der allen Angestellten gleichen Arbeitnehmereigenschaften« – was häufig zulasten des berufsständischen Bewusstseins ging, das vor dem Ersten Weltkrieg vielfach als Grundlage der Verbandsbildung gedient hatte (ebd.).

323 In der über 150 Personen umfassenden Liste der Kongressteilnehmer:innen wird Aufhäuser nicht aufgeführt. Als Verantwortliche im Vorbereitenden Ausschuss sind Otto Schweitzer (Butib), Karl Giebel (*Verband der Bureauangestellten*) und Paul Lange (ZdH) verzeichnet (Protokoll des Kongresses für einheitliches Angestelltenrecht am 26. April 1914 im Architekturhaus zu Berlin, S. 3 ff.).

324 Lange, Aufhäuser 2013, S. 47.

325 Bund der technisch-industriellen Beamten (Hg.): Bericht und Abrechnung für das Jahr 1916.

326 Ebd. Allerdings verstarb Ernst Schleifenbaum am 28. Juni 1918 nach langer schwerer Krankheit, die seine Aktivitäten innerhalb des Bundes aufgrund »zunehmende[r] körperliche[r] Schwäche« durchaus beeinträchtigt haben dürfte (vgl. Deutsche Industriebeamten-Zeitung, 14. Jg. Nr. 16/17 vom 2.8.1918, »Herr Dr. jur. Ernst Schleifenbaum«). Im Vergleich dazu waren Ende 1913 exklusive der Gau- und Zentralbeamten noch zehn Hilfssekretäre und neben Aufhäuser zusätzlich drei weitere wissenschaftliche Hilfsarbeiter beim Butib beschäftigt (Bund der technisch-industriellen Beamten [Hg.]: Bericht und Abrechnung für das Jahr 1913, S. 49).

Siegfried Aufhäuser, der sich schon vor Beginn des Ersten Weltkriegs nachdrücklich für eine Vereinheitlichung der gewerkschaftlichen Angestelltenverbände eingesetzt hatte, forcierte seine dahingehenden Ambitionen nun maßgeblich. Dabei kamen ihm die Konzentrationsbestrebungen, die sich während des Kriegs innerhalb der gesamten Angestelltenbewegung intensivierten, entgegen. Zweckmäßig erwiesen sich die drei Arbeitsgemeinschaften der Angestellten insbesondere bei den Verhandlungen mit Behörden und Militärs. Dadurch wurde Aufhäuser innerhalb der Gewerkschaftsbewegung eine immense Bedeutungssteigerung zuteil. Gemeinsam mit den profilierten Vertretern der Richtungsgewerkschaften Carl Legien, Adam Stegerwald und Gustav Hartmann führte er nun Verhandlungen und zeichnete gemeinsame Eingaben als alleiniger Vertreter der freigewerkschaftlichen Arbeitsgemeinschaft.[327] Hier gelang es ihm, Verbindungen zu knüpfen, die sich für die spätere Entwicklung des Angestelltenverbands als überaus hilfreich erweisen sollten. Darüber hinaus wurde er im Rahmen des »Hilfsdienstgesetzes« in einen sich neu konstituierenden *Vertrauensmännerausschuß der Arbeitnehmer* berufen, der als Beirat des Kriegsamtes fungierte.[328] Ein direkter Kontakt zu den verantwortlichen Regierungsstellen ergab sich damit automatisch.

Siegfried Aufhäuser hatte die Grundlagen seiner späteren Gewerkschaftskarriere vor 1914 gelegt. Als profilierter Parteipolitiker der DV, als profunder Kenner und Kommentator der Angestellten- und Gewerkschaftsbewegung, als Redner, Funktionär und Autor zahlreicher Artikel verfügte er bereits in jenen Jahren über einen gewissen Bekanntheitsgrad. Während des Weltkriegs erfuhr diese Entwicklung einen maßgeblichen Schub. Der enorme Kompetenzgewinn innerhalb des Butib dürfte ihm in dieser rasanten Geschwindigkeit nur aufgrund der Abwesenheit zahlreicher Funktionäre und einer sich zunehmend verselbstständigenden Gewerkschaftsbürokratie zugefallen sein.[329] Als Befürworter einer Vereinheitlichung der gewerkschaftlichen Angestelltenverbände

327 Vgl. beispielhaft das gemeinsame Schreiben der Richtungsgewerkschaften und Angestelltenverbände an Reichskanzler Bethmann Hollweg zur Friedensfrage vom 16. Januar 1917, in: Quellen zur Geschichte der deutschen Gewerkschaftsbewegung 1985 (Bd. 1), S. 301 f. sowie die gemeinsame Eingabe der Richtungsgewerkschaften und Angestelltenverbände an den Bundesrat und Reichstag mit Forderungen zur Übergangswirtschaft, in: ebd., S. 360-370.

328 Deutsche Industriebeamten-Zeitung, 12. Jg. Nr. 26 vom 22.12.1916, »Die Organisation des vaterländischen Hilfsdienstes. Verständigung der Arbeiter- und Angestelltenverbände«.

329 Die Rückkoppelung zwischen Basis und Gewerkschaftsführung wurde durch den Krieg deutlich erschwert. Dies begünstigte »oligarchische Tendenzen« und die in die Kriegspolitik eingebundene Gewerkschaftsbürokratie verselbstständigte sich weitgehend (Potthoff, Weltkrieg und Revolution 1984, S. 110 f.). So lehnte die Führung des Butib beispielsweise die Einberufung eines verbandsinternen Bundestages aufgrund organisatorischer Schwierigkeiten, mangelnder Repräsentativität infolge der Einberufungen und der Befürchtung, interne Konflikte damit zu forcieren, kategorisch ab (vgl. Deutsche Industriebeamten-Zeitung, 13. Jg. Nr. 21 vom 12.10.1917, »Aus dem Bunde. Jena«). Offenkundig wurden diese Schwierigkeiten auch bei der Frage, inwiefern die Mitglieder bei einer Verschmelzung zwischen Butib und DTV, die in der zweiten Jahreshälfte 1917 sondiert wurde, einzubinden seien (vgl. ebd., Nr. 22 vom 26.10.1917, »Die Vereinheitlichung der Technikerbewegung«). Aufgrund der skeptischen Haltung des DTV gegenüber gewerkschaftlichen Kampfmitteln wurden diese Planungen jedoch zunächst zurückgestellt.

nutzte er seine Verantwortlichkeiten innerhalb der Arbeitsgemeinschaft geschickt, um deren Tätigkeitsfeld zu erweitern und sich als Ansprechpartner des Gesamtverbunds in Szene zu setzen. Dass die Angestelltenbewegung im Rahmen des »Hilfsdienstgesetzes« überhaupt Berücksichtigung fand, ist unter anderem auf sein Engagement zurückzuführen. Hierbei kamen ihm kriegsbedingte Konzentrationsbestrebungen innerhalb der Bewegung entgegen, die von den Verbänden mit dem Ziel forciert wurden, in Anbetracht der wirtschaftlichen Notlage die eigene Schlagkraft zu erhöhen. Dabei stach er als einer der engagiertesten Akteure heraus. Die De-facto-Anerkennung der Gewerkschaften und ihr Mitwirken in staatlichen und kriegswirtschaftlichen Einrichtungen sowie das damit einhergehende Bedürfnis staatlicher Stellen nach vermittelnden Ansprechpartnern aus dem Umfeld der Angestelltenbewegung förderten die Konzentrationsbestrebungen zusätzlich.

Der fragile Burgfriede

Zeugnisse über Siegfried Aufhäusers gewerkschaftliche Aktivitäten in den Kriegsjahren sind in mannigfaltiger Form erhalten geblieben. Demgegenüber bleiben Hinweise, wie er sich in diesem Zeitraum parteipolitisch verortete und welche Position er gegenüber der kaiserlichen Kriegspolitik einnahm, ausgesprochen rar. Abgesehen von dem oben erwähnten Aufruf der DV, den er als Vertreter der Parteispitze gezeichnet hatte, äußerte er sich zur Kriegspolitik publizistisch verhalten. Faktisch trat die DV nach Kriegsbeginn nicht mehr öffentlich in Erscheinung. Erst nach dem Ausbruch der Revolution versammelten sich am 20. November 1918 etwa 250 Vertreter:innen der Groß-Berliner Vereine und beschlossen, sich künftig für die neu gegründete *Deutsche Demokratische Partei* (DDP) zu engagieren.[330]

Aufhäuser publizierte nach 1914 zunächst primär in den Verbandsschriften des Butib, wo naturgemäß gewerkschaftsnahe Themen dominierten, die sich explizit mit der Situation der Angestellten beschäftigten. Der Krieg wurde dabei als unabwendbare Gegebenheit beschrieben, dessen Erörterung außerhalb der Verbandspolitik stattzufinden habe, der jedoch im Sinne der Angestellten siegreich beendet werden müsse. Als paradigmatisch für diese Position kann eine Textstelle gelten, die Ende 1914 in der DIZ veröffentlicht wurde und mutmaßlich auf ihn zurückgeht:

> Die Ursache des blutigen Streites kann und soll hier nicht erörtert werden. Wohl aber müssen wir mit der Tatsache des bestehenden Krieges rechnen, gleichgültig wie wir auch grundsätzlich zur Frage des Krieges stehen mögen. Unseren Menschheitsidealen kann die Massenvernichtung des Weltkrieges gewiß nicht gerecht werden. Dennoch wird auf die Austragung des begonnenen Völkerstreites nicht verzichtet

330 Berliner Tageblatt und Handels-Zeitung (Abendausgabe), 47. Jg. Nr. 596 vom 21. 11. 1918, »Für die Demokratische Partei«.

> werden können, soweit das deutsche Kultur- und Wirtschaftsleben gefährdet ist. [...] Gerade das künftige Schicksal der technischen Angestellten wird in erhöhtem Maße von einem für Deutschland günstigen Ergebnis des Krieges abhängen. Die wirtschaftliche Stärke der deutschen Industrie ist eine notwendige Voraussetzung für den sozialen Aufstieg der Angestellten.[331]

Nachdrücklich wurden die für einen siegreichen Krieg notwendigen Anstrengungen und Beanspruchungen gerechtfertigt, jedoch stets mit der Perspektive auf eine zukünftige gewerkschaftliche Friedensarbeit, die auch im Krieg nicht vernachlässigt werden dürfe.[332] Zu Beginn des Kriegs dominierte bei Aufhäuser die Erwartung, dass die damit einhergehenden Entbehrungen im sozialen Aufstieg des Angestelltenstandes münden würden:

> Unsere Berufskollegen ziehen in schwerer Zeit mit ins Feld, um die Werte zu verteidigen, die Deutschlands Kraft bedeuten. Unsere Standesgenossen haben aber auch ein Recht darauf, nach Beendigung des blutigen Streits im friedlichen Lande ihren Platz an der Sonne gewährt zu bekommen.[333]

Entsprechend kritisch zeigte er sich gegenüber Unternehmen, die die Pause in den Arbeits- und Tarifkämpfen für ihre eigenen Zwecke ausnutzten.[334]

Mit der Dauer des Kriegs häuften sich Überlegungen zu Maßnahmen im Falle einer Demobilisierung und Äußerungen, die einen baldigen Friedensschluss als vordringlichste Aufgabe ins Blickfeld rückten.[335] Parteipolitisch hielt sich der Butib dabei allerdings weitestgehend zurück. Die Debatte über die Burgfriedenspolitik, wie sie innerhalb der Sozialdemokratie vehement geführt wurde, fand zunächst keinen maßgeblichen Niederschlag in der verbandseigenen Presse.[336] Anfang 1917 bekräftigte Aufhäuser abermals die bereits in den vorangegangenen Jahren ausgegebene Losung:

> Wir treiben weder im Kriege noch im Frieden hohe Politik, denn der Parteien Streit wäre nicht geeignet, innerhalb der Berufsverbände ausgetragen zu werden. Wir

331 Deutsche Industriebeamten-Zeitung, 10. Jg. Nr. 37 vom 31.12.1914, »Zum Jahreswechsel«.
332 Vgl. ebd., 11. Jg. Nr. 11 vom 28.5.1915, »Krieg und Gewerkschaft«.
333 Ebd., 10. Jg. Nr. 32 vom 14.8.1914, »Organisation und Kriegszeit«.
334 Anfang 1916 verkündete er etwa, dass der »soziale Waffenstillstand häufig nur auf Kosten der Angestellten gewahrt worden ist« (Deutsche Industriebeamten-Zeitung, 12. Jg. Nr. 1 vom 7.1.1916, »Ein Rückblick auf das Jahr 1915«).
335 Vgl. ebd. sowie Zech, Parteipolitischer Wandel 2018, S. 123. Siehe auch: Deutsche Industriebeamten-Zeitung, 13. Jg. Nr. 1 vom 5.1.1917, »Jahreswende«. Gleichwohl wurde darauf verwiesen, dass die »Sehnsucht nach dem Frieden [...] nicht davon abhalten [dürfe], die Pflichten zu erfüllen, die das Heimatland verlang[e]«.
336 In deren Spalten war auch 1918 noch für Kriegsanleihen geworben worden (vgl. hierzu: Kadritzke, Die geduldigen Arbeiter 1975, S. 260 f.).

> brauchen eine geschlossene Technikerschaft, deren Solidarität über den Schranken der politischen Parteien thront, um alle Glieder des Berufes umfassen zu können.[337]

In der SPD-Fraktion wiederum waren schon im Vorfeld der Abstimmung über die Bewilligung der Kriegskredite im August 1914 Bedenken gegenüber einem positiven Votum geäußert worden. Zunächst hatten sich die Kritiker der Fraktionsdisziplin gebeugt, in der Folgezeit traten die Differenzen jedoch immer deutlicher zum Vorschein. Am 2. Dezember 1914 votierte Karl Liebknecht bei einer erneuten Abstimmung erstmals offen gegen die eigene Fraktion und am 20. März 1915 verließ eine größere Gruppe um Hugo Haase aus Protest den Plenarsaal.[338] Der Konflikt verschärfte sich zusehends, was im März 1916 den fraktionellen Ausschluss der Kredit-Gegner zur Folge hatte. Diese traten in der Folgezeit als *Sozialdemokratische Arbeitsgemeinschaft* vehement gegen die annexionistische Kriegspolitik der Regierung und die opportunistische Haltung der SPD ein. Im Januar 1917 wurden sie aus der Partei ausgeschlossen und konstituierten sich bald als USPD.[339] Die verbliebene Rest-SPD firmierte in der Folgezeit häufig als *Mehrheitssozialdemokratische Partei Deutschlands* (MSPD).

Rückhalt fand die USPD mit ihren pazifistischen Positionen in weiten Bevölkerungskreisen, wo die Zustimmung zum Krieg sank, nachdem die Illusion eines schnellen, siegreichen Verteidigungskampfs verflogen war. Der Unmut äußerte sich in mehreren großen Streikwellen sowie in Antikriegs- und Hungerdemonstrationen, die sich bis 1918 stetig ausweiteten. Schon 1914 hatten sich vereinzelt Gruppen gebildet, die mit Zeitungszuschriften und Flugblättern versuchten, die Öffentlichkeit gegen den Krieg zu mobilisieren. Bekanntheit erlangte besonders die *Gruppe Internationale* als oppositionelle Gruppe innerhalb der SPD, deren Kern ab 1916 die *Spartakusbriefe* illegal herausbrachte und sich bald zum reichsweit agierenden *Spartakusbund* formierte.[340] Dieser schloss sich – unter Beibehaltung der Eigenständigkeit – zunächst der neuen Partei an, gründete während der Revolution 1918/19 jedoch mit anderen Gruppen die *Kommunistische Partei Deutschlands*.

Demgegenüber hielten die durch die Generalkommission vertretenen Gewerkschaften zunächst an der Burgfriedenspolitik fest. Sie beobachteten die anschwellende

337 Deutsche Industriebeamten-Zeitung, 13. Jg. Nr. 1 vom 5. 1. 1917, »Jahreswende«.

338 Vgl. zur Biografie von Haase: Ernst-Albert Seils, Hugo Haase. Ein jüdischer Sozialdemokrat im deutschen Kaiserreich. Sein Kampf für Frieden und soziale Gerechtigkeit, Frankfurt a. M. 2016.

339 Siehe zu den Stationen der Spaltung etwa: Hartfrid Krause, Die Spaltung der deutschen Arbeiterbewegung und die Gründung der USPD 1917, in: Braune, Andreas/Hesselbarth, Mario/Müller, Stefan (Hg.): Die USPD zwischen Sozialdemokratie und Kommunismus. Neue Wege zu Frieden, Demokratie und Sozialismus?, Stuttgart 2018, S. 3-24, insbesondere S. 6-12.

340 Wolfgang Abendroth, Einführung in die Geschichte der Arbeiterbewegung. Vorlesungen. Band 1. Von den Anfängen bis 1933, Heilbronn 1985, S. 147 sowie Marcel Bois, Zwischen Burgfrieden, Repression und Massenstreik. Zum Einfluss der Spartakusgruppe auf die Friedensbewegung während des Ersten Weltkrieges, in: Braune/Hesselbarth/Müller (Hg.): Die USPD 2018, S. 91-106.

Protest- und Streikbewegung mit Skepsis und bekämpften sie teils offensiv.[341] Die neue »Doppelfunktion« als »vom Staat akzeptierte Ordnungsmacht zur Disziplinierung der Arbeiterschaft und als organisierte Massenkraft, die Arbeiterinteressen durchzusetzen versuchte«, überforderte die Gewerkschaften und entfremdete sie zusehends von ihrer Mitgliederbasis.[342] Als »Gefangene[] einer Strategie, die für demonstratives Wohlverhalten auf dem Arbeitsmarkt den Abbau von gesellschaftlichen und sozialen Diskriminierungen als Gegenleistungen einlösen wollte«, verzichteten die Gewerkschaften auf eine oppositionelle Haltung, die im Laufe des Kriegs zahlreiche ihrer Mitglieder erfasst hatte.[343] Entsprechend hatte sich die Generalkommission gegen die pazifistischen Tendenzen innerhalb der Sozialdemokratie gewandt und sich ausdrücklich für eine Unterstützung der am Burgfrieden festhaltenden Parteimehrheit ausgesprochen. Eine neutrale Haltung in diesem Konflikt wurde dezidiert abgelehnt, wovon auch Drohungen zeugten, notfalls die Gründung einer eigenen Gewerkschaftspartei voranzutreiben, sollte die SPD von der Politik des 4. August 1914 abrücken.[344]

Ungeachtet dessen wirkte die Spaltung der Sozialdemokratie weit in die Verbände der Arbeiter:innenschaft hinein. Die Loyalitätsbekundungen der führenden Gewerkschaftsgremien waren innergewerkschaftlich stark umstritten und in diversen Einzelverbänden dominierten oppositionelle Positionen. Schon während der Vorständekonferenz im August 1914 waren vereinzelt kritische Stimmen gegenüber der Burgfriedenspolitik auszumachen gewesen, deren Intensität mit Dauer des Kriegs zunahm. Konkrete Kritik kam in erster Linie von den drei Verbandsvorsitzenden Josef Simon (*Zentralverband der Schuhmacher Deutschlands*), Hermann Jäckel (*Deutscher Textilarbeiterverband*) und Otto Urban (ZdH).[345] Von den beiden Angestelltenverbänden innerhalb der Generalkommission, dem ZdH und dem *Verband der Büroangestellten*, zeigte speziell der ZdH eine kritische Haltung. Diese wurde in der Hauptsache durch Urban, aber auch durch Paul Lange, bei den während des Weltkriegs mehrmals jährlich tagenden Konferenzen der gewerkschaftlichen Verbandsvorstände artikuliert.[346] Unter den Groß-Berliner Mitgliedern des ZdH war bereits im zweiten Kriegsjahr eine »*politische* Radikalisierung« auszumachen, die bald mit einer Anlehnung an die Politik der sich nun konstituierenden

341 Vgl. in diesem Zusammenhang etwa das Schreiben der Zentralleitungen der Gewerkschaften und Angestelltenverbände vom 26. April 1917 an den Chef des Kriegsamtes, Wilhelm Groener, über ihre Bereitschaft, die Regierung bei der Unterdrückung der Streikbewegung zu unterstützen, in: Institut für Marxismus-Leninismus (Hg.): Dokumente und Materialien. Reihe II, Band 1, S. 626 ff. Dieses wurde auch von der freigewerkschaftlichen Arbeitsgemeinschaft gezeichnet.

342 Schönhoven, Einleitung 1985, S. 22.

343 Ebd., S. 23.

344 Ebd., S. 24.

345 Ebd., S. 50.

346 Lange hatte als Chefredakteur der *Handlungsgehilfen-Zeitung* die Burgfriedenspolitik der Generalkommission in deren Spalten schon Anfang 1915 »mit ätzender Schärfe an den Pranger« gestellt und die vorbehaltlose Unterstützung der SPD-Mehrheitsfraktion ausgiebig kritisiert (Fattmann, Angestelltenbewegung 2010, S. 94).

USPD einherging.[347] Deutlich wurde die inhaltliche Nähe etwa durch die Kritik am »Hilfsdienstgesetz« und den Umstand, dass der prominente Kriegskreditgegner Haase als Hauptredner für eine Großversammlung des Zentralverbands geladen wurde.[348] Offenkundig zeigte sich die Kritik an der Vorgehensweise der Generalkommission auch während einer größeren Streikwelle im Januar 1918. An den sogenannten »Januarstreiks« partizipierten zahlreiche Vertreter:innen des ZdH, während sich die übrigen Verbände der Kommission weitgehend auf eine neutrale Position einigten.[349]

Auch in Verbänden, die außerhalb der Generalkommission standen, machte sich eine zunehmend kritische Haltung gegenüber der Burgfriedenspolitik breit. Diese ließ sich insbesondere bei den gewerkschaftlichen Zusammenschlüssen der Angestellten ausmachen: Zunächst war innerhalb der Arbeitsgemeinschaft für das einheitliche Angestelltenrecht lediglich vom ZdH deutlich Position gegen den Burgfriedensschluss artikuliert worden. Allmählich wendete sich jedoch auch der Zusammenschluss in seiner Gesamtheit unter der Leitung von Siegfried Aufhäuser von der sozialfriedlichen Politik der Generalkommission und der MSPD ab.[350] Dieser Wandel offenbarte sich etwa in der Weigerung, sich an einem umstrittenen Aufruf für eine von der Regierung initiierte Sammlung für Kriegsgeschädigte (»Ludendorff-Spende«) zu beteiligen.[351] Zumal der Butib im Rahmen der Arbeitsgemeinschaft eng mit dem ZdH kooperierte und beide Verbände für deren Politik maßgeblich verantwortlich zeichneten, verwundert es kaum, dass nun auch der seinem Selbstverständnis nach parteipolitisch neutrale Butib eine wachsende »Unbefangenheit gegenüber der politisch erstarkenden USPD« zu erkennen gab.[352]

347 Kadritzke, Die geduldigen Arbeiter 1975, S. 251 f. Hervorhebung im Original.

348 Handlungsgehilfen-Zeitung, 20. Jg. Nr. 24 vom 22. 11. 1916, »Bekanntmachung« und »Die Gehaltsverhältnisse der kaufmännischen Angestellten«. Vgl. auch Kadritzke, Die geduldigen Arbeiter 1975, S. 252 f.

349 In diesem Kontext wurde vom ZdH auch die Forderung nach dem Rücktritt der Generalkommission erhoben (vgl. Konferenz der Verbandsvorstände am 1. Februar 1918, in: Quellen zur Geschichte der deutschen Gewerkschaftsbewegung 1985 [Bd. 1], S. 414-437, hier S. 418).

350 Fattmann, Angestelltenbewegung 2010, S. 96. Um Irritationen zu vermeiden, sei an dieser Stelle angemerkt, dass der ZdH sich sowohl an der *Arbeitsgemeinschaft für das einheitliche Angestelltenrecht* als auch innerhalb der Generalkommission, in der sich sonst vornehmlich Arbeiter:innenverbände organisierten, beteiligte.

351 Vgl. Konferenz der Verbandsvorstände am 25./26. März 1918, in: Quellen zur Geschichte der deutschen Gewerkschaftsbewegung 1985 (Bd. 1), S. 445-459, hier S. 454. Die *Arbeitsgemeinschaft für das einheitliche Angestelltenrecht* hatte sich inzwischen in *Arbeitsgemeinschaft freier Angestelltenverbände* (AfA) umbenannt (vgl. I. Kapitel 3.3).

352 Kadritzke, Die geduldigen Arbeiter 1975, S. 273 f. sowie Zech, Parteipolitischer Wandel 2018, S. 124.

3.3 Unruhige Herbsttage: Siegfried Aufhäuser inmitten epochaler Umwälzungen

Zu Beginn des Jahres 1918 publizierte Siegfried Aufhäuser eine größere Abhandlung und betonte darin ausdrücklich die parteipolitische Neutralität der Angestelltenbewegung – im Gegensatz zu den Arbeiter:innengewerkschaften. Aus diesem Grund, so ließ er verlauten, müsse »von einer unmittelbaren Stellungnahme zum Kriege selbst Abstand« genommen werden, »politische Kriegsfragen« dürften »von den Angestelltenverbänden stets nur mit der größten Zurückhaltung gestreift« werden.[353] Wegen der Folgen für das deutsche Wirtschaftsleben im Falle einer Niederlage sei jedoch »[d]er Gedanke der Landesverteidigung [...] mithin auch für die sonst durchaus unpolitische Angestelltenbewegung eine Richtschnur ihrer Haltung in der Kriegszeit«.[354] Durchaus kritisch vermerkte er, dass »man vom Standpunkt der Gewerkschaftskultur den Krieg als eine schreckliche Folge des Imperialismus stets nur tief beklagen« könne.[355] Dieser habe »eine Fülle sozialer und moralischer Werte mit einem Schlag zunichte gemacht, und es werde eine der vornehmsten Aufgaben aller gewerkschaftlichen Organisationen sein, ihre ganze Kraft einzusetzen, um eine Wiederholung dieses großen Unglücks zu verhüten«.[356] Mit Blick auf die Situation der Angestellten nach Kriegsende empfahl er den Verbänden, die parteipolitische Neutralität beizubehalten, pochte jedoch darauf, dass es ihnen durchaus möglich sein müsse, »sich gegenüber allen politischen Parteien ihre zustimmende oder kritische Stellungnahme vor[zu]behalten«, zumal mit einer stärkeren Politisierung der Angestellten zu rechnen sei.[357]

Von dieser zurückhaltenden politischen Positionierung wich Aufhäuser im Oktober 1918 erstmals seit Kriegsbeginn deutlich ab. Die Rahmenbedingungen hatten sich in der Zwischenzeit grundlegend gewandelt: Die bevorstehende Kriegsniederlage des Deutschen Reichs schien unabwendbar. In Anbetracht des bevorstehenden militärischen Zusammenbruchs hatte die Oberste Heeresleitung unter Paul von Hindenburg und Erich Ludendorff Ende September dafür plädiert, ein Waffenstillstands- und Friedensangebot an den US-amerikanischen Präsidenten Woodrow Wilson zu richten und im Zuge dessen die Umgestaltung des Reichs hin zu einer parlamentarischen Monarchie einzuleiten. Die Verantwortung über den Friedensschluss sollte dem *Interfraktionellen Ausschuß* zufallen, der sich 1917 gegründet hatte, um die Arbeit der Reichstagsfraktionen von MSPD, FVP und Zentrum zu koordinieren. Während der Kurswechsel der Militärbefehlshaber dadurch intendiert war, dem Eingeständnis der eigenen Niederlage vor der Öffentlichkeit zu entgehen, versprachen sich die verantwortlichen Parteien – über

353 S[iegfried] Aufhäuser, Weltkrieg und Angestelltenbewegung, Berlin 1918, S. 4. Der DHV wird hier ausdrücklich als Ausnahme aufgeführt.

354 Ebd., S. 4f.

355 Ebd., S. 63.

356 Ebd.

357 Ebd., S. 113 und S. 115.

die Verfassungsänderung hinaus – eine günstigere Ausgangsposition bei den nun anstehenden Friedensverhandlungen.[358] Gleichzeitig sollte die doppelte Gefahr einer Militärdiktatur und einer Revolution abgewendet werden.[359] Der Kaiser ernannte Max von Baden zum Reichskanzler, der umgehend eine parlamentarische Regierung bildete und das vorbereitete Waffenstillstandsgesuch übermittelte.

Im Zuge der Regierungsumbildung wurde der MSPD-Politiker Gustav Bauer zum Staatssekretär des Reichsarbeitsamts ernannt. Dieser war dem *Zentralverein der Bureauangestellten Deutschlands* vorgestanden und hatte danach das Amt des zweiten Vorsitzenden der Generalkommission übernommen. Entsprechend erfuhr seine Ernennung von Aufhäuser gesonderte Beachtung. Mitte Oktober 1918 erkundigte er sich danach, »ob auch die neuen Arbeiterminister die von ihren Amtsvorgängern geübte unerhört stiefmütterliche Behandlung der Angestellten beizubehalten beabsichtig[ten]«.[360] Es klingt fast wie eine Drohung, wenn Aufhäuser monierte, es sei »kein Zufall, wenn die Angestelltenbewegung allmählich radikalere Formen [annehme], als die Arbeiterbewegung und [...] die Geduld der Angestellten nicht mehr allzuviel Belastungsproben« ausgesetzt werden sollte.[361] Während ein Großteil der Arbeiter:innengewerkschaften die Regierungsneubildung befürwortete, artikulierte Aufhäuser insofern deutliche Skepsis. Er warnte davor, »die Illusion aufkommen [zu] lassen, daß mit der Neubildung der Regierung der soziale Aufstieg der Arbeitnehmer schon gesichert wäre«, verkündete, dass »[d]er Kampf gegen die wirtschaftlichen Machthaber [...] erst an[fange]« und ließ verlauten, dass »die Parlamentarisierung der Regierung [...] nicht gleichbedeutend mit einer sozialen Umschichtung« sei.[362] »Das Ziel des Friedens ist eng verknüpft mit dem Ideal der wirtschaftlichen Freiheit. Sie zu erstreben und wenn nötig zu erkämpfen, ist die hohe Aufgabe einer wahren Volksregierung«, artikulierte Aufhäuser nun in Richtung des neuen Reichskanzlers.[363]

Die »Novemberrevolution« in Berlin

Nur wenige Wochen später waren die Reformbemühungen gescheitert und von den sich überstürzenden Ereignissen überholt worden: Kaiser und Militärs hatten durch Einzelaktionen deutlich gemacht, dass sie nicht gewillt waren, sich der neuen Reichsleitung unterzuordnen. Die Oberste Seekriegsleitung hatte durch den Befehl, die Hochseeflotte in eine entscheidende Schlacht gegen England auslaufen zu lassen,

358 Klaus Schönhoven, Die Revolution von 1918/19 in Deutschland, in: Wende, Peter (Hg.): Große Revolutionen der Geschichte. Von der Frühzeit bis zur Gegenwart, München 2000, S. 208-224, hier S. 212.

359 Ebd.

360 Deutsche Industriebeamten-Zeitung, 14. Jg. Nr. 21 vom 18.10.1918, »Frieden und Freiheit«.

361 Ebd.

362 Ebd.

363 Ebd.

darüber hinaus eine Meuterei provoziert und den Anstoß für die sich nun kurzerhand reichsweit ausbreitende revolutionäre Massenbewegung geliefert.[364] Bei Massenstreiks, politischen Demonstrationen und Unruhen wurden Forderungen artikuliert, die neben einem sofortigen Friedensschluss die Abdankung des Kaisers und die Umwandlung des Reichs in eine demokratische Republik beinhalteten. Vielerorts sahen sich die regionalen Machtinstanzen zur Abdankung gezwungen. Sogenannte »Arbeiter- und Soldatenräte«, die sich spontan bildeten, füllten das entstandene Machtvakuum. Sie übernahmen zunächst die politische Leitung und bemühten sich um die Aufrechterhaltung der öffentlichen Verwaltung.[365]

Am 9. November 1918 erreichte die Bewegung die Reichshauptstadt, wo Max von Baden eigenmächtig die Abdankung des Kaisers bekanntgab und Friedrich Ebert, dem Vorsitzenden der MSPD, das Amt des Reichskanzlers und damit die Regierungsverantwortung übertrug. Dieser wollte den ostentativen Bruch mit der alten Ordnung zunächst vermeiden, stellte sich in Anbetracht der revolutionären Umwälzung, die längst ihre eigene Dynamik entfaltet hatte, nun aber an die Spitze der Bewegung.[366] Am selben Tag proklamierte der MSPD-Fraktionsvorsitzende Philipp Scheidemann vom Reichstag aus die Gründung der deutschen Republik. Karl Liebknecht wiederum rief als USPD-Vertreter am Berliner Schloss die freie sozialistische Republik Deutschland aus. Trotz aller bestehenden Differenzen – auch die künftige Ausgestaltung des Regierungssystems stand zur Disposition – erschien es in der diffusen politischen Situation unabdingbar, zunächst gemeinsam die Regierungsverantwortung zu übernehmen. Zu diesem Zweck gründete sich am 10. November ein *Rat der Volksbeauftragten*, bestehend aus jeweils drei Vertretern von MSPD und USPD. Am Abend desselben Tages wurde auch die von den *Revolutionären Obleuten* angesetzte Wahl der Berliner Arbeiter- und Soldatenräte durchgeführt, aus deren Mitte sich der *Vollzugsrat der Berliner Arbeiter- und Soldatenräte* als

364 Obschon bisweilen als »vergessene Revolution« tituliert, lässt sich die wissenschaftliche Literatur zur Thematik inzwischen kaum mehr überblicken (vgl. Gallus, Alexander [Hg.]: Die vergessene Revolution von 1918/19, Bonn 2010). Dies ist mitunter darauf zurückzuführen, dass die Ereignisse im politischen Kontext konträre Wertungen erfuhren und auch innerhalb der historischen Forschung umstritten blieben. Im Vorfeld des 100. Jahrestages der Ereignisse intensivierten sich die Debatten mit unterschiedlicher Schwerpunktsetzung abermals (vgl. dazu überblicksartig: Volker Stalmann, Die Wiederentdeckung der Revolution von 1918/19. Forschungsstand und Forschungsperspektiven, in: Zeitschrift für Geschichtswissenschaft 64. Jg. [6/2016], S. 521-541). Siehe ferner: Braune, Andreas/Dreyer, Michael (Hg.): Zusammenbruch, Aufbruch, Abbruch? Die Novemberrevolution als Ereignis und Erinnerungsort, Stuttgart 2019. Vielfach hat sich inzwischen die Ansicht durchgesetzt, dass die Ereignisse in einem breiten zeitlichen Kontext zu betrachten sind. Während der Begriff der »Novemberrevolution« den Blick auf den genuinen Moment des Staatsumsturzes lenkt, wird die Revolution inzwischen häufig als mehrphasiger Prozess aufgefasst, im Zuge dessen sich die »Umformung und Neuordnung der Staatsordnung« in den Jahren 1918 und 1919 vollzog (vgl. Schönhoven, Revolution 2000, S. 211).

365 Vgl. dazu beispielhaft: Eberhard Kolb, Die Arbeiterräte in der deutschen Innenpolitik 1918-1919, Frankfurt a. M. u. a. 1978.

366 Vgl. Schönhoven, Revolution 2000, S. 214 f.

Exekutivorgan der Rätebewegung konstituierte.[367] Die Kompetenzaufteilung zwischen den beiden Gremien blieb jedoch zunächst diffus. Überhaupt existierten in MSPD und USPD unterschiedliche Auffassungen, welche Funktion den Räten in der Übergangsphase und bei der zukünftigen politischen Ausgestaltung des Deutschen Reichs zukommen sollte. Dies führte in der Folgezeit zu schwerwiegenden Verwerfungen, die bald im Bruch der Koalition mündeten.[368]

Siegfried Aufhäuser zeigte an den Entwicklungen, die sich in den Tagen nach dem 9. November 1918 in Berlin entfalteten, rege Anteilnahme. Im Jahr zuvor war die lose Zusammenarbeit der *Arbeitsgemeinschaft für das einheitliche Angestelltenrecht* unter seiner Leitung organisatorisch fixiert worden. Eine im November 1917 abgehaltene Vorstandskonferenz der angeschlossenen Verbände hatte die Überführung der *Arbeitsgemeinschaft für das einheitliche Angestelltenrecht* in eine *Arbeitsgemeinschaft freier Angestelltenverbände* (AfA) beschlossen und eine entsprechende Satzung ausgearbeitet.[369] Deren Programm erstreckte sich nunmehr auf die gesamte Sozialpolitik. Die neue Arbeitsgemeinschaft war konzipiert, so Aufhäuser, um noch vor Heimkehr der Kriegsteilnehmer »eine Zentralstelle aller Privatangestellten zu bilden, die sich ihren sozialen Aufstieg auf dem Wege solidarischer Selbsthilfe erkämpfen woll[t]en«.[370] Bei Ausbruch der Revolution hatte sich aus den Reihen der Arbeitsgemeinschaft ein zwölfköpfiger »Aktionsausschuß« gebildet, dem er als einer von zwei Vertretern des Butib angehörte.[371] Am 13. November 1918 veröffentlichte dieses Gremium, das als *Zentrale der Angestelltenräte* eine nicht näher zu bestimmende Anerkennung durch den Berliner Arbeiter- und Soldatenrat erfahren hatte, einen Aufruf.[372] Darin wurde die Notwendigkeit betont, sich »rückhaltlos auf die Seite der Volksregierung [zu] stellen, um gemeinsam mit ihr die Errungenschaften der Revolution auch im Interesse der Angestellten zu sichern und auszubauen«.[373] Einige

367 Siehe zu den *Revolutionären Obleuten*, die innerhalb des *Deutschen Metallarbeiter-Verbands* (DMV) entstanden waren und über einen beträchtlichen Einfluss innerhalb der Protestbewegung, der Großbetriebe und der USPD verfügten: Ralf Hoffrogge, Räteaktivisten in der USPD: Richard Müller und die Revolutionären Obleute in Berliner Betrieben, in: Plener, Ulla (Hg.): Die Novemberrevolution 1918/19 in Deutschland. Für bürgerliche und sozialistische Demokratie. Allgemeine, regionale und biographische Aspekte. Beiträge zum 90. Jahrestag der Revolution, Berlin 2009, S. 189-199.

368 Vgl. dazu: Erich Matthias, Zwischen Räten und Geheimräten. Die deutsche Revolutionsregierung 1918/19, Düsseldorf 1970, insbesondere S. 72ff. sowie S. 92ff.

369 Deutsche Industriebeamten-Zeitung, 13. Jg. Nr. 23 vom 9.11.1917, »Die Gruppierung der Angestelltenverbände«.

370 Ebd.

371 Bund der technischen Angestellten und Beamten (Hg.): 25 Jahre Technikergewerkschaft 1929, S. 51 sowie Zech, Parteipolitischer Wandel 2018, S. 124f. Aus Rücksicht auf die politische Aufklärungsarbeit war der Ausschuss formal zunächst lediglich von den beteiligten Einzelpersonen getragen worden (vgl. Deutsche Industriebeamten-Zeitung, 14. Jg. Nr. 23/24 vom 29.11.1918, »Zentrale der Angestelltenräte«).

372 Ebd.

373 Ebd. Als Unterzeichner traten neben Mitgliedern von ZdH, Butib, dem *Allgemeinen Verein Deutscher Bankbeamter*, dem *Verband der Bureauangestellten* und dem *Verband deutscher*

Tage darauf, am 17. November 1918, veranstaltete die Zentrale der Angestelltenräte im Zirkus Busch, wo eine Woche zuvor die Versammlung der Arbeiter- und Soldatenräte getagt hatte, eine Massenkundgebung mit etwa 20.000 Teilnehmenden. Aufhäuser ergriff als Eröffnungsredner das Wort und forderte neben der Demokratisierung des Staatslebens »die weitgehendste Sozialisierung vor allem die sofortige Verstaatlichung der großen Industriebetriebe«.[374] Noch vor Ort beschlossen die Teilnehmenden ein Aktionsprogramm mit zahlreichen sozialpolitischen Maßnahmen.[375] Darin wurde »der Platz der Angestellten an der Seite der Arbeiter« akzentuiert und »treue, hingebungsvolle Mitarbeit an der Sicherung und dem Ausbau der revolutionären Errungenschaften« gelobt.[376]

In dieser Zeit des revolutionären Übergangs hielt Siegfried Aufhäuser eine parlamentarische Demokratie für durchaus vereinbar mit den Initiativen der Rätebewegung. Er trat dabei vehement für eine Umwälzung der gesellschaftlichen und wirtschaftlichen Machtverhältnisse an der Basis ein, um die Errungenschaften der Revolution zu fundieren.[377] In den Zeilen der DIZ begrüßte er »jene wunderbare Erhebung der deutschen Arbeiter, […] die neben ihrer rein politischen Bedeutung auch in ökonomischer Hinsicht den Ansatz zur grundlegenden Umwälzung des kapitalistischen Wirtschaftssystems geschaffen« habe.[378] Zwar hatte er den Butib als unpolitische Gewerkschaft nicht in der Verantwortung gesehen, über die Frage nach konstitutioneller Monarchie oder demokratischer Republik zu entscheiden, er wies jedoch der Frage, »ob das Ergebnis dieser Revolution die Beibehaltung der privatkapitalistischen Wirtschaftsweise oder die weitgehendste Sozialisierung der Betriebe sein soll[e], […] eminent gewerkschaftliche[] Bedeutung« zu.[379] Da »die Demokratisierung des öffentlichen Lebens nicht gleichbedeutend [sei] mit der Demokratisierung der Betriebe«, so argumentierte Aufhäuser, sei jetzt »auch der Zeitpunkt da, in dem die Angestellten bereit sein müssen, sich im Kampf gegen den gemeinsamen Gegner – den Kapitalismus – solidarisch an die

Bühnenangestellten auch Eduard Bernstein und Karl Giebel als Vertreter von USPD und SPD in Erscheinung (Zuordnung nach Kadritze, Die geduldigen Arbeiter 1975, S. 283). Vgl. zur Stellung der Zentrale der Angestelltenräte auch die Ausführungen von Otto Urban in: Konferenz der Verbandsvorstände am 3. Dezember 1918, in: Quellen zur Geschichte der deutschen Gewerkschaftsbewegung 1985 (Bd. 1), S. 539-598, hier S. 583-586. Das Engagement der Zentrale der Angestelltenräte endete im Januar 1919. Ein Beschluss der AfA sah vor, die Zentrale nach einzelnen Berufsgruppen und den sie vertretenden Verbänden zu zergliedern, woraufhin die Geschäftsstelle aufgelöst wurde (Deutsche Industriebeamten-Zeitung, 15. Jg. Nr. 3 vom 7. 2. 1919, »Aus dem Bunde. Mitteilungen des Vorstandes«).

374 Ebd., 14. Jg. Nr. 23/24 vom 29. 11. 1918, »Zentrale der Angestelltenräte«.

375 Bund der technischen Angestellten und Beamten (Hg.): 25 Jahre Technikergewerkschaft 1929, S. 51.

376 Deutsche Industriebeamten-Zeitung, 14. Jg. Nr. 23/24 vom 29. 11. 1918, »Zentrale der Angestelltenräte«.

377 Vgl. Kadritzke, Die geduldigen Arbeiter 1975, S. 281.

378 Deutsche Industriebeamten-Zeitung, 14. Jg. Nr. 23/24 vom 29. 11. 1918, »Wider den Kapitalismus«.

379 Ebd.

Seite der Arbeiterschaft zu stellen«.[380] Es gelte, die »Errungenschaften der Revolution zu sichern und im Sinne einer Sozialisierung der Industrie auszubauen«, es sei noch »nicht zu spät, um den Ertrag unserer Arbeit aus den raffenden Händen der Industriekapitalisten in den Besitz der Allgemeinheit zu überführen«.[381] Seine Worte sind dabei durchaus auch als Warnung zu verstehen. Sehr wohl scheint ihm bewusst gewesen zu sein, dass der Zeitraum für solche Entscheidungen begrenzt blieb:

> Solange die Arbeiter- und Soldatenräte die wirtschaftliche Macht in Händen haben, kann ein großer Teil der Industrie verstaatlicht werden. Sobald die durch die Revolution erkämpfte Vormachtstellung der Arbeiter an ein allgemeines Parlament abgetreten sein wird, ist der Zeitpunkt, die kapitalistische Ausbeutung zu beseitigen oder zu beschränken, verpaßt.[382]

Eintritt in die USPD

Mit den oben zitierten Ausführungen verstieß Siegfried Aufhäuser gegen die im Butib gängige Praxis, gewerkschaftliche und politische Fragen streng zu trennen.[383] Augenfällig erscheint die Übereinstimmung seiner Argumentation mit inhaltlichen Forderungen der USPD. Die Vorstellung, dass vor dem Zusammentritt des Parlaments eine grundlegende Veränderung der Eigentums- und Produktionsverhältnisse erfolgen müsse, war in weiten Teilen der Partei verbreitet.[384] Innerhalb der MSPD überwog demgegenüber die Auffassung, das Mandat des Rats der Volksbeauftragten sei lediglich vorläufiger Natur. Grundlegende Entscheidungen könnten erst nach erfolgter Legitimation durch eine verfassungsgebende Nationalversammlung gefällt werden, die zügig einberufen werden müsse.[385]

Dass sich Aufhäuser in dieser Phase inhaltlich an der USPD orientierte, kam nicht von ungefähr. Laut Mitgliedsbuch war er der Partei im Herbst 1918 beigetreten.[386] Er

380 Ebd.
381 Ebd.
382 Ebd.
383 Vgl. Kadritzke, Die geduldigen Arbeiter 1975, S. 281. Innerhalb des Butib wurde ihm vorgeworfen, seine Ausführungen seien »nicht im Sinne aller Mitglieder gewesen und hier und da über die Aufgaben [des] Bundes hinausgeschossen« (Deutsche Industriebeamten-Zeitung, 14. Jg. Nr. 25 vom 13.12.1918, »Wider den Kapitalismus?«).
384 Allerdings blieb die Haltung der USPD-Verantwortlichen bei dieser Frage im Detail uneinheitlich. Während ein gemäßigter Flügel um die Volksbeauftragten Haase und Wilhelm Dittmann sich grundsätzlich für eine parlamentarische Republik und die Einberufung einer Nationalversammlung aussprach, vor deren Konstitution jedoch die durch die Revolution geschaffenen Errungenschaften konsolidiert werden sollten, standen andere Parteimitglieder für eine grundlegende Verankerung eines politischen und wirtschaftlichen Rätesystems ein (vgl. Susanne Miller, Die Bürde der Macht. Die deutsche Sozialdemokratie 1918-1920, Düsseldorf 1978, S. 107 sowie S. 110 f.).
385 Ebd., S. 106.
386 AdsD Bonn, Sammlung »Kleine Erwerbungen«, Mitgliedsbuch Siegfried Aufhäuser.

folgte damit seiner Ehefrau Anna, die sich nach dem erneuten Umzug von Frankfurt nach Berlin im dortigen *Verband Sozialdemokratischer Wahlvereine* engagiert hatte und sich im Zuge der Parteispaltung – wie ein Großteil des Vereins – der USPD anschloss.[387] Bei der Suche nach Motiven für seinen Parteieintritt – und für seine politische Entwicklung im Allgemeinen – kommt ihr eine entscheidende Rolle zu. Wie so oft verstummen die Quellen nahezu gänzlich, wenn in Biografien männlicher Akteure die Einflüsse weiblicher Familienmitglieder sichtbar gemacht werden sollen.[388] Einiges deutet darauf hin, dass Anna Aufhäuser, nachdem sie 1912 geheiratet hatte und nach Berlin zurückgekehrt war, zugunsten der gewerkschaftlichen Karriere ihres Mannes auf eine berufliche Weiterbeschäftigung verzichtete.[389] Dies hielt sie jedoch nicht davon ab, weiterhin im ZdH zu agieren, sich parteipolitisch innerhalb der SPD, später in der USPD zu engagieren und ihre politische Meinung auch im familiären Umfeld zu vertreten.[390]

Davon abgesehen schien für Siegfried Aufhäuser ein Anschluss an eine der bürgerlich-liberalen Parteien, die er als Mitglied der DV vor Kriegsbeginn aufgrund der Kooperation mit nationalkonservativen Kräften und ihrer opportunistischen Haltung gegenüber dem kaiserlichen Regime so oft kritisiert hatte, während des Kriegs ebenso ausgeschlossen wie sein Eintritt in die sich im November 1918 konstituierende DDP. Bereits vor Kriegsbeginn hatte er sich mit seinem Einsatz für den politischen Generalstreik, der konsequenten Befürwortung gewerkschaftlicher Kampfmittel und der Wahrnehmung einer dezidierten Arbeitnehmer:innenperspektive inhaltlich immer deutlicher der SPD angenähert. Im Rahmen seiner Beschäftigung beim Butib und seiner Aktivitäten innerhalb der *Arbeitsgemeinschaft für das einheitliche Angestelltenrecht* und der AfA arbeitete er zudem mit zahlreichen MSPD- und USPD-Vertreter:innen eng zusammen. Dadurch dürften auch etwaige persönliche Hemmschwellen, sich der Sozialdemokratie anzuschließen, in den Hintergrund getreten sein. Nachvollziehbar erscheint der gewerk-

387 Vgl. ebd., Mitgliedsbuch Anna Aufhäuser.

388 Siehe zur Quellenproblematik etwa: Angelika Schaser, Bedeutende Männer und wahre Frauen. Biographien in der Geschichtswissenschaft, in: Lühe, Irmela von der/Runge, Anita (Hg.): Querelles. Jahrbuch für Frauenforschung 2001. Band 6. Biographisches Erzählen, Stuttgart u. a. 2001, S. 137-152, insbesondere S. 141 sowie Barbara von Hindenburg, Die Abgeordneten des Preußischen Landtags 1919-1933. Biografie – Herkunft – Geschlecht, Frankfurt a. M. u. a. 2017, S. 47-53.

389 Vgl. LABO Berlin, Entschädigungsbehörde, Reg. 312 120 (Aufhäuser, Anna), Lebenslauf Anna Aufhäuser, undatiert. Siehe zu den unterschiedlichen Verdienstmöglichkeiten von Frauen und Männern im Angestelltensektor: Nienhaus, Berufsstand weiblich 1982, S. 75 ff. Vgl. auch II. Kapitel 1.3.

390 Vgl. LABO Berlin, Entschädigungsbehörde, Reg. 312 120 (Aufhäuser, Anna), Anerkennungsfragebogen für politisch, rassisch und religiös Verfolgte vom 13. August 1951. Auch Gunter Lange erscheint die Vermutung plausibel, »dass Siegfried Aufhäuser dem Weg seiner Ehefrau zur USPD gefolgt ist« und vermerkte in diesem Zusammenhang, dass »Anna Aufhäuser [...] in der Aufhäuser-Familie als überzeugte Sozialistin, zuweilen gar als ›Kommunistin‹ charakterisiert worden« sei (Lange, Wanderjahre 2015, S. 137 f.).

schaftliche Einfluss auch mit Blick auf eine Aussage, die Aufhäuser in der Spätphase seines Lebens tätigte:

> Ich bin durch die Gewerkschaft auch zum Sozialismus gekommen, [...] nicht durch theoretisches Studium sondern mehr durch die Praxis der Gewerkschaften. Und ich bin der Meinung, dass es keine bessere Schule, auch der Selbstverwaltung, gibt als unsere deutschen Gewerkschaften [...] das Weltbild, das ich mir geschaffen habe allmählich, das hat mir [...] die Gewerkschaft gegeben, weil sie eine einzigartige Gemeinschaft ist.[391]

Hinzu kam, dass infolge der Inaktivität der DV die SPD die einzige politische Kraft blieb, die gewerkschaftliche Angestellteninteressen ab 1914 engagiert vertrat.

In dem oben zitierten Interview rekapitulierte Aufhäuser, dass, »wenn nicht der Krieg gewesen wäre, [...] [er] wahrscheinlich ohnehin in dieser Periode [seines] Lebens zur Sozialdemokratie gekommen [wäre]«.[392] Dabei nahm er Bezug auf die Frage der Kriegskreditbewilligung, der er im Rückblick eine zentrale Rolle beimaß. So erklärte er, dass »eine Reihe von maßgebenden Sozialdemokraten in Deutschland, die gar nicht radikal waren, [...] die man als gemäßigte Sozialdemokraten kannte, [...] sich mit den radikaleren Parteifreunden vereinigt« hätten, weil sie sich gegen die Bewilligung der Kredite aussprachen.[393] Er selbst nahm für sich in Anspruch, »die erste Zeit des Krieges hauptsächlich mit [seinen] gewerkschaftlichen Aufgaben beschäftigt« gewesen zu sein und dann seinen Beitritt zur USPD erklärt zu haben.[394] Insofern legt seine retrospektive Bezugnahme nahe, dass weniger die politische, sondern eine pazifistische Ausrichtung seine Nähe zur USPD bedingt hatte.

Indes exponierte sich Aufhäuser während des Ersten Weltkriegs nicht gerade als Kriegsgegner, sondern ließ zunächst lediglich Sympathien für einen baldigen Friedensschluss erkennen. Seine Ausführungen zur Sozialisierungsfrage und zur Einberufung der verfassungsgebenden Nationalversammlung legen vielmehr den Schluss nahe, dass er auch in innenpolitischen Fragen mit dem gemäßigten Flügel der USPD – und eben nicht mit der MSPD – übereinstimmte. Hier agierten inzwischen zahlreiche ehemalige Weggefährt:innen wie Siegfried Nestriepke, Ewald Fabian sowie Tony und Rudolf Breitscheid, die sich nach ihrem Wechsel von der DV zur SPD während des Kriegs schließlich der USPD zugewandt hatten. Weitere ehemalige DV-Mitglieder wie Julius Moses, Wolfgang Bartels und Wilhelm Herzog waren derweilen ebenfalls in die USPD eingetreten.[395] Da 1918 innerhalb des Butib ohnehin eine Affinität zugunsten der USPD erkennbar war, schienen auch persönliche und personelle Netzwerke seinen Beitritt

391 Interview mit Siegfried Aufhäuser im Deutschen Rundfunk, 1. Mai 1967, in: Nikolai (Hg.): Zum 100. Geburtstag, S. 26.

392 Ebd., S. 6.

393 Ebd., S. 7.

394 Ebd.

395 Lehnert, Liberaldemokratie 2015, S. 7-35, hier S. 26.

zu begünstigen.[396] Darüber hinaus gilt es zu beachten, dass sich das organisatorische Zentrum sowie die Mitgliederbasis der USPD vornehmlich in Berlin befanden, wo 1919/20 120.000 USPD-Mitglieder und nur etwa 40.000-50.000 MSPD-Mitglieder registriert waren.[397] Aufhäuser befand sich in seinem Umfeld also keineswegs in einer Minderheitenposition.

Insofern ist anzunehmen, dass er sich bereits vor November 1918 der USPD angenähert hatte.[398] Der offizielle Eintritt erfolgte zu einem Zeitpunkt, als absehbar erschien, dass eine grundlegende Erweiterung der parteipolitischen Einflussnahme durch die Parlamentarisierung des Reichs und die bevorstehenden Friedensverhandlungen in greifbare Nähe rückte.[399] Wenn Aufhäuser also Ende November 1918 für den Butib nunmehr die Losung ausgab, »[s]eit dem 9. November 1918 [sei] an die Stelle theoretischer Bekenntnisse der praktische Entscheidungskampf [gegen den Kapitalismus] getreten«, scheint er auch für sich ganz persönlich den Zeitpunkt zum aktiven (parteipolitischen) Handeln identifiziert zu haben.[400]

Reaktionen der Gewerkschaften auf die revolutionären Umbrüche

Für diesen Zeitraum lässt sich eine deutliche, zeitlich »begrenzte Links-Bewegung der Angestellten unter dem Einfluß der Kriegsverhältnisse« ausmachen.[401] Diese »Radikalisierung« der Angestellten war auch zeitgenössischen Autor:innen nicht verborgen geblieben.[402] Sie wird häufig mit einer Verringerung des durchschnittlichen Gehaltsvorsprungs der Angestellten gegenüber der Arbeiter:innenschaft in Verbindung gebracht, die wiederum mit der Erfahrung zahlreicher Angestellten einherging, dass sich die Unternehmen in Anbetracht der Kriegsinflation gegenüber den Forderungen der gewerkschaftlich organisierten Arbeiter:innen deutlich zugänglicher gezeigt hatten.[403] Der vielerorts im

396 Zech, Parteipolitischer Wandel 2018, S. 126.

397 Detlef Lehnert, Das »rote« Berlin: Hauptstadt der deutschen Arbeiterbewegung?, in: Glaeßner, Gert-Joachim/ders./Sühl, Klaus (Hg.): Studien zur Arbeiterbewegung und Arbeiterkultur in Berlin, Berlin 1989, S. 1-36, hier S. 6.

398 Zumal Aufhäuser unterschiedliche Angaben zum Zeitpunkt des Eintritts machte. Im oben genannten Interview spricht er von 1917, in einem Artikel aus dem Jahre 1968 erklärte er gar, er sei 1916 der USPD beigetreten (Die Neue Gesellschaft, 15. Jg. Nr. 6 vom November/Dezember 1968, »Der 9. November 1918. Persönliche Erinnerungen an eine deutsche Revolution«).

399 Vgl. Zech, Parteipolitischer Wandel 2018, S. 126f. Womöglich hatte Aufhäuser als Repräsentant der AfA zunächst aus strategischem Kalkül auf eine Mitgliedschaft verzichtet, um innerhalb des Butib und bei Verhandlungen mit staatlichen und militärischen Vertretern offiziell eine parteipolitische Neutralität zu wahren.

400 Deutsche Industriebeamten-Zeitung, 14. Jg. Nr. 23/24 vom 29.11.1918, »Wider den Kapitalismus«.

401 Kocka, Klassengesellschaft 1988, S. 107.

402 Vgl. etwa: Bund der technisch-industriellen Beamten (Hg.): Bericht und Abrechnung für das Jahr 1916 sowie Aufhäuser, Weltkrieg 1918, S. 102.

403 Vgl. Fattmann, Angestelltenbewegung 2010, S. 90.

Selbstverständnis verankerte »mittelständische« Charakter der Angestellten wurde dadurch nachdrücklich erschüttert.[404] Darüber hinaus reduzierten sich Vorbehalte gegenüber der gewerkschaftlichen Form der Interessenvertretung, nachdem deren Organisationen im Rahmen des »Hilfsdienstgesetzes« anerkannt worden waren.[405] Auch in der *Arbeitsgemeinschaft kaufmännischer Verbände* und in der *Arbeitsgemeinschaft technischer Verbände* zeichnete sich in dieser Zeit ein Trend zugunsten einer gewerkschaftlichen Interessenvertretung ab. Gleichzeitig verzeichnete die freigewerkschaftliche AfA einen deutlichen Mitgliederzuwachs. Diese Entwicklung setzte ab 1916 ein, machte sich jedoch besonders in den ersten beiden Jahren nach der revolutionären Umwälzung bemerkbar. Dabei konnte sich die AfA durch den einsetzenden Mitgliederboom und den Anschluss weiterer Verbände zahlenmäßig zunächst deutlich von den beiden konkurrierenden Arbeitsgemeinschaften absetzen.[406]

Es lässt sich nicht exakt bestimmen, in welchem Umfang angestellte Arbeitnehmer:innen in der Rätebewegung aktiv waren. Indizien legen eine selbstverständliche Beteiligung nahe.[407] Um deren politisches Engagement im Sinne der AfA zu beeinflussen und allgemeine Richtlinien für die Tätigkeit innerhalb und außerhalb der Räteorgane zur Verfügung zu stellen, befasste sich die AfA-Führung mit der Aufstellung eines Aktionsprogramms.[408] Dieses beinhaltete Forderungen nach Wiedereinstellung der Kriegsteilnehmer, nach Schutz vor Gehaltskürzungen und Massenentlassungen sowie zur Errichtung von Betriebsangestelltenräten mit ausgedehnten Mitbestimmungsrechten.[409] Angestelltenrechte und die Sicherung der materiellen Existenz standen dabei im Vordergrund, weitreichende politische Perspektiven wurden nicht thematisiert. Die Forderungen bewegten sich jedoch in ihrer Gesamtheit auf eine »wesentliche Veränderung der Machtverhältnisse im großindustriellen Betrieb zu«, die »in ihrer Gesamtheit auf privatwirtschaftlicher Basis nicht einzulösen [waren]«.[410]

404 Kocka, Zur Problematik 1973, S. 793 f.

405 Vgl. Fattmann, Angestelltenbewegung 2010, S. 91.

406 Vgl. ebd., S. 93. Am markantesten lässt sich diese Entwicklung am ZdH festmachen, dessen Mitgliederzahl sich zwischen 1914 und 1918 auf rund 66.000 Personen mehr als verdoppelte. Nachdem der ZdH in der zweiten Jahreshälfte 1919 mit zwei kleineren Bünden, dem *Verband der Deutschen Versicherungsbeamten* und dem *Verband der Büroangestellten*, fusioniert war und sich in *Zentralverband der Angestellten* (ZdA) umbenannte, erhöhte sich die Mitgliederzahl auf über 366.000 (Stehr, Zentralverband 1926, S. 43 f. und S. 48).

407 Kadritzke, Die geduldigen Arbeiter 1975, S. 275 und S. 278.

408 Deutsche Industriebeamten-Zeitung, 14. Jg. Nr. 23/24 vom 29. 11. 1918, »Angestelltenforderungen«. Vgl. auch Kadritzke, Die geduldigen Arbeiter 1975, S. 280.

409 Deutsche Industriebeamten-Zeitung, 14. Jg. Nr. 23/24 vom 29. 11. 1918, »Angestelltenforderungen«. Ferner wurden der Schutz und Ausbau des Koalitionsrechts, die Errichtung von Arbeitskammern als gesetzliche Interessenvertretung der Arbeitnehmer:innen, ein neues Tarifvertragsrecht, die Vereinheitlichung und der Ausbau des Versicherungswesens im Sinne einer Eingliederung der Angestelltenversicherung in die Invalidenversicherung sowie die Einführung von Mindestgehältern und die des Siebenstundentags gefordert.

410 Kadritzke, Die geduldigen Arbeiter 1975, S. 280 f.

Ungeachtet dessen waren die Angestelltenverbände von der spontanen Aufstandsbewegung im November 1918 überrascht worden. Ihnen erging es dabei kaum anders als den Gewerkschaftsleitungen der freien Arbeiter:innenbewegung, die sich – im Gegensatz zu einzelnen prominenten Angestelltenvertretern – äußerst reserviert gegenüber der Rätebewegung verhielten. Sie blieben zunächst bemüht, einen radikalen Bruch mit der bestehenden Ordnung zu vermeiden.[411] Entsprechend beteiligten sie sich aktiv an dem neuen Kabinett von Baden und bekannten sich uneingeschränkt zur parlamentarischen Legalität.[412] Bei den Geschehnissen um den 9. November 1918 und der sich anschließenden Regierungsneubildung war die gewerkschaftliche Führungsriege kaum involviert.[413] Stattdessen entfaltete sie rege Aktivitäten auf wirtschafts- und sozialpolitischem Gebiet: Bei Verhandlungen mit namhaften Industrievertretern wurde am 15. November 1918 das Abkommen über die *Zentralarbeitsgemeinschaft der industriellen und gewerblichen Arbeitgeber und Arbeitnehmer* (»ZAG-Abkommen«) unterzeichnet.[414]

Im Rahmen dieses Bündnisses erfüllten sich langjährige gewerkschaftliche Forderungen.[415] Neben der Generalkommission unterzeichneten auch der *Gesamtverband der christlichen Gewerkschaften Deutschlands*, der *Verband der deutschen Gewerkvereine* und die drei Arbeitsgemeinschaften der Angestellten die Vereinbarung.[416] Deutliche Diskrepanzen lassen sich jedoch mit Blick auf das Engagement der verschiedenen Verbandsvorstände beim Zustandekommen des Abkommens mit den alten Wirtschaftseliten ausmachen. Während sich die Spitzen der Arbeiter:innengewerkschaften mehrheitlich aktiv um die Vereinbarung bemühten, standen zahlreiche Vorstände der freigewerkschaftlichen Angestelltenzusammenschlüsse dem Abkommen zunächst skeptisch gegenüber.[417] Insofern verwundert es kaum, dass sich im Zuge der Ausgestaltung des Abkommens

411 Vgl. dazu auch den Sammelband: Berger, Stefan/Jäger, Wolfgang/Kruke, Anja (Hg.): Gewerkschaften in revolutionären Zeiten. Deutschland in Europa 1917 bis 1923, Essen 2020.

412 Schönhoven, Einleitung 1985, S. 26.

413 Vgl. ebd., S. 28.

414 Siehe dazu: Klaus Schönhoven, Wegbereiter der sozialen Demokratie? Zur Bedeutung des Stinnes-Legien-Abkommens vom 15. November 1918, in: Führer, Karl Christian/Mittag, Jürgen/Schildt, Axel/Tenfelde, Klaus (Hg.): Revolution und Arbeiterbewegung in Deutschland 1918-1920, Essen 2013, S. 61-79.

415 Neben der Anerkennung der Gewerkschaften als Tarifpartner und offizielle Vertretung der Arbeiter:innen wurde zunächst etwa die Einführung des Achtstundentages, die Einrichtung von Arbeitsausschüssen (die späteren Betriebsräte) sowie die Ausschaltung der wirtschaftsfriedlichen Werkvereine vereinbart.

416 Deutsche Industriebeamten-Zeitung, 14. Jg. Nr. 23/24 vom 29.11.1918, »Standesbewegung«. Kadritzke sah in der Mitarbeit der AfA eine situationsbedingte Strategie, um durch die Kooperation mit den Arbeiter:innengewerkschaften bei der Besetzung der betrieblichen Ausschüsse die Gefahr eines wiedererstarkenden Einflusses der bürgerlichen Angestelltenverbände zu minimieren (Die geduldigen Arbeiter 1975, S. 295 f.). Für die AfA unterzeichnete Fritz Pfirrmann (vgl. »November-Abkommen« von Arbeitgeberverbänden und Gewerkschaften vom 15. November 1918, in: Schneider, Kleine Geschichte 2000, S. 514 f.).

417 Fattmann, Angestelltenbewegung 2010, S. 97 f. und Kadritzke, Die geduldigen Arbeiter 1975, S. 282.

der Ton zwischen den Verbandsvorständen der Arbeiter:innen- und der Angestelltenverbände verschärfte.[418] Deutliche Kritik rief die Aufnahme der bürgerlichen Angestelltenverbände hervor – etwa vonseiten des ZdH, der kurz darauf mit kleineren Verbänden zum *Zentralverband der Angestellten* (ZdA) fusionierte.[419] Ähnlich äußerte sich die AfA einige Zeit später in der von Aufhäuser redaktionell betreuten, neu gegründeten Bundeszeitung, dem *Mitteilungsblatt der Arbeitsgemeinschaft freier Angestelltenverbände*. Hier wurde die mangelnde Verbundenheit der Generalkommission gegenüber den gewerkschaftlichen Grundsätzen harsch beanstandet.[420]

Gleichwohl kursierten auch in den einzelnen Angestelltenverbänden konträre strategische Überlegungen und gesellschaftspolitische Vorstellungen. Innerhalb des Butib wurde heftig debattiert. Dabei wurde Aufhäuser etwa für seine Aussage »extremster Richtung«, »mit dem allgemeinen Parlament [sei] der Zeitpunkt, die kapitalistische Ausbeutung zu beseitigen, verpaßt«, in der DIZ heftig attackiert.[421] In der derzeitigen Situation dürfe die Butib-Leitung bis zur Einberufung eines Industriebeamtentages »nicht von dem bisherigen Wege ab[]weichen«.[422] Demgegenüber regte sich innerhalb des Bundes gleichzeitig deutlicher Widerstand gegen eben jene Politik des Abwartens. So rief eine verbandsinterne Oppositionsbewegung für den 28. November 1918 zu einer Versammlung auf, um die »Ziel- und Tatenlosigkeit der Bundesleitung« zu beanstanden.[423]

Wenig später wurde auf einer von über 1.000 Personen besuchten Mitgliederversammlung des Gauausschusses von Groß-Berlin der sofortige Anschluss an die *Generalkommission der Gewerkschaften Deutschlands* gefordert.[424] Indes konnte über Entscheidungen solcher Tragweite nicht innerhalb eines Gaues entschieden werden. Nach einer längeren Aussprache wurde schließlich ein Antrag von Siegfried Aufhäuser »einstimmig« angenommen, der die Vorstände dazu aufforderte, »auf dem kürzesten Wege die Gesamtmitgliedschaft über die Anträge auf Anschluß an die freien Gewerkschaften entscheiden zu lassen«.[425] Mit der feierlichen Erklärung, die Versammelten

418 Vgl. hierzu etwa die Debatten auf der Konferenz der Verbandsvorstände am 3. Dezember 1918, in: Quellen zur Geschichte der deutschen Gewerkschaftsbewegung 1985 (Bd. 1), S. 539-598.

419 Siehe etwa: ebd., S. 563. Vgl. Fattmann, Angestelltenbewegung 2010, S. 98.

420 Mitteilungsblatt der Arbeitsgemeinschaft freier Angestelltenverbände, 1. Jg. Nr. 3 vom 1. 5. 1919, »Welche Angestelltenverbände sind Gewerkschaften?«. Vgl. zur Entwicklung des Mitteilungsblatts: Bitzegeio, Tertiarisierung 2010, S. 53 ff.

421 Deutsche Industriebeamten-Zeitung, 14. Jg. Nr. 25 vom 13. 12. 1918, »Wider den Kapitalismus?«.

422 Ebd.

423 Ebd., Nr. 25 vom 13. 12. 1918, »Berichte«. In diesem Zusammenhang wurde auch gegen den »eigenmächtig, ohne irgend welchen Auftrag sich selbst eingesetzten sogenannten Zentralrat der Angestellten« polemisiert. Vgl. zur politischen Ausrichtung der Oppositionsbewegung und deren Forderungen, sich sofort der Generalkommission anzuschließen: Kadritzke, Die geduldigen Arbeiter 1975, S. 292 f.

424 Deutsche Industriebeamten-Zeitung, 14. Jg. Nr. 25 vom 13. 12. 1918, »Berichte«.

425 Ebd.

würden »den Kampf um die Befreiung der Arbeitnehmer von dem Kapitalismus im engsten Anschluß an die Arbeiterschaft und mit dieser zusammen [...] führen, sei es in den Betrieben, sei es in der öffentlichen Politik«, wiesen die Anwesenden abermals auf die immanent politische Funktion der gewerkschaftlichen Tätigkeit hin, wie sie zukünftig auch von Aufhäuser offen vertreten wurde.[426]

426 Ebd.

II. Politisch-gewerkschaftlicher Einsatz für eine sozial(istisch)e Republik

1919–1933

1 Parteipolitischer Aufstieg und berufliche Konsolidierung

Siegfried Aufhäusers berufliche Karriere hatte während des Weltkriegs einen maßgeblichen Schub erfahren. Nach seiner Anstellung als wissenschaftlicher Hilfsarbeiter beim Butib forcierte er die Zusammenfassung der freigewerkschaftlichen Angestelltenverbände in der *Arbeitsgemeinschaft für das einheitliche Angestelltenrecht* und etablierte sich bald als herausragende Figur dieses Zusammenschlusses. Während des Kriegs erfuhr die lose Kooperation einzelner Verbände von staatlicher Seite einen wesentlichen Bedeutungszuwachs, eine engere Zusammenarbeit schien erforderlich. Unter Aufhäusers Federführung wurde deren Programm auf die gesamte Sozialpolitik ausgeweitet und organisatorisch konsolidiert. Die sich formierende AfA kooperierte während des Kriegs zunächst mit den Repräsentanten des Kaiserreichs, beteiligte sich im Herbst 1918 aber aktiv am revolutionären Prozess und trat dabei entschieden für eine Demokratisierung der Wirtschaft ein. In Anbetracht der offenen Situation schien die zukünftige Entwicklung gestaltbar. Pfadentscheidungen mussten getroffen werden, an denen sich Aufhäuser nach Eintritt in die USPD bald auch im Rahmen des sich konstituierenden Parlaments aktiv beteiligte.

Er selbst erlebte die Jahreswende als entscheidenden zeithistorischen Einschnitt, auf den er auch in späteren Phasen seines Lebens wiederholt Bezug nahm. Berlin entwickelte sich in jener Zeit zu einer »Hochburg des gewerkschaftlichen und politischen Radikalismus unter den Angestellten«.[1] Dies ist nicht allein darauf zurückzuführen, dass die Angestellten im Vergleich zu den übrigen Regionen in Deutschland hier deutlich überrepräsentiert waren.[2] Die Reichshauptstadt stand auch im Zentrum der revolutionären Auseinandersetzungen. Die hier in den Monaten nach dem Novemberumsturz geführten politischen und gewerkschaftlichen Kämpfe erreichten eine Intensität und Radikalität, die – abgesehen von einzelnen Massenerhebungen in München und im Ruhrgebiet –

1 König, Die Angestellten unterwegs 1991, S. 61.

2 Etwa 30 Prozent der erwerbstätigen Bevölkerung von Groß-Berlin konnten der Kategorie der Angestellten und Beamten zugerechnet werden. Im Reichsdurchschnitt lag dieser Anteil bei rund 16 Prozent (ebd.).

weit über die Entwicklungen in anderen Teilen Deutschlands hinausgingen. Mit ihrer Strahlkraft wirkten sie dennoch auf das gesamte Staatsgebiet zurück.

Der Rat der Volksbeauftragten sah sich nach Abschluss des Waffenstillstands am 11. November 1918 mit einer Fülle von Herausforderungen konfrontiert und hielt es mit Blick auf die prekäre Versorgungslage und die anstehenden Demobilisierungsaufgaben für dringend erforderlich, in der Übergangsphase mit den militärischen und administrativen Eliten des überkommenen Kaiserreichs zusammenzuarbeiten. Demgegenüber traten strukturelle Reformen und auch die Frage nach einer umfassenden Sozialisierung von Industriezweigen in den Hintergrund. Die sozialdemokratische Führung begab sich dabei immer stärker in ein Abhängigkeitsverhältnis mit den militärischen und bürokratischen Repräsentanten des alten Obrigkeitsstaates.[3] Diese Voraussetzungen erschwerten die Zusammenarbeit von USPD und MSPD, die vor allem innerhalb der USPD zu keiner Zeit unumstritten war. Aufgrund der bereits während des Weltkriegs erprobten Nähe zu den Vertretern des Kaiserreichs gaben die Mehrheitssozialdemokraten innerhalb des paritätisch besetzten Rats den Ton an und fällten Entscheidungen teils in Eigenregie.[4] Konkreter Anlass für den Austritt der USPD-Vertreter aus dem Rat der Volksbeauftragten stellten die sogenannten »Berliner Weihnachtsunruhen« dar. In deren Zuge hatten die MSPD-Vertreter die Hilfe der Obersten Heeresleitung ersucht, um gegen die in der Hauptstadt stationierten Marinesoldaten vorzugehen.[5]

Einige Tage davor hatte der Vollzugsrat, der seine Legitimation bis dato aus den Beschlüssen der Berliner Arbeiter- und Soldatenräte abgeleitet hatte, das Zusammentreten eines *Allgemeinen Kongresses der Arbeiter und Soldatenräte Deutschlands* bewirkt. Dieser Kongress, bei dem die Vertreter:innen der MSPD über eine breite Mehrheit verfügten, sprach sich – einer Entscheidung des Rats der Volksbeauftragten folgend – in der zweiten Dezemberhälfte 1918 für die zügige Einberufung einer Nationalversammlung aus.[6] Erstmals wurden daraufhin am 19. Januar 1919 auch Frauen aufgerufen, an einer reichsweiten Wahl teilzunehmen und über die Zusammensetzung der verfassungsgebenden Versammlung zu entscheiden.

Ungeachtet dessen hatten die November-Ereignisse vielerorts die Hoffnung auf weitreichendere Veränderungen und die Verbesserung der sozialen und wirtschaft-

3 Klaus Schönhoven warf im Rückblick die Frage auf, inwieweit sie gut beraten war, »der Funktionsfähigkeit der ökonomischen und militärischen Infrastruktur den absoluten Vorrang vor strukturellen Reformen« einzuräumen – zumal die »Dämpfung der Emanzipationshoffnungen in der Arbeiterschaft« die Chancen einer demokratischen Neuordnung schmälerte, die Parteitreue der einzelnen Mitglieder strapazierte und gegenrevolutionären Kräften langfristig wieder Auftrieb geben musste (ders., Revolution 2000, S. 216).

4 Vgl. ebd., S. 214 f.

5 Diese hatten bei ihren Forderungen nach ausstehendem Sold vorübergehend die Reichskanzlei und das Berliner Stadtschloss besetzt und den sozialdemokratischen Stadtkommandanten Otto Wels festgesetzt.

6 Ursula Büttner, Weimar. Die überforderte Republik 1918-1933, Bonn 2008, S. 38 f.

lichen Situation breiter Bevölkerungsschichten geweckt. Deren Ausbleiben schürte Enttäuschungen, die sich in den kommenden Monaten in einer wachsenden Zahl sozialer Unruhen, in Streiks und großen Protestversammlungen artikulierten. In deren Zuge wurden der Ausbau des Rätesystems und die Sozialisierung ganzer Wirtschaftszweige mit steigender Intensität gefordert.[7] Die Ermordung von Rosa Luxemburg und Karl Liebknecht, die Ende 1918 die Gründung der KPD mit initiiert hatten, durch Regierungstruppen und Freikorps verschärfte die Situation seit der zweiten Januarhälfte 1919 abermals.[8] Vor allem die Monate März und April waren geprägt von Unruhen, Aufständen und Streiks.[9] An diesen Entwicklungen beteiligten sich zahlreiche Vertreter:innen aus der Berufsgruppe der Angestellten maßgeblich.[10] Insofern erwies sich die politische Lage auch in der ersten Jahreshälfte 1919 als überaus fragil, grundlegende Konsolidierungsprozesse fanden erst in den darauffolgenden Monaten einen vorläufigen Abschluss. In diese Prozesse war Aufhäuser maßgeblich eingebunden.

7 Vgl. dazu: ebd., S. 54 ff. Als sich die gewählten Vertreter:innen der Nationalversammlung am 6. Februar 1919 in Weimar zusammenfanden, war längst deutlich geworden, dass es dort keine Mehrheit gab, die eine umfassende Sozialisierung von Wirtschaftsbetrieben oder eine dauerhafte Verankerung von politischen Räteorganen befürwortete. Bis zu den ersten Reichstagswahlen im Juni 1920 fand sich eine mehrheitsfähige Koalition von SPD, DDP und Zentrumspartei zusammen. Die neu gegründete KPD hatte die Wahlen boykottiert, die USPD erzielte nur 7,6 Prozent der Stimmen. Die Ergebnisse einer »Sozialisierungskommission«, die noch vor dem Zusammentreten der Nationalversammlung sondiert hatte, welche Wirtschaftsbereiche sich für eine Sozialisierung eignen könnten, wurden nicht mehr umgesetzt.

8 Vorausgegangen war diesen Ereignissen der Berliner Januaraufstand, der in den erbitterten Kämpfen um das Berliner Zeitungsviertel seinen tragischen Höhepunkt fand.

9 Vgl. dazu etwa: Axel Weipert, Die Zweite Revolution. Rätebewegung in Berlin 1919/1920, Berlin 2015 und Heinrich August Winkler, Von der Revolution zur Stabilisierung. Arbeiter und Arbeiterbewegung in der Weimarer Republik 1918 bis 1924, Berlin/Bonn 1984, S. 159 ff. Deren Zurückdrängung durch Regierungstruppen forderte zahlreiche Todesopfer. In den vergangenen Jahren wurde die These von Mark Jones, nach der die Eskalation der Gewalt während der ersten Jahre zur Radikalisierung der politischen Kultur in der Weimarer Republik geführt habe, breit diskutiert (ders., Am Anfang war Gewalt. Die deutsche Revolution 1918/19 und der Beginn der Weimarer Republik, Berlin 2017).

10 Vonseiten der Angestellten waren im ersten Quartal 1919 wiederholt Streiks und Gehaltskämpfe ausgegangen. Im April 1919 kumulierten die Proteste, die teils den Charakter eines »lokalen Generalstreiks« annahmen, mit Forderungen nach erweiterten Mitbestimmungsrechten, wie diese zuvor auch von der *Zentrale der Angestelltenräte* beansprucht worden waren (Fattmann, Angestelltenbewegung 2010, S. 99). Aufhäuser trat bei den Verhandlungen als Vertreter der Streikenden in Erscheinung (vgl. Vorwärts, 36. Jg. Nr. 197 vom 17. 4. 1919, »Der Angestelltenstreik«). Ausgangspunkt bildeten Proteste von Angestellten aus dem Bankgewerbe und der Berliner Metallindustrie. Am 17. April wurde vonseiten der AfA und den übrigen Arbeitsgemeinschaften zum Generalstreik aufgerufen. Der Erfolg der sich anschließenden Verhandlungen währte jedoch nur kurz, da die vertraglich festgeschriebene Partizipation wenig später durch gesetzliche Regelungen zum Mitbestimmungsrecht teilweise zurückgenommen wurde (Fattmann, Angestelltenbewegung 2010, S. 100).

1.1 Beteiligung an grundlegenden Entscheidungen in der Frühphase der Republik

Ende 1968 veröffentlichte Siegfried Aufhäuser unter dem Eindruck der zivilgesellschaftlichen Protestbewegung jener Jahre einen Artikel über seine Erinnerungen an die Jahreswende 1918/19. Mit Stolz blickte der inzwischen 84-Jährige auf die Errungenschaften der Revolution zurück, nannte neben der Einführung des allgemeinen, gleichen und geheimen Wahlrechts für Männer und Frauen und den Zugeständnissen des »ZAG-Abkommens« etwa die Aufhebung der Gesindeordnung, die Abschaffung der Zensur, die Amnestie für politische Straftaten und die Aufhebung der Beschränkungen des Koalitionsrechts.[11] Gleichzeitig polemisierte er gegen den Vollzugsrat der Arbeiter- und Soldatenräte.[12] Insbesondere der Vorsitzende Richard Müller sowie dessen Vorstellungen eines politischen Rätesystems standen im Zentrum seiner Kritik.[13] Als Vertreter der Angestelltengewerkschaften sei er, so Aufhäuser, fast täglich in Kontakt mit dem Vollzugsrat der Arbeiter- und Soldatenräte und dessen »unmögliche[n] Arbeitsmethoden« gestanden.[14] Im Gegensatz zu Müller, der die »Revolution als Dauerzustand« angesehen habe, versuchte er, den lokalen Arbeiterräten von *AEG* und *Siemens* »begreiflich zu machen, daß die eroberte politische Macht im Staate von den Arbeitern nur aufrechterhalten werden könne, wenn sie rechtzeitig durch eine ökonomische Konzeption fundiert werde«.[15] Höhere Löhne könnten in der derzeitigen Situation nicht durch die Lahmlegung der Produktion erzielt werden.[16] Es klingt, als würde er bedauern, dass »zwischen dem Ende der Räteherrschaft und der Einberufung der Nationalversammlung eine längere Zeit verstrich«, in der »Zwischenlösungen gefunden werden« mussten.[17] Ausdrücklich lobte er das Engagement der Gewerkschaften, die in dieser Phase »die schnellste Durchsetzung eines umfassenden Tarifvertragsgesetzes mit voller Autonomie der Sozialpartner« forderten, was schließlich mit dem »ZAG-Abkommen« realisiert werden konnte.[18]

Dieser Deutung der Ereignisse stehen seine zeitgenössischen Verlautbarungen aus der Revolutionszeit entgegen. Neben Artikeln in der DIZ publizierte Aufhäuser seit

11 Die Neue Gesellschaft, 15. Jg. Nr. 6 vom November/Dezember 1968, »Der 9. November 1918. Persönliche Erinnerungen an eine deutsche Revolution«.

12 Seine eigenen Aktivitäten innerhalb der Zentrale der Angestelltenräte blieben dabei wohlweislich ausgespart.

13 Vgl. Ralf Hoffrogge, Richard Müller. Der Mann hinter der Novemberrevolution (2. korr. und erw. Aufl.), Berlin 2018.

14 Die Neue Gesellschaft, 15. Jg. Nr. 6 vom November/Dezember 1968, »Der 9. November 1918. Persönliche Erinnerungen an eine deutsche Revolution«.

15 Ebd.

16 Bei *Siemens* und in anderen Berliner Industrieunternehmen wurde in diesem Zeitraum gestreikt (Kadritzke, Die geduldigen Arbeiter 1975, S. 291).

17 Die Neue Gesellschaft, 15. Jg. Nr. 6 vom November/Dezember 1968, »Der 9. November 1918. Persönliche Erinnerungen an eine deutsche Revolution«.

18 Ebd.

Januar 1919 vermehrt im USPD-Organ *Freiheit*. Diese Berliner Tageszeitung erschien erstmals am 15. November 1918 (anfangs unter dem Titel *Die Freiheit*) und wurde zunächst provisorisch von Siegfried Nestriepke, Aufhäusers ehemaligem Parteikollegen aus DV-Zeiten, geleitet. Anfang 1919 übernahm der ehemalige *Vorwärts*-Mitarbeiter Rudolf Hilferding den Posten des Leitenden Redakteurs. Als regelmäßige Beiträger agierten in diesen Jahren dort neben Kurt Tucholsky etwa Gerhard Seger und Ernst Reuter, mit denen Aufhäuser in den kommenden Jahrzehnten wiederholt in Verbindung stehen sollte. Eine besonders enge Freundschaft verband ihn mit dem hier ebenfalls aktiven Paul Hertz.[19] In einem seiner ersten Artikel für die *Freiheit* äußerte sich Aufhäuser überaus skeptisch gegenüber dem Zusammentreten der Nationalversammlung. »Ob die Vertreter dieses Regierungssystems [...] nach dem 19. Januar eine ernsthafte Sozialisierung bringen werden«, erschien ihm durchaus »zweifelhaft«.[20] »[D]aß sich eine soziale Demokratie darin erschöpf[en könne], das demokratische Wahlrecht zum Parlament einzuführen«, hielt er für einen unmöglichen Zustand: »Wenn der Staat aufhören soll, eine Zwingburg der kapitalistischen Klasse zu bleiben, dann muß die Errichtung einer Volksherrschaft im Staate Hand in Hand gehen mit der Demokratisierung des Arbeitsverhältnisses«, so seine Direktive.[21] Er kritisierte – zumal »die deutsche ›soziale‹ Republik schon hinsichtlich der Sozialisierung jede Aktivität vermissen [lasse]« – das Ausbleiben einer vollumfänglichen »Demokratisierung der Betriebe«.[22] An anderer Stelle konkretisierte er seine Skepsis:

> Der gegenwärtige Stand unserer politischen Verhältnisse gibt uns bei aller Wertung der revolutionären Errungenschaften noch keinen Anlaß zu jubeln, denn es fehlt auch nicht an Anzeichen, die auf ein Verflachen der so verheißungsvoll eingesetzten Erhebung unserer Arbeiterschaft hindeuten. Die Berichte über vereinzelte Putschversuche der Generalität oder sonstige Gewaltakte der Gegenrevolution brauchen dabei noch am wenigsten zu beunruhigen. Die Gefahr liegt weniger in bewaffneten Maßnahmen der gestürzten Machthaber als vielmehr in dem Versuch einer inneren Korruption der revolutionären Bewegung selbst.[23]

19 Paul Hertz, Geburtsjahrgang 1888, stammte aus einer jüdischen Kaufmannsfamilie, hatte eine Lehre zum Handlungsgehilfen absolviert und war von 1906 bis 1910 beim ZdH angestellt, ehe er ein Studium der Nationalökonomie in Angriff nahm. Der Sozialdemokratie hatte er sich 1905 angeschlossen und war im Verlauf des Weltkriegs der USPD beigetreten.

20 Freiheit. Berliner Organ der Unabhängigen Sozialdemokratie Deutschlands, 2. Jg. Nr. 25 vom 14.1.1919 (Abend-Ausgabe), »Demokratisierung der Betriebe«.

21 Ebd.

22 Ebd. Konkret nahm er Bezug auf eine – seinem Verständnis nach – vollkommen unzulängliche Verordnung des Reichsarbeitsamtes über die Errichtung der Angestellten- und Arbeiterausschüsse. Das »Hilfsdienstgesetz« war bereits am 12. November 1918 in weiten Teilen außer Kraft gesetzt worden.

23 Freiheit. Berliner Organ der Unabhängigen Sozialdemokratie Deutschlands, 2. Jg. Nr. 51 vom 29.1.1919 (Abend-Ausgabe), »Die Angestellten im revolutionären Deutschland«.

Dabei bemängelte er, dass »an vielen maßgebenden Stellen Personen tätig [seien], die keineswegs auf dem Boden der November-Revolution [stünden] und vor allem auch innerhalb der Arbeiterräte Gegner des Sozialismus Eingang [fänden]«.[24]

Wenn Aufhäuser 1968 für »[d]as Scheitern der November-Revolution« die »Sprengung der Arbeiterfront durch den Spartakusbund« einerseits und die Aktivitäten der Räte andererseits verantwortlich machte, die »der Gegenrevolution die Chance gaben, sehr bald ihre zerstörende Arbeit gegen die junge Demokratie aufzunehmen«, kontrastiert diese Analyse also deutlich mit seinen zeitgenössischen Deutungsversuchen. Sein politisches Handeln während der Weimarer Republik und später im Exil wurde vielmehr maßgeblich durch die Einschätzung geprägt, die Sozialdemokratie habe die Macht frühzeitig – zu früh und leichtfertig – aus den Händen gegeben. Diese inhaltliche Dissonanz lässt sich nicht ganz auflösen, verweist jedoch abermals auf die Fragilität persönlicher Erinnerungsberichte, die Bedeutung gegenwärtiger Entwicklungen für die Interpretation historischer Ereignisse und den Wandel individueller Deutungsmuster im Sinne einer retrospektiven Identitätskonstruktion.

Ungeachtet dessen lässt sich anhand der verfügbaren Quellen Aufhäusers Handlungsweise während der Revolutionszeit in Grundzügen charakterisieren: Auch in jenen Monaten standen die unmittelbaren Tagesaufgaben im Fokus seines Engagements – ohne dass er dabei seine idealistischen Zukunftsvorstellungen aus den Augen verloren hätte. Inzwischen leitete die Vorstellung einer fundamentalen politischen und wirtschaftlichen Demokratisierung Aufhäusers Handeln. Gleichwohl orientierte er sich in erster Linie an den gesellschaftlichen Machtverhältnissen und suchte nach Möglichkeiten, sich seinen Zielvorstellungen auf pragmatischem Wege zu nähern. Im Jahr 1919 wandte er sich zunächst den Dringlichkeiten des Tagesgeschäfts zu, um die verbliebenen Errungenschaften der Revolution zu konsolidieren.

Betriebsrätegesetzgebung

Für Siegfried Aufhäuser stand im Jahr 1919 die zukünftige innerbetriebliche Vertretung der Angestellten im Zentrum seines Interesses. Die Frage nach der Zusammensetzung und der Kompetenzzuteilung der sogenannten »Betriebsräte« wurde seit dem Frühjahr 1919 in der Öffentlichkeit breit diskutiert. Da seit Jahresbeginn Forderungen nach Sozialisierungen und einem wirtschaftlichen Rätesystem immer vehementer artikuliert worden waren, hatten sich sowohl Reichsregierung als auch führende Gewerkschaftsvertreter:innen bereit erklärt, wirtschaftliche Rätekonzeptionen partiell auch gesetzlich zu verankern.[25] Im April 1919 nahm die Regierung Stellung zum Entwurf eines Räteartikels, der in der Folgezeit kontrovers diskutiert und mehrfach über-

24 Ebd. Speziell gefährdet sah er die Angestelltenschaft, warnte davor, »bei der Masse der Privatangestellten […] die sozialistische Reife voraussetzen zu wollen«, weshalb er nachdrücklich dafür warb, der AfA »die zum Handeln erforderliche Anerkennung« zukommen zu lassen.

25 Schönhoven, Einleitung 1985, S. 34 f.

arbeitet wurde.[26] Die öffentliche Debatte um das Betriebsrätegesetz, das schließlich am 4. Februar 1920 erlassen wurde, kumulierte am 13. Januar 1920 in einer von USPD und KPD organisierten Großdemonstration, an der auch die AfA-Verbände teilnahmen.[27]

Aufhäuser selbst beteiligte sich überaus engagiert an den vorgelagerten Diskussionen um den Gesetzesentwurf. Neben Paul Lange, Karl Giebel und anderen war er am 15. Mai 1919 als Vertreter der Angestelltenorganisationen zu einer Aussprache im Reichsarbeitsministerium geladen.[28] Darüber hinaus nahm er in zahlreichen Artikeln, die in der *Freiheit*, der DIZ und dem *Mitteilungsblatt* der AfA erschienen, regelmäßig Stellung zum Stand der Beratungen.[29] Seine persönlichen Vorstellungen sahen erweiterte Mitbestimmungsrechte sowohl im Rahmen der Arbeitsverhältnisse als auch innerhalb der Produktion vor. Die Betriebsräte sollten als Surrogate sowohl für Arbeiterräte als auch für die 1916 im Rahmen des »Hilfsdienstgesetzes« eingesetzten Arbeiter- und Angestelltenausschüsse fungieren, insofern neben sozialen Pflichten auch wirtschaftliche Aufgaben übernehmen.[30]

Die unterschiedlichen Gesetzesentwürfe blieben hinsichtlich Kompetenzen und Wahlbestimmungen der Betriebsräte jedoch nicht nur hinter Aufhäusers Erwartungen, sondern auch hinter den Ergebnissen zurück, die in lokalen Streiks teils bereits erstritten worden waren. Aus diesem Grund versuchte die AfA durch einen eigenen Entwurf, der initial von Aufhäuser ausgegangen sein dürfte, Einfluss auf die Ausschussberatungen zu nehmen.[31] Jedoch blieb auch diesem Ansinnen kein Erfolg beschieden. Die endgültige Beschlussfassung wurde insbesondere wegen der mangelnden Mitspracherechte bei der Unternehmensführung und innerhalb der Produktion sowie wegen der getrennten Behandlung von Arbeiter:innen und Angestellten beanstandet.[32]

26 Vgl. Rudolf Tschirbs, Arbeiterausschüsse, Betriebsräte und Gewerkschaften 1916-1922: Versuch einer Neubewertung, in: Führer/Mittag/Schildt/Tenfelde (Hg.): Revolution und Arbeiterbewegung 2013, S. 257-284, hier S. 270 f.

27 Fattmann, Angestelltenbewegung 2010, S. 101. Traurige Bekanntheit erlangte die Demonstration, da der Protestzug vor dem Reichstag von der Sicherheitspolizei mit Waffengewalt gestoppt wurde und zahlreiche Tote zu beklagen waren (vgl. Axel Weipert, Vor den Toren der Macht. Die Demonstration am 13. Januar 1920 vor dem Reichstag, in: Jahrbuch für Forschungen zur Geschichte der Arbeiterbewegung, 11. Jg. [2/2012], S. 16-32).

28 Heinrich Potthoff, Gewerkschaften und Politik zwischen Revolution und Inflation, Düsseldorf 1979, S. 142 f.

29 Vgl. etwa seine Artikel in der Freiheit. Berliner Organ der Unabhängigen Sozialdemokratie Deutschlands, 2. Jg. Nr. 167 vom 7. 4. 1919, »Um das Mitbestimmungsrecht« sowie Nr. 242 vom 21. 5. 1919, »Betriebsräte. Die Absichten der Regierung« und Nr. 579 vom 29. 11. 1919, »Die Verstümmelung des Betriebsrätegesetzes«.

30 Deutsche Industriebeamten-Zeitung, 15. Jg. Nr. 11 vom 30. 5. 1919, »Ein Gesetzesentwurf über Betriebsräte«. Dabei erschien ihm ein gemeinsamer Betriebsrat für Arbeiter:innen und Angestellte erstrebenswert, bei Sonderfragen sollte jedoch die Möglichkeit bestehen, neu zu schaffende, separate Beratungsorgane anzurufen.

31 Abgedruckt in: Mitteilungsblatt der Arbeitsgemeinschaft freier Angestelltenverbände, 1. Jg. Nr. 7 vom 1. 9. 1919, »Das Betriebsräte-Gesetz«. Der Textentwurf geht auf den Butib-Arbeitsrechtler Fritz Pfirrmann zurück (Lange, Aufhäuser 2013, S. 76).

32 Vgl. zur Kritik am Gesetz: Siegfried Aufhäuser, Das Gesetz über Betriebsräte, Berlin 1920, S. 18 f.

Von der »Minderwertigkeit des Betriebsrätegesetzes« wollte sich der sichtlich enttäuschte Aufhäuser jedoch nicht desillusionieren lassen.[33] Stattdessen propagierte er, die innerbetrieblichen Räte müssten in der künftigen Entwicklung als »Kampfboden« genutzt werden, um mit ihrer Hilfe »ein Stück Vorarbeit für die Erringung der Macht des Proletariats zu leisten«.[34] Seine positive Erwartungshaltung und der unerwartet radikale rhetorische Ausdruck dürften indes auch dem Kalkül geschuldet sein, Genoss:innen aus dem linken USPD-Spektrum von den Mitbestimmungschancen der neu geschaffenen Körperschaften zu überzeugen – zumal er sich im selben Artikel vehement gegen Vorschläge des Rätetheoretikers und Parteigenossen Ernst Däumig aussprach, betriebliche Sonderorganisationen zu schaffen und damit eine organisationspolitische Trennung zwischen Gewerkschaften und Betriebsräten zu forcieren.[35]

Diese Frage war innerhalb der USPD zunächst höchst umstritten. Überhaupt stand die Rolle der Gewerkschaften hier ganz grundsätzlich zur Disposition.[36] Aufhäuser vertrat seine Position in dieser Debatte auf inhaltlicher Ebene vehement, trat jedoch gleichzeitig für eine aktive Umsetzung seiner Vorstellungen ein: Bei einer Beratung führender USPD-Partei- und Gewerkschaftsfunktionäre zeichnete er in der zweiten Jahreshälfte 1919 eine Erklärung, die sich dafür aussprach, eine »Zusammenfassung der Betriebsräte innerhalb der Gewerkschaften vorzunehmen«.[37] Außerdem beteiligte er sich während der Betriebsrätewahlen initiativ an den freigewerkschaftlichen Aktivitäten zur Gründung einer gemeinsamen Betriebsräteorganisation. Diese fand ihren organisatorischen Ausdruck im Juni 1920 in der Konstitution einer Betriebsrätezentrale.[38] Bei einem von dieser Seite einberufenen Kongress der Betriebsräte, der Anfang Oktober

33 Freiheit. Berliner Organ der Unabhängigen Sozialdemokratie Deutschlands, 3. Jg. Nr. 178 vom 16. 5. 1920, »Revolutionierung oder Aushöhlung der Gewerkschaften?«.

34 Ebd. Vergleiche dazu auch seine Ausführungen zur gesetzlichen Verankerung des Rätesystems auf dem Zweiten ordentlichen Bundestag der technischen Angestellten und Beamten am 7. Mai 1921 (Siegfried Aufhäuser, Die Fortführung der Rätegesetzgebung [Bezirkswirtschaftsräte]. Referat dem Zweiten ordentlichen Bundestag der technischen Angestellten und Beamten erstattet von S. Aufhäuser am 7. Mai 1921, Berlin 1921).

35 Vgl. Zech, Parteipolitischer Wandel 2018, S. 127.

36 In der Vergangenheit war von verschiedenen führenden USPD-Persönlichkeiten eine deutliche Parteinahme für die Rätebewegung zuungunsten der Gewerkschaften zu vernehmen gewesen. So hatte Richard Müller 1919 prognostiziert, »[d]ie Gewerkschaften [würden] […] von den Arbeiterräten aufgesaugt« (zitiert nach Günther Högl, Gewerkschaften und USPD von 1916-1922. Ein Beitrag zur Geschichte der deutschen Arbeiterbewegung unter besonderer Berücksichtigung des Deutschen Metallarbeiter-, Textilarbeiter- und Schuhmacherverbandes, München 1982, S. 167f.). Indes blieb die Stellung zu den Gewerkschaften innerhalb der USPD umstritten (vgl. S. 169f. und S. 291ff.). Vgl. hierzu auch Högls Darstellung zu den Auseinandersetzungen in der USPD über das Verhältnis der Gewerkschaften zu den Betriebsräten (S. 291-357).

37 Abgedruckt in: ebd., S. 303f.

38 Vgl. hierzu: Potthoff, Revolution und Inflation 1979, S. 154ff. sowie zu deren ambivalentem Verhältnis zu den freien Gewerkschaften: Axel Weipert, »Eine Sonderorganisation der Betriebsräte ist weder örtlich noch zentral von Nutzen«. Die Berliner Betriebsrätezentrale 1919/20 und ihr Verhältnis zu den Freien Gewerkschaften, in: Buschak, Willy (Hg.): Solidarität im Wandel der Zeiten – 150 Jahre Gewerkschaften, Essen 2016, S. 197-217.

1920 mit über 900 Delegierten in Berlin tagte, führte Aufhäuser gemeinsam mit dem MSPD-Politiker und Arbeiter:innengewerkschafter Peter Graßmann den Vorsitz.[39] Darüber hinaus ließ er sich als Repräsentant der freien Angestelltengewerkschaften in den *Vorläufigen Reichswirtschaftsrat* entsenden, der am 4. Mai 1920 gegründet worden war.[40] Dieses Gremium legitimierte sich, ebenso wie die Betriebsräte, durch den Artikel 165 der Weimarer Reichsverfassung und repräsentierte neben Arbeiter:innen und Angestellten auch »Vertretungen der Unternehmen und sonst beteiligter Volkskreise«.[41] Ferner übernahm Aufhäuser gemeinsam mit zwei Kollegen die Schriftleitung einer von der AfA herausgegebenen Zeitschrift. Diese firmierte unter dem Namen *Der Betriebsrat. Zeitschrift für die Angestelltenausschüsse und Betriebsräte* und erschien ab Oktober 1919 zunächst monatlich.

Der AfA-Bund konstituiert sich

Abgesehen von der Einrichtung der Betriebsräte bestimmten in erster Linie die vielfältigen Alltagsprobleme beim Übergang von Kriegs- zu Friedenswirtschaft die Tätigkeiten von Butib und AfA.[42] Darüber hinaus beschäftigte sich Aufhäuser als geschäftsführender AfA-Leiter in dieser Zeit intensiv mit organisationsstrukturellen Aspekten und Fragen nach der gewerkschaftspolitischen Ausrichtung des Zusammenschlusses. Während des Weltkriegs war neben einem deutlichen Mitgliederzuwachs ein grundlegender Wandel der verbandspolitischen Organisationsstruktur innerhalb der Angestelltenbewegung auszumachen gewesen. Die Tendenz zur Zusammenfassung nach weltanschaulich-politischen Gruppierungen intensivierte sich nach dem Friedensschluss weiter.[43] Die neu erworbene staatliche Anerkennung begünstigte bei den Ange-

39 Vgl. Dowe, Dieter (Hg.): Protokoll der Verhandlungen des Ersten Reichskongresses der Betriebsräte Deutschlands. Abgehalten vom 5.-7. Oktober 1920 zu Berlin, Berlin u.a. 1981.

40 Dem Rat sollten Gesetzesentwürfe von grundlegender Bedeutung zur Begutachtung vorgelegt werden und er erhielt das Recht, Gesetzesvorlagen zu beantragen. Über seinen provisorischen Status kam der Reichswirtschaftsrat jedoch nicht hinaus (vgl. zur komplexen Stellung und Tätigkeit des Rats: Joachim Lilla, Der Vorläufige Reichswirtschaftsrat 1920 bis 1933/34. Zusammensetzung – Dokumentation – Biographien. Unter Einschluß des Wirtschaftsbeirats des Reichspräsidenten 1931 und des Generalrats der Wirtschaft 1933, Düsseldorf 2012, insbesondere S. 5 und S. 29 ff.). Eine zeitgenössische, kritische Würdigung von Aufhäuser findet sich in der Freiheit. Berliner Organ der Unabhängigen Sozialdemokratie Deutschlands, 3. Jg. Nr. 175 vom 14.5.1920, »Der vorläufige Reichswirtschaftsrat«.

41 Vgl. den Artikel 165 der Weimarer Verfassung. Aufhäuser gehörte diesem Verfassungsorgan vom Zusammentritt 1920 bis ins Jahr 1933 ununterbrochen an.

42 Zu den tagesaktuellen Aufgaben zählten eine erweiterte Fürsorgetätigkeit sowie zusätzliche Unterstützungsmaßnahmen bei der Wiedereinstellung der Kriegsteilnehmenden, der Arbeitsbeschaffung und der wirtschaftlichen Stabilisierung.

43 Diese Entwicklung ist auch darauf zurückzuführen, dass mit dem ZAG-Abkommen im November 1918 kein Zweifel mehr über die Frage nach der legalen Anwendbarkeit gewerkschaftlicher Kampfmittel bestand. Nachdem die Mitgliedszahlen der freigewerkschaftlichen Arbeiter:innenverbände in den ersten Kriegsmonaten zunächst rückläufig gewesen waren, stiegen sie ab 1916 zunächst

stelltengewerkschaften die Gründung zentraler Dachverbände, die nunmehr die Nachfolge der drei Arbeitsgemeinschaften antraten, die sich während des Kriegs gegründet hatten. Aufseiten der freiheitlich-liberalen Verbände konstituierte sich 1920 ein *Gewerkschaftsbund der Angestellten* (GdA). Schon im Jahr davor hatte sich der DHV mit dem *Verband weiblicher Handels- und Büroangestellten* sowie einigen kleineren Verbänden zum christlich-nationalen *Gesamtverband deutscher Angestelltenverbände* (Gedag) zusammengefunden.[44] Innerhalb der freigewerkschaftlichen Angestelltenverbände war der Formierungsprozess mit der Gründung der AfA ebenfalls noch nicht abgeschlossen. Hier wurde, wie oben bereits angemerkt, einerseits der Anschluss an den Dachverband der freigewerkschaftlichen Arbeiter:innen debattiert. Andererseits stand die Gründung einer selbstständigen Spitzenorganisation zur Disposition.

Vorgelagert waren dieser Debatte Entwicklungen innerhalb des Butib und des DTV, die in einer Fusion der beiden Organisationen mündeten: Während des Kriegs waren im Butib, teils auf lokale Initiativen hin, wiederholt Debatten geführt und Anstrengungen unternommen worden, die auf eine Vereinheitlichung der Techniker:innenbewegung abzielten.[45] Die Bundesleitung, die auch Aufhäuser repräsentierte, befürwortete diese Bestrebungen grundsätzlich. Da allerdings das Streikrecht innerhalb des DTV umstritten blieb, war einer Fusion zunächst eine Absage erteilt worden.[46] Bis zum Friedensschluss gelang es jedoch, den BtA, der sich 1915 vom Butib getrennt hatte, wieder mit dem Bund

leicht an. Ein sprunghafter Zuwachs ließ sich in den Folgejahren verzeichnen. Die Zahl der Mitglieder stieg ab 1917 um rund sechs Millionen auf etwa 7,34 Millionen im Jahr 1919 an (Schneider, Kleine Geschichte 2000, S. 580). Proportional ähnliche Zuwächse wiesen die in der AfA zusammengeschlossenen Verbände auf, die 1920 etwa 690.000 Angestellte repräsentierten (ebd., S. 581, diese Zahlen beziehen sich bereits auf den AfA-Bund, der 1921 aus der AfA hervorging). Abgesehen von den Mitgliederzuwächsen der einzelnen Organisationen resultierte das immense Wachstum der Arbeitsgemeinschaft auch aus dem Anschluss weiterer Verbände.

44 Von den Einzelverbänden der beiden Bünde war zunächst eine einheitliche, gegen die freien Gewerkschaften gerichtete Organisation angestrebt worden, ehe im Frühjahr 1919 einzelne Verbände ausscherten und die Gedag ins Leben riefen (Priamus, Angestellte 1979, S. 72-82, insbesondere S. 79 f.).

45 Ausgangspunkt dieser Bemühungen war eine Initiative der Kieler Ortsgruppe vom Juni 1916 (Deutsche Industriebeamten-Zeitung, 13. Jg. Nr. 22 vom 26. 10. 1917, »Die Vereinheitlichung der Technikerbewegung«). Vgl. hierzu auch Berichte zu zwei Vorträgen, die Aufhäuser am 17. August 1917 in Mannheim und am 2. Oktober 1917 in Kiel über die »Technikerschaft im neuen Deutschland« bzw. »[d]ie Zukunft der Technikerbewegung« gehalten hatte. Während der sich anschließenden Diskussionen hatten sich die anwesenden Mitglieder jeweils zustimmend gegenüber Einigungsbestrebungen der drei technischen Angestelltenverbände (Butib, BtA und DTV) ausgesprochen (vgl. ebd., Nr. 20 vom 12. 10. 1917, »Berichte« und Nr. 21 vom 12. 10. 1917, »Berichte«).

46 Ebd., Nr. 22 vom 26. 10. 1917, »Die Vereinheitlichung der Technikerbewegung«. Zentral ging es in der Auseinandersetzung um den Status der Staatsbeamten, die sich neben den »Privatbeamten« innerhalb des DTV organisierten und dem staatlichen Disziplinarrecht unterworfen waren. Als Argument wurde zudem angeführt, dass eine solche Entscheidung nicht ohne die im Felde stehenden Bundesmitglieder getroffen werden könne.

zu vereinen.[47] Mit dem revolutionären Umsturz und der dadurch erlangten Koalitionsfreiheit auch für Staatsbeamte konkretisierten sich die Fusionspläne erneut. Bereits zuvor hatte sich die Zusammenarbeit zwischen Butib und DTV intensiviert – so wurde etwa die Stellenbörse zusammengefasst.[48] Im November 1918 wurden schließlich Fusionsverhandlungen anberaumt und ein Satzungsentwurf sowie »Richtlinien für ein soziales Programm des Einheitsverbandes« ausgearbeitet.[49] Eine gemeinsame Versammlung beschloss im Mai 1919 – nach längerer Diskussion über einen Zusatz zu den Richtlinien, der den freigewerkschaftlichen Charakter der neuen Vereinigung eindeutig festlegte – die Verschmelzung der beiden Verbände.[50] Neben der parteipolitischen und religiösen Neutralität wurde hier erneut die Nähe zur Arbeiter:innenschaft hervorgehoben:

> Der Bund stellt sich auf den Boden des unüberbrückbaren Gegensatzes zwischen Kapital und Arbeit und wird den Kampf gegen den Kapitalismus in Gemeinschaft mit allen, auf gleichem Programm stehenden Arbeitnehmern und Verbänden unbeirrt fortführen, bis der deutsche Techniker diejenige Stellung im wirtschaftlichen und politischen Leben einnimmt, die seiner Bedeutung entspricht[,] und das Endziel, die wirtschaftliche Befreiung der gesamten arbeitenden Klasse, erreicht ist.[51]

Der neue Vorstand setzte sich aus zwölf Ehrenamtlichen sowie ebenso vielen Geschäftsführern der Gründungsorganisationen zusammen, zu denen nunmehr auch Aufhäuser zählte.[52] Dem Mitgliederwachstum war diese Fusion, die sich nun als *Bund der technischen Angestellten und Beamten* (Butab) konstituierte, keineswegs abträglich – im Gegenteil: Die Zahl der Mitglieder, die unmittelbar nach der Fusion auf 89.000 taxiert worden war, stieg bis zum Zusammentritt des ersten ordentlichen Bundestags im Juni 1920 auf 106.000.[53]

47 Ebd., 14. Jg. Nr. 10 vom 10.5.1918, »Die Einheit der gewerkschaftlichen Technikerbewegung«. Hier finden sich nähere Informationen zu den vorangegangenen Verhandlungen und dem Procedere der Vereinigung. Im Juli 1918 schloss sich darüber hinaus der *Deutsche Steigerverband* mit dem Butib zusammen (Bund der technischen Angestellten und Beamten [Hg.]: 25 Jahre Technikergewerkschaft 1929, S. 76).

48 Ebd., S. 49.

49 Ebd., S. 77. Vgl. zu den Einigungsverhandlungen auch zwei Artikel Aufhäusers in: Deutsche Industriebeamten-Zeitung, 14. Jg. Nr. 25 vom 13.12.1918, »Der gewerkschaftliche Einheitsverband der Techniker« und 15. Jg. Nr. 1 vom 10.1.1919, »Neujahrs-Botschaft«.

50 Bund der technischen Angestellten und Beamten (Hg.): 25 Jahre Technikergewerkschaft 1929, S. 77 f.

51 Freiheit. Berliner Organ der Unabhängigen Sozialdemokratie Deutschlands, 2. Jg. Nr. 266 vom 3.6.1919, »Die Einheitsgewerkschaft der Techniker«. In nahezu identischem Wortlaut auch in: Deutsche Industriebeamten-Zeitung, 15. Jg. Nr. 11 vom 30.5.1919, »Nach der Verschmelzung«.

52 Bund der technischen Angestellten und Beamten (Hg.): 25 Jahre Technikergewerkschaft 1929, S. 78. Zum Vorsitzenden wurde aus diesem Kreis der ehemalige Butib-Vertreter Wilhelm Mahlow gewählt.

53 Ebd., S. 81. Noch 1913 zählten beide Verbände gemeinsam etwa 50.000 Mitglieder (Kocka, Klassengesellschaft 1988, S. 111).

In seinem Referat auf diesem ersten Bundestag der neuen Organisation bezog sich Siegfried Aufhäuser auf Richtlinien, die dem Vorstand während des Vereinigungsprozesses von den Delegierten mit auf den Weg gegeben worden waren. Darin war die Forderung enthalten, »[d]urch Erweiterung und Ausbau der Arbeitsgemeinschaft freier Angestelltenverbände [...] ein Kartell aller auf rein gewerkschaftlicher Grundlage stehenden Angestelltenorganisationen zu schaffen« und »eine weitere Kartellierung mit der Generalkommission der freien Gewerkschaften anzustreben«.[54] Pläne aus den Reihen des Butab, die AfA noch vor dem Zusammenschluss mit der freigewerkschaftlichen Bewegung der Arbeiter:innen zunächst in eine eigenständige Spitzenorganisation umzuwandeln, blieben zwar umstritten, hatten jedoch seit der zweiten Jahreshälfte 1919 konkretere Formen angenommen.[55] Vorausgegangen war diesem Prozess die Gründung des *Allgemeinen Deutschen Gewerkschaftsbunds* am 5. Juli 1919 als Nachfolgeorganisation der Generalkommission. Auf dem ersten Nachkriegskongress wurde gleichzeitig die Abkehr vom Mannheimer Abkommen beschlossen und die Unabhängigkeit gegenüber den politischen Parteien mit der Begründung proklamiert, dass gegenwärtig keine einheitliche sozialdemokratische Partei existiere.[56] An den neu gegründeten ADGB hatte sich die AfA mit dem Anliegen gewandt, zunächst eine von den Mitgliedsbeiträgen zu tragende, eigenständige Hauptgeschäftsstelle zu gründen, um unter anderem die Betriebsrätearbeit und den Kontakt zu den Ortsverbänden zu koordinieren.[57] Dieses Vorhaben, so argumentierte die AfA, sei allerdings nur umsetzbar, wenn die der ADGB angehörenden Angestelltenverbände zunächst ihre Mitgliedschaft im Dachverband der Arbeiter:innen aufgäben. Eine doppelte finanzielle Belastung könne von diesen nicht getragen werden.[58] Im Anschluss an die Gründung der eigenen Geschäftsstelle sollten enge organisatorische Beziehungen zum ADGB hergestellt werden.

Die Repräsentanz der Arbeiter:innengewerkschaften lehnte diesen Vorschlag zunächst ab.[59] Auch innerhalb der AfA blieb dieses Vorgehen umstritten. So hatte etwa Otto Urban demgegenüber für ein besonderes Referat für Angestelltenfragen inner-

54 S[iegfried] Aufhäuser, Die freie Angestellten- und Arbeiterbewegung. Referat dem Ersten ordentlichen Bundestag der technischen Angestellten und Beamten erstattet von S. Aufhäuser am 14. Juni 1920, Berlin 1920, S. 10.

55 Verschiedene Verbände plädierten für den direkten Anschluss der Einzelverbände an den Dachverband der Arbeiter:innengewerkschaften (ebd., S. 10 f.). Siehe auch: Fattmann, Angestelltenbewegung 2010, S. 105.

56 Resolution des Nürnberger Gewerkschaftskongresses im Juli 1919 zur politischen Neutralität, in: Langkau/Matthöfer/Schneider (Hg.): SPD und Gewerkschaften 1994, S. 110 f.

57 Sitzung des Bundesausschusses vom 15.-17. Dezember 1919, in: Quellen zur Geschichte der deutschen Gewerkschaftsbewegung im 20. Jahrhundert. Bd. 2: Die Gewerkschaften in den Anfangsjahren der Republik 1919-1923, bearb. von Michael Ruck, Köln 1985, S. 110-123, hier S. 114, Fußnote 17. Vormals waren die laufenden Geschäfte vom Butab in Eigenregie und auf eigene Kosten geleitet worden.

58 Ebd. Zu den im ADGB angeschlossenen Angestelltenvereinigungen zählte etwa der mitgliedsstarke ZdA.

59 Ebd., S. 114 f.

halb des ADGB plädiert.[60] Allerdings schien innerhalb des ADGB auch das Interesse an der Integration der Angestellten in einer gesonderten Abteilung gering. Eine von der AfA initiierte Kommission zur Errichtung einer von beiden Verbänden getragenen Spitzenorganisation scheiterte Ende 1920 ebenfalls.[61] Erst danach wurde die Gründung einer eigenen Dachorganisation der Angestellten umgesetzt. Zu kurz greift insofern die Interpretation Heinrich August Winklers, die linken Angestelltenverbände hätten sich »für fortschrittlicher als die Gewerkschaften der Arbeiter« gehalten und »ebendiese Selbsteinschätzung [habe] [...] der organisatorischen Selbstständigkeit des AfA-Bundes die politische Legitimation« gegeben.[62] Das mangelnde Interesse der ADGB-Gewerkschaftsführung, die Interessen der Angestellten angemessen zu berücksichtigen (und ihnen auch organisatorischen Ausdruck zu verleihen), scheint diese Entwicklung ebenfalls begünstigt zu haben. Auch die Erfahrungen der vorangegangenen Kriegs- und Revolutionsjahre, in deren Verlauf sich die freien Angestelltengewerkschaften mehrfach der Generallinie der Arbeiter:innengewerkschaften anpassen mussten, mögen dazu beigetragen haben. Rainer Fattmann machte ein ganzes »Ursachenbündel« für die eigenständige Gründung verantwortlich, die nicht allein als Ausdruck einer »Sonderpolitik« interpretiert werden dürfe.[63] Ausschlaggebend erschienen ihm in erster Linie auch »pragmatische Überlegungen«, in welchem Rahmen sich die Angestellten – vor allem im Hinblick auf die bürgerlichen Konkurrenzvereinigungen – am ehesten erreichen ließen.[64]

Auf einer AfA-Vertretersitzung im Januar 1920 war zwar bereits der Beschluss gefasst worden, eine selbstständige Zentrale der freigewerkschaftlichen Angestelltenverbände zu schaffen.[65] Die endgültige Entscheidung zur Gründung des *Allgemeinen freien Angestelltenbundes* als Dachverband erfolgte jedoch erst auf einer Vorständekonferenz im November 1920.[66] Im Anschluss daran berichteten die beiden AfA-Ver-

60 Ebd., S. 115. Otto Urban, der frühere Leiter des ZdH, hatte, nachdem der Verband mit weiteren Bünden fusioniert war und sich in ZdA umbenannte, auch hier die Leitung übernommen. (Kadritzke, Die geduldigen Arbeiter 1975, S. 275 und S. 278).

61 Fattmann, Angestelltenbewegung 2010, S. 106. Vgl. hierzu auch die Beschlüsse der AfA-Vertretersitzung vom 16. und 17. Januar 1920, in: Süß, Bruno, Klärung in der Angestelltenbewegung. Mit Materialsammlung zur Reorganisation des AfA-Bundes, Berlin 1921, S. 14 f. sowie die Sitzung des Bundesausschusses vom 24.-27. Februar 1920, in: Quellen zur Geschichte der deutschen Gewerkschaftsbewegung 1985 (Bd. 2), S. 123-142, hier S. 137, Fußnote 49 und die Sitzung des Bundesausschusses vom 15.-18. Dezember 1920, in: ebd., S. 243-261, hier S. 259 f.

62 Winkler, Stabilisierung 1984, S. 275.

63 Fattmann, Angestelltenbewegung 2010, S. 108.

64 Ebd. Diese Argumentation fand ihren Niederschlag auch im Kommissionsbericht, der dem ADGB-Bundesausschuss im Dezember 1920 erstattet wurde (vgl. Sitzung des Bundesausschusses vom 15.-18. Dezember 1920, in: Quellen zur Geschichte der deutschen Gewerkschaftsbewegung 1985 [Bd. 2], S. 243-261, hier S. 259).

65 Beschlüsse der AfA-Vertretersitzung vom 16. und 17. Januar 1920, in: Süß, Klärung 1921, S. 14 f.

66 Dort wurden ebenfalls Richtlinien vereinbart, die unter anderem »die Ablösung der privatkapitalistischen Gewinnwirtschaft durch eine vergesellschaftete, auf der Grundlage des Gemeinbesitzes aufgebaute, nach Maßgabe des Bedarfs geordnete Wirtschaft« als erstrebenswert erklärten (Beschlüsse der Vorständekonferenz vom 6. und 7. November 1920, in: ebd., S. 15 f.

treter Aufhäuser und Urban auf einer Sitzung des ADGB-Bundesausschusses vom Scheitern der gemeinsamen Kommissionsarbeit. Nachdem die Position zuvor innerhalb der AfA geklärt worden war, traten sie gegenüber der ADGB nunmehr einmütig für getrennte Organisationssäulen mit einer gemeinsamen Spitze ein. Schließlich konnten sie sich durchsetzen: Eine Entschließung wurde getroffen, »dem AfA-Bund als Spitzenorganisation der freien Angestellten-Gewerkschaften das erforderliche Maß von Selbstständigkeit und Bewegungsfreiheit zu gewährleisten«.[67] Sämtliche freigewerkschaftlichen Angestelltenverbände sollten künftig allein dem AfA-Bund angehören, während »[d]ie Einheitlichkeit der gesamten freigewerkschaftlichen Arbeiterbewegung [...] in der Weise anzustreben [sei], daß die drei Organisationsgruppen der Arbeiter, Angestellten und Beamten in einem gemeinsamen Gewerkschaftskongreß und durch eine gemeinsame Spitzenkörperschaft vereinigt« würden.[68] Damit folgte der ADGB letztendlich einem Vorschlag, auf den Aufhäuser seit Jahresbeginn 1920 hingearbeitet und den er auf dem ersten ordentlichen Bundestag des Butab Mitte Juni 1920 ausführlich dargelegt hatte.[69]

Die Kooperation konkretisierte sich im Frühjahr 1921. Der ADGB-Bundesausschuss verständigte sich im März auf ein »Zusammenwirken in allen gewerkschaftlichen, sozial- und wirtschaftspolitischen Angelegenheiten, welche die Interessen der Arbeiter und Angestellten gemeinsam berührten«.[70] Mit dem auf dieser Grundlage im April 1921 geschlossenen Kartellvertrag wurde von einer ADGB-dominierten Spitzenorganisation zugunsten eines Kartells Abstand genommen und der Zusammenschluss der freigewerkschaftlichen Angestelltenvereinigungen endgültig als souveräner und gleichberechtigter Bündnispartner anerkannt.[71] Dieser konstituierte sich vollumfänglich als AfA-Bund auf dem ersten AfA-Gewerkschaftskongress Anfang Oktober 1921 in Düsseldorf mit Aufhäuser als einem von drei besoldeten Vorsitzenden.

und Richtlinien für die freigewerkschaftlichen Grundsätze, beschlossen auf der Vorständekonferenz vom 6. und 7. November 1920, in: ebd., S. 16).

67 Sitzung des Bundesausschusses vom 15.-18. Dezember 1920, in: Quellen zur Geschichte der deutschen Gewerkschaftsbewegung 1985 (Bd. 2), S. 243-261, hier S. 260.

68 Ebd.

69 Im Anschluss an seine dortigen Ausführungen war eine Entschließung mit Auftrag an den Bundesvorstand erfolgt, »die zur Schaffung einer festgefügten Rahmenorganisation der freigewerkschaftlichen Angestellten- und Arbeiterbewegung erforderlichen Maßnahmen unter Aufrechterhaltung der organisatorischen Selbstständigkeit der Afa zu treffen« und »[d]ie Eingliederung der Beamtenbewegung in die große einheitlich gerichtete Arbeitnehmerbewegung [...] anzustreben« (Aufhäuser, Angestellten- und Arbeiterbewegung 1920, S. 18).

70 Sitzung des Bundesausschusses am 22./23. März 1921, in: Quellen zur Geschichte der deutschen Gewerkschaftsbewegung 1985 (Bd. 2), S. 289-304, hier S. 297. Eine regelmäßige institutionalisierte Verbindung blieb indes zunächst auf die wechselseitige Entsendung von Einzelpersonen zu den jeweiligen Vorstands- und Ausschusssitzungen beschränkt (Michael Ruck, Einleitung, in: ebd., S. 9-63, hier S. 51).

71 Ebd.

Kapp-Putsch und Generalstreik

Zu diesem Schulterschluss und dem weitgehenden Einlenken des ADGB gegenüber den Forderungen der AfA mag eine gemeinsame Bewährungsprobe im Kampf um die Republik beigetragen haben. Am 13. März 1920 ließ sich der langjährige ostpreußische Generallandschaftsdirektor und Mitbegründer der *Deutschen Vaterlandspartei* Wolfgang Kapp in Berlin zum Reichskanzler ausrufen, nachdem General Walther Freiherr von Lüttwitz zuvor mit der *Marinebrigarde Ehrhardt* das Regierungsviertel besetzt hatte.[72] Als deutlich wurde, dass sich die im Regierungsbezirk stationierten Regimenter von Reichs- und Sicherheitswehr weigern würden, in den Konflikt zugunsten der Regierung einzugreifen, flüchtete der Gros der Regierungsmitglieder mit Reichskanzler Gustav Bauer am frühen Morgen des 13. März 1920 in Richtung Dresden. Noch am selben Tag erschien ein Aufruf zum Generalstreik, der die Namen von Reichspräsident Friedrich Ebert, den sozialdemokratischen Regierungsmitgliedern und dem SPD-Parteivorsitzenden Otto Wels trug.[73] Wenig später schlossen sich ADGB und AfA dieser Initiative an. Der eigenständige Aufruf wurde von Carl Legien und Siegfried Aufhäuser unterzeichnet. Noch Jahrzehnte später rekurrierte dieser mit Stolz auf seinen persönlichen Einsatz bei den Geschehnissen rund um den Putschversuch:

> Eine Glanzleistung der Berliner Gewerkschaften bleibt mir unvergeßlich. Als die Kapp-Lüttwitz-Truppen im März 1920 in Berlin einrückten, um die Republik zu stürzen, die Reichsregierung flüchten mußte und die Gewerkschaften spontan aber mit höchster Kraftentfaltung den Generalstreik erklärten, war es Carl Legien, der Vorsitzende des Allgemeinen Deutschen Gewerkschaftsbundes, der mich aufforderte, den Aufruf zum Generalstreik für den AFA-Bund mit zu unterzeichnen. In wenigen Tagen hatten wir die bewaffnete Gegenrevolution niedergeworfen und die Landsknechte aus Berlin vertrieben. Diese größte politische Aktion in der Weimarer Republik war von den Gewerkschaften getragen und gewonnen worden.[74]

Tatsächlich übernahmen die Gewerkschaften bald die Führung des Generalstreiks. Legien, Vorsitzender des ADGB, initiierte am Vormittag des ersten Putschtags ein

72 Vorangegangen waren Anweisungen des Reichswehrministers Gustav Noske, die *Brigade Ehrhardt* und das *Freikorps Loewenfeld* aufzulösen. Diese – in den Bestimmungen des Versailler Vertrags begründete – Truppenreduktion hatte als Auslöser des Putschversuchs fungiert, der im Umfeld der rechtsgerichteten *Nationalen Vereinigung* aber bereits seit Oktober 1919 vorbereitet worden war (vgl. Winkler, Stabilisierung 1984, S. 297 f.).

73 Inwiefern der Aufruf tatsächlich von den Unterzeichneten, die sich teilweise bereits am selben Tag distanzierten, gebilligt worden war, ist indes umstritten (vgl. hierzu ebd., S. 300 ff.). Vgl. zur Reaktion der Minister, die sich kurz darauf vom Aufruf distanzierten, auch: Johannes Erger, Der Kapp-Lüttwitz-Putsch. Ein Beitrag zur deutschen Innenpolitik 1919/20, Düsseldorf 1967, S. 193 f.f.).

74 Ver.di-Archiv Berlin, Mappe Siegfried Aufhäuser II, Manuskript RIAS, Dezember 1958. Aufhäuser erwähnt hier den AfA-Bund, tatsächlich hatte er den Aufruf aber noch für dessen Vorgängerorganisation, die *Arbeitsgemeinschaft freier Angestelltenverbände*, unterzeichnet.

Treffen mit Abgesandten der Arbeiter:innenparteien sowie mit der *Berliner Gewerkschaftskommission* und der AfA, um eine sozialistische Aktionsgemeinschaft zu bilden.[75] Allerdings zeichneten zunächst lediglich Legien und Aufhäuser den oben genannten Aufruf in Vertretung ihrer jeweiligen Dachverbände.[76] In den folgenden Tagen schlossen sich auch USPD, KPD, der *Deutsche Beamtenbund*, die Hirsch-Dunckerschen Gewerkvereine sowie verschiedene christlich organisierte Arbeitnehmer:innen – teils mit unterschiedlicher Zielsetzung und eigener Streikleitung – dem Protest an.[77] Dieser setzte das öffentliche Leben in Berlin und in großen Teilen der Republik weitgehend lahm. Da sich auch die Berliner Ministerialbürokratie im Wesentlichen weigerte, die Forderungen Kapps zu erfüllen, flüchtete dieser am 17. März 1920 in Richtung Schweden. Wenig später trat auch Lüttwitz den Rückzug an.

Aufhäuser berichtete in späteren Zeiten ausführlich über die Geschehnisse jener Tage, die er als »volle[n] Erfolg für die Gewerkschaften und den Generalstreik« titulierte:

> Also, es war eine Niederlage, wie sie eine militärische Formation wohl kaum schon einmal erlitten hat. Aber es war auch für die Arbeiterschaft, die in Deutschland bisher noch keinen Generalstreik ausprobiert hatte und auch diesmal gar nicht vorbereitet war – für die Arbeiterschaft war es ein Zeichen, daß sie tatsächlich ohne Blutvergießen eine brauchbare Waffe hat, jede andere Macht zu überwinden, auch die militärische. Der Beweis war damals geliefert; die Deutschen waren früher alle gegen revolutionäre Mittel, sondern nur für organisatorische Kraftentfaltung. Aber das war nun aus dem Ärmel geschüttelt ein Generalstreik, wie er noch in keinem Lande überhaupt mit solchem Erfolg geführt werden konnte.[78]

In einem Artikel, den er im Anschluss an den Generalstreik im Mitteilungsblatt der AfA veröffentlichte, charakterisierte Aufhäuser diesen ebenfalls als entscheidende Zäsur. Die Geschehnisse legte er dabei im Sinne seiner organisationspolitischen Vorstellungen aus: Nunmehr sei »[d]ie seit Monaten propagierte Reorganisation [der] AfA« in die Tat um-

75 Winkler, Stabilisierung 1984, S. 303. Die *Berliner Gewerkschaftskommission* war eine traditionsreiche Körperschaft, die die Berliner Gewerkschaften in ihrer Gesamtheit vertrat.

76 Abgedruckt in: Mitteilungsblatt der Arbeitsgemeinschaft freier Angestelltenverbände, 2. Jg. Nr. 4 vom April 1919, »Dokumente aus der Zeit des Generalstreiks«.

77 Winkler, Stabilisierung 1984, S. 303 sowie Potthoff, Revolution und Inflation 1979, S. 264. Die Weigerung der USPD, mit der SPD zusammenzuarbeiten, ging nach Legiens Darstellung noch darüber hinaus, einen gemeinsamen Aufruf zu verfassen und eine gemeinsame Streikleitung einzurichten. Selbst der Versuch, ein gemeinsames Mitteilungsblatt für die Berliner Bevölkerung herauszugeben, wurde boykottiert, obgleich die Redaktion dem USPD-Mitglied Aufhäuser hätte übertragen werden sollen (Sitzung des Bundesausschusses am 27. März 1920, in: Quellen zur Geschichte der deutschen Gewerkschaftsbewegung 1985 [Bd. 2], S. 157-163, hier S. 158).

78 Interview im Zweiten Deutschen Fernsehen am 1. Mai 1969 anlässlich des 85. Geburtstages von Siegfried Aufhäuser, in: Nikolai (Hg.): Zum 100. Geburtstag, S. 3.

gesetzt worden.[79] Unter »Wahrung ihrer organisatorischen Selbstständigkeit [habe sie] als Angestelltenzentrale neben und mit dem Allgemeinen Deutschen Gewerkschaftsbund« gewirkt.[80] Dabei hätten sich »[d]ie Kampfgenossen [...] gegenseitig kennen und schätzen gelernt«.[81] In der Tat ist gerade mit Blick darauf, dass verschiedene Parlaments- und Regierungsvertreter Kapp und Lüttwitz bereits weitreichende Konzessionen angeboten hatten, die klare Haltung der Gewerkschaftsführungen hervorzuheben.[82] Deutlich wurde dabei einmal mehr, welchen Einfluss wirtschaftliche Faktoren auf die politische Entwicklung nehmen konnten und welche immense politische Bedeutung den Gewerkschaften inzwischen zufiel. Eine strikte Trennung von wirtschaftlichen und politischen Handlungsfeldern erschien in Anbetracht des Putschs, der die Stabilität des politischen Systems gefährdete, nicht mehr zeitgemäß. Die Gewerkschaften, die die parlamentarische Demokratie, auf deren Grundlage eine wirtschaftliche Demokratisierung nunmehr erkämpft werden sollte, vehement verteidigten, hatten sich längst zu einem politischen Machtfaktor entwickelt.

Entsprechend sahen sie sich legitimiert, den Generalstreik auch nach der Flucht der maßgebenden Putschisten fortzusetzen. Die Gewerkschaften bemühten sich nun darum, mit Partei- und Regierungsvertretern über eine Regierungsneubildung und gewerkschaftliche Forderungen zu verhandeln. Diese Verhandlungen mündeten zunächst in der Anerkennung von acht maßgeblichen Punkten.[83] Darin wurden den gewerkschaftlichen Organisationen »ein entscheidender Einfluß auf die Neuregelung der Wirtschafts- und sozialpolitischen Gesetze eingeräumt« sowie Maßnahmen zur »[s]ofortige[n] Inangriffnahme der Sozialisierung der dazu reifen Wirtschaftszweige« zugesichert.[84] Andere Punkte zielten auf die Entlassung des Reichswehrministers Gustav Noske, die Auflösung konterrevolutionärer Formationen und die Demokratisierung der Verwaltung ab.[85] Enttäuschungen über die Entwicklung der Revolution und der Versuch, einen neuerlichen Putsch reaktionärer Kräfte zu verhindern, dürften den ausgedehnten Forderungskatalog nur teilweise erklären.[86] Auch strategische Motive spielten eine Rolle: Mit Blick auf das Ruhrgebiet, wo sich im Gefolge des Generalstreiks Aufstände, die an die Rätebewegung anknüpften, ausweiteten, schien es ratsam, die Erwartungshaltung der Mitgliederbasis

79 Mitteilungsblatt der Arbeitsgemeinschaft freier Angestelltenverbände, 2. Jg. Nr. 4 vom April 1920, »Gegenrevolution und Generalstreik«.

80 Ebd.

81 Ebd.

82 Winkler, Stabilisierung 1984, S. 308ff. und Potthoff, Revolution und Inflation 1979, S. 265ff.

83 Sitzung des Bundesausschusses am 27. März 1920, in: Quellen zur Geschichte der deutschen Gewerkschaftsbewegung 1985 (Bd. 2), S. 157-163, hier S. 158f. Vgl. zur Entwicklung dieses Forderungskatalogs, der zunächst aus zehn, später aus neun und schließlich aus acht Punkten bestanden hatte: Potthoff, Revolution und Inflation 1979, S. 268ff.

84 Ebd.

85 Siehe zu Noske und seiner Rolle bei der bewaffneten Niederschlagung der Proteste 1918 und 1919: Wolfram Wette, Gustav Noske. Eine politische Biographie, Düsseldorf 1987, S. 197ff.

86 Ruck, Einleitung 1985, S. 34. Vgl. hierzu auch Winkler, Stabilisierung 1984, S. 319f.

durch sozialpolitische Erfolge zu befriedigen.[87] In diesem Kontext manifestierte sich die Vorstellung, eine sogenannte »Arbeiterregierung« – bestehend aus USPD und MSPD – zu etablieren. Ein solcher Vorschlag, der den neu formulierten Mitbestimmungsanspruch der Gewerkschaften auch in politischen Fragen untermauerte, wurde von Legien am 17. März 1920 dem Zentralkomitee der USPD unterbreitet, das jedoch zunächst ablehnend reagierte.[88] Neben grundsätzlichen Aversionen gegen die Mehrheitssozialdemokratie dürfte auch der Umstand, dass beide Parteien keine gemeinsame Mehrheit im Parlament auf sich vereinigen konnten, diese Entscheidung mitbegründet haben.[89]

Die ablehnende Haltung wurde jedoch nicht von allen USPD-Mitgliedern geteilt. So sprach sich Aufhäuser auf einer Verhandlung der Vorstände von ADGB, AfA, MSPD und USPD sowie des Ausschusses der Berliner Gewerkschaftskommission nachdrücklich für die Bildung einer Arbeiterregierung aus und zog als Alternative dazu gar die Regierungsübernahme durch eine Gewerkschaftsvertretung in Betracht.[90] Demgegenüber würde eine Koalitionsregierung unter alleiniger Beteiligung der MSPD, so Aufhäuser, »die Arbeiter immer weiter auseinander[bringen]«.[91] Als die Sitzung unterbrochen wurde, um eine zehnköpfige Deputation an den Reichskanzler Bauer zu entsenden, um die Sicherung der bisher getroffenen Abmachungen zu konkretisieren, war Aufhäuser ebenfalls zugegen.[92] Bei Weiterführung der Verhandlungen am Abend war das Thema einer Arbeiterregierung nach ablehnender Haltung des Reichskanzlers

87 Vgl. Jürgen Mittag, Versäumte Chancen oder realitätsnaher Pragmatismus? Die Arbeiterbewegung im Ruhrgebiet zwischen Sozialisierungsdebatten und Proteststreiks 1918-1920, in: Führer/ders./Schildt/Tenfelde (Hg.): Revolution und Arbeiterbewegung 2013, S. 211-236, hier S. 231.

88 Winkler, Stabilisierung 1984, S. 314.

89 Winkler geht von einem taktischen Manöver Legiens aus, um die linke Opposition innerhalb der ADGB zu besänftigen und die Zusammenarbeit mit den sozialistischen Angestelltenverbänden zu befördern (ebd., S. 316). Vgl. dazu auch: Potthoff, Revolution und Inflation 1979, S. 277 f. Dieser spricht von einem »doppelten Zweck«. Einerseits sollte Druck auf die bisherige Regierungskoalition ausgeübt, andererseits zur Integration der Gewerkschaftsopposition und der USPD beigetragen werden.

90 Verhandlung der Vorstände von ADGB, AfA, SPD und USPD sowie dem Ausschuss der Berliner Gewerkschaftskommission über die Fortsetzung des Generalstreiks und die Bildung einer Arbeiterregierung am 22. März 1920, vormittags, in: Quellen zur Geschichte der deutschen Gewerkschaftsbewegung 1985 (Bd. 2), S. 143-147, hier S. 143 f. und S. 146. Im Verlaufe der Diskussion wurden auch andere Optionen einer Arbeiterregierung – beispielsweise unter Hinzuziehung von Mitgliedern anderer Parteien – verhandelt. Zwischenzeitlich hatte Ebert angeblich sogar die Kanzlerschaft an Legien herangetragen (vgl. Winkler, Stabilisierung 1984, S. 320 sowie Karl Christian Führer, Carl Legien 1861-1920. Ein Gewerkschafter im Kampf um ein »möglichst gutes Leben« für alle Arbeiter, Essen 2009, S. 247f.).

91 Verhandlung der Vorstände von ADGB, AfA, SPD und USPD sowie dem Ausschuss der Berliner Gewerkschaftskommission über die Fortsetzung des Generalstreiks und die Bildung einer Arbeiterregierung am 22. März 1920, vormittags, in: Quellen zur Geschichte der deutschen Gewerkschaftsbewegung 1985 (Bd. 2), S. 143-147, hier S. 146.

92 Ebd., S. 147. Legien hatte in dieser Debatte gegen eine Arbeiterregierung votiert, solange die Sicherung durch die bürgerlichen Parteien nicht gewährleistet war.

allerdings obsolet geworden.[93] Im Zentrum stand nun die Frage nach einem vorläufigen Abbruch des Generalstreiks, zu dessen Zustimmung Aufhäuser seine eigene Partei, die zögerlich blieb, nachdrücklich aufforderte.[94] Erst nach längerer Debatte ließ sich die USPD, die den acht Punkte umfassenden Forderungskatalog schließlich als Mindestforderung akzeptierte, zum vorläufigen Abbruch bewegen.[95]

Beschwingt von dem vermeintlichen Erfolg der Verhandlungen, verkündete Aufhäuser Anfang April in der AfA-Bundeszeitung mit Stolz die »neue gewaltige Machtposition« der freien Arbeitnehmer:innengewerkschaften, die nun auch »auf die Regierungsbildung einen entscheidenden Einfluß auszuüben vermögen«.[96] Allerdings konnte davon schon wenige Monate später keine Rede mehr sein: Zwar erfolgte der Rücktritt des von MSPD, DDP und Zentrum getragenen Kabinetts Bauer und die Einsetzung des neuen Kabinetts Hermann Müller unter maßgeblicher Mitwirkung der Gewerkschaftsverbände.[97] Als bei den Reichstagswahlen im Juni 1920 MSPD und Zentrum jedoch massive Stimmenverluste verzeichneten und sich das Wahlergebnis der DDP mehr als halbierte, war von dem Einfluss der Gewerkschaften auf die Regierungsbildung nichts mehr zu spüren.[98] Zu Carl Legiens Tod Ende 1920 kommentierte Aufhäuser bereits resignierend:

> Wenn die Auswirkungen des Generalstreiks vom März 1920 später enttäuscht haben, so lag die Schuld wahrlich nicht an den Gewerkschaften und nicht an Legien, sondern in der politischen und parteipolitischen Entwicklung, die so manchen gewerkschaftlichen Erfolg vernichtet hat.[99]

Von der USPD zur SPD

Die Einsicht, dass die politische Einflussnahme seitens der Gewerkschaften – trotz des neu formulierten Mitbestimmungsanspruchs – auch in der neuen Republik begrenzt blieb, scheint Aufhäuser dazu bewegt zu haben, sich fortan verstärkt auch auf parteipolitischem Feld zu betätigen. Bei den Reichstagswahlen vom 6. Juni 1920 steigerte

93 Verhandlungen zwischen ADGB, AfA, DBB und Berliner Gewerkschaftskommission sowie SPD und USPD über den Abbruch des Generalstreiks am 22. März 1920, abends, in: ebd., S. 148-155.
94 Ebd., S. 152.
95 Die gemeinsame Resolution, in der die Beendigung des Generalstreiks zum 23. März 1920 empfohlen wurde, findet sich hier ebenfalls abgedruckt (ebd., S. 154 f.).
96 Mitteilungsblatt der Arbeitsgemeinschaft freier Angestelltenverbände, 2. Jg. Nr. 4 vom April 1920, »Gegenrevolution und Generalstreik«.
97 Vgl. auch: Peter Reichel, Der tragische Kanzler. Hermann Müller und die SPD in der Weimarer Republik, München 2018, S. 157 ff.
98 In der Folge fand sich eine bürgerlich-konservative Minderheitsregierung unter Constantin Fehrenbach (bestehend aus DDP, DVP und Zentrum) zusammen.
99 Mitteilungsblatt des Allgemeinen freien Angestelltenbundes, 3. Jg. Nr. 1 vom Januar 1921, »Carl Legien«.

die USPD ihren Stimmenanteil gegenüber 1919 um etwa zehn Prozentpunkte.[100] Aufgrund von Nachwahlen, die am 20. Februar 1921 in Schleswig-Holstein (Wahlkreis 14) und Ostpreußen (Wahlkreis 1) durchgeführt wurden, veränderte sich die Zusammensetzung des Reichstags geringfügig. Abgesehen von den Veränderungen, die sich unmittelbar aus der regionalen Listenwahl in den beiden Wahlkreisen ergaben, gelangten über einen sogenannten »Reichswahlvorschlag« acht weitere Abgeordnete ins Parlament, zu denen auch Siegfried Aufhäuser zählte.[101]

In den Jahren zuvor hatte er sich als Vertreter der freigewerkschaftlichen Angestelltenbewegung an exponierter Stelle nicht nur für Belange eingesetzt, die rein gewerkschaftliche Interessen tangierten, sondern auch richtungsweisende politische Entscheidungen mit angestoßen. Demgegenüber hatte er sich innerhalb der USPD – auch im Vergleich zu seinen Aktivitäten in der DV – bis dato sehr zurückhaltend gezeigt. Als Mitglied zentraler Parteikörperschaften trat Aufhäuser nicht in Erscheinung.[102] In seinen Artikeln, die er ab 1919 in der *Freiheit* publizierte, dominierten angestelltenspezifische und gewerkschaftliche Themenfelder. Insbesondere die Streikbewegung der Angestellten, die Betriebsrätegesetzgebung sowie Fusionsbestrebungen innerhalb der Angestelltenverbände bildeten Schwerpunkte.[103] Nur selten standen andere Themen im Fokus.

An den parteiinternen Debatten beteiligte er sich nur mittelbar.[104] Auf den Parteitagen der USPD in Berlin (2. bis 6. März 1919) und Leipzig (30. November bis 6. Dezember 1919) wurde kontrovers diskutiert. Es zeichnete sich immer deutlicher ab, dass sich innerhalb der Partei zwei Richtungen gegenüberstanden, deren Positionen sich kaum würden miteinander vereinbaren lassen. Hier kollidierten unterschiedliche Vorstellungen zur Frage nach der Einrichtung eines Rätesystems. Es war jedoch die Frage nach der Haltung zu der im März 1919 gegründeten *Kommunistischen Internationale* (Komintern),

100 Mit dem Stimmengewinn wurde sie zur zweitstärksten Kraft im Parlament, wo sie nunmehr von zunächst 81 Abgeordneten vertreten wurde.

101 Verhandlungen des Reichstags. I. Wahlperiode 1920, 7.3.1921, Bd. 348, Stenographische Berichte, S. 2685. Vgl. zum Wahlrecht in der Weimarer Republik und der Besonderheit des Reichswahlvorschlags: Christoph Gusy, Die Weimarer Reichsverfassung, Tübingen 1997, insbesondere S. 116-121).

102 Vgl. die Auflistung bei: Hartfrid Krause, USPD. Zur Geschichte der Unabhängigen Sozialdemokratischen Partei Deutschlands, Frankfurt a. M. u. a. 1975, S. 300 ff. Seine Anwesenheit auf einem Parteitag lässt sich erst 1922 nachweisen (vgl. Protokolle der Parteitage der Unabhängigen Sozialdemokratischen Partei Deutschlands. Band 5. Hartfrid Krause, Kontinuität und Wandel. Anwesenheitsregister. Sprechregister, Glashütten im Taunus 1976, S. 114). Eine Teilnahme vor 1922 kann indes nicht ausgeschlossen werden, da in den Protokollen vereinzelt nur Redner:innenlisten publiziert wurden. Bei den Verhandlungen des USPD-Parteitags in Gera vom 20. bis 23. September 1922 wurde er zum Delegierten des Nürnberger Einigungsparteitags gewählt (vgl. Protokoll der Sozialdemokratischen Parteitage in Augsburg, Gera und Nürnberg 1922, S. 203).

103 Das Jahr 1919 stellte den Höhepunkt seiner dortigen Aktivitäten dar, in der Folgezeit veröffentlichte er hier jährlich nur noch etwa vier bis sechs Artikel.

104 Vgl. Zech, Parteipolitischer Wandel 2018, S. 128.

die die Partei entzweite. In Leipzig einigten sich die Delegierten zunächst auf einen fragilen Kompromiss.[105] Der endgültige Bruch vollzog sich auf dem Haller Parteitag (12. bis 17. Oktober 1920) mit einem Eklat: Nachdem eine Parteitagsmehrheit für den Anschluss an die Komintern plädiert hatte, erklärte Arthur Crispien, einer der beiden Parteivorsitzenden, die Versammlung könne nicht länger als Parteitag der USPD angesehen werden, da die Mehrheit mit ihrem Votum aus der USPD aus- und in die KPD eingetreten sei. Im Anschluss verließ er mit einem Teil der Delegierten den Saal. Dies führte dazu, dass die USPD kurzzeitig aus zwei Parteiteilen bestand. Allerdings schloss sich die Gruppe, die auf dem Parteitag für den Anschluss an die Komintern votiert hatte, im Dezember 1920 tatsächlich mit der KPD zusammen.

Diese Entwicklungen ließ Aufhäuser in zeitgenössischen Verlautbarungen im Wesentlichen unkommentiert. Allerdings war schon zuvor deutlich geworden, dass er in diesem Konflikt einen eher gemäßigten Standpunkt vertrat. Insofern verwundert es kaum, dass er sich 1922 mit einem Großteil der verbliebenen USPD-Fraktion der SPD anschloss und diese fortan im Reichstag vertrat. Für ihn war eine Zusammenarbeit mit der MSPD auch in den vorangegangenen Jahren weitaus eher in Betracht gekommen als eine Annäherung an die KPD. Im Zuge verschiedener Verhandlungen, unter anderem im Zusammenhang mit dem Putschversuch von 1920, hatte er sich als AfA-Vertreter teils offen gegen seine Parteigenoss:innen positioniert. Während der USPD-Vorstand einer Kooperation mit der MSPD zunächst äußerst reserviert gegenüberstand und eine eigene Streikleitung einrichtete, agierten Aufhäuser und Legien in enger Kooperation mit der MSPD-geführten Regierung.[106] Selbst nachdem auch führende USPD-Mitglieder wie Hilferding und Crispien nach einigem Zögern für einen mit der SPD abgestimmten Streikabbruch eintraten, blieb Aufhäusers Vorgehen umstritten. Ernst Däumig, neben Crispien USPD-Parteivorsitzender, kritisierte etwa, dass die USPD-»Gewerkschaftsgenossen dadurch in ein Abhängigkeitsverhältnis von der Politik Legiens geraten« seien.[107] Aufhäusers

105 Ernst Wolowicz, Linksopposition in der SPD von der Vereinigung mit der USPD 1922 bis zur Abspaltung der SAPD 1931, München 1983, S. 33f. Demnach waren vor dem Beitritt zur Komintern zunächst Verhandlungen mit den sozialrevolutionären Parteien Mittel- und Westeuropas mit dem Ziel des gemeinsamen Beitritts vorgesehen. Damit hatte der Parteitag zwar langfristig für den Anschluss an die Komintern plädiert, einer unmittelbaren Beteiligung jedoch eine Absage erteilt. Gleichsam ging damit die Ablehnung einer internationalen Konferenz aller revolutionären Parteien und einer Beteiligung an einer möglichen Rekonstruktion der II. Internationale einher. Im Zuge weiterer Verhandlungen, die von taktischen Manövern geprägt waren und die durch die von der Komintern beschlossenen Leitsätze über die Bedingungen der Aufnahme in die *Kommunistische Internationale* (21 Bedingungen) eine weitere Dynamisierung erfuhren, entzweiten sich die beiden Fraktionsflügel zusehends.

106 Sitzung des Bundesausschusses am 27. März 1920, in: Quellen zur Geschichte der deutschen Gewerkschaftsbewegung 1985 (Bd. 2), S. 157-163, hier S. 158. Vgl. dazu auch Potthoff, Revolution und Inflation 1979, S. 263 und S. 376.

107 Freiheit. Berliner Organ der Unabhängigen Sozialdemokratie Deutschlands, 3. Jg. Nr. 171 vom 12.5.1920 (Morgen-Ausgabe), »Räteorganisation oder Gewerkschaftsfiliale«.

Eintreten für eine Verbindung zwischen Betriebsräten und Gewerkschaften stieß beim linken Flügel der USPD ebenfalls auf harsche Kritik.[108]

Innerhalb der *Vereinigten Sozialdemokratischen Partei Deutschlands* (VSPD), wie die Partei nach dem Zusammenschluss von MSPD und großen Teilen der USPD kurzzeitig firmierte, fiel ihm eine gänzlich andere Rolle zu. War Siegfried Aufhäuser innerhalb der USPD aufgrund seines gemäßigten Standpunkts verschiedentlich kritisiert worden, sollte er nun bald mit Vorwürfen konfrontiert werden, die seine vermeintliche Radikalität zum Gegenstand hatten. Ungeachtet dessen lässt sich konstatieren, dass mit der Gründung des AfA-Bundes und dem Wechsel zur VSPD die grundlegenden Weichen für sein Wirken in der Weimarer Republik gestellt waren. Seine Aktivitäten innerhalb der beiden Organisationen bestimmten sein Handeln in den folgenden Jahren jedenfalls maßgeblich und wurden erst mit Adolf Hitlers Ernennung zum Reichskanzler und dem sich anschließenden Prozess der Machtkonsolidierung durch die NSDAP brutal unterbunden.

1.2 Politische Profilierung: Erweiterung des Aufgabenfeldes in Partei und Parlament

Eine Fusion von USPD und MSPD war 1922 von den beiden Parteileitungen sondiert, auf den Parteitagen in Augsburg (MSPD: 17. bis 23. September 1922) und Gera (USPD: 20. bis 23. September 1922) teils kontrovers diskutiert und auf dem sich anschließenden Vereinigungsparteitag in Nürnberg (24. September 1922) beschlossen worden.[109] Siegfried Aufhäuser befürwortete diese Entwicklung nachdrücklich. Beim Nürnberger Parteitag votierte er mit den übrigen Genoss:innen für die Fusion und bei den großangelegten Berliner Versammlungen, in denen Anfang Oktober 1922 über die Aufgaben der geeinigten SPD gesprochen wurde, trat er als einer der Hauptredner auf.[110] Mit der formalen Vereinigung waren jedoch längst nicht alle inhaltlichen Differenzen beigelegt worden. Konfliktlinien aus jener Zeit prägten politische Entscheidungsfindungsprozesse, inner-

108 Vgl. Potthoff, Revolution und Inflation 1979, S. 155. Potthoff erläuterte dazu, dass sich in der Betriebsrätefrage auch die »neue Solidargemeinschaft von mehrheitssozialdemokratischen Gewerkschaftsleitungen und den Gewerkschaftern heraus[kristallisierte], die zum rechten Flügel bzw. zum Parteizentrum der USPD gehörten« (ebd.).

109 Hartfrid Krause, Die USPD 1917-1931. Spaltung und Einheit, Münster 2021, S. 388 ff. Insbesondere innerhalb der USPD war über den Zusammenschluss kontrovers diskutiert worden.

110 Seine Ausführungen sind nicht überliefert. Allerdings äußerte er sich auch am 2. November 1922 auf einer Versammlung gewerkschaftlicher Eisenbahner:innen ausführlich zur »Bedeutung der Einigung der Arbeiterklasse«: Mit Rekurs auf den historischen Kampf der beiden sozialdemokratischen Parteien in den 1870er Jahren stellte er dort mit Erleichterung fest, dass sich nun »endlich die Erkenntnis durchgesetzt [habe], daß die Arbeiterschaft sich den ›Luxus‹ der gegenseitigen Bekämpfung nicht leisten könne« (Vorwärts, 39. Jg. Nr. 254 vom 4. 11. 1922, »Die Eisenbahner zur gegenwärtigen Situation«).

parteiliche Entwicklungen und personelle Entscheidungen auch nach 1922 maßgeblich und wirkten teils bis in die Endphase der Weimarer Republik und die Zeit des Exils nach. Die Arbeit des Berliner Bezirksverbandes wurde davon ebenfalls entscheidend geprägt.

Bezirkspolitische Querelen

Auf dem ersten außerordentlichen Berliner Bezirkstag nach der Wiedervereinigung am 25. Februar 1923 standen nach einem einleitenden Referat des Parteivorsitzenden Otto Wels in Anbetracht der aktuellen Krise um die sogenannte »Ruhrbesetzung« der »Ruhrkampf« und die Stellung zur Regierungskoalition des parteilosen Wilhelm Cuno im Zentrum der Debatte. Deutlich traten dabei die unterschiedlichen Ansichten der nun in einer Organisation vereinten Genoss:innen zutage. Siegfried Aufhäuser beschwerte sich etwa über das sozialdemokratische Parteiblatt und dessen in nationaler Hinsicht unkritische Berichterstattung: Im *Vorwärts* vermisse er einerseits Hinweise darauf, dass es sich beim »Kampf im Ruhrgebiet [um] die Fortsetzung des Weltkrieges« handle und andererseits einen Verweis auf die »Schuld der deutschen Kapitalisten«, die nicht alles getan hätten, »um den Wiederaufbau zu fördern«.[111] In Anbetracht der nach wie vor bestehenden Konfliktlinien richteten sich die Blicke gespannt auf die ersten gemeinsamen Vorstandswahlen. Hier setzten sich zunächst mehrheitlich ehemalige Mitglieder der MSPD durch.[112]

Dieses Ergebnis korrespondierte durchaus mit den Kräfteverhältnissen der beiden Parteien vor der Verschmelzung. Zwar lagen die Mitgliederzahlen der USPD 1919 und 1920 in Berlin deutlich über denen der MSPD. Dieses Kräfteverhältnis hatte sich jedoch seither infolge sinkender Mitgliederzahlen, von denen primär die USPD betroffen war, umgekehrt.[113] Nach der Vereinigung nahm die Zahl der Mitglieder im Zuge der voranschreitenden Inflation weiter ab.[114] Parallel dazu vollzog sich ein erneuter Führungswechsel an der Spitze des Bezirksverbands. Im Vorfeld des ersten ordentlichen Berliner Parteitags am 9. September 1923, wenige Wochen nach dem Wiedereintritt der Reichs-VSPD in die Regierungskoalition unter Kanzler Gustav Stresemann, gingen verschiedene

111 Vorwärts, 40. Jg. Nr. 95 vom 26. 2. 1923, »Berliner Bezirksparteitag«. Im Original teilweise hervorgehoben.

112 Ingrid Fricke, Franz Künstler (1888-1942). Eine politische Biographie, Berlin 2016, S. 196.

113 Abgesehen davon, dass zu diesem Zeitpunkt nunmehr lediglich etwa 32.000 Mitglieder der vormaligen USPD zugerechnet werden konnten (die MSPD verfügte in der Übergangsphase über etwa 44.000 MSPD-Mitglieder), traten von diesen bis Ende November 1922 nur etwa 16.500 in die VSPD über (von der MSPD circa 37.5000) (ebd., S. 195). Um diesen Verlusten entgegenzuwirken, waren im ersten Halbjahr vonseiten des Bezirksverbands verschiedene Maßnahmen diskutiert und forciert worden, um die Mitgliederwerbung zu intensivieren (vgl. ebd., S. 197). Auch Aufhäuser hatte sich dazu bereit erklärt, auf einer Veranstaltung des *Werbeausschusses für Angestellte in der Vereinigten Sozialdemokratischen Partei Deutschlands* zu referieren (vgl. Vorwärts, 40. Jg. Nr. 70 vom 11. 2. 1923, »Partei und Angestellte«).

114 Ende März 1924 verfügte der Bezirksverband über weniger als 35.000 Mitglieder (Fricke, Künstler 2016, S. 207).

Anträge auf Neuwahl des Bezirksvorstands ein.[115] Nach intensiven Debatten und einer dreimaligen Vertagung der Entscheidung erfolgte das Votum am 21. Oktober 1923. Von dem Ergebnis profitierten in erster Linie ehemalige USPD-Mitglieder, deren Einfluss innerhalb der Bezirksorganisation wuchs.[116] Darüber hinaus wurden Anträge angenommen, die unter anderem das Parteiorgan *Vorwärts* und dessen redaktionellen Leiter Friedrich Stampfer betrafen. Der Bezirkstag forderte den Austausch des verantwortlichen Redakteurs und eine Änderung der inhaltlichen Ausrichtung dahingehend, dass im Blatt »künftig [...] nicht nur die Meinung der Mehrheit des Parteivorstandes und der Reichstagsfraktion vertreten werden [solle], sondern auch die der Minderheit [...] und die überwiegende Mehrheit der Groß-Berliner Mitgliedschaft hinreichend zu Worte kommen [müsse]«.[117]

Diese Entwicklungen sind als Kritik an der Haltung der Parteileitung und der Fraktionsmehrheit im Reichstag zu verstehen. In Diskussionen und Stellungnahmen war im Verlaufe des Bezirkstags, der sich aufgrund der mehrfachen Vertagung auf insgesamt vier Termine erstreckte, wiederholt kontrovers über die SPD-Beteiligung an der Regierungskoalition diskutiert und scharfe Kritik daran artikuliert worden. Aufhäuser hatte am 23. September 1923 in Anbetracht der galoppierenden Inflation mit Blick auf die Steuergesetzgebung etwa darauf hingewiesen, es sei »eine Illusion zu glauben, daß eine Beteiligung an der Regierung hier Erfolge zeitigen könnte«.[118] Als er zwei Wochen später in seiner Funktion als Reichstagsabgeordneter ausführlich über die gegenwärtige politische Lage berichtete und seine Kritik am fehlenden »Meinungsaustausch« im *Vorwärts* erneuerte, gab er sich abermals als Gegner der Mehrheitsauffassung zu erkennen:

> Ich verstehe nicht, warum immer wieder gesagt wird, daß die Koalition eine Machtposition bedeute. Kann es etwas Schlimmeres geben, als daß man unsere Genossen in der Regierung zwingt, Pläne vorzulegen, die sie selbst nicht vertreten?[119]

Mit einer solchen Haltung blieb Aufhäuser innerhalb der SPD-Parlamentsfraktion zwar in der Minderheit. Demgegenüber konnte er sich innerhalb des Berliner SPD-Bezirks einer breiten Unterstützung gewiss sein. Solche Divergenzen zwischen den inhaltlichen Positionen des Berliner SPD-Bezirks und den nationalen SPD-Körperschaften erwiesen sich bald als charakteristisch für die parteiinternen Debatten während der Weimarer

115 Vorwärts, 40. Jg. Nr. 422 vom 10.9.1923, »Unser Berliner Bezirksparteitag«.

116 Fricke, Künstler 2016, S. 202 ff. sowie Vorwärts, 40. Jg. Nr. 494 vom 22.10.1923, »Berliner Bezirksparteitag«.

117 Ebd.

118 Ebd., Nr. 446 vom 24.9.1923, »Groß-Berliner Bezirksparteitag«. Aufhäuser hatte bereits das Eintreten in das Kabinett Stresemann mit deutlichen Worten kritisiert (vgl. Nr. 376 vom 14.8.1923, »Parteifunktionäre und Regierungsbildung«).

119 Ebd., Nr. 470 vom 8.10.1923, »Berliner Bezirksparteitag«.

Republik und führten nicht selten zu Kompetenzstreitigkeiten. Davon zeugte ein kurioser Vorgang im Vorfeld der Reichstagswahlen vom Mai 1924:

Zu dieser Zeit wurde innerhalb des Bezirks die Frage nach der Entsendung der Kandidat:innen für den Reichstag kontrovers diskutiert.[120] Zwei Fraktionen standen sich gegenüber, die in ihrer Zusammensetzung ungefähr den Vertreter:innen der ehemaligen USPD und MSPD entsprachen, wobei den ehemaligen USPD-Mitgliedern eine Mehrheit zufiel.[121] Von dieser Mehrheit wurde eine Kandidat:innenliste, die vom erweiterten Bezirksvorstand in Absprache mit dem nationalen Parteivorstand im Vorfeld ausgearbeitet worden war und in der neben einer paritätischen Aufstellung der beiden Richtungen auch eine »angemessene« Vertretung weiblicher Mitglieder gesichert sein sollte, zunächst abgelehnt.[122] In den nun folgenden Abstimmungen für den Wahlkreis Berlin gelangte Aufhäuser hinter dem VSPD-Vorsitzenden Crispien und Hugo Heimann auf Platz drei.[123] Als jedoch im Anschluss an die Wahl, unter anderem wegen der Nichtbesetzung des dritten Listenplatzes durch eine Frau, mehrere Delegierte auf die Annahme ihrer Kandidaturen verzichteten und die Debatte zu eskalieren drohte, wurde der Parteitag mit der Ankündigung beendet, der Parteivorstand werde sich mit den Vorgängen beschäftigen.[124]

Die nun folgende Ankündigung, dass, falls »eine Einigung über die Kandidaturen nicht zu erzielen [sei]«, der Parteivorstand »seine Entscheidung treffen« müsse, stieß im Bezirksverband, der am 8. März erneut zusammentrat, erwartungsgemäß auf Vorbehalte.[125] Aufhäuser betonte dazu, dass die Partei »nicht den Boden des Rechts verlassen« dürfe und bekräftigte seinen Standpunkt, dass der »Bezirksparteitag allein [...] zu entscheiden« habe.[126] Er war es auch, der die vom Bezirksvorstand erneut vorgelegte Liste hinsichtlich mangelnder Parität kritisierte und den Antrag stellte, »die Kandidatenaufstellung von der dritten bis zur letzten Stelle nochmals[, nun] in getrennten geheimen

120 In Anbetracht der Ereignisse um den sogenannten »Deutschen Oktober« und die darauffolgende (nicht mit der Reichsverfassung zu vereinbarende) Reichsexekution gegen die SPD-geführten Länder Sachsen und Thüringen bei gleichzeitiger Tolerierung des mit diktatorischen Vollmachten ausgestatteten Generalkommissars Gustav von Kahr in Bayern war die SPD im November 1923 aus der Regierung ausgeschieden. Die im Anschluss gebildete Regierung unter Reichskanzler Wilhelm Marx hielt sich zunächst durch ein befristetes Ermächtigungsgesetz im Amt. Der Reichstag lehnte dessen Verlängerung im März 1924 ab. Daraufhin wurden für Mai 1924 Neuwahlen angesetzt.

121 Fricke, Künstler 2016, S. 212.

122 Ebd. Auf dem Bezirkstag waren zunächst Anträge eingegangen, im Ganzen über die Liste sowie über vier zusätzliche Vorstandsmitglieder abzustimmen, um eine Parität der beiden Richtungen auch innerhalb des Vorstands herzustellen (vgl. Vorwärts, 41. Jg. Nr. 106 vom 3.3.1924, »Der Berliner Bezirksparteitag« sowie Nr. 107 vom 4.3.1924, »Eine Zuschrift des Genossen Künstler«).

123 Ebd., Nr. 106 vom 3.3.1924, »Der Berliner Bezirksparteitag«. Gleichzeitig war über die Besetzung der Kandidat:innenliste für den Wahlkreis Teltow-Beeskow abgestimmt worden.

124 Ebd. Ausgelöst wurde die Kontroverse unter anderem durch den Umstand, dass für die Listenplätze ab Platz 3 aus Zeitgründen ein verkürztes Abstimmungsverfahren zum Tragen kommen sollte.

125 Ebd., Nr. 109 vom 5.3.1924, »Der Berliner Parteistreit«.

126 Ebd., Nr. 117 vom 9.3.1924, »Berliner Bezirksparteitag«.

Einzelwahlen vorzunehmen«.[127] Mit seiner Forderung konnte er sich allerdings nicht durchsetzen. Im Gegensatz zu zwei anderen Genossen, die nach dem Votum für die Listenabstimmung ihre Mandate ablehnten, fügte er sich der Mehrheitsentscheidung – auch, um endlich mit dem Wahlkampf beginnen zu können. Allerdings wurde die Parität der Liste aufgrund der beiden Rücktritte nun erneut infrage gestellt. Ein abermaliger Zusammentritt des Bezirksparteitags und eine erneute Beschlussfassung über die Wahlliste verhinderte der SPD-Reichsvorstand.[128]

Parteitagsdebatten und Reichstagswahlen

Diese Episode macht deutlich, wie schwerfällig sich die Einigung der Partei auf regionaler Ebene bisweilen vollzog und wie die tagespolitische Arbeit dadurch behindert wurde. Befürchtungen einer erneuten Spaltung blieben in dieser Zeit präsent. Gleichzeitig offenbarten sich tiefgreifende Spannungen zwischen dem größten Bezirksverband Berlin und dem Gesamtvorstand, die über Kompetenzstreitigkeiten hinausreichten und Fragen nach der grundsätzlichen inhaltlichen Ausrichtung aufwarfen. Siegfried Aufhäuser, der sich mit seinen Ausführungen häufig in Einklang mit der Berliner Bezirksmehrheit befand, vertrat deren Position gegenüber der Gesamtpartei und der Reichstagsfraktion offensiv und trat wiederholt als ihr Sprachrohr in Erscheinung. So etwa auf dem Reichsparteitag, der kurz nach der Wahlniederlage der VSPD in der ersten Junihälfte 1924 abgehalten wurde.[129] In seiner Rede kritisierte er die Politik der Reichstagsfraktion, insbesondere deren bisherige Koalitionspolitik, vehement:

> Die Koalitionspolitik war also in ihrem Verlauf nicht abhängig von unserem Willen, sondern von den ökonomischen Kräften außerhalb des Parlaments [...] Die tiefere Meinungsverschiedenheit über die die Partei zu einer Klärung kommen muß, ist nicht allein die Koalitionsfrage [...], sondern die Stellung der organisierten Arbeiterklasse Deutschlands zu diesem Staate. Wir haben [...] zum Ausdruck gebracht, daß wir wohl die Republik als Staatsform verteidigen und sie als Kampfboden für den Sozialismus betrachten, daß wir aber nicht vergessen wollen, daß diese Republik nach wie vor großkapitalistisch geblieben ist. [...] Die Sozialdemokratie kann im heutigen sozialistischen Staat nicht mehr politische Verantwortung übernehmen,

127 Ebd.

128 Ebd., Nr. 121 vom 12.3.1924, »Die Kandidatenliste für Berlin«.

129 Die VSPD war bei den Reichstagswahlen im Mai 1924 von lediglich 20,5 Prozent der Wahlberechtigten gewählt worden. MSPD und USPD hatten bei den vorangegangenen Wahlen 1920 gemeinsam noch 39,5 Prozent der Stimmen auf sich vereinigt. Bei der Wahl der Parteitagsdelegierten des Bezirks erhielt Aufhäuser mit Abstand die meisten Stimmen (ebd., Nr. 106 vom 3.3.1924, »Der Berliner Bezirksparteitag«). Bei späteren Parteitagen wurde er formal als Delegierter des Reichstags entsandt, dem er von 1921 bis 1933 ununterbrochen angehörte.

> als sie wirtschaftliche Macht in diesem Staat hat. […] Wir müssen die starken industriellen Kräfte aller Werktätigen bei uns sammeln, indem wir eine Politik treiben, die sichtbar sozialdemokratisch ist.[130]

Mit Aufhäuser kritisierten auf dem Parteitag auch Robert Dißmann, Toni Sender und Max Seydewitz die Politik der Reichstagsfraktion vehement. Sender und Seydewitz waren es auch, mit denen Aufhäuser 1927 auf dem SPD-Parteitag in Kiel einen Antrag einreichte, der der Tolerierungs- und Koalitionspolitik mit bürgerlichen Parteien ein vorläufiges Ende bereiten sollte:

> Die bisherigen Versuche, im Reiche durch Koalitionen mit bürgerlichen Parteien die Interessen der Arbeiterklasse in der Republik zu vertreten, haben zu keinem Erfolge geführt. Die Aufgabe der Sozialdemokratie in der deutschen Republik ist die Vertretung der proletarischen Klasseninteressen gegenüber der Klassenherrschaft des Kapitalismus, der Kampf für soziale Forderungen und für den Sozialismus. Gegenüber dieser Aufgabe tritt der Kampf für die Erhaltung der Republik, mit der sich die Bourgeoisie abgefunden hat, an Bedeutung zurück. Die Kampffront in der deutschen Republik bildet sich nicht mehr unter der Parole: hie republikanisch – hie monarchisch, sondern hie sozialistisch – hie kapitalistisch. Angesichts dieser Konstellation muß die Taktik der Sozialdemokratie sein: Opposition statt Koalition.[131]

Der Antrag wurde jedoch gerade mit Verweis auf den Beschluss, die Koalitionspolitik sei keine Frage des Prinzips, sondern der Taktik, von der Mehrheit der Parteitagsdelegierten abgelehnt.

Wenn Aufhäuser bei Bezirks- und Parteitagen regelmäßig deutliche Kritik an Partei- und Fraktionsführung artikulierte, so bedeutete das nicht, dass er sich bei den Wahlkämpfen, die während der Weimarer Republik gehäuft stattfanden, nicht auch leidenschaftlich für die Ziele der Partei engagierte. Ganz im Gegenteil: Bei den unterschiedlichen Kundgebungen während der Reichstagswahlkämpfe 1924 und 1928 war er als Redner in höchstem Maße präsent.[132] Gleiches gilt für seinen Einsatz bei den Reichspräsidentenwahlen 1925. Hier hatte die SPD im zweiten Wahlgang ihren

130 Sozialdemokratischer Parteitag 1924. Protokoll mit dem Bericht der Frauenkonferenz, Berlin 1924, S. 102 f.

131 Sozialdemokratischer Parteitag 1927 in Kiel. Protokoll mit dem Bericht der Frauenkonferenz, S. 272. Der Antrag war auch von Georg Dietrich und Kurt Rosenfeld gestellt worden (Vorwärts, 44. Jg. Nr. 251 vom 29.5.1927, »Zum Parteitag«). Für den Parteitag in Heidelberg, auf dem 1925 unter anderem ein neues Parteiprogramm verabschiedet wurde, war Aufhäuser vonseiten der Reichstagsfraktion als Delegierter entsandt worden, eine Anwesenheit lässt sich jedoch nicht nachweisen (42. Jg. Nr. 331 vom 16.7.1925, »Marseille und Heidelberg«).

132 Für den Wahlkampf 1928 wurde eine seiner Ansprachen (als eine von insgesamt zwölf Reden) auch als Schallplatte vertrieben (vgl. Vorwärts., 45. Jg. Nr. 178 vom 14.4.1928, »Neue Waffen für unsern Kampf«).

Kandidaten Otto Braun zurückgezogen, um gemeinsam mit DDP und Zentrum für deren Kandidaten Wilhelm Marx zu votieren, der wiederum gegen Paul von Hindenburg antrat. Aufhäuser konstatierte dazu auf einer Funktionärsversammlung, dass er zwar »persönlich gegen die Taktik der Parteimehrheit im zweiten Wahlgang« gewesen sei.[133] Allerdings dürften es »taktische Meinungsverschiedenheiten [...] keinem erlauben, sich hinter den Ofen zu stecken«.[134] Für ihn sei »vom Standpunkt des sozialistischen Klassenkampfes [...] der Verzicht auf einen sozialdemokratischen Reichspräsidenten durchaus tragbar, da die deutsche Republik noch lange kein sozialistischer Volksstaat« sei, die demokratische Republik aber »für das Proletariat ihren Wert« habe.[135] Hindenburg demgegenüber verkörpere den »Inbegriff des Militarismus und des alten Systems, das der Todfeind der Republik« sei.[136]

Wenn er sich auf dem SPD-Parteitag 1927 noch mit klaren Worten gegen eine künftige Regierungsbeteiligung ausgesprochen und mit Blick auf den Einfluss des Bürgerblocks dafür plädiert hatte, zunächst »in der Opposition gegen die Widersacher der Republik und ihre falschen Freunde [...] den Kampf aufzunehmen«, so stimmte Aufhäuser in Anbetracht der SPD-Erfolge bei den Reichstagswahlen im Mai 1928 bald versöhnlichere Töne an.[137] In Aussicht auf eine SPD-geführte Regierung betonte Aufhäuser den Unterschied, »ob man von einer Machtposition aus in eine Regierung geh[e] oder ob man in sie nur so hineinschlüpfen« dürfe.[138] Diese Haltung vertrat er auch in einer gemeinsamen Stellungnahme mit dem Berliner Bezirksvorsitzenden Franz Künstler und dessen Stellvertreter Karl Litke:

> Angesichts der Wahlergebnisse billigen die Funktionäre der Sozialdemokratischen Partei Berlins die Haltung der Reichstagsfraktion in der Frage der Regierungsbildung. Sie erwarten, daß die Sozialdemokratie die Führung der Regierung übernimmt, um die wirtschaftlichen und sozialen Interessen der Arbeiterschaft zu schützen und zu fördern.[139]

Aber auch die Arbeit der neuen Regierung unter dem SPD-Kanzler Hermann Müller bot bald Veranlassung zur kritischen Stellungnahme. Schon die Entscheidung für den Bau des Panzerkreuzers A, der während des Wahlkampfs noch vehement abgelehnt worden war, ließ den überbordenden Einfluss der bürgerlichen Koalitionsparteien deutlich zutage treten. Aufhäuser fasste die Situation 1929 auf dem Parteitag in Magdeburg folgendermaßen zusammen:

133 Ebd., 42. Jg. Nr. 178 vom 16. 4. 1925, »Die Wahlparole der Partei«.
134 Ebd.
135 Ebd.
136 Ebd.
137 Sozialdemokratischer Parteitag 1927, S. 199.
138 Vorwärts, 45. Jg. Nr. 281 vom 16. 6. 1928, »Die Sozialdemokratie soll führen«.
139 Ebd. Im Original hervorgehoben.

Die Gründe, warum die Koalition eine so große Zahl von Betriebsunfällen gehabt hat, sind nicht nur wirtschaftlicher, sondern politischer Art. Die Tatsache, daß die bürgerlichen Parteien uns aus einer guten politischen Machtposition, in die wir im Mai 1928 gelangt waren, herausbringen konnten, hat in der Hauptsache ihren Grund darin, daß es zugelassen wurde, daß die bürgerlichen Koalitionsparteien uns eine politische Belastung nach der anderen auferlegten [...]
Wir sind uns bewußt, daß die Partei sich der politischen Verantwortung nicht entziehen kann. Aber die Mitwirkung innerhalb der Reichsregierung muß so geschehen, daß wir als Arbeiterpartei dabei bestehen können. [...] Uns kommt es darauf an [...], daß eine Koalition nicht um jeden Preis beibehalten wird, sondern nur im Interesse unsrer Forderungen für die Arbeiterklasse.[140]

Arbeitsbereich Parlament

Schon lange vor dem unerwarteten Einzug in den Reichstag im Jahr 1921 hatte sich Aufhäuser intensiv mit dessen Arbeitsweise auseinandergesetzt. Besonders die sozialpolitischen Debatten waren Gegenstand zahlreicher Artikel, die er teils noch vor dem Ersten Weltkrieg verfasst hatte. Insofern bereitete ihm die Eingliederung in die parlamentarische Arbeit keine größeren Umstände. Keine zwei Wochen nach seiner Aufnahme trat er erstmals mit Reden zur Einkommenssteuergesetzgebung und zur Reform der Unfallversicherung in Erscheinung.[141] Diesen Referaten sollten bald weitere folgen, die in der USPD-Presse bis 1922 im Wesentlichen wohlwollend wiedergegeben, begleitet und kommentiert wurden. Die Vereinigung der beiden sozialdemokratischen Parlamentsfraktionen tat der Intensität und Schwerpunktsetzung seines Engagements keinen Abbruch. Nur vorübergehend stand sein Wiedereinzug in den Reichstag zur Disposition, als die SPD nach dem Konflikt um die Mandatsverteilung im Berliner Bezirk bei den Wahlen im Mai 1924 Stimmanteile verlor.[142] Mit Blick auf die große Zahl der bürgerlich-reaktionären Angestelltenvertreter hätte das Fehlen des prominenten AfA-Bundesvorsitzenden durchaus negative Auswirkungen auf die Repräsentanz der freigewerkschaftlichen Angestelltenbewegung gehabt.[143]

140 Protokoll Sozialdemokratischer Parteitag Magdeburg 1929. Vom 26. bis 31. Mai in der Stadthalle, S. 174 ff. Der sich anschließende, von Sender und Aufhäuser per Resolution eingebrachte Vorschlag, dass »bestimmte Richtlinien und Forderungen [...] sozialpolitischer Art für die Fortsetzung der Koalitionsverhältnisse festgelegt werden sollten«, wurde allerdings abgelehnt (vgl. Vorwärts, 46. Jg. Nr. 248 vom 30. 5. 1929, »Aussprache über den Fraktionsbericht in Magdeburg«).

141 Verhandlungen des Reichstags. I. Wahlperiode 1920, 19. 3. 1921, Bd. 348, Stenographische Berichte, S. 3271 f. sowie S. 3284 ff.

142 Aufhäuser war schließlich von Platz vier der Berliner Kandidat:innenliste erneut ins Parlament gewählt worden (vgl. Vorwärts, 45. Jg. Nr. 179 vom 15. 4. 1928, »Unsere Berliner Kandidaten«).

143 Vgl. Korthaase, Manuskriptdruck 1997, S. 15 f.

Siegfried Aufhäuser zog die Legitimation seines Mandats indes nicht primär aus seiner Funktion als Verbandsvorsitzender. Zwar beschäftigte er sich innerhalb des Reichstags vermehrt mit gewerkschaftlichen Themenkomplexen und wurde häufig als Sprachrohr der freigewerkschaftlichen Angestelltenbewegung wahrgenommen. Seine Rolle kann jedoch mitnichten als lediglich repräsentative Interessenvertretung aufgefasst werden. Vielmehr zeigte er sich überaus engagiert bei der parlamentarischen Arbeit. Dies fand seinen Niederschlag in einer Vielzahl von Reichstagsreden: So setzte er sich im Sommer 1923 vehement für einen Teuerungsausgleich ein und plädierte wenig später für das Recht auf Wiedereinstellung der im »Ruhrkampf« aktiven Arbeiter:innen. Mitte der 1920er Jahre versuchte er mittels parlamentarischer Anfragen auf den Abbau der Technischen Nothilfe in ihrer bisherigen Form hinzuwirken und bei einem Tarifstreit der Bankangestellten zu intervenieren.[144] Als Redner innerhalb und außerhalb des Reichstags trat er 1926 für das Volksbegehren und den Volksentscheid zur Fürstenenteignung ein, beteiligte sich an den Debatten zum Reichsknappschafts- und Kündigungsschutzgesetz, engagierte sich bei der Einführung der Krisenfürsorge und trat der Aushöhlung des Achtstundentags und der damit einhergehenden wirtschaftsfriedlichen Politik des Bürgerblocks durch das Arbeitszeitnotgesetz entschieden entgegen.[145] Im Zuge einer Wirtschaftsinterpellation beklagte er das Versagen der Regierung in der Frage der Preissenkung und plädierte im Interesse der Konjunktur für eine Erhöhung der Löhne.[146] Dabei flankierte Aufhäuser seine parlamentarischen Positionen publizistisch: Im *Vorwärts* polemisierte er gegen das Arbeitszeitgesetz und die Preisgabe des Achtstundentags, forderte während der Hyperinflation regierungsamtliche Indexziffern für Tarifverträge und äußerte sich kritisch zur Praxis des Betriebsrätegesetzes und zum Gesetzesentwurf über den endgültigen Reichswirtschaftsrat.[147] In der politischen Debatte über den Bau des Panzerkreuzers A rechnete er Wehr- und Sozialausgaben gegeneinander auf und forderte im Zuge des Regierungswechsels 1928, dass

144 Vgl. zu den Debatten um die Technische Nothilfe und zu Aufhäusers Vorschlägen zur eigenständigen Durchführung von Notstandsarbeiten: Potthoff, Revolution und Inflation 1979, S. 172-177 sowie die Besprechung von Vertretern der Bundesvorstände von ADGB und AfA-Bund über die Technische Nothilfe am 27. Februar 1922, in: Quellen zur Geschichte der deutschen Gewerkschaftsbewegung 1985 (Bd. 2), S. 477-480. Vgl. hierzu auch die Eingabe der gewerkschaftlichen Spitzenorganisationen an die Reichsregierung betr. die Auflösung der »Technischen Nothilfe« vom 15. April 1925, in: Quellen zur Geschichte der deutschen Gewerkschaftsbewegung im 20. Jahrhundert. Bd. 3,1: Die Gewerkschaften von der Stabilisierung bis zur Weltwirtschaftskrise 1924-1930, bearb. von Horst-A. Kukuck und Dieter Schiffmann, Köln 1986, S. 356 ff.

145 Vgl. etwa: Vorwärts, 44. Jg. Nr. 170 vom 10.4.1927, »Die Not der Arbeitszeit« und 45. Jg. Nr. 205 vom 1.5.1928, »1. Mai im Wahlkampf!«.

146 Ebd., 44. Jg. Nr. 569 vom 2.12.1927, »Sozialdemokratie gegen Bürgerblock!«.

147 Ebd., 40. Jg. Nr. 249 vom 31.5.1923, »Die Arbeitszeitgesetze«, Nr. 299 vom 29.6.1923, »Von der Lohntheorie zur Tat« sowie 43. Jg. Nr. 514 vom 31.10.1926, »Rationalisierung und Arbeitsschutz« und Nr. 556 vom 25.11.1926, »Ein Gutachterparlament«.

»[d]ie soziale Bereitschaft des neuen Reichstags [...] das Kennzeichen des politischen Kurswechsels sein [müsse]«.[148]

Es stechen jedoch zwei Tätigkeitsfelder heraus, in deren Rahmen während der Weimarer Republik wegweisende Sozialreformen auf den Weg gebracht wurden.[149] An deren Realisierung wirkte Aufhäuser entschieden mit: Schon lange vor dem Ersten Weltkrieg hatte er sich als Befürworter der Kaufmannsgerichte für eine eigenständige Gerichtsbarkeit bei Konflikten eingesetzt, die aus Arbeitsverhältnissen resultierten. Als sich die Debatten über ein einheitliches Arbeitsgerichtsgesetz 1926 intensivierten, war er es zumeist, der für die SPD das Wort ergriff.[150] Regelmäßig erstattete er außerdem Bericht über die Beratungen des *Sozialen Reichstagsausschusses* und wandte sich dabei explizit gegen konservative Bestrebungen, die eine »Zerschlagung der sozialen Laiengerichtsbarkeit« anstrebten.[151] An anderer Stelle hob er deren herausragende Bedeutung für die sozialpolitische Ausgestaltung des 1919 gegründeten Weimarer Staates hervor: Es gehe bei dem neuen Gesetz nicht nur darum, das Staatsrecht weiterzuentwickeln, sondern auch darum, »eine neue Rechtsordnung zwischen den Volksgenossen und der Wirtschaft [zu] schaffen«.[152] Nachdem das Gesetz Ende 1926 verabschiedet wurde, trat Aufhäuser als Verfasser einer umfangreichen Schrift mit Erläuterungen zur Gesetzeslage in Erscheinung.[153]

Ungeachtet des herausragenden Stellenwerts des Arbeitsgerichtsgesetzes wird das Gesetz zur Arbeitslosenversicherung in sozialpolitischer Hinsicht als bedeutendste Neuerung der Weimarer Republik angesehen: Die Angst vor Arbeitslosigkeit war in diesem Zeitraum allgegenwärtig. Entsprechend vielfältig waren die Vorschläge, steigenden Erwerbslosenzahlen zu begegnen. Intensiv wurde über die Einrichtung einer Arbeitslosenversicherung als eigenständige Säule der Sozialversicherung debattiert, die – mit Rechtsanspruch versehen – die Erwerbslosenfürsorgeleistungen ersetzen sollte.[154] Aufhäuser hatte in zahlreichen Gesprächen und Ausschusssitzungen, im Plenum des Reichstags und mittels Zeitungsbeiträgen auf die Umsetzung dieses Ziels hingearbeitet.[155]

148 Ebd., 45. Jg. Nr. 389 vom 18.8.1928, »Krisenfürsorge«.

149 Hierzu ausführlich: Lange, Aufhäuser 2013, S. 121-133.

150 Vgl. beispielsweise Vorwärts, 43. Jg. Nr. 197 vom 28.4.1926, »Das Arbeitsgerichtsgesetz vor dem Reichstag«.

151 Ebd., Nr. 551 vom 23.11.1926, »Reichstag und Arbeitsgerichte«.

152 Ebd., Nr. 584 vom 11.12.1926, »Deutschnationale Aufwertungspraxis«.

153 Vgl. Siegfried Aufhäuser/Clemens Nörpel, Arbeitsgerichts-Gesetz. Vollständige Textausgabe mit ausführlichen Erläuterungen und Anmerkungen, Berlin 1927. Seine eigenen Vorstellungen konnten in den Bestimmungen indes nur partiell umgesetzt werden. Zwar wurde mit dem Gesetz eine einheitliche und eigenständige Arbeitsgerichtsbarkeit unabhängig von der ordentlichen Gerichtsbarkeit etabliert, diese blieb jedoch auf die erste Instanz beschränkt (Lange, Aufhäuser 2013, S. 124).

154 Vgl. zur Arbeitslosigkeit unter Angestellten und den verschiedenen Gesetzesinitiativen: ebd., S. 124-130.

155 Vgl. etwa die Verhandlungen des Reichstags. III. Wahlperiode 1924, 12.12.1925, Bd. 388, Stenographische Berichte, S. 4834-4840 sowie Vorwärts, 42. Jg. Nr. 90 vom 22.2.1925, »Arbeitslosenversicherung«.

In den abschließenden Beratungen des Entwurfs im Juli 1927 stellte er mit Genugtuung die Verdienste der Arbeiter:innenschaft bei der Einführung des Gesetzes heraus, begrüßte die einheitliche Erfassung von Arbeiter:innen und Angestellten und die Integration der Arbeitsvermittlung in das Regelwerk.[156] Kritik erfuhren von seiner Seite die regional divergierende Bemessungsgrundlage der Beiträge, die Karenzzeit sowie die Pflichtarbeitsregelungen und die geplanten Einschränkungen bei streikbedingter Arbeitslosigkeit.[157] Zunächst galt es jedoch, die neu eingeführte Versicherung, die, so Aufhäuser, dazu geeignet schien, »dem Lohndruck entgegenzuwirken«, vor Versuchen der »Sozialreaktion« zu bewahren, diese postwendend wieder abzuschaffen.[158] In Anbetracht der Finanz- und Kassennot des Reichs im Jahr 1929 schien deren Etablierung durchaus gefährdet. In dem nun folgenden Abwehrkampf trat Aufhäuser an exponierter Stelle in Erscheinung. Er warnte besonders vor der Gefahr, »daß über die Arbeitslosenversicherung die ganze Sozialversicherung zurückgeschraubt werden sollt[e]«.[159]

Im Fokus von Aufhäusers parlamentarischem Wirken standen dabei zuallererst die sozialpolitischen Belange der Angestellten.[160] Über die Debatten um die Arbeitslosenversicherung hinaus prägte die Sorge um den Bestand und den zeitgemäßen Ausbau der gesetzlichen Alterssicherung sein Handeln maßgeblich. Dies zumal Aufhäuser der Angestelltenversicherung, deren Erweiterung Mitte der 1920er Jahre debattiert wurde, eine inhärente »politische[] Tendenz« zuschrieb, die als politisches Instrument genutzt werde, »die Angestellten von der Gemeinschaft mit den Arbeitern fernzuhalten«.[161] Entsprechend mühsam erlebte er die damit in Verbindung stehenden Beratungen im Ausschuss für soziale Angelegenheiten, bei der sich »jedesmal [...] eine besondere Schärfe erg[ab]«.[162] Überhaupt blieb ein wesentlicher Teil der Parlamentsarbeit naturgemäß den Ausschüssen vorbehalten. Aufhäuser, der sich bald einen Ruf als »Spezialist für Sozialpolitik innerhalb der SPD-Reichstagsfraktion« erarbeitete, war maßgeblich im Sozialpolitischen Ausschuss aktiv, beteiligte sich hier unter anderem an Debatten über die

156 Ebd., 44. Jg. Nr. 314 vom 6.7.1927, »Das Recht auf Erwerbslosenhilfe«.

157 Ebd.

158 Ebd., 46. Jg. Nr. 194 vom 26.4.1929, »Ein notwendiger Beschluß« sowie Nr. 281 vom 19.6.1929, »Der Kampf geht weiter«.

159 Etwa in einem Vortrag vor Berliner Parteifunktionären (vgl. ebd., Nr. 401 vom 28.8.1929, »Sozialdemokratie und Arbeitslose«). Vgl. auch Nr. 417 vom 6.9.1929, »Spiel mit den Arbeitslosen«, Nr. 434 vom 16.9.1929, »Unannehmbares Kompromiß« und Nr. 453 vom 27.9.1929, »Vor der Entscheidung«. Vgl. dazu auch: II. Kapitel 2.1.

160 Vgl. zum Verhältnis von SPD und Angestellten: Fattmann, Angestelltenbewegung 2010, S. 111-118.

161 Vorwärts, 42. Jg. Nr. 333 vom 17.7.1925, »Die Hauptabstimmungen im Reichstag« (vgl. auch Nr. 337 vom 19.7.1925, »Reform der Sozialversicherung«). Auch bei Fragen nach dem Wahlrecht zu den Selbstverwaltungskörperschaften und dem Kreditgebaren der Reichsversicherungsanstalt für Angestellte machte Aufhäuser politische Tendenzen aus (vgl. 43 Jg. Nr. 77 vom 16.2.1926, »Mißbräuchliche Kreditwirtschaft« und 44. Jg. Nr. 512 vom 29.10.1927, »Die Angestelltenversicherung«).

162 Ebd., 42. Jg. Nr. 333 vom 17.7.1925, »Die Hauptabstimmungen im Reichstag«.

Invalidenversicherung, das Arbeitszeitgesetz, die Bestellung des Wahlvorstands bei Betriebsrätewahlen, die Arbeitslosenversicherungsreform oder den Ladenschluss am Weihnachtsabend.[163] Zwischenzeitlich leitete er daneben den Unterausschuss zum Schutz der älteren Angestellten, saß im Sachverständigenausschuss zur Untersuchung des Arbeitslosenproblems, war Mitglied des Untersuchungsausschusses über den sogenannten »Barmat-Skandal« und beteiligte sich in den frühen 1930er Jahren überaus engagiert im Haushaltsausschuss.[164] Im Rahmen seiner Tätigkeit als Vertreter der Angestelltengewerkschaften versuchte Aufhäuser zudem im Vorläufigen Reichswirtschaftsrat an der Gesetzgebung mitzuwirken. Hier trat er unter anderem für eine kompromisslose Beibehaltung des Achtstundentags ein und engagierte sich für einen Gesetzentwurf, der die Entsendung von Betriebsratsmitgliedern in den Aufsichtsrat vorsah.[165]

Fragile politische Kultur

In Anbetracht des rechtsstaatlichen Prinzips der Gewaltenteilung mag überraschen, dass Siegfried Aufhäuser 1922 als Angestelltenvertreter durch seine Bestellung zum Mitglied des neunköpfigen *Staatsgerichtshofs zum Schutze der Republik* zugleich mit judikativen Aufgaben betraut wurde. Die Etablierung eines solchen Sondergerichts im Rahmen des *Gesetzes zum Schutze der Republik* erfolgte in Reaktion auf den politisch motivierten Mord an Reichsaußenminister Walther Rathenau durch die rechtsnationale *Organisation Consul.* Dieses Attentat stellte den vorläufigen Höhepunkt einer Serie von politischen Morden und Anschlägen auf Repräsentanten der jungen Republik dar. Sie zielten in ihrer Gesamtheit darauf ab, den demokratischen Staat zu destabilisieren und ein restauratives System zu etablieren.[166]

Solche Gräueltaten zeugen vom gesellschaftspolitischen Klima, in dem sich Aufhäusers politisches Arbeiten abspielte: Kriegserlebnisse, deren Folgen und die damit verbundenen Gewalterfahrungen hatten gerade in den ersten Jahren der Republik zu einer partiellen Verrohung und Brutalisierung der sozialen Beziehungen beigetragen, politische Konfrontationsstellungen vertieft und in der politischen Öffentlichkeit eine aggressive Atmosphäre evoziert.[167] Diese wurde durch die sogenannte »Dolch-

163 Beschreibung bei Korthaase, Manuskriptdruck 1997, S. 12.

164 Vgl. zur Kreditaffäre, dem sogenannten »Barmat-Skandal«, etwa: Martin H. Geyer, Kapitalismus und politische Moral in der Zwischenkriegszeit. Oder: Wer war Julius Barmat?, Hamburg 2018.

165 Vorwärts, 38. Jg. Nr. 97 vom 27. 2. 1921, »Der Achtstundentag im Bankgewerbe« sowie Nr. 268 vom 9. 6. 1921, »Betriebsräte im Aufsichtsrat« und 40. Jg. Nr. 139 vom 23. 3. 1923, »Reichswirtschaftsrat gegen Achtstundentag«. Seine dortigen Aktivitäten blieben jedoch beschränkt, zumal das Gesamtgremium nur bis 1923 tagte.

166 Vgl. zu den Anschlägen: Martin Sabrow, Der Rathenau-Mord und die deutsche Gegenrevolution (Neuausgabe), Göttingen 2022.

167 Vgl. zum Stellenwert von Gewalt im politischen Diskurs etwa: Dirk Schumann, Politische Gewalt in der Weimarer Republik 1918-1933. Kampf um die Straße und Furcht vor dem Bürgerkrieg, Essen 2001.

stoßlegende«, Debatten um Kriegsschuld und Reparationsleistungen sowie sich verschlechternde ökonomische Verhältnisse noch verstärkt. Als Indikator für das prekäre politische Klima dieser Jahre kann die große Zahl der in paramilitärischen Vereinigungen wie Kampfbünden, Einwohnerwehren und Wehrverbänden organisierten Männer angesehen werden, die in ihrer Gesamtheit eine kaum zu unterschätzende Bedrohung für die Republik darstellten.[168] Zu diesen teils offen antidemokratisch agierenden Verbänden zählte etwa die nationalsozialistische *Sturmabteilung* (SA) und der *Stahlhelm – Bund der Frontsoldaten*, dem bis zu 500.000 aktive Mitglieder angehörten.[169] Den rechtsgerichteten Bünden versuchten die republikanischen Parteien SPD, DDP und Zentrum 1924 mit der Gründung des *Reichsbanner Schwarz-Rot-Gold* einen politischen Wehrverband zum Schutz der Republik entgegenzusetzen.[170] Die KPD initiierte ihrerseits die Formierung des *Roten Frontkämpferbunds*.[171]

Das Wiedererstarken rechtskonservativer Kräfte, die sich dezidiert gegen die Errungenschaften der Revolution und die Verankerung demokratischer Werte und Strukturen aussprachen, ging mit einer zunehmenden Verbreitung judenfeindlicher Ressentiments und Anfeindungen einher.[172] Zwar stellte der Antisemitismus kein neues Phänomen dar, antidemokratische und antijüdische Positionen wurden nun jedoch häufiger miteinander in Verbindung gesetzt, während sich antisemitische Einstellungen in bürgerlichen Kreisen zunehmend etablierten und sich Gewalttaten gegen jüdische Bürger:innen häuften.[173]

168 Vgl. Büttner, Weimar 2008, S. 185.

169 Vgl. dazu auch: Anke Hoffstadt, Eine Frage der Ehre – Zur ›Beziehungsgeschichte‹ von »Stahlhelm. Bund der Frontsoldaten« und SA, in: Müller, Yves/Zilkenat, Reiner (Hg.): Bürgerkriegsarmee. Forschungen zur nationalsozialistischen Sturmabteilung (SA), Frankfurt a. M. u. a. 2013, S. 267-296.

170 Vgl. zum Reichsbanner nach wie vor: Karl Rohe, Das Reichsbanner Schwarz Rot Gold. Ein Beitrag zur Geschichte und Struktur der politischen Kampfverbände zur Zeit der Weimarer Republik, Düsseldorf 1966 sowie Marcel Böhles, Im Gleichschritt für die Republik. Das Reichsbanner Schwarz-Rot-Gold im Südwesten, 1924 bis 1933, Essen 2016 und Sebastian Elsbach, Das Reichsbanner Schwarz-Rot-Gold. Republikschutz und politische Gewalt in der Weimarer Republik, Stuttgart 2019.

171 Hierzu etwa: Kurt G. P. Schuster, Der Rote Frontkämpferbund 1924-1929. Beiträge zur Geschichte und Organisationsstruktur eines politischen Kampfbundes, Düsseldorf 1975.

172 Vgl. etwa Werner Jochmann, Gesellschaftskrise und Judenfeindschaft in Deutschland 1870-1945, Hamburg 1988, S. 132 ff. Bei der oben beschriebenen Serie von Anschlägen in den Jahren 1921 und 1922 hatten judenfeindliche Ressentiments eine erhebliche Rolle gespielt (vgl. Büttner, Weimar 2008, S. 188 sowie Susanne Wein, Antisemitismus im Reichstag, Judenfeindliche Sprache in Politik und Gesellschaft der Weimarer Republik, Frankfurt a. M. 2014, S. 39).

173 Vgl. Susanne Beer, »Noch ist es Zeit der Verwirrung entgegenzutreten …«. Die Abwehr des Antisemitismus im Kaiserreich und der Weimarer Republik, in: Sozial.Geschichte Online 22 (2018), S. 11-42, hier S. 25. Betont sei an dieser Stelle, dass sich antijüdische Einstellungen nicht primär als Reaktionen auf vermeintliche Krisen einer »Mehrheitsgesellschaft« deuten lassen, sondern durchaus auf ein ideologisches Weltbild rekurrieren (vgl. Wein, Antisemitismus 2014, S. 27 ff., siehe zum obigen Thema auch S. 41).

Auch innerhalb des Parlaments fanden judenfeindliche Positionen nun zunehmend Verbreitung. Davon war Siegfried Aufhäuser unmittelbar betroffen.[174] Antisemitische Zuschreibungen erfolgten dabei nur teilweise offen: Häufig waren sie mit Chiffren versehen, die auf vermeintlich typisch jüdische Charaktereigenschaften oder Verhaltensweisen rekurrierten. Susanne Wein hat in ihrer detaillierten Untersuchung zur Thematik verschiedene Muster antisemitischer Diffamierungen ausfindig gemacht, die zunächst hauptsächlich von der *Deutschnationalen Volkspartei* (DNVP) ausgingen.[175] Danach wurden Abgeordnete vermeintlich »jüdischer Herkunft« unter anderem mit Bibelzitaten konfrontiert, teils eine »Abstammung« konstruiert oder es wurden mutmaßlich jüdische Charaktereigenschaften mit pejorativen Bedeutungszuschreibungen konnotiert.[176] Ähnlich sind Assoziationen mit codiert-antisemitischen Schlüsselbegriffen wie »Kurfürstendamm« zu bewerten. Damit ging das Stereotyp einher, »dort würden (neu-)reiche, dekadente ›Juden‹ dominieren«.[177] Dies kam etwa im Rahmen des Untersuchungsausschusses zum Betrugs- und Bestechungsskandal um die aus der Ukraine stammenden und deshalb in der Öffentlichkeit häufig als »Ostjuden« bezeichneten Brüder Julius und Henry Barmat zum Tragen. In diesem Kontext waren auch prominente Repräsentanten der SPD schwer belastet worden. In der Debatte wurde nicht nur eine Finanzierung der Partei durch den »Kurfürstendamm« postuliert, sondern gegenüber Aufhäuser auch eine persönliche Nähe unterstellt.[178] Hinzu kamen Diffamierungen durch die Stigmatisierung vermeintlich jüdischer Namen, durch Versuche, deutsch und jüdisch als Gegensätze zu beschreiben oder durch persönliche, ehrenverletzende Angriffe sowie durch antisemitischen Sexismus und wiederkehrende Unterstellungen betrügerischen Verhaltens.[179] Aufhäuser wurde in diesem Kontext verschiedentlich als hinterlistiger Draht- und Strippenzieher verunglimpft, der durch seine Tätigkeit während des Weltkriegs zur deutschen Niederlage beigetragen habe.[180]

Infolge der rechtsnationalen Angriffe auf die Weimarer Republik waren die drei Parteien der Arbeiter:innenschaft Mitte 1922 zunächst deutlich zusammengerückt. Kooperationen zwischen USPD und MSPD hatte es zuvor nicht nur bei einem Protest-

174 Vgl. zum Verhältnis von Sozialdemokratie und Judentum sowie zur Haltung der SPD zum Antisemitismus: II. Kapitel 3.1. Obschon Aufhäuser sich in diesem Zeitraum nur selten zum Themenfeld Antisemitismus äußerte, mag der Umstand, dass in der USPD »im Vergleich zu den anderen Arbeiterparteien eine größere Sensibilität gegenüber der gesellschaftlich vorhandenen Judenfeindschaft« vorherrschte (ebd., S. 132), seine Hinwendung zu dieser Partei befördert haben.

175 Ebd., S. 377 ff.

176 Ebd., S. 377.

177 Ebd., S. 377 f.

178 Ebd., S. 219 f.

179 Ausführlich bei ebd., S. 378 f.

180 Ebd., S. 375 ff. Antijüdische Diffamierungen blieben im gesamten Zeitraum der 1920er Jahre präsent, direkte Beschimpfungen weiteten sich jedoch erst 1924 mit dem Einzug der Nationalsozialisten in den Reichstag 1924 sukzessive aus (ebd., S. 377).

streik in Reaktion auf die Ermordung des früheren Reichsfinanzministers Matthias Erzberger, sondern auch im Rahmen gemeinsamer Aufrufe zur Revolutionsfeier 1921 und der Maikundgebung 1922 gegeben. Nach dem Mord an Rathenau schlossen sich USPD und MSPD als Reichstagsfraktion und wenig später als Parteiorganisation zusammen.[181] Eine parteiübergreifende Aktionsgemeinschaft, an der sich auch die KPD beteiligte, blieb allerdings nur eine Episode.[182] Vor allem in der Hauptstadt Berlin artikulierten sich unterschiedliche Positionen zwischen SPD und KPD nach 1922 gehäuft in aggressiven inner- und außerparlamentarischen Debatten. Diese fanden ihren Ausdruck bisweilen auch in politischen Tumulten und in der vorsätzlichen Störung öffentlicher Veranstaltungen der jeweiligen Gegenpartei.[183] Vonseiten der SPD wurden 1923 mehrere Resolutionen verabschiedet, in denen eine Zusammenarbeit aufgrund der Einbindung der KPD in die Kommunistische Internationale prinzipiell abgelehnt wurde.[184] Noch im selben Jahr wurde auch die KPD-Offerte zur Bildung eines gemeinsamen »Aktionsausschusses« beziehungsweise einer »Einheitsfront« mit Verweis auf deren Moskauhörigkeit abgelehnt.[185]

Auch Siegfried Aufhäuser hielt sich mit Kritik an der kommunistischen Bewegung nicht zurück. Er beschränkte sich dabei jedoch vornehmlich auf deren tagespolitisch-strategisches Vorgehen, polemisierte etwa gegen die ambivalente Position der KPD bei den Reichspräsidentenwahlen 1925.[186] Im Gegenzug wurde er vonseiten kommunistischer Vertreter:innen gehäuft mit Gegenreden oder Anfeindungen bedacht. So musste eine Wähler:innenversammlung mit ihm als Hauptredner in den Schultheiss-Festsälen 1924 wegen Störaktionen mehrfach unterbrochen werden.[187] Verschiedentlich sah er sich zudem genötigt, Stellung gegen Falschmeldungen der kommunistischen Presse zu beziehen – etwa gegen einen Artikel des kommunistischen Parteiblatts *Rote Fahne* mit Vorwürfen wegen eines vermeintlich von den sozialdemokratischen Beisitzern des Staatsgerichtshofs mitgetragenen Urteils oder wegen seiner vorgeblichen Zustim-

181 Winkler, Stabilisierung 1984, S. 427. Vgl. zur Rolle des ADGB bei der Wiedervereinigung auch: S. 430 f. und S. 497 ff.

182 Vgl. Vorwärts, 39. Jg. Nr. 319 vom 8.7.1922, »Gewerkschaftsmitglieder und Parteigenossen!«. Darin wurde das Ausscheiden der KPD aus der Aktionsgemeinschaft bekanntgegeben.

183 Fricke, Künstler 2016, S. 200 und S. 218 ff.

184 Ebd., S. 201.

185 In diesem Zusammenhang wurde auf die Absicht, die »Zertrümmerung der Sozialdemokratischen Partei und der Gewerkschaften« auch »mit Hilfe des Manövers der ›Einheitsfront‹« anzustreben, hingewiesen (ebd., S. 209 f. Fricke zitiert hier Franz Künstler, der wiederum Bezug auf Erklärungen des Vorsitzenden der Kommunistischen Internationale, Grigori Jewsejewitsch Sinowjew, nahm). Aufhäuser verwarf eine Zusammenarbeit mit der KPD nicht grundsätzlich, prophezeite jedoch, dass, sofern es zu einer »Einigung der deutschen Arbeiter« kommen werde, diese »über die Köpfe kommunistischer Führer […] hinweg« sich Bahn brechen müsse (Vorwärts, 40. Jg. Nr. 521 vom 7.11.1923, »Unsere Versammlungen«).

186 Ebd., 42. Jg. Nr. 178 vom 16.4.1925, »Die Wahlparole der Partei«.

187 Ebd., 41. Jg. Nr. 207 vom 3.5.1924, »Kurz vor Toreschluß«.

mung zu einem restaurativen Entwurf des Arbeitslosenversicherungsgesetzes.[188] Ein kommunistisches Witzblatt griff 1930 anlässlich des Sozialdemokratischen Bezirksparteitags sein tatkräftiges Engagement um die Versicherung ebenfalls auf:

> Siegfried Aufhäuser stimmt jedem Raubgesetz an den Erwerbslosen zu. Er half, tausenden und aber tausenden Erwerbslosen das Brot [zu] stehlen.[189]

Als eine der zentralen Figuren der SPD wurde Aufhäuser so regelmäßig attackiert, stand dabei aber nur selten im Zentrum der kommunistischen Kritik.

1.3 An der Spitze des AfA-Bundes: Freigewerkschaftliche Angestelltenpolitik zwischen ADGB und bürgerlicher Konkurrenz

Wenn Siegfried Aufhäuser in einem späten Rückblick konstatierte, dass seine »gewerkschaftliche Ideologie [...] auch in der parlamentarischen Tätigkeit [sein] steter Begleiter war«, so kann umgekehrt gelten, dass seine Erfahrungen in Partei und Parlament sein gewerkschaftliches Tätigkeitsspektrum und seine Arbeitsweise maßgeblich beeinflussten.[190] Allerdings agierte er hier unter gänzlich anderen Rahmenbedingungen. Seine tonangebende Rolle innerhalb des AfA-Bundes galt als unstrittig, während seine parteipolitischen Aktivitäten sowohl innerparteilich als auch vonseiten der politischen Konkurrenz überaus kritisch beäugt wurden. Als Vertreter der freien Angestelltenbewegung agierte Aufhäuser im Parlament nicht nur gegen unternehmerische Interessen, die im Reichstag prominent vertreten waren, sondern auch gegen Angestelltenvertreter anderer politischer Richtungen.[191] An exponierter Stelle traten hier Walter Lambach (DNVP), Otto Thiel (*Deutsche Volkspartei*/DVP) und Otto Gerig (Zentrum) vom DHV sowie Gustav Schneider (DDP/GdA) und Ernst Torgler (KPD) in Erscheinung.[192] Diese Konkurrenzsituation um den Vertretungsanspruch der Angestellten wog umso schwerer, als Aufhäuser außerparlamentarischen Zuspruch aus den eigenen Reihen vermisste. Schon wenige Wochen nach Aufnahme in den Reichstag hatte er die fehlende

188 Ebd., 42. Jg. Nr. 548 vom 20.11.1925, »Zum Fall Benzmann« und 44. Jg. Nr. 76 vom 15.2.1927, »›Verräter!‹«.

189 Ebd., 47. Jg. Nr. 382 vom 16.8.1930, »Wer ist's?«. Vgl. dazu auch: II. Kapitel 2.1 und die Debatte um die Arbeitslosenversicherung im ersten Halbjahr 1930.

190 Ver.di-Archiv Berlin, Mappe Siegfried Aufhäuser II, Manuskript RIAS, Dezember 1958.

191 Vgl. zur Repräsentanz der Gewerkschaften im Parlament etwa Potthoff, Revolution und Inflation 1979, S. 395 ff. Während die parlamentarische Repräsentanz des AfA-Bundes ausschließlich auf die Sozialdemokratie konzentriert blieb, konnten sich die bürgerlich-mittelständischen Verbände auf ein »Netz parlamentarischer Querverbindungen« von DDP bis hin zur DNVP berufen (Fattmann, Angestelltenbewegung 2010, S. 111 ff. Dieser nahm Bezug auf Prinz, Mittelstand 1986, S. 25-52).

192 Lange, Aufhäuser 2013, S. 130 f.

kritisch-engagierte Unterstützung bemängelt und das »Desinteressement der Arbeitermassen an der sozialpolitischen Gesetzgebung« beanstandet.[193]

Tätigkeitsfeld, Organisationsstruktur und interne Debatten

Unterdessen professionalisierte sich sein gewerkschaftliches Arbeitsumfeld seit 1921 maßgeblich. Mit der Etablierung des AfA-Bunds als eigenständiger Dachverband konnte Aufhäuser nun auf dessen Apparat und dessen »Hausmacht« zurückgreifen und dadurch seinen Handlungsrahmen erneut deutlich ausweiten. Rainer Fattmanns Bild von Aufhäuser, der diesen als »eigentlichen Protagonisten und Vorreiter der freigewerkschaftlichen Angestelltenbewegung« charakterisierte, geht im Wesentlichen auf jene Jahre zurück.[194] Mit »Energie, Schlagfertigkeit und einer großen rednerischen Begabung ausgestattet« habe er nicht nur »hinsichtlich seiner Arbeitsproduktivität [...] das Gros der Gewerkschaftsfunktionäre seiner Zeit um Längen hinter sich« gelassen. Außerdem zählte er, so Fattmann, »zu den ganz wenigen über Charisma verfügenden Gewerkschaftsführer[n] in der Weimarer Republik«.[195]

Formal war Aufhäuser auf dem ersten AfA-Gewerkschaftskongress in Düsseldorf 1921 neben Bruno Süß (ZdA) und Wilhelm Stähr (DWV) zu einem von drei geschäftsführenden Vorsitzenden gewählt worden, faktisch repräsentierte er den Bund jedoch nach außen.[196] Aufhäuser trat nicht nur durch die turnusmäßige Moderation der Gewerkschaftstage exponiert in Erscheinung, auch der Arbeitsplan der Hauptgeschäftsstelle wies ihm zahlreiche Schlüsselaufgaben zu. Hierzu zählten Verantwortlichkeiten für die Sozial- und Wirtschaftspolitik des Bundes, für dessen Schrift- und Personalwesen, für die regionalen Gliederungen sowie für anstehende Satzungs- und Organisationsfragen.[197] Entsprechend trat er bei öffentlichen Veranstaltungen und den Verbandstagen der weiterhin eigenständig agierenden AfA-Mitgliedsgewerkschaften als Haupt- oder Grußredner auf, intervenierte als Vermittler bei Verbandskonflikten und unterzeichnete, teilweise gemeinsam mit anderen führenden Gewerkschaftsvertreter:innen, öffentliche Aufrufe und Stellungnahmen – beispielsweise anlässlich der Ermordung Rathenaus.[198] Zudem trat er als Mitglied von Gewerkschaftsdelegationen in Erscheinung, die gelegentlich in der Reichskanzlei vorsprachen und kommentierte regelmäßig angestellten-

193 Freiheit. Berliner Organ der Unabhängigen Sozialdemokratie Deutschlands, 4. Jg. Nr. 177 vom 18.4.1921, »Das Antistreikgesetz«.

194 Fattmann, Angestelltenbewegung 2010, S. 95 f.

195 Ebd.

196 Vgl. Protokoll vom 1. Gewerkschaft-Kongreß des Allgemeinen freien Angestelltenbundes in Düsseldorf am 2. und 3. Oktober 1921, S. 85. Vgl. dazu auch Manfred Süß, Bruno Süß. 1876 bis 1943. Ein Leben für die Gewerkschaft. Aufgezeichnet von seinem Enkel Manfred Süß unter Mitarbeit von Dr. Karlheinz Kuba, Berlin 2012, S. 50.

197 AfA-Bundesvorstand (Hg.): Angestellten-Bewegung 1921-1925. Deutsche Wirtschaftsgeschichte, Sozialpolitik und Gewerkschaftsentwicklung aus bewegter Zeit, Berlin 1925, S. 504 f.

198 Vgl. etwa Vorwärts, 39. Jg. (Sonderausgabe) vom 26.6.1922, »Aufruf des AfA-Bundes«.

spezifische Themenfelder oder Entwicklungen.[199] Abgesehen von seinen publizistischen Aktivitäten, auf die später noch zurückzukommen sein wird, gelang es ihm, seine gewerkschaftspolitischen Anliegen auch im Rahmen von Großveranstaltungen – etwa zum Tag der Arbeit – oder über das Radio öffentlichkeitswirksam zu verbreiten.

Unterstützt wurde er dabei von einem kleinen Stab von Mitarbeiter:innen. Zu diesen zählte der ehemalige ZdA-Funktionär Bernhard Göring, der sich im AfA-Bund als Gewerkschaftssekretär für den Vorstand und bald auch als persönlicher Referent Aufhäusers betätigte und einer seiner engsten Vertrauten wurde.[200] Wo die AfA in den vorangegangenen Jahren noch die Kapazitäten der Butab-Zentrale bemühen musste, verfügte der Bund nun über eine eigenständige Geschäftsstelle, die in der Berliner Werftstraße im sogenannten »Industriebeamtenhaus« – einem Gebäude des Butab – untergebracht war.[201] Dass der Apparat der hauptamtlich Beschäftigten verhältnismäßig klein blieb, wurde dem Selbstverständnis des AfA-Bundes nach dadurch gerechtfertigt, dass er sich als »Bund von Verbänden« definierte, der nicht als »Spitzenkörperschaft über den Einzelverbänden« schweben wolle.[202] Stattdessen hatte er eine Reihe von Arbeitsausschüssen eingerichtet, deren Vertreter:innen wiederum aus den einzelnen Mitgliedsverbänden stammten.[203] Parallel dazu war ab 1921 die Schaffung von Orts- und Bezirkskartellen in Angriff genommen worden. Deren Aufbau wurde ab 1924 forciert. Gleichzeitig gelang es, das regelmäßig erscheinende Mitteilungsblatt in eine Bundeszeitung – mit Aufhäuser als verantwortlichem Schriftleiter – umzugestalten.[204] Mittels einzelner Abgeordneter nahm der AfA-Bund zudem Einfluss auf andere Körperschaften. Aufhäuser selbst agierte als Aufsichtsrat in der *Bank der Arbeiter, Angestellten und Beamten*, in der *Deutschen Wohnungsfürsorge* (Dewog), einer Wohnungsbaugesellschaft für Arbeiter:innen, Angestellte und Beamte, und betätigte sich im Vorstand des *Internationalen Gewerkschaftsbunds* sowie in Arbeitsausschüssen der freigewerkschaftlichen Spitzenverbände.[205]

Besonders in den Anfangsjahren blieb die Arbeit des Bundes nicht von Konflikten verschont. Regelmäßig sah sich der Vorstand genötigt, innerhalb und zwischen den Einzelverbänden zu vermitteln. Die Differenzen betrafen zumeist interne Organisations-

199 Vgl. die Besprechung von Vertretern des ADGB, des AfA-Bunds und des Gewerkschaftsrings mit dem Reichskanzler über Maßnahmen zum Schutz der Republik am 27. August 1921, in: Quellen zur Geschichte der deutschen Gewerkschaftsbewegung 1985 (Bd. 2), S. 383 ff. sowie Vorwärts, 39. Jg. Nr. 613 vom 29.12.1922, »Die Gewerkschaften beim Reichskanzler«.

200 Vgl. zu dessen Biografie auch Lange, Aufhäuser 2013, S. 116 f.

201 Ebd., S. 116.

202 AfA-Bundesvorstand (Hg.): Angestellten-Bewegung 1921-1925, S. 13. Im Original teilweise hervorgehoben. Zur Programmatik und Organisationsstruktur: Fattmann, Angestelltenbewegung 2010, S. 109 ff.

203 AfA-Bundesvorstand (Hg.): Angestellten-Bewegung 1921-1925, S. 13. Vgl. zu den einzelnen Ausschüssen: S. 503 f.

204 Ebd., S. 461 ff. sowie S. 506 ff. (hier mit Informationen zu inflationsbedingten Schwierigkeiten und weiteren Publikationsprojekten). Das Periodikum verfügte über eine Auflage von bis zu 35.000 Exemplaren.

205 Ebd., S. 515 ff.

streitigkeiten oder resultierten aus uneindeutig geregelten Zuständigkeiten für die vielfältigen im AfA-Bund organisierten Berufsgruppen.[206] Auch zentrifugale Tendenzen machten sich bemerkbar. Anschaulich lässt sich dies anhand der Austrittsbestrebungen des DWV exemplifizieren: Dieser Verband, der während des Kriegs noch gemeinsam mit dem DTV die Arbeitsgemeinschaft technischer Verbände gebildet hatte, schloss sich Ende 1918 zunächst der AfA an. Das Verhältnis zueinander gestaltete sich jedoch über weite Strecken hin ausgesprochen fragil.[207] Im Vorfeld der AfA-Bund-Gründung war das klare Bekenntnis zu den Zielen einer »sozialistischen Wirtschaft« von den DWV-Vertretern nachdrücklich infrage gestellt worden.[208] Mehrere Artikel der DWV-Presse begleiteten diese Debatte, in denen Aufhäuser persönlich attackiert und Anfang 1921 die Frage erörtert wurde, ob der Verband die AfA verlassen oder Aufhäuser als deren Vorsitzender zurücktreten solle.[209] Noch im Jahr 1924 wurde innerhalb des DWV intensiv über einen Austritt aus dem Bund debattiert.[210] Erst im darauffolgenden Jahr konnten die internen Grabenkämpfe als überwunden gelten. Der zweite AfA-Bundeskongress, der in diesem Jahr in München stattfand, beschäftigte sich in erster Linie mit dem Kampf um den Achtstundentag. Neben Otto Urban und Wilhelm Stähr wurde Aufhäuser erneut einstimmig in den Bundesvorstand gewählt.[211]

Herausforderungen blieben aber auch in der Folgezeit nicht aus. Im verbandsinternen historischen Handbuch wurde die in der zweiten Jahreshälfte 1925 virulent werdende Deflationskrise und die damit einhergehende Massenentlassung von Angestellten rückblickend als »äußerst harte[] Belastungsprobe« beschrieben.[212] Zudem erwuchsen dem Bund aufgrund der neuen sozialen Gesetzgebung bald zusätzliche Aufgaben: Nunmehr sollten Gewerkschaftsvertreter:innen in verschiedene Selbstverwaltungskörperschaften und Arbeitsgerichtsbehörden entsandt werden. Die AfA-Bundesleitung beschloss, diesen Repräsentant:innen eine professionelle Schulung

206 Vgl. ebd., S. 455 ff.

207 Fattmann, Angestelltenbewegung 2010, S. 104.

208 Ebd., S. 105. Vgl. dazu auch Süß, Klärung 1921.

209 Fattmann, Angestelltenbewegung 2010, S. 105. Auch der angestrebte Beitritt zum IGB und der geplante Rückzug aus dem ZAG-Abkommen standen dabei zur Disposition. Fattmann mochte sich bei der Frage, »[i]nwieweit sich die Angriffe aus einer Abneigung gegenüber Aufhäusers in der Tat zuweilen radikalistisch anmutender Klassenkampfrhetorik speisten, oder ob sie auf persönlichen Animositäten zwischen dem DWV-Vorsitzenden Leonhardt [sic] und Aufhäuser beruhten« nicht festlegen (ebd.). Da auch der *Vorwärts* über einen »Personalstreit[] zwischen dem Demokraten Leonhard und dem U. S. P.-Mann Aufhäuser« berichtete, erscheint diese zweite Deutung zumindest nicht gänzlich abwegig (vgl. Vorwärts, 38. Jg. Nr. 40 vom 25. 1. 1921, »Die bayerischen Werkmeister für die Afa«).

210 Etwa auf dem Würzburger Delegiertentag des DWV. Ein Austritt wurde schließlich einmütig abgelehnt (vgl. ebd., 41. Jg. Nr. 352 vom 29. 7. 1924, »Verbandstag des Werkmeisterverbandes« sowie Korthaase, Manuskriptdruck 1997, S. 12).

211 Niederschrift vom 2. Gewerkschaft-Kongreß des Allgemeinen freien Angestelltenbundes in München am 15., 16. und 17. Juni 1925, S. 103.

212 AfA-Bundesvorstand (Hg.): Die Angestelltenbewegung 1925-1928. Geschichts- und Handbuch der Wirtschafts-, Sozial- und Gewerkschaftspolitik, Berlin 1928, S. 7.

zukommen zu lassen. Über die soziale Gesetzgebung hinaus sollte darin eine »Einführung in die Zusammenhänge der Wirtschaftsführung wie der gesamten Wirtschaftspolitik« gegeben werden.[213] Zu diesem Zweck gründete der AfA-Bund eine *Wirtschaftspolitische Abteilung*. Diese wurde zunächst von Bernhard Göring und ab November 1925 zusätzlich von Otto Suhr, dem späteren Berliner Bürgermeister, geleitet.[214] Eine weitere prominente Personalie war Gerhard Kreyssig, der Anfang 1928 zur Abteilung stieß und einige Jahre später die Leitung der entsprechenden Sparte im *Internationalen Gewerkschaftsbund* übernehmen sollte. Mit Blick auf die Personalpolitik jener Jahre sprach Korthaase von »einem ›Brain-Trust‹ junger Doktoren«, mit denen sich Aufhäuser umgab, »denen er zuhörte, mit denen er diskutierte«.[215] Dabei legte Aufhäuser größten Wert auf fähige und fachkundige Berater, die ihn unterstützten, ihm zuarbeiteten und auf deren fachliche Kompetenzen er sich verlassen konnte. Gleichzeitig sorgte er dafür, verbandsintern die abschließende Entscheidungsbefugnis nicht aus der Hand zu geben und seine Handlungsspielräume weiter auszubauen: Im Oktober 1928 wurde er auf dem dritten AfA-Bundeskongress erstmals zum alleinigen Verbandsvorsitzenden gewählt. Vorausgegangen war dieser Entscheidung eine Satzungsänderung, die einer nicht unerheblichen Kompetenzerweiterung Aufhäusers gleichkam, da er nun zugleich die Befugnis erhielt, »Angelegenheiten des AfA-Bundes und gemeinsame Angelegenheiten der angeschlossenen Verbände im eigenen Namen zu verfolgen«.[216]

Gewerkschaftliche Repräsentanz, Kooperationen und Privates

Nur wenig ist über das Privatleben der Familie Aufhäuser in den 1920er Jahren bekannt. Allerdings lässt sich zumindest mit Blick auf die berufliche Tätigkeit und die Wohnsituation eine gewisse Beständigkeit, eine »Verstetigung« der Wohn- und Lebensverhältnisse, ausmachen. Nachdem die Aufhäusers 1912 aus Frankfurt am Main nach Berlin zurückgekehrt waren, zogen sie bald in die Nähe des Westfälischen Viertels des Berliner Stadtteils Moabit.[217] Hier – unweit der Spree und 30 Minuten fußläufig vom Industriebeamtenhaus des Butab entfernt – war in den Jahren zuvor ein bürgerliches Viertel entstanden, das bis auf wenige Ausnahmen mit fünfgeschossigen Wohnhäusern

213 Ebd., S. 8.

214 Ebd., S. 246. Vgl. zu Otto Suhr: Britta Herweg/Siegfried Mielke (Bearb.), Otto Suhr als Gewerkschafter. Von der Arbeiterbildung zur Politikwissenschaft. Eine Ausstellung des Otto-Suhr-Instituts, Berlin 1999 und Gunter Lange, Otto Suhr. Im Schatten von Ernst Reuter und Willy Brand. Eine Biographie, Bonn 1994. Vgl. zum Verhältnis Aufhäuser-Suhr auch: Lange, Aufhäuser 2013, S. 139 ff.

215 Korthaase, Manuskriptdruck 1997, S. 12.

216 Vorwärts, 45. Jg. Nr. 470 vom 4.10.1928, »Forderungen des AfA-Bundes«. Stähr und Urban fungierten von nun an als Stellvertreter von Aufhäuser.

217 Vgl. die Berliner Adressbücher 1914-1926. In diesem Zeitraum lebte die Familie Aufhäuser in der Tile-Wardenberg-Straße 11.

bebaut war.[218] Südlich davon entstanden während der Weimarer Zeit zahlreiche Genossenschaftsbauten. Augenscheinlich sahen Anna und Siegfried Aufhäuser zunächst keine Veranlassung, ihr dortiges Domizil zeitnah wieder aufzugeben. Mitte der 1920er Jahre eröffnete sich ihnen jedoch die Option, ein Einfamilienhaus im Charlottenburger Ortsteil Eichkamp im Zikadenweg 72 zu erwerben, das sie im Juli 1927 bezogen.[219]

Neben dem beruflichen und politischen Erfolg von Siegfried Aufhäuser, damit einhergehender gesellschaftlicher Reputation und finanzieller Absicherung sowie dem Umstand, dass sich die Aufhäusers in Berlin nach eigenen Bekundungen sehr wohlfühlten, mag auch die Geburt der gemeinsamen Tochter Eva zur Verstetigung der Verhältnisse beigetragen haben. Zum Zeitpunkt der Geburt, am 31. August 1916, war Anna Aufhäuser bereits 38 Jahre alt. Das Durchschnittsalter von Frauen bei der Geburt des ersten Kindes lag zu diesem Zeitpunkt deutlich darunter.[220] In ihrem Berufsfeld als Handlungsgehilfin zählte sie mit über 30 Jahren ebenfalls bereits zu den »ältere[n]« Semestern, deren Aufstiegschancen auch während der Weimarer Republik gering blieben.[221] Diese Umstände mögen entschieden dazu beigetragen haben, dass sich Anna Aufhäuser sukzessive aus dem öffentlichen Leben zurückzog. Zwar war sie auch in den 1920er Jahren innerhalb der Arbeiter:innenbewegung aktiv, trat 1922 gemeinsam mit ihrem Ehemann in die VSPD ein, blieb dem ZdA treu und engagierte sich als städtische Wohlfahrtspflegerin für die *Arbeiterwohlfahrt* (AWO).[222] Ihre ohnehin seltenen öffentlichen Auftritte – etwa am 8. März 1914 als Referentin auf einer Versammlung anlässlich des Internationalen Frauentags – stellte sie nun aber gänzlich ein.[223] Schon zuvor hatte sie ihren Beruf aufgegeben und war seither vornehmlich als Hausfrau tätig.

Dieser Lebenswandel mag in Anbetracht ihres frühen politischen Aktivismus zwar erstaunlich erscheinen, verweist jedoch einmal mehr auf die patriarchalen Verhältnisse jener Zeit: Die oben beschriebene Arbeitsaufteilung zwischen häuslichem und

218 Jürgen Tomisch u. a., Denkmale in Berlin. Bezirk Mitte. Ortsteile Moabit, Hansaviertel und Tiergarten, Petersberg 2005, S. 226.

219 LABO Berlin, Entschädigungsbehörde, Reg. 7218 (Aufhäuser, Siegfried), Aufhäuser an Entschädigungsamt Berlin, 8.12.1952.

220 Dies galt auch für das Heiratsalter, das seinerzeit bei Männern durchschnittlich bei 29, bei Frauen bei etwa 26 Jahren lag (vgl. Christopher Neumaier, Familie im 20. Jahrhundert. Konflikte um Ideale, Politiken und Praktiken, Berlin/Boston 2019, S. 74).

221 Vgl. Hagemann, Frauenalltag 1990, S. 399.

222 LABO Berlin, Entschädigungsbehörde, Reg. 312 120 (Aufhäuser, Anna), Anerkennungsfragebogen für politisch, rassisch und religiös Verfolgte, 13.8.1951 sowie Lebenslauf, undatiert. Vgl. zum »Konzept der Frauenpolitisierung« durch die AWO, die sich während der Weimarer Republik zum »Haupttätigkeitsbereich vieler Sozialdemokratinnen« entwickelte: Hagemann, Frauenalltag 1990, S. 600 f. sowie allgemein: Christiane Eifert, Frauenpolitik und Wohlfahrtspflege. Zur Geschichte der sozialdemokratischen »Arbeiterwohlfahrt«, Frankfurt a. M. u. a. 1993 und Philipp Kufferath/Jürgen Mittag, Geschichte der Arbeiterwohlfahrt (AWO), Bonn 2019.

223 Vgl. Vorwärts, 31. Jg. Nr. 64 vom 6.3.1914, »Frauentag«. Weitere Beispiele: 26. Jg. Nr. 115 vom 19.5.1909 »Krankenkassenkongreß« und 30. Jg. Nr. 264 vom 9.10.1913, »Die Berliner Parteigenossen und der Jenaer Parteitag«.

öffentlichem Bereich innerhalb familiärer Beziehungen stellte häufig die zentrale Ermöglichungsbedingung für den Erfolg eines populären (männlichen) Protagonisten dar. Dies kann in Anbetracht weit verbreiteter, auf die Hauptfigur fokussierter, biografischer Erzählmuster nicht oft genug betont werden. Nur selten wird vermittelt, wie langjährige personelle Konstellationen des unmittelbaren Nahbereichs die Handlungsweisen der zu biografierenden Person nachdrücklich beeinflussten. Schriftliche Quellen schweigen sich hierüber oft aus. Dabei geht es nicht nur um Erleichterungen durch die Übernahme von Sorge- und Reproduktionsaufgaben, sondern auch um Inspirationen und intellektuelle Impulse. Als bekannte Beispiele partnerschaftlicher Verbindungen, in denen ein politisch-inhaltlicher Austausch nicht nur breiten Raum einnahm, sondern die jeweilige gewerkschaftliche und politische Betätigung auch unmittelbar beeinflusste, können die Beziehungen von Emma Ihrer und Carl Legien sowie von Toni Sender und Robert Dißmann gelten. Ungeachtet dessen stand das Ideal einer partnerschaftlichen und gleichberechtigten »Kameradschaftsehe«, wie es innerhalb der Arbeiter:innenschaft spätestens seit der Weimarer Republik vielfach diskutiert und propagiert wurde, häufig im krassen Gegensatz zur alltagsweltlichen Praxis.[224]

Auch in den Gewerkschaften lässt sich eine enorme Diskrepanz zwischen Vertretungsanspruch und politischer Praxis ausmachen. Frauen wurden sowohl im Bereich der inhaltlichen verbandspolitischen Interessenvertretung als auch innerhalb der Gremien marginalisiert.[225] Die männliche Dominanz innerhalb der Arbeiter:innengewerkschaften, besonders in den Leitungspositionen, verweist dabei auf patriarchale Strukturen, die teils über Jahrzehnte tradiert wurden und eine bemerkenswerte personelle Kontinuität aufwiesen.[226] Nur geringfügig anders entwickelte sich die Situation bei den kleineren

224 Vgl. zu den Geschlechterbeziehungen innerhalb der Arbeiter:innenschaft: Hagemann, Frauenalltag 1990, S. 306 ff. und Rebecca Heinemann, Familie zwischen Tradition und Emanzipation. Katholische und sozialdemokratische Familienkonzeptionen in der Weimarer Republik, München 2004, S. 133 ff.

225 Siehe dazu auch Losseff-Tillmanns, Frauenemanzipation 1978 sowie Uwe Fuhrmann, Feminismus in der frühen Gewerkschaftsbewegung (1890-1914). Die Strategien der Buchdruckerei-HilfsarbeiterInnen um Paula Thiede, Bielefeld 2021, S. 27 ff. und I. Kapitel 2.1.

226 So etwa in der *Generalkommission der Gewerkschaften Deutschlands*. Deren männliche Vertreter waren zwischen 1853 und 1870 geboren und rekrutierten sich maßgeblich aus einer Generation von Gewerkschaftsführern, die die Reorganisationsphase der Gewerkschaften nach den Sozialistengesetzen 1890 bestimmt hatten und sich seitdem in leitenden Positionen innerhalb der Gewerkschaftsbewegung befanden. Zwar ist für diese Gruppe ein rascher Aufstieg in gewerkschaftliche Spitzenämter während ihres zweiten oder dritten Lebensjahrzehnts kennzeichnend, da sie jedoch nur selten aus ihren Positionen ausschieden, konnte während der Weimarer Republik eine Überalterung der gewerkschaftlichen Führungsspitze ausgemacht werden (hierzu: Schönhoven, Einleitung 1985, S. 41 ff. Vgl. allgemeiner auch: Schönhoven/Braun [Hg.]: Generationen 2005). Lediglich in den Anfangsjahren war mit Emma Ihrer (1890-1892) und Wilhelmine Kähler (1892-99) auch jeweils eine Frau in der Kommission vertreten. Während der Weimarer Republik wurde indes keine einzige Frau in die Nachfolgeorganisation der Generalkommission, den Bundesvorstand des ADGB, gewählt (Losseff-Tillmanns, Frauenemanzipation 1978, S. 355 f.).

und jüngeren, zu Beginn der Weimarer Republik institutionell nur wenig verankerten freigewerkschaftlichen Verbänden der Angestellten. Deren Vertreter waren in aller Regel etwas jünger, hatten sich während des Kaiserreichs aber bereits eine gewisse Reputation erarbeitet. Ursula Bitzegeio sprach mit Rekurs auf die hauptamtlichen Verbandsfunktionäre des ZdH/ZdA, die bereits in der Vorkriegszeit zum Verband gestoßen waren, gar von »Lebensstellung[en]«, da sowohl die Vorstände und angestellten Redakteure als auch Teile des »mittleren Funktionskörper[s]« ihre Positionen teils bis ins Jahr 1933 ausfüllten.[227] Dabei waren es vor allem »agitatorische[] beziehungsweise rednerische[] Fähigkeiten«, denen bei der Auswahl der Funktionäre eine Bedeutung zukam, während verwaltungstechnische Kenntnisse und Fertigkeiten lediglich nachrangig Berücksichtigung fanden.[228]

Solche Rahmenbedingungen begünstigten hierarchische Denkmuster und Führungsstile. Entsprechend fielen Entscheidungen in Umbruchsituationen teils ad hoc, ohne Rückbindung an etablierte Strukturen. Gerade nach Ende des Ersten Weltkriegs kam hauptamtlichen Gewerkschaftsrepräsentanten wegen ihrer prominenten Stellung und aufgrund geschwächter oder sich wandelnder Mitbestimmungsstrukturen und eines zwischen Führung und Basis bestehenden Informationsgefälles eine maßgebende Rolle zu. Einen Eindruck hierzu vermag eine in ihrer Banalisierung sicherlich verklärende Beschreibung Aufhäusers über die Gründung des AfA-Bundes und die Kooperation mit dem ADGB während des Kapp-Putschs geben. Deutlich wird dabei, wie eng verzahnt Personenzentriertheit und Handlungsmacht hier rückblickend gedacht wurden:

> Meine Besprechungen mit dem damaligen Vorsitzenden Legien vom A. D.G.B. führten dazu, daß er erklärte: Du hast vollkommen recht. Wir werden als reine Arbeiterorganisation die Angestellten, die noch immer schlecht organisiert sind, […] [kaum] gewinnen; dagegen könnt ihr, als parallele Spitzenorganisation zum A. D.G.B. mit dessen Einverständnis wahrscheinlich den Gewerkschaftsgedanken unter den Angestellten viel eher durchsetzen. […] Und so wurde dann zwischen AFA-Bund und A. D.G.B. […] nicht nur die Gründung des AFA-Bundes vollendet, sondern auch ein Organisationsvertrag […] hergestellt. […]
> Carl Legien hat diese eigene Spitze der Angestelltengewerkschaft so weit anerkannt, daß er […] im März 1920, als der Kapp-Putsch in Berlin erfolgte […] mich sofort hat rufen lassen […]. In dem Augenblick hat er gesagt: Da gibts nur eins, jetzt bestimmen wir, die Andern sind weggelaufen, jetzt bestimmen wir in Berlin und für ganz Deutschland den Generalstreik, und dann sollen die mal sehen, wie lang sie's am Kaiserhof aushalten! […] Es war eine ganz geheime, illegale Sitzung da hinterm Engelufer irgendwo, und dort wurde beschlossen: Der Generalstreik wird sofort

227 Bitzegeio, Partei- und Landesgrenzen 2009, S. 61.
228 Vgl. ebd., S. 61f.

> durch Weitergabe an die Betriebe für morgen erklärt, und dann geht den Andern die Luft aus! Das waren seine Worte.[229]

Dass die Gründung des AfA-Bundes und das antizipierte Bündnis auf Augenhöhe innerhalb des ADGB auch auf Vorbehalte gestoßen waren, wurde bereits im vorangegangenen Kapitel behandelt. Der nun geschlossene Kartellvertrag vom April 1921, der unter anderem die regelmäßige Entsendung von Vertreter:innen zu den Vorstandssitzungen des jeweils anderen Dachverbands vorsah, bewährte sich im Verlauf der 1920er Jahre aber durchaus.[230] Im Zuge des Austauschs schälte sich oftmals sozusagen eine »Generallinie« freigewerkschaftlicher Politik heraus.[231] Auch die von Aufhäuser vorgeschlagene Eingliederung der freigewerkschaftlichen Beamt:innen und die Etablierung eines sogenannten »3-Säulen-Modells« wurden in Angriff genommen. Da die Verhandlungen mit dem bereits existierenden *Deutschen Beamtenbund* (DBB) jedoch scheiterten, initiierten die beiden kooperierenden Dachverbände, in denen bereits zuvor einzelne Beamte und Behördenangestellte organisiert waren, nun die Gründung einer freigewerkschaftlichen Beamtenzentrale.[232] Aus dieser ging am 18. Juni 1922 – zunächst gegen den Willen des ADGB – der *Allgemeine Deutsche Beamtenbund* (ADB) hervor, mit dem noch im selben Jahr ein Kartellvertrag geschlossen wurde.[233] Allerdings erwies sich diese Kooperation nur als mäßig erfolgreich. Eine wechselseitige Entsendung von Vertreter:innen fand nur unregelmäßig statt. Außerdem blieb der ADGB stets bemüht, die Verbindungen mit dem DBB nicht gänzlich zu kappen.[234]

Öffentliche Aufrufe, Eingaben und politische Interventionen erfolgten dennoch oftmals gemeinschaftlich und auch gemeinsame Bundesausschusssitzungen lassen sich

229 Interview mit Siegfried Aufhäuser im Deutschen Rundfunk, 1. Mai 1967, in: Nikolai (Hg.): Zum 100. Geburtstag, S. 8f. Gemeint ist das Hotel Kaiserhof, das sich gegenüber der Reichskanzlei befand. Dessen Betreiber sympathisierte in den 1920er Jahren mit rechtsnationalen Gruppen.

230 Fattmann, Angestelltenbewegung 2010, S. 107. Vgl. auch: AfA-Bundesvorstand (Hg.): Die Angestelltenbewegung 1925-1928, S. 248ff.

231 Fattmann, Angestelltenbewegung 2010, S. 107.

232 AfA-Bundesvorstand (Hg.): Angestellten-Bewegung 1921-1925, S. 474ff. sowie Winkler, Stabilisierung 1984, S. 431. Vgl. auch: Sitzung des Bundesausschusses vom 28./29. März 1922, in: Quellen zur Geschichte der deutschen Gewerkschaftsbewegung 1985 (Bd. 2), S. 489-519, hier S. 492.

233 Winkler, Stabilisierung 1984, S. 431f. sowie Fattmann, Angestelltenbewegung 2010, S. 107. Vgl. auch den Aufhäuser-Artikel in der Freiheit. Berliner Organ der Unabhängigen Sozialdemokratie Deutschlands, 5. Jg. Nr. 244 vom 14.6.1922, »Ein Wendepunkt in der Beamtenbewegung«. Der Butab, der unter seinen Mitgliedern auch einige Beamte zu verzeichnen hatte, die wiederum zunächst im DBB organisiert waren, nahm an dieser Entwicklung regen Anteil (vgl. Bund der technischen Angestellten und Beamten [Hg.]: 25 Jahre Technikergewerkschaft 1929, S. 159-165). Aufhäuser hatte die Neugründung unter anderem auf der Gründungsversammlung ausdrücklich begrüßt (vgl. Sitzung des Bundesausschusses vom 29. Juni 1922, in: Quellen zur Geschichte der deutschen Gewerkschaftsbewegung 1985 [Bd. 2], S. 595-614, hier S. 612ff.).

234 Siehe auch: Ruck, Einleitung 1985, S. 52f.

nachweisen.[235] Dabei herrschte nicht in allen Fällen Einvernehmen zwischen den Dachverbänden. Debatten drehten sich etwa um ein ausgewogenes Zahlenverhältnis von ADGB- und AfA-Repräsentant:innen in verschiedenen Institutionen und Körperschaften sowie um diverse Zuständigkeits- und Repräsentationsfragen.[236] Ferner existierten inhaltliche Differenzen. Als mit Beginn der Weltwirtschaftskrise in den späten 1920er Jahren im Zuge der Kampagne gegen sogenannte »Doppelverdiener« verheiratete Frauen aus qualifizierten Berufen gedrängt wurden, sprach sich der AfA-Bund etwa, im Gegensatz zum ADGB, gegen die frauenfeindlichen Forderungen aus.[237] Und auch das Organisationsprinzip war wiederholt Gegenstand langwieriger Diskussionen. Im Vorfeld des zwölften ADGB-Gewerkschaftskongresses, der 1925 in Breslau tagte, war intensiv über Vorschläge zur Fusion von Berufs- zu Industrieverbänden debattiert worden, die in ihrer Konsequenz die Eigenständigkeit des AfA-Bundes infrage gestellt hätten.[238] Dementgegen hatte Aufhäuser schon in den vorangegangenen Jahren wiederholt betont, dass »[d]ie Form des Industrieverbandes […] einen Entwicklungsgrad der Gewerkschaftsbewegung voraus[setzen würde], der heute keinesfalls gegeben« sei.[239] Vielmehr existierte »neben der betriebsweise zu führenden Gewerkschaftsarbeit eine Fülle von Aufgaben«, die eine »berufliche Zusammenfassung der Arbeitnehmergruppen zur unerlässlichen

235 Vgl. etwa den Aufruf der Freien Gewerkschaften zum geplanten Volksentscheid über den Acht-Stunden-Tag vom 4. Oktober 1924, in: Quellen zur Geschichte der deutschen Gewerkschaftsbewegung 1986 (Bd. 3,1), S. 239 f., den Aufruf der freigewerkschaftlichen Spitzenverbände zum Kampf gegen die Steuergesetzentwürfe der Bürgerblockregierung vom 19. Februar 1925, in: ebd., S. 297 f., die Eingabe der gewerkschaftlichen Spitzenverbände an den Reichsarbeitsminister zur Neuregelung der Erwerbslosenfürsorge vom 15. März 1926, in: ebd., S. 646 ff., das Schreiben der freigewerkschaftlichen Spitzenverbände an den Reichsarbeitsminister zur Wohnungsnot und ihrer Bekämpfung am 16. Januar 1928, in: Quellen zur Geschichte der deutschen Gewerkschaftsbewegung im 20. Jahrhundert. Bd. 3,2: Die Gewerkschaften von der Stabilisierung bis zur Weltwirtschaftskrise 1924-1930, bearb. von Horst-A. Kukuck und Dieter Schiffmann, Köln 1986, S. 1057 ff. oder den gemeinsamen Protest der gewerkschaftlichen Spitzenverbände gegen die Erklärung des Reichsverbandes der Deutschen Industrie zur Beteiligung der Gewerkschaften an den Pariser Verhandlungen über das Reichsbahnstatut am 30. Oktober 1929, in: ebd., S. 1328 ff. Vgl. auch die erste gemeinsame Tagung der Bundesausschüsse des ADGB, des AfA-Bunds und des ADB am 17. Oktober 1923, in: Quellen zur Geschichte der deutschen Gewerkschaftsbewegung 1985 (Bd. 2), S. 967-978 und die zweite gemeinsame Tagung der Bundesausschüsse des ADGB, des AfA-Bundes und des ADB am 17. und 18. März 1925, in: Quellen zur Geschichte der deutschen Gewerkschaftsbewegung 1986 (Bd. 3,1), S. 312-341.

236 Lange, Aufhäuser 2013, S. 147 sowie die Aussprache zwischen Vorstandsmitgliedern des ADGB und des AfA-Bundes über verschiedene Probleme am 17. Oktober 1925, in: Quellen zur Geschichte der deutschen Gewerkschaftsbewegung 1986 (Bd. 3,1), S. 558-560.

237 Fattmann, Angestelltenbewegung 2010, S. 137 f. Auch Aufhäuser persönlich bezog vehement Stellung gegen die Versuche, verheiratete Frauen aus ihren Berufen zu drängen (S. 138).

238 AfA-Bundeszeitung, 7. Jg. Nr. 10 vom Oktober 1925, »Der 12. Gewerkschaftskongreß des ADGB«. Vgl. auch Lange, Aufhäuser 2013, S. 146 f.

239 Siegfried Aufhäuser, Industrieverband mit Unterteilung nach Berufsgruppen oder Berufsverband mit Industrie-Fachgruppen. Vortrag gehalten auf der 2. Tagung des Bundesausschusses von S. Aufhäuser am 29. Februar 1920, Berlin 1920, S. 15.

Voraussetzung« habe.[240] Aus diesem Grund sollte zuallererst »die systematische Bildung von Industriegruppen (Fachgruppen) innerhalb der freigewerkschaftlichen Angestellten- und Arbeiterverbände« vorangetrieben werden.[241] Zu dieser Einsicht mag – von den oben genannten Aufgabenfeldern jenseits der originär gewerkschaftlichen Interessenvertretung abgesehen – einerseits die Befürchtung beigetragen haben, dass eine konsequente Durchführung des Industrieverbandsprinzips die mitgliederstarken Industrieverbände Butab und DWV vom AfA-Bund lösen und die Existenz des Dachverbands generell zur Disposition stellen würde. Andererseits blieb die Intention maßgebend, mit Hilfe eigenständiger Berufsverbände könnten – gerade in Anbetracht der bürgerlichen Konkurrenzverbände – die in ihrer Mehrzahl traditionell verhafteten Angestellten weitaus eher zur Mitgliedschaft in einer freigewerkschaftlichen Vereinigung bewegt werden.

Politischer Aktionsradius und internationale Solidarität

Insofern blieb der AfA-Bund – auch mit Blick auf die berufliche und politische Diversität seiner Klientel – bemüht, auf seine parteipolitische Neutralität hinzuweisen.[242] Das bedeutete jedoch nicht, dass politische Entwicklungen unkommentiert blieben. Der Bund intervenierte nicht nur als Teil der freien Gewerkschaftsbewegung, sondern wurde bei aktuellen politischen Anlässen auch eigenständig aktiv.[243] Seinem Verständnis nach waren die Gewerkschaften spätestens mit »der Erweiterung [des] Aufgabenkreises in der Nachkriegszeit [...] zu einem politischen Faktor in Deutschland geworden«.[244] In diesem Sinne wurde der »Unterschied zwischen parteipolitischer Neutralität und allgemeinpolitischem Gewerkschaftsinteresse« hervorgehoben.[245] Durchaus könne sich der AfA-Bund zum »Schutz der republikanisch-demokratischen Verfassung« und zur »Durchsetzung gemeinsamer Ziele mit anderen Organisationen zusammen[ ]schließen«.[246]

240 Ebd. Die im Original teilweise hervorgehobenen Zitate entstammen der Entschließung, die im Anschluss an den Vortrag angenommen wurde. Vgl. zu Aufhäusers Position auch: Das freie Volk, 5. Jg. Nr. 27 vom 4.7.1914, »Der Münchner Gewerkschaftskongreß«.

241 Aufhäuser, Industrieverband 1920, S. 15.

242 Diese wurde wiederholt angezweifelt. Als Anfang 1924 Vertreter:innen von Angestellten- und Beamtenverbänden die *Deutsche Arbeitnehmerpartei* (Darpa) gründeten und »eine gewisse Personalunion zwischen der Darpa und führenden Kollegen aus AfA-Verbänden« bestand, sah sich der Gesamtvorstand etwa genötigt, sich deutlich von der Neugründung zu distanzieren (AfA-Bundesvorstand [Hg.]: Angestellten-Bewegung 1921-1925, S. 447 ff.).

243 So hatte er sich beispielsweise im März 1922 für gleitende Lohnskalen eingesetzt, Anfang 1924 den Reichsbehörden ein vom Butab konzipiertes Arbeitsbeschaffungsprogramm vorgelegt und sich um den Aufbau einer öffentlich-rechtlichen Arbeitsvermittlung bemüht.

244 AfA-Bundesvorstand (Hg.): Angestellten-Bewegung 1921-1925, S. 425.

245 Ebd., S. 426.

246 Ebd., S. 426 f. (Das Zitat stammt aus einer hier im Fragment abgedruckten Rede von Bruno Süß). So sah sich der AfA-Bund beispielsweise veranlasst, »seine Bundesgenossenschaft mit der Organisation Reichsbanner Schwarz-Rot-Gold« zu bekunden (ebd., S. 439). Vgl. auch: AfA-Bundeszeitung, 6. Jg. Nr. 8 vom August 1924, »Angestellte schützt die Republik«.

Dies untermauerten zahlreiche Aufrufe und Forderungen, die der AfA-Bund mit dem ADGB, teilweise gemeinschaftlich mit politischen Parteien, tätigte.[247]

Nach eigenem Bekunden spielte »bei der Stellungnahme des AfA-Bunds zu den Reichstagswahlen […] seine grundsätzliche republikanische Einstellung eine wesentliche Rolle«, wobei »Wert darauf gelegt [wurde], die Angestellten immer wieder auf die besondere wirtschaftliche Bedeutung dieser Wahlen aufmerksam zu machen«.[248] In diesem Sinne fand Aufhäuser im November 1924 nach der Auflösung des Reichstags im Bundesorgan des AfA-Bunds deutliche Worte über das »unmöglichste aller Parlamente«, »seine[] von Nationalisten und Kommunisten verpestete[] politische[] Luft« und den »turmhohen Haufen politischer Charakterlosigkeit«.[249] Auch Bernhard Göring äußerte sich unmissverständlich, als er 1930 zwar auf die »parteipolitische Neutralität« des Bundes rekurrierte, jedoch zugleich betonte, dass »[d]enkende Angestellte […] nur eine Partei wählen [könnten], die sich bisher als die Partei der organisierten Arbeit erwiesen hat und bereit [sei], Angestellte und Arbeiter aus der kapitalistischen Wirrnis unserer Tage einer höheren Wirtschaftsform entgegenzuführen, dem Sozialismus«.[250]

Abseits der AfA-Bundeszeitung fand Aufhäuser ähnliche Worte. Im *Vorwärts* verkündete er, dass »[i]m politischen Abwehrkampf gegen die Reaktion […] die Angestellten in Reih und Glied mit den übrigen Klassengenossen in die Arbeiterpartei, in die Vereinigte Sozialdemokratische Partei Deutschlands«, gehörten und begrüßte dankbar, dass die SPD »in dieser Zeit der Angestelltennot ihre erhöhte Aufmerksamkeit diesen Berufsgruppen zugewandt hat[te]«.[251] Kritisch merkte er an, dass »die bürgerlichen Parteien [zuletzt] stets geschlossen gegen die Sozialdemokratie gestanden und zuungunsten der Angestellten entschieden« hätten, gab jedoch zu bedenken, dass »an den derzeitigen Mehrheitsverhältnissen des Parlaments auch viele Privatangestellte nicht ganz unschuldig« seien.[252] Schon zuvor hatte er beanstandet, dass solange »Tausende von Angestellten den bürgerlichen Parteien nach[liefen] und ihre politische Aufklärung aus kapitalistischen Zeitungen bez[ögen]«, sie »wirtschaftlich und sozial keine Erleichterung zu erwarten« hätten.[253] In Anbetracht der ersten Wahlerfolge der NSDAP 1924 erklärte er

247 Teilweise abgedruckt in: AfA-Bundesvorstand (Hg.): Angestellten-Bewegung 1921-1925, S. 429 ff. Wobei sich zumindest der ADGB nach 1924 bemühte, sich nicht mehr aktiv am parteipolitischen Kampf zu beteiligen (vgl. Horst-A. Kukuck/Dieter Schiffmann, Einleitung, in: Quellen zur Geschichte der deutschen Gewerkschaftsbewegung 1986 [Bd. 3,1], S. 9-80, hier S. 13 f.).

248 AfA-Bundesvorstand (Hg.): Angestellten-Bewegung 1921-1925, S. 440.

249 AfA-Bundeszeitung, 6. Jg. Nr. 11 vom November 1924, »4. Mai 1924-7. Dezember 1924«.

250 Ebd., 12. Jg. Nr. 9 vom September 1930, »Reichstagswahl und Angestellte«.

251 Vorwärts, 41. Jg. Nr. 1 vom 1.1.1924, »Angestellte und Politik« und 43. Jg. Nr. 1 vom 1.1.1926, »Die Angestelltenbewegung«.

252 Ebd., 41. Jg. Nr. 200 vom 29.4.1924, »Angestellte und Sozialdemokratie« und 43. Jg. Nr. 1 vom 1.1.1926, »Die Angestelltenbewegung«.

253 Ebd., 40. Jg. Nr. 302 vom 24.12.1923, »Angestellte und Wirtschaftskrise«.

die »psychologische Verfassung vieler Angestellten von heute zum Ackerland des Faschismus«, wobei er dessen Aufkommen zunächst als »Stadium der kapitalistischen Entwicklung« begriff.[254] Einhellig wurden von ihm die konkurrierenden Verbände – allen voran der DHV – kritisiert, die nicht nur ihre postulierte Neutralität mit eindeutigen Stellungnahmen gegenüber bürgerlichen oder völkischen Parteien untergruben, sondern den AfA-Bund publizistisch heftig, teils mit antisemitischen Äußerungen, attackierten.[255]

Die KPD wiederum wurde dafür kritisiert, »innerhalb der AfA-Bewegung festen Fuß« fassen zu wollen und »kommunistische Zellen in den örtlichen Organisationen« zu bilden, was nicht »in Einklang mit der parteipolitischen Neutralität gebracht werden« könne.[256] Einzelne Verbände – so der ZdA – verhängten gar einen Unvereinbarkeitsbeschluss von gewerkschaftlichem Amt und KPD-Mitgliedschaft.[257] Als Begründung diente die vermeintliche Moskauhörigkeit, zumal der Bund Ende 1921 auf ein Rundschreiben der KPD aufmerksam geworden war, in dem »Anweisungen an ihre Funktionäre [ergingen], innerhalb des AfA-Bundes besondere AfA-Fraktionen zu bilden, um [...] [diese] in die von der Moskauer Internationale geführten Bewegung einzugliedern«.[258] In diesem Sinne kritisierte der AfA-Bund die Position der 1919 gegründeten Kommunistischen Internationale nachdrücklich. Die Intention, »die Gewerkschaften in den Dienst der kommunistischen Parteiziele zu stellen«, widerspreche dem Selbstbestimmungsrecht aller Mitglieder und müsse letztendlich »zur Zerstörung der einheitlichen Gewerkschaftsbewegung führen«.[259]

Dennoch blieb der AfA-Bund bemüht, ein differenziertes Bild über die Entwicklung der wirtschaftlichen, sozialen und politischen Verhältnisse Russlands und der Sowjetunion zu vermitteln.[260] Ohnehin war er international ausgerichtet und forcierte einen

254 Siegfried Aufhäuser, Gewerkschaften und Politik. Parteipolitische Neutralität. Religiöse Gewissensfreiheit. Faschismus und Kapitalismus. Vortrag, gehalten auf dem 5. ordentlichen Gautag des Bundes der techn. Angestellten und Beamten Gau Rheinland-Westfalen, am 15. Juni 1924 in Barmen, Berlin 1924, S. 7f. Zuvor hatte er sich nachdrücklich für die SPD ausgesprochen (Vorwärts, 41. Jg. Nr. 200 vom 29.4.1924, »Angestellte und Sozialdemokratie«). Der Wahlerfolg der NSDAP war im Rahmen einer Listenverbindung mit der *Deutschvölkischen Freiheitspartei* zustande gekommen.

255 Vgl. Aufhäuser, Gewerkschaften und Politik 1924, S. 10ff.

256 AfA-Bundesvorstand (Hg.): Angestellten-Bewegung 1921-1925, S. 451f.

257 AfA-Bundeszeitung, 6. Jg. Nr. 8 vom August 1924, »Der AfA-Gedanke marschiert«.

258 AfA-Bundesvorstand (Hg.): Angestellten-Bewegung 1921-1925, S. 451f.

259 Mitteilungsblatt der Arbeitsgemeinschaft freier Angestelltenverbände, 2. Jg. Nr. 10 vom Oktober 1920, »Angestellte und Internationale«. Vgl. zur Position der Kommunistischen Internationale zur Gewerkschaftsfrage und zur Rolle der *Roten Gewerkschafts-Internationale* (RGI) im Allgemeinen: Reiner Tosstorff, Profintern: Die Rote Gewerkschaftsinternationale 1920-1937, Paderborn u.a. 2004, insbesondere S. 73ff. sowie S. 153ff.

260 Der deutsche Schriftsteller Oswald Zienau berichtete in der AfA-Bundeszeitung in regelmäßigen Abständen detailliert aus Russland (vgl. AfA-Bundeszeitung, 7. Jg. Nr. 10 vom Oktober 1925, »Sowjetrußland«). Vgl. dazu auch die Unterstützung einer Hilfsaktion des IGB (3. Jg. Nr. 9 vom September 1921, »Die Hilfsaktion des Internationalen Gewerkschaftsbundes für Rußland«).

Austausch über Ländergrenzen hinweg, der zuvor bereits von verschiedenen seiner Einzelverbände initiiert worden war.[261] Aufhäuser und andere AfA-Abgesandte waren regelmäßig auf Delegiertenversammlungen der *Internationalen Vereinigung für gesetzlichen Arbeitsschutz* vertreten, die 1925 mit der *Internationalen Vereinigung zur Bekämpfung der Arbeitslosigkeit* und dem *Internationalen Komitee für Sozialversicherung* zur *Internationalen Vereinigung für sozialen Fortschritt* fusionierte.[262] Und auch die Kontakte zum *Internationalen Arbeitsamt* in Genf intensivierten sich in den 1920er Jahren. Mithin erschien Albert Thomas, der Direktor des Arbeitsamts, zum AfA-Bundeskongress 1928 und hob in seinem Vortrag explizit »die große Bedeutung […] der deutschen Angestelltenbewegung« für seine Organisation hervor.[263]

Das Abkommen mit dem ADGB ermöglichte es dem AfA-Bund zudem, Delegierte zu internationalen Gewerkschaftskongressen zu entsenden und in den seit 1919 von Edo Fimmen geleiteten IGB aufgenommen zu werden, wo er die mitgliederstärkste Angestelltenorganisation repräsentierte.[264] Allerdings wurde die Zusammenarbeit aus Sicht des Bundes dadurch erschwert, dass »[d]ie Verfassung des IGB […] den Organisationsverhältnissen derjenigen Länder angepaßt [war], in denen keine selbstständige Spitzenorganisation der Angestellten [bestand], so daß weder im Vorstand noch im Ausschuß ausgesprochene Angestelltenvertreter [saßen]«.[265] Eine Verteilung der deutschen Mandate bei Kongressen konnte zwar mit dem ADGB abgestimmt werden, die mangelnde Vertretung in den beiden Exekutivorganen machte sich jedoch in der Folgezeit negativ bemerkbar.[266] Ungeachtet dessen hatte Aufhäuser schon 1922 auf dem Internationalen Gewerkschaftskongress in Rom nicht nur an einer Resolution über »Reaktion und Achtstundentag« tatkräftig mitgearbeitet, sondern war überdies als Stellver-

261 Schon vor dem Ersten Weltkrieg war vonseiten des Butib ein internationaler Austausch angestrebt worden. Als der *Algemeene Nederlandsche Opzichters- en Teekenaarsbond* zu Ostern 1913 auf seiner jährlichen Verbandstagung in Amsterdam seinen Vorstand per Antrag dazu aufforderte, »ein internationales Zusammenwirken der Technikerorganisationen herbeizuführen«, war ein Vertreter des Butib anwesend (Jahrbuch der Angestelltenbewegung, 7. Jg. Nr. 3/1913, »Angestelltenbewegung«, S. 312-322, hier S. 321). Außerdem war in diesem Zeitraum ein Kartellvertrag zwischen dem Butib und dem *Bund technischer Angestellter der Schweiz* zustande gekommen (ebd.).

262 AfA-Bundesvorstand (Hg.): Die Angestelltenbewegung 1925-1928, S. 235 ff.

263 Vorwärts, 45. Jg. Nr. 466 vom 2.10.1928, »Die Tagung des AfA-Bundes«. Siehe zu seiner Person und dem *Internationalen Arbeitsamt*: Reiner Tosstorff, Ursprünge der ILO. Die Gründung der Internationalen Arbeitsorganisation und die Rolle der Gewerkschaften, Hamburg 2020, S. 84 ff.

264 AfA-Bundesvorstand (Hg.): Angestellten-Bewegung 1921-1925, S. 485. In den Jahren davor war Carl Legien dem Bund vorgestanden.

265 AfA-Bundesvorstand (Hg.): Die Angestelltenbewegung 1925-1928, S. 232.

266 Ebd. Der AfA-Bund hatte unter anderem mit einer Denkschrift über die Bedeutung der Angestellten für den IGB versucht, Einfluss auf die Repräsentativität der Leitungsorgane zu nehmen. Siehe zur Organisationsstruktur des IGB: Reiner Tosstorff, Kurze Geschichte des internationalen Gewerkschaftsbundes. 85 Jahre Amsterdamer Internationale, Hamburg 2004, S. 17 ff.

treter Peter Graßmanns in den Vorstand gewählt worden.[267] Auf dem Folgekongress in Wien nahm er im Juni 1924 gemeinsam mit Otto Urban als Delegierter teil.[268] Als drei Jahre später auf dem IGB-Kongress in Paris die Frage nach dem Status der Angestellten und Beamten eingehend erörtert wurde, formierte sich dazu eine Kommission unter seiner Leitung. Deren Empfehlung an die Landeszentralen zielte darauf ab, zukünftig bei »der Wahl von zwei Vertretern in den IGB-Ausschuß nach Möglichkeit einen Vertreter der Angestellten oder Beamten zu berücksichtigen«.[269] Obschon dieser Vorschlag nicht vollumfänglich umgesetzt wurde, erklärte sich der ADGB nun bereit, dem AfA-Bund beziehungsweise Aufhäuser den ersehnten Posten des deutschen Ausschussstellvertreters zuzubilligen.[270]

Darüber hinaus hatte sich 1920 innerhalb des IGB eine Angestelltensektion gebildet.[271] Formal konstituierte sich dieser Internationale Bund der Privatangestellten mit Sitz in Amsterdam auf dem Internationalen Angestelltenkongress in Wien im August 1921, wo G. J. A. Smit Jr. zum Generalsekretär und Otto Urban, Leiter des ZdA und AfA-Vorstandsmitglied, zum Vorsitzenden ernannt wurden.[272] Urban, Jahrgang 1877, hatte sein verbandspolitisches Engagement, ebenso wie Aufhäuser und auch Paul Lange, beim VdDK begonnen, sich aber bereits kurz nach der Jahrhundertwende dem gewerkschaftlichen ZdH angeschlossen.[273] Gemeinsam mit Aufhäuser repräsentierte er den AfA-Bund auf zahlreichen internationalen Konferenzen. Eine persönliche Verbindung zum IBP-Leitungsgremium erwuchs Aufhäuser darüber hinaus, als sich hier kurz darauf eine Sektion für technische Angestellte konstituierte. Deren Führung übernahm Aufhäusers alter Butib-Kollege Otto Schweitzer, der damit zeitgleich in den Vorstand einzog.[274] Solche Netzwerke erwiesen sich als überaus fruchtbar, zumal die Satzung des IBP auf Einzelverbände ausgerichtet war und der AfA-Bund zunächst lediglich durch die ihm angeschlossenen Verbände (unter anderem durch ZdA und Butab) vertreten werden

267 AfA-Bundeszeitung, 4. Jg. Nr. 6 vom Juni 1922, »Der Internationale Gewerkschaftskongreß«. Vgl. auch Aufhäusers Berichte über den Kongress in: Vorwärts, 39. Jg. Nr. 237 vom 20. 5. 1922, »Die Berliner zum Gewerkschaftskongreß in Rom« und Nr. 250 vom 29. 5. 1922, »AfA-Angestellte und Internationale«.

268 AfA Bundeszeitung, 6. Jg. Nr. 7 vom Juli 1924, »Der Internationale Gewerkschaftskongreß in Wien«.

269 AfA-Bundesvorstand (Hg.): Die Angestelltenbewegung 1925-1928, S. 235.

270 Ebd. Entsprechend konnte Aufhäuser die Mitglieder des IGB-Ausschusses bereits im Januar 1928 in Berlin willkommen heißen (vgl. Vorwärts, 45. Jg. Nr. 27 vom 17. 1. 1928, »Angestellte und Internationale«).

271 Internationaler Bund der Privatangestellten (Hg.): 10 Jahre Internationales Angestellten-Sekretariat, Amsterdam 1930, S. 3.

272 Internationaler Bund der Privatangestellten (Hg.): Die internationale Angestelltenbewegung. Entstehung, Aufgaben, Struktur und Tätigkeit des Internationalen Bundes der Privatangestellten, Amsterdam 1951, S. 13 sowie Vorwärts, 45. Jg. Nr. 27 vom 17. 1. 1928, »Angestellte und Internationale«.

273 Fattmann, Angestelltenbewegung 2010, S. 73 und S. 94.

274 Bund der technischen Angestellten und Beamten (Hg.): 25 Jahre Technikergewerkschaft 1929, S. 167.

konnte.[275] Dennoch war Aufhäuser 1925 auf dem zweiten ordentlichen Kongress des IBP in Kopenhagen als offizieller Vertreter des AfA-Bundes gerne gesehen und wurde auch zu dem Folgekongress 1928 als Grußredner geladen.[276]

2 Siegfried Aufhäusers Kampf gegen politische und wirtschaftliche Erosionsprozesse

Während der AfA-Bund unter maßgeblicher Beteiligung von Siegfried Aufhäuser seine internationalen Verbindungen festigte und ausbaute, verschärften sich in der zweiten Hälfte der 1920er Jahre auf nationaler Ebene wirtschaftliche und politische Konfliktstellungen zusehends: Revolutionäre Erhebungen und Umsturzversuche hatten die republikanische Verfassung bis Herbst 1923 bedroht. Nach dem Scheitern des Hitler-Ludendorff-Putschs zeichnete sich ein vorläufiges Ende der gewaltsamen Anschläge gegen die Republik ab.[277] Obwohl die vermeintliche Stabilisierung der Weimarer Republik Mitte der 1920er Jahre mit Blick auf die ökonomische und politische Lage weithin als Legende anzusehen ist, lässt sich für diesen Zeitrahmen doch eine »innere Tendenz zur Eindämmung des Gewaltpotentials« ausmachen.[278] Damit hatte jedoch kein langfristiger Trend eingesetzt. Schon 1928 waren erneut Anzeichen einer Destabilisierung des politischen und wirtschaftlichen Systems ausmachen, die mit der bald darauf einsetzenden Weltwirtschaftskrise eine zusätzliche Dynamisierung erfuhren. Die Auswirkungen der ökonomischen Krise, der Übergang von den Koalitionsregierungen hin zu den Präsidialkabinetten und eine zunehmende gesellschaftliche und innenpolitische Polarisierung sollten in ihrer Konsequenz Anfang der 1930er Jahre das Ende der Weimarer Republik und die Etablierung der nationalsozialistischen Diktatur maßgeblich bedingen.

2.1 Kritik an der Tolerierungspolitik und Pläne zum sozialistischen Umbau der Wirtschaft

Die steigende Zahl der Erwerbslosen warf schon kurz nach Verabschiedung des Arbeitslosenversicherungsgesetzes Fragen nach der Finanzierung auf und beförderte Debatten über eine Reform der Versicherung innerhalb der seit 1928 amtierenden

275 AfA-Bundesvorstand (Hg.): Angestellten-Bewegung 1921-1925, S. 488.

276 AfA-Bundeszeitung, 7. Jg. Nr. 11 vom November 1925, »Der Kongreß des Internationalen Bundes der Privatangestellten« sowie Vorwärts, 42. Jg. Nr. 469 vom 4.10.1925, »Die Internationale der Angestellten« und 45. Jg. Nr. 441 vom 18.9.1928, »Internationale der Privatangestellten«.

277 Vgl. dazu ausführlich: Büttner, Weimar 2008, S. 199-208.

278 Detlef Lehnert, Die Weimarer Republik, Stuttgart 2009, S. 156 ff. sowie S. 179 ff.

Großen Koalition, bestehend aus SPD, DDP, Zentrum, *Bayerischer Volkspartei* (BVP) und DVP.[279] Siegfried Aufhäuser vermeldete Anfang Oktober 1929 zwar eine Übereinkunft, wonach eine, von der DVP geforderte, umfassende Leistungskürzung zunächst verhindert worden war.[280] Diese Verständigung blieb in Anbetracht der Weltwirtschaftskrise und steigender Arbeitslosenzahlen allerdings von vorläufiger Natur. Zumal nach der Wahl von Ludwig Kaas zum Vorsitzenden des Zentrums Ende 1928 und dem Tod Gustav Stresemanns am 3. Oktober 1929 beide Parteien einen konservativen Kurswechsel vollzogen und sich in den folgenden Beratungen wenig kompromissbereit zeigten. Schließlich zerbrach die Koalition Ende März 1930 vordergründig an der Frage um die Sanierung der Arbeitslosenversicherung. Dahinter standen jedoch Planungen einflussreicher Kreise um Hindenburg und Heinrich Brüning, dem Vorsitzenden der Zentrumsfraktion, die seit Ende 1929 eine »Hinausdrängung der SPD aus dem Kabinett« beabsichtigten.[281]

Siegfried Aufhäuser hatte das Ende der Koalition zunächst begrüßt. Bei einer Rede auf dem zwei Wochen später stattfindenden Bezirksparteitag der Berliner SPD bekräftigte er die »berechtigten Ansprüche [der Sozialdemokratie] auf eine vernünftige Sozialpolitik« und brandmarkte den zuletzt debattierten Kompromiss einer »Reform der Reichsfinanzen« als »unerträglich«.[282] Indes stellte die aktuelle politische Situation die demokratische Ordnung vor neue Herausforderungen: Hindenburg ernannte Brüning zum neuen Kanzler und stellte ihm in Aussicht, Gesetze zukünftig mittels Notverordnungen zu erlassen. Vor der Ausnutzung dieses Machtmittels, auf das der Reichspräsident im Rahmen des Notstandsrechts nach Artikel 48 der Reichsverfassung zurückgreifen konnte, hatte Aufhäuser unmittelbar nach dem Zusammentreten des Kabinetts Brüning eindrücklich gewarnt. Auf einer Veranstaltung des Reichsbanners sprach er sich angesichts der fehlenden parlamentarischen Unterstützung des Kabinetts nachdrücklich dagegen aus, »mit dem Artikel 48 [zu] spielen und vielleicht [zu] glauben, ein[] halbfaschistisches Regime in Deutschland errichten zu können«.[283]

Als Heinrich Brüning Mitte Juli 1930 tatsächlich eine vom Reichstag abgelehnte Deckungsvorlage des Haushalts mittels Notverordnung durchsetzte, wurde eben diese

279 Vgl. beispielsweise: Vorwärts, 46. Jg. Nr. 415 vom 5.9.1929, »Um die Arbeitslosen!«.

280 Vgl. ebd., Nr. 465 vom 4.10.1929, »Angriff abgeschlagen!«.

281 Zuvor sollte die SPD allerdings noch ihre Zustimmung zum Young-Plan geben (vgl. Lehnert, Weimarer Republik 2009, S. 227 ff.). Dass entsprechende Weichenstellungen im Vorfeld erfolgt waren, wird unter anderem mit Blick auf das Tempo der Regierungsbildung ersichtlich: Innerhalb von drei Tagen, am 30. März 1930, wurde das Kabinett Brüning vorgestellt (ebd., S. 230). Vgl. auch Heinrich August Winkler, Der Schein der Normalität. Arbeiter und Arbeiterbewegung in der Weimarer Republik 1924 bis 1930, Berlin/Bonn 1988, S. 759 ff., S. 783 ff. sowie S. 795 ff. und S. 800 ff.

282 Vorwärts, 47. Jg. Nr. 176 vom 14.4.1930, »Berliner Bezirksparteitag«. Im Anschluss an seine Rede wurde eine Entschließung angenommen, in der die Haltung der Reichstagsfraktion ausdrücklich gebilligt wurde.

283 Ebd., Nr. 153 vom 1.4.1930, »Märzfeier des Reichsbanners«.

Verordnung auf Initiative der SPD wiederum vom Parlament aufgehoben. Der Reichskanzler veranlasste daraufhin die Auflösung des Reichstags.[284] Infolge dieses verfassungsmäßig problematischen Schritts wurden Neuwahlen für September 1930 angesetzt.[285] Für Aufhäuser war damit »[d]er Klassenkampf in Deutschland [...] in ein neues Stadium getreten«, zumal »sich das Unternehmertum und seine politischen Vollzugsorgane im Bürgerblock [...] von den Grundlagen der Demokratie« immer schneller entfernten.[286] Darum sei »in diesem Wahlkampf die soziale Sicherung der Arbeitnehmerschaft vom Schutz der demokratischen Verfassung nicht zu trennen«.[287]

Das nun folgende, »treibhausartige[] Emporsprießen« der NSDAP, die im Vergleich zu den vorangegangenen Wahlen ihren Stimmenanteil von 2,6 Prozent (Mai 1928) auf 18,3 Prozent (September 1930) etwa versiebenfachte und hinter der SPD (24,5 Prozentpunkte) als zweitstärkste Partei ins Parlament einzog, wurde von ihm in Verkennung der Lage zunächst euphemistisch ursächlich als »Rebellion gegen das Bestehende [und] Demonstration gegen den Kapitalismus« gedeutet.[288] Die »Verzweiflung am Bestehenden und ihre irregeleitete Sehnsucht nach Neugestaltung und Neuordnung« habe in diesen Wahlergebnissen ihren Ausdruck gefunden, so Aufhäuser bei einer Funktionärsversammlung der Berliner SPD.[289] Darüber hinaus kritisierte er Ansätze, die »tiefgehende Volksbewegung durch mechanische formale Anteilnahme an der Staatsgewalt überwinden zu wollen [...] ohne politische Energie zu entwickeln«.[290] Damit argumentierte er gegen Überlegungen innerhalb der SPD, ein erneutes Brüning-Kabinett ohne eigene Beteiligung anstandslos zu tolerieren, um die NSDAP von der Macht im Reich fernzuhalten. Eine solche Strategie zielte darauf ab, durch die Tolerierung auf Reichsebene die SPD-geführte Regierung in Preußen zu schützen, wo unverhohlene Drohungen des Zentrums ein Ende der dortigen Koalition befürchten ließen.[291]

Trotz aller Warnungen und der Kritik an den von der Brüning-Regierung initiierten Angriffen auf die sozialen Errungenschaften der Republik erklärte sich die SPD letzt-

284 Ebd., Nr. 329 vom 17.7.1930, »Artikel 48 regiert!« sowie Nr. 332 vom 18.7.1930, »Der Reichstag aufgelöst!«.

285 Vgl. dazu auch: Gerhard Schulz, Bemerkungen zur Wegscheide zwischen parlamentarischer und autoritärer Entwicklung in der Geschichte der Weimarer Republik, in: Winkler, Heinrich August (Hg.): Die deutsche Staatskrise 1930-1933. Handlungsspielräume und Alternativen, München 1992, S. 39-47, hier: S. 40 ff.

286 Vorwärts, 47. Jg. Nr. 343 vom 25.7.1930, »Platz für die Arbeit! Der Sinn des Wahlkampfes von 1930«.

287 Ebd.

288 Ebd., Nr. 460 vom 1.10.1930, »›Wir bejahen den Staat, aber nur so weit, als er Leben und Zukunft des arbeitenden Volkes bejaht‹« (im Original hervorgehoben).

289 Ebd. Vgl. dazu auch: AfA-Bundeszeitung, 12. Jg. Nr. 10 vom Oktober 1930, »Politische Verzweiflung oder sozialer Kampf«.

290 Vorwärts, 47. Jg. Nr. 460 vom 1.10.1930, »›Wir bejahen den Staat, aber nur so weit, als er Leben und Zukunft des arbeitenden Volkes bejaht‹«.

291 Vgl. Büttner, Weimarer Republik 2008, S. 421.

lich dazu bereit, das Kabinett Brüning von nun an zu dulden.[292] Damit wurde eine erneute Auflösung des Reichstags verhindert. Die Entscheidung blieb innerparteilich heftig umstritten und sollte sich in den kommenden Monaten als belastende Hypothek für die SPD erweisen. Einem Großteil der SPD-Fraktion erschien sie jedoch lange Zeit alternativlos. Auch Aufhäuser verteidigte das Vorgehen Ende 1930 damit, dass »in der jetzigen Krisenlage vermieden werden [müsse], dem faschistischen Chaos und dem blutigen Bürgerkrieg den Weg zu bereiten«, während eine »sogenannte ›prinzipientreue‹ Politik [...] vielleicht den Tod der Demokratie bedeute[n]« würde.[293] Schon zuvor hatte er mit Blick auf die Angestellten betont, dass es:

> nach dem Wahlergebnis vom 14. September die erste und oberste Aufgabe des Reichstags sein [müsse], sich selbst arbeitsfähig zu machen. Alle Programme und Forderungen der Angestellten auf wirtschafts- und sozialpolitischem Gebiet müßten Illusionen bleiben, wenn nicht der demokratisch-parlamentarische Boden für den Kampf um die Erhaltung und den Aufbau des Angestelltenschutzes gesichert worden wäre.[294]

In ihren Grundzügen vertrat Aufhäuser diese Position weit bis ins Jahr 1931 hinein, zumal er sich als Ausgleich für die Tolerierung der Regierungspolitik die umfassende Berücksichtigung von Arbeitnehmer:inneninteressen und eine Einflussnahme auf die politische Entscheidungsfindung des Kabinetts zu erhoffen schien. Dass sich diese Strategie nur partiell als erfolgreich erwies, verdeutlichten seine kritischen Stellungnahmen als Berichterstatter des Haushaltsausschusses etwa zu den Kürzungen und Belastungen der Sozialversicherungen und des Versorgungswesens oder seine demonstrative Abwesenheit bei den Abstimmungen zur Bewilligung des Panzerkreuzers B.[295] Obschon Aufhäuser gegenüber den Berliner Kreisvertreter:innen im Frühjahr 1931 Teile der fraktionellen Politik vehement kritisierte, hob er auch die Erfolge der Reichstagsfraktion hervor, der es zunächst gelungen war, »den weiteren Abbau der Arbeitslosenversicherung zu verhindern«.[296] Zahlreiche Maßnahmen Brünings nährten jedoch auch Aufhäusers Skepsis.

292 Vgl. etwa: Vorwärts, 47. Jg. Nr. 465 vom 4.10.1930, »Für Republik und Arbeiterrecht!« sowie die intensiven Debatten auf dem Berliner Bezirksparteitag (Nr. 467 vom 5.10.1930, »Berliner Bezirksparteitag«).

293 Ebd., Nr. 584 vom 13.12.1930, »Sozialdemokratie und Notverordnung«. Zumal die SPD, so Aufhäuser, bei Fragen »um den sozialen Arbeitsschutz und um die tatsächliche Fürsorge der Kranken, Erwerbslosen und sozialen Notleidenden«, die in der Notverordnung von Dezember 1930 behandelt worden waren, »keine rücksichtslose, sondern eine sozialpolitisch positiv eingestellte Opposition« gemacht habe (vgl. Nr. 565 vom 3.12.1930, »Notleidende und Notverordnung. Ein sozialdemokratischer Erfolg«).

294 AfA-Bundeszeitung, 12. Jg. Nr. 11 vom November 1930, »Regierung, Reichstag und Angestellte«.

295 Vgl. Vorwärts, 48. Jg. Nr. 100 vom 28.2.1931, »Schützt die Arbeitskraft« sowie Nr. 114 vom 9.3.1931, »Sorgen um die Versorgung«, Nr. 135 vom 21.3.1931, »Der Disziplinbruch der Neun« und Nr. 143 vom 26.3.1931, »Wieder Disziplinbruch!«.

296 Ebd., Nr. 157 vom 3.4.1931, »Vorbereitung für Leipzig«.

Im Mai 1931 erschien es ihm durchaus verständlich, dass »die Politik der Regierung Brüning vielfach als Mißbrauch der taktischen Haltung der SPD empfunden« würde.[297] Dies zumal für Juni 1931 weitere einschneidende Notverordnungen angekündigt worden waren, die von der Regierung aus taktischen Gründen jedoch erst nach dem anstehenden SPD-Parteitag in Leipzig veröffentlicht werden sollten.

SPD-Parteitag und Kabinettsumbildung

Da Heinrich Brünings Deflations- und Sparpolitik in diesem Zeitraum immer rigidere Züge annahm, kollidierten auf dem SPD-Parteitag 1931 unterschiedliche Vorstellungen, wie das Verhältnis zur Regierung künftig aussehen sollte.[298] Die Frontstellungen bewegten sich zwischen den Positionen von Max Seydewitz, der für ein sofortiges Ende der Tolerierung eintrat, und dem Parteivorsitzenden Otto Wels, der gemeinsam mit dem Berichterstatter der Reichstagsfraktion, Wilhelm Sollmann, die bisherige Fraktionsarbeit verteidigte und weiterführen wollte. Aufhäuser nahm in diesem Konflikt eine vermittelnde Rolle ein. Maßgeblich erschien ihm die Frage, »ob auch im Rahmen der Tolerierungspolitik eine [sozialdemokratische] Aktivität möglich« sei, wobei die Voraussetzung darin bestünde, »daß auch die Reichsregierung der Tragfähigkeit der Sozialdemokratie Rechnung« trüge.[299] Annehmbar sei die Tolerierung »wie jede andere taktische Einstellung [...] nur solange [...] als sie im Interesse der Arbeiter« liege.[300] Aus dieser Motivation heraus hatten Aufhäuser und Franz Künstler eine Resolution eingebracht, in der sie den Erhalt der Sozialversicherung in ihrem bisherigen Bestand forderten. Sie bekräftigten darin, dass »[e]ine Sanierung der Arbeitslosenversicherung [...] durch weiteren Leistungsabbau [...] auf den entschiedenen Widerstand der Sozialdemokratie stoßen« würde.[301] Die Resolution, die mit großer Mehrheit angenommen wurde, schloss mit dem Statement, dass die SPD »in ihrer künftigen Haltung zur Reichsregierung sich davon bestimmen lassen [werde], daß es [gelinge], die lebenswichtigsten Arbeiterinteressen zu sichern«.[302]

Friedrich Stampfer notierte wenig später als Chefredakteur des *Vorwärts*, dass die Berliner Delegierten mit dieser sogenannten »Berliner Resolution« nunmehr »in der entscheidenden politischen Frage die Führung« übernommen und eine Richtlinie für die Reichstagsfraktion geschaffen hätten.[303] Gleichwohl habe die Fraktion zu prüfen,

297 Ebd., Nr. 241 vom 27.5.1931, »Vor dem Parteitag«.

298 Vgl. zum Dilemma der SPD in dieser Phase und zum strategischen Vorgehen Brünings: Winkler (Hg.): Staatskrise 1992 (darin insbesondere die Beiträge von Klaus Schönhoven, Joachim Petzold, Knut Borchardt und Carl-Ludwig Holtfrerich).

299 Sozialdemokratischer Parteitag in Leipzig 1931 vom 31. Mai bis 5. Juni im Volkshaus. Protokoll, S. 142.

300 Ebd., S. 143.

301 Ebd., S. 286 f.

302 Ebd., S. 287.

303 Vorwärts, 48. Jg. Nr. 259 vom 6.6.1931, »Der gute Parteitag«.

»in welcher Form sie den entschiedenen Widerstand leisten« wolle und wie gerade der letzte Satz der Resolution »praktisch anzuwenden« sei.[304] Die substanzielle Bedeutung, die diesen Fragen zukam, wurde schon am 5. Juni 1931 offenkundig, als Brüning die einschneidende Notverordnung publik machte. Diese sah unter anderem weitere Einsparungen bei der Arbeitslosenunterstützung und erneute Kürzungen von Löhnen und Gehältern vor. In den nun folgenden Verhandlungen stand, so ließ Aufhäuser auf einer Funktionärsversammlung der Berliner SPD vernehmen, die »Fraktion [...] vielleicht vor einer der allerschwersten Entscheidungen«.[305] Erst als Brüning sich im letzten Moment zu einigen Konzessionen bereiterklärte und zustimmte, »über eine alsbaldige Einberufung des Haushaltsausschusses in Verhandlungen mit der Sozialdemokratie einzutreten«, erklärte sich »[d]ie Mehrheit der Fraktion [...] angesichts der überaus schweren Lage mit dem Vorschlag Brünings einverstanden«.[306] Dies galt allerdings nicht für die Berliner Abgeordneten, denen »die Konzessionen nicht genügten«.[307] Deren Kritik an der Übereinkunft artikulierte sich in einer von Aufhäuser eingebrachten Resolution. Darin erging die Aufforderung an die Reichstagsfraktion, »noch vor dem Inkrafttreten eine wesentliche Änderung der Notverordnung [zu] erkämpfen«.[308]

Der Parteitagskompromiss bestand demnach nur wenige Tage. Die parteiinternen Kritiker:innen der Tolerierungspolitik um Max Seydewitz und Kurt Rosenfeld fühlten sich in ihrer Position bestätigt. Auf dem Reichsparteitag war intensiv auch der Bruch der Fraktionsdisziplin durch die beiden genannten und sieben weitere SPD-Abgeordnete bei Abstimmungen zum Bau des Panzerkreuzers B debattiert worden.[309] Einmal mehr war die Einheit der Partei beschworen worden, die nun ernsthaft gefährdet schien. Die Differenzen verschärften sich in den kommenden Wochen zusehends und mündeten Ende September im Ausschluss von Seydewitz und Rosenfeld, die postwendend die *Sozialistische Arbeiterpartei* ins Leben riefen.

Begleitet wurde diese Entwicklung innenpolitisch von einer sich zuspitzenden Banken- und Währungskrise, die ihren Ausdruck im Zusammenbruch der *Darmstädter und Nationalbank* (DANAT) und einer Aussetzung der Reparationszahlungen auf Initiative des US-Präsidenten (Hoover-Moratorium) fand. Unterdessen hatte ein vom Stahlhelm initiiertes Volksbegehren zur Auflösung des Preußischen Landtags zu einem Volksentscheid geführt, dessen erfolgreicher Ausgang das Ende der SPD-geführten Landesregierung des Ministerpräsidenten Otto Braun bedeutet hätte. Dass der Unterstützer:innenkreis, bestehend aus Stahlhelm, DNVP, DVP, NSDAP und KPD, die sich erst spät zur Beteiligung entschloss, mit dem Volksentscheid am 9. August 1931

304 Ebd.
305 Ebd., Nr. 277 vom 17. 6. 1931, »Geschlossener Kampfeswille! Organisierte Kraft!«.
306 Ebd.
307 Ebd.
308 Ebd., Nr. 277 vom 17. 6. 1931, »Beschluß der Funktionäre«. Im Original hervorgehoben.
309 Vgl. etwa Friedrich Stampfers Beitrag in: ebd., Nr. 255 vom 4. 6. 1931, »Verschärfte Fraktionsdisziplin«.

deutlich scheiterte, konnte als Erfolg für die Sozialdemokratie gewertet werden. Dies galt auch für ein temporäres Entgegenkommen der Brüning-Regierung. Aufhäuser konnte in Anbetracht dieser Entwicklung trotz aller Kritik an der Kabinettspolitik bei der Ausgestaltung der jüngsten Notverordnung im Spätsommer 1931 »eine wesentliche Korrektur der verhängnisvollen Juniverordnung« vermelden.[310]

Dennoch entspannten sich die politischen und wirtschaftlichen Verhältnisse nicht. Dies ist nicht allein Brünings Deflationspolitik mit dem außenpolitischen Ziel der Reparationsstreichung geschuldet.[311] Ein martialisch inszenierter Aufmarsch einer mit prominenten Persönlichkeiten, Parteirepräsentanten und »Wirtschaftsführern« besetzten nationalen Oppositionsbewegung am 11. Oktober 1931 in Bad Harzburg, der sogenannten »Harzburger Front«, ließ auf eine eskalierende politische Konfrontationsstellung schließen.[312] Aufhäuser brandmarkte das Zusammentreffen auf einer der inzwischen selten gewordenen Reichstagssitzungen am 15. Oktober 1931 als »organisierte Vorbereitung eines tödlichen Vernichtungskampfes gegen die deutsche Arbeiterklasse«.[313] Dieses Zusammenrücken von »Sozialreaktion und Faschismus« bewertete er – analog zu den Erfahrungen der Gewerkschaften mit den gelben Werkvereinen – als Versuch, »die Arbeiterklasse, die von außen her nicht geschlagen werden konnte, von innen heraus durch eine gelbe, nationalsozialistische Arbeiterbewegung [zu] zersetz[en]«.[314] Indem er die Politik der Sozialdemokratie seit den Septemberwahlen 1930 abermals verteidigte, hob er hervor, dass es »die Aufgabe jedes ehrlichen Arbeitervertreters [sein müsse], seine Kraft nach wie vor einzusetzen, um den Faschismus draußenzuhalten […] und damit das Chaos in Deutschland [zu] verhindern«.[315]

Diese Warnung erschien im Oktober 1931 überaus akut: Schon Mitte des Jahres hatte sich abgezeichnet, dass die DVP und mit ihr einflussreiche Industriellenkreise Brünings politischen Kurs nicht mehr kritiklos billigen würden.[316] Zumal auch Hindenburg immer vehementer darauf drängte, dem Kabinett »deutlicher ein rechtes Profil« zu geben, sah sich Brüning wenige Tage nach dem Scheitern der deutsch-österreichischen Zollunion und dem Rücktritt des formal dafür verantwortlichen Reichsaußenministers Julius Curtius (DVP) am 7. Oktober 1931 veranlasst, die Demission der Regierung bekannt zu geben.[317] Gleichzeitig wurde er erneut mit der Regierungsbildung beauftragt, die er noch vor der anberaumten Reichstagssitzung vollzog. Das sich nun konstituierende

310 Vorwärts, 48. Jg. Nr. 399 vom 27. 8. 1931, »Mehr Klarheit! Forderungen an die Reichsregierung« sowie Nr. 429 vom 13. 9. 1931, »Sozialistischer Gesellschaftswille«.

311 Büttner, Weimar 2008, S. 442 und S. 453 sowie S. 423 ff.

312 Vgl. auch ebd., S. 447 f.

313 Verhandlungen des Reichstags. V. Wahlperiode 1930, 15. 10. 1931, Bd. 446, Stenographische Berichte, S. 2155. Aufhäuser referierte am 3. Sitzungstag, zuvor war der Reichstag letztmalig am 26. März 1931 zusammengetreten.

314 Ebd., S. 2156. Im Original teils hervorgehoben.

315 Ebd., S. 2157.

316 Büttner, Weimar 2008, S. 449. Vgl. dazu auch die folgenden Abschnitte.

317 Ebd. S. 449.

Kabinett verfügte allerdings kaum noch über gesellschaftlichen oder parlamentarischen Rückhalt, sondern stützte sich zunächst nahezu ausnahmslos auf das Vertrauen des Reichspräsidenten.[318]

In der oben zitierten Reichstagsrede, die Aufhäuser am 15. Oktober zu einer Generalabrechnung über die Politik von NSDAP, DNVP, DVP und KPD nutzte, drängte er nachdrücklich auch auf Korrekturen der jüngsten Notverordnungen vom 6. Oktober 1931 zur »Sicherung von Wirtschaft und Finanzen« sowie zur »Bekämpfung politischer Ausschreitungen«.[319] Zwar wurde am 16. Oktober 1931 ein gegen das neue Kabinett gerichteter Misstrauensantrag mit den Stimmen der SPD abgeschmettert und das erneute Zusammentreten des Reichstags auf Februar 1932 vertagt. Bald schien aber selbst ein Großteil der SPD-Fraktion mit der Geduld gegenüber der Regierungspolitik am Ende zu sein. Aufhäuser vermisste insbesondere »[d]ie nach der Oktobertagung des Reichstags notwendig gewordene klare Frontstellung von Reichsregierung, Republik und Arbeiterschaft gegen den Faschismus und die Sozialreaktion«.[320] Der »Arbeiterklasse als der Kerngruppe der Republik« könne es »nicht länger zugemutet werden, sich für die Verteidigung eines Staates mit dem Leben einzusetzen, dessen Staatsgewalt selbst keine ausreichende Verteidigung gegen die Todfeinde dieser Republik betreib[e]«.[321] Dass schon am 8. Dezember eine weitere Notverordnung erlassen wurde, registrierte Aufhäuser enttäuscht und plädierte nun in Abstimmung mit Paul Hertz und Rudolf Breitscheid offen für ein Ende der Tolerierung.[322] Dies begründete er damit, dass ein Kurswechsel und »entscheidende Schritte«, im Sinne einer aktiven Wirtschaftspolitik, um »die Not [der] Massen zu bekämpfen«, ausgeblieben waren.[323] Gleichzeitig fehlten – entgegen anderslautender Ankündigungen – »[d]urchgreifende Maßnahmen gegen den politischen Terror« der NSDAP.[324]

Stattdessen erwogen die republiktreuen Kräfte unter maßgeblicher Führung der Sozialdemokratie alternative Schritte: Am 16. Dezember 1931 gründeten sie die *Eiserne Front* als Zusammenschluss von Reichsbanner, SPD, ADGB, AfA-Bund und *Arbeiter-Turn- und Sportbund* in Reaktion auf und als Gegengewicht zur »Harzburger Front«.[325] Aufhäuser trat hier bald als eifriger Redner und Werber auf, der in zunehmender Vehemenz nicht nur einen radikalen Umbau des Wirtschaftssystems forderte, sondern

318 Vgl. ebd., S. 450.
319 Verhandlungen des Reichstags. V. Wahlperiode 1930, 15.10.1931, Bd. 446, Stenographische Berichte, S. 2162.
320 Vorwärts, 48. Jg. Nr. 567 vom 4.12.1931, »Halt! Wirtschaftswende oder Wirtschaftsende?«.
321 Ebd.
322 Heinrich August Winkler, Der Weg in die Katastrophe. Arbeiter und Arbeiterbewegung in der Weimarer Republik 1930 bis 1933, Berlin/Bonn 1987, S. 459.
323 Vorwärts, 48. Jg. Nr. 577 vom 10.12.1931, »Am Scheideweg. Rettung durch Lohnabbau?«.
324 Ebd.
325 Vgl. Sebastian Elsbach, Eiserne Front. Abwehrbündnis gegen Rechts 1931 bis 1933, Wiesbaden 2022.

auch dazu aufrief, »von der Abwehr zum Angriff überzugehen«.[326] Dabei betonte er, dass der Faschismus solange wie möglich »mit geistigen Waffen« zu bekämpfen sei, dass aber, sofern dieser »zur Gewalt [greife]«, die Eiserne Front »ihm die gleiche Gewalt entgegensetzen« werde.[327]

Siegfried Aufhäuser vertrat seine Position auch auf einer Großveranstaltung am 11. März 1932 vor über hunderttausend Zuhörer:innen anlässlich der bevorstehenden Reichspräsidentenwahl. Diese hatte sich inzwischen zum Zweikampf zwischen den beiden aussichtsreichsten Kandidaten Paul von Hindenburg und Adolf Hitler entwickelt.[328] Dass er und die gesamte SPD sich nun trotz der »Verschiedenheit der Weltanschauung [...] ohne jede Einschränkung« für Hindenburg einsetzten, begründete Aufhäuser damit, dass dieser »seinen Eid auf die Verfassung geleistet, und [...] redlich gehalten« habe.[329] Einzig mit ihm sei »die Machtergreifung durch Hitler zu verhindern«.[330] Trefflich konstatierte Aufhäuser mit Blick auf die letzte Reichspräsidentenwahl, dass »[d]ie Menschen, die 1925 für ihn ein[getreten waren], [...] heute seine Feinde« seien, sich insofern die Konstellationen der unterschiedlichen Wähler:innenlager nahezu ausgetauscht hatten.[331] Dieser Umstand war auch Hindenburg nicht entgangen, der nach erfolgreicher Wiederwahl gänzlich »schwer daran [trug], daß ihn die ›Falschen‹ gewählt hatten«.[332] Inwiefern seine Entscheidung, Brüning die Unterstützung künftig zu versagen und dessen Posten an den ehemaligen Oberstleutnant Franz von Papen zu vergeben, davon beeinflusst worden war, bleibt jedoch umstritten.[333] Mit dem Abgang Brünings Ende Mai 1932 war die Tolerierungspolitik der SPD jedenfalls endgültig ge-

326 Vgl. verschiedene Berichte zu Veranstaltungen im Vorwärts, 49. Jg. Nr. 59 vom 5. 2. 1932, »Her zur Eisernen Front! Aufhäuser ruft die Hammerschaften«, Nr. 103 vom 2. 3. 1932, »Eiserne Front stößt vor!« und Nr. 121 vom 12. 3. 1932, »Hunderttausende marschieren! Machtvolle Kundgebung der Eisernen Front. – Berlins gewaltigster Aufmarsch«. Zitat in ebd., »Schlagt Hitler – wählt Hindenburg. Siegfried Aufhäusers Rede«.

327 Ebd.

328 Vgl. zur Frage, inwiefern die SPD durch die strategische Aufstellung eines eigenen Kandidaten »die von politischer Hilflosigkeit zeugenden Pläne einer Wiederkandidatur Hindenburgs« hätte verhindern können, um im zweiten Wahlgang einem republiktreuen Zentrumspolitiker zur Präsidentschaft zu verhelfen: Lehnert, Weimarer Republik 2009, S. 248-255.

329 Vorwärts, 49. Jg. Nr. 121 vom 12. 3. 1932, »Schlagt Hitler – wählt Hindenburg. Siegfried Aufhäusers Rede«.

330 Ebd.

331 Vgl. ebd.

332 Büttner, Weimar 2008, S. 456.

333 Fest steht, dass Kurt von Schleicher und weitere Männer im Umfeld des Reichspräsidenten schon seit geraumer Zeit die Absetzung Brünings antizipiert hatten, um letztlich einen autoritären Staat mit den kaiserlichen Machteliten zu restaurieren (ebd., S. 461). Ausschlaggebend für den erzwungenen Rücktritt dürfte neben den vehementen Unmutsbekundungen der von Hindenburg hofierten ostelbischen Großgrundbesitzer über die sogenannte »Osthilfe« und der Verabschiedung von Reichswehr- und Innenminister Wilhelm Groener auch der Verlust von Brünings Vermittlerrolle zwischen demokratischen und reaktionären Kräften nach der Preußenwahl gewesen sein, in der die Koalitionsparteien herbe Verluste erlitten hatten (vgl. Lehnert, Weimarer Republik 2009, S. 255 ff.).

scheitert. Somit schien der Sturz von Papens beim nächsten Zusammentreten des Reichstags durch ein Misstrauensvotum lediglich eine Formsache. Deshalb gab Hindenburg dessen Auflösung schon zuvor bekannt.[334]

Gewerkschaftliche Reaktionen auf wirtschaftliche Krisensymptome

Die Spar- und Deflationspolitik der Regierung Brüning hatte Aufhäuser wiederholt Anlass gegeben, vor deren weitreichenden Folgen zu warnen und sozial- sowie arbeitspolitische Maßnahmen einzufordern.[335] In Anbetracht der Erwerbslosenzahlen, die Anfang 1931 auf über vier Millionen angestiegen waren, verwies er mit zunehmender Vehemenz auf die »Konstruktionsfehler der Wirtschaftsordnung«, die nun in der »erste[n] große[n] Krise des Monokapitalismus« deutlich zutage traten, und forderte, »[a]n die Stelle der planlosen kapitalistischen Profitwirtschaft [...] die kollektivistische Bedarfswirtschaft« zu setzen.[336] Selbstredend hatte auch der AfA-Bund gegen die Notverordnungen vom 5. Juni 1931 mit ihren empfindlichen sozialpolitischen Einschnitten Position bezogen und am 15. Juni durch Aufhäuser beim Reichskanzler interveniert.[337] Zusätzlich war die Reichsregierung am 22. Juni nach einer AfA-Bundesausschusssitzung eindringlich darauf hingewiesen worden, dass »die [am 16. Juni] in Aussicht gestellten Milderungen zu unbedeutend [seien], als daß sich der AfA-Bund damit abfinden könnte«.[338] Zudem forderte der Bundesvorstand während der Bankenkrise mit einem Mahnruf »die beschleunigte Reform des Aktienrechts, die Schaffung einer durchgreifenden Monopolkontrolle und einer ständigen Wirtschaftsprüfung sowie die Errichtung eines zentralen Bankenamts«.[339]

Vehement trat er gemeinsam mit anderen Gewerkschaftsbünden einer Initiative von elf großen Wirtschaftsverbänden entgegen. Diese hatten Ende September 1931 mit einer

334 Für Lehnert markierte dieser Schritt der Reichstagsauflösung am 4. Juni 1932, der jedem Versuch, parlamentarische Alternativen zur Tolerierungspolitik zu sondieren, zuvorkam, den »verfassungsdurchbrechenden Systemwechsel« (ebd., S. 259).

335 Vgl. beispielsweise: AfA-Bundeszeitung, 12. Jg. Nr. 11 vom November 1930, »Regierung, Reichstag und Angestellte«. Siehe auch die detaillierten Forderungen in: ebd., 13. Jg. Nr. 2 vom Februar 1931, »Überwindung der Wirtschaftskrise«.

336 So geschehen auf dem Verbandstag des *Verbands Deutscher Schiffsingenieure* (vgl. Vorwärts, 48. Jg. Nr. 176 vom 16. 4. 1931, »Tagung der Schiffsingenieure«).

337 Vgl. ebd., Nr. 274 vom 15. 6. 1931, »Arbeiterführer bei Brüning«.

338 Zitat bei ebd., Nr. 287 vom 23. 6. 1931, »AfA-Bund und politische Lage«. Ähnlich lautend auch Aufhäusers Artikel in der AfA-Bundeszeitung, 13. Jg. Nr. 7 vom Juli 1931, »Das ungeöffnete Ventil«. Die Zeitung hatte in Reaktion auf die Notverordnung am 11. Juni 1931 eine Sondernummer mit einem Aufruf des Bundesvorstands herausgegeben, in der die »Bekämpfung dieser unsozialen Notverordnung« angekündigt und die Mitglieder zu »höchste[r] Wachsamkeit und Aktivität« aufgefordert wurden (Nr. 6a vom 12. 6. 1931, »An die Funktionäre der freigewerkschaftlichen Angestelltenbewegung«).

339 Ebd., Nr. 9 vom September 1931, »Der AfA-Bundesvorstand zur Lage«. Gemeinsam mit dem ADGB hatte der Vorstand Richtlinien für ein solches Amt ausgearbeitet und dem Reichswirtschaftsminister übergeben.

Eingabe an die Regierung die »übertriebene Ausweitung der Sozialversicherung« und eine »Überspannung des Fürsorgeprinzips« kritisiert und eine »individuellere Lohngestaltung« durch eine »Reform des Tarif- und Schlichtungswesens« gefordert.[340] Dass von deren Seite »mit stärkstem Druck auf die Reichsregierung und mit größter Eilbedürftigkeit eine radikale Säuberung der kapitalistischen Wirtschaft in Deutschland von jedem Rest an sozialistischen Fremdkörpern entschieden gefordert« wurde, ließ Aufhäuser nunmehr spekulieren, dass »[d]ie Exponenten des noch herrschenden, aber völlig versagenden Systems [...] bereits selbst [empfänden], daß die Gesellschaft den Weg von einem absinkenden Kapitalismus zum Sozialismus finden [müsse]«.[341]

Immer deutlicher begann Aufhäuser Kritik an der Regierungspolitik zu artikulieren, die über die Benennung kurzfristiger Alternativen und Einzelmaßnahmen hinausging. Stattdessen bemühte er sich mit zunehmender Vehemenz, einen umfassenden Gegenentwurf zum kapitalistischen Wirtschaftssystem, das durch diverse Notverordnungen inzwischen ohnehin teils planwirtschaftliche Züge aufwies, zu entwickeln. Schlagworte wie »Gemeinwirtschaft, Staatsherrschaft und Planmäßigkeit«, der pathetische Verweis auf den »so oft tot gesagte[n] Marxismus [...][, der] in dieser Finsternis kapitalistischer Bankrottwirtschaft wie ein Wetterleuchten« erscheine, und Forderungen nach dem »Umbau der unhaltbar gewordenen Wirtschaftsverfassung« blieben zunächst vage.[342] Seiner Diagnose, dass »Wirtschaft und Gesellschaft sich zur Zeit in einem Stadium zwischen Kapitalismus und Sozialismus [befänden]« und »alle gewerkschaftliche Kraft zu entfalten [sei], um einen Umbau der heutigen Wirtschaftsverfassung beschleunigt herbeizuführen«, sollten jedoch bald konkrete Pläne folgen.[343] Die Redewendung vom »Umbau der Wirtschaft« prägte Aufhäusers Verlautbarungen der kommenden Wochen und Monate: Am 4. Februar 1932 kündigte er vor Angestellten des AEG-Konzerns öffentlich ein besonderes Aktionsprogramm des AfA-Bunds an, in dessen Kern »die Organisation des Bankwesens« stünde.[344] Wenig später erläuterte er seine Vorstellungen dahingehend,

340 Vgl. ebd., Nr. 11 vom November 1931, »Die Antwort der Gewerkschaften auf die Erklärung der Unternehmerorganisationen« sowie Vorwärts, 48. Jg. Nr. 461 vom 2. 10. 1931, »Vor der neuen Notverordnung«. Direkte Zitate nach: Der Reichsverband der Deutschen Industrie an den Reichskanzler am 29. September 1931, in: Akten der Reichskanzlei. Herausgegeben für die Historische Kommission bei der Bayerischen Akademie der Wissenschaft von Karl Dietrich Erdmann für das Bundesarchiv. Die Kabinette Brüning I u. II. 30. März 1930 bis 10. Oktober 1931. 10. Oktober 1931 bis 1. Juni 1932. Band 2. Bearbeitet von Tilman Koops, Boppard 1982, S. 1764-1769.

341 Vorwärts, 48. Jg. Nr. 461 vom 2. 10. 1931, »Vor der neuen Notverordnung«.

342 Vgl. ebd., Nr. 429 vom 13. 9. 1931, »Sozialistischer Gesellschaftswille« (hier mit Rekurs auf aktuelle Beschlüsse der SPD-Fraktion.). Die Zitate sind im Original teils hervorgehoben.

343 Ebd., Nr. 591 vom 18. 12. 1931, »Zwischen zwei Wirtschaftssystemen. AfA-Bund ruft zum Kampf«. An anderer Stelle machte er auf »die Zusammenhänge zwischen der Krise des derzeitigen Wirtschaftssystems und der politischen Krise« aufmerksam und erklärte, dass »mit dem Kampf gegen den Faschismus zugleich das Ringen um die Umformung des privatkapitalistischen Wirtschaftssystems begonnen [habe]« (Nr. 597 vom 22. 12. 1931, »Gegen Sozialreaktion«).

344 Ebd., 49. Jg. Nr. 59 vom 5. 2. 1932, »Her zur Eisernen Front!« (wo Aufhäuser noch vom »Umbau des heutigen Wirtschaftssystems« beziehungsweise von der »Umgestaltung der Wirtschaft« sprach).

dass nun nicht nur das Problem der Arbeitsbeschaffung gelöst, sondern auch aktive Vorschläge gemacht werden müssten:

> Die Schlüsselindustrien müssen Staatseigentum werden. Die Versorgungsbetriebe müssen restlos in den Besitz der öffentlichen Hand übergeführt werden. Das Kernproblem aber stellt die Umformung des Bankwesens dar. [...] Wir brauchen eine staatliche Kontrolle des Bankwesens.[345]

Im Märzheft der AfA-Bundeszeitung konkretisierte Aufhäuser die zwei maßgeblichen Elemente seiner Planungen: Einerseits sollten Konjunkturbelebung und Arbeitsbeschaffung im Rahmen internationaler Verständigung mittels öffentlicher Aufträge und durch ein langfristiges Wohnungsbauprogramm erfolgen, was durch eine groß angelegte Volksanleihe finanziert werden könne.[346] Dies werde kombiniert mit weiteren Maßnahmen, etwa der Verkürzung der Arbeitszeit und der Umgestaltung des freiwilligen Arbeitsdienstes. Diese Aktivitäten sollten jedoch »nicht die Illusion erwecken, als könnte ohne irgendwelche Veränderungen der bestehenden Wirtschaftsordnung eine umfassende Bekämpfung der Massenarbeitslosigkeit erreicht werden«.[347] Die Arbeitsbeschaffung sei lediglich »ein Behelf, keine Lösung«, entscheidend bliebe »die planmäßige Neuorganisation der Wirtschaft selbst«.[348] Diese umriss er in einem zweiten Schritt: Öffentliche Betriebe seien »einheitlich zusammen zu fassen und organisatorisch zu festigen«, der »öffentliche[ ] Besitz an Produktionsmitteln [sei] systematisch zu erweitern und auszubauen«, »monopolisierte[ ] Grundstoffindustrien« und »die heutigen privaten Monopole der Massenverbrauchsgüter« seien »in öffentliche Hand zu überführen«, deren Zusammenarbeit »durch eine zentrale Planstelle gewährleistet« werde.[349] Bestehende Privatmonopole würden unter Aufsicht eines Kartellamts gestellt, während gleichzeitig eine »Reorganisation des Bank- und Kreditwesens« mit dem Ziel der »Verstaatlichung der Banken und [...] Versicherungsgesellschaften« eingeleitet werden sollte.[350]

Die konkreten Richtlinien des Programms – inzwischen erweitert und in die drei Bereiche »Arbeitsbeschaffung und Massenkaufkraft«, »Bereinigung der Wirtschaft« und

345 Ebd., Nr. 66 vom 9. 2. 1932, »Umbau der Wirtschaft!«. Zitate im Original hervorgehoben. In der AfA-Bundeszeitung vom Januar 1932 hatte Aufhäuser darauf hingewiesen, dass der Bund auf seinem 4. Kongress im Oktober 1931 ein »festes Programm des Umbaues der heutigen Wirtschaftsverfassung« umrissen habe, das nun zu konkretisieren sei (vgl. AfA-Bundeszeitung, 14. Jg. Nr. 1 vom Januar 1932, »1932«). Auch in der folgenden Ausgabe wurde auf ein »wirtschaftliches Aktionsprogramm« hingewiesen, das vom AfA-Bund aufgestellt werde und konkrete »Vorschläge für einen unmittelbaren Umbau der Wirtschaftsverfassung« enthalten solle (Nr. 2 vom Februar 1932, »Angestellte in der Eisernen Front«).

346 Ebd., Nr. 3 vom März 1932, »Unsere historische Aufgabe«.

347 Ebd.

348 Ebd.

349 Ebd.

350 Ebd.

»Aufbau der Planwirtschaft« untergliedert – stellte Otto Suhr, der als Leiter der Wirtschaftspolitischen Abteilung maßgeblich für die Ausarbeitung verantwortlich war, am 22. März 1932 auf einer außerordentlichen Sitzung des AfA-Bundesausschusses vor.[351] Der interessierten Öffentlichkeit wurden sie als »Material für ein Wirtschaftsprogramm der freien Gewerkschaften« präsentiert und vermerkt, dass »[d]ie notwendigen Verhandlungen mit dem ADGB [...] in aller Kürze abgeschlossen sein« würden.[352] Diese Aussage ist insofern bemerkenswert, als der ADGB etwa zwei Monate zuvor zunächst mit einem abweichenden Plan zur kreditfinanzierten Arbeitsbeschaffung – benannt nach den Urhebern Wladimir Woytinsky, Fritz Tarnow und Fritz Baade – an die Öffentlichkeit getreten war.[353] Der sogenannte »WTB-Plan« wurde von zahlreichen Sozialdemokrat:innen – unter ihnen Aufhäuser – vor allem wegen der Befürchtung, damit eine neue Inflation heraufzubeschwören, abgelehnt, aber auch innerhalb der freien Gewerkschaften kontrovers diskutiert.[354] Vor diesem Hintergrund gestaltete sich der Versuch einer Verständigung zwischen AfA-Bund und ADGB in der Frage eines gemeinsamen Wirtschaftsprogramms schwierig, wobei insbesondere die von Fritz Tarnow, dem Vorsitzenden des Holzarbeiterverbands, vorgeschlagene Kreditausweitung kritisiert wurde.[355] Noch Mitte März war eine geplante Veröffentlichung gemeinsamer Forderungen zurückgestellt worden.[356]

Dass der AfA-Bund in dieser Situation vermeintlich in Eigenregie – gleichwohl unter Berücksichtigung der aktuellen Debatten – Richtlinien für ein Wirtschaftsprogramm veröffentlichte, mag zunächst verwundern.[357] Diese konnten vonseiten des

351 Vgl. Vorwärts, 49. Jg. Nr. 139 vom 23.3.1932, »Vorwärts zum Umbau der Wirtschaft!« sowie die entsprechenden Berichte der AfA-Bundeszeitung, 14. Jg. Nr. 4 vom April 1932. Vgl. zu Suhrs Anteil auch: Herweg/Mielke (Bearb.), Suhr 1999, S. 10ff.

352 AfA-Bundeszeitung, 14. Jg. Nr. 4 vom April 1932, »Außerordentliche AfA-Bundesausschußsitzung«. Zur breiten Rezeption in der Öffentlichkeit vgl. auch: ebd., »Die Kritik«. Der *Vorwärts* berichtete am darauffolgenden Tag in drei Artikeln ausführlich über die Zusammenkunft (vgl. Vorwärts, 49. Jg. Nr. 139 vom 23.3.1932, »Schafft Arbeit! AfA-Bund-Beratungen über Wirtschaft und Politik«, »Für die Arbeitslosen!« sowie »Vorwärts zum Umbau der Wirtschaft!«).

353 Vgl. dazu ausführlich: Michael Schneider, Das Arbeitsbeschaffungsprogramm des ADGB. Zur gewerkschaftlichen Politik in der Endphase der Weimarer Republik, Bonn 1975, S. 45-102, besonders S. 84.

354 Winkler, Katastrophe 1987, S. 498ff. Siegfried Aufhäuser, Rudolf Hilferding, Paul Hertz, Fritz Naphtali und andere hatten sich am 8. und 9. Februar 1932 zusammengefunden, um Alternativen zu diesem Plan zu erörtern und waren übereingekommen, Arbeitsbeschaffungsmaßnahmen in Zusammenhang mit einem sozialistischen »Umbau der Wirtschaft« zu fordern (ebd., S. 499). Vgl. auch Leiparts pessimistische Einschätzung nach Verhandlungen mit Vorstandsmitgliedern von Partei, Fraktion und AfA-Bund (Sitzung des ADGB-Bundesvorstandes vom 3. Februar 1932, in: Quellen zur Geschichte der deutschen Gewerkschaftsbewegung im 20. Jahrhundert. Bd. 4: Die Gewerkschaften in der Endphase der Republik 1930-1933, bearb. von Peter Jahn unter Mitarbeit von Detlev Brunner, Köln 1988, S. 478-482, hier S. 478f.).

355 Suhr war hier der maßgebliche Verhandlungspartner. Vgl. Sitzungen des ADGB-Bundesvorstandes vom 9. und 11. März, in: ebd., S. 524-527 und S. 527f.

356 Sitzung des ADGB-Bundesvorstandes vom 11. März 1932, in: ebd., S. 527f.

357 Siehe zur Bedeutung des Programms in der Auseinandersetzung mit der faschistischen Bewegung um die Angestellten, der Initiatorenrolle des AfA-Bunds und dessen – im Vergleich

ADGB aber kaum ignoriert werden – zumal die Vorschläge zuvor mit verschiedenen Vertreter:innen der Sozialdemokratie abgestimmt worden waren und hier sowie bei zahlreichen Gewerkschaftsvertreter:innen überaus positiv aufgenommen wurden.[358] Faktisch hatte auch der ADGB-Vorsitzende Theodor Leipart diesen Vorstoß im April spätestens am Vorabend des außerordentlichen ADGB-Gewerkschaftskongresses, dem sogenannten »Krisenkongress«, durch seine Äußerung legitimiert, dass über ein nach wie vor kontrovers beurteiltes Arbeitsbeschaffungsprogramm hinaus »gemeinsam mit dem Vorstand des AfA-Bundes, ein Wirtschaftsprogramm aufzustellen [sei], dessen Richtlinien der AfA-Bund bereits veröffentlicht [habe]«.[359] Bis zur Veröffentlichung der gemeinsamen Forderungen sollten jedoch noch mehr als zwei Monate vergehen. Erst am 21. Juni 1932 wurden die »Richtlinien des ADGB und des AfA-Bundes zum Umbau der Wirtschaft«, an denen neben Suhr, Aufhäuser und Tarnow auch Sender und der Ökonom und Soziologe Emil Lederer sowie der Leiter der gewerkschaftlichen *Forschungsstelle für Wirtschaftspolitik*, Fritz Naphtali, mitwirkten, veröffentlicht.[360] Indes basierte die inhaltliche Ausgestaltung der Richtlinien maßgeblich auf dem AfA-Entwurf vom 22. März 1932 und hielt an »weitreichenden sozialistischen Zukunftsperspektiven« fest.[361]

mit dem ADGB – »graduell schärferen Kritik am kapitalistischen System«: Eberhard Heupel, Reformismus und Krise. Zur Theorie und Praxis von SPD, ADGB und AfA-Bund in der Weltwirtschaftskrise 1929-1932/33, Frankfurt a. M. 1981, S. 210 ff.

358 Vgl. Winkler, Katastrophe 1987, S. 498 ff. Siehe zur inhaltlichen Nähe zwischen der AfA-Position und Vorstellungen, die innerhalb der Sozialdemokratie dominierten: ebd., S. 504 f. Vgl. ferner: Michael Schneider, Zwischen »Arbeitsbeschaffung« und »Umbau der Wirtschaft«. Die Konzeptionen der deutschen Sozialdemokratie zur Überwindung der Wirtschaftskrise, in: Annali [della] Fondazione Giangiacomo Feltrinelli 1983/84, S. 475-496, hier S. 489. Schneider verwies auch darauf, dass inhaltliche Differenzen nicht primär nur zwischen SPD und ADGB bestanden, sondern gehäuft auch innerhalb der Organisationen auftraten (vgl. ebd., S. 490).

359 Sitzung des ADGB-Bundesausschusses vom 12. April 1932, in: Quellen zur Geschichte der deutschen Gewerkschaftsbewegung 1988 (Bd. 4), S. 539-549, hier S. 540. Auch die später auf dem Kongress angenommene Entschließung, »die Forderungen der Gewerkschaften für den notwendigen Umbau der Wirtschaft erneut der Regierung vorzulegen und sie mit stärkstem Nachdruck zu vertreten«, bezog sich terminologisch in aller Deutlichkeit auf die AfA-Richtlinien (ebd., S. 545 f.).

360 Vgl. zur Mitarbeit: Sitzung des ADGB-Bundesvorstandes vom 1. Juni, in: ebd., S. 579-583, hier S. 579 f. Siehe zu Fritz Naphtali: Jehuda Riemer, Fritz Perez Naphtali. Sozialdemokrat und Zionist, Gerlingen 1991.

361 Vgl. Winkler, Katastrophe 1987, S. 637. Siehe zur kritischen Bewertung: Schneider, Arbeitsbeschaffungsprogramm 1975, insbesondere S. 96-102. Dieser verwies auf die Problematik der vermeintlich gegenläufigen Zielvorstellungen (längerfristiger Umbau der Wirtschaft bei gleichzeitiger Etablierung eines Aktionsprogramms zur Arbeitsbeschaffung für eine kurzfristige Stabilisierung der Wirtschaft). Der Einfluss des AfA-Bunds auf die Ausgestaltung des Programms wird in dieser Darstellung allerdings vernachlässigt. Es erscheint zudem zweifelhaft, ob das Programm tatsächlich »als Indiz für die sich gerade in der Frage der Arbeitsbeschaffung andeutende Bereitschaft zur Kontaktaufnahme oder auch Kooperation mit den Befürwortern eines ›deutschen Sozialismus‹, mit dem Strasser-Flügel der NSDAP, dem Tat-Kreis und schließlich mit Schleicher gelten kann« (ebd., S. 101). Deutlich differenzierter: ders., Überwindung der Wirtschaftskrise 1983/1984, S. 491-496.

Dieses Programm sollte nicht nur den Gewerkschaften, sondern der gesamten Arbeiter:innenschaft als Orientierung dienen, verfehlte jedoch unter anderem aufgrund der »abstrakte[n] Sprache«, mit der »abstrakte Ziele beschworen« wurden, seine Wirkung, ein Massenpublikum in Wahlkampfzeiten anzusprechen.[362] Zwar blieb die SPD-Reichstagsfraktion bemüht, mittels Gesetzesentwürfen, unter anderem zur Verstaatlichung von Schlüsselindustrien und Banken und zur Enteignung von Großgrundbesitzern, die anvisierten Ziele zu forcieren. Aufgrund der Mehrheitsverhältnisse im Reichstag hatten diese jedoch keinerlei Aussicht auf Erfolg.[363] Für Aufhäuser selbst bedeutete sein Einsatz für den »Umbau der Wirtschaft« indes einen zusätzlichen Prestigegewinn auch innerhalb der SPD. Dessen Engagement und Expertise wurden unter anderem in dem Sinne gewürdigt, ihn neben Hilferding, Wels und Breitscheid als Hauptreferent für den 1933 geplanten SPD-Parteitag zu nominieren.[364] Infolge der sich nun dramatisch zuspitzenden Ereignisse konnte dieser jedoch nicht mehr stattfinden.

2.2 Ist die Republik noch zu retten? Handlungsoptionen zwischen Abwarten, Abwehrkämpfen und Querfrontkonzepten

Die Mehrheit der Bürger:innen des Deutschen Reichs wurde 1932 gleich viermal aufgefordert, von ihrem Wahlrecht Gebrauch zu machen. Neben Reichspräsidenten- und Preußischen Landtagswahlen sollten die Wähler:innen in diesem Jahr aufgrund vorzeitiger Reichstagsauflösungen zweimal über dessen Neuzusammensetzung entscheiden. Während der Wahlkampfzeiten nahmen politische Kämpfe, Auseinandersetzungen und Überfälle parteinaher Kampfformationen auf politische Gegner:innen und Feindbilder an Ausmaß und Intensität deutlich zu.[365] Traurige Bekanntheit erlangte der 17. Juli 1932 als »Altonaer Blutsonntag«: Bei einem Aufmarsch von mehreren tausend SA-Angehörigen fielen Schüsse, die von der überforderten Polizei erwidert wurden, wodurch zahlreiche Personen aus der Wohnbevölkerung zu Tode kamen.[366] Diese Eskalation nutzte die neue Reichsregierung von Papen als Vorwand, um beim sogenannten »Preußenschlag« die kommissarisch von der SPD geführte preußische Regierung durch einen »Reichskommissar« – von Papen selbst – zu ersetzen und zahlreiche republiktreue Beamte aus dem öffentlichen Dienst zu entfernen.[367]

362 Winkler, Katastrophe 1987, S. 638. Vgl. zur Einordnung des Programms auch: Heupel, Reformismus und Krise 1981, S. 224ff. Siehe dazu auch: II. Kapitel 2.2.

363 Winkler, Katastrophe 1987, S. 715.

364 Vorwärts, 49. Jg. Nr. 593 vom 17.12.1932, »Parteitag«. Weitere Referent:innen waren für die Berichterstattung vorgesehen.

365 Allein im Juli 1932 waren Zählungen zufolge 99 Personen bei politischen Auseinandersetzungen ums Leben gekommen (Büttner, Weimar 2008, S. 470).

366 Vgl. ebd.

367 Ebd., S. 471f. Als offizielle Begründung wurde angeführt, dass die gegenwärtige Regierung die öffentliche Sicherheit und Ordnung in Preußen (zu dem Altona bis 1937 gehörte) nicht

In dem Zeitraum zwischen 1928 und dem ersten Halbjahr 1932 verzeichnete die NSDAP bei Reichs- und Landtagswahlen massive Stimmenzuwächse. Im Vorfeld der Reichstagswahl Ende Juli 1932 deutete alles darauf hin, als würde es der Partei abermals gelingen, die Zahl ihrer Wähler:innen zu steigern. Demgegenüber schien das erklärte Vorhaben der SPD, die NSDAP unter allen Umständen von der staatlichen Gewalt fernzuhalten, nach dem Rücktritt Brünings und dem Verlust der preußischen Machtbasis – mit Ministerpräsident Braun und Innenminister Carl Wilhelm Severing – ernsthaft gefährdet. Dies, zumal sich das gesamte politische und wirtschaftliche System längst in einem tiefgreifenden Wandlungsprozess befand, dessen Ende nicht absehbar war. Zur Bekämpfung der krisenhaften Umbrüche wurden innerhalb der Arbeiter:innenschaft verschiedene Lösungsansätze debattiert, die in der zweiten Jahreshälfte 1932 und Anfang 1933 unterschiedliche Reaktionen auf die nationalsozialistische Bedrohung hervorriefen.

Krise und Zukunftserwartung

Ohne an dieser Stelle ausführlich auf die Krisendiskurse der 1920er und frühen 1930er Jahre sowie deren narrativen und performativen Charakter einzugehen oder deren Kongruenz mit den zeitgenössischen Verhältnissen prüfen zu wollen, lässt sich feststellen, dass der Zeitraum vielerorts als Zeit des Umbruchs, des Wandels und der Veränderung wahrgenommen wurde.[368] Jedenfalls schienen die spätestens seit Mitte der 1920er Jahre etablierten Verhältnisse und Umgangsformen – sei es auf politischer, wirtschaftlicher oder soziokultureller Ebene – zu erodieren. Wo sich stellenweise eine düstere Katastrophenstimmung breitzumachen begann, wurde die Offenheit der Situation mancherorts auch als Chance und Gestaltungsoption begriffen, schien die Verwirklichung ferner Ziele auf einmal in greifbare Nähe gerückt zu sein. Auch das Programm zum »Umbau der Wirtschaft« kann in diesem Sinne gedeutet werden.

mehr gewährleisten könne. Diese befand sich im Juli 1932 nur noch geschäftsführend im Amt, da die Regierungskoalition bestehend aus SPD, Zentrum und *Deutscher Staatspartei* (Nachfolgepartei der DDP) nach den Wahlen zum Preußischen Landtag am 24. April 1932 über keine Mehrheit verfügte. Koalitionsverhandlungen zwischen Zentrum und NSDAP waren zunächst gescheitert.

368 Vgl. hierzu etwa: Christoph Thonfeld, Krisenjahre revisited. Die Weimarer Republik und die Klassische Moderne in der gegenwärtigen Forschung, in: Historische Zeitschrift 302 (2016), S. 390-420, hier S. 391-403 und Benjamin Ziemann, Die Zukunft der Republik? Das Reichsbanner Schwarz-Rot-Gold 1924-1933, Bonn 2001, S. 10f. sowie Moritz Föllmer/Rüdiger Graf/Per Leo, Die Kultur der Krise in der Weimarer Republik, in: Föllmer, Moritz/Graf, Rüdiger (Hg.): Die »Krise« der Weimarer Republik. Zur Kritik eines Deutungsmusters, Frankfurt a. M./New York 2005, S. 9-41, insbesondere S. 9ff. und S. 16-23 (hier explizit zur divergierenden forschungsgeleiteten Verwendung des Begriffs). An anderer Stelle hob Rüdiger Graf den »grundsätzlich offene[n] Charakter des Krisenbegriffs im Sinne eines entscheidenden Wendepunktes« hervor und regte dazu an, die Krise auch als »Form der Zukunftsaneignung« zu begreifen (ders., Die Zukunft der Weimarer Republik. Krisen und Zukunftsaneignungen in Deutschland 1918-1933, München 2008, S. 359ff. und S. 368f.).

War der Überwindung des konjunkturellen Einbruchs innerhalb der SPD und der freien Gewerkschaftsbewegung zunächst Vorrang vor einer Umformung der Wirtschaftsordnung eingeräumt worden, wies das »Umbau-Programm« nun auf eine veränderte Prioritätensetzung hin: Dessen Verwirklichung stellte eine sozialistische Zukunft in Aussicht.[369]

Darüber hinaus sollte das Programm wichtige Impulse im Kampf gegen den Nationalsozialismus setzen, indem es »in der Auseinandersetzung mit der NSDAP außer der Abwehr faschistischer Gewalt auch eine positive Zielvorstellung aufzeigte« und »die Phrasen der NSDAP als ›scheinsozialistisch‹ entlarven« wollte.[370] In diesem Sinne hatte Aufhäuser betont, dass »[d]er Wirtschaftsplan des AfA-Bundes [...] in den kommenden Entscheidungskämpfen der deutschen Arbeiterbewegung im Mittelpunkt ihrer positiven Opposition stehen müsse[], [möge] es sich um parlamentarische oder außerparlamentarische Auseinandersetzungen handeln«.[371] Ohnehin war inzwischen offenkundig geworden, dass die Wahlerfolge der NSDAP nicht allein mit reaktionären und antisemitischen Phrasen und Parolen einhergingen. Längst hatte sich die faschistische Bewegung zu einer ernsthaften Bedrohung für den Bestand der Republik entpuppt: Spätestens die Veröffentlichung der »Boxheimer Dokumente« im Herbst 1931, die gewaltsame Umsturzpläne führender hessischer Nationalsozialisten zutage förderten, offenbarten den Chimärencharakter des NSDAP-Legalitätskurses. Die Reaktionen auf den spektakulären Fund machten gleichfalls deutlich, inwieweit sich »Teile von Justiz und hoher Bürokratie schon [...] auf den schließlichen Sieg des Nationalsozialismus eingestellt hatten«.[372]

Aufhäusers Interpretation zufolge hatte sich der Faschismus Mitte 1932 zumindest vorübergehend sogar »als Retter des absteigenden Kapitalismus bewährt«.[373] Während nämlich »die Massen durch wachsendes Elend an die Grenze der Verzweiflung getrieben« worden waren, wurden sie »auf der anderen Seite [...] von den Nationalsozialisten mit Versprechungen und Verheißungen aufgefangen, um als Kanonenfutter gegen ihre Klassengenossen mißbraucht zu werden«.[374] Das Papen-Kabinett, dieses »Kabinett der reaktionären Konzentration«, sei lediglich »Platzhalter einer faschistischen Regierung«.[375] Es ließe sich jedoch Ende Mai/Anfang Juni 1932 »noch nicht übersehen,

369 Vgl. hierzu auch: Heupel, Reformismus und Krise 1981, S. 209 f.

370 Ebd., S. 210. Vgl. zum frühen Erfolg der NSDAP bei den Angestellten, der mitunter zu diesem Schritt motiviert haben mag: II. Kapitel 1.3. Vgl. zur »Entlarvung« der NSDAP auch Aufhäusers Rede im Juni 1932 vor der *Eisernen Front* (Vorwärts, 49. Jg. Nr. 269 vom 10. 6. 1932, »Aufmarsch zum Kampfe«).

371 AfA-Bundeszeitung, 14. Jg. Nr. 6 vom Juni 1932, »Die reaktionäre Welle steigt«. Zumal sich nach Aufhäuser »[i]n dem Rasen und Toben der Sozialreaktion, deren Exponent die neue Reichsregierung ist, [...] sich der Niedergang des herrschenden Wirtschaftssystems« widerspiegle (ebd.).

372 Vgl. Winkler, Katastrophe 1987, S. 449.

373 AfA-Bundeszeitung, 14. Jg. Nr. 6 vom Juni 1932, »Die reaktionäre Welle steigt«.

374 Ebd.

375 Ebd. In Anlehnung an die zeitgenössische Titulierung als »Kabinett der nationalen Konzentration«.

ob der neue Reichskanzler, Herr von Papen [...] schon bald einem Nachfolger radikalerer Art weichen« werde.[376] Mit Blick darauf, dass die NSDAP – in Anbetracht regionaler Wahlerfolge – auf eine erneute Auflösung des Reichstags und Neuwahlen drängte, befürchtete Aufhäuser, dass »[i]n der gegenwärtigen politischen Zuspitzung [...] mit dem beschleunigten Tempo der Ereignisse gerechnet werden« müsse.[377]

Als der Reichstag tatsächlich schon am 4. Juni 1932 aufgelöst wurde, konnte er sich in seiner Prognose bestätigt sehen. Hitlers Drängen war entsprochen worden, da er im Gegenzug eine vorübergehende Unterstützung der Papen-Regierung durch die NSDAP in Aussicht gestellt hatte. Außerdem hatte Papen zugesichert, das von Brüning nach den Reichspräsidentenwahlen erlassene SA-Verbot zurückzunehmen. Fast gleichzeitig wurden mittels Notverordnung Sozialversicherungsleistungen und Arbeitslosenunterstützungen erneut drastisch gesenkt. Dass die NSDAP in solchem Maße von der Papen-Regierung hofiert wurde, während die Existenzbedingungen breiter Bevölkerungsschichten immer prekärere Formen annahmen, erschien Aufhäuser in höchstem Maße verwerflich. In einer Sondernummer der AfA-Bundeszeitung sprach er sich deutlich gegen die neue Notverordnung, diese »Proklamation des Massenelends«, aus.[378] Schon zuvor hatten der SPD-Parteivorsitzende Otto Wels und der Fraktionsvorsitzende Rudolf Breitscheid in einem Appell an den Reichspräsidenten erstmals offen gegen die Politik der Regierung protestiert und »zu grundsätzlicher Umkehr« aufgerufen.[379] Diese habe durch die Aufhebung des SA-Verbots »bürgerkriegsähnliche Zustände in ganz Deutschland ausgelöst«.[380] Die neue Regierungspolitik werde »durch offenkundige Begünstigungen gegenüber der verfassungsfeindlichen NSDAP« bestimmt, während sie gleichzeitig »durch eine Herabdrückung der Existenzbedingungen für Millionen unter die Hungergrenze [und] eine Verwilderung der politischen Sitten« gekennzeichnet sei.[381]

Reaktionen auf den Verfassungsbruch in Preußen

Dass am 20. Juli 1932, wenige Tage vor den Reichstagswahlen, die preußische Regierung mit Regierungschef Braun, Innenminister Severing und dem Berliner Polizeipräsidenten Albert Grzesinski abgesetzt und damit offen gegen republikanisches Recht verstoßen wurde, versetzte SPD und freie Gewerkschaften in erhöhte Alarmbereitschaft.[382] Ein Aufruf zum Generalstreik stand vielerorts zur Debatte, wurde jedoch vonseiten des

376 Ebd.
377 Ebd.
378 AfA-Bundeszeitung, 14. Jg. Nr. 7 vom 20. Juni 1932, »Sturmzeichen«.
379 Vorwärts, 49. Jg. Nr. 328 vom 14. 7. 1932, »Warnruf an Hindenburg!«. Im Original teilweise hervorgehoben.
380 Ebd.
381 Ebd.
382 Winkler, Katastrophe 1987, S. 658 ff. Hier auch detailliert zu den jeweiligen Amtsenthebungen.

ADGB und führenden SPD-Vertreter:innen mehrheitlich abgelehnt.[383] Leidenschaftliche Kontroversen und Dispute, die zu jener Zeit – aber auch retrospektiv – über diese Entwicklung geführt wurden und werden, verweisen auf die Komplexität jener Situation.[384] Gegen einen Generalstreik wurden – auch mit Blick auf die Situation während des Kapp-Putschs und die hohe Arbeitslosigkeit – in zeitgenössischen Debatten immer wieder die mangelnde gesellschaftliche Unterstützung, die Furcht vor einem Bürgerkrieg und die Unterlegenheit der mehrheitlich regierungstreuen preußischen Polizei gegenüber der militärisch ausgebildeten Reichswehr genannt.[385] Die Befürchtung, ein Streikaufruf

383 Der SPD-Vorsitzende Wels hatte am Tag des »Preußenschlags« auf einer ADGB-Sitzung von Bezirkssekretären und Verbandsvorsitzenden, zu der wegen der bevorstehenden Reichstagswahl auch SPD-Vertreter geladen waren, die Frage nach einem Generalstreik thematisiert. In Anbetracht der bevorstehenden Reichstagswahlen sprach er sich gegen eine solche Vorgehensweise aus, was innerhalb der anwesenden Gewerkschaftskreise auf breite Zustimmung stieß (ebd., S. 660 f.). Bereits einige Tage zuvor war auf Veranlassung Severings wegen der sich zuspitzenden Verhältnisse in Preußen mit führenden Vorstandsmitgliedern der SPD darüber beraten worden, »ob gegen ein ungesetzliches, von der Reichswehr gedecktes Vorgehen [der Reichsregierung] ein Einsatz der Polizei, gestützt von den Massen der Eisernen Front, möglich und geboten sei« (zitiert nach Erich Matthias, Die Sozialdemokratische Partei Deutschlands, in: ders./Morsey, Rudolf [Hg.]: Das Ende der Parteien 1933, Düsseldorf 1960, S. 101-202, hier S. 135). Hier fiel die Entscheidung, die Rechtsgrundlage der Verfassung nicht zu verlassen. Das nährt den Verdacht, dass Severing über die Pläne der Reichsregierung informiert war – zumal über das Vorhaben vorläufig schon am 12. Juli 1932 innerhalb des Kabinetts entschieden worden war (vgl. Büttner, Weimar 2009, S. 471, siehe zur langwierigen Entscheidungsfindung auch: Matthias, Sozialdemokratische Partei 1960, S. 130 f., Fußnote 19). Dass die SPD-Parteileitung angesichts ihrer offensichtlichen Konsternation über das Ausmaß und die Zielsetzung der Maßnahmen im Bilde war, erscheint allerdings wenig wahrscheinlich (vgl. Schulze, Einleitung 1975, S. XVII).

384 Vgl. dazu: Büttner, Weimar 2008, S. 472 f. Diese verwies darauf, dass nachdem die SPD-Führung »dem Schutz des republikanischen ›Bollwerks Preußen‹ stets höchste Priorität beigemessen, den Anhängern nicht zuletzt deswegen die Tolerierung Brünings zugemutet und stets ihre Entschlossenheit betont [hatte], es mit allen Mitteln und Kräften zu verteidigen«, »der kampflose Rückzug auf die Genossen an der Basis der Partei und des ›Reichsbanners‹ tief entmutigend« gewirkt habe (ebd., S. 472). Hagen Schulze verwies mit Blick auf die Haltung der SPD in den Jahren 1932/33 auf die »Komplexität wirklicher Entscheidungssituationen ebenso wie Sachzwänge«, die »vielfach aus älteren Entscheidungen herrührt[t]en« (Hagen Schulze, Einleitung, in: ders. [Hg.]: Anpassung oder Widerstand? Aus den Akten des Parteivorstands der deutschen Sozialdemokratie 1932/33, Bonn 1975, S. XV-XXXIII, hier S. XVI).

385 Vgl. etwa die Aufzeichnungen von Otto Wels zum 20. Juli 1932 (ohne Datum), in: Schulze (Hg.): Anpassung 1975, S. 3-14, hier S. 8 und S. 11 sowie die kontroverse Beurteilung der Geschehnisse auf der Parteiausschusssitzung vom 20. September 1932 (vgl. dazu den Bericht im Protokoll von der Sitzung des Bezirksfrauenausschusses [der SPD] Hamburg-Nordwest am Freitag, dem 23. September 1932, in Hamburg, in: Christoph Stamm, Zur politischen Lage 1932. Unbekannte Aufzeichnungen über zwei Sitzungen des Parteiausschusses der SPD, in: Archiv für Sozialgeschichte 53 [2013], S. 425-450, hier S. 441-450). Ferner ist zu beachten, dass sich ein solcher Streik direkt auch gegen Reichskanzler und Reichspräsident gerichtet hätte, während der Aufstand 1920 gegen den Kapp-Putsch diese noch geschützt hatte (Lehnert, Weimarer Republik 2009, S. 262). Zu berücksichtigen ist auch, dass sich die Regierung nur noch geschäftsführend im Amt befand. Vgl. hierzu den Argumentationsstrang in den Betrachtungen von Grzesinski über den 20. Juli 1932, in: Matthias/Morsey (Hg.): Parteien 1960, S. 225 f.

könne der Regierung zum willkommenen Anlass gereichen, den Reichstag endgültig auszuschalten, spielte dabei ebenfalls eine maßgebliche Rolle.[386]

Entsprechend fielen die Aufrufe aus, die nun von Partei- und Gewerkschaftsspitzen publiziert wurden und vor übereilter Reaktion warnten. Der SPD-Vorstand hatte am 20. Juli die Parole herausgegeben, den »Kampf um die Wiederherstellung geordneter Rechtszustände [...] zunächst mit aller Kraft als Wahlkampf zu führen«.[387] Zwar seien »[d]ie Organisationen [...] in höchste Kampfbereitschaft zu bringen«, »[s]trengste Disziplin« sei jedoch »mehr denn je geboten«, »[w]ilden Parolen von unbefugter Seite« sei entgegenzutreten.[388] Auch ADGB, AfA-Bund und ADB forderten gemeinsam mit DBB, dem *Gesamtverband der Christlichen Gewerkschaften Deutschlands*, dem *Gesamtverband deutscher Verkehrs- und Staatsbediensteten* und dem *Gewerkschaftsring deutscher Arbeiter-, Angestellten- und Beamtenverbände* diszipliniertes Verhalten ein und ersuchten die Arbeitnehmer:innen eindringlich, »Besonnenheit [zu] bewahren« und »mit allen zur Verfügung stehenden Mitteln dafür zu sorgen, daß diese Reichstagswahl stattfindet«.[389]

In den vergangenen Monaten hatte es in den Verlautbarungen von Partei- und Gewerkschaftsspitzen, insbesondere aber vonseiten der *Eisernen Front*, nicht an aktionistischer Rhetorik gemangelt. Mancherorts erschien diese nun als Blendwerk und rief entsprechend Kritik an der abwartenden Haltung der preußischen Parteiführung hervor.[390] Der amtsmüde Ministerpräsident Otto Braun hatte sich bereits Anfang Juni 1932 selbst »beurlaubt« – mit der festen Absicht, nicht mehr in sein Amt zurückzukehren.[391] Trotz aller verbalen Schärfen erschöpfte sich der Widerstand letztlich in der Anrufung des Staatsgerichtshofs und einer Klage gegen das Vorgehen der Reichsregierung. Der daraus abgeleitete Vorwurf, »die SPD habe durch ihren übersteigerten Legalismus die letzte Chance zur Abwehr des Faschismus vertan« blieb, so Ursula

386 Vgl. dazu die oben genannten Ausführungen von Wels. In diesem Kontext verwies Lehnert darauf, dass im Angesicht »der scheinlegalen Fassade« eine »Bewusstseinstrübung unter verbliebenen Demokraten hinsichtlich einer Definition des Ernstfalls« einsetzte, wobei »[d]as Trauma einer schrankenlosen politischen Befehlsgewalt der altbekannten Herrenkaste [...] den wachsamen Blick vom neuartigen Bedrohungspotenzial einer koalitionsgetarnten NS-Diktatur ab[zu]lenken« vermochte (ders., Weimarer Republik 2009, S. 266 f.).

387 Vorwärts, 49. Jg. Nr. 339 vom 21.7.1932, »An die Partei!«.

388 Ebd. Vgl. dazu auch den am darauffolgenden Tag verfassten Aufruf von SPD-Vorstand, Parteiausschuss und Preußenfraktion in: ebd., vom 21.7.1932 (Sondernummer), »Steigert den Kampf!«.

389 Aufruf der gewerkschaftlichen Spitzenverbände »An die deutsche Arbeitnehmerschaft«: Vorgehen der Reichsregierung gegen Preußen vom 20. Juli 1932, in: Quellen zur Geschichte der deutschen Gewerkschaftsbewegung 1988 (Bd. 4), S. 625 f. Explizit hatten die Berliner Vertretungen von ADGB, AfA-Bund und ADB zudem vor Provokateuren gewarnt, die im Namen der *Eisernen Front* Flugblätter verteilten, in denen zum Generalstreik aufgerufen würde (Vorwärts, 49. Jg. Nr. 339 vom 21.7.1932, »Warnung vor Provokateuren«. Vgl. auch Nr. 341 vom 22.7.1032, »Kein kopfloser Streik!«).

390 Vgl. etwa die Ausführungen und Zitate bei Matthias, Sozialdemokratische Partei 1960, S. 136.

391 Vgl. Hagen Schulze, Otto Braun oder Preußens demokratische Sendung. Eine Biographie, Frankfurt a. M. u. a. 1977, S. 732 f.

Büttner, zunächst »stark von der Sicht der Linken und der damals jungen Aktivisten bestimmt, die in den Partei- und Gewerkschaftshäusern vergeblich auf das Einsatzsignal warteten«.[392] Die Position mag gerade mit dem Wissen um den historischen Verlauf der Ereignisse rekapitulierend durchaus plausibel erscheinen. Die Frage muss jedoch offenbleiben, inwiefern sich der Verbalaktionismus auch in einem erfolgreichen Generalstreik niedergeschlagen hätte.

Auch innerhalb des AfA-Bunds war am 23. Juli 1932 auf einer außerordentlichen Sitzung von Vorstand und Bundesausschuss bekräftigt worden, dass »in den angeschlossenen Verbänden und in den örtlichen Kartellorganisationen die denkbar stärkste Aktivität vorhanden [wäre], und die Mitgliedschaften entschlossen [seien], jedem Rufe ihrer Gewerkschaften unbedingt Folge zu leisten«.[393] Aber auch hier wurde zunächst die Losung ausgegeben, »auf den Gewaltakt vom 20. Juli am Tage der Reichstagswahl zu antworten«.[394] Dieser Entschluss mag in Anbetracht vorgelagerter Entscheidungen und Verlautbarungen kaum verwundern. Berichten zufolge bemühte sich Siegfried Aufhäuser zwar unmittelbar nach dem »Preußenschlag«, Chancen auf einen Generalstreik auszuloten. Er nahm jedoch bald Abstand von der Idee – auch weil sein Kollege Otto Suhr aus lokalen Versammlungen von großer Skepsis gegenüber einem solchen Streik berichtete.[395]

Siegfried Aufhäuser maß diesen Ereignissen um den 20. Juli 1932 rekapitulierend eine außerordentliche Bedeutung zu: Noch wenige Monate vor seinem Ableben hatte er im Mai 1969 in einem Fernsehinterview betont, dies sei »tatsächlich der letzte Moment [gewesen], in dem gegen die Machtergreifung und Berufung Hitlers etwas hätte gemacht werden können, wenigstens der Wille zum Widerstand« hätte in dieser Situation deutlich unterstrichen werden müssen.[396] Gemeinsam mit dem Reichsbannervorsitzenden Karl Höltermann habe er damals für einen Generalstreik oder zumindest für einen 24-stündigen Proteststreik votiert.[397] Der Aussagewert solcher Erinnerungen, die mehr als 35 Jahre zurücklagen, ist begrenzt. Es existieren jedoch auch zeitgenössische Texte, die nahelegen, dass er damals in der Tat für einen Generalstreik eingetreten war. An-

392 Büttner, Weimar 2008, S. 472. Vgl. auch die gesammelten Einzelzeugnisse zur Einsatzbereitschaft der *Eisernen Front* am 20./21. Juli 1932 (Matthias, Sozialdemokratische Partei 1960, S. 139 ff.).

393 AfA-Bundeszeitung, 14. Jg. Nr. 9 vom 1. September 1932, »Außerordentliche Bundesausschußsitzung«.

394 Ebd. Gleichwohl war das Bewusstsein betont worden, »daß die große Auseinandersetzung zwischen den schaffenden Volkskräften und der an der Staatsmacht befindlichen dünnen Herrenschicht mit dem 1. August nicht abgeschlossen sein [könne und sich] [d]ie freien Gewerkschaften […] auf Kämpfe von längerer Dauer gerüstet [hätten], um die Reaktion zu überwinden«.

395 Vgl. Lange, Aufhäuser 2013, S. 191 und ders., Suhr 1994, S. 85.

396 Interview im Zweiten Deutschen Fernsehen am 1. Mai 1969 anlässlich des 85. Geburtstages von Siegfried Aufhäuser, in: Nikolai (Hg.): Zum 100. Geburtstag, S. 4.

397 Vgl. zu Höltermanns Einsatz für den aktiven Widerstand innerhalb der *Eisernen Front*: Matthias, Sozialdemokratische Partei 1960, S. 139.

knüpfend an den sogenannten »Preußenschlag« hatte er im Frühjahr 1933 – wenige Tage nach seiner Flucht aus Deutschland – in der Wiener Presse die Kampfbereitschaft der Arbeiter:innenbewegung hervorgehoben und die Inaktivität der Gewerkschaftsleitung angeprangert:

> [...] es muß indes auch ausgesprochen werden, daß die deutsche Arbeiterklasse vor und nach dem 20. Juli 1932, dem Tag der Preußentragödie, kampfbereit gewesen ist. Die deutschen Gewerkschaften waren auch organisatorisch auf Widerstand eingestellt und vorbereitet. Die geschulten Arbeiter [...] haben Tag um Tag auf die Parole ihrer Führer gewartet. Der Befehl zur Abwehr ist indes nie gekommen. Auch der Abwehrwille der Partei war vorhanden, aber ihr gewerkschaftlicher Bundesgenosse hat es nicht gewollt.[398]

Die Verbitterung, die in diesen Worten mitschwang, bezog sich gleichwohl auf Entwicklungen, die ihren Ausgangspunkt in der zweiten Jahreshälfte 1932 nahmen. Darauf wird im Folgenden näher einzugehen sein.

Die Reichstagswahlen im Juli 1932 – Ausdruck antikapitalistischer Sehnsüchte?

Die Hoffnungen seitens der SPD, der von Papen verursachte Verfassungsbruch würde sich bei den Reichstagswahlen zugunsten der republiktreuen Parteien auswirken, blieben unerfüllt. Die NSDAP ging mit 37,3 Prozentpunkten der Stimmen als Gewinnerin aus den Wahlen hervor (plus 19 Prozent), während die SPD mit 21,6 Prozent erneut Verluste zu verzeichnen hatte (minus 2,9 Prozent). Die katholischen Parteien Zentrum und BVP stabilisierten sich bei 15,7 Prozent (plus 0,9 Prozent) und konnten ebenso wie die KPD, die 14,3 Prozentpunkte (plus 1,2 Prozent) erreichte, von zusätzlichen Stimmen profitieren. Deutliche Verluste hatten demgegenüber die konservativen Parteien DVP und DNVP zu verzeichnen, für die weniger als 8 Prozent der Wähler:innen votierten.[399]

Es mag überraschen, wie Siegfried Aufhäuser, der im Wahlkampf bei zahlreichen Veranstaltungen über den »Entscheidungskampf der deutschen Arbeiterklasse« gesprochen hatte, publizistisch auf diese Ergebnisse reagierte. Trotz vehementer Kritik an der Politik der NSDAP und angesichts der sich häufenden Gewalttaten durch vandalierende SA-Gruppen schien er – wie schon 1930, als er die Wähler:innenbewegung zur NSDAP in öffentlichen Verlautbarungen als »Rebellion gegen das Bestehende [und] Demonstration gegen den Kapitalismus« deutete – geneigt, das Ergebnis als Aus-

398 Arbeiter-Zeitung, 46. Jg. Nr. 125 vom 7. 5. 1933, »Wie es kam. Die deutschen Gewerkschaften und der Fascismus«.

399 Vgl. zu den Wahlergebnissen ausführlich: Jürgen W. Falter, Hitlers Wähler, München 1991.

druck einer antikapitalistischen Stimmungslage zu interpretieren.[400] Zwar verbuchte er als Erfolg, dass »Nationalsozialisten und Deutschnationale […] trotz hemmungsloser Agitation und Terror in der Minderheit geblieben« seien und »[d]ie große Mehrheit der Wähler […] nicht nur einer faschistischen, sondern auch jeder Generals- oder irgendwie gearteter Herrendiktatur eine deutliche Absage erteilt« habe.[401] Gleichwohl hob er den »soziale[n] Gestaltungswille[n], der sich am 31. Juli geäußert [habe]«, hervor, wo die »breiten Massen […] ihrer antikapitalistischen Sehnsucht Ausdruck verliehen« hätten.[402] »[D]er Stimmenzuwachs der KPD [könne vor diesem Hintergrund] nicht als Parteierfolg interpretiert werden, sondern als ein Symptom für die äußerste Zuspitzung der Klassengegensätze«.[403] Gleichfalls seien »die Massen der Hitler-Bewegung […] proletarisiert und […] [stünden] lediglich in falscher Front«:

> Es bleibt also dabei: die antikapitalistische Sehnsucht, die ein billiges und zur Täuschung bestimmtes Propagandamittel der Hitler-Bewegung sein sollte, ist zum tragenden Pfeiler der Wahl geworden. Rund 14 Millionen Wähler der SPD und KPD haben bewußt sozialistisch gewählt. Rund 13 Millionen nationalsozialistische Wähler haben, wenn auch teils unbewußt, aber doch unter Ablehnung aller offen kapitalistisch eingestellten bürgerlichen Parteien für den Umbau der Wirtschaftsverfassung und für die Macht der Arbeit in Staat und Wirtschaft votiert. […]
> Der neue Reichstag wird beim Zusammentritt Gelegenheit haben, unseren sozialistischen Tatwillen in konkreten Anträgen über dieses Wirtschaftsprogramm kennen zu lernen. Die Fraktion der Nationalsozialistischen Arbeiterpartei kann der Entscheidung nicht aus dem Wege gehen. Ihre hohe Fraktionsstärke verpflichtet sie. Sie hat mit Kommunisten und Sozialdemokraten jeden Augenblick die Mehrheit, um dem darbenden Volke zu helfen.[404]

Es steht außer Frage, dass Siegfried Aufhäuser, der nicht müde wurde, vor der faschistischen Bedrohung zu warnen, das Gefahrenpotenzial der NSDAP nicht unterschätzte. Ursula Bitzegeio charakterisierte ihn gar als einen der »prononciertesten und bekanntesten Mahner vor dem heraufziehenden Nationalsozialismus, der im Lager der Gewerkschaften beziehungsweise der Sozialdemokratie überhaupt zu finden war«,

400 Vorwärts, 47. Jg. Nr. 460 vom 1. 10. 1930, »›Wir bejahen den Staat, aber nur so weit, als er Leben und Zukunft des arbeitenden Volkes bejaht‹«.

401 Ebd., 49. Jg. Nr. 371 vom 9. 8. 1932, »Wahlen und Wirtschaft. Das Wahlergebnis: Antikapitalistische Sehnsucht«. Siehe dazu II. Kapitel 2.1.

402 Ebd.

403 Ebd.

404 Ebd. Von solchen Ausführungen distanzierte sich die Redaktion des Vorwärts in einer Nachschrift deutlich: »Wir haben die interessanten Ausführungen des Genossen Aufhäuser, die durch einen Teil der Parteipresse gehen, auch unseren Lesern nicht vorenthalten wollen. Die Frage freilich, ob es in diesem Reichstag zu irgendwie ernsten Verhandlungen kommen wird, haben wir schon wiederholt in anderem Zusammenhang erörtert«.

und bezog sich dabei explizit auf die letzten beiden Jahre der Weimarer Republik.[405] Mitte Juni 1932 hatte Aufhäuser in einer Rede vor der Eisernen Front das von Gregor Strasser, dem Reichsorganisationsleiter der NSDAP, in Umlauf gebrachte »Bekenntnis[]« zur »antikapitalistische[n] Sehnsucht« als Trugbild angeprangert.[406] Nur durch Hitler werde überhaupt erst »dieses arbeiterfeindliche Kabinett [er]möglich[t]«, er frage sich, wie lange »die Proletarier aus der SA [...] noch für diese Klassenfeinde kämpfen woll[t]en«.[407] Insofern unterschied er – das wird auch seine späteren Interpretationen der NS-Herrschaft nachdrücklich prägen – klar zwischen Parteibewegung und vermeintlich fehlgeleiteter Anhänger- und Wähler:innenschaft. So auch Mitte August 1932:

> Ob bewußt sozialistisch oder unbewußt antikapitalistisch, die überwältigende Mehrheit der Wähler hat am 31. Juli den Umbau der kapitalistischen Wirtschaft gefordert. [...] Das vom AfA-Bund vor Monaten aufgestellte Wirtschaftsprogramm allein wird Wegweiser der deutschen Wirtschaftspolitik sein können. Die Abwehr faschistischer Gewalt ist die Aufgabe von heute, unser sozialistisches Wollen die Lösung der von morgen.[408]

Inwiefern er sich bei der Frage nach einer möglichen Kooperation zwischen KPD, NSDAP und SPD verklärten Vorstellungen oder Selbsttäuschungen hingab oder ob sich dahinter politisches Kalkül verbarg, mag dahingestellt bleiben. Sicherlich galt es, die »soziale[] Unaufrichtigkeit« des NSDAP-Wahlkampfs, durch den »Tausende von proletarischen Wählern irregeleitet werden konnten«, in der Praxis zu entlarven und ein faschistisches Regime in Deutschland zu verhindern.[409] Darüber hinaus stellt sich mit Blick auf das parlamentarische Geschehen aber die Frage, ob er »ernsthaft an einen sozialistischen Minimalkonsens von SPD, KPD und Teilen der NSDAP zu glauben« schien.[410] Zwar hatte sich der *Vorwärts* deutlich von Aufhäusers Vorschlägen distanziert, in gewerkschaftlichen Kreisen zirkulierten jedoch teils ähnliche Vorstellungen. Tarnow etwa erwog auf einer Sitzung des ADGB-Bundesvorstands Anfang August, »ein revolutionäres sozialistisches Wirtschaftsprogramm mit dem Ziel sofortiger Planwirtschaft aufzustellen, das uns mit den Kommunisten und dem ehrlichen Teil der Nationalsozialisten

405 Bitzegeio, Partei- und Landesgrenzen 2009, S. 152. Vgl. auch II. Kapitel 3.1.
406 Vorwärts, 49. Jg. Nr. 269 vom 10. 6. 1932, »Aufmarsch zum Kampfe«.
407 Ebd. Hier auch: »Man erlaubt sie und gibt ihnen eine neue Uniform, man kleidet sie ein und verleiht ihnen einen Totenkopf, sie dürfen hauen, stechen und schießen, sie dürfen nur nicht fragen wofür!«.
408 Der freie Angestellte, 36. Jg. Nr. 16 vom 16. 8. 1932, »Gewerkschaftlicher Gestaltungswille«. Im Original teilweise hervorgehoben.
409 Vgl. Vorwärts, 49. Jg. Nr. 371 vom 9. 8. 1932, »Wahlen und Wirtschaft. Das Wahlergebnis: Antikapitalistische Sehnsucht«.
410 So argumentierend: Winkler, Katastrophe 1987, S. 697.

näher zusammenbringe«.[411] Nachdem von Papen am 4. September 1932 weitere Notverordnungen verkündet hatte, die auch wesentliche Bestandteile des Tarifvertragswesens generell infrage stellten, appellierte selbst der AfA-Bund, »etwas verschlüsselt«, wie Heinrich August Winkler betonte, gleichfalls an eben diese Konstellation:

> Die Gewerkschaften fordern von den Parteien, die sich im Wahlkampf für die Arbeitsbeschaffung und gegen den Lohnabbau, für die öffentliche Kontrolle der Wirtschaft gegen die Zerstörung der sozialen Rechte eingesetzt haben, daß sie ihre Mehrheit im Reichstag benutzen, die Regierung zur Aufhebung dieser Notverordnung zu zwingen.[412]

Diese Überlegungen speisten sich mitunter aus vermeintlichen oder tatsächlichen Richtungsstreitigkeiten innerhalb der NSDAP.[413] Die Bereitschaft der Partei, die Regierung von Papen vorübergehend zu tolerieren, war nach den jüngsten Wahlerfolgen hinfällig geworden. Dies, zumal sich die nationalsozialistische »Legalitätstaktik« kaum noch gegenüber den eigenen militanten Anhänger:innen rechtfertigen ließ, deren Ungeduld sich in einer zunehmenden Zahl von Anschlägen und Attentaten ausdrückte.[414] Aber auch Koalitionsverhandlungen mit dem Zentrum und Sondierungen über die Aufnahme von NSDAP-Ministern in das bestehende Kabinett scheiterten an Hitlers kompromisslosen Forderungen und der Weigerung Hindenburgs, ihn zum Reichskanzler eines Präsidialkabinetts zu ernennen.[415] Indes schien Gregor Strasser, formal zweiter Mann in der Partei und prominentester Vertreter des »nationalen Arbeiterflügels«, eine Zusammenarbeit mit den Gewerkschaften anzustreben und ganz generell einer mehrheitsfähigen Koalitionsregierung nicht abgeneigt.[416]

Dass Aufhäuser eine mittel- oder längerfristige Zusammenarbeit mit der NSDAP tatsächlich ernsthaft als Option ins Auge gefasst hatte, darf als ausgeschlossen gelten. Zu groß waren seine Vorbehalte, zu nachdrücklich hatte er in den vergangenen Jahren vor den Gefahren gewarnt, die von ihrem Machtanspruch ausgingen. Es ist jedoch nicht auszuschließen, dass er in Anbetracht dessen, dass die SPD-Fraktion am 19. August 1932

411 Sitzung des Bundesvorstandes vom 3. August 1932, in: Quellen zur Geschichte der deutschen Gewerkschaftsbewegung 1988 (Bd. 4), S. 643-646, hier S. 644 f. Vgl. auch: Winkler, Katastrophe 1987, S. 714.

412 Winkler, Katastrophe 1987, S. 729 sowie AfA-Bundeszeitung, 14. Jg. Nr. 10 vom 1. Oktober 1932, »AfA-Bund zum Wirtschaftsprogramm der Reichsregierung«. Die hier abgedruckte Entschließung stammt vom 6. September 1932 und wurde vom AfA-Bundesvorstand verabschiedet.

413 Siehe etwa: Udo Kissenkoetter, Gregor Straßer und die NSDAP, Stuttgart 1978, S. 123 ff.

414 Büttner, Weimar 2008, S. 474.

415 Ebd., S. 474 f. Siehe zu den Verhandlungen zwischen Hitler mit Reichspräsidenten und Kanzler: Winkler, Katastrophe 1987, S. 702-707.

416 Ebd., S. 716 f. und S. 721. Wobei Strasser primär an einer Zusammenarbeit mit dem Zentrum gelegen zu sein schien. Ein solches Bündnis war vom DHV bereits im Herbst 1931 gefordert worden (ebd., S. 729).

eine Reihe von Anträgen und Gesetzesentwürfen zum »Umbau der Wirtschaft« beschloss, bereit gewesen wäre, kurzfristig politische Brücken – in Form einer Abstimmungsallianz – zu schlagen und Wege zu gehen, die er sonst abgelehnt hätte – schließlich handelte es sich hier um Aufhäusers ureigenes Projekt, das für eine radikale Abkehr vom zeitgenössischen kapitalistischen Wirtschaftssystem hin zum Sozialismus stand.[417]

Gewerkschaftliche Überlegungen und herbstliche Verstimmungen

Wie wenig aussichtsreich solche Gedankenspiele in der gegenwärtigen politischen Situation tatsächlich waren, musste Siegfried Aufhäuser spätestens Mitte September 1932 erkennen.[418] Davor lagen ereignisreiche Wochen: Papen hatte nicht nur ein neues Wirtschaftsprogramm entworfen und Notverordnungen durchgesetzt, gegen die vonseiten der SPD wiederum ein Volksbegehren initiiert worden war. Er hatte darüber hinaus Pläne konkretisiert, die einen Verfassungswandel hin zu einem autoritären Staat beinhalteten und dem Reichstag eine erneute Auflösungsorder erteilt.[419] Im Vorfeld des sich nun aufs Neue entfaltenden Wahlkampfs positionierte sich Aufhäuser ostentativ gegen NSDAP und Papen-Regierung: Dabei prangerte er an, dass »auf dem Rücken der Naziwähler Feudalismus und Monopolkapitalismus [...] noch einmal zur Staatsmacht emporgestiegen« seien.[420] Hitler zeichne »für das Zustandekommen der heutigen Reichsregierung verantwortlich« während »umgekehrt die Förderung der ›aufbauwillligen‹ Nazikräfte das Verdienst des Kabinetts Papen« bliebe.[421] Für die Arbeiter:innenklasse aber gäbe es »kein kleineres Übel. Sie befinde[] sich gegenüber zwei[er] Diktaturmethoden im Stadium des verschärften Klassenkampfes«.[422]

Diese Interpretation teilten durchaus nicht alle SPD-Genoss:innen, die teils gravierende Unterschiede zwischen reaktionärem Papen-Regime und faschistischer Hitlerdiktatur ausmachten. So hatte Ernst Heilmann, der ehemalige Vorsitzende der SPD-Fraktion im Preußischen Landtag, an anderer Stelle betont, dass »[s]elbst zwischen dem reaktionärsten Junkerregiment und der gewalttätigen Verbrecherherrschaft der Faschisten [...] noch eine ganze Welt [liege]«.[423] Und auch die preußische Landtags-

417 Vorwärts, 49. Jg. Nr. 391 vom 20. 8. 1932, »Sozialistischer Aufbau. Unsere Forderungen im neuen Reichstag«. Vgl. auch: Winkler, Katastrophe 1987, S. 715.

418 Vgl. dazu auch: Winkler, Katastrophe 1987, S. 741.

419 Vgl. zu Papens Plänen: ebd., S. 707-713 und S. 734-740 sowie Büttner, Weimar 2008, S. 476-479. Der Umstand, dass trotz Auflösungsorder ein von der KPD eingebrachter Misstrauensantrag gegen Papen zur Abstimmung gelangte und 512 der 560 abgegebenen Stimmen für den Antrag plädierten, stellte einen Eklat dar, machte aber ebenso deutlich, wie es um den parlamentarischen Rückhalt der Regierung bestellt war (vgl. Verhandlungen des Reichstags. VI. Wahlperiode 1932, 12. 9. 1932, Bd. 454, Stenographische Berichte, S. 13-21).

420 Vorwärts, 49. Jg. Nr. 435 vom 15. 9. 1932, »Unser Weg«. Im Original teils mit Hervorhebungen.

421 Ebd.

422 Ebd.

423 Das Freie Wort, 4. Jg. Nr. 42 vom 16. 10. 1932, »Liste 2!« (zitiert nach Winkler, Katastrophe 1987, S. 744 f.).

abgeordnete Hedwig Wachenheim konstatierte mit Bezug auf die »sagenhafte antikapitalistische Sehnsucht«, dass die Nationalsozialisten weiterhin »die schlimmsten Feinde der Arbeiterklasse« seien.[424]

Die Debatten innerhalb der SPD kreisten zwar um die Gewichtung der Gefahrenpotenziale, stellten jedoch die restaurativen und faschistischen Bedrohungsmomente nicht grundsätzlich infrage. Demgegenüber fielen die Reaktionen der freien Gewerkschaftsbewegung ambivalenter aus. Es steht außer Frage, dass die Gewerkschaften die wirtschaftspolitischen Vorstöße der Papen-Regierung gerade mit Blick auf lohn- und tarifpolitische Implikationen nicht befürworten konnten.[425] Ungeachtet dessen intensivierten sich die Verbindungen zur Regierung im Spätsommer 1932 auf mehreren Ebenen: So konnte Leipart am 3. August auf einer Sitzung des ADGB-Vorstands von einer Zusammenkunft mit Papen, Reichswehrminister Kurt von Schleicher und Innenminister Wilhelm von Gayl berichten, der er gemeinsam mit seinen Stellvertretern Peter Graßmann und Wilhelm Eggert beigewohnt hatte.[426] Nach Gesprächen, in denen unter anderem die aktuelle politische und wirtschaftliche Situation, die Gefahren der NS-Bewegung in Anbetracht der bevorstehenden Wahlen und die Position der Gewerkschaften im Staat behandelt worden waren, hatte sich bei ihm der Eindruck gefestigt, dass »die Regierung nicht gewillt sei, sich beiseite drängen zu lassen«, sondern »sich auf Jahre eingerichtet« habe.[427] Indes »dürfte man es bei aller politischen Meinungsverschiedenheit doch mit klugen und anständigen Leuten zu tun haben«, wobei Schleicher »[d]er maßgebende Mann sei«.[428] Diese Einschätzung hat allem Anschein nach das Vorgehen des ADGB in den folgenden Monaten maßgeblich beeinflusst. Anknüpfungspunkte für

424 Ebd., Nr. 43 vom 23.10.1932, »Der Feind ist Hitler« (zitiert nach Winkler, Katastrophe 1987, S. 744f., hier teilweise hervorgehoben).

425 Der Bundesvorstand des ADGB hatte sich gegen die lohn- und tarifpolitischen Konsequenzen der September-Notverordnung ausgesprochen, jedoch Einigkeit darüber erzielt, an deren Ausführungsbestimmungen mitzuwirken und etwaige Protestaktionen den angeschlossenen Verbänden zu überlassen (Winkler, Katastrophe 1987, S. 726ff.). Vgl. dazu auch die Sitzungen des Bundesvorstandes vom 7. und 16. September 1932, in: Quellen zur Geschichte der deutschen Gewerkschaftsbewegung 1988 (Bd. 4), S. 665-668 und S. 698-703. Nachdem am 3. Oktober 1932 eine weitere Verordnung – in Ergänzung zur oben genannten Verordnung vom 5. September 1932 – erlassen wurde, beschloss der ADGB eine öffentliche Protestkundgebung durchzuführen, der sich auch der AfA-Bund anschloss (vgl. die Sitzung des Bundesausschusses vom 7. Oktober 1932, in: ebd., S. 714-729, insbesondere S. 725f.). Aufhäuser hielt dort das Schlusswort (vgl. AfA-Bundeszeitung, 14. Jg. Nr. 11 vom 1. November 1932, »Gemeinsame öffentliche Kundgebung der Bundesausschüsse des ADGB und des AfA-Bundes«).

426 Vgl. Sitzung des Bundesvorstandes am 3. August 1932, in: Quellen zur Geschichte der deutschen Gewerkschaftsbewegung 1988 (Bd. 4), S. 643-646. Vgl. auch die ausführlichen Berichte auf der Besprechung im Büro des ADGB über Verhandlungen mit der Reichsregierung am 30. Juli 1932, in: ebd., S. 635-640 und die Tagebuchaufzeichnung von Staatssekretär a.D. Hans Schäffer (Auszug) vom 10. August 1932, in: ebd., S. 641-643.

427 Besprechung im Büro des ADGB über Verhandlungen mit der Reichsregierung am 30. Juli 1932, in: ebd., S. 635-640, hier S. 640.

428 Ebd.

Kooperationen mit der Reichsregierung stellten etwa die ADGB-Mitarbeit beim *Freiwilligen Arbeitsdienst* (FAD) und bei Plänen einer kreditfinanzierten Arbeitsbeschaffung dar.[429] Durch gestreute Informationen zu staatssozialistischen Überlegungen aus dem Umfeld des Reichswehrministeriums intensivierte sich darüber hinaus ein indirekter Austausch mit der Reichsregierung.[430]

Solche Verbindungen nährten Gerüchte über Verhandlungen hinsichtlich einer gewerkschaftlichen Regierungsbeteiligung, die NSDAP und teils auch SPD einschlossen. Ausgangspunkt derartiger Mutmaßungen bildete zuallererst Schleicher, der die Zusammenarbeit gegenläufiger politischer Kräfte unter dem »Banner ›Arbeitsbeschaffungspolitik‹« seit geraumer Zeit im Sinne einer Querfrontstrategie vorantrieb.[431] Der ADGB sah sich schließlich genötigt, mit einer Stellungnahme zu reagieren, der sich auch der AfA-Bund anschloss. Darin wurde versichert, dass er »allen Kombinationen über Machtbildung an der Spitze des Reichs absolut fernsteh[e] und an Verhandlungen über die Bildung einer neuen oder die Umbildung der gegenwärtigen Regierung unbeteiligt [sei]«.[432] Demgegenüber sei »der ADGB nur von dem einen Bestreben geleitet [...], seine Unabhängigkeit von jeder Regierung, wie immer sie beschaffen sei, in vollem Umfang sicherzustellen«.[433]

Entgegen anderslautenden Gerüchten verblieb der ADGB zunächst in Distanz zur nationalsozialistischen Bewegung. Ohnehin zählten die freien Gewerkschaften als Konkurrenten und Widersacher zu den erklärten Feindbildern der NSDAP. Gewerkschaftliche Vertreter:innen, deren Versammlungsorte und Wohnhäuser waren nicht

429 Vgl. Winkler, Katastrophe 1987, S. 717-720 und S. 752. Siehe zur Beteiligung der Gewerkschaften am FAD etwa die ausführlichen Diskussionen zu dessen Richtlinien auf der Sitzung des Bundesausschusses vom 14. Juni 1932, in: Quellen zur Geschichte der deutschen Gewerkschaftsbewegung 1988 (Bd. 4), S. 587-606, insbesondere S. 597-606. Auch bei einer vom *Deutschen Landgemeindetag* und dessen Präsident Günther Gereke ausgehenden Initiative zu einem Arbeitsbeschaffungsprogramm (»Gereke-Plan«), die Mitglieder von NSDAP, Reichsbanner und Stahlhelm einbezog und beim Reichskanzler Gehör fand, waren Mitglieder des ADGB involviert (vgl. Sitzung des Bundesvorstandes vom 17. August 1932, in: ebd., S. 648-651, hier S. 649 f.)

430 Die Informationen legten nahe, dass sich das Ministerium nun »intensiv mit der Frage der Verstaatlichung der Montanindustrie, des Bergbaus und der Banken beschäftige[n]« würde (ebd., S. 650 f.). Das Vorhaben wurde immerhin so ernst genommen, dass der ADGB noch am selben Tag die Versendung von umfangreichen eigenen Programmschriften und Materialien zur Sozialisierungsfrage veranlasste (Erdmann [ADGB] an Major Marcks [Presseabteilung der Reichsregierung] am 17. August 1932, in: ebd., S. 651 f.).

431 Vgl. Willy Buschak, Arbeit im kleinsten Zirkel. Gewerkschaften im Widerstand gegen die nationalsozialistische Diktatur, Essen 2015, S. 37 f. Vereinzelt fand er dabei auch innerhalb der SPD Gehör. Siehe ausführlich zur Querfrontthematik: Axel Schildt, Militärdiktatur mit Massenbasis? Die Querfrontkonzeption der Reichswehrführung um General von Schleicher am Ende der Weimarer Republik, Frankfurt a. M. u. a. 1981.

432 AfA-Bundeszeitung, 14. Jg. Nr. 9 vom 1. September 1932, »Reichsregierung und Gewerkschaften. Gerüchte und Legenden«.

433 Ebd.

selten Ziele von nationalsozialistischen Attacken und Überfällen.[434] Gleichwohl lassen sich einzelne Verbindungslinien nachweisen. Schon 1928 hatte Leipart den langjährigen ADGB-Mitarbeiter Franz Josef Furtwängler als »Kundschafter« entsandt. Dieser sollte Beziehungen zum nationalsozialistischen Lager aufnehmen und über die dortigen Strömungen berichten.[435] Der NSDAP-Vertreter Gregor Strasser wiederum hatte die Differenzen zwischen ADGB und SPD über Arbeitsbeschaffungsmaßnahmen und das wirtschaftliche Umbauprogramm im Vorfeld und während des »Krisenkongresses« aufmerksam registriert und in einer Reichstagsrede vom 10. Mai 1932 über die »antikapitalistische Sehnsucht« die Gewerkschaften explizit adressiert.[436] Dieser Annäherungsversuch hinterließ mancherorts zwar einen gewissen Eindruck, eine Intensivierung der Beziehung blieb jedoch zunächst aus – zu deutlich zeichnete sich das taktische Motiv Strassers ab, damit »einen Keil zwischen Gewerkschaften und SPD [...] treiben« zu wollen.[437] Unwahrscheinlich erscheint es daher auch, dass einer Ende August an Tarnow herangetragenen Bitte nach einem Treffen führender ADGB-Vertreter mit Strasser entsprochen wurde.[438]

Gleichwohl lassen sich im 2. Halbjahr 1932 Bestrebungen seitens des ADGB ausmachen, die auf eine Absetzung von der SPD hinausliefen. Dass sich das Verhältnis auch in den Jahren davor nicht gänzlich konfliktfrei gestaltet hatte, dürfte in Anbetracht der bisherigen Schilderungen kaum verwundern. Offen zutage traten unterschiedliche Positionen etwa bei der Reparationsfrage, die Ende 1931 in einer Kontroverse zwischen Breitscheid und Leipart, der zuvor die Streichung aller Reparationen und Kriegsschulden gefordert hatte, ausgetauscht wurden.[439] Zwar waren diese Standpunkte auch in der SPD kontrovers debattiert worden. Innerhalb der Reichstagsfraktion überwog aber die auch von Aufhäuser geteilte Auffassung, dass selbst aus taktischen Gründen »dem Nationalismus der Rechten keinerlei Zugeständnisse« gemacht werden dürften.[440] Ein »zunehmende[r] Gegensatz zwischen Parteiführung und Gewerkschaftsspitze, hauptsächlich was die Stellung zu den staatlichen Instanzen und deren Politik« anbelangte,

434 Vgl. die Aufstellung im Brief des Bundesvorstands des ADGB (Schlimme) an die Terrorabwehrstelle: Nationalsozialistische Überfälle vom 15. September 1932, in: Quellen zur Geschichte der deutschen Gewerkschaftsbewegung 1988 (Bd. 4), S. 696-698. Vgl. auch Buschak, Zirkel 2015, S. 25ff.

435 Ebd., S. 24f.

436 Ebd., S. 30f. Vgl. dazu die vorangegangenen Seiten.

437 Vgl. ebd., S. 30ff. (hier auch zu einer weiteren Avance Strassers im September 1932) sowie S. 35.

438 Vgl. dazu: Winkler, Katastrophe 1987, S. 715f. Ein Gesprächsprotokoll findet sich im Schreiben von Tarnow an Leipart vom 27. August 1932 (Gespräch mit Cordemann, NSDAP), in: Quellen zur Geschichte der deutschen Gewerkschaftsbewegung 1988 (Bd. 4), S. 657-661. Die zu diesem Zeitpunkt kursierenden Gerüchte über eine »Fühlungnahme« zwischen Strasser und Furtwängler im Frühjahr 1932 erscheinen ebenfalls unwahrscheinlich (vgl. Buschak, Zirkel 2015, S. 35ff.).

439 Vgl. Winkler, Katastrophe 1987, S. 463-469.

440 Ebd., S. 467.

war auch, darauf hat Hagen Schulze hingewiesen, während des »Preußenschlags« auszumachen.[441] Wo Wels noch »politisch einsichtige[] Gründe[]« gegen einen Generalstreik vorgebracht habe, konnte Schulze bei der ADGB-Führung lediglich eine »Art revolutionärer Impotenz, [...] [gar eine] Anpassungsbereitschaft« ausmachen.[442]

In internen Debatten wurde das Verhältnis zur SPD nun zunehmend unverblümt infrage gestellt: Im Reichstagswahlkampf hatten sich AfA-Bund und ADGB öffentlich zwar deutlich für die SPD ausgesprochen.[443] Nach der Bekanntgabe der Ergebnisse mehrten sich allerdings Stimmen, die gegenüber der SPD ein größeres Maß an Distanzierung befürworteten. Leipart hatte auf der Bundesvorstandssitzung am 3. August 1932 etwa darüber sinniert, »daß die Gewerkschaften sich nicht mehr so deutlich mit der SPD liieren dürften, sondern wieder mehr selbstständig in Erscheinung treten müßten«.[444] Wilhelm Stähr, Stellvertreter Aufhäusers im AfA-Bund, ergänzte, dass »[a]uch der AfA-Bundesvorstand [...] die Erwägung angestellt [habe], ob die enge Liierung mit der SPD und der Eisernen Front nicht eine Gefahr für die Gewerkschaften darstelle, die im Interesse der gesamten Arbeiterbewegung vermieden werden sollte«.[445]

Da die Debatte im ADGB-Vorstand zunächst nicht – wie vorgesehen – erneut aufgegriffen wurde, erscheint es unwahrscheinlich, dass eine konsequente Abkehr von der SPD zu diesem Zeitpunkt tatsächlich ernsthaft beabsichtigt war. Außerdem kann die Position des AfA-Bunds in dieser Debatte mindestens in Teilen auf Skepsis gegenüber der gewerkschaftlichen Stellung zur *Eisernen Front* zurückgeführt werden: Darauf deutet ein Brief von Aufhäuser an den ADGB hin, in dem er seine Besorgnis über die »Selbstständigkeit der einzelnen Spitzenorganisationen« ausdrückte und sich im Namen des AfA-Bundesvorstands nach einer Verständigung erkundigte, um »Klarheit über die künftige Konstruktion der Eisernen Front« zu schaffen.[446] Unmittelbarer Anlass für das Schreiben dürfte eine Kontroverse zwischen SPD- und Reichsbannerführung über eine Beteiligung am *Reichskuratorium für Jugendertüchtigung* gewesen sein. Diese Einrichtung war einen Monat zuvor vom Reichspräsidenten ins Leben gerufen worden und blieb innerhalb der Arbeiter:innenbewegung heftig umstritten. Während der Parteivor-

441 Schulze, Einleitung 1975, S. XVIII.

442 Ebd.

443 Vgl. etwa: AfA-Bundeszeitung, 14. Jg. Nr. 8 vom 20. Juli 1932, »An die Angestellten!« und den Aufruf des ADGB-Vorstands zur Reichstagswahl am 16. Juli 1932, in: Quellen zur Geschichte der deutschen Gewerkschaftsbewegung 1988 (Bd. 4), S. 623-625.

444 Sitzung des Bundesvorstandes am 3. August 1932, in: ebd., S. 643-646, hier S. 644.

445 Ebd. Es erscheint bemerkenswert, dass diese Gedanken nicht nur mit Bezug auf das künftige Verhältnis zur Reichsregierung, sondern dezidiert auch mit Blick auf die Wahlerfolge der KPD artikuliert wurden. Wenn Leipart und auch Tarnow während dieser Debatte »den Eindruck [erweckten], als wären sie an einer Annäherung oder zumindest Normalisierung des Verhältnisses zur KPD interessiert«, steht dies im Widerspruch zu ihrer sonstigen Haltung und der Politik des ADGB (vgl. ebd., S. 645, Fußnote 4).

446 AfA-Bundesvorstand an Vorstand des ADGB am 28. Oktober 1932, in: ebd., S. 740f. Darin erläuterte er, dass sich der Bundesvorstand »in den letzten Monaten mehrfach mit dem Verhältnis der Gewerkschaften zur Eisernen Front beschäftigt« habe.

stand um Wels eine Beteiligung an dieser Einrichtung zur Förderung des Wehrsports innerhalb der einzelnen Verbände vehement ablehnte, zeigte sich Reichsbanner-Leiter Höltermann überaus interessiert an einer Mitarbeit, die in diesem Sinne auch vom ADGB befürwortet wurde.[447] Aufhäuser wiederum hatte sich bei verschiedenen Anlässen – auch im Namen des AfA-Bundesvorstands – deutlich gegen eine Beteiligung ausgesprochen.[448] Letztlich wirkte sich diese Kontroverse, die über mehrere Monate ergebnislos ausgetragen wurde, entscheidend auf den Zusammenhalt der *Eisernen Front* aus. Erst in der zweiten Dezemberhälfte konnte sich der SPD-Parteivorstand, dem die politische Richtlinienkompetenz innerhalb der *Eisernen Front* zufiel, gegen eine sichtlich enttäuschte Reichsbannerführung durchsetzen.[449]

Dass ein Versuch, die Beziehung von SPD und Gewerkschaften in diesem Zeitraum pauschal zu fassen, unvollständig bleiben muss, wird gerade mit Blick auf die Ausrichtung der unterschiedlichen Einzelgewerkschaften und die Verhältnisse auf regionaler Ebene offenkundig. Gleichwohl konnte lokalen Vorkommnissen durchaus reichspolitische Relevanz zukommen: So rief das Vorhaben der Hamburger Parteiorganisation, den stellvertretenden ADGB-Vorsitzenden Graßmann von der Kandidat:innenliste zur Reichstagswahl zu streichen und durch Hans Staudinger, der bis zum »Preußenschlag« als Staatssekretär im preußischen Handelsministerium tätig war, zu ersetzen, nicht nur innerhalb des ADGB vehemente Proteste hervor.[450] Auch Siegmund Crummenerl, Hauptkassierer der SPD, zeigte sich auf der Bundesausschusssitzung betrübt über diese Vorgehensweise der Regionalorganisation.[451] Getrübt wurde das Verhältnis in diesem Zeitraum zudem durch eine Rede Leiparts am 14. Oktober 1932 in Bernau. Inhaltlich knüpften seine Bemerkungen an die ADGB-Vorstandssitzung vom 3. August 1932 an, nun wurden sie jedoch während des Reichstagswahlkampfs vor größerer Öffentlichkeit geäußert. Insbesondere seine nationalen Bezugnahmen und die Formulierung, dass die

447 Vgl. die Sitzung des ADGB-Bundesvorstandes am 26. Oktober 1932, in: ebd. S. 734-739, hier S. 739. Schon auf der SPD-Parteiausschusssitzung vom 20. September 1932 war intensiv über die unterschiedlichen Ansichten von Reichsbanner und SPD gesprochen und die Entsendung eines politischen Kommissars des Parteivorstands in die Reichsbannerbundesleitung (zur »Kaltstellung« Höltermanns) diskutiert worden (Winkler, Katastrophe 1987, S. 742). Demgegenüber zeigte sich der ADGB auf der Sitzung Ende Oktober bemüht, auf die Partei einzuwirken, um ihre ablehnende Haltung gegenüber Kuratorium und Reichswehr insgesamt zu überdenken (ebd., S. 753).

448 So beispielsweise auf der Bundeskonferenz des Reichsbanners am 12. und 13. November 1932 (vgl. AfA-Bundeszeitung, 14. Jg. Nr. 12 vom 1. Dezember 1932, »Bundeskonferenz des Reichsbanners«).

449 Winkler, Katastrophe 1987, S. 787 ff. und S. 821 f.

450 Vgl. hierzu etwa die Sitzungen des Bundesvorstands vom 28. September 1932 und 5. Oktober 1932, in: Quellen zur Geschichte der deutschen Gewerkschaftsbewegung 1988 (Bd. 4), S. 703-708, hier S. 703 f. und S. 709-714, hier S. 713.

451 Vgl. ebd., Sitzung des Bundesausschusses vom 7. Oktober 1932, S. 714-729, hier S. 727. Anlass zur Kritik hatte zuvor schon das von der SPD initiierte Volksbegehren gegen die Septemberverordnungen gegeben, das ohne Abstimmung mit dem ADGB von der Reichstagsfraktion beschlossen worden war (Winkler, Katastrophe 1987, S. 746).

gewerkschaftlichen Bestrebungen »über jede enge Parteigebundenheit hinaus[gehe]« und »zu sehr auf das Ganze gerichtet [seien], um Parteifesseln zu tragen«, sorgten für deutliche Kritik.[452] Inwiefern diese Rede darauf abzielte, sich für eine Zusammenarbeit mit der von Schleicher in Aussicht genommenen Querfront anzubieten, bleibt dahingestellt. Seitens der NSDAP wurden seine Verlautbarungen jedenfalls überaus positiv aufgenommen.[453]

Novemberstürme

Entgegen dieser Verlautbarungen unterstützte der ADGB in seinem Wahlaufruf die SPD nachdrücklich, warnte nicht nur vor den »ungeheuren Gefahren [...], die sich hinter den staatspolitischen Plänen der jetzigen Regierung verb[a]rgen«, sondern rief zeitgleich dazu auf, mit »[a]lle[n] Stimmen für die Sozialdemokratie« zu votieren.[454] Gleiches galt für den AfA-Bund, der daran erinnerte, dass die »sozialen Errungenschaften der letzten zehn Jahre [...] unter dem maßgeblichen Einfluß der Sozialdemokratie gewonnen, [aber] durch die Reaktion und ihre Helfer wieder gefährdet und teils zerstört worden« waren.[455] Unterdessen habe die »kommunistisch-nationalsozialistische Mehrheit« des letzten Reichstags »das Elend [noch] gesteigert«, deshalb sollten sich die Angestellten am 6. November zur Eisernen Front bekennen.[456]

Ungeachtet dessen hielt es der *Vorwärts* für angebracht, Gerüchte »von einem Abschwenken der freien Gewerkschaften von der Eisernen Front und somit auch von der Sozialdemokratischen Partei«, die »zweifellos aus Quellen des Regierungslagers gespeist« würden, mit einer Reihe von Auszügen aus der Gewerkschaftspresse zu zerstreuen.[457] Eingeleitet wurde die Zitatsammlung mit dem Verweis auf einen Artikel Aufhäusers aus der AfA-Bundeszeitung, in der dieser zum Rundumschlag gegen die bestehende Regierung ausgeholt und die Solidarität zwischen politischer und gewerkschaftlicher Arbeiter:innenbewegung bekräftigt hatte: »[d]ie von den deutschen Faschisten in den Sattel gehobene Regierung Papen-Schleicher-Gayl [habe] einen grundsätzlichen Systemwechsel gebracht, der die politische und gewerkschaftliche Arbeiterbewegung vor neue

452 Zitiert nach: Vorwärts, 49. Jg. Nr. 487 vom 15. 10. 1932, »Kulturaufgaben der Gewerkschaften«. Vgl. zur Rezeption die Sitzung des ADGB-Bundesvorstandes vom 26. Oktober 1932, in: Quellen zur Geschichte der deutschen Gewerkschaftsbewegung 1988 (Bd. 4), S. 734-739, hier S. 738. Vgl. zum Hintergrund, dem nationalen Duktus, dem Entstehungskontext und der Rezeption in konservativen und nationalsozialistischen Kreisen auch: Winkler, Katastrophe 1987, S. 746 ff.

453 Buschak, Zirkel 2015, S. 34 f.

454 Aufruf des ADGB-Vorstandes zur Reichstagswahl vom 24. Oktober 1932, in: Quellen zur Geschichte der deutschen Gewerkschaftsbewegung 1988 (Bd. 4), S. 733 f.

455 AfA-Bundeszeitung, 14. Jg. Nr. 11 vom 1. November 1932, »An die Angestellten!«.

456 Ebd.

457 Vorwärts, 49. Jg. Nr. 507 vom 27. 10. 1932, »Gewerkschaften und Partei. Schicksalsgemeinschaft im Kampf für die Arbeiterschaft«.

Aufgaben und Kampfmethoden stell[e]«.[458] Es könne »unter bestimmten ökonomischen Voraussetzungen zeitweise der Zwang bestehen, daß sich Arbeiterklasse und Bürgertum die Staatsmacht teilen« müssten.[459] »Solche vorübergehenden Gemeinschaften« – wie sie zwischen 1918 und 1932 bestanden hätten – würden jedoch »durch den Klassenkampf immer wieder gesprengt werden. [...] Arbeiter und Angestellte [stünden] heute vor der geschichtlichen Aufgabe, im entscheidenden Kampf gegen die Staatsmacht und gegen die Bourgeoisie die kapitalistische Reaktion niederzuringen«.[460] Dabei sei »[d]as vom AfA-Bund aufgestellte Wirtschafts-Aktionsprogramm, das alle übrigen Glieder der Gesamtbewegung mit übernommen [hätten], [...] die Fahne in diesem Ringen um einen befreienden Gegenwartssozialismus«.[461] Es sei nun »die Aufgabe unserer Funktionäre, der gedankenlosen Rebellion vieler Berufsgenossen sozialistischen Inhalt, den im negativen Protest Versinkenden das proletarische Klassenbewußtsein zu geben«.[462]

Ähnlich lautende Appelle formulierte Aufhäuser in seiner Funktion als SPD-Vertreter auf Parteiversammlungen und Wahlkundgebungen nun fast täglich. Auf der außerordentlichen Berliner Bezirksversammlung zur Aufstellung der Kandidat:innenliste am 8. Oktober propagierte er den »Kampf um den Gegenwartssozialismus«, durch den der »Scheinsozialismus der Nationalsozialisten [zu] erledigen« sei.[463] »Die völlig veränderte politische Situation«, so Aufhäuser, habe »die Partei vor neue Aufgaben und vor einen neuen Wahlkampf« gestellt: Der 20. Juli »sollte [...] zur Selbstbesinnung und zur Selbstkritik veranlassen«, er sei »der Abschluß einer Periode der überhöhten Verantwortungsfreudigkeit der Partei [...][, f]ür Koalitionen mit dem Bürgertum [sei] wichtig, [...] [zu] erkennen, daß solche Verbindungen zeitlich begrenzt [sein] müss[t]en«.[464] Die SPD wäre in der Vergangenheit »nur zu lange geneigt [gewesen], durch das Hineinwachsen in den Staat den Kampf um den Staat zu ersetzen«.[465]

Für Aufhäuser muss mit dieser Aussage eine gehörige Portion Selbstkritik verbunden gewesen sein. Obgleich er sich beim Reichsparteitag 1927 vehement gegen eine Koalition mit bürgerlichen Parteien ausgesprochen und einen Antrag eingebracht hatte, in dem »der Kampf für die Erhaltung der Republik« als nachrangig gegenüber dem »Kampf für soziale Forderungen und für den Sozialismus« eingeordnet wurde, hatte er die Tolerierungspolitik viele Monate mit gestützt.[466] Dabei wird jene zentrale Problematik tangiert, die die SPD seit 1914 umtrieb: Das Spannungsverhältnis zwischen den originären Interessen und Zielen der Partei und dem, was von ihr als staatsnot-

458 Vgl. AfA-Bundeszeitung, 14. Jg. Nr. 10 vom 1. Oktober 1932, »Wendepunkt«.
459 Ebd.
460 Ebd.
461 Ebd.
462 Ebd.
463 Vorwärts, 49. Jg. Nr. 477 vom 9.10.1932, »Unser Kampf um den Sozialismus«.
464 Ebd.
465 Ebd.
466 Sozialdemokratischer Parteitag 1927 in Kiel. Protokoll mit dem Bericht der Frauenkonferenz, S. 272.

wendiges Verhalten angesehen wurde, das es zu erdulden galt, um den institutionellen Rahmen als solchen zu erhalten. Seit der Revolution 1918/19 verstand sich die Sozialdemokratie zudem als »Stütze des demokratischen Rechtsstaates und als Verteidigerin der republikanischen Verfassungsordnung«, in deren Rahmen der Kapitalismus auf legalistischem Wege überwunden werden könne.[467] Nachdem in den Jahren zuvor die Politik der Brüning-Ära unter schweren politischen und moralischen Belastungen erduldet und spätestens mit dem Machtverlust in Preußen offenkundig gescheitert war, kam in der zweiten Jahreshälfte 1932 für große Teile der SPD eine konstruktive Mitarbeit an der Reichsgesetzgebung nicht mehr infrage.[468] In weiten Teilen der Partei überwog in diesen Monaten eine Politik des Abwartens und Verharrens »in der kurzfristig sicheren Tatenlosigkeit, in der Hoffnung darauf, sich in der Opposition gesundzuwachsen«, so die Diagnose von Hagen Schulze.[469]

Gleichwohl demonstrierte Siegfried Aufhäuser in Anbetracht der bevorstehenden Wahlen nach außen hin eine optimistische Haltung. Er prophezeite, dass die Sozialdemokratie »das Parlament wieder den antiparlamentarischen Kräften entreißen [...] und [...] die Millionen, die bei der letzten Wahl noch Hitler nachliefen, wieder zum wahren Sozialismus zurückbringen« werde.[470] An anderer Stelle betonte er, dass »das Parlament schon allein um der sozialen Fragen willen wieder aktionsfähig« gemacht werden müsse und »auf die Dauer die Volkssouveränität nicht durch das Herrentum aufgehoben« werden dürfe.[471] Eindringlich verwies Aufhäuser dabei auf den Umstand, dass »Millionen von Naziwählern [als] Fußschemel« für eine erneute Herrschaft des Feudalismus gedient hätten.[472] Zwar standen primär NSDAP und Papen-Regierung im Fokus seiner Ausführungen, wenige Tage vor den Wahlen unterzog Aufhäuser aber auch das Verhalten der KPD einer eingehenden Kritik. So machte er als Ursache für die Machtfülle der »Regierung der Barone« die Uneinigkeit der Arbeiter:innenschaft verantwortlich und brandmarkte den »Kampf der Kommunisten gegen die Sozialdemo-

467 Klaus Schönhoven, Strategie des Nichtstuns? Sozialdemokratischer Legalismus und kommunistischer Attentismus in der Ära der Präsidialkabinette, in: Winkler (Hg.): Staatskrise 1992, S. 59-75, hier S. 65. Hier ebenfalls zur Frage nach der Rolle und Funktion des Staates in den theoretischen Konzeptionen der Sozialdemokratie (Fußnote 12).

468 Vgl. Schulze, Einleitung 1975, S. XIXf. Parlamentarische Initiativen blieben nun in aller Regel auf Ad-hoc-Maßnahmen in Form von Einzelanträgen oder -vorschlägen beschränkt, die keiner sichtbaren Strategie folgten (ebd., S. XX). Unterdessen blieben »die Anregungen zum außerparlamentarischen Handeln im Unverbindlichen stecken« (ebd.). Allerdings wurde nun auch innerhalb der Partei zunehmend offen diskutiert, inwiefern »die Verteidigung der Weimarer Verfassung die Hauptaufgabe sozialdemokratischer Politik sei« (Winkler, Katastrophe 1987, S. 802). Die in diesem Kontext angestellten Überlegungen zu einer Verfassungsreform, die auch ein dauerhaft funktionsfähiges Parlament antizipierten, blieben in Ansätzen stecken (vgl. ebd., S. 802-809).

469 Ebd., S. 809 sowie Schulze, Einleitung 1975, S. XXI.

470 Vorwärts, 49. Jg. Nr. 477 vom 9. 10. 1932, »Unser Kampf um den Sozialismus«.

471 Ebd., Nr. 494 vom 19. 10. 1932, »Die Partei im Kampfe«.

472 Ebd.

kratie [...] [als] Dienst am Faschismus«.[473] Schon auf der Bezirksversammlung Anfang Oktober hatte er die »schwere[] Schuld der Kommunisten« gegeißelt, »die wirklich alles [ge]ta[]n [hätten], um das Erreichte durch Versagung der Mitarbeit zu verhindern oder wieder zu beseitigen«.[474]

Um diese Anschuldigungen nachzuvollziehen, erscheint ein kurzer Rekurs auf die vielschichtige Beziehung zwischen beiden Arbeiter:innenparteien in der Spätphase der Republik angebracht: Im Herbst 1928 war die einige Jahre zuvor von Grigori Jewsejewitsch Sinowjew und Josef Stalin propagierte Sozialfaschismusthese, nach der Faschismus und Sozialdemokratie wesensgleich und als »Zwillingsbrüder« zu begreifen seien, innerhalb der KPD erneut zur Doktrin erklärt worden.[475] Parallel dazu etablierte sich mit der *Revolutionären Gewerkschafts-Opposition* (RGO) eine kommunistische Gewerkschaftsbewegung in dezidierter Abgrenzung zum ADGB und der Sozialdemokratie.[476] Entsprechend feindselig gestalteten sich gegenseitige Bezugnahmen in den folgenden Jahren – wobei die von der KPD vehement kritisierte Tolerierungspolitik der SPD zahllose Anlässe bot. Als die KPD vor dem Hintergrund der Regierungsübernahme durch Papen im späten Frühjahr 1932 mit einzelnen Verlautbarungen eine einheitliche Aktionsfront in Aussicht zu stellen schien, verhielt sich die SPD zunächst zurückhaltend.[477] Zwar war die symbolische Bezugnahme auf eine wie auch immer geartete »Einheitsfront« zuvor immer wieder Gegenstand von oftmals strategisch bedingten Verlautbarungen, von Erörterungen und auch von Hoffnungen gewesen.[478] Eine erfolgreiche Umsetzung schien aber erst Anfang Juni 1932 eine gangbare Option zu sein: Der KPD-Vorsitzende Ernst Thälmann hatte in mehreren Artikeln die SPD

473 Ebd., Nr. 517 vom 2. 11. 1932, »Die Massen marschieren auf«.

474 Ebd., Nr. 477 vom 9. 10. 1932, »Unser Kampf um den Sozialismus«. Im Original hervorgehoben.

475 Vgl. hierzu ausführlich: Hermann Weber, Hauptfeind Sozialdemokratie. Strategie und Taktik der KPD 1929-1933, Düsseldorf 1982, S. 16-23.

476 Vgl. Werner Müller, Lohnkampf, Massenstreik, Sowjetmacht. Ziele und Grenzen der »Revolutionären Gewerkschafts-Opposition« (RGO) in Deutschland 1928 bis 1933, Köln 1988. Die Sozialfaschismusthese, die eigenständige Gewerkschaftspolitik und die Subordination der KPD unter die Politik der *Kommunistischen Partei der Sowjetunion* (KPdSU) waren auch innerhalb der KPD umstritten und führten letztlich zur Gründung der KPD-O.

477 Dass beide Parteien nun wieder »in einer zumindest vordergründig gemeinsamen Frontstellung gegen eine Reichsregierung« standen, die wiederum von der NSDAP offen umworben wurde, war vielerorts mit der Hoffnung auf ein Aktionsbündnis verbunden (vgl. Winkler, Katastrophe 1987, S. 616 f.). Nicht selten wurde dabei den Gewerkschaften eine Vermittlerinnenrolle zugeschrieben (vgl. beispielsweise das Schreiben von Albert Einstein, Käthe Kollwitz und Heinrich Mann an Leipart [Appell zur Einheitsfront] vom 17. Juni 1932, in: Quellen zur Geschichte der deutschen Gewerkschaftsbewegung 1988 [Bd. 4], S. 606 f. Schon zuvor hatten sich Heinrich Brandler [im Namen der KPD-O] sowie Seydewitz [für die SAP] unter anderem an SPD, KPD und ADGB gewandt, um in gemeinsamen Beratungen gemeinschaftliche Aktionen zu sondieren [Winkler, Katastrophe 1987, S. 617]).

478 Beispielsweise hatte Aufhäuser im März 1932 die Spaltung der Arbeiter:innenschaft betrauert und prognostiziert, dass »eine geeinte Arbeiterschaft [...] eine Macht darstelle[], die den Faschismus spielend beiseite schieben würde« (Vorwärts, 49. Jg. Nr. 143 vom 25. 3. 1932, »Aufhäuser bei den Schönebergern«).

scharf angegriffen, zugleich jedoch die Möglichkeit einer Einheitsfront auch »von oben« erörtert, die auf regionaler und lokaler Ebene teils dankbar aufgegriffen wurde, wo es zu gelegentlichen »Verbrüderungsversuchen« kam.[479] Dass die SPD auch auf diese Avancen zaghaft reagierte, ließ sich nur teilweise auf begründetes Misstrauen gegenüber der kommunistischen »Charmeoffensive« zurückführen. Daneben schienen Sorgen, im Angesicht des kompromisslosen KPD-Aktionismus die Kontrolle über das weitere Geschehen zu verlieren und der Regierung durch die Zusammenarbeit mit der KPD einen Vorwand zur Reichsexekution gegen Preußen zu liefern, das zurückhaltende Vorgehen begründet zu haben.[480]

In Anbetracht dessen, dass die Berliner KPD-Bezirksleitung einen Vorschlag von Aufhäuser und Künstler verwarf, »während des Reichstagswahlkampfes sich dafür einzusetzen, einem Burgfrieden zwischen SPD und KPD zuzustimmen«, also alle Angriffe gegeneinander zumindest »zu drosseln«, wurden die »Einheitsfront«-Pläne zunächst nicht weiterverfolgt.[481] Allerdings war auch diese Offerte nicht ohne Polemik geblieben. Aufhäuser schien ohnehin die Auffassung zu vertreten, dass die Einheitsfront »kein Objekt agitatorischer Demagogie« sei und »[n]icht durch eine Partei, sondern durch proletarisches Pflichtbewußtsein [...] hergestellt werden« müsse.[482] Unter Rekurs auf »die gewaltige Sehnsucht, die große Kraft einer einheitlichen Arbeiterklasse in die Waagschale« gegen den Faschismus werfen zu können, hatte er die KPD indirekt attackiert, indem er betonte, dass dies nur gelingen könne, »wenn Arbeiter in ihren Kämpfen untereinander auf Wahrhaftigkeit und Ehrlichkeit« blickten.[483] Diese Form der Einheitsfront sah er bereits in der *Eisernen Front* verwirklicht.[484]

Tatsächlich stieß das Vorhaben auch innerhalb der Leitungsgremien von SPD und ADGB, in denen der Vorstoß teils intensiv erörtert wurde, mehrheitlich auf Kritik. Während einige Parteivertreter:innen wie Aufhäuser und Künstler einem »Burgfrieden« zumindest eine gewisse Chance einräumten, überwogen grundsätzliche Bedenken oder das taktische Kalkül, die Absichten der KPD durch die Aufstellung von kaum erfüll-

479 Winkler, Katastrophe 1987, S. 618 f.

480 Ebd., S. 620 f.

481 Zitat aus einer Rede Künstlers vom 14. Juni 1932 auf einer AEG-Versammlung (Vorwärts, 49. Jg. Nr. 277 vom 15. 6. 1932, »Einheitsfront?«). Eine Stellungnahme der *Eisernen Front* zu Vorschlägen der Berliner KPD-Bezirksleitung für einen gemeinsamen Aufmarsch gegen das bestehende preußische Demonstrationsverbot erwähnt, dass Aufhäuser und Künstler schon am 9. Juni »auf die Möglichkeiten für alle proletarischen Organisationen hingewiesen [hätten], den Einheitskampf gegen den Faschismus zu führen«, dass als Voraussetzung hierfür jedoch »die Angriffe der Kommunistischen Partei gegen unsere Organisationen und ihre Führer eingestellt werden« müssten (Nr. 283 vom 18. 6. 1932, »Eiserne Front für Einheitsfront! Gegen unehrliche Einheitsfrontmanöver«, im Original hervorgehoben. Vgl. hierzu auch: Winkler, Katastrophe 1987, S. 621 f. sowie Fricke, Künstler 2016, S. 313 f. und Vorwärts, 49. Jg. Nr. 269 vom 10. 6. 1932, »Aufmarsch zum Kampfe«).

482 Ebd.

483 Ebd. Im Original teils hervorgehoben.

484 Ebd.

baren Bedingungen zu demaskieren.[485] Aber auch bei den potenziellen Verbündeten dominierten taktische Erwägungen und die Sorge um die linientreue Haltung der Mitglieder: Schon Mitte Juli sah sich das KPD-Sekretariat veranlasst, verhaltene Selbstkritik zu üben, eine Kurskorrektur in Sachen »Einheitsfront« vorzunehmen und vor opportunistischem Verhalten gegenüber der SPD zu warnen.[486] Auch unter dem Eindruck des »Preußenschlags« änderte sich diese Frontstellung nicht grundlegend. Zwar hatte die KPD am 20. Juli einen Appell zum Generalstreik direkt auch an SPD, ADGB und AfA-Bund adressiert, den Grundsatz, dass »[o]hne den gleichzeitigen schärfsten Kampf gegen die Sozialdemokratie [...] keine Einreihung der SPD-Arbeiter in die antifaschistische Kampffront« zu erreichen sei, bekräftigte Thälmann nach dem KPD-Wahlerfolg vom 31. Juli jedoch erneut vehement.[487] Der Streik bei der *Berliner Verkehrsgesellschaft* (BVG), bei dem die KPD-nahe RGO gemeinsam mit der KPD und der *Nationalsozialistischen Betriebszellenorganisation* (NSBO) gegen eine vom freigewerkschaftlichen *Gesamtverband der Arbeitnehmer der öffentlichen Betriebe und des Personen- und Warenverkehrs* ausgehandelte Lohnsenkung mobilisiert hatte, tat sein Übriges, um das Vertrauen zwischen den Parteien zu unterminieren.[488]

Die Ergebnisse der Novemberwahlen 1932 verdeutlichten indes, dass die KPD mit nunmehr 16,9 Prozent der Stimmen (plus 2,9 Prozent) anteilmäßig immer näher an die SPD (20,4 Prozent) heranrückte. Währenddessen schien sich der Aufwärtstrend der NSDAP erstmals umzukehren. Mit 33,1 Prozent blieb sie zwar mit Abstand stärkste Kraft im Parlament. Ein summarischer Verlust von über zwei Millionen Wähler:innenstimmen schürte jedoch mancherorts Hoffnungen, dass die Partei ihren Zenit endgültig überschritten habe. Dies, zumal nun auch die Option einer vom Parlament getragenen Koalitionsregierung mit Zentrum und BVP nicht mehr bestand. Gemeinsam stabilisierten sich die beiden Parteien nun bei knapp 15 Prozentpunkten (minus 0,7 Prozent). Demgegenüber konnten die konservativen Parteien DVP und DNVP leichte Stimmenzuwächse verzeichnen.

Siegfried Aufhäusers Interpretation dieses Resultats im *Vorwärts* mag abermals Irritationen hervorgerufen haben. Seine einleitenden Worte, in denen er das Ergebnis als »Protest eines ganzen Volkes gegen die autoritäre Staatsführung und gegen

485 Winkler, Katastrophe 1987, S. 622-625.

486 Ebd., S. 624 f. Schon zuvor hatte Thälmann »Spitzenverhandlungen« mit der SPD eine deutliche Absage erteilt, während die Einheit »von unten« (unter Führung der KPD) nach wie vor als gangbare Option erschien (vgl. ebd., S. 642).

487 Ebd., S. 669. Zitat nach ebd., S. 693. Dieser Kurs wurde sowohl durch die Entschlüsse des 12. Plenums des Exekutivkomitees der Kommunistischen Internationale, das vom 27. August bis zum 15. September 1932 in Moskau tagte, als auch durch die im Oktober 1932 stattfindende dritte Reichsparteikonferenz der KPD in Berlin bekräftigt (ebd., S. 754-761).

488 Vgl. zum Streik: ebd. S. 765-773. Die gegenseitigen Attacken kamen der rechten politischen Konkurrenz zugute. Dies, zumal »sich als Bürgerschreck gebärdende Kommunisten« in konservativen Kreisen teils hochwillkommen waren (Lehnert, Weimarer Republik 2009, S. 262 f.).

die kapitalistische Verelendung der Massen« interpretierte und darin zugleich eine »empfindliche Niederlage« des Faschismus erkannt haben wollte, mögen reichlich euphemistisch anmuten.[489] Dass der »faschistischen Rebellion vom 14. September 1930 [...][nun] die kommunistische vom 6. November 1932 gefolgt« sei, erscheint in diesem Zusammenhang denkbar befremdlich.[490] Erst der Hinweis, dass eine »gefühlsmäßige[] Aufwallung sozialer Verzweiflung« die Wahlen geprägt habe, demgegenüber nun der »eigene[] positiv sozialistische[] Tatwillen« gestaltet werden müsse, lässt erahnen, dass Aufhäuser mit seinen Ausführungen durchaus eine Strategie verfolgte.[491] Wo die Wahlergebnisse innerhalb der Sozialdemokratie zunächst allgemeine Ratlosigkeit hinterließen, bemühte sich Aufhäuser darum, die gegenwärtige Situation im positiven Sinne umzudeuten und die politische Handlungsfähigkeit wiederherzustellen.[492]

Inhaltlich knüpfte er in seinem Artikel zunächst an altbekannte Argumentationsstränge an: Erneut ließ er verlauten, dass eine Zusammenarbeit mit bürgerlichen Parteien immer zeitlich begrenzt bleiben müsse und die Ereignisse des 20. Juli als Ausdruck einer »klassenmäßige[n] Zuspitzung« zu werten seien, die die »Sozialdemokratie veranlassen [müsste], ihre Kampfmethoden und Kampfmöglichkeiten zu überprüfen«.[493] Die Arbeiter:innenschaft hätte sich nun »am geschichtlichen Wendepunkt von heute« auf »neue Aufgaben einzustellen und [müsse] sich, soweit notwendig, organisatorisch und geistig um[]stellen«.[494] Während er den Faschismus als »Verfallsprodukt der kapitalistischen Reaktion« geißelte, rekurrierte er auf den »sozialistische[n] Gestaltungswille[n] und de[n] Wille[n] zur politischen Macht. Der Umbau der kapitalistischen Wirtschaft zur planvollen Bedarfswirtschaft [sei] unter sozialdemokratischer Führung zum Inhalt einer großen Volksbewegung zu machen«.[495] Hierzu seien »nicht nur die Einheit der Arbeiter, sondern in gleichem Maße die ideologische Gewinnung des gesamten Neuproletariats unerläßliche Voraussetzung« – zumal »[e]in Scheinsozialismus der ›kleinen Leute‹ [...] zeitweise dem Faschismus Auftrieb gegeben« habe.[496] Er wiederum begreife es als Aufgabe, dem »Aufruhr proletarisierter, bisher bürgerlichen Schichten und der allgemeinen Krise des kapitalistischen Denkens Ziel und Richtung zu geben [und] das alte und das neue Proletariat zur breiten antikapitalistischen Front zu vereinigen« – wobei »[d]as Willenszentrum für die Einheit des deutschen Proletariats [...] in der sozialdemokratischen Arbeiterpolitik« liege.[497] Unumgänglich sei es dabei für die SPD, »den

489 Vorwärts, 49. Jg. Nr. 533 vom 11. 11. 1932, »Novemberstürme«.
490 Ebd.
491 Ebd.
492 Vgl. zur Interpretation der Wahlergebnisse innerhalb der SPD: Winkler, Katastrophe 1987, S. 782 f.
493 Vorwärts, 49. Jg. Nr. 533 vom 11. 11. 1932, »Novemberstürme«.
494 Ebd.
495 Ebd.
496 Ebd.
497 Ebd. Einer Einheitsfront, die »durch die Einheitsmanöver der KPD« oder »durch mechanische Organisationsverbindungen« erreicht würde, erteilte er eine Absage.

demokratischen Kampfboden [...] zäh [zu] verteidigen« und »das von der Reaktion äußerst bedrohte Reichsparlament [...] aktionsfähig [zu] machen«.[498] Es sei jedoch verfehlt, das eigene Handeln »lediglich vom Verlauf des von der Reaktion eingeleiteten Kuhhandels über die neue Regierungsbildung abhängig machen zu wollen«.[499] Vielmehr müsse »[d]ie Erkenntnis, daß sozialdemokratische und kommunistische Arbeiter nur noch auf sich selbst und ihre eigene Kraft gestellt [seien] und unter Lösung aller Bindungen an die Regierungsgewalt im Reich eine konsequente Opposition gegen die herrschende Staatsmacht treiben müss[t]en, [...] den Willen zur Macht, zur Einheit und zum Sieg der Massen wecken«.[500]

3 Hoffnungen, Enttäuschungen und das Scheitern der Bemühungen

Mit den Vorschlägen zum »Umbau der Wirtschaft« hatte Siegfried Aufhäuser eine programmatische Zielsetzung ausgegeben, die in Partei- und Gewerkschaftskreisen großen Anklang fand. Seine Forderungen nach einer konsequenten Opposition gegenüber der Regierung bei gleichzeitiger Reaktivierung des Reichstags und die Propagierung einer kompromisslosen, eigenständigen sozialdemokratischen Politik sprachen in Anbetracht der aktuellen Situation das an, was viele Genoss:innen bewegte. Gleichwohl mangelte es an Plänen, wie diese Vorstellungen konkret umgesetzt werden sollten. Seine parlamentsbezogenen Vorhaben blieben von den anderen Parteien des Reichstags abhängig, mit deren Unterstützung kaum gerechnet werden konnte. Heinrich August Winkler konstatierte mit Blick auf die Taktik der SPD in jenen Tagen, dass diese nur äußeren Erfolg haben konnte, »wenn die NSDAP mitspielte und für sozialpolitische Gesetzesinitiativen der Sozialdemokratie oder gar für die vom ›Vorwärts‹ neu angekündigten Anträge zum ›Umbau der Wirtschaft‹ stimmte«.[501] Allerdings hing eine »solche ›soziale‹ Abstimmungsallianz, die möglicherweise von den Nationalsozialisten bis zu den Kommunisten reichen konnte«, davon ab, »daß erstens die Nationalsozialisten nicht für kommunistische Mißtrauensanträge stimmten und zweitens die Regierung die gegen ihre Politik gerichteten Beschlüsse nicht mit der Auflösung des Reichstags beantwortete«.[502] Beide Szenarien schienen denkbar unwahrscheinlich.

498 Ebd. Der SPD-Parteiausschuss hatte sich am Tag zuvor dafür ausgesprochen, kein Misstrauensvotum gegen die Reichsregierung zu unterstützen, sondern zunächst eigene Gesetzesentwürfe einzubringen und damit eine Debatte unter anderem über die Machtbefugnisse der Präsidialregierung anzustoßen (Winkler, Katastrophe 1987, S. 786f. Vgl. auch die Sitzung des Parteiausschusses am 10. November 1932, in: Schulze [Hg.]: Anpassung, S. 15-94).
499 Vorwärts, 49. Jg. Nr. 533 vom 11.11.1932, »Novemberstürme«.
500 Ebd.
501 Winkler, Katastrophe 1987, S. 789.
502 Ebd.

Bemerkenswert ist, dass Aufhäuser in dieser Zeit eine solche Aktivität entfaltete und nun häufig als Sprecher der Gesamtpartei in Erscheinung trat. Die Vermutung liegt nahe, dass es ihm in der gegenwärtigen Situation – in Anbetracht der wirtschaftlichen und politischen Krise – primär darum ging, den Glauben an eine sozialistische Zukunftsperspektive und die Zuversicht in die Stärke der Arbeiter:innenschaft aufrechtzuerhalten. Sicheres Auftreten, unerschütterliches Selbstvertrauen und die Aussicht auf eine hoffnungsvolle Zukunft schienen in Anbetracht der eskalierenden Verhältnisse wichtiger denn je. Dadurch sollte die Selbst- und Außendarstellung der Sozialdemokratie gestärkt werden: Unter den Mitgliedern und den Anhänger:innen, die in den vergangenen beiden Jahren die umstrittene Tolerierungspolitik geduldet und deren Scheitern erlebt hatten, war die Unzufriedenheit deutlich zu spüren. Hier galt es, positive Bezugspunkte zu setzen und den unbedingten Willen zur Veränderung hervorzuheben. Außerdem erschien es schon allein aus strategischen Überlegungen unumgänglich, die Funktionsfähigkeit der staatlichen und parlamentarischen Institutionen wiederherzustellen. In diesen Maßnahmen sah Aufhäuser nicht nur den Ausweg aus der politischen Krise, sondern auch das entscheidende Mittel, um seine wirtschaftspolitischen Vorstellungen umzusetzen.

3.1 Partei- und Gewerkschaftsarbeit im Wandel

Eine Umsetzung des wirtschaftlichen Umbauprogramms mag in diesen Monaten in Anbetracht der parteipolitischen Konstellationen und Mehrheitsverhältnisse zunächst illusionär erschienen sein. Dennoch ließ eine Verbesserung der politischen und wirtschaftlichen Lage, die sich nun tatsächlich abzeichnete, auf eine partielle Realisierung der Forderungen Aufhäusers hoffen: Nachdem verschiedene Sondierungen des Papen-Kabinetts mit dem Zweck, den Rückhalt im Parlament zu vergrößern, gescheitert waren, trat die Regierung am 17. November 1932 zurück.[503] Auch alternative Überlegungen scheiterten, woraufhin Hindenburg am 3. Dezember 1932 schließlich Kurt von Schleicher mit der Regierungsbildung beauftragte.[504] Die drei Tage danach stattfindende Zusammenkunft des Reichstags erwies sich als überaus produktiv. Unter anderem wurde

503 Die sozialdemokratische Reichstagsfraktion hatte zwei Tage zuvor eine Einladung zum Gespräch mit dem Reichskanzler abgelehnt (ebd., S. 790).

504 Das Kabinett Papen blieb nach dem Rücktritt geschäftsführend im Amt. Die nun folgenden Verhandlungen von Hindenburg mit Vertretern der einzelnen Parteien verliefen ergebnislos. Als Schleichers Versuch der außerparlamentarischen Absicherung eines erneuten Präsidialkabinetts mittels »Querfront« zu misslingen drohte und Hindenburg Papen schon um die erneute Regierungsbildung gebeten hatte, trat Schleicher bei einer Kabinettssitzung erneut in den Vordergrund (vgl. Büttner, Weimar 2008, S. 484f.). Die Reaktionen auf eine – möglicherweise bestellte – Frage über den Zustand der Reichswehr bei einem möglichen Bürgerkriegsszenario (»Planspiel Ott«) machten deutlich, dass die Reichswehrführung nicht gewillt war, das isolierte Papen-Kabinett weiterhin abzuschirmen (ebd., S. 485).

die zuvor mit Schleicher abgestimmte Aufhebung des sozialpolitischen Teils der Notverordnungen vom September 1932 beschlossen. Ein frontaler Angriff auf das neue Kabinett blieb zunächst ebenfalls aus.[505] Außer der KPD schien sich in der gegenwärtigen Situation keine Partei Stimmenzuwächse von Neuwahlen zu erhoffen. Vor allem aber schien sich ein Niedergang der NSDAP abzuzeichnen, die bei Gemeindewahlen in Thüringen herbe Verluste verzeichnen musste.[506] Derweilen häuften sich Gerüchte um eine Regierungsbeteiligung mit Gregor Strasser ohne die Zustimmung Hitlers, was wohl eine Spaltung der NSDAP nach sich gezogen hätte. Zudem deutete eine beginnende Erholung der Wirtschaft darauf hin, dass »dem politischen Radikalismus allmählich der Boden entzogen würde«.[507] Insofern erschienen Aufhäusers Hoffnungen nicht ganz abwegig. Das taktische Kalkül der SPD war vorläufig aufgegangen: Sie hatte ihre oppositionelle Haltung im Parlament demonstriert und ihre sozialpolitischen Forderungen teilweise durchgesetzt, ohne die erneute Reichstagsauflösung oder den unerwünschten Sturz der Regierung herbeizuführen.[508] Auch hatte sie der NSDAP »den Part einer faktischen Tolerierungspartei zugeschoben« – allerdings war die nächste Sitzung des Reichstags gegen die Stimmen von KPD und SPD einmal mehr auf unbestimmte Zeit vertagt worden.[509]

Die Parteispitze in Reichweite

Der außerordentliche Berliner SPD-Bezirksparteitag hatte am 8. Oktober 1932 in Anbetracht der Gesamtsituation »die baldige Einberufung eines Reichsparteitages« beantragt, »[u]m die Partei einheitlich auf die ihr erwachsenen Aufgaben geistig und organisatorisch einzustellen«.[510] Zweifellos strebte Aufhäuser dort eine erneute Kandidatur für den Parteivorstand an. Bei den Vorstandswahlen auf den Parteitagen 1924, 1925, 1927 und 1929 war er jeweils deutlich gescheitert.[511] Im Herbst 1932 hatte sich seine Ausgangslage jedoch erheblich verbessert: Neben Hilferding, Wels und Breitscheid war er als einer von vier Hauptrednern fest eingeplant.[512] Mit dieser Nominierung konnte ihm das Vertrauen von Parteivorstand und -ausschuss ebenso gewiss sein wie eine wohlwollende Beurteilung der SPD-Basis. Das von ihm initiierte Programm zum

505 Vgl. Winkler, Katastrophe 1987, S. 815. Am 5. Dezember 1932 hatte die SPD-Reichstagsfraktion beschlossen, einen Misstrauensantrag gegen die neue Regierung einzubringen. Zu diesem Zeitpunkt stand bereits fest, dass die KPD ebenfalls Misstrauensanträge stellen würde. Die Mehrheit des Reichstags entschied am 6. Dezember jedoch, diese zunächst nicht auf die Tagesordnung zu setzen (vgl. ebd., S. 812 ff.).

506 Büttner, Weimar 2008, S. 487.

507 Ebd.

508 Winkler, Katastrophe 1987, S. 815.

509 Ebd.

510 Zitiert nach: Vorwärts, 49. Jg. Nr. 533 vom 11. 11. 1932, »Novemberstürme«.

511 Vgl. die Protokolle der Sozialdemokratischen Parteitage 1924-1929, S. 199 (1924), S. 267 (1925), S. 225 (1927) und S. 232 (1929). Lediglich 1931 hatte er auf eine Kandidatur verzichtet.

512 Vgl. Vorwärts, 49. Jg. Nr. 593 vom 17. 12. 1932, »Parteitag« und 50. Jg. Nr. 7 vom 5. 1. 1933, »Parteitag 1933«.

Umbau der Wirtschaft war inzwischen zum Aushängeschild der gesamten Partei geworden. Die darin enthaltenen Konzeptionen schienen nicht nur einen Ausweg aus der gegenwärtigen Wirtschaftskrise zu offerieren, sondern versprachen gleichzeitig, die Umsetzung sozialistischer Zukunftsvorstellungen voranzutreiben.

Dass Aufhäuser, der als Vertreter des linken Parteiflügels in der Vergangenheit allzu häufig mit Skepsis bedacht worden war, eine solche Bedeutungssteigerung zuteilwurde, erscheint bei genauerer Betrachtung durchaus plausibel: Für ihn sprach nicht nur die wirtschaftspolitische Kompetenz. Für seine Person sprach ferner, dass er sich trotz aller Kritik an den vergangenen Partei- und Fraktionsentscheidungen klar zur SPD bekannte und Spaltungstendenzen vehement entgegengetreten war. Darüber hinaus offenbarte sein unmissverständliches Bekenntnis zum Sozialismus ein Integrationspotenzial, das geeignet schien, der Wähler:innenwanderung hin zur KPD entgegenzuwirken. Aufhäuser konnte mit seinen 48 Jahren sicherlich nicht mehr zur jüngeren Generation der Partei zählen, dennoch kann sein Protegieren durch den Parteivorstand als Zeichen an jüngere Genoss:innen und Wähler:innen gedeutet werden, sich neuen Impulsen zu öffnen und parteiinterne Machtstrukturen kritisch zu hinterfragen.[513] Ungeachtet dessen hatte Aufhäuser durch seine prinzipientreue, gleichzeitig aber pragmatische Arbeitsweise als Mitglied der Reichstagsfraktion, Leiter eines gewerkschaftlichen Dachverbands und publizistisch präsenter politischer Akteur sein Renommee und seine Reputation innerhalb der Partei in den vergangenen Jahren beträchtlich gesteigert. Seinen Einschätzungen und kritischen Analysen der vergangenen Jahre schienen in Anbetracht der aktuellen Krisensituation rekapitulierend umso mehr Berechtigung zuzukommen. Zeitgleich wussten sein selbstbewusster Optimismus und seine Zuversicht – angesichts der in der Partei dominierenden Ratlosigkeit – durchaus zu überzeugen. Gunter Lange beschrieb ihn mit Blick auf diese Zeitphase als »Hoffnungsträger der Partei«.[514]

Anzeichen dafür, dass Aufhäuser in der Parteihierarchie nach vorne gerückt war und sich anschickte, sich in der Parteispitze zu etablieren, hatten sich in den Jahren davor gehäuft. Spätestens seit Mitte 1928 gehörte er dem SPD-Fraktionsvorstand im Reichstag an.[515] Dazu zählten in diesem Jahr neben den Vorsitzenden Hermann Müller, Wilhelm Dittmann, Alfred Henke, Philipp Scheidemann und Otto Wels auch der Fraktionsgeschäftsführer Paul Hertz sowie Rudolf Breitscheid, Arthur Crispien, Peter Graßmann, Karl Hildenbrand, Rudolf Hilferding, Marie Juchacz, Paul Löbe, Gustav Schumann und Friedrich Stampfer.[516] Kaum verwunderlich also, dass Aufhäuser zu Zeiten der

513 Die personelle Kontinuität des Parteivorstands zeugte von einer bemerkenswerten Konstanz. In den 1930er Jahren machten sich jedoch zunehmend Tendenzen bemerkbar, die auf eine Verjüngung der Leitungsstrukturen abzielten. Vgl. zur Machtfülle des Parteivorstands infolge der personellen Kontinuität: Schulze, Einleitung 1975, S. XI.

514 Lange, Aufhäuser 2013, S. 195.

515 Vorwärts, 45. Jg. Nr. 273 vom 12. 6. 1928, »Zur Regierungsbildung«.

516 Ebd. Siehe zur Zusammensetzung 1932: Volksblatt für Spandau und das Havelland, 14. Jg. Nr. 205 vom 1. 9. 1932, »Fraktionsvorstand gewählt«.

zweiten Großen Koalition zu »Parteiführerbesprechungen« hinzugezogen wurde.[517] Auf dem Parteitag 1931 hatte die Annahme der Berliner Resolution verdeutlicht, welchen Einfluss Aufhäuser innerhalb der Partei inzwischen auszuüben vermochte. Ende 1932 war er in seinem Reichstagswahlkreis Berlin auf den zweiten Listenplatz der SPD vorgedrungen.[518] Vor ihm kandidierte Artur Crispien, einer der Parteivorsitzenden. Dessen Ausscheiden wurde im Zuge einer Kontroverse um die Verjüngung des Vorstands aber bereits debattiert.[519]

Werner Korthaase bezeichnete Aufhäuser mit Blick auf den Parteitag 1931 als »erste[n] Mann des linken Flügels der Sozialdemokratischen Partei«, dessen Einfluss weit über den eigenen Wahlkreis hinausreichte – zumal er als sozialpolitischer Sprecher der Fraktion die sozialpolitischen Errungenschaften der Republik auch an prominenter Stelle verteidigte.[520] Als Vertreter des AfA-Bundes stand er während der Wirtschaftskrise ohnehin im Fokus des Interesses, etwa bei seinen Zusammenkünften mit dem Reichskanzler und einzelnen Reichsministern.[521] Selbst wenn er selbst nicht anwesend war, konnte es vorkommen, dass seine Ausarbeitungen als Gesprächsgrundlage für Zusammenkünfte von SPD- und Regierungsvertretern dienten.[522] Als sich die politische Situation in der zweiten Jahreshälfte 1932 immer weiter zuspitzte, trat er als Stellvertreter dem *Ausschuss zur Wahrung der Rechte der Volksvertretung* bei.[523] Dass er zu jener Zeit auch als gefragter Wahlkampfredner in Erscheinung trat, belegen zahlreiche Auftritte auch auf kleineren Bezirksversammlungen. Eindrucksvoll dürfte sein Redebeitrag anlässlich der Reichspräsidentenwahl am 11. März 1932 vor augenscheinlich über hunderttausend Zuhörer:innen gewesen sein.[524] Ferner agierte er gemeinsam mit Leipart als Vorsitzender der Dewog und der *Bank der Arbeiter, Angestellten und Beamten*, war Mitglied des Staatsgerichtshofs zum Schutz der Republik und des Reichswirtschaftsrats und gehörte den Kuratorien der *Deutschen Hochschule für Politik* in Berlin (DHP), dem *Institut für Konjunkturforschung* und der *Wirtschaftswissenschaftlichen Forschungsstelle der Gewerkschaften, Genossenschaften und der Sozialdemokratischen Partei* an.[525]

517 Vgl. beispielsweise: Vorwärts, 46. Jg. Nr. 415 vom 5.9.1929, »Um die Arbeitslosen!«.
518 Korthaase, Manuskriptdruck 1997, S. 18.
519 Winkler, Katastrophe 1987, S. 742.
520 Korthaase, Manuskriptdruck 1997, S. 17 f.
521 Vgl. etwa: Vorwärts, 48. Jg. Nr. 274 vom 15.6.1931, »Arbeiterführer bei Brüning« oder 49. Jg. Nr. 279 vom 15.6.1932, »Schäffers Bekenntnisse. Die Gewerkschaften beim Reichsarbeitsminister«.
522 Etwa bei einer Unterredung zwischen Hilferding und Hertz mit Brüning und anderen über die Notverordnung vom 5. Juni 1932 (vgl. Winkler, Katastrophe 1987, S. 416).
523 Vorwärts, 49. Jg. Nr. 408 vom 30.8.1932, »Schutz der Reichstagsrechte«.
524 Vgl. ebd., Nr. 119 vom 11.3.1932, »Heute Lustgarten!« sowie Nr. 121 vom 12.3.1932, »Hunderttausende marschieren!«.
525 Siehe dazu: Ver.di-Archiv Berlin, Mappe Siegfried Aufhäuser II, Manuskript »Siegfried Aufhäuser – 80 Jahre. Nestor der Angestelltenbewegung – Reichstagsabgeordneter: Wahlkreis Berlin von 1921-1933«. Vgl. zu seiner Tätigkeit bei der DHP: Siegfried Mielke u.a., Einzigartig – Dozenten, Studierende und Repräsentanten der Deutschen Hochschule für Politik

Auch vonseiten der politischen Konkurrenz wurde er nun verstärkt wahrgenommen und mit publizistischen Meldungen bedacht – eine zweifelhafte Form der Anerkennung, die jedoch den Stellenwert verdeutlicht, der ihm inzwischen innerhalb und außerhalb der Sozialdemokratie beigemessen wurde. So musste der *Vorwärts* 1932 mehrfach Falschmeldungen der KPD-Presse berichtigen. Einmal wurde Aufhäuser vorgeworfen, er habe im Reichstag eine Erwerbslosendelegation brüsk abgewiesen.[526] Ein andermal wurde mit Aufhäuser-Auftritten auf KPD-Veranstaltungen geworben.[527]

Als ungleich bedrohlicher ist die Aufmerksamkeitssteigerung anzusehen, die ihm nun von der NSDAP zuteilwurde. Siegfried Aufhäuser hatte sich schon früh deutlich gegen die nationalsozialistische Bewegung positioniert und geriet jetzt zusehends in den Fokus der NS-Verfolgungspolitik. Ab 1924 hatte er vor dem Faschismus gewarnt, dem er »in seinem Ausgangspunkt ökonomisch-kapitalistische Triebkräfte« unterstellte und als dessen »tiefere Wurzel« er »[d]ie gewaltsame Beherrschung der Arbeit durch das Kapital« ausmachte.[528] Besonders nach den NSDAP-Wahlerfolgen ab 1930 kritisierte er die Nationalsozialisten an zahlreichen Stellen und warnte vor einer faschistischen Diktatur.[529] Als Hauptredner einer antifaschistischen Kundgebung verspottete er sie als »Schutztruppe des Kapitalismus«, deren »national und sozialistisch verbrämte[] Reden [...] nichts als verlogene Phrasen« seien.[530] Auf einer SPD-Kreismitgliederversammlung erteilte er auch in Anbetracht der wirtschaftlichen Krise einem Burgfrieden mit dem Faschismus eine deutliche Absage und erklärte, dass »Hitler mit seinen Helfershelfern mit aller Energie angegriffen werden« müsse.[531] Solche öffentlichen Verlautbarungen wurden von publizistischen Angriffen und parlamentarischen Seitenhieben begleitet.[532]

(1920-1933) im Widerstand gegen den Nationalsozialismus. Begleitband zur Ausstellung in Verbindung mit der Gedenkstätte Deutscher Widerstand unter Mitarbeit von Marion Goers, Stefan Heinz, Matthias Oden, Sebastian Bödecker, Berlin 2008, S. 482.

526 Vgl. Vorwärts, 49. Jg. Nr. 99 vom 28.2.1932, »Die Rote Lügenfahne«.

527 Ebd., Nr. 507 vom 27.10.1932, »Die KPD sucht Dumme«.

528 Aufhäuser, Gewerkschaften und Politik 1924, S. 7f., S. 10.

529 Vgl. etwa: AfA-Bundeszeitung, 12. Jg. Nr. 10 vom Oktober 1930, »Politische Verzweiflung oder sozialer Kampf«.

530 Der Abend. Spätausgabe des Vorwärts, 47. Jg. Nr. 564 vom 2.12.1930, »Faschismus ist Rückschritt!«. Auffällig erscheint in der Argumentation dieser Rede, die von den SPD-Verbänden Tiergarten und Charlottenburg organisiert worden war, dass Aufhäuser seinen Schwerpunkt provokant auf die Widersprüchlichkeit des nationalsozialistischen Kurses lenkte. Dass sie den »jüdisch-versippten mehrfachen Aufsichtsrat[]« Ernst Scholz (DVP) als Kandidaten für das Amt des Reichstagspräsidenten aufgestellt hatten, erschien Aufhäuser ebenso fragwürdig, wie der Umstand, dass Hitler als vermeintlich nationaler Faschist »die Knebelung des deutschen Südtirol durch Italien für eine Bagatelle an[sah]«.

531 Vorwärts, 48. Jg. Nr. 376 vom 13.8.1931, »Unsere Forderungen an Brüning«. Im Original hervorgehoben. Als weiteres eindrückliches Beispiel mag eine Rede vor der *Eisernen Front* dienen (49. Jg. Nr. 269 vom 10.6.1932, »Aufmarsch zum Kampfe«).

532 Vgl. beispielsweise den Vorwärts, 48. Jg. Nr. 73 vom 13.2.1931, »Wirtschaftskrise und Sozialismus« über die Reichstagssitzung vom 12. Februar 1931 und die Verhandlungen des Reichstags. V. Wahlperiode 1930, 15.10.1931, Bd. 446, Stenographische Berichte, S. 2164.

Demgegenüber fiel sein Urteil über die NSDAP-Wähler:innen wesentlich zurückhaltender aus, deren Votum er als »Verzweiflungsstat weiter Wählerkreise« abtat – und es damit positiv umdeutete.[533] Ungeachtet dessen war es nicht zuletzt seinem unermüdlichen Einsatz geschuldet, dass sich die freigewerkschaftliche Angestelltenbewegung deutlich gegen die gewerkschaftsfeindliche Politik der NSDAP positionierte.[534] Vonseiten des AfA-Bundes wurde etwa schon 1930 eine Schriftenreihe für die eigenen Mitarbeiter:innen als Handreichung zur Bekämpfung des Faschismus herausgegeben.[535]

Wenig verwunderlich also, dass Aufhäuser sich bald im Fokus nationalsozialistischer Diffamierungen wiederfand. So hatte der *Völkische Beobachter*, das Parteiorgan der NSDAP, im Herbst 1931 »[d]ie Ausrufung einer gemeinsamen marxistischen Front zwischen SPD und KPD – natürlich wieder unter alljüdischer Leitung« vermeldet, die Aufhäuser in Chemnitz hätte gegründet haben sollen.[536] Im darauffolgenden Jahr soll er aufgrund der schlechten Finanzlage gemeinsam mit Leipart, Papen und Schleicher »[ge]kuhandelt[ ]« haben.[537] Dass sich die nationalsozialistische Agitation indes nicht allein auf Pressemeldungen reduzierte, war Aufhäuser durchaus bewusst. Der stetig anwachsende Terror der SA und der Überfall auf die Berliner SPD-Zentrale am 25. Juni 1932 gingen nicht spurlos an ihm vorbei.[538] Nach den Juliwahlen 1932 konstatierte er, dass »[d]er Enttäuschung über das Wahlergebnis […] blutigster Terror gefolgt [sei]« und nun »die Hitlerschen Landsknechte eine förmliche Menschenjagd auf Funktionäre der sozialistischen und der freigewerkschaftlichen Bewegung« veranstalteten.[539] Nach eigenem Bekunden wurde er selbst »schon 1932 in Versammlungen, im Wohnhaus und Büro von SA-Leuten verfolgt und bedroht«, weshalb ihm die Berliner Polizei »einigemale besonderen Schutz« gewährte.[540]

Sozialdemokratie, Antisemitismus und Judentum

Es ist bereits darauf hingewiesen worden, dass sich antisemitische Einstellungen und Strömungen während der Weimarer Republik teils verstärkten und in einigen Bevölkerungskreisen fest etablierten.[541] Obschon mit den Wahlerfolgen der NSDAP nun

533 AfA-Bundeszeitung, 14. Jg. Nr. 1 vom 1. Januar 1932, »1932«. Vgl. hierzu auch II. Kapitel 2.1 und 2.2.

534 Vgl. beispielsweise die AfA-Bundeszeitung, 13. Jg. Nr. 2 vom Februar 1931, »Butab-Kundgebung gegen den Faschismus« und »Der Zentralverband der Angestellten gegen den Faschismus für die Zusammenarbeit mit dem Reichsbanner«.

535 Vgl. AfA-Bund (Hg.): Gegen den Faschismus. Material für die Funktionäre der freien Angestelltenbewegung, Berlin [1930/31].

536 Zitiert nach: Vorwärts, 48. Jg. Nr. 520 vom 5. 11. 1931, »Einheitsfront SPD-KPD«.

537 Ebd., 49. Jg. Nr. 451 vom 24. 9. 1932, »Eine Ente ohne Beine«.

538 Fricke, Künstler 2016, S. 312.

539 Der freie Angestellte, 36. Jg. Nr. 16 vom 16. 8. 1932, »Gewerkschaftlicher Gestaltungswille«.

540 Vgl. LABO Berlin, Entschädigungsbehörde, Reg. 7218 (Aufhäuser, Siegfried), Aufhäuser an Entschädigungsamt Berlin, 14. 7. 1955.

541 Vgl. II. Kapitel 1.2. Eine definitorische Eingrenzung des Begriffs Antisemitismus ist bis heute strittig. Im internationalen Kontext haben sich verschiedene Arbeitsdefinitionen etabliert,

auch eine Partei mit »zentrale[r] ideologische[r] antisemitisch-rassistische[r] Stoßrichtung« ins politische Geschehen eingriff, wurde – auch innerhalb der SPD – deren rassenideologische, in letzter Konsequenz eliminatorische Komponente häufig lange Zeit unterschätzt.[542] Die Sozialdemokratie versuchte zwar spätestens seit 1923 das Wesen der nationalsozialistischen Bewegung zu begreifen und zu bekämpfen, gleichwohl blieben die Interpretationen schematisch oft – so auch bei Aufhäuser – auf deren Funktion als »Knecht des Großkapitals« fokussiert.[543]

Jack Jacobs hat mit Blick auf linke Bewegungen seit der Französischen Revolution konstatiert, dass diese »der Beteiligung einzelner Juden in ihren Reihen in der Regel aufgeschlossen gegenüber[standen]« und sich viele »Linke des ausgehenden 19. Jahrhunderts [...] letztlich gegen die damals entstehenden antisemitischen Bewegungen« gestellt hätten.[544] Dies erscheint relevant vor dem Hintergrund, dass sich zahlreiche politische Gruppierungen gegen jüdische Emanzipationsbestrebungen positionierten. Auch innerhalb des Deutschen Kaiserreichs hegten die im Reichstag vertretenen Parteien mehrheitlich Vorbehalte gegenüber der staatsrechtlich seit 1871 gleichgestellten jüdischen Bevölkerung.[545] Insofern verwundert es kaum, dass sich seit dem ausgehenden 19. Jahrhundert ein gesteigertes Engagement von Jüd:innen innerhalb der Sozialdemokratie ausmachen ließ.[546] Gleichwohl erscheint es zu kurz gegriffen, diese Hinwendung zur Sozial-

deren Anwendbarkeit in der Vergangenheit wiederholt kritisiert wurde. In Anbetracht der Shoah und nach Gründung des Staates Israel hat die Begrifflichkeit eine Transformation erfahren – obschon nicht von einem grundlegenden Charakterwandel des Phänomens Antisemitismus gesprochen werden kann. Im Rahmen dieser Arbeit wird der Begriff verwendet, um eine Form der Diskriminierung zu beschreiben, die – über den religiös konnotierten »Antijudaismus« hinausgehend – unterschiedliche soziale, kulturelle, politische und häufig ethnische Stigmatisierungen in ihrem Zusammenspiel und ihrer Überformung benennt.

542 Vgl. Helga Grebing, Jüdische Intellektuelle und ihre politische Identität in der Weimarer Republik, in: Mitteilungsblatt des Instituts für soziale Bewegungen 34 (2005), S. 11-24, hier S. 19.

543 Ebd. Obschon Helga Grebing hier explizit verschiedene Einzelpersonen hervorhob, die »das rassenideologische Geschwafel der Nationalsozialisten in seiner Gefährlichkeit ernst nahmen«.

544 Jack Jacobs, Auf ein Neues: Juden und die Linke, in: Börner, Markus/Jungfer, Anja/Stürmann, Jakob (Hg.): Judentum und Arbeiterbewegung. Das Ringen um Emanzipation in der ersten Hälfte des 20. Jahrhunderts, Berlin/Boston 2018, S. 7-31, hier S. 10.

545 Ebd., S. 10f. Siehe zu dieser Zeitphase ferner: Rosemarie Leuschen-Seppel, Sozialdemokratie und Antisemitismus im Kaiserreich. Die Auseinandersetzungen der Partei mit den konservativen und völkischen Strömungen des Antisemitismus 1871-1914, Bonn 1978. Vgl. zur Repräsentation der einzelnen Parteien durch jüdische Parlamentarier: Ernest Hamburger, Juden im öffentlichen Leben Deutschlands. Regierungsmitglieder, Beamte und Parlamentarier in der monarchischen Zeit 1848-1918, Tübingen 1968.

546 Pulzer, Die jüdische Beteiligung 1976, S. 198. Allerdings tendierte die Mehrheit der jüdischen Wähler im ausgehenden 19. Jahrhundert parteipolitisch zum Linksliberalismus. Dies ist nicht allein weltanschaulich, sondern auch mit Blick auf das sozio-strukturelle Profil erklärbar (vgl. Lehnert, Liberaldemokratie 2015, S. 33). Erst im Verlauf der Weimarer Republik erfolgte »eine gewisse Verlagerung einer stärkeren Minderheit zur SPD hin«. Gesondert machte Lehnert auf die »mehrheitlich aufgeklärt-jüdische Herkunft der namhaften DV-Mitglieder« aufmerksam,

demokratie, die sich vor allem auf das erste Drittel des 20. Jahrhunderts konzentrierte, allein mit der Haltung der SPD gegenüber einer im Anwachsen begriffenen, konservativ-antisemitischen Bewegung zu erklären.

Die Frage, weshalb sich zahlreiche Jüd:innen in Deutschland innerhalb der Arbeiter:innenbewegung engagierten, hat Generationen von Forschenden beschäftigt.[547] In Anbetracht der unzweifelhaft bestehenden »historisch komplexen Verflechtung von Judentum und Arbeiterbewegung« erscheint es an dieser Stelle angebracht, zwei Aspekte zu betonen:[548] Ungeachtet der oben genannten Prämisse war Antisemitismus innerhalb der Arbeiter:innenbewegung – mindestens auf einer lebensweltlichen Ebene – präsent.[549] Selbst »die entschiedene Gegnerschaft zum politischen Antisemitismus und eine in Vorurteilen oder Stereotypen verhaftete persönliche Haltung« schlossen sich keineswegs aus.[550] Diese Feststellung kann auch für die Zeit der Weimarer Republik Geltung beanspruchen.[551] So war Antisemitismus, »auch nur Anklänge daran«, wie Helga Grebing

die »für ein bislang zu wenig beachtetes generationsspezifisches politisches Emanzipationsstreben« stehe (ebd.).

547 Helga Grebing hat mit Bezug auf jüdische Intellektuelle deren Angewiesenheit »auf die Arbeiterbewegung zur Fortführung ihrer politisch-kulturellen Emanzipationsbestrebungen« als evident bezeichnet und ältere Forschungsansätze überaus prägnant zusammengefasst (vgl. dies., Jüdische Intellektuelle in der deutschen Arbeiterbewegung zwischen den beiden Weltkriegen, in: Archiv für Sozialgeschichte 37 [1997], S. 19-38, hier S. 19 ff.). In einem weiteren Artikel hat sie die unterschiedlichen Erklärungsansätze teils ergänzt und konkretisiert: Grebing, Jüdische Intellektuelle 2005, S. 12 f. Siehe zur Fragestellung beispielhaft auch: George L. Mosse, German Jews beyond Judaism, Bloomington 1985, insbesondere S. 55-71. Jack Jacobs erwähnte mit Blick auf den internationalen Kontext für die überproportionale Beteiligung von Jüd:innen in linken (sozialistischen, kommunistischen und anarchistischen) Bewegungen drei Erklärungsansätze, wobei er sich kritisch gegenüber vermeintlich jüdischen Eigenschaften und dem Einfluss bestimmter Vorstellungen des religiösen Judentums positionierte (vgl. ders., Juden und Linke 2018, S. 7 ff.). Plausibel erschien ihm besonders der Gedanke, dass »[a]ngesichts der marginalisierenden Wirkung zahlreicher politischer, ökonomischer und gesellschaftlicher Faktoren im 19. und 20. Jahrhundert […] die eigene Erfahrung jüdischer Marginalität zumindest teilweise die politische Orientierung unzähliger prominenter jüdischer Linker früherer Generationen« erkläre (ebd., S. 11).

548 Markus Börner/Anja Jungfer/Jakob Stürmann, Einleitung, in: dies. (Hg.): Judentum und Arbeiterbewegung 2018, S. 1-5, hier S. 1. Vor einiger Zeit hat Michael Brenner erneut auf die Komplexität des Forschungsthemas »Juden und ihre Beteiligung am Sozialismus, Kommunismus und den revolutionären Bewegungen« aufmerksam gemacht (ders., Der lange Schatten der Revolution. Juden und Antisemiten in Hitlers München 1918-1923, Berlin 2019, S. 15).

549 Börner/Jungfer/Stürmann, Einleitung 2018, S. 2. Vgl. zur anfangs überaus ambivalenten Position gegenüber dem Antisemitismus innerhalb der Sozialdemokratie: Beer, Die Abwehr des Antisemitismus 2018, S. 16 ff.

550 Jacobs, Juden und die Linke 2018, S. 10.

551 Vgl. zur Auseinandersetzung der Sozialdemokratie mit dem Antisemitismus in der Weimarer Republik: Christian Dietrich, Im Schatten August Bebels. Sozialdemokratische Antisemitismusabwehr als Republikschutz 1918-1932, Göttingen 2021. Vgl. zu den zeitgenössischen Analysen des Phänomens Antisemitismus auch: Franziska Krah, »Ein Ungeheuer, das wenigstens theoretisch besiegt sein muß«. Pioniere der Antisemitismusforschung in Deutschland, Frankfurt a. M./New York 2016.

betonte, innerhalb der Sozialdemokratie zwar »verpönt, aber faktisch unterschwellig vorhanden«.[552] Andererseits, darauf hat Peter Pulzer eindrücklich hingewiesen, war es zwar durchaus möglich »jüdischer Sozialist [zu] sein, nicht aber sozialistischer Jude«.[553] Die überwiegende Mehrheit der jüdischen Sozialdemokrat:innen vertrat die Ansicht, dass »mit der Ankunft des Sozialismus die jüdische Frage ihre Lösung finden«, also obsolet werden würde.[554] Die Vertretung jüdischer Sonderinteressen war innerhalb der SPD ebenso wenig erwünscht, wie der Kampf gegen den Antisemitismus allein als Aufgabe der jüdischen Mitglieder verstanden wurde.[555]

SPD-Mitglieder und -Mandatsträger:innen traten während der Weimarer Republik nur selten prononciert als Jüd:innen in Erscheinung.[556] Für viele von ihnen spielte eine »jüdische Herkunft« – zumindest nach außen hin – eine untergeordnete Rolle. So bezeichneten sich die meisten, aus jüdischen Familien stammenden, sozialdemokratischen Abgeordneten im Reichstagshandbuch selbst als »konfessionslos«, als »Dissidenten« oder als »Freireligiöse«.[557] Siegfried Aufhäuser hat in diesen, auf persönlichen Angaben basierenden Eintragungen seine Konfessionszugehörigkeit gänzlich ausgespart. In einem Erinnerungsbuch vermerkte seine Tochter 1984, damals wohnhaft im Kibbuz Hasorea, über ihren verstorbenen Vater:

> [...] er war kein Zionist, sein Jude-sein war kein Faktor für ihn.[558]

Über die Frage, warum er gerade 1929 den formalen Austritt aus der jüdischen Gemeinde vollzog, lässt sich lediglich spekulieren.[559] Aufhäuser hatte sich schon während

552 Grebing, Jüdische Intellektuelle 2005, S. 18. Siehe dazu auch: Mario Keßler, Die SPD und der Antisemitismus in der ersten Hälfte des 20. Jahrhunderts. Ein Überblick, in: Brosch, Matthias u. a. (Hg.): Exklusive Solidarität. Linker Antisemitismus in Deutschland. Vom Idealismus zur Antiglobalisierungsbewegung, Berlin 2007, S. 50-68, hier S. 57 ff.

553 Pulzer, Die jüdische Beteiligung 1976, S. 201.

554 Ebd.

555 Ebd. Ungeachtet dessen fand innerhalb der Sozialdemokratie schon früh eine ausführliche Auseinandersetzung mit dem Zionismus statt (vgl. Mario Keßler, Sozialismus und Zionismus in Deutschland 1897-1933, in: ders.: Antisemitismus, Zionismus und Sozialismus. Arbeiterbewegung und jüdische Fragen im 20. Jahrhundert, Mainz 1993, S. 88-101). Indes kam der Abwehr des Antisemitismus zunächst nur ein geringer Stellenwert zu. In den ersten Nachkriegsjahren war es primär die USPD, die sich weitaus offensiver als die SPD gegen antisemitische Umtriebe positionierte und etwa Ende 1919 auf dem Leipziger Parteitag eine Resolution »Gegen die Judenhetzt« verabschiedete (vgl. Beer, Die Abwehr des Antisemitismus 2018, S. 25 f.).

556 Fritz Naphtali kann hier als Ausnahme gelten (vgl. dazu etwa Keßler, Sozialismus und Zionismus 1993, S. 94).

557 Vgl. Kurt Nemitz, »Arbeiten und Vorwärtsschauen!«. Jüdische Parlamentarier in der Weimarer Republik, in: ders.: Die Schatten der Vergangenheit. Beiträge zur Lage der intellektuellen deutschen Juden in den 20er und 30er Jahren, Oldenburg 2000, S. 13-36, hier S. 15.

558 Einige Bemerkungen zur Ergänzung, in: Nikolai (Hg.): Zum 100. Geburtstag. Siehe dazu auch: III. Kapitel 3.1.

559 Stiftung Neue Synagoge Berlin – Centrum Judaicum, CJA, 2 A 1, Austrittskartei Siegfried Aufhäuser, 14. 12. 1929.

des Kaiserreichs wiederholt gegen antisemitische Dynamiken, im Speziellen gegen die Anfeindungen des DHV, positioniert.[560] Wie allgemein in der SPD erfolgte aber auch in seinen öffentlichen Verlautbarungen eine Beschäftigung mit dem rassistischen Antisemitismus der NSDAP allenfalls rudimentär.[561] Inwiefern der grassierende Antisemitismus, der mit den Wahlerfolgen der NSDAP eine zunehmende Präsenz auch im öffentlichen politischen Raum einnahm, seine persönliche Entscheidung beeinflusst hat, lässt sich nicht rekonstruieren. Zwar korreliert sein Austritt mit sich verstärkenden antisemitischen Diffamierungen.[562] Allerdings wurde das Judentum in jener Zeit längst nicht mehr primär religiös gefasst. Das war auch Aufhäuser bewusst: Obschon zahlreiche Sozialist:innen die jüdische Herkunft prinzipiell als nebensächlich erachteten, wurde ihre Zugehörigkeit – unabhängig von einem tatsächlichen konfessionellen Bekenntnis – in der öffentlichen Wahrnehmung doch oft »kultur-, sozial- und mentalitätsgeschichtlich [...] im Sinne eines idealtypisch kondensierten sozialen Verhaltensmusters« gedacht.[563] Helga Grebing hat den Umgang mit dieser Gegebenheit als »Problem der nicht-identischen Identität« bezeichnet, »dessen Akzeptanz davor bewahren könnte, Personengruppen [...] eine Identität zu verpassen, die sie sich selbst nicht zuschreiben mochten«.[564] Das von ihr in diesem Kontext benannte Phänomen, »sich unter der Last antisemitischer Verfolgung oft leidvoll als Juden wieder- oder überhaupt erst erkennen zu müssen«, was »oft widerwillig zu einer Sensibilisierung für das Jüdischsein geführt« habe, lässt sich geradezu exemplarisch anhand Aufhäusers Biografie veranschaulichen.[565]

Partei und Gewerkschaften. Die Kluft verbreitert sich

Wie fragil die Frontstellung der Arbeiter:innenbewegung gegenüber dem Antisemitismus tatsächlich war, sollte sich im Jahr 1933 zeigen. Mitte Oktober 1932 war das Abgrenzungsbedürfnis des ADGB von der SPD – trotz aller nachträglichen Beschwichtigungsversuche – in Leiparts »Bernauer Rede« deutlich zum Ausdruck gekommen.[566] Sie wurde von den politischen Rechten als Signal gedeutet und kann durchaus als Vorbereitung

560 Vgl. etwa: I. Kapitel 1.2 sowie Aufhäuser/Lüdemann, Angestellte und Demokratie 1910, S. 11.
561 Vgl. dazu: Wein, Antisemitismus 2014, S. 134 und S. 136.
562 Vgl. etwa: ebd., S. 375 ff. Susanne Wein verweist hier auf eine Reichstagsdebatte vom Februar 1929, in deren Verlauf der NSDAP-Vertreter Fritz Stöhr mit Bezug auf den Weltkrieg »neben dem Stereotyp vom ›hinterlistigen Juden‹ das Motiv des Dolchstoßes gegen Aufhäuser« in codierter Form bemühte. Persönlich verfolgt und bedroht wurde Aufhäuser nach eigenem Bekunden seit 1932.
563 Grebing, Jüdische Intellektuelle 2005, S. 11.
564 Dies., Jüdische Intellektuelle 1997, S. 21 f. Augenscheinlich in Anlehnung an den von Isaac Deutscher geprägten Begriff des »nicht-jüdischen Juden«. Vgl. Isaac Deutscher, Der nichtjüdische Jude, in: ders.: Der nichtjüdische Jude. Essays. Vollständige Neuausgabe. Mit einem Beitrag von Tamara Deutscher und einer Einführung von Detlev Claussen, Berlin 1988, S. 59–74.
565 Vgl. dazu insbesondere: III. Kapitel 3.3 sowie IV. Kapitel 1.2 und Kapitel 3.1.
566 Vgl. II. Kapitel 2.2.

auf eine politische Situation gelesen werden, in der sich »eine enge Bindung an die Sozialdemokratie eher hinderlich als nützlich« erweisen würde.[567] Gregor Strasser bezog sich am 20. Oktober 1932 auf einer NSBO-Kundgebung überaus positiv auf die Ansprache. Er führte Leiparts Bezugnahme auf eine »nationale Idee« auf die politische Einflussnahme der NSDAP zurück und forderte die Gewerkschaften auf, sich zeitnah von ihrer »jüdisch orientierten Führerschicht« zu trennen.[568]

Das Auseinanderdriften von SPD und ADGB gewann während der Regierungszeit Schleichers an Dynamik. Die unterschiedlichen Haltungen wurden in den Reaktionen auf die Sondierungsgespräche deutlich, die Schleicher am 28. November 1932 nacheinander mit Leipart (ADGB) und Breitscheid (SPD) zur Absicherung eines neuen Kabinetts führte.[569] Während der ADGB »Opposition um jeden Preis« als »freiwillige Ausschaltung [seines] Einflusses« ablehnte, sich insofern verhandlungsbereit gegenüber einem neuen Kabinett zeigte, verwehrte sich die SPD jeglicher auch nur temporärer Tolerierung.[570] Konsequenterweise wurde im *Vorwärts* gegenüber dem Regierungsprogramm, das Schleicher am 15. Dezember im Rundfunk verlas, eine kompromisslose Opposition angekündigt.[571] Andere Töne stimmte der ADGB an. Besonders entgegenkommend äußerte sich erneut Leipart. In einem Interview, das in der ersten Dezemberhälfte in der Pariser Zeitung *Excelsior* erschien, brachte Leipart gegenüber Schleicher eine derartige Wertschätzung zum Ausdruck, dass er sich aufgrund der folgenden Kritik abermals zu einer Richtigstellung veranlasst sah.[572] Ungeachtet dessen häuften sich in der Folgezeit Verlautbarungen, die sich für eine kompromissbereite Haltung gegenüber der Reichsregierung aussprachen. Der ADGB setzte sich damit nicht nur deutlich von der SPD ab, sondern irritierte auch die eigene Basis.[573] Zwar bemühte sich

567 Winkler, Katastrophe 1987, S. 748. Winkler wies ebenfalls darauf hin, dass sich der Wahlaufruf des ADGB in erster Linie gegen die bestehende Regierung richtete und die NSDAP nicht direkt fokussierte, während ein persönlicher Wahlaufruf Leiparts diese gar »als eine Kraft, die unter Umständen noch den richtigen Weg finden und zum Verbündeten der Gewerkschaften werden könnte«, ansprach (ebd., S. 753 f.).

568 Zitiert nach: Buschak, Zirkel 2015, S. 34. Vgl. zu Strassers Antisemitismus ausführlich: ebd., S. 42 ff.

569 Vgl. Winkler, Katastrophe 1987, S. 794 ff. Siehe zu Leiparts Entgegenkommen auch: Buschak, Zirkel 2015, S. 38. Vgl. auch die Notiz über eine Besprechung im Vorstandsbüro des ADGB über ein Gespräch Leiparts und Eggerts mit Reichswehrminister Schleicher am 28. November 1932, in: Quellen zur Geschichte der deutschen Gewerkschaftsbewegung 1988 (Bd. 4), S. 766-770.

570 Sitzung des ADGB-Bundesvorstandes vom 29. November 1932, in: ebd., S. 773-778, hier S. 774. Vgl. auch Büttner, Weimar 2008, S. 484 und Winkler, Katastrophe 1987, S. 796 f. Dennoch galt Schleicher »bis weit in die Arbeiterschaft hinein als das, verglichen mit Papen, kleinere Übel« (ebd., S. 798).

571 Vorwärts, 49. Jg. Nr. 591 vom 16. Dezember 1932, »Das Programm des Kanzler-Generals«.

572 Winkler, Katastrophe 1987, S. 817 f. Vgl. auch die Protokolle der Sitzungen des ADGB-Bundesvorstandes vom 8. und 21. Dezember 1932, in: Quellen zur Geschichte der deutschen Gewerkschaftsbewegung 1988 (Bd. 4), S. 780-787 und S. 791-797, hier S. 784 und S. 792 f.

573 Vgl. Winkler, Katastrophe 1987, S. 823 ff. sowie S. 840 f.

der Bundesvorstand in der Folge um Schadensbegrenzung, an der praktischen Arbeit änderte sich jedoch nichts – die Verbindungen zu führenden Staats- und Regierungsvertretern wurden weiter aufrechterhalten und teils intensiviert.[574]

Demgegenüber verharrte der AfA-Bund zunächst in kritischer Distanz zur Regierung Schleicher. In der Bundeszeitung vom 1. Januar 1933 veröffentlichte er eine an die Reichsregierung gerichtete »Kundgebung«. Darin wurde bekräftigt, dass »[d]ie freien Angestelltenverbände [...] ihre Kampfstellung gegen jede Reaktion« beibehielten: »Die Regierung irr[e], wenn sie glaub[e], die Gewerkschaften einer Politik dienstbar machen zu können, die letzten Endes der Machtstellung des Monopolkapitalismus dien[e]. [...] Die Regierung Schleicher [müsse] [...] ihre oft betonte soziale Gesinnung erst durch Taten beweisen«.[575] Siegfried Aufhäuser selbst äußerte sich in dieser Ausgabe nicht. Der Umstand, dass er als Schriftleiter in derselben Nummer dem Teilabdruck einer überaus kritischen Schrift zu Schleichers Aufstieg breiten Raum einräumte, dürfte für sich sprechen.[576] In der liberalen Wochenschrift *Die Welt am Montag* veröffentlichte er kurz nach Schleichers Ernennung einen Artikel, in dem er – unter Bezugnahme auf Leiparts Haltung gegenüber der Regierung – es für »absolut abwegig« hielt, »aus dieser produktiven Opposition der Gewerkschaften eine politische Stützung des neuen Kabinetts herleiten zu wollen«.[577] Inwiefern die Verlautbarung Aufhäusers als Wink an Leipart zu verstehen war, bleibt dahingestellt. Zumal »Schleichers soziale Ankündigungen [...] keineswegs gesichert« waren, erschien es ihm notwendig, darauf hinzuweisen, dass »[d]ie Ausschaltung der gesamten Arbeiterschaft aus den Ämtern des Staates, der Gewaltakt gegen die rechtmäßige Preußen-Regierung und die autoritäre Staatsführung überhaupt [...] ein Stück Geschichte [bildeten], in deren Mittelpunkt der heutige Kanzler gestanden hat[te]«.[578]

Trotz aller Kritik an der Regierungsführung schien Siegfried Aufhäuser für das kommende Jahr eine deutliche Verbesserung der Situation durch die Reaktivierung des Reichstags zu erwarten. In der sozialdemokratischen *Volks-Zeitung für das Vogt-*

574 Ebd., S. 841 f. Anfang Januar 1933 fand ein Treffen von gewerkschaftlichen Vertretern mit Schleicher statt, in dem diesem der Vorschlag eines Militärputschs mit gewerkschaftlicher Unterstützung unterbreitet worden sein soll (Buschak, Zirkel 2015, S. 42).

575 AfA-Bundeszeitung, 15. Jg. Nr. 1 vom 1. Januar 1933, »Kundgebung des Allgemeinen freien Angestelltenbundes zur Lage«. Ergänzt wurde dieses Traktat durch eine detaillierte Auflistung der »Sozialpolitische[n] Gegenwartsforderungen der Angestellten« (vgl. ebd., »Sozialpolitische Gegenwartsforderungen der Angestellten«).

576 Ebd., »Schleichers Aufstieg«.

577 Die Welt am Montag, 5.12.1932, »Umwege der Politik. Der General und die Gewerkschaften« (zitiert nach Korthaase, Manuskriptdruck 1997, S. 236 ff.). Aufhäuser bezog sich dabei explizit auf ein Schreiben Leiparts an Schleicher, das dieser nach dem Zusammentreffen am 28. November 1932 adressiert hatte, um die gewerkschaftlichen Vorstellungen schriftlich zu konkretisieren (vgl. Leipart an Reichswehrminister Schleicher: Wirtschafts- und sozialpolitische Vorstellungen des ADGB, in: Quellen zur Geschichte der deutschen Gewerkschaftsbewegung 1988 [Bd. 4], S. 770-773).

578 Die Welt am Montag, 5.12.1932, »Umwege der Politik. Der General und die Gewerkschaften« (zitiert nach Korthaase, Manuskriptdruck 1997, S. 236 ff.).

land bekräftigte er kurz vor Weihnachten, dass trotz »antiparlamentarische[r] Mehrheit« und der erneuten Vertagung des Reichstags, »schon wenige Tage der Plenar- und Ausschußsitzungen zeigten [...], welche starke politische Wirkung erreicht [werde], wenn das Parlament überhaupt wieder arbeitsfähig gemacht werden [könne]«.[579] So hätten »die wenigen Tage Reichstag den ersten Ansatz zur Zerschlagung der Papengesetze gebracht, und es müßte die kommende Aufgabe des Reichstags im Januar sein, den Wiederaufbau der Sozialpolitik und die Arbeitsbeschaffung mit allen Kräften zu betreiben«:

> Dabei ist die Wiederherstellung der Arbeitsfähigkeit des Reichstags von entscheidender Bedeutung. Die Nationalsozialisten werden Farbe bekennen müssen. Sie haben sich auf den Boden der Demokratie begeben, und sie werden dort geschlagen werden. [...] Da Herr Hitler seine revolutionären Situationen so ziemlich verpaßt hat, wird er wohl oder übel einschwenken müssen. Sollte er in den kommenden Wochen Aufnahme in eine Reichsregierung finden, dann wäre es nichts anderes als die Beteiligung an einer Rechtsregierung, mit der sich die Sozialdemokratie auseinandersetzen wird. Ob mit oder ohne Schleicher, es dürfte dann für die Nationalsozialisten mit der sogenannten ausschließlichen Macht im Staate kaum etwas werden. Die Zeit des Aufstiegs des Faschismus ist vorbei.[580]

Reaktionen auf die »Machtübertragung« am 30. Januar 1933

Dass Siegfried Aufhäuser mit dieser Hoffnung einem fatalen Trugschluss aufsaß, sollte schon bald zur schmerzlichen Gewissheit werden: Im Januar 1933 häuften sich Anzeichen, dass Kurt von Schleichers Versuch, eine »Auflockerung der politischen Fronten« herbeizuführen, misslingen würde.[581] Eine Verständigung Schleichers mit der SPD und den freien Gewerkschaften erschien ohne die Wiederherstellung der verfassungsmäßigen Verhältnisse in Preußen unvorstellbar.[582] Gregor Strasser, dem im Dezember der Posten des Vizekanzlers angeboten worden war, hatte auf diese Offerte zunächst zwar nicht rundum ablehnend reagiert. Seine Versuche, Adolf Hitler zumindest zu einer Tolerierung der bestehenden Regierung zu bewegen, scheiterten jedoch, woraufhin er sich von sämtlichen Parteiämtern zurückzog.[583] Ungeachtet dessen hielt Schleicher zunächst an seinen Bemühungen fest, die NSDAP zur Mitarbeit zu bewegen.[584] Als gangbare Option erschien

579 Volks-Zeitung für das Vogtland, Nr. 297 vom 20.12.1932, »Aufräumungsarbeit. Die Sozialdemokratie baut Papen ab«.
580 Ebd.
581 Vgl. Winkler, Katastrophe 1987, S. 827.
582 Büttner, Weimar 2008, S. 490.
583 Winkler, Katastrophe 1987, S. 817, vgl. auch S. 827 f. sowie Vorwärts, 49. Jg. Nr. 579 vom 9.12.1932, »Krach in der Hitler-Partei«.
584 Vgl. Winkler, Katastrophe 1987, S. 829 f. und S. 843. Für den 6. Januar hatte Schleicher ein Treffen zwischen Strasser und Hindenburg vermittelt, da der Reichspräsident nun gewillt schien, diesen in ein Präsidialkabinett aufzunehmen (Büttner, Weimar 2008, S. 490).

ihm auch die Erweiterung seines Kabinetts bei gleichzeitiger Erklärung des Staatsnotstandes möglich.[585] Dies hätte die Auflösung des Reichstags und den langfristigen Aufschub von Neuwahlen über den verfassungsmäßigen Termin hinaus bedeutet.[586]

Siegfried Aufhäuser trat solchen Plänen, die in der zweiten Januarhälfte als Gerücht kursierten, entschieden entgegen. An Verlautbarungen aus der zweiten Dezemberhälfte 1932 anknüpfend, bekräftigte er am 25. Januar 1933 im *Vorwärts*, dass sich »[a]n der Entscheidung über die Einberufung des Reichstags [...] die Flamme einer großen Volksbewegung entzünden« müsse und es »der größten Reichstagsfraktion des Herrn Hitler nicht länger erspart bleiben [dürfte], ihre Wahlversprechungen einzulösen oder aber abzutreten«.[587] Sollte der Reichstag, »belastet durch 195 Nazis, arbeitsunfähig« sein, sei »eine beschleunigte Neuwahl das Gebot der Stunde«.[588] »Sollten aber«, so warnte Aufhäuser, »die Vertagungen des Parlaments das Vorspiel zu einer Auflösung ohne Neuwahl sein, um einen sogenannten ›Staatsnotstand‹ zu erklären, dann wäre das der Staatsstreich!«.[589]

Dahingehende Überlegungen Schleichers hatten sich zu diesem Zeitpunkt längst zerschlagen, da Hindenburgs Vertrauen in ihn spätestens in der zweiten Januarhälfte sichtlich gesunken war. Als Schleicher am 22. Januar 1933 die Reichstagsauflösung und die Verschiebung der Wahlen vorschlug, um einem zu erwartenden Misstrauensvotum zu begegnen, verhielt sich Hindenburg ablehnend.[590] Zuvor hatten sich einflussreiche großagrarische Interessenvertreter aus Hindenburgs Umfeld mehrheitlich gegen Schleicher gewandt und schließlich hatten sich Zentrum und DNVP ebenfalls gegen eine Beteiligung am Kabinett Schleicher ausgesprochen.[591] Nachdem Hindenburg ihm am 28. Januar 1933 die inzwischen obligatorisch gewordene Auflösungsorder für den Reichstag auch direkt versagte, sah sich das Kabinett zum Rücktritt gezwungen. Mit der neuerlichen Regierungsbildung wurde einmal mehr von Papen betraut, der seit dem 10. Januar mit Hindenburgs Wissen unter anderem mit Hitler, dem DNVP-Vorsitzenden Alfred Hugenberg und dem Stahlhelm-Bundesführer Franz Seldte in Kontakt stand.[592]

585 Winkler, Katastrophe 1987, S. 835 ff.

586 Breitscheid hatte in der Besprechung mit Schleicher Ende November Position gegen solche Überlegungen bezogen und diese in der zweiten Januarhälfte nochmals bekräftigt (vgl. Vorwärts, 50. Jg. Nr. 33 vom 20.1.1933, »Warnung an Schleicher. Breitscheid über seine Pläne«). Vonseiten der SPD scheint lediglich Otto Braun in einer persönlichen Unterredung mit einem Plan zum Aufschub von Neuwahlen an Schleicher herangetreten zu sein (vgl. Winkler, Katastrophe 1987, S. 830).

587 Vorwärts, 50. Jg. Nr. 41 vom 25.1.1933, »Reichstag arbeite! Die Pflicht der Stunde«. Eine Reichstagssitzung, die ursprünglich am Tag zuvor hätte stattfinden sollen, war bereits am 20. Januar auf den 31. Januar 1933 verschoben worden (Büttner, Weimar 2008, S. 491).

588 Vorwärts, 50. Jg. Nr. 41 vom 25.1.1933, »Reichstag arbeite! Die Pflicht der Stunde«.

589 Ebd.

590 Vgl. Winkler, Katastrophe 1987, S. 845 f. und Büttner, Weimar 2008, S. 494.

591 Ebd., S. 491-494. Vgl. dazu auch: Winkler, Katastrophe 1987, S. 831 ff. und S. 843 ff.

592 Büttner, Weimar 2008, S. 492 f. Von einem vorangegangenen Treffen mit Hitler war Hindenburg am 9. Januar von Papen ausführlich unterrichtet worden (Winkler, Katastrophe 1987, S. 831). Neben diesen Verhandlungen hatte der Wahlerfolg vom 15. Januar 1933 bei dem

Die Ernennung Adolf Hitlers zum Reichskanzler zwei Tage darauf kam für viele Zeitgenoss:innen dennoch überraschend.[593] In der Öffentlichkeit kursierten seit dem 28. Januar 1933 lediglich vage Gerüchte über die Bestellung einer neuen Regierung, die sich möglicherweise auf den »Staatsnotstand« berufen werde.[594] Anlässlich der prekären politischen Situation war für den 30. Januar 1933 kurzfristig eine Unterredung des SPD-Parteivorstands mit Vertreter:innen der Reichstagsfraktion und der Freien Gewerkschaften angesetzt worden. Daran partizipierte auch Siegfried Aufhäuser. In Unkenntnis der bevorstehenden Ereignisse trat er hier für ein aktives Handeln ein, ohne die dafür notwendigen Maßnahmen konkret zu benennen:

> Der 20. Juli sei schon die große Enttäuschung gewesen, und wir dürften die Dinge nicht an uns herankommen lassen, da wir sonst den Zeitpunkt verpaßten, an dem wir etwas tun müßten. [...] Heute hängt alles davon ab, ob die Masse für das Parlament kämpfe. Von uns müsse die Parole herausgegeben werden: Neuwahl, und die Gewerkschaften müßten mit aller Deutlichkeit *Hindenburg* sagen, daß sie gewillt seien, für den verfassungsmäßigen Weg einzutreten. Nach draußen müßte es sichtbar erscheinen, daß wir zu dem Abwehrkampf bereit seien. [...] Der 20. Juli war nicht der Zeitpunkt zu großer Aktion, aber heute scheine es ihm, daß er gekommen sei. Er mache jedenfalls die Politik des Abwartens nicht mehr mit.[595]

Demgegenüber äußerte sich die Mehrheit der Anwesenden in Anbetracht der undurchsichtigen Lage deutlich zurückhaltender. Allein Paul Löbe, Friedrich Stampfer und Karl Litke sprachen sich für konkrete Forderungen, für ein öffentlich sichtbares Zeichen oder gar für »Massenaktionen« aus.[596] Allerdings erschöpften sich auch diese Vorschläge im Unverbindlichen. Annahme fand allein ein von Stampfer vorgelegter Aufruf mit unbekanntem Inhalt. Dieser wurde nur Minuten später, nachdem die Mitteilung über Hitlers Ernennung zu den Anwesenden vorgedrungen war, für gegenstandslos erklärt.[597]

mit großem Propagandaeinsatz geführten Wahlkampf im Kleinstaat Lippe Hitler einen bedeutenden Prestigegewinn parteiintern und in der Öffentlichkeit beschert (Büttner, Weimar 2008, S. 491).

593 Die Vorbehalte Hindenburgs gegenüber Hitler waren Anfang 1933 nicht gänzlich ausgeräumt. Es hatte mannigfaltige Überzeugungskraft benötigt, ihn zu diesem Schritt zu bewegen (vgl. ebd., S. 494 ff., daneben: Winkler, Katastrophe 1987, S. 845 ff. und S. 857 f.).

594 Ebd., S. 850. Zu den unterschiedlichen Einschätzungen des *Vorwärts* gegenüber möglichen Kabinetten Papen oder Hitler vgl. ebd., S. 854 f. Auch über ein sogenanntes »Beamtenkabinett« wurde debattiert.

595 Sitzung des SPD-Parteivorstandes mit Vertretern der Reichstagsfraktion und der Freien Gewerkschaften am 30. Januar 1933, in: Quellen zur Geschichte der deutschen Gewerkschaftsbewegung 1988 (Bd. 4), S. 823-828, hier S. 825 f. Hervorhebung im Original.

596 Ebd., S. 826 f.

597 Ebd., S. 828.

Die nun folgende Diskussion von Parteivorstand und Reichstagsfraktion ist nicht überliefert.[598] Als Resultat erschien am darauffolgenden Tag ein Aufruf im *Vorwärts*, in dem einmal mehr betont wurde, dass der weitere »Kampf auf dem Boden der Verfassung« geführt werden müsse, gleichzeitig aber »[d]ie politischen und sozialen Rechte des Volkes [...] gegen jeden Angriff mit allen Mitteln [zu] verteidigen« seien.[599] Mit Blick auf einen zu erwartenden Aufruf zum Generalstreik durch die KPD wurde »[u]ndiszipliniertes Vorgehen einzelner Organisationen oder Gruppen« aufs Schärfste verurteilt.[600] Auch in einem zeitgleich veröffentlichten Aufruf der gewerkschaftlichen Spitzenverbände wurde vor »voreiligen und darum schädlichen Einzelaktionen« gewarnt und »kühles Blut und Besonnenheit [als] erstes Gebot« ausgegeben, »[u]m Angriffe gegen Verfassung und Volksrechte im Ernstfalle wirksam abzuwehren«.[601]

Als Abgesandter des AfA-Bundes bekräftigte Wilhelm Stähr in einer Sitzung des SPD-Parteiausschusses mit Vertreter:innen der Reichstagsfraktion und der *Eisernen Front* am 31. Januar zum Zweck einer einheitlichen Vorgehensweise die Zustimmung seines Verbandes zu diesem Kurs und die unbeschränkte Solidarität zur Partei: Der AfA-Bund lege »den größten Wert darauf, mit der Sozialdemokratischen Partei bei allen zukünftigen Maßnahmen Hand in Hand zu gehen« und werde »bei allen Maßnahmen Rücksicht [...] auf die Partei [nehmen], die ihre besonderen Wünsche und Forderungen in etwas anderer Form in der Öffentlichkeit vertreten wird und muß, als die Gewerkschaften das tun können«.[602] Auch Aufhäuser, der als Mitglied des Fraktionsvorstands und Vorsitzender des AfA-Bundes die oben zitierten Entschließungen mitgetragen hatte, machte sich dieses Argumentationsmuster zu eigen. Unter dem gewerkschaftlichen Aufruf, der ebenfalls in der AfA-Bundeszeitung veröffentlicht wurde, bekräftigte er, dass die Gewerkschaften »[g]egenüber jeder verfassungsmäßigen Regierung [...] ihren sozialen Kampf um Leben und Recht der Angestellten und Arbeiter auf dem Boden der Verfassung« führen würden.[603] Diese wären, »sich aber ihrer schwersten Verantwortung in diesem Stadium der deutschen Geschichte voll bewußt, in jedem Falle die Lebensinteressen der deutschen Arbeitnehmerschaft zu wahren und zu verteidigen«.[604] Ergänzend fügte er hinzu:

598 Ebd. Überliefert ist ein Beschluss der Fraktion über die Einbringung eines Misstrauensantrags gegen die neue Regierung (Vorwärts, 50. Jg. Nr. 51 vom 31. 1. 1933, »Mißtrauen! Ein selbstverständlicher Antrag«).
599 Ebd., »Arbeitendes Volk! Republikaner!«.
600 Ebd.
601 Ebd., »An die Mitglieder der Gewerkschaften!«. Ungeachtet dessen kam es in einer ganzen Reihe von Städten und kleineren Orten zu Streiks und Protestaktionen (Michael Schneider, Unterm Hakenkreuz. Arbeiter und Arbeiterbewegung 1933 bis 1939, Bonn 1999, S. 39 f.). Vielerorts wurden in den ersten Februartagen von SPD und KPD unabhängig voneinander auch zentrale Großkundgebungen veranstaltet (ebd., S. 41).
602 Sitzung des Parteiausschusses mit Vertretern der Reichstagsfraktion und der *Eisernen Front* am 31. Januar 1933 im Reichstag, in: Schulze (Hg.): Anpassung 1975, S. 137-153, hier S. 150.
603 AfA-Bundeszeitung, 15. Jg. Nr. 2 vom 1. Februar 1933, »An die Mitglieder der Gewerkschaften!«.
604 Ebd.

Würde früher oder später der Versuch gemacht werden, die noch parlamentarisch fundierte Regierung zur Diktatur umzubilden und die Regierungsmacht gegen die Verfassung anzuwenden oder zu behaupten, so [könne] an der Bereitschaft der Gewerkschaften zum äußersten Widerstand nicht gezweifelt werden. Sie [seien] entschlossen, für kommende Entscheidungskämpfe ihre ganze organisatorische Kraft einzusetzen.[605]

3.2 »Hier können wir nicht bleiben.« Verdrängung aus sämtlichen Wirkungsfeldern

Die kräftezehrenden Bemühungen der SPD, die NSDAP von der staatlichen Macht fernzuhalten, waren mit der Ernennung Hitlers zum Reichskanzler endgültig gescheitert. In dieser Zeit höchster Not bemühte sich Siegfried Aufhäuser einmal mehr um Pathos. Sein oben zitierter Aufruf endete mit den Worten:

> Uns aber leuchtet durch das Dunkel der Reaktion die Sonne des aufgehenden Sozialismus. Die Träger der organisierten Arbeit werden im Ringen mit Reaktion und Faschismus sieghaft bleiben, trotz alledem und alledem![606]

Es erscheint fraglich, ob er diesen hoffnungsvollen Worten selbst Glauben zu schenken vermochte. Nachdem das Kabinett Hitler am 31. Januar 1933 die Auflösung des Reichstags beschlossen hatte, folgte die sukzessive Aushöhlung der freiheitlich-demokratischen Grundlagen innerhalb kurzer Frist: Am 5. Februar trat die *Verordnung des Reichspräsidenten zum Schutze des Deutschen Volkes* in Kraft, durch die Versammlungs- und Pressefreiheit beschnitten wurden. Schon zuvor war der *Vorwärts* wegen eines Wahlaufrufs für mehrere Tage verboten worden. Zeitgleich häuften sich Verhaftungen sowie Gewalttaten und Tötungsdelikte an SPD- und KPD-Mitgliedern durch SA und die ihr unterstellte *Schutzstaffel* (SS).[607]

Der SPD-Vorsitzende Otto Wels rief für den 5. Februar 1933 eine Parteivorstandssitzung mit Vertretern der Gewerkschaften anlässlich der sich überstürzenden Ereignisse ein, um zu besprechen, »welche letzten Abwehrmaßnahmen eventuell zu

605 Ebd.

606 Ebd.

607 Es existieren unzählige Schilderungen über die »Menschenjagd auf politische Repräsentanten der Weimarer Republik, die unmittelbar nach der Machtauslieferung an die NSDAP Ende Januar 1933 überall in Deutschland einsetzte« (Zitat bei: Klaus Schönhoven, Freiheit und Leben kann man uns nehmen, die Ehre nicht. Das Schicksal der 1933 gewählten SPD-Reichstagsabgeordneten, Bonn 2017, S. 38).

treffen wären«.[608] Dort dominierte die Ansicht, dass ein einheitliches Vorgehen mit der KPD nicht durchführbar sei – zumal in den Tagen davor ein von Stampfer forcierter »Nichtangriffspakt« erneut zurückgewiesen worden war.[609] Auch ein womöglich zeitlich befristeter Generalstreik stieß, unter anderem wegen Bedenken hinsichtlich einer dafür notwendigen Verständigung mit der KPD, der hohen Zahl der Arbeitslosen und der Frage, welche Ziele definiert werden sollten, mehrheitlich auf Ablehnung. Trotz aller internen Differenzen sah sich Wels im Abschlusskommentar veranlasst, zu konstatieren, dass die Versammelten in ihren »Ansichten völlig einig gingen«.[610] Eine Übereinkunft schien aber allein darin zu bestehen, dass sich SPD und ADGB im Falle eines Streiks »an die Spitze der Bewegung stellen« müssten und der Schwerpunkt der Agitation auf die bevorstehenden Wahlen zu richten sei.[611] Im Detail gingen die Meinungen weit auseinander. So hatte Aufhäuser reichlich verklausuliert verlauten lassen,

> [e]r sei auch dafür, von jeder vorläufigen Maßnahme Abstand zu nehmen, aber die Einzelakte spitzten sich doch dermaßen zu, daß mit einer spontanen Auslösung der Wählermassen zu rechnen wäre. Er glaube überhaupt nicht an ein Stattfinden der Wahlen. Als Ziel käme nach seiner Meinung doch nur in Frage, daß wir erklären müßten, wir wollten die politische Macht übernehmen.[612]

In diesem Sinne forderte er mit Blick auf die sich erhitzende politische Atmosphäre, Entschlossenheit zu »starken Abwehrmaßnahmen« zu demonstrieren, um dadurch die Leitung in der Hand zu behalten.[613] Mit Bezug auf die Etablierung des Faschismus in

608 Sitzung des Parteivorstands mit Vertretern des ADGB am 5. Februar 1933, in: Schulze (Hg.): Anpassung 1975, S. 161-165, hier S. 161. Wels hatte an den vorangegangenen Sitzungen wegen eines Kuraufenthalts nicht teilgenommen. Als Anlass für die Zusammenkunft wurden die Verhaftung des Reichstagsabgeordneten Julius Leber und die anstehende Auflösung des Preußischen Landtags angeführt, die innerhalb der Arbeiter:innenschaft Diskussionen über eine Einheitsfront verstärkten und die spontane Auslösung eines Generalstreiks möglich erscheinen ließen (ebd.).

609 In der zweiten Januarhälfte waren im *Vorwärts* mehrere Artikel erschienen, in denen positiv über die kommunistische Bewegung berichtet und – der Linie Stampfers folgend – die Bereitschaft zur Aktionseinheit bekundet wurde, sollte die KPD davon abrücken, die SPD als Hauptfeind zu betrachten (vgl. Winkler, Katastrophe 1987, S. 837f. und S. 848f.). Ein »Nichtangriffspakt« war von der *Roten Fahne* jedoch zurückgewiesen worden, das Angebot zur Einheitsfront erging erneut lediglich an die Basis (ebd., S. 849, S. 855f. sowie S. 874f.). Der in der Sitzung von Stampfer geäußerte Vorschlag, den Kommunist:innen ein direktes Angebot zu unterbreiten, stieß auf energische Ablehnung.

610 Sitzung des Parteivorstands mit Vertretern des ADGB am 5. Februar 1933, in: Schulze (Hg.): Anpassung 1975, S. 161-165, hier S 165.

611 Ebd.

612 Ebd.

613 Ebd.

Italien prophezeite er, dass die nationalsozialistischen Maßnahmen nun »löffelweise weiter[gingen]«.[614]

In Anbetracht der folgenden politischen Maßnahmen und Einschränkungen müssen seine Befürchtungen als untertrieben gelten: Die Auflösung des Preußischen Landtags, ein erneutes *Vorwärts*-Verbot und Erlasse des kommissarischen preußischen Innenministers Hermann Göring, der den Schusswaffengebrauch von Polizeibeamten bei der Ausübung ihrer Pflicht ohne Rücksicht auf die Folgen ausdrücklich deckte und den Einsatz von SA, SS und Stahlhelm als freiwillige Hilfspolizisten gestattete, bildeten den Rahmen für die sich im Februar 1933 ausweitende politische Verfolgung von NS-Gegnern, die sich in erster Linie auf Parteivertreter:innen von KPD und SPD konzentrierte.[615] Augenfällig wurde der NS-Terror besonders während des nun anstehenden Wahlkampfs. Schwere Angriffe und Ausschreitungen sowie ausbleibende polizeiliche Schutzmaßnahmen veranlassten den SPD-Parteivorstand dazu, besonders gefährdete Redner:innen nicht mehr öffentlich auftreten zu lassen.[616] Als einer der eifrigsten Sprecher scheint Siegfried Aufhäuser von dieser Maßnahme zunächst nicht betroffen gewesen zu sein. Noch am 24. Februar sprach er bei einer überfüllten Wahlversammlung in Lichtenberg.[617] Der *Vorwärts* schweigt sich indes darüber aus, ob die für den 28. Februar und 1. März angekündigten Veranstaltungen in Pankow und Wedding mit ihm als Redner noch stattfanden.[618] Nach dem Reichstagsbrand in der Nacht zum 28. Februar wurden im Zuge der noch am selben Tag verabschiedeten *Verordnung des Reichspräsidenten zum Schutz von Volk und Staat* nicht nur zahlreiche Grundrechte außer Kraft gesetzt, sondern der *Vorwärts* abermals verboten. In Anbetracht dieser Umstände verwundert es kaum, dass Aufhäusers bemüht optimistischer Wahlaufruf, der am 1. März im *Freien Angestellten*, der Zeitschrift des ZdA, erschien, sich vornehmlich in symbolischen Phrasen erschöpfte.[619]

Reichstagswahl und Ermächtigungsgesetz

Die Reichstagswahlen vom 5. März 1933 bescherten der NSDAP zwar nicht die angestrebte absolute Mehrheit, angesichts der bestehenden Koalition fand sie sich aber nunmehr in der Lage, eine parlamentarische Mehrheit zu bilden.[620] Dieses Resultat sorgte bei SPD und KPD für maßlose Ernüchterung. Folgenschwer wirkte sich be-

614 Ebd.
615 Winkler, Katastrophe 1987, S. 877 f.
616 Ebd., S. 878 f.
617 Vorwärts, 50. Jg. Nr. 96 vom 25. 2. 1933, »Für Freiheit und Sozialismus«. Auch hier gehörte ein eigener Saalschutz inzwischen zum Standardrepertoire der Veranstaltung.
618 Vgl. ebd., Nr. 99 vom 28. 2. 1933, »Berlin bleibt rot!«.
619 Der freie Angestellte, 37. Jg. Nr. 5 vom 1. 3. 1933, »Wahlkampf = Freiheitskampf«.
620 Die NSDAP erhielt 43,9 Prozent der Stimmen. Für das aus DNVP, Stahlhelm und Einzelpersonen bestehende Wahlbündnis *Kampffront Schwarz-Weiß-Rot* votierten rund 8 Prozent der Wähler:innen. Ein Drittel der Stimmen ging an die beiden Arbeiter:innenparteien SPD

sonders der verstärkt einsetzende Verfolgungsdruck aus. Schon in direkter Reaktion auf den Reichstagsbrand hatte eine Verhaftungswelle eingesetzt, die sich insbesondere auf KPD-Mitglieder konzentrierte, denen die Schuld am Brand zugeschrieben wurde. Als Mittel fand hier in erster Linie die euphemistisch titulierte »Schutzhaft« Anwendung. Nach den Reichstagswahlen steigerte sich diese Verfolgungswelle auf breiter Front. Zehntausende Kommunist:innen wurden – größtenteils von SA- und SS-Angehörigen – willkürlich festgenommen, teils gefoltert und in »Privatgefängnisse« überführt, an zahlreichen Stellen entstanden erste Konzentrationslager.[621] Parallel vollzog sich die »Gleichschaltung« der Länder und die Eroberung der Macht in Städten und Gemeinden. Diese blieb nicht auf die teils gewaltsame Absetzung und Gefangennahme von unliebsamen Amtsträger:innen und Beamten beschränkt, sondern ging vielfach mit antisemitischen Maßnahmen und Pogromen einher.[622]

Von den Verfolgungsmaßnahmen war auch die Sozialdemokratie maßgeblich betroffen, deren Führung sich nach dem Reichstagsbrand zunächst um Abgrenzung gegenüber der KPD bemühte.[623] Klaus Schönhoven hat eindrücklich nachvollzogen, warum am 23. März 1933, als der Reichstag über das *Gesetz zur Behebung der Not von Volk und Reich*, das sogenannte »Ermächtigungsgesetz«, entschied, 26 der 120 kurz zuvor gewählten SPD-Reichstagsabgeordneten außerstande waren, an der weichenstellenden Abstimmung teilzunehmen.[624] Die Schicksale der 26 SPD-Abgeordneten, die allesamt bedroht, überfallen, misshandelt, verhaftet oder verschleppt worden waren, die sich teilweise in Schutzhaft befanden, sich im Untergrund versteckten oder aus Deutschland geflohen waren, mögen verdeutlichen, »[m]it welcher zügellosen Gewalt und Brutalität die nationalsozialistischen Machthaber in den siebeneinhalb Wochen zwischen der Ernennung Hitlers zum Reichskanzler und der Verabschiedung des Ermächtigungsgesetzes gegen Politiker der Linksparteien vorgingen«.[625] Siegfried Aufhäuser war Zeuge der historischen Sitzung des Reichstags, in der sich das Parlament selbst entmachtete und die anwesenden Parteien – mit Ausnahme der SPD – die Übertragung der gesetzgebenden Gewalt auf die Reichsregierung beschlossen. Er hat die Beklommenheit dieser Situation, aber auch die eindrucksvolle Rede des schwer erkrankten Otto Wels, die »als ein eindrucksvolles Manifest der sozialdemokratischen Selbstbehauptung« in der

(18,3 Prozent) und KPD (12,3 Prozent), das Zentrum kam auf etwa 14 Prozent. Siehe dazu: Falter, Hitlers Wähler 1991.

621 Winkler, Katastrophe 1987, S. 888 ff.

622 Ebd., S. 898 ff. Gesetzliche Regelungen, die die politische Selbstständigkeit der Länder einschränkten und die Entsendung von sogenannten »Reichsstadthaltern« verfügten, ergingen erst in den folgenden Wochen. Zunächst waren unliebsame Landesregierungen zum Rücktritt gezwungen worden.

623 Vgl. ebd., S. 882 sowie S. 917.

624 Vgl. Schönhoven, Freiheit 2017, S. 38-80. Die Mandate der KPD waren zu diesem Zeitpunkt noch nicht formell annulliert, wurden jedoch als nicht existent betrachtet (Vgl. Winkler, Katastrophe 1987, S. 901, 905 f. und 914).

625 Schönhoven, Freiheit 2017, S. 79.

geschichtswissenschaftlichen Forschung rezipiert wurde, rekapitulierend in eindrücklichen Worten geschildert:[626]

> Bei dem Einzug unserer 94 Männer und Frauen hatten die SA-Leute eine enge Gasse frei gelassen, um uns Spießruten laufen zu lassen. [...]
> Wo die SPD-Abgeordneten auch immer ein Wort mit einander reden wollten, wurden sie abgehört und kontrolliert. Im Sitzungssaal waren alle Korridore zwischen den Sektoren des Parketts dicht mit SA besetzt; wir waren in Gefangenschaft. Otto Wels saß links in der zweiten Reihe; ich saß unmittelbar hinter ihm. [...]
> Die anderen Parteien zeigten sich willenlos und resignierend, während auf der Galerie Tobsuchtsanfälle demonstriert wurden.
> Dann wurde Hitler mit dem üblichen Getue begrüßt und legte los. Eine Inflation von Schmähungen prasselte auf die ›verbrecherischen Marxisten‹ herab. [...] Er sagte auch deutlich, er könne nicht für Taten seiner Anhänger aufkommen, wenn ihm die Parteien nicht die notwendige Macht verliehen. [...]
> Wels geht langsam und sicher zur Rednertribüne. Entgegen den Mahnungen seines Arztes war er selbst sicher und furchtlos, daß das tapfere Herz zur gegebenen Stunde einfach nicht versagen dürfte. Seine Rede [...] war das unzerstörbare Bekenntnis der SPD zu Menschlichkeit, Gerechtigkeit und Freiheit. Sein Bekennermut vor der drohenden Meute mit geballten Fäusten war mein tiefes Erlebnis in einer großen Stunde von Otto Wels.[627]

Aufgabe des AfA-Vorsitzes

Mit diesem Tag endete Siegfried Aufhäusers parlamentarische Tätigkeit im Reichstag. Fünf Tage später, am 28. März 1933, sah er sich genötigt, auch von seinem Posten als Vorsitzender des AfA-Bundes zurückzutreten.[628] »Nach der Machtergreifung am 30. Januar 1933 konzentrierten sich die Angriffe der Nazi-Organe gegen den AfA-Bund auf meine Person. Mein Rücktritt wurde schon vor der Auflösung der freien Gewerkschaften erzwungen und in der AfA-Vorstandssitzung am 28. März beschlossen«, wird Siegfried Aufhäuser die Geschehnisse später kommentieren.[629] Die AfA-Bundeszeitung vermerkte dazu: »Angesichts der politischen Lage ist der bisherige Bundesvorsitzende, Reichstagsabgeordneter Aufhäuser, auf eigenen Wunsch von seinem Amt zurückgetreten«.[630] Die Frage, welche Einflussfaktoren Aufhäusers Rücktritt vom Vorsitz des

626 Vgl. ebd., S. 10.
627 Sozialdemokratischer Pressedienst, 18. Jg. Nr. 54 vom 19.3.1963, »Die dramatische Stunde«.
628 Vgl. zum Folgenden auch: Zech, Flucht und Exil 2018, S. 89-106.
629 LABO Berlin, Entschädigungsbehörde, Reg. 7218 (Aufhäuser, Siegfried), Aufhäuser an Entschädigungsamt Berlin, 14.7.1955.
630 AfA-Bundeszeitung, 15. Jg. Nr. 4 vom 1.4.1933, »Erklärung der freien Angestelltenverbände zur Gewerkschaftsarbeit«.

AfA-Bundes bestimmt haben und ob er zu diesem Entschluss gedrängt wurde, ist nach wie vor umstritten. Dass Aufhäuser als prominenter Gewerkschafter, SPD-Politiker jüdischer Herkunft und bekennender Gegner der NSDAP von den Verfolgungs- und Unterdrückungsmaßnahmen der neuen Machthaber persönlich betroffen war, ist offenkundig. Die Quellen schweigen sich jedoch darüber aus, inwiefern Aufhäuser von dieser Seite auch direkten Erpressungsversuchen ausgesetzt war. Vieles deutet darauf hin, dass eine Kampagne gegen seine Person erst im Mai 1933 einsetzte.[631] Innerhalb des AfA-Bundes scheint seine Stellung bis zu seinem Ausscheiden unstrittig gewesen zu sein. Noch in der Bundesausschuss-Sitzung vom 22. Februar war das von Aufhäuser gehaltene Hauptreferat, so vermeldete es die Bundeszeitung, »vielfach durch begeisterte Zustimmung unterbrochen[ ]« worden.[632] Auch die loyale Würdigung, die Aufhäuser in der letzten Nummer der Bundeszeitung Anfang April zuteilwurde und seine Worte des »aufrichtigsten Dank[es]« an die »Kolleginnen und Kollegen für ihre Mitarbeit und Kameradschaft« deuten nicht darauf hin, dass er geschasst worden wäre.[633] Dagegen spricht auch der Umstand, dass Aufhäuser nach seinem Rücktritt zunächst mit einer Fortzahlung seiner Bezüge rechnen durfte.[634]

Es existiert jedoch ein Schreiben aus dem Jahr 1936, in dem Fritz Tarnow gegenüber Heinrich Schliestedt, dem langjährigen Vorstandsmitglied des *Deutschen Metallarbeiter-Verbands* (DMV), erläuterte, Aufhäuser habe »überall die Geschichte kolportiert, daß sein vorzeitiger Rücktritt vom AFA-Bund von Leipart erzwungen worden sei, da der

631 Vgl. dazu die folgenden Ausführungen. Es ist jedoch davon auszugehen, dass die Ermordung mehrerer ZdA-Funktionäre durch die SA im Februar und März 1933 an ihm nicht spurlos vorüberging (vgl. Lange, Aufhäuser 2013, S. 213). Siehe zur Verfolgung von gewerkschaftlichen Angestelltenvertreter:innen auch: Bitzegeio, Partei- und Landesgrenzen 2009, S. 155 ff.

632 AfA-Bundeszeitung, 15. Jg. Nr. 3 vom 1. 3. 1933, »Vorstand, Bundesausschuß und Bezirksleiterkonferenz«.

633 Vgl. ebd., Nr. 4 vom 1. 4. 1933, »Dank an die Funktionäre des AfA-Bundes«. Im Original hervorgehoben. In der Würdigung hieß es unter anderem: »Die Gesamtlage veranlaßte den Kollegen Aufhäuser, die Vorständekonferenz zu bitten, ihn seines Amtes als Bundesvorsitzender zu entheben. Die Konferenz hat sich [...] den Ausführungen ihres Vorsitzenden nicht verschließen können. Daß dieser Entschluß allen Beteiligten schwer gefallen ist, braucht gegenüber den Funktionären nicht besonders betont zu werden. [...] Unter seiner Führung ist die freigewerkschaftliche Angestelltenbewegung zu jener Bedeutung in dem sozialen und gesellschaftlichen Leben geworden, die ihr auch jetzt das Recht gibt, ihre Sache zu verteidigen. Der Mann, der dieses stolze Gebäude der freigewerkschaftlichen Angestelltenverbände mit hat errichten helfen und der der eigentliche Baumeister gewesen ist, er stellt die Sache über die Person.« (ebd., »Erklärung der freien Angestelltenverbände zur Gewerkschaftsarbeit«).

634 LABO Berlin, Entschädigungsbehörde, Reg. 7218 (Aufhäuser, Siegfried), Schreiben Charlotte Wetzel (1933 Kassiererin und Buchhalterin in der Hauptgeschäftsstelle des AfA-Bundes) an das Entschädigungsamt Berlin, 8. 7. 1955. Demnach war auf der Sitzung vom 28. März beschlossen worden, ihm eine Abfindung von 18 Monatsgehältern von je 940 Reichsmark auszuzahlen. Hier wird ebenfalls erklärt, dass »Siegfried Aufhäuser am 1. April 1933 aus seinem Amt als hauptamtlicher Vorsitzender des AfA-Bundes wegen Verfolgung durch das Nazi-Regime aus politischen und rassistischen Gründen vorzeitig ausscheiden mußte«. Siehe dazu auch: ebd., Aufhäuser an Entschädigungsamt Berlin, 14. 7. 1955.

›Jude und Revolutionäre Sozialist‹ eine zu schwere Belastung geworden sei«.[635] Um diese Darstellung im direkten Anschluss zu berichtigen:

> A[ufhäuser] kam gebrochen und schlotternd zu L[eipart] um diese[m] mitzuteilen, nach heftigen inneren Kämpfen habe er sich entschlossen, von seinem Amt zurückzutreten, weil er glaube, damit seinen Verbänden helfen zu können. Bei dem Übergewicht der nazistischen Angestelltenverbände hätten es die AFA-Verbände ohnedem schon viel schwerer als die ADGB-Verbände, sich vor der völligen Vernichtung zu retten. Bei den bevorstehenden Verhandlungen über die Zukunft der Gewerkschaften würde er als Jude und radikaler Sozialdemokrat nur im Wege sein, aber er möchte doch nicht gehen, ohne die Zustimmung Leiparts zu diesem Schritt. Leipart war innerlich empört, bezwang sich aber angesichts des Häufleins Unglück, das vor ihm saß. Einen Entschluss wie diesen müsse jeder mit seinem eigenen Gewissen ausmachen und wenn A[ufhäuser] glaube, seinen Verbänden damit helfen zu können, würde ihm niemand einen Vorwurf daraus machen können usw.[636]

Auf die kritische Darstellung Tarnows wird später zurückzukommen sein.[637] Für den Moment mag die Feststellung genügen, dass sich keine solchen Anschuldigungen Aufhäusers gegenüber Leipart belegen lassen. Eine Rücktrittsforderung von Leipart an Aufhäuser scheint dem Reich der Legenden entsprungen zu sein.[638]

635 AdsD Bonn, Bestand Fritz Tarnow, Tarnow an Heinrich Schliestedt, 21.9.1936. Vgl. zum DMV vor 1933: Marco Swiniartzki, Der Deutsche Metallarbeiter-Verband 1891-1933. Eine Gewerkschaft im Spannungsfeld zwischen Arbeitern, Betrieb und Politik, Köln u.a. 2017. Siehe dazu auch: Mielke/Heinz, Alwin Brandes 2019.

636 AdsD Bonn, Bestand Fritz Tarnow, Tarnow an Heinrich Schliestedt, 21.9.1936.

637 Vgl. III. Kapitel 1.1.

638 Fritz Tarnow hat die damals vermutlich kursierenden Gerüchte in seinem oben zitierten Brief aufgegriffen und bestritten. Ungeachtet dessen werden in der Forschungsliteratur bisweilen Belege bemüht, die eine Intervention Leiparts naheliegend erscheinen lassen. So nahm Dieter Nelles (ders., Widerstand und internationale Solidarität. Die Internationale Transportarbeiter-Föderation [ITF] im Widerstand gegen den Nationalsozialismus, Essen 2001, S. 148) in diesem Sinne Bezug auf eine Arbeit von Jürgen Klein (ders., Vereint sind sie alles? Untersuchungen zur Entstehung von Einheitsgewerkschaften in Deutschland. Von der Weimarer Republik bis 1946/47, Hamburg 1972, S. 80f.). Klein wiederum verwies in der hier abgedruckten Fußnote auf einen Artikel von Aufhäuser aus der *Wiener Arbeiterzeitung* vom 25. Mai 1933. Zwar hat Aufhäuser am 7. Mai 1933 für die Zeitung einen anonymen Gastbeitrag verfasst, derartige Anschuldigungen gegenüber Leipart sind aber in den Ausgaben nicht zu finden. In derselben Fußnote wird auf eine Korrespondenz zwischen Heinrich Schliestedt und dem Gewerkschafter Martin Plettl verwiesen. Zumal sich Kleins hier zitierte Formulierung der Textstelle des Briefs aber fast wörtlich mit dem oben zitierten Briefauszug Tarnows deckt, scheint die vermeintliche Anschuldigung wiederum nicht direkt auf Aufhäuser, sondern abermals auf Tarnows Behauptung zurückzugehen. Willy Buschak hat sich mit der Frage beschäftigt, inwiefern Aufhäuser von seinen Kollegen im AfA-Bund zum Rücktritt gedrängt wurde, und konnte hier ebenfalls keine validen Belege ausfindig machen (Buschak, Zirkel 2015, S. 80): Neben Manfred Scharrer (ders., Anpassung bis zum bitteren Ende. Die freien Gewerkschaften

Siegfried Aufhäusers Rücktritt Ende März 1933 fiel jedoch in eine Zeit, in der die ADGB-Führung, allen voran Leipart, den offenen Bruch mit der Sozialdemokratie vollzog und sich um eine Übereinkunft mit den neuen Machthabern bemühte. Auf Terrorakte vonseiten der SA und der SS gegen gewerkschaftliche Repräsentant:innen und deren Eigentum hatte der ADGB-Vorstand zunächst weitgehend erfolglos bei staatlichen Stellen und politischen Vertretungen interveniert.[639] Nach dem Reichstagsbrand und den Reichstagswahlen intensivierten sich jedoch Bemühungen, zu einem Ausgleich mit Hitler zu gelangen. In diesem Sinne hatte sich Leipart am 21. März 1933 wegen der »Frage einer Neuordnung der Gewerkschaften« direkt an den Reichskanzler gewandt und ihn um eine persönliche Aussprache gebeten.[640] Die diesem Brief beiliegende, einige Tage später veröffentlichte Erklärung des ADGB betonte die Unabhängigkeit »von politischen Parteien« und unterstrich die »sozialen Aufgaben der Gewerkschaften [...] gleichviel welcher Art das Staatsregime« auch sei.[641] Wenig verwunderlich, dass diese Erklärung »als offene Distanzierung des ADGB von der SPD und als Loyalitätsversicherung gegenüber der Regierung Hitler gewertet« wurde.[642]

1933, in: ders. [Hg.]: Kampflose Kapitulation. Arbeiterbewegung 1933, Reinbek 1984, S. 73-120, hier S. 105), der eine dahingehende Vermutung anstellte, nannte er Hannes Heer (ders., Burgfrieden oder Klassenkampf. Zur Politik der sozialdemokratischen Gewerkschaften 1930-1933, Neuwied u. a. 1971, S. 106). Dieser stützte sich in seiner Argumentation auf die Abschrift einer Briefkopie aus dem Besitz des ADGB-Vorstandsmitglieds Franz Spliedt, die sich in Ermangelung näherer Angaben trotz intensiver Recherche vonseiten Buschaks nicht ausfindig machen ließ. Von Buschak wird auch die Interpretation des oben zitierten Tarnow-Briefs bei Gerhard Beier (ders., Das Lehrstück vom 1. und 2. Mai 1933, Frankfurt a. M. u. a. 1975, S. 51 [gemeint ist S. 31]) kritisiert. Hier klingt an, Leipart habe über den Rücktritt Aufhäusers zu entscheiden gehabt (vgl. Buschak, Zirkel 2015, S. 81).

639 Vgl. beispielsweise die folgenden Schreiben: Vorstand des ADGB (Schlimme) an Polizeipräsidium Berlin am 24. Februar 1933 wegen Polizeischutz für Gewerkschaftshäuser und an Reichspräsident Hindenburg am 1. März 1933 wegen NS-Überfall auf Gewerkschaftshaus Bitterfeld, in: Quellen zur Geschichte der deutschen Gewerkschaftsbewegung 1988 (Bd. 4), S. 849 f. und S. 851 f., Vorstand des ADGB (Leipart) an den Reichspräsidenten am 10. März 1933 wegen Terror gegen Gewerkschaften, in: ebd. S. 856 f. Am 8. März hatte eine gewerkschaftliche Abordnung unter anderem wegen der Besetzung der Bundesschule des ADGB in Bernau das Gespräch mit Vizekanzler von Papen und dem kommissarischen preußischen Innenminister Göring gesucht (Winkler, Katastrophe 1987, S. 893). Eine unvollständige Übersicht der Mitte März gegen die Gewerkschaften gerichteten Terrorakte vermittelt das Schreiben des Vorstands des ADGB (Schlimme) an Reichspräsident Hindenburg vom 20. März 1933, in: Quellen zur Geschichte der deutschen Gewerkschaftsbewegung 1988 (Bd. 4), S. 858-864.

640 Vgl. Vorstand des ADGB (Leipart) an Reichskanzler Hitler am 21. März 1933 wegen Aufgaben und Organisation der Gewerkschaften, in: ebd., S. 865-867, hier S. 865.

641 Ebd., S. 866 f. Weitere Beispiele für freigewerkschaftlichen Opportunismus im März und April 1933 nennt Winkler, Katastrophe 1987, S. 894 ff. und S. 918 ff.

642 Vgl. Vorstand des ADGB (Leipart) an Reichskanzler Hitler am 21. März 1933 wegen Aufgaben und Organisation der Gewerkschaften, in: ebd., S. 865-867, hier S. 866, Fußnote 2. Ungeachtet dessen setzten sich die Gewaltmaßnahmen gegen die Gewerkschaften in den kommenden Wochen fort (vgl. das Schreiben vom Vorstand des ADGB [Schlimme] an Reichspräsident

Insofern erscheint der Rücktritt des SPD-Politikers Aufhäuser, der vonseiten der NSDAP zudem als Jude diffamiert wurde, vier Tage vor dem reichsweit organisierten Boykott jüdischer Geschäfte durchaus dem Zwang der Verhältnisse geschuldet. Ohne Rückendeckung durch den ADGB blieben Aufhäusers Handlungsspielräume als Vorsitzender des AfA-Bundes beschränkt. Leipart musste Aufhäuser nicht ausdrücklich zum Rücktritt auffordern, der AfA-Vorsitzende konnte die Zeichen der Zeit Ende März durchaus deuten. Tarnows Behauptung – dem oben zitierten Brief entnommen –, dass Aufhäuser »als Kapitän der erste war, der das Schiff verließ und sich in Sicherheit brachte«, erscheint vor diesem Hintergrund an Euphemismus kaum zu überbieten.[643] In Aufhäusers Erinnerungen lässt sich seine Verbitterung über den Opportunismus des ADGB auch mehr als dreißig Jahre nach den Ereignissen nur allzu deutlich herauslesen:

> [...] er hat mindestens 3 Monate lang, von Februar bis Ende April [...] Verhandlungen gehabt, es waren u. a. da aktiv nicht nur Leipart sondern auch Tarnow von den Holzarbeitern, es haben Besprechungen stattgefunden unter welchen Bedingungen der Allgemeine Deutsche Gewerkschaftsbund weiter geduldet würde. Eine der Bedingungen war: Ihr dürft keine jüdischen Funktionäre haben. Ihr dürft keine internationalen Beziehungen mehr haben [...] dazwischen fanden dann Verhandlungen zwischen prominenten Nazis und Vertretern des D. G.B. und A. D.G.B. statt, ob man die bestehenden Gewerkschaften unter nationalsozialistischen Bedingungen erhalten könnte, wenn sie vorher die sozialdemokratisch orientierten Funktionäre und die Juden ausschließen. Darüber wurde ernsthaft verhandelt.[644]

Auflösung des AfA-Bundes

Siegfried Aufhäuser hat sich in späteren Jahren verschiedentlich zum Ende des AfA-Bundes geäußert. Gegenüber dem Berliner Entschädigungsamt führte er aus, dass er »mit dem 1. April 1933 dienstrechtlich aus [seinem] Amt ausgeschieden« sei, aber noch versucht habe, »bis zum 2. Mai 1933 die laufenden Geschäfte der Organisation abzuwickeln«.[645] Auch in dem bereits zitierten Interview von 1969 erwähnte er, seinen Einfluss dahingehend geltend gemacht zu haben:

Hindenburg vom 5. April 1933 mit einer Liste von Terrorfällen gegen Gewerkschaftsmitglieder, in: ebd., S. 873-879).

643 AdsD Bonn, Bestand Fritz Tarnow, Tarnow an Heinrich Schliestedt, 21.9.1936.

644 Interview im Zweiten Deutschen Fernsehen am 1. Mai 1969 anlässlich des 85. Geburtstages von Siegfried Aufhäuser, in: Nikolai (Hg.): Zum 100. Geburtstag, S. 13f. Vgl. in diesem Zusammenhang auch seine Ausführungen am Anfang des Interviews über seine Emigrationszeit in Prag von 1969 (DRA Frankfurt, 73 U 2141/5). Beim *Deutschen Gewerkschaftsbund* (DGB) handelte es sich um den Dachverband der christlichen Gewerkschaften.

645 LABO, Entschädigungsbehörde, Reg. 7218 (Aufhäuser, Siegfried), Aufhäuser an Entschädigungsamt Berlin, 14.7.1955.

> [...] und ich hatte nachher versucht, gegenüber den Bestrebungen einer Gleichschaltung durch die Gewerkschaften des ADGB [...] dem AFA-Bund zu empfehlen, lieber sich aufzulösen[,] um dann in der Untergrundarbeit unsere Leute wieder zu sammeln, als daß wir uns gleichschalten würden. Das war, wie gesagt die Differenz mit dem ADGB, die wir früher unter Legien nicht gehabt hätten.
> [...] infolgedessen habe ich mein Amt bereits im März als Vorsitzender niedergelegt und es meinen Verbänden anheimgestellt, ob sie [...] den AFA-Bund aufrechterhalten wollen oder ob sie ihm durch rechtzeitige Auflösung die Möglichkeit geben wollen, [...] nachher illegal den Kampf gegen den Hitlerismus und den Nazismus aufzunehmen.[646]

Inwiefern hier tatsächlich bereits über illegale Maßnahmen gesprochen wurde, lässt sich nicht verifizieren. Die in der historischen Forschung geläufige Annahme, der AfA-Bund habe sich aus Protest gegenüber der Anpassungspolitik des ADGB aufgelöst, erscheint die Komplexität des Entscheidungsrahmens indes nur verkürzt wiederzugeben. Dahinter stand zunächst auch das Kalkül, den einzelnen Verbänden bei den bevorstehenden Verhandlungen – auch mit Blick auf die nationalen Angestelltenverbände – eine bessere Ausgangsposition zu verschaffen:[647]

Anders als der ADGB stand der AfA-Bund während der gesamten Weimarer Republik in Konkurrenz zu starken bürgerlichen Verbänden. Im Laufe der 1920er Jahre hatte Aufhäuser die Affinität der Angestellten zu bürgerlichen Parteien wiederholt kritisiert. Ein Blick auf die Mitgliederentwicklung der drei großen Angestelltenkartelle in den 1920er Jahren zeigt zudem eine deutliche Verschiebung zugunsten der bürgerlichen Verbände: Während die angeschlossenen Verbände der AfA (erst 1921 entstand daraus der AfA-Bund) 1920 noch etwa 690.000 Mitglieder – und damit über 45 Prozent der gewerkschaftlich organisierten Angestellten – repräsentierten, schrumpfte dieser Anteil bis 1931 auf weniger als ein Drittel (circa 435.000 Angestellte).[648] Im selben Zeitraum stiegen die Mitgliederzahlen von Gedag (von circa. 463.000 auf über 594.000) und GdA (von etwa 300.000 auf circa 328.000) deutlich an.[649] Mit dem Aufkommen des Nationalsozialismus hoben zeitgenössische Publikationen alsbald die Nähe vieler Angestellten zur NS-Bewegung hervor.[650] Ein »Grundmotiv«, das innerhalb des AfA-

646 Interview im Zweiten Deutschen Fernsehen am 1. Mai 1969 anlässlich des 85. Geburtstages von Siegfried Aufhäuser, in: Nikolai (Hg.): Zum 100. Geburtstag, S. 12 f.

647 Vgl. hierzu auch die Einschätzung von Buschak, Zirkel 2015, S. 81.

648 Bitzegeio, Tertiarisierung 2010, S. 50 f. Hier auch zur Austrittswelle während der Hyperinflation und der vorübergehenden Attraktivität der AfA-Verbände in den Jahren zwischen 1918 und 1920.

649 Zahlen bei Schneider, Kleine Geschichte 2000, S. 581. Vgl. zur Mitgliederentwicklung ausführlich: Fattmann, Angestelltenbewegung 2010, S. 118 ff.

650 Vgl. Schulz, Die Angestellten 2000, S. 102 f. sowie König, Die Angestellten unterwegs 1991, S. 67 f. und Prinz, Mittelstand 1986, S. 77 f. Dieser auch in: ders., Wandel durch Beharrung. Sozialdemokratie und »neue Mittelschichten« in historischer Perspektive, in: Archiv für Sozial-

Bunds als »Ursache der überdurchschnittlichen Anfälligkeit der Angestellten für den Nationalsozialismus« angesehen wurde und das zuvor bereits den Verbleib großer Angestelltengruppen in den bürgerlichen Verbänden erklären sollte, stellte die Angst der Angestellten vor der Proletarisierung dar.[651] Die Vorstellung, dass eine ständisch-feudale Orientierung und die Nivellierung von Einkommensunterschieden in Relation zur Arbeiter:innenschaft das Gefühl von Statusbedrohung und damit politischem Protest hervorgerufen habe, wurde aber in der historischen Forschung seit den 1970er Jahren vermehrt angezweifelt.[652] Inzwischen kann auch die »These der überproportionalen NS-Affinität der Angestellten [als] widerlegt« gelten.[653]

Der AfA-Bund solidarisierte sich – trotz der nach außen hin betonten politischen Neutralität – im Gegensatz zum ADGB bis zuletzt mit der SPD. Dies belegten nicht nur Stährs Ausführungen auf der Konferenz vom 31. Januar 1933.[654] Obwohl der Wahlaufruf, den der AfA-Bund Ende Februar gemeinsam mit dem ADGB gezeichnet hatte, die Sozialdemokratie mit keinem Wort erwähnte, lief der Text inhaltlich auf eine Unterstützung der SPD hinaus.[655] Die besondere Verbundenheit zur Partei wurde aber vor allem durch den vorangestellten Leitartikel verdeutlicht, der sich überaus wohlwollend mit Karl Marx und dem von der NSDAP geschmähten Marxismus auseinandersetzte.[656] Der Bezug auf den anstehenden Parteitag der SPD, der ganz im Zeichen des 50. Todestags von Marx stehen sollte, war offenkundig. Dass Aufhäuser am 28. März 1933 in Anbetracht der aktuellen politischen Lage auf der Vorständekonferenz erklärte, bei den entscheidenden Verhandlungen, die für die nächsten Wochen zu erwarten seien, müsse »das Schwergewicht auf die Bedeutung der Berufsverbände der Angestellten gelegt« werden, um deren Erhalt sicherzustellen, erschien vor diesem Hintergrund nur folge-

geschichte 29 (1989), S. 35-73, hier S. 67 ff. Siehe zu dieser Thematik auch zahlreiche Verlautbarungen von Aufhäuser etwa in der AfA-Bundeszeitung, 14. Jg. Nr. 1 vom 1. Januar 1932, »1932« und seine ausführliche Darstellung über die Konkurrenzverbände und die Nähe des DHV zum Faschismus (ders., Ideologie und Taktik der Angestelltenbewegung. Referat, gehalten auf dem 4. AfA-Gewerkschaftskongreß 1931 in Leipzig, Berlin 1931, insbesondere S. 11). Darin auch das folgende Zitat: »Der Faschismus in Deutschland lebt einzig und allein von der falschen geistigen Einstellung der Angestellten und all der Schichten des Bürgertums, die bereits in das Proletariat versunken sind, die aber aus Angst vor der Proletarisierung sich den politischen Abenteurern in die Hände geworfen haben« (S. 20 f.).

651 Palberg-Landwehr, Angestelltengewerkschaften 1993, S. 199 f.

652 Schulz, Die Angestellten 2000, S. 103 f.

653 Ebd., S. 104. Vgl. auch: Falter, Hitlers Wähler 1991, S. 238-242 sowie König, Die Angestellten unterwegs 1991, S. 68 ff. und Prinz, Mittelstand 1986, S. 84 f. In diesem Sinn hat Fattmann darauf hingewiesen, dass die gewerkschaftspolitische Orientierung nicht umstandslos auf die Verteilung der politischen Orientierung der Unorganisierten übertragen werden kann und darüber hinaus auf die Spannbreite der politischen Orientierung innerhalb des GdA aufmerksam gemacht (Fattmann, Angestelltenbewegung 2010, S. 121 und S. 138 ff.).

654 Vgl. II. Kapitel 3.1.

655 AfA-Bundeszeitung, 15. Jg. Nr. 3 vom 1.3.1933, »An die Mitglieder der Gewerkschaften!«. Vgl. auch: Winkler, Katastrophe 1987, S. 883.

656 AfA-Bundeszeitung, 15. Jg. Nr. 3 vom 1.3.1933, »Karl Marx«.

richtig.[657] Diesen Plänen zufolge hatte »die Konferenz in Aussicht genommen, eine organisatorische Neuordnung mit dem Ziel anzustreben, daß das Schwergewicht in die einzelnen Berufsverbände verlegt werden soll[e]«.[658] Die Umstrukturierung, deren Ziel in erster Linie darin bestand, die einzelnen Berufsverbände bei der anstehenden Neuordnung des Gewerkschaftswesens zu erhalten, mündete nur einen Monat später in der Liquidierung des Dachverbands.[659]

Der AfA-Bund hatte sich den opportunistischen Anpassungstendenzen des ADGB in den vorangegangenen Monaten stets widersetzt und spielte bei den Verhandlungen mit Vertretern der NS-Bewegung entsprechend keine Rolle. Auch die Repräsentanten des ADGB zeigten sich bei einer Besprechung mit NSBO-Abgesandten zunächst reserviert gegenüber Vorschlägen »zur künftigen Gestaltung des Gewerkschaftswesens«.[660] Ungeachtet dessen begrüßte der ADGB-Vorstand zwei Tage später die Initiative der Reichsregierung, den 1. Mai »zum gesetzlichen Feiertag der nationalen Arbeit« zu erklären.[661] Einen Schritt weiter ging der Bundesausschuss des ADGB, der am 19. April die Mitglieder dazu aufforderte, »sich allerorts an der von der Regierung veranlaßten Feier festlich zu beteiligen«.[662] Überlegungen zu einer Vereinheitlichung des deutschen Gewerkschaftswesens, die auf einer Sitzung des Bundesausschusses Anfang April von Leipart ausdrücklich befürwortet wurden, dürften vonseiten des AfA-Bundes ebenfalls mit Befremden aufgenommen worden sein.[663] Die Initiative des freiheitlich-nationalen Ange-

657 Ebd., Nr. 4 vom 1.4.1933, »Erklärung der freien Angestelltenverbände zur Gewerkschaftsarbeit«.

658 Ebd. Das Zitat ist einer Entschließung der Vorständekonferenz vom 28. März entnommen. In der Forschungsliteratur wird häufig betont, dass mit dieser Entscheidung bereits die Liquidation des Gesamtverbands eingeleitet worden wäre (vgl. beispielsweise: Prinz, Mittelstand 1986, S. 99). Es muss aufgrund fehlender Einblicke in den Entscheidungsprozess jedoch offenbleiben, ob der Entschluss zur Auflösung bereits Ende März gefallen ist (vgl. ebd. zur Überlieferungssituation).

659 Vgl. etwa: Vossische Zeitung, Nr. 203 vom 29.4.1933 (Morgenausgabe), »Der Afa-Bund aufgelöst«. Demnach hatte der AfA-Bundesausschuss am 28. April 1933 in einem außerordentlichen Kongress einem Antrag auf Auflösung des Bundes mit Wirkung zum 30. April zugestimmt. Mit diesem Beschluss erhielten »die Verbände des Afa-Bundes völlig freie Hand für die im Interesse der Organisationen und ihrer Mitglieder erforderlichen Maßnahmen«.

660 Vgl. Besprechung zwischen ADGB und NSBO über die Gewerkschaftsfrage am 13. April 1933, in: Quellen zur Geschichte der deutschen Gewerkschaftsbewegung 1988 (Bd. 4), S. 888-892.

661 Vorstand des ADGB am 15. April 1933: Aufruf zum 1. Mai, in: ebd., S. 896 f.

662 Bundesausschuss des ADGB zum 1. Mai am 19. April 1933, in: ebd., S. 897 f. Vgl. dazu auch: Knud Andresen, Die Anpassung vergessen? Zur gewerkschaftlichen Debatte in der Bundesrepublik um den 2. Mai 1933, in: Berger, Stefan (Hg.): Gewerkschaftsgeschichte als Erinnerungsgeschichte. Der 2. Mai 1933 in der gewerkschaftlichen Erinnerung und Positionierung nach 1945, Essen 2015, S. 227-244.

663 Vgl. Sitzung des Bundesausschusses vom 5. April 1933, in: Quellen zur Geschichte der deutschen Gewerkschaftsbewegung 1988 (Bd. 4), S. 871-873, hier S. 872. In einem Brief des ADGB-Bundesausschusses an die Reichsregierung vom 9. April 1933 (in: ebd., S. 881 f.) wurde zudem die Bereitschaft bekundet, die »Selbstverwaltungsorganisation der Arbeitskraft in den Dienst des neuen Staates zu stellen […], an dem von der Regierung geplanten berufsständischen Auf-

stelltendachverbands GdA, der schon am 11. April mit einem ausgearbeiteten Plan bei Hitler auf eine Vereinheitlichung drängte, hat Bedenken des AfA-Bundes vermutlich verstärkt, bei einer solchen Planung an den Rand gedrängt und gänzlich ausgeschaltet zu werden.[664] Der ADGB konnte sich als mitgliederstarke Vertretung der gewerkschaftlichen Arbeiter:innenschaft gegenüber den neuen Machthabern als gewichtiger Verhandlungspartner inszenieren. Dies galt nicht für den deutlich kleineren AfA-Bund. Dessen Konkurrenzverbände bemühten sich mittels Loyalitätsbekundungen, Neuordnungsvorschlägen oder durch »freiwillige« Gleichschaltungsversuche längst um eine Integration in das sich neu konstituierende nationalsozialistische System.[665] Demgegenüber war der AfA-Bund, der an der grundsätzlichen Gegnerschaft zur NS-Bewegung nie hatte Zweifel aufkommen lassen, innerhalb der Angestelltenbewegung nun »bevorzugte[s] Objekt propagandistischer Angriffe der NSDAP«.[666] Es erscheint deshalb nur wenig verwunderlich, dass er bei den einsetzenden Verhandlungen über einen *Führerkreis der vereinigten Gewerkschaften* keine Berücksichtigung fand.[667]

Flucht aus dem Deutschen Reich

Über seine Flucht aus dem Deutschen Reich und die Zeit im Exil hat Siegfried Aufhäuser in den späten 1960er Jahren bei verschiedenen Anlässen vor einer größeren medialen Öffentlichkeit gesprochen.[668] Seine Erfahrungsberichte erscheinen inhaltlich im Wesentlichen plausibel und der Ablauf der Geschehnisse lässt sich oft anhand von archivalischen und behördlichen Unterlagen sowie von Presseberichten nachvollziehen. Allerdings ist

bau der deutschen Wirtschaft mitzuarbeiten[,] [und] die Bestrebungen [begrüßt], eine Vereinheitlichung des deutschen Gewerkschaftswesens herbeizuführen«. Winkler beschrieb die Pläne für eine nationale »Einheitsgewerkschaft« als »Versuch, von der früheren Gewerkschaftsbewegung soviel wie möglich in den neuen Staat hinüberzuretten und durch freiwilligen Umbau die Gründung einer nationalsozialistischen Zwangsgewerkschaft abzuwenden« (Winkler, Katastrophe 1987, S. 920).

664 Vgl. Gewerkschaftsbund der Angestellten (Gewerkschaftsring) an Reichskanzler Hitler am 11. April 1933: Plan zur Vereinheitlichung der Gewerkschaften, in: Quellen zur Geschichte der deutschen Gewerkschaftsbewegung 1988 (Bd. 4), S. 884-888.

665 Vgl. Priamus, Angestellte 1979, S. 207 ff. und Hamel, Völkischer Verband 1967, S. 261 ff.

666 Prinz, Mittelstand 1986, S. 93 f. Dies, zumal der AfA-Bund als Mitglied des Reichsbanners agiert hatte. Währenddessen mühten sich GdA und Gedag, »ihre politische Zuverlässigkeit vornehmlich durch politische Attacken auf den ›marxistischen‹ AfA-Bund unter Beweis zu stellen« (ebd., S. 97). Schon 1931 war die AfA-Leitung als »artfremdes internationales Literatentum« beschimpft und Aufhäuser »zur Symbolfigur eines für die deutsche Arbeiterbewegung und ihr gebrochenes Verhältnis zur Nation charakteristischen ›jüdisch-marxistischen‹ Führers stilisiert« worden (ebd., S. 97 f., hier mit Bezug auf einen Artikel des DHV-Organs *Deutsche Handelswacht* vom 13. Februar 1931).

667 Vgl. etwa: Gerhard Beier, Zur Entstehung des Führerkreises der vereinigten Gewerkschaften Ende April 1933, in: Archiv für Sozialgeschichte 15 (1975), S. 365-392.

668 Vgl. etwa die Interviews im Rahmen eines Radiobeitrags über seine Emigrationszeit in Prag von 1969 (DRA Frankfurt, 73 U 2141/5) und im Zweiten Deutschen Fernsehen anlässlich des 85. Geburtstages (in: Nikolai [Hg.]: Zum 100. Geburtstag, S. 13 f.).

bisweilen Skepsis gegenüber der präzisen Schilderung und Datierung historischer Ereignisse angebracht.[669] Die Darstellung seiner Flucht folgt an dieser Stelle seiner eigenen Erzählung. Hervorzuheben ist eine intensive Bezugnahme auf seine zum Zeitpunkt der Interviews bereits verstorbene Frau Anna. Ihrer Rolle und ihrem Einfluss kommt in der Erzählung eine große Bedeutung zu.[670]

Siegfried Aufhäusers Darstellung zufolge waren sie gemeinsam über den Feiertag am 1. Mai 1933 vorübergehend nach Schlesien, in einen Badeort in die Nähe der Stadt Hirschberg (heute Jelenia Góra), gefahren. Dort hatten beide im Radio von der Verhaftung der freigewerkschaftlichen Führungsspitze erfahren. Leipart, Graßmann, der frühere Reichsarbeitsminister und ADGB-Vorstand Rudolf Wissell sowie Aufhäuser wurden genannt. Im Wissen um die geplante Verhaftung ihres Mannes gab Anna Aufhäuser infolge dieser Schreckensnachricht frühzeitig die Losung zur Flucht aus. Da sich die damals 16-jährige Tochter Eva aber noch in Berlin aufhielt, erschien eine vorübergehende Rückkehr in die Hauptstadt unumgänglich. Beim Versuch, sich vor der Rückfahrt telefonisch mit seinem Vertrauten Otto Suhr zu koordinieren, sah sich Aufhäuser in Ermangelung eines öffentlichen Telefons genötigt, den Stationsvorsteher des Hirschberger Bahnhofs um Hilfe zu bitten. Dabei erwies sich seine staatliche Freifahrkarte, die ihm als Reichstagsmitglied zustand, als hilfreich: In der Annahme, er sei NSDAP-Parteigänger, wurde ihm eine bevorzugte Behandlung zuteil. Zurück in Berlin kam Siegfried Aufhäuser – getrennt von seiner Frau Anna – zunächst für einige Tage bei einer Schwägerin im Bezirk Tempelhof unter. Publizistische Angriffe auf seine Person und den AfA-Bund ließen den weiteren Verbleib in Berlin jedoch unmöglich erscheinen.[671] Bereits im Vorfeld war Aufhäuser auch als Einzelperson im Fokus publizistischer Anfeindungen gestanden, in der Intensität und Reichweite offenbarten

669 An einer Stelle der Erzählung verknüpft Aufhäuser die Feierlichkeiten zum »Tag der nationalen Arbeit« mit der am darauffolgenden Tag stattfindenden Besetzung der Gewerkschaftshäuser, die er beide auf den 1. Mai 1933 datiert. Darüber hinaus bekräftigte er mehrfach, dass die Gewerkschaften im Vorfeld über weitere Schritte der NSDAP-Verantwortlichen (Verhaftung der Funktionäre und Besetzung der Gewerkschaftshäuser) informiert gewesen seien.

670 Ihre Einschätzungen wurden von Aufhäuser zumeist als Situationsbeschreibungen mit impliziter Handlungsaufforderung dargestellt, der er sich inhaltlich anschloss (»Na und da hat meine Frau gesagt: also hier können wir nicht bleiben, das ist ja jetzt schon rum.«). Demgegenüber umschrieb er eigene Entschlüsse und Handlungen häufiger mit an seine Frau adressierten, aktivierenden Aussagen im Sinne der Selbstvergewisserung (»Da sagte ich zu meiner Frau: Ich gehe mal rein zu dem Stationsvorsteher, der wird mich ja wohl telefonieren lassen.«). Beide Zitate in: ebd., S. 15. Die nachfolgende Darstellung bezieht sich auf ebd., S. 14-17.

671 Aufhäuser erwähnte in diesem Zusammenhang das *8-Uhr-Abendblatt* (National-Zeitung). Vgl. dazu etwa die Korruptionsvorwürfe gegenüber dem AfA-Bund in: ebd., 86. Jg. Nr. 103 vom 4.5.1933, »Arbeitergroschen verpulfert!«. Eine von Aufhäuser erwähnte Zeitungsseite, in der behauptet wurde, er »hätte als Vorsitzender des AFA-Bundes noch eine Riesenabfindung bekommen«, ließ sich zunächst nicht ausfindig machen (vgl. Interview im Zweiten Deutschen Fernsehen am 1. Mai 1969 anlässlich des 85. Geburtstages von Siegfried Aufhäuser, in: Nikolai [Hg.]: Zum 100. Geburtstag, S. 14f.).

diese Artikel jedoch eine neue Dimension.[672] Am Morgen des 5. Mai trat er mit dem für einen solchen Notfall ohnehin gepackten Koffer seine Flucht an.[673] Gerade noch rechtzeitig: Am selben Tag wurde er in seiner Wohnung gesucht. »Getarnt« mit dem *Völkischen Beobachter* und der Reichstagsfreifahrkarte floh Aufhäuser über Köln und Trier aus dem Deutschen Reich. Mit kurzem Zwischenstopp in der französischen Grenzstadt Forbach (Moselle) gelangte er nach Saarbrücken, seiner ersten Exilstation. Seine Frau Anna und die Tochter Eva folgten ihm am 14. Mai ins Saarland, das zur damaligen Zeit als Mandatsgebiet unter der Verwaltung des Völkerbunds stand.[674]

672 Gunter Lange zitiert ein bei Betriebsratswahlen 1933 kursierendes Flugblatt, in dem erklärt wurde, die vermeintliche Gründung des Marxismus diene dem Zweck, »dem Judentum die Weltherrschaft zu erkämpfen«, wobei »die große Leuchte sämtlicher sozialdemokratische[r] Angestelltenverbände der Jude Aufhäuser« sei (Lange, Aufhäuser 2013, S. 214).

673 Siehe zum genauen Datum: LABO Berlin, Entschädigungsbehörde, Reg. 7218 (Aufhäuser, Siegfried), Lebenslauf Siegfried Aufhäuser, undatiert.

674 Ebd., Reg. 312 120 (Aufhäuser, Anna), Lebenslauf Anna Aufhäuser, geb. Stein. Siehe dazu auch: Einige Bemerkungen zur Ergänzung, in: Nikolai (Hg.): Zum 100. Geburtstag.

III. Verortungsversuche und Transformationsprozesse im Exil 1933–1942/43

1 Ankunft in der Fremde: Von Saarbrücken über Paris nach Prag

Der Gang ins Exil markierte einen einschneidenden Bruch in Siegfried Aufhäusers Biografie. Ungeachtet aller krisenhaften Entwicklungen war er in beruflicher, privater und politischer Hinsicht in Berlin fest verankert gewesen. Hier verfügte er dank seiner gewerkschaftlichen Tätigkeit über eine ökonomische Sicherheit, die es ihm etwa gestattete, ein Wohnhaus für sich und seine Familie zu erwerben. Hier, in der Hauptstadt des Deutschen Reichs, hatte auch seine politische Karriere an Fahrt aufgenommen: In den Anfangsjahren der Weimarer Republik war er vor allem als populärer Gewerkschaftsführer in Erscheinung getreten. In den folgenden Jahren vermochte er zudem, sein Renommee als sozialdemokratischer Parlamentarier deutlich zu steigern. Noch im April 1933 sollte er in den SPD-Vorstand gewählt werden.[1] Nur wenige Tage später sah er sich zur Flucht gezwungen, die ihn und seine Frau Anna über mehrere europäische Exilstationen schließlich in die USA führte.

Im Frühjahr 1933 erschienen diese Entwicklungen ebenso wie die weitreichenden Folgen der nationalsozialistischen Machteroberung und -konsolidierung keineswegs absehbar. Dennoch war der Schritt über die Grenze des Deutschen Reichs im Mai 1933 bereits mit einer gravierenden Verschiebung des politischen und beruflichen Handlungsrahmens verbunden: Der von Aufhäuser in jahrzehntelanger, beharrlicher Arbeit aufgebaute und durch die Krisen der Weimarer Republik geleitete Dachverband der freigewerkschaftlichen Angestelltenverbände hatte sich selbst liquidiert und war dadurch einer erzwungenen nationalsozialistischen Übernahme zuvorgekommen. Seine berufliche Existenz als Vertreter der freigewerkschaftlichen Angestellten hatte Aufhäuser aufgegeben. Die SPD bestand zwar noch als Organisation, ihre Mitglieder sahen sich jedoch gravierendem Verfolgungsdruck ausgesetzt. Mit dem sogenannten »Ermächtigungsgesetz« und dem *Vorläufigen Gesetz zur Gleichschaltung der Länder mit dem Reich* vom 31. März 1933 hatte sie zudem eines ihrer maßgeblichen Tätigkeitsfelder eingebüßt – das der parlamentarischen Repräsentation und Vertretung.

1 Siehe III. Kapitel 1.1.

Aufhäuser hatte wenige Tage vor seiner erzwungenen Abreise aus Berlin sein 49. Lebensjahr vollendet. Das fortgeschrittene Alter und mangelnde Sprachkenntnisse sollten sich im Exil bald als hinderlich erweisen. Der Aufbau einer neuen Existenz stellte – trotz weitreichender internationaler Kontakte – jedenfalls vorläufig keine Option dar. Aufhäuser hegte wie der Großteil seiner Weggefährt:innen die Hoffnung auf ein baldiges Ende von Hitlers Kanzlerschaft. In diesem Sinne blieb allen seinen Handlungen zunächst der Charakter der Vorläufigkeit und des Provisorischen inhärent. Nur schrittweise und äußerst widerwillig begann er in den folgenden Jahren, sich von der Vorstellung einer baldigen Rückkehr zu verabschieden.

Ungeachtet dessen haben sich die Erfahrungen des ersten Halbjahrs 1933 maßgeblich auf Aufhäusers politisches Denken ausgewirkt. Insbesondere die Anpassungsbereitschaft des ADGB, der auf dem Kulminationspunkt dieser Politik gemeinsam mit der NSDAP zur Teilnahme an der nationalsozialistischen Maifeier aufrief, traf Aufhäuser schwer. Vor diesem Hintergrund erfolgte eine Verschiebung seines Tätigkeitsschwerpunkts hin zur parteipolitischen Arbeit. Gleichwohl blieb diese Verlagerung in Anbetracht der politischen Konfliktlinien des Exils von vorläufiger Natur, alsbald sollte auch sein Engagement innerhalb der Sozialdemokratie persönlicher Ernüchterung weichen.

1.1 Weichenstellungen im Mandatsgebiet: Das politische Exil formiert sich

Siegfried Aufhäusers erster Artikel, der nach seiner Flucht publiziert wurde, zeugte von einer tiefen Verbitterung über das Versagen der gewerkschaftlichen Führung. In der *Wiener Arbeiter-Zeitung* erschien am 7. Mai 1933 ein »vor der gewaltsamen Unterdrückung der Gewerkschaften durch die Hitler-Banden geschrieben[er]« anonymer Text eines »hervorragende[n] Vertrauensmann[s] der deutschen Gewerkschaftsbewegung« zur »Kritik der Haltung, die die Führung der deutschen Gewerkschaften zum Hakenkreuzfascismus eingenommen« hatte.[2] In deutlichen Worten wurde darin die »freiwillige Hingabe der obersten Gewerkschaftsführung« verurteilt und beklagt, »daß in einer Zeit des verfallenden Kapitalismus […] die Führung der größten gewerkschaftlichen Bewegung mit Millionen bestgeschulter Proletarier durch ihr Versagen zum Verhängnis eines Landes und Volkes geworden« sei.[3] Dieser Text stammte von Aufhäuser. Tarnow schilderte in dem bereits zitierten Brief an Schliestedt, er sei »in heller Empörung eigens nach Wien gefahren, um die Redaktion zur Rede zu

2 Arbeiter-Zeitung, 46. Jg. Nr. 125 vom 7.5.1933, »Wie es kam. Die deutschen Gewerkschaften und der Fascismus«.

3 Ebd.

stellen«, und habe sich dort erst durch das Begleitschreiben von dessen Autorenschaft überzeugen lassen.[4]

Der Artikel vermittelt einen Eindruck über Aufhäusers Enttäuschung in diesen Tagen. Er betonte nachdrücklich, »die deutsche Arbeiterklasse [sei] vor und nach dem 20. Juli 1932 [...] kampfbereit gewesen«:

> Die deutschen Gewerkschaften waren auch organisatorisch auf Widerstand eingestellt und vorbereitet. Die geschulten Arbeiter [...] haben Tag um Tag auf die Parole ihrer Führer gewartet. [...] Auch der Abwehrwille der Partei war vorhanden, aber ihr gewerkschaftlicher Bundesgenosse hat es nicht gewollt. [...]
> Nach dem 30. Jänner, als es noch Zeit war, auch der neuen Staatsführung die Grenzen gewerkschaftlicher Bewegungsfreiheit und ein Mindestmaß von eigenem Willen aufzuzeigen, wurde nichts unternommen, bis es zu spät war, die Gewerkschaften als Bewegung zu erhalten.[5]

Aufhäuser rekurrierte hier auf den »Preußenschlag« und die Ernennung Hitlers zum Reichskanzler – Ereignisse in deren Verlauf er sich deutlich gegen eine Politik des Abwartens positioniert hatte. In Anbetracht dessen erscheint seine hier artikulierte Verbitterung nachvollziehbar. Allerdings vermag die im Text angelegte strikte Scheidung zwischen der Politik von Partei, von Einzelgewerkschaften und von der Führung des Gewerkschaftsbunds den historischen Gegebenheiten nicht zu entsprechen. Auch innerhalb der Sozialdemokratie war der Legalitätskurs von Teilen der Partei lange Zeit als einzige gangbare Option angesehen worden. Selbst im Juni 1933 waren noch zahlreiche Stimmen zu vernehmen, die eine Verständigung mit dem neuen nationalsozialistischen Regime anstrebten, um den Erhalt der Organisation zu sichern. Auf die sich daraus ergebenden Konflikte innerhalb der SPD wird im Folgenden näher eingegangen.

Neuformierung der SPD-Führungsspitze

Die Sozialdemokratie besaß um die Jahreswende 1932/33 kein klares Handlungskonzept. In Anbetracht der gegenwärtigen Herausforderungen hatte der außerordentliche Berliner Bezirksparteitag Anfang Oktober 1932 die Einberufung eines Reichsparteitags und eine geistige und organisatorische Umstellung der Partei eingefordert.[6] Im November griff der SPD-Vorstand diese Initiative auf und schlug dem Parteiausschuss als Termin für

4 AdsD Bonn, Bestand Fritz Tarnow, Tarnow an Heinrich Schliestedt, 21.9.1936. Tarnow datierte den Artikel fälschlicherweise auf die zweite Maihälfte, seine Artikelzusammenfassung deckte sich aber mit dem oben zitierten Artikel vom 7. Mai 1933.

5 Arbeiter-Zeitung, 46. Jg. Nr. 125 vom 7.5.1933, »Wie es kam. Die deutschen Gewerkschaften und der Fascismus«.

6 Vgl. II. Kapitel 3.1.

einen Parteitag die 11. Kalenderwoche 1933 vor.[7] Am 16. Dezember 1932 signalisierten Parteiausschuss und Kontrollkommission in einer gemeinsamen Sitzung mehrheitlich Zustimmung zu dem Vorschlag und der vorläufigen Tagesordnung.[8] Missfallen erregte derweilen die Kritik an der gegenwärtigen Organisationsform der SPD, wie sie Ende November von Wilhelm Sollmann geäußert worden war. Er hatte ein Übergewicht des Organisatorischen gegenüber dem Politischen diagnostiziert, eine neuartige Nachwuchsarbeit propagiert, eine stärkere Betonung des Führergedankens eingefordert und war für eine Veränderung des Verhältnisses zur Reichswehr eingetreten.[9]

Obwohl Sollmanns Vorschläge bei der Versammlung mehrheitlich auf Unverständnis stießen, deutete sich an, dass organisatorische und personelle Fragestellungen auf dem Parteitag eine gewichtige Rolle spielen würden.[10] Die Debatte wurde im *Vorwärts* mit einer Gegenüberstellung der Positionen Sollmanns und Wilhelm Dittmanns, der für den Parteivorstand argumentierte, eröffnet.[11] Etwa zeitgleich legte Siegfried Aufhäuser in der Monatsschrift für die Mitglieder der Berliner Sozialdemokratie *Unser Weg* ein Konzept für eine organisatorische Umgestaltung vor. Diese, so betonte er, sei aus »rein sachlichen Betrachtungen des engeren und weiteren Berliner Bezirksvorstandes [...] entstanden«.[12] Um zu vermeiden, dass, der »geschichtlich bedeutsame[] Parteitag mit kritischen Betrachtungen über personelle und organisatorische Mängel« ausgefüllt werde, »ohne auch konkret den Weg zum Neubau der Parteiorganisation zu zeigen«, war dem Text ein Antrag zur Umsetzung beigefügt.[13]

Den Plänen zufolge sollten, so Aufhäusers Formulierung, »Aufbau und Gliederung der Parteiorganisation« zukünftig insoweit spezifiziert werden, als »für die Auswahl der Parteifunktionäre ein bestimmtes Maß politischer, wirtschaftlicher, organisatorischer oder agitatorischer Fähigkeit zur zwingenden Voraussetzung« gemacht würde.[14] In Anbetracht der gegenwärtigen Aufgaben sei eine »systematische Arbeitsteilung« notwendig.[15] »Bei der Vielgestaltigkeit der modernen Parteiarbeit«, so Aufhäuser, sei »die Zeit der Universalpolitiker vorbei«.[16] Für die Zukunft schwebte ihm eine Aufteilung der Vorstandsarbeit anhand der vier »Hauptarbeitsgebiete« Politik, Wirtschaft,

7 Der Termin sollte in die Woche fallen, in der sich der Todestag von Karl Marx zum 50. Mal jährte (vgl. Sitzung des Parteiausschusses am 10. November 1932, in: Schulze [Hg.]: Anpassung 1975, S. 15-94, hier S. 28 sowie Vorwärts, 49. Jg. Nr. 564 vom 30. 11. 1932, »Parteitag im März«).

8 Ebd., Nr. 593 vom 17. 12. 1932, »Parteitag« sowie Sitzung des Parteiausschusses mit der Kontrollkommission am 16. Dezember 1932, in: Schulze (Hg.): Anpassung 1975, S. 95-130, insbesondere S. 95-112. Einem früheren Termin wurde eine Absage erteilt.

9 Vgl. ebd., S. 102-112, siehe zu Sollmanns Position insbesondere Fußnote 17.

10 Vgl. ebd.

11 Vgl. Vorwärts, 50. Jg. Nr. 58 vom 3. 2. 1933, »Unser Parteitag 1933. Wir eröffnen die Diskussion«.

12 Unser Weg, 7. Jg. Nr. 2 vom Februar 1933, »Reichsparteitag. Berliner Vorschlag zur Organisationsfrage«.

13 Ebd.

14 Ebd.

15 Ebd.

16 Ebd.

Organisation und Agitation vor, die von jeweils einer Person geleitet werden sollten. Als Repräsentant:innen eines 20-köpfigen Parteivorstands würden diese vier Personen die engere Exekutive bilden.[17] Dies bedeutete eine Erweiterung des Leitungsgremiums, das bisher aus Artur Crispien, Hans Vogel und Otto Wels bestanden hatte, um eine weitere Person.[18] Zumal sich auf der Leitungsebene ohnehin ein Führungswechsel anbahnte, erscheint es durchaus möglich, dass Aufhäuser einen dieser Posten anstrebte.

Bevor jedoch im Detail über die Vorschläge debattiert werden konnte, überschlugen sich die Ereignisse: In Anbetracht der bevorstehenden Neuwahlen am 5. März 1933 wurde der Parteitag zunächst um zwei Wochen verschoben.[19] Schließlich musste er angesichts der politischen Situation und der gegenwärtigen Presseverbote auf unbestimmte Zeit vertagt werden.[20] In aller Stille wurde stattdessen für den 26. April eine sogenannte »Reichskonferenz« vorbereitet, deren Delegierte in proportionaler Hinsicht ein verkleinertes Bild des Parteitags darstellen sollten.[21] Für eine ausführliche Debatte über eine Restrukturierung der Organisation bot sich hier keine Plattform. Vor Ort bekräftigten die Anwesenden ihr Bekenntnis zum Sozialismus und beschworen – gerade mit Blick auf den ADGB – die klare Ablehnung jeglicher Anpassungspolitik.[22] Bei den Vorstandswahlen wurden mehrheitlich die im Land verbliebenen Vertreter:innen bestätigt.[23] Zu diesen zählten die Vorsitzenden Wels und Vogel, die besoldeten Vorstandsmitglieder Marie Juchacz, Johannes Stelling und Max Westphal sowie der Parteikassierer Siegmund Crummenerl.[24] Wiedergewählt wurden auch die Beisitzer:innen Karl Litke, Anna Nemitz, Elfriede Ryneck, Emil Stahl und Friedrich Stampfer.[25] Rudolf Breitscheid,

17 Ebd.

18 Vor 1931 waren auf den Parteitagen zumeist lediglich zwei Vorsitzende gewählt worden.

19 Vorwärts, 50. Jg. Nr. 67 vom 9. 2. 1933, »Zur Abrechnung fertig!«.

20 Sitzung des Parteiausschusses am 14. März 1933, in: Schulze (Hg.): Anpassung 1975, S. 166-180, hier S. 173.

21 Hans J. Adolph, Otto Wels und die Politik der deutschen Sozialdemokratie 1894-1939. Eine politische Biographie, Berlin 1971, S. 269 f. Lediglich aus dem Bezirk Hessen-Kassel, wo zuvor umfangreiche Verhaftungen stattgefunden hatten, waren keine Delegierten angereist (Winkler, Katastrophe, S. 925).

22 Vgl. Adolph, Wels 1971, S. 271 f. Siehe auch: IISH Amsterdam, Labour and Socialist International Archives, Unterbestand 3522, Bericht über die SPD-Reichskonferenz am 26. April 1933. Darin auch ein Manuskript der Rede von Otto Wels: »Und darum wäre es ein hoffnungsloses, zu kläglichem Mißerfolg verurteiltes Unternehmen, wenn man versuchen sollte, durch die Preisgabe der Idee das Leben der Organisation zu erkaufen. Ist die Idee preisgegeben, dann stirbt auch die Organisation« (im Original teilweise hervorgehoben).

23 Die Wahl auf der provisorischen Reichskonferenz stand im Widerspruch zum Parteistatut, wurde aber mit der Notwendigkeit eines Führungswechsels »nach einer so furchtbaren Katastrophe« begründet (vgl. Besprechung des Prager Parteivorstands mit Vertretern des Berliner Parteivorstands und der Gruppenvertrauensleute am 9. Juni 1933 in Prag, in: Schulze, Anpassung 1975, S. 188-190, hier S. 189, Fußnote 8).

24 IISH Amsterdam, Labour and Socialist International Archives, Unterbestand 3522, Bericht über die SPD-Reichskonferenz am 26. April 1933.

25 Ebd. Schon vor den Wahlen waren Friedrich Bartels und Heinrich Schulz verstorben, Konrad Ludwig war wegen Krankheit aus dem Gremium ausgeschieden.

Rudolf Hilferding sowie Wilhelm Dittmann und der ehemalige Parteivorsitzende Arthur Crispien befanden sich bereits außerhalb Deutschlands und wurden deshalb nicht erneut gewählt.[26] Die älteren Mitglieder Otto Frank, Julius Moses und Karl Hildenbrand schieden ebenfalls aus.[27] Für sie traten Erich Rinner als weiterer Parteikassierer sowie Paul Hertz, Paul Löbe und Erich Ollenhauer als besoldete Sekretäre in den Vorstand ein.[28] Als unbesoldete Beisitzer wurden darüber hinaus Siegfried Aufhäuser, Georg Dietrich, Franz Künstler und Wilhelm Sollmann, der dem Vorstand bereits zuvor als »Pressesachverständiger« angehört hatte, gewählt.[29] Karl Böchel, dessen Name nicht im Kurzbericht aufgeführt wird, scheint bei der Abstimmung die notwendige Stimmenzahl knapp verfehlt zu haben, wurde jedoch – allem Anschein nach – aus politischen Gründen als gewählt anerkannt.[30] Es existiert – abgesehen von dem zitierten Kurzbericht – kein Protokoll der Konferenz. In den *Internationalen Informationen* der *Sozialistischen Arbeiter-Internationalen* (SAI), die seit 1923 als internationale Organisation die Gesamtheit der angeschlossenen sozialistischen und sozialdemokratischen Parteien repräsentierte, wurden die Wahlen folgendermaßen eingeordnet: Aufhäuser, Böchel, Dietrich und Künstler seien dem Parteivorstand als Vertreter der »Parteilinken« hinzugewählt worden.[31] Hertz, Rinner und Ollenhauer wurden in diesem Sinne dezidiert als »Vertreter der jüngeren Generation« aufgeführt.[32] Offenkundig hatten sich die Ver-

26 Besprechung des Prager Parteivorstands mit Vertretern des Berliner Parteivorstands und der Gruppenvertrauensleute am 9. Juni 1933 in Prag, in: Schulze (Hg.): Anpassung 1975, S. 188-190, hier S. 189, Fußnote 8. Vgl. zum Ausscheiden von Crispien und Dittmann, die ihre Abwahl als »Anpassungsversuche der SPD« interpretierten: Ursula Langkau-Alex, Deutsche Volksfront 1932-1939. Zwischen Berlin, Paris, Prag und Moskau. Erster Band: Vorgeschichte und Gründung des Ausschusses zur Vorbereitung einer deutschen Volksfront, Berlin 2004, S. 116 f., Fußnote 217.

27 IISH Amsterdam, Labour and Socialist International Archives, Unterbestand 3522, Bericht über die SPD-Reichskonferenz am 26. April 1933.

28 Ebd.

29 Ebd.

30 Marlis Buchholz/Bernd Rother, Einleitung, in: dies. (Hg.): Der Parteivorstand der SPD im Exil. Protokolle der Sopade 1933-1940. Bonn 1995, S. XIII-LXI, hier S. XXI, Fußnote 49 (Bei den hier abgedruckten Vorstandsprotokollen handelt es sich nicht um stenografische Niederschriften, die Texte gehen jedoch über eine reine Beschlussfassung hinaus. Da sie keiner nachträglichen Genehmigung unterlagen, ist eine Interpretationsleistung der Protokollierenden zu berücksichtigen. Deren Identität konnte bisher nicht vollumfänglich geklärt werden. Vgl. dazu: S. XXXVI ff.). Umgekehrt scheint Böchel nur durch die Intervention der SAI zur Annahme des Mandats bewegt worden zu sein (Vgl. Jan Foitzik, Zwischen den Fronten. Zur Politik, Organisation und Funktion linker politischer Kleinorganisationen im Widerstand 1933 bis 1939/40, Bonn 1986, S. 141).

31 Zitiert in: Besprechung des Prager Parteivorstands mit Vertretern des Berliner Parteivorstands und der Gruppenvertrauensleute am 9. Juni 1933 in Prag, in: Schulze (Hg.): Anpassung 1975, S. 188-190, hier S. 189, Fußnote 8.

32 Ebd. In anderen Darstellungen werden Ollenhauer und Rinner als Vertreter der jüngeren Generation, Aufhäuser, Böchel und Hertz demgegenüber als Vertreter der linken Opposition charakterisiert (vgl. etwa Buchholz/Rother, Einleitung 1995, S. XXI, die auf Stampfers Lebenserinnerungen verweisen). Siehe zur Vorgeschichte der SAI und ihrer Entwicklung bis in die

sammelten also darauf verständigt, die Vielfalt der Strömungen innerhalb der Partei auch im neuen Vorstand zu repräsentieren.[33]

Hagen Schulze hat darauf hingewiesen, dass die Machtfülle des Parteivorstands sich nicht allein aus seinen statusmäßigen Rechten als Leitungsgremium und geschäftsführendes Organ herleiten ließ, dem die Kontrolle der Parteipresse oblag und das für die parteieigenen Vermögen und Finanzen verantwortlich zeichnete.[34] Ferner ist seine personelle Kontinuität hervorzuheben: Während der gesamten Zeit der Weimarer Republik wurde kein einziges Mitglied gegen den eigenen Willen abgewählt. Vor diesem Hintergrund stellte die »Abwahl altverdienter Parteivorstandsmitglieder […] ein gewichtiges Indiz für die schwere Erschütterung der Partei« dar.[35]

Anpassung, Flucht oder Illegalität?

Diese Erschütterung sollte sich nur wenige Wochen später zu einem politischen Desaster ausweiten: Auf seiner einzigen Zusammenkunft am 4. Mai 1933 beschloss der neue Gesamtvorstand, die Entsendung seiner Mitglieder Wels, Stampfer und Crummenerl aus Berlin, um »evtl. im Ausland die illegale Arbeit vorzubereiten«.[36] Einen Tag darauf wurden auf einer Sitzung der besoldeten Parteisekretäre Vogel und Ollenhauer ebenfalls ins Ausland entsandt.[37] Hertz, der »als Jude besonders gefährdet« war, verließ das Deutsche Reich vermutlich ohne parteioffiziellen Auftrag.[38] Selbiges kann wohl für Aufhäuser gelten, der nach eigenem Bekunden Anfang des Monats den Entschluss zur Flucht fasste und am 5. Mai 1933 nach Saarbrücken aufbrach.[39] Inwiefern die Abreise der beiden auf den Sitzungen besprochen worden war, lässt sich nicht rekonstruieren.

Kurz zuvor war die Flucht ins Ausland innerhalb der SPD noch überaus kontrovers beurteilt und mehrheitlich abgelehnt worden. Die bedrohliche Lage, in der sich einzelne Sozialdemokrat:innen befanden, stieß mancherorts auf wenig Verständnis. Franz Künstler hatte Ende März Arthur Crispien und Kurt Löwenstein, die in die Schweiz beziehungsweise in die Tschechoslowakei geflohen waren, schriftlich aufgefordert, ihre

1930er Jahre: Matthias Bauer, Die transnationale Zusammenarbeit sozialistischer Parteien in der Zwischenkriegszeit. Eine Analyse der außenpolitischen Kooperations- und Vernetzungsprozesse am Beispiel von SPD, SFIO und Labour Party, Düsseldorf 2018.

33 Vgl. dazu auch: Winkler, Katastrophe 1987, S. 925.

34 Vgl. Schulze, Einleitung 1975, S. Xf.

35 Ebd., S. XI.

36 Buchholz/Rother, Einleitung 1995, S. XXI. Zitat aus: IISH Amsterdam, Labour and Socialist International Archives, Unterbestand 3524, Denkschrift über die Partei-Arbeit vom April bis Ende November 1933, Bericht von S. Crummenerl 1933, S. 3. Allerdings datierte Crummenerl die Sitzung auf den 3. Mai 1933.

37 Buchholz/Rother, Einleitung 1995, S. XXI.

38 Ebd.

39 Vgl. II. Kapitel 3.2.

Reichstagsmandate niederzulegen.[40] Demgegenüber durften die im öffentlichen Dienst stehenden SPD-Vertreter:innen auf Nachsicht hoffen, als sie nun in großer Zahl ihre Mitgliedschaften aufkündigten.[41] Vielerorts hatte die Hoffnung dominiert, die Parteiorganisation durch ein streng legales Verhalten weiterhin erhalten zu können. In der ersten Märzhälfte intervenierte Paul Löbe hoffnungsvoll bei Hermann Göring wegen des Verbots der sozialdemokratischen Presse und der Freilassung inhaftierter SPD-Mitglieder.[42] Am 24. und 25. März sprachen auch Hans Vogel und Paul Hertz bei Göring vor und setzten sich für eine Aufhebung des Verbots der sozialdemokratischen Zeitungen ein.[43] Schließlich gingen sie auf eine scheinbare Offerte des Reichsministers ein: Göring hatte einen Zusammenhang zwischen dem Zeitungsverbot und der »Hetze« der ausländischen sozialdemokratischen Presse propagiert. Dies veranlasste Wels, Stampfer, Hertz und andere, in verschiedenen europäischen Nachbarländern beschwichtigend auf die dortigen Parteiorganisationen einzuwirken und einige »Falschmeldungen« zu berichtigen.[44] Die Reaktion der SAI ließ jedoch keinen Zweifel an ihrer ablehnenden Haltung gegenüber dem Nationalsozialismus.[45] Wels sah sich daher veranlasst, seine Distanz zur Sozialistischen Internationale mit dem Austritt aus dem SAI-Büro, das als Leitungsgremium fungierte, auch öffentlich zu bekunden.[46]

Die Versuche, durch Zugeständnisse an die neuen Machthaber, den Erhalt der Organisation zu sichern, waren heftig umstritten. Gerade jüngere Mitglieder, die schon seit einiger Zeit Kritik am offiziellen Kurs der Partei bekundet hatten, drängten nun auf aktiven Widerstand und eine Ausweitung der Tätigkeit im Untergrund.[47] Ohne Wissen des Parteivorstands hatten sich ab 1932 Gruppen inner- und außerhalb der Sozialdemo-

40 Fricke, Künstler 2016, S. 354 ff. Künstler rekurrierte in seinen Schreiben auf den einstimmigen Beschluss des erweiterten Berliner SPD-Bezirksvorstands. Unberücksichtigt blieb, dass Löwenstein einem Mordanschlag knapp entkommen war und Crispien auf Rat von Parteivorstandsmitgliedern das Land verlassen hatte, da ihm als sogenanntem »Novemberverbrecher« eine Aburteilung und Hinrichtung drohte (vgl. ebd., S. 355 f.). Vgl. auch: Winkler, Katastrophe 1987, S. 891.

41 Ebd., S. 911. Der langjährige SPD-Reichstagsabgeordnete und Finanzexperte Wilhelm Keil berichtete rekapitulierend, er habe ratsuchenden Beamten empfohlen, ihrer Gesinnung treu zu bleiben, aber aus der Partei auszutreten, um »zu verhüten, daß nutzlos Existenzen geopfert« werden (ebd.).

42 Ebd., S. 892 f.

43 Ebd., S. 915.

44 Vgl. ebd., S. 915 f. Bereits am 20. März 1933 hatte Otto Wels bei Friedrich Adler, dem geschäftsführenden Sekretär der SAI, telefonisch interveniert und gegen zwei Falschmeldungen aus der SAI-Publikation *Mitteilungen über die Lage der politischen Gefangenen* (Beilage der *Internationalen Information*) Beschwerde erhoben, die unter anderem den vermeintlichen Tod von Karl Böchel zum Gegenstand hatten (vgl. IISH Amsterdam, Labour and Socialist International Archives, Unterbestand 1534, Friedrich Adler an Otto Wels, 28. 3. 1933).

45 Vgl. Winkler, Katastrophe 1987, S. 916.

46 Ebd., S. 916 f. Obschon diese Entscheidung auch durch den von der SAI eingeschlagenen Kurs, der auf eine Zusammenarbeit mit der Komintern hinauslief, beeinflusst worden war (ebd., S. 917).

47 Ebd., S. 911 f.

kratie zusammengefunden, um sich auf die Illegalität vorzubereiten. Zu diesen zählte etwa der *Rote Stoßtrupp*, der aus einer sozialistischen Berliner Studierendenorganisation hervorging.[48] Darüber hinaus hatte die *Sozialistische Arbeiter-Jugend* (SAJ) in Berlin ein konspiratives System von Fünfergruppen aufgebaut. Dieses Vorgehen gab Anlass für eine Auseinandersetzung mit dem etablierten SPD-Vorstand, die als »Berliner Jugendkonflikt« Bekanntheit erlangen sollte.[49] Solche Aktivitäten wurden innerhalb der SPD im Frühjahr 1933 als Gefahr wahrgenommen, die sowohl die Einheit der Partei gefährdeten als auch ein staatliches Verbot provozieren konnten.[50] In diesem Sinne übte sich die Parteileitung in Passivität hinsichtlich einer Umstellung des Parteiapparats auf illegale Tätigkeiten und bremste vorhandene Ansätze.[51] Dies galt auch für eigene Vorkehrungen, die ab dem Sommer 1932 in beschränktem Maße für eine Arbeit in der Illegalität getroffen worden waren.[52] Eine Andeutung von Wels auf der Parteiausschusssitzung am 16. Dezember 1932 über die Gründung einer Plankommission, an der unter anderem Aufhäuser, Tarnow, Naphtali und Rinner beteiligt waren, lässt vermuten, dass Planungen zu aktiven Kampfmaßnahmen im Falle einer revolutionären Situation Ende 1932 noch existierten.[53]

Ungeachtet der strategischen Versuche aus der zweiten Märzhälfte, den Fortbestand der Parteiorganisation durch Absprachen mit den NS-Machthabern zu sichern, war die akute Bedrohungssituation nur allzu präsent. Die Parteigelder wurden schon im Februar und März 1933 ins Ausland transferiert.[54] Dennoch hielten auch nach der Zerschlagung der Gewerkschaften am 2. und der Beschlagnahmung des im Deutschen Reich verbliebenen SPD-Parteivermögens am 10. Mai 1933 Teile der Partei an der Legalitätstaktik fest. Dies wurde mit Blick auf die Kontroverse um die Teilnahme an der Reichstagssitzung deutlich, die am 17. Mai bevorstand: Ein Großteil der sich im Ausland befindlichen Vorstandsmitglieder – unter ihnen Siegfried Aufhäuser – waren

48 Ebd., S. 912.

49 Vgl. ebd., S. 912. Siehe dazu ausführlich: Fricke, Künstler 2016, S. 356-361.

50 Winkler, Katastrophe 1987, S. 912.

51 Vgl. Matthias, Sozialdemokratische Partei 1960, S. 190.

52 Ebd. Dazu zählte die Einrichtung getarnter Ausweichbüros und die Vereinbarung von Treffpunkten im Falle einer Besetzung der Parteizentrale (vgl. Matthias, Sozialdemokratische Partei 1960, S. 150. Dieser bezog sich auf eine mündliche Aussage von Fritz Heine. Vgl. dazu: Stefan Appelius, Heine. Die SPD und der lange Weg zur Macht, Essen 1999, S. 36 ff. sowie Schneider, Unterm Hakenkreuz 1999, S. 815 f.).

53 Vgl. Sitzung des Parteiausschusses mit der Kontrollkommission am 16. Dezember 1932, in: Schulze (Hg.): Anpassung 1975, S. 95-130, insbesondere S. 97-99. Wels berichtete, »daß es sich bei ihrer Aufgabe um ein Sofortprogramm hand[le], das für den Tag, der kommen kann, in Bereitschaft gehalten werden soll[e], nämlich eine Art sozialdemokratische Boxheimer Dokumente« (S. 99).

54 Vgl. zur Rettung des Parteivermögens: Appelius, Heine 1999, S. 36 ff. Siehe auch: Paul Mayer, Die Geschichte des sozialdemokratischen Parteiarchivs und das Schicksal des Marx-Engels-Nachlasses, in: Archiv für Sozialgeschichte 6/7 (1966/67), S. 5-198, hier S. 81 ff. und IISH Amsterdam, Labour and Socialist International Archives, Unterbestand 3524, Denkschrift über die Partei-Arbeit vom April bis Ende November 1933, Bericht von S. Crummenerl 1933, S. 3 ff.

einige Tage zuvor in Saarbrücken zusammengekommen und hatten sich nachdrücklich gegen eine Beteiligung der SPD ausgesprochen.[55] Auf einer Fraktionssitzung in Berlin, an der noch 65 Mitglieder der 120-köpfigen Reichstagsfraktion teilnahmen, setzte sich jedoch eine andere Ansicht durch: Die SPD-Fraktion solle ihre Teilnahme mit einer kritischen Erklärung verbinden.[56] Unverhohlene Morddrohungen des Reichsinnenministers Wilhelm Frick ließen dieses Vorhaben jedoch undurchführbar erscheinen. Unter Rekurs auch auf die sich in Konzentrationslagern befindlichen Genoss:innen sah sich die Fraktion letztlich dazu genötigt, Hitlers sogenannte »Friedensresolution« kommentarlos zu unterstützen.[57]

Die Meinungsverschiedenheiten zwischen den SPD-Vertreter:innen im In- und Ausland verschärften sich in den folgenden Tagen zusehends. Noch am 17. Mai 1933 hatte Wels um Wiederaufnahme in das SAI-Büro gebeten.[58] Unterdessen bemühten sich die Berliner Fraktionsmitglieder um eine Rechtfertigung, da ihre Haltung auch international auf harsche Kritik gestoßen war.[59] Am 21. Mai kamen in Saarbrücken zehn der zwanzig neu gewählten SPD-Vorstandsmitglieder zusammen und beschlossen einstimmig, den Sitz des Vorstands nach Prag zu verlegen, eine Umstellung auf illegale Arbeit zu forcieren und ein Manifest herauszubringen.[60] Dieses Vorgehen wurde von der Mehrheit der in Berlin verbliebenen SPD-Verantwortlichen entschieden zurückgewiesen. Ein Kompromissvorschlag, der am 28. Mai am neuen Standort Prag mit angereisten Berliner Genossen ausgehandelt worden war und der auch die Herausgabe einer im Aus-

55 Crummenerl nannte als anwesende Partei- und Fraktionsvorstandsmitglieder Wels, Crummenerl, Sollmann, Vogel, Hertz, Stampfer, Hilferding, Juchacz, Aufhäuser und Breitscheid (vgl. ebd., S. 5). Vgl. dazu auch das Memorandum des Prager Parteivorstands für die Gruppenvertrauensleute im Reich. Prag, 3. Juni 1933, in: Schulze (Hg.): Anpassung 1975, S. 181-187, hier S. 182 f.

56 Vgl. Winkler, Katastrophe 1987, S. 933 f.

57 Ebd. Siehe zu den Diskussionen um die Fraktionssitzung, zu denen auch Stampfer und Vogel aus dem Saargebiet angereist waren: IISH Amsterdam, Labour and Socialist International Archives, Unterbestand 3524, Denkschrift über die Partei-Arbeit vom April bis Ende November 1933, Bericht von S. Crummenerl 1933, S. 6 f. sowie das Memorandum des Prager Parteivorstands für die Gruppenvertrauensleute im Reich. Prag, 3. Juni 1933, in: Schulze (Hg.): Anpassung 1975, S. 181-187, hier S. 183, insbesondere Fußnote 10.

58 Winkler, Katastrophe 1987, S. 939.

59 Ebd., S. 937 f.

60 Nach dem oben zitierten Memorandum nahmen an der Sitzung vonseiten des Parteivorstands Wels, Vogel, Crummenerl, Hertz, Ollenhauer, Juchacz, Aufhäuser, Sollmann und die aus Berlin angereisten Genossen Rinner und Westphal teil (Memorandum des Prager Parteivorstands für die Gruppenvertrauensleute im Reich. Prag, 3. Juni 1933, in: Schulze [Hg.]: Anpassung 1975, S. 181-187, hier S. 183 f.). Breitscheid partizipierte ebenfalls und wurde an dieser Stelle noch als Vorstandsmitglied aufgeführt. Crummenerls Bericht zufolge waren neben Rinner und Westphal auch die übrigen in Berlin verbliebenen Mitglieder des Parteivorstands geladen, jedoch nicht erschienen. Ferner war unter anderem Friedrich Adler, der Generalsekretär der SAI, anwesend (IISH Amsterdam, Labour and Socialist International Archives, Unterbestand 3524, Denkschrift über die Partei-Arbeit vom April bis Ende November 1933, Bericht von S. Crummenerl 1933, S. 7 f.).

land erscheinenden Wochenzeitung vorsah, fand in Berlin keine Mehrheit.[61] Weitere Besprechungen scheiterten ebenfalls.[62] Der Konflikt kumulierte am 19. Juni auf einer kurzfristig einberufenen Reichskonferenz. Dort wurden die Prager Vorstandsmitglieder für abgesetzt erklärt und der Gesamtvorstand durch ein sechsköpfiges Direktorium ersetzt.[63] Dieser Beschluss und die Konfrontation zwischen Berlin und Prag sollten sich mit dem reichsweiten Betätigungsverbot für Sozialdemokrat:innen am 22. Juni 1933 bald als gegenstandslos erweisen.[64] Ungeachtet dessen wirkte der Konflikt in der Partei noch lange nach und prägte deren Außenwirkung nachdrücklich.

1.2 Eine unliebsame Aufgabe: Als Vertrauensmann für die SOPADE in Paris

Siegfried Aufhäuser partizipierte an diesem Konflikt nur mittelbar.[65] Anfang Juni 1933 war er von Saarbrücken aus im Auftrag des Prager Parteivorstands, der nun häufig unter dem Namen SOPADE firmierte, nach Paris übergesiedelt, um sich »neben Gewerkschaftsfragen [...] der in Paris besonders schwierigen Flüchtlingsfrage anzunehmen«.[66] So jedenfalls charakterisierte Siegmund Crummenerl in seiner bereits zitierten Denkschrift Aufhäusers Tätigkeitsfeld. Weshalb er als einziges Mitglied des Parteivorstands in die französische Hauptstadt, von wo er sich nun in regelmäßigen Abständen brieflich über die dortigen Zustände echauffierte, entsandt wurde und in welchem Rahmen diese Entscheidung fiel, bleibt unklar.[67] Verschiedene Schreiben legen den Schluss

61 Vgl. Memorandum des Prager Parteivorstands für die Gruppenvertrauensleute im Reich. Prag, 3. Juni 1933, in: Schulze (Hg.): Anpassung 1975, S. 181-187, S. 184. Darin wurden die vorhergehenden Beschlüsse im Wesentlichen bestätigt und konkretisiert.

62 Vgl. Besprechungen des Prager Parteivorstands mit Vertretern des Berliner Parteivorstands und der Gruppenvertrauensleute am 9. Juni 1933 in Prag und am 13. Juni 1933 in Bodenbach, in: Schulte (Hg.): Anpassung 1975, S. 188-190 und S. 191-193.

63 Aufzeichnungen über die Reichskonferenz am 19. Juni 1933 im Preußischen Landtag, in: ebd., S. 194-198.

64 Formell wurde die SPD am 14. Juli 1933 verboten. Mit dem Erlass des Reichsinnenministers, veröffentlicht am 22. Juni, wurde jedoch jegliche parteipolitische Betätigung verunmöglicht (Winkler, Katastrophe 1987, S. 946 f.).

65 Vgl. zum Folgenden ausführlich: Zech, Flucht und Exil 2018, S. 98-103.

66 Vgl. IISH Amsterdam, Labour and Socialist International Archives, Unterbestand 3524, Denkschrift über die Partei-Arbeit vom April bis Ende November 1933, S. 14. Aufhäuser nannte verschiedentlich Juli als Zeitpunkt der Übersiedlung (vgl. etwa: LABO Berlin, Entschädigungsbehörde, Reg. 7218 [Aufhäuser, Siegfried], Lebenslauf Siegfried Aufhäuser, undatiert), es existieren jedoch Schriftwechsel, die einen Aufenthalt seit Anfang Juni 1933 belegen.

67 In einer Erhebung, die Mitte Juni vom Parteivorstand angefertigt worden war, wurde Aufhäuser als einer von acht »Vertrauensmännern« genannt, die in verschiedenen Nachbarländern sowie dem Saargebiet »[d]ie illegale Organisation [...] unabhängig von der Parteiorganisation auf[ ]ziehen« sollten (Protokoll der Parteivorstandssitzung am 14. Juni 1933, in: Buchholz/Rother [Hg.]: Parteivorstand 1995, S. 1 f., hier S. 1 sowie Fußnote 4). Fritz Heine, enger Mitarbeiter des SPD-Exilvorstands, erklärte später: »Mir ist nicht in Erinnerung, daß er vom Parteivorstand den offiziellen

nahe, dass er zunächst auf eigenen Wunsch nach Paris ging.[68] Von den vielfältigen Aufgabengebieten, denen er sich dort zuwandte, war die Kontaktaufnahme zum IGB von zentraler Bedeutung. Aufhäuser war einer der wenigen prominenten Gewerkschafter, der sich frühzeitig gegen die Anbiederungspolitik des ADGB gewandt hatte und international nach wie vor über einen guten Ruf verfügte. Da die IGB-Zentrale inzwischen nach Paris übergesiedelt war, hoffte Aufhäuser, seine internationalen Verbindungen hier im Sinne der SPD zu nutzen.[69] Allerdings blieb sein Engagement nicht auf diese Form der Netzwerkarbeit beschränkt.

Pariser Exilcommunity und Flüchtlingsfürsorge

Die gesellschaftliche Fragmentierung und das Vorhandensein einer Vielzahl von milieuhaft strukturierten politischen Teilkulturen mit geringem Interaktionslevel zählten zu den Charakteristika der Weimarer Republik.[70] Dabei kann »analog zur Zergliederung der Gesellschaft in verschiedene politische Teilkulturen von einer fragmentierten Struktur der öffentlichen Meinung« ausgegangen werden, zumal »jede Teilkultur über eine vielfältige Presse verfügte«.[71] Diese Segregation fand ihren Ausdruck in der gesellschaftlichen Alltagspraxis, wo eine Fülle sogenannter »Vorfeld-Organisationen« das öffentliche und private Leben prägten. In besonderem Maße gilt dies für die Arbeiter:innenbewegung, die über eine Vielzahl von Versorgungs-, Bildungs-, Kultur-, Sport- und Freizeitorganisationen verfügte.[72]

Auftrag erhielt, als offizieller Vertreter des Parteivorstandes zu wirken. Ich will das nicht völlig ausschließen, halte es aber für wenig wahrscheinlich.« (AdsD Bonn, Bestand Fritz Heine, Mappe 131 [Widerstand und Emigration III, Ordner 33], Siegfried Aufhäuser und die SOPADE, Fritz Heine an Werner Korthaase, 21.10.1986).

68 Aufhäuser schrieb am 6. Juni in seinem ersten Brief an Crummenerl: »Die Arbeit scheint schwieriger zu sein, als ich angenommen habe, doch bin ich angesichts gerade dieser Schwierigkeiten von der Notwendigkeit dieser Organisationsaufgaben mehr als je überzeugt« (ebd., Bestand Sopade, Aufhäuser an Siegmund Crummenerl, 6.6.1933). Ende Juli führte er aus: »Ich bin Euch dankbar, daß Ihr mir die hier geschilderte Pariser Mission ermöglicht habt […]« (ebd., Aufhäuser an Genossen, 31.7.1933).

69 Anfang der 1930er Jahre war der Sitz des IGB von Amsterdam nach Berlin verlegt worden (Tosstorff, Kurze Geschichte 2004, S. 39 f.). Im Frühjahr 1933 wurde die Übersiedlung nach Paris in die Wege geleitet (ebd. sowie Vorstandssitzung des Internationalen Gewerkschaftsbundes über die Lage in Deutschland [Protokollauszug] am 8. April 1933, in: Quellen zur Geschichte der deutschen Gewerkschaftsbewegung 1988 [Bd. 4], S. 879-881, hier S. 880 f.).

70 Vgl. Detlef Lehnert/Klaus Megerle, Politische Identität und nationale Gedenktage, in: dies. (Hg.): Politische Identität und nationale Gedenktage. Zur politischen Kultur in der Weimarer Republik, Opladen 1989, S. 9-30, insbesondere S. 14 ff. und S. 22. Dazu auch die Beiträge in: Lehnert, Detlef/Megerle, Klaus (Hg.): Politische Teilkulturen zwischen Integration und Polarisierung, Opladen 1990.

71 Lehnert/Megerle, Politische Identität 1989, S. 27.

72 Vgl. etwa: Klaus Sühl/Rita Meyhöfer, »Von der Wiege bis zur Bahre …«. Die Kultur-, Freizeit- und Selbsthilfeorganisationen der sozialdemokratischen Arbeiterbewegung, in: Glaeßner, Gert-Joachim/Lehnert, Detlef/Sühl, Klaus (Hg.): Studien zur Arbeiterbewegung und Arbeiterkultur

Die NS-Verfolgungspraxis und das Verbot der Parteien wirkten sich nachdrücklich auf das Tätigkeitsfeld dieser Vorfeld-Organisationen aus. Sie sahen sich vielfach gezwungen, mit den neuen Machthabern zu kooperieren, sich aufzulösen oder in die Illegalität auszuweichen.[73] Im ausländischen Exil wurden die altbekannten Schemata wiederum aufgegriffen, hier orientierten sich zahlreiche Neu- und Wiedergründungen am Organisationsgefüge der Weimarer Republik. Dies galt in besonderem Maße für Paris, das neben Prag als erste Anlaufstelle für politisch Verfolgte aus dem Deutschen Reich galt und einige Zeit sogar als möglicher Standort des SPD-Parteivorstands gehandelt wurde.[74] Hier etablierte sich die Zentrale des kommunistischen Exils und auch für zahlreiche sozialistische Kleingruppen wurde die Stadt zu einer »Hauptwirkungsstätte[ ]«.[75] Außerdem fanden sich hier zahlreiche Geflüchtete aus der Weimarer Kulturszene ein. Mit Blick auf die »Vielzahl von Exilorganisationen und -publikationen« charakterisierte Michael Schneider das Paris jener Jahre als »eine Art von Spiegelbild des politischen und kulturellen Lebens der Weimarer Zeit«.[76] Ursula Langkau-Alex sprach in diesem Sinne von einem »Mikrokosmos« und bemühte in Anbetracht der »Vielzahl der Aktionen, Ausschüsse und Organisationen« das »Bild eines kaum entwirrbaren Geflechts«.[77]

Konflikte, die sich in der Weimarer Republik entfaltet hatten, reproduzierten sich hier oftmals oder differenzierten sich aus. Differenzen bestanden nicht nur zwischen SPD, KPD und den zahlreichen sozialistischen »Zwischen- oder Splittergruppen«.[78] Auch innerhalb der SPD rumorte es. Zeitgenössischen Berichten zufolge hielten sich im September 1933 etwa 600 SPD-Mitglieder in Paris auf.[79] Diese verfolgten eine eigen-

in Berlin, Berlin, 1989, S. 203-236. Detlef Lehnert verwies gleichwohl darauf, dass »von einer höchst unterschiedlich ausgeprägten lebensweltlichen Verwurzelung in einem ›sozialdemokratischen Milieu‹ ausgegangen werden« müsse (»Staatspartei der Republik« oder »revolutionäre Reformisten«? Die Sozialdemokraten, in: ders./Megerle [Hg.]: Politische Identität 1989, S. 89-113, hier S. 89).

73 Vgl. hierzu: Detlef Schmiechen-Ackermann, Nationalsozialismus und Arbeitermilieus. Der nationalsozialistische Angriff auf die proletarischen Wohnquartiere und die Reaktionen in den sozialistischen Vereinen, Bonn 1998.

74 Vgl. Friedrich Stampfer, Die dritte Emigration. Ein Beitrag zu ihrer Geschichte, in: Matthias (Hg.): Gesicht nach Deutschland 1968, S. 61-169, hier S. 77. Siehe zu den Rahmenbedingungen des Exils in Frankreich: Barbara Vormeier, Frankreich, in: Krohn u. a. (Hg.): Handbuch 1998, S. 213-250.

75 Jan Foitzik, Linke Kleingruppen, in: ebd., S. 506-518, hier S. 507.

76 Schneider, Unterm Hakenkreuz 1999, S. 858. Siehe auch: Saint Sauveur-Henn, Anne (Hg.): Fluchtziel Paris. Die deutschsprachige Emigration 1933-1940, Berlin 2002.

77 Ursula Langkau-Alex, Vorgeschichte 2004, S. 69.

78 Vgl. dazu ausführlich: III. Kapitel 1.3. Siehe zu den unterschiedlichen kommunistischen Gruppen während der Weimarer Republik: Marcel Bois, Kommunisten gegen Hitler und Stalin. Die linke Opposition der KPD in der Weimarer Republik. Eine Gesamtdarstellung, Essen 2014 sowie Jens Becker, Heinrich Brandler. Eine politische Biographie, Hamburg 2001.

79 Die Zahl stammt aus einem Brief sozialdemokratischer Emigranten, der im *Manchester Guardian* am 5. September 1933 abgedruckt wurde. Zitiert bei: Langkau-Alex, Vorgeschichte 2004, S. 55.

ständige Politik, die den Vorstellungen des Prager Exilparteivorstands nicht selten zuwiderlief. Frühzeitig hatte sich hier eine *Deutschsprachige Sozialistische Gruppe* konstituiert. Sie setzte sich in der Hauptsache aus früheren Mitgliedern der SAJ zusammen und entwickelte sich im Frühjahr 1933 zu einem Sammelzentrum junger Exilant:innen aus unterschiedlichen sozialistischen und kommunistischen Zusammenhängen.[80] Mutmaßlich existierte die Gruppe lediglich einige Monate.[81] Bald gründete sich eine *Pariser Gruppe* der SPD. Hier waren unter anderem der deutsch-russische Publizist und Theoretiker Alexander Schifrin sowie der Mediziner und ehemalige Chemnitzer Stadtverordnete Kurt Glaser aktiv.[82] Rudolf Breitscheid, der als ehemaliges Mitglied des SPD-Vorstands ebenfalls in der französischen Hauptstadt verweilte, hielt sich zunächst vermutlich abseits.[83] Demgegenüber kann Aufhäusers alter AfA-Mitarbeiter Gerhard Kreyssig, inzwischen Leiter der wirtschaftspolitischen Abteilung des IGB, wohl als Mitglied der Gruppe angesehen werden.[84]

Siegfried Aufhäusers Notizen und Berichten zufolge versuchte er durch die »Entsendung zuverlässiger Genossen in die sog[enannte] ›Deutsche Parteigruppe‹« zunächst auf eine »[e]inheitliche Orientierung der deutschen Sozialdemokraten in[nerhalb] der fr[an]z[ösischen] Partei« hinzuwirken.[85] Auf einer »Flüchtlingsversammlung der Deutschen«, an der er Anfang Juni 1933 teilnahm, verhinderte er – seiner Schilderung nach – zunächst die Gründung einer »parteimäßig völlig ungebundenen sozialistischen Arbeitsgemeinschaft«.[86] Stattdessen konstituierte sich nun eine SPD-Ortsgruppe unter der Leitung Schifrins.[87] An den Versammlungen dieser Neugründung nahm Aufhäuser mehrfach teil, obgleich er sich in Paris eher als Beobachter oder Repräsentant des Vorstands denn als Teil der Gruppe verstand.[88]

Hinsichtlich der politischen Repräsentation der deutschen Sozialdemokratie – etwa gegenüber der sozialistischen Schwesterpartei – lag die Federführung in Paris bei Breit-

Vgl. zu den unterschiedlichen Schätzungen und der problematischen zeitgenössischen Unterteilung in politische NS-Gegner und jüdische Flüchtlinge: ebd., S. 51-68.

80 Ebd., S. 127 f. Vgl. Pariser Tageblatt, 2. Jg. Nr. 37 vom 17. 1. 1934, »Junge Sozialisten in der Emigration«.

81 Langkau-Alex, Vorgeschichte 2004, S. 128.

82 Ebd., S. 128 f.

83 Ebd., S. 129, Fußnote 264: Abgesehen von Breitscheids Betätigung bei der vom PV angeregten Gründung einer überparteilichen *Internationalen Gesellschaft zur Rettung* (später: Verteidigung) *der Demokratie* scheint er sich in erster Linie als »Beobachter der Pariser Szene« betätigt zu haben.

84 Ebd., S. 129, Fußnote 264. Dessen Adresse hatte Aufhäuser einige Zeit als Postanschrift gedient (vgl. AdsD Bonn, Bestand Felix Fechenbach, Aufhäuser an Irma Fechenbach, 27. 7. 1933).

85 Ebd., Bestand Sopade, Aufhäuser an Siegmund Crummenerl, 6. 6. 1933 (Anlage). Inwiefern sich die Gruppierung tatsächlich als Abteilung der *Section française de l'Internationale ouvrière* organisierte, bleibt offen.

86 Ebd. Im Original teilweise hervorgehoben.

87 Ebd. Es ist davon auszugehen, dass es sich dabei um die oben genannte Pariser Gruppe handelte.

88 In einem Schreiben an Otto Wels erwähnte er etwa seine Teilnahme an »zwei langen Sitzungen« (ebd., Aufhäuser an Otto Wels, 6. 7. 1933).

scheid.[89] Aufhäuser hielt sich im Hintergrund. An einem Parteitag der *Section française de l'Internationale ouvrière* (SFIO) nahm er lediglich als Gast und nicht als offizieller Parteivertreter teil.[90] Ein regelmäßiger Austausch über die Arbeit für die SOPADE fand zwischen den beiden Genossen, die sich noch aus DV-Zeiten kannten, offenkundig nicht statt.[91] Dies verwundert, weil die Flüchtlingsfürsorge, mit der sich Aufhäuser nun primär auseinandersetzte, nicht minder als politische Arbeit anzusehen war – gerade unter den Umständen des Exils. Als Teil des sozialistischen Milieuzusammenhangs war den Vorfeld-Organisationen schon während der Weimarer Zeit ein politischer Impetus inhärent. Im Exil wurde ihnen, in Ermangelung von politischen Betätigungsfeldern in Ämtern, Parlamenten und einer breiten deutschsprachigen Öffentlichkeit, eine maßgebliche Bedeutungssteigerung zuteil.[92] Das zeigte sich an keiner Stelle deutlicher als bei der Wohlfahrtspflege, die vor 1933 in erster Linie Frauen als Betätigungsfeld wahrnahmen.[93] Im Exil wurden Leitungspositionen nun zuerst an Männer vergeben, während sich der Charakter der Hilfsorganisationen, die jetzt maßgeblich von den Konflikten und Kontroversen des politischen Exils geprägt waren, deutlich wandelte.[94]

Eindrücklich lässt sich dieser Umstand anhand von Aufhäusers Berichten über die »politischen Reibereien« und den »furchtbaren politischen Stunk« im Umfeld des *Comité de secours aux réfugiés sozialistes allemands* nachvollziehen.[95] Entgegen der geläufigen Forschungsmeinung hat Aufhäuser dieses Komitee nicht selbst geleitet.[96] Noch vor seiner Flucht war die sozialistische Fürsorgeeinrichtung im März »von den damals schon hier anwesenden Deutschen ins Leben gerufen worden«, wie er Ollenhauer auf dessen Nachfrage hin berichtete.[97] Die italienische Exilpartei *Partito Socialista Italiano* (PSI) hatte die Flüchtlingszentrale bisher im Gegensatz zur französischen Schwesterpartei SFIO »tatkräftig unterstützt« und ihr unter anderem Räumlichkeiten zur Verfügung gestellt.[98] Die Leitung fiel einem Genossen zu, der nicht nur in der SPD aktiv war, sondern auch

89 Ebd., Aufhäuser an Genossen, 31. 7. 1933.

90 Crummenerl gegenüber erläuterte er dieses Vorgehen mit dem nicht vorhandenen Auftrag und seiner Unkenntnis darüber, ob Breitscheid noch zu der Veranstaltung erscheinen werde (ebd., Aufhäuser an Crummenerl, 21. 7. 1933). Vgl. zum Parteitag: Julius Braunthal, Geschichte der Internationale. Band 2, Hannover 1963, S. 439 ff.

91 Aufhäuser bemängelte gegenüber den Prager Vertretern, dass er zu wenig von den gelegentlichen Reisen Breitscheids erführe, um Anregungen geben zu können (vgl. AdsD Bonn, Bestand Sopade, Aufhäuser an Siegmund Crummenerl, 4. 7. 1933).

92 Vgl. Eifert, Frauenpolitik 1993, S. 134 sowie Christian Zech/Andreas Marquet, Nach Zerschlagung und Vertreibung: die Politisierung der Arbeiterwohlfahrt im Exil, in: Kaiser, Konstantin/Kreisky, Jan/Lichtenberger, Sabine (Hg.): Rote Tränen. Die Zerstörung der Arbeiterkultur durch Faschismus und Nationalsozialismus. Zwischenwelt 14, Klagenfurt am Wörthersee 2017, S. 312-334, hier S. 328 f.

93 Vgl. etwa: Hagemann, Frauenalltag 1990, S. 600 f.

94 Zech/Marquet, Politisierung 2017, S. 329.

95 IISH Amsterdam, Paul Hertz Papers, 17-2-1, Aufhäuser an Paul Hertz, 19. 6. 1933.

96 So etwa: Lange, Aufhäuser 2013, S. 233 und Langkau-Alex, Vorgeschichte 2004, S. 126.

97 AdsD Bonn, Bestand Sopade, Aufhäuser an Sopade (zu Händen von Ollenhauer), 26. 6. 1933.

98 Ebd.

über ein PSI-Parteibuch und politischen Rückhalt in der italienischen Partei verfügte. Aufhäusers Bericht folgend, war diese Person maßgeblich dafür verantwortlich, dass die »einzige sozialistische Flüchtlingsfürsorge in Paris durch [...] politische[] Reibereien heute in Mißkredit gekommen« sei.[99] Die Inhalte dieses Konflikts lassen sich nicht mehr im Detail nachvollziehen. Zumal sich die Flüchtlingsfürsorgestelle auch aufgrund ausbleibender finanzieller Mittel in einem desolaten Zustand befand, sah Aufhäuser seine Aufgabe darin, die Vereinigung zu reorganisieren.[100] Gerade wegen der »Verworrenheit der Verhältnisse« erschien es ihm in Anbetracht konkurrierender Hilfsorganisationen notwendig, eine auch »parteioffiziös anerkannt[e]« Stelle zu etablieren.[101] Dadurch sollte die Reputation bei der französischen Regierung und der SFIO, von der er sich finanzielle Unterstützung erhoffte, erhöht werden. Um die Situation zu verbessern, wollte er die Verantwortung für das Komitee zunächst auf zwei Schultern verteilen: Neben dem bisherigen Leiter hatte Aufhäuser als zweite Leitungskraft Walter A. Friedländer, den früheren Stadtrat und Dozenten der Berliner Wohlfahrtsschule der AWO, vorgesehen.[102]

Wenig aussichtsreich erschien es ihm, Gelder aus dem 1926 vonseiten der SAI-Exekutive gegründeten und inzwischen gemeinsam mit dem IGB verwalteten *Matteotti-Fonds* (Internationaler Hilfsfonds für die Arbeiterbewegung in den Ländern ohne Demokratie) zu beantragen.[103] Dessen Finanzmittel wurden, so Aufhäusers Vermutung, durch gewerkschaftliche Unterstützungsmaßnahmen des französischen Gewerkschaftsbunds *Confédération générale du travail* (CGT) und den IGB »bereits in Anspruch genommen«.[104] Dabei scheint sich ebenfalls eine Fürsorgeeinrichtung konstituiert zu haben, weshalb er in Verhandlungen mit dem IGB alsbald auf eine Fusion mit dem *Comité de secours aux réfugiés sozialistes allemands* »zugunsten eines einheitlichen zentralen Matteotti-Komitees« hinwirkte.[105] In diesem Sinne sollte nicht nur »die Finanzierungsfrage eine befriedigende Regelung erfahren«, sondern zugleich »eine aktionsfähige Flüchtlingsfürsorge für die sozialistisch und gewerkschaftlich organisierten Genossen« entstehen.[106]

99 IISH Amsterdam, Paul Hertz Papers, 17-2-1, Aufhäuser an Paul Hertz, 19.6.1933. Es wären »heute so viele [...] Funktionäre in den persönlichen Streit verwickelt, daß [er] einige Zeit zu tun haben werde, um diesen Konflikt zu entspannen« (ebd.).

100 AdsD Bonn, Bestand Sopade, Aufhäuser an Sopade (zu Händen von Ollenhauer), 26.6.1933.

101 Ebd. Aufhäuser an Crummenerl, 4.7.1933.

102 Ebd. Vgl. auch: Émigré Collections Albany, Bestand Walter A. Friedländer, Aufhäuser an Friedländer, 7.7.1933.

103 Vgl. AdsD Bonn, Bestand Sopade, Aufhäuser an Crummenerl, 4.7.1933. Zum Fonds: IISH Amsterdam, Labour and Socialist International Archives, Unterbestand 3439, Schriftstücke betr. den Matteotti-Fonds (Internationaler Solidaritätsfonds). Im April 1933 war beschlossen worden, die Mittel des Fonds, die ursprünglich für die Opfer des italienischen Faschismus vorgesehen waren, auf die »deutsche Arbeiterklasse« auszuweiten (Langkau-Alex, Vorgeschichte 2004, S. 127, Fußnote 127).

104 AdsD Bonn, Bestand Sopade, Aufhäuser an Crummenerl, 4.7.1933.

105 Ebd., Aufhäuser an Crummenerl, 10.7.1933.

106 Vgl. ebd. Siehe auch: Émigré Collections Albany, Bestand Walter A. Friedländer, Aufhäuser an Friedländer, 11.7.1933.

Die Gründung dieses einheitlichen *Matteotti-Comité*, dem »dann sowohl die gesammelten Gelder aus der französischen Partei als auch jene Mittel aus dem Matteotti-Fond zufließen« sollten, konnte am 30. Juli 1933 bekannt gegeben werden: Unter Federführung des IGB entstand ein zentrales Komitee, dessen Leitung IGB-Generalsekretär Walter Schevenels, Salomon Grumbach von der SFIO und Félix Pierre(?) Dupont vom CGT gemeinsam übernahmen.[107] Der geschäftsführende Arbeitsausschuss setzte sich zunächst aus Kreyssig (IGB), Friedländer und dem SPD-Mitglied und früheren Vorsitzenden der *Eisernen Front* in Konstanz, Hans Venedey, zusammen.[108] Gleichwohl, so Aufhäuser, sei »[d]ie Überleitung [...] mit viel Krach verbunden«, da »[a]us dem alten Comité [...] Opposition gemacht« werde.[109] Er zeigte sich jedoch zuversichtlich, dass der Konflikt bald überstanden sein werde. Außerdem lieferte er in dem Schreiben eine Erklärung, weshalb er wiederholt mit der Leitung der Vorgängereinrichtung assoziiert wurde: Die Prager Vorstandsmitglieder hatten seine Adresse in einem Rundschreiben vom 19. Juli 1933 veröffentlicht und ihn fälschlicherweise »für Frankreich als Flüchtlingsstelle« deklariert.[110] Ein Umstand, durch den er »international leider etwas zu berühmt geworden« sei, wie Aufhäuser bemängelte, und sich nun »vor Einzelbesuchen und Wünschen nicht mehr retten« könne.[111]

Presse- und Öffentlichkeitsarbeit

Dass »[d]ie sozialistische Flüchtlingsfürsorge in Paris [...] von eminent politischer Bedeutung« war und sich aus deren »Reorganisation [...] auch politische Vorteile« ergeben würden, versuchte Siegfried Aufhäuser den Prager Genossen spätestens seit Anfang Juli 1933 näherzubringen.[112] Gerade mit Blick auf die Unterstützung der KPD durch ausländische Gelder sei die »Finanzierung der Flüchtlingsfürsorge [...] nicht zu trennen von [der] politischen Propaganda«, vermerkte er nachdrücklich.[113] So habe es vor allem der kommunistische Politiker und Medienunternehmer Willi Münzenberg verstanden, mit dem neu gegründeten *Welthilfskomitee für die Opfer des deutschen*

107 AdsD Bonn, Bestand Sopade, Aufhäuser an Crummenerl, 17.7.1933 sowie Aufhäuser an Ollenhauer, 30.7.1933. Siehe zum Komitee auch: Langkau-Alex, Vorgeschichte 2004, S. 127. Gerhard Kreyssig wurde hier neben Dupont, Grumbach und Schevenels als Mitglied eines Exekutivkomitees genannt.

108 AdsD Bonn, Bestand Sopade, Aufhäuser an Ollenhauer, 30.7.1933.

109 Ebd.

110 Ebd. Vermutlich handelte es sich bei dem erwähnten Rundschreiben um die »Zusammenstellung der sozialdemokratischen Flüchtlingskomitees«, auf die Ollenhauer in einem weiteren Rundschreiben vom 27. Juli 1933 Bezug nahm (vgl. IISH Amsterdam, Labour and Socialist International Archives, Unterbestand 3533, Rundschreiben von E. Ollenhauer an die sozialdemokratischen Flüchtlingskomitees betr. die Anschrift der Flüchtlingskomitees in der Schweiz).

111 AdsD Bonn, Bestand Sopade, Aufhäuser an Ollenhauer, 30.7.1933.

112 Ebd., Aufhäuser an Crummenerl, 4.7.1933.

113 Ebd. Im Original teilweise hervorgehoben.

Faschismus »riesige Summen« zu sammeln.[114] Dabei werde »bei den Geldgebern eben der Eindruck erweckt«, dies sei »die einzige Stelle [...], die illegal Hilfe an die Opfer nach Deutschland leistet«.[115] Insofern sei es ratsam, auch in England – beispielsweise durch eine Komiteegründung – aktiv zu werden, um Gelder für Partei und Flüchtlingsfürsorge einzuwerben.[116]

Ferner spiele, so Siegfried Aufhäuser, »die schriftliche Propaganda eine starke Rolle«.[117] Sein Tätigkeitsfeld in Paris umfasste die Organisation des hiesigen Pressevertriebs für die Publikationen der SOPADE. Hierzu zählten die neu gegründete Saarbrücker Tageszeitung *Deutsche Freiheit* und der seit dem 18. Juni 1933 erscheinende *Neue Vorwärts*, das offizielle Organ des Parteivorstands.[118] Aufhäuser bemängelte skeptisch, dass darin »die illegale Aktion zu wenig behandelt« werde: Es entstehe der Eindruck, »daß in Deutschland nur die Kommunisten illegal arbeiten«, was »ihnen viel Sympathie« bringe.[119] In Anbetracht des Konflikts mit der Berliner SPD-Parteigruppe riet er Mitte Juni dazu, sich von der dort vorherrschenden »Legalitätsillusion« zu distanzieren und betonte, dass »die volle Schlagkraft ohne sichtbaren Bruch mit den Legalen nicht hergestellt werden« könne.[120]

Demgegenüber verhielt sich Aufhäuser in der Kontroverse um die Herausgabe eines neuen SPD-Theorieorgans zurückhaltend. Das Vorhaben, Hilferding zum Chefredakteur eines neuen Periodikums zu machen, das später unter dem Namen *Zeitschrift für Sozialismus* bekannt werden sollte, war mancherorts auf Kritik gestoßen. Eigentlich schien Hilferding geradewegs dazu prädestiniert: Wie kein Zweiter hatte er in den 1910er und 1920er Jahren mit seinem Hauptwerk »Das Finanzkapital« (1910) und der von ihm redigierten Monatsschrift *Die Gesellschaft* die theoretische Ausrichtung der SPD beeinflusst. Das von ihm geprägte Konzept des »organisierten Kapitalismus« bildete das ideologische Fundament der Weimarer Sozialdemokratie.[121] Demzufolge, so führte Hilferding auf dem Reichsparteitag der SPD 1927 in seiner Rede über »[d]ie Aufgaben

114 Ebd. Vgl. zur Entstehung und Entwicklung: Langkau-Alex, Vorgeschichte 2004, S. 82 ff.

115 AdsD Bonn, Bestand Sopade, Aufhäuser an Crummenerl, 4.7.1933.

116 Ebd.

117 Ebd.

118 Ebd., Aufhäuser an Crummenerl, 6.6.1933 (Anlage) sowie Aufhäuser an Genossen, 31.7.1933. Die *Deutsche Freiheit* wurde als offizielles Parteiorgan betrachtet und vom Parteivorstand finanziert. Bis zur Saarabstimmung 1935 erschien sie unter der Regie von Wilhelm Sollmann in Saarbrücken mit einer Auflage von zunächst rund 30.000 Exemplaren (vgl. Protokoll der Parteivorstandssitzung am 4. August 1933, in: Buchholz/Rother [Hg.]: Parteivorstand 1995, S. 13-17, hier S. 14).

119 AdsD Bonn, Bestand Sopade, Aufhäuser an Crummenerl, 4.7.1933.

120 IISH Amsterdam, Paul Hertz Papers, 17-2-1, Aufhäuser an Hertz, 19.6.1933. Im Original teilweise hervorgehoben.

121 Vgl. etwa: Rainer Behring, Vom marxistischen Theoretiker zum politischen Denker. Rudolf Hilferdings Konzept des »organisierten Kapitalismus« und die angelsächsischen Demokratien, in: Lehnert, Detlef (Hg.): Soziale Demokratie und Kapitalismus. Die Weimarer Republik im Vergleich, Berlin 2019, S. 115-148, hier S. 128.

der Sozialdemokratie in der Republik« aus, sollte im Rahmen der parlamentarischen Demokratie, »mit Hilfe des Staates [...] die[] von den Kapitalisten organisierte und geleitete Wirtschaft in eine durch den demokratischen Staat geleitete Wirtschaft« umgewandelt werden.[122] Am Ende dieser prozesshaft verstandenen Entwicklung stand die sogenannte »Wirtschaftsdemokratie«, die noch 1928 vom ADGB »in den Rang einer offiziellen Doktrin erhoben« wurde.[123] Gleichwohl schien sich diese optimistische Haltung in Anbetracht der Weltwirtschaftskrise nicht zu bestätigen.[124] Spätestens mit seiner Ablösung als Reichsfinanzminister Ende 1929 war Hilferding in die Kritik geraten und seit 1933 stand seine Person prototypisch für eine gescheiterte Reformpolitik, die im Nationalsozialismus gemündet war.[125]

Neben inhaltlichen Diskrepanzen zur Ausrichtung des Blatts prägten »taktische[] Bedenken« die Kontroverse.[126] Denen zufolge war Rudolf Hilferdings Name »in Deutschland stark belastet«, was »die Einführung und Verbreitung der Zeitschrift« erschweren würde.[127] Auf einer Prager Parteivorstandssitzung sprach sich am 7. Juli insbesondere Böchel, der eine »Kollektivredaktion« wünschte, gegen Hilferding aus.[128] Auch Sollmann, der ebenso wie Aufhäuser von Rinner schriftlich befragt worden war, gab zu bedenken, dass Hilferding »mit der gescheiterten Politik der Vergangenheit in Verbindung« gebracht würde.[129] Aufhäuser war gegensätzlicher Auffassung.[130] Obwohl er »persönlich oft gegen Hilferding gestanden« habe, erschien ihm wichtig zu betonen, dass dessen Handlungen auch »als Folge der koalitionspolitischen Taktik der Partei anzusehen« seien.[131] Es werde »[i]n der gegenwärtigen Situation politischer Irrungen und Wirrungen [...] nützlich sein, die Redaktion der Zeitschrift in die Hände eines wissenden und überzeugten Marxisten zu legen. [...] Sicherlich [werde] sich auch Hilferding ideologisch

122 Sozialdemokratischer Parteitag 1927 in Kiel. Protokoll mit dem Bericht der Frauenkonferenz, S. 165-184, Zitat auf S. 169.

123 Heinrich August Winkler, Einleitende Bemerkungen zu Hilferdings Theorie des Organisierten Kapitalismus, in: ders. (Hg.): Organisierter Kapitalismus. Voraussetzungen und Anfänge, Göttingen 1974, S. 9-18, hier S. 11 ff.

124 Vgl. ebd., S. 12.

125 Vgl. William Smaldone, Rudolf Hilferding. Tragödie eines deutschen Sozialdemokraten, Bonn 2000, 200 ff., S. 205 ff. und S. 225.

126 Protokoll der Parteivorstandssitzung am 7. Juli 1933, in: Buchholz/Rother (Hg.): Parteivorstand 1995, S. 10-13, hier S. 10.

127 Ebd.

128 Ebd., S. 11. Auf der vorangegangenen Sitzung war Böchel von Rinner als Redakteur der Zeitschrift vorgeschlagen worden (vgl. Protokoll der Parteivorstandssitzung am 2. Juli 1933, in: ebd., S. 2-10, hier S. 7).

129 Smaldone, Hilferding 2000, S. 225. Smaldone bezog sich hier auf ein Schreiben vom 7. Juli 1933.

130 Die oben genannten Schreiben an Aufhäuser und Sollmann sind nicht auffindbar (vgl. Protokoll der Parteivorstandssitzung am 7. Juli 1933, in: Buchholz/Rother [Hg.]: Parteivorstand 1995, S. 10-13, hier S. 10, Fußnote 2). In der Diskussion wurde nicht auf deren Reaktion Bezug genommen.

131 AdsD Bonn, Bestand Sopade, Aufhäuser an Wels, 6. 7. 1933.

umstellen müssen, aber des [gelte] auch für jeden anderen«.[132] Er selbst, so Aufhäuser, habe »bisher in täglichen Diskussionen schwerer Art den Standpunkt eingenommen, daß das Ergebnis [der gemeinsamen] illegalen Aktion von dem Inhalt der Schriften und dem revolutionären Elan dieser Bewegung abhängig« sei.[133] Wenn der Parteivorstand weiterhin bestehen bleiben solle, könne er »die Sonderbehandlung Hilferdings in keinem Falle« nachvollziehen.[134] Gegenüber der Kritik an der Prager Führung gebe es »nur eine konsequente Antwort. Entweder man erkenn[e] den Personaleinwand als entscheidend an, dann müss[t]en […] alle den Entschluss aufbringen[,] geschlossen zu demissionieren«.[135] Andernfalls solle man aber »darauf verzichten, zur Rettung aller übrigen einen einzelnen führenden Genossen […] dem rasenden See als Opfer zu bringen«.[136]

Kontaktpflege zum IGB

Mit seiner Stellungnahme zur Zusammensetzung der sozialdemokratischen Führungsriege berührte Siegfried Aufhäuser ein Themenfeld, das die Diskussionen innerhalb der politischen Exilzusammenhänge seit geraumer Zeit beschäftigte und in den kommenden Monaten und Jahren nachhaltig prägen sollte.[137] »[D]aß die Exponenten der bisherigen Parteipolitik in […] Mitgliederkreisen heftig angegriffen [würden] und bei jeder Gelegenheit ein Personalwechsel verlangt [werde]«, hatte Aufhäuser bei den Debatten innerhalb der Pariser SPD-Gruppe selbst eindrücklich miterlebt.[138] Er verbuchte es deshalb als Erfolg, dass »[i]n Personalunion verbunden mit dem neuen Flüchtlingscomitée« hier nunmehr »eine SPD Ortsgruppe aufgezogen worden« war, die die Richtlinien des Prager Vorstands zumindest anerkannte, »wenngleich die wöchentliche Aussprache immer noch recht wild und wirr vor sich« ginge.[139]

Bei Otto Wels beklagte sich Aufhäuser, dass er auch während seiner Gespräche mit dem IGB täglich »immer wieder diesem *einen* Argument« begegne, »der Personenfrage«.[140] Der internationale Gewerkschaftsbund verhielt sich gegenüber der deutschen Sozialdemokratie mittlerweile überaus skeptisch und zurückhaltend: Die vielgerühmte deutsche Arbeiter:innenbewegung hatte auf allen Fronten enttäuscht. Das Festhalten an der Legalitätstaktik hatte die faschistische »Machtergreifung« nicht verhindert und

132 Ebd.
133 Ebd.
134 Ebd.
135 Ebd.
136 Ebd.
137 Vgl. etwa: III. Kapitel 1.3 und Kapitel 2.2.
138 AdsD Bonn, Bestand Sopade, Aufhäuser an Wels, 6.7.1933.
139 Ebd., Aufhäuser an Genossen, 31.7.1933. Als »Vertrauensmann« gegenüber der SFIO, wo Verstimmung über die Konflikte innerhalb der sozialdemokratischen Exilcommunity vorherrschten, hatte Aufhäuser ebenfalls Friedländer vorgesehen (vgl. ebd., Aufhäuser an Crummenerl, 4.7.1933).
140 Ebd., Aufhäuser an Wels, 6.7.1933. Hervorhebung im Original.

den ADGB sogar dazu bewegt, gemeinsam mit der NSDAP zum Feiertag der nationalen Arbeit aufzurufen. Die deutsche Sozialdemokratie hatte ihren Platz im Büro der SAI vorübergehend geräumt und die verbliebene SPD-Fraktion hatte am 17. Mai 1933 im Berliner Reichstag auch Hitlers sogenannte »Friedensresolution« unterstützt. Vor diesem Hintergrund verwundert es kaum, dass die Verbindungen zum IGB nunmehr durch einen nachhaltigen Vertrauensverlust geprägt waren. Hoffnungen von Aufhäuser, von dort Gelder zu akquirieren und die illegale Tätigkeit in Deutschland zukünftig gemeinsam zu organisieren, schienen kaum umsetzbar. Nach ersten sondierenden Gesprächen formulierte er seine Eindrücke gegenüber seinen Prager Vorstandskollegen:

> Die Notwendigkeit des Zusammenarbeitens von Gewerkschaft und Partei wird mit viel Diplomatie begründet werden müssen, denn ich habe – offen gesagt – den Eindruck, daß auf der Gegenseite das volle Vertrauen zu unserem P[artei-]V[orstand] erst durch Taten wieder zur[ück]gewonnen werden kam. [...] Es wird immer wieder auf die Personen der Partei verwiesen, die doch die bisherigen Exponenten der früheren Politik geblieben seien. Ich halte es für nötig, stärker als bisher unsere Parteileitung von der Verantwortung für die ADGB[-]Haltung, die im ganzen Ausland verheerend gewirkt hat, frei zu machen. [...]
> Ich habe hier in mindestens zwanzig Rücksprachen gefunden, daß alles darauf ankommt, den radikalen Kurswechsel mit jeder nur möglichen Übertreibung herauszustellen, sonst wird in[ner-] und außerhalb Deutschlands auch unsere neue illegale Arbeit mit größtem Mißtrauen aufgenommen. [...] Der Konflikt mit den Nationalisten in Berlin darf uns nicht aufgezwungen werden. Wir selbst müßen ihn wagen. [...]
> Ich meine im Ganzen, daß all die Verhandlungen mit den Auslandsparteien neben dem finanziellen und organisatorischen durch eine mehr propagandistisch gehaltene Sprache unseres illegalen Wollens gestützt sein müßten. Unsere Freunde verstehen überall, daß die Kontinuierlichkeit der Bewegung organisatorisch auch im Illegalen gewahrt werden muß, aber ideologisch wird das grundlegend Neue verlangt. Nur so ist es möglich, auch mit den bisherigen Personen der Führung den Glauben wach zu rufen, daß in Prag die starke Willenszentrale für den internationalen Kampf gegen den Faschismus gestaltet werden soll und kann.[141]

Siegfried Aufhäuser sprach sich hier für eine konsequente Abgrenzung nicht nur gegenüber dem in Berlin verbliebenen SPD-Rumpf-Vorstand, sondern auch gegenüber der ADGB-Politik aus. Er argumentierte strategisch, gleichwohl ist seine Verärgerung deutlich herauszulesen. Eine persönliche Betroffenheit offenbarte sich auch in einem sechs Wochen später verfassten Brief an Otto Wels. Darin nahm Aufhäuser einen Pressebericht des IGB aus der Feder von Fritz Tarnow zum Anlass, darauf hin-

141 Ebd., Aufhäuser an Crummenerl, 6.6.1933. Im Original teilweise hervorgehoben.

zuweisen, dass jetzt »bereits die Legendenbildung beginn[e]« und die Verantwortung für die deutsche Katastrophe »auf die Partei abgewälzt« werde.[142] Unterdessen werde die »wirklich verhängnisvoll[e]« Haltung des ADGB »geschichtlich verwischt«, da die »Gleichschaltungsbestrebungen« gegenüber den Verhaftungen vom 2. Mai in den Hintergrund treten.[143] Wenn aber »der IGB gegenüber der Partei den revolutionären Mann spielt[,] aber gleichzeitig die Haltung des ADGB durch Tarnow nun als heldenhaft in die Welt gehen lässt«, so Aufhäuser, frage er sich, »ob die Partei allein aus lauter Anständigkeit schweigen soll[e]«.[144]

In dieser letzten Formulierung artikulierte Aufhäuser seine Enttäuschung über den Fortgang seiner Verhandlungen mit dem IGB: Als sich der IGB-Generalsekretär Schevenels bei einem gemeinsamen Gespräch »von vorneherein und im ganzen derart ablehnend gegen Prag« äußerte, sah sich Aufhäuser veranlasst, »ihm einige Wahrheiten zu sagen«.[145] Ungeachtet dessen legte Schevenels Wert darauf, dass Aufhäuser an einer für den 7. und 8. Juli 1933 anberaumten Vorstandssitzung des IGB teilnahm, »gerade weil er abweichender Auffassung sei«.[146] Am Tag selbst wurde Aufhäuser jedoch nicht hinzugezogen. Dass Widerstände gegen seine Teilnahme bestanden, erfuhr er »nur zufällig im Korridor«.[147] »Die ganze Geschichte«, so Aufhäuser, gestaltete sich »so konfus, in der Form aber auch so wenig taktvoll, daß [er] es [sich] nicht versagen konnte, dem Vorstand in einer Rohrpostmitteilung [seine] Bewunderung für das Übermaß von Mangel an Freundschaft auszusprechen«, und sich für eine vorgeschlagene »Aussprache am folgenden Tag entschuldigt[e]«.[148]

In einem weiteren Brief betonte Siegfried Aufhäuser gegenüber seinen Prager Genossen beschwichtigend, dass durch diesen Zwischenfall »die Brücken zum IGB nicht abgebrochen« wurden.[149] Bezeichnenderweise hatten sich bei den folgenden Verhandlungen »über die Reorganisation der Pariser Flüchtlingsfürsorge […] die Beziehungen wieder gebessert«.[150] Nach Absprache mit IGB-Generalsekretär Schevenels wurde »[d]er Zwischenfall […] freundschaftlich abgeschlossen«.[151] Aufhäuser rückte davon ab, auf eine gemeinsame Aktion von SOPADE und IGB zu drängen, und begnügte sich vorläufig mit dem Vorschlag, zukünftig »gegenseitige Information systematisch zu

142 Ebd., Aufhäuser an Wels, 20.7.1933.
143 Ebd.
144 Ebd.
145 Ebd., Aufhäuser an Crummenerl, 10.7.1933. Schevenels hatte, Aufhäusers Ausführungen folgend, verlauten lassen, »daß der IGB in Deutschland allein und selbstständig vorgehen werde, nicht nur ohne Rücksicht auf die Partei, sondern wenn es sein müsste, auch gegen sie«.
146 Ebd.
147 Ebd.
148 Ebd.
149 Ebd., Aufhäuser an Crummenerl, 17.7.1933.
150 Ebd.
151 Ebd.

organisieren und die Verständigung über die Parolen zu sichern«.[152] Die gewünschte Zusammenarbeit würde sich, so Aufhäuser, über diesen Materialaustausch schließlich »in der Praxis [...] ergeben«.[153] Die Rahmenbedingungen des Kompromisses und der anzustrebenden »permanente[n] Verbindung« und des »ständigen Austauschs« formulierte Aufhäuser in diesem Sinn entsprechend der Absprache schriftlich an Schevenels und den IGB-Vorsitzenden Walter Citrine.[154]

Abschied und Pariser Nachklänge

Über seine Verhandlungen mit dem IGB informierte Siegfried Aufhäuser regelmäßig auch Friedrich Adler, den Generalsekretär der SAI in Zürich.[155] Ein solcher Informationsaustausch erschien auch deshalb angebracht, da die Notwendigkeit einer gemeinsamen Aussprache zwischen den internationalen Organisationen IGB und SAI mit der SOPADE allgemein anerkannt wurde. Einen geeigneten Rahmen schien der für Ende August 1933 angesetzte Kongress der SAI in Paris zu bieten.[156]

Schon einen Monat zuvor hatte Aufhäuser seine Aufgaben in Frankreich – nach eigenem Bekunden erfolgreich – beendet: In einem vorläufig abschließenden Report fasste er die erzielten Ergebnisse in den Bereichen Zeitungsvertrieb, Flüchtlingsfürsorge, SPD-Parteigruppe Paris und IGB-Verhandlungen für seine Prager Genossen zusammen.[157] Da die »rein politische Vertretung in Frankreich [...] ohnehin bei Breitscheid« lag, würde ihm nun aber für einen »Daueraufenthalt in Paris eine bestimmte Aufgabe« fehlen.[158] Daher erkundigte sich Aufhäuser, der »bisher angesichts der Ungewißheit [seines] hiesigen Aufenthalts im Hotel gewohnt« hatte, »ob und wie an eine etwaige weitere Verwendung [seiner] Person gedacht« worden sei.[159] Er hielt es für verfehlt, einen Vertreter des Parteivorstands dauerhaft in Paris zu stationieren: Allein für die Verbindung zum IGB lohne es sich nicht, »hier eine besondere Vertretung zu halten«, und gegenwärtig könne er sich als PV-Repräsentant »den ganzen Tag vor Besuchen nicht mehr retten«.[160] Verantwortlich hierfür seien die katastrophalen

152 Ebd.
153 Ebd.
154 University of Warwick Library, Modern Records Centre, Bestand Trades Union Congress, MSS/292/943, Aufhäuser an Citrine, 20.7.1933. Gleichfalls sah er sich an dieser Stelle veranlasst, auf die Vorgeschichte des 2. Mai 1933 näher einzugehen und seinen »von den meisten führenden Kameraden des ADGB abweichenden Standpunkt darzulegen« (vgl. auch: AdsD Bonn, Bestand Sopade, Aufhäuser an Crummenerl, 21.7.1933).
155 IISH Amsterdam, Labour and Socialist International Archives, Unterbestand 3457, Korrespondenz von S. Aufhäuser mit F. Adler betr. das Verhältnis SPD-IGB sowie einen Vorschlag für die Konzentration der illegalen Arbeit.
156 AdsD Bonn, Bestand Sopade, Aufhäuser an Crummenerl, 17.7.1933.
157 Ebd., Aufhäuser an Genossen, 31.7.1933.
158 Ebd.
159 Ebd.
160 Ebd.

Zustände bei der Flüchtlingsfürsorge. Ausbleibende Unterstützungsmaßnahmen der sozialistischen Parteien Europas würden dazu führen, dass der »ganze Strom des Unmuts auf den ›Vertrauensmann‹« der SOPADE zukomme, wie er zwei Wochen später in eindrücklichen Worten schilderte:

> Ich werde im Büro aber auch im Hotel von Besuchen überflutet und jeder ist empört, daß ich ihm persönlich nicht helfe. Ich habe oft von mir gegeben, aber jetzt kann ich das auch nicht mehr und es reicht ja auch nicht zu. Es ist aber auch furchtbar all die armen Menschen wieder wegschicken zu müssen, nachdem sie auch noch Fahrgeld verausgabt haben. [...]
> Alle diese [...] Notstände der einzelnen Flüchtlinge, die hier in Frankreich eben von der Organisation des Landes ohne Hilfe bleiben, werden dann in der Parteigruppe vorgetragen – Aufhäuser sorgt für niemand, wohnt aber im besten Hotel und bezieht ein Riesengehalt. So hat sich bereits gegen mich eine unerträgliche Hetze entwickelt und ich bin mit meinen Nerven soweit, daß ich nach der Konferenz unbekannt verziehe und erst einmal 14 Tage brauche, um wieder arbeitsfähig zu werden. [...]
> Der deutsche Vertrauensmann ist hier die Auffangstelle für die berechtigten Beschwerden, der Sündenbock für alle Mängel der Internationale und es wird viel besser sein, diese Institution wieder aufzuheben.[161]

Auch gegenüber Friedrich Adler von der SAI äußerte er sich ähnlich:

> Ich selbst habe den dringenden Wunsch, Paris bald zu verlassen. Man kann nicht nur Auffangstelle für sämtliche Beschwerden sein, wenn alles Unangenehme nach einer Stadt abgeschoben wird, der zur Bewältigung ihrer sozialen Aufgabe keine Hilfe geleistet wird. [...] Seien Sie nicht böse, daß ich so bitter schreibe, aber es ist wirklich besser, wenn hier in Paris *kein* Vertreter aus Prag sitzt.[162]

Trotz seiner Unzufriedenheit sah sich Siegfried Aufhäuser veranlasst, noch einige Tage in Paris zu verweilen. Er war neben Otto Wels, Friedrich Stampfer, Karl Böchel und Erich Ollenhauer als einer von 142 Delegierten zur SAI-Konferenz geladen, die zwischen dem 21. und 25. August 1933 in Paris tagte.[163] Die dortigen Beratungen kreisten um »die Strategie und Taktik der internationalen Arbeiterbewegung in der Zeit der faschistischen Reaktion« und beschäftigten sich ausführlich mit der »Katastrophe des deutschen

161 Ebd., Aufhäuser an Crummenerl, 12.8.1933. Im Original teilweise hervorgehoben.

162 IISH Amsterdam, Labour and Socialist International Archives, Unterbestand 3457, Aufhäuser an Friedrich Adler, 11.8.1933. Hervorhebung im Original.

163 Protokoll der Parteivorstandssitzung am 4. August 1933, in: Buchholz/Rother (Hg.): Parteivorstand 1995, S. 13-17, hier S. 16. Daneben war Hilferding die Möglichkeit zur Teilnahme angeboten worden. Siehe zur Zahl der Delegierten: Braunthal, Internationale (Bd. 2) 1963, S. 417.

Sozialismus« und den »taktischen Lehren, die daraus zu ziehen waren«.[164] In seiner viel beachteten Rede vollzog Aufhäuser einen historisch-kritischen Rundumschlag mit Rekursen auf die Auseinandersetzungen innerhalb der Sozialdemokratie seit 1914, die Eroberung politischer Machtpositionen 1918 und die Versäumnisse, diese mit der »verfrühte[n] Einberufung des Parlaments« nicht auch ökonomisch stabilisiert und sozial herbeigeführt zu haben.[165] Mit Verweis auf die Wahlerfolge der SPD im Mai 1928 und den zeitgleich einsetzenden »Abstieg der deutschen Demokratie« warnte er davor, die parlamentarische Demokratie zu überschätzen: Es sei eine »Illusion [...], man könnte mit den berühmten 51 % Parlamentsmehrheit die Macht ersetzen, die man ökonomisch nicht hat«.[166] Die Situation nach dem Generalstreik 1920 habe bestätigt, so Aufhäuser, dass »die Übergabe der Ergebnisse eines großen Kampfes an eine parlamentarische Koalitionsregierung mit den bürgerlichen Parteien ungeeignet [sei], gewonnene Macht wirklich zu behaupten«.[167]

Die spezifisch deutschen Ermöglichungsbedingungen des Faschismus wiederum seien, so Aufhäuser, einerseits im Frieden von Versailles zu suchen, »der geeignet war, die nationalistischen Instinkte im Volke aufzupeitschen«.[168] Andererseits sei »die Haltung maßgebender Kreise der Gewerkschaften [...], die die Bewegungsfreiheit der deutschen Sozialdemokratie eingeengt ha[be]«, verantwortlich zu machen.[169] Viel schlimmer als die »Zertrümmerung der Organisationen« aber sei der »ideologische Zusammenbruch«.[170] In Anbetracht von 17 Millionen Wähler:innen genüge es nicht, »über die Bestialität, den Terror und die Gewalt des Faschismus« zu reden, ebenso seien die »soziologischen Ursachen zu erforschen«.[171] Als Trägerschaft des Faschismus identifizierte Aufhäuser, in Einklang mit zahlreichen zeitgenössischen Diagnosen, in erster Linie die »Mittelschichten« – jene Gruppierungen, »die zu Proletariern geworden sind, die aber aus Angst vor der Proletarisierung sich gegen das Proletariat wenden zu müssen glaubten«.[172] Es sei zu klären, wie »man die große materielle Unzufriedenheit dieses versinkenden Mittelstandes [...] in politischen Willen zum sozialistischen Kampfe« um-

164 Ebd., S. 417 ff. Dabei wurde die »Zwangsläufigkeit der Politik« der SPD einerseits anerkannt, andererseits wurde deren Führung mit Blick auf den 20. Juli 1932 zur Last gelegt, im Augenblick der Entscheidung einer »Paralyse des Willens« verfallen gewesen zu sein und »immer wieder den Appell an die Gewalt hinausgeschoben [zu haben], bis ihr schließlich eine Entscheidung durch Gewalt nicht mehr gelassen worden [sei]« (ebd., S. 419. Braunthal bezog sich hier auf eine Aussage des russischen Bundisten und Menschewiki Rafail Abramowitsch).

165 Protokoll. Internationale Konferenz der Sozialistischen Arbeiter-Internationale, Paris 1933, S. 121-127, hier S. 122.

166 Ebd., S. 122 f.

167 Ebd., S. 123.

168 Ebd.

169 Ebd.

170 Ebd., S. 124.

171 Ebd.

172 Ebd.

bilden könne.[173] Man müsse bei ihm »eine Vorstellung wecken, wie die künftige Wirtschaft gestaltet sein« werde.[174]

Davon überzeugt, dass sich die Machtverhältnisse auch in Deutschland in Anbetracht der Klassengegensätze künftig wandeln würden, sah Aufhäuser die Aufgaben dieser Konferenz darin, den zu erwartenden »Umschwung« vorzubereiten. Zwar sei »die Demokratie die vornehmste Form des menschlichen Zusammenlebens«, allerdings werde die bevorstehende »revolutionäre Situation [...] mit revolutionären Mitteln überwunden werden müssen, mit Mitteln, die allerdings außerhalb der parlamentarischen Demokratie« stünden:

> Mitten in diesem großen Entscheidungskampfe wird [bei] dem kämpfenden Proletariat wenig Sinn für die Demokratie als nächstes Ziel zu finden sein. Sondern Verständnis ist nur zu finden zwar nicht für eine Diktatur auf Dauer, aber für eine Erziehungsdiktatur, die den Weg zur Demokratie erst allmählich auch in Deutschland wieder bahnen soll.[175]

Aufhäusers Rede, die mit dem Appell endete, dass der Kampf international, nicht nur »für die Befreiung des deutschen Proletariats, sondern auch [...] gegen die Weltkrise des Kapitalismus«, geführt werden müsse, war mit »[a]nhaltende[m] stürmische[m] Beifall« aufgenommen worden.[176] Die Forderung nach einer zeitlich begrenzten »Erziehungsdiktatur« regte im Nachhinein jedoch Diskussionen an, die teils emotional ausgetragen wurden.[177] Aufhäuser sah sich schließlich veranlasst, seine Argumentation im *Vorwärts* zu konkretisieren, wobei er den Terminus in den Kontext seines historischen Rückblicks eingebunden wissen wollte.[178] Gleichwohl plädierte er für eine »sachliche Erörterung des Diktaturproblems« und dagegen, »jedem Gedanken an eine sozialistische Diktatur das bolschewistische Schreckgespenst entgegen[zu]setzen«.[179] Der Begriff der Erziehungsdiktatur beinhalte eine »Befristung«, sie diene »der Behauptung von gewonnener Macht der Arbeiterklasse« und werde »[e]rzieherisch [...] auf die Bourgeoisie [...] zu wirken haben«.[180] So hätten »[d]ie früher politisch indifferenten Mittelschichten [...] in Deutschland infolge einer verfrüht eingeführten parlamentarischen Demokratie

173 Ebd., S. 125.
174 Ebd.
175 Ebd., S. 126.
176 Ebd., S. 127.
177 Langkau-Alex, Vorgeschichte 2004, S. 132, die auf die Zeilen des *Neuen Vorwärts* und die Debatten um die Begriffe »Demokratie« und »Diktatur« verwies. Vgl. etwa: Neuer Vorwärts, 1. Jg. Nr. 11 vom 27. 8. 1933, »Der andere Weg. Demokratie und Diktatur«, Nr. 13 vom 10. 9. 1933, »Drinnen und Draußen. Zur Diskussion über die Aufgaben der Partei« und Nr. 14 vom 17. 9. 1933, »Kritik der Kritik. Ein Beitrag zur Parteidiskussion«.
178 Ebd., Nr. 15 vom 24. 9. 1933, »Pariser Nachklänge. Warum Erziehungsdiktatur«.
179 Ebd.
180 Ebd.

die Sozialdemokratie überhaupt nur als Bundesgenossen des Bürgertums kennengelernt und sie für die Sünden des Kapitalismus verantwortlich gemacht«.[181] Daher habe sich »[d]ie parlamentarische Demokratie [...] als Mittel zum Hineinwachsen in den Sozialismus nicht bewährt«, es bedürfe der »sichtbare[n] Tat sozialistischer Gestaltungskraft«.[182] So wolle er die Erziehungsdiktatur verstanden wissen als »Bereitschaft, revolutionär zu handeln, ohne das Ziel sozialer Demokratie zu vergessen; Zwangserziehung der gegenrevolutionären Kräfte, um die soziale Demokratie zu sichern«.[183]

Selten hat Aufhäuser sich in dieser Deutlichkeit für eine – wenn auch zeitlich begrenzte – Diktatur ausgesprochen. Ähnliche Gedankengänge hatte er jedoch bereits zuvor artikuliert: Auf dem SPD-Parteitag 1927 hielt er Hilferding entgegen, dass Deutschland nach dem Weltkrieg »vielleicht zu früh zur Demokratie gekommen« sei und »die deutsche Arbeiterklasse damals zur Erreichung bestimmter sozialer Errungenschaften ihre Macht noch eine Zeitlang [hätte] ausnutzen sollen«.[184] Auch mit dem Begriff der Diktatur kokettierte er – in Reaktion auf reaktionäre Bestrebungen – vereinzelt. Beispielsweise artikulierte er auf einer Wahlkundgebung im September 1930 nicht nur seine Kritik an der Politik der Regierung Brüning, sondern verwies zugleich warnend darauf, dass, sofern »Interessentengruppen durchaus die Diktatur wollen« würden, »die deutsche Arbeiterschaft stark genug [sei], zu bestimmen, wer die Diktatur ausüb[e]«.[185]

Dass Siegfried Aufhäuser sich nun in dieser Deutlichkeit artikulierte, dürfte den Erschütterungen der vergangenen Monate geschuldet sein. Dahinter stand einerseits die Hoffnung, dass der Kapitalismus und mit ihm der Nationalsozialismus als eines seiner Krisensymptome alsbald überwunden werden könne und damit das »Ringen um den Sozialismus aus dem Stadium theoretischer Erörterung in das des Ringens um konstruktive Verwirklichung gerückt« sei.[186] Andererseits ging es Aufhäuser darum, die ideologische Umstellung, den von ihm SOPADE-intern propagierten »radikalen Kurswechsel«, der »mit jeder nur möglichen Übertreibung« herausgestellt werden müsse, auch öffentlich zu bekunden.[187] Angesichts historischer Verfehlungen galt es in der gegen-

181 Ebd.
182 Ebd.
183 Ebd.
184 Sozialdemokratischer Parteitag 1927 in Kiel. Protokoll mit dem Bericht der Frauenkonferenz, S. 200.
185 Vorwärts, 47. Jg. Nr. 414 vom 4.9.1930, »Wollt ihr Diktatur?«. Textstelle im Original hervorgehoben. Vgl. zum Thema auch seine Ausführungen auf dem Berliner Bezirksparteitag im Herbst 1923: »Wie oft ist über Diktatur diskutiert worden. Jetzt ist die Diktatur nicht von uns, sondern von der anderen Seite verlangt worden. Wenn heute nur einige Männer in Deutschland die Zügel der Regierung in die Hand bekommen sollen, dann müßten wir die Konsequenz daraus ziehen, unsere Diktatur einzuführen« (40. Jg. Nr. 470 vom 8.10.1923, »Berliner Bezirksparteitag«).
186 Neuer Vorwärts, 1. Jg. Nr. 15 vom 24.9.1933, »Pariser Nachklänge. Warum Erziehungsdiktatur«.
187 AdsD Bonn, Bestand Sopade, Aufhäuser an Crummenerl, 6.6.1933. Im Original hervorgehoben.

wärtigen Situation, den »Willen[] zur Macht« zu artikulieren und zu verdeutlichen, dass die Sozialdemokratie bereit sei, »das Ringen um ökonomische Macht aufzunehmen«.[188]

1.3 Prager Zerwürfnisse: Der Bruch mit dem Parteivorstand

Mitte August 1933 hatte Siegfried Aufhäuser gegenüber Siegmund Crummenerl angekündigt, nach der SAI-Konferenz für einige Zeit abzutauchen. Es lässt sich im Nachhinein nicht eindeutig klären, wo er sich in den folgenden Wochen aufhielt. In einem Lebenslauf führte er rückblickend aus, über die Schweiz nach Prag geflüchtet zu sein.[189] Ein Verbleib in der Tschechoslowakei lässt sich aber erst ab Oktober 1933 nachweisen. An anderer Stelle wird ein Aufenthalt im schweizerischen Tesserete, einer Gemeinde im italienischsprachigen Kanton Tessin, erwähnt.[190] Von solchen Plänen berichtete Anna Aufhäuser auch in einem Kondolenzschreiben an Irma Fechenbach, deren Mann Felix zuvor im KZ Dachau ermordet worden war:

> Wir sind sehr niedergedrückt, es fehlt der Elan & die Kümmernisse überfluten uns von allen Seiten. Wir wollen versuchen, uns emporzuraffen, brechen gegen Ende des M[ona]ts[] unsere Zelte zunächst hier ab & gehen für kurze Zeit zu Dr. Mensch nach Tesserete.[191]

Unzufrieden mit dem Pariser »Provisorium« erhoffte sich Siegfried Aufhäuser, wie er den Prager Vorstand Ende Juli wissen ließ, von einem Ortswechsel »wieder eine bestimmte Aufgabe«.[192] Ein produktives Betätigungsfeld und die Möglichkeit, sich auf einen längeren Aufenthalt einzurichten, schien allein Prag zu bieten. Ab Oktober ist ein Aufenthalt Aufhäusers hier belegt, Teile der Berliner Wohnungseinrichtung wurden im November 1933 von Berlin dorthin gesandt.[193]

188 Neuer Vorwärts, 1. Jg. Nr. 15 vom 24.9.1933, »Pariser Nachklänge. Warum Erziehungsdiktatur«.
189 LABO Berlin, Entschädigungsbehörde, Reg. 7218 (Aufhäuser, Siegfried), Lebenslauf Siegfried Aufhäuser, undatiert.
190 Interview mit Siegfried Aufhäuser im Deutschen Rundfunk, 1. Mai 1967, in: Nikolai (Hg.): Zum 100. Geburtstag, S. 17.
191 AdsD Bonn, Bestand Felix Fechenbach, Anna und Siegfried Aufhäuser an Irma Fechenbach, 16.8.1933. Die Textstelle ist nur schwer zu entziffern. Bei Dr. Mensch handelt es sich womöglich um den Inhaber der Kurklinik Capriasca in Tesserete (vgl. auch: Vorwärts, 47. Jg. Nr. 47 vom 5.7.1930, »Das Ferien- und Kurhotel Tesserete«).
192 AdsD Bonn, Bestand Sopade, Aufhäuser an Genossen, 31.7.1933.
193 Bundesarchiv Berlin, R 58/3329, Ad. III B 2, 12.3.1934.

Die Arbeitsweise der SOPADE in der Diskussion

In Prag hatte sich inzwischen das geschäftsführende Leitungsbüro des exilierten SPD-Vorstands eingerichtet. Der hauptamtlich tätigen Bürogemeinschaft gehörten die Vorstandsmitglieder Otto Wels, Hans Vogel, Siegmund Crummenerl, Erich Ollenhauer, Paul Hertz und Friedrich Stampfer an, Erich Rinner wurde nach seiner Emigration im Oktober 1933 ebenfalls hinzugezogen und besoldet.[194] Darüber hinaus waren mehrere Personen – unter ihnen Curt Geyer und Fritz Heine – für Presse- und Organisationsarbeit fest angestellt worden.[195] Von diesem Büro ausgehend entfalteten sich seit Anfang Juni vielfältige Aktivitäten, um die Verbindungen zu den in- und ausländischen Genoss:innen auszubauen und die Bevölkerungen, Parteien und Regierungen der Nachbarländer über die Situation in Deutschland zu informieren: Ein Netz sogenannter »Grenzsekretariate« wurde etabliert und der Versuch unternommen, innerhalb Deutschlands eine illegale »Reichsleitung« zu installieren.[196] Die einzelnen Sekretariate dienten als Knotenpunkte, durch die Informationen aus dem Deutschen Reich heraus- und hineingeschmuggelt werden sollten. Um die Pressearbeit auch vom Ausland aus fortzusetzen, gründete die SOPADE im nahegelegenen Karlsbad den *Graphia*-Verlag.[197] Hier wurden der *Neue Vorwärts*, in einer Inlands- und einer Auslandsausgabe, die von Rudolf Hilferding redigierte Zeitschrift für Sozialismus sowie zahlreiche Flugblätter, Tarnschriften und Broschüren hergestellt.[198]

Ungeachtet dessen sah sich der Prager Vorstand mit Kritik aus unterschiedlichen Richtungen konfrontiert. Der Versuch, verlorenes Vertrauen zurückzugewinnen, erwies sich als kaum zu bewältigende Herausforderung. Die Beziehung zur SAI war davon nur partiell betroffen: Zwar hatte sich das Verhältnis mit dem Austritt von Otto Wels aus dem SAI-Büro Ende März 1933 zunächst deutlich verschlechtert, der Kontakt zum Generalsekretär Friedrich Adler war jedoch nie abgerissen. Ende Juli hatte Wels in einem persönlichen Schreiben an Adler in Vorbereitung auf die Pariser Konferenz darum gebeten, dass dieser im Namen der SAI auf die zahlenmäßige Reduktion der deutschen Delegation hinwirke.[199] Einem solchen Ansinnen, das darauf abzielte, etwaige Vertretungsansprüche anderer sozialdemokratischer Gruppen – namentlich der Pariser Ortsgruppe – zu unterminieren, kam Adler nicht nach. Als Hilfestellung bereitete er

194 Buchholz/Rother, Einleitung 1995, S. XXIff.

195 Vgl. dazu ausführlich: ebd., S. XXXff. Die beiden Genannten nahmen regelmäßig an den Vorstandssitzungen – jedoch ohne Stimmrecht – teil (ebd., S. XXV).

196 Ebd., S. XXXI.

197 Ebd., S. XXXVII. Dieser war angeschlossen an die *Graphia*-Druckerei des örtlichen Kreisverbands der dortigen sozialistischen Partei.

198 Bereits ab dem 29. Oktober 1933 wurde die für den illegalen Vertrieb innerhalb Deutschlands vorgesehene Ausgabe des *Neuen Vorwärts* durch die von Paul Hertz herausgegebene *Sozialistische Aktion* ersetzt (ebd., S. XXXVII). Die erste Ausgabe der theoretischen Zeitschrift Hilferdings war unter dem Titel *Sozialistische Revolution* erschienen (ebd., Fußnote 161).

199 IISH Amsterdam, Labour and Socialist International Archives, Unterbestand 3449, Wels an Adler, undatiert.

stattdessen den Entwurf eines Schreibens im Namen der SOPADE vor. Damit sollte diese offiziell um die Reduktion der jährlichen SAI-Beiträge und der sonst üblichen Kongressstimmen ersuchen.[200] Dieser Briefentwurf von Adler verdient besondere Beachtung, da sich in ihm Argumentationsmuster wiederfinden, die der SOPADE in den kommenden Jahren als Legitimationsgrundlage für ihr Vorgehen dienten:

> Die große Niederlage, die die deutsche Arbeiterklasse erlitten hat, hat selbstverständlich eine Unmenge von Kritikern auf den Plan gerufen [...] aber wir sind fest überzeugt, daß wir die moralische Pflicht haben auf unseren Posten auszuharren bis die Voraussetzungen gegeben sind, daß ein Parteitag die Leitung der Partei neu bestellt. Bis dahin betrachten wir es als unsere Pflicht als *Treuhänder* der deutschen Arbeiterklasse weiter in der Funktion zu arbeiten, zu der uns unter ganz anderen Bedingungen das Vertrauen der deutschen Sozialdemokratie berufen hat.[201]

Dieser Anspruch der Treuhänderschaft, der hier vermutlich erstmals dezidiert ausformuliert wurde, rief in der Folgezeit heftige Kritik hervor. Insbesondere da der Exilvorstand diesen Terminus in den kommenden Jahren nutzte, um seinen selbst erhobenen, »zum Dienst am Widerstand relativierten Führungsanspruch voll durchzusetzen«, und damit zeitgleich »seine eigene Unabsetzbarkeit ableite[te]«.[202]

Die Kritik, mit der sich der Prager Vorstand im Frühjahr und Sommer 1933 auseinandersetzen musste, kam also nicht primär aus der SAI-Zentrale. Vielmehr waren es häufig SPD-Mitglieder, die sich nun vermehrt in alternativen Zusammenhängen und Zirkeln organisierten und mit gesteigertem Selbstbewusstsein an die Parteiführung herantraten. Sie forderten eine radikale Abkehr von der Legalitätspolitik und drängten auf eine offene Form der aktiven Mitbestimmung. Eine prominente Position fiel hierbei einer Gruppe zu, die sich um die Jahreswende 1929/30 zunächst konstituiert hatte, um eine parteiübergreifende Kaderorganisation innerhalb von SPD und KPD zu etablieren.[203] Diese namenlose beziehungsweise als ORG für »Organisation« oder LO für »Leninistische Organisation« firmierende Gruppierung war um Walter und Ernst

200 Vgl. ebd., Adler an Wels, 28.7.1933.

201 Ebd., Entwurf, undatiert. Hervorhebung im Original. Zahlreiche Korrekturen und Streichungen vorhanden.

202 Vgl. Günter Plum, Volksfront, Konzentration und Mandatsfrage. Ein Beitrag zur Geschichte der SPD im Exil 1933-1939, in: VfZ 18 (4/1970), S. 410-442, hier S. 423. Plum konnte für den »wichtige[n] Begriff ›Treuhänderschaft‹« keinen eindeutigen Entstehungszusammenhang ausfindig machen und bezog sich letztlich auf ein kritisches Manuskript von Februar 1934, in dem die Terminologie Verwendung fand (ebd., S. 422, Fußnoten 49 und 50).

203 Foitzik, Zwischen den Fronten 1986, S. 26ff. In der Forschungsliteratur kursieren verschiedene Gründungsdaten. Michael Schneider rekurrierte gar auf das Jahr 1931 (vgl. ders., Unterm Hakenkreuz 1999, S. 826). Vgl. zum problematischen Terminus »Gruppe« in diesem Zusammenhang: Tobias Kühne, Das Netzwerk »Neu Beginnen« und die Berliner SPD nach 1945, Berlin 2018, S. 59ff.

Loewenheim herum entstanden und hatte ein öffentliches In-Erscheinung-treten bis 1933 stets vermieden. Mit Bezug auf Wladimir Iljitsch Uljanows (Lenin) Hauptwerk »Was tun?« verfolgte sie den Plan, die Spaltung der Arbeiter:innenschaft durch die Gründung einer einheitlichen revolutionären Partei zu überwinden und mittelfristig eine sozialistische Revolution einzuleiten.[204] In den frühen 1930er Jahren konnte die ORG ihren Einfluss durch Ansprache und Rekrutierung von ausgewählten Parteimitgliedern sukzessive erweitern, ohne eine Massenbasis zu bilden.[205] Erfolgreich erwies sich diese Taktik besonders bei der Berliner SAJ. Auf den Einfluss der ORG – so wurde im Frühjahr 1933 deutlich – war es zurückzuführen, dass sich große Teile der SAJ-Mitglieder 1931 nicht der SAP angeschlossen hatten.[206]

Nach dem Reichstagsbrand gelang es der Gruppierung als klandestin arbeitendes Netzwerk zügig, ihre Aktivitäten innerhalb Deutschlands auf die illegale Arbeit umzustellen.[207] Außerdem trat die ORG im Exil nun auch öffentlich in Erscheinung und forderte eine Anerkennung durch die SAI.[208] Ein direkter Kontakt zur SOPADE, die die Gruppierung in der Folgezeit finanziell unterstützte, wurde Anfang Juni über den SAI-Generalsekretär Adler hergestellt.[209] Seinem Anraten ist es geschuldet, dass die maßgeblich von Walter Loewenheim unter dem Pseudonym *Miles* verfasste Programmschrift *Neu Beginnen* durch die SOPADE als Heft 2 einer *Sozialdemokratischen Schriftenreihe* im *Graphia*-Verlag herausgegeben wurde.[210] Diese Veröffentlichung, die sich kritisch mit der »Verbürgerlichung« der Sozialdemokratie auseinandersetzte und eine Erneuerung der Partei forderte, war für die künftige Benennung der Gruppe ausschlaggebend. Trotz aller Skepsis gegenüber der inhaltlichen Ausrichtung wollte die SOPADE mit der Veröffentlichung der Schrift ihre Bereitschaft bekunden, »der Dis-

204 Vgl. Kurt Kliem, Der sozialistische Widerstand gegen das Dritte Reich dargestellt an der Gruppe »Neu Beginnen« (Teil I), Marburg 1957, S. 13.

205 Vgl. ebd., S. 13 ff. Vgl. dazu auch: Schneider, Unterm Hakenkreuz 1999, S. 827 ff.

206 Die Gruppierung vertrat den Standpunkt, dass die Einigung der Arbeiter:innenschaft nur aus den beiden Massenparteien heraus möglich sei (Winkler, Katastrophe 1987, S. 912 f.). Vgl. zu den Differenzen innerhalb der Berliner SAJ: IISH Amsterdam, Labour and Socialist International Archives, Unterbestand 3468, Beantwortung der Fragen de[r] Dreier-Kommission der SAI, undatiert [1934], S. 3 f.

207 Vgl. Winkler, Katastrophe 1987, S. 912 f. sowie Hartmut Soell, Fritz Erler – Eine politische Biographie. Band I, Berlin/Bonn 1976, S. 30.

208 Fritz Erler, zu diesem Zeitpunkt Berliner SAJ- und SPD-Funktionär, wurde im Frühjahr 1933 als Kurier zur SAI-Zentrale nach Zürich entsandt, um auf deren Existenz hinzuweisen und eine Resolution zu überreichen, in der die politische und theoretische Position der ORG dargelegt sowie deren Anerkennung durch die SAI gefordert wurden (ebd., S. 30 f.). Begleitet wurde er von Erich Schmidt (Foitzik, Zwischen den Fronten 1986, S. 131).

209 Ebd. Nach Aussage von Fritz Heine soll ein Austausch erste Mitte August 1933 stattgefunden haben (vgl. Protokoll der Parteivorstandssitzung am 5. September 1933, in: Buchholz/Rother [Hg.]: Parteivorstand 1995, S. 18-20, hier S. 18, Fußnote 3).

210 Buchholz/Rother, Einleitung 1995, S. XV. Vgl. Miles, Neu beginnen! Faschismus oder Sozialismus. Als Diskussionsgrundlage der Sozialisten Deutschlands, Karlsbad 1933.

kussion über die zukünftige politische Haltung der Partei den weitesten Spielraum und die größte Förderung angedeihen« zu lassen.[211] Eine Zusammenarbeit erschien auch deshalb angebracht, da *Neu Beginnen*, wie die Gruppe nun zumeist genannt wurde, über hervorragende Kontakte zu illegal arbeitenden Genoss:innen in Deutschland verfügte.[212] Ohnehin brachten zunächst auch einzelne SOPADE-Mitglieder der Gruppierung Sympathien entgegen.[213]

Unterdessen rumorte es auch innerhalb der SPD-Führung. Nach der Etablierung des geschäftsführenden Leitungsbüros in der Tschechoslowakei und dem Konflikt mit dem »konkurrierenden« Berliner Vorstand stellte sich die Frage, inwieweit die übrigen kürzlich gewählten Vorstandsmitglieder in die Arbeit der Prager Bürogemeinschaft eingebunden werden konnten beziehungsweise sollten.[214] Dreizehn Angehörige des zwanzigköpfigen Parteivorstands waren aus Deutschland geflohen. Neun von ihnen hatten am 21. Mai 1933 für die Verlegung nach Prag gestimmt, ohne die künftigen Modalitäten der Beteiligung und der Entscheidungsfindung zu klären.[215] Dieser Umstand führte in den kommenden Jahren wiederholt zu Konflikten. Im weiteren Verlauf der Ereignisse wurde die Erreichbarkeit der Mitglieder mehrmals als notwendiges Kriterium der Mitbestimmung angeführt, ohne dass dies einheitliche Anwendung fand.[216] Während Rinner nach seiner Übersiedlung nach Prag im Oktober 1933 als besoldetes Mitglied in die Büroarbeit integriert wurde, erhielten Aufhäuser, Böchel und Stahl lediglich Ge-

211 Protokoll der Parteivorstandssitzung am 5. September 1933, in: Buchholz/Rother (Hg.): Parteivorstand 1995, S. 18-20, hier S. 18.

212 Vgl. dazu die regelmäßige ausführliche Berichterstattung über die innerdeutschen Verhältnisse: Bernd Stöver (Hg.): Berichte über die Lage in Deutschland. Die Lagemeldungen der Gruppe Neu Beginnen aus dem Dritten Reich 1933-1936, Bonn 1996. Diese ließen sich hinsichtlich Auflagenstärke und Authentizität durchaus mit den *Deutschland-Berichten* der SOPADE (den sogenannten »Grünen Berichten«) vergleichen, die ab 1934 regelmäßig von Erich Rinner im Auftrag des Parteivorstands herausgegeben wurden (vgl. Stöver, Einleitung, in: ebd., S. I-LXVI, hier S. XLVI und S. LIII-LVII sowie Plum, Werner [Hg.]: Die »Grünen Berichte« der SOPADE. Gedenkschrift für Erich Rinner [1902-1982], Bonn 1984).

213 Vgl. Buchholz/Rother, Einleitung 1995, S. XV.

214 Vgl. ebd., S. XXIf.

215 Ein detailliertes Protokoll der Sitzung ist nicht erhalten, insofern wird in der Forschungsliteratur immer wieder auf das Rundschreiben beziehungsweise Memorandum des Prager Parteivorstands an die Gruppenvertrauensleute im Reich vom 3. Juni 1933 verwiesen, in dem die Argumentation darauf abzielte, »alle jeweils erreichbaren Vorstandsmitglieder« möglichst hinzuzuziehen (vgl. ebd., S. XXII).

216 Wilhelm Sollmann, der sich längere Zeit im Saarland und in Luxemburg aufhielt und von dort 1937 in die USA emigrierte, wurde ebenso wenig an der Entscheidungsfindung beteiligt wie Georg Dietrich, der in die Schweiz geflüchtet war. Gleiches gilt für Marie Juchacz, die sich nach 1933 zunächst im Saargebiet, später im Elsass und in Südfrankreich aufhielt. Alle drei blieben den Vorstandssitzungen dauerhaft fern (vgl. ebd., S. XXII). Auch als nach der Übersiedlung des Parteivorstands von Prag nach Paris im Jahr 1938 die geografische Entfernung – zunächst Legitimationsgrundlage für Dietrichs und Juchacz Nichtberücksichtigung – überwunden war, blieb ihnen eine gleichberechtigte Mitarbeit versagt (vgl. etwa: AdsD Bonn, Bestand Sopade, Marie Juchacz an Sopade, 25. 8. 1938).

legenheit, an den unregelmäßig abgehaltenen Vorstandssitzungen teilzunehmen. Als sich Aufhäuser am 18. Oktober erstmals an einer solchen Zusammenkunft in Prag beteiligte, beanstandete Böchel dort die mangelnde Einbindung in wichtige Entscheidungsprozesse und drängte darauf, künftig »regelmäßige Sitzungen des Parteivorstandes abzuhalten«.[217] Ende November hatte sich daran aber nur wenig verändert. Nun sah sich Aufhäuser veranlasst, die Kritik schriftlich zu formulieren: Die Arbeitsweise des Parteivorstands mache es »den nicht hauptamtlichen Vorstandsmitgliedern unmöglich [...], auch nur ein Mindestmaß von Mitverantwortung« zu tragen.[218] Sie blieben »ohne *jede* Information und ohne Befragung in vielen Entscheidungen über die zu treffenden Maßnahmen«.[219] Insofern stellte er die Funktion der unbesoldeten Beisitzer überhaupt zur Disposition. Ihm jedenfalls fehle, so Siegfried Aufhäuser, »die Begabung, [...] die Rolle eines *Statisten* oder eines *dekorativen* Mitglieds zu spielen«.[220] Auch Karl Böchel äußerte sich in diesem Sinne. Ein gemeinsamer Antrag mündete schließlich in dem Beschluss, Sitzungen künftig turnusmäßig in 14-tägigem Rhythmus stattfinden zu lassen.[221]

Offenbar war Siegfried Aufhäuser in Reaktion auf seinen Brief zunächst eine besoldete Stelle angeboten worden. Darauf lässt zumindest ein von ihm verfasstes Schreiben an Otto Wels schließen, in dem er sich für die »kameradschaftliche Hilfsbereitschaft« und ein nicht näher präzisiertes Angebot bedankte.[222] Zugleich bekräftigte er, dass sein »Schreiben nur vom Standort [seines] politischen Partei-Vorstandsamtes« und in »keiner Weise aus persönlichen Gründen geschrieben« sei, er bei seiner »sonstigen Tätigkeit auch keine hauptamtliche Teilarbeit im PV übernehmen [könne], die eine Honorierung rechtfertigen würde«.[223] Mit Blick auf die sich in den kommenden Monaten weiter entfaltende Konfrontationsstellung mag diese Offerte als Versuch zu werten sein, die beiden lautesten internen Kritiker des Vorstands zu spalten.[224]

217 Protokoll der Parteivorstandssitzung am 18. Oktober 1933, in: Buchholz/Rother (Hg.): Parteivorstand 1995, S. 20-24, hier S. 24.

218 AdsD Bonn, Bestand Sopade, Aufhäuser an Parteivorstand, 25.11.1933.

219 Ebd. Hervorhebung im Original. Als Beispiele hierfür führte er die Presse-, Personal- und Informationspolitik sowie die Entsendung von Delegationen an.

220 Ebd. Hervorhebungen im Original.

221 Vgl. IISH Amsterdam, Labour and Socialist International Archives, Unterbestand 3470, Denkschrift der Parteivorstandsminderheit über die dauernde Verletzung der Parteidemokratie durch das Büro der Sopade in Prag, 1935, S. 12.

222 AdsD Bonn, Bestand Sopade, Aufhäuser an Wels, 2.12.1933.

223 Ebd.

224 Eine derartige Vermutung wird auch durch einen detaillierten Spitzel-Bericht des *Geheimen Staatspolizeiamts* (Gestapa) genährt, in dem zu lesen war, Aufhäuser habe »eine gut-bezahlte Stellung im Zentral-Partei-Büro« abgelehnt (IfZ München, Bestand Geheimes Staatspolizeiamt [Gestapa], MA 702, Bericht vom 08. April 1935 über die Auseinandersetzung innerhalb der SOPADE). Allerdings bezog sich der Bericht hier auf einen Konflikt, der erst einige Wochen später ausgetragen wurde.

Das »Prager Manifest«

Mit der Verstetigung des Exils vollzog sich nicht nur eine weitgehende Separierung des Vorstands von der Parteibasis. In Ermangelung organisierter politisch-partizipativer Ausdrucksmöglichkeiten wandelte sich der Prozess der Konfliktaushandlung innerhalb der Sozialdemokratie merklich.[225] Individuellen Auseinandersetzungen im Vorstand kam nun auch eine politische Stellvertreterfunktion zu. Essenziell war die Frage nach der künftigen inhaltlichen Ausrichtung von SOPADE und Sozialdemokratie: Siegfried Aufhäuser hatte von Paris aus wiederholt eine deutliche Abgrenzung vom Legalitätskurs und von der reformistischen Politik der Weimarer Sozialdemokratie eingefordert. Unter dem Eindruck des Konflikts zwischen Berliner und Prager Parteiführung hatte er Paul Hertz gegenüber etwa das »Ausbleiben eines Manifestes und de[n] Verzicht auf eine scharf kritische Stellungnahme gegen die Legalitätsillusion der Berliner S.P.D.[-]Führung« beanstandet und einen »sichtbaren Bruch« mit dieser eingefordert.[226] Ende November äußerte er in dem zuvor zitierten Brief vom 25. November 1933 abermals die Bitte, »daß der PV einmal seine politische Haltung zur Gesamtlage erörter[e] und die Perspektive der weiteren Bewegung bespricht«.[227]

Zu jenem Zeitpunkt hatte – ohne die Beteiligung Aufhäusers – die Arbeit an einer »programmatischen Erklärung« längst begonnen.[228] Ein im November und Dezember erarbeiteter Textentwurf von Stampfer, Geyer und Rinner stieß innerhalb des Prager Büros jedoch auf wenig Zuspruch.[229] Die Diskussion konzentrierte sich in der Folgezeit auf einen Alternativentwurf Hilferdings, den dieser am 10. Januar 1934 verschickte.[230] Nachdem am 20. Januar 1934 in einer Parteivorstandssitzung die endgültige Textfassung beschlossen worden war, erschien die programmatische Erklärung acht Tage später unter dem Titel »Kampf und Ziel des revolutionären Sozialismus. Die Politik der Sozialdemo-

225 Vgl. zu den eingeschränkten Handlungsmöglichkeiten im Exil: Schneider, Unterm Hakenkreuz 1999, S. 12 f.

226 IISH Amsterdam, Paul Hertz Papers, 17-2-1, Aufhäuser an Hertz, 19.6.1933. Im Original hervorgehoben.

227 Vgl. AdsD Bonn, Bestand Sopade, Aufhäuser an Parteivorstand, 25.11.1933.

228 Schneider datierte den Beginn des Projekts auf Ende Oktober 1933 (vgl. ders., Unterm Hakenkreuz 1999, S. 890).

229 Vgl. Programmentwurf von Stampfer, Geyer und Rinner, November/Dezember 1933, in: Matthias (Hg.): Gesicht nach Deutschland 1968, S. 197-212. Es existieren mehrere Zwischenfassungen im Nachlass Stampfer. Ein Entwurf war abschließend vom sozialdemokratischen Schriftsteller Georg Decker überarbeitet worden (ebd., S. 197, Fußnote 1).

230 Hilferding (Zürich) an Geyer (Prag), 10. Januar 1934, in: ebd., S. 212-215. Ausdrücklich bat Hilferding darum, dass der Entwurf auch Böchel und Aufhäuser »zur Kenntnis gebracht [werde]«, weshalb unklar bleibt, ob Aufhäuser und Böchel der vorangegangene Entwurf von Stampfer, Geyer und Rinner vorgelegt worden war (vgl. ebd., S. 215, insbesondere Fußnote 12). Vgl. zum Überarbeitungsprozess die Ausführungen von Wels im Protokoll der Parteivorstandssitzung am 20. Januar 1934, in: Buchholz/Rother (Hg.): Parteivorstand 1995, S. 31-33, hier S. 31 f. Smaldone wiederum erwähnte auch Entwürfe von Aufhäuser, Böchel und Crummenerl und bezog sich dabei auf einen Brief aus dem Hertz-Nachlass im AdsD vom 11. Januar 1934 (ders., Hilferding 2000, S. 237, Fußnote 35).

kratischen Partei Deutschlands« im *Neuen Vorwärts*.[231] Verbreitung fand der Text, der bald als »Prager Manifest« bekannt wurde, in den kommenden Wochen auch durch die für den Deutschlandversand publizierte Zeitschrift *Sozialistische Aktion* und mittels verschiedener Sonderdrucke und Tarnschriften.[232] Inhaltlich vollzog der Parteivorstand mit der Erklärung eine programmatische Neuorientierung, die eine Abkehr vom Legalitätskurs der vergangenen Jahre demonstrierte. Propagiert wurde der revolutionäre Kampf gegen den Nationalsozialismus mit dem Ziel, die Staatsmacht zu erobern und Gesellschaft und Wirtschaft sozialistisch umzugestalten. Fraglich blieb jedoch, welche konkreten Lehren aus der Vergangenheit – auch mit Blick auf die Politik der Weimarer Sozialdemokratie – zu ziehen waren.[233] Ebenso wenig konnte der strategische Impetus des »Prager Manifests« negiert werden, dessen revolutionäre Rhetorik in den Verdacht geriet, der »Kanalisierung oppositioneller Kritik« zu dienen, »die revolutionäre Strömung aufzufangen und zu verhindern, daß die aktivistischen Teile der Sozialdemokratie einen eigenen organisatorischen Kern bildeten oder sich den zahlreichen Splitterparteien und Zwischengruppen angliederten«.[234] Zwar wurden die zaghaft formulierten Passagen, die sich selbstkritisch mit der SPD-Politik auseinandersetzten und eine Zusammenarbeit mit Kommunist:innen in Aussicht stellten, weitgehend positiv aufgenommen, es mangelte jedoch an konkreten Handlungsanweisungen für die gegenwärtige Situation.[235] Vielerorts stieß der implizit formulierte Führungsanspruch der SOPADE auf Unverständnis.[236]

Uta Petersen hat darauf hingewiesen, dass es dem Parteivorstand nicht primär darum habe gehen können, mit dem Text »einen breiten Konsens innerhalb der sozial-demokratischen Emigration her[zu]stellen«, wenn schon bei der Entstehung des Manifests gegen »seinen eigenen Anspruch an eine innerparteiliche Demokratie verstoßen« wurde.[237] Siegfried Aufhäuser und Karl Böchel, die in ihren Rollen als unbesoldete Beisitzer und »Vertreter der Parteilinken« in dieser Zeitphase sichtlich zusammenrückten, waren an den Beratungen über das Manuskript zunächst nicht beteiligt. In der abschließenden Aussprache am 20. Januar verweigerten sie dem Text die Zustimmung. Während Böchel sich mit einem Manifest als Diskussionsgrundlage grundsätzlich einverstanden erklärte, aber »die Frage der Führung« ebenso wie die »Analyse der Ver-

231 Neuer Vorwärts, 2. Jg. Nr. 33 vom 28.1.1934, »Kampf und Ziel des revolutionären Sozialismus. Die Politik der Sozialdemokratischen Partei Deutschlands«. Der Text ist auch bei Matthias (Hg.): Gesicht nach Deutschland 1968, S. 215-225 abgedruckt. Die Fußnote 1 (S. 215 f.) enthält ausführliche Informationen zu den verschiedenen Arbeitsständen und Entwürfen.

232 Vgl. Schneider, Unterm Hakenkreuz 1999, S. 893.

233 Vgl. zur kritischen Analyse des Texts: Uta Petersen, Das Prager Manifest der SPD von 1934, in: Ergebnisse. Zeitschrift für demokratische Geschichtswissenschaft 20 (1983), S. 10-130.

234 Vgl. ebd., S. 47 sowie Werner Link, Einleitung, in: Matthias (Hg.): Gesicht nach Deutschland 1968, S. 25-50, hier 30 f. Siehe zu den taktischen Überlegungen auch: Schneider, Unterm Hakenkreuz 1999, S. 894.

235 Ebd., S. 893 f.

236 Vgl. dazu auch: ebd., S. 894.

237 Petersen, Manifest 1983, S. 70.

gangenheit« darin offen behandelt sehen wollte, war Aufhäusers Kritik von grundsätzlicher Natur:

> Er hält Ton und Inhalt des Manifests für verfehlt. Die Genossen wünschen eine Diskussionsbasis, kein Manifest und kein Dokument, in dem erneut ein Führungsanspruch des bisherigen PV angemeldet wird. [...] Es ist verfehlt, an der alten Form der SPD festzuhalten, die Diskussion muß vielmehr möglichst wenig parteigebunden geführt werden. Der PV in Prag kann lediglich eine Willenszentrale für die Diskussion bilden.[238]

Ferner vermisste er eine »politische und wirtschaftliche Analyse der gegenwärtigen Situation« und eine konkrete Handlungsanweisung, »was im Übergangsstadium zu geschehen ha[be]«.[239]

Konkretisieren durfte Aufhäuser seine Kritik im *Neuen Vorwärts*, wo sein Beitrag neben einem Text von Heinrich Mann, der das Manifest befürwortete, erschien. Dezidiert sprach er sich darin gegen den Führungsanspruch und die mangelnde Selbstkritik der SOPADE aus, forderte eine historische Analyse der reformistischen SPD-Politik und der Krise des Kapitalismus ein und bemängelte die ausbleibende Ursachenforschung für den Aufstieg des deutschen Faschismus.[240] Seiner Ansicht nach könne der SOPADE lediglich die Aufgabe zufallen, an einer notwendigen »programmatischen Neugestaltung und an der Gestaltung einer neuen Führung« mitzuhelfen.[241] Es müsse nach einer »Diskussionsgrundlage« in Form einer »Plattform« gesucht werden, in der neben der künftigen Staatsform vermutlich auch »der soziale Inhalt des revolutionären Staates« zur Geltung kommen werde.[242] Bei den nun anstehenden Diskussionen dürfe es »nicht um die Reorganisation einer Partei, sondern um das Werden einer einheitlichen neuen Arbeiterbewegung« gehen.[243]

238 Protokoll der Parteivorstandssitzung am 20. Januar 1934, in: Buchholz/Rother (Hg.): Parteivorstand 1995, S. 31-33, hier S. 32 f.

239 Ebd., S. 32.

240 Neuer Vorwärts, 2. Jg. Nr. 36 vom 18. 2. 1934, »Aufhäuser und H. Mann zur Programmdebatte. Bemerkungen zum Aufruf des Parteivorstandes«. Der Artikel erschien in den folgenden Tagen auch in anderen sozialdemokratischen Blättern (vgl. Deutsche Freiheit, 2. Jg. Nr. 44 vom 22. 2. 1934, »Zur Programmdebatte in der Sozialdemokratie. Siegfried Aufhäuser und Heinrich Mann – Gegen und für den Parteiaufruf«).

241 Ebd. Im Original teilweise hervorgehoben.

242 Ebd. Er selbst ging in seinem Artikel näher auf die Verfassung im revolutionären Staat ein und sah sich mit Blick auf das Jahr 1918 veranlasst, »statt der formalen Parlamentsdemokratie die Konstruktion einer demokratischen Räteverfassung aufzuzeigen, deren Ausgangspunkt in den Betrieben liegen« müsse.

243 Ebd.

Grabenkämpfe und eine alternative »Plattform«

Siegfried Aufhäusers nachdrückliches Insistieren auf das Erscheinen einer »programmatischen Plattform«, die er auch auf der Vorstandsitzung am 20. Januar 1934 einforderte, war an Überlegungen gekoppelt, die sich in der Folgezeit konkretisierten: Offenbar fand in dieser Zeit ein reger Austausch zwischen verschiedenen Persönlichkeiten aus dem tschechoslowakischen Exil statt, die der gegenwärtigen SOPADE-Politik offen oder verdeckt entgegenstanden. Davon zeugen Aufzeichnungen aus dem Organisationsnachlass von *Neu Beginnen*, die in Form von chiffrierten Gedächtnisprotokollen getrennte Besprechungen von Aufhäuser und Böchel mit Karl Borromäus Frank (Decknamen: Paul Hagen sowie Wilhelm oder Willi/Willy Müller), dem Leiter des Auslandbüros von *Neu Beginnen* und weiteren Beteiligten dokumentieren.[244] Frank trat in einer Besprechung mit Aufhäuser und Vertrauten am 6. Februar für eine gegen den Parteivorstand gerichtete »Linkenkonferenz« ein, während Aufhäuser auf eine inhaltlich-publizistische Auseinandersetzung und einmal mehr auf die von ihm präferierte Herausgabe einer »Plattform« pochte.[245] Die Aufzeichnungen offenbaren ferner, dass sich Böchel zwei Tage später bei einem Treffen mit Frank vehement gegen Aufhäusers Vorhaben aussprach. Er plädierte demgegenüber für die Übernahme des Parteivorstands nach einer Idee von Crummenerl, der ebenfalls mit *Neu Beginnen* in Kontakt stand:

> Die Plattform der Seppleute [Aufhäuser und Vertraute] sei eine ganz hilflose und unqualifizierte Sache, damit komme man nicht weiter, man müsse Seppl [Aufhäuser] überzeugen, daß ein Weg mit Krieger [Crummenerl] nach der ›Hitlermethode‹ von innen heraus gewählt werden müsse.[246]

Siegfried Aufhäuser hatte sich zwei Tage zuvor deutlich moderater geäußert. Aber auch er berichtete von unterschiedlichen Bestrebungen innerhalb des Vorstandskreises, die bisher praktizierte, zurückhaltende »Platzhalterrolle« aufzugeben: Hilferding erhebe einen Führungsanspruch und Crummenerl versuche »aus aktivistischen Gründen

244 Vgl. IISH Amsterdam, Neu Beginnen Archives, Folder 5. Die einzelnen Personen, ihre Ausführungen und Handlungen wurden hier oftmals in ungewöhnlich abfälliger Weise kommentiert. Überdies finden keine Klarnamen Verwendung. Mithilfe verschiedener »Schlüssellisten« war es dennoch möglich, einen Großteil der verwendeten Decknamen und Pseudonyme zuzuordnen. Hilfreich erwies sich ein Auszug aus der Arbeitskartei PERS bei Foitzik, Zwischen den Fronten 1986, S. 336-340 sowie der Aktenbestand »Decknamen von Neu Beginnen« aus dem IISH Amsterdam, Paul Hertz Papers, E 150.

245 Ebd., Neu Beginnen Archives, Folder 5, »Besprechung mit der Seppl-Gruppe«, 6.02.[1934].

246 Ebd., »Unterredung mit Bandler, 8.02.[1934]. Auch in der Denkschrift der Parteivorstandsminderheit über die dauernde Verletzung der Parteidemokratie durch das Büro der Sopade in Prag von 1935 (ebd., Labour and Socialist International Archives, Unterbestand 3470, 1935, S. 4) wird erwähnt, dass Crummenerl Anfang 1934 in Unterredungen mit Böchel »die Beseitigung von Otto Wels und anderen Mitgliedern des PV« forderte.

[…] alle neuen Richtungen mit heranzuziehen«.[247] Siegmund Crummenerl selbst, mit dem Frank am 8. Februar 1934 ebenfalls sprach, überraschte mit der Aussage, dass die Mehrheit des Parteivorstands »weiter rücktrittsbereit« sei.[248] Er gab jedoch zu bedenken, dass eine »rein negativistische Ablehnung, wie sie von Seppl [Aufhäuser] oder von dem ›dogmatischen‹ und ›mechanischen‹ Marxisten Bandler [Böchel] gegeben werde«, ihm »die Reorganisation« nur erschwere.[249] Diese müsse »von innen her« erfolgen, wobei er »die schleunigste Heranziehung von Vertretern von N[eu]b[e]g[innen]« wünsche.[250]

Bei allen Zweifeln über die akkurate Wiedergabe der oben zitierten Gesprächsinhalte, erscheinen die hier skizzierten Aussagen unter Berücksichtigung der vor- und nachgelagerten Ereignisse in groben Zügen den inhaltlichen Positionen der Protagonisten entsprochen zu haben. Die Vehemenz, mit der drei Vorstandsmitglieder unabhängig voneinander die internen, allgegenwärtigen Intrigen und Ränkespiele gegenüber einem Außenstehenden schilderten, teils unumwunden die rigorose Absetzung des Parteivorstands forderten oder aktiv planten, mag verwundern. Deutlich wurden dabei einmal mehr die tiefgreifende Zerrissenheit der gesamten Institution des SPD-Vorstands und die gravierenden Meinungsverschiedenheiten über die Zukunft der sozialistischen Bewegung, die sich in den kommenden Monaten zuspitzten und schließlich zum Bruch der Vorstandsmehrheit mit Siegfried Aufhäuser und Karl Böchel einerseits, mit *Neu Beginnen* andererseits führten.

Ungeachtet aller Skepsis, die im Februar von Böchel an Aufhäusers »Plattform«-Idee artikuliert worden war, konkretisierten sich diese Planungen zunächst: Am 10. April beantragten sie gemeinsam die Publikation eines solchen Dokuments, das, wie sie erklärten, »in Gemeinschaft mit einem Kreis aktiver Genossen ausgearbeitet« worden war.[251] Dabei beriefen sie sich auf eine im »Prager Manifest« enthaltene Zusage, »die Arbeit revolutionärer Gruppen zu fördern«.[252] Obschon Aufhäuser und Böchel bei Beschlussfassung des »Prager Manifests« einen eigenen Text angekündigt hatten, zeigten sich die übrigen Vorstandsmitglieder von diesem Antrag brüskiert.[253] Auf der nun folgenden Vorstandssitzung warf Wels ihnen »Mangel an kameradschaftlichem Geist und kollegialem Empfinden« vor, auch weil sie den »Parteivorstand […] erst nachträg-

247 Ebd., Neu Beginnen Archives, Folder 5, »Besprechung mit der Seppl-Gruppe«, 6.02.[1934].

248 Ebd., »Unterredung mit Krieger«, 8.02.[1934].

249 Ebd.

250 Ebd.

251 AdsD Bonn, Bestand Sopade, Aufhäuser/Böchel an Genossen, 10.4.1934. Im Original teils hervorgehoben.

252 Ebd. sowie Neuer Vorwärts, 2. Jg. Nr. 33 vom 28.1.1934, »Kampf und Ziel des revolutionären Sozialismus. Die Politik der Sozialdemokratischen Partei Deutschlands«. Im Original teilweise hervorgehoben.

253 Die frühzeitige Ankündigung von Aufhäuser und Böchel wurde später in der Materialzusammenstellung der Sopade über organisatorische Sonderbestrebungen in der Partei bestätigt (vgl. IISH Amsterdam, Labour and Socialist International Archives, Unterbestand 3472, Zirkulare des Vorstandes der SPD betr. die Ausschließung von S. Aufhäuser und von K. Böchel, 1935, S. 2).

lich von dieser Plattform unterrichtet« hätten.[254] Da Aufhäuser und Böchel dabei als Vertreter einer eigenständigen Initiative agierten, wurde ihnen zudem unterstellt, »neue Gruppenbildungen noch zu fördern«.[255] Auch inhaltlich fand die Schrift, in der die reformistische Politik der Weimarer Zeit angeprangert und die im »Prager Manifest« enthaltenen Reflexionen vehement kritisiert wurden, keinen Zuspruch.[256] Besonders der vorgeschlagene Weg zum Neuaufbau einer »revolutionären, sozialistischen Einheitspartei« über die Schaffung einer Einheitsfront und die Bildung von »revolutionären Vollzugsausschüsse[n]« stieß auf Ablehnung.[257]

Die Auseinandersetzung wurde jedoch primär über die Frage, ob und in welchem Rahmen die Schrift abgedruckt werden könne, ausgetragen. Siegfried Aufhäuser und Karl Böchel forderten eine Veröffentlichung in der *Sozialdemokratischen Schriftenreihe*, konnten sich damit jedoch nicht durchsetzen. In einer seiner seltenen Kampfabstimmungen entschied sich der Parteivorstand letztlich mit knapper Mehrheit dafür, den Druck zumindest in der *Zeitschrift für Sozialismus* zu ermöglichen.[258] Zum Missfallen von Aufhäuser und Böchel wurde der Schrift, die mit einiger Verzögerung im Spätsommer 1934 erschien, ein kritischer Text von Curt Geyer beigestellt.[259] Als sie aber nach der Publikation die Herausgabe der Druckplatten forderten, um den Text auch im Selbstverlag zu veröffentlichen, votierten die übrigen Mitglieder mehrheitlich da-

254 Protokoll der Parteivorstandssitzung vom 20. April 1934, in: Buchholz/Rother (Hg.): Parteivorstand 1995, S. 46-50, hier S. 47. Tatsächlich war Crummenerl einige Tage zuvor über den Inhalt informiert und das Manuskript an einzelne, vertraute Personen verschickt worden (ebd., Fußnote 3 und 4).

255 Ebd., S. 47. Vgl. dazu auch: III. Kapitel 2.2.

256 Die gedruckte Schrift findet sich in: Zeitschrift für Sozialismus, 1. Jg. Nr. 12/13 vom September/Oktober 1934, »Der Weg zum sozialistischen Deutschland. Eine Plattform für die Einheitsfront. Zur Diskussion gestellt von einem Arbeitskreis revolutionärer Sozialisten«, S. 375-409.

257 Ebd., S. 406 ff. Entschieden trat Aufhäuser dem Vorwurf entgegen, der Text spreche von der Auflösung der Partei. Es sei »vielmehr der erste Versuch einer Darstellung, wie man sich ein Rätesystem mit demokratischen Zielsetzungen denken« könne (Protokoll der Parteivorstandssitzung vom 22. Juni 1934, in: Buchholz/Rother [Hg.]: Parteivorstand 1995, S. 52-60, hier S. 58). Dessen ungeachtet wurde die Schrift nach seinem Ausscheiden aus dem Parteivorstand in erster Linie dahingehend kritisiert, dass sie »an die Stelle der Sozialdemokratie [...] eine neue Partei setzen« wolle (vgl. IISH Amsterdam, Labour and Socialist International Archives, Unterbestand 3472, Zirkulare des Vorstandes der SPD betr. die Ausschließung von S. Aufhäuser und von K. Böchel, 1935, S. 2).

258 Vgl. Protokolle der Parteivorstandssitzungen vom 20. April und 22. Juni 1934, in: Buchholz/Rother (Hg.): Parteivorstand 1995, S. 46-50 und S. 52-60, insbesondere S. 48 f. und S. 59 f.

259 Zeitschrift für Sozialismus, 1. Jg. Nr. 12/13 vom September/Oktober 1934, »Der Weg zur Verwirrung. Arbeitereinigung durch Unklarheit?«, S. 409-422. Der Artikel erschien unter dem Pseudonym Max Klinger. Ferner wurde in der Ausgabe ein Text von Paul Hertz abgedruckt. Zuvor hatte sich Aufhäuser in Briefen an Hilferding und den Vorstand nachdrücklich für eine Veröffentlichung in der August-Ausgabe eingesetzt, die unter anderem wegen einer verzögerten Weitergabe des Manuskripts zur Disposition stand (AdsD Bonn, Bestand Sopade, Aufhäuser an Genossen und Aufhäuser an Hilferding, jeweils 8.7.1934).

gegen.[260] In der Folge wurde der Drucksatz zerstört und nach Aussagen von Aufhäuser und Böchel mussten sie diesen, »in derselben Druckerei wieder neu herstellen« lassen.[261]

Unfreiwilliger Abschied

Im Zuge der Diskussion um die Veröffentlichung verschlechterte sich das Verhältnis zwischen den Verfassern der Plattform und den übrigen PV-Mitgliedern weiter. Am 8. Juli 1934 sah sich Siegfried Aufhäuser veranlasst, erneut gegen die »geradezu verletzende Ausschaltung der nichtbesoldeten Vorstandsmitglieder« zu protestieren.[262] Anlass hierzu war ein Aufruf, den der Parteivorstand ohne sein Zutun in Reaktion auf den sogenannten »Röhm-Putsch« publiziert hatte. Ein für den *Neuen Vorwärts* konzipierter Artikel Aufhäusers über die Frage der Einheitsfront blieb wegen eines vermeintlich enthaltenen Kooperationsangebots an die KPD ebenfalls unberücksichtigt.[263] Dagegen bezog er am 22. August abermals Stellung, indem er die Praxis beanstandete, »das Zentralorgan der Partei nur als das politische Sprachrohr für die besoldeten Mitglieder des Büros des PV« zu gebrauchen.[264]

Kurz zuvor war Aufhäuser davon unterrichtet worden, dass die SOPADE-Mitglieder »durch einen Zufall in den Besitz eines Briefes« von Karl Böchel gelangt waren, in dem sich dieser in abfälliger Weise über den Vorstand äußerte.[265] Seinem Korrespondenzpartner Kurt Glaser, der sich nach wie vor in Paris aufhielt, berichtete er in dem privat gehaltenen Schreiben Folgendes:

> Ich habe mit Aufhäuser zusammen die Prager Leute, die sich in den ersten Monaten gegen jede pol. Zielsetzung sträubten, und die uns sogar ein Mitbestimmungsrecht streitig machten, unter Dauerfeuer genommen. […]
> Aber ehe diese Wirkung eintreten konnte, habe ich die Einigung mit einigen Menschen von der Gruppe ›Neu beginnnen‹ (miles) in die Hand genommen. Das ist so groß und zukunftsverheißend, daß ich darüber nur mündlich mit Euch sprechen kann.[266]

260 Vgl. hierzu: ebd., Aufhäuser an Wels, 11.10.1934, Wels an Aufhäuser, 12.10.1934 und Aufhäuser an Wels, 15.10.1934. Vgl. dazu auch: Protokoll der Parteivorstandssitzung am 19. Oktober 1934, in: Buchholz/Rother (Hg.): Parteivorstand 1995, S. 65-74, hier S. 73 f.

261 IISH Amsterdam, Labour and Socialist International Archives, Unterbestand 3470, Denkschrift der Parteivorstandsminderheit über die dauernde Verletzung der Parteidemokratie durch das Büro der Sopade in Prag, 1935, S. 12. Im Original hervorgehoben.

262 AdsD Bonn, Bestand Sopade, Aufhäuser an Genossen, 8.7.1934.

263 Ebd., Stampfer an Aufhäuser, 21.8.1934. Siehe dazu auch: III. Kapitel 2.2.

264 Ebd. Aufhäuser an Stampfer, 22.8.1934. Hier klingt an, was er gegenüber Wels in einem anderen Schreiben näher ausführte, dass er nämlich in wachsendem Maße seit Mai »in der Ausübung […] [seiner] Aufgabe als Mitglied des Partei-Vorstandes behindert werde« (Ebd., Aufhäuser an Wels, 22.8.1934).

265 Ebd., Wels an Aufhäuser, 18.8.1934.

266 Ebd. Im zweiten hier zitierten Abschnitt bezog sich Böchel auf die Veröffentlichung der Plattform.

Sein Verhältnis zur SOPADE erläuterte er wie folgt:

> Unsere gegenseitigen Positionen sind also offen auf Kampf eingestellt, man weiß das hüben und drüben. Die Frage ist nur, wie lange wir die Sache noch mitmachen werden. Eine Konferenz unserer besten Leute hat sich auf den Standpunkt gestellt, daß wir vorläufig noch drin bleiben sollen, bis der Zeitpunkt da sei, wo wir eine *weithin sichtbare politische* Entscheidung herbeiführen können. Da es kein Vergnügen ist, in diesem Gespensterkabinett zu sitzen und immer wieder gegen die alten Knochengerippe kämpfen zu müssen, möchte ich diesen Zeitpunkt nicht zu weit hinausgeschoben wissen.[267]

Nachdem der Inhalt des Briefs bekannt geworden war, wurde Böchel zur Last gelegt, »Vorbereitungen für den Aufbau einer eigenen Organisation innerhalb der Partei« eingeleitet zu haben.[268] Die im Büro ansässigen Vorstandsmitglieder lehnten es zunächst ab, weiter mit ihm zusammenzuarbeiten. Dieser Sachverhalt wurde auch Aufhäuser mitgeteilt.[269] Vorstandssitzungen, die ohnehin seit Juni nicht mehr regulär stattfanden, wurden ebenfalls ausgesetzt, was Aufhäuser trotz förmlicher Aufforderung nicht zu ändern vermochte.[270] Sein Hinweis, dass in Vorbereitung auf eine bevorstehende Kommissionssitzung der SAI mit der SOPADE zur Lage der emigrierten Parteien die Beratung durch den Gesamtvorstand erfolgen müsse, wurde ignoriert.[271] Selbiges gilt

267 Ebd. Hervorhebung im Original.

268 Vgl. IISH Amsterdam, Labour and Socialist International Archives, Unterbestand 3472, Zirkulare des Vorstandes der SPD betr. die Ausschließung von S. Aufhäuser und von K. Böchel, 1935, S. 4. Im Original teilweise hervorgehoben.

269 AdsD Bonn, Bestand Sopade, Wels an Aufhäuser, 18.8.1934. Aufhäuser betonte in seinem Antwortschreiben, »daß sich in den Absichten [ihrer] Gruppe, wie sie in der Plattform ausgesprochen und von [ihm] wiederholt im Partei-Vorstand eingehend mündlich erläutert worden [waren], nicht das mindeste geändert« habe (ebd., Aufhäuser an Wels, 22.8.1934).

270 Ebd., Aufhäuser an Wels, 15.9.1934. Wels hatte am 18. September in einer Unterredung mit Aufhäuser vor einer erneuten Einberufung des Parteivorstands eine ausreichende Erklärung von Böchel eingefordert (ebd., 21.9.1934). Am 3. August war zwar kurzfristig ein Versuch unternommen worden, noch für denselben Tag eine Sitzung anzuberaumen. Aufhäuser und Böchel waren darüber informiert worden, nahmen jedoch nicht teil (vgl. Notiz von Hans Vogel über die Parteivorstandssitzung am 3. August 1934, in: Buchholz/Rother [Hg.]: Parteivorstand 1995, S. 61f. sowie das Protokoll der Sitzung der SAI-Kommission für Organisationsfragen mit dem Parteivorstand am 9. Oktober 1934, in: ebd., S. 461-466, hier S. 463).

271 AdsD Bonn, Bestand Sopade, Aufhäuser an Wels, 21.9.1934. Jedenfalls ist kein offizielles Antwortschreiben hinterlegt. Aufhäuser war zur Sitzung mit der SAI zwar geladen worden, hatte die Verhandlung aus Protest gegen den Ausschluss Böchels aber frühzeitig verlassen (Protokoll der Sitzung der SAI-Kommission für Organisationsfragen mit dem Parteivorstand am 9. Oktober 1934, in: Buchholz/Rother [Hg.]: Parteivorstand 1995, S. 462f.). Im Vorfeld hatten sich Aufhäuser und Böchel bei der SAI über die »Ausschaltung der unbesoldeten Vorstandsmitglieder« bei Entscheidungen »über Delegationen zu internationalen Tagungen, über alle Personalfragen [...], über Gehaltsfragen, Vermögensverwaltung und Kassenkontrollen« ebenso wie über politische Entscheidungen beschwert und darüber auch Wels in Kenntnis gesetzt (AdsD Bonn, Bestand Sopade, Aufhäuser und Böchel an die Kommission der SAI, 7.10.1934 sowie Aufhäuser an Wels, 8.10.1934).

für seinen Vorstoß hinsichtlich des geretteten Parteivermögens, über das nach bisherigen Maßstäben nur gesamtverantwortlich hätte entschieden werden dürfen.[272]

Eine vorübergehende Wende brachten gesonderte Beratungen der beiden zerstrittenen Vorstandsfraktionen mit der oben genannten SAI-Kommission und ein Brief von Böchel an den SAI-Generalsekretär Adler mit Bitte um Vermittlung.[273] Daraufhin fand am 19. Oktober 1934 – erstmals seit dem 22. Juni – wieder eine gemeinsame Vorstandssitzung statt. Kontrovers wurde hier diskutiert, welche Position die SOPADE in der bevorstehenden SAI-Exekutivsitzung zur Frage nach Verhandlungen mit den Parteien der *Kommunistischen Internationale* im Sinne der Einheitsfront einnehmen solle.[274] Eine Unstimmigkeit tat sich auf, als zur Exekutivsitzung der SAI lediglich Wels und Crummenerl delegiert wurden, während man Aufhäusers Entsendung aus finanziellen Gründen mehrheitlich zurückwies.[275] Sparmaßnahmen bildeten formal auch den Anlass, um auf der nachfolgenden Sitzung am 7. November über die Halbierung der finanziellen Unterstützung von *Neu Beginnen* zu beratschlagen. Aufhäuser beharrte darauf, zunächst eine Gesamtübersicht der Ausgaben zu erhalten und mutmaßte, dass die »isolierte Ersparnismaßnahme« als politische Restriktion zu verstehen sei, da es zwischenzeitlich zu Differenzen mit der Gruppe gekommen war.[276] Crummenerl sagte Aufhäuser daraufhin die Rechnungslegung für die kommende Sitzung zu. Inhaltlich dominiert wurde die besagte Versammlung vom 18. Dezember, die zugleich die letzte

272 Ebd., Aufhäuser an den Parteivorstand, 4.10.1934. Vgl. zu den Versuchen, die Arbeit des Parteivorstands wiederzubeleben und die Verantwortlichkeiten für die Finanzen und das Schriftwesen eindeutig zu definieren auch: ebd., Aufhäuser und Böchel an Wels, 30.9.1934. Dieses Datum wurde handschriftlich korrigiert, in einer späteren Abschrift datieren Aufhäuser und Böchel den Brief auf den 25.9.1934 (vgl. IISH Amsterdam, Labour and Socialist International Archives, Unterbestand 3470, Denkschrift der Parteivorstandsminderheit über die dauernde Verletzung der Parteidemokratie durch das Büro der Sopade in Prag, 1935, S. 23).

273 Vgl. etwa: ebd., S. 15 und die Notizen von Paul Hertz über die Parteivorstandssitzungen am 16. und 18. Oktober 1934, in: Buchholz/Rother (Hg.): Parteivorstand 1995, S. 64f.

274 Protokoll der Parteivorstandssitzung am 19. Oktober 1934, in: ebd., S. 65-74. Die von der französischen Partei angeregte Frage nach einer Aktionsgemeinschaft mit der Kommunistischen Internationale wurde ungeahnt aktuell, als die Moskauer Exekutive erstmals seit 1922 wieder direkt mit der SAI in Kontakt trat (Braunthal, Internationale [Bd. 2] 1963, S. 496ff.).

275 Im Protokoll fand der Aufhäuser-Vorschlag zwar Erwähnung, die Kontroverse wurde jedoch nicht dargestellt (Protokoll der Parteivorstandssitzung am 19. Oktober 1934, in: Buchholz/Rother [Hg.]: Parteivorstand 1995, S. 65-74, hier S. 73. Vgl. dazu auch das Protokoll der Parteivorstandssitzung vom 7. November 1934, in: ebd., S. 76-78, hier S. 78, Fußnote 7). Der Sachverhalt wurde später in der Denkschrift der Parteivorstandsminderheit über die dauernde Verletzung der Parteidemokratie durch das Büro der Sopade in Prag, 1935, S. 15f. (vgl. IISH Amsterdam, Labour and Socialist International Archives, Unterbestand 3470) eingehend erläutert. Siehe ferner: ebd., Paul Hertz Papers, 19-XVII-2, Hertz an Hilferding, 7.11.1934. Das Protokoll der Parteivorstandssitzung am 18. Dezember 1934 (in: Buchholz/Rother [Hg.]: Parteivorstand 1995, S. 80-92, hier S. 86f.) verwies ebenfalls darauf.

276 Vgl. Protokoll der Parteivorstandssitzung am 7. November 1934, in: ebd., S. 76-78, hier S. 77. Siehe dazu ausführlich: III. Kapitel 2.2.

gemeinsame Sitzung war, dann aber von Debatten um die SAI-Zusammenkunft und die dortigen Kontroversen um eine Einheitsfront.[277]

Zur Offenlegung der SOPADE-Finanzen sollte es auch im Folgejahr nicht mehr kommen, da der Dezember-Sitzung ein brisantes Nachspiel folgte. Nachdem im August 1934 die Öffnung von Böchels Privatbrief, der seinerzeit unfrankiert und ohne Absender im Büro aufgefunden worden war, einen ersten Eklat ausgelöst hatte, war es nun der Inhalt seiner Aktentasche, der das Zerwürfnis besiegelte: Im Nachhinein gingen die Schilderungen auseinander, ob Böchel die Tasche nach der Sitzung im Raum hatte liegen lassen oder ob sie bewusst entwendet worden war.[278] Jedenfalls wurden die darin befindlichen Unterlagen nun ausführlich inspiziert und Abschriften angefertigt, ehe der Besitzer sie zurückerhielt. Enthalten waren neben einem Schreiben von Karl Frank unter anderem ein Briefwechsel zwischen Aufhäuser und Böchel aus der ersten Dezemberhälfte 1934. Aus dem Inhalt dieser Schriften, die später in Auszügen veröffentlicht wurden, um das Ende der Zusammenarbeit zu legitimieren, folgerten die übrigen Mitglieder des Vorstands, »daß beide Genossen ständig und bewußt die elementarsten Voraussetzungen zu einer kameradschaftlichen und loyalen Zusammenarbeit verletzt[t]« hätten und nach wie vor »eigene[] organisatorische[] Pläne« verfolgten.[279]

Tatsächlich ließen die Dokumente darauf schließen, dass die Tätigkeit des sogenannten »Arbeitskreises revolutionärer Sozialisten«, der seinerzeit die Plattform unterzeichnet hatte, nicht nur intensiviert werden sollte, sondern dass ferner ein »Kartell der oppositionellen Gruppen« und eine entsprechende Kartellerklärung in Planung waren.[280] Vor diesem Hintergrund stellte Günter Plum fest, dass die Gruppe um Aufhäuser und Böchel zu jener Zeit längst als selbstständige Organisation agierte und gemeinsam mit *Neu Beginnen* »im Begriff [stand], sich zu einem Oppositions-

277 Vgl. Protokoll der Parteivorstandssitzung am 18. Dezember 1934, in: ebd., S. 80-92.

278 Aufhäuser und Böchel schrieben von einer »widerrechtlichen Aneignung« (IISH Amsterdam, Labour and Socialist International Archives, Unterbestand 3470, Denkschrift der Parteivorstandsminderheit über die dauernde Verletzung der Parteidemokratie durch das Büro der Sopade in Prag, 1935, S. 16). Demgegenüber hatten andere Parteivorstandsmitglieder wiederholt behauptet, Böchel habe die Aktenmappe vergessen, die im Anschluss von Wels und Vogel gefunden wurde (vgl. dazu: Notiz von Paul Hertz über die Parteivorstandssitzung am 21. Dezember 1934, in: Buchholz/Rother [Hg.]: Parteivorstand 1995, S. 92 f., Fußnote 6). Neben der wiederholten Aneignung von Schriften Böchels lässt sich ein dritter Vorfall ähnlicher Art ausmachen: Die Aufhäuser-Vertraute Toni Sender hatte Anfang 1935 vor einer USA-Reise einem befreundeten Genossen verschiedene Unterlagen zur Verwahrung anvertraut. Dieser wiederum soll als geheimer Vertrauensmann für das Büro der SOPADE gearbeitet und Reproduktionen ihrer Schriftwechsel mit Aufhäuser und Böchel dorthin weitergeleitet haben (Schilderung bei: Plum, SPD im Exil 1970, S. 426, Fußnote 62).

279 IISH Amsterdam, Labour and Socialist International Archives, Unterbestand 3472, Zirkulare des Vorstandes der SPD betr. die Ausschließung von S. Aufhäuser und von K. Böchel, 1935, S. 5.

280 Ebd. Im Original hervorgehoben.

kartell mit deutlicher Spitze gegen den Sopade-Vorstand zusammenzuschließen«.[281] Nur hatte die SOPADE in dieser Phase längst »selbst den Charakter einer Gruppe angenommen«, die zwar »mit der Fiktion einer großen Parteiorganisation« operierte und »freie Meinungsbildung aber keine Opposition gegen die gewählte Führung zulassen« konnte.[282] In dieser Hinsicht musste der Vorwurf, »organisatorische Sonderbestrebungen« zu entfalten, für Aufhäuser und Böchel unverständlich erscheinen, hatten die Büromitglieder ihnen gegenüber doch wiederholt erklärt, »daß die Ansprüche der zahlreichen Gruppen auf vermehrten Einfluß in der Parteiführung so lange unerfüllt bleiben müss[t]en, als es nicht gelingt, die Gruppen zusammen zu fassen«.[283] Diese Hoffnung hatte sich nun als Trugschluss erwiesen. Ende Januar 1935 folgte ein Vorstandsbeschluss der SOPADE, »gemeinsame Sitzungen mit den Genossen Aufhäuser und Böchel nicht mehr abzuhalten« und die finanziellen Zuwendungen an *Neu Beginnen* einzustellen.[284]

2 Neujustierung der beruflichen und politischen Koordinaten im Prager Exil

Siegfried Aufhäusers bedrückende Schilderungen aus der französischen Hauptstadt deuteten auf eine temporäre Niedergeschlagenheit hin.[285] Die verhängnisvollen Auswirkungen von Verfolgungserfahrungen sowie beruflichem oder politischem Statusverlust in Exil und Emigration sind in Gruppen- und Einzeldarstellungen vielfach beobachtet worden.[286] Der SOPADE-Mitarbeiter Fritz Heine hat in seinem lückenhaften Rekurs auf die damalige Exilzeit Aufhäuser als »gebrochene[n] Mann« in Erinnerung behalten, der »stärker als alle anderen Vorstandsmitglieder durch den Niedergang der Arbeiterbewegung betroffen« gewesen war.[287] Da die beiden sich zwar 1933 und 1934 ge-

281 Plum, SPD im Exil 1970, S. 426 f.

282 Ebd., S. 427.

283 IISH Amsterdam, Labour and Socialist International Archives, Unterbestand 3470, Denkschrift der Parteivorstandsminderheit über die dauernde Verletzung der Parteidemokratie durch das Büro der Sopade in Prag, 1935, S. 3. Im Original teilweise hervorgehoben.

284 Ebd., Unterbestand 3472, Zirkulare des Vorstandes der SPD betr. die Ausschließung von S. Aufhäuser und von K. Böchel, 1935, S. 1. Dieses Zirkular enthielt ein Parteivorstands-Rundschreiben vom 30. Januar 1935 sowie eine »Materialzusammenstellung über Organisatorische Sonderbestrebungen in der Partei«.

285 Vgl. III. Kapitel 1.2.

286 Vgl. beispielhaft: Benz, Wolfgang (Hg.): Das Exil der kleinen Leute. Alltagserfahrungen deutscher Juden in der Emigration, München 1991.

287 AdsD Bonn, Bestand Fritz Heine, Mappe 131 (Widerstand und Emigration III, Ordner 33), Siegfried Aufhäuser und die SOPADE, Heine an Werner Korthaase, 21. 10. 1986. Hier auch: »Gerade weil Aufhäuser während seiner legalen Tätigkeit im AfA-Bund großes Ansehen und großes Geschick bewies, stand er in der Emigration auf verlorenem Posten, weil von seiner Organisation ja nichts übriggeblieben war«.

legentlich im Prager Büro begegneten, aber nicht sonderlich nahestanden, mag dieser Eindruck möglicherweise getäuscht haben.[288] Unbestritten verspürte Aufhäuser im Sommer 1933 jedoch das Bedürfnis nach politischem Austausch und einem erweiterten Handlungsrahmen. Er drängte nachdrücklich darauf, das Pariser »Provisorium« endlich zu beenden, und sehnte sich danach, sich bald »wieder eine[r] bestimmte[n] Aufgabe« zu widmen.[289] Vor diesem Hintergrund erschien ihm ein Standortwechsel nach Prag besonders attraktiv. Die tschechoslowakische Hauptstadt schien in Anbetracht vielfältiger Betätigungsmöglichkeiten die idealen Rahmenbedingungen zu bieten, um sich aktiv für den Kampf gegen den Nationalsozialismus einzusetzen und die Umsetzung der eigenen wirtschaftspolitischen Zielvorstellungen weiter voranzutreiben.[290] Aufhäusers Hoffnung, im Prager SOPADE-Büro ein politisches Betätigungsfeld vorzufinden, wich in Anbetracht mangelnder Mitbestimmungsmöglichkeiten und Handlungsoptionen aber schnell der Ernüchterung. Aufgrund der Gegebenheiten kam es schon bald zum Bruch mit den übrigen Vorstandsmitgliedern.

Dass sich Prag zum Zentrum dieses Konflikts entwickelte, ist in erster Linie auf die Bedingungen vor Ort zurückzuführen: Für die Tschechoslowakei als Standort des SOPADE-Büros hatten die günstigen Einreise- und Aufenthaltsbestimmungen sowie der lang gezogene, unübersichtliche Grenzverlauf gesprochen.[291] Dadurch wurde die regelmäßige Verbindung über die dortigen Grenzsekretariate nach Deutschland ermöglicht. Das »weitgehende Fehlen von Sprachbarrieren und die Gewißheit, vor allem in Prag ein teilweise deutsch geprägtes kulturelles Milieu vorzufinden«, sprachen ebenso wie die liberalen Pressegesetze für die tschechoslowakische Hauptstadt.[292] Insbesondere die »weitgehende Duldung« der politischen Exilarbeit durch die dortige Regierung sollte sich als förderlich für die Tätigkeit des Exilvorstands erweisen.[293] Außerdem unterstützten die Organisationen der Arbeiter:innenbewegung vor Ort

288 Heine meinte zu erinnern, dass er kaum andere Gelegenheiten hatte, mit Aufhäuser zu sprechen. Dies lag auch daran, dass Aufhäuser »sich außerordentlich zurückhielt und kaum mit einem von [ihnen] persönlichen Kontakt hatte, vielleicht mit Ausnahme von Dr. Paul Hertz und Siegmund Crummenerl« (ebd.).

289 Ebd., Bestand Sopade, Aufhäuser an Genossen, 31.7.1933.

290 Vgl. zu den Rahmenbedingungen insbesondere: Becher, Peter/Heumos, Peter (Hg.): Drehscheibe Prag. Zur deutschen Emigration in der Tschechoslowakei 1933-1939, München 1992.

291 Vgl. Peter Heumos, Tschechoslowakei, in: Krohn u.a. (Hg.): Handbuch 1998, S. 411-426, hier S. 411 f. und S. 416.

292 Ebd., S. 412. Peter Heumos zählte in der Tschechoslowakei 1933 insgesamt 173 deutschsprachige Presseorgane. Diese Zahl erweiterte sich infolge der Fluchtbewegung aus dem Deutschen Reich um mehr als 60 Titel (ebd., S. 421). Vgl. zum kulturellen Milieu auch: Ines Koeltzsch, Geteilte Kulturen. Eine Geschichte der tschechisch-jüdisch-deutschen Beziehungen in Prag (1918-1938), München 2012.

293 Werner Röder, Drehscheibe – Kampfposten – Fluchtstation. Deutsche Emigranten in der Tschechoslowakei, in: Becher/Heumos (Hg.): Drehscheibe 1992, S. 15-30, hier S. 17. Vgl. dazu: Květa Hyršlová, Die ČSR als Asylland. Historisch-politische Voraussetzungen, in: ebd., S. 31-40, hier S. 37.

die deutschen Sozialdemokrat:innen in hohem Maße. Dabei taten sich besonders die *Deutsche Sozialdemokratische Arbeiterpartei in der Tschechoslowakei* (DSAP) sowie verschiedene Hilfsorganisationen hervor, aber auch Gewerkschaften und die sozialdemokratischen Parteien der tschechoslowakischen Bevölkerungsmehrheit unterstützten die deutschen Genoss:innen.[294] Diese Rahmenbedingungen machten die Tschechoslowakei für verschiedene politische Gruppen attraktiv. Insofern ist es kaum verwunderlich, dass sich auch die Auslandsbüros und Auslandsleitungen von *Neu Beginnen* und SAP zumindest zeitweise in Prag ansiedelten.[295] Auch die KPD verfügte hier über einen organisatorischen Schwerpunkt.[296]

Nachdem Aufhäuser aus der SOPADE ausgeschieden war, erschien ihm ein Engagement in alternativen politischen Zusammenhängen umso attraktiver: Von Paris ausgehend machten parteiübergreifende Sammlungsbestrebungen auf sich aufmerksam, die bald ein gemeinsames Vorgehen gegen die nationalsozialistische Gewaltherrschaft in Form einer Volks- beziehungsweise Einheitsfront initiierten. Aufhäuser partizipierte aktiv daran. Während sich die Gräben innerhalb des sozialdemokratischen Exils weiter vertieften und sich mit seinem Ausscheiden aus der SOPADE die *Revolutionären Sozialisten* (RS) bald als eigenständige Gruppe konstituierten, erfuhr darüber auch die Beziehung zur KPD eine Dynamisierung. Parallel dazu eröffneten sich Aufhäuser in beruflicher Hinsicht vielversprechende Anknüpfungspunkte. Diese korrespondierten eng mit gewerkschaftlichen Tätigkeiten, die er bereits während der Weimarer Republik ausgeübt hatte. Dabei kamen ihm seine internationalen Kontakte zugute. Darüber hinaus weitete sich sein journalistisches Engagement, das er während der Zeit in Deutschland primär im Rahmen seines gewerkschaftlich-politischen Engagements ausgeübt hatte, sukzessive aus. Schlussendlich sollte sich gerade diese Arbeit in der Folge als Garant für die Deckung des Lebensunterhalts im Exil erweisen.

294 Vgl. Martin K. Bachstein, Die Beziehungen zwischen sudetendeutschen Sozialdemokraten und dem deutschen Exil: Dialektische Freundschaft, in: ebd., S. 41-52, insbesondere S. 43f. Vgl. zum Beitrag der DSAP im Kampf gegen den Nationalsozialismus auch folgende Erinnerungsbände: Seliger-Archiv (Hg.): Kampf, Widerstand, Verfolgung der sudetendeutschen Sozialdemokraten. Dokumentation der deutschen Sozialdemokraten aus der Tschechoslowakei im Kampf gegen Henlein und Hitler. Bearbeitet von Adolf Hasenöhrl, Stuttgart/München 1983 sowie Seliger-Gemeinde (Hg.): Weg, Leistung, Schicksal. Geschichte der sudetendeutschen Arbeiterbewegung in Wort und Bild, Stuttgart/München 1972. Siehe ferner: Thomas Oellermann, Mehr als nur eine Partei. Die deutsche Sozialdemokratie in der Tschechoslowakischen Republik 1918-1938, Düsseldorf 2013.

295 Foitzik, Kleingruppen 1998, S. 507.

296 Vgl. Klaus-Michael Mallmann, Kommunisten, in: Krohn u.a. (Hg.): Handbuch 1998, S. 493-506, hier S. 495. Vgl. ferner: Hansjörg Schneider, Exil in der Tschechoslowakei, in: Exil in der Tschechoslowakei, in Großbritannien, Skandinavien und in Palästina, Leipzig 1980, S. 17-143, besonders S. 19 und S. 39ff. (Dieser Beitrag ist Teil der siebenbändigen Reihe »Kunst und Literatur im antifaschistischen Exil«, die aus einem Kooperationsprojekt zwischen der Akademie der Wissenschaft der DDR und der Akademie der Künste der DDR entstand und federführend von Werner Mittenzwei herausgegeben wurde.)

2.1 Berufliche Tätigkeitsfelder und international-gewerkschaftliche Netzwerkarbeit

Siegfried Aufhäusers internationale Kontakte und Verbindungen erwiesen sich im Prager Exil als überaus hilfreich. Im Rahmen der Parteiarbeit hatte er über die Aktivitäten der international ausgerichteten Berliner SPD-Bezirksorganisation regelmäßig an der Arbeit der SAI partizipiert.[297] Mehr noch war Aufhäuser über den AfA-Bund und die angeschlossenen Verbände in internationale Zusammenhänge involviert.[298] An den IGB-Kongressen in Rom (1922), Wien (1924), Paris (1927) und Madrid (1931) hatte er als deutscher Vertreter teilgenommen.[299] Kontakte knüpfte Aufhäuser auch im April 1931 auf der ersten Tagung des *Beratenden Angestelltenausschusses* des *Internationalen Arbeitsamts*.[300] Dieser Angestelltenausschuss war Anfang 1930 unter anderem auf Initiative des AfA-Bunds und des IBP – der Angestelltensektion des IGB – gegründet worden.[301] Von den zwölf gewählten Angestelltenvertretern stammten zunächst sechs aus den Reihen der freigewerkschaftlichen Verbände.[302] Unter ihnen befanden sich neben Aufhäuser auch G.J.A. Smit aus den Niederlanden und Klein aus der Tschechoslowakei. Smit war Vorsitzender des *Allgemeinen Niederländischen Verbands der Handels- und Büroangestellten* sowie seit der Gründung des IBP 1921 dessen Generalsekretär.[303] Da der IBP auf Einzelorganisationen ausgerichtet war,

297 So hatte die Berliner SPD anlässlich der SAI-Gründung 1923 etwa zwei Kundgebungen ausgerichtet und im Folgejahr ihren Generalsekretär eingeladen (vgl. Fricke, Künstler 2016, S. 198ff. und S. 211f.).

298 Entsprechend nahm er etwa an der gemeinsamen Abrüstungstagung von IGB und SAI 1931 in Zürich als Vertreter der Gewerkschaften und nicht als Abgesandter der SPD teil (vgl. AfA-Bundeszeitung, 14. Jg. Nr. 6. vom 1. 6. 1932, »Die gemeinsame Abrüstungstagung des IGB und der SAI«).

299 Vgl. II. Kapitel 1.3 sowie AfA-Bundeszeitung, 13. Jg. Nr. 6 vom Juni 1931, »Internationale 40-Stunden-Woche. Tagung des IGB in Madrid«. Nur beim Kongress 1930 in Stockholm ließ er sich wegen anstehender Reichstagsverhandlungen durch Otto Schweitzer vertreten (12. Jg. Nr. 7./8 vom Juli/August 1930 »Aus dem AfA-Bund. Der Vorstand«).

300 Vgl. Ebd., 13. Jg. Nr. 5 vom Mai 1931, »1. Tagung des Angestelltenausschusses beim Internationalen Arbeitsamt«.

301 Ebd., 12. Jg. Nr 3 vom März 1930, »Beratender Angestelltenausschuß beim Internationalen Arbeitsamt«. Vgl. dazu auch: Vorwärts, 45. Jg. Nr. 441 vom 18. 9. 1928, »Internationale der Privatangestellten« sowie zur Entstehungsgeschichte: Gustav Schneider, Internationale Angestelltenbewegung, in: Heyde, Ludwig (Hg.): Internationales Handwörterbuch des Gewerkschaftswesens. Band 1, Berlin 1931, S. 797-802, hier S. 798f.

302 AfA-Bundeszeitung, 12. Jg. Nr. 3 vom März 1930, »Beratender Angestelltenausschuß beim Internationalen Arbeitsamt«.

303 Internationaler Bund der Privatangestellten (Hg.): Die internationale Angestelltenbewegung. Entstehung, Aufgaben, Struktur und Tätigkeit des Internationalen Bundes der Privatangestellten, Amsterdam 1951, S. 13. Sein Vorgänger war Edo Fimmen, der dem *Internationalen Handlungsgehilfen-Sekretariat*, das 1910 als Vorläufer des IBP gegründet worden war, in der Vorkriegszeit als erster Internationaler Sekretär vorstand (ebd., S. 12). Von 1919 bis 1923 agierte Fimmen als Generalsekretär des IGB. Vgl. zur Vorgeschichte des Bunds auch: Vorwärts, 45. Jg. Nr. 439 vom 16. 9. 1928, »Internationale der Angestellten«.

zählte der AfA-Bund nicht zu den Mitgliedern. Als offizieller AfA-Bund-Vertreter oder Grußredner war Aufhäuser bei deren Tagungen dennoch regelmäßig präsent.[304] Schon dessen Vorgängerorganisation, die AfA, hatte die Internationale der Angestellten seit ihrer Gründung unterstützt, wie sich Aufhäuser 1928 anlässlich der IGB-Ausschusssitzung in Berlin erinnerte.[305] Als im September 1928 der dritte Kongress des IBP in Dresden tagte, zählten 47 Verbände, darunter fünf AfA-Organisationen, aus 19 Ländern mit 701.343 Einzelmitgliedern – unter diesen 152.165 weibliche Angestellte – zu dem Bund.[306] Im Jahr 1931 hatte sich die Zahl der Mitglieder auf 874.857 erhöht.[307]

Die *Arbeitsgemeinschaft der freien Angestelltengewerkschaften Mitteleuropas*

Die exzellenten Kontakte von Siegfried Aufhäuser zum IBP erstreckten sich teils auch auf die angeschlossenen Einzelverbände. Im Jahr 1928 waren von den knapp 50.000 freigewerkschaftlich organisierten tschechoslowakischen Angestellten 28.515 Mitglied des in Prag ansässigen *Einheitsverbandes der Privatangestellten.*[308] In den kommenden Jahren wuchs diese Organisation weiter: Ende 1929 zählte sie 33.631 Mitglieder, Ende 1935 waren es 58.819.[309] Etwa ein Drittel der Verbandsangehörigen besaß die deutsche Nationalität, daneben waren hier tschechische, polnische, magyarische und russische Gewerkschafter:innen organisiert.[310] Diese profitierten von einem breiten Angebot an Vorträgen, Bildungs-, Fach- und Sprachkursen, sie konnten an Sport-, Fotografie- und Gesangsgruppen partizipieren und kulturelle Vorführungen – etwa Konzerte oder

304 Vgl. ebd., Nr. 441 vom 18.9.1928, »Internationale der Privatangestellten« sowie II. Kapitel 1.3.

305 Vgl. ebd., Nr. 27 vom 17.1.1928, »Angestellte und Internationale«. Die AfA hatte, wenige Tage bevor auf einer internationalen Angestelltenkonferenz Anfang Oktober 1920 in Amsterdam die Gründung eines Internationalen Berufssekretariats der Angestellten beschlossen wurde, ein Bekenntnis zu dieser »Amsterdamer Internationale« abgegeben (siehe dazu auch: Internationaler Bund der Privatangestellten [Hg.]: Angestelltenbewegung 1951, S. 12 f.).

306 Vorwärts, 45. Jg. Nr. 439 vom 16.9.1928, »Internationale der Angestellten«.

307 AfA-Bundeszeitung, 13. Jg. Nr. 6 vom Juni 1931, »Die Internationale der Angestellten«. Der Bund zählte in diesem Jahr 47 Angestelltengewerkschaften aus nunmehr 20 Ländern.

308 Ebd., 12. Jg. Nr. 4 vom April 1930, »Die Angestellten in den freien Gewerkschaften der Tschechoslowakei«. Ende 1930 stammten sechs IBP-Mitgliedsverbände aus der Tschechoslowakei (Internationaler Bund der Privatangestellten [Hg.]: 10 Jahre Internationales Angestellten-Sekretariat, Amsterdam 1930, S. 23).

309 Einheitsverband der Privatangestellten in der Tschechoslowakischen Republik (Hg.): Verbandstag des Einheitsverbandes der Privatangestellten in der CSR. 29.5.-1.6.1936. Tätigkeitsbericht 1930-1935, Prag 1936, S. 18.

310 Mitteilungen des Internationalen Bundes der Privatangestellten, Nr. 184 vom Juli 1936, »Kongress des Einheitsverbandes der Privatangestellten«. Zeitlich bezog sich der Bericht auf die Jahresmitte 1936. Zu diesem Zeitpunkt verfügte der Verband über 65.000 Mitglieder, galt als die zweitgrößte Gewerkschaft des Landes und größte kontinentale Angestelltenorganisation.

Theatervorstellungen – besuchen.[311] In seiner Breite ließ sich dieses Programm mit dem des AfA-Bunds und der angeschlossenen Verbände vergleichen. Ähnlichkeiten ergaben sich auch in sozialpolitischer Hinsicht, wo sich bei zahlreichen Themen eine übereinstimmende Zielsetzung ausmachen lässt: Der *Einheitsverband der Privatangestellten* setzte sich etwa für die Verbesserung gesetzlicher (Schutz-)Bestimmungen und die Ausweitung von Sozialversicherungsleistungen ein – auch auf internationaler Ebene.[312]

Der geschäftsführende Zentralsekretär des Verbandes war Robert Klein, dem eine zentrale Scharnierfunktion zufiel: Er vertrat – ähnlich wie Aufhäuser – die Interessen seines Verbands auf internationaler Bühne ebenso wie in seiner Funktion als Abgeordneter des Parlaments und als Gesprächspartner für Behörden und Ministerien.[313] Klein und Aufhäuser hatten gemeinsam für die Einrichtung des Beratenden Angestelltenausschusses des Internationalen Arbeitsamts gestritten und hier ab 1931 zusammengearbeitet. Begegnet waren sie sich auch auf der IBP-Konferenz 1928.[314] Mit großem persönlichen Einsatz setzte sich Robert Klein ab 1933 für die Exilierten aus dem Deutschen Reich ein.[315] Es verwundert kaum, dass sich die Zusammenarbeit mit Siegfried Aufhäuser in Prag bald intensivierte:

Aus einer rückblickenden Darstellung des EVP geht hervor, dass sich in Gewerkschaftskreisen mit Blick auf die weltwirtschaftliche Krisenlage die Meinung durchgesetzt hatte, »daß in absehbarer Zeit eine Lösung der handelspolitischen Fragen im Weltmaßstab nicht zu erreichen« war.[316] Überlegungen zur »Bildung regionaler Wirtschaftsgemeinschaften und Ländergruppen« hatten dazu geführt, dass sich Delegierte der freigewerkschaftlichen Angestelltenverbände von Österreich, Ungarn und der Tschechoslowakei darauf verständigten, ein Kartell zur »Bildung einer leistungsfähigen Donauwirtschaft« vorzubereiten.[317] Dem lag der Gedanke zugrunde, dass es den gewerkschaftlichen Verbänden nicht genügen könne, »Beobachter der wirtschaftlichen Entwicklung« zu sein, vielmehr müssten sie nunmehr »aktiv« in das Wirtschaftsleben ein-

311 Vgl. Einheitsverband der Privatangestellten in der Tschechoslowakischen Republik (Hg.): Verbandstag des Einheitsverbandes der Privatangestellten in der CSR. 29.5.-1.6.1936. Kulturarbeit 1930-1935, Prag 1936.

312 Vgl. ders. (Hg.): Verbandstag des Einheitsverbandes der Privatangestellten in der CSR. 29.5.-1.6.1936. Sozialpolitische Tätigkeit 1930-1935, Prag 1936. Siehe zur internationalen Ausrichtung: S. 315-319.

313 Vgl. ebd. sowie ders., (Hg.): Tätigkeitsbericht (1930-1935) 1936, S. 37f., S. 41, S. 127, S. 134 und S. 210.

314 Vgl. Vorwärts, 45. Jg. Nr. 439 vom 16.9.1928, »Internationale der Angestellten« und Nr. 441 vom 18.9.1928, »Internationale der Privatangestellten«.

315 In Anerkennungen seiner persönlichen Bemühungen »im Interesse der deutschen und österreichischen Emigranten« wurde Klein vonseiten des IBP schließlich mit einer Auszeichnung geehrt (Mitteilungen des Internationalen Bundes der Privatangestellten, Nr. 182 vom April/Mai 1936, »Tschechoslowakei«).

316 Einheitsverband (Hg.): Tätigkeitsbericht (1930-1935) 1936, S. 230.

317 Ebd.

greifen.[318] Entsprechend hatte Robert Klein im Juni 1933 auf der IBP-Vorstandssitzung in Genf einen Antrag zur Bildung einer solchen »Arbeitsgemeinschaft« im Rahmen des IPB gestellt, der dort auf Zustimmung gestoßen war.[319] Auf der konstituierenden Konferenz, die einen Monat später in Trenčianske Teplice stattfand, erklärten zwölf Verbände ihren Beitritt zu der *Arbeitsgemeinschaft der freien Angestelltengewerkschaften Mitteleuropas* und wählten ein Präsidium unter dem Vorsitz von Robert Klein.[320] Die Anwesenden, die rund 180.000 Angestellte vertraten, beschlossen Richtlinien für die künftige Tätigkeit und die Ausarbeitung eines sozialpolitischen Einheitsprogramms.[321] Diese Beschlüsse wurden auf einer zweiten Konferenz am 9. Oktober 1933 in Graz (Steiermark) konkretisiert, wo sich die Arbeitsgemeinschaft mit Sitz in Prag rechtskräftig konstituierte und Siegfried Aufhäuser zum Geschäftsführer ernannte.[322]

Auf einer am 29. und 30. Januar 1934 in Wien abgehaltenen mitteleuropäischen Angestelltenkonferenz legten die Teilnehmenden »programmatische Grundlagen für die beschlossene Gemeinschaftsarbeit« fest.[323] Diese umfassten sowohl »sozialpolitische[] Forderungen für das künftige soziale Programm« als auch das »eigentliche Aktionsprogramm […] zur Gestaltung der Donauwirtschaftsgemeinschaft«.[324] Die hier verabschiedeten Richtlinien zielten auf die »wirtschaftliche Koalierung« von Österreich, Ungarn, der Tschechoslowakei, Rumänien und Jugoslawien und waren darauf ausgelegt, »weitere Nachbarländer in den Kreis der Donauwirtschaftsgemeinschaft einzubeziehen«.[325] Im Vordergrund stand ein erweiterter Güteraustausch, um »eine Prosperität der gesamten Donauwirtschaft herbeizuführen«.[326] Neben Vorzugszöllen und der Option auf Bildung zwischenstaatlicher Kartelle war eine handelspolitische Verständigung im Sinne gleichgerichteter verkehrs-, währungs-, industrie- und agrarpolitischer Maßnahmen

318 Pax. Friedensblatt, 1. Jg. Nr. 3-4 vom Januar 1935, »Vom Donau-Locarno zum Donauraum. Ein Weckruf der mitteleuropäischen Angestelltenverbände«.

319 Einheitsverband (Hg.): Tätigkeitsbericht (1930-1935) 1936, S. 230.

320 Ebd. In diesem Bericht wurde vermerkt, dass Aufhäuser bereits auf dieser Konferenz zum Geschäftsführer der neuen Organisation bestellt worden wäre. Aus dem detaillierten Sitzungsbericht erschließt sich dies nicht (vgl. Arbeitsgemeinschaft der freien Angestelltengewerkschaften Mitteleuropas, 1. Jg. Nr. 1 vom August 1933, »Konferenz der Arbeitsgemeinschaft der freien Gewerkschaften Mitteleuropas«).

321 Ebd. sowie den Beitrag »Für ein sozialpolitisches Einheitsprogramm«. Es sind lediglich drei Ausgaben des hier zitierten Informationsbulletins nachgewiesen. Später wurden regelmäßige Rundschreiben an die Gremienmitglieder verschickt (vgl. die erhaltenen Ausgaben im IISH Amsterdam, International Federation of Commercial, Clerical and Technical Employees Archives).

322 Arbeitsgemeinschaft der freien Angestelltengewerkschaften Mitteleuropas, 1. Jg. Nr. 2 vom November 1933, »Konferenz der Arbeitsgemeinschaft der freien Angestelltengewerkschaften Mitteleuropas in Graz«.

323 Einheitsverband (Hg.): Tätigkeitsbericht (1930-1935) 1936, S. 230.

324 Ebd., S. 230 f.

325 Ebd., S. 232. Hier wurde der Text der Richtlinien abgedruckt.

326 Ebd.

vorgesehen.[327] Die »verhängnisvolle Autarkie kleiner Nationalwirtschaften« sollte so überwunden und ihre »Eingliederung in die Weltwirtschaft« bewerkstelligt werden.[328]

Allerdings wurde die Euphorie, die die erfolgreiche Tagung ausgelöst hatte, nur wenige Tage später gedämpft: Infolge der sogenannten »Februarkämpfe 1934« wurden die freien Gewerkschaften Österreichs verboten. Insofern schieden deren Verbände aus der Arbeitsgemeinschaft aus.[329] Umso mehr intensivierten sich Bemühungen, die jugoslawischen, rumänischen, bulgarischen und polnischen Verbände für die Gemeinschaftsarbeit zu gewinnen.[330] In der zweiten Jahreshälfte 1934 gelang es, neben den freigewerkschaftlichen Angestelltenorganisationen Jugoslawiens auch Zusammenschlüsse aus Rumänien und Griechenland zur Mitarbeit zu bewegen.[331] Die notwendige Zustimmung des IBP-Vorstands zur Erweiterung der Gemeinschaft hatte Klein schon im März 1934 eingeholt.[332] Seinem Einsatz ist es auch geschuldet, dass der IBP auf seiner Brüsseler Konferenz Mitte Juli 1934 die *Mitteleuropäische Arbeitsgemeinschaft* und die zwischenzeitlich ebenfalls gegründete *Skandinavische Arbeitsgemeinschaft* als regionale Gliederungen der Angestellten-Internationale IBP offiziell anerkannte.[333]

Der Vorsitzende Robert Klein, der ferner als Redakteur des Informationsbulletins und seit Frühjahr 1935 als Vize-Präsident des IBP fungierte, galt als zentrale Figur der Arbeitsgemeinschaft.[334] Ihm zur Seite stand Siegfried Aufhäuser, der als alleiniger Geschäftsführer auch repräsentative Aufgaben übernahm: Im Frühjahr 1934 wurde er als Vertreter der Arbeitsgemeinschaft und Berichterstatter zur Vorstandssitzung des IPB hinzugezogen.[335] Beim Beratenden Angestelltenausschuss des Internationalen Arbeitsamts trat er als deren Repräsentant in Erscheinung.[336] Regelmäßig nahm er nun an Konferenzen teil und vertrat die Arbeitsgemeinschaft publizistisch.

Auf einer Tagung der Arbeitsgemeinschaft im September 1934 vermeldete Siegfried Aufhäuser, dass Mitteleuropa »im Brennpunkt der politischen Spannung« stehe und »die

327 Ebd.
328 Ebd., S. 231.
329 Ebd.
330 Ebd.
331 Ebd. Vgl. auch die Mitteilungen des Internationalen Bundes der Privatangestellten, Nr. 165 vom Oktober 1934, »Arbeitsgemeinschaft der freien Angestelltengewerkschaften Mitteleuropas«.
332 Einheitsverband (Hg.): Tätigkeitsbericht (1930-1935) 1936, S. 231.
333 Ebd. sowie Mitteilungen des Internationalen Bundes der Privatangestellten, Nr. 165 vom Oktober 1934, »Arbeitsgemeinschaft der freien Angestelltengewerkschaften Mitteleuropas«.
334 Ebd., Nr. 171B vom April 1935, »Bericht über die Vorstandssitzung in Genf«. Als Leiter der *Internationalen Kulturliga* setzte er sich für die friedliche Beilegung internationaler Konflikte ein (vgl. zu Kleins Engagement in der Kulturliga etwa: ebd., Nr. 197 vom 1. August 1937, »Tschechoslowakei«). In deren Publikationsorgan *Pax* wurde regelmäßig über die Arbeitsgemeinschaft berichtet und Artikel aus dem Informationsblatt nachgedruckt.
335 Ebd., Nr. 171B vom April 1935, »Bericht über die Vorstandssitzung in Genf«.
336 Ebd., Nr. 171 vom 1. Mai 1935, »Dritte Konferenz des Beratenden Angestelltenausschusses beim Internationalen Arbeitsamt« sowie Einheitsverband (Hg.): Sozialpolitische Tätigkeit (1930-1935) 1936, S. 316 f.

kleineren Länder für die europäische Gesamtlösung« nunmehr »eine maßgebende Bedeutung gewonnen« hatten.[337] Dahinter stand die Annahme, dass eine »Neugruppierung Europas« bevorstehe.[338] Wenige Monate zuvor hatten die Regierungen von Italien, Österreich und Ungarn mit dem Vertragswerk der sogenannten »Römer Protokolle« eine Vereinbarung zur außenpolitischen Zusammenarbeit getroffen, die kurz darauf auch auf den wirtschaftlichen Bereich ausgeweitet wurde. Schon 1920 war mit der sogenannten »Kleinen Entente« ein von Frankreich und Polen protegiertes Bündnis zwischen der Tschechoslowakei, Jugoslawien und Rumänien gegründet worden. Die sich 1934 vollziehende politische Annäherung zwischen Frankreich und Italien schürte nun Hoffnungen auf eine dauerhafte wirtschaftliche Zusammenarbeit zwischen den beiden Paktsystemen, was die Arbeitsgemeinschaft veranlasste, »erneut und nachdrücklich zum Werk einer mitteleuropäischen Konsolidierung aufzurufen«.[339] Zwar scheiterte eine Einigung unter anderem wegen Italiens Angriff auf Abessinien. Ende 1935/Anfang 1936 keimte jedoch abermals Hoffnung auf, wie Aufhäuser in einem Artikel für das Jugendmagazin des Einheitsverbands *Die Jugend* angesichts einer Annäherung zwischen Österreich und der Tschechoslowakei ausführte. So hätte »die gemeinsame wirtschaftliche Not der Donauländer dazu [gedrängt], die Frage der Großraumwirtschaft aus dem Stadium theoretischer Erörterung in die Wirklichkeit umzusetzen«.[340] Unter dem Eindruck dieser Entwicklung und mit Blick auf die zu schützende Unabhängigkeit und Re-Demokratisierung Österreichs, nahm die Arbeitsgemeinschaft Anfang 1936 mit Genugtuung für sich in Anspruch, trotz wechselnder (macht-)politischer Konstellationen an ihrem »Donauplan« vom Januar 1934 festgehalten zu haben, der nun »Gemeingut aller friedliebenden Kräfte Europas geworden« war.[341] Eine Position, die Aufhäuser im April 1937 auf der Hauptversammlung der Arbeitsgemeinschaft erneut bekräftigte: Der »1934 beschlossene Plan« werde »nunmehr von allen beteiligten Kreisen als geeignete Grundlage für die Herstellung einer Gemeinschaftswirtschaft im Donauraum anerkannt«.[342]

337 Einheitsverband (Hg.): Tätigkeitsbericht (1930-1935) 1936, S. 231.

338 Pax. Friedensblatt, 1. Jg. Nr. 3-4 vom Januar 1935, »Vom Donau-Locarno zum Donauraum. Ein Weckruf der mitteleuropäischen Angestelltenverbände«.

339 Ebd. Siehe dazu auch Aufhäusers Artikel in: Die neue Weltbühne, Nr. 41 vom 11. 10. 1934, »Donauwirtschaft«. Siehe zum Kontext die in ihrer Wertung kritisch zu hinterfragende Arbeit von Günter Reichert, Das Scheitern der Kleinen Entente. Internationale Beziehungen im Donauraum von 1933 bis 1938, München 1971, insbesondere S. 86 ff.

340 Die Jugend des Einheitsverbands der Privatangestellten, 10. Jg. Nr. 2 vom Februar 1936, »Mitteleuropäische Zusammenarbeit. Schuschniggs Besuch in Prag«.

341 Einheitsverband (Hg.): Tätigkeitsbericht (1930-1935) 1936, S. 231. Siehe auch Robert Kleins Beitrag in: Mitteilungen des Internationalen Bundes der Privatangestellten, Nr. 178 vom 1. November 1934, »Aufgaben der Arbeitsgemeinschaft der freien Angestelltengewerkschaften Mitteleuropas« sowie ebd., Nr. 181 vom Februar/März 1936, »Das mitteleuropäische Problem im Brennpunkt der Neugestaltung Gesamteuropas«.

342 Der Handelsangestellte. Zeitschrift der Fachgruppe Handel und Verkehr im Einheitsverband der Privatangestellten in der ČSR, 15. Jg. Nr. 5 vom 1. 5. 1937, »Hauptversammlung der Arbeitsgemeinschaft der freien Angestelltengewerkschaften Mitteleuropas«.

Organisations- und Pressearbeit beim *Einheitsverband der Privatangestellten*

Über seine Arbeit als Geschäftsführer der Arbeitsgemeinschaft intensivierte sich Siegfried Aufhäusers Kontakt zum EVP, wo er bald weitere Aufgaben übernahm. Mitte der 1930er Jahre war innerhalb des Verbands beschlossen worden, »eine eigene schlagfertige Wirtschaftsabteilung aufzubauen«, die sich bald als *Volkswirtschaftliche Abteilung* konstituierte.[343] Die »sozialistische Kollektivwirtschaft« galt hier als Ziel des gewerkschaftlichen Handelns.[344] In Anbetracht der aktuellen Situation erschien unstrittig, dass die Weltwirtschaftskrise und ihre sozialen und politischen Folgen nicht allein durch staatswirtschaftliche (Schutz-)Maßnahmen reguliert werden konnten, sondern »nur eine Neuorganisation des Wirtschaftslebens den völligen Zusammenbruch« verhindern werde.[345] Dabei ging es »nicht nur um die Verbesserung der sozialpolitischen Gesetzgebung, sondern um die Erhöhung [des] Einflusses auf die Unternehmertätigkeit« durch die Arbeitenden.[346] Die Aufgabe wiederum, die Programmatik einer solchen planwirtschaftlichen Neuordnung zu skizzieren, wurde Siegfried Aufhäuser übertragen. In diesem Sinne legte er in Vorbereitung auf den 1936 zum 10. Mal stattfindenden Reichskongress des EVP eine ausführliche programmatische Arbeit mit dem Titel »Der Weg der neuen Wirtschaft« vor.[347] Darin skizzierte er den Wirtschaftsplan des Verbands und dessen ökonomische Forderungen ausführlich.

Ausgangspunkt seiner Schrift, die unter dem Titel »Warum Umbau der Wirtschaft? Neuordnung und Organisation der Wirtschaft. Ein Vorschlag des Einheitsverbandes der Privatangestellten in der ČSR« erschien, bildeten die gegenwärtigen Verhältnisse, die es zu verändern galt: »Staatliche Lenkung der Wirtschaft, Planung in der Produktion und Distribution, Planwirtschaft im Außenhandel und gemeinwirtschaftliche Reorganisation des Geld- und Kreditwesens soll[t]en zur Neuordnung des Wirtschaftslebens und zur Schaffung einer Bedarfswirtschaft führen«.[348] Beginnend mit einer Ana-

343 Ebd., 13. Jg. Nr. 2 vom 1.2.1935, »Programm der wirtschaftlichen Tätigkeit des Einheitsverbandes der Privatangestellten« sowie »Konstituierende Versammlung aller Sektionen unserer Volkswirtschaftlichen Abteilung«. Die unterschiedlichen Aufgabengebiete wurden in zahlreichen Unterausschüssen bearbeitet (vgl. zur Tätigkeit: Einheitsverband der Privatangestellten in der Tschechoslowakischen Republik [Hg.]: Verbandstag des Einheitsverbandes der Privatangestellten in der CSR. 29.5.-1.6.1936. Volkswirtschaftliche Tätigkeit 1930-1935, Prag 1936, S. 173 f.).

344 Vgl. etwa: Der Handelsangestellte. Zeitschrift der Fachgruppe Handel und Verkehr im Einheitsverband der Privatangestellten in der ČSR, 13. Jg. Nr. 2 vom 1.2.1935, »Programm der wirtschaftlichen Tätigkeit des Einheitsverbandes der Privatangestellten«.

345 Einheitsverband (Hg.): Volkswirtschaftliche Tätigkeit (1930-1935) 1936, S. 5 f.

346 Ebd., S. 6.

347 Mitteilungen des Internationalen Bundes der Privatangestellten, Nr. 184 vom Juli 1936, »Kongress des Einheitsverbandes der Privatangestellten«.

348 Vgl. Einheitsverband (Hg.): Volkswirtschaftliche Tätigkeit (1930-1935) 1936, S. 9-33, hier S. 16. Das Programm wurde als »Vorstufe eines weiteren planwirtschaftlichen Umbaues und einer Vergesellschaftung der wichtigsten Produktionszweige« angesehen.

lyse des Charakters der gegenwärtigen strukturellen Weltwirtschaftskrise, die auch die Gewerkschaften vor neue Aufgaben hinsichtlich ihrer wirtschaftspolitischen Aktivitäten stellte, beschäftigte sich Aufhäuser mit dem Verhältnis von Staat und Wirtschaft und forderte »einen systematischen Ausbau der staatlichen Spitzenorganisationen wirtschaftlicher Art«.[349] Das »aktive Eingreifen des Staates in die Wirtschaft« müsse künftig »planmäßig erfolg[en]« und die »Produktion an den Bedarf der Menschen« angeglichen werden.[350] Die einzelnen Nationalwirtschaften stünden – vor dem Hintergrund der gegenwärtigen Schwierigkeiten des internationalen Handels und der Agrarkrise – vor der Aufgabe, »eine internationale Arbeitsteilung zu organisieren«, wobei »Ausgangspunkt für die Gesundung des Wirtschaftslebens [...] nur die Organisation einer Planwirtschaft sein« könne.[351] Die hier präsentierten Vorschläge entsprächen »einem Entwicklungsstadium, in dem der Kapitalismus noch nicht zusammengebrochen und der Sozialismus noch nicht lebensfähig« sei.[352]

Von diesen Prämissen ausgehend beschrieb er das eigentliche Wirtschaftsprogramm des EVP. Konkrete Vorschläge für die Bereiche Geld- und Kreditwesen,[353] Währung und Finanzen,[354] Industrie,[355] Binnenhandel,[356] Genossenschaftswesen,[357] Planwirtschaft im Außenhandel,[358] Verkehrspolitik[359] sowie für Bau- und Wohnungspolitik führte er in diesem Rahmen näher aus.[360] Ebenso stellte er Maßnahmen zur Arbeitsbeschaffung,[361]

349 Ebd., S. 16ff.
350 Ebd., S. 18.
351 Ebd., S. 18f.
352 Ebd., S. 19.
353 Bankreform im Sinne einer »planmäßigen Organisation des Kreditwesens und [...] einer durchgreifenden Bankenkontrolle« mit dem Ziel einer »Nationalisierung der Banken« (ebd., S. 19f.).
354 Konzentration der Goldvorräte bei einer internationalen Bank, Herausgabe einer internationalen Währung, Steuerreformen, Konsolidierung der Staatsschulden (ebd., S. 20f.).
355 Hier unter anderem: Verstaatlichung der Schlüsselindustrien, Organisation der Gesamtindustrie durch Zusammenfassung einzelner Industriezweige zu Zwangssyndikaten, Bildung von Syndikatsausschüssen, Aufstellung von Produktionsplänen und Verbraucher:innenschutz (ebd., S. 21f.).
356 Preisregulierungsmaßnahmen, Schutz für Konsument:innen und Genossenschaftsbildung (ebd., S. 22).
357 Förderungsmaßnahmen für Genossenschaften und Konsumvereine, Ausbau der Einrichtungen (ebd., S. 22f.).
358 Reaktivierung des Außenhandels durch Schaffung einer Donau-Großraumwirtschaft, Abschluss von Handelsverträgen, Revision von Zoll- und Devisenvorschriften, Vereinheitlichung des Exports durch Gründung eines Außenhandelsamts und Exportpropaganda (ebd., S. 23f.).
359 Vereinigung des Verkehrswesens, Begünstigungen von Rohstoffeinfuhren sowie Förderungsmaßnahmen (ebd., S. 24).
360 Belebung des Baumarkts und Zusammenfassung des Baugewerbes, Schaffung von Wohn- und Siedlungsverhältnissen für alle Teile der Bevölkerung, Bodenreform und »Innere Kolonisation«.
361 Sofortmaßnahmen zum Abbau der Arbeitslosigkeit durch öffentliche Investitionen sowie deren Finanzierung durch Schuldverschreibungen und innere Anleihen im Rahmen langfristiger Investitionspläne (ebd., S. 25).

zur agrarischen Erzeugung[362] und zum Arbeitsschutz vor.[363] Zur »Durchführung der vorgeschlagenen Neuordnung und Organisation der tschechoslowakischen Wirtschaft« wurde außerdem die Errichtung eines »Ministerium[s] für nationale und internationale Wirtschaft« vorgeschlagen, das als zentrales Organ »im Einvernehmen mit einem Wirtschaftsausschuß des Parlaments der ČSR und unter Mitwirkung der wirtschaftlichen Vereinigungen der Arbeitgeber und Arbeitnehmer die allgemeinen Richtlinien für die planmäßige Entwicklung der gesamten tschechoslowakischen Volkswirtschaft« erlassen sollte.[364]

Die Ähnlichkeit zu den Richtlinien, die ADGB und AfA-Bund zum Umbau der Wirtschaft am 21. Juni 1932 veröffentlicht hatten, sind keinem Zufall geschuldet.[365] Auch hier waren Vorstellungen einer bedarfs- und gemeinwohlorientierten Konjunkturpolitik mit sozialpolitischen und planwirtschaftlichen Forderungen einhergegangen.[366] Gleichwohl gingen die hier vorgestellten Ansätze in ihrer Detailliertheit deutlich über die Konzeption von 1932 hinaus. Sie waren auf die ökonomischen Verhältnisse und die aktuellen politischen Entwicklungen im Donauraum abgestimmt und weiterentwickelt worden, wiesen zudem eine veränderte und an die tschechoslowakischen Bedingungen angepasste Schwerpunktsetzung auf.

Um für diesen Plan, der auf dem Kongress des EVP positiven Widerhall fand, auf breiter Front zu werben, wurde bald eine neue Zeitschrift ins Leben gerufen. Ergänzend zu dem breiten Angebot des Verbands, der neben den obligatorischen Verbandspublikationen zahlreiche Regional- und Fachzeitschriften einzelner Organisationszweige veröffentlichte, war schon Anfang 1936 mit Gründung des »populärwissenschaftliche[n] Monatsblatt[s]« *Za nové hospodářství* (Für eine neue Wirtschaft) ein »lange geforderte[s] Projekt« nach einer »besondere[n] volkswirtschaftliche[n] Zeitung« in die Tat umgesetzt worden.[367] Parallel dazu wurde auch innerhalb der neu gegründeten Volkswirtschaftlichen Abteilung über die

362 Regulierung der landwirtschaftlichen Produktion durch Anbaupläne, Errichtung einer Zentralstelle für Getreide, Preispolitik, Verbesserung von Produktionsmethoden, Genossenschaftsausbau, Entschuldungsmaßnahmen, Stadt/Land-Ausgleich und die Würdigung der bäuerlichen Arbeitsleistung (ebd., S. 26 f.).

363 Darunter fielen: Verkürzung der Arbeitszeit bei Rationalisierung der Produktion, Ausbau der Sozialversicherung, Koalitionsfreiheit, Kollektivvertragswesen, die Einführung von Mindestlöhnen, gleiche Bezahlung von Frauen und Männern, Sicherung von Sozialrenten, Verlängerung der Schulzeit, die Etablierung von Bildungsprogrammen, Reorganisation der Arbeitsvermittlung sowie internationale Abkommen über Rechte von ausländischen Angestellten und Arbeiter:innen (ebd., S. 27 f.).

364 Ebd., S. 28 f.

365 Vgl. hierzu: II. Kapitel 2.1.

366 Gewerkschafts-Zeitung, 42. Jg. Nr. 27 vom 2.7.1932, »Der Umbau der Wirtschaft«. Im Speziellen wurden einschneidende Maßnahmen in den Bereichen Industrie- und Handel, im Banken- und Kreditwesen sowie im Agrarsektor und Außenhandel gefordert. Für Aufbau und Leitung der Planwirtschaft, die »Hand in Hand [...] mit der Demokratisierung der Wirtschaft« vollzogen werden solle, war »eine zentrale Planstelle« vorgesehen.

367 Vgl. Einheitsverband (Hg.): Kulturarbeit (1930-1935) 1936, S. 98.

Notwendigkeit einer eigenen Wirtschaftszeitung beraten.[368] Im Jahr 1937 konkretisierte sich dieses Vorhaben mit einem eigenen deutschsprachigen Organ, dessen Aufgabe im Sinne des oben beschriebenen »Umbau[s] der Wirtschaftsorganisation« darin bestand, »die schaffenden Menschen, insbesondere die Angestellten, mit den Vorgängen und Zusammenhängen des wirtschaftlichen Tagesgetriebes vertraut zu machen«.[369]

Zum verantwortlichen Redakteur des Monatsmagazins mit dem Titel *Weg der Wirtschaft* wurde Siegfried Aufhäuser ernannt.[370] Dass der Name der neuen Zeitschrift exakt mit dem der *Wirtschaftspolitischen Blätter des AfA-Bundes* (Untertitel), die von 1926 bis 1933 unter der Schriftleitung von Otto Suhr erschienen waren, übereinstimmte, ist also gewiss keinem Zufall geschuldet. Aufhäuser können in den neunzehn Ausgaben, die in den Jahren 1937 und 1938 erschienen, über zwanzig Artikel zugeordnet werden, die zumeist unter seinem Pseudonym »S. A. Hauser« oder dem Kürzel »s. a.« erschienen. Thematisch fokussierte er darin etwa den Zusammenhang von Welthandel, Produktion und Kapitalwanderung im Kontext einer scheinbaren (Rüstungs-)Konjunkturbelebung, die Hintergründe des politischen Nationalitätenstreits in der Tschechoslowakei, die Arbeit des Beratenden Ausschusses für Angestelltenfragen beim Internationalen Arbeitsamt oder die internationale IBP-Tagung in Prag. Mit Blick auf den einsetzenden Konjunkturaufschwung und damit einhergehende Befürchtungen, dass dieser in einer erneuten Wirtschaftskrise münden könne, bezog er sich positiv auf das gerade erschienene Buch »Allgemeine Theorie der Beschäftigung, des Zinses und des Geldes« von John Maynard Keynes.[371] Die Konjunktur dürfe nicht gedrosselt, sondern müsse durch eine planmäßige Investitionspolitik bei niedrigem Zinssatz stabilisiert werden.[372] Durch die Produktion von Investitionsgütern solle wiederum die Beschäftigung aller Arbeitssuchenden erleichtert werden, es genüge jedoch nicht – hier ging Aufhäuser mit seinen Überlegungen einen Schritt weiter – »die Arbeitslosen unterzubringen, ebenso wichtig bleib[e] die Steigerung der Löhne, um mit der Steigerung der Massenkaufkraft auch eine bessere und soziale Einkommensverteilung zu erreichen«.[373] Die Konjunkturplanung wirke zwar »krisenverhütend, sie [könne] indes nur eine Etappe zur Wirtschaftsplanung sein, um die Ursachen der Wirtschaftskrisen zu beseitigen«.[374]

368 Der Handelsangestellte. Zeitschrift der Fachgruppe Handel und Verkehr im Einheitsverband der Privatangestellten in der ČSR, 13. Jg. Nr. 2 vom 1. 2. 1935, »Konstituierende Versammlung aller Sektionen unserer Volkswirtschaftlichen Abteilung«.

369 Weg der Wirtschaft, 1. Jg. Nr. 1 vom Januar 1937, »Was wir wollen. An der Krisenwende«.

370 Obschon Robert Klein formal verantwortlich für die Redaktion zeichnete und ein gewisser Karel Pacovský als Herausgeber fungierte (vgl. Národní Archiv Prag, Archival group of the Police Headquarters in Prague II – Press, Associations, Transport and Security Department, 231/74, box 37, Der Weg der Wirtschaft).

371 Vgl. John Maynard Keynes, Allgemeine Theorie der Beschäftigung, des Zinses und des Geldes, München u. a. 1936 (im englischen Original: The general Theory of employment, interest and money).

372 Weg der Wirtschaft, 1. Jg. Nr. 4 vom April 1937, »Konjunkturbefürchtungen«.

373 Ebd.

374 Ebd.

Themenfelder wie die sozialen Gefahren gegenwärtiger Wirtschaftsbelebung, der Umbau der Wirtschaft, planwirtschaftliche Gegenwartsziele und die Abgrenzung zu staatlichen Interventionsvorhaben spielten in seinen Artikeln ebenso eine Rolle wie sein Eintreten für einen demokratischen Sozialismus, die internationale Rohstoffverteilung und die Schaffung der »Donauwirtschaftsgemeinschaft«. Die Herrschaft der NSDAP im Deutschen Reich blieb in den Texten weitestgehend ausgespart. Demgegenüber behandelte Aufhäuser die NS-nahe *Sudetendeutsche Partei* (SdP), die sogenannte »Henlein-Bewegung« und ihre unerfüllten wirtschaftspolitischen Wahlversprechen ausführlich. Raum erhielten außerdem Ausführungen über die sozialen Folgen der Rationalisierung, die speziell die Angestellten betrafen. Im Jahr 1938 übte er Kritik an einem neuen Akkordlohnberechnungssystem, widmete sich den Angestelltengehältern und besprach in der Rubrik »Literatur« ein Buch von Emil Lederer sowie weitere Publikationen. Über die siebte mitteleuropäische Konferenz der Arbeitsgemeinschaft der freien Angestelltengewerkschaften Mitteleuropas im Juni 1938 berichtete er ausführlich, ebenso über personelle und ideologische Veränderungen im hiesigen Hauptverband der Industrie und die eskalierende »Sudetenkrise«, die im Münchner Abkommen ihren vorläufigen tragischen Höhepunkt finden sollte.

Journalistisches Arbeiten im Exil

Bei seinen journalistischen und publizistischen Aktivitäten konnte Siegfried Aufhäuser auf Erfahrungen aus vergangenen Jahrzehnten zurückgreifen: In den 1910er und 1920er Jahren hatte er bei zahlreichen Zeitschriften mitgearbeitet und in Zeitungsartikeln immer wieder Stellung zu aktuellen Fragen bezogen. Abgesehen von seinen regelmäßigen Beiträgen in Partei- und Gewerkschaftsblättern war er als freier Mitarbeiter beispielsweise beim *Berliner Tageblatt* und der *Berliner Volkszeitung* aktiv.[375] Im Exil gewann die journalistisch-redaktionelle Tätigkeit in Ermangelung alternativer beruflicher Betätigungsfelder an Relevanz. Sie entwickelte sich seit Mitte der 1930er Jahre sukzessive zu seinem primären beruflichen Betätigungsfeld und reichte weit über die Verbandspublikationen des EVP hinaus.

Nach den Februarkämpfen 1934 erschien *Der Kampf*, die theoretische Zeitschrift der österreichischen Sozialdemokratie, mit dem Untertitel *Internationale Revue* in der Tschechoslowakei. Als Schriftleiter wurde hier einige Zeit der prominente sozialistische Theoretiker und stellvertretende Parteivorsitzende der *Sozialdemokratischen Arbeiterpartei Deutschösterreich* (SDAP) Otto Bauer aufgeführt. An der Ausgestaltung dieser Zeitschrift beteiligte sich Siegfried Aufhäuser tatkräftig. In der Rubrik »Internationale Gewerkschaftsbewegung« berichtete er bis Ende 1935 über internationale Kongresse, Streiks, Betriebsaktionen, Schlichtungen und Arbeitskämpfe, über aktuelle Entwicklungen inner-

375 Fritz Pfirrmann, Aufhäuser, Siegfried, in: Heyde (Hg.): Handwörterbuch (Band 1) 1931, S. 146 f. Weitere Titel bei: Korthaase, Aufhäuser 1994, S. 108 f.

halb des IGB und ausländischer Gewerkschaftsorganisationen, über das Internationale Arbeitsamt, Einheitsfrontaktivitäten, Arbeitszeitforderungen, Arbeitsbeschaffungsmaßnahmen, Mindestlöhne, gewerkschaftliche Perspektiven, Sozialversicherungsfragen und Gesetzesreformen. Unter seinem Pseudonym S.A. Hauser veröffentlichte er zudem einzelne Artikel.[376] Dazu zählte beispielsweise eine ausführliche Analyse zu den Ergebnissen der Vertrauensrätewahl in deutschen Betrieben, die ihn bei aller Skepsis zur optimistischen Schlussfolgerung verleitete, dass der »Weg zum revolutionären Machtkampf« über den Betrieb führen werde, der nunmehr als »Ausgangspunkt des politischen Kampfes« anzusehen sei.[377]

Die wirtschaftspolitischen Entwicklungen in Deutschland kommentierte Aufhäuser darüber hinaus in Beiträgen, die er den seit 1936 erscheinenden *Deutschland-Berichten des Internationalen Bundes der Privatangestellten* zur Verfügung stellte. Darin blickte er mit Verachtung auf die Jubiläumsfeierlichkeiten der einstigen Selbstverwaltungskörperschaft der Reichsarbeitslosenversicherung, übte Kritik an der nationalsozialistischen Fiskalpolitik und der willkürlichen Lohnfestsetzung bei zunehmender Verarmung breiter Bevölkerungsschichten.[378] Ähnliche Themenfelder bearbeitete er ab 1937 regelmäßig in der neu gegründeten *Gewerkschafts-Zeitung. Organ der Arbeiter und Angestellten Deutschlands*. In etwa einem Dutzend Artikel berichtete er über Wirtschaftsnot und Wehrwirtschaft in Deutschland, den Vierjahresplan und die Autarkiebestrebungen, über Mobilmachung und Jugend- beziehungsweise Berufserziehung, die Zerschlagung der solidarischen Selbsthilfe- und Versicherungskassen, über Beratungen des Internationalen Handelskammerkongresses in Berlin, Abrechnungsbetrug bei der Reichsarbeitslosenversicherung sowie über die fatale Schulden- und Wirtschaftspolitik des Dritten Reichs.[379] Ebenso thematisierte er den Arbeitskräftemangel in Deutschland, die Grenzen der deutschen Produktionskraft sowie die mit Autarkiebestrebungen ein-

376 Die Beiträge in der oben genannten Rubrik wurden regelmäßig mit dem Kürzel S.A. gekennzeichnet.

377 Der Kampf. Internationale Revue, 2. Jg. Nr. 6 vom Juni 1935, »Betriebswahlen in Deutschland«. Darin etwa: »Die deutsche Arbeiterklasse steht unter dem Druck einer brutalen Gewaltherrschaft, entbehrt jeder Organisiertheit und ist geschult genug, um in diesem Stadium der faschistischen Entwicklung nicht an unbesonnene Aktionen zu denken. Diese Wahlen werden auch nicht darüber hinwegtäuschen können, daß das Regime auch heute über eine breite Massenbasis verfügt«. In einem späteren Beitrag beschäftigte er sich ausführlich mit den Voraussetzungen und Aufgaben der illegalen Bewegung in Deutschland (3. Jg. Nr. 2 vom Februar 1936, »Illegale Organisation in Deutschland«).

378 Deutschland-Berichte des Internationalen Bundes der Privatangestellten, 2. Jg. Nr. 20 vom November 1937, »10 Jahre Reichsanstalt« und 3. Jg. Nr. 1 vom Januar 1938, »Nach fünf Jahren. An der Grenze zwischen Kredit- und Geldinflation« (Anhang) sowie Nr. 5 vom November 1938, »Treuhänder der Arbeit«.

379 Vgl. Gewerkschafts-Zeitung. Organ der Arbeiter und Angestellten Deutschlands, 1. Jg. Nr. 1 sowie 4-9. Der oben genannte Artikel über das Jubiläum der *Reichsanstalt für Arbeitsvermittlung und Arbeitslosenversicherung* erschien hier ebenfalls (in Nr. 10).

hergehenden sinkenden Lebensstandards und Produktionskostensteigerungen.[380] Im Fokus standen ferner der Verbleib der früheren Gewerkschaftsgelder, die Entwicklung der einstigen Bank der Arbeiter, Angestellten und Beamten, für die er damals im Aufsichtsrat saß sowie der deutsche Einmarsch in Österreich.[381]

Insofern lässt sich feststellen, dass Aufhäuser in Prag beruflich zunächst zu seinem primären Tätigkeitsfeld der gewerkschaftlichen Angestelltenpolitik zurückkehrte und überdies eine Ausweitung seines journalistischen Engagements betrieb. Dieses ragte oftmals über den unmittelbaren gewerkschaftlichen Rahmen hinaus. Thematisch fokussierte er dann in erster Linie innen- und wirtschaftspolitische Aspekte der nationalsozialistischen Herrschaft. Diese Schwerpunktsetzung lässt sich auch mit Blick auf seine Mitarbeit bei der populären Exilzeitschrift *Neue Weltbühne* ausmachen. Wo Aufhäuser anfangs zunächst hauptsächlich in der Rubrik »Deutsches Wirtschaftsbarometer« veröffentlichte, übernahm er bald schon Verantwortung für die inhaltliche Ausgestaltung der Zeitschrift und steuerte zahlreiche Artikel bei.[382] Als das Periodikum 1936 vorübergehend in finanzielle Schieflage geriet, bemühte er sich im Namen des Chefredakteurs Hermann Budzislawski schließlich auch um einen Investor.[383]

Die journalistische Betätigung erfüllte für Aufhäuser verschiedene Funktionen. Zuallererst diente sie ihm als Lohnerwerb zur Deckung des Lebensunterhalts und zum Erhalt eines gewissen Status und Bekanntheitsgrades. Wo zahlreiche Exilierte gezwungen waren, abseits des erlernten Berufs, Hilfsarbeiten zu verrichten, um sich und andere Familienmitglieder zu ernähren, hatte Aufhäuser die Möglichkeit, an seine früheren beruflichen Tätigkeiten anzuknüpfen und sich als Gewerkschaftsaktivist und Journalist eine gewisse Unabhängigkeit zu erhalten. Darüber hinaus eröffnete ihm die Pressearbeit die Möglichkeit, über sein unmittelbares Umfeld hinaus, eigene Positionen und Meinungen zu verbreiten. Sich insofern – wenn auch in einem begrenzten Resonanzrahmen – frei zu artikulieren.[384]

380 Ebd., 1. Jg. Nr. 11 und 2. Jg. Nr. 2.

381 Ebd., 1. Jg. Nr. 12 sowie 2. Jg. Nr. 3 und 4.

382 Einen Überblick über die Veröffentlichungen in der Zeitschrift gibt Korthaase: ders., Aufhäuser 1994, S. 121 ff.

383 Archiv der Akademie der Künste, Bestand Redaktion »Die neue Weltbühne«, 227/1/1, Nr. 161 (N. V. »Revisa« an Aufhäuser, 11. 3. 1936) sowie Daniel Siemens, Hinter der Weltbühne. Hermann Budzislawski und das 20. Jahrhundert, Berlin 2022, S. 86. Vgl. zum Gesamtkomplex auch: Toralf Teuber, Ein Stratege im Exil. Hermann Budzislawski und Die neue Weltbühne, Frankfurt a. M. 2004, S. 167-200.

384 Eberhard Lämmert hat im Vorwort zu Lieselotte Maas' vierbändigem Standardwerk zur Exilpresse insbesondere »die Chance des Erfahrungsaustauschs und der Vergewisserung von Gemeinsamkeit unter den oft isoliert und jedenfalls in großer Zukunftsungewißheit lebenden Flüchtlingen aus Deutschland« hervorgehoben und betont, »wie elementar das Bedürfnis [...] zur Herstellung einer Öffentlichkeit« in dieser Situation werden konnte (Lieselotte Maas, Handbuch der deutschen Exilpresse 1933-1945. Herausgegeben von Eberhard Lämmert. Band 1/Bibliographie A-K, München/Wien 1976, S. 9 f.).

Die gesteigerte Relevanz von Diskussionszirkeln und publizistischer Öffentlichkeit im Exil war ihm durchaus bewusst. So hatte Aufhäuser während der Debatten um das »Prager Manifest« hervorgehoben, ihm erscheine es nur allzu »erklärlich, daß in einer Periode faschistischer Diktatur, die Sozialisten von jeder aktiven Teilnahme am politischen Geschehen ausschaltet, das Diskutieren der Genossen einen wesentlichen Bestandteil ihres politischen Lebens von heute bilden« müsse.[385] Einer individuellen Handlungsfähigkeit und dem Vorhandensein eines Diskursrahmens kamen im Kampf gegen den Nationalsozialismus gesteigerte Bedeutung zu. Seitens der Exilierten herrschte eine grundlegende Stimmung der Machtlosigkeit und des Ausgeliefertseins. Eine direkte Beteiligung an illegalen Aktivitäten in Deutschland gestaltete sich schwierig oder war unmöglich. In dieser Situation bot sich zumindest im Bereich der Presse- und Öffentlichkeitsarbeit ein gewisser Handlungsrahmen: So konnten die Aktivist:innen innerhalb Deutschlands wenigstens durch publizistische Aktivitäten unterstützt werden.[386] Einerseits galt es, die vermeintlichen nationalsozialistischen Erfolge als Täuschungen zu entlarven und gegen das faschistische Regime und dessen mörderische Praktiken im In- und Ausland zu mobilisieren. Andererseits spielten bei der Frage, wie der Nationalsozialismus überwunden werden könne, neben der Ursachenforschung für den NS-Erfolg auch gesellschaftliche und politische Gegenentwürfe eine außerordentliche Rolle. Vor diesem Hintergrund dienten die journalistischen Aktivitäten aus dem Exil nicht allein der Selbstvergewisserung. Sie lassen sich ebenfalls als Beiträge begreifen, den Widerstandswillen der Schreibenden zu dokumentieren und auf die Eindämmung des Einflussbereichs und den Sturz des NS-Regimes direkt oder indirekt hinzuwirken.[387]

385 Neuer Vorwärts, 2. Jg. Nr. 36 vom 18. 2. 1934, »Aufhäuser und H. Mann zur Programmdebatte. Bemerkungen zum Aufruf des Parteivorstandes«.

386 Vgl. in diesem Zusammenhang die Ausführungen von Maas, die »das Machen von oder das Schreiben in Zeitungen zum Surrogat für nicht mehr mögliche Aktionen« beschrieb (Lieselotte Maas, Handbuch der deutschen Exilpresse 1933-1945. Herausgegeben von Eberhard Lämmert. Band 4. Die Zeitungen des deutschen Exils in Europa von 1933 bis 1939 in Einzeldarstellungen, München/Wien 1990, S. 24).

387 Solche Bemühungen waren vielfältiger Natur. So verstand Aufhäuser sein Engagement für eine »Donauwirtschaftsgemeinschaft« zeitgleich als Beitrag zur Verteidigung der demokratischen Verhältnisse im Aufnahmeland und zur Eindämmung des Faschismus. In diesem Sinne führte er aus: »Die freien Gewerkschaften sind entschlossen, die verhängnisvollen Wirkungen einer um sich greifenden nationalistischen Ideologie zu überwinden und wirtschaftlichen Weitblick zu beweisen. Im Anblick des anstürmenden Faschismus hat die Arbeitsgemeinschaft die Ketten chauvinistischer Engstirnigkeit zerbrochen und den Weg ins Freie gewiesen« (Arbeitsgemeinschaft der freien Angestelltengewerkschaften Mitteleuropas, 1. Jg. Nr. 3 vom November 1933, »Um die Donaugemeinschaft«. Vgl. auch: Einheitsverband [Hg.]: Volkswirtschaftliche Tätigkeit [1930-1935] 1936, S. 30 f.). Entsprechend betitelte Boris Schilmar in seiner Dissertation über den Europadiskurs im deutschen Exil das Kapitel, in dem er unter anderem Aufhäusers Entwurf einer wirtschaftlichen Föderation der Donauländer behandelte, mit »Widerstand durch Planung 1933-1937« (vgl. ders., Der Europadiskurs im deutschen Exil 1933-1945, München 2004, S. 37-113, hier S. 66 f.). Allerdings bezog sich Schilmar lediglich auf einen Artikel Aufhäusers in der *Neuen Weltbühne*, ordnete seine Konzeption dem Kreis

Widerstand aus den Reihen der Angestelltenbewegung

In Ermangelung anderer Handlungsoptionen überwog bei Siegfried Aufhäuser im Exil seit 1933 das publizistisch-agitatorische und organisatorisch-konzeptionelle Arbeiten. Unterdessen bildeten sich im Inneren des Deutschen Reichs erste gewerkschaftliche Widerstandsnetzwerke.[388] Obschon die AfA-Bundesleitung bis zuletzt eine »offensichtlich verhältnismäßig konfrontationsbereite Haltung [...] gegenüber der nationalsozialistischen Terrorbewegung« eingenommen hatte, galt dies nicht zwangsläufig für die Einzelverbände.[389] Ein Blick auf die Verbandszeitung macht deutlich, dass selbst der ZdA nach den Märzwahlen 1933 eine »wenn auch begrenzte Bereitschaft« erkennen ließ, sich dem gewerkschaftlichen Neutralitätskurs zu nähern.[390] Gleichwohl kann von einer generellen Anpassungsbereitschaft des Verbands keine Rede sein. Dessen Austritt aus dem IBP erfolgte erst am 13. Mai 1933 offiziell und lässt sich auf massiven politischen Druck zurückführen – vorher wurde jedoch noch der Mitgliedsbeitrag für das gesamte Jahr 1933 überwiesen.[391] Außerdem gingen gerade aus den Reihen des ZdA zahlreiche Impulse für illegale Gewerkschaftsarbeit aus: So hatten sich in Frankfurt am Main Teile der ZdA-Jugend schon frühzeitig auf die illegale Arbeit vorbereitet und den regionalen DHV teils infiltriert.[392] Neben Flugblättern konnte einmalig auch eine illegale Zeitung produziert und verbreitet werden.[393] Im Düsseldorfer Raum war auf Betreiben von Bruno

der *Revolutionären Sozialisten* zu und ignorierte Aufhäusers verbandspolitisches Engagement beim EVP und der Arbeitsgemeinschaft.

388 Vgl. zur Verortung des gewerkschaftlichen Widerstands innerhalb der deutschen Oppositionsbewegung, zu organisatorischen Prämissen und Konzeptionen, Arbeits- und Tätigkeitsfeldern, Zielsetzungen und Bedingungen etwa: Bitzegeio, Partei- und Landesgrenzen 2009, S. 169 f. sowie Siegfried Mielke/Matthias Frese, Einleitung, in: Quellen zur Geschichte der deutschen Gewerkschaftsbewegung im 20. Jahrhundert. Bd. 5: Die Gewerkschaften im Widerstand und in der Emigration 1933-1945. Bearbeitet von Siegfried Mielke und Matthias Frese, Frankfurt a. M. 1999, S. 9-80, insbesondere S. 15-21 sowie S. 50 ff.

389 Fattmann, Angestelltenbewegung 2010, S. 140. Vgl. auch: Prinz, Mittelstand 1986, S. 98, der auf die Übernahme eines Leipart-Artikels in fast allen Organen der AfA-Einzelverbände verwies.

390 Bitzegeio, Tertiarisierung 2010, S. 59. Mitte März 1933 war – begleitend zu einem abgedruckten Leipart-Artikel – eine deutliche Distanzierung gegenüber der »Propagierung des Klassenkampfgedankens« ausgedrückt und bekundet worden, dass der Verband »nicht die Absicht [habe], in unfruchtbarer Negation abseits zu stehen« (Der freie Angestellte, 37. Jg. Nr. 6 vom 16. 3. 1933, »Unsere Arbeit!«, im Original teilweise hervorgehoben).

391 Mitteilungen des Internationalen Bundes der Privatangestellten, Nr. 148 vom Juni 1933, »Vorstandssitzung des Internationalen Bundes«. Der langjährige Vorsitzende Otto Urban war zuvor in Schutzhaft genommen worden. Gottfurch verwies in einem Interview mit Gerhard Beier darauf, dass 1933 von Urban und anderen Personen ausländische Gelder der Gewerkschaften mit dem Zweck nach Deutschland zurücktransferiert wurden, einer Verhaftung und dem Vorwurf einer Unterschlagung zu entgehen (AdsD Bonn, Bestand Hans Gottfurcht, Ordner »Gottfurcht, Vita, Briefe«, Manuskript »Interview Hans Gottfrucht. Tonbandaufnahme vom 2. und 3. November 1980«, S. 64 f.).

392 Vgl. Buschak, Zirkel 2015, S. 289 f.

393 Ebd.

Süß, Aufhäusers ehemaligem Vorstandskollegen, eine Abschrift der ZdA-Mitgliederliste erstellt worden.[394] Mutmaßlich wurde diese genutzt, um einen Personenkreis für eine neu gegründete Versicherung zu rekrutieren, der später als Teil eines großen Netzwerks zur Verteilung illegaler Schriften agierte.[395] Auch die sogenannte »Funken-Gruppe« um Anton Döring setzte sich hauptsächlich aus ehemaligen ZdA-Funktionär:innen zusammen.[396]

Solche Netzwerke entstanden auch in anderen Städten. Die mit Abstand bekannteste, überregional vernetzte Gruppe ehemaliger Angestelltenfunktionär:innen entstammte dem Berliner Raum. Über deren Größe und Wirkungskreis lässt sich allerdings lediglich spekulieren. Willy Buschak hat darauf verwiesen, dass sich »Widerstand aus dem Bereich des Zentralverbands der Angestellten und der übrigen Angestelltengewerkschaften […] aufgrund der spärlichen Quellen nur noch bruchstückhaft rekonstruieren« lässt.[397] Maßgebend für die Organisation der Berliner Angestelltengruppe waren zwei Personen: Bernhard Göring, Aufhäusers langjähriger persönlicher Referent und Hans Gottfurcht, der ehemalige ZdA-Gauleiter Groß-Berlins. Ursula Bitzegeio, Verfasserin einer bemerkenswerten Gottfurcht-Biografie, konstatierte, dass »[e]ine über allgemeine Arbeitsbeziehungen hinausgehende Freundschaft« zwischen Gottfurcht und Aufhäuser zunächst nicht bestand, dass dieser jedoch »als moralische Instanz die entscheidenden Impulse aus[sendete], die Hans Gottfurcht bewogen […], sich bereits wenige Wochen nach der Machtübernahme Hitlers durch illegale Gewerkschaftsarbeit am Widerstand gegen den Nationalsozialismus zu beteiligen«.[398] Gottfurchts eigener Schilderung

394 Ebd., S. 290 sowie Süß, Süß 2012, S. 81f.

395 Vgl. Buschak, Zirkel 2015, S. 290ff.

396 Ebd., S. 292-295. Die Gruppe wurde nach einer von ihr herausgegebenen Zeitschrift benannt, die vor allem in der Schweiz und im Frankfurter Raum Verbreitung fand. Mitunter erschien die Zeitung mit einer weitestgehend handgeschriebenen Beilage namens »Afa-Nachrichten« bzw. »Berichte[] des Allgemeinen freien Angestelltenbundes (AfA-Berichte)«, die in der Schweiz von Paul Müller verfasst wurde (vgl. ebd., S. 293f. sowie die Autobiografie von Paul Müller, »Wir wollten die Welt verändern«. Stationen im Leben eines Altsozialisten, Frankfurt a.M. 1987, S. 122ff.).

397 Buschak, Zirkel 2015, S. 287. Zwar hatte die Gruppe *Neu Beginnen* sich in einem Bericht an die SAI 1934 ausführlich zur Berliner Gruppe geäußert: »[D]ie illegal weiterarbeitende Gruppe des Afa-Bundes steht mit einer Ausnahme […] mit uns nicht nur in Verbindung, sondern sowohl der Leiter, der in Berlin allein 400 Mitglieder zählenden Gruppe, sowie der Vertreter des ZdA, de[s] Butab und des Werkmeisterverbandes beschlossen den Anschluss an unsere Organisation« (IISH Amsterdam, Labour and Socialist International Archives, Unterbestand 3468, Beantwortung der Fragen de[r] Dreier-Kommission der SAI, undatiert [1934], S. 4). Allerdings hat *Neu Beginnen*-Begründer Walter Loewenheim diese Angaben später relativiert. In einem Rückblick bestätigte er, dass einzelne Verbindungen zu »den AfA-Leuten besonders intensiv waren«, aber »ihre Attachierung [primär] ein Mittel [darstellte], um im Ausland einen politischen Einfluß zu demonstrieren, den [Neu Beginnen] gar nicht besaß[]« (Walter Loewenheim, Geschichte der Org [Neu Beginnen]. 1929-1935. Eine zeitgenössische Analyse. Herausgegeben von Jan Foitzik, Berlin 1995, S. 179). Vgl. zu den Vorbehalten der Gruppe gegenüber *Neu Beginnen*: Bitzegeio, Partei- und Landesgrenzen 2009, S. 195.

398 Ebd., S. 79. Vgl. dazu auch seine eigene Darstellung im Interview mit Gerhard Beier: »Ich habe Aufhäuser bei vielen Gelegenheiten gesehen, aber unsere Zusammenarbeit beruhte nicht auf

folgend, hatten Göring und er nach langen Diskussionen beschlossen, Verbindungen zu Hermann Waschow, Willi Snell (beide Butab) und Hugo Petersdorf (DWV) aufzunehmen, um aus »gewerkschaftlichen Kreisen ein Zentrum des Widerstands« zu bilden.[399] Bei den anschließenden Bemühungen, Verbindungen zu illegalen Kreisen oder Gruppen zu knüpfen, bildete sich bald eine Art »Aufgabenteilung« heraus, wonach sich Waschow und Snell primär um einen Austausch mit der sozialdemokratischen Emigration in Prag bemühten.[400] Unterdessen unterhielt Göring, der in Berlin ein Zigarrengeschäft erworben hatte, Kontakt zum ehemaligen ADGB-Bundesvorstand Wilhelm Leuschner und dessen Widerstandszirkel.[401] Gottfurcht, der als Versicherungsangestellter zahlreiche Reisen unternahm, knüpfte Kontakte zum IBP und zur *Internationalen Transportarbeiter-Föderation* (ITF). Mit dem engagierten Generalsekretär Edo Fimmen und Hans Jahn, vor 1933 Mitglied im Hauptvorstand des *Einheitsverbandes der Eisenbahner*, erwies sich diese bald als eine der aktivsten internationalen Gewerkschaftsorganisationen im Widerstand.[402] Außerdem bemühte er sich um Kontakt zu anderen Angestellten im Reich, die er bestärkte, sich konspirativ zu organisieren und Informationen auszutauschen beziehungsweise für das Ausland aufzubereiten.[403]

Kontakt bestand auch zu Siegfried Aufhäuser.[404] Ob allerdings, wie Gerhard Beier mutmaßte, das, was Göring »in diesen Wochen und Monaten tat, […] nicht ohne Abstimmung mit dem früheren Vorsitzenden des AfA-Bundes« geschah, darf bezweifelt werden.[405] Seine Ausführungen zu einem von Aufhäuser ausgearbeiteten »Schema für den Aufbau des Widerstandes« beziehungsweise zu einem »Organisationsplan für die Errichtung von illegalen Gewerkschaften in Deutschland« dürften ebenfalls mit Skepsis bedacht werden.[406]

irgendeinem System. Es war ganz einfach, daß Aufhäuser eine hervorragende Persönlichkeit der Angestelltenbewegung war, und daß wir ihn um seine Mitwirkung bei wichtigen Anlässen gebeten haben« (AdsD Bonn, Bestand Hans Gottfurcht, Ordner »Gottfurcht, Vita, Briefe«, Manuskript »Interview Hans Gottfrucht. Tonbandaufnahme vom 2. und 3. November 1980«, S. 36).

399 Hans Gottfurcht, Als Gewerkschafter im Widerstand, in: Löwenthal, Richard/Zur Mühlen, Patrik von (Hg.): Widerstand und Verweigerung in Deutschland 1933 bis 1945, Berlin/Bonn 1982, S. 51-55, hier S. 51.

400 Ebd., S. 52.

401 Ebd., S. 51f. Vgl. dazu auch die detaillierten Informationen bei Bitzegeio, Partei- und Landesgrenzen 2009, S. 179f.

402 Gottfurcht, Widerstand 1982, S. 52. Vgl. dazu: Willy Buschak, Edo Fimmen. Der schöne Traum von Europa und die Globalisierung, Essen 2002 sowie Siegfried Mielke/Stefan Heinz, Eisenbahngewerkschafter im NS-Staat. Verfolgung – Widerstand – Emigration (1933-1945), Berlin 2017, insbesondere S. 95-208 und Nelles, Internationale Transportarbeiter-Föderation 2001.

403 Gottfurcht, Widerstand 1982, S. 52 sowie Bitzegeio, Partei- und Landesgrenzen 2009, S. 180f.

404 Ebd., S. 177f.

405 Gerhard Beier, Die illegale Reichsleitung der Gewerkschaften 1933-1945, Köln 1981, S. 34 (Beier bezog sich hier auf das erste Halbjahr 1933). Vgl. auch ders., Die illegale Reichsleitung der Gewerkschaften, in: Löwenthal/Zur Mühlen (Hg.): Widerstand und Verweigerung 1982, S. 25-50, hier S. 35.

406 Beier, Reichsleitung 1981, S. 34f.

Die Existenz eines solchen Plans erscheint nebulös.[407] Jedenfalls lassen sich die weiteren Entwicklungen nicht mit Beiers Aussage in Einklang bringen, dass Aufhäusers Konzept »ab 1. Januar 1934 als Richtschnur für die Arbeit im Deutschen Reich und im Auslande« diente.[408] Plausibel erscheint vielmehr, dass der Kontakt zu Aufhäuser in erster Linie über den IBP erfolgte.[409] G.J.A. Smit, der seit Gründung des internationalen Verbands 1921 als dessen Generalsekretär tätig war, verstarb 1934 und wurde wenig später von seinem langjährigen Mitarbeiter Wim Spiekman beerbt.[410] Mit eben diesem Spiekman, der getarnt als Zigarren-Händler bis 1939 nach Deutschland reiste, traf sich Gottfurcht nun regelmäßig.[411] In diesem Kontext scheint auch eine Konferenzteilnahme wahrscheinlich, die 1935 in Amsterdam zur Koordinierung illegaler Arbeit stattgefunden haben soll. Zu den Teilnehmenden zählten dem Vernehmen nach auch Spiekman, Aufhäuser, Hertz und Süß.[412]

Unterdessen war auch vonseiten führender ADGB-Vertreter eine Vernetzung alter Organisationskader auf nationaler Ebene in Angriff genommen worden. Ausgangspunkt bildete vermutlich ein Besuch des IGB-Generalsekretärs Schevenels Mitte Mai 1933 in Berlin, bei dem er unter anderem mit Hermann Schlimme, Franz Spliedt, Walter Maschke und Wilhelm Eggert sprach.[413] Aus diesem Kreis heraus wurden in der zweiten Jahreshälfte 1933 Versuche initiiert, eine illegale »Reichsleitung der Gewerkschaften« aufzubauen.[414] Bemühungen, »einen verzweigten Apparat einzurichten und von Berlin aus mit verteilten Aufgabenfeldern wie in legalen Zeiten zu operieren, schlugen jedoch fehl«.[415] Anfang 1935 trat aus der Gruppe Heinrich Schliestedt an den

407 Beier verwies auf eine SAI-Tagung des erweiterten Büros am 26. November 1933 in Zürich, auf der über den Organisationsplan gesprochen worden sei (ebd., S. 35). Darauf bezugnehmend zitierte er ein maschinenschriftliches Dokument aus den Beständen der National Archives Washington, die Signatur bleibt allerdings unvollständig (»Mikrofilm 175/324«). Seinen Angaben zufolge handelt es sich dabei um einen Spitzelbericht (ebd., Fußnote 50).

408 Ebd., S. 36. Die hier beschriebene Einrichtung einer Prager »Reichsleitung« bestehend aus Aufhäuser, Hertz und Fritz Kummer scheint niemals ernsthaft in Angriff genommen worden zu sein. Beier selbst verwies auf »einige Ungereimtheiten« des Konzepts. Vgl. zur Debatte um die Existenz und Bedeutung einer sogenannten »Illegalen Reichsleitung« für den Angestelltenwiderstand: Bitzegeio, Partei- und Landesgrenzen 2009, S. 168f. sowie S. 175ff.

409 Bitzegeio geht davon aus, dass die Arbeit von verschiedenen oben genannten Gruppen vom IBP »unterstützt, koordiniert und teilweise auch finanziert wurde« (ebd., S. 172).

410 Internationaler Bund der Privatangestellten (Hg.): Angestelltenbewegung 1951, S. 13.

411 Bitzegeio, Partei- und Landesgrenzen 2009, S. 181f.

412 Ebd., S. 182. Hierzu existiert ein Bericht bei: Müller, Stationen 1987, S. 124f.

413 Aufhäuser führte hierzu gegenüber Crummenerl im Juni 1933 vertraulich aus, dass diese nunmehr »mit Unterstützung des IGB [...] anscheinend an verschiedenen Orten den Zusammenhalt der Funktionäre« im Reich pflegen wollten (AdsD Bonn, Bestand Sopade, Aufhäuser an Crummenerl, 6.6.1933, vgl. dazu auch das Schreiben vom 17.7.1933 sowie Buschak, Zirkel 2015, S. 302).

414 Vgl. etwa den Bericht von Hans Jahn über die Versuche zur Bildung einer »Reichsleitung deutscher illegaler Gewerkschaften«, Frühjahr 1933-Frühjahr 1935, in: Quellen zur Geschichte der deutschen Gewerkschaftsbewegung 1999 (Bd. 5), S. 171-178.

415 Mielke/Frese, Einleitung 1999, S. 22f. Die Kontroverse innerhalb der Geschichtswissenschaft um die Existenz und den Einfluss einer sogenannten »Illegalen Reichsleitung« ist in erster

IGB mit dem Plan heran, eine *Auslandsvertretung der deutschen Gewerkschaften* (ADG) zur Unterstützung, Informationsvermittlung und Koordinierung der illegalen Aktivitäten in Deutschland zu gründen.[416] Die Reaktionen fielen zunächst verhalten aus.[417] Dies zeigte sich etwa während der Diskussion innerhalb des *Koordinations-Komitees*. Das Gremium war zuvor gegründet worden, um die Zusammenarbeit zwischen der IGB-Zentrale und den einzelnen Berufsinternationalen, zu denen als *Internationale Berufssekretariate* (IBS) auch IBP und ITF zählten, zu intensivieren.[418] Ungeachtet verschiedener Einwände wurde auf einer Sitzung Ende März 1935 aber beschlossen, auf einer gesonderten Konferenz mit Beteiligung von Delegierten aus Deutschland über Schliestedts Vorschlag und die Zentralisierung der Widerstandsarbeit zu entscheiden.[419] Dieses Zusammentreffen fand am 26. und 27. Juli 1935 in Reichenberg statt.[420]

Heinrich Schliestedts Argumentation zufolge leitete die von ihm vorgeschlagene ADG ihre Legitimation von einem Mandat der illegalen Reichsleitung ab, deren Vertretungsanspruch international jedoch nicht allgemein anerkannt wurde.[421] Bei der Kritik an seinem Vorschlag, die nun vor allem vonseiten der *Internationalen Berufssekretariate* geäußert wurde, standen aber zunächst generelle Vorbehalte gegen die Zentralisierung

Linie mit den Namen Gerhard Beier und Willy Buschak verknüpft (vgl. hierzu: ebd., S. 21-27). Nach dem bisherigen Kenntnisstand erscheinen Buschaks Zweifel an der Existenz einer über das Deutsche Reich regional und sektoral vernetzten Reichsleitung durchaus berechtigt (vgl. Buschak, Zirkel 2015, S. 302-308, der hier zahlreiche Belege aufführt). Gleichwohl betonten Mielke und Heinz, dass Buschak die Bedeutung dieses Zusammenschlusses nach wie vor unterschätze (vgl. Mielke/Heinz, Eisenbahngewerkschafter 2017, S. 21). Der Zirkel um Gottfurcht und Göring unterhielt anfangs »Brückenbeziehungen« zu der sogenannten »Reichsleitung«, ohne sich gemeinsam zu organisieren (Bitzegeio, Partei- und Landesgrenzen 2009, S. 177. Vgl. zur Interpretation auch: Buschak, Zirkel 2015, S. 302 ff.).

416 Bericht von Heinrich Schliestedt, Komotau/CSR, an den Vorstand des Internationalen Gewerkschaftsbundes in Paris über den gewerkschaftlichen Widerstand in Deutschland und über die Notwendigkeit der Gründung einer Auslandsvertretung der deutschen Gewerkschaften, Dezember 1934, in: Quellen zur Geschichte der deutschen Gewerkschaftsbewegung 1999 (Bd. 5), S. 161-166.

417 Vgl. die Stellungnahme von M[üller, Paul?] zur Denkschrift von Heinrich Schliestedt an den IGB, Mitte März 1935, in: ebd., S. 184 f. Siehe auch: Kontroverse Positionen führender Angestelltenvertreter zur illegalen Arbeit in Deutschland, Mitte Februar-Mitte März 1935, in: ebd., S. 178-184.

418 Vgl. zur Gründung des Komitees, das sich zunächst ausschließlich mit Fragen, die Deutschland, Österreich und das Saargebiet betrafen, beschäftigte: Geert van Goethem, The Amsterdam International. The World of the International Federation of Trade Unions (IFTU), 1913-1945, Aldershot/Burlington 2006, S. 126 f. sowie Mitteilungen des Internationalen Bundes der Privatangestellten, Nr. 171B vom April 1935, »Bericht über die Vorstandssitzung in Genf«. Siehe auch die Niederschrift über die Diskussion des Koordinations-Komitees über Fragen der Zentralisierung des gewerkschaftlichen Widerstands in Deutschland, 27. März 1935, in: Quellen zur Geschichte der deutschen Gewerkschaftsbewegung 1999 (Bd. 5), S. 186 f.

419 Ebd., S. 187.

420 Das Treffen war für Anfang Juni anberaumt worden, musste jedoch zunächst verschoben werden (vgl. ebd., Fußnote 9 zu den detaillieren Umständen).

421 Vgl. Buschak, Zirkel 2015, S. 305 f.

der illegalen Arbeit im Vordergrund. Besonders IBP und ITF, die über weitaus bessere Kontakte nach Deutschland verfügten als die IGB-Zentrale, hielten eine solche Gründung in der gegenwärtigen Situation für verfehlt.[422] Seit den 1920er Jahren schwelte innerhalb des IGB eine Diskussion über die Eigenständigkeit der Berufsinternationalen und deren Handlungsspielräume.[423] Im Sommer 1934 war auf einer Ausschusssitzung des IGB abermals über eine Reorganisation und einen Plan zur Zusammenfassung der IBS beraten worden, wobei sich die Vertreter der Sekretariate erneut »grundsätzlich für [...] ihre[] Selbstständigkeit« aussprachen.[424] Entsprechend versuchten die Berufsinternationalen bei den Beratungen um die ADG, ihren Stellenwert zu betonen, zumal Schliestedt sie bei der Konferenzplanung wohl bewusst außen vor gelassen hatte.[425]

Die Tagung selbst, auf der die ADG schließlich gegründet wurde, verdeutlichte abermals, wie sehr auch die illegale Gewerkschaftsarbeit von politischen Querelen, persönlichen Befindlichkeiten und generellen Unsicherheiten geprägt war. Die ADG kooperierte allein mit dem IGB, den einzelnen Berufssekretariaten und der SOPADE.[426] Christliche und liberale Gewerkschaften waren nicht repräsentiert und selbst Aufhäuser, der von Spiekman mit einem IBP-Mandat ausgestattet worden war, wurde auf der Konferenz zunächst als Fremdkörper angesehen.[427] Mithin bestimmte die Diskussion um seine Person einen großen Teil der Tagesordnung. In Ermangelung einer detaillierten Konferenzaufzeichnung muss an dieser Stelle auf eine für Tarnow bestimmte Schilderung Schliestedts zurückgegriffen werden, die – entsprechend seiner Vorbehalte – vorein-

422 Vgl. dazu auch Aufhäusers Ausführungen auf einer SPD-Vorstandsitzung im März 1934: »Die bisherigen Versuche illegaler Gewerkschaftsarbeit waren nicht glücklich. Der Versuch des IGB ist gescheitert. Von den Berufssekretariaten arbeitet die Transportarbeiter-Internationale sehr gut, ebenso die Berufsinternationale der Angestellten. [...] Der Aufbau einer illegalen Gewerkschaftsarbeit im Augenblick ist zwecklos. Zunächst müssen wir uns auf rein politische Arbeit beschränken« (Protokoll der Parteivorstandssitzung am 16. März 1934, in: Buchholz/Rother [Hg.]: Parteivorstand 1995, S. 41-46, hier S. 42 f.).

423 Vgl. Mielke/Frese, Einleitung 1999, S. 53 f. sowie Goethem, Amsterdam International 2006, S. 111-132.

424 Mitteilungen des Internationalen Bundes der Privatangestellten, Nr. 171B vom April 1935, »Bericht über die Vorstandssitzung in Genf«. Allerdings existierten schon Mitte 1933 Pläne, um »die Tätigkeit der einzelnen Berufssekretariate für Deutschland mit der des IGB zu zentralisieren« (AdsD Bonn, Bestand Sopade, Aufhäuser an Siegmund Crummenerl, 17.7.1933).

425 Vgl. das Schreiben von Heinrich Schliestedt, Komotai/CSR, an Martin Plettl, New York, zur Widerstandstätigkeit, 21. Mai 1935, in: Quellen zur Geschichte der deutschen Gewerkschaftsbewegung 1999 (Bd. 5), S. 188-192, insbesondere Fußnote 26 sowie Mielke/Frese, Einleitung 1999, S. 55. Verärgert zeigte sich besonders Spiekman vom IBP darüber, dass nach einer Terminverschiebung der neu angesetzte Termin der Konferenz zwar mit der SOPADE, nicht aber mit den einzelnen Berufssekretariaten oder dem Koordinierungskomitee abgestimmt worden war (Brief von Wim Spiekman an den Generalsekretär des IGB Walter Schevenels, 13. August 1935, in: Quellen zur Geschichte der deutschen Gewerkschaftsbewegung 1999 [Bd. 5], S. 195-197).

426 Mielke/Frese, Einleitung 1999, S. 55 ff.

427 Vgl. zu seiner Mandatierung: AdsD Bonn, Bestand Internationale Transportarbeiter-Föderation, Mappe 15, Schliestedt an Spiekman, 20.7.1935 sowie Spiekman an Schliestedt, 23.7.1935 und Spiekman an Aufhäuser (»Sepp«), 23.7.1935 (jeweils Briefabschriften).

genommen ausfiel: Demnach hätten die Delegierten eine Beteiligung von Aufhäuser aufgrund seiner vermeintlichen *Neu Beginnen*-Mitgliedschaft zunächst abgelehnt, wegen des Mandats konnte er jedoch nicht einfach abgewiesen werden.[428] In der Folge wurde er aufgefordert, seine »Stellung zur Milesgruppe zu präzisieren«.[429] Dahingehend äußerte sich Aufhäuser ausführlich, wobei er eine Nähe zu *Neu Beginnen* bestritt. Die Gerüchte würden auf den Parteivorstand zurückgehen, der die bestehenden Differenzen zwischen der SOPADE, der »Minderheitsgruppe« und *Neu Beginnen* »gemeinsam behandle«.[430] Zu Aufhäuser führte Schliestedt weiter aus:

> Er erklärte seine Bereitwilligkeit, die Konferenz zu verlassen, falls wir das für notwendig erachteten. Ich habe ihm nochmals sehr deutlich gesagt, daß wir uns nicht gefallen lassen würden, daß durch seine Teilnahme der Parteistreit in unsere Reihen hineingetragen würde. [...] S[iegfried] A[ufhäuser] meinte, er habe doch eine Auffassung in politischen Dingen, daß sei bekannt, und man könne von ihm nicht verlangen, daß er davon abrücke. [...] Jedenfalls versprach S[iegfried] A[ufhäuser] absolute Trennung der politischen Streitereien von unserer Arbeit.[431]

Ungeachtet dieser Konfrontation äußerte sich Aufhäuser gegenüber Spiekman in einem persönlichen Bericht überaus positiv zur Tagung, die »einen sehr guten Verlauf genommen« habe.[432] Er erklärte dazu:

> Den Beratungen über die einheitliche Organisierung war eine sehr eingehende Aussprache über die absolute Unabhängigkeit der gewerkschaftlichen Arbeit von den einzelnen politischen Gruppen vorausgegangen. [...] Selbstverständlich bleibt die rein politische Aufklärungsarbeit von der gewerkschaftlichen Organisation unberührt [...] Die Organisation ist im wesentlichen so beschlossen worden, wie sie beabsichtigt war. Die Tätigkeit [...] soll durch die neue Zentrale in Einklang gebracht werden [...]. Ich halte die Neuregelung [...] für gut. [...] Es hat sich gezeigt, daß in anderen Berufen die Zusammenfassung viel weiter vorgeschritten ist, als bei den Angestellten, und es wird Deine besondere Arbeit in den Angestelltenberufen sehr erleichtern, wenn die schon besser durchorganisierten Arbeiterberufe örtlich und betrieblich mit uns zusammenarbeiten.[433]

428 Schreiben von Heinrich Schliestedt, Komotau/CSR, an Fritz Tarnow, Kopenhagen, 14. August 1935, in: Quellen zur Geschichte der deutschen Gewerkschaftsbewegung 1999 (Bd. 5), S. 197-202, hier S. 197 f.
429 Ebd., S. 198.
430 Vgl. ebd.
431 Ebd., S. 197-202, hier S. 197 ff. In der Quellensammlung teils kursiv hervorgehoben.
432 AdsD Bonn, Bestand Internationale Transportarbeiter-Föderation, Mappe 15, Aufhäuser (»Sepp«) an Spiekman, 30.7.1935 (Briefabschrift). Dazu äußerte er sich wie folgt: »Hinsichtlich der praktischen Arbeit war es mit die beste Konferenz, die ich bisher mitgemacht habe«.
433 Ebd.

2.2 Politischer Aktionsradius zwischen *Revolutionären Sozialisten* und *Lutetia-Kreis*

Die Episode auf der Reichenberger Tagung verdeutlichte einmal mehr, wie sehr die politischen Debatten und Konfrontationen des Exils die illegale Arbeit nach innen sowie eine breite Bündelung antifaschistischer Kräfte außerhalb Deutschlands hemmten. Der Konflikt der SPD-Vorstandsmehrheit mit Siegfried Aufhäuser und Karl Böchel war vor dem Hintergrund tiefgreifender Debatten um die inhaltliche und taktische Neuausrichtung der sozialdemokratischen Politik in Exil und Widerstand ausgetragen worden, an denen sich zahlreiche Parteigruppen und Einzelpersonen beteiligten.[434] Augenfällig war besonders das gespaltene Verhältnis zwischen SOPADE und *Neu Beginnen*. Ein Versuch, das widersprüchliche und komplexe Beziehungsgeflecht zu bestimmen, soll an dieser Stelle unterbleiben.[435] Festhalten lässt sich, dass *Neu Beginnen* zu jener Zeit darauf drängte, als selbstständige politische Kraft anerkannt zu werden. Die Gruppe forderte angemessene Vertretungen in Parteivorstand und SAI-Exekutive sowie Garantien für finanzielle Zuwendungen.[436] Als deutlich wurde, dass diesen Bemühungen kein Erfolg beschieden war, wurde die Beziehung zur SOPADE zum öffentlichen Konfliktfall.

Der Konflikt schwelte längst, als auf einer SAI-Exekutivsitzung Ende Mai 1934 dem Ansinnen von *Neu Beginnen* zumindest insofern entsprochen wurde, als mit der Einsetzung einer gesonderten Kommission, der sogenannten »Dreierkommission«, auch die Verhältnisse in der deutschen Exilpartei untersucht und die Stärkeverteilung innerhalb der sozialdemokratischen Opposition bestimmt werden sollten.[437] Obschon die Kommission im Oktober beschloss, *Neu Beginnen* als »Inlandsrichtung der Sozialdemokratie« anzuerkennen, hatte dies aufgrund des unverbindlichen Charakters keine unmittelbaren Folgen.[438] Die Hoffnung von *Neu Beginnen*, dass die Reduktion der Zu-

434 Vgl. mit deutlicher Spitze gegen die SOPADE etwa: Bärbel Hebel-Kunze, SPD und Faschismus. Zur politischen und organisatorischen Entwicklung der SPD 1932-1935, Frankfurt a. M. 1975, S. 128 ff.

435 Vgl. zu den »Mehrfach- und Querverbindungen«: Jan Foitzik, Zwischen den Fronten 1986, S. 131.

436 Vgl. Plum, SPD im Exil 1970, S. 425. Siehe zu den Verhandlungen und Forderungen die Unterlagen im IISH Amsterdam, Neu Beginnen Archives, Folder 4 und 5. Die Bemühungen, die teils aus unterschiedlichen Arbeitsmethoden und Zielen von inländischer Zentrale und exilierter Auslandsleitung resultierten, beschrieb Jan Foitzik als »Zickzackkurs«, auch weil Verhandlungen nicht nur mit dem bestehenden Parteivorstand, sondern gleichzeitig gegen ihn geführt wurden (vgl. Foitzik, Zwischen den Fronten 1986, S. 131 ff.).

437 Protokoll der Parteivorstandssitzung am 22. Juni 1934, in: Buchholz/Rother (Hg.): Parteivorstand 1995, S. 52-60, hier S. 54 f., Fußnote 15 sowie Kliem, Neu Beginnen 1957, S. 127. Vgl. zu den Verhandlungen auch einen Bericht aus Neu Beginnen-Perspektive in: IISH Amsterdam, Labour and Socialist International Archives, Unterbestand 3468, Bericht über die Verhandlungen mit der dreier Kommission [sic] der Exekutive in Prag sowie die damit zusammenhängenden Fragen.

438 Kliem, Neu Beginnen 1957, S. 132. Foitzik problematisierte den Begriff »Anerkennung«, da es sich faktisch nur um eine Empfehlung gehandelt habe (Foitzik, Zwischen den Fronten 1986, S. 77, Fußnote 274). Gleichwohl wurde Mitte Oktober mit Adler und Crummenerl

schüsse durch die SOPADE rückgängig gemacht würde, erfüllte sich nicht.[439] Auch der Versuch, Aufhäuser und Böchel mit der Vertretung ihrer Finanzforderungen im SPD-Vorstand zu betrauen, führte nicht zu dem gewünschten Erfolg.[440] In Anbetracht des eskalierenden Konflikts verkündete die SOPADE in der zweiten Januarhälfte 1935 nicht nur das Ende der Zusammenarbeit mit Aufhäuser und Böchel, sondern stellte auch die Unterstützungszahlungen an *Neu Beginnen* ein.[441]

Für die Beteiligten kam der Entschluss nicht überraschend. Schon nach dem Aktentaschenfund im Dezember 1934 waren die Zahlungen an *Neu Beginnen* eingestellt worden, ebenso wurde auf die Einberufung weiterer Vorstandssitzungen verzichtet. Dagegen protestierten Aufhäuser, Böchel und Frank gemeinsam mit dem Karlsbader Grenzsekretär Willy Lange zunächst schriftlich.[442] Zudem forderten sie eine »Untersuchung der Vorgänge bei der Besitzergreifung der Böchelakten« sowie die »sofortige Einstellung der Verbreitung und Verwendung des ungeprüften Materials«.[443] Durch eine offene Aussprache unter Beteiligung von Vertreter:innen der SAI und der sozialistischen Parteien der Tschechoslowakei sollte zukünftig eine »ungestörte[ ] Zusammenarbeit aller Kräfte in der Partei« gewährleistet werden.[444]

über Forderungen von *Neu Beginnen* und deren zukünftige Repräsentation verhandelt (vgl. IISH Amsterdam, Neu Beginnen Archives, Folder 4, Protokoll, 13.10.1934).

439 Vgl. ebd., Folder 1, Schreiben an Wels und Aufhäuser, 28.10.1934.

440 Ebd., Folder 4, Unterlagen für PV-Sitzung, 1.11.1934 sowie Schreiben an Aufhäuser und Böchel, 6.11.1934. Vgl. auch III. Kapitel 1.3.

441 Als offizielle Begründung wurde angeführt, dass Frank [hier: Müller] »entscheidend an den Bestrebungen mitgewirkt hat[te], innerhalb [der] Partei eine Sonderorganisation der sogenannten oppositionellen Gruppen zu schaffen« (ebd., Labour and Socialist International Archives, Unterbestand 3472, Zirkulare des Vorstandes der SPD betr. die Ausschließung von S. Aufhäuser und von K. Böchel, 1935, S. 1). Über die Streichung der finanziellen Zuwendungen wurde *Neu Beginnen* am 21. Dezember 1934 telefonisch informiert (vgl. ebd., Neu Beginnen Archives, Folder 1, Schreiben an Crummenerl, 27.12.1934). In einem später entstandenen Dokument wird von einem Telefonat am 20. Dezember 1934 berichtet (vgl. ebd., Folder 7, Material zum Konflikt, S. 1). Nach Aussagen von Karl Frank war bei diesem Telefonat mit Crummenerl als Begründung zunächst lediglich die Vertretung der Finanzforderungen von *Neu Beginnen* durch Aufhäuser (hierzu lagen schriftliche Unterlagen bzw. »Anweisungen« vor) genannt worden (vgl. ebd., Folder 8, Willi Müller an Adler, 23.12.1934 sowie Folder 1, Schreiben an Crummenerl, 27.12.1934). Hinsichtlich der Parteigelder blieb es letztlich bei einer »nominell von Friedrich Adler ausgeübten Aufsicht« (Kliem, Neu Beginnen 1957, S. 132).

442 AdsD Bonn, Bestand Sopade, Aufhäuser/Böchel/Lange/Müller an SOPADE, 22.1.1935. Darin wurden unter anderem zwei Anträge Aufhäusers zur Einberufung einer Vorstandssitzung erwähnt. Zugleich wurde die Vervielfältigung und Verbreitung der in Böchels Aktentasche gefundenen vertraulichen Dokumente beanstandet und Stellung zu den kursierenden Anschuldigungen bezogen. Dies schien angebracht, da die vertraulichen Materialien teils in Abschrift weitergegeben oder ohne den Inhalt zu benennen, »[z]ur Abforderung von Loyalitätserklärungen aktiver Funktionäre« verwandt worden waren. Vgl. zu diesen Vorfällen etwa die Erklärungen bzw. Erklärungsentwürfe von Willy Lange vom 17. und 18.1.1935 [an den Parteivorstand], in: IISH Amsterdam, Neu Beginnen Archives, Folder 7.

443 AdsD Bonn, Bestand Sopade, Aufhäuser/Böchel/Lange/Müller an SOPADE, 22.1.1935.

444 Ebd.

Ein folgenreicher Ausschluss

Als das Büro der SOPADE Ende Januar 1935 stattdessen den faktischen Ausschluss Aufhäusers und Böchels aus der Vorstandsarbeit, die Entziehung der Mittel für *Neu Beginnen* und die Absetzung Langes als Grenzsekretär öffentlich bekannt gab und hierzu eine umfangreiche »Materialzusammenstellung« zirkulieren ließ, reagierten die Angeschuldigten mit der Anrufung eines Schiedsgerichts.[445] Außerdem forderten sie die »Einsetzung eines Untersuchungsausschusses über die Finanzierungs- und Verwaltungsmethoden des Sopade-Büros« durch die SAI.[446] Ende Februar 1935 sah sich Aufhäuser auch als Einzelperson veranlasst, auf die Vorwürfe zu reagieren: Die SOPADE deute »das Gruppenwesen, wie es jede illegale Bewegung, vor allem aber die reichsdeutsche, mit sich bringt, in den Begriff der Sonderorganisation um […]«.[447] In diesem Sinne kritisierte er deren »tendenziös zusammengestellt[es][,][…] in Massen verbreitete[s] Rundschreiben«, das ohne Nachprüfung und Aussprache publiziert worden war.[448] Die Beschuldigten hätten niemals beabsichtigt, »sich in ihrer Betätigung vom Boden der sozialdemokratischen Partei […] zu entfernen«.[449] Seine bisherige Zurückhaltung, eine Gegenschrift zu verbreiten, sei einer Zusage geschuldet, die er »führenden Genossen der beiden Parteien der ČSR mit Rücksicht auf die Auswirkungen gemacht [habe], die eine öffentliche Austragung« des Konflikts »auf die in schweren Kämpfen stehenden hiesigen Parteien haben könnte«.[450] Ihre »Solidarität und Gastfreundschaft« lasse dies »nicht angebracht erscheinen«.[451]

An dieser Stelle sei angemerkt, dass einem solchen Schreiben – wie so häufig in politischen Korrespondenzen zwischen Exilierten – ein Moment der Selbststilisierung inhärent war, dem taktische Motive nicht abgesprochen werden können. Hinter den Kulissen bemühten sich die Beschuldigten längst um Schadensbegrenzung. Zwischen Januar und März 1935 versuchten sie, die SAI von der Unhaltbarkeit der Vorwürfe zu überzeugen. Immer wieder wurde dabei die rücksichtslose Interessendurchsetzung der SOPADE angeprangert, durch die die illegale Arbeit ins Deutsche Reich hinein massiv beeinträchtigt werde.[452] Daneben beteiligte sich Aufhäuser rege an der Diskussion über den Inhalt einer Erklärung, die von *Neu Beginnen* zu den Vorwürfen erscheinen

445 Vgl. zu den Maßnahmen der SOPADE: IISH Amsterdam, Unterbestand 3472, Zirkulare des Vorstandes der SPD betr. die Ausschließung von S. Aufhäuser und von K. Böchel, 1935.

446 Ebd., Neu Beginnen Archives, Folder 6, Aufhäuser/Böchel/Lange/Müller an Adler, 1.2.1935. Nach der breitflächigen Versendung des SOPADE-Zirkulars wurde angekündigt, auch die Schreiben an SOPADE und SAI einem größeren Kreis bekannt zu geben (vgl. dazu: ebd., Rundschreiben von Aufhäuser/Böchel/Lange/Müller, 5.2.1935).

447 Ebd., Aufhäuser an Genossen, 26.2.1935.

448 Ebd.

449 Ebd.

450 Ebd.

451 Ebd. Zumal auch die reichsdeutschen Verfolgungsbehörden diesen Zwist aufmerksam verfolgten (vgl. etwa: IfZ München, Bestand Geheimes Staatspolizeiamt [Gestapa], MA 702, Bericht vom 08. April 1935 über die Auseinandersetzung innerhalb der SOPADE).

452 Vgl. beispielsweise: IISH Amsterdam, Neu Beginnen Archives, Folder 7, Aufhäuser an Adler, 28. und 31.1.1935 (inkl. Anlage) sowie Folder 3, Müller [Frank] an Adler, 1.3.1935.

sollte.[453] Parallel wurde gemeinsam mit Böchel eine Denkschrift »über die dauernde Verletzung der Parteidemokratie« in Vorbereitung auf das angerufene Schiedsgericht entworfen.[454] Dieses Schiedsverfahren war in den Statuten der SAI jedoch nicht vorgesehen und hätte der Zustimmung beider Konfliktparteien bedurft.[455] Am 2. Mai 1935 lehnte Otto Wels im Namen der SOPADE ein solches Vorgehen ab.[456]

Insofern schwelte der Konflikt in der Folgezeit weiter.[457] Der SOPADE gelang es zwar vorerst, sich von ihren internen Kritikern nun auch institutionell zu lösen. Allerdings ging damit eine zunehmende Isolierung einher.[458] Zahlreiche Einzelpersonen und Gruppen protestierten vehement gegen die getroffenen Maßnahmen und entfremdeten sich in der Folgezeit weiter vom Parteivorstand. So forderte die Londoner Ortsgruppe der SPD Anfang Februar 1935 die »unverzügliche Rückgängigmachung der getroffenen verhängnisvollen Maßnahmen«.[459] Auch zahlreiche SPD-Mitglieder aus dem holländischen

453 Vgl. ebd., Folder 6, Sepp [Aufhäuser] an Willy [Frank], 21.2.1935 sowie der nachfolgende Entwurf einer Erklärung. In dem Schreiben bat Aufhäuser darum, eine Rücksichtnahme gegenüber seiner Person zu unterlassen, falls die Gruppe »zur Erhaltung ihrer Arbeitsbasis zu Kompromissverhandlungen bereits sein« müsse, da sich solche Verhandlungen »wahrscheinlich nicht solidarisch gestalten« ließen. Aufhäuser weiter: »Inhaltlich liest sich das Ding wie eine müde Erklärung zur Selbstliquidierung. [...] Also lieber Willy sei nicht böse, aber ich bin halt doch noch nicht aufnahmereif für Miles.«

454 Ebd., Labour and Socialist International Archives, Unterbestand 3470, Denkschrift der Parteivorstandsminderheit über die dauernde Verletzung der Parteidemokratie durch das Büro der Sopade in Prag, 1935. Vgl. dazu auch Unterbestand 3515, Aufhäuser/Böchel an Adler, 11.3.1935 und 20.3.1935.

455 Ebd., Unterbestand 3471, Entwurf eines Schreibens an den Vorstand der SPD, 26.2.1935.

456 Ebd., Unterbestand 3515, Wels an das Sekretariat der SAI, 2.5.1935. Aufhäuser, der sich wiederholt erkundigt hatte, wurde dies am 11. Mai mitgeteilt (vgl. ebd., Aufhäuser an Adler, 11.4.1935 und 23.4.1935 sowie Schreiben an Aufhäuser, 25.4.1935 und 11.5.1935 [jeweils in Kopien]).

457 Aufhäuser sah sich veranlasst, sich prophylaktisch gegen eine zweite Materialzusammenstellung, die sich womöglich in Planung befand, im Vorfeld abzusichern (vgl. ebd., Aufhäuser an Adler, 15.6.1935). Ihm ging es dabei um ältere und persönliche »Korrespondenzen unter anderem mit Toni Sender über die Erneuerung der Partei«. Aufhäuser vermutete diese Unterlagen inzwischen im Besitz der Büromitglieder. Ein von Aufhäuser und Böchel eingebrachter Antrag auf Einsetzung einer Untersuchungskommission, die schon im Februar 1935 eingefordert worden war, blieb von der SAI zunächst unbeantwortet (vgl. ebd., Aufhäuser/Böchel an Adler, 31.5.1935 und Aufhäuser an Adler, 30.7.1935). Vgl. dazu ferner: ebd., Unterbestand 3476, Aufhäuser an Adler, 30.8.1935, 18.9.1935. Dass ein solcher Antrag in der Folgezeit nicht noch vehementer eingefordert wurde, mag einem vertraulichen Hinweis geschuldet sein, den Aufhäuser von Adler erhielt. Darauf deutet die Abschrift eines Protokolls hin, das sich heute im Bundesarchiv befindet (vgl. Bundesarchiv Berlin, SAPMO, RY 5/I 6/3/259, Lage und Einstellung bei den Revolutionären Sozialisten [das übergeordnete Dokument ist datiert auf den 2.1.1936]). Unter Bezugnahme auf die sich gegenwärtig vollziehende Spaltung von *Neu Beginnen* erklärte Adler demnach, dass »[d]as Ansehen aller Oppositionsgruppen [...] schwer erschüttert« und die Behandlung der Eingaben zum derzeitigen Zeitpunkt überaus ungünstig sei.

458 Plum, SPD im Exil 1970, S. 427.

459 IISH Amsterdam, Labour and Socialist International Archives, Unterbestand 3473, Falk (für die Ortsgruppe London der SPD) an den Parteivorstand der SPD, 4.2.1935 (Abschrift). Be-

Exil meldeten sich bei der SAI und baten Adler darum, die »entstandenen Differenzen im Schlichtungswege beizulegen«.[460] Die Vertreter der zwölf Grenzsekretariate, die als »Scharnier zwischen Exil und Widerstand im Reich« fungierten, standen ebenfalls nicht einheitlich hinter der SOPADE.[461] Zu den Sympathisanten von *Neu Beginnen* zählte der seit 1934 in Nýrsko (deutsch: Neuern) stationierte Waldemar von Knoeringen.[462] Ebenso waren Franz Bögler (Trautenau) und Erwin Schoettle (St. Gallen) zum Kreis der *Neu Beginnen*-Mitarbeiter zu rechnen.[463]

Von besonderer Bedeutung war die Verbindung von Aufhäuser und Böchel zum ehemaligen Chemnitzer SPD-Bezirkssekretär Willy Lange, der als Grenzsekretär für Sachsen in Karlsbad arbeitete. Dessen Grenzsekretariat sollte ihnen bald als »Organisationszentrum« dienen.[464] Hartmut Mehringer hat in diesem Zusammenhang darauf hingewiesen, dass »[t]atsächlicher oder vorgetäuschter Einfluß und Rückhalt bei den Illegalen in Deutschland [...] unter den gegebenen Umständen die maßgebliche Legitimationsbasis im Spielfeld sozialdemokratischer Exilpolitik« darstellte und gerade Lange über »umfangreiche[] illegale[] Verbindungen ins Reich verfügte[]«.[465] Dieser Umstand wog umso schwerer, berücksichtigt man, dass das Karlsbader Grenzsekretariat als erstes seiner Art ohne Zutun der SOPADE entstanden war, dann jedoch als Vorbild für den Aufbau ihres illegalen Apparats gedient hatte.[466] Willy Lange wurde zwar Anfang 1935 offiziell entlassen und als SOPADE-Grenzsekretär durch Alfred Käseberg ersetzt, dessen unverantwortliche Arbeitsweise sorgte jedoch wenig

gründet wurde diese Position – mit Verweis auf die Mandatsvergabe der letzten Reichskonferenz – unter anderem damit, dass die SOPADE gegenwärtig »jeder Kontrolle durch die Parteimitgliedschaft« entbehre und das Vertrauen in ihre Leitung allein darauf beruhen könne, »daß sie allen Richtungen innerhalb der Partei Rechnung« trüge.

460 Ebd., Unterbestand 3475, Franz Vogt u. a. an Adler, 2. 3. 1935 sowie Vogt an Adler, 5. 3. 1935.

461 Vgl. zur Anzahl der Grenzsekretariate, ihrer Arbeitsweise und Funktion: Buchholz/Rother, Einleitung 1995, S. XXXIVff. Zitat nach: Schneider, Unterm Hakenkreuz 1999, S. 881.

462 Vgl. Hartmut Mehringer, Waldemar von Knoeringen. Eine politische Biographie. Der Weg vom revolutionären Sozialismus zur sozialen Demokratie, München u. a. 1989, insbesondere S. 69 ff., S. 83 f. sowie S. 128 ff.

463 Ebd., S. 84 f. sowie S. 131. Vgl. auch: Walter Nachtmann, Erwin Schöttle. Grenzsekretär der Sozialdemokraten für Württemberg, in: Bosch, Michael/Niess, Wolfgang (Hg.): Der Widerstand im deutschen Südwesten 1933-1945, Stuttgart u. a. 1984, S. 152-161, hier S. 155 ff. sowie Foitzik, Zwischen den Fronten 1986, S. 76.

464 Ebd., S. 76 sowie S. 150.

465 Mehringer, von Knoeringen 1989, S. 72.

466 Spätestens ab März 1933 hatten sich in Sachsen, wo sich während der Weimarer Republik eine Basis des linken SPD-Parteiflügels befunden hatte, verschiedene Bezirksfunktionäre um den Ausbau einer eigenen illegalen Organisation bemüht (Plum, SPD im Exil 1970, S. 418). Finanziert worden waren diese Unternehmungen mit Geldern des sächsischen Bezirks, die Böchel in Eigenregie nach Karlsbad überführt hatte (Matthias [Hg.]: Gesicht nach Deutschland 1968, S. 228, Fußnote 3). Maßgeblich unterstützt wurden diese Bemühungen von der DSAP (vgl. Bachstein, Beziehungen 1992, S. 46 f. sowie Foitzik, Zwischen den Fronten 1989, S. 148 f.).

später für einen Eklat.[467] Derweilen setzte Lange seine Arbeit als Grenzsekretär unbeirrt fort.[468]

Kritik an dem Verhalten des SOPADE-Büros kam auch von anderen exilierten Vorstandsmitgliedern. Georg Dietrich, der schon zuvor gegen das Zustandekommen des »Prager Manifests« protestiert hatte, erklärte mit aller Deutlichkeit, dass es »weder ein sachliches noch ein moralisches Recht« gäbe, die »Ausschaltung« von Aufhäuser und Böchel zu legitimieren.[469] Auch Marie Juchacz, die seit den 1910er Jahren und lange als einziges besoldetes weibliches Mitglied zum Vorstand gezählt hatte, fühlte sich seit geraumer Zeit übergangen.[470] Mit ihrem Plan, die von ihr gegründete AWO in die aktive Widerstandsarbeit einzubinden, war sie Mitte 1933 von der SOPADE abgewiesen worden.[471] Bei der Entscheidung über den Ausschluss von Aufhäuser und Böchel blieb ihre Meinung gänzlich unberücksichtigt.

Engagement und Organisationsaufbau bei den *Revolutionären Sozialisten*

Als die Anrufung eines SAI-Schiedsgerichts im Frühjahr 1935 scheiterte, konstituierte sich der *Arbeitskreis Revolutionärer Sozialisten* als eigenständige Gruppe, die später häufig unter dem Namen *Revolutionäre Sozialisten Deutschlands* (RSD) firmierte. Bekräftigt wurde dieser Schritt durch die Herausgabe eines eigenen Periodikums mit dem Namen *RS-Briefe*, das seit Juli 1935 in unregelmäßigen Abständen erschien.[472] Da auch die Kartellierung der linksoppositionellen Gruppen seit Spätherbst 1934 keine wesentlichen Fortschritte machte, intensivierte sich nun der Ausbau eines eigenen organisatorischen Netzwerks: Im Zuge dessen schloss sich der *Neue Rote Stoßtrupp*, eine Nachfolgeorganisation des *Roten Stoßtrupps*, im Herbst 1935 den RSD an. Noch vor Jahresende wurde die Angliederung weiterer Gruppen vermeldet.[473]

467 Im Zuge dessen wurde er für die Verhaftung von illegal arbeitenden Genossen in Zwickau verantwortlich gemacht (vgl. dazu: Jutta von Freyberg, Sozialdemokraten und Kommunisten. Die Revolutionären Sozialisten Deutschlands vor dem Problem der Aktionseinheit 1934-1937, Köln 1973, S. 88 f.).

468 Ebd., S. 152 sowie Foitzik, Zwischen den Fronten 1986, S. 150.

469 IISH Amsterdam, Neu Beginnen Archives, Folder 6, Dietrich an Genossen, 12. 2. 1935 (Abschrift). Das Protestschreiben von Dietrich zum »Prager Manifest« vom Februar 1934 findet sich in Teilen abgedruckt in: Labour and Socialist International Archives, Unterbestand 3470, Denkschrift der Parteivorstandsminderheit über die dauernde Verletzung der Parteidemokratie durch das Büro der Sopade in Prag, 1935, S. 9.

470 Vgl. zu den weiblichen Mitgliedern im Parteivorstand: Hagemann, Frauenalltag 1990, S. 585.

471 Vgl. Eifert, Frauenpolitik 1993, 136 f. Stattdessen sollte sich ihre Tätigkeit auf die »Heranschaffung von Geldern für die Angehörigen der Inhaftierten« konzentrieren. Allerdings war zu diesem Zeitpunkt die frühere preußische Landtagsabgeordnete Hedwig Wachenheim längst mit der Ausarbeitung eines solchen Planes beauftragt worden (AdsD, Bestand Sopade, Sopade an Marie Juchacz, 18. 7. 1933).

472 Vgl. Maas, Handbuch 1990, S. 354 ff. Hier auch zu den übrigen Publikationsorganen der RSD.

473 Foitzik, Zwischen den Fronten 1989, S. 194 ff. sowie RS-Briefe, 1. Jg. Nr. 2 vom Oktober 1935, »Für die gemeinsame Arbeit …« und Nr. 3 vom Dezember 1935, »Die Sammlung der

Darüber hinaus wurden ausländische Stützpunkte ausgebaut, Verbindungen hergestellt und eigene illegale Kontakte nach Deutschland intensiviert.[474] In Paris entstand eine RSD-Gruppe um Kurt Glaser und Alexander Schifrin. Auch in Amsterdam konstituierten sich verschiedene Mitglieder als eigenständige RSD-Vertretung.[475] Aus den Niederlanden und Frankreich erhielten die RSD Förderung durch ITF-Generalsekretär Edo Fimmen sowie Salomon Grumbach von der SFIO, mit dem Aufhäuser während der Gründung des *Matteotti-Comité* zusammengearbeitet hatte.[476] Ferner bestanden Kontakte zu den *Revolutionären Sozialisten Österreichs* (RSÖ), die 1934 als Nachfolgeorganisation der SDAP entstanden waren und als solche vom *Auslandsbüro der österreichischen Sozialdemokraten* (ALÖS) anerkannt wurden.[477] Das Auslandsbüro wiederum war zuvor von den beiden österreichischen Spitzenfunktionären Otto Bauer und Julius Deutsch gegründet worden. Eine Verbindung zu Bauer bestand ohnehin über Aufhäuser und seine regelmäßigen Veröffentlichungen in der Zeitschrift *Der Kampf*. Über diese Kontakte hinaus unterhielten die RSD enge Verbindungen zur DSAP und der tschechoslowakischen Sozialdemokratie.[478] Schnittpunkte bestanden auch zur dortigen Gewerkschaftsbewegung: Abgesehen von den intensiven Beziehungen zu den Angestelltenorganisationen hielt Aufhäuser etwa Kontakt zu Gustav Neumann, dem Generalsekretär des *Verbandes der Glas- und Keramikarbeiter in der ČSR*, der für ihn unter anderem Kurierreisen nach Deutschland organisierte.[479]

Jan Foitzik hat darauf hingewiesen, dass die Exilgruppe der RSD, die aus einem »lockeren Diskussionszirkel[]« entstanden war, »bis zuletzt den Charakter eines recht losen Kartells mehrerer Gruppen und Grüppchen [behielt], aus dem sie ursprünglich hervorging«.[480] Diese »lockeren organisatorischen Strukturen« ergaben sich, so Jutta von Freyberg in ihrer Monografie über die RSD, »auch aus den verschiedenen Aufgabenbereichen und Wohnorten« der Mitglieder.[481] Der Personenkreis um Aufhäuser setzte sich in erster Linie aus »linke[n] Parteiintellektuelle[n]« zusammen, die während der Weimarer Republik fast alle mit der *Klassenkampf-Gruppe*, einer sich zwischen 1927 und 1931 um die gleichnamige Zeitschrift gruppierenden innerparteilichen Links-Opposition,

revolutionären Kräfte«. Hierbei handelte es sich um die *Revolutionären Marxisten Westdeutschlands* sowie die *Revolutionären Marxisten Mitteldeutschlands*. Allerdings scheint es sich zumindest bei diesen Aufnahmen um »mehr oder weniger imaginäre[]« Gruppen gehandelt zu haben (Foitzik, Zwischen den Fronten 1989, S. 149 f.).

474 Freyberg, Die Revolutionären Sozialisten 1973, S. 54. Siehe dazu ausführlicher S. 148-171.

475 Foitzik, Zwischen den Fronten 1989, S. 150 f. Ferner wurden Kontakte nach Belgien und Skandinavien sowie in die Schweiz gepflegt. Nach eigener Bekundung der RSD soll auch ein Stützpunkt in London aufgebaut worden sein (vgl. Freyberg, Die Revolutionären Sozialisten 1973, S. 54 sowie S. 157, Fußnote 59).

476 Foitzik, Zwischen den Fronten 1989, S. 149. Vgl. zum Komitee: III. Kapitel 1.2.

477 Freyberg, Die Revolutionären Sozialisten 1973, S. 157, Fußnote 59.

478 Foitzik, Zwischen den Fronten 1989, S. 148 f.

479 Ebd., S. 149.

480 Ebd., S. 140.

481 Freyberg, Die Revolutionären Sozialisten 1973, S. 53.

sympathisierten.[482] Hierzu zählten etwa Fritz Bieligk und Georg Fuchs, zwei ehemalige Redakteure der sozialdemokratischen *Leipziger Volkszeitung*.[483] Auch der SPD-Reichstagskandidat und Wirtschaftsjournalist Otto Friedländer war Teil dieses Prager Kreises. Während dessen Angehörige vor 1933 »den höheren Funktionärsschichten zuzurechnen waren«, sammelten sich um das Karlsbader Grenzsekretariat neben Böchel vor allem Funktionäre, die zuvor auf Bezirksebene agiert hatten und sich »in der Emigration der praktischen, illegalen Arbeit wesentlich stärker verbunden« fühlten.[484] Darüber hinaus zählte Max Seydewitz, der sich zwischenzeitlich von der SAP getrennt und wieder der SPD angenähert hatte, zu den RSD.[485]

Obwohl der Zusammenhalt eher lose angelegt war, hatten sich bis Ende des Jahres feste organisatorische Strukturen herausgebildet. Den regelmäßigen Berichten Hans Kaisers folgend, der als SOPADE-Mitarbeiter in die RSD-Strukturen eingeschleust worden war, existierte ein »geschäftsführende[r] Ausschuß« mit Aufhäuser, Böchel und Seydewitz als exekutives Organ einer siebenköpfigen politischen Leitung.[486] Allerdings übte die Prager Gruppe um Aufhäuser inoffiziell die politische Führung aus, die organisatorische Leitung übernahm die Karlsbader Vertretung.[487] Obschon sich im Zuge des Konflikts mit den Büromitgliedern der SOPADE aus der zunächst rein ideologischen Frontstellung heraus kurzzeitig »festere Strukturen der Organisation heraus[bildeten]«, waren die RSD »praktisch unfähig, innerhalb der eigenen Gruppe in den wichtigsten politischen Fragen eine […] Übereinkunft herzustellen«.[488] Dass Aufhäuser und Böchel unterschiedliche Strategien und Pläne zur Erreichung ihrer Ziele präferierten, war bereits in den Verhandlungen mit Karl Frank Anfang Februar 1934 deutlich geworden.[489] Zum Jahresende 1935 beschäftigten heftige Auseinandersetzungen über »die taktische Frage

482 Foitzik, Zwischen den Fronten 1989, S. 141. Vgl. zur Klassenkampf-Gruppe: Ernst-Viktor Rengstorf, Links-Opposition in der Weimarer SPD. Die »Klassenkampf-Gruppe« 1928-1931, Hannover 1976.

483 Siehe zu den beiden auch: Foitzik, Zwischen den Fronten 1986, S. 252 und S. 273.

484 Freyberg, Die Revolutionären Sozialisten 1973, S. 53.

485 Im März 1933 hatte der SAP-Vorstand mit Seydewitz die Auflösung der Partei beschlossen und den Mitgliedern den Beitritt in die SPD empfohlen. Es kam jedoch anders: Eine neue Leitung wurde gewählt und die illegale Arbeit eigenständig organisiert (Schneider, Unterm Hakenkreuz 1999, S. 78 und S. 825).

486 Foitzik, Zwischen den Fronten 1989, S. 151. Diese firmierte als »Beschlußkörperschaft«. Ferner existierte ein drittes Gremium, in dem die angeschlossenen Gruppen repräsentiert und programmatische Arbeiten geleistet werden sollten (ebd.). Gleichwohl blieben diese Strukturen im Wandel begriffen. Siehe zu Hans Kaiser und dessen »Rössing-Berichten«: Freyberg, Die Revolutionären Sozialisten 1973, S. 91, Fußnote 73 sowie Adolph, Wels 1971, S. 313, Fußnote 107.

487 Foitzik, Zwischen den Fronten 1989, S. 151.

488 Freyberg, Die Revolutionären Sozialisten 1973, S. 53 f. Vgl. zum Scheitern der taktischen und theoretischen RSD-Konzeption etwa: ebd., S. 172-182, insbesondere S. 177 f.

489 Vgl. dazu: III. Kapitel 1.3. Nicht nur »[t]aktische Differenzen«, sondern auch »persönliche Animositäten« belasteten das Verhältnis der beiden (Foitzik, Zwischen den Fronten 1989, S. 143).

des Verhältnisses zu den Kommunisten« die RSD.[490] Der SOPADE-Informant Kaiser berichtete von solchen Meinungsverschiedenheiten, die sowohl zwischen Aufhäuser und Böchel, als auch zwischen Aufhäuser, Lange und Seydewitz bestanden.[491] Gleichwohl lassen sich nicht alle Zwistigkeiten auf tiefgreifende politische Differenzen zurückführen. Auch die räumliche Trennung begünstigte Konflikte, sodass »informelle Leitungsformen« mit den gebildeten Entscheidungsstrukturen konkurrierten.[492] In Anbetracht der bestehenden persönlichen Rivalitäten innerhalb der RSD und »den mannigfachen Störaktionen der Sopade«, die sich nicht allein auf das »Schüren interner Konflikte« durch Kaiser reduzieren lassen, entfaltete sich hier bald eine zentripetale Dynamik.[493]

Unmittelbarer Anlass für das vorübergehende Ausscheiden von Seydewitz Anfang 1936 war allerdings ein politischer Eklat: In einem Rundschreiben vom 24. Januar 1936 hatte die SOPADE »die Existenz einer kommunistischen Fraktion« publik gemacht.[494] Demnach war in einer von der DSAP unterhaltenen Prager Unterkunft für Flüchtlinge, im sogenannten »Letna-Heim«, eine kommunistische Zelle entstanden, die in enger Verbindung zu Seydewitz stand.[495] Aufhäuser und Böchel sahen sich umgehend genötigt, sich mittels Stellungnahme zu distanzieren.[496] Ausschlaggebend hierfür dürften die Befürchtungen gewesen sein, die Unterstützung der Prager Sozialdemokratie andernfalls aufs Spiel zu setzen oder gar aus der SPD ausgeschlossen zu werden.[497] Darunter hatte sich aber längst auch persönliche Skepsis gemischt: Den Angaben des Informanten Kaiser zufolge sei die Prager Gruppe um Aufhäuser, Friedländer und Bieligk von diesem Vorfall »ganz verdattert gewesen und hätte[] unter dem ersten Nervenschock die Lust zur Weiterarbeit verloren«.[498]

490 Freyberg, Die Revolutionären Sozialisten 1973, S. 176.

491 Ebd.

492 Foitzik, Zwischen den Fronten 1989, S. 151.

493 Vgl. zu den Zitaten und den Maßnahmen der SOPADE, die Aktionsmöglichkeiten und Handlungsspielräume der RSD einzuschränken: Freyberg, Die Revolutionären Sozialisten 1973, S. 175 ff.

494 Parteivorstands-Rundschreiben vom 24. Januar 1936 mit Bericht über die Parteivorstandssitzung am 17. Januar 1936, in: Buchholz/Rother (Hg.): Parteivorstand 1995, S. 143-145, hier S. 144.

495 Foitzik, Zwischen den Fronten 1989, S. 152 sowie Freyberg, Die Revolutionären Sozialisten 1973, S. 90.

496 Ebd., S. 91 sowie IISH Amsterdam, Paul Hertz Papers, 16-1-f-4, Erklärung des Arbeitskreises Revolutionärer Sozialisten (Nur für die außerdeutschen Stützpunkte bestimmt), undatiert.

497 Vgl. Foitzik, Zwischen den Fronten 1989, S. 152 sowie Freyberg, Die Revolutionären Sozialisten 1973, S. 90. Angaben Kaisers zufolge hatte die DSAP zahlreiche Bedingungen an die RSD gestellt. Schon im Januar 1936 war der Vertrieb der *RS-Briefe* aufgrund »politischer Beeinflussung von Mitgliedern der tschechischen und sudetendeutschen Sozialdemokratie« verboten worden (Foitzik, Zwischen den Fronten 1989, S. 152). Die beschuldigten Personen wurden derweilen aus der Flüchtlingshilfe und dem Letna-Heim ausgeschlossen (Parteivorstands-Rundschreiben vom 24. Januar 1936 mit Bericht über die Parteivorstandssitzung am 17. Januar 1936, in: Buchholz/Rother [Hg.]: Parteivorstand 1995, S. 143-145).

498 Freyberg, Die Revolutionären Sozialisten 1973, S. 90, Fußnote 71. Hieraus auch das direkte Briefzitat von Kaiser an die Sopade vom 3. 2. 1936.

Vorbehalte gegenüber der Gruppenarbeit steigerten sich bei Aufhäuser in den kommenden Wochen, zumal er aufgrund seiner rigiden Haltung im Fall um das Letna-Heim auch im Prager Zirkel seinen Rückhalt schwinden sah. Kritisiert wurde besonders, dass den betroffenen Flüchtlingen vonseiten der RSD-Leitung keine Gelegenheit eingeräumt worden war, sich öffentlich zu erklären oder die Vorwürfe im Rahmen einer eingehenden Untersuchung auszuräumen.[499] Der Unmut kumulierte auf einer der regelmäßigen Prager Versammlungen sozialdemokratischer Emigrant:innen im März 1936 in dem Vorwurf, »Aufhäuser [wäre] der SOPADE zu Kreuze gekrochen«.[500] Eine Aussprache, zu der Aufhäuser in der Folge einlud, wurde in Anbetracht der vorangegangenen Ereignisse als »überflüssig« erachtet.[501] Stattdessen folgte eine Erklärung von sieben Genossen, in der nicht nur die unsolidarische Maßregelung der Beschuldigten aus dem Letna-Heim, sondern auch die Alleingänge der Leitung und die inzwischen vollzogene Reorganisation des Gremiums im Zuge von Seydewitz' Ausscheiden beanstandet wurden.[502] Das Schreiben gipfelte in der Behauptung, die reorganisierte Leitung habe auch hinsichtlich der Einheitsfrontfrage einen »Kurswechsel« vollzogen, eine »so kraftlose und unkämpferische Führung« werde abgelehnt.[503]

Diese Angelegenheit sorgte innerhalb der Prager Gruppe für reichlich Aufruhr.[504] Obschon Aufhäusers Führungsrolle innerhalb der RSD dadurch nicht ernsthaft zur Disposition stand, zog er sich nur wenige Wochen später aus der aktiven Arbeit zurück.[505]

499 Vgl. Parteivorstands-Rundschreiben vom 24. Januar 1936 mit Bericht über die Parteivorstandssitzung am 17. Januar 1936, in: Buchholz/Rother (Hg.): Parteivorstand 1995, S. 143-145, hier S. 144, Fußnote 3. Ursula Langkau-Alex urteilte nach Prüfung der vorhandenen Unterlagen, es ließe sich lediglich nachvollziehen, »daß hier Sozialdemokraten sich dem PV in der Ablehnung einer Einheitsfront – begründet in einem Vortrag von Ollenhauer im Letnaheim – widersetzten und mit (einem) Kommunisten Besprechungen über gemeinsame Grenz- bzw. illegale Arbeit führten« (Langkau-Alex, Vorgeschichte 2004, S. 315, Fußnote 108).

500 Bundesarchiv Berlin, SAPMO, RY 13/FC 143/401, Friemberger an Aufhäuser sowie Erklärung an den Arbeitskreis Revolutionärer Sozialisten (Richtung: Aufhäuser – Böchel), beide vom 25. 3. 1935. Im Original hervorgehoben.

501 Ebd.

502 Ebd. Im Zuge des Ausscheidens von Seydewitz und der »Letnaheim-Fraktion« war eine Reorganisation debattiert worden (Freyberg, Die Revolutionären Sozialisten 1973, S. 90 f., Fußnote 72).

503 Bundesarchiv Berlin, SAPMO, RY 13/FC 143/401, Erklärung an den Arbeitskreis Revolutionärer Sozialisten (Richtung: Aufhäuser – Böchel), 25. 3. 1935. Im Original teilweise hervorgehoben. Dabei wurde auch auf den Inhalt des 4. RS-Briefs rekurriert (siehe dazu weiter unten).

504 Am 10. April 1936 hatte eine Versammlung von 15 Prager RSD-Mitgliedern in der Wohnung von Max Seydewitz stattgefunden, in der über die Wahl einer neuen Leitung diskutiert worden war (vgl. Bundesarchiv Berlin, SAPMO, RY 1/I 2/3/410, Versammlung der RS-Gruppe Prag, 10. 4. 1936). Ausführlich war hier auch über die Affäre um das Letna-Heim und ein Angebot Aufhäusers, mit den sieben Unterzeichnern der Erklärung zu sprechen, debattiert worden.

505 Friemberger hatte verkündet, dass »faktisch die gesamte Prager RS[-]Gruppe von der reorganisierten RS-Leitung ab[ge]rückt« wäre (IISH Amsterdam, Paul Hertz Papers, 16-1-f-4, Friemberger an Genossen, 29. 3. 1936). Allerdings geht aus verschiedenen, von der KPD gesammelten Berichten und Informationsmaterialien hervor, dass Aufhäuser nach wie vor über

Dabei mag den Debatten um das Letna-Heim durchaus eine katalysierende Wirkung zugekommen sein. Um der Komplexität der Geschehnisse Rechnung zu tragen, erscheint es im Zuge der Ursachenforschung jedoch notwendig, den Fokus nunmehr abermals auf die politischen Rahmenbedingungen und Konstellationen zu richten, die die Exilarbeit Mitte der 1930er Jahre prägten.

Verhandlungen mit der KPD

Der Zeitraum, in dem sich die RSD als eigenständige Gruppe konstituierten, war von einschneidenden politischen Veränderungen und ideologischen Unsicherheiten innerhalb der unterschiedlichen Exilgruppen geprägt: Der Ausbau des nationalsozialistischen Verfolgungsapparats ging mit weitläufigen Massenverhaftungen einher. Mitte der 1930er Jahre waren zahlreiche innerdeutsche Widerstandszirkel »zerschlagen« oder personell erheblich geschwächt.[506] Vielfach wurde dem NS-Regime inzwischen nationale und internationale Anerkennung zuteil, was unter anderem in der Abstimmung um die Zukunft des Saargebiets seinen Niederschlag fand.[507] Die faschistische Diktatur hatte sich so weit stabilisiert, dass mit einer gegenläufigen »Volksbewegung« oder einem Aufstand, wie er in der Anfangszeit aus dem Exil häufig prognostiziert wurde, kaum mehr zu rechnen war.[508] Diese Entwicklungen traten sukzessive ins Bewusstsein der unterschiedlichen Exilgruppierungen, die sich dadurch mit neuen, teils existenziellen Schwierigkeiten konfrontiert sahen. So hatte die RS-Plattform vom Sommer 1934 zunächst auf der Vorstellung gefußt, dass sich der Faschismus in Deutschland durch eine proletarische Machteroberung und eine anschließende ökonomische und soziale Umgestaltung würde bezwingen lassen.[509] Angesichts der sich festigenden NS-Herrschaft sanken die Erfolgsaussichten einer solchen Planung deutlich. Bei *Neu Beginnen* wiederum mündeten strategisch-taktische Differenzen in einer Führungskrise, die im Juni 1935 zur Absetzung der alten Inlandsleitung um

maßgeblichen Rückhalt innerhalb der Gesamtgruppe verfügte. Überlegungen von Seydewitz, einen Neuaufbau der RSD ohne Aufhäuser und die Karlsbader vorzunehmen, blieben eine Episode (vgl. Bundesarchiv Berlin, SAPMO, RY 1/I 2/3/389, Berichte über ein Gespräch mit Max Seydewitz, undatiert sowie eine Unterredung mit Robert Keller in Bodenbach am 6.4.1936, 8.4.1936 und eine Unterredung mit Otto Friedländer am 7.4.1936, [18.4.1936]). Der Informant Kaiser berichtete im Mai 1936 von Aufhäusers Rückzug aus der aktiven Arbeit (vgl. Foitzik, Zwischen den Fronten 1989, S. 152).

506 Schneider, Unterm Hakenkreuz 1999, S. 970-975.

507 Ebd., S. 975. Vgl. zur Saarfrage etwa: Patrik von zur Mühlen, »Schlagt Hitler an der Saar!«. Abstimmungskampf, Emigration und Widerstand im Saargebiet 1933-1935, Bonn 1979. Bei der Volksabstimmung am 13. Januar 1935 hatten knapp 90 Prozent der stimmberechtigten Saarländer:innen für eine Vereinigung mit dem Deutschen Reich votiert (ebd., S. 222-233, insbesondere S. 228).

508 Schneider, Unterm Hakenkreuz 1999, S. 975.

509 Vgl. Foitzik, Zwischen den Fronten 1986, S. 144.

Loewenheim führte.[510] Zur zentralen Figur avancierte nun Karl Frank. Mit dem sich vollziehenden Führungswechsel und dem Scheitern des SAI-Schiedsprozesses veränderte sich auch das Verhältnis zu den RSD. Immer deutlicher trat die nie endgültig beigelegte »Rivalität beider Gruppenleitungen hinsichtlich des Führungsanspruchs im Verjüngungs- und Revolutionierungsprozeß der Sozialdemokratie« nun beim Werben um neue Mitglieder und Unterstützer:innen zutage.[511] Und auch innerhalb der SOPADE wurden im Mai 1935 Pläne zur Restrukturierung der Vorstandsarbeit und eine Reduktion der besoldeten Gremienmitglieder debattiert.[512] Primärer Beweggrund war der Kostenfaktor, da sich die geretteten Parteigelder zusehends verringerten. Unter dieser Prämisse wurde letztlich sogar über den Verkauf des Parteiarchivs, mitsamt des sich darin befindlichen Marx-Engels-Archivs, diskutiert. Im Sommer 1935 setzten sich sowjetische Unterhändler für dessen Erwerb ein und traten schließlich mit einem offiziellen Gesuch an die SOPADE heran.[513] An den diesbezüglichen Debatten und Verhandlungen, die unter Hinzuziehung der SAI geführt wurden, nahmen Aufhäuser und Böchel regen Anteil. Sie warnten vor der politisch-propagandistischen Wirkung eines solchen Verkaufs und bestritten die treuhänderische Verantwortung der SOPADE für das Archivmaterial ganz grundsätzlich.[514]

Dass die Verhältnisse innerhalb der politischen Exilgruppen in dieser Weise erodierten, hing auch mit den Aktivitäten der *Kommunistischen Internationale* und der KPD zusammen. Deren offizielle Haltung gegenüber der Sozialdemokratie veränderte sich um die Mitte des Jahrzehnts fundamental und trug maßgeblich dazu bei, dass sich Volks- und Einheitsfrontbestrebungen ausweiteten, über deren Sinnhaftigkeit innerhalb der sozialdemokratischen Bewegung kontrovers diskutiert wurde: Obschon »die KPD-Führung die Sozialdemokratie seit Jahresanfang 1933 mit einer ganzen Flut von Aufforderungen zu Aktionseinheit und Einheitsfront« adressiert hatte, hielt sie bis Mitte der 1930er Jahre

510 Die Konflikte und Beweggründe waren vielfältig und werden im Rahmen verschiedener Untersuchungen unterschiedlich gewichtet. Vgl. etwa: ebd., S. 77-81 sowie Kliem, Neu Beginnen 1957, S. 134-151 und Schneider, Unterm Hakenkreuz 1999, S. 829 f. Gleichwohl wurde übereinstimmend die sich wandelnde Einstellung der Inlandsleitung gegenüber der illegal-revolutionären Untergrundarbeit als maßgeblicher Faktor aufgeführt.

511 Langkau-Alex, Vorgeschichte 2004, S. 137. Vgl. zu den programmatischen und organisationspolitisch-strategischen Ähnlichkeiten und Unterschieden: Foitzik, Zwischen den Fronten 1986, S. 145 f.

512 Protokoll der Parteivorstandssitzung am 21. Mai 1935, in: Buchholz/Rother (Hg.): Parteivorstand 1995, S. 116-119. Vgl. zu dieser Frage auch das Protokoll der Parteivorstandssitzung am 24. Februar 1938, in: ebd., S. 220-225, insbesondere S. 223, Fußnote 11.

513 Vgl. Paul Mayer, Die Geschichte des sozialdemokratischen Parteiarchivs und das Schicksal des Marx-Engels-Nachlasses, in: Archiv für Sozialgeschichte 6/7 (1966/67), S. 5-198, hier S. 104-109. Demnach hätte das Archiv künftig im Moskauer *Marx-Engels-Institut* verwahrt werden sollen.

514 Vgl. ebd., S. 109-120 sowie AdsD Bonn, Bestand Sopade, Aufhäuser/Böchel an Adler, 31. 1. 1936, Aufhäuser/Böchel an SAI, 31. 1. 1936, Adler an Aufhäuser/Böchel, 10. 2. 1936 sowie Aufhäuser/Böchel an Adler, 4. 3. 1936 (jeweils in Kopien).

zumindest »offiziell« an der »Sozialfaschismus«-These fest.[515] Stets war eine »Einheitsfront von unten« propagiert worden, während die SPD-Führung weiterhin mit harscher Kritik bedacht wurde.[516] Seit Frühsommer 1934 ließen sich aber Anzeichen ausmachen, die in dieser Frage auf eine vom *Exekutivkomitee der Kommunistischen Internationale* (EKKI) ausgehende strategisch-taktische Umstellung hindeuteten.[517] Dieser Wandel musste allerdings erst gegen energische Widerstände der KPD-Führung durchgesetzt werden.[518]

Der Prozess der Annäherung war von den sozialdemokratischen Verfechter:innen einer Aktionseinheit aufmerksam registriert worden.[519] Verschiedenen Darstellungen zufolge hatte im Sommer 1934 ein sondierendes Treffen zwischen Siegfried Aufhäuser und Walter Ulbricht stattgefunden, der als einer der führenden KPD-Funktionäre neben dem Parteivorsitzenden Wilhelm Pieck schon früh für Absprachen mit dem SPD-Vorstand und dessen linken Vertretern plädiert hatte.[520] Die beiden verständigten sich darauf, jeweils einen positiven Artikel zur Einheitsfront zu veröffentlichen.[521] Einen solchen Text bot Aufhäuser dann auch dem *Neuen Vorwärts* an – ohne jedoch die Redaktion über den politischen Kontext aufzuklären.[522]

Nachdem die Veröffentlichung vonseiten der SOPADE abgelehnt worden war, bot sich die *Neue Weltbühne* als Forum an. Als Nachfolgeorgan der renommierten *Weltbühne*

515 Schneider, Unterm Hakenkreuz 1999, S. 898 sowie S. 887 und S. 1030.

516 Ebd., S. 898. Siehe dazu auch Freyberg, Die Revolutionären Sozialisten 1973, S. 125ff.

517 Vgl. dazu ausführlicher: Schneider, Unterm Hakenkreuz 1999, S. 899 sowie S. 1031. Siehe auch: Klaus Mammach, Widerstand 1933-1939. Geschichte der deutschen antifaschistischen Widerstandsbewegung im Inland und in der Emigration, Köln 1984, S. 73ff.

518 Schneider, Unterm Hakenkreuz 1999, S. 899 sowie Freyberg, Die Revolutionären Sozialisten 1973, S. 127-131. Vgl. zu den Konflikten innerhalb der KPD auch die Darstellung bei: Siegfried Vietzke, Die KPD auf dem Wege zur Brüsseler Konferenz, Berlin 1966, S. 140-162.

519 Vgl. etwa: Freyberg, Die Revolutionären Sozialisten 1973, S. 113-116.

520 Foitzik machte darauf aufmerksam, dass dieses Treffen erst in den 1980er Jahren durch die Publikation eines ostdeutschen Autor:innenkollektivs positiv belegt worden sei (vgl. ders., Zwischen den Fronten 1986, S. 79, Fußnote 285 wo er auf Miroslav Beck/Jiří Veselý u. a., Exil und Asyl. Antifaschistische deutsche Literatur in der Tschechoslowakei 1933-1938, Berlin 1981, S. 320 verwies). Demgegenüber bezog sich Freyberg auf eine ältere Publikation von Siegfried Vietzke, der wiederum auf eine Aussage Ulbrichts rekurrierte (Vietzke, Brüsseler Konferenz 1966, S. 137f.). Demnach hatte Ulbricht nach der »Juli/August-Beratung der Parteiführung« vom Politbüro den Auftrag erhalten, mit Aufhäuser zu verhandeln und zu sondieren, »welche nächsten gemeinsamen Schritte [...] gegen den Faschismus« gemacht werden könnten (ebd., vgl. dazu die Rede von »Walter«, in: Lewin, Erwin/Reuter, Elke/Weber, Stefan [Hg.]: Protokoll der »Brüsseler Konferenz« der KPD 1935. Reden, Diskussionen und Beschlüsse, Moskau vom 3.-15. Oktober 1935. Teil 1, München 1997, S. 494-517, hier S. 503).

521 Ebd. Hier wurde deutlich, dass Ulbricht zunächst nicht als Schreiber des Artikels vorgesehen war.

522 Stampfer hatten diesen Artikel wegen eines vermeintlichen Kooperationsangebots an die KPD (dabei ging es um die in der Plattform angestrebte Bildung gemeinsamer »Vollzugsausschüsse« und um eine gemeinsame Zentralstelle) nicht berücksichtigt (AdsD Bonn, Bestand Sopade, Stampfer an Aufhäuser, 21.8.1934). Aufhäuser beschwerte sich im Gegenzug über die Publikationspraxis des Vorstands und den mangelnden Willen, die Frage der Einheitsfront zu diskutieren (Aufhäuser an Stampfer, 22.8.1934, siehe dazu auch: III. Kapitel 1.3).

war die Zeitschrift von April 1933 bis Anfang März 1934 unter der Leitung von Willi Schlamm in Prag erschienen.[523] Im Anschluss übernahm Hermann Budzislawski das Blatt, das sich unter seiner redaktionellen Führung neben dem *Neuen Tage-Buch* in Paris zur »wichtigsten Exilzeitschrift der 30er Jahre« entwickelte.[524] Schon bevor Aufhäuser mit seinem Aufsatz an die *Neue Weltbühne* herantrat, hatte Budzislawski »unermüdlich an die beiden großen Parteien der Arbeiterbewegung [appelliert], die zentrale Aufgabe einer Einheitsfront zu leisten«.[525] Mit Aufhäusers Artikel, der sich unter Bezugnahme aktueller Ereignisse inhaltlich an den Vorschlägen der im Erscheinen befindlichen RS-Plattform orientierte, entwickelte sich das Blatt zu einer Tribüne der unterschiedlichen Einheitsfront-Befürworter:innen.[526] Mit einiger Verzögerung erschienen hier auch Ulbrichts Replik und Aufhäusers erneute Antwort.[527]

Die Verbindung zu Hermann Budzislawski und der *Neuen Weltbühne* sollte sich für Siegfried Aufhäuser in zweierlei Hinsicht als folgenreich erweisen: Einerseits eröffnete sie ihm ein neues publizistisches Betätigungsfeld. Wie bereits erläutert, zeichnete er hier ab 1935 maßgeblich für die inhaltliche Gestaltung der Rubrik »Deutsches Wirtschaftsbarometer« verantwortlich. Weiterhin standen ihm die Zeilen der Zeitschrift für Artikel offen, die sich mit Fragen zur Einheits- oder Volksfront beschäftigten.[528] Darüber hinaus publizierte er hier ab 1936 mit steigender Frequenz in erster Linie über die nationalsozialistische Wirtschafts- und Sozialpolitik sowie zu gewerkschaftlichen Themen.[529] Dass sich seine Publikationstätigkeit nach dem Ausscheiden bei den RSD in der 2. Jahreshälfte 1936 deutlich intensivierte, ist keinem Zufall geschuldet.[530] Aufhäuser wendete sich – auch im Rahmen seiner gewerkschaftlichen Anstellung – nun

523 Vgl. zur Entstehungsgeschichte und Schlamms Leitung: Maas, Handbuch 1990, S. 106-112.

524 Ebd., S. 119. Siehe zu dieser Entwicklung auch: Teuber, Budzislawski 2004 sowie Dieter Schiller, Die Weltbühne im Prager Exil, in: Oswalt, Stefanie (Hg.): Die Weltbühne. Zur Tradition und Kontinuität demokratischer Publizistik. Dokumentation der Tagung »Wieder gilt: der Feind steht rechts!«, St. Ingbert 2003, S. 129-141.

525 Maas, Handbuch 1990, S. 113. Vgl. zu dessen frühen Initiativen: Teuber, Budzislawski 2004, S. 104-115.

526 Die neue Weltbühne, Nr. 35 vom 30. 8. 1934, »Hauptfeind Fascismus. Von der Einheitsaktion zur Einheitsfront«. Vgl. dazu und zu Ulbrichts Antwort: Freyberg, Die Revolutionären Sozialisten 1973, S. 116-122.

527 Vgl. Die neue Weltbühne, Nr. 43 vom 25. 10. 1934, »Für die Aktionseinheit gegen den Hitlerfaschismus. Offene Antwort an Siegfried Aufhäuser und die linken Sozialdemokraten« sowie Nr. 44 vom 1. 11. 1934, »Dennoch Einheitsfront«. Ulbrichts Artikel war bereits eine Woche zuvor in der kommunistischen Schweizer *Rundschau über Politik, Wirtschaft und Arbeiterbewegung* erschienen (Freyberg, Die Revolutionären Sozialisten 1973, S. 119).

528 Vgl. Die neue Weltbühne, Nr. 49 vom 5. 12. 1935, »Etappen der Einheitsfront« sowie Nr. 5 vom 30. 1. 1936, »Erfordernisse der Volksfront«.

529 Vgl. etwa: ebd., Nr. 15. vom 9. 4. 1936 »Die Mittelschichten«, Nr. 26 vom 25. 6. 1936, »Mitteleuropa«, Nr. 27 vom 2. 7. 1936, »Gewerkschaftsinternationale«, Nr. 31 vom 30. 7. 1936 »Kraft durch Freude« und Nr. 39 vom 24. 9. 1936, »Schachts Wirtschaftspolitik«.

530 Aufhäuser kam entgegen, dass sich die Besitzverhältnisse der *Neuen Weltbühne* in diesem Zeitraum zugunsten von Budzislawski verschoben, der fortan die Linie der Zeitschrift im Wesentlichen eigenverantwortlich bestimmte (vgl. dazu: Teuber, Budzislawski 2004, besonders S. 192 ff.).

in erster Linie journalistischen Aufgaben zu.[531] In der *Neuen Weltbühne* avancierte er zu einem der eifrigsten Beiträger. Zwischen Anfang 1937 bis zu seiner Flucht aus Prag im September 1938 lassen sich ihm mehr als 30 Artikel zuordnen.

Hermann Budzislawski war es auch, der einen direkten Draht zwischen Aufhäuser und der KPD herstellte: Die im Spätsommer 1934 vom Arbeitskreis Revolutionärer Sozialisten veröffentlichte »Plattform« war von kommunistischer Seite zunächst vehement kritisiert worden.[532] Ungeachtet dessen veranlasste die darin signalisierte Kooperationsbereitschaft das KPD-Politbüro am 28. September zum Entschluss, Kontakt mit Aufhäuser aufzunehmen.[533] Obschon dieses Vorgehen innerhalb der KPD heftig umstritten blieb, gehörte es, so Jutta von Freyberg, »zweifellos zu den historischen Verdiensten der [späteren] RSD, durch ihre Bereitschaft zur Aktionseinheit und zur politischen Auseinandersetzung mit der KPD die Entwicklung der Einheitsfront-Konzeption der KPD besonders im Jahr 1934 beschleunigt […] zu haben«.[534] Jedenfalls kam am 8. November 1934 in Prag ein Treffen von Aufhäuser und Böchel mit den KPD-Vertretern Hans Beimler und Josef Winternitz (Deckname: Lenz) zustande, das vom ebenfalls beteiligten Budzislawski vermittelt worden war.[535] Dieses Gespräch, das in einem Café stattfand, wurde von den beiden KPD-Funktionären mit Vorschlägen über

531 Hier sei nochmals auf den Sachverhalt verwiesen, dass er ab 1937 die Redaktion der neu gegründeten EVP-Publikation *Weg der Wirtschaft* übernahm und regelmäßig in der Gewerkschafts-Zeitung publizierte (vgl. III. Kapitel 2.1).

532 Vgl. Schneider, Unterm Hakenkreuz 1999, S. 896f.

533 In einer weiteren Sitzung war über ein konkretes Einheitsfrontangebot gesprochen worden (vgl. zu den Sitzungen des Büros ebd., S. 899f.). Dieses Angebot soll Aufhäuser am 24. Oktober auch zugesendet worden sein (ebd.).

534 Ebd., S. 899f. Zitat bei: Freyberg, Die Revolutionären Sozialisten 1973, S. 179. Nach einer Reihe von Gesprächen mit dem EKKI hatte die KPD-Führung am 30. Januar 1935 schließlich eine Resolution über die »Proletarische Einheitsfront und antifaschistische Volksfront zum Sturz der faschistischen Diktatur« angenommen (vgl. Schneider, Unterm Hakenkreuz 1999, S. 1031f. sowie Vietzke, Brüsseler Konferenz 1966, S. 164-176). Vgl. zu den internen Diskussionen auch: Hermann Schubert und Pieck im Mitteleuropäischen Ländersekretariat über die KPD-Krise und die neuen Vorgaben der Komintern, 8. April 1935, in: Weber, Hermann/Drabkin, Jakov/Bayerlein, Bernhard H. (Hg.): Deutschland, Russland, Komintern. II. Dokumente (1918-1943). Nach der Archivrevolution: Neuerschlossene Quellen zu der Geschichte der KPD und den deutsch-russischen Beziehungen. Band 6/2, Berlin u.a. 2015, S. 1112-1119, insbesondere S. 1114ff. Auf dem VII. Weltkongress der Kommunistischen Internationale, der vom 25. Juli bis 20. August 1935 tagte, wurde schließlich nicht nur die Sozialfaschismusthese offiziell revidiert und der Weg zur Einheitsfront »von oben« geebnet, sondern auch der Aufbau einer antifaschistischen Volksfront aller Hitler-Gegner:innen in Aussicht gestellt (Schneider, Unterm Hakenkreuz 1999, S. 978f.). Danach hatte sich auch die KPD auf der sogenannten »Brüsseler Konferenz« im Oktober 1935 für eine Aktionseinheit der beiden Arbeiter:innenparteien auf Führungsebene ausgesprochen (ebd., S. 981 sowie Vietzke, Brüsseler Konferenz 1966, S. 214-241 und Mammach, Klaus [Hg.]: Die Brüsseler Konferenz der KPD [3.-15. Oktober 1935], Frankfurt a.M. 1975). Siehe auch: Lewin/Reuter/Weber (Hg.): Protokoll 1997. Die Tagung fand in der Nähe von Moskau statt, wurde jedoch aus Gründen der Tarnung mit Brüssel in Verbindung gebracht.

535 Bundesarchiv Berlin, SAPMO, RY 1/I 2/3/250, Hauptpunkte der Unterredung mit Aufhäuser über das Einheitsangebot des ZK der KPD, 3.12.1934. Vgl. auch das Exemplar in: RY 1/I

ein gemeinsames Vorgehen (»Einheitsaktion«) eröffnet: In Reaktion auf die Ereignisse in Spanien solle ein gemeinsamer Solidaritätsaufruf für die spanischen Arbeiter:innen veröffentlicht werden.[536] Siegfried Aufhäuser lehnte eine solche gemeinschaftliche Aktion für den *Arbeitskreis Revolutionärer Sozialisten* kategorisch ab, er wollte die »SPD als eine Einheit« behandelt sehen und als Gruppe innerhalb der Sozialdemokratie nicht selbstständig vorgehen.[537] Zumal es ihm wenig sinnvoll erschien, den Verhandlungen zwischen den beiden Internationalen, die im Monat zuvor begonnen hatten und auf der SAI-Exekutivsitzung Mitte November erörtert werden sollten, durch ein solches Vorgehen vorzugreifen.[538] Aufhäuser verweigerte auch die Annahme der Dokumente, um zu demonstrieren, dass es sich bei dem Treffen nicht um Verhandlungen gehandelt habe.[539] Unerlässlich erschien Böchel und Aufhäuser eine vorgelagerte Einigung auf Ebene der Gesamtparteien. Einen Bruch mit der SOPADE, der zu diesem Zeitpunkt noch nicht vollzogen war, galt es auf alle Fälle zu verhindern.[540] Vielmehr sollte diese in ihrem Sinn umgestaltet werden.[541]

Aufhäuser und Böchel informierten den SAI-Generalsekretär Adler noch am selben Tag über das Zusammentreffen.[542] Auch Wels erhielt eine Kopie des Schreibens.[543] Die später in der »Materialzusammenstellung über organisatorische Sonderbestrebungen in der Partei« geäußerten Vorwürfe, das Büro der SOPADE sei erst nachträglich über

2/3/408. Das Protokoll gibt die etwa zweistündige Verhandlung aus der Erinnerung der KPD-Funktionäre wieder.

536 Konkret ging es dabei um den Asturischen Bergarbeiter:innenstreik.

537 Bundesarchiv Berlin, SAPMO, RY 1/I 2/3/250, Hauptpunkte der Unterredung mit Aufhäuser über das Einheitsangebot des ZK der KPD, 3.12.1934.

538 Vgl. zu den Verhandlungen: Braunthal, Internationale (Bd. 2) 1963, S. 496-500 sowie III. Kapitel 1.3. Auf der SAI-Sitzung wurde beschlossen, das Verbot von Sonderverhandlungen einzelner SAI-Parteien aufzuheben und die Entscheidung über Einheitsfrontverhandlungen den jeweiligen Landesparteien zu übertragen (Langkau-Alex, Vorgeschichte 2004, S. 139).

539 Bundesarchiv Berlin, SAPMO, RY 1/I 2/3/408, Bericht von Lenz über die Verhandlungen mit Aufhäuser, 1934.

540 Ebd. Dem Kurzbericht von Winternitz zufolge hatte Aufhäuser zu bedenken gegeben, dass der Parteivorstand »noch immer über die organisatorischen Mittel verfüge, sie in der Partei kaltzustellen«.

541 Zu dieser Zeit hoffte Aufhäuser noch, so der Bericht, »in der Partei die Mehrheit zu erlangen«, um im Anschluss auch offiziell Verhandlungen aufzunehmen (ebd.). Im zuvor zitierten Bericht wurde ausgeführt, Aufhäuser wolle »die Partei und den Apparat in die Hand bekommen« (ebd., RY 1/I 2/3/250, Hauptpunkte der Unterredung mit Aufhäuser über das Einheitsangebot des ZK der KPD, 3.12.1934).

542 Dieser Schritt diente unter anderem dazu, sich bei einer etwaigen Veröffentlichung des Gesprächsinhalts seitens der kommunistischen Gesprächspartner gegenüber der SAI abzusichern. Während des Zusammentreffens war die Frage aufgekommen, inwieweit der Inhalt publik gemacht werden könne. Aufhäuser und Böchel hatten dagegen protestiert (vgl. ebd. sowie RY 1/I 2/3/408, Bericht von Lenz über die Verhandlungen mit Aufhäuser, 1934). Der Brief an Adler befindet sich im IISH Amsterdam, Labour and Socialist International Archives, Unterbestand 3515, Aufhäuser/Böchel an Adler, 8.11.1934.

543 Vgl. AdsD Bonn, Bestand Sopade, Aufhäuser an Wels, undatiert.

die »Verhandlungen« informiert worden, erscheinen in Anbetracht der Alleingänge der besoldeten Mitglieder vor diesem Hintergrund kaum stichhaltig.[544] Dies galt umso mehr für die Anschuldigungen, der Arbeitskreis unterhalte dauerhafte Verbindungen zu Kommunisten und plane gemeinsame Aktionen.[545] Erst nach dem Ausschluss von Aufhäuser und Böchel aus der Vorstandsarbeit suchte ein KPD-Vertreter Siegfried Aufhäuser zu Hause auf.[546] In Anbetracht des angerufenen SAI-Schiedsverfahrens ließ dieser jedoch kein Interesse an einer Zusammenarbeit erkennen.[547] Gleichwohl gestand er mit Blick auf die Ergebnisse der Saarabstimmung ein, dass »die Entwicklung des antifaschistischen Widerstandes […] auf größere Schwierigkeiten gestoßen [sei], als sie vor 6 Monaten angenommen hätten«.[548] Neben Fehleinschätzungen und organisatorischen Schwierigkeiten seien auch durch die Erschießungen infolge der Ermordung Sergei Mironowitsch Kirows »neue Schwierigkeiten für die Schaffung der Einheitsfront entstanden«.[549] Obgleich sich Siegfried Aufhäuser in dieser Hinsicht zurückhaltend äußerte, bekundete seine Frau Anna, die den Besucher empfangen hatte, sie seien »empört […]

544 Vgl. IISH Amsterdam, Labour and Socialist International Archives, Unterbestand 3472, Zirkulare des Vorstandes der SPD betr. die Ausschließung von S. Aufhäuser und von K. Böchel, 1935, S. 7.

545 Vgl. ebd. Gestützt wurden diese Vorwürfe durch einen kompromittierenden Brief von Böchel aus dem »Aktentaschenfund«. Darin hatte er Aufhäuser den Vorschlag unterbreitet, die KPD über einen Mittelsmann zur Abgabe eines Einheitsfrontangebots an den SPD-Vorstand zu bewegen, um diesen wiederum zu einer Stellungnahme zu veranlassen (ebd., S. 6). Dass diese Idee nicht weiterverfolgt und in einem Antwortschreiben von Aufhäuser wohl zunächst abgelehnt worden war, wurde hier unterschlagen (ebd., Unterbestand 3470, Denkschrift der Parteivorstandsminderheit über die dauernde Verletzung der Parteidemokratie durch das Büro der Sopade in Prag, 1935, S. 5. Vgl. dazu auch: AdsD Bonn, Bestand Sopade, Aufhäuser an Böchel, 9.12.1934).

546 Bundesarchiv Berlin, SAPMO, RY 5/I 6/10/91, Bericht über die Besprechung mit Aufhäuser am 8. Februar 1935 (Abschrift, 3.5.1935). Vgl. auch das Exemplar in RY 1/I 2/3/408. Um wen es sich dabei handelte, wird aus den Quellen nicht ersichtlich.

547 Ebd. Verschiedene Personen hatten im April 1935 übereinstimmend an die KPD-Leitung von der gegenwärtigen Passivität der RSD-Vertreter und deren großen Befürchtungen berichtet, aus der SPD ausgeschlossen zu werden (vgl. ebd., RY 1/I 2/3/408, Bericht über eine Besprechung mit Fr. am 16. April 1935 in Prag [Abschrift] und Bericht von Buch, 19.4.1935).

548 Ebd., RY 5/ I 6/10/91, Bericht über die Besprechung mit Aufhäuser am 8. Februar 1935, 5.3.1935 (Abschrift).

549 Ebd. Diese Todesurteile bildeten den Auftakt der sogenannten »Stalinistischen Säuberungen« und der »Moskauer Prozesse« in den folgenden Jahren. Infolge der Ermordung wurde die Repression gegen politisch Andersdenkende deutlich ausgeweitet (vgl. Friedrich I. Firsow, Die ›Säuberungen‹ im Apparat der Komintern, in: Weber, Hermann/u.a. [Hg.]: Kommunisten verfolgen Kommunisten. Stalinistischer Terror und ›Säuberungen‹ in den kommunistischen Parteien Europas seit den dreißiger Jahren, Berlin 1993, S. 37-51, insbesondere: S. 41 ff. sowie Hermann Weber, Zum Verhältnis von Komintern, Sowjetstaat und KPD. Eine historische Einführung, in: ders./Drabkin, Jakov/Bayerlein, Bernhard H./Galkin, Aleksandr [Hg.]: Deutschland, Russland, Komintern. I. Überblicke, Analysen, Diskussionen. Neue Perspektiven auf die Geschichte der KPD und die Deutsch-Russischen Beziehungen [1918-1943]. Band 5, Berlin u.a. 2014, S. 9-139, hier S. 110 ff.).

über die Erschießungen, denn es seien keinerlei Beweise erbracht, daß die Erschossenen mit der Ermordung« in Beziehung stünden.[550]

Bei dem Gespräch hatte Siegfried Aufhäuser sein Gegenüber auch mit dem Vorwurf konfrontiert, er und seine Verbündeten wollten »die Einheitsfront nur zum Zwecke der unmittelbaren Werbung« für die KPD herstellen.[551] Diese grundsätzliche Skepsis gegenüber kommunistischen Avancen teilte Aufhäuser mit den übrig gebliebenen Vertretern der SOPADE. Ungeachtet aller Anstrengungen, die die KPD unternahm, eine Zusammenarbeit mit den RSD und anderen linken Gruppen zu forcieren, bemühte sie sich ab 1935 vor allem um eine direkte Absprache mit der SOPADE.[552] Ein bilaterales Treffen zwischen Friedrich Stampfer, Hans Vogel und den KPD-Abgesandten Franz Dahlem und Walter Ulbricht ließ sich jedoch erst am 23. November 1935 realisieren und führte zu keiner Übereinkunft. Zu weit lagen die Vorstellungen auseinander: Während bei der SOPADE die Skepsis überwog, die Gegenseite wolle die Parole der Einheitsfront in erster Linie als taktisches Instrument nutzen, lehnte die KPD einen »Nichtangriffspakt« als ersten Schritt des Entgegenkommens kategorisch ab.[553] Dieses Resultat war innerhalb der Sozialdemokratie höchst umstritten. Aufhäuser zeigte sich einerseits von der KPD enttäuscht, die das Verhandlungsangebot nur an den Parteivorstand und nicht an alle sozialdemokratischen Organisationen gerichtet hatte.[554] Andererseits war er, auf das »Prager Manifest« rekurrierend, scharf mit der SOPADE ins Gericht gegangen. Diese habe es »schon im ersten Stadium einer Verständigungsaktion der revolutionären Kräfte der Arbeiterbewegung« abgelehnt, einer »von Kommunisten vorgeschlagenen allgemeinen Willenskundgebung zur Einheit zuzustimmen«.[555] Auf einer Versammlung sozialdemokratischer Emigrant:innen in Prag waren Erich Ollenhauer (Referent) und Siegfried Aufhäuser (Co-Referent) deswegen heftig aneinandergeraten: Wo Ollenhauer das Angebot als strategisches Manöver abgetan hatte, sah Aufhäuser eine vertane Chance. Unterstützt von einem Großteil der Anwesenden konstatierte dieser, er habe »wenigstens ein bescheidenes positives Ergebnis erwartet«.[556]

550 Bundesarchiv Berlin, SAPMO, RY 5/I 6/10/91, Bericht über die Besprechung mit Aufhäuser am 8. Februar 1935, 5.3.1935 (Abschrift).

551 Ebd.

552 Vgl. zu den Werbeversuchen: Schneider, Unterm Hakenkreuz 1999, S. 897 und S. 1032f.

553 Vgl. dazu ausführlich: Plum, SPD im Exil 1970, S. 428ff. sowie Schneider, Unterm Hakenkreuz 1999, S. 1032f. Das Protokoll findet sich abgedruckt bei: Matthias (Hg.): Gesicht nach Deutschland 1968, S. 241-250.

554 Vgl. Die neue Weltbühne, Nr. 49 vom 5.12.1935, »Etappen der Einheitsfront«. Zumal die RSD im Oktober 1935 einen Dreistufenplan zur Schaffung einer »Antifaschistischen Arbeiterfront« vorgelegt hatten (vgl. Langkau-Alex, Vorgeschichte 2004, S. 279-284).

555 Vgl. Die neue Weltbühne, Nr. 49 vom 5.12.1935, »Etappen der Einheitsfront«. Vgl. zu den Reaktionen auf das Verhandlungsergebnis auch: Langkau-Alex, Vorgeschichte 2004, S. 301-306.

556 Bundesarchiv Berlin, SAPMO, RY 5/I 6/3/259, Bericht über die Einheitsfrontverhandlungen der KPD und die Lage in der deutschen sozialdemokratischen Führung, 2.1.1936.

Im Strudel von Volks- und Einheitsfrontbestrebungen

Diese Debatte ist vor dem Hintergrund von Entwicklungen zu sehen, die im Frühjahr/Frühsommer 1935 in Paris ihren Ausgang nahmen und auf eine breite überparteiliche Sammlung antifaschistischer Kräfte innerhalb des Exils abzielten.[557] Unter maßgeblicher Beteiligung von bekannten Einzelpersonen – vor allem aus dem literarischen Bereich – konstituierte sich Ende Juli/Anfang August aus diesen Initiativen ein *Vorbereitender Ausschuss zur Schaffung einer Deutschen Volksfront*, für dessen Vorsitz Heinrich Mann gewonnen wurde.[558] Während sich die SOPADE – ungeachtet aller Einbindungsversuche vonseiten einzelner Pariser SPD-Mitglieder – abseits hielt, beteiligte sich die KPD-Führung durch ihre Vertreter Wilhelm Koenen und Willi Münzenberg rege an der Initiative.[559] Auf einem größeren Treffen, das am 26. September 1935 im Pariser Hotel *Lutetia* mit unterschiedlichen Persönlichkeiten aus der deutschen Arbeiter:innenbewegung und aus bürgerlichen Kreisen stattfand, bildete sich trotz gegenläufiger Vorstellungen hinsichtlich der zukünftigen Gestaltung Deutschlands eine Art vorbereitendes Leitungsgremium, das bald als Lutetia-Comité firmierte.[560] Während die rund 50 Teilnehmenden bei dieser Zusammenkunft noch als Einzelpersonen auftraten, wurde bei einem weiteren Treffen am 22. November 1935 versucht, die Repräsentanz unterschiedlicher Gruppen sicherzustellen.[561] Die RSD waren unter anderem durch Karl Böchel und Kurt Glaser vertreten.[562] Bei der Gründungskonferenz eines Volksfrontausschusses, die am 2. Februar 1936 im Hotel *Lutetia* stattfand, tauchte auch Siegfried Aufhäuser auf der Liste der Teilnehmenden auf. Allerdings nicht als unmittelbar Beteiligter, sondern als Unterstützer, der die Konferenz ausdrücklich »[b]egrüßt[e]«.[563]

Ungeachtet der formalen Unterstützung und grundsätzlichen Befürwortung im Namen der RSD blickte Aufhäuser skeptisch auf die Pariser Entwicklungen.[564] Dies

557 Vgl. zur detaillierten Entwicklung der unterschiedlichen, zunächst teils parallel laufenden Initiativen: Langkau-Alex, Vorgeschichte 2004, S. 145-195, insbesondere S. 152-174.

558 Ebd., S. 163.

559 Vgl. ebd., S. 165-178. Zunächst waren die beiden »nicht als offizielle[] Parteivertreter« aufgetreten, hatten aber erklärt, »in vollem Einvernehmen mit [ihrer] Partei« auch deren Auffassung zu vertreten (vgl. die Aussage Koenens nach: ebd., S. 181).

560 Ebd., S. 186 sowie Schneider, Unterm Hakenkreuz 1999, S. 1036.

561 Langkau-Alex, Vorgeschichte 2004, S. 194 und S. 301. Besonders Böchel hatte sich dafür eingesetzt (ebd., S. 294).

562 Ebd., S. 296f., Fußnote 39.

563 Ebd., S. 331. Zu den Ergebnissen der Konferenz zählte eine »Kundgebung an das deutsche Volk« sowie verschiedene Beschlüsse, die die Gründung einer Programmkommission, die Herausgabe einer Pressekorrespondenz und die Bestellung einer Ausschussleitung (im Sinne eines neunköpfigen Arbeitsausschusses) vorsahen (Schneider, Unterm Hakenkreuz 1999, S. 1039f.). Darüber hinaus regten die Gespräche trotz aller Differenzen, die im Anschluss an die Konferenz zutage traten, verschiedene Initiativen, überparteiliche Gründungen und gemeinsame Erklärungen an (ebd. S. 1040ff.).

564 Vgl. hierzu etwa die Abschrift eines Briefs sowie ein Briefzitat hinterlegt im Bundesarchiv Berlin (SAPMO, RY 13/ FC 143/401, Aufhäuser an Werte Freunde, 16.2.1936 [Abschrift] sowie RY 1/I 2/3/410, Aus einem Brief von Siegfried Aufhäuser, Prag, 8. Mai [1936]).

hing einerseits mit den Konzessionen zusammen, die der Volksfrontausschuss bereit war, gegenüber bürgerlichen Kreisen zu machen.[565] Andererseits hatte ihn das Verhandlungsangebot der KPD an die SOPADE über die Köpfe der übrigen sozialdemokratischen Gruppen hinweg sichtlich verärgert. Die Verhandlungsführung um den zukünftigen Besitz des SPD-Parteiarchivs und die Affäre um das Letna-Heim trugen dazu bei, dass sich sein Verhältnis zu der KPD weiter abkühlte.[566] Eine Distanzierung drückte sich auch im 4. *RS-Brief* aus. Mit Blick auf die für April 1936 im Deutschen Reich angesetzten Vertrauensratswahlen hatten die RSD ebenso wie die SOPADE dafür plädiert, Stimmzettel ungültig zu machen.[567] Sie gingen damit auf Abstand zur KPD, die für die Einsetzung eigener Kandidaten plädiert hatte.

Dass Siegfried Aufhäuser im Mai 1936 dennoch zwei Dokumente des Lutetia-Kreises unterzeichnete, dürfte in erster Linie auf Walter Ulbrichts Engagement zurückzuführen sein.[568] Nachdem der neu gegründete Volksfrontausschuss beschlossen hatte, auch Mitglieder in anderen Ländern zu rekrutieren und die Gründung von regionalen Volksfrontgruppen anzuregen, war Ulbricht zu diesem Zweck nach Prag gereist.[569] Hier hatte er eine Aussprache mit Aufhäuser geführt und diesen davon überzeugt, die beiden Texte zu unterstützen.[570] Mehr noch: Beide hatten sich mit dem Schriftsteller Oskar Maria Graf und den Journalisten Manfred Georg (später: George, Mitglied der *Deutschen Liga für*

565 Vgl. die Debatte zwischen Aufhäuser und dem KPD-Vertreter Koenen, die im April 1936 in der *Neuen Weltbühne* ausgetragen wurde (dazu ausführlich: Ursula Langkau-Alex, Deutsche Volksfront 1932-1939. Zwischen Berlin, Paris, Prag und Moskau. Zweiter Band: Geschichte des Ausschusses zur Vorbereitung einer deutschen Volksfront, Berlin 2004, S. 502 ff.). Einmal mehr lehnte Aufhäuser hier »die künstliche Konstruktion eines neuen Mittelstandes« ab, betonte den Zusammenhalt der »alle Kopf- und Handarbeiter umfassenden Arbeiterklasse« und trat für die »Eingliederung des Neuproletariats in eine breite antifaschistische Arbeiterfront« ein (Die neue Weltbühne, Nr. 15. vom 9. 4. 1936, »Die Mittelschichten«). Während Aufhäuser eine Volksfront »vom sozialistischen Standort aus« errichten wollte, betonte Koenen die Bedeutung der »alten Mittelschichten«, die er aus taktischen Motiven unter Aussparung sozialistischer Zukunftsforderungen überzeugen wollte (vgl. Langkau-Alex, Geschichte des Ausschusses 2004, S. 503 f.).

566 Ebd., S. 35.

567 RS-Briefe, 2. Jg. Nr. 1 vom März 1936, »Die Vertrauensratswahlen und die deutsche Arbeiterschaft«.

568 Vgl. den Brief an die internationalen Organisationen der Arbeiterbewegung, 18. Mai 1936 sowie die Erklärung nach der Rheinlandbesetzung, Mai 1936, beide in: Ursula Langkau-Alex, Deutsche Volksfront 1932-1939. Zwischen Berlin, Paris, Prag und Moskau. Dritter Band: Dokumente zur Geschichte des Ausschusses zur Vorbereitung einer deutschen Volksfront, Chronik und Verzeichnisse, Berlin 2005, S. 223-228 sowie S. 229-232. Vgl. zum Entstehungskontext: dies., Geschichte des Ausschusses 2004, S. 123-135.

569 Ebd., S. 74 und S. 78.

570 Ebd., S. 78 f. Siehe dazu: Bundesarchiv Berlin, NY 4182 (Nachlass Walter Ulbricht), Archivnummer 198, Besprechung mit Aufhäuser, 27. Mai 1936 sowie Berichte über Besprechungen mit Friedrich Stampfer, Rudolf Hilferding und Siegfried Aufhäuser, in: Walter Ulbricht, Zur Geschichte der deutschen Arbeiterbewegung. Aus Reden und Aufsätzen. Band 2: 1933-1946. 2. Zusatzband, Berlin 1968, S. 57-65.

Menschenrechte) und Richard Bernstein zusammengefunden, um über die Realisierung einer groß angelegten Volksfront-Versammlung in Prag zu sprechen.[571] Ein solches Vorhaben scheiterte jedoch, so Ursula Langkau-Alex, primär am Auslandsbüro von *Neu Beginnen*, das ebenfalls für das Vorhaben hätte gewonnen werden sollen. Demnach überzeugte Karl Frank den KPD-Vertreter Koenen davon, dass ein solches Vorgehen zu früh komme, wenn man hierfür auch die SOPADE gewinnen wolle.[572] Entgegen dieser Darstellung hob Hansjörg Schneider das Wirken von Koenen bei diesem Vorhaben hervor. So hätte dieser in einem, in der ersten Jahreshälfte 1936 gegründeten Prager Volksfrontausschuss eng mit Seydewitz, Budzislawski, Böchel, Friedländer, Georg und Aufhäuser zusammengearbeitet.[573] Zwar berichtete auch Langkau-Alex von einem solchen Freundeskreis um Budzislawski, datiert dessen Konstitution (»nach dem ersten Fiasko vom Sommer 1936«) jedoch auf Mitte 1937.[574]

Dass Siegfried Aufhäuser an diesem Freundeskreis, dessen Wirkungsradius ohnehin beschränkt blieb, längerfristig mitarbeitete, erscheint zumindest in der Konstellation, die Schneider benannte, unwahrscheinlich. Zum einen war Siegfried Aufhäuser spätestens Ende 1936 auf Distanz zur Volksfrontbewegung gegangen. Sein Name erschien zwar auf dem bekannten »Aufruf an das deutsche Volk«, der im Dezember 1936 öffentlichkeitswirksam verabschiedet wurde.[575] Aufhäuser hatte jedoch gar keine Zustimmung zur Verwendung seines Namens erteilt.[576] Zum anderen war es Mitte 1936 zum Bruch mit Böchel gekommen, was den endgültigen Ausschlag für Aufhäusers Ausscheiden bei den RSD gab. Während Karl Böchel im ersten Halbjahr 1936 immer vehementer für eine neue »Einheitspartei« plädierte, die durch Zusammenschluss verschiedener linker Gruppen entstehen sollte, setzte Siegfried Aufhäuser seine Hoffnungen weiter auf eine Verbindung der beiden großen Arbeiter:innenparteien im Sinne einer »Politik der Sammlung«.[577] Die gegenläufige politische Vorstellung Böchels dürfte Aufhäuser

571 Bericht über die Vorbereitungen zu einer Volksfrontberatung in Prag, 27. Mai 1936, in: ebd. S. 66 (Ulbricht scheint diese Berichte allesamt auf den Tag der Verschriftlichung datiert zu haben).

572 Langkau-Alex, Geschichte des Ausschusses 2004, S. 79 f. sowie S. 499.

573 Hansjörg Schneider, Exil in der Tschechoslowakei 1980, S. 106 ff. Klaus Mammach rekurrierte ebenfalls auf einen von Budzislawski geleiteten Prager *Freundeskreis der deutschen Volksfront*, dem zeitweilig auch Aufhäuser, Böchel, Seydewitz und Koenen angehört haben sollen (Mammach, Widerstand 1984, S. 252. Vgl. dazu die Darstellung bei Schneider, Unterm Hakenkreuz 1999, S. 1044). Siehe zur Konzeption, Entwicklung und Bandbreite der sogenannten »Freundeskreise« auch: Langkau-Alex, Geschichte des Ausschusses 2004, insbesondere S. 364-367.

574 Vgl. ebd., S. 430, Fußnote 1.

575 Vgl. Aufruf an das deutsche Volk, 21. Dezember 1936, in: Langkau-Alex, Dokumente zur Geschichte des Ausschusses 2005, S. 279-284.

576 Ebd., S. 284, Fußnote 1 sowie Langkau-Alex, Geschichte des Ausschusses 2004, S. 557.

577 Vgl. Bundesarchiv Berlin, SAPMO, RY 1/I 2/3/389, Berichte über ein Gespräch mit Max Seydewitz, undatiert, Unterredung mit Robert Keller in Bodenbach am 6. 4. 1936, 8. 4. 1936 und eine Unterredung mit Otto Friedländer am 7. 4. 1936, [18. 4. 1936]. Siehe ferner: RY 1/I 2/3/410, Thesen Aufhäusers zu seinem Referat in der Gruppe der R. S., undatiert.

zu jener Zeit besonders verärgert haben, da er aufgrund der Konflikte, die sich in Prag im Zuge der Letna-Heim-Affäre entsponnen hatten, auf Unterstützung durch die Karlsbader RSD-Gruppe hoffte.[578]

Schließlich kam es zum Bruch, den er gegenüber Friedrich Adler und Otto Bauer im Juli 1936 ausführlich begründete.[579] In diesen Schreiben beschäftigte er sich kritisch mit der Politik des SPD-Parteivorstands und den Schwierigkeiten, die sozialdemokratischen Kräfte im Exil zu sammeln. Als entscheidenden Faktor seines politischen Handelns in den vergangenen Jahren benannte er in dieser Darstellung die Verbundenheit zu Karl Böchel. Davon wendete er sich nun entschieden ab und distanzierte sich gleichzeitig von weiterer politischer Gruppenarbeit:

> Ich habe meine Mitwirkung im Arbeitskreis der Revolutionären Sozialisten, dessen Leitung ich mit Genossen Karl Böchel gemeinsam inne hatte, am 17. Juni nach andauernden Konflikten und Unstimmigkeiten mit B[öchel] eingestellt und gehöre keiner Gruppe mehr an.
> Ich war durch den Ihnen bekannten Konflikt mit dem Parteivorstand seinerzeit in eine Abwehrfront mit Böchel gedrängt worden und ich habe geglaubt aus Gründen der Solidarität unzählige Belastungen auf mich nehmen zu sollen [...]. Die völlig labile Natur des Gen[ossen] B[öchel] hat mir aber auch beim besten Willen eine weitere Zusammenarbeit bei Gefahr eines Abgleitens in sektiererische, wenn nicht spaltungsgleiche Tendenzen, einfach unmöglich gemacht. [...]
> Ich wollte bei aller begründeten Opposition gegen den reichsdeutschen PV doch unsere Aufgabe einer Sammlung der Kräfte *innerhalb* der deutschen Sozialdemokratie keinesfalls aufgeben und musste schließlich erkennen, daß diese Linie in der Zusammensetzung des in der Emigration eben zufällig bestimmten Arbeitskreises fortwährenden Schwankungen ausgesetzt war. [...]
> Ich sehe heute mehr, denn je ein[e] Sammlung aller sozialdemokratischen Kräfte als notwendig an und darüber hinaus ihre Vereinigung mit der übrigen deutschen Bewegung. Ich hoffe, daß ich diesem Ziel ohne Gruppenbildung mit erhöhter Intensität dienen kann.[580]

Stattdessen stieß ein überparteiliches Projekt auf Siegfried Aufhäusers Interesse: Im November 1935 hatten sich in Paris zunächst 15 Organisationen zur *Fédération des Émigrés d'Allemagne en France* (FEAF) als Einheitsvertretung deutscher Emigrant:innen

578 Ebd., RY 1/I 2/3/389, Berichte über eine Unterredung mit Robert Keller in Bodenbach am 6.4.1936, 8.4.1936 und eine Unterredung mit Otto Friedländer am 7.4.1936, [18.4.1936]. Dass der Umzug Böchels nach Prag unmittelbar bevorstand, barg zusätzliches Konfliktpotenzial.

579 IISH Amsterdam, Otto Bauer Papers, Reel 1, Aufhäuser an Otto Bauer, 10.7.1936 sowie Labour and Socialist International Archives, Unterbestand 3515, Aufhäuser an Adler, 10.7.1936.

580 Ebd. Hervorhebung im Original.

in Frankreich zusammengeschlossen.[581] Von deren Seite waren in Vorbereitung auf eine internationale Konferenz deutscher Emigrant:innen, auf der sich letztlich eine *Zentralvereinigung der deutschen Emigration* (ZVE) als Dachverband konstituierte, im Frühjahr 1936 Einladungsschreiben an »Vertreter der deutschen Emigration aus den verschiedenen Ländern« verschickt und um die Entsendung von überparteilichen und repräsentativen Delegationen gebeten worden.[582] In erster Linie wurden emigrantische Hilfsorganisationen adressiert, obschon der nach Paris emigrierte Albert Grzesinski, hier als Präsidialmitglied der FEAF und Vertreter der neu gegründeten AWO, zusätzlich weitere sozialdemokratische Kreise einlud.[583] Anlässlich dieser Initiative fand am 18. Mai 1936 eine Zusammenkunft statt, um zu klären, ob in Prag eine Organisation analog zur FEAF gegründet werden sollte.[584] Neben Aufhäuser, Koenen und Kurt R. Grossmann, bis 1933 Generalsekretär der Deutschen Liga für Menschenrechte, nahmen hier drei ehemalige Funktionäre von KPD und der *Roten Hilfe* (Willy Korbmacher, Ernst Graul und Hugo Gräf) teil, die sich zwischenzeitlich teilweise bei der SAP und der Ende der 1920er Jahre gegründeten KPD-O engagiert hatten.[585] Entschuldigt fehlten Karl Frank und Stefan Szende (SAP). Obwohl das Vorhaben von den Anwesenden grundsätzlich befürwortet wurde, war »von allen Seiten der Wunsch geäußert [worden], daß bei der Schaffung einer einheitlichen Vertretung aller Emigranten unbedingt maßgebliche Persönlichkeiten der entscheidenden Richtungen der Emigration vertreten sein müßten«.[586] Deshalb sollten zumindest Hertz, Stampfer und Vogel von der SOPADE, der bereits erwähnte Manfred Georg und die Journalistin, Frauenrechtlerin und SPD-Politikerin Ada Lessing sowie der Völkerrechtler Hans Kelsen einbezogen werden. Allerdings konnte auch diese Initiative letztlich keinen großen Wirkungsradius für sich beanspruchen.

3 Über London nach New York: Perspektivenwechsel im Zentrum des überseeischen Exils

Nach dem Ausscheiden aus dem SPD-Parteivorstand und seiner Trennung von den RSD konzentrierte sich Siegfried Aufhäuser ab Mitte 1936 im Wesentlichen auf gewerkschaftliche und journalistische Aufgaben, ohne sich der politischen Organisationsarbeit gänzlich zu verschließen. In der Folgezeit stand schließlich eine erneute Verbindung mit

581 Vgl. zur Gründung ausführlich: Langkau-Alex, Vorgeschichte 2004, S. 190ff.

582 Vgl. ebd., S. 48f. sowie IISH Amsterdam, Labour and Socialist International Archives, Unterbestand 3498, Zirkulare der Fédération des Émigrés d'Allemagne en France, 11.5.1936.

583 Vgl. das Zusatzschreiben in: ebd., Grzesinski an Werte Genossen, 14.5.1936 sowie Langkau-Alex, Geschichte des Ausschusses 2004, S. 245f.

584 Archiv der Akademie der Künste, Bestand Redaktion »Die neue Weltbühne«, 227/3/24, Nr. 98, Niederschrift einer zwanglosen Besprechung am Montag, den 18. Mai 1936.

585 Ebd.

586 Ebd. Zu der anstehenden Konferenz wurde Grossmann delegiert.

den Mitgliedern der SOPADE in Aussicht. Mit Paul Hertz und dessen Ehefrau Hanna stand er auch 1935 und 1936 in losem, bisweilen freundschaftlichem Kontakt.[587] In den Folgejahren sollte sich auch das Verhältnis zu den übrigen Weggefährten aus dem SPD-Vorstand wieder intensivieren.[588] Nach seiner Flucht über London nach New York wurde über ihn Ende 1939 sogar verbreitet, dass er sich dort »als einer der eifrigsten Vorkämpfer für den Parteivorstand und seine politische Richtung [...] entpuppt« habe.[589]

Diese politischen Entwicklungen werden im Verlauf des folgenden Kapitels ausführlich dargestellt. Befördert wurde die Annäherung von sich verstärkenden Vereinigungsbestrebungen, die ab 1937 innerhalb der sozialdemokratischen Exilkreise auszumachen waren: Im Sommer des Jahres fanden Einigungsverhandlungen zwischen RSD-Vertretern und der SOPADE statt, in deren Zuge die Auflösung der RSD und »deren politische und organisatorische Eingliederung in die Gesamtpartei« beschlossen wurden.[590] Vor dem Hintergrund der Moskauer Schauprozesse und dem Scheitern der Pariser Volksfrontbewegung im Herbst 1937 rückten die sozialistischen Gruppierungen nunmehr näher zusammen.[591] Diese Entwicklungen wurden von sich verändernden Rahmenbedingungen im Exil beeinflusst. Insbesondere die politischen Konstellationen in der Tschechoslowakei hatten sich seit 1933 für die Geflüchteten deutlich verschlechtert. Letztlich war die dortige Regierung auf Forderungen von deutschen und auch britischen Regierungsstellen zur Kontrolle der Exilpresse eingegangen und hatte die SOPADE aufgefordert, den *Neuen*

587 Siegfried Aufhäuser bedankte sich etwa bei Hanna Hertz auch im Namen seiner Ehefrau Anna für überbrachte Geburtstagsglückwünsche: »Es freut mich, daß Du an Deiner schönen Übung, als Frau in der Politik auch über der Politik zu stehen, festgehalten hast. Die Sonderorganisation von Dir und mir ist wohl auch noch nicht verboten« (IISH Amsterdam, Paul Hertz Papers, 17-2-1, Aufhäuser an Hertz, 4.4.1935)(falsch datiert).

588 Seit Januar 1937 korrespondierte Aufhäuser wieder regelmäßig mit Rinner, hauptsächlich zu den Deutschland-Berichten (vgl. AdsD Bonn, Bestand Erich-Rinner-Korrespondenz, 2/ERKA000001). Aufhäusers Artikel erschienen zudem ab Anfang 1938 wieder regelmäßig im *Neuen Vorwärts*. Nachdem das SOPADE-Büro im Frühjahr 1938 aufgrund der sich verschärfenden politischen Restriktionen nach Paris umgezogen war, beriet er sich mit Vogel, Ollenhauer und Rinner wegen eines regelmäßigen (Informations-)Austauschs zwischen Paris und den verbliebenen Prager Genoss:innen (vgl. AdsD Bonn, Bestand Sopade, Aufhäuser an Vogel, 20.7.1938 sowie Ollenhauer an Aufhäuser, 29.7.1938).

589 Rudolf Katz an Friedrich Stampfer, 3.12.1939, in: Matthias (Hg.): Gesicht nach Deutschland 1968, S. 431ff., hier S. 432.

590 IISH Amsterdam, Labour and Socialist International Archives, Unterbestand 3517, Mitteilungen der Revolutionären Sozialisten Deutschlands (RSD), 3.9.1937. Böchel und Seydewitz, der zu den RSD zurückgekehrt war, hatten sich im Vorfeld von den Verhandlungen distanziert (vgl. dazu die übrigen Unterlagen des Unterbestands [ebd.] und Freyberg, Die Revolutionären Sozialisten 1973, S. 172ff. sowie das Protokoll der Parteivorstandssitzung am 7. September 1937, in: Buchholz/Rother [Hg.]: Parteivorstand 1995, S. 205f.).

591 Gerhard Paul, Konzentration oder Kartell? Das gescheiterte Projekt der sozialistischen Einigung im Pariser Exil 1938, in: Grebing, Helga/Wickert, Christl (Hg.): Das »andere Deutschland« im Widerstand gegen den Nationalsozialismus. Beiträge zur politischen Überwindung der nationalsozialistischen Diktatur im Exil und im Dritten Reich, Essen 1994, S. 12-31, hier 14ff.

Vorwärts und die *Sozialistische Aktion* einzustellen.[592] Weitere Restriktionen, die auf das Verbot aller politischen Aktivitäten hinausliefen, ließen es notwendig erscheinen, Prag zu verlassen und mit dem SOPADE-Büro nach Paris umzusiedeln.[593]

Frankreich, wo sich 1936 eine sogenannte »Volksfrontregierung« unter dem Sozialisten Léon Blum konstituiert hatte, versprach zunächst deutlich günstigere Voraussetzungen für die Exilarbeit. Abgesehen von umzugsbedingten organisatorisch-administrativen Schwierigkeiten stellten die dortigen politischen Verhältnisse die SOPADE aber vor gänzlich neue Herausforderungen.[594] Die Zusammenarbeit der linken französischen Parteien in der Pariser Regierung musste die ablehnende Haltung der SOPADE in der Frage nach einer sozialdemokratisch-kommunistischen Zusammenarbeit herausfordern.[595] Außerdem hatten in Paris zwischenzeitlich verschiedene eigenständige sozialistische Gruppen organisatorische Schwerpunkte etabliert. Dazu zählte die *Landesgruppe deutscher Sozialdemokraten in Frankreich*, die sich infolge der gescheiterten Volksfrontinitiative Anfang 1938 als autonomer Zusammenschluss unabhängig von der SOPADE konstituierte.[596] Ferner sei auf die SAP und den *Internationalen Sozialistischen Kampfbund* (ISK) verwiesen, dessen Mitglieder und Sympathisant:innen mehrheitlich der SPD nahestanden, den Führungsanspruch der SOPADE jedoch ablehnten und im Widerstand lange erfolgreich mit der ITF zusammengearbeitet hatten.[597] In der zweiten Februarhälfte 1938 berieten diese drei Gruppen in Anbetracht gesteigerter Kriegsgefahr in Paris »gemeinsam über ein engeres Zusammenrücken«.[598]

Dass sich die SOPADE aus dem Prager Exil heraus nun ebenfalls mit einer Sammlung des sozialistischen Exils auseinandersetzte, ging in erster Linie auf die Initiative von Paul Hertz zurück, dem dabei eine »Schlüsselrolle« zufiel.[599] Im Verlauf dieser Debatte offen-

592 Schneider, Unterm Hakenkreuz 1999, S. 1018. Bereits zuvor war die *Zeitschrift für Sozialismus* eingestellt worden. Der *Neue Vorwärts* wurde ab 1938 in Paris gedruckt. Vgl. zu den Schwierigkeiten auch: Brigitte Seebacher-Brandt, Ollenhauer. Biedermann und Patriot, Berlin 1984, S. 165 f.

593 Vgl. dazu den Denkschriftenentwurf der Sopade vom Sommer 1938, in: Matthias (Hg.): Gesicht nach Deutschland 1968, S. 309-321, insbesondere S. 315 f. sowie Buchholz/Rother, Einleitung 1995, S. XXXIIIf.

594 Vgl. hierzu beispielsweise die Schilderungen bei Seebacher-Brandt, Ollenhauer 1984, S. 175-189.

595 Schneider, Unterm Hakenkreuz 1999, S. 1019.

596 Langkau-Alex, Geschichte des Ausschusses 2004, S. 431. Im Vorstand der Gruppe, die später häufig als *Deutsche Sozialdemokratische Landesorganisation in Frankreich* firmierte, wirkten neben Max Braun, dem ehemaligen Vorsitzenden der Saar-SPD, auch Kurt Glaser und der Jurist und ehemalige SPD-Reichstagsabgeordnete Friedrich Wilhelm Wagner (ebd., S. 435).

597 Als Vorläufer des ISK galt der während des Ersten Weltkriegs an der Universität Göttingen gegründete, einem ethisch motivierten Sozialismus verpflichtete *Internationale Jugend-Bund* (IJB) (Schneider, Unterm Hakenkreuz 1999, S. 830 f.). Der ISK unterhielt im Widerstand ein eigenständiges illegales Netzwerk. Vgl. dazu: Sabine Lemke-Müller, Ethischer Sozialismus und soziale Demokratie. Der politische Weg Willi Eichlers vom ISK zur SPD, Bonn 1988.

598 Vgl. Langkau-Alex, Geschichte des Ausschusses 2004, S. 436 sowie Paul, Konzentration 1994, S. 15 ff.

599 Plum, SPD im Exil 1970, S. 435 f. Vgl. dazu auch: Protokolle der Parteivorstandssitzungen am 24. und 27. Dezember 1937, in: Buchholz/Rother (Hg.): Parteivorstand 1995, S. 206 ff. und 208 f.

barte sich seine enge Verbindung zur Gruppe *Neu Beginnen*, der er sich nach dem Ausscheiden von Aufhäuser und Böchel sukzessive angenähert hatte.[600] Ein Bruch konnte jedoch vorläufig vermieden werden: Die SOPADE-Mitglieder zeigten sich vielmehr kooperationsbereit und sprachen sich für »eine Annäherung der verschiedenen sozialdemokratischen Gruppen [...] zugunsten einer einheitlichen sozialdemokratischen Bewegung« aus.[601] Eine Umsetzung des Vorhabens stagnierte allerdings, was unter anderem den Umzugsplänen geschuldet war.[602] In Paris wurde die Debatte unter veränderten Voraussetzungen weitergeführt: Als dynamisierender Faktor trat die *Auslandsvertretung der österreichischen Sozialisten* (AVOES) hinzu, die nach dem Einmarsch deutscher Truppen in Österreich aus einer Fusion von ALÖS und RSÖ entstanden war, unter der Führung von Joseph Buttinger in Paris einen organisatorischen Schwerpunkt bildete und Konzentrationsbestrebungen nachdrücklich forcierte.[603] Die Verhandlungen über ein »Kartell« gemeinsam mit AVOES, Landesgruppe sowie *Neu Beginnen* und möglichen weiteren Gruppierungen scheiterten aber ebenso wie Gespräche mit der Landesgruppe über eine personelle Erweiterung des SPD-Vorstands.[604] Die SOPADE-Mitglieder taten sich schwer damit, ihren Kreis zu erweitern oder einer Kooperation mit mehreren Gruppen auf Augenhöhe zuzustimmen. Noch nicht einmal Marie Juchacz und Georg Dietrich, die beiden in Frankreich residierenden Mitglieder des 1933 gewählten SPD-Vorstands, wurden – ungeachtet ihrer Proteste – bei der Entscheidungsfindung berücksichtigt.[605] Und auch Paul Hertz wurde in Paris längst nicht mehr zu allen SOPADE-Sitzungen hinzugezogen. Die Zeichen deuteten auf einen Abschied hin.[606] Im Detail drehte sich die Frage nun darum, ob Hertz, der mit seiner Zustimmung in Prag als besoldetes Büromitglied ausgeschieden war, damit auch das Gremium des geschäftsführenden Vorstands verlassen hatte.[607]

Diese Entwicklungen beobachtete Siegfried Aufhäuser aus dem fernen Prag. Obwohl sich die Rahmenbedingungen für Exilant:innen in der Tschechoslowakei deutlich

600 Vgl. hierzu die Debatte im Protokoll der Parteivorstandssitzung am 24. Februar 1938, in: ebd., S. 220-225. Vgl. dazu auch: Seebacher-Brandt, Ollenhauer 1984, S. 166 f. Dabei wurde deutlich, dass Hertz bereits 1936 für eine sozialistische Sammlung plädiert hatte und die übrigen SOPADE-Mitglieder längst über seine Verbundenheit mit *Neu Beginnen* informiert waren.

601 Brief von Paul Hertz an Friedrich Adler vom 27. Februar 1938 mit Bericht über die Parteivorstandsitzung am 25. Februar 1938, in: Buchholz/Rother (Hg.): Parteivorstand 1995, S. 226 ff., hier S. 226, Fußnote 2. Siehe dazu auch: dies., Einleitung 1995, S. XLI f. sowie Adolph, Wels 1971, S. 317 ff.

602 Vgl. zu den Details: Plum, SPD im Exil 1970, S. 436.

603 Vgl. Seebacher-Brandt, Ollenhauer 1984, S. 190 ff. sowie Plum, SPD im Exil 1970, S. 436 f.

604 Ebd., S. 438 ff. sowie Paul, Konzentration 1994, S. 21 ff. und S. 25 f.

605 Buchholz/Rother, Einleitung 1995, S. XXIII. Vgl. auch: III. Kapitel 2.2.

606 Deutlich wurden die Diskrepanzen besonders auf der Parteivorstandssitzung am 10. August 1938 (Protokoll abgedruckt in: Buchholz/Rother [Hg.]: Parteivorstand 1995, S. 267-291). Vgl. zur Rolle von Hertz in der zweiten Jahreshälfte 1938 auch: dies., Einleitung 1995, S. XXIV f. und S. XLIII. Zahlreiche Materialien zum Konflikt und den Konzentrationsbestrebungen finden sich im IISH Amsterdam, Labour and Socialist International Archives, Unterbestand 1433, Dossier betr. das Auslandsbüro ›Neu Beginnen‹, 1938-1940.

607 Vgl. zu dieser Debatte: Seebacher-Brandt, Ollenhauer 1984, S. 194 ff.

verschlechterten, erschien ihm eine Übersiedlung nach Paris im ersten Halbjahr 1938 kaum attraktiv. Als sich die Ereignisse in der zweiten Jahreshälfte weiter zuspitzten, entkam er den nationalsozialistischen Verfolgungsinstanzen allerdings nur denkbar knapp.

3.1 Erzwungener Abschied und Neubeginn

Siegfried Aufhäuser hatte den Abschied aus Prag lange hinausgezögert, auch weil er sich hier gut aufgehoben fühlte. In einem längeren Radiointerview, das er 1969 wenige Monate vor seinem Tod gab, berichtete Aufhäuser in enthusiastischen Worten von seiner Ankunft in der tschechoslowakischen Hauptstadt:

> Ich fand in Prag dann sofort, nicht nur ein Asyl, sondern eine so warmherzige Aufnahme, eine solche Hilfsbereitschaft. Selbst wenn's für die Tschechen – die Funktionäre – gefährlich war, jede Bereitschaft um uns zu helfen, uns vor allem zu helfen in dem was wir nun Draußen als Aufgabe hatten in der Organisierung der Untergrundarbeit, der illegalen Arbeit, in Deutschland selbst.[608]

Dabei stellte er besonders die Unterstützung und Gastfreundschaft vor Ort heraus:

> Die unmittelbaren Helfer für uns waren natürlich die organisierten Parteifreunde und [...] die Gewerkschaften. Ich hatte von beiden wirklich also alle [...] denkbar[e] Hilfe die man überhaupt nur erwarten konnte [...]. Also die Emigranten haben, wir haben ja nachher in Amerika und in anderen Ländern noch unser Dasein gefristet, aber nicht zu vergleichen, nicht mit den Tschechen. [...] bei den Tschechen ist es eben die menschliche Einstellung und die hängt damit zusammen, dass sie in ihrer Geschichte diese zahllosen Verfolgungen selbert gespürt haben [...].[609]

Sogar die Situation Mitte 1938 während der sogenannten »Sudetenkrise«, erschien dabei in positivem Licht:

> Also ein Teil der Emigranten hatte sich vorher nach Paris zurückgezogen. Ich muss sagen, mich haben damals die Tschechen so begeistert, dass meine Frau und ich gar nicht daran dachten, da mitzugehen.[610]

Inwiefern sich dieses Bild, das Siegfried Aufhäuser 1969 vor dem Hintergrund der Geschehnisse um die gewaltsame Niederschlagung des »Prager Frühlings« in pathetischen

608 Vgl. den Radiobeitrag mit einem Interview über Aufhäusers Emigrationszeit in Prag aus dem Jahre 1969 (DRA Frankfurt, 73 U 2141/5, Minute 7:25-8:58).

609 Ebd., 30:39-32:35.

610 Ebd., 24:44-24:58.

Worten zeichnete, mit seinen zeitgenössischen Wahrnehmungen deckte, lässt sich nicht rekonstruieren.[611] Einmal mehr wird an dieser Stelle deutlich, dass kaum Ego-Dokumente aus jener Zeit existieren, die Rückschlüsse auf sein privates Leben zulassen.

Im Rahmen eines Entschädigungsverfahrens führte Siegfried Aufhäuser 1957 aus, dass er »in Prag nicht der Herausgeber der Wirtschaftszeitung der Arbeitsgemeinschaft Mitteleuropäischer Angestelltenverbände« gewesen sei, »sondern lediglich als ehrenamtlicher Mitarbeiter ohne Besoldung dort tätig« war.[612] Unerwähnt blieben seine Tätigkeiten als Geschäftsführer der Arbeitsgemeinschaft, sein Engagement beim EVP und seine Arbeit als verantwortlicher Redakteur der Zeitschrift *Weg der Wirtschaft*.[613] Sein Beschäftigungsverhältnis bagatellisierte er ganz bewusst. An anderer Stelle der Korrespondenz mit der Berliner Entschädigungsbehörde führte er aus, dass er, abgesehen von einer Anstellung in New York, »im Exilaufenthalt hauptsächlich von Subventionen der ausländischen Gewerkschaften oder der Flüchtlingsfürsorge leb[te]« und von dort »gelegentlich auch Gelegenheitsarbeiten, wie einzelne Aufträge für Artikel, Adressen-Schreiben usw.« erhielt, doch seien diese »spärlichen Vergütungen unwesentlich« gewesen, »[e]ine nachhaltige Lebensgrundlage konnte nicht erworben werden«.[614] Für die Nichterwähnung mag es – gerade mit Blick auf seinen Antrag auf Entschädigungsleistungen – gute Gründe gegeben haben, das damalige Einkommen im Exil möglichst gering erscheinen zu lassen.[615] Deutlich wird an dieser Stelle jedoch abermals, welche Quellenprobleme und -widersprüche eine biografische Arbeit aufzuwerfen vermag. Ganz im Gegensatz zu Aufhäusers späteren Ausführungen veranschlagte die Prager Polizeibehörde seine monatlichen Einkünfte – seinen eigenen Angaben folgend – nämlich auf 2.500 tschechoslowakische Kronen.[616]

611 In Anbetracht dieser Aussagen scheint es jedenfalls angebracht, Fritz Heines rekapitulierende Charakterisierung von Aufhäuser kritisch zu hinterfragen (vgl. dazu auch III. Kapitel 2). Dieser sah Aufhäuser in der Tschechoslowakei »auf verlorenem Posten«, der dort »in die Vereinzelung geriet, [der] keine Aufgabe mehr hatte oder sah« (AdsD Bonn, Bestand Fritz Heine, Mappe 131 [Widerstand und Emigration III, Ordner 33], Siegfried Aufhäuser und die SOPADE, Fritz Heine an Werner Korthaase, 21.10.1986).

612 LABO Berlin, Entschädigungsbehörde, Reg. 7218 (Aufhäuser, Siegfried), Dokument vom 7. September 1957. Den Antrag hatte er 1955 gestellt. In dem Schreiben korrigierte er Angaben eines zuvor eingereichten Lebenslaufs.

613 Vgl. ebd., Lebenslauf Siegfried Aufhäuser, undatiert. Siehe dazu: III. Kapitel 2.1.

614 Vgl. ebd., Aufhäuser an Entschädigungsamt Berlin, 9.3.1957.

615 Vgl. zur Praxis der »Wiedergutmachung« beispielsweise: Kristina Meyer, Verfolgung, Verdrängung, Vermittlung. Die SPD und ihre NS-Verfolgten, in: Frei, Norbert/Brunner, José/Goschler, Constantin (Hg.): Die Praxis der Wiedergutmachung. Geschichte, Erfahrung und Wirkung in Deutschland und Israel, Bonn 2010, S. 159-202, siehe insbesondere S. 183 f.

616 Die jährliche Miete für eine Wohnung, die er mit seiner nicht berufstätigen Frau Anna bewohnte, betrug 11.000 Kronen (vgl. Národní Archiv Prag, Archival group of the Police Headquarters in Prague II – General Registry, 1921-1950, sign A 536-36, box 4417, handschriftliche Notiz vom 9.11.1935. Auch in anderen Schreiben des Bestands tauchen diese Zahlen auf. So etwa in einer Notiz vom 19.11.1937). Zur Sicherung des Aufenthaltsstatus erschien es

Damit gehörten die Aufhäusers im ökonomischen Vergleich zu den eher privilegierten Geflüchteten aus Deutschland. Lediglich »eine kleine Zahl von exilierten Politikern und Funktionären der Arbeiterparteien und Gewerkschaften hatte überhaupt das Glück, einen der keineswegs üppig besoldeten Arbeitsplätze bei einer der Exilorganisationen und -zeitungen zu bekommen«, während der Großteil »den Lebensunterhalt für sich und ihre Familien [...] zumeist durch Gelegenheitsarbeiten, selten im einstmals erlernten Beruf« verdienen musste.[617] Überhaupt gelang es nur einem Drittel der Emigrant:innen aus Deutschland, den Lebensunterhalt dort aus eigenen Mitteln zu bestreiten.[618]

Kateřina Čapková und Michal Frankl leiteten ihre Untersuchung über die tschechoslowakische Flüchtlingspolitik mit zwei konträren Zitaten ein, in denen sich die Bandbreite der Erfahrungen und Wahrnehmungen der Exilstation Prag widerspiegelte.[619] Die Äußerungen stammen von Manfred Georg und Käte Frankenthal, zwei Weggefährt:innen Aufhäusers, auf die an anderer Stelle noch eingegangen wird. Wo Georg, der als namhafter Publizist seine Karriere zunächst fortsetzen konnte, enthusiastisch von der Aufnahme in Prag berichtete, überwog in Frankenthals Schilderung der Eindruck der »finanziellen Misere und völligen Perspektivlosigkeit«.[620] Solche Einschätzungen wurden nicht allein von der ökonomischen und beruflichen Positionierung bestimmt. Eng damit verknüpft und maßgeblich prägend erwiesen sich auch Alter, Geschlecht und familiäre Konstellation. Dass Frauen vielfach »die Hauptlast des Alltags im Exil trugen« und »am ehesten bereit oder in der Lage waren, durch Hilfsarbeiten [...] den Lebensunterhalt für die ganze Familie zu sichern«, ist eine oft kolportierte Aussage.[621] Zahlreiche biografische Schilderungen und Forschungsarbeiten zum Thema »Frauen im Exil« stützen dieses Urteil und verweisen auf vielschichtige geschlechtliche Diskriminierungserfahrungen.[622] Sicherlich war davon auch Anna Aufhäuser betroffen. Erneut klafft hier

womöglich förderlich, den Polizei- und Meldebehörden nachzuweisen, dass die Mittel vorhanden waren, um selbstständig für den eigenen Lebensunterhalt und den der Angehörigen zu sorgen. Da sich nicht klären lässt, wie Aufhäuser diese Angaben gegenüber der Behörde nachweisen musste und ob ihm das Geld tatsächlich Monat für Monat zur Verfügung stand, bilden diesen Zahlen womöglich nur eine Momentaufnahme ab.

617 Schneider, Unterm Hakenkreuz 1999, S. 871.

618 Heumos, Tschechoslowakei 1998, S. 414. Erschwerend kam hinzu, dass abhängige Erwerbsarbeit oft nicht gestattet war. Künstler:innen, Schriftsteller:innen und Journalist:innen durften ihren Beruf jedoch weiter ausüben (ebd.).

619 Kateřina Čapková/Michal Frankl, Unsichere Zuflucht. Die Tschechoslowakei und ihre Flüchtlinge aus NS-Deutschland und Österreich 1933-1938. Aus dem Tschechischen übersetzt von Kristina Kallert, Wien u.a. 2012, S. 7.

620 Ebd., S. 7f.

621 Vgl. Schneider, Unterm Hakenkreuz 1999, S. 871f.

622 Vgl. hierzu etwa: Atina Grossmann, »Neue Frauen« im Exil. Deutsche Ärztinnen und die Emigration, in: Heinsohn/Schüler-Springorum (Hg.): Geschlechtergeschichte 2006, S. 133-156 und Sibylle Quack, Zuflucht Amerika. Zur Sozialgeschichte der Emigration deutsch-jüdischer Frauen in die USA. 1933-1945, Bonn 1995. Siehe dazu ferner die zahlreichen Publikationen der AG »Frauen im Exil« in der Gesellschaft für Exilforschung e.V. Gleichwohl haben Studien

eine Überlieferungslücke. Über ihre Zeit im Prager Exil lassen sich aufgrund fehlender beziehungsweise nicht vorhandener Quellen kaum Aussagen treffen. Falls sie einer Erwerbsarbeit nachging, war diese nicht offiziell registriert.

Ein weiterer Faktor, der sich maßgeblich auf die Situation im Exil auswirkte, war der jeweilige Bekanntheitsgrad. Prominente Geflüchtete und bekannte Persönlichkeiten der Arbeiter:innenbewegung profitierten von engen Kontakten mit den politischen und kulturellen Eliten im Land.[623] Deutlich zeigte sich etwa das »Missverhältnis zwischen dem Lebensstandard der sozialdemokratischen Führung und ihren einfachen Mitgliedern«.[624] Ernst Paul, langjähriges Mitglied der DSAP, Chronist der sudetendeutschen Sozialdemokratie und damals maßgeblich mit der Unterstützungsarbeit für die geflüchteten sozialdemokratischen Deutschen betraut, erinnerte sich, dass der Unterstützungssatz der sudetendeutschen Sozialdemokratie für die Emigrant:innen zunächst auf 150 Kronen im Monat festgesetzt worden war.[625] Selbst wenn den Aufhäusers nicht durchgängig 2.500 Kronen monatlich zur Verfügung standen oder sie mit dem Geld womöglich auch andere Exilierte unterstützten, wird der Kontrast deutlich. Insofern lebten die Aufhäusers in relativer ökonomischer Sicherheit.[626] Über die wirtschaftliche Absicherung hinaus konnten sie sich auch auf individuelle Unterstützungsangebote und persönliche Netzwerke stützen, die der EVP bereithielt. Paul hob in seiner oben zitierten Darstellung etwa die »großartige solidarische Leistung« von Aufhäusers Arbeitgeber, dem EVP unter dem Vorsitz von Robert Klein, hervor:

> Wer in Deutschland dem Angestelltenverband angehört hatte, konnte vom ›Klein‹-Verband übernommen werden, und da dieser auch finanziell ganz gut gestellt war, fiel die Unterstützung günstiger aus als bei uns.[627]

nach wie vor Seltenheitswert, die danach fragen, wie »Geschlechterrollen im Exil neu verhandel[t]« wurden, welche »Praktiken der Erzeugung von Geschlechterdifferenzen, von Machtverhältnissen und sozialen Ungleichheiten« sich dabei offenbarten und inwieweit sich diese Entwicklungen langfristig auf die »Transformation von Geschlechterordnungen und -verhältnissen« ausgewirkt haben (vgl. Irene Messinger/Katharina Prager, Doing Gender, Doing Difference – Die interdependente Kategorie Geschlecht in der Exil- und Migrationsforschung, in: dies. [Hg.]: Doing Gender in Exile. Geschlechterverhältnisse, Konstruktionen und Netzwerke in Bewegung, Münster 2019, S. 7-28, hier S. 7 und S. 21).

623 Čapková/Frankl, Unsichere Zuflucht 2012, S. 84 f.

624 Ebd., S. 86 f.

625 Vgl. Ernst Paul, Was nicht in den Geschichtsbüchern steht. III. Teil: Das tragische Jahr 1938. Ein Beitrag zur Vorgeschichte. Erlebnis und Rückblick, München 1972, S. 20. Der Betrag wurde später auf 100 Kronen reduziert (ebd., S. 23). Auch Bachstein nennt eine monatliche Unterstützung von 150 Kronen (etwas weniger als 30 RM) (Bachstein, Beziehungen 1992, S. 43).

626 Dies galt gerade auch vor dem Hintergrund der Weltwirtschaftskrise, deren Auswirkungen die Tschechoslowakei vor allem 1932/33 hart getroffen hatten (vgl. zu deren Folgen: Bachstein, Beziehung 1992, S. 41 sowie Klaus Sator, Anpassung ohne Erfolg. Die sudetendeutsche Arbeiterbewegung und der Aufstieg Hitlers und Henleins 1930-1938, Darmstadt 1996, S. 86 ff.).

627 Paul, Geschichtsbücher 1972, S. 21.

An anderer Stelle wurde darauf verwiesen, dass auch die Mensa des EVP ihre Pforten für die Geflüchteten öffnete.[628] Das außerordentliche Engagement zeigte sich auch, als sich der Einheitsverband im Herbst 1933 ganz selbstverständlich an einem Zusammenschluss von Organisationen der Flüchtlingshilfe im Rahmen des *Comité National Tchéco-Slovaque pour les réfugiés provenant d'Allemagne* beteiligte. Neben dem EVP zählte die *Jüdische Flüchtlingshilfe*, das *Hilfskomitee für Emigranten aus Deutschland* (*Šalda-Komitee*) sowie die *Sozialdemokratische Flüchtlingshilfe* und die *Demokratische Flüchtlingsfürsorge* zu den Gründungsmitgliedern.[629] Auf Wilhelm Sander, den hauptamtlichen Leiter der *Sozialdemokratischen Flüchtlingshilfe*, und Kurt R. Grossmann, der zuvor viele Jahre als Generalsekretär der *Deutschen Liga für Menschenrechte* tätig war und nun die *Demokratische Flüchtlingsfürsorge* leitete, wird noch zurückzukommen sein.[630]

Prekäre Zuflucht Prag

Ein solches Maß an – in erster Linie ökonomischer – Sicherheit kann gleichwohl nur relational zu verstehen sein. Die verbreiteten Schwierigkeiten und bürokratischen Hürden eines Lebens im Exil sollen an dieser Stelle keineswegs trivialisiert werden. Dennoch bot Prag vergleichsweise günstige Rahmenbedingungen: Sprachbarrieren waren hier leicht zu umschiffen. Zudem musste Siegfried Aufhäuser, dessen deutscher Reisepass am 22. Oktober 1930 angefertigt worden war, keinen Antrag auf eine Aufenthaltsgenehmigung stellen, da gegenüber dem Deutschen Reich Visumsfreiheit bestand.[631] Als äußerst bedrohlich dürfte er indes die dortigen Affären um nationalsozialistische Spitzel innerhalb der Arbeiter:innenorganisationen sowie die aufsehenerregenden Entführungsfälle und Mordanschläge auf Exilierte empfunden haben.[632] Aufhäuser konnte sehr wohl mutmaßen, dass die NS-Behörden, die ein großes Interesse daran

628 Peter Becher, Kurt R. Grossmann und die Demokratische Flüchtlingsfürsorge, in: ders./Heumos (Hg.): Drehscheibe 1992, S. 53-63, hier S. 58.

629 Ebd., S. 57. Vgl. zu den einzelnen Hilfskomitees und deren Zusammenarbeit im Rahmen des *Comité National*: Čapková/Frankl, Unsichere Zuflucht 2012, insbesondere S. 105-129 sowie S. 150-171. Vgl. ferner: IISH Amsterdam, Labour and Socialist International Archives, Unterbestand 3499, Memorandum des Comité National Tchéco-Slovaque pour les *Refugies* provenant d'Allemagne sowie die Begleitbriefe.

630 Siehe auch die biografischen Texte: Benjamin Rostalski, Wilhelm Sander (1895-1978), in: Mielke, Siegfried/Heinz, Stefan (Hg.): Emigrierte Metallgewerkschafter im Kampf gegen das NS-Regime, Berlin 2014, S. 293-306, insbesondere S. 296 f. sowie Lothar Mertens, Unermüdlicher Kämpfer für Frieden und Menschenrechte. Leben und Wirken von Kurt R. Grossmann, Berlin 1997, insbesondere S. 99 ff.

631 Vgl. Heumos, Tschechoslowakei 1998, S. 413 f. Erst als der Pass im Herbst 1935 ablief, sah er sich genötigt, einen solchen Antrag zu stellen (vgl. Národní Archiv Prag, Archival group of the Police Headquarters in Prague II – General Registry, 1921-1950, sign A 536-36, box 4417, Schreiben von Siegfried Aufhäuser, 30. 10. 1935. Der Pass von Anna Aufhäuser lief 1937 ab).

632 Vgl. Heumos, Tschechoslowakei 1998, S. 414. Dazu ausführlich: Bohumil Černý, Der Parteivorstand der SPD im tschechoslowakischen Asyl 1933-1938, in: Historica 14/15 (1967), S. 175-218, besonders S. 188 ff.

hatten, Materialien über ihre politischen Gegner zu sammeln, auch seine Aktivitäten dokumentierten und beobachteten. Tatsächlich taucht sein Name in den einschlägigen Berichten des Reichssicherheitshauptamtes, dessen Hinterlassenschaften heute im Bundesarchiv verwahrt werden, vermehrt auf. Allerdings lassen sich zahlreiche Angaben zu seiner Person mit den historischen Geschehnissen nur partiell in Einklang bringen. Teilweise sind sie schlichtweg falsch. Andere Angaben lassen sich nicht verifizieren oder erscheinen kaum plausibel: Beispielsweise konnte bislang nicht belegt werden, inwieweit 1938 wegen der Verteilung von Visa zur Weiterreise tatsächlich ein »Prüfkomitee« bei einem »Zentralkomitee für Flüchtlinge aus Deutschland« in Prag gegründet wurde, dem neben Wilhelm Koenen auch Siegfried Aufhäuser angehörte.[633] Denkbar unwahrscheinlich war, dass Aufhäuser gemeinsam mit einer Person namens F. Schorsch und Fritz Tarnow ab 1939 ein in Paris beim IGB angesiedeltes »Zentralbüro des illegalen Gewerkschaftsbundes« leiten wollte.[634] Selbiges galt für seine Teilnahme an einer Konferenz von Gewerkschaftsfunktionären am 16. Oktober 1935 in London.[635] Darüber, ob Siegfried Aufhäuser Ende 1937/Anfang 1938 Prag in Richtung Amsterdam verlassen oder seinen Wohnort zwischenzeitlich nach Paris verlegt hatte, lässt sich ebenfalls lediglich spekulieren.[636] Besser informiert zeigte sich der nationalsozialistische Verfolgungsapparat bei amtlichen oder juristischen Vorgängen innerhalb des Deutschen Reichs: Anlässlich einer bevorstehenden Beschlagnahmung wurde vermerkt, dass Siegfried Aufhäusers Schwager Eduard Frank die Verwaltung des ehemaligen Wohnhauses im Zikadenweg übernommen hatte und dieses für 175 RM monatlich vermietet worden war.[637] Auch die Aberkennung der deutschen Reichsangehörigkeit wurde hier dokumentiert.[638]

Parallel zu diesen Vorgängen verschärfte sich in Prag die Situation der Geflüchteten. Werner Röder konstatierte, dass sich die Tschechoslowakei ab 1937 »vom Kampfpfosten und von der Drehscheibe des deutschen Exils hin zur immer prekäreren Fluchtstation, in der Koffer nicht mehr ausgepackt und Koffer wieder geschnürt wurden« entwickelte.[639]

633 Bundesarchiv Berlin, R 58/3018, Lagebericht 1938 über die illegale kommunistische und marxistische Bewegung Deutschlands, S. 30.

634 Ebd., R 58/3394, II A 2, Abschrift einer von II A 4 übersandten Meldung vom 9.9.1938, 17.9.1938.

635 Ebd., R 58/3389, II 1 A 2 / B, 14.10.1935.

636 Ebd., R 58/3416, Dokumente vom 15. und 21.1.1938. Dabei soll er über den Umzug der SOPADE nach Amsterdam verhandelt haben.

637 Ebd., R 58/3329, Ad. III B 2, 12.3.1934.

638 Ebd., R 58/3564, Schreiben vom 29.10.1937 (Abschrift, inkl. Anlagen). Am 27. Oktober 1937 wurde die Ausbürgerung der Aufhäusers im Reichsanzeiger Nr. 248 veröffentlicht (vgl. LABO Berlin, Entschädigungsbehörde, Reg. 7218 [Aufhäuser, Siegfried], Aufhäuser an Entschädigungsamt Berlin, 15.10.1953 [inkl. Anlage]).

639 Röder, Drehscheibe 1992, S. 29. Zwar hatte wegen der Asylpolitik schon lange ein Konflikt zwischen liberalem Außen- und konservativem Innenministerium bestanden, aber noch bis ins Jahr 1937 hinein wurden die politischen Aktivitäten der Emigrierten vonseiten der demokratischen Kräfte überwiegend mit »Wohlwollen[]« betrachtet (Heumos, Tschechoslowakei

Dass das einstige Aufnahmeland nun zur Durchreisestation wurde, ist einerseits auf den steigenden außenpolitischen Druck zurückzuführen, der vom Deutschen Reich, in zunehmendem Maße aber auch vonseiten Großbritanniens auf die tschechoslowakische Regierung ausgeübt wurde. Andererseits hatten sich auch die innenpolitischen Verhältnisse grundlegend gewandelt: Die 1933 unter Führung von Konrad Henlein gegründete *Sudetendeutsche Heimatfront* (SHF) hatte bei den Parlamentswahlen 1935, in deren Vorfeld sie sich in *Sudetendeutsche Partei* umbenannte, mit nationalsozialistischer Unterstützung aus dem Deutschen Reich die Mehrheit der Stimmen erzielt.[640] Obschon sie zunächst nicht an der Regierung beteiligt wurde, verschärfte sich der gesellschaftliche Druck auf die Regierungsparteien und deren Asylpolitik in den kommenden Monaten und Jahren sukzessive.[641]

Dennoch sahen sich die Aufhäusers zunächst nicht veranlasst, Prag zu verlassen. Da Siegfried Aufhäuser hier primär gewerkschaftlich tätig war, wurde er nicht in gleichem Maße in seiner beruflichen Tätigkeit eingeschränkt wie beispielsweise die Mitglieder des SOPADE-Büros. Neben seiner besoldeten Stellung, einem gewissen gesellschaftlichen Renommee und den in den vergangenen Jahren geknüpften persönlichen Verbindungen sprach sicherlich auch die Möglichkeit, weiterhin in deutscher Sprache öffentlich kommunizieren und publizieren zu können, für einen Verbleib in der Tschechoslowakei. Darüber hinaus hatte Aufhäuser seine Pariser Zwischenstation im Sommer 1933 negativ in Erinnerung behalten.[642] Außerdem musste der Abschied von Prag dem Eingeständnis gleichkommen, dass die ersehnte Rückkehr nach Deutschland inzwischen in weite Ferne gerückt war.[643] Gleichwohl schien durch einen Krieg, auf den die Politik Hitlers

1998, S. 416 f. Vgl. zur Politik der Regierungsstellen gegenüber den sozialdemokratischen Exilierten auch: Černý, Parteivorstand 1967).

640 Die Partei konnte mehr als 15 Prozent der Gesamtstimmen und knapp zwei Drittel aller Stimmen der deutschen Wähler:innen auf sich vereinen (vgl. Jörg Krácik, Die Politik des deutschen Aktivismus in der Tschechoslowakei 1920-1938, Frankfurt a. M. u. a. 1999, S. 285-307, insbesondere S. 299 ff.). Vgl. zum Aufstieg der SdP auch: Birgit Vierling, Kommunikation als Mittel politischer Mobilisierung. Die Sudetendeutsche Partei (SdP) auf ihrem Weg zur Einheitsbewegung in der Ersten Tschechoslowakischen Republik (1933-1938), Marburg 2014, S. 335 ff.

641 Zwischen September 1932 und September 1938 lösten sich sechs Regierungskoalitionen ab, an denen neben der DSAP jeweils auch ihre tschechoslowakische Schwesterpartei, die *Československá sociálně demokratická strana dělnická (Tschechoslowakische Sozialdemokratische Partei der Arbeiter)*, beteiligt war (vgl. dazu Heumos, Tschechoslowakei 1998, S. 412 f.). Siehe zu den politischen Strategien der dortigen Arbeiter:innenparteien: Christof Schaffrannek, Die politische Arbeiterbewegung in den böhmischen Ländern 1933-1938. Politisch-programmatische Wechselbeziehungen zwischen sozialdemokratischen und kommunistischen Strategien zur Abwehr der inneren und äußeren Bedrohung durch Hitler und die Henleinbewegung, Berlin 2003 sowie Sator, Anpassung ohne Erfolg 1996.

642 Vgl. III. Kapitel 1.2.

643 Vgl. zum Rückgang der innerdeutschen Widerstandsaktivitäten, zur Verlagerung der Schwerpunktsetzung ins Ausland, zu den schwindenden Kontakten ins Reich und der sinkenden Bereitschaft, sich den Gefahren der Illegalität auszusetzen: Schneider, Unterm Hakenkreuz 1999, S. 804, 808 f., 1012 f. sowie 1016 f.

immer unverhohlener zusteuerte, eine Veränderung der Situation absehbar: Vor einem bewaffneten Konflikt hatten zahlreiche Emigrant:innen seit 1933 wiederholt gewarnt.[644] Mittlerweile wurde dieser bisweilen sogar mit Optimismus erwartet. In diesem Sinne hatte Aufhäuser nach dem SOPADE-Umzug wegen eines regelmäßigen Austauschs Prag-Paris an Hans Vogel geschrieben. Hinsichtlich einer Erweiterung des politischen Einflusses in den jeweiligen Aufnahmeländern äußerte er die Erwartung, »daß im Falle eines Krieges[,] abweichend vom jetzigen Zustand[,] eine positive Tätigkeit der Emigrations-Funktionäre möglich sein« werde.[645] Diese Hoffnung auf eine gesteigerte politische Betätigung und Einflussnahme nach Kriegsbeginn sprach ebenfalls für einen Verbleib in der tschechoslowakischen Hauptstadt. Hier hatten sich Anna und Siegfried Aufhäuser vor mehr als vier Jahren niedergelassen. Inzwischen waren sie 60 beziehungsweise 54 Jahre alt. Auch dieser Umstand dürfte dazu beigetragen haben, dass sie Mitte 1938 einem abermaligen »Neuanfang« skeptisch gegenüberstanden.[646]

Evas Emigration nach Palästina und die Erweiterung der publizistischen Perspektive

Eva Aufhäusers Situation unterschied sich fundamental von der ihrer Eltern.[647] In der ersten Hälfte der 1930er Jahre strebte sie ganz bewusst eine grundlegende Veränderung ihrer Lebensverhältnisse an: Noch bevor Siegfried Aufhäuser sich im Sommer 1933 wegen des Pariser Flüchtlingskomitees an den früheren AWO-Vertreter Walter A. Friedländer wandte, war Anna Aufhäuser aus familiären Gründen mit ihm in Kontakt getreten. Für die »bald 17-jährige Tochter, die heute die Absicht hat, später nach Palästina zu gehen«, suchte sie eine Unterbringung, wie sie die Tochter einer gemeinsamen Bekannten bereits gefunden hatte.[648] Diese sei »für erschwingliches Geld in der Schweiz in einer Schule für Hausarbeit & Gartenbau untergebracht«:

> Deutschland wird ja immer unmöglicher & mein Mädel muss jetzt unbedingt dort weg. Sie war bis Ostern in der Schule, wurde noch Unterprima versetzt & hat durch die Ereignisse mit der Schule aufgehört.[649]

644 Vgl. etwa die Denkschriften von der SOPADE-Bürogemeinschaft und von Aufhäuser/Böchel im IISH Amsterdam, Labour and Socialist International Archives, Unterbestand 1429, Die Aufrüstung Deutschlands, Ende April 1934 sowie Unterbestand 1186, Proletariat und Krieg, undatiert.

645 AdsD Bonn, Bestand Sopade, Aufhäuser an Vogel, 20.7.1938. Vgl. zur Erwartung eines bevorstehenden Kriegs auch: Seebacher-Brandt, Ollenhauer 1984, S. 170 und S. 206.

646 Vgl. zur Bedeutung der Kategorie »Alter« im Exil etwa: Messinger/Prager, Doing Gender 2019, S. 11 f.

647 Vgl. ebd., S. 17 f.

648 Émigré Collection Albany, Bestand Walter A. Friedländer, Anna Aufhäuser an Friedländer, 26.6.1933.

649 Ebd.

Wo Eva Aufhäuser sich in den Wochen nach Ostern aufhielt, bleibt unklar. Der Inhalt des zitierten Schreibens legt nahe, dass sie zum Zeitpunkt der Briefentstehung kurzzeitig von ihren Eltern getrennt lebte. Einige Wochen später war eine entsprechende Tätigkeit gefunden worden. Anna Aufhäuser berichtete Irma Fechenbach Mitte August 1933:

> Eva ist leider nicht zufrieden & gewöhnt sich schwer ein. […] Aber es nützt nichts, sie muss sich eine richtige fachliche Ausbildung erarbeiten, um ihr Lebensschifflein mal steuern zu können.[650]

Viele Jahre später erinnerte sich Eva Aufhäuser im Nachwort zu einer Erinnerungsschrift über ihren Vater wie folgend:

> Ich ging mit den Eltern von Saarbrücken nach Paris und über die Schweiz im Herbst 1933 nach Prag, obwohl mein Weg schon damals klar vor mir lag. Ich wollte nach Palästina – Israel. Im Juli 1934, im Alter von 17 Jahren, verließ ich mein Elternhaus, war 1 Jahr mit einer Jugendalija-Gruppe in Jerusalem und im Juli 1935 schloß ich mich dem Kibbuz Hasorea an[,] mit dessen Mitgliedern ich noch von der Jugendbewegung der ›Werkleute‹ in Deutschland in engster Verbindung stand.[651]

Die genauen Umstände der Übersiedlung bleiben ungeklärt. Belegt ist, dass Eva Aufhäuser Mitte 1934 von Prag nach Palästina emigrierte, zunächst im Kibbuz *Sarid* eine landwirtschaftliche Ausbildung beendete und 1936 vom Kibbuz *Hasorea* offiziell als Mitglied aufgenommen wurde.[652] *Hasorea* war in diesem Jahr von der deutsch-jüdischen Jugendgruppe der *Werkleute* gegründet worden und unterschied sich, so Micha

650 AdsD Bonn, Bestand Felix Fechenbach, Anna und Siegfried Aufhäuser an Irma Fechenbach, 16.8.1933. Ein Ort wurde hier nicht genannt.

651 Einige Bemerkungen zur Ergänzung, in: Nikolai (Hg.): Zum 100. Geburtstag. Vgl. zur Aljia und zu den Hachschara-Stätten, in denen die Jugendlichen auf das Leben in den Gemeinschaftssiedlungen vorbereitet wurden, den Sammelband: Pilarczyk, Ulrike/Ashkenazi, Ofer/Homann, Arne (Hg.): Hachschara und Jugend-Alija. Wege jüdischer Jugend nach Palästina 1918-1941, Gifhorn 2020.

652 Schriftliche Auskunft von Lilo Stone, Archivarin des Kibbuz Hasorea, 30.1.2020. Hier war sie hauptsächlich im Kuhstall tätig, arbeitete anfangs aber auch in der Küche und auf den Obstplantagen. Im Jahr 1934 war eine *Gesellschaft für gemeinschaftliche Ansiedlung* gegründet worden, aus deren Kreis sich Ende 1935/Anfang 1936 einige Mitglieder auf dem neu zugewiesenen Grund und Boden niederließen (vgl. dazu Irmgard Klönne, Jugendbewegung und Realitätserfahrung: Von der deutsch-jüdischen Jugendbewegung zur Kibbuzgesellschaft, in: Hotam, Yotam [Hg.]: Deutsch-Jüdische Jugendliche im »Zeitalter der Jugend«, Göttingen 2009, S. 121-142, hier S. 139 ff. sowie Jacob Michaeli, Das Kibbuz Hasorea. Zur Geschichte einer von Juden aus Deutschland gegründeten Gemeinschaftssiedlung, in: Godenschweger, Walter B./Vilmar, Fritz: Die rettende Kraft der Utopie. Deutsche Juden gründen den Kibbuz Hasorea, Frankfurt a.M. 1990, S. 141-161, hier S. 146 ff. Siehe zum Kibbuz ferner: Shlomo Erel, Neue Wurzeln. 50 Jahre Immigration deutschsprachiger Juden in Israel, Gerlingen 1983, S. 189-193).

Brumlik, »[v]on all den vielen Kibbuzim [...] dadurch, dass es geradezu in Reinkultur ein authentischer Sproß der in Deutschland um die Jahrhundertwende entstandenen jugendbewegt-bündischen Subkulturbewegung war«.[653] Im Bund der *Werkleute* hatte sich nach längeren Debatten im Frühjahr 1933 die Einsicht durchgesetzt, dass die Alija, die gemeinschaftliche Auswanderung nach Palästina, einem Verbleib in Deutschland vorzuziehen sei.[654] Inwieweit sich Eva Aufhäuser vor ihrer Flucht aus Deutschland den *Werkleuten* oder dem Vorgängerbund, den *Kameraden*, zugehörig fühlte und sich an diesen Diskussionen und den Vorbereitungen der Kibbuzgründung beteiligt hatte, lässt sich nicht rekonstruieren. Ebenso wenig lässt sich nachvollziehen, welche Gründe sie dazu bewogen, nach Palästina zu emigrieren, oder wie die Entscheidung innerhalb der Familie debattiert und verhandelt wurde.[655]

Festhalten lässt sich, dass die Entscheidung der Tochter bei Siegfried Aufhäuser einen Perspektivenwechsel einläutete. In der Folgezeit ließ sich zunächst ein gesteigertes Interesse an der Entwicklung Palästinas ausmachen: Seit Sommer 1936 bemühten sich Anna und Siegfried Aufhäuser um ein Reisevisum für das palästinensische Mandatsgebiet.[656] Im Frühjahr 1937 konnten sie die Passage schließlich antreten. Siegfried Aufhäuser nutzte diese Gelegenheit, um in den folgenden Wochen in der *Neuen Weltbühne* ausführlich über die dortigen Verhältnisse zu berichten. Anfang Mai 1937 erschien ein erster von fünf Artikeln zu Palästina, der von den bürokratischen Hürden, der Überfahrt auf einem italienischen Schiff, der Ankunft in Haifa und den dortigen

653 Micha Brumlik, Vom Scheunenviertel nach Hasorea. Deutsch-jüdische Jugendbewegung als Avantgarde sozialistischer Kollektiverziehung, in: Bartmann, Sylke/u. a. (Hg.): »Natürlich stört das Leben ständig«. Perspektiven auf Entwicklung und Erziehung, Wiesbaden 2009, S. 127-135, hier S. 128 f. Als Vorläuferorganisation der *Werkleute* galt der deutsch-jüdische Bund *Kameraden*. Dessen organisatorische Entwicklung war maßgeblich von ideologischen Debatten zwischen divergierenden sozialistischen, patriotisch-nationalen und religiösen Strömungen geprägt (vgl. dazu ausführlich: Bernhard Trefz, Jugendbewegung und Juden in Deutschland. Eine historische Untersuchung mit besonderer Berücksichtigung des Deutsch-Jüdischen Wanderbundes »Kameraden«, Frankfurt a. M. 1999).

654 Klönne, Jugendbewegung 2009, S. 135 ff. Vgl. zur Frage der Emigration, die innerhalb der jüdischen Bevölkerung intensiv diskutiert wurde: David Jünger, Jahre der Ungewissheit. Emigrationspläne deutscher Juden 1933-1938, Göttingen 2016.

655 Siehe zur Emigration nach Palästina: Katharina Hoba, Generation im Übergang. Beheimatungsprozesse deutscher Juden in Israel, Köln u. a. 2017 und Gerda Luft, Heimkehr ins Unbekannte. Eine Darstellung der Einwanderung von Juden aus Deutschland nach Palästina vom Aufstieg Hitlers zur Macht bis zum Ausbruch des Zweiten Weltkrieges 1933-1939, Wuppertal 1977. Siehe zur Bedeutung der Kategorie Geschlecht in diesem Kontext: Viola Alianov-Rautenberg, Migration und Marginalität. Geschlecht als strukturelle Kategorie in der deutsch-jüdischen Einwanderung nach Palästina/Eretz Israel in den 1930er Jahren, in: Bischoff, Doerte/Rürup, Miriam (Hg.): Exilforschung. Ein internationales Jahrbuch: Ausgeschlossen. Staatsbürgerschaft, Staatenlosigkeit und Exil, 36. Jg. (2018), München 2018, S. 105-117 sowie Martina Kliner-Fruck, »Es ging ja ums Überleben«. Jüdische Frauen zwischen Nazi-Deutschland, Emigration nach Palästina und ihrer Rückkehr, Frankfurt a. M./New York 1995, S. 111 ff.

656 Národní Archiv Prag, Archival group of the Police Headquarters in Prague II – General Registry, 1921-1950, sign A 536-36, box 4417, Schreiben von Siegfried Aufhäuser, 20. 8. 1936.

wirtschaftlichen und politischen Entwicklungen handelte.[657] Erstmals beschäftigte er sich nun publizistisch ausführlich mit dem Zionismus. Zwar sah er für das Problem der »Schaffung eines autonomen Judenstaates in Palästina« primär die »dazu berufenen Anhänger[] der nationaljüdischen Bewegung« in der Verantwortung.[658] Dennoch war ihm wichtig zu betonen:

> Wer die Frage des Judentums als Volk verneint, ist damit seiner sozialistischen Pflicht, sich um das soziale Schicksal der jüdischen Proletarier zu kümmern, noch keineswegs entbunden. Die europäische Arbeiterbewegung hat es nicht zu verhindern vermocht, daß der Fascismus zehntausende Marxisten und Juden aus dem Lande verjagt hat. Diese entwurzelten Menschen, die heute noch heimat- und schutzlos zwischen den Grenzen umherirren […] suchen Heim und Arbeit.[659]

In diesem Zusammenhang verwies er auf die »besondere Bedeutung« des britischen Mandatsgebiets für die Emigration.[660] Die jüdische Jugend sei, so Aufhäuser, »nicht nach Palästina ausgewandert, um in religiöser Schwärmerei jüdische Tradition zu pflegen«, sondern »um Land für den sozialen Aufbau zu suchen«.[661] Palästina sei »kein sozialistisches Land, […] es verfüg[e] [aber] über einen sozialistisch gerichteten Sektor mit kollektivistischen Betriebsformen«.[662] Diese Form der Aufbauarbeit fokussierte Aufhäuser in einem weiteren Artikel. Im Zentrum stand die *Histadrut*, die gewerkschaftliche Organisation der jüdischen Arbeiter:innen.[663] Ausführlich beschrieb er deren Tätigkeit, die »über den Rahmen europäischer Gewerkschaften wesentlich hinaus[gehe]« und beispielsweise bei Wahlen antrat, »kollektive Eigenbetriebe […] errichtet[e] und führt[e]« und sich an der Siedlungsarbeit (»Kolonisation«) beteiligte.[664] Besondere Aufmerksamkeit erfuhren die innerhalb des Gewerkschaftsbundes prominent vertretenen Gemeinschaftsformen des *Moschawim*, in der sich die Mitglieder auf individueller Grundlage genossenschaftlich organisierten und die des *Kwuzoth*. Letztere würdigte Aufhäuser als kollektivistische Siedlungskommunen ausdrücklich.[665]

657 Die neue Weltbühne, Nr. 19 vom 6.5.1937, »Palästina«.
658 Ebd. Abwegig erschien ihm, »wenn gelegentlich Sozialisten ihre sozialwirtschaftlichen Betrachtungen Palästinas darauf abstell[t]en, ob es möglich [sei,] unter den gegebenen machtpolitischen Verhältnissen vierzehn Millionen Juden der Welt in diesem Lande unterzubringen oder nicht«.
659 Ebd.
660 Ebd.
661 Ebd.
662 Ebd.
663 Ebd., Nr. 20 vom 13.5.1937, »Aufbau in Palästina«. Vgl. dazu: Manuela Maschke, Die israelische Arbeiterorganisation Histadrut. Vom Staat im Staate zur unabhängigen Gewerkschaft, Frankfurt a. M. 2003, insbesondere S. 115-128.
664 Die neue Weltbühne, Nr. 20 vom 13.5.1937, »Aufbau in Palästina«.
665 Ebd. Die *Histadrut*, der in Ermangelung eines gesetzlichen Arbeitsschutzes eine besondere Aufgabe bei der »organisierte[n] Selbsthilfe« zukam, war Gegenstand eines weiteren Artikels,

Nach dem Abschluss der Reise erschien Ende Mai 1937 in den Mitteilungen des *Internationalen Bundes der Privatangestellten* ein weiterer Bericht von Siegfried Aufhäuser über die Angestelltenpolitik der *Histadrut*.[666] Ferner zeigte Manfred Georg, der Chefredakteur der *Jüdischen Revue*, mit dem Aufhäuser Mitte 1936 über ein Prager Volksfront-Programm debattiert hatte, Interesse an der Thematik und stellte ihm die Zeilen der Zeitung für einen Bericht zur Verfügung.[667] Im Rahmen dieser Darstellung über die unterschiedlichen Siedlungsformen der jüdischen Arbeiter:innen in Palästina thematisierte Siegfried Aufhäuser erstmals auch die Frage nach der »Erneuerung des Judentums« im Sinne einer beruflich-strukturellen Umstellung »vom Volk der Händler zur produktiven Arbeit«.[668] Aufhäuser hatte sich bei dieser Frage in öffentlichen Verlautbarungen lange zurückgehalten, trat nun aber entschieden für eine solche »Produktivierung« ein.[669] In der *Neuen Weltbühne* äußerte er sich ein Jahr später ausführlich dazu: Vor dem Hintergrund gesteigerter antijüdischer Maßnahmen nach dem sogenannten »Anschluss« Österreichs und der »Verordnung über die Anmeldung des Vermögens von Juden« vom 26. April 1938 im Deutschen Reich ging es ihm einerseits um die Widerlegung des antisemitischen Vorurteils einer vermeintlich »Jüdische[n] Weltherrschaft«, in der das Judentum als »beherrschende[r] Träger der kapitalistischen Gesellschaft« wirke.[670] Notwendig erschien ihm andererseits zu betonen, dass ökonomische Not und zunehmender Antisemitismus nicht darüber hinwegtäuschen könnten, dass »sich die Juden der Welt in einer Berufskrise bef[ä]nden, die nur mit einem positiven Erneuerungsprogramm überwunden werden« könne.[671] In diesem Sinne müsse eine »Erneuerung des Judentums« mit der »Schaffung einer breiten, gelernten und geschulten industriellen jüdischen Arbeiterschaft« einhergehen.[672]

Dass Siegfried Aufhäuser diese Artikel über Palästina und die jüdische Arbeiter:innenbewegung in der *Neuen Weltbühne* veröffentlichte, ist auf seine enge Verbindung

der sich ausführlich mit deren Einrichtungen und ihrem sozial-, wirtschafts- und kulturpolitischen Engagement beschäftigte (Nr. 21 vom 20. 5. 1937, »Palästinas Arbeiterbewegung«). Danach folgten Texte, die sich kritisch mit der britischen Mandatsregierung und -verwaltung sowie dem jüdisch-arabischen Konflikt, der 1936 durch den sogenannten »Arabischen Aufstand« eine Verschärfung erfahren hatte, auseinandersetzten (Nr. 22 vom 27. 5. 1937, »Juden und Araber« sowie Nr. 30 vom 22. 7. 1937, »England und Palästina«).

666 Mitteilungen des Internationalen Bundes der Privatangestellten, Nr. 193 von Ende Mai 1937, »Die Angestelltenbewegung in Palästina«.

667 Jüdische Revue, 2. Jg. Nr. 6 von Juni 1937, »Kwuzoth oder Moschawim?«. Vgl. auch: Daniel Müller, Manfred Georg und die »Jüdische Revue«. Eine Exilzeitschrift in der Tschechoslowakei 1936-1938, Konstanz 2000.

668 Jüdische Revue, 2. Jg. Nr. 6 von Juni 1937, »Kwuzoth oder Moschawim?«.

669 Vgl. dazu: Uffa Jensen, Wirtschaft und Berufsstruktur, in: Hamburger Schlüsseldokumente zur deutsch-jüdischen Geschichte, 22. 9. 2016. https://dx.doi.org/10.23691/jgo: article-223.de.v1, abgerufen am 26. 2. 2023.

670 Vgl. Die neue Weltbühne, Nr. 25 vom 23. 6. 1938, »Jüdische Weltkrise«. Im Original teils hervorgehoben.

671 Die neue Weltbühne, Nr. 25 vom 23. 6. 1938, »Jüdische Weltkrise«.

672 Ebd. Später beschäftigte sich Aufhäuser eingehend mit dieser Thematik. Vgl. IV. Kapitel 1.2.

zu Hermann Budzislawski zurückzuführen.[673] Ob der Impuls zur Artikelserie über Palästina nun aber von Aufhäuser selbst oder von Budzislawski ausging, bleibt ungeklärt. Insgesamt entsteht der Eindruck, als habe Aufhäuser in der thematischen Ausgestaltung seiner Texte weitgehend freie Hand gehabt. Häufig korrespondierten sie mit seinen beruflichen Aktivitäten, beschäftigten sich mit wirtschaftspolitischen und gewerkschaftlichen Fragestellungen oder kritisierten die NS-Wirtschaftspolitik.[674] Als sich sein journalistisches Engagement 1938 auch im *Neuen Vorwärts* intensivierte, dominierten hier wirtschaftsanalytische und sozialpolitische Texte über die aktuellen Entwicklungen im Deutschen Reich.[675] In beiden Blättern warnte er in diesem Zeitraum eindringlich vor den deutschen Kriegsvorbereitungen und den Folgen des deutschen Einmarschs in Österreich.[676]

Das Münchner Abkommen und die Flucht nach London

Margit Szöllösi-Janze hat darauf hingewiesen, dass bereits »durch die ganz unterschiedliche Situation der archivalischen Überlieferung [...] inhaltliche Vorentscheidungen getroffen« werden, die für Historiker:innen »unweigerlich bindend« sind.[677] Umgekehrt kann die Überlieferungslage Rückschlüsse ermöglichen, was von den Nachlassgebenden als erhaltenswert oder bedeutsam angesehen wurde. Mit Blick auf den geringen Umfang von Siegfried Aufhäusers eigenen archivalischen Hinterlassenschaften von 13 dünnen Mappen erscheint es bezeichnend, dass sich darunter eine Mappe befand, deren Inhalt sich fast ausschließlich auf das Münchner Abkommen vom September 1938 bezog.[678] Dieses Material überdauerte mehrere Umzüge und war zuvor bewusst zusammen-

673 Lieselotte Maas verwies darauf, dass Budzislawski »über die Judenverfolgung in Hitlerdeutschland weitaus sensibler schrieb als viele Marxisten des Exils« (dies., Handbuch 1990, S. 116).

674 Vgl. beispielsweise: Die neue Weltbühne, Nr. 5 vom 28.1.1937, »Vier Jahre Arbeitsfront«, Nr. 29 vom 15.7.1937, »Internationales Wirtschaftsparlament«, Nr. 40 vom 30.9.1937, »Ein Jahr von vieren«, Nr. 49 vom 18.11.1937, »Mit oder ohne Schacht«, Nr. 21 (1938) »Wirtschaftshilfe für die Donauländer« sowie Nr. 30 (1938), »Berliner Börsen-Krach«.

675 Neuer Vorwärts, 6. Jg. Nr. 243 vom 13.2.1938, »Grenzen der Arbeitskraft«, Nr. 246 vom 6.3.1938, »Vertrauensratswahlen 1938???«, Nr. 257 vom 22.5.1938, »Grundsätzliche Wandlung der Sozialpolitik«, Nr. 275 vom 25.9.1938, »Kleider machen Leute. Die Arbeitsfront hat Sorgen«.

676 Vgl. ebd., Nr. 249 vom 27.3.1938, »Was Hitler wollte. Die Vorgeschichte des Raubzugs«, Nr. 251 vom 10.4.1938, »Um die österreichischen Arbeiter« und Nr. 256 vom 15.5.1938, »Alles für die Kriegskasse« sowie Die neue Weltbühne, Nr. 7 vom 11.2.1937, »Vier Jahre Mobilmachung?«, Nr. 11 vom 17. März 1938, »Defaitismus?« und Nr. 37 vom 15.9.1938, »Mobilmachung der Arbeiter«.

677 Szöllösi-Janze, Fritz Haber 1998, S. 11.

678 Vgl. AdsD Bonn, Bestand Siegfried Aufhäuser, Mappe 7. In Anbetracht dessen, dass sich unter den 13 Mappen lediglich eine weitere Einheit befindet, die in der Hauptsache Unterlagen aus der Zeit vor 1940 enthält, ist dies besonders hervorzuheben (vgl. Mappe 1. Diese enthält diverse sozialistische Festzeitschriften, Zeitungsausschnitte und Gedenkschriften aus den Jahren 1892-1928. Der gesamte Bestand setzt sich hauptsächlich aus Pressetexten und Druckerzeugnissen zusammen).

getragen und aufbewahrt worden. Es ist anzunehmen, dass der Sammler – in diesem Fall Aufhäuser – dem Inhalt der Unterlagen einen besonderen Stellenwert beimaß.

Dies dürfte den einschneidenden Konsequenzen geschuldet sein, die sich aus den Beschlüssen des Münchner Abkommens für das europäische Mächteverhältnis im Allgemeinen und für Aufhäuser im Speziellen ergaben.[679] Infolge der Münchner Konferenz, auf der Regierungsvertreter von Frankreich, England, Italien und dem Deutschen Reich die nicht direkt beteiligte Tschechoslowakei zur Abtretung des Sudetengebiets nötigten, sahen sich Anna und Siegfried Aufhäuser abermals zur Flucht gezwungen.[680] Bis in die zweite Jahreshälfte 1938 hinein, als der Kampf um die Souveränität der Tschechoslowakei längst entbrannt war, hatte Siegfried Aufhäuser noch die Geschäfte der *Arbeitsgemeinschaft der freien Angestelltengewerkschaften Mitteleuropas* geleitet und für die Zeitschrift *Weg der Wirtschaft* geschrieben.[681] Darin propagierte er die regionale Wirtschaftseinheit als friedliche Lösung der europäischen Konflikte (»vom Donaufrieden zum Völkerfrieden«) und verlieh seinen Hoffnungen auf die moralische und ökonomische Unterstützung durch Großbritannien und Frankreich Ausdruck.[682] Ähnlich äußerte sich Aufhäuser im Sommer 1938 gegenüber der SOPADE. In einem Brief vom 16. August berichtete er Erich Ollenhauer hoffnungsvoll von den britischen Vermittlungsversuchen durch Walter Runciman und bezog sich dabei positiv auf das französische Engagement.[683] Ernüchterung setzte bei ihm in der zweiten Augusthälfte ein, als sich das Scheitern dieser Bemühungen abzeichnete.[684]

Nach den Beschlüssen der Münchner Konferenz erschien den Aufhäusers ein weiterer Verbleib in Prag unmöglich. Gegenüber Otto Wels, dessen Hilfe Siegfried Aufhäuser erbat, erläuterte er seine Fluchtpläne:

> Wie Sie sich erinnern dürften, hatte ich die Absicht hier zu bleiben […]. Aber es ist nun alles, alles anders gekommen. Die äußeren Ereignisse haben auch im Lande

679 Vgl. etwa: Zarusky, Jürgen/Zückert, Martin (Hg.): Das Münchener Abkommen von 1938 in europäischer Perspektive, München 2013, insbesondere ab S. 271.

680 Später charakterisierte Aufhäuser die Ergebnisse der Konferenz als »furchtbare Katastrophe« und »Verrat der Tschechen durch ihre Verbündeten« (Deutschlandradio, Dokumentation und Archiv, Mitschnitt der Sendung 00359116 »Im Schutz der Freiheit – Deutsche Emigranten in Prag nach 1933«, Minute 55:40-55:47).

681 Vgl. zu seiner Tätigkeit bei der Arbeitsgemeinschaft: Der Handelsangestellte. Zeitschrift der Fachgruppe Handel und Verkehr im Einheitsverband der Privatangestellten, Nr. 7 vom 1.7.1938, »Mitteleuropäische Konferenz d. Privatangestellten. Der Rohstoffreichtum Südosteuropas als Friedensfaktor«.

682 Weg der Wirtschaft, 2. Jg. Nr. 7/8 von Juli/August 1938, »Mitteleuropäischer Wirtschaftsraum«. Noch in der letzten Ausgabe der Zeitschrift betonte er, dass »[n]ach dem Anschluß Österreichs […] auch die Westmächte allmählich Erwägungen darüber angestellt [hätten], welche Mittel gegen die Nazi-Expansion angewandt werden soll[t]en« (Nr. 9 vom September 1938, »Der Balkan. – Selbstständig oder Nazikolonie«).

683 AdsD Bonn, Bestand Sopade, Aufhäuser an Ollenhauer, 16.8.1938.

684 Ebd., Aufhäuser an Ollenhauer, 24.8.1938. Vgl. zum Kontext ausführlich: Detlef Brandes, Die Sudetendeutschen im Krisenjahr 1938, München 2008, S. 215 ff.

> eine grundlegende Neugestaltung zur Folge. [...] Ich musste also meinen Entschluß ändern, wir wollen so rasch als möglich auswandern. Da aber die formale Erledigung zur außereuropäischen Wanderung zwei bis drei Monate Zeit beansprucht [...] so will ich die Auswanderung von Paris aus weiter erledigen und abschließen, wenn ich das Visum für meine Frau und mich bekommen kann.[685]

Die Entscheidung nach Übersee, das heißt in die Vereinigten Staaten, zu emigrieren, war zu diesem Zeitpunkt bereits gefallen. Nach dem Tod seiner Mutter im August 1938 gab es ohnehin nur noch wenig, was Siegfried Aufhäuser auf dem europäischen Kontinent hielt.[686] Anfang Oktober 1938 erkundigte er sich bei Jay Lovestone, einer der schillerndsten Persönlichkeiten der US-amerikanischen Arbeiter:innenbewegung, der zu jener Zeit für die einflussreiche Gewerkschaft *United Auto Workers* (UAW) arbeitete, nach Papieren für die Einreise.[687] Unterstützt wurden die Aufhäusers bei ihrem Einreiseprozess in der Folgezeit in erster Linie vom American Committee der *International Relief Association* (IRA) und dessen Exekutivsekretärin Sheba Strunsky, mit der Siegfried Aufhäuser bereits Anfang des Jahres über den EVP wegen einer Solidaritätsaktion für KZ-Gefangene in Deutschland in Kontakt stand.[688] Priorität hatte zunächst die sofortige Flucht aus Prag. In mehreren Schreiben an Crummenerl berichtete er von seinen Versuchen, einen Zwischenaufenthalt in Frankreich oder Belgien zu organisieren. Gleichzeitig hatte Aufhäuser Verantwortung für die Ausreise der Geflüchteten übernommen, die bislang vom EVP betreut worden waren. Gemeinsam mit Kurt Weck, der nach der

685 AdsD Bonn, Bestand Sopade, Aufhäuser an Wels, 8.10.1938. Mit Rekurs auf die unmittelbare Gefahrensituation verwies Gunter Lange darauf, dass eine Auslieferungsliste geflüchteter Emigranten, die auch den Namen Aufhäuser enthielt, im Oktober 1938 bei der *Geheimen Staatspolizei* (Gestapo) zirkulierte (vgl. Lange, Aufhäuser 2013, S. 263).

686 Römer, Gernot (Hg.): »An meine Gemeinde in der Zerstreuung«. Die Rundbriefe des Augsburger Rabbiners Ernst Jacob 1941-1949, Augsburg 2007, S. 179 f.

687 Vgl. Ted Morgan, A Covert Life. Jay Lovestone. Communist, Anti-Communist, and Spymaster, New York/Toronto 1999 sowie Exilarchiv Frankfurt a. M., Bestand Emergency Rescue Committee, EB 72/21 (Siegfried Aufhäuser), Aufhäuser an Lovestone, 5. und 7.10.1938 (Kopien dieses Bestands befinden sich in der Émigré Collection Albany, Emergency Rescue Committee Records). Durch Vermittlung und Unterstützung des deutschstämmigen Anthropologen Franz Boas konnten schließlich Affidavits von Hortense U. Goldstone und Dr. Otto Nathan bereitgestellt werden (Franz Boas an United States Consul General Prag, 17.10.1938, Aufhäuser an Strunsky, 12.11.1938, 16.2.1939, 5.4.1939 sowie Strunsky an Boas, 3.5.1939). Vgl. zu den bürokratischen Einreisebestimmungen ausführlich: Hans-Albert Walter, Deutsche Exilliteratur 1933-1950. Band 2: Europäisches Appeasement und überseeische Asylpraxis, Stuttgart 1984, S. 380-496.

688 Der Kontakt war über die UAW zustande gekommen (vgl. Exilarchiv Frankfurt a. M., Bestand Emergency Rescue Committee, EB 72/21 [Siegfried Aufhäuser], Aufhäuser an Francis A. Henson, 24.12.1937, Henson an Aufhäuser sowie Henson an Strunsky, beide 11.1.1938). Die International Relief Association war 1933 zur Unterstützung der Opfer des Faschismus gegründet worden (vgl. Wolfgang D. Elfe, Das Emergency Rescue Committee, in: Spalek, John M./Strelka, Joseph [Hg.]: Deutsche Exilliteratur seit 1933. Band 1. Kalifornien. Teil 1, Bern/München 1976, S. 214-219, hier S. 217).

Abreise Wilhelm Sanders für die Abwicklung der *Sozialdemokratischen Flüchtlingshilfe* in Prag zuständig war, bemühte er sich um finanzielle Unterstützung, die Erstellung von Listen und um Aufenthaltserlaubnisse in Frankreich und England für politisch und gewerkschaftlich Verfolgte.[689] Dabei galt es, einen solidarischen Ausgleich mit den übrigen Organisationen der Flüchtlingshilfe zu finden.[690]

Was seine eigene Person betraf, so glaubte Aufhäuser Anfang November 1938, die Bewilligung einer französischen Einreisegenehmigung nicht mehr abwarten zu können.[691] Einige Tage zuvor hatte er über britische Gewerkschaftskreise einen »dringlichen Antrag« zur vorübergehenden Aufnahme veranlasst, der schließlich genehmigt wurde.[692] Bis zur Abreise nach London verbrachten die Aufhäusers bange Tage in Prag. Davon zeugt ein nur in Teilen erhaltener handschriftlicher Bericht:

> Finally we have been able to get out of Prague and have landed here after a dangerous aeroplaneflight over Germany. The last months were terrible. Until the end of September we lived under the tension of the threatening war – something which was not easy in Prague. Then the Munich Conference happend which resulted in an ugly reaction that took place in Czecho-Slovakia. At first the Czechs were thrown into deep sadness. But soon the national pain changed into a chauvinist hatred against foreigness […].[693]

Das Ticket für diesen Flug wurde wegen der Dringlichkeit zunächst von Siegfried Taub, dem langjährigen Generalsekretär der DSAP, beschafft und mit gewerkschaftlichen Geldern finanziert.[694] Das Flugzeug erreichte Großbritannien am 25. November 1938, wo Anna und Siegfried Aufhäuser eine sechsmonatige Aufenthaltserlaubnis erhielten.[695] Zumal ihnen jegliche berufliche Betätigung untersagt blieb, bemühten sie

689 AdsD Bonn, Bestand Sopade, Aufhäuser an Crummenerl, 19.10.1938, 1.11.1938 und 8.10.1938 (falsch datiert) sowie Crummenerl an Aufhäuser, 3.11.1938.

690 Dies erwies sich als besondere Herausforderung, da nun zusätzlich Geflüchtete aus Österreich und dem Sudetengebiet vermehrt in Prag eintrafen. Vgl. zur Fluchtbewegung ab 1938 aus der Tschechoslowakei: Peter Heumos, Die Emigration aus der Tschechoslowakei nach Westeuropa und dem Nahen Osten 1938-1945. Politisch-soziale Struktur, Organisation und Asylbedingungen der tschechischen, jüdischen, deutschen und slowakischen Flüchtlinge während des Nationalsozialismus. Darstellung und Dokumentation, München 1989. Vgl. zur nationalsozialistischen Verfolgungspraxis vor Ort: Wolf Gruner, Die Judenverfolgung im Protektorat Böhmen und Mähren. Lokale Initiativen, zentrale Entscheidungen, jüdische Antworten 1939-1945, Göttingen 2016 und Jiří Padevět, Prag 1939-1945 unter deutscher Besatzung. Orte – Ereignisse – Menschen, Bonn 2021.

691 AdsD Bonn, Bestand Sopade, Aufhäuser an Crummenerl, 1.11.1938.

692 Ebd.

693 Exilarchiv Frankfurt a.M., Bestand Emergency Rescue Committee, EB 72/21 (Siegfried Aufhäuser), Aufhäuser an »Dear friends«, 5.12.1938.

694 AdsD Bonn, Bestand Seliger Archiv, 4/SENL000241, Aufhäuser an Rudolf Tayerlé, 15.11.1938.

695 LABO Berlin, Entschädigungsbehörde, Reg. 7218 (Aufhäuser, Siegfried), Certificate of Registration No. 693179, 28.11.1938. Publizistisch blieb Aufhäusers Engagement in diesem

sich weiter intensiv um eine Einreisegenehmigung für die USA.[696] Diese ließ jedoch auf sich warten.[697] Erst nach längerer Wartezeit und der Beschaffung zusätzlicher Unterlagen gelang es, Visa und Fahrkarten für eine Überfahrt auf der *Aquitania* zu erhalten, die am 22. April 1939 in See stach und am 28. April den New Yorker Hafen anlief.[698]

3.2 Im Strudel politischer Querelen: Die sozialdemokratische Exilcommunity in den USA

Anna und Siegfried Aufhäuser erreichten die Vereinigten Staaten ohne konkrete Zukunftspläne und berufliche Perspektiven. Dennoch schien das Fluchtziel USA in der gegenwärtigen Situation die naheliegendste Option zu sein. Obwohl persönliche Kontakte und gewerkschaftliche Verbindungen nach Großbritannien und Palästina bestanden, hatten beide Länder im Herbst 1938 als Emigrationsziele nicht mehr zur Debatte gestanden:

In Palästina hielt sich zu jener Zeit Perez Naphtali (vormals Fritz Naphtali) auf. Er hatte während der Weimarer Republik aufbauend auf Hilferdings Theorie des »Organisierten Kapitalismus«, das Konzept der Wirtschaftsdemokratie ausgearbeitet und auf dem 13. Gewerkschaftskongress des ADGB 1928 präsentiert.[699] Aufhäuser und er kannten sich spätestens seit ihrer gemeinsamen Berufung in den Vorläufigen Reichswirtschaftsrat. Als Verfechter wirtschaftsdemokratischer Vorstellungen und Kritiker des gewerkschaftlichen WTB-Plans hatten beide 1932 zusammen an den »Richtlinien des ADGB und des AfA-Bundes zum Umbau der Wirtschaft« gearbeitet. Auch nach Naphtalis Emigration nach Palästina, wo er sich eine neue berufliche Existenz aufbaute, hielten sie Kontakt.[700] Während ihres Palästinaaufenthalts 1937 debattierte die Familie Aufhäuser schließlich ganz konkret über einen dauerhaften Verbleib im Land. Siegfried Aufhäuser setzte sich jedoch mit seiner Position durch. Während Anna Aufhäuser gerne

Zeitraum in der Hauptsache auf den *Neuen Vorwärts* beschränkt (vgl. Neuer Vorwärts, 7. Jg. Nr. 297 vom 26.2.1939, »Sonne in den Alltag«, Nr. 299 vom 12.3.1939, »Betriebsgebundene Arbeiter«, Nr. 301 vom 26.3.1939, »Vormals Arbeiterbank«).

696 Exilarchiv Frankfurt a. M., Bestand Emergency Rescue Committee, EB 72/21 (Siegfried Aufhäuser), Aufhäuser an Strunsky, 15.12.1938 und 10.1.1938 (falsch datiert).

697 Ebd. Aufhäuser an Strunsky, 25.3.1938.

698 Ebd., Aufhäuser an Strunsky, 5.4.1938 sowie: US Department of Homeland Security, U.S. Citizenship and Immigration Services, Applications for Immigration Visa (American Consulate at London, England), No. 6010, Anna Aufhäuser und No. 6009, Siegfried Aufhäuser.

699 Vgl. dazu III. Kapitel 1.2. Siehe auch: Andrea Rehling, Fritz Perez Naphtali und die »Wirtschaftsdemokratie« in Deutschland und Israel, in: Lehnert (Hg.): Soziale Demokratie und Kapitalismus 2019, S. 281-305.

700 Vgl. II. Kapitel 2.1. sowie Jehuda Riemer, Nach dem Zusammenbruch. Fritz Naphtali im Briefwechsel 1933-34, in: International Review of Social History 27 (1982), S. 324-356, hier S. 350 und S. 354, Fußnoten 80 und 90.

geblieben wäre, sprach sich ihr Ehemann entschieden dagegen aus: hierfür sei er »zu international«.[701]

Im Gegensatz zu Palästina war Großbritannien als Exilland aufgrund der restriktiven Aufnahmebedingungen vor 1937 kaum Bedeutung zugekommen.[702] Dennoch unterhielt Siegfried Aufhäuser ab 1933 Verbindungen zu dort lebenden Exilierten. Etwa zu Franz L. Neumann, einem Berliner Juristen, der als Arbeitsrechtler für Hugo Sinzheimer und Ernst Fraenkel gearbeitet und mehrere gewerkschaftliche Verbände vertreten hatte.[703] Verbindungen bestanden ferner zu William Gillies, dem langjährigen Leiter des *International Department of the Labour Party*.[704] Dieser hatte für das britische *Labour Magazin* im Sommer 1933 einen Artikel »with regard to the condition of the German Socialist refugees and the families of our comrades in the concentration camps in Germany« angefragt und in Aufhäuser einen engagierten Beiträger gefunden.[705] Im Sommer 1938 war auch Hans Gottfurcht nach England geflüchtet und hatte mit Unterstützung von Wim Spiekman Kontakte zu Gewerkschaftsvertretern vor Ort geknüpft.[706] Auch mit diesem stand er in Austausch.[707]

Siegfried Aufhäuser ließ indes keinen Zweifel aufkommen, dass er England so schnell wie möglich verlassen wollte. Gegenüber Siegmund Crummenerl betonte er:

> Ich bemühe mich jedoch, bald weiter zu kommen, denn der Zwischenaufenthalt ist hier ohne Unterstützung sehr teuer. [...] Ich glaube fast, wir sehen uns dort wieder, denn nach meiner Ansicht wird sich die Sopadearbeit wohl auf Dauer in

701 Römer, Aufhäuser 1995, S. 28 (Römer bezieht sich auf die Aussage von Aufhäusers Tochter Chava Nicolai).

702 Ludwig Eiber, Einleitung, in: ders. (Hg.): Die Sozialdemokratie in der Emigration. Die »Union deutscher sozialistischer Organisationen in Großbritannien« 1941-1946 und ihre Mitglieder. Protokolle, Erklärungen, Materialien, Bonn 1998, S. XV-CLVII, hier S. XVIII sowie Werner Röder, Die deutschen sozialistischen Exilgruppen in Großbritannien 1940-1945, Bonn 1973, S. 21 f.

703 Er hatte nach der Verhaftung von Felix Fechenbach etwa juristischen Rat bei Neumann gesucht (vgl. AdsD Bonn, Bestand Felix Fechenbach, Aufhäuser an Irma Fechenbach, 27. 7. 1933 und 8. 8. 1933).

704 People's History Museum, Manchester (PHM), Labour Party Archives, The William Gillies Papers, LP/WG/LAB/6-9, Gillies an Victor Schiff, 17. 7. 1933 sowie Schiff an Gillies, 18. 7. 1933 und Aufhäuser an Gillies, 18. 10. 1933. Aufhäuser berichtete Crummenerl auch von einem Zusammentreffen mit Gillies direkt nach seiner Ankunft in London (AdsD Bonn, Bestand Sopade, Aufhäuser an Crummenerl, 30. 11. 1938).

705 PHM Manchester, Labour Party Archives, The William Gillies Papers, LP/WG/LAB/6, William Gillies an Victor Schiff, 17. 7. 1933. Vgl. The Labour Magazine, 12. Jg. Nr. 4 vom August 1933, »Welfare Work for Refugees a Socialist Duty«. Kontakt bestand auch zum französischen Korrespondenten des *Manchester Guardian* (vgl. AdsD Bonn, Bestand Sopade, Aufhäuser an Crummenerl, 4. 7. 1933).

706 Bitzegeio, Partei- und Landesgrenzen 2009, S. 200 f. und S. 205 ff.

707 Vgl. mit Bezug zu Gottfurcht etwa: AdsD Bonn, Bestand Sopade, Ollenhauer an Aufhäuser, 15. 2. 1939 und Aufhäuser an Ollenhauer, 16. 2. 1939.

> Paris nicht halten lassen, hier darf man politisch nichts machen, also bleibt für die antifaschistische Tätigkeit schließlich wirklich nur USA.[708]

Neben der Hoffnung auf einen erweiterten politischen Betätigungsrahmen und eine berufliche Perspektive dürften sicherlich familiäre Bindungen für eine Weiterreise in die USA gesprochen haben. Die drei älteren Geschwister von Siegfried Aufhäusers Vater Hermann, der in den frühen 1930er Jahren verstarb, waren in der zweiten Hälfte des 19. Jahrhunderts nach New York ausgewandert.[709] Dort wurden sie mit ihren jeweiligen Familienangehörigen sesshaft.[710] Auch Siegfried Aufhäusers Bruder David, der 1905 in Hamburg die *Thermochemische Prüfungs- und Versuchsanstalt* gegründet und lange Jahre geleitet hatte, war inzwischen in die Vereinigten Staaten geflohen.[711] Dieses Schicksal teilte er mit mehreren Familienangehörigen von Anna Aufhäuser: Als sie 1942 einen Antrag für ein »Certificate of Identification« stellte, lebten bereits drei ihrer Geschwister in den USA.[712]

Womöglich spekulierte Siegfried Aufhäuser schon 1933 über einen längeren USA-Aufenthalt: Im Juni 1933 vermeldete er von Paris aus an Paul Hertz nach Prag, dass er Abraham Plotkin von der *International Ladies Garment Workers Union* (ILGWU) getroffen hatte.[713] Dieser habe in Aussicht gestellt, bei einer USA-Reise, »die er im Juli und August zwecks Hilfsaktion für Deutschland« plane, »Vorträge eines deutschen Genossen vor[zu]bereiten«.[714] Dass es dabei möglicherweise um seine eigene Person ging, wird anhand eines zweiten Schreibens deutlich, das Aufhäuser einige Wochen später an die SOPADE sandte. Darin erkundigte er sich nach weiteren Aufgaben und bekundete in diesem Kontext, dass eine »Amerikareise [...] in jedem Falle überholt zu sein« schien.[715]

708 AdsD Bonn, Bestand Sopade, Aufhäuser an Crummenerl, 15.12.1938.

709 Römer (Hg.): Rundbriefe 2007, S. 179. Ein abweichendes Todesdatum nannte Loval in: ders., We were Europeans 2010, S. 168 (1934 statt 1931).

710 Ebd., S. 101.

711 Römer (Hg.): Rundbriefe 2007, S. 178 f. Davon berichtet Siegfried Aufhäusers Nichte Erika Loebl-Steinberger (geb. Löbl) in ihrem Tagebuch (vgl. LBI New York, LBI Memoir Collection [ME 1358], Erika's Tagebuch, S. 19 f.). Briefkontakt bestand auch zu Siegfried Aufhäuser (ebd. S. 37). Siegfrieds Schwester Frieda (auch: Friedl) siedelte mit ihren Kindern Erika (später: Erica) und Werner nach dem Tod ihres Mannes mithilfe ihrer Brüder ebenfalls nach New York über (vgl. Loval, We were Europeans 2010, S. 246 f. sowie Loebl, Ecuador 1996, S. 43).

712 Vgl. US Department of Homeland Security, U.S. Citizenship and Immigration Services, Application for Certificate of Identification, Receipt No. 1562185, Anna Aufhäuser. In einer kurzen Abschiedsnotiz hatte Siegfried die weitere Zusendung der »Grünen Berichte« und des *Neuen Vorwärts* an die Anschrift von Annas Bruder Josef Stein erbeten (AdsD Bonn, Bestand Sopade, Aufhäuser an Genossen, 20.4.1939).

713 Dieser befand sich auf der Rückreise von einem längeren Aufenthalt in Deutschland. Vgl. dazu seine Tagebuchaufzeichnungen: Collomp, Catherine/Groppo, Bruno (Hg.): An American in Hitler's Berlin. Abraham Plotkin's Diary, 1932-1933, Urbana/Chicago 2009.

714 IISH Amsterdam, Paul Hertz Papers, 17-2-1, Aufhäuser an Hertz, 19.6.1933.

715 AdsD Bonn, Bestand Sopade, Aufhäuser an Genossen, 31.7.1933.

Nach zahlreichen Turbulenzen und Verzögerungen glückte Anna und Siegfried Aufhäuser im April 1939 die Übersiedlung in die Vereinigten Staaten.[716] Bevor sie die endgültige Erlaubnis erhielten, das Festland zu betreten, mussten sie jedoch einen mehrtägigen Zwischenstopp auf Ellis Island einlegen.[717] Erst danach durften sie nach New York weiterreisen. In der zweiten Maihälfte teilten sie Sheba Strunsky eine erste permanente Adresse mit: 54 West 105th Street.[718] Von dort nahm Siegfried Aufhäuser schon bald Kontakt zu den hiesigen Genoss:innen aus dem SOPADE-Umfeld auf. Zu diesen zählte Rudolf Katz, der während der Weimarer Republik als Stadtverordneter in Altona gearbeitet hatte und sich seit 1935 in den USA aufhielt. In seinem Tagebuch vermerkte Katz, dass das Ehepaar Aufhäuser gemeinsam mit Erna und Max Brauer, dem früheren Oberbürgermeister von Altona, am 16. Juni 1939 in seinem Haus zu Gast gewesen war.[719] Brauer und Katz zählten damals zu den aktivsten Mitgliedern der *German Labor Delegation* (GLD), die sich kurz vor Aufhäusers Ankunft als organisatorische Basis der SOPADE in den USA gegründet hatte.[720]

Gründung und Zusammensetzung der *German Labor Delegation*

Die Aktivitäten des SPD-Exilparteivorstands in den USA reichten bis in die Frühphase des Exils zurück: Mitte 1933 war mit Blick auf die schwindende finanzielle Basis über die Entsendung eines Repräsentanten debattiert worden.[721] Ende des Jahres fiel der Entschluss, den ehemaligen Reichstagsabgeordneten Gerhard Seger, dem kurz zuvor die Flucht aus dem Konzentrationslager Oranienburg gelungen war, mit einer USA-Reise zu beauftragen.[722] Seger, der im Rahmen einer ausgedehnten Vortragsreise die Kontakte

716 Vgl. III. Kapitel 3.1.

717 Exilarchiv Frankfurt a.M., Bestand Emergency Rescue Committee, EB 72/21 (Siegfried Aufhäuser), Strunsky an Boas, 3.5.1939 und Aufhäuser an Strunsky, 4.5.1939. Die Insel fungierte damals als zentrale behördliche Anlaufstelle für Einreisewillige.

718 Exilarchiv Frankfurt a.M., Bestand Emergency Rescue Committee, EB 72/21 (Siegfried Aufhäuser), Aufhäuser an Strunsky, 22.5.1939.

719 LBI New York, AR 1658, The diaries of Dr. Rudolf Katz, 1933-1940, S. 154. Brauer und Katz hatte Aufhäuser wohl spätestens 1933 in Paris kennengelernt, wo sich die beiden zu dieser Zeit auf einen China-Aufenthalt vorbereiteten (vgl. Christa Fladhammer/Michael Wildt, Einleitung, in: dies. [Hg.]: Max Brauer im Exil 1994, S. 15-100, hier S. 31ff.). In einem Schreiben an den Parteivorstand hatte Aufhäuser über eine »recht bedeutsame Aktion für China« berichtet, die »in Paris von einzelnen Genossen [...] rein privat bearbeitet und erledigt« werde (AdsD Bonn, Bestand Sopade, Aufhäuser an Genossen, 31.7.1933).

720 Vgl. hierzu und für die folgenden Ausführungen auch: Christian Zech, Emigrantenhader verhindert Einigkeit. Die German Labor Delegation in den USA, in: Informationen. Wissenschaftliche Zeitschrift des Studienkreises Deutscher Widerstand 1933-1945 Nr. 79 (2014), S. 20-24, S. 29.

721 Protokoll der Parteivorstandssitzung am 2. Juli 1933, in: Buchholz/Rother (Hg.): Parteivorstand 1995, S. 2-10, hier S. 3f.

722 Vgl. IISH Amsterdam, Labour and Socialist International Archives, Unterbestand 3447, Crummenerl an Adler, 27.12.1933 sowie Protokoll der Parteivorstandssitzung am 29. Dezember 1933, in: Buchholz/Rother (Hg.): Parteivorstand 1995, S. 25-28, hier S. 25f.

zur *Socialist Party of America* (SPA) ausbauen, sich für die politischen Interessen der SOPADE einsetzen und Verbindungen zu potenziellen Geldgeber:innen aufnehmen sollte, siedelte bald dauerhaft nach New York über.[723] Neben seiner ausgedehnten Vortragstätigkeit engagierte er sich publizistisch und wurde 1936 Chefredakteur der deutschsprachigen *Neuen Volks-Zeitung* (NVZ).[724] Die Zeitung entwickelte sich in der Folgezeit zum publizistischen »Exil-Stützpunkt des rechten Flügels der SPD«, wie Joachim Radkau das Organ in seiner Arbeit über »Die deutsche Emigration in den USA« charakterisierte.[725] In finanzieller Hinsicht waren Segers Aktivitäten jedoch nur mäßig erfolgreich.[726] Das gilt auch für Wilhelm Sollmanns Engagement, der sich nach seiner Emigration in die USA 1937 mit Segers Hilfe zunächst ebenfalls um finanzträchtige Sponsor:innen bemühte.[727]

Anfang 1939 wurde der Versuch unternommen, eine ständige Repräsentanz vor Ort zu schaffen, mit deren Hilfe der Kontakt zu potenziellen Geldgeber:innen etabliert werden sollte, um eine dauerhafte finanzielle Unterstützung für die SOPADE zu gewährleisten. Der Impuls zur Gründung einer solchen Organisation ging von Friedrich Stampfer aus. Im Januar 1939 brach er zu einer einmonatigen Vortragsreise in die Vereinigten Staaten auf.[728] Als prominentes Mitglied des Exilparteivorstands und langjähriger Chefredakteur des *Vorwärts* verfügte Stampfer über ein gewisses internationales Renommee. Regelmäßige finanzielle Zuwendungen erhoffte er sich insbesondere von gewerkschaftlicher Seite. Stampfer bemühte sich primär um Gelder der gewerkschaftlichen *American Federation of Labor* (AFL) und des *Jewish Labor Committee* (JLC), dessen Gründung 1934 in Reaktion auf das Erstarken der nationalsozialistischen Bewegung erfolgt war.[729] Zeitgleich hielt er engen Kontakt zu den geflüchteten SOPADE-treuen Sozialdemokrat:innen vor Ort.

Rudolf Katz erwähnte in seinen Tagebuchaufzeichnungen mehrere Begegnungen mit Stampfer. Bei einem Zusammentreffen habe dieser ein Angebot von Katz, »to become the representative of the ›Vorstand der Sozialdemokratischen Partei Deutsch-

723 Protokoll der Parteivorstandssitzung am 26. August 1935, in: ebd., S. 126f.

724 Sigrid Schneider, »Neue Volks-Zeitung«, in: Hardt, Hanno/Hilscher, Elke/Lerg, Winfried B. (Hg.): Presse im Exil. Beiträge zur Kommunikationsgeschichte des deutschen Exils 1933-1945, München u.a. 1979, S. 347-377, hier S. 348ff.

725 Joachim Radkau, Die deutsche Emigration in den USA. Ihr Einfluß auf die amerikanische Europapolitik 1933-1945, Düsseldorf 1971, S. 144 und S. 149.

726 Albrecht Ragg, The German Socialist Emigration in the United States 1933 to 1945, Chicago 1977, S. 90 und S. 106-114.

727 Ebd., S. 120-129 sowie Simon Ebert, Wilhelm Sollmann. Sozialist – Demokrat – Weltbürger (1881-1951), Bonn 2014, S. 479ff.

728 Über diesen Schritt war im Vorfeld kontrovers diskutiert worden (vgl. Protokoll der Parteivorstandssitzung am 16. Dezember 1938, in: Buchholz/Rother [Hg.]: Parteivorstand 1995, S. 339-343).

729 Ragg, Socialist Emigration 1977, S. 132f. Vgl. dazu: Jack Jacobs, Ein Freund in Not. Das Jüdische Arbeiterkomitee in New York und die Flüchtlinge aus den deutschsprachigen Ländern, 1933-1945, Bonn 1993, S. 4f.

lands‹ […] for the United States« akzeptiert.[730] Solcherlei Planungen konkretisierten sich unter Hinzuziehung von Hedwig Wachenheim und Hans Staudinger: Anfang März wurden in diesem Kreis Pläne erörtert, ein Komitee aufzubauen, dem neben Katz und Wachenheim auch der ehemalige preußische Innenminister Albert Grzesinski, der österreichische Gewerkschaftsfunktionär Alfred Braunthal, der Wirtschaftswissenschaftler Alfred Kähler sowie Max Brauer und Gerhard Seger angehören sollten.[731] Einige Tage später – Stampfer war inzwischen abgereist – traten die oben Genannten zu einer konstituierenden Sitzung zusammen. Hier übernahm Grzesinski den repräsentativen Vorsitz und Katz die Leitung der Geschäftsführung.[732]

Noch bevor die bis dato namenlose Gruppe ein zweites Mal zusammentrat, verständigte man sich auf den Namen *German Labor Delegation*.[733] Die erhalten gebliebenen Protokolle aus dem Jahre 1939 zeugen von den Aktivitäten des neuen Zusammenschlusses, dessen Mitglieder in den kommenden Wochen und Monaten darum bemüht waren, potenzielle Spendengeber:innen anzusprechen, einen US-amerikanischen Beirat zusammenzustellen, Öffentlichkeitsarbeit zu betreiben und eine zweite USA-Reise Stampfers vorzubereiten.[734] Ferner beteiligte sich die GLD an einer Initiative zur Gründung einer überparteilichen Exilvertretung.

Die Legitimationsgrundlage der GLD, die an anderer Stelle als »Ausschuss zur Förderung der Arbeit der Sopade in ideeller und finanzieller Hinsicht« bezeichnet wurde und intern zuweilen als »Geldbeschaffungskomitee« firmierte, war ihre Verbindung zur SOPADE.[735] Ein Versuch, Empfehlungsschreiben vom IGB und englischen Gewerkschaften zu erhalten, blieb erfolglos.[736] Eine Ausweitung der personellen oder

730 LBI New York, AR 1658, The diaries of Dr. Rudolf Katz, 1933-1940, S. 148f.

731 Ebd. Darüber hinaus war geplant, ein zweites Gremium – das später als Beirat firmierte – bestehend aus Persönlichkeiten der US-amerikanischen Partei- und Gewerkschaftsbewegung, einzurichten. Hans Staudinger, der zeitweise für die Verwaltung der Gelder verantwortlich zeichnete, beteiligte sich ebenfalls rege an den Aktivitäten, wollte in seiner Position als »trustee« aber eine »neutrale Haltung« unbedingt gewahrt wissen und nicht offiziell beitreten (Staudinger an Stampfer, 23.5.1939, in: Matthias [Hg.]: Gesicht nach Deutschland 1968, S. 401f.).

732 Katz an Stampfer, 11.3.1939, in: ebd., S. 383-387, hier S. 383. Als US-amerikanische Vertreter und Berater hinsichtlich des zu bildenden Beirats nahmen auch Joseph Shaplen (Korrespondent der *New York Times*) und Isaiah Minkoff (Sekretär des JLC) an der Besprechung teil.

733 Katz an Stampfer, 26.3.1939, in: ebd. S. 391. Ein namentlicher Bezug zur Sozialdemokratie wurde mit Rücksicht auf die politisch neutralen Gewerkschaften vor Ort vermieden.

734 Die Protokolle vom 5. Mai, 14. Juli, 18. August, 28. September, 10. November und 13. Dezember 1939 sind abgedruckt in: ebd., S. 394f., S. 408ff., S. 412ff., S. 420f., S. 426f. und S. 433f. Zwei weitere Sitzungsprotokolle finden sich im Nachlass von Rudolf Katz (Stanford University, Hoover Institution Library & Archives, Rudolf Katz papers, Box 1, Sopade 2, Protokoll vom 29. Dezember 1939 sowie Folder 3, Protokoll vom 24. Februar 1940).

735 Vgl. ebd., Sopade 1, Sollmann an Katz, 11.5.1939 sowie Protokoll der Parteivorstandssitzung am 25. März 1939, in: Buchholz/Rother (Hg.): Parteivorstand 1995, S. 356-358, hier S. 357.

736 Vgl. ebd., sowie Protokoll der Parteivorstandssitzung am 26. April 1939, in: ebd., S. 368-372, hier S. 368. Tarnow hatte davon abgeraten, Schevenels und Citrine um ein solches Dokument zu bitten und im Namen der ADG selbst ein Schreiben verfasst (vgl. Tarnow an Green, 8.5.1939, in: Matthias [Hg.]: Gesicht nach Deutschland 1968, S. 395-398). Im Herbst 1939

organisatorischen Basis über den engeren Gründungskreis hinaus war zunächst nicht vorgesehen. Neuaufnahmen waren daher nur selten zu verzeichnen: Dass Siegfried Aufhäuser Ende September gebeten wurde, der Vereinigung beizutreten, blieb eine Ausnahme. Schon zuvor war sein Name Gegenstand von Erörterungen gewesen. Bei der geplanten »Schaffung eines überparteilichen Ausschusses der deutschen politischen Emigration in den USA« war er zunächst als ein »dem linken Flügel« der Sozialdemokratie genehmer Vertreter gehandelt worden.[737] In Reaktion auf den deutsch-sowjetischen Nichtangriffspakt und den deutschen Angriff auf Polen hatten sich, so titelte die NVZ, »[f]reiheitlich gesinnte Deutschamerikaner verschiedener politischer Richtungen […] zum Protest gegen Hitlers Krieg und gegen die Nazi-Propaganda in den U.S.A.« vereinigt.[738] Auf dieser Kundgebung gehörte Aufhäuser gemeinsam mit Max Brauer und Albert Grzesinski zu den Hauptrednern. Hier distanzierte er sich deutlich von der KPD und plädierte für eine überparteiliche Front gegen den Nationalsozialismus.[739] Sofern es politische Bedenken gegen eine GLD-Aufnahme Aufhäusers gegeben hatte, wurden diese durch solche Erklärungen womöglich entkräftet. Primär ist das Angebot an ihn wohl jedoch den sich verändernden Rahmenbedingungen geschuldet: Mit dem Beginn des Kriegs in Europa war davon auszugehen, dass sich die GLD nun »naturgemäß intensiver« auch als Ansprechpartner für offizielle Regierungsstellen betätigen würde.[740] Die Aufnahme Aufhäusers – neben Sollmann der einzige Vertreter des letzten gewählten SPD-Parteivorstands in den USA – versprach vor diesem Hintergrund eine Erhöhung der politischen Repräsentativität und Legitimation.[741]

bat Tarnow die GLD ferner darum, »die Vertretung der exilierten Gewerkschaftsbewegung in USA zu übernehmen und zu versuchen, für sie Mittel zu beschaffen« (vgl. Sitzung der German Labor Delegation, 10.11.1939, in: ebd., S. 426f.). Siehe dazu auch: Stanford University, Hoover Institution Library & Archives, Rudolf Katz papers, Box 1, Sopade 2, Tarnow an Katz, 12.10.1939.

737 Sitzungen der German Labor Delegation am 14.7.1939 und 18.8.1939, in: Matthias (Hg.): Gesicht nach Deutschland 1968, S. 408-410 sowie S. 412-414, hier S. 410 und S. 414.

738 Neue Volks-Zeitung, 8. Jg. Nr. 38 vom 23.9.1939, »Unsere Versammlung in Yorkville«.

739 Ebd., »Siegfried Aufhäusers Rede. Wie soll Deutschland nachher aussehen?«. Hier äußerte er sich wie folgt: »Nachdem die Kommunistische Partei Deutschlands jahrelang außen- und innenpolitisch der Reaktion die Bälle zugeworfen hatte, ist der kommunistische Niedergang nunmehr auf seinem Tiefpunkt angelangt. […] An uns sollte es liegen, der Wahrheit in Deutschland wieder eine Heimstätte zu schaffen. Aber auch die internationale Arbeiterbewegung muss von den kommunistischen Tarnungsmethoden und revolutionären Taschenspieler[-]Kunststücken befreit werden. In diesem Sinne vereinigen sich die Demokraten, die Sozialisten und alle Deutschen, die guten Willens sind zur klaren Front gegen Gewalt und Rechtlosigkeit, gegen Lüge und Barbarei zur demokratischen, sozialen Einheitsfront der Wahrheit, gegen Hitler für das deutsche Volk und für alle Befreiung der Menschheit«.

740 Vgl. Katz an Stampfer, 9.9.1939, in: Matthias (Hg.): Gesicht nach Deutschland 1968, S. 414f. Vgl. dazu auch: LBI New York, AR 1658, The diaries of Dr. Rudolf Katz, 1933-1940, S. 161.

741 Georg Dietrich flüchtete im Laufe des Jahres 1939 ebenfalls in die USA. Als Stampfer ihn Anfang 1940 zu einer SDF-Veranstaltung einlud, reagierte er ablehnend (vgl. Stampfer an Sopade, 25.1.1940, in: Matthias [Hg.]: Gesicht nach Deutschland 1968, S. 439f.).

Wilhelm Sollmann, der sich bald William Sollmann nannte, war bereits im Mai 1939 kooptiert worden.[742] Auch Stampfer, der später dauerhaft in die USA übersiedelte, wurde umstandslos in die GLD aufgenommen. Das Gremium umfasste damit im Ganzen zehn Mitglieder, die sich teilweise seit Jahrzehnten kannten: Aufhäuser und Wachenheim, lange Zeit Stadtverordnete von Groß-Berlin und ehemalige Abgeordnete des Preußischen Landtags, waren sich schon in den frühen 1920er Jahren auf den hiesigen SPD-Bezirkstagen begegnet. Mit Stampfer war Wachenheim sogar schon seit dem Kaiserreich bekannt, ihr Verhältnis hatte sich in der Weimarer Republik jedoch deutlich abgekühlt.[743] Sie stammte aus einer bürgerlichen Familie, hatte sich aber schon früh der Sozialdemokratie zugewandt.[744] Im Frühjahr 1933 sah sie sich als Jüdin und Sozialdemokratin zur Flucht gezwungen. Über Frankreich, Italien und Großbritannien gelangte sie in die USA.[745]

Auch Alfred Braunthal und Rudolf Katz wurden in Deutschland wegen ihrer jüdischen Herkunft verfolgt und waren bereits 1933 geflohen. Braunthal hatte zuvor in der von Fritz Naphtali geleiteten Forschungsstelle für Wirtschaftspolitik gearbeitet, war als Dozent für die Deutsche Hochschule für Politik tätig gewesen und hatte über diese Stelle vermutlich ebenfalls in Kontakt mit Aufhäuser gestanden. Er emigrierte über Wien und London in die USA.[746] Katz wiederum gelangte 1933 gemeinsam mit seinem langjährigen Freund und Vertrauten Max Brauer über mehrere Stationen nach China, wo sich die beiden als Berater bei der dortigen Nationalregierung betätigten.[747] Nach Intervention des Deutschen Reichs wurden ihre Verträge Mitte 1934 aufgelöst, woraufhin Brauer nach einem Kurzaufenthalt in den USA zunächst nach Paris zurückkehrte, während Rudolf Katz gemeinsam mit seiner Frau Agnes dauerhaft nach New York übersiedelte.[748] Albert Grzesinski, der 1933 zunächst ebenfalls Interesse bekundet hatte, sich der Delegation um Brauer und Katz nach China anzuschließen, emigrierte

742 Sitzung der German Labor Delegation, 5.5.1939, in: ebd., S. 394 f.

743 Stine Harm, Bürger oder Genossen? Carlo Schmid und Hedwig Wachenheim – Sozialdemokraten trotz bürgerlicher Herkunft, Stuttgart 2010, S. 81. Enger Kontakt bestand ferner zu Staudinger (ebd., S. 82).

744 Vgl. dazu ihre Autobiografie: Hedwig Wachenheim, Vom Großbürgertum zur Sozialdemokratie. Memoiren einer Reformistin, Berlin 1973.

745 Christl Wickert, Exile or Emigration: Social Democratic Women Members of the Reichstag in the United States, in: Quack, Sibylle (Hg.): Between Sorrow and Strength. Women refugees of the Nazi period, Cambridge u. a. 1995, S. 325-340, hier S. 333.

746 Vgl. zu seiner Person: Mielke u. a., Einzigartig 2008, S. 352.

747 Gerhard Paul, »Herr K. ist nur Politiker und als solcher aus Amerika zurückgekommen.« Die gelungene Remigration des Dr. Rudolf Katz, in: ders./Gillis-Carlebach, Miriam (Hg.): Menora und Hakenkreuz. Zur Geschichte der Juden in und aus Schleswig-Holstein, Lübeck und Altona (1918-1998), Neumünster 1998, S. 699-711, hier S. 702 f. sowie ausführlich: Fladhammer/Wildt, Einleitung 1994, S. 29-49.

748 Ebd., S. 44-53. Siehe dazu auch: Michael Wildt, Die Kraft der Verblendung. Der Sozialdemokrat Max Brauer im Exil, in: Krohn, Claus-Dieter u. a. (Hg.): Exilforschung. Ein internationales Jahrbuch: Exil und Widerstand, 15. Jg. (1997), München 1997, S. 162-179, hier S. 168 ff.

über Österreich und die Schweiz nach Frankreich.[749] Hier traf er im Rahmen der Volksfrontinitiative abermals auf Brauer.[750] Beide siedelten 1937 unabhängig voneinander in die USA über.

Schon 1934 war Alfred Kähler, der am *Institut für Weltwirtschaft* der Universität Kiel bei Adolf Löwe (später: Adolph Lowe) promoviert hatte, in die USA geflohen.[751] Hier lehrte er ab 1934 unter anderem mit Hans Staudinger an der New Yorker *New School for Social Research*. An dieser 1919 gegründeten Hochschule etablierte sich ab 1934 eine *University in Exile*, in der zahlreiche emigrierte Wissenschaftler:innen aus Europa Aufnahme fanden.[752] Einer der dortigen Mitbegründer war Emil Lederer, mit dem Aufhäuser eine langjährige Freundschaft verband.[753]

Die *Social Democratic Federation*

Während sich die »New School« – neben dem populären *Institute of Social Research* um Max Horckheimer und Theodor W. Adorno – in New York zu einem Zentrum der deutschsprachigen intellektuellen Emigration entwickelte, sammelten sich die meisten exilierten Sozialdemokrat:innen aus Deutschland zunächst bei der US-amerikanischen *Social Democratic Federation* (SDF). Hier existierte eine deutschsprachige Sektion, die »German Branch«. Die SDF hatte sich 1936, nach erbitterten ideologischen Konflikten, als Abspaltung der SPA unter maßgeblicher Beteiligung der reformistischen »Old Guard faction« konstituiert.[754] Die Parteigliederung des Bundesstaats New York war

749 Fladhammer/Wildt, Einleitung 1994, S. 35 sowie Thomas Albrecht, Für eine wehrhafte Demokratie. Albert Grzesinski und die preußische Politik in der Weimarer Republik, Bonn 1999, S. 335 f. Dazu auch sein eigener Bericht in: Albert Grzesinski, Im Kampf um die deutsche Republik. Erinnerungen eines Sozialdemokraten. Herausgegeben von Eberhard Kolb, München 2001, S. 295 f.

750 Fladhammer/Wildt, Einleitung 1994, S. 54 f.

751 Harald Hagemann, Kähler, Alfred E., in: ders./Krohn, Claus-Dieter (Hg.): Biografisches Handbuch der deutschsprachigen wirtschaftswissenschaftlichen Emigration nach 1933. Band 1. Adler – Lehmann, München 1999, S. 293-297, hier S. 294.

752 Vgl. dazu etwa: Claus-Dieter Krohn, Wissenschaft im Exil. Deutsche Sozial- und Wirtschaftswissenschaftler in den USA und die New School for Social Research, Frankfurt am Main u. a. 1987 sowie eine Biografie über den langjährigen Leiter der New School: Philipp Heß, Ein deutscher Amerikaner. Der kosmopolitische Demokrat Hans Simons, 1893-1972, Göttingen 2018.

753 Hans Staudinger, Wirtschaftspolitik im Weimarer Staat. Lebenserinnerungen eines politischen Beamten im Reich und in Preußen 1889 bis 1934. Herausgegeben und eingeleitet von Hagen Schulze, Bonn 1982, S. 13. Staudinger, der zwar nicht offiziell zur GLD zählte, an deren Arbeit jedoch maßgeblich beteiligt war, hatte während der Weimarer Republik als Staatssekretär im preußischen Handelsministerium gewirkt. Ende 1932 war er als Nachfolger von Peter Graßmann über den Hamburger Reichstagswahlkreis erstmals in den Reichstag eingezogen, jedoch 1933 ebenfalls aus Deutschland geflohen (ebd., S. 111 f. und S. 139 ff.).

754 Frank A. Warren, An Alternative Vision. The Socialist Party in the 1930's, Bloomington/London 1974, S. 4 und S. 77 f.

in diese Auseinandersetzungen maßgeblich involviert. Hier entstand anschließend das organisatorische Zentrum der SDF.[755]

Unter den SDF-Mitgliedern befanden sich zahlreiche Persönlichkeiten, die innerhalb der US-amerikanischen Arbeiter:innenbewegung und darüber hinaus über beträchtlichen politischen Einfluss verfügten. Mit ihnen wandten sich etablierte sozialistische Einrichtungen von der SPA ab, die fortan den neuen politischen Zusammenschluss unterstützten.[756] Hierzu zählte die 1927 gegründete Radiostation *WEVD* (Debs Memorial Radio Fund, Incorporated) und die jiddische Tageszeitung *Jewish Daily Forward*. Auch der *Workmen's Circle*, eine alteingesessene Kranken- und Sterbekasse, deren Gründung auf jüdische Einwanderer:innen, vornehmlich aus Osteuropa, zurückging, ist in diesem Zusammenhang zu nennen.[757] Die *Rand School of Social Science*, die 1906 als Bildungseinrichtung für Arbeiter:innen gegründet worden war, wurde schnell zum institutionellen Zentrum der SFD.[758] In den 1930er Jahren fanden hier Schulungs- und Abendkurse statt, außerdem wurden regelmäßig Periodika und eigenständige Schriften publiziert. Neben einer Bibliothek etablierte sich hier ein Buchladen und ein *Bureau of Labor Research*. Die regelmäßig stattfindenden Abendlesungen und Vortragsreihen zogen jährlich etwa 5.000 Interessierte an.[759]

Trotz dieser institutionellen Vielfalt blieb die Zahl der SDF-Mitglieder, gerade im Vergleich zu den sozialistischen Parteiorganisationen Europas, gering. Im Kerngebiet New York City waren 1936 etwa 900 Mitglieder aktiv.[760] Sie verteilten sich auf teils eigenständige Organisationszusammenhänge oder Sprachgruppen. Prominent vertreten waren Mitglieder in dem *Jewish Socialist Verband* und der *Finnish Socialist Federation*.[761]

755 Vgl. dazu den Bericht des ehemaligen SPA-Parteivorsitzenden in New York und SDF-Mitbegründers: Louis Waldman, The good Fight. A Quest for Social Progress, Philadelphia 1975, S. 223 f.

756 Vgl. Robert John Fitrakis, The idea of democratic socialism in America and the decline of the Socialist Party. Eugene Debs, Norman Thomas and Michael Harrington, Ann Arbor 1990, S. 346.

757 Sie rühmte sich 1936, »the second largest organization of Jewish workers in the world« zu sein (Maximilian Hurwitz, The Workmen's Circle. Its History, Ideals, Organization and Institutions, New York 1936, S. 107).

758 Vgl. etwa: Wagner Archives New York, Printed Ephemera Collection on Organizations (PE 036), Box 83, Rand School of Social Science II, »40th Anniversary. Rand School 1906-1946«, S. 4.

759 Etwa im Schuljahr 1933/34: ebd., Rand School of Social Science I, »The History and Activities of the Rand School of Social Sciences« (1934), S. 19.

760 Ebd., Social Democratic Federation of America Records (TAM 011), Series VII (New York City Files), Box 12, Folder 8 (Finances: Membership), Dues Stamps Purchased for the Year 1936.

761 Vgl. zur Tradition der Foreign Language Federations in US-amerikanischen Parteien: Nicholas J. Berejan, Russian Immigrant Leadership in the Foreign Language Federations of the American Socialist and Communist Parties, 1917-1922. A Thesis Submitted to the University of North Carolina Wilmington in Partial Fulfillment of the Requirements for the Degree of Master of Arts, Wilmington 2012, S. 19-33.

Demgegenüber war die Zahl der Angehörigen der deutschen Sprachgruppe, der sogenannten »German Branch«, klein. Im Jahr 1936 zählte sie 28 Mitglieder, drei Jahre später versammelten sich hier etwa 38 Aktive.[762] Ab 1940 machte sich der Zustrom von Geflüchteten aus Deutschland jedoch deutlich bemerkbar.[763] Im Jahr 1942 wuchs die »German Branch« auf 80 Personen an und zwei Jahre später wurden 90 Mitglieder gezählt – bei 920 SDF-Aktiven in gesamt New York City.[764]

Dass deutsche Sozialdemokrat:innen innerhalb der New Yorker Parteisektion zeitweise knapp zehn Prozent der Mitglieder stellten, machte sich auch auf organisatorischer Ebene bemerkbar: Brauer und Katz engagierten sich in der zweiten Hälfte der 1930er Jahre bei der Gründung eines SDF-Ausschusses für Genossenschaftswesen, einem *Standing Committee on Cooperatives*.[765] Unterdessen wurde Seger die Geschäftsführung eines vom nationalen Leitungsgremium initiierten *National Committee for the Protection and Welfare of Persecuted and Oppressed European Victims* übertragen.[766] Alle drei wirkten auch im geschäftsführenden Ausschuss der städtischen SDF-Sektion, dem *City Executive Committee*.[767] Ferner engagierten sie sich als Vortragende auf SDF-Veranstaltungen und darüber hinaus.[768] Dies galt auch für Hedwig Wachenheim, die als Rednerin außerordentlich gefragt war.[769] Aufhäuser, der in der zweiten Jahreshälfte 1939 zur SDF stieß und am 11. Oktober auf einer Veranstaltung des *City Central Committee* offiziell

762 Wagner Archives New York, TAM 011, Series VII (New York City Files), Box 12, Folders 8ff. (Finances: Membership), Dues Stamps Purchased for the Year 1936 und Dues Stamps purchased by Branches of Local New York Year 1939.

763 Vgl. die Ausführungen von Josef Müller, Finanzsekretär der »German Branch«, in einem Officers' Meeting (ebd., Box 13, Folder 27 [Miscellaneous], Minutes Branch Officers' Meeting, Wednesday, May 29, 1940).

764 Ebd., PE 036, Box 89, Social Democratic Federation of America (New York, 1941 und 1943), hier jeweils den Report of Dues Stamps Purchase by Branches of Local New York. Die Zählung ändert sich mit dem Jahr 1941: Von nun an wurde vom Dezember ausgehend ein zwölfmonatiger Zeitraum zugrunde gelegt (das heißt z. B. vom Dezember 1940 bis inkl. November 1941).

765 Vgl. die Protokolle in: ebd., TAM 011, Series IV (Committee Files), verschiedene Mappen in Box 7.

766 Ebd., Box 7, Folder 10 (National Committee for the Protection and Welfare of Persecuted and Oppressed European Victims), William Van Essen an Seger, 16.6.1937 sowie Seger an Van Essen, 21.6.1937. Das Komitee firmierte in dieser Zeit auch unter verschiedenen ähnlich lautenden Bezeichnungen. Seine Arbeit kam zunächst jedoch nicht in Gang (vgl. Leo Meltzer an Seger, 30.8.1938 und Seger an Meltzer, 31.8.1938).

767 Ebd., PE 036, Box 89, Social Democratic Federation of America (New York, 1940-1944), vgl. hier die Broschüren zum jährlichen Ball, bei dem die Gründung der SDF gefeiert wurde.

768 Vgl. ebd., Social Democratic Federation of America (New York, 1938 I), »Progressive Thoughts and Adult Education. Famous Lecturers on Economic, Social, Political and Cultural Subjects (SDF Lecture Bureau)«.

769 Vgl. etwa die Korrespondenz zwischen Wachenheim und dem New Yorker Executive Secretary der SDF (August Claessens) Anfang 1938 in: ebd., TAM 011, Series VII (New York City Files), Box 10, Folder 7.

eingeführt wurde, blieb in der Folgezeit ebenfalls nicht untätig.[770] Neben Brauer, Braunthal, Katz und Seger ließ er sich im April 1940 als Delegierter für die *City Convention* nominieren.[771] Mit Reden in englischer Sprache hielt er sich zwar zurück, bei den Versammlungen der »German Branch« trat er jedoch regelmäßig als Referent auf.[772]

Dieser kurze Überblick verdeutlicht, dass sich die Mitglieder der GLD rege am politischen Tagesgeschäft der SDF betätigten. Kaum verwunderlich also, dass die GLD auch innerhalb der »German Branch« über einen erheblichen Einfluss verfügte. Nach eigenem Bekunden war Rudolf Katz seit 1936 Vorsitzender der deutschen Sprachgruppe, zu dessen Vorstand in diesen Jahren unter anderem Brauer, Sollmann, Wachenheim, Grzesinski, Aufhäuser und Hans E. Hirschfeld, der langjährige Referent im preußischen Innenministerium, zählten.[773] Seinen Ausführungen folgend war die Sektion »schon bis 1937 in der Hauptsache ein Klub der sozialdemokratischen Hitleremigration geworden, bei dessen Abenden sich regelmäßig etwa hundert bis hundertfünfzig Interessierte einfanden«.[774] Unter diesen Voraussetzungen erschien es der GLD nicht notwendig, »[d]ie Gründung einer besonderen Gruppe deutscher sozialdemokratischer Emigranten« anzuregen.[775] Den »hiesigen deutschen Sozialdemokraten« wurde stattdessen empfohlen, sich ebenfalls der SDF anzuschließen.[776] Ihren eigenen Zirkel hielt die GLD demgegenüber bewusst klein. Zwar nahm sie zusätzliche Mitglieder gelegentlich durch Kooptation auf, doch außer Sollmann, Aufhäuser und Stampfer wurde lediglich Rinner dieses Privileg zuteil, als er in der zweiten Jahreshälfte 1940 ebenfalls in die USA übersiedelte.

Der Konflikt mit *Neu Beginnen*

Ein solch distinguiertes Verhalten stieß auf Kritik. Insbesondere da sich die Gruppierung als einzige legitime Vertretung der deutschen Sozialdemokratie in den USA präsentierte.

770 Ebd., Box 13, Folder 17 (City Central Committee Minutes), Meeting Wednesday, 11.10.1939. In Aufhäusers SDF-Mitgliedsbüchern finden sich widersprüchliche Angaben. Einmal wurde seine Aufnahme auf September 1939, einmal auf Januar 1940 datiert. Marken wurden seit Oktober 1939 geklebt (vgl. AdsD Bonn, Sammlung »Kleine Erwerbungen« I, 1, Nr. 21 23).

771 Wagner Archives New York, TAM 011, Series VII (New York City Files), Box 13, Folder 18 (City Central Committee Minutes), Meeting, Wednesday, 3.4.1940.

772 Vgl. etwa: LBI New York, AR 1658, The diaries of Dr. Rudolf Katz, 1933-1940, S. 168. Stampfer berichtete in einem Brief an die SOPADE nach Paris, Aufhäusers Englisch sei noch schlechter als sein eigenes (Stampfer an Sopade, 15.2.1940, in: Matthias [Hg.]: Gesicht nach Deutschland 1968, S. 444 f.).

773 Katz hatte in einem 1957 unter Pseudonym veröffentlichten Aufsatz ausführlich über die »exilierte deutsche demokratische Linke in [den] USA« berichtet. Vgl. Michael Kuehl, Die exilierte deutsche demokratische Linke in USA, in: Zeitschrift für Politik (4) 1957, S. 273-289, hier S. 279.

774 Ebd., S. 278.

775 Sitzung der German Labor Delegation am 14.7.1939, in: Matthias (Hg.): Gesicht nach Deutschland 1968, S. 408-410, hier S. 409.

776 Ebd.

Während sich andernorts, auch mit Blick auf eine zukünftige Friedensordnung, Konzentrations- und Sammlungsbestrebungen unterschiedlicher politischer Exilgruppen ausweiteten, inszenierte sich »der harte Kern der GLD« in den kommenden Jahren als »letzte[r] Mandatsträger der ungebrochenen Parteikontinuität«.[777] Dass es dabei »weniger um ideologische und strategische Fragen, als um handgreifliche Dinge, nämlich um Geld, den Zugriff auf Spenden und um politischen Einfluß auf die unterschiedlichen staatlichen oder gewerkschaftlichen Institutionen der Vereinigten Staaten« ging, hat Claus-Dieter Krohn ausführlich dargelegt.[778] Letztlich kumulierte die Haltung der GLD »in einem rückwärtsgewandten Hermetismus, der auch bisherige Sympathisanten mehr und mehr auf Distanz gehen ließ«.[779]

Genährt wurden die Konkurrenzängste der GLD durch *Neu Beginnen*, die sich mit ihrem exponierten Vertreter Karl Frank, der sich nun Paul Hagen nannte, hier engagierte. Im Gegensatz zur SOPADE hatte sich die Gruppe frühzeitig darum bemüht, Kooperationspartner:innen in den Vereinigten Staaten zu finden. 1935 war Hagen auf Einladung des JLC-Vorsitzenden Charney Vladek in die USA gereist, hatte dort hoch dotierte Spenden eingeworben und durch seine Beteiligung an der Gründung der *American Friends of German Freedom* (AFGF), die sich im Wesentlichen aus einflussreichen Persönlichkeiten des linken politischen Spektrums der USA zusammensetzten, finanzkräftige Unterstützer:innen gewonnen.[780] Als Vorsitzender der AFGF stellte sich der renommierte Theologe Reinhold Niebuhr zur Verfügung, der sich seit 1940 mehrfach genötigt sah, Paul Hagen gegen die Denunziationen und publizistischen Angriffe der GLD zu verteidigen.[781] Diese Kampagne, im Zuge derer führende Repräsentanten von *Neu Beginnen* unter anderem als ehemalige oder versteckte Kommunisten diffamiert und der Täuschung bezichtigt wurden, wurde in erster Linie über die Zeilen der NVZ geführt.[782] Aber auch der auflagenstarke *Jewish Daily Forward*, dessen langjähriger Chef-

777 Claus-Dieter Krohn, Exilierte Sozialdemokraten in New York. Der Konflikt der German Labor Delegation mit der Gruppe Neu Beginnen, in: Grunewald, Michel/Trapp, Frithjof (Hg.): Autour du »Front Populaire Allemand«. Einheitsfront – Volksfront, Bern u.a. 1990, S. 81-98, hier S. 82.

778 Ebd., S. 81.

779 Ebd., S. 82.

780 Ebd., S. 85ff. Vgl. zur Entstehung der AFGF, die sich anfangs *Friends of German Freedom* nannten: Claus-Dieter Krohn, Der Council for a Democratic Germany, in: Langkau-Alex, Ursula/Ruprecht, Thomas M. (Hg.): Was soll aus Deutschland werden? Der Council for a Democratic Germany in New York 1944-1945. Aufsätze und Dokumente, Frankfurt a.M./New York 1995, S. 17-48, hier S. 22ff. Karl Frank hat gegenüber Kurt Kliem den Gesamtbetrag, den die AFGF aufbrachten, rekapitulierend auf 70.000-80.000 Dollar veranschlagt (IISH Amsterdam, Karl Boromaeus Frank Papers, Box 8 [Correspondence, 1939-1961, K], Zu Ihren Fragen 1-17, [1956]).

781 Library of Congress, Washington, D.C., Manuscript Division, The papers of Reinhold Niebuhr, Box 1, Walter F. Willox an Niebuhr, 24.11.1941, Niebuhr an Louis J. Reizenstein, 14.5.1940 und Anna Caples an Niebuhr, 13.5.1940 (inkl. Anlagen).

782 Dazu ausführlich: Krohn, Exilierte Sozialdemokraten 1990, insbesondere S. 88-93.

redakteur Abraham Cahan der GLD nahestand, griff die Anschuldigungen auf.[783] Hagen sah sich schließlich veranlasst, die Untersuchung durch ein Parteigericht einzufordern, um die Vorwürfe gegen seine Person zu entkräften.[784] Die Verhandlungen des »Untersuchungsausschusses«, an denen sich unter anderem Katz, Brauer und Grzesinski beteiligten, gestalteten sich allerdings schwerfällig und endeten ergebnislos.[785] Kritisiert wurde insbesondere, dass »die von der German Labor Delegation gestellten Beisitzer den für eine solche Untersuchung notwendigen Eifer in der Ermittlung der Wahrheit vermissen ließen«.[786] Als Ende Juni 1941 erneut Anschuldigungen gegen Hagen in der NVZ erschienen, solidarisierten sich zahlreiche Sozialdemokrat:innen in einer offenen Erklärung mit ihm. Unter ihnen befanden sich die ehemaligen SPD-Vorstandsmitglieder Dietrich, Juchacz und Hertz sowie Kurt R. Grossmann und Hans E. Hirschfeld.[787] In aller Deutlichkeit setzte sich auch Friedrich Adler, einst Generalsekretär der SAI, die jedoch seit 1940 de facto auch organisatorisch zerfallen war, von NVZ und GLD ab.[788]

Siegfried Aufhäuser beteiligte sich anfangs ebenfalls an der Auseinandersetzung zwischen GLD und *Neu Beginnen*. Mitte März 1940 suchte er mit führenden Vertretern des JLC Max Baskin, den Generalsekretär des *Workmen's Circle*, auf und ließ sich dort über das »parteischädigend[e]« Verhalten von *Neu Beginnen* aus.[789] Sonst hielt er sich in diesem Konflikt aber – zumindest mit öffentlichen Verlautbarungen – zurück. Dies mag damit zusammenhängen, dass hier auch eine ganz persönliche Komponente eine Rolle spielte: Seine langjährige, auch private Verbindung zu Paul Hertz hatte sich infolge des Konflikts zwischen den *Revolutionären Sozialisten* und der SOPADE abgekühlt. Während nun Hertz in der zweiten Hälfte der 1930er Jahre seine Sympathien für *Neu Beginnen* immer deutlicher offenbarte, suchte Aufhäuser erneut den Kontakt zu den übriggebliebenen SOPADE-Mitgliedern.[790] Ende 1938 beschwerte sich Aufhäuser erbost bei Crummenerl über eine vermeintliche »Sonderaktion« von Hertz und Grossmann, die er für »schlimm wenn nicht

783 Vgl. etwa den Artikel Cahans »Eine Warnung an alle Freunde der deutschen Freiheitsbewegung«, in: Matthias (Hg.): Gesicht nach Deutschland 1968, S. 428-431. Vgl. zu dem Konflikt ausführlich die Korrespondenz zwischen Hertz und Hagen [Willi] in den Jahren 1939 und 1940, in: IISH Amsterdam, Paul Hertz Papers, 12_X_3 und 12_X_4.

784 Krohn, Exilierte Sozialdemokraten 1990, S. 90.

785 Vgl. IISH Amsterdam, Neu Beginnen Archives, Folder 24 (»Fall Hagen«), Rundschreiben vom 2.7.1941 (inkl. Anlagen).

786 Ebd. (das Zitat stammt aus einem als Anlage beigefügten Brief von mehreren Beisitzern des Ausschusses an den Ausschussvorsitzenden Romualdi vom 25.4.1941).

787 Ebd., Erklärung »Ein ›Führer‹ entlarvt sich selbst«, 1.7.1941 (Kopie).

788 Krohn, Exilierte Sozialdemokraten 1990, S. 91.

789 Hoover Institution Archives Stanford, Rudolf Katz papers, Box 1, Sopade 3, Aufhäuser an Katz, 15.3.1940.

790 Vgl. zur Entwicklung von Paul Hertz in den 1930er Jahren: Ursula Langkau-Alex, Zwischen Tradition und neuem Bewußtsein. Die Sozialdemokratie im Exil, in: Briegel, Manfred/Frühwald, Wolfgang (Hg.): Die Erfahrung der Fremde. Kolloquium des Schwerpunktprogramms »Exilforschung« der Deutschen Forschungsgemeinschaft, Weinheim 1988, S. 61-77, hier S. 68 ff. sowie dies., »Es gilt, die Menschen zu verändern …«. Zur Politik des Sozialdemokraten Paul Hertz im Exil, in: Koebner, Thomas/Köpke, Wulf/Krohn, Claus-Dieter (Hg.): Exilforschung.

skandalös« hielt.[791] Die beiden hätten von Paris aus eine eigenständige Rettungsaktion gestartet und in diesem Rahmen »eine Liste von 68 Prager Flüchtlingen aufgestellt«, auf der weder er »noch andere gefährdete SPD Genossen« gelistet waren.[792] Hertz würde sich in erster Linie um »Zöglinge« von Grossmann und Karl Frank kümmern, während die »Parteigenossen [...] zu [G]runde« gingen.[793] Gleiches gelte für die von Hertz und Grossmann verwalteten Gelder der US-amerikanischen *Selfhelp of German Emigres*, einer Organisation, die seit Mitte der 1930er Jahre Gelder für deutsche Geflüchtete aufbrachte.[794] Obgleich der Eindruck erweckt werde, dass allen »Genossen in Europa« geholfen würde, ginge das Geld nur an solche Gruppen wie *Neu Beginnen* und SAP.[795]

Paul Hertz bemühte sich umgehend, die Vorwürfe, die ihm über Kurt R. Grossmann zugegangen waren, auszuräumen. Darüber hinaus nahm er zum Vorwurf Stellung, er habe verbreitet, Siegfried Aufhäuser sei zwischenzeitlich nach Palästina emigriert.[796] Damit konnte Hertz ihn jedoch nicht besänftigen. In seiner Antwort äußerte sich Aufhäuser selten emotional und persönlich enttäuscht:

> Ich habe wirklich Grund, mich über Sie zu beschweren, aber nur, wenn ich an unsere alte fundierte politische Freundschaft denke und Sie werden mir glauben, wenn ich Ihnen sage, daß es mir gelingen würde, Ihre punktweisen Bemerkungen ebenso sachlich zu widerlegen. Die dazu gefertigten Briefe habe ich inzwischen vernichtet, weil sie keine Briefe waren, ebensowenig wie Ihr Schreiben den Charakter eines Briefes hat. Wenn alte Freunde dazu übergehen, sich mit Erklärungen zu bombardieren, dann ist das meist das bittere Ende. [...] ich habe in meiner äußerst gefährlichen und ausweglosen Lage in Prag im Oktober und November Ihre Passivität schwer und überraschend empfinden müssen, aber ich werde mich nicht mehr beschweren. [...] Ich hoffe Ihnen mit diesem Brief ein objektives Urteil über meine innere Beschaffenheit ermöglicht zu haben. Sie hatten sie im November 1918 erstmalig geprüft und damals Beziehungen zu mir aufgenommen. Solch erste Eindrücke sollen meist richtig sein. Jedenfalls habe ich mir erlaubt umgekehrt so zu verfahren. Sollte ich im Geiste jener Freundschaft von 1918 etwa unzeitgemäß geantwortet haben, dann macht es auch nichts.[797]

Ein internationales Jahrbuch: Politische Aspekte des Exils, 8. Jg. (1990), München 1990, S. 142-156.

791 AdsD Bonn, Bestand Sopade, Aufhäuser an Crummenerl, 15.12.1938.

792 Ebd.

793 Ebd.

794 Ebd. Aufhäuser nannte die Organisation »Dollarfonds«. Vgl. zur Organisation: Walter F. Peterson, Das Umfeld: Die Vereinigten Staaten und die deutschen Emigranten, in: Langkau-Alex/Ruprecht (Hg.): Der Council for a Democratic Germany 1995, S. 49-73, hier S. 54 f.

795 AdsD Bonn, Bestand Sopade, Aufhäuser an Crummenerl, 15.12.1938.

796 IISH Amsterdam, Paul Hertz Papers, 17-2-1, Hertz an Aufhäuser, 16.12.1938. Vgl. dazu auch: LBI New York, AR 25032, Kurt Grossmann Collection, Box 2, Folder 44, Anna und Siegfried Aufhäuser an »Grossmanns«, 6.11.1938.

797 IISH Amsterdam, Paul Hertz Papers, 17-2-1, Aufhäuser an Hertz, 14.1.1939.

Obwohl Paul Hertz in seinem Antwortschreiben etwas zweideutig ausführte, er sehe »die Auseinandersetzung über das, was hinter uns liegt, als beendet an[]«, erschöpfte sich sein Antwortschreiben in Rechtfertigungen, die er mit seiner Ausschaltung aus der SOPADE begründete.[798] So konnte der Bruch nicht mehr abgewendet werden und der Kontakt brach vorläufig ab.

Als Hertz im November 1939 nach New York übersiedelte und von den AFGF mit einem aufwendigen Farewell-Dinner begrüßt werden sollte, bildete dieses Ereignis den Auftakt für die publizistische GLD-Kampagne gegen *Neu Beginnen*.[799] Siegfried Aufhäuser verhielt sich zurückhaltend, unterstützte Katz jedoch beim Verfassen eines kritischen Memorandums über *Neu Beginnen* und Hertz.[800] Die direkte Konfrontation mied er. Dies galt auch umgekehrt: Nach seiner Ankunft in New York war Hertz zunächst bei verschiedenen Personen vorstellig geworden und hatte sich unter anderem mit Grzesinski, Seger, Staudinger und Wachenheim getroffen.[801] Aufhäuser blieb dabei anscheinend außen vor, das Verhältnis gestaltete sich zunächst distanziert bis ablehnend.[802]

Fluchthilfe und Rettungsversuche

Unterdessen wurde der Konflikt zwischen der GLD und *Neu Beginnen* im Rahmen der Flüchtlingshilfe virulent. Die Vereinigten Staaten hatten in den ersten Jahren nach 1933, als die meisten Geflüchteten vorübergehend Schutz im nahe gelegenen europäischen Ausland suchten, als Aufnahmeland für Exilsuchende aus Deutschland keine große Rolle gespielt.[803] Erst mit der Festigung der nationalsozialistischen Herrschaft, der massiv forcierten Expansionspolitik des Deutschen Reichs und der immer restriktiveren Zuwanderungspraxis vieler Nachbarländer, erhöhte sich die Zahl der Visumsanträge.[804]

798 Ebd., Hertz an Aufhäuser, 22.1.1939. Besonders dürfte Aufhäuser verärgert haben, dass Hertz in Anbetracht der Zersplitterung »ein selbstständiges Handeln« zur Pflicht erklärte und betonte, dass »Reibereien«, die dadurch entstünden, diejenigen belasten müssten, »die sich bewusst isolieren und sich weigern an einer gleichberechtigten Zusammenarbeit teilzunehmen«.

799 Krohn, Exilierte Sozialdemokraten 1990, S. 88f. Vgl. dazu auch die Beschlüsse auf der Sitzung der German Labor Delegation am 10.11.1939, in: Matthias (Hg.): Gesicht nach Deutschland 1968, S. 426f.

800 Katz an Stampfer, 3.12.1939, in: ebd., S. 431-433, hier S. 432.

801 IISH Amsterdam, Paul Hertz Papers, 12-X-3, Hertz an Liebe Freunde, 7.11.1939, 14.11.1939 und 17.11.1939.

802 Bei seinem Versuch, ein Affidavit für einen Geflüchteten zu beschaffen, äußerte Aufhäuser im Februar 1941 gegenüber den AFGF, Hertz habe »alles getan, [ihn] hier in Mißkredit zu bringen« (vgl. ebd., 17-2-1, Aufhäuser an Thomas Schocken [American Friends of German Freedom], 2.2.1941).

803 Vgl. Claus-Dieter Krohn, Vereinigte Staaten von Amerika, in: ders. u.a. (Hg.): Handbuch 1998, S. 446-466, hier S. 449.

804 Juliane Wetzel hat in diesem Zusammenhang auf die Perfidität der nationalsozialistischen Verfolgungs- und Ausplünderungspraxis hingewiesen, die sich wiederum auf die Einreisepraxis potenzieller Aufnahmeländer auswirkte. Zumal viele Länder in den 1930er Jahren nach wie vor mit den Folgen der Weltwirtschaftskrise zu ringen hatten, war kaum Bereitschaft zu er-

Die Situation stellte sich für die Geflüchteten durchaus ambivalent dar. Einerseits gab es zahlreiche Hilfskomitees sowie unzählige Einzelpersonen, die sich für ihre Aufnahme einsetzten und Unterstützung bei der Ankunft in den USA boten. Andererseits existierten in den Vereinigten Staaten weit verbreitete Ressentiments gegen die Neuankömmlinge und auch die staatliche Einreise- und Flüchtlingspolitik blieb von einschneidenden Restriktionen geprägt.[805] Seit 1921 war der *Emergency Quota Act* in Kraft, der den jährlichen Zuzug mit einem Quotensystem regulierte.[806] Außerdem war für einen erfolgreichen Visumsantrag ein Affidavit erforderlich, dessen Aussteller:innen die eigenen Vermögensverhältnisse insoweit offenlegen mussten, um im Bedarfsfall die Sicherung des Lebensunterhalts der Einreisenden zu gewährleisten. Faktisch wurden diese Vorgaben teils äußerst restriktiv ausgelegt.[807] Auch der Versuch des US-amerikanischen Präsidenten Franklin D. Roosevelt, eine internationale Lösung für die Notlage der vertriebenen Jüd:innen aus Deutschland und Österreich herbeizuführen, scheiterte.[808] Die Konferenz, die vom 6. bis 15. Juli 1938 im französischen Évian-les-Bains tagte, führte jedenfalls zu keinem Ergebnis, das zu einer entscheidenden Verbesserung der Situation beigetragen hätte.[809]

In Paris und Prag hatte sich Siegfried Aufhäuser für die SOPADE und den EVP maßgeblich im Bereich der Flüchtlingshilfe engagiert. In England war er selbst unmittelbar von der restriktiven Einreisepraxis betroffen: Ohne Arbeitserlaubnis saßen Anna und Siegfried Aufhäuser hier rund sechs Monate fest, ehe sie in die USA weiterreisen konnten. Die sich zuspitzende Notsituation der europäischen Geflüchteten bestärkte ihn darin, aktiv für eine Verbesserung der internationalen Flüchtlingssituation einzu-

kennen, verarmte deutsch-jüdische Flüchtlinge in größerer Zahl aufzunehmen (vgl. Juliane Wetzel, Auswanderung aus Deutschland, in: Benz, Wolfgang [Hg.]: Die Juden in Deutschland 1933-1945. Leben unter nationalsozialistischer Herrschaft. München 1996, S. 412-498, hier S. 413-431).

805 Vgl. etwa: Claus-Dieter Krohn, »Nobody has a right to come into the United States«, in: Koebner, Thomas u. a. (Hg.): Exilforschung. Ein internationales Jahrbuch: Gedanken an Deutschland im Exil und andere Themen, 3. Jg. (1985), München 1985, S. 127-142. Siehe zur US-amerikanischen Flüchtlingspolitik auch: Anne Klein, Flüchtlingspolitik und Flüchtlingshilfe 1940-1942. Varian Fry und die Komitees zur Rettung politisch Verfolgter in New York und Marseille, Berlin 2007, S. 16 f.

806 Vgl. zur Kontingentierung: Krohn, Vereinigte Staaten 1998. S. 448 ff.

807 Vgl. zur Praxis der US-amerikanischen Flüchtlingspolitik: ebd., S. 449-460 und Walter, Exilliteratur 1984, S. 380-490. Siehe zum restriktiven Verwaltungshandeln auch: Juliane Wetzel, Fluchtpunkt New York. Jüdische Auswanderung aus Deutschland in die USA während der NS-Zeit, in: Schulz, Karin (Hg.): Hoffnung Amerika. Europäische Auswanderung in die Neue Welt, Bremerhaven 1994, S. 175-186, hier S. 177 f. sowie Peterson, Umfeld 1995, S. 51 f.

808 Siehe dazu etwa den Themenschwerpunkt im Jahrbuch für Antisemitismusforschung 28 (2019) sowie den Ausstellungskatalog von Bonnesoeur, Frédéric/u. a. (Hg.): Geschlossene Grenzen. Die Internationale Flüchtlingskonferenz von Évian 1938, Berlin 2018.

809 Jochen Thies, Evian 1938. Als die Welt die Juden verriet, Essen 2017, S. 10 sowie Susanne Heim, The Year 1938 and the International Reactions to the Forced Emigration of German Jews, in: Bajohr, Frank/Pohl, Dieter (Hg.): Right-Wing Politics and the Rise of Antisemitism in Europe 1935-1941, Göttingen 2019, S. 81-93.

treten: In einem offenen Brief an die Londoner *Times* umriss er die Idee, die Gründung einer internationalen Gesellschaft anzustoßen, über die durch Landkauf oder -pachtung Geflüchtete in großem Maßstab in Südamerika angesiedelt werden könnten.[810] Seine Initiative verpuffte allerdings nahezu resonanzlos. Mit dem deutschen Westfeldzug und dem Überfall auf Belgien, Luxemburg, Frankreich und die Niederlande im Frühjahr 1940 verschärfte sich die Situation weiter. Zahlreiche Verfolgte versuchten, sich über das unbesetzte Vichy-Frankreich ins überseeische Ausland zu retten.[811] Führende Vertreter der AFL (Vorsitzender William Green), der ILGWU (Vorsitzender David Dubinsky), des *Jewish Daily Forward* (Alexander Kahn) und des JLC (Isaiah Minkoff) intervenierten in Anbetracht der sich zuspitzenden Situation im US-amerikanischen Außenministerium, wo sie die umgehende Aufnahme »führender Männer und Frauen aus den demokratischen und Arbeiterbewegungen in Europa« forderten.[812] Diese Initiative war in Ansätzen erfolgreich: Bewilligt wurde eine begrenzte Zahl von Sondervisa für besonders gefährdete Personen, bei deren Zuweisung das JLC die Federführung übernahm.[813] Wegen der Zusammenstellung der dafür erforderlichen Namenslisten wandte sich das JLC wiederum an seine Kontaktpersonen unter den Exilierten, zu denen als deutsche Vertreter Rudolf Katz und Paul Hagen zählten.[814] Die Zuständigkeit fiel der GLD zu, die gehalten war, die Listen »parteineutral« zu erstellen.[815]

Da die gelisteten Personen unter anderem aufgrund von Internierungen, fehlenden Ausreise- oder Transitvisen sowie Fahrkarten nach wie vor auf dem europäischen Kontinent festsaßen, verlagerten sich die Aktivitäten der GLD in den kommenden Monaten darauf, diese bei ihrer Ausreise und Flucht über Spanien und Portugal zu unterstützen.[816] Zu diesem Zweck wurde Frank Bohn, Schriftsteller und Mitglied des US-amerikanischen GLD-Beirats, nach Frankreich entsandt, um die Flucht aus dem

810 The Times vom 24.7.1939, »A Plan for Refugees«. Auszugsweise übersetzt in: Pariser Tageszeitung, 7. Jg. Nr. 1056 vom 25.7.1939, »Ein Vorschlag zur Emigrantenfrage«.

811 Vgl. dazu: Dierk Ludwig Schaaf, Fluchtpunkt Lissabon. Wie Helfer in Vichy-Frankreich Tausende vor Hitler retteten, Bonn 2018. Die französischen Behörden wurden verpflichtet, Flüchtlinge auf Verlangen auszuliefern (ebd., S. 214 ff.). Vgl. zu den Fluchtbewegungen innerhalb Frankreichs auch: Jacques Semelin, Das Überleben von Juden in Frankreich 1940-1944. Mit einem Vorwort von Serge Klarsfeld. Aus dem Französischen übersetzt von Susanne Wittek, Göttingen 2018, insbesondere S. 65 f.

812 Jacobs, Freund in Not 1993, S. 8.

813 Vgl. ebd., S. 8 und 11 ff. Insgesamt wurden im Rahmen dieses Programms circa 400 Besucher-Sondervisa ausgestellt (vgl. zur Gesamtzahl der durch die Sondervisa geretteten Personen insbesondere Fußnote 19).

814 Ebd., S. 13. Sondervisa wurden auch für osteuropäische, italienische und österreichische Personen gewährt. Bei der Zusammenstellung der Liste deutscher Geflüchteter fiel Wachenheim eine maßgebliche Rolle zu.

815 Ebd., S. 16. Vgl. zur Zusammensetzung der Listen auch: Appelius, Heine 1999, S. 161-164.

816 Siehe hierzu: Patrik von zur Mühlen, Fluchtweg Spanien-Portugal. Die deutsche Emigration und der Exodus aus Europa 1933-1945, Bonn 1992 sowie Marion Kaplan, Hitler's Jewish Refugees. Hope and Anxiety in Portugal, New Haven u. a. 2020.

nationalsozialistischen Einflussbereich zu organisieren.[817] Nach dessen Rückkehr in die USA setzte der langjährige SOPADE-Mitarbeiter Fritz Heine, der bereits zuvor als Sekretär Bohns gearbeitet hatte, die Arbeit fort.[818] Dabei kooperierte er eng mit Varian Fry, der vom US-amerikanischen *Emergency Rescue Committee* (ERC) ebenfalls nach Frankreich entsandt worden war.[819] Das ERC war Ende Juni 1940 unter der Federführung der AFGF gegründet worden, hatte sich seither ebenfalls intensiv um Sondervisa für besonders gefährdete Europäer:innen bemüht und versucht, diese bei ihrer Ausreise zu unterstützen.[820] Zu diesem Zweck war auf Initiative des ERC in Marseille das *Centre Américain de Secours* (CAS) als Anlauf- und Beratungsstelle entstanden, mit dem auch Fritz Heine eng verbunden war. Während sich in Europa so also eine Kooperation zwischen dem GDL-Vertrauten Heine und der ERC-Rettungsaktion, die wiederum maßgeblich von *Neu Beginnen*-Vertreter:innen mit initiiert worden war, zu etablieren begann, verschärfte sich in den Vereinigten Staaten der Konflikt zwischen den Gruppen zusehends.[821] Insbesondere die Haltung von Rudolf Katz gab Anlass zur Kritik, die bald auch von Fritz Heine geäußert wurde.[822] Eine Zusammenarbeit mit dem ERC wurde so nachdrücklich erschwert und auch das Verhältnis der GLD zum JLC und zur SOPADE litt merklich darunter.[823] Auf das aktive Eingreifen von Katz ist es wohl auch zurückzuführen, dass die auf dem europäischen Festland verbliebenen SOPADE-Vertreter Vogel und Ollenhauer sich schließlich gegen die USA entschieden und nach England emigrierten.[824] In diesem Sinne erscheint es nur wenig verwunderlich, dass Albrecht Ragg diese »rescue period« as »a frustrating episode in the history of the German socialist emigration in the United States« bezeichnete:

817 Vgl. dazu: Appelius, Heine 1999, S. 164 und S. 169-174 sowie Jacobs, Freund in Not 1993, S. 19-28.

818 Appelius, Heine 1999, S. 172 ff. Siehe dazu ausführlich auch: Appelius, Stefan (Hg.): »Der Teufel hole Hitler«. Briefe der sozialdemokratischen Emigration, Essen 2003.

819 Siehe dazu: ebd., S. 176-190 sowie Ragg, Socialist Emigration 1977, S. 195 f.

820 Klein, Flüchtlingspolitik 2007, S. 102 ff. Eine kollektive Einreise ohne Einzelfallprüfung konnte zwar nicht erneut bewilligt werden, stattdessen wurde Ende Juli 1940 aber ein besonderes Programm (später *Emergency Visa Program* genannt) eingeführt, in dessen Rahmen gefährdeten Personen außerhalb der geltenden Quotenregelungen die Einreise genehmigt werden konnte (vgl. ebd., S. 112 ff.). Allerdings unterschied sich der Aufwand nur geringfügig von der Beantragung eines regulären Visums, zum Beispiel musste ein Affidavit beschafft werden (vgl. zu den Bedingungen, bürokratischen Hürden und erweiterten Restriktionen ebd., S. 114 ff.).

821 Ragg, Socialist Emigration 1977, S. 156 ff.

822 Vgl. Appelius, Heine 1999, S. 165 ff. und S. 185.

823 Vgl. dazu auch Ragg, Socialist Emigration 1977, S. 173-183.

824 Katz hatte in Eigenverantwortung ein Telegramm beantwortet, das an Stampfer und Rinner gerichtet war. Die Verfasser Vogel und Ollenhauer betrachteten sein Antwortschreiben »als direkte Ausladung« (Vogel an Stampfer, 5.12.1940, in: Matthias [Hg.]: Gesicht nach Deutschland 1968, S. 475-477, hier S. 476). Vgl. dazu auch: Appelius, Heine 1999, S. 291 f. Seebacher-Brandt hingegen zeigte Unverständnis für Vogels Kritik an Katz: Ollenhauer und Vogel hätten keine Neigung gehabt, in die USA überzusiedeln und die sechs verfügbaren Reise-Billetts hätten so für andere Verfolgte genutzt werden können (Seebacher-Brandt, Ollenhauer 1984, S. 224 f.).

In Europe, the refugee crisis became a time of rapprochement between the various socialist emigrant groups. In the United States, this opportunity was lost mainly because of the attitude of the GLD. Its basic political approach required a continuation of the old intra-socialist antagonisms. Under this condition, it tried to square the circle by conducting its rescue work separate from, and parallel to, its political aspirations. This senseless strategy was bound to fail.[825]

3.3 Neue Wege: Publizistik und Ehrenamt bei *Aufbau* und *New World Club*

Im 19. Jahrhundert hatten die wirtschaftlich aufstrebenden Vereinigten Staaten als Ziel für europäische Auswanderungswillige eine bedeutende Rolle gespielt. Um 1900 existierten in vielen größeren US-amerikanischen Städten deutsch-amerikanische »communities« mit einer umfassenden deutschsprachigen Presselandschaft, die entscheidend zur Stabilität dieser Gemeinschaften beitrug.[826] Allein im Bundesstaat New York wurden Anfang des 20. Jahrhunderts etwa 70 deutschsprachige Zeitungen und Zeitschriften gezählt.[827] Seit dem Ersten Weltkrieg ließ sich zwar ein Rückgang ausmachen, dennoch verfügten deutschsprachige Periodika in den 1930er Jahren noch über eine beträchtliche Auflage.[828] Anders als im Prager Exil eröffneten sich Siegfried Aufhäuser hier jedoch zunächst keine Erwerbsmöglichkeiten im journalistischen Bereich. Zwischen den Geflüchteten aus Europa und dem nichtjüdischen Teil vorausgegangener Auswanderergenerationen aus Deutschland bestanden ohnehin nur selten engere Kontakte. Abgesehen von einzelnen deutschsprachigen Publikationen, die dem Nationalsozialismus inhaltlich nahestanden, bemühten sich zahlreiche Blätter um eine politisch »neutrale« Haltung und verhielten sich den Emigrant:innen gegenüber zurückhaltend.[829] Viele Redaktionen waren bemüht, politisch kontroverse Themen-

825 Ragg, Socialist Emigration 1977, S. 156ff.

826 Vgl. Christiane Harzig, Lebensformen im Einwanderungsprozeß, in: Bade, Klaus J. (Hg.): Deutsche im Ausland – Fremde in Deutschland. Migration in Geschichte und Gegenwart, München 1992, S. 157-170, hier S. 165ff. Siehe dazu auch: Carl Wittke, The German-language press in America, [Lexington] 1957.

827 Karl J. R. Arndt/May E. Olson, Deutsch-amerikanische Zeitungen und Zeitschriften. 1732-1955. Geschichte und Bibliographie = German-American Newspapers and Periodicals. 1732-1955. History and Bibliography, Heidelberg 1961, S. 313.

828 Die Gesamtauflage aller deutschsprachigen Tageszeitungen in den Vereinigten Staaten lag 1938 bei etwa zwei Millionen Exemplaren, nahm jedoch in den folgenden Jahren rapide ab (Hanno Hardt, Die Situation der amerikanischen Presse nach 1933. Prolegomena zu einer Geschichte der deutschen Exilpublizistik in den USA, in: ders./Hilscher/Lerg [Hg.]: Presse im Exil 1979, S. 316-325, hier S. 323).

829 Sigrid Schneider, Mit dem Wort als Waffe. Deutschsprachige Publizistik im Exil, in: Böhne, Edith/Motzkau-Valeton (Hg.): Die Künste und die Wissenschaften im Exil 1933-1945,

felder insbesondere mit Bezug auf die Geschehnisse in Deutschland zu meiden und fürchteten, durch die Anstellung emigrierter Journalist:innen aus dieser Position gedrängt zu werden.[830]

In anderen Medien wurde bisweilen unumwunden für den Nationalsozialismus geworben: 1941 war der nationalsozialistische Propagandafilm »Sieg im Westen« in US-amerikanischen Kinos zu sehen. Die in New York ansässigen ehemaligen sozialdemokratischen Reichstagsabgeordneten Toni Sender und Gerhard Seger protestierten gemeinsam mit Siegfried Aufhäuser gegen eine solche Aufführung im Stadtteil Yorkville öffentlichkeitswirksam mittels einer sogenannten »Picket-Line«.[831]

Zwar lassen sich allein in New York, wo sich etwa zwei Drittel der 130.000 aus dem nationalsozialistischen Herrschaftsbereich in die USA Geflüchteten zunächst niederließen, auch mindestens 23 Exilperiodika nachweisen.[832] Diese kleinen Blätter erschienen jedoch meist nur kurze Zeit und waren mit Blick auf Auflage und Umfang nur wenig geeignet, ein journalistisches Auskommen zu sichern.[833] Als auflagenstärkstes deutschsprachiges Periodikum der Arbeiter:innenbewegung fungierte die bereits erwähnte NVZ, die als Wochenzeitschrift 1934 über eine Auflage von knapp 21.850 Exemplaren verfügte, sich jedoch mit sinkenden Verkaufszahlen konfrontiert sah.[834] Hier übernahmen Seger, Katz, Sollmann und Stampfer bald einflussreiche Positionen in der Redaktion, deutschsprachige Emigrant:innen wurden als Zielgruppe nun auch direkt angesprochen.[835]

Gerlingen 1992, S. 97-124, hier S. 115 sowie allgemein: Stephen Economides, Der Nationalsozialismus und die deutschsprachige Presse in New York 1933-1941, Frankfurt a. M./Bern 1982.

830 Hardt, Situation 1979, S. 323 f.

831 Interview mit Siegfried Aufhäuser im Deutschen Rundfunk, 1. Mai 1967, in: Nikolai (Hg.): Zum 100. Geburtstag, S. 18 ff. In den Bildbeständen des AdsD Bonn sind davon auch Fotografien erhalten.

832 Krohn, Vereinigte Staaten 1998, S. 446 und S. 460 sowie Lieselotte Maas, Handbuch der deutschen Exilpresse 1933-1945. Herausgegeben von Eberhard Lämmert. Band 3. Nachträge – Register – Anhang, München/Wien 1981, S. 958 f.

833 Vgl. Sigrid Schneider, Deutschsprachige Journalisten und Publizisten im New Yorker Exil, in: Spalek, John M./Strelka, Joseph (Hg.): Deutschsprachige Exilliteratur seit 1933. Band 2. New York/Bern 1989, S. 1257-1299, insbesondere S. 1263 ff. sowie dies., Wort als Waffe 1992, S. 116. Eine umfangreiche Bibliografie von Robert Cazden zur »German Exile Literature in America« zählte weitere Blätter auf, die jedoch in den meisten Fällen keinen unmittelbaren Bezug zur deutschsprachigen Emigration aufwiesen (vgl. Robert E. Cazden, German Exile Literature in America 1933-1950. A History of the Free German Press and Book Trade, Chicago 1970, insbesondere S. 178 ff.).

834 Vgl. ebd., S. 33.

835 Schneider, Neue Volks-Zeitung 1979, S. 374. Katz war seit Frühjahr 1936 als ständiger nebenberuflicher Mitarbeiter in der NVZ präsent und agierte ab 1938 neben Seger als Mitherausgeber der Zeitung (ebd., S. 352). Stampfer nahm nach seiner Ankunft in den USA ebenfalls eine dominierende Stellung innerhalb der NVZ ein (ebd., S. 353). Er trat jedoch erst 1943 in die Redaktion ein (vgl. IV. Kapitel 1.2). Demgegenüber distanzierte sich die Zeitung im September 1940 vorübergehend von Sollmann, der nach seiner Emigration zu den regelmäßigen Beiträgern des Blatts gezählt hatte, aber mehrmals durch seine Parteinahme für den ehemaligen NSDAP-Politiker Otto Strasser aufgefallen war (Ebert, Sollmann 2014, S. 500 f.).

Siegfried Aufhäuser entdeckt ein neues Wirkungsfeld

Siegfried Aufhäuser publizierte in den frühen 1940er Jahren ebenfalls sporadisch in der NVZ. Mit den oben genannten Persönlichkeiten war die Redaktion allerdings nicht nur prominent besetzt, sondern sie vertrat auch eine inhaltliche Linie, mit der Aufhäuser nicht übereinstimmte.[836] Seine berufliche Perspektive in den USA schien zunächst ungewiss. Bei seinen Bemühungen um ein Einreisevisum hatte er sich gegenüber Lovestone zuversichtlich gezeigt, »drüben eine Arbeit [zu] finden« und auch der IRA-Vertreterin Sheba Strunsky gegenüber versicherte er Anfang 1939, er finde »bestimmt einen Job, was es auch immer sei«.[837] Seinen dahingehenden Bemühungen war jedoch kein Erfolg beschieden.[838] Ende Januar 1940 berichtete Stampfer der SOPADE über ein Zusammentreffen mit Aufhäuser, der momentan »sehr deprimiert« war, »weil er seit Mai da ist u[nd] noch nichts gefunden« hatte.[839] Zwischenzeitlich schien es Stampfer sogar überlegenswert, Aufhäuser hauptberuflich als SOPADE-Vertreter in den USA einzustellen.[840]

In der zweiten Jahreshälfte 1940 eröffnete sich Aufhäuser jedoch ein neues Wirkungsfeld: Im Januar war ein erster Artikel von ihm in der deutsch-jüdischen Wochenzeitung *Aufbau* erschienen, dem bald weitere folgten.[841] Die Zeitung war 1934 zunächst als monatlich erscheinendes Mitteilungsblatt des New Yorker *German-Jewish Club* (GJC) gegründet worden, entwickelte sich aber bald zu einem Sprachrohr der deutsch-jüdischen Emigrant:innen in den Vereinigten Staaten.[842] Im Gegensatz etwa zur *Neuen Weltbühne*, die in den 1930er Jahren primär als »Diskussionsforum für die begrenzte Öffentlichkeit der Emigranten« fungiert hatte, konnte sich der *Aufbau* fernab von Europa zum »Sammelpunkt und vielfältige[n] Forum des Exils« entwickeln.[843] Indem

836 Vgl. hierzu: IV. Kapitel 1.1 und 1.2.

837 Exilarchiv Frankfurt a.M., Bestand Emergency Rescue Committee, EB 72/21 (Siegfried Aufhäuser), Aufhäuser an Lovestone 5. und 7.10.1938 sowie Aufhäuser an Strunsky, 10.1.1938 (falsch datiert).

838 Durch Anregung von Franz Boas hatte er etwa versucht, beim legendären *Hull House* in Chicago eine Beschäftigung im Bereich der Sozialforschung (»social research«) zu erhalten (ebd. sowie Aufhäuser an Strunsky, 20.5.1939).

839 Stampfer an SOPADE, 25.1.1940, in: Matthias (Hg.): Gesicht nach Deutschland 1968, S. 439f.

840 Stampfer an SOPADE, 15.2.1940 in: ebd., S. 444f. sowie Rinner an Stampfer, 8.3.1940, in: ebd., S. 447-450, hier S. 449. Vgl. hierzu: IV. Kapitel 1.1.

841 Aufbau, 6. Jg. Nr. 1 vom 5.1.1940, »Anti-jüdische Plutokratie«. Der Artikel wurde später in der *Pariser Tageszeitung* und der NVZ mit verändertem Titel nachgedruckt (vgl. Pariser Tageszeitung, 5. Jg. Nr. 1222 vom 3.2.1940, »Arisierungs-Vertrustung« und Neue Volks-Zeitung, 9. Jg. Nr. 16 vom 20.4.1940, »Arisierungs-Vertrustung«).

842 Vgl. etwa: Elke-Vera Kotowski (Hg.): Aufbau. Sprachrohr. Heimat. Mythos. Geschichte(n) einer deutsch-jüdischen Zeitung aus New York 1934 bis heute, Berlin 2011 sowie Christian Zech, Aufbau. Die Entwicklung einer Emigrantenzeitung zum Medienunternehmen (Masterarbeit), Hamburg 2011, S. 52. Vgl. dazu auch: Tekla Szymanski, Der Aufbau – »Unser aller Tagebuch«, in: Dachs, Gisela (Hg.): Jüdischer Almanach des Leo Baeck Instituts. Die Jeckes, Frankfurt a.M. 2005, S. 108-118.

843 Lieselotte Maas, Die »Neue Weltbühne« und der »Aufbau«. Zwei Beispiele für die Grenzen und Möglichkeiten journalistischer Arbeit im Exil, in: Koebner, Thomas/Köpke, Wulf/Radkau,

er »einen unmißverständlichen Trennstrich zwischen seiner amerikanischen Gegenwart und seiner mitteleuropäischen Vergangenheit« zog und sich »ganz bewußt für die Interessen und Bedürfnisse einer unpolitischen Massenemigration« einsetzte, eröffneten sich ihm als publizistische Orientierungshilfe ganz andere Perspektiven.[844] Während des Zweiten Weltkriegs entwickelte sich das Blatt zur auflagestärksten Publikation der deutschsprachigen Exilpresse.

Dabei war der *Aufbau* in den ersten Jahren nach seiner Gründung von den Vereinsmitgliedern zunächst ehrenamtlich betrieben worden, erst im April 1937 wurde ein hauptamtlicher Redakteur eingestellt.[845] Eine spürbare Dynamisierung und Professionalisierung des Zeitungsgeschäfts setzte zwischen Ende 1938 und Mitte 1939 ein, als neben einem neuen Chefredakteur zwei hauptamtliche Mitarbeiter für die Bereiche Vertrieb und Anzeigenakquise eingestellt wurden.[846] Damit verbunden war eine inhaltliche Umstrukturierung und Erweiterung der Zeitung, die sich maßgeblich auf den neuen Chefredakteur Manfred George zurückführen lässt.[847] Durch politische Kommentare und Berichte, eine »Börsenseite«, den New Yorker Lokalteil, eine »Frauenseite«, Film- und Literaturkritiken, Kreuzworträtsel, Preisausschreiben, Karikaturen sowie weitere publizistische Angebote wurde die Aktualität und Vielseitigkeit deutlich erweitert.[848] Viele Artikel offerierten praktische Hilfestellungen beim Prozess der Integration in die USA, informierten etwa über das politische System, boten Einkaufstipps oder Hilfe beim Erlernen der englischen Sprache.[849]

Der Umstand, dass der Schwerpunkt der Berichterstattung auf die langfristige Eingliederung in die Vereinigten Staaten gelegt wurde, trug maßgeblich zur weiteren Verbreitung der Zeitung bei.[850] Außerdem stieg mit der inhaltlichen Erweiterung der Anreiz für zahlreiche Exilierte, im *Aufbau* zu publizieren. Die Mitarbeit populärer Persönlichkeiten wirkte sich wiederum positiv auf die Auflagenstärke der Zeitung aus. Zwar blieb der festangestellte Redaktionsstab klein, George, der während der Weimarer Republik bei den Verlagshäusern *Mosse* und *Ullstein* gearbeitet hatte, verstand es jedoch geschickt, »den Kontakt zu ehemaligen Kolleginnen und Kollegen aus seiner Berliner Zeit und den Jahren im Exil zu suchen und deren Kompetenzen und Prominenz für den *Aufbau* nutzbar zu machen«.[851] Da sich spätestens ab 1940 das Zentrum des journalistischen Exils

Joachim (Hg.): Exilforschung. Ein internationales Jahrbuch: Stalin und die Intellektuellen und andere Themen, 1. Jg. (1983), München 1983, S. 245-282, hier S. 258.

844 Ebd., S. 247.

845 Zech, Aufbau 2011, S. 43-47.

846 Ebd., S. 65 f.

847 Ebd., S. 66. Siehe dazu auch Christoph Eykman, Manfred George und der Aufbau: Ihre Bedeutung für die deutsche Exilliteratur in den USA, in: Spalek/Strelka (Hg.): Exilliteratur 1989, S. 1385-1402, hier S. 1385.

848 Hans-Albert Walter, Deutsche Exilliteratur 1933-1950. Band 4: Exilpresse, Stuttgart 1978, S. 581.

849 Zech, Aufbau 2011, S. 66 f.

850 Ebd., S. 95.

851 Ebd., S. 73. Im Original teilweise hervorgehoben.

in die Vereinigten Staaten verlagert hatte, trugen viele der eingereisten Journalist:innen nun maßgeblich zum Erfolg des *Aufbau* bei.[852]

Manfred George bemühte sich unter Einbeziehung seines großen Bekanntenkreises erfolgreich darum, Prominenz aus allen Bereichen des öffentlichen Lebens im *Aufbau* zu versammeln und für die gelegentliche Mitarbeit zu gewinnen.[853] Auch Siegfried Aufhäuser, der George – damals noch als Manfred Georg bekannt – spätestens im Mai 1936 im Rahmen der Volksfrontaktivitäten kennengelernt hatte, schien zunächst für eine sporadische Mitarbeit vorgesehen.[854] Sein erster Beitrag wurde just in jener Ausgabe abgedruckt, in der ein Titelbericht von Paul Hertz über »Frankreich und die Deutschen Flüchtlinge« erschien.[855] Während Hertz offenbar keine weiteren Artikel veröffentlichte, wurde Aufhäuser bald zum regelmäßigen Beiträger des Blatts.[856] Im Frühjahr 1940 erschien ein zweiter Artikel aus seiner Feder und ab Mitte August publizierte er, beginnend mit Ausgabe 33, nahezu wöchentlich in der Zeitung.[857] Es lässt sich nur spekulieren, wie dieses unvermittelte Dauerengagement zustande kam. Zeitlich fällt Aufhäusers Auftauchen mit einem verlängerten Urlaub zusammen, den George im Sommer 1940 antrat und der wiederum mit dem Ausscheiden des bisherigen Assistant Editors zusammenfiel.[858] Zwar lässt sich über die personelle Zusammensetzung und Aufgabenverteilung innerhalb der Redaktion in diesen Tagen wenig aussagen.[859] Gleich-

852 Ebd., S. 66 sowie Michael Groth, The Road to New York: The Emigration of Berlin Journalists, 1933-1945, München u. a. 1988, insbesondere S. 190 ff.

853 Zech, Aufbau 2011, S. 75 f.

854 Im Juni 1937 hatte Georg als Chefredakteur Aufhäuser die Zeilen der *Jüdischen Revue* für einen Gastbeitrag zur Verfügung gestellt (vgl. III. Kapitel 3.1).

855 Aufbau, 6. Jg. Nr. 1 vom 5. 1. 1940, »Frankreich und die Deutschen Flüchtlinge«. Der Beitrag von Hertz wurde kritisch rezipiert und in den folgenden Ausgaben hauptsächlich in der Rubrik »Letters to the Editor« diskutiert (Nr. 2 vom 12. 1. 1940, »An den Rand geschrieben«, Nr. 3 vom 19. 1. 1940, »Noch einmal: Emigranten in Frankreich« und Nr. 4 vom 26. 1. 1940, »Frankreich und die Emigranten«). Siehe zur problematischen Wiedergabe eines Hertz-Vortrags im *Aufbau* und deren Verbreitung auch: Nr. 7 vom 16. 2. 1940, »Dr. Hertz und das Asylrecht in Frankreich« und seine eigenen Ergänzungen in Nr. 8 vom 23. 2. 1940, »Die Vorgänge in Frankreich« sowie die Korrespondenzen zur »Aufbau-Affäre« in: IISH Amsterdam, Paul Hertz Papers, 17 2 1.

856 In Lieselotte Maas Liste der *Aufbau*-Autor:innen taucht Hertz nur mit den beiden oben genannten Beiträgen auf (vgl. Maas, Handbuch 1976, S. 88).

857 Vgl. Aufbau, 6. Jg. Nr. 14 vom 5. 4. 1940, »The New Deal«.

858 Für die Zeit des ausgedehnten Urlaubs bis inklusive Ausgabe 33 war Wolf M. Citron als Vertretung Georges zum *Aufbau* gestoßen (vgl. DLA Marbach, A: George, Manfred [auch: Manfred Georg], 75.4749/1, George an Wilfred Hulse, 25. 6. 1940). Citron hatte in diesen Wochen regelmäßig Bericht über die Geschehnisse in der Redaktion erstattet und mit George mögliche Nachfolgelösungen sondiert (siehe ebd., 75.2361/1-10, insbesondere 75.2361/9, Citron an George, 14. 8. 1940).

859 Erst 1941 tauchten im Impressum des *Aufbau* regelmäßig wechselnde Assistant Editors auf. Bis 1944 wurden hier unter anderem Therese Pol, Josef Maier, Kurt Hellmer, Arthur Holde, Vera Craener, Max Behrens, Hans Kafka, Ruth Karpf und Siegfried Aufhäuser genannt (vgl. Maas, Handbuch 1976, S. 75). Die Position des Assistant Editors wurde im Sommer 1940 erstmals erwähnt (Walter, Exilliteratur 1978, S. 548).

wohl kann Aufhäusers journalistischer Einsatz beim *Aufbau* als eine Folge der notwendig gewordenen redaktionellen Umstrukturierungsmaßnahmen angesehen werden.

Engagement in Club und Redaktion

Siegfried Aufhäuser berichtete fortan regelmäßig über gewerkschaftliche und arbeitsrechtliche Aspekte der US-amerikanischen Politik. Im August und September 1940 schrieb er über die beiden konkurrierenden Gewerkschaftsbünde AFL und *Congress of Industrial Organizations* (CIO) und ihre Rolle in den anstehenden Präsidentschaftswahlen, die kriegsbedingte Veränderung der US-amerikanischen Modeindustrie, gewerkschaftliche Organisationsformen und -rechte sowie über die Angestellten in den USA und die Beschäftigungssituation der Einwandernden.[860] Abgesehen von seiner publizistischen Tätigkeit begann Aufhäuser, sich rege für die Belange des Vereins einzusetzen, der seit 1934 für die Herausgabe des *Aufbau* verantwortlich zeichnete. Der *German-Jewish Club*, der sich 1940 in *New World Club* umbenannte, war Ende 1924 zunächst von deutsch-jüdischen Auswanderern gegründet worden, um in New York eine Zweigstelle des *Reichsbundes jüdischer Frontsoldaten* zu etablieren.[861] Als der GJC sich am 15. Februar 1927 als gemeinnütziger Verein beim *Department of State* in New York offiziell registrieren ließ, waren diese Pläne jedoch längst überholt.[862] Im Zentrum der Vereinsaktivitäten stand der gesellige Austausch bei wöchentlichen Treffen. Neben Lesungen, Versammlungen und Diskussionsrunden erweiterte sich das Tätigkeitsspektrum bald auf kulturellem Gebiet.[863] Anfang der 1930er Jahre – der Verein war zwischenzeitlich auf etwa 225 Mitglieder angewachsen – wurde über den Zusammenschluss mit einer zweiten deutsch-jüdischen Organisation debattiert. Diese war 1926 als *German Jewish Center* gegründet worden und hatte sich als Anlaufstelle insbesondere für jüdische Neueinwandernde aus Deutschland etabliert.[864] Neben seinen kulturellen und geselligen Veranstaltungen hatte der Verein zu diesem Zweck einen Hilfsdienst geschaffen, der etwa Unterstützung bei Berufs- und Rechtsfragen sowie bei der Krankenpflege anbot.[865] Im Zuge dieses Zusammenschlusses und mit Blick auf das Anwachsen

860 Aufbau, 6. Jg. Nr. 33 vom 16.8.1940, »Zur Präsidentenwahl«, Nr. 34 vom 23.8.1940, »Der National Labor Relations Act«, Nr. 35 vom 30.8.1940, »America Without Paris«, Nr. 36 vom 6.9.1940, »Was ist ein Closed Shop?«, Nr. 38 vom 20.9.1940, »White Collar Workers« und Nr. 39 vom 27.9.1940, »Recht auf Arbeit«.

861 Ebd., 1. Jg. Nr. 1 vom 1.12.1934, »Zehn Jahre!« sowie Max Manila, Deutsche Juden in New York nach dem Weltkriege, New York 1931, S. 43f.

862 Vgl. New York State Department of State, Division of Corporations, New World Club, INC., 02/15/1927.

863 Neben der Organisation von Vorträgen und Museumsführungen wurde beispielsweise eine Literaturgruppe gegründet (Manila, Deutsche Juden 1931, S. 44).

864 Vgl. dazu ebd., S. 45 sowie S. 54ff.

865 Vgl. zur Fusion: Zech, Aufbau 2011, S. 18 sowie Aufbau, 1. Jg. Nr. 1 vom 1.12.1934, »Zehn Jahre!« und 10. Jg. Nr. 48 vom 1.12.1944, »Zwanzig Jahre«.

der nationalsozialistischen Bewegung erweiterte der GJC seine sozialen Fürsorge- und Beratungsangebote beträchtlich.[866]

Im Jahre 1937 fiel der Entschluss, verstärkt Mitglieder zu werben und den Club zu einer »Zentrale der deutsch-jüdischen Immigration« auszubauen.[867] In diesem Zuge wurde eine von einem hauptamtlichen Mitarbeiter betriebene Geschäftsstelle als zentraler Anlauf- und Koordinierungsort eingerichtet.[868] Und tatsächlich sollte die große Zahl der aus dem nationalsozialistischen Einflussbereich geflohenen Emigrant:innen bald zu einer beträchtlichen Ausweitung des Aufgabenbereichs führen und das Clubleben maßgeblich beeinflussen: Innerhalb von nur zwei Jahren wurde die Geschäftsstelle deutlich vergrößert.[869] Auf den Clubveranstaltungen erschienen bisweilen bald weit über 1.500 Gäste und in den frühen 1940er Jahren wuchs der Verein auf etwa 2.000 Mitglieder an.[870]

Als Siegfried Aufhäuser zum Club stieß, hatte sich der bestehende Hilfsdienst für Neuankömmlinge zu einem weitläufigen Netz von sozialen Fürsorgeeinrichtungen ausgeweitet.[871] Mit der Gründung eines vereinsinternen *Labor Council* als Organ für die »Vertretung und Zusammenfassung der arbeitenden und der Arbeit suchenden Einwanderer« begann er im Oktober 1940 aktiv, sich an dieser Arbeit zu beteiligen.[872] Ergänzend zu seinen nun regelmäßig erscheinenden Artikeln sollte den Neuankömmlingen dort »[d]ie Bedeutung der organisierten Arbeiterbewegung in Amerika« durch Vorträge und Gruppenarbeiten nähergebracht werden.[873] Außerdem wurde eine von Aufhäuser geleitete Sprechstunde eingerichtet, in der Hilfesuchende Gelegenheit fanden, ihre individuelle berufliche Situation zu besprechen. Im Sinne der »Eingliederung der berufstätigen Immigranten in das amerikanische Leben« war geplant, im *Labor Council*

866 Zech, Aufbau 2011, S. 18. Neben einer Beratungsstelle für Neuankömmlinge sowie Stellen- und Zimmervermittlungen wurde unter anderem ein Hilfsfonds ins Leben gerufen (Aufbau, 1. Jg. Nr. 1 vom 1.12.1934, »Soziale Fürsorge«).

867 Ebd., 3. Jg. Nr. 4 vom 1.4.1937, »Immigration-Organisation«. In den Jahren zuvor war teils vehement über die inhaltliche Ausrichtung des Vereins debattiert worden (vgl. Zech, Aufbau 2011, S. 38ff.).

868 Aufbau, 3. Jg. Nr. 6 vom 1.6.1937, »Es geht voran«.

869 Vgl. Zech, Aufbau 2011, S. 53. Ende 1939 verfügte die Geschäftsstelle über fünf Büroräume mit insgesamt sieben Angestellten (Aufbau, 5. Jg. Nr. 20 vom 1.11.1939, »Der ›German-Jewish Club‹ gestern und heute«).

870 Vgl. ebd., Nr. 21 vom 15.11.1939, »Rendezvous in Mecca. Gründungsfest des ›German-Jewish Club‹ im Mecca Temple« oder 6. Jg. Nr. 13, »Jeder einmal wieder in Berlin«. Siehe dazu auch: LBI New York, AR 25385, The oral history collection of the Research Foundation for Jewish Immigration, Interview mit Norbert Goldenberg. Offiziell vermeldete der Club Ende 1942 sein 2000. Mitglied (Aufbau, 8. Jg. Nr. 52 vom 25.12.1942, »Der neue Vorstand. Generalversammlung des New World Club«).

871 Allein die Stellenvermittlung zählte Ende 1940 monatlich zwischen 800 und 1.000 Hilfesuchende (ebd., 6. Jg. Nr. 47 vom 22.11.1940, »1000 Besucher monatlich«).

872 Ebd., Nr. 41 vom 11.10.1940, »An den Rand geschrieben: Labor Council«. Im Original hervorgehoben.

873 Ebd.

»über die Arbeitsprobleme, die soziale Gesetzgebung und die Organisationsverhältnisse« der US-amerikanischen Gewerkschaften zu informieren und die Verbindungen zwischen dem Club und den gewerkschaftlichen und staatlichen Arbeitnehmer:innenvertretungen auszubauen.[874] Nach seinen Vorstellungen bildeten sich bald nach Berufsgruppen gegliederte Arbeitsgemeinschaften und Fachschaften, die sich mit fachspezifischen Problemen beschäftigten, Berufsorientierungs- und Weiterbildungsveranstaltungen anboten und über Umschulungsoptionen informierten.[875]

Im August 1941 bot sich die Gelegenheit, eine kursorische Zwischenbilanz zu ziehen: Innerhalb der Berufsgruppen waren inzwischen etwa 400 Mitglieder – davon nur rund 125 Vereinsmitglieder – organisiert, die in ihren jeweiligen Gruppen eine rege Tätigkeit entfalteten, Veranstaltungen organisierten und teils auf selbstständiger Basis mit den US-amerikanischen Gewerkschaften und Sozialbehörden verhandelten.[876] Außerdem war es gelungen, zahlreiche prominente Persönlichkeiten aus Politik und Gewerkschaftskreisen für Vorträge der *Labor Division* zu gewinnen, wie sich das *Labor Council* seit Februar 1941 nannte.[877] Siegfried Aufhäusers Sprechstunde, in der er zweimal wöchentlich über »Arbeitsrecht, Gewerkschaftsfragen und Wirtschaftsprobleme« informierte, wurde regelmäßig von 15 bis 25 Personen besucht, hinzu kamen postalische Anfragen.[878] Seine Artikel über das »Gebiet der sozialen Gesetze, der Vorgänge in der Arbeiterbewegung, der Lohnentwicklung, des Arbeitsmarktes und aller übrigen sozialen Fragen« hatten inzwischen einen festen Platz in den Spalten der Zeitung.[879] Im November 1940 war eine mit »Review of Labor« betitelte Rubrik für ihn eingerichtet worden. Ferner publizierte er im allgemeinen Teil – etwa zur wirtschaftlichen Entwicklung.[880] Angesichts der weltpolitischen Lage äußerte er sich in zunehmender Frequenz auch zu politischen Tagesereignissen. So steuerte er im März 1941, nach Verabschiedung des wegweisenden

874 Ebd., »Labor Council«. Im Original hervorgehoben. Im November konkretisierte Aufhäuser seine Konzeption des *Labor Council*, die Eingliederung der Einwandernden in die zunächst fremde Arbeitswelt zu erleichtern und eine Verbindung zu den jeweiligen US-amerikanischen Gewerkschaftsvertretungen herzustellen (vgl. ebd., Nr. 46 vom 15. 11. 1940, »S. Aufhäuser über ›Immigranten in amerikanischen Gewerkschaften‹« sowie Nr. 47 vom 22. 11. 1940, »Immigrants and Labor Community«).

875 Vgl. ebd., 7. Jg. Nr. 23 vom 6. 6. 1941, »Warum Berufsgruppen«. Hier wurden etwa Berufsgruppen für »Chemiker, Physiker, Pharmazeuten«, für »Architekten und Bauingenieure« sowie für »Maschinenbau und Elektroindustrie« erwähnt. Schon vor Gründung des Council hatten clubinterne Vereinigungen von Lehrern und Ärzten existiert. Im November konstituierte sich eine »Berufsgruppe der medizinischen Laboranten« (Nr. 46 vom 14. 11. 1941, »Laboranten-Gruppe«). Diese Arbeit wurde in den folgenden Jahren fortgeführt, 1943 gründete sich etwa eine »Gruppe von Versicherungsbrokern und Agenten« (9. Jg. Nr. 47 vom 19. 11. 1943, »Gruppe Versicherungsbroker und Agenten«).

876 Ebd., 7. Jg. Nr. 33 vom 15. 8. 1941, »Was der New World Club leistet: Die Labor Division«.

877 Ebd.

878 Ebd.

879 Ebd.

880 Vgl. etwa: ebd., Nr. 16 vom 18. 4. 1941, »Der Markt in Zahlen« sowie Nr. 22 vom 30. 5. 1941, »Wirtschaft in Zahlen«.

»Lend-Lease Act«, der als deutliches Zeichen für die Aufgabe der isolationistischen US-amerikanischen Außenpolitik gedeutet wurde und mit der Mobilisierung verfügbarer Arbeitskräfte einherging, eine Titelstory über dessen Bedeutung für die Emigrant:innen bei.[881] Zwei Monate später beschäftigte er sich ausführlich mit dem Flug von Rudolf Heß nach Großbritannien und im Oktober 1941 berichtete er auf Seite 1 über neue Regularien für Immigrant:innen hinsichtlich Aufenthaltsbedingungen und Arbeitsmöglichkeiten.[882]

Nachdem der US-amerikanische Präsident Roosevelt am 27. Mai 1941 den »unlimited national emergency« ausgerufen hatte, sah sich der Herausgeber des *Aufbau* gemeinsam mit anderen Immigrant:innenvereinigungen veranlasst, gegenüber den Vereinigten Staaten die »unconditional loyalty« sowie »full support and cooperation« zu bekunden.[883] Schon zuvor war innerhalb des GJC über den »Anachronismus« des Namens *German-Jewish Club* debattiert und die Umbenennung in *New World Club* beschlossen worden.[884] Aufhäuser nahm die Rede Roosevelts zum Anlass, die Bereitschaft der Immigrant:innen zu bekunden, sich aktiv an den US-amerikanischen »Defense«-Aktivitäten zu beteiligen.[885] »[U]m die Eingliederung der gelernten technischen Kräfte der Immigration in die Rüstungsindustrie zu erleichtern«, stellte er außerdem Kontakt zum *United States Department of War* her.[886] Dies erwies sich wenig später als überaus hilfreich, da sich die Labor Division nach dem Überfall auf Pearl Harbour und dem US-amerikanischen Kriegseintritt mit »[e]ine[r] Flut von Anfragen und Besuchen« mit Fragen zur aktuellen Lage konfrontiert sah.[887]

Über Beschäftigungsbeschränkungen und Diskriminierungen von sogenannten »Non-Citizens« berichtete Siegfried Aufhäuser 1940 und 1941 mehrfach.[888] In Anbetracht der nun einsetzenden Umstellungen auf die Kriegswirtschaft blieb dieses Thema auch im darauffolgenden Jahr präsent. Die *Labor Division* trat in dieser Zeit aktiv gegen Diskriminierungspraktiken am Arbeitsplatz ein und unterstützte die Be-

881 Ebd., Nr. 12 vom 21.3.1941, »Arbeit für Alle. Registrierung im ganzen Land«.

882 Ebd., Nr. 20 vom 16.5.1941, »Was Hess' Flucht bedeutet« sowie Nr. 44 vom 31.10.1941, »Hobbs Bill: Legalisierung der Visitors«.

883 Ebd., Nr. 23 vom 6.6.1941, »Declaration of Loyalty«.

884 Ebd. 6. Jg. Nr. 23 vom 7.6.1940, »German-Jewish Club oder …?« sowie Nr. 51 vom 20.12.1940, »Namensänderung«.

885 Ebd., 7. Jg. Nr. 24 vom 13.6.1941, »Unsere Bereitschaft«.

886 Ebd., Nr. 30 vom 25.7.1941, »Rüstungsbetriebe offen für Alle«. Der *Aufbau* hatte darunter einen an Aufhäuser gerichteten Brief des War-Department abgedruckt. Darin wurde von einem generellen Beschäftigungsverbot für Nichtbürger:innen im Rüstungsbereich Abstand genommen.

887 Ebd., Nr. 52 vom 26.12.1941, »Review of Labor: Krieg – Arbeitsmarkt – Immigranten«.

888 Vgl. etwa: ebd., 6. Jg. Nr. 43 vom 25.10.1940, »Aliens Legislation: Arbeits-Beschränkungen in vielen Berufen«, 7. Jg. Nr. 18 vom 2.5.1941, »Review of Labor: Beschäftigung von Nichtbürgern«, Nr. 27 vom 4.7.1941, »Review of Labor: Gegen die Diskriminierungs-Praktiker auf dem Arbeitsmarkt« und Nr. 37 vom 12.9.1941, »Review of Labor: Non-Citizens in der Industrie – Eine amtliche Mahnung«.

troffenen bei Beschwerde- und Klageprozessen.[889] Unterdessen erschien die Rubrik »Review of Labor« nur noch selten in der Zeitung. Mit zunehmender Verbreitung des *Aufbau* etablierten sich verschiedene Beilagen, etwa *Die Westküste* und *Die Jüdische Welt*, zu denen Aufhäuser gelegentlich Artikel beisteuerte.[890] Seine arbeits-, konjunktur- und beschäftigungsspezifischen Artikel erschienen nun oft im allgemeinen Teil des Blattes oder unter der Rubrik »Handel und Wirtschaft«. Darüber hinaus berichtete er vermehrt über allgemeine (kriegs-)politische Entwicklungen oder Geschehnisse in Nazideutschland.[891] Siegfried Aufhäuser war in der Zeitung jetzt deutlich präsenter, ihm fiel vermehrt Verantwortung zu: So publizierte er nun etwa auch im Editoral.[892] Immer wieder erschienen seine Artikel an prominenter Stelle.[893] Außerdem wurde er seit Mitte 1942 als »Assistant Editor« – zunächst für den Bereich »Labor« – geführt.[894]

Sein Engagement beim *Labor Council* dürfte diese Entwicklung durchaus befördert haben. Wie eng die Verbindungen zwischen *Labor Council* und *Aufbau*-Redaktion schon im Sommer 1941 waren, lässt der Inhalt eines Briefs erahnen, den Aufhäuser an George in dessen Urlaubsdomizil sandte. In einem vertraulich-amüsierten Tonfall berichtete er über Geschehnisse in den angrenzenden Redaktionsräumen und mokierte sich über die Flirtambitionen einzelner *Aufbau*-Mitarbeiter:innen.[895] Im selben Brief thematisierte er ein Reorganisationsvorhaben des NWC, der angesichts des jüngsten Erfolgs der Zeitung zu einer Organisation heranwachsen sollte, die »an Größe und Bedeutung dem ›Aufbau‹« gleichkomme.[896] Das Vorhaben, in Anbetracht der stetig wachsenden Mitgliederzahl die Stellung der Einzelgruppen innerhalb des Vereins klar zu regeln und deren Position insgesamt zu stärken, ließ sich jedoch nur partiell um-

889 Ebd., Jg. 8 Nr. 5 vom 30.1.1942, »Keine Diskriminierung«.

890 Vgl. etwa: ebd., Nr. 20 vom 15.5.1942, »The Extra Players: Überangebot und Nachfrage« (Westküste) oder Nr. 25 vom 19.6.1942, »Dreibund und jüdische Friedensziele« und Nr. 29 vom 17.7.1942, »Juden in Wirtschaft und Arbeit« (Die Jüdische Welt).

891 Vgl. ebd., Nr. 25 vom 19.6.1942, »Einer neuen Welt entgegen: Washington – Moskau – London«, Nr. 28 vom 10.7.1942, »Von kommenden Dingen« und Nr. 33 vom 14.8.1942, »Russlands Kraftreserven«.

892 Vgl. etwa: ebd., Nr. 29 vom 17.7.1942, »Um die Reklassifizierung«, Nr. 33 vom 14.8.1942, »Aliens in der Rüstungs-Industrie« und Jg. 9 Nr. 6 vom 5.2.1943, »Erprobung der Demokratie« sowie Nr. 11 vom 12.3.1943, »Zwischen Vatikan und Kreml«.

893 Vgl. ebd., 9. Jg. Nr. 7 vom 12.2.1943, »Die Offensive der Arbeit beginnt: Jeder wird gebraucht« oder Nr. 16 vom 16.4.1943, »Stop! Groß-Offensive gegen Inflation«.

894 Er war es auch, der im Namen der Zeitung die Leser:innen aufrief, die Gründung eines *Aufbau*-War-Museums durch Materialspenden eingeführter Güter zu unterstützen, um für die US-Behörden »eine möglichst restlose Gesamtübersicht aller Ersatzprodukte zu schaffen, die auf dem Gebiet des zivilen Bedarfs in Deutschland eingeführt worden sind« (ebd., 8. Jg. Nr. 30 vom 24.7.1942, »Uncle Sam braucht Euch!«).

895 DLA Marbach, A: George, Manfred (auch: Manfred Georg), 75.2135/1, Aufhäuser an George, 9.8.1941.

896 Vgl. dazu: Aufbau, 7. Jg. Nr. 31 vom 1.8.1941, »Der Reorganisationsplan des New World Club«.

setzen.[897] Ungeachtet dessen engagierte sich Aufhäuser nun auch innerhalb der Vereinsgremien. Zwar war er – über seine Aktivitäten im *Labor Council* hinaus – auch davor sporadisch im Club aktiv gewesen und hatte beispielsweise zum vorbereitenden Festkomitee eines »Große[n] Bayrische[n] Abend[s]« gezählt oder war als Redner aufgetreten.[898] Im Dezember 1941 ließ er sich jedoch erstmals auch als Beisitzer für den Vorstand des NWC aufstellen und nach erfolgreicher Wahl regelmäßig wiederwählen.[899] Dass es sich hierbei nicht allein um eine repräsentative Aufgabe handelte, verdeutlichte sein Engagement in gleich drei von zwölf clubinternen Ressorts.[900] Später war er im Rahmen eines dreiköpfigen *Committee on By-Laws* auch für die Ausarbeitung einer neuen Mitgliedersatzung zuständig.[901]

Zwischen deutsch-jüdischem Journalismus und politischem Aktivismus

Siegfried Aufhäuser war mit seiner Rolle als Berichterstatter im Bereich »Labor« und als Experte für weltpolitische Entwicklungen ab 1941 fest in der *Aufbau*-Redaktion etabliert. Seine Hinwendung zur Vereinsarbeit erfolgte vor dem Hintergrund der journalistischen Arbeit. Sie lässt sich jedoch nicht isoliert von einer thematischen und ideologischen Neuorientierung verstehen, die er in diesem Zeitraum vollzog: In den frühen 1940er Jahren ist eine sich verändernde Schwerpunktsetzung seiner Berichterstattung auszumachen, die auf eine grundlegende Veränderung seiner Haltung zum Judentum schließen lässt. Obschon sich auch die inhaltliche Ausrichtung des *Aufbau*, der sich nun verstärkt mit der Gegenwart und Zukunft der jüdischen Gemeinschaft auseinandersetzte, merklich wandelte, kann diese Entwicklung nicht als bloßer Anpassungsvorgang Aufhäusers gedeutet werden. Vielmehr war er, der in der inhaltlichen und thematischen Ausgestaltung seiner Artikel weitgehend frei agierte, ein dynamisierender Faktor, der diesen Prozess stützte und bisweilen forcierte.

Kurz nach seinem Engagement bei der Zeitung hatte er, anlässlich aktueller Entwicklungen und anknüpfend an seine 1937 in der *Neuen Weltbühne* erschienene Artikelserie über die jüdische Arbeiter:innenbewegung in Palästina, damit begonnen, über die

897 Zech, Aufbau 2011, S. 53 f.

898 Aufbau, 6. Jg. Nr. 48 vom 29. 11. 1940, »Großer Bayrischer Abend«. Aufhäuser trat beispielsweise bei einer von Kurt R. Grossmann organisierten Spendenveranstaltung auf (7. Jg. Nr. 7 vom 14. 2. 1941, »Flucht, Rettung, Verpflichtung«). Darüber hinaus sprach er gelegentlich in der wöchentlichen Radiosendung des *Aufbau* (vgl. zum Beispiel: Nr. 21 vom 23. 5. 1941, »›Aufbau‹-Radio-Stunde«).

899 Ebd. Nr. 52 vom 26. 12. 1941, »Die Vorschläge des ›Nominating Committee‹«, 8. Jg. Nr. 6 vom 6. 2. 1942, »Der neue Vorstand des ›New World Club‹« und Nr. 52 vom 25. 12. 1942, »Der neue Vorstand«.

900 Vgl. ebd., 9. Jg. Nr. 3 vom 15. 1. 1943 und Nr. 4 vom 22. 1. 1943 »Amerika und der Immigrant«. Er wirkte in den Ressorts Nummer 3 »Rechts- und statuarische Fragen«, Nummer 7 »Labor Division« und Nummer 8 »Publizität und Propaganda«.

901 DLA Marbach, A: George, Manfred (auch: Manfred Georg), 75.6546, Constitution and By-Laws. Diese wurde am 19. Juli 1944 auf der Mitgliederversammlung des NWC angenommen.

dortige Situation zu berichten.[902] Aber erst 1942 rückten spezifisch jüdische Themenaspekte und antisemitische Diskriminierungs- und Verfolgungserfahrungen in den Fokus seiner Berichterstattung.[903] Die Rettungsarbeit jüdischer Organisationen vor allem in den USA stand dabei ebenso auf der Agenda wie die Diskriminierungs- und Verfolgungspraktiken im nationalsozialistischen Machtbereich.[904] Ausführlich berichtete Aufhäuser auch über die Konstitution eines *Advisory Council on European Affairs*, das sich gemeinsam mit dem *World Jewish Congress* die Aufgabe gestellt hatte, das »jüdische Leben nach Beendigung des Krieges« politisch, wirtschaftlich und organisatorisch vorzubereiten.[905]

Immer häufiger wurde dabei nun der Zusammenhang zwischen der Durchsetzung einer »Reihe fundamentaler Forderungen für das Leben der Juden im künftigen Europa und in der Welt« und einem allgemeinen System, »nach dem Recht und Freiheit im neuen Europa gesichert sein« sollten, debattiert.[906] Für Siegfried Aufhäuser bedeutete die »Rekonstruktion des jüdischen Lebens« nicht nur ein »Problem kommender Friedensverhandlungen«, sondern ebenso eine »Frage der inneren Erneuerung der Juden als Gemeinschaft«.[907] Neben einer demokratisch verankerten Rechtsbasis erfordere dies die »Aktivität der Juden selbst, um in der kommenden Wirtschaft der Völker ihren Platz zu finden«.[908] Zumal »die Existenzgrundlage der Juden in Europa, soweit es von Hitler beherrscht w[erde], bis auf den letzten Rest vernichtet« und »mit einer grundlegend veränderten Struktur der Nachkriegswirtschaft zu rechnen« sei, werde die »Herausbildung des jüdisch-industriellen Arbeitertums [...] zur wesentlichen Forderung für die innere Erneuerung«.[909] Aufhäuser bezog sich bei seinen Ausführungen an dieser Stelle primär auf die Wiedergabe eines Referats des Sozialwissenschaftlers und Theoretikers Jacob Lestschinsky, das er auf dem Gründungskongress des *Advisory Council on European Affairs* gehalten hatte. Inhaltlich knüpfte er damit jedoch an Überlegungen zur beruflichen Umschichtung der jüdischen Bevölkerung an, die er bereits 1938 in seinem

902 Aufbau, 6. Jg. Nr. 48 vom 29. 11. 1940, »Soziale Spannungen in Palästina«, Nr. 49 vom 6. 12. 1940, »Worum es im Palästina-Konflikt geht: Zur Vorgeschichte des Rutenberg-Planes – Interview mit Mereminski« und 7. Jg. Nr. 40 vom 3. 10. 1941, »Polen im jüdischen Asyl«.

903 Vgl. zum Beispiel: ebd., 8. Jg. Nr. 9 vom 27. 2. 1942, »Review of Labor: Juden ohne Beruf – Im Schatten der Kriegswirtschaft« sowie Nr. 45 vom 6. 11. 1942, »›Bedaure, wir beschäftigen keine Juden‹. Diskriminierungs-Praktiken und nationale Einheit. – Ein Jude und Alien sagt aus«.

904 Ebd., Nr. 10 vom 6. 3. 1942, »Review of Labor: The Jewish Labor Committee« und Nr. 11 vom 12. 3. 1942, »Review of Labor: ›Ort am Werk‹«.

905 Ebd., Nr. 24 vom 12. 6. 1942, »Kongress der Europäischen Juden in Amerika: Ein Bekenntnis zur Schicksalsgemeinschaft«. Im Original hervorgehoben.

906 Ebd., Nr. 25 vom 19. 6. 1942, »Dreibund und jüdische Friedensziele«. Vgl. zur Thematik auch IV. Kapitel 1.2.

907 Ebd., Nr. 29 vom 17. 7. 1942, »Juden in Wirtschaft und Arbeit. Vom Wiederaufbau nach dem Krieg«.

908 Ebd.

909 Ebd.

Artikel zur »Jüdischen Weltkrise« in der *Neuen Weltbühne* dargelegt hatte und für die er nun umso nachdrücklicher eintrat.[910] Die Kriegswirtschaft, so Aufhäuser im Februar 1942, habe nicht nur »zur völligen Umstellung des nationalen Arbeitsmarktes geführt«, sondern auch »die soziale Frage der Juden in ihrer Gänze aufgerollt und alle jüdischen Organisationen vor eine gigantische Aufgabe der kollektiven Berufsberatung und Umschichtung gestellt«.[911]

Seit 1942 kursierten Gerüchte über die nationalsozialistischen Massenvernichtungslager, über die auch der *Aufbau* immer wieder berichtete. Längst wusste man hierzulande von Massenerschießungen und den willkürlichen Tötungen von Jüd:innen in den vom Deutschen Reich besetzten »Ostgebieten«.[912] Auch Siegfried Aufhäusers ältester Bruder Albert überlebte die nationalsozialistischen Verfolgungs- und Foltermaßnahmen nicht: Nachdem er von einem Angestellten wegen »Rassenschande« angezeigt worden war und eine Gefängnisstrafe abgesessen hatte, zog er in ein jüdisches Altersheim nach Regensburg.[913] Anfang 1942 erschien im *Aufbau* eine Todesanzeige, die von seinen drei Geschwistern gezeichnet war. Darin hieß es, er habe »die Folgen einer längeren Haft nicht überwinden können«.[914] Tatsächlich verstarb Albert Aufhäuser aber wohl erst am 6. Oktober 1942.[915] Zwei Wochen zuvor war er nach Theresienstadt deportiert worden.[916]

Siegfried Aufhäuser nahm Ende 1942 auf »Originalberichte, in denen […] die Schreckensnachrichten über die Qualen der Juden bestätigt« wurden, Bezug und berichtete von »Zwangs-Arbeitslagern[]« mit »Tausende[n] von Opfern«.[917] Mit der industriell organisierten Tötung der jüdischen Bevölkerung in Deutschland und Europa beschäftigte er sich publizistisch erstmals im März 1943.[918] Darin beschrieb er den »Massenmord an den Juden« als »Symbol für den Blutrausch, dem ein Wahnsinniger im Endkampf mit seinen Feinden verfallen« sei:

> Die Ausrottung der Juden ist das Wetterleuchten für das Gewitter, das über die von den Nazis unterdrückten Völkern niedergehen wird. Das große Sterben der Juden, das wir schauernd erleben, sollte der Weltdemokratie zeigen, um was es im Kriege selbst geht. Die Nazis an den Schlachtfronten sind nur die Deckung für das Blut-

910 Die neue Weltbühne, Nr. 25 vom 23.6.1938, »Jüdische Weltkrise«. Vgl. III. Kapitel 3.1.
911 Vgl. Aufbau, 8. Jg. Nr. 9 vom 27.2.1942, »Review of Labor: Juden ohne Beruf – Im Schatten der Kriegswirtschaft«.
912 Ebd., Nr. 3 vom 16.1.1942, »Typhus-Kranke werden erschossen«.
913 Loval, We were Europeans 2010, S. 168.
914 Aufbau, 8. Jg. Nr. 4 vom 23.1.1942, »Albert Aufhäuser«.
915 Römer (Hg.): Rundbriefe 2007, S. 178.
916 Vgl. dazu: https://www.bundesarchiv.de/gedenkbuch/de834615, abgerufen am 12.2.2023.
917 Aufbau, 8. Jg. Nr. 49 vom 4.12.1942, »Review of Labor: Wie der jüdische Arbeiterbund Polens kämpft«. Wenige Tage später wurde die »Interalliierte Erklärung zur Vernichtung der Juden« veröffentlicht.
918 Aufbau, 9. Jg. Nr. 11 vom 12.3.1943, »Juden blicken auf Amerika. Was kein militärischer Sieg wieder gutmachen kann«.

bad im Inneren des Dritten Reiches. Die freien Menschen Europas und ihre Ideale sollen erschlagen werden, bevor die militärische Entscheidung gefallen sein wird.[919]

Indem er »die Rettung der heute noch lebenden Juden« als »Gebot der Stunde« hervorhob, bekräftigte er gleichsam, dass »es gegenüber dem Schutz der Menschlichkeit auch nicht länger eine ›Neutralität‹ geben« dürfe.[920] Es wachse »das Verlangen der zivilisierten Welt nach Vergeltung und nach Rettung der Opfer, bevor es zu spät« sei.[921] Entsprechend niedergeschlagen zeigte er sich angesichts der ersten Ergebnisse der sogenannten »Bermuda-Konferenz«, die in der zweiten Aprilhälfte 1943 zusammengetreten war, um über die Aufnahme europäischer Jüd:innen zu beraten.[922] Als »quälend schmerzlich« erschien es ihm, »daß die Rettung der Juden aus Nazi-Europa [...] im letzten Augenblick, überhaupt nicht versucht werden soll[e]«, es werde »bald zu spät sein, um vor der Geschichte die Verantwortung für das Schicksal von Millionen Menschen tragen zu können, die täglich dem Tod durch Hunger oder Exekution gegenüberstehen«.[923] Er gab zu bedenken, dass dieser Krieg »nicht nur eine militärische Auseinandersetzung, sondern ebenso sehr ein politischer Krieg« sei und die »Hinrichtung der Juden [...] eine entscheidende Schlacht, die der Nazismus den Demokratien liefer[e]«.[924]

Ungeachtet aller Schreckensnachrichten blickte die *Aufbau*-Redaktion hoffnungsvoll und zuversichtlich auf einen »günstigen Ausgang dieses Krieges« und entschloss sich Anfang Mai 1943 mit einer Artikelserie, »in die Erörterung des konstruktiven Wiederaufbaus des jüdischen Lebens, der Existenz und Wirtschaft in der Nachkriegszeit einzutreten«.[925] Die Vorstellung, dass »[z]u den Voraussetzungen für Hitlers Aufstieg zur Macht [...] neben vielen politischen Fehlerquellen der westlichen Demokratien auch das Scheitern der jüdischen Emanzipation« beigetragen habe, bildete Ausgangspunkt der sechsteiligen Serie, die in der Rubrik »Die Jüdische Welt« erschien.[926] In diesem Sinne sei »[d]ie Analyse des Emanzipationsprozesses in seiner historischen Entwicklung [...] notwendig [...], um aus Fehlern zu lernen«.[927] Eine »Untersuchung der sozialen und wirtschaftlichen Struktur der Judenheit« sei Voraussetzung, »um ihr einen ausreichenden und angemessenen Platz in der neuen Welt [zu] sichern«.[928] Vor diesem Hintergrund eröffnete sich das Motiv der Redaktion, nunmehr »die Frage der künftigen Gestaltung

919 Ebd.
920 Ebd.
921 Ebd.
922 Vgl. zur Konferenz: Sebastian Musch, Zwischen Bermuda und Palästina. Arieh Tartakowers und Kurt R. Grossmanns Suche nach Rettung für jüdische Flüchtlinge (1944), in: Zeithistorische Forschungen/Studies in Contemporary History 15 (3/2018), S. 576-582, hier S. 576f.
923 Vgl. Aufbau, 9. Jg. Nr. 17 vom 23.4.1943, »Die Schlacht von Bermuda«.
924 Ebd.
925 Ebd., Nr. 19 vom 7.5.1943, »Die jüdische Zukunft nach dem Krieg«.
926 Ebd.
927 Ebd.
928 Ebd.

der jüdischen Gemeinschaften« zu erörtern, um »[d]ie Eingliederung der Juden in kommende Wirtschaftsformen« zu behandeln und schließlich »Richtlinien einer einheitlichen jüdischen Politik herauszuarbeiten, die bei den kommenden Friedensverträgen als eine Grundlage dienen« könne.[929]

Obwohl dieser erste kurze Eröffnungsartikel der Serie lediglich von der »Redaktion« des *Aufbau* gezeichnet wurde, ist Siegfried Aufhäusers maßgebliche Beteiligung an dem Text unstrittig – zumal er vier der fünf nun folgenden Beiträge selbst verfasste.[930] Beachtenswert erscheint besonders sein historischer Rückblick, in dem er sich außergewöhnlich kritisch zu den bisherigen Emanzipationsbestrebungen äußerte: Die Orientierung der »westeuropäischen Juden«, den »Exponenten jenes Liberalismus, der das 19. Jahrhundert kennzeichnet[e] und der die politische und wirtschaftliche Freiheit des Einzelnen über alles stellt[e]«, »wäre einer umfassenden Gemeinschaftsorganisation hinderlich« gewesen.[931] Kritisch kommentierte er, dass »die formale Gleichberechtigung des einzelnen Bürgers als genügend angesehen wurde, ohne eine politische Position der Gemeinschaft zu beanspruchen«.[932] Die »Emanzipation der Juden« wolle er zukünftig als »Anerkennung ihrer Gemeinschaft, ihres Eigenlebens, ihrer Geschichte und ihres Gesamtcharakters« verstanden wissen.[933] Den »Aufstieg Hitlers« führte er nicht zuletzt »auf die mangelnde Solidarität der europäischen Demokratien«, einen »überspitzten Nationalismus der einzelnen Staaten« und eben auf eine »mangelnde Solidarität der europäischen Juden« zurück.[934] Da die »überwiegende Mehrheit der deutschen Juden [...] nicht nur politisch und gesellschaftlich assimiliert, [...] [sondern] auch klassenmäßig fast restlos nur mit den herrschenden Schichten des deutschen Bürgertums verbunden« gewesen sei, wäre es »für Hitler relativ leicht [gewesen], seine demagogische Propaganda gleichzeitig unter der Parole anti-kapitalistisch und anti-jüdisch zu betreiben«:[935]

> Die Liaison der herrschenden jüdischen Kreise mit den monopolkapitalistischen Kräften in Deutschland einerseits, der völlige Verzicht der deutschen Judenheit auf Verbindung mit den Kräften der Arbeiterschaft andererseits haben sich politisch als verhängnisvoll erwiesen. [...]

929 Ebd.
930 Ebd., Nr. 21 vom 21. Mai 1943, »Im Europa von gestern«, Nr. 23 vom 4. 6. 1943, »Kollektive Sicherheit in Wirtschaft und Arbeit«, Nr. 25 vom 18. 6. 1943, »Wiederaufbau der wirtschaftlichen Existenz« und Nr. 29 vom 16. 7. 1943, »Politische Willensbildung«. Lediglich der Artikel über die kulturelle Arbeit (ebd., Nr. 27 vom 2. 7. 1943, »Kulturelle Arbeit in Europa nach dem Krieg«) stammte vom Rabbiner Max Gruenewald.
931 Ebd., Nr. 21 vom 21. Mai 1943, »Im Europa von gestern«.
932 Ebd.
933 Ebd.
934 Ebd.
935 Ebd.

> Die jüdischen Gemeinden im früheren Deutschland haben sicher ihre Pflichten der religiösen Gemeinschaft erfüllt; es konnte nicht ihre Aufgabe sein, die Existenz der Juden als Gruppe in Recht, Wirtschaft und Politik zu bereinigen. Die kollektive Vertreibung der Juden hat aber allzu spät und hart bewiesen, daß es völkerrechtlich nur eine kollektive Judenfrage geben kann. Ihre Lösung bedarf einer organisierten Gemeinschaft. Die geeigneten Formen so rechtzeitig und vorbereitend zu finden, um der kommenden Friedenskonferenz konstruktive Vorschläge machen zu können, sollte eine Aufgabe der jüdischen Immigration sein.[936]

Generationen von historisch und soziologisch Forschenden haben sich seither ausführlich mit der Frage beschäftigt, wie das Menschheitsverbrechen Shoah möglich werden konnte. Das Ausmaß dieses Grauens erscheint kaum fassbar. Die Ermöglichungsfaktoren, die Aufhäuser in diesem Text identifizierte – zu diesen gehörten etwa die mangelnde internationale Solidarität und Kooperation, übersteigerter Nationalismus, mangelnder Organisationsgrad der jüdischen Gemeinschaft, sozialstrukturelle Dispositionen und Verbindungen mit liberalen und kapitalistischen Kräften – wurden in den zurückliegenden Jahrzehnten ausführlich diskutiert. Schon während der zweiten Kriegshälfte prägten solche Erklärungsansätze die zeitgenössischen Debatten. Hinzu kamen Fragen nach einer deutschen Kollektivschuld und nach der eigenen Rolle in diesem Entwicklungsprozess. Welche Schlüsse Aufhäuser in der Folgezeit aus seinen Interpretationen zog, wird Gegenstand der folgenden Kapitel sein.

936 Ebd. Vgl. dazu: IV. Kapitel 1.2.

IV. Begrenzte Gestaltungsspielräume als Vermittler und Remigrant

1942/43–1969

1 New Yorker Zerwürfnisse: Nachkriegsplanungen und Kriegsende

Siegfried Aufhäusers Vorstellungen zur Zukunft der jüdischen Gemeinschaft waren in seine Überlegungen eingebettet, wie ein politisches, ökonomisches und gesellschaftliches Gesamtgefüge nach Kriegsende aussehen könnte. Im *Aufbau* publizierte er regelmäßig über Ansätze, Initiativen und aktuelle Entwicklungen, die diese Thematik betrafen. Die im Sommer 1941 von den beiden Regierungschefs Franklin D. Roosevelt und Winston S. Churchill abgegebene Erklärung mit Grundsätzen und Richtlinien für eine zu entwerfende Nachkriegsordnung, die sogenannte »Atlantik-Charta«, nahm dabei eine zentrale Rolle ein. Über die journalistische Berichterstattung hinaus beteiligte sich Aufhäuser in verschiedenen politischen Zusammenhängen an der Erstellung von Konzepten und erarbeitete konkrete Vorschläge für die Zeit nach Kriegsende. Er sollte jedoch bald feststellen, dass seine Vorstellungen und sein Engagement sich nicht konfliktfrei mit den unterschiedlichen Wirkungsbereichen, in denen er sich bewegte, vereinbaren ließen. Differenzen innerhalb der GLD und zwischen GLD und *Aufbau*-Redaktion traten immer deutlicher zutage. Siegfried Aufhäusers abweichender Standpunkt führte schließlich zum Bruch mit beiden Institutionen. Diese Entwicklung sollte Anfang 1944 maßgeblich von seinem Engagement bei der Gründung eines *Council for a Democratic Germany* beeinflusst werden, wo sich Aufhäuser in der Folgezeit intensiv mit einer europäischen Nachkriegsordnung und Fragen zur zukünftigen Ausgestaltung eines demokratischen Deutschlands auseinandersetzte.

1.1 Die GLD in der zweiten Kriegshälfte: Richtungskonflikte und Netzwerkarbeit

Um die GLD war es in der Zeit nach der erfolgreichen Rettungsaktion 1940/41 zunächst ruhig geworden. Schon kurz nach der Gründung waren hier Überlegungen zur personellen und organisatorischen Umstrukturierung diskutiert worden.[1] In diesem Sinn

1 Vgl. III. Kapitel 3.2. Siehe dazu und zu den folgenden Ausführungen auch: Zech, Emigrantenhader 2014, S. 23 f.

hatte Friedrich Stampfer 1940 Zweifel an der Effektivität der GLD artikuliert und die Einsetzung einer hauptamtlichen SOPADE-Vertretung in Erwägung gezogen.[2] Rudolf Katz, der die GLD-Arbeit nebenberuflich betrieb, sei »ein guter Adjutant, aber nicht mehr«.[3] Siegfried Aufhäuser, von Hedwig Wachenheim als mögliche Alternative ins Spiel gebracht, schien, so Friedrich Stampfer, »gründlich bekehrt« und würde »sicher sehr gerne mit und für uns arbeiten«.[4] Gegen ihn sprachen neben defizitären Sprachkenntnissen und Erich Rinners Skepsis, inwieweit Aufhäuser »genügend Initiative entfalten würde«, insbesondere die finanzielle Situation von SOPADE und GLD.[5] Überlegungen dieser Art wurden zunächst also zurückgestellt, keimten 1942 jedoch erneut auf.[6]

Die Reorganisation der *German Labor Delegation*

Mitte 1942 war die Zukunft der GLD ungewiss: Sollmann und vorübergehend auch Kähler waren ausgetreten, Staudinger hatte sich weitgehend zurückgezogen.[7] Die Verbindungen zum JLC befanden sich auf einem Tiefpunkt und Stampfer, der nach wie vor in enger Verbindung zu Ollenhauer und Vogel stand, sah die GLD »in einem kritischen Zustand«.[8] Überlegungen, die er gemeinsam mit Aufhäuser und Rinner anstellte, um eine offizielle »Filialvertretung« des Parteivorstands in den USA einzurichten, schienen jedoch kaum realisierbar.[9] Durch eine solche Neugründung würde einerseits eine direkte Konkurrenz zur GLD erwachsen. Andererseits könnten dabei die übrigen ehemaligen Vorstandsmitglieder Dietrich, Juchacz, Hertz und Sollmann, die sich zu diesem Zeitpunkt in den USA aufhielten, kaum übergangen werden.[10] Durchführbar erschien es jedoch, die Basis der GLD sukzessive zu erweitern und einen Austausch des Vorsitzenden Albert Grzesinski vorzunehmen.[11] Jedenfalls bemühte sich Stampfer in diesem Zeitraum eindringlich, dessen Position gegenüber den Genossen in London zu unterminieren.[12] Dabei waren nach Einschätzung Stampfers weniger sach-

2 Stampfer an SOPADE, 9.2.1940 und 15.3.1940, in: Matthias (Hg.): Gesicht nach Deutschland 1968, S. 442f. und S. 444f.
3 Ebd.
4 Ebd.
5 Rinner an Stampfer, 8.3.1940, in: ebd., S. 447-450, hier S. 449.
6 Vgl. Stampfer an SOPADE, 29.3.1940, in: ebd., S. 454f.
7 Stampfer an SOPADE, 25.8.1942, in: ebd., S. 560-563, hier S. 561.
8 Ebd., S. 560f.
9 Ebd., S. 561.
10 Vgl. Ollenhauer an Stampfer, 28.9.1942, in: ebd., S. 563-566, hier S. 564 sowie Stampfer an SOPADE, 23.11.1942, S. 570-572, hier S. 571.
11 Vgl. zu dieser Überlegung: Stampfer an SOPADE, 25.8.1942, in: ebd., S. 560-563, hier S. 561.
12 Albrecht, Grzesinski 1999, S. 342. Albrechts Vermutung, Stampfer habe die Absetzung Grzesinskis vorangetrieben, um »die GLD in Richtung einer Union sozialistischer Organisationen nach Londoner Vorbild umzuformen«, erscheint kaum plausibel (vgl. ebd.). Auch wenn Stampfer gegenüber den Londoner Vorstandsmitgliedern erklärte, er habe »im Stillen daran gearbeitet […] das Verhältnis zu den Gruppen zu verbessern«, stand er einer

liche Differenzen als vielmehr »rein persönliche Dinge, wie die geistige und charakterliche Eignung« ausschlaggebend, die gegen den Vorsitzenden, aber wohl auch gegen den Generalsekretär Katz sprachen.[13]

Siegfried Aufhäuser, der Friedrich Stampfers Einschätzungen teilte, fiel eine aktive Rolle bei der Ablösung von Albert Grzesinski zu. Zunächst ging es ihm jedoch um die Personalie Katz: Ende 1942 hatte Aufhäuser sich bereit erklärt, im Namen der GLD einen Aufruf zum 10. Jahrestag der nationalsozialistischen »Machtübernahme« zu entwerfen.[14] Ein NVZ-Artikel von Rudolf Katz, in dem dieser die Notwendigkeit betonte, auch »mit Überläufern und Verrätern aus dem faschistischen Lager zwecks Förderung der eigenen militärischen Position zu verhandeln und zu paktieren«, veranlasste ihn aber, von diesem Ansinnen Abstand zu nehmen.[15] Es sei, so Aufhäuser, »Heuchelei gegenüber der Arbeiterschaft, ihr die Befreiung von der Nazi-Reaktion zu versprechen« und »im gleichen Atemzug die schlimmsten Feinde dieser Arbeiter als Verhandlungspartner, ja die Pioniere der Hitler'schen Machtergreifung, als die Friedenstauben der kommenden Völkerversöhnung zu preisen«.[16] Als Sekretär und Sprecher der GLD könne dies keine Privatangelegenheit von Katz sein. Aufhäuser selbst jedenfalls wolle »in keinem Falle irgend welche Mitverantwortung für diese öffentliche Preisgabe aller sozialdemokratischen Arbeiterpolitik übernehmen«.[17]

In demselben Schreiben beschwerte sich Aufhäuser bei Grzesinski auch über »die politische Passivität der GLD«, die er habe »hinnehmen müssen, weil kein demokratisches Mittel zugelassen [sei,] sie zu ändern«.[18] Dies galt speziell für den Vorsitz: Als Aufhäuser wenig später mit einer Rücktrittsforderung an Grzesinski herantrat, habe dieser sich, so Stampfer, darauf berufen, dass »er gar nicht gewählt [worden sei], also auch nicht durch die Mehrheit entfernt werden« könne.[19] Kurz darauf legte er jedoch, mutmaßlich wegen »große[r] persönliche[r] Schwierigkeiten«, so abermals Stampfer,

solchen Union dennoch überaus skeptisch gegenüber (vgl. etwa Stampfer an SOPADE, 1.3.1943 und 12.4.1943, in: Matthias [Hg.]: Gesicht nach Deutschland 1968, S. 583-586 [Zitat auf S. 584] und S. 586-588).

13 Stampfer an SOPADE, 23.11.1942, in: ebd., S. 570-572, hier S. 570. Nach Stampfers Einschätzung wünschten alle Mitglieder den Austausch von Grzesinski und eine Mehrheit auch den von Katz. Hertz, der nach seiner Ankunft in den USA zunächst Kontakt zu Grzesinski aufgenommen hatte, berichtete über dessen Kritik an der SOPADE und Stampfer, die »sehr tief« gehe, aber »im wesentlichen persönlicher Art« sei (Bestand Paul Hertz Papers, 12_X_3, Hertz an Liebe Freunde, 17.11.1939).

14 Ein solcher Aufruf wurde schließlich unter dem Titel »Aufruf der German Labor Delegation an Deutschlands Arbeiterschaft« in der NVZ veröffentlicht (abgedruckt in: Matthias [Hg.]: Gesicht nach Deutschland 1968, S. 578-580).

15 Neue Volks-Zeitung, 11. Jg. Nr. 50 vom 12.12.1942, »Politische Kriegsführung«.

16 AdsD Bonn, Bestand Friedrich Stampfer, Mappe 1, Nr. 23, Aufhäuser an Grzesinsik, 12.12.1942 (Abschrift, inkl. Notiz Aufhäusers an Stampfer).

17 Ebd.

18 Ebd.

19 Stampfer an SOPADE, 10.1.1943, in: Matthias (Hg.): Gesicht nach Deutschland 1968, S. 572-574, hier S. 574.

seinen Posten nieder.[20] Langwierige Diskussionen um seine Nachfolge mündeten in der Wahl von Siegfried Aufhäuser und Max Brauer zu gleichberechtigten Vorsitzenden, ohne dass die Fragen nach Erweiterung und Reaktivierung der GLD damit geklärt worden wären.[21] Diese Diskussion versuchte Hans Staudinger voranzutreiben. In einem vertraulichen Schreiben an die Mitglieder skizzierte er die Entwicklung der GLD von einer »Vertrauensorganisation zur Hilfe von Parteigenossen und Parteivorstand« zu einer »politischen Organisation« mit der Aufgabe, »die Interessen der Arbeiterschaft in Europa und im besonderen in Deutschland zu studieren und bei Gelegenheit zu vertreten«.[22] Mit veränderter Zweck- und Zielsetzung müsse eine Verständigung über die programmatische Haltung – auch mit Blick auf die Nachkriegsordnung – erfolgen.[23] Um den künftigen Aufgaben gerecht zu werden, bedürfe es veränderten Aufnahmeprinzipien und einer Erweiterung der organisatorischen Basis. Vor allem müsse eine Klärung »des Verhältnis[ses] zu den anderen demokratisch-sozialistischen Gruppen der Emigranten« erfolgen, »um Einfluß in der amerikanischen Öffentlichkeit zu gewinnen« und endlich mit dem »Emigrantenhader« zu brechen.[24]

Eine solche Anpassung erschien auch deshalb unumgänglich, da sich die GLD zwischenzeitlich nicht nur von den übrigen sozialistischen Gruppen, sondern auch von der eigenen Basis entfernt hatte. Dies zeigte sich deutlich angesichts des breiten Boykotts, den eine von GLD, NVZ und der deutschen Sprachgruppe der SDF am 3. und 4. Juli 1943 organisierte *Landeskonferenz deutschsprachiger Sozialdemokraten und Gewerkschaftler in den USA* auslöste.[25] Die ehemaligen Vorstandsmitglieder Georg Dietrich, Paul Hertz und Marie Juchacz beanstandeten besonders »Form und Inhalt der Einladung«, in der nicht die Gesamtheit der in den USA lebenden ehemaligen SPD-Mitglieder berücksichtigt worden wäre.[26] Im Namen von 72 weiteren früheren SPD-Mitgliedern äußerten sie ihr Bedauern darüber, dass das Zusammentreffen nicht als »hoffnungsvolle[r] Anfang zur Sammlung der sozialdemokratischen Kräfte« in den

20 Stampfer an SOPADE, 10.2.1943, in: ebd., S. 580-583, hier S. 581. Demnach hatte Grzesinski zunächst auch seinen Austritt aus der GLD erklärt. Später agierte er aber weiter als gewöhnliches Mitglied (vgl. Katz an Ollenhauer, 29.5.1943, S. 595 f.).

21 Stampfer an SOPADE, 10.2.1943, 1.3.1943 und 12.4.1943 sowie Stampfer an Vogel, 13.5.1943, in: ebd., S. 580-588 sowie S. 592-594.

22 Vertrauliche Vorschläge zur Reorganisationsfrage von Hans Staudinger, Mai/Juni 1943, in: ebd., S. 596-601, hier S. 597.

23 Ebd., S. 598.

24 Ebd., S. 600.

25 Vgl. Staatsarchiv Hamburg, Bestand Max Brauer, 622/1-139 Signatur 10, Programm der Landeskonferenz deutschsprachiger Sozialdemokraten und Gewerkschaftler in den U.S.A.

26 Neben den Mitgliedern der beteiligten Organisationen waren lediglich SPD-Mitglieder, die der Partei »vor Hitlers Machtergreifung« angehört hatten, geladen. Damit wurden zahlreiche Mitglieder von ISK, SAP und *Neu Beginnen* im Vorhinein ausgeschlossen. Vgl. dazu: Erklärung von Georg Dietrich, Paul Hertz und Marie Juchacz, Ende Juni 1943, in: Matthias (Hg.): Gesicht nach Deutschland 1968, S. 602.

USA genutzt werde.[27] Dabei war es andernorts längst gelungen, bestehende Differenzen zu überbrücken: In London hatten sich im ersten Halbjahr 1941 Mitglieder von ISK, SAP, *Neu Beginnen* und verschiedenen Gewerkschaften gemeinsam mit den verbliebenen SOPADE-Vertretern unter dem Vorsitz von Hans Vogel zur *Union deutscher sozialistischer Organisationen in Großbritannien* zusammengeschlossen.[28] Ähnliche Entwicklungen waren in Stockholm auszumachen, wo sich 1942 eine *Internationale Gruppe Demokratischer Sozialisten* gründete.[29]

In Anbetracht dieser Entwicklungen hätten die Kritiker:innen eine Landeskonferenz als Vorstufe zu einer solchen Union durchaus begrüßt. In diesem Sinne hatten sich Marie Juchacz, Paul Hertz und Hans E. Hirschfeld im Vorfeld an Siegfried Aufhäuser gewandt. Dieser erschien als GLD-Vorsitzender, Mitglied des vorbereitenden Komitees und als Befürworter einer GLD-Erweiterung besonders geeignet, ihm ihre »Wünsche und Gedanken für die Konferenz« vorzutragen.[30] Aufhäuser allerdings ließ bei dem dreistündigen Gespräch vernehmen, er halte es »nicht für zweckmäßig, sich zum Interpreten [der] Vorschläge zu machen«.[31] Er sprach zwar eine Einladung zur Konferenz aus, so Juchacz in einem Beschwerdebrief an Vogel, lehnte es jedoch ab, die Vorschläge, »zur Debatte zu stellen«.[32] Schließlich sei es »schon sehr schwierig gewesen [...], die Konferenzeinladung so allgemein zu machen«.[33]

Mithin scheint die Ausgestaltung der Konferenz also auch innerhalb der GLD umstritten gewesen zu sein. Deutlich wurde dies auf der Konferenz selbst, die mit einem kleinen Eklat endete: Siegfried Aufhäuser, der am zweiten Tagungstag neben Alfred Braunthal, Hedwig Wachenheim und Friedrich Stampfer als Referent auftrat und über »Die Gewerkschaften und ihre Aufgaben in der Nachkriegszeit« sprach, sah in Max Brauers Abschlussworten »die Meinung der Konferenz« nicht richtig wiedergegeben.[34] Da ihm auch die Möglichkeit einer Richtigstellung oder Erklärung verwehrt blieb, verließ er, gemeinsam mit seiner Frau Anna, aus Protest die Veranstaltung.[35]

27 Ebd.
28 Vgl. Eiber (Hg.): Union 1998 sowie Röder, Exilgruppen 1973.
29 Klaus Misgeld, Die »Internationale Gruppe demokratischer Sozialisten« in Stockholm 1942-1945. Zur sozialistischen Friedensdiskussion während des Zweiten Weltkrieges, Bonn 1976.
30 Marie Juchacz an Hans Vogel, 20.8.1943, in: Matthias (Hg.): Gesicht nach Deutschland 1968, S. 622-626, hier S. 624.
31 Ebd. Ohne bindende Forderungen zu erheben hatten sie, so Juchacz' Darstellung, Einfluss auf die Leitung der Konferenz beansprucht, die Tagesordnung kritisiert und sich danach erkundigt, inwieweit eine Sammlung oder Zusammenfassung der Gruppen bezweckt werde.
32 Ebd., S. 624f.
33 Ebd., S. 624.
34 Ebd., S. 625.
35 Ebd. Vgl. dazu auch IV. Kapitel 1.2.

Überparteiliche Zusammenschlüsse

Während die GLD einerseits den Austausch und die gleichberechtigte Zusammenarbeit mit anderen sozialdemokratischen Exilierten aus Deutschland ablehnte, bemühte sie sich andererseits um überparteiliche und transnationale Kooperationen: In diesem Sinne hatte Gerhard Seger im Frühjahr 1939 Verbindungen zu einer »amerikanisch-tschechischen Gruppe« gesucht.[36] Einige Zeit später nahm Friedrich Stampfer direkten Kontakt zu dem ehemaligen tschechoslowakischen Staatspräsidenten Edvard Beneš auf.[37] Außerdem gründeten Stampfer und Albert Grzesinski im Juni 1941 gemeinsam mit einer Reihe prominenter Persönlichkeiten, vornehmlich aus Europa, »a club [....] to bring socialists of different nationalities together, in order to discuss world events and other problems affecting the socialist and labor movement, and to engage in other activities which may be decided upon and for which occasion may arise«.[38]

Zeitgleich engagierten sich zahlreiche Initiativen, die oppositionellen Kräfte aus Deutschland im US-amerikanischen Exil zusammenzufassen. Auch daran waren Mitglieder der GLD maßgeblich beteiligt. Die Ansätze lassen sich an dieser Stelle nicht vollumfänglich darstellen. Als große Sammlungsbewegung war Mitte der 1930er Jahre etwa der *Deutsch-amerikanische Kulturverband* (DAKV, auch: *German-American League for Culture*) als antifaschistische Dachorganisation von Deutsch-Amerikaner:innen und Geflüchteten unter maßgeblicher Beteiligung des SAP-Mitbegründers Kurt Rosenfeld entstanden.[39] Gerhard Seger stand dieser Vereinigung einige Zeit vor, trat dann aber aus Sorge vor kommunistischer Infiltration gemeinsam mit einigen Verbündeten aus.[40] 1942 engagierte sich die New Yorker Ortsgruppe des DAKV bei der Konstitution eines weiteren Dachverbands, der *German American Emergency Conference* (GAEC).[41] Ende der 1930er Jahre beteiligte sich darüber hinaus Friedrich Stampfer an einem Versuch zur Wiederbelebung der Volksfront. Diese Initiative, die von Thomas Mann initiiert worden war, scheiterte aber zunächst.[42] Sondierende Gespräche, die Hans Staudinger gemeinsam

36 Sitzung der German Labor Delegation, 5.5.1939, in: Matthias (Hg.): Gesicht nach Deutschland 1968, S. 394f.

37 Unterredung, 19.10.1939, in: ebd., S. 424f.

38 Wagner Archives New York, PE 036, Box 89, Social Democratic Federation of America (New York, 1941), Rundschreiben, 30.6.1941. Hierzu zählten Rafail Abramowitsch, der Menschewiki Boris Iwanowitsch Nikolajewski, Julius Deutsch, Vertreter der österreichischen AVOES, Algernon Lee, der Direktor der *Rand School* und Joseph Ber Soloveitchik, der aus Weißrussland über Deutschland in die USA emigriert war und dort die Leitung der Talmud-Fakultät der *Yeshiva University* in New York übernommen hatte.

39 Vgl. dazu: Thomas Michael Ruprecht, Felix Boenheim. Arzt, Politiker, Historiker. Eine Biographie, Hildesheim u.a. 1992, S. 231ff.

40 Ebd., S. 232f. sowie Radkau, Emigration 1971, S. 171f.

41 Ruprecht, Boenheim 1992, S. 233 sowie S. 244ff. Siehe dazu auch: Mario Keßler, Westemigranten. Deutsche Kommunisten zwischen USA-Exil und DDR, Köln 2019, S. 145ff.

42 Vgl. Thomas-Mann-Ausschuß an Thomas Mann, 21.3.1939, in: Matthias (Hg.): Gesicht nach Deutschland 1968, S. 387f. Als erfolgversprechender erwies sich zunächst die Gründung einer Organisation namens *German American Congress for Democracy*. Frank Bohn hatte hier den

mit Kurt Rosenfeld, dem Wirtschafts- und Sozialwissenschaftler Eduard Heimann und anderen über die Bildung eines überparteilichen Ausschusses der deutschen Emigration aufgenommen hatte, erwiesen sich ebenfalls als wenig tragfähig.[43] Zwar zeigte sich die GLD überaus interessiert an einem solchen Vorhaben, eine Mitarbeit kommunistischer Vertreter:innen wurde jedoch mehrheitlich abgelehnt und auch gegen eine Beteiligung von Rosenfeld bestanden grundsätzliche Bedenken.[44] Vor diesem Hintergrund schien es der GLD zunächst ratsam, keine übergeordnete Organisation zu konstituieren, sondern stattdessen bei »gegenseitigen Informationsbesprechungen« gelegentlich zusammenzukommen, um im Bedarfsfall »mit Vertretern früherer bürgerlicher Richtungen zusammen ein sogenanntes Sprachrohr der deutschen Anti-Hitler-Emigration darstellen [zu] könn[]en«.[45] In der Folgezeit löste sich der Kontakt zu dieser Gesprächsrunde jedoch. Die GLD agierte fortan zunehmend eigenständig bei der Suche nach Kooperationspartner:innen aus bürgerlichen Exilzusammenhängen.[46] Offenkundig zielte das Engagement darauf ab, sich im Kreis mit bürgerlichen, christlichen und konservativen Kräften, zu denen zunächst auch der ehemalige Reichskanzler Heinrich Brüning zählte, als maßgebende Repräsentantin der deutschen Sozialdemokratie zu etablieren.

Im Spätsommer 1941 gelang es unter Federführung Albert Grzesinskis, eine Sammelorganisation zu gründen, die zunächst unter dem Namen *German-American Council for the Liberation of Germany from Nazism* firmierte.[47] Grzesinski, der schon im französischen Exil bei der Gründung der ZVE maßgeblich beteiligt gewesen war, übernahm den Vorsitz, Rudolf Katz fungierte als »Executive Secretary«. Zwar wirkten im *Executive Committee* neben den GLD-Mitgliedern Aufhäuser, Braunthal, Rinner, Seger, Stampfer und Wachenheim formal auch andere Persönlichkeiten wie beispielsweise die SPD-Mitglieder Glaser, Juchacz, Sender, der ehemalige Reichstagsabgeordnete Friedrich Wilhelm Wagner sowie Herbert Weichmann, früherer Referent des preußischen Ministerpräsidenten Otto Braun. Die Vereinigung blieb jedoch im Wesentlichen ein Produkt der GLD. Daran änderte auch die Beteiligung des ehemaligen Reichsbanner-

Vorsitz inne und dem vorläufigen *National Executive Committee* sollten unter anderem Brauer, Katz und Seger angehören (Wagner Archives New York, Jewish Labor Committee Records [WAG.025.001], Series I [Administrative and Organizational Records], Box 15, Folder 30 [German-Americans], Recommendations of the Organization Committee for the establishing of the GERMAN AMERICAN CONGRESS FOR DEMOCRACY, 14.6.1940). Etwa ein Jahr nach Gründung der Organisation trat ihr auch Thomas Mann bei (Aufbau, 7. Jg. Nr. 29 vom 18.7.1941, »Thomas Mann Joins German-American Congress for Democracy«).

43 Vgl. etwa: Sitzung der German Labor Delegation am 14.7.1939, in: Matthias (Hg.): Gesicht nach Deutschland 1968, S. 408-410, hier S. 410.

44 Ebd.

45 Staudinger an Stampfer, 1.8.1939, in: ebd., S. 410-412, hier S. 411. Vgl. hierzu auch den Bericht über das vorangegangene Treffen im: IISH Amsterdam, Paul Hertz Papers, 12_X_3, 28.7.1939.

46 Vgl. Sitzungen der German Labor Delegation am 18.8.1939 und 28.9.1939, in: Matthias (Hg.): Gesicht nach Deutschland 1968, S. 412-414 und S. 420 f.

47 Katz an Ollenhauer, 01.9.1941, in: ebd., S. 513-516, hier S. 513 f.

Geschäftsführers Horst Baerensprung und des linkskatholischen Publizisten Werner E. Thormann neben Grzesinski im *Administrative Board* nichts.[48]

Die Aktivitäten erschöpften sich zunächst darin, programmatische und organisationsstrukturelle Überlegungen zu diskutieren und die Gründung von Sub-Komitees zur Aufteilung der inhaltlichen Arbeit in die Wege zu leiten.[49] Nur wenige Monate später ging aus dem Zusammenschluss die *Association of Free Germans* hervor, die am 29. November 1941 vom Secretary of State (New York) offiziell inkorporiert wurde.[50] Unter Bezugnahme auf die »Atlantik-Charta« wurde der Zweck der Organisation beschrieben: »To organize German refugees from Germany and other Nazi occupied countries in order to enable them to contribute their part in destroying Nazism« und »[t]o study and draft plans in collaboration with representatives of other nations, for the purpose of reconstructing a free democratic Germany and a peaceful Europe«.[51] Obwohl sich die Vereinigung zunächst auf New York und die gesamte USA konzentrierte, schien eine Ausdehnung auf andere alliierte Länder geplant.[52] In einem Interview, das Albert Grzesinski dem *Aufbau* Anfang 1942 gab, charakterisierte er die neue Organisation als »Gruppe um frühere Angehörige der Weimarer Koalitionsparteien«, deren Absicht es sei, »an einem eventuellen Friedensprogramm auf Grund der Erfahrungen von Versailles und der Erfahrungen, die die einzelnen leitenden Persönlichkeiten der Gruppe mit dem deutschen Volk als solchem gemacht haben, mitzuarbeiten«.[53] Im Gegensatz zur Vorgängerorganisation verfügte die *Association of Free Germans* über ein US-amerikanisches *Committee of Sponsors*, dem William Green von der AFL vorstand. Daneben erweiterte sich das *Board of Directors* unter anderem durch Max Brauer, Gerhard Seger und den Journalisten Carl Misch.[54]

Dass von 31 Mitgliedern des *Executive Committee* des *German-American Council* nur 19 den Wechsel in das entsprechende Gremium der *Association of Free Germans* vollzogen, ist vermutlich auf eine inhaltliche Festlegung zurückzuführen: Obwohl die Forderung nach einer Demilitarisierung Deutschlands innerhalb des *German-American Council*

48 Vgl. zum *German-American Council for the liberation of Germany from Nazism* ausführlich: Andreas Marquet, Friedrich Wilhelm Wagner. 1894-1971. Eine politische Biografie, Bonn 2015, S. 272-275.

49 Vgl. ebd. sowie Exilarchiv Frankfurt a. M., Nachlass Werner E. Thormann, EB 97/145 (B.1.0053), Katz an Werter Freund, 24.7.1941 sowie Grzesinski an die Vorsitzenden der Arbeitsausschüsse, 12.10.1941. Vgl. zu den Zielen auch ein Dokument in den Wagner Archives New York, WAG.025.001, Series I (Administrative and Organizational Records), Box 15, Folder 30 (German-Americans), Aims of the German-American Council for the Liberation of Germany from Nazism. Association of Free Germans.

50 Vgl. Staatsarchiv Hamburg, Bestand Max Brauer, 622/1-139 Signatur 10, Certification of Incorporation.

51 Ebd.

52 Vgl. ebd. sowie Ollenhauer an Stampfer, 17.2.1942, in: Matthias (Hg.): Gesicht nach Deutschland 1968, S. 531-535, hier S. 534.

53 Aufbau, 8. Jg. Nr. 3 vom 16.1.1942, »Albert Grzesinski über die Ziele der ›Free Germans‹«.

54 Vgl. zur Zusammensetzung ausführlich: Marquet, Wagner 2015, S. 275 f.

prominent vertreten worden war und Gewähr für den Erhalt der deutschen Einheit zu bieten schien, erwies sie sich nicht als konsensfähig.[55] Diese Frage hatte schon im August 1941 zum Austritt von Sollmann aus der GLD geführt.[56] Ferner ist davon auszugehen, dass einzelne Mitglieder wegen der sich verschärfenden Konflikte innerhalb der sozialdemokratischen Exilcommunity und der Dominanz der GLD in der *Association* einen Übertritt ablehnten. Andererseits gelang es der Vereinigung durch Neuankömmlinge aus Europa, durch die organisatorische Festigung und die inhaltliche Konkretisierung bald, weitere Mitglieder hinzuzugewinnen.[57]

Siegfried Aufhäuser hatte sich an der Arbeit in den Ausschüssen, die nach der Reorganisation der Vereinigung aufrechterhalten wurden, beteiligt und zeichnete als Mitglied der *Association* deren programmatische Richtlinien, die im Oktober 1942 in zwei Sprachen erschienen.[58] Darin wurden – auf die Bestimmungen der »Atlantik-Charta« Bezug nehmend und den Sieg der Alliierten voraussetzend – Vorstellungen und Ziele für eine »zweite deutsche Republik« niedergelegt.[59] Abgesehen von der Etablierung demokratischer Grundsätze und der Ächtung der nationalsozialistischen Verbrechen führten die Richtlinien die staatsbürgerliche Erziehung, die Demokratisierung der Wirtschaft und die Wiederherstellung des freien, internationalen Güteraustauschs als Ziele auf.[60] Als Voraussetzung für die angestrebte Rückkehr zur internationalen Gemeinschaft sei die vollkommene Abrüstung und Entmilitarisierung Deutschlands vorzunehmen.[61]

In ihrer Gesamtheit bildeten die Richtlinien lediglich einen Minimalkonsens ab, der kaum über allgemeine Aussagen hinausging.[62] Aussagekräftiger erschien die einleitende Erklärung des *Board of Directors* »Eine Kundgebung freier Deutscher« hinsichtlich der eigenen Ambitionen.[63] Dort präsentierte sich das Board als »Gruppe von

55 Vgl. hierzu: ebd., S. 273-276.

56 Er hatte sich vehement gegen eine einseitige Entwaffnung und damit einhergehende Besatzung ausgesprochen, war jedoch zwei Jahre später von dieser Position abgerückt (vgl. Ebert, Sollmann 2014, S. 522).

57 Vgl. Marquet, Wagner 2015, S. 275 f.

58 Vgl. ebd., S. 278 sowie Exilarchiv Frankfurt a. M., Nachlass Werner E. Thormann, EB 97/145 (B.1.0053), Grzesinski an die Vorsitzenden der Arbeitsausschüsse, 12.10.1941.

59 Die deutsche Version der Programmatischen Richtlinien der *Association of Free Germans* – »Für das Freie Deutschland von Morgen« ist abgedruckt bei: Matthias (Hg.): Gesicht nach Deutschland 1968, S. 567-570.

60 Ebd., S. 567 ff.

61 Ebd., S. 569.

62 Vgl. zur inhaltlichen Ausgestaltung und der Rezeption: Marquet, Wagner 2015, S. 279 f. Eine Zusammenfassung wurde abgedruckt im Aufbau, 8. Jg. Nr. 42 vom 16.10.1942, »Programm für eine zweite deutsche Republik«.

63 Die gesamte englischsprachige Version findet sich als Flugblatt in den Wagner Archives New York, PE 036, Box 12, Association of Free Germans. Eine deutschsprachige Version ist beim Exilarchiv Frankfurt a. M., Nachlass Werner E. Thormann, EB 97/145 (B.1.0003a) hinterlegt. Zum *Board of Directors* zählten zu diesem Zeitpunkt Grzesinski, Katz, Brauer, Baerensprung, Misch und Seger sowie der ehemalige Ministerialdirektor im preußischen Innenministerium Fritz Tejessy.

verantwortungsbewußten demokratischen Deutschen«, die die Zeit für gekommen hielten, »vor das amerikanische Volk zu treten und ihm ihre Gedanken hinsichtlich der Reorganisierung Deutschlands nach dem Kriege vorzutragen«.[64] Ihr »Wunsch und Wille« sei es, »zusammen mit den Regierungsstellen der United States zur Kriegsführung beizutragen und an der Lösung der aus dem Kriege entspringenden Fragen mitzuwirken«.[65] Als deutschsprachige Demokraten seien sie »in der Lage, an das deutsche Volk zu appellieren und überzeugt, daß sie auch gehört w[ü]rden«.[66] Die darin formulierten Ambitionen, an der Seite der Alliierten beim *Aufbau* Nachkriegsdeutschlands aktiv mitzuwirken, drückte die über die Jahre gehegte und – mit Blick auf die SOPADE-Vertreter – lange auch institutionell tradierte Hoffnung der Beteiligten aus, als Repräsentanten des sogenannten »anderen Deutschlands« anerkannt zu werden und die Geschicke Europas nach Kriegsende mitzugestalten.[67] In der gegenwärtigen Situation konnte dieser Anspruch jedoch kaum mehr mit den alliierten Interessen kongruent gehen. Vielmehr weckte die Vorgehensweise Skepsis und nährte den Verdacht, den Beteiligten ginge es primär um die Wiedererlangung von Machtpositionen in Nachkriegsdeutschland.[68]

Kontakte zu Regierungsstellen und der US-amerikanischen Administration

Nach dem Kriegseintritt der Vereinigten Staaten intensivierte die GLD ihre Versuche, mit US-amerikanischen Verwaltungs- und Regierungsstellen in Kontakt zu treten. In einem Jahresbericht für 1942, den Rudolf Katz speziell für das JLC anfertigte, wurden als Tätigkeitsfelder neben der Sammlung der »deutschen politischen Emigration« auch der »engere[ ] Kontakt mit Amerikas eigentlicher Kriegsanstrengung« und die Zusammenarbeit mit dem *Office of War Information* (OWI) und dem *Office of Strategic Services* (OSS) hervorgehoben.[69]

Beide Regierungsbehörden waren Mitte 1942 entstanden und boten zahlreichen Geflüchteten, besonders aber deutschen Sozialdemokrat:innen, ein neues Betätigungsfeld.[70] Das OWI, das als Informations- und Propagandabehörde fungierte, hatte unter anderem eine Gründung namens *United Americans of German Descent* (UAGD) als

64 Ebd.
65 Ebd.
66 Ebd.
67 Siehe dazu auch: Thomas Koebner, Das »andere Deutschland«. Zur Nationalcharakteristik im Exil, in: Briegel/Frühwald (Hg.): Erfahrung der Fremde 1988, S. 217-238.
68 Vgl. Marquet, Wagner 2015, S. 280.
69 Wagner Archives New York, WAG.025.001, Series I (Administrative and Organizational Records), Box 9, Folder 6 (German Labor Delegation in the U.S.), Übersicht über die Tätigkeit der GERMAN LABOR DELEGATION in USA im Jahre 1942, 12.1.1943.
70 Rainer Behring, Demokratische Außenpolitik für Deutschland. Die außenpolitischen Vorstellungen deutscher Sozialdemokraten im Exil. 1933-1945, Düsseldorf 1999, S. 265f. Die Vorgängerbehörde des OSS war 1941 als *Office of the Coordinator of Information* gegründet worden. Vgl. zur Überwachung von Exilierten durch verschiedene US-amerikanische Institutionen: Alexander Stephan, Im Visier des FBI. Deutsche Exilschriftsteller in den Akten amerikanischer

Dachverband deutsch-amerikanischer Organisationen initiiert, an dem sich auch die GLD beteiligte.[71] Weitaus intensiver engagierten sich deren Mitglieder jedoch an den Aktivitäten des OSS, der dem United States Department of War zugeordnet war und sich bald als einflussreicher US-amerikanischer Nachrichtendienst etablierte: Nach mehrmaliger Reorganisation entstanden hier bis Januar 1943 fünf Hauptabteilungen, von denen besonders die *Foreign Nationalities Branch* (FNB), die *Secret Intelligence Branch* und die *Research & Analysis Branch* (R&B) Tätigkeitsfelder für Geflüchtete aus Deutschland boten.[72] In der Vergangenheit ist speziell der Forschungsabteilung R&B große Aufmerksamkeit zuteilgeworden, wo sich unter anderem eine Gruppe deutscher Emigrierter des *Institute of Social Research* um Franz L. Neumann, Otto Kirchheimer und Herbert Marcuse mit deutschlandpolitischen Fragestellungen beschäftigte und hierzu Berichte und Studien verfasste.[73] Schon zuvor war innerhalb der *Secret Intelligence Branch*, auf Anregung von Paul Hagen, eine *Labor Section* entstanden, die es sich zum Ziel gesetzt hatte, »systematische Kontakte zu oppositionellen Arbeitern und Gewerkschaftern aufzubauen«.[74] Unterstützt wurde diese Abteilung maßgeblich von einem *Office of European Labor Research* (OELR), das wiederum von einer Gruppe um Toni Sender initiiert worden war und beauftragt wurde, »Informationen

Geheimdienste, Berlin 1998, insbesondere S. 30-58 sowie ders., Überwacht. Ausgebürgert. Exiliert. Schriftsteller und der Staat, Bielefeld 2007.

71 Außerdem hatte die GLD wiederholt Material für deutschsprachige Radiosendungen zur Verfügung gestellt (Wagner Archives New York, WAG.025.001, Series I [Administrative and Organizational Records], Box 9, Folder 6 [German Labor Delegation in the U.S.], Übersicht über die Tätigkeit der GERMAN LABOR DELEGATION in USA im Jahre 1942, 12.1.1943). Siehe zum OWI-Plan, »eine breite antifaschistische Front zur Stärkung des deutschen Widerstandskampfes zu schaffen«: Petra Liebner, Paul Tillich und der Council for a Democratic Germany (1933 bis 1945), Frankfurt a. M. u. a. 2001, S. 121-125 sowie besonders S. 137 ff.

72 Vgl. zur Organisation der OSS und der Bedeutung der *Research & Analysis Branch*: Alfons Söllner, Archäologie der deutschen Demokratie. Eine Forschungshypothese zur theoretischen Praxis der Kritischen Theorie im amerikanischen Geheimdienst, in: ders. (Hg.): Zur Archäologie der Demokratie in Deutschland. Band 1: Analysen von politischen Emigranten im amerikanischen Geheimdienst. 1943-1945, Frankfurt a. M. 1986, S. 7-40, insbesondere S. 27. Vgl. zum permanenten strukturellen Wandel des OSS: Christof Mauch, Schattenkrieg gegen Hitler. Das Dritte Reich im Visier der amerikanischen Geheimdienste 1941-1945, Stuttgart 1999, S. 23-32.

73 Vgl. ebd. sowie Petra Marquardt-Bigman, Amerikanische Geheimdienstanalysen über Deutschland. 1942-1949, München 1995, dies., Nachdenken über ein demokratisches Deutschland. Der Beitrag der Research and Analysis Branch zur Planung der amerikanischen Deutschlandpolitik, in: Heideking, Jürgen/Mauch, Christof (Hg.): Geheimdienstkrieg gegen Deutschland. Subversion, Propaganda und politische Planungen des amerikanischen Geheimdienstes im Zweiten Weltkrieg, Göttingen 1993, S. 122-141, Christof Mauch, Subversive Kriegführung gegen das NS-Regime. Der Widerstand gegen den Nationalsozialismus im Kalkül des amerikanischen Geheimdienstes OSS, in: ebd., S. 51-89, hier S. 56-60 und Alfons Söllner, Wissenschaftliche Kompetenz und politische Ohnmacht. Deutsche Emigranten im amerikanischen Staatsdienst 1942-1949, in: Koebner, Thomas/Sautermeister, Gert/Schneider, Sigrid (Hg.): Deutschland nach Hitler. Zukunftspläne im Exil und aus der Besatzungszeit 1939-1949, Opladen 1987, S. 136-150.

74 Mauch, Kriegsführung 1993, S. 52 ff.

über die Lage der Arbeiterschaft in Europa […] zu sammeln und über die Situation des Widerstands zu berichten«.[75] Obschon Rudolf Katz und Friedrich Stampfer auch vor dem Überfall auf Pearl Harbor regelmäßigen Kontakt zu William J. Donovan, dem späteren Direktor des OSS, unterhielten, hatten die meisten Abteilungen dieser Behörde zunächst wenig Interesse an »den Ideen der älteren Sozialdemokraten«.[76] Erfolgversprechender erschien ihnen offenkundig eine Zusammenarbeit mit Gruppen wie *Neu Beginnen*, die ihrem Vernehmen nach »Kontakte zum Untergrund unterhielten, aktionistische Konzepte vertraten und das utopische Moment eines revolutionären, von der Arbeiteropposition herbeigeführten Umsturzes in Deutschland betonten«, so Christof Mauch.[77]

Das Streben der GLD um Einflussnahme bildete sich am deutlichsten in den Hinterlassenschaften der Deutschland-Abteilung der FNB ab. Die FNB hatte es sich zur Aufgabe gemacht, »Material über alle ausländischen Persönlichkeiten in den USA [zu] sammeln«, Kontakte aufzunehmen und sich »über die außenpolitischen Vorstellungen der ›foreign nationality groups in the United States‹ und über die Führer, Fraktionen und Stimmungen innerhalb dieser Gruppen [zu] informieren«.[78] Zwischen 40 und 50 FNB-Mitarbeiter:innen sammelten Berichte und führten Interviews mit den Emigrierten, die sich häufig bereitwillig zur Verfügung stellten.[79] Nach Aufforderung oder eigeninitiativ erstellten diese Listen und Gutachten über ihnen bekannte und vertrauenswürdige Personen, berichteten über Exilorganisationen und ihre Mitglieder und gaben Auskunft zu aktuellen politischen Fragen.[80] Dabei entstanden tausende von Memos und Berichte – auch von Gesprächen mit und über Mitglieder der GLD –, in denen nicht nur der Informationsgehalt von Aussagen, sondern auch Einschätzungen zu den jeweiligen Informationsgeber:innen festgehalten wurden. Walter Dorn, Deutschland-Experte der Forschungsabteilung R&N und Direktor der hier angesiedelten *Central*

75 Marquardt-Bigman, Geheimdienstanalysen 1995, S. 99 ff. Siehe dazu auch: Anette Hild-Berg, Toni Sender – aus Amerika ein »Blick nach Deutschland«, in: Grebing/Wickert (Hg.): Das »andere Deutschland« 1994, S. 117-145, hier S. 127 ff.

76 Mauch, Kriegsführung 1993, S. 52 ff.

77 Ebd., S. 55. Diese Einschätzung teilten allerdings nicht alle Mitarbeitenden des OSS. Die FNB-Analystin Emmy C. Rado und auch der FNB-Leiter DeWitt Clinton Poole blieben Hagen gegenüber skeptisch eingestellt (Liebner, Council 2001, S. 189, S. 198 sowie S. 241 f.).

78 Walter F. Peterson, Zwischen Mißtrauen und Interesse. Regierungsstellen in Washington und die deutsche politische Emigration 1939-1945, in: Briegel/Frühwald (Hg.): Erfahrung der Fremde 1988, S. 45-59, hier S. 45. Peterson verwies an dieser Stelle auf einen Brief von Donovan an Roosevelt. Eine ähnliche Aufgabe war zuvor der im November 1940 innerhalb des State Department gegründeten *Foreign Activity Correlation Division* zugefallen. Probleme, die sich aus überschneidenden Arbeitsbereichen und Kompetenzen ergaben, konnten Anfang 1943 weitgehend beigelegt werden (Peterson, Umfeld 1995, S. 66). Vgl. zur Gründung und Zielsetzung der Branch: Mauch, Schattenkrieg 1999, S. 27 f. und S. 67 ff.

79 Peterson, Mißtrauen und Interesse 1988, S. 54.

80 Ebd., S. 54. Vgl. hierzu den weitläufigen Bestand der NARA Washington, Record Group 226, Entry 100.

European Division, vermerkte etwa nach einem Treffen mit Siegfried Aufhäuser im Frühjahr 1943 in den Akten der FNB zur GLD:

> Together with Max Brauer he no doubt has the ablest and clearest head among the members of that group. He is first and foremost a trade unionist, and only secondarily interested in larger political issues. His remarks were sober and thoughtful throughout the conversation. [...] Aufhäuser kept insisting that German workers were not in any sense revolutionary.[81]

Für die staatlichen Stellen war relevant, dass die Emigrierten nicht an wichtigen Entscheidungsprozessen beteiligt oder als Vertretungen von Exilorganisationen zur Mitarbeit herangezogen wurden.[82] Ende 1941 gab das State Department Richtlinien zum Umgang mit politischen Exilorganisationen aus, die einer »Politik abwartender, aber sympathisierender Neutralität« gleichkamen, allerdings von den verschiedenen Behörden und Regierungsstellen bisweilen unterminiert wurden.[83] Jedenfalls unterhielten zahlreiche US-amerikanische Stellen in der ersten Hälfte der 1940er Jahre Kontaktnetzwerke zu emigrierten Einzelpersonen und Gruppen aus dem sozialdemokratischen Umfeld. Der Umgang mit ihnen erfolgte nicht durchweg stringent, sondern war teils von widersprüchlichen Praxen geprägt. Nur zum Teil lassen sich dafür Konkurrenz- und Kompetenzstreitigkeiten zwischen den Regierungsstellen und sich verändernde Machtkonstellationen infolge der Kriegsereignisse verantwortlich machen. In erster Linie ging es darum, den eigenen Handlungsrahmen flexibel zu halten. In diesem Sinne lavierte die Politik gegenüber den Emigrierten, Walter F. Petersons Charakterisierung folgend, zwischen zwei Polen: »ihr Wissen und ihre Energie auszunutzen, ohne sie zu verprellen, und ihre politischen Aspirationen mit freundlichem Interesse zu verfolgen, ohne auch nur eine handfeste Zusage zu geben«.[84]

Diese Form der Politik bot Interpretationsspielräume. Anfang 1944 brüstete sich die GLD in einem Tätigkeitsbericht mit »sehr freundschaftliche[n] Beziehungen zum State Department, zum War Department und zu anderen Regierungsstellen«.[85] Als nunmehr

81 Ebd., INT-13 GE650.

82 Peterson, Mißtrauen und Interesse 1988, S. 54f.

83 Ebd., S. 52f. Siehe dazu auch: Liebner, Council 2001, S. 111-143. Als sich im Juli 1943 die Nachricht über die Gründung eines *Nationalkomitee Freies Deutschland* (NKFD) in der Sowjetunion verbreitete und Befürchtungen aufkamen, die USA werde die Kontrolle über ein zukünftiges Nachkriegsdeutschland verlieren, sah sich etwa Poole als Leiter der FNB zum Handeln veranlasst. In diesem Zeitraum unterstützte er eine Initiative zur Gründung eines Gremiums, das als Treuhänder der deutschen Demokratie fungieren sollte. (Peterson, Mißtrauen und Interesse 1988, S. 55). Vgl. IV. Kapitel 1.3.

84 Ebd., S. 56.

85 Wagner Archives New York, WAG.025.001, Series I (Administrative and Organizational Records), Box 9, Folder 6 (German Labor Delegation in the U. S.), GERMAN LABOR DELEGATION in USA. Tätigkeits-Übersicht für das Jahr 1943, 18. 1. 1944.

wichtigstes Zentrum der exilierten deutschen Sozialdemokratie würden sich, so die Selbsteinschätzung der GLD, »die Blicke nicht nur der deutschen Sozialdemokraten, sondern auch aller anderen demokratischen Gruppen, ja auch die anderer Länder und Regierungen immer stärker auf die Aktivität und die Haltung des deutschen Sozialdemokratischen Zentrums in New York« richten.[86] Auch unter der Berücksichtigung dessen, dass dieser von Max Brauer und Rudolf Katz gezeichnete Bericht primär der Einwerbung von Spendengeldern diente, erscheint das Ausmaß der Selbstüberschätzung beachtlich. Eine umfassende Analyse der R&A zur deutschen politischen Emigration vom Dezember 1943, die mutmaßlich von Walter Dorn stammte, kam jedenfalls zu einem ernüchternden Urteil:

> Vielleicht gelingt es Brauer und Aufhäuser, den beiden neuen Vorsitzenden, die Arbeit der ›Deutschen Arbeiterdelegation‹, die bisher ihre Zeit damit verschwendet hat, sich selbst zu verteidigen und andere anzugreifen, zu beleben. Aber gerade der Umstand, daß es zwei gleichrangige Vorsitzende gibt, ist ein Indiz für den Mangel an Übereinstimmung […], der die ›deutsche Arbeiterdelegation‹ während der letzten zwei Jahre paralysiert hat. In London und in Schweden sind zahlreiche Pläne für und Studien über Nachkriegsdeutschland entwickelt und erstellt worden; nicht eine einzige wichtige Studie, nicht ein einziges bedeutsames Dokument ging aus der ›Deutschen Arbeiterdelegation‹ hervor.[87]

1.2 Abschiede auf Raten: Siegfried Aufhäuser zwischen GLD und *Aufbau*

Dieser Diagnose ist insofern zuzustimmen, als die GLD sich bis 1943 als Organisation kaum mit Fragen der Nachkriegsplanung beschäftigte. Allerdings hatte sie sich maßgeblich für die Gründung der *Association of Free Germans* eingesetzt. Zudem beteiligten sich die Mitglieder der GLD als Einzelpersonen – häufig in der NVZ – regelmäßig an Debatten um alliierte Kriegsziele und die Gestaltung Nachkriegsdeutschlands.[88] Aber erst im Frühjahr 1943 gründete sich im Zuge der Reorganisationsbestrebungen eine besondere Kommission, um ein Programm für »die Übergangszeit der Besetzung« und

86 Ebd.
87 Die deutsche politische Emigration, 3.12.1943, abgedruckt in: Söllner (Hg.): Archäologie (Bd. 1) 1986, S. 63-90, hier S. 79 f. Siehe zur Autorenschaft die einleitenden Bemerkungen auf S. 43.
88 Vgl. dazu Behring, Demokratische Außenpolitik 1999, S. 299 ff. Allerdings kamen in der NVZ nicht alle GLD-Mitglieder gleichermaßen zu Wort. Hier sei auf Joachim Radkau verwiesen, der die NVZ als »Sammelbecken für Auffassungen, die für eine sozialdemokratische Zeitung ungewöhnlich weit rechts standen« charakterisierte, die sich zwar nach links scharf abgrenzte, aber »nach rechts eine bemerkenswerte Desorientiertheit« erkennen ließ (ders., Emigration 1971, S. 154).

»den Wiederaufbau der politischen, sozialen und ökonomischen Ordnung in Europa und Deutschland« auszuarbeiten.[89]

Im Widerstreit: Deutsche Kollektivschuld und Nachkriegsordnung

Dass in dieser Hinsicht innerhalb der GLD unterschiedliche Auffassungen kursierten, dürfte spätestens mit Siegfried Aufhäusers Beschwerde über den NVZ-Artikel von Rudolf Katz zur möglichen Kooperation mit ehemaligen NS-Eliten aus Militär, Industrie, Bürgertum und Beamtenapparat deutlich geworden sein.[90] Offenkundig wurden die Differenzen auf der New Yorker Landeskonferenz, als sich die GLD-Mitglieder anhand der Frage nach dem Widerstandswillen der deutschen Bevölkerung entzweiten. Friedrich Stampfer beschrieb die »Meinungsverschiedenheiten« gegenüber den Londoner SOPADE-Vertretern wie folgt:

> Die einen meinen, die Deutschen würden nach dem Krieg für eine Revolution zu schlapp sein, so werde man nur allmählich unter der Obhut der Besatzungsmächte von unten auf eine Demokratie entwickeln können, die anderen rechnen mit einem Ausbruch der Volkswut gegen die Nazis und der Bildung einer zentralen Revolutionsgewalt.[91]

Gerhard Seger und Friedrich Stampfer waren Verfechter der zweiten Position. Deren Sichtweise dominierte die Berichterstattung der NVZ, wo regelmäßig und hoffnungsvoll über den wachsenden Widerstand der deutschen Bevölkerung berichtet wurde.[92] Implizit bezogen sie damit zugleich Stellung zur Frage nach einer deutschen Kollektivschuld für die nationalsozialistischen Verbrechen. Wiederholt wandte sich die NVZ auch explizit gegen eine Gleichsetzung von Nationalsozialismus und deutschem Volk, propagierte stattdessen die Existenz eines unterdrückten, »anderen Deutschland«.[93]

89 Vertrauliche Vorschläge zur Reorganisationsfrage von Hans Staudinger, Mai/Juni 1943, in: Matthias (Hg.): Gesicht nach Deutschland 1968, S. 596-601, hier S. 597. Bei der Landeskonferenz im Juli 1943 waren auf Initiative der GLD hin auch zwölf Resolutionen verabschiedet worden, die sich maßgeblich mit dem Wiederaufbau eines demokratischen Deutschlands beschäftigten (vgl. Staatsarchiv Hamburg, Bestand Max Brauer, 622/1-139 Signatur 56, 12 Resolutionen der Landeskonferenz deutschsprachiger Sozialdemokraten und Gewerkschafter, 03./04.7.1943). Die Resolutionen wurden im Vorfeld vorbereitet und waren einem Bericht folgend »obviously not considered a very important matter by the majority of the conference« (NARA Washington, Record Group 226, Entry 100, INT-13 GE-696).

90 Vgl. IV. Kapitel 1.1 und die Neue Volks-Zeitung, 11. Jg. Nr. 50 vom 12.12.1942, »Politische Kriegsführung«.

91 Stampfer an SOPADE, 14.7.1943, in: Matthias (Hg.): Gesicht nach Deutschland 1968, S. 612-614, hier S. 613.

92 Vgl. Schneider, Neue Volks-Zeitung 1979, S. 361f.

93 Ebd., S. 361ff. Siehe zu dieser Konfliktstellung auch: Koebner, Das »andere Deutschland« 1988, S. 236ff.

Positionen wie die des britischen Diplomaten Robert Vansittart, wonach eine aggressive Expansionspolitik dem deutschen Nationalbewusstsein inhärent sei, wurden kategorisch abgelehnt.[94] Besondere Brisanz kam dem Thema zu, da sich auch Curt Geyer, der langjährige Mitarbeiter der SOPADE, mit Vansittarts Positionen identifizierte. Anfang 1942 kam es in England deshalb zum Bruch mit dem verbliebenen SPD-Vorstand und zur Gründung der Verlagsgesellschaft *Fight for Freedom*, die sich unter maßgeblicher Beteiligung von Geyer in Distanz zur *Union deutscher sozialistischer Organisationen* als eigenständige Gruppe konstituierte.[95]

Fragen nach dem widerständigen Potenzial innerhalb der deutschen Gesellschaft und deren kollektiver Verantwortlichkeit für die nationalsozialistischen Verbrechen erwiesen sich als besonders virulent, weil sich daraus unmittelbare Konsequenzen für den Umgang mit Deutschland und der deutschen Bevölkerung nach Kriegsende ergeben mussten. Zudem spielten alliierte Sicherheitserwägungen dabei eine Rolle. Bei dieser Thematik zeigten einzelne Mitglieder der GLD zunächst wenig Verständnis. Mit einem erstaunlichen Maß an patriotischer Gesinnung reagierte etwa Max Brauer Anfang 1942 auf einen Vorschlag, Deutschland unter internationale Kontrolle zu stellen:

> If this system is to be imposed on the German people I would say: fight to the death, Germans; it is better than to accept this straightjacket.[96]

Emotional wurden Fragen nach den alliierten Kriegszielen und dem Aufbau des zukünftigen Nachkriegsdeutschlands innerhalb der NVZ debattiert, deren Redaktion immer offensiver als Vertreterin einer »erbitterte[n] deutschnationalen[n] Interessenpolitik« auftrat.[97] Dabei hielt sie, selbst nachdem sich infolge des deutschen Angriffs auf die Sowjetunion und dem Kriegseintritt der USA die Bündnisverhältnisse grundlegend gewandelt hatten, an ihrer schroffen antikommunistischen Grundposition und der konsequenten Westorientierung fest.[98] Sicherheitsinteressen der UdSSR spielten in den Überlegungen kaum eine Rolle. Der Umstand, dass die Zukunft eines besiegten Deutschlands in entscheidendem Maße auch von der Sowjetunion mitgestaltet werden würde, wurde vielfach mit großer Sorge betrachtet.[99]

94 Schneider, Neue Volks-Zeitung 1979, S. 363.
95 Vgl. dazu die Quellensammlung: Gerber, Jan/Worm, Anja (Hg.): Curt Geyer, Walter Loeb u. a., Fight for Freedom. Die Legende vom »anderen Deutschland«, Freiburg im Breisgau 2009. Siehe auch: Röder, Exilgruppen 1973, S. 35 und S. 156 ff.
96 Zitiert nach einer Erklärung der »Fight for Freedom«-Gruppe, 2. 3. 1942, in: Matthias (Hg.): Gesicht nach Deutschland 1968, S. 538-542, hier S. 540. Siehe auch: Röder, Exilgruppen 1973, S. 156, Fladhammer/Wildt, Einleitung 1994, S. 68 f. sowie Axel Schildt, Max Brauer. Hamburger Köpfe, Hamburg 2014, S. 68 f.
97 Vgl. Schneider, Neue Volks-Zeitung 1979, S. 364 f. Zitat aus: Radkau, Emigration 1972, S. 164.
98 Vgl. ebd., 159 ff. Siehe auch: Schneider, Neue Volks-Zeitung 1979, S. 361 und Behring, Demokratische Außenpolitik, S. 496 f. sowie S. 525.
99 Vgl. Radkau, Emigration 1972, S. 161.

Mit dem Bekanntwerden der nationalsozialistischen Verbrechen in Osteuropa traf die NVZ mit ihrer Haltung auf immer weniger Verständnis in der Öffentlichkeit. Die in ihren Zeilen kursierende Hoffnung, die zukünftige Deutschlandpolitik der Alliierten werde sich an den Grundsätzen der Atlantik-Charta und dem darin propagierten Selbstbestimmungsrecht der Nationen orientieren, erschien bald – nicht allein wegen einer ausbleibenden revolutionären Bewegung in Deutschland – illusionär.[100] Die Beschlüsse der Konferenzen von Moskau und Teheran in der zweiten Jahreshälfte 1943, auf denen die Drei-Mächte-Verantwortlichkeit für Deutschland, die gemeinsame Forderung nach bedingungsloser Kapitulation und die Besetzung des Reichsgebiets vereinbart wurden, ließen erwarten, dass das Deutsche Reich nach Kriegsende seine Souveränität vorübergehend einbüßen würde und erhebliche territoriale Einschnitte würde hinnehmen müssen.[101] Friedrich Stampfer, der im Sommer 1943 in die Redaktion der NVZ eingetreten war, tat sich bei den nun einsetzenden Protesten gegen die Abtretung deutscher Gebiete an Polen zum »Schutz« Ostpreußens besonders hervor.[102]

Mit der öffentlichen Propagierung dieses – auch innerhalb der GLD heftig umstrittenen – Standpunkts musste die NVZ in Konflikt mit dem *Aufbau* geraten.[103] Dessen Beziehungen zu den verschiedenen deutschen politischen Exilgruppen ließ sich anfangs als »distanziert[ ]«, mit »latente[r] Spannung« behaftet, jedoch »nicht unfreundlich« charakterisieren.[104] Die sporadisch – zumeist von Aufhäuser – publizierten Berichte über die sozialdemokratische Exilcommunity kamen in den meisten Fällen nicht über eine kurze Randnotiz hinaus.[105] Einmal erhielt Hedwig Wachenheim Gelegenheit, über das Engagement der GLD bei der Rettung der Geflüchteten aus Frankreich zu berichten, ein andermal konnte Siegfried Aufhäuser das zehnjährige Jubiläum der NVZ mit einem kleinen Artikel würdigen.[106] Nach dem US-amerikanischen Kriegseintritt beschlossen die *Aufbau*-Verantwortlichen, den »Organisationen, die Deutschland, Italien

100 Behring, Demokratische Außenpolitik 1999, S. 290 sowie S. 498-508.
101 Ebd., S. 291 sowie S. 302.
102 Vgl. etwa: Fladhammer/Wildt, Einleitung 1994, S. 72 f. und Radkau, Emigration 1972, S. 164 f. sowie den Artikel aus der NVZ vom 26. Februar 1944, »Churchills Erklärung im Unterhaus: Atlantic-Charter nicht für Feinde«, abgedruckt in: Matthias (Hg.): Gesicht nach Deutschland 1968, S. 639-641. Außerdem zeigte er zunächst Bereitschaft, sich an einer Deklaration zum Schutze Ostpreußens zu beteiligen (vgl. Stampfer an SOPADE, 9. 3. 1944, in: ebd., S. 641-644, hier S. 643 sowie Aufbau, 10. Jg. Nr. 9 vom 3. 3. 1944, »Deutsche Exilpolitik am Broadway. Versuche einer Einheitsfront und nationalistische Quertreiberei« und Nr. 10 vom 10. 3. 1944, »Aus den deutschen Gruppen«). Vgl. zu Stampfers Eintritt in die NVZ-Redaktion: Stampfer an SOPADE, 7. 8. 1943, in: Matthias (Hg.): Gesicht nach Deutschland 1968, S. 617-620, hier S. 617 f.
103 Vgl. dazu auch: Maas, Neue Weltbühne und Aufbau 1983, S. 271-278, insbesondere S. 274 ff.
104 Walter, Exilliteratur 1978, S. 637.
105 Vgl. etwa den Artikel über einen Empfang anlässlich der Ankunft einer Anzahl von Geflüchteten aus Südfrankreich im Aufbau, 6. Jg. Nr. 49 vom 6. 12. 1940, »Empfang in Yorkville«.
106 Vgl. ebd., 7. Jg. Nr. 33 vom 15. 8. 1941, »Geglückte Rettung« und 8. Jg. Nr. 49 vom 4. 12. 1942, »Zehn Jahre ›Neue Volkszeitung‹«.

und Japan bekämpf[t]en, Raum und Berichtmöglichkeit« zur Verfügung zu stellen.[107] Zugleich wurde betont, sich »in keiner Weise mit den besonderen Zielen und Zwecken dieser Organisationen und Bewegungen« zu identifizieren.[108] Als »amerikanische[] Wochenschrift« sei die Politik des Blatts »ausschließlich von den Interessen der Vereinigten Staaten bestimmt«.[109] Aus diesem Grund entstand nun eine gesonderte Rubrik, in der »Aus den Free Movements« berichtet wurde. Das bedeutete nicht, dass sich die Redaktion um eine neutrale Haltung bemühte.[110] Standpunkte, wie sie in den Zeilen der NVZ hinsichtlich des Deutschlandbilds, der alliierten Kriegsziele und der Frage nach einer Kollektivschuld der Deutschen immer offener zutage traten, trafen bald auf Widerspruch. Ab 1944 griff vor allem Manfred George die politisch aktive Exilcommunity um NVZ und GLD teils offen, teils verdeckt an.[111]

Das Verhältnis zwischen NVZ und *Aufbau* in den späten 1930er und frühen 1940er Jahren lässt sich als ambivalent, aber nicht als unkooperativ beschreiben. Dennoch war es immer wieder zu Konflikten gekommen: Dass der *Aufbau*-Chefredakteur Manfred George 1939 wegen seiner verhaltenen Reaktion auf den deutsch-sowjetischen Nichtangriffspakt in der NVZ implizit als kommunistischer Sympathisant bezeichnet wurde, war kaum haltbar und ließ sich womöglich noch mit der »demagogisch aufgeheizten Atmosphäre nach dem Vertragsabschluß« erklären.[112] Für Verstimmung sorgte auch ein NVZ-Artikel, in dem die Emigrierten in »politische« und »unpolitische« unterteilt und letzteren pauschal eine »faschistenfreundliche« Gesinnung unterstellt wurde.[113] Immer wieder kam es in der Folgezeit zu ähnlichen Diffamierungen seitens der NVZ. So wurde dem *Aufbau* in einer »Briefkastennotiz« kaum verklausuliert »jüdische[] Monomanie [...], die das gesamte Weltgeschehen nur unter dem Aspekt einer Judenverfolgung« betrachte, unterstellt.[114] Die *Aufbau*-Redaktion sah sich zwar zu einer Stellungnahme genötigt, schien darüber hinaus jedoch nicht gegen die NVZ polemisieren zu wollen. Im Gegenteil: Gerhard Seger erhielt wenige Wochen nach dem publizistischen Angriff die Möglichkeit, einen langen Gastbeitrag über das Verhältnis der Deutsch-Amerikaner:innen zum Nationalsozialismus beizusteuern.[115]

107 Ebd., Nr. 8 vom 20.2.1942, »›Aufbau‹ und Free Movements«. Im Original ist der Artikel hervorgehoben.
108 Ebd.
109 Ebd.
110 Walter, Exilliteratur 1978, S. 637.
111 Ebd., S. 638-643.
112 Ebd., S. 585f. Dabei dürfte auch der Umstand, dass George vor seinem Engagement in der *Aufbau*-Redaktion bei der DAKV-nahen *German-American Writers Association* als Generalsekretär beschäftigt war, eine Rolle gespielt haben (vgl. Frank Steiner, Manfred George. His Life and Works, Albany 1977, S. 31ff. sowie Radkau, Emigration 1972, S. 172f.).
113 Schneider, Neue Volks-Zeitung 1979, S. 362. Vgl. auch die Reaktion im Aufbau, 6. Jg. Nr. 19 vom 10.5.1940, »›Soziologie der Emigration‹«.
114 Aufbau, 6. Jg. Nr. 38 vom 20.9.1940, »Eine Überschrift und ein Angriff«.
115 Ebd., Nr. 44 vom 1.11.1940, »Die Deutschen in U.S.A.«. George und Seger schätzten sich über die bestehenden Konflikte hinweg durchaus. Im März 1944, kurz bevor der *Aufbau*

Im Verlauf der Kriegsjahre verschlechterte sich das Verhältnis zusehends. Deutlich bemerkbar machte sich das in der *Aufbau*-Berichterstattung, die bald auch eine Distanzierung gegenüber den deutschen politischen Exilorganisationen im Allgemeinen erkennen ließ. Der schwelende Dauerkonflikt innerhalb der politischen Exilgruppen und die publizistischen Seitenhiebe der NVZ waren dafür indes nicht ausschlaggebend. Das gesteigerte Abgrenzungsbedürfnis ließ sich in erster Linie auf ein sich wandelndes Deutschlandbild innerhalb der Zeitungsredaktion zurückführen: Seit 1938 kursierten in den Zeilen des *Aufbau* Positionen, die eine Gesamtschuld des »deutschen Volkes« proklamierten.[116] Diese spiegelten jedoch zunächst nicht die Haltung der Redaktion wider. Als aber im November 1941 »erste fragmentarische Nachrichten über die Massenmorde an den Juden in Osteuropa« in die USA gelangten, setzte allmählich ein Wandel ein.[117] Dieser Umschwung sollte, so Hans-Albert Walter, den *Aufbau* letztendlich »an die Seite der schärfsten ausländischen Verfechter eines antigermanistischen Kurses« führen.[118]

Bei dieser inhaltlichen Neuausrichtung kam dem Schriftsteller Emil Ludwig, der 1940 in die USA emigriert war, eine besondere Bedeutung zu. Ludwig galt seit den 1920er Jahren als einer der populärsten deutschsprachigen Autoren und zählte 1941 neben Albert Einstein, Lion Feuchtwanger und Thomas Mann zu den prominentesten Mitgliedern eines *Advisory Board*, das der *Aufbau* zwischenzeitlich eingerichtet hatte.[119] Er vertrat, ähnlich wie Vansittart, den Standpunkt, dass dem deutschen Volk eine Gesamtschuld für die nationalsozialistischen Verbrechen zufiel, deren grauenhafter Umfang nun allmählich zutage trat. Seine These, dass sich der Faschismus aus dem Charakter der Deutschen ableite und daher die Umerziehung der Deutschen nach dem Krieg unumgänglich sei, löste in der zweiten Jahreshälfte 1942 eine öffentliche Kontroverse aus, die innerhalb der Spalten des *Aufbau* ausgetragen wurde.[120] Als Auslöser der Debatte fungierte die Meldung über eine seiner Reden, in der Ludwig gefordert hatte, der »Kriegsleidenschaft des deutschen Volkes« mit zeitweiliger Entmündigung und Umerziehung zu begegnen.[121] Dem widersprach der protestantische Theologe und international anerkannte Religionsphilosoph Paul Tillich in einer Erwiderung vehement, was den *Aufbau* schließlich veranlasste, den kompletten Text der Ludwig-Rede zu veröffent-

gegen die NVZ und Katz im Besonderen polemisierte, bezeichnete George ihn als einen »der klügsten und ehrlichsten Antifaschisten unter den Deutschen« (10. Jg. Nr. 9 vom 3.3.1944, »Ein Drittel«).

116 Walter, Exilliteratur 1978, S. 603-606.

117 Ebd., S. 606 und S. 611 f. Siehe zu den Berichten über organisierte Massenmorde auch: S. 806 f., Fußnote 155.

118 Ebd., S. 612. Der Kriegseintritt der USA und das Bedürfnis, sich als Neuamerikaner:innen von den nationalsozialistischen Verbrechen abzugrenzen und mit den alliierten Kriegszielen zu identifizieren, dürften den Wandel ebenfalls maßgeblich befördert haben.

119 Aufbau, 7. Jg. Nr. 20 vom 16.5.1941, »Advisory Board des Aufbau«.

120 Vgl. zur Kontroverse: Walter, Exilliteratur 1978, S. 616 ff.

121 Aufbau, 8. Jg. Nr. 28 vom 10.7.1942, »Soll Amerika Europa erziehen?«.

lichen.[122] Im Anschluss öffnete er seine Zeilen für die Kontroverse, die unter anderem von Heinz Pol, Hannah Arendt, Siegfried Marck, Alfred Kantorowicz und Friedrich Wilhelm Foerster, der sich als Einziger mit den Thesen Ludwigs uneingeschränkt identifizierte, weitergeführt wurde.[123] Die *Aufbau*-Redaktion vermied es tunlichst, Stellung zu beziehen. Allerdings erscheint augenfällig, dass in der Folgezeit »Stimmen, die auf die Existenz eines ›anderen‹ Deutschland beharrten«, im redaktionellen Teil nur noch vereinzelt zu Wort kamen.[124]

GLD-Austritt aus Überzeugung

Als der *Aufbau* im März 1944 die nationalistische Initiative Friedrich Stampfers zur »Ostpreußenfrage« anprangerte, geriet Siegfried Aufhäuser zwischen die Fronten.[125] Bestrebungen zum Erhalt Ostpreußens markierte die Zeitung als »national-deutsch« und bekräftigte, dass sie »sowohl der demokratischen, wie der sozialistischen Sache schädlich sein müssten«.[126] Besonders Rudolf Katz geriet in den Fokus der Kritik, da er die Berichterstattung des *Aufbau* zum Thema mutmaßlich bewusst falsch wiedergab. Er wisse, so Manfred George, dass die Prinzipien von Katz und der Gruppe, die er repräsentiere, »von der Mehrheit seiner eigenen Parteigenossen missbilligt« werde.[127] Kaum unverhohlen rekurrierte er damit auf Aufhäuser, dessen Name auf derselben Seite als »Assistant Editor« genannt wurde.[128] Stampfer indes schien überzeugt, dass dieser »mit dem Angriff bestimmt nichts zu tun« habe, empfand Aufhäusers Rolle als zweiter Redakteur in der gegenwärtigen Lage jedoch als »peinlich«.[129]

Siegfried Aufhäuser, inzwischen fester Bestandteil der Zeitungsredaktion, hatte sich in den vergangenen Jahren inhaltlich deutlich von der NVZ und ihren maßgeblichen Protagonisten Katz, Seger und Stampfer abgesetzt. Dies war auf der Landeskonferenz

122 Vgl. ebd., Nr. 29 vom 17.7.1942, »Was soll mit Deutschland geschehen? Gegen Emil Ludwigs neueste Rede« sowie Nr. 30 vom 24.7.1942, »Was soll mit Deutschland geschehen?«.

123 Walter, Exilliteratur 1978, S. 616 ff. sowie S. 628 ff. Hier auch ausführlich zum Kontext der Rede, den unterschiedlichen Facetten der Debatte sowie zur sogenannte »Volkscharakterthese« und den Diskussionen um ein »Deutschlandprogramm« Ludwigs.

124 Ebd., S. 622.

125 Aufbau, 10. Jg. Nr. 9 vom 3.3.1944, »Deutsche Exilpolitik am Broadway. Versuche einer Einheitsfront und nationalistische Quertreiberei«.

126 Ebd., Nr. 11 vom 17.3.1944, »Nationalismus oder Sozialismus«. Im Original teils hervorgehoben.

127 Ebd., Nr. 11 vom 17.3.1944, »Ein Angriff auf die Wahrheit«.

128 Der Umstand, dass eine abermalige Replik auf einen weiteren Katz-Artikel zum Thema im *Aufbau* direkt von einem Editoral Aufhäusers gefolgt wurde, in dem sich dieser in lobenden Worten über die US-amerikanische Außenpolitik äußerte, dürfte ebenfalls keinem Zufall geschuldet sein (vgl. ebd., Nr. 13 vom 31.3.1944, »Eine Feststellung« sowie »Amerikanische Außenpolitik«).

129 Vgl. Stampfer an SOPADE, 9.3.1944, in: Matthias (Hg.): Gesicht nach Deutschland 1968, S. 641-644, hier S. 643.

im Sommer 1943 abermals deutlich geworden, als er sich über die Frage nach dem möglichen Widerstand aus der deutschen Bevölkerung mit den genannten Protagonisten entzweite. Im November 1941 hatte er in einem Artikel für die NVZ noch zuversichtlich auf die Arbeiter:innenschaft in Deutschland geblickt, die Beschäftigten der Industriebetriebe als »Stoßtruppe« einer sozialen Revolution identifiziert und »die Befreiung der deutschen Arbeiterschaft von ihrer jetzigen Gewaltherrschaft« propagiert.[130] Danach war seine Zuversicht jedoch gesunken. In Gedenken an den sich jährenden Maifeiertag betonte Aufhäuser eineinhalb Jahre später, dass »die Arbeiterklasse« besonnen ihre Kräfte »zur Entscheidungsschlacht« sammle. Über den Weg dorthin schwieg er sich jedoch aus. Viel wichtiger erschien es ihm, Zukunftsaussichten nach der militärischen Niederlage Deutschlands aufzuzeigen.[131] Kollektivschuldvorwürfen erklärte er eine Absage, revolutionäres Aufbegehren erschien ihm aber ebenfalls ausgeschlossen: Obschon »der deutsche Arbeiter weder zum Putsch, noch zur ziellosen Rebellion« neige, seien die Angehörigen der Arbeiter:innenklasse »in ihrer Atomisierung, in ihrer völligen Unorganisiertheit und unter dem blutigsten Regime der Weltgeschichte denkende Sozialisten geblieben«.[132] In diesem Sinne äußerte er sich auch gegenüber dem OSS-Mitarbeiter Walter Dorn, wie dieser notierte:

> Aufhäuser kept insisting that German workers were not in any sense revolutionary […] he displayed no real confidence in the political initiative of the German worker.[133]

Dem Geheimdienst waren die Differenzen innerhalb der GLD nicht verborgen geblieben. Einem Bericht über die Landeskonferenz zufolge schienen Grzesinski, Stampfer und Brauer »the Nazi tyranny as a kind of accident« zu begreifen:

> This group believes that the majority of the German nation and especially the great bulk of German Labor did not become infected by the Nazi ideology […]. It believes, therefore, in the possibility of quick reconstruction of German democracy after the break-down of the Third Reich and believes also that the main job do be done after the war can be done by the Germans themselves.[134]

130 Neue Volks-Zeitung, 10. Jg. Nr. 44 vom 1. 11. 1941, »Die deutsche Arbeiterschaft steht in Bereitschaft: Vor einer Revolution?«. Vgl. dazu auch: Das Andere Deutschland, 5. Jg. Nr. 47 vom Februar 1942, »Die Arbeiterschaft als Willenszentrum der kommenden Kämpfe«.

131 Neue Volks-Zeitung, 12. Jg. Nr. 18 vom 1. 5. 1943, »Zum 1. Mai 1943: Wir legen unsere Hände in Eure Hände«. Vgl. dazu etwa folgendes Zitat: »1933 war für die deutschen Arbeiter der 1. Mai ein Tag der Demütigung und Verfälschung, heute ist in der Geschichte des 1. Mai in Deutschland eine Pause eingetreten, bis der Tag kommt, an dem die sozialistischen Arbeiter wieder mit ihren roten Bannern marschieren werden«.

132 Ebd.

133 NARA Washington, Record Group 226, Entry 100, INT-13 GE-650.

134 Ebd., INT-13 GE696.

Demgegenüber hätten mit Aufhäuser auch Braunthal, Wachenheim sowie der ehemalige preußische SPD-Landtagsabgeordnete Ernst Hamburger und der Jurist und Politikwissenschaftler Ernst Fraenkel bekräftigt,

> that the events since 1933 provoked a deep shock and a feeling of spiritual political uncertainty for German Labor and for the German people as a whole. This group believes that the reorganization of German democracy, the reconstruction of the Labor Movement and the reeducation of the German people will take time and need the help of the Allies. […] It advocates, therefore, a transitory period in which Germany's sovereignty should be exercised by the occupational forces with the gradually extended collaboration of democratic forces and trustworthy people inside Germany.[135]

Seine Vorstellungen konkretisierte Aufhäuser auf der Tagung in einem Vortrag zu den Gewerkschaften und ihren Aufgaben in der Nachkriegszeit:

> I believe we have to rebuild our Labor Movement from the bottom and without illusions for the immediate future. […] Germany will be put under international administration and we should give all the help we can give. But we should not create an illusion of power and responsibility. […] The start will not be the creation of a new German government but the reorganization of a Labor Movement from below. […] The refugees are not the men to lead these organizations […] [they] can only help as a kind of interpreter of the German workers to the outside world and of the world abroad to the German workers. We cannot organize the Social-Democrat Party in exile.[136]

Auch bei der Frage zur zukünftigen Rolle der Sowjetunion im Nachkriegsdeutschland setzte sich Siegfried Aufhäuser immer deutlicher von den NVZ-Vertretern ab. Anfang Dezember 1943 erhielt Charles B. Friediger, ein österreichischer Emigrant, der für den OSS arbeitete, in seinem Büro Besuch von Aufhäuser. Er gewann dabei folgenden Eindruck:

> Mr. Aufhäuser said that he did not agree with the unreasonable hostility of Volks-Zeitung against Russia […] A[ufhäuser] neither believes that Germany will turn Bolshevist now does he think that Russia would want that. His central idea for Germany seems to be the earliest possible reconstruction of unified trade unions.[137]

135 Ebd.

136 Ebd. Vgl. dazu auch einen weiteren Bericht in: ebd., INT-13 GE700.

137 Ebd., INT-13 GE896. Karl Friediger, ein ehemaliger konservativ-monarchistischer Journalist, war 1933 in einem deutschen Konzentrationslager gefangen gehalten worden und später über Prag in die USA geflohen (vgl. dazu: Peter Eppel, Österreicher im Exil. USA 1938-1945. Eine Dokumentation, Band 2. Wien 1995, S. 46f.). Er unterhielt engen Kontakt zu Julius Deutsch

Mitte Januar 1944 berichtete Friediger von einem weiteren Zusammentreffen:

> Aufhäuser seems to disagree with Friedrich Stampfer, Gerhart Seger and Neue Volks-Zeitung in general. In his opinion this group plays right into the hands of the Vansittartists [...]. In this connection he considers Stampfer's protest against East Prussia's incorporation into Poland to be plain stupidity. A[ufhäuser] also disagrees with the Volks-Zeitung crowd on their attitude towards Russia.[138]

Im April 1944 wurde ihm in der NVZ für diese Haltung »demokratische[r] Defaitismus« vorgeworfen, der auf einen »Verzicht auf jeden Widerstand gegen das aktuelle Vordringen des russischen Totalitarismus« hinauslaufe.[139]

Der Kontakt zwischen Siegfried Aufhäuser und verschiedenen OSS-Mitarbeiter:innen war in diesem Zeitraum besonders eng. Bei der Quellengattung der Nachrichten- und Geheimdienstberichte beziehungsweise -dossiers ist – auch mit Blick auf die Autor:innen, die mitunter eine eigene politische Agenda verfolgten – Skepsis geboten. Unter Berücksichtigung weiterer historischer Quellenbestände und Überlieferungen können sie gleichwohl besondere individuelle Einblicke vermitteln und dazu beitragen, personelle Konstellationen und inhaltliche Auseinandersetzungen innerhalb der sozialdemokratischen Exilcommunity näher zu beleuchten. In diesem Kontext vermitteln die Berichte einen anschaulichen Eindruck über die Kontroversen in der GLD, die immer offener zutage traten und zu ihrem Auseinanderbrechen führten.

Ausgangspunkt des Konflikts bildete ein erneuter Versuch, eine überparteiliche Repräsentation der deutschen Exilierten in den Vereinigten Staaten zu gründen. Diese Initiative war in Reaktion auf die Gründung eines *Nationalkomitee Freies Deutschland* (NKFD) in der UdSSR zunächst auch vom OSS mitinitiiert und zeitweise protegiert worden.[140] Abermals kam es bei der Frage nach einer Zusammenarbeit mit *Neu Beginnen* und kommunistischen Vertreter:innen zu Zerwürfnissen. Verschiedene Mitglieder der GLD hatten sich bei den vorbereitenden Treffen zur Gründung des neuen Komitees beteiligt, sich dort jedoch gegen die Aufnahme von zwei Mitgliedern der GAEC ausgesprochen. Konkret ging es um Albert Schreiner und Felix Boenheim, die als Kommunisten oder als mit ihnen sympathisierend galten.[141] Obschon sich Aufhäuser nach einem Sondierungsgespräch mit Wachenheim, Boenheim und Schreiner optimistisch zeigte, wurde eine Kooperation von der GLD-Mehrheit nach einer hitzigen

(S. 531). Vgl. zu Friediger auch: Florian Traussnig, Geistiger Widerstand von außen. Österreicher in US-Propagandainstitutionen im Zweiten Weltkrieg, Wien u. a. 2017, S. 88.

138 NARA Washington, Record Group 226, Entry 100, INT-13 GE-960. Im Original teilweise hervorgehoben.

139 Neue Volks-Zeitung, 13 Jg. Nr. 16 vom 15. 4. 1944, »Militärbesatzung und Selbstverwaltung«.

140 Vgl. dazu auch: IV. Kapitel 1.1 sowie ausführlich 1.3.

141 Liebner, Council 2001, S. 232. Vgl. dazu auch: Ruprecht, Boenheim 1992, S. 270 f.

Sitzung im Januar 1944 abgelehnt.[142] Da die Mitglieder des neuen Komitees jedoch mehrheitlich auf die Hinzuziehung der beiden bestanden, lief alles auf ein Ausscheiden der GLD-Vertreter:innen hinaus. Grzesinski und Aufhäuser hofften jedoch, als Einzelpersonen an dem Zusammenschluss mittelfristig weiter partizipieren zu können. Inwieweit die GLD dies tolerieren würde, schien zunächst unklar.[143]

In den kommenden Wochen überschlugen sich die Ereignisse – auch infolge der *Aufbau*-Berichterstattung. Im März kündigte Aufhäuser gegenüber Friediger den »inevitable showdown within the German Labor Delegation« an.[144] Eine Spaltung der GLD schien ihm jedoch vermeidbar, wie der OSS-Mitarbeiter notierte:

> He seems to hope that Stampfer and friends will give in and obey Party discipline when a majority decision would recommend a new policy. Aufhäuser seems to be confident that he can swing the party to a new course more favorable towards collaboration with Moscow and the German Communists.[145]

Doch Siegfried Aufhäuser täuschte sich. Am 10. April stellte er seinen Posten als Vorsitzender zur Disposition. Seine Zusammenarbeit mit dem neuen Komitee rechtfertigte er gegenüber der GLD folgendermaßen:

> Die militärischen und politischen Entwicklungen in Europa drängen dazu, eine Repräsentation aller anti-nazistischen Kräfte der politisch-deutschen Immigration in diesem Lande willensmäßig in Erscheinung treten zu lassen, um möglichst vor der Invasion ein öffentliches Bekenntnis des demokratischen Deutschland abzulegen. Ich würde es für eine nicht wieder gut zu machende Unterlassung halten, die Mitunterzeichnung der demnächst zu erwartenden Manifestation der geeinten deutschen Kräfte als Sozialdemokrat länger zu verweigern. […]
> Nachdem aber in der Januarsitzung der GLD die Mehrheit meine Auffassung abgelehnt hat, so muß ich es der Entscheidung der Genossen überlassen, zu erwägen, ob sie meine Beteiligung an der Vereinigung als etwa [unv]ereinbar mit meiner Funktion in der GLD anzusehen bereit sind. Ich stelle deshalb hiermit mein Amt als Mitvorsitzender der GLD zur Verfügung und bitte Sie, mich den Entschluß der Mehrheit wissen zu lassen.[146]

142 Während sich Aufhäuser, Staudinger und Grzesinski kooperationsbereit zeigten, lehnten Brauer, Katz und Seger und wohl auch Braunthal und Kähler eine Zusammenarbeit ab. Einer Vermittlung von Stampfer und Wachenheim blieb zunächst kein Erfolg beschieden (vgl. dazu die leicht differierenden Berichte in: NARA Washington, Record Group 226, Entry 100, INT-13 GE-975 sowie INT-13 GE-997 Siehe dazu auch Liebner, Council 2001, S. 233-237).

143 NARA Washington, Record Group 226, Entry 100, INT-13 GE-975 und INT-13 GE-997.

144 Ebd., INT-13 GE-1023.

145 Ebd.

146 Staatsarchiv Hamburg, Bestand Max Brauer, 622/1-139 Signatur 43, Erklärung Aufhäuser, 10.4.1944.

Zunächst erfolgte weder ein formaler Ausschluss noch wurde er als Vorsitzender abgesetzt.[147] Nachdem das neue Komitee unter dem Namen *Council for a Democratic Germany* Anfang Mai 1944 seine Gründung bekannt gegeben und eine erste Erklärung veröffentlicht hatte, polemisierte zunächst die NVZ gegen die Formierung.[148] Auch die GLD distanzierte sich am 8. Mai 1944 in einer Presseerklärung ausdrücklich von dem Zusammenschluss »dominated by the Communists«.[149]

Ein solches Vorgehen war auf einer Zusammenkunft von GLD-Mitgliedern in Abwesenheit von Siegfried Aufhäuser beschlossen worden. Dass auf demselben Treffen auch drei neue Mitglieder präsent waren, musste er als bewussten Affront auffassen.[150] Daraufhin trat Aufhäuser aus der GLD aus: Gegenüber Brauer formulierte er sein Bedauern, dass seine Mitarbeit an dem neuen Komitee »durch die Intoleranz einzelner Genossen nun doch zum offenen Konflikt geführt« habe, obwohl er diesbezüglich »Zurückhaltung bis zum äußersten geübt« hatte.[151] Friedrich Stampfer erklärte später, Siegfried Aufhäuser habe seinen Austritt mit einer Kränkung durch Rudolf Katz begründet, wolle aber im neuen Komitee jetzt als Vorsitzender einer Gewerkschaftsgruppe »glänzen«.[152] Tatsächlich scheint Katz im Vorfeld gegen Aufhäuser intrigiert zu haben: Der OSS jedenfalls wähnte sich im Besitz konkreter Informationen, die belegen sollten, dass Rudolf Katz die ehemalige KPD-Vorsitzende Ruth Fischer mit belastendem Material gegen Aufhäuser versorgt hätte. Fischer, die sich in den USA zur bekennenden Antikommunistin gewandelt hatte, sei damit von Katz zu publizistischen Attacken gegen Aufhäuser und den Council, der nach seinem Vorsitzenden bisweilen auch »Tillich-Komitee« genannt wurde, animiert worden.[153]

147 Siehe dazu: Stampfer an SOPADE, 14.10.1944, in: Matthias (Hg.): Gesicht nach Deutschland 1968, S. 667-670, hier S. 668.

148 Vgl. etwa den Artikel von Katz: Neue Volks-Zeitung, 13. Jg. Nr. 19 vom 6.5.1944, »Der New Yorker Stalin-Coup«. Siehe dazu auch: Nr. 20 vom 13.5.1944, »Kommunistische ›Realpolitik‹« sowie die Beispiele bei: Krohn, Council 1995, hier S. 35-40.

149 Zitiert nach: ebd., S. 37.

150 NARA Washington, Record Group 226, Entry 100, INT-13 GE-1115. Bei den neuen Mitgliedern handelte es sich um Friedrich Wilhelm Wagner, Richard Hansen und Dr. Fritz Karsen (dieser Bericht, datiert auf den 8. Mai 1944, nahm Bezug auf eine Versammlung vom vorangegangenen Samstag). Gegenüber Stampfer hatte sich Aufhäuser bereits in der Woche zuvor über die Einberufung einer sonnabendlichen Sitzung (29.4.1944) beschwert: Terminfestsetzung, Tagesordnung und die sonstigen Vorbereitungen seien »unter bewußter Ausschaltung des ›Vorsitzenden‹ erfolgt« (AdsD Bonn, Bestand Friedrich Stampfer, Mappe 1 Nr. 26, Aufhäuser an Stampfer, 28.4.1944). Für diesen Termin waren die neuen Mitglieder bereits geladen.

151 Staatsarchiv Hamburg, Bestand Max Brauer, 622/1-139 Signatur 43, Aufhäuser an Brauer, 9.5.1944.

152 Stampfer an SOPADE, 14.10.1944, in: Matthias (Hg.): Gesicht nach Deutschland 1968, S. 667-670, hier S. 668f.

153 NARA Washington, Record Group 226, Entry 100, INT-13 GE-1088. Vgl. zu Fischers Lebensweg: Mario Keßler, Ruth Fischer. Ein Leben mit und gegen Kommunisten (1895-1961), Köln u.a. 2013. Aufhäuser hatte gegenüber Stampfer ähnliche Anschuldigung geäußert und diese belegt: Demnach hatte Katz vertrauliches Material – konkret geht es um mindestens einen

Bruch mit der *Aufbau*-Redaktion

Publizistische Angriffe gegen Siegfried Aufhäuser kamen auch aus einer anderen Richtung: In seinem Austrittsschreiben erwähnte er gegenüber Max Brauer, dass wegen seiner Teilnahme am Council im *Aufbau* ebenfalls gegen ihn »gewühlt« werde.[154] Im Verlauf des Krieges war in dessen Zeilen mit zunehmender Skepsis über Versuche deutscher Exilierter berichtet worden, sich für den deutschen Wiederaufbau einzusetzen. Die Zeitungsredaktion hatte sich mehrheitlich von Deutschland losgesagt. Sie sah ihre Aufgabe nicht in der Verteidigung deutscher Interessen, sondern darin, ihre Leser:innen bei der Integration in die US-amerikanische Gesellschaft zu unterstützen. Je näher die deutsche Niederlage rückte, desto deutlicher machten sich die unterschiedlichen Zielperspektiven bemerkbar.[155] Im März 1943 bezog Manfred George Stellung:

> Je näher der Frieden rückt, desto schärfer werden die Kämpfe werden, die die verschiedenen, in dies Land geflüchteten, europäischen Gruppen untereinander und allgemein führen werden. Immer deutlicher wird sich auch der Unterschied zwischen Immigranten und Emigranten ausprägen. [...] Die Zeit ist gekommen, wo sich Verbände und Publikationsorgane entscheiden müssen, ob sie die Vertreter einer ins Land hineinwachsenden Immigration oder einer nur vorübergehend hier Refugium genießenden Emigration sein wollen. Der ›Aufbau‹ hat darüber nie einen Zweifel aufkommen lassen: er ist für seine Leser die Brücke nach Amerika, nicht nach Europa. Dies ändert nichts daran, daß er sich für Europa und seine Zukunft genau so interessiert, wie es der Bedeutung dieses Erdteils entspricht. Alle Immigranten aber müssen sich darüber klar sein, daß sie nicht auf zwei Schultern tragen können.[156]

Siegfried Aufhäuser, der mittlerweile fast wöchentlich im Editoral publizierte, trug diese Position zunächst im Wesentlichen mit. Seine Artikel im *Aufbau* beschäftigten sich häufig mit europäischer Politik und der zukünftigen Nachkriegsordnung, seine Perspektive blieb jedoch meist auf die eines außenstehenden Betrachters beschränkt. In diesem Sinne kommentierte er internationale Friedensprogramme und Nachkriegspläne sowie deren Folgen für Europa und die USA.[157] Kritisch äußerte er sich zu ver-

Brief von Heine aus London – an Fischer weitergegeben (AdsD Bonn, Bestand Friedrich Stampfer, Mappe 1, Nr. 24, Aufhäuser an Stampfer, 12.4.1944).

154 Staatsarchiv Hamburg, Bestand Max Brauer, 622/1-139 Signatur 43, Aufhäuser an Brauer, 9.5.1944.

155 Walter, Exilliteratur 1978, S. 637 ff.

156 Aufbau, 9. Jg. Nr. 12 vom 19.3.1943, »Klare Scheidung«.

157 Vgl. etwa: ebd., 8. Jg. Nr. 52 vom 25.12.1942, »Marsch der Zeit: Warum arm sein? Der Beveridge-Plan«, 9. Jg. Nr. 2 vom 8.1.1943, »Marsch der Zeit: Baumeister einer neuen Welt«, Nr. 5 vom 29.1.1943, »Marsch der Zeit: Amerika nach dem Krieg«, Nr. 22 vom 28.5.1943, »Berliner Bankenkontrolle über Europa. Das Problem der Nazi-Plutokratie nach Hitlers Sturz«, Nr. 38 vom 17.9.1943, »Die vierte Freiheit«, Nr. 52 vom 24.12.1943, »Britisch-Russische Pläne für das Europa von 1944. Elbe teilt Interessen-Sphären. England auf dem Kontinent«.

schiedenen Konferenzen, die sich mit der europäischen Zukunft beschäftigten.[158] Obwohl in seiner Berichterstattung Verhandlungen und Pläne der alliierten Kriegsparteien eine herausragende Rolle spielten, zeigte er sich bei seiner eigenen Bewertung hinsichtlich der zukünftigen Deutschland-Pläne zurückhaltend.[159] Als im April 1943 Hubertus Prinz zu Löwenstein, Friedrich Wilhelm Foerster, Albert Grzesinski, Kurt Rosenfeld, Fritz Karsen, Horst Baerensprung und andere in den hinteren Spalten des *Aufbau* über eine mögliche Aufteilung Deutschlands debattierten, bezog er keine Position.[160] Stattdessen erschien auf der Titelseite einer seiner Artikel über Teuerung und Inflation in den USA.[161] Deutlicher konnte die *Aufbau*-Redaktion, zu deren engstem Kreis Aufhäuser zählte, ihre Prioritäten kaum kenntlich machen.[162]

Bei Siegfried Aufhäuser – wie auch bei den übrigen Mitarbeiter:innen der Redaktion – hatte sich in Anbetracht des Ausmaßes der nationalsozialistischen Verfolgungs- und Vernichtungspolitik »das Bekenntnis zum Judentum sowohl intensiviert[] wie verändert[]«.[163] Er zählte zu jenen Personen, die im Zuge des »erzwungene[n] bekenntnishafte[n] Zusammenrücken[s]« zu der Erkenntnis gelangten, dass die Emanzipation im Sinne des »Assimilationsgedankens« gescheitert war und die jüdische Existenz auf anderem Wege gesichert werden müsse.[164] Eingehend beschäftigte er sich inzwischen nicht nur mit dem aktuellen Kriegsgeschehen und der NS-Propaganda, sondern auch mit den Verbrechen an der jüdischen Bevölkerung.[165] Mitte 1943 appellierte er an die Leser:innen:

158 Ebd., Nr. 14 vom 2.4.1943, »›Pan-Europa‹ – ›Free World‹. Um das Problem der Europäischen Föderation«. Vgl. auch die Berichte über die *United Nation Conference on Food and Agriculture* (Nr. 23 vom 4.6.1943, »Eine Welt ohne Hunger. Internationale für Volksernährung in Hot Springs gegründet«) und zur 26. Internationalen Arbeitskonferenz in Philadelphia (10. Jg. Nr. 15 vom 14.4.1944, »Neuordnung der Welt«).

159 Vgl. beispielsweise: ebd., 9. Jg. Nr. 42 vom 15.10.1943, »Vor der Dreimächte-Konferenz«, Nr. 45 vom 5.11.1943, »Grünes Licht« und Nr. 47 vom 19.11.1943, »UNRRA. Das größte Hilfswerk der Geschichte« sowie 10. Jg. Nr. 13 vom 31.3.1944, »Amerikanische Außenpolitik«.

160 Ebd., Nr. 16 vom 16.4.1943, »Einheit oder Auflösung Deutschlands?«. Vgl. auch die folgenden Ausgaben mit weiteren Beiträgen.

161 Ebd., »Stop! Groß-Offensive gegen Inflation«.

162 Innenpolitische Themen standen zu jener Zeit wiederholt im Zentrum seiner Berichterstattung (vgl. etwa: ebd., Nr. 6 vom 5.2.1943, »Erprobung der Demokratie«, Nr. 9 vom 26.2.1943, »Demokratie in Kriegszeiten«, Nr. 15 vom 9.4.1943, »Die Zukunft des U.S. Dollars«, Nr. 27 vom 2.7.1943, »Antistreik-Gesetz«, Nr. 29 vom 16.7.1943 »Parlament auf Ferien« und Nr. 53 vom 31.12.1943, »Subsidien. Immer noch billiger als Inflation«). Dabei lag Aufhäusers Fokus oft auf den gewerkschafts- und arbeitsrechtlichen Aspekten der US-amerikanischen Politik in der Kriegszeit und deren Bedeutung für die Emigrant:innen.

163 Maas, Neue Weltbühne und Aufbau 1983, S. 268.

164 Ebd., S. 269.

165 Vgl. etwa: Aufbau, 9. Jg. Nr. 23 vom 4.6.1943, »Fünf Minuten vor Zwölf. Juden als Alibi gesucht – Dr. Ley bekommt Angst«, Nr. 24 vom 11.6.1943, »Europas Juden am Vorabend der Invasion. Ein politisches Druckmittel in letzter Stunde«, Nr. 28 vom 9.7.1943, »Im Vorfeld einer Balkanoffensive«, Nr. 30 vom 23.7.1943, »Um Mussolinis Nachfolge«, Nr. 32 vom

> Ob wir es hören wollen oder nicht, die Schlächterei der Juden in Europa nimmt von Tag zu Tag eine immer furchtbarere Gestalt an. Das Glück, gerettet zu sein, gibt uns kein Recht, Augen und Ohren zu verschließen, weil wir das entsetzliche Geschehen an den Brüdern und Schwestern ›nicht mehr sehen wollen‹. Unser Glück verpflichtet uns, die entsetzliche Wahrheit und Wirklichkeit in Europa zu sehen und nicht müde zu werden im Versuch, die Opfer zu retten, d. h. für ihre Rettung zu kämpfen.[166]

Daraus erwuchs einerseits die Verpflichtung, sich unmittelbar für die Rettung der verbliebenen jüdischen Bevölkerung in Europa einzusetzen.[167] Andererseits bewog ihn die aktuelle Situation dazu, in der bereits erwähnten Artikelserie eine internationale jüdische Zukunftsperspektive vor dem Hintergrund von Verfolgung und Massenmord zu entwerfen. Dazu zählte die »Anerkennung Palästinas als Heimland« und die »völkerrechtliche Sicherstellung der Juden in allen übrigen Ländern ihres Aufenthalts«.[168] Außerdem setzte er sich für die Schaffung einer festen wirtschaftlichen Basis ein und forderte »für die Gesamtheit einer völlig verarmten Judenheit im künftigen Europa eine Gesamtkonzeption des wirtschaftlichen Wiederaufbaus«.[169]

Anregungen für einen konstruktiven Plan zur wirtschaftlichen Gestaltung des zukünftigen jüdischen Lebens lieferte Siegfried Aufhäuser selbst: Von einer veränderten europäischen Wirtschaftsstruktur mit bürokratischen und staatskapitalistischen Elementen ausgehend, rekurrierte er auf zwei unterschiedliche Aspekte der Wiederaufbaufrage.[170] So müssten die älteren jüdischen Männer und Frauen möglichst auf individuellem Wege Wiedergutmachungsleistungen erhalten, um ihnen »im Sektor des noch verbleibenden freien Handels Raum zum Leben« zu sichern.[171] Für die Übrigen sah Aufhäuser Industrie und Landwirtschaft als Basis der künftigen Existenz, wo »die Juden als Gesamtheit zu einem Faktor des industriellen Arbeitertums und der Bauernschaft« werden sollten.[172] Unter Einbeziehung finanzieller Wiedergutmachungen sollten kollektive Einrichtungen entstehen, die sich in Palästina bewährt hatten:

6. 8. 1943, »Von der Besetzung zur Demokratie« sowie Nr. 36 vom 3. 9. 1943, »Nach vier Jahren« und 10. Jg. Nr. 10 vom 10. 3. 1944, »Der bürgerliche Tod der deutschen Juden«.

166 Ebd., 9. Jg. Nr. 27 vom 2. 7. 1943, »Die jüdische Kampffront«. Im Original teilweise hervorgehoben.

167 Vgl. dazu: ebd., Nr. 32 vom 6. 8. 1943, »Eine realistische Konferenz« und Nr. 44 vom 29. 10. 1943, »Flüchtlingsaufnahmen in Amerika und England«.

168 Ebd., 9. Jg. Nr. 23 vom 4. 6. 1943, »Kollektive Sicherheit in Wirtschaft und Arbeit«.

169 Ebd.

170 Ebd., Nr. 25 vom 18. 6. 1943, »Wiederaufbau der wirtschaftlichen Existenz«. Aufhäuser bezog sich dabei auf einen Bericht von Jacob Robinson, dem Direktor des *Institute of Jewish Affairs*. Dieser geht zurück auf eine Untersuchung der *Commission to Study the Organization of Peace*.

171 Ebd.

172 Ebd.

> Es muß das Ziel der Nachkriegspolitik sein, die Entfaltung der jüdischen Persönlichkeit zu sichern. Der Weg dazu aber führt über die Gemeinschaftsunternehmungen. Das Schwergewicht im wirtschaftlichen Aufbau liegt zunächst bei den Gesamtinteressen aller Juden. Nur die jüdische Gemeinschaft kann dann den Boden für die Existenz des Einzelnen wieder erschließen. Die gemeinsame wirtschaftliche Grundlage wird auch nicht zuletzt die stärkste Kraft zur Gestaltung der politischen und kulturellen jüdischen Gemeinschaft sein.[173]

Die Demokratie sei »die vornehmste Form für das Zusammenleben der Menschen«, sofern »Freiheit und Recht der Persönlichkeit [...] durch organisierte soziale und nationale Gruppen« geschützt und garantiert würden.[174] In einer demokratischen Welt müsse die individuelle »bürgerliche Gleichberechtigung des Juden als Person« durch »das Recht der jüdischen Gruppen – gleich dem Recht *aller* nationalen Minderheiten – in allen Ländern« ergänzt werden.[175] Palästina sei als »autonomes Stammland[ ]« und »geistige und religiöse Willenszentrale der Juden der Welt« unentbehrlich.[176] Gleichwohl gab er zu bedenken:

> Die Anerkennung Palästinas als Kern des jüdischen Lebens in der Welt darf nicht ausschließen, daß die Juden prinzipiell das Recht haben, nach ihrer freien Wahl, auch in jedem anderen Lande Leben und Existenz zu suchen. Wenn sich die Juden nicht selbst von Anfang an als eine Gemeinschaft minderen Rechts erklären wollen, können sie grundsätzlich kein Land von der Aufenthaltsbereitschaft ausnehmen, was auch immer an Bekämpfung der Juden vorausgegangen sein mag.[177]

Angesichts der Pfadentscheidungen, die seinerzeit in der Übergangsphase zwischen Ende des Ersten Weltkriegs und Friedensschluss getroffen worden waren, schien es Siegfried Aufhäuser notwendig, solche Perspektiven frühzeitig zu sichern. Für eine »zielbewußte[ ] jüdische[ ] Politik« müssten »die Juden als Gesamtheit ein politischer Faktor« werden, um sich »in den neuen Gestaltungsprozeß der Welt wirtschaftlich, sozial und kulturpolitisch einschalten zu können«.[178] Deshalb genüge es nicht, allein religiöse Gemeinschaften oder wirtschaftliche Organisationen zu errichten. Ferner bedürfe es Gemeinschafts- und Verwaltungsorganen:

173 Ebd.
174 Ebd., Nr. 29 vom 16.7.1943, »Politische Willensbildung«.
175 Ebd. Hervorhebung im Original.
176 Ebd. Auch deshalb berichtete Aufhäuser immer wieder über Palästina (vgl. etwa: Nr. 33 vom 13.8.1943 und Nr. 35 vom 27.8.1943, »Palästinas Industrie in Gefahr« sowie 10. Jg. Nr. 12 vom 24.3.1944, »Palästinas Leistung im Krieg. Fortschritt an der ganzen Wirtschaftsfront«).
177 Ebd., 9. Jg. Nr. 29 vom 16.7.1943, »Politische Willensbildung«.
178 Ebd.

> Die jüdischen Gemeinden sollten in jedem Lande zusammengefasst sein, ihre zwischenstaatlichen Organisationen haben und in engster Wechselwirkung mit Palästina über eine internationale Zentrale verfügen. Nur die organisch aufgebaute nationale und internationale Organisation kann eine Sicherheit verbürgen, daß die jüdische Frage in den künftigen Friedensverträgen eine Lösung findet.[179]

Einen wesentlichen Impuls zu einer derartigen »Politisierung der Juden« erhoffte sich Aufhäuser vom Zusammentritt der *American Jewish Conference*, die Ende August 1943 in Pittsburgh tagte.[180] Die Forderungen nach umgehenden Soforthilfemaßnahmen für die europäischen Jüd:innen sollten bei der internationalen Öffentlichkeit endlich Gehör finden.[181] Hoffnungsvoll berichtete er außerdem über das Engagement anderer nationaler und transnationaler jüdischer Organisationen.[182] Dabei kam dem *World Jewish Congress* (WJC) eine besondere Bedeutung zu. Da die »europäische Judenheit [...] aller Mittel der Selbsthilfe beraubt« sei, so Siegfried Aufhäuser, ist es die Aufgabe der Geretteten, für sie zu sprechen.[183] Ein solches Sprachrohr war das *German Jewish Representative Committee* des WJC. Diesem Komitee gehörten neben zahlreichen Vertreter:innen jüdischer Gemeinden und Organisationen auch Manfred George und Siegfried Aufhäuser an.[184] Es existieren nur wenige Unterlagen, die sein dortiges Wirken dokumentieren. Ein Memo über eine Zusammenkunft vom November 1943, in der über ein Nachkriegsprogramm debattiert wurde, vermerkt seine Anwesenheit. Gemeinsam mit Toni Sender wurde er hier als Repräsentant der sozialistischen Richtung aufgeführt.[185]

Je näher die Befreiung Europas vom Nationalsozialismus rückte, desto spezifischer wurden die damit in Verbindung stehenden Themen, mit denen sich Siegfried Aufhäuser im *Aufbau* beschäftigte.[186] Auch sonst zeigte er sich in jenen Wochen überaus aktiv: Er

179 Ebd.

180 Ebd. Siehe dazu auch: Nr. 25 vom 18.6.1943, »Am Anfang war die Tat. American Jewish Conference oder ›Die Diktatur der Wirklichkeit‹«.

181 Ebd. Nr. 36 vom 3.9.1943, »Sofortige Rettung. Was die amerikanische Judenheit von den United Nations für die Brüder in Europa fordert« sowie Nr. 37 vom 10.9.1943, »Die Stimme der Juden«. Im NWC diskutierte Aufhäuser deren Verlauf und die Ergebnisse auf dem Podium mit Teilnehmenden der Konferenz (vgl. ebd., »Hoffnung auf Rettung?«).

182 Ebd. Nr. 50 vom 10.12.1943, »Ergebnisse von Atlantic City. Erfolg des ›World Jewish Congress‹ – Eine zielbewusste Politik setzt sich durch« sowie »Hilfe – Rettung – Wiederaufbau. 17 Millionen-Budget des J.D.C.« und 10. Jg. Nr. 16 vom 21.4.1944, »Von der Mitzvah zur Ose«.

183 Ebd., Nr. 51 vom 17.12.1943, »Eine deutsch-jüdische Vertretung in U.S.A.«.

184 The Jacob Rader Marcus Center of the American Jewish Archives (Cincinnati), World Jewish Congress Records, Box D95, Folder 7, Liste »German Jewish Representative Committees«.

185 Ebd., Box H132, Folder 28, Memo vom 29.11.1943.

186 Vgl. etwa: Aufbau, 10. Jg. Nr. 1 vom 7.1.1944, »Im Gefängnis von Algier. Werden die Vichy-Anhänger sofort oder erst nach der Befreiung Frankreichs abgeurteilt werden?«, Nr. 5 vom 4.2.1944, »Soll man die Kriegsgefangenen erziehen?«, Nr. 6 vom 11.2.1944, »Mobilisierung einer Armee von Helfern«, Nr. 7 vom 18.2.1944, »Am Tage der Befreiung. Wenn die Exil-Regierungen zurückkehren werden – Vorbereitungen für Westeuropa«, Nr. 12 vom 24.3.1944, »ELAS – EAM – EDES: Der Befreiungskampf der Griechen größer«, Nr. 15 von 14.4.1944,

intensivierte sein journalistisches Engagement im Rahmen politischer Buch- und Filmrezensionen, bei der Besprechung jüdischer Musik- und Theateraufführungen sowie bei persönlichen Würdigungen und Kondolenzartikeln.[187] In den ersten Monaten des Jahres 1944 war er oft mit drei oder mehr Artikeln präsent.

Dies änderte sich im Mai 1944 abrupt.[188] Nachdem Siegfried Aufhäuser seine Unterschrift unter die Erklärung des Council gesetzt hatte, sah sich Manfred George als Chefredakteur zum Handeln veranlasst. Obwohl er sich nicht direkt gegen den Council positionierte, der die Unterstützung zahlreicher prominenter US-amerikanischer Bürger:innen – unter ihnen Angehörige des *Aufbau Advisory Board* – genoss, wandte er sich entschieden gegen die geflüchteten jüdischen Unterzeichner:innen:

> Die Gründung des ›Council for a Democratic Germany‹ hat eine Entwicklung in der Geschichte der jüngsten Immigration deutscher Sprache zum Abschluß gebracht. Es wird nun völlig klar, wo die Trennungslinie zwischen Immigranten und Exilierten verläuft. Sieht man von der Frage der uns unverständlichen Beteiligung von Juden an solchen ›Freien Deutschen Bewegungen‹ ab, so steht eines fest:
> Alle solchen Bewegungen betrachten sich als Vertreter des deutschen Volkes in irgendeiner Form und berufen sich auf ein theoretisches Mandat. Kein Immigrant, der seine ersten Papiere herausgenommen und damit seine Trennung von Deutschland, Österreich usw. besiegelt hat, kann einem solchen Komitee angehören oder seine Ziele aktiv unterstützen.[189]

Manfred Georges weitere Ausführungen, dass die Frage zwischen Immigration und Exil »mitunter die Lösung der Bande zu früheren Freunden« bedeute, schien Siegfried Aufhäuser direkt zu adressieren.[190] Seine Position als »Assistant Editor« wurde schon in der nächsten Ausgabe nicht mehr ausgewiesen und sein Name verschwand vorläufig aus der Zeitung. In einem Gespräch zwischen dem OSS-Mitarbeiter Friediger und George

»Konsolidierung in Italien. Kriegskabinett in Sicht – Neue Armee« und Nr. 16 vom 21. 4. 1944, »Frankreichs Zukunft im französischen Geist«.

187 Ebd. 9. Jg. Nr. 43 vom 22. 10. 1943, »›The Golden Land‹. (Public Theatre)«, Nr. 47 vom 19. 11. 1943, »Jüdisches Volksstück in Brooklyn. Children Without a Home. Hopkinson Theatre«, Nr. 49 vom 2. 12. 1943, »Unbekannte Battaillone«, Nr. 53 vom 31. 12. 1943, »Eine Kardinalfrage des Friedens. Germany To Be or Not To Be«, 10. Jg. Nr. 5, »Carl Mierendorff«, Nr. 8 vom 25. 2. 1944, »Ewald Fabian« sowie »Norwegen im Kampf. Stanley Theatre«, Nr. 9 vom 3. 3. 1944, »›Prisoners All‹. Neue Ausgabe der Autobiographie Oskar Maria Grafs«, Nr. 10 vom 10. 3. 1944, »Weg und Ende der Philanthropie. Betrachtungen zum Tode von Lucius Littauer«, Nr. 12 vom 24. 3. 1944, »Eric Fischer: The Passing of the European Age«, Nr. 13 vom 31. 3. 1944, »The World Without Nazis, by Arthur Freud« und Nr. 15 vom 14. 4. 1944, »Tribut an Hugo Heimann«.

188 Anfang des Monats hatte er noch eine Titelgeschichte über Hjalmar Schacht veröffentlicht (vgl. ebd., 10. Jg. Nr. 18 vom 5. 5. 1944, »Hjalmar Schacht, die Friedenstaube«).

189 Ebd., Nr. 19 vom 12. 5. 1944, »Am Scheideweg«. Siehe auch: Walter, Exilliteratur 1978, S. 642.

190 Aufbau, 10. Jg. Nr. 19 vom 12. 5. 1944, »Am Scheideweg«.

am 8. Mai 1944 erklärte dieser, »that he had received a great many letters and telephone calls from Jewish refugees who voiced their indignation about the high percentage of Jewish signers of the Tillich Committee statement«.[191] Als Konsequenz daraus hätte er Überlegungen angestellt, Aufhäuser von seiner Tätigkeit beim *Aufbau* zu entbinden.[192] Ein Vorhaben, das »would meet considerable difficulty«, ruderte George am 22. Mai zurück.[193] Dabei konnte sich Georges Gesprächspartner des Eindrucks nicht erwehren, »that he has been advised that the Tillich Committee has some influential backing high up«.[194] Seither erschienen Aufhäusers Artikel zwar wieder in der Zeitung. Dennoch war damit sein Abschied eingeleitet worden.[195] Ein Blick auf die Anzahl seiner Beiträge macht dies deutlich: Während sich Siegfried Aufhäuser in den ersten fünf Monaten noch mindestens 43 Artikel zuordnen lassen, erschienen in der restlichen Zeit des Jahres lediglich 13 Texte mit seinem Namen oder Kürzel. Auch der Umstand, dass Aufhäuser nach einer Auszeit im Spätsommer zum NWC zurückkehrte, führte zu keiner Kehrtwende.[196] Eine Wiederaufnahme seiner Tätigkeit beim *Aufbau* war damit nicht verbunden. In der Jubiläumsausgabe Ende 1944 wurde er bereits als ehemaliger Mitarbeiter aufgeführt.[197]

1.3 Nachkriegsentwürfe aus dem US-amerikanischen Exil

Anfang Oktober 1941 entlarvte der *Aufbau* ein Gedankenspiel aus der US-amerikanischen Presse als Fantasterei, in dem Siegfried Aufhäuser zum Innenminister einer künftigen deutschen Exilregierung gekürt wurde.[198] Tatsächlich engagierte er sich zu diesem Zeit-

191 NARA Washington, Record Group 226, Entry 100, INT-13 GE-1112.

192 Ebd. In dem Bericht ging es auch um Kurt Glaser, der inzwischen ebenfalls in der Redaktion beschäftigt wurde. Allerdings hatte er seine Tätigkeit dort vermutlich erst kürzlich aufgenommen. Jedenfalls finden sich in Lieselotte Maas Auflistung der *Aufbau*-Autor:innen nur zwei seiner Beiträge (vgl. Maas, Handbuch 1976, S. 85). Seine erste Veröffentlichung erschien just am 19. Mai 1944, es handelte sich um eine Buchbesprechung (vgl. Aufbau, 10. Jg. Nr. 20 vom 19.5.1944, »Der Prozeß der Republik«).

193 NARA Washington, Record Group 226, Entry 100, INT-13 GE-1129.

194 Ebd.

195 Auf das Ausmaß dieses Bruchs verwies ein weiteres Editoral Georges: »Wie grotesk manche Juden im Irrtum über ihre eigene Existenz sind, ging in der letzten Zeit am deutlichsten daraus hervor, daß sie nach Amerika einwanderten und dann eines Tages plötzlich unter den Signataren der Aufrufe des ›Council for Democratic Germany‹ auftauchten. Gewiß, es sind nur Ausnahmefälle von verwirrten Menschen, die die Erfahrungen ihrer Vergangenheit vergeblich gemacht haben. […] es gibt unter ihnen Personen, die […] dem ›World Jewish Congress‹ […] angehören. Das alles zeigt die tiefe Abseitigkeit aller dieser Menschen, die meistens nicht begriffen haben, daß die Zeit sie überlebt hat […]« (Aufbau, 10. Jg. Nr. 22 vom 2.6.1944, »Verwirrte Gemüter«).

196 NARA Washington, Record Group 226, Entry 100, INT-13 GE-1197. Aufhäuser unterhielt auch 1945 noch ein Büro im NWC (vgl. INT-13 GE-1472 und INT-13 GE-1700).

197 Aufbau, 10. Jg. Nr. 51 vom 22.12.1944, »Frühere Redakteure unserer Zeitung«.

198 Aufbau, 7. Jg. Nr. 40 vom 3.10.1941, »Naive Vorstellungen«.

punkt bei der *Free World Association*, in der sich im Juni 1941 »Citizens of sixteen nations, many of them former government officials of high rank in their countries« zusammengefunden hatten, »to organize a coordinating body of believers in collective security«.[199] Die Ambition, Regierungsverantwortung zu übernehmen, stand ihm gegenwärtig jedoch fern. Von einem Vorhaben Kurt R. Grossmanns, der Ende 1939 einen Vorbereitungsausschuss zur Bildung eines »europäischen Forums« zu etablieren gedachte, um eine Neukonstruktion Europas als »Vereinigte Staaten von Europa« vorzubereiten, nahm er Abstand.[200] Er beteiligte sich allerdings an informellen Treffen einer seit Anfang 1941 bestehenden *German (Democratic) Study Group*, um mit Persönlichkeiten unterschiedlicher politischer Richtungen Nachkriegsprobleme zu diskutieren.[201] Auch andernorts waren vonseiten unterschiedlicher politischer Richtungen und Fraktionen der Exilierten Konzeptionen für ein Deutschland nach Hitler entworfen und debattiert worden.[202] Innerhalb der Sozialdemokratie wurde seit 1933 ausführlich über den politischen und wirtschaftlichen Umbau nach der Rückkehr aus dem Exil sinniert.[203] Anknüpfend an frühere Traditionen, stand dabei meist eine gesamteuropäische Konzeption im Fokus.[204] Langfristige Planungen erwiesen sich jedoch als fragil. Rahmenbedingungen und Einflüsse der jeweiligen Aufnahmeländer beeinflussten die konzeptionellen Entwürfe ebenso

199 The New York Times vom 16. 6. 1941, »MEN OF 16 NATIONS SEEK A FREE WORLD«. Hier war er mit Brauer, Sender, Baerensprung und anderen auch an der Gründung einer deutschen Sprachgruppe beteiligt (vgl. ein NVZ-Interview mit Julius Deutsch vom 1. November 1941, abgedruckt in: Eppel, Österreicher 1995, S. 568 f.). Siehe dazu auch: Liebner, Council 2001, S. 190.

200 Ebd., S. 71. Aus dieser Initiative sollte einige Zeit später das *Committee for a just peace, a democratic Germany and a European federation*, das sogenannte »Council on European Peace«, entstehen (vgl. S. 72 ff.).

201 Ebd., S. 99 f. Vgl. dazu auch: NARA Washington, Record Group 226, Entry 100, INT-33 GE-4. Vgl. zu ähnlichen Diskussionszirkeln: Liebner, Council 2001, S. 97 f., insbesondere Fußnote 109.

202 Siehe hierzu beispielhaft: Koebner/Sautermeister/Schneider (Hg.): Deutschland nach Hitler 1987.

203 Vgl. mit Bezug zur SOPADE etwa: Johannes Klotz, Das »kommende Deutschland«. Vorstellungen und Konzeptionen des sozialdemokratischen Parteivorstandes im Exil 1933-1945 zu Staat und Wirtschaft, Köln 1983 sowie Erich Matthias, Sozialdemokratie und Nation. Ein Beitrag zur Ideengeschichte der sozialdemokratischen Emigration in der Prager Zeit des Parteivorstandes 1933-1938, Stuttgart 1952, S. 163 ff. Siehe zu den deutschland- und friedenspolitischen Konzeptionen innerhalb der Sozialdemokratie ferner die Literaturzusammenstellung bei: Schneider, Unterm Hakenkreuz 1999, S. 939. Ausführlich auch: Behring, Demokratische Außenpolitik 1999, insbesondere ab S. 217.

204 Vgl. beispielsweise: Christian Bailey, Between yesterday and tomorrow. German visions of Europe. 1926-1950, New York u. a. 2013, S. 86-114, Schilmar, Europadiskurs 2004, Voigt, Klaus (Hg.): Friedenssicherung und europäische Einigung. Ideen des deutschen Exils 1939-1945, Frankfurt a. M. 1988, S. 31-124 sowie die entsprechenden Beiträge in: Grunewald, Michel (Hg.): Der Europadiskurs in den deutschen Zeitschriften (1933-1939), Bern u. a. 1999. Vgl. zu den Traditionslinien: Willy Buschak, Die Vereinigten Staaten von Europa sind unser Ziel. Arbeiterbewegung und Europa im frühen 20. Jahrhundert, Essen 2014.

wie Kriegsereignisse und sich wandelnde Machtkonstellationen.[205] Mit dem sich abzeichnenden Kriegsende intensivierten sich Anstrengungen, an den alliierten Sofort- und Übergangsplanungen für Deutschland nach Kriegsende zu partizipieren und den eigenen Einfluss innerhalb der Aufnahmeländer zu erweitern.[206]

In den USA hatte es von sozialdemokratischer Seite aus mehrfach Versuche gegeben, auf eine breite Sammlung exilierter Deutscher hinzuarbeiten und die Nachkriegsplanungen der Alliierten im Sinne der eigenen Vorstellungen zu beeinflussen.[207] Diese Initiativen erwiesen sich jedoch zunächst als nur wenig erfolgreich. Auch die vom OWI initiierte Gründung der UAGD war spätestens Anfang 1943 faktisch gescheitert – noch bevor die auf der Konferenz von Casablanca vereinbarte Formel der bedingungslosen Kapitulation sich auf das Regierungshandeln auswirkte und den Handlungsspielraum einer selbstständigen Exilpolitik zusätzlich einschränkte.[208] Einem Versuch aus dem Umfeld der *German Study Group*, die Zersplitterung der sozialdemokratischen und sozialistischen Gruppen zu überwinden, war ebenfalls kein Erfolg beschieden.[209]

Eine neue Dynamik setzte im Sommer 1943 ein, nachdem am 12. und 13. Juli kriegsgefangene Wehrmachtssoldaten gemeinsam mit kommunistischen Exilierten wie Wilhelm Pieck und Walter Ulbricht das NKFD gründeten. Von deren Seite wurde die Zerschlagung des nationalsozialistischen Regimes, ein sofortiger Friedensschluss und ein freies unabhängiges Deutschland als Losung ausgegeben. Nicht wenige sahen darin den Beginn einer möglichen deutschen Exilregierung. Siegfried Aufhäuser bezog auf der

205 Vgl. zu den Stellungnahmen zum Kriegsverlauf und den sich wandelnden Zukunftsplänen innerhalb der Sozialdemokratie und den sozialistischen Gruppen überblicksartig: Michael Schneider, In der Kriegsgesellschaft. Arbeiter und Arbeiterbewegung 1939 bis 1945, Bonn 2014, S. 1035-1061.

206 Vgl. Jan Foitzik, Revolution und Demokratie. Zu den Sofort- und Übergangsplanungen des sozialdemokratischen Exils für Deutschland, in: IWK 24 (3/1988), S. 308-342.

207 Siehe dazu IV. Kapitel 1.1. Dies hat Behring eindrücklich dargelegt (Demokratische Außenpolitik 1999). Dass aber die programmatischen Dokumente der GLD und der *Association of Free Germans* sowie die redaktionelle Linie der NVZ »ein hohes Maß an gedanklicher Kontinuität und Einheitlichkeit auf[wiesen]«, darf nicht dazu verleiten, bestehende Differenzen in den »außenpolitischen Vorstellungen der sich dort äußernden SPD-Politiker« primär als »für das politische Leben im Exil charakteristische[] Streitigkeiten und Zerwürfnisse […] im Umkreis der Neuen Volkszeitung bzw. der German Labor Delegation« abzutun und primär »auf persönlichen Eitelkeiten und Animositäten der Beteiligten« zu reduzieren (ebd., S. 493 f.). Als Gegenbeispiel kann die Position des von Behring prominent zitierten Sollmann exemplarisch herangezogen werden: Dieser war 1941 zunächst aus der GLD ausgetreten, weil einige Mitglieder ein Friedensprogramm unterzeichnet hatten, das »die Entwaffnung Deutschlands unter internationaler Aufsicht« befürwortet hatte (dargestellt auch in ebd., S. 511 ff.). Vgl. zu den grundlegenden Konfliktlinien auch: IV. Kapitel 1.2. Behrings Aussage, Aufhäuser sei »nie recht in die GLD integriert gewesen«, erscheint vor dem Hintergrund, dass er damit seine Beteiligung am Council begründete, ebenfalls zweifelhaft (vgl. S. 557, Fußnote 37).

208 Liebner, Council 2001, S. 137-140. Die Organisation blieb jedoch weiter bestehen und beteiligte sich Anfang 1944 erfolgreich beim Verkauf von Kriegsanleihen (vgl. Ruprecht, Boehnheim 1992, S. 269 f.).

209 Liebner, Council 2001, S. 152 f. und S. 166. Staudinger hatte sich hier besonders engagiert.

Aufbau-Titelseite dazu Stellung, wo er das neue Bündnis als »Prüfstein des Vertrauens der [v]erbündeten« Alliierten charakterisierte.[210] Von den vielfältigen Deutungen, die sich eröffneten, seien als schlimmste Befürchtung separate Friedensverhandlungen mit einer neuen deutschen Regierung denkbar. Aufhäuser hielt Stalin für den Drahtzieher, deutete die Neugründung jedoch primär als sowjetisches Ringen um politische Sicherheit in der Nachkriegszeit. Und zwar als »Station auf dem Weg der Sowjet-Union aus der Einsamkeit in die Gemeinschaft der Völker«.[211] In Anbetracht der faschistischen Bedrohung zeigte er sich zuversichtlich, dass die Solidarität der Alliierten daran nicht zerbrechen werde.[212]

Sammlungsbestrebungen in der 2. Jahreshälfte 1943

Die *Association of Free Germans* und die GLD lehnten die NKFD-Initiative ab.[213] Die Gründung wurde jedoch mehr als Chance, denn als Gefahr wahrgenommen. Friedrich Stampfer zufolge hatte dieser »Felssturz in einem Teich [...] ein verstärktes Interesse an der deutschen Arbeiterbewegung, insbesondere der Sozialdemokratie« ausgelöst.[214] Und tatsächlich war die Initiative innerhalb US-amerikanischer Regierungs- und Geheimdienstkreise nicht nur argwöhnisch beobachtet worden, sondern hatte innerhalb des OSS auch für rege Betriebsamkeit gesorgt.[215] Schon kurz vor Bekanntwerden der NKFD-Gründung war hier über die Zusammenstellung einer sogenannten »Safe Germany«-Gruppe beraten worden. Diese sollte die deutsche Emigration in ihrer Gesamtheit repräsentieren und die deutsche Bevölkerung zum Sturz Hitlers auffordern – dabei jedoch keine eigenständige Rolle einnehmen, sondern allein im Auftrag der US-amerikanischen Politik handeln.[216] Eingehend wurde intern bald auch über die Frage nach der »Etablierung eines Gegenkomitees« in Form einer Exilregierung oder einer »Konferenz aller deutschen Nazigegner« debattiert.[217]

In diesen Zeitraum fällt eine Initiative von OSS und Außenministerium, unter Federführung der GLD ein *Council of Free Democratic Germans* einzurichten.[218] Dabei fiel

210 Aufbau, 9. Jg. Nr. 31 vom 30. 7. 1943, »Stalins Schachzug. Was das revolutionäre Manifest an Deutschland bedeutet«.
211 Ebd.
212 Überaus kritisch blieb Aufhäuser gegenüber der Initiative selbst (vgl. dazu: ebd., Nr. 39 vom 24. 9. 1943, »Getarnte Nazi-Generäle«).
213 Ebd.
214 Stampfer an SOPADE, 7. 8. 1943, in: Matthias (Hg.): Gesicht nach Deutschland 1968, S. 617-620, hier S. 618.
215 Vgl. Heike Bungert, »Ein meisterhafter Schachzug«. Das Nationalkomitee Freies Deutschland in der Beurteilung der Amerikaner, 1943-1945, in: Heideking/Mauch (Hg.): Geheimdienstkrieg 1993, S. 90-121.
216 Liebner, Council 2001, S. 170 ff.
217 Bungert, Schachzug 1993, S. 97. Vgl. zu den Debatten ferner: Liebner, Council 2001, S. 192-200.
218 Heike Bungert, Deutsche Emigranten im amerikanischen Kalkül. Die Regierung in Washington, Thomas Mann und die Gründung eines Emigrantenkomitees 1943, in: VfZ

FNB-Leiter DeWitt Clinton Poole eine aktive Rolle zu.[219] Inwieweit die GLD vorweg in dieses Vorhaben eingebunden war oder zur Initiative aufgefordert wurde, bleibt unklar.[220] Jedenfalls wurden Siegfried Aufhäuser und Max Brauer am 17. August 1943 im US-amerikanischen Außenministerium empfangen. Dort schlugen sie dem Assistant Secretary of State Adolf A. Berle die Gründung einer Organisation vor, die ohne offizielle Anerkennung der US-Regierung, aber mit deren Wohlwollen und finanzieller Unterstützung seitens US-amerikanischer Gewerkschaften Appelle an das deutsche Volk richten und Pläne für den Wiederaufbau Deutschlands entwerfen sollte.[221] Ausgangspunkt einer solchen Sammlung, die nicht als Exilregierung, sondern als »eine Art Treuhänder[in] der deutschen Demokratie« gedacht war, sollte eine Konferenz mit Vertreter:innen aller demokratischen Richtungen sein.[222] Außerdem erhofften sich die GLD-Abgesandten die Unterstützung bei der Beschaffung von Visa, um anknüpfend an die sozialdemokratische Landeskonferenz vom vergangenen Monat eine internationale Konferenz mit namhaften Gewerkschafter:innen und Sozialdemokrat:innen auch aus dem überseeischen Exil durchzuführen.[223] Zwar wurden diese Vorschläge zunächst mit Wohlwollen aufgenommen, jedoch blieben Bedenken, besonders da die Moskauer Konferenz der Außenminister bevorstand.[224] Um das Verhältnis mit der Sowjetunion nicht zusätzlich zu belasten, sprach sich das Außenministerium schließlich nicht nur gegen die Zusammenstellung der »Safe Germany«-Gruppe, sondern auch gegen die bereits erteilte Zustimmung zu den GLD-Plänen aus.[225]

Unterdessen war auch Paul Hagen und mit ihm die AFGF aktiv geworden. Hagen hatte Thomas Mann als bekannteste und allgemein anerkannte Repräsentanz des deutschsprachigen Exils anlässlich der NKFD-Gründung gebeten, den Vorsitz einer

46 (2/1998), S. 253-268, hier S. 260. Stampfer schrieb später, dass die GLD »von einer einflußreichen Stelle ermuntert [wurde], eine überparteiliche Zusammenkunft zu versuchen, die vielleicht als Gegengewicht gegen das Moskauer Komitee gedacht war« (Stampfer an SOPADE, 9.3.1944, in: Matthias [Hg.]: Gesicht nach Deutschland 1968, S. 641-644, hier S. 643).

219 Vgl. etwa: Mauch, Schattenkrieg 1999, S. 108 ff. Siehe zur Mobilisierung der deutschen Emigration seitens des OSS auch S. 115 ff.

220 Bungert, Kalkül 1998, S. 260 f.

221 Ebd., S. 261. Für dieses Komitee kursierten unterschiedliche Namensvorschläge, unter anderem: *Trustees for Democratic Germans*, *National Council for a Democratic Germany* oder *Council of Free Democratic Germans.* Am 30. August hatten sich Aufhäuser, Brauer und Katz nochmals schriftlich an Berle gewendet (vgl. die Abschrift in: NARA Washington, Record Group 226, Entry 142, Folder 18). Vgl. dazu auch das Antwortschreiben von Berle an Aufhäuser vom 2. Oktober 1943 (NARA Washington, Record Group 226, Entry 100, INT-33 GE-26).

222 Liebner, Council 2001, S. 197.

223 Ebd., S. 196 f.

224 Ebd., S. 198 ff. sowie Bungert, Kalkül 1998, S. 262 f.

225 Liebner, Council 2001, S. 200 f. sowie S. 211. Um sich die GLD dennoch gewogen zu halten, fiel die Absage eher zaghaft aus, was die GLD zunächst zum Weitermachen ermutigte (S. 201 f. sowie S. 211 und S. 214).

Konferenz der deutschen demokratischen Kräfte zu übernehmen, um eine unabhängige Erklärung zur gegenwärtigen Lage zu veröffentlichen.[226] Die Uneinigkeit der Alliierten schien Gelegenheit zu bieten, nunmehr »in Washington Gehör zu finden«.[227] Thomas Mann lehnte die Beteiligung an einem solchen Appell zwar zunächst ab, Ende Oktober 1943 willigte er bei einem Aufenthalt in New York jedoch ein, den Vorsitz eines überparteilichen Komitees zu übernehmen, das als eine Art Informationszentrum über Deutschland fungieren sollte.[228] Er bestand zum Leidwesen Hagens jedoch auf die Beteiligung von Siegfried Aufhäuser und Hans Staudinger, die wiederum aufgrund von Thomas Manns Popularität ihre eigenen GLD-Pläne in Gefahr sahen.[229] Unter diesen Voraussetzungen empfing Mann am 4. November 1943 zehn Personen in seinem Hotelzimmer, um über das weitere Vorgehen zu sprechen. Neben Aufhäuser, Staudinger, Hagen, Hertz, Baerensprung, Thormann, Tillich und Budzislawski, der inzwischen ebenfalls in die USA emigriert war und für die Schriftstellerin und Journalistin Dorothy Thompson arbeitete, waren der Ethnologe Julius Lips und der Schriftsteller Carl Zuckmayer zugegen.[230] Bei den Gesprächen standen die Überwindung der Fraktionskämpfe im Exil und die Etablierung einer überparteilichen Verbindungsstelle für ein Deutschland nach Kriegsende im Vordergrund.[231] Obwohl die Gruppe, zu der künftig auch Hans E. Hirschfeld und Bertolt Brecht hinzugezogen werden sollten, in erster Linie Angehörige verschiedener politischer Zusammenschlüsse umfasste, wurde vereinbart, sich – um Konflikte zu vermeiden – als Komitee von »politisch aktive[n] Einzelpersönlichkeiten« zusammenzuschließen.[232] Weitere Personen sollten nach Verabschiedung einer grundsätzlichen Erklärung zur Mitarbeit aufgefordert werden. Wenige Tage später traf sich das Initiativ- beziehungsweise Vorbereitungskomitee erneut, um ein »Aktions-Komitee« bestehend aus Aufhäuser, Hagen, Hertz und Hirschfeld zu gründen.[233] Außerdem wurde – auf Drängen Aufhäusers – Stampfer hinzugezogen, die Aufnahme weiterer Personen – unter anderem die von Juchacz, Wachenheim sowie die des Wirtschaftswissenschaftlers und ehemaligen Zentrumspolitikers Friedrich Baerwald – erörtert und über eine von Tillich vorbereitete Gründungserklärung debattiert.[234]

Diese Entwicklungen wurden von US-amerikanischen Regierungsstellen argwöhnisch beobachtet.[235] Wenn überhaupt, so die Position des OSS, sollte Thomas Mann zu einem späteren Zeitpunkt an einem Komitee unter Federführung der GLD mitwirken.[236]

226 Ebd., S. 179 sowie Ruprecht, Boenheim 1992, S. 265 f.
227 Liebner, Council 2001, S. 187 f.
228 Ebd., S. 206 sowie Bungert, Kalkül 1998, S. 264.
229 Ebd., S. 265.
230 Liebner, Council 2001, S. 208 f.
231 Ebd., S. 209.
232 Ebd., S. 210.
233 Ebd., S. 215.
234 Ebd.
235 Ebd., S. 189 sowie S. 212 ff.
236 Ebd., S. 213 sowie Bungert, Kalkül 1998, S. 265 f.

Wenige Tage vor der Konferenz von Teheran, auf der die drei alliierten Regierungschefs Ende November 1943 erstmals zusammentrafen, musste die Konstitution eines prominent besetzten Exilkomitees, so die Befürchtungen, das fragile Verhältnis der Koalition gefährden. Eine direkte Einmischung in die Belange der Exilierten erschien in Anbetracht der nach außen proklamierten Neutralität gegenüber Exilvertretungen jedoch kaum durchführbar.[237] In dieser Situation spielte dem Außenministerium in die Karten, dass Thomas Mann dem Vorhaben gegenüber skeptisch geblieben war: Er hielt Rücksprache mit dem FNB-Leiter Poole, der die Dynamik zunächst entschleunigte und ein Treffen zwischen Mann und Adolf A. Berle einfädelte. Berle, der im Vorfeld eingehend vom OSS gebrieft worden war, riet Mann bei dem gemeinsamen Treffen am 25. November 1943 in Washington diskret – aber nicht offiziell – von einer Beteiligung ab.[238]

Der *Council for a Democratic Germany*

Unterdessen hatte sich in New York ein »Kleiner Ausschuß« um Paul Tillich, Siegfried Aufhäuser, Hermann Budzislawski, Hans E. Hirschfeld und Bertold Brecht konstituiert, um den Entwurf einer Erklärung zu erörtern.[239] Das Papier sollte als gemeinsame Basis verabschiedet, zunächst jedoch nicht veröffentlicht werden. Als Thomas Mann nach seiner Rückkehr aus Washington Abstand von dem geplanten Komitee nahm, reagierten die Beteiligten mehrheitlich enttäuscht, verärgert und verunsichert.[240] Schließlich übernahm der international bekannte und weithin als überparteilich anerkannte Paul Tillich die Leitung der Initiative.[241] Siegfried Aufhäuser hatte nach dem Ausscheiden von Thomas Mann gegenüber Charles B. Friediger angezweifelt, ob er selbst und Friedrich Stampfer sich weiterhin beteiligen würden.[242] Innerhalb der GLD einigte man sich jedoch zunächst darauf, weiter Kontakt zur Gruppe zu halten – wohl um Einfluss auf die zukünftigen Entwicklungen nehmen zu können.[243] Der endgültige und

237 Liebner, Council 2001, S. 213 f.

238 Vgl. zu diesem strategischen Vorgehen: Stephan, Visier 1998, S. 70-75, Bungert, Kalkül 1998, S. 266 f. sowie Liebner, Council 2001, S. 214-219.

239 Ebd., S. 217 f. Der Entwurf stammte von Tillich.

240 Ebd., S. 218 ff. Zuckmayer hatte sich zuvor zurückgezogen. Von einer Beteiligung hatten Mann auch seine Tochter Erika Mann und seine Freundin und Förderin, die Journalistin und Herausgeberin Agnes E. Meyer, abgeraten. Vgl. zum Ausscheiden Manns ferner: Ruprecht, Boenheim 1992, S. 268.

241 Liebner, Council 2001, S. 230. Einer Einladung Reinhold Niebuhrs, des späteren Vorsitzenden der AFGF, folgend, war dieser 1933 nach New York emigriert und hatte eine Gastprofessur am hiesigen *Union Theological Seminary* angenommen (ebd., S. 37 f.). In den USA beteiligte sich Tillich unter anderem an der Gründung der Selbsthilfeorganisation *Selfhelp of German Emigres* (später: *Selfhelp for Emigrees from Central Europe*)(ebd., S. 42 ff., vgl. zu AFGF und Selfhelp auch: III. Kapitel 3.2).

242 NARA Washington, Record Group 226, Entry 100, INT-13 GE-896.

243 Liebner, Council 2001, S. 224 sowie S. 231. Nun ergänzt durch Hedwig Wachenheim, die zuvor zur Mitarbeit aufgefordert worden war.

kontrovers diskutierte Rückzug erfolgte Ende Januar, nachdem die DAKV-Vertreter Felix Boenheim und Albert Schreiner in das »Initiativkomitee« aufgenommen worden waren.[244] Albert Grzesinski, der sich im Mai 1943 wieder der GLD angeschlossen hatte, erklärte daraufhin abermals seinen Austritt und beteiligte sich fortan aktiv am neuen Zusammenschluss.[245]

Im Gegensatz dazu blieb Siegfried Aufhäuser den Treffen der Initiativgruppe vorläufig fern.[246] Als die deutsche Sprachgruppe der SDF – auf Betreiben einzelner GLD-Mitglieder – eine diffamierende Entschließung zu den Aktivitäten des »Tillich-Komitee« verabschiedete, zeigte er sich jedoch entrüstet.[247] Er selbst habe, so führte er gegenüber Stampfer an, anlässlich des vorausgegangenen Beschlusses sein »Verhalten der Mehrheitsauffassung angepasst und [...] selbstverständlich angenommen, daß die Mitglieder der Mehrheit das loyale Verhalten des einen Teils der GLD nicht [...] zur extremen einseitigen Politik im Sinne des anderen Teils mißbrauchen« würden.[248] Dazu gab er eine Erläuterung ab, die seine grundsätzlichen Vorstellungen von politischer Entscheidungsfindung innerhalb der Sozialdemokratie paradigmatisch widerspiegelt:

> Es scheint mir kein Unglück zu sein, daß in der GLD divergierende Auffassungen in den politischen Fragen der Gegenwart und der Zukunft bestehen. Die europäische und die deutsche Situation sind genügend verwickelt, um auch innerhalb einer Parteigruppe Meinungsverschiedenheiten auszulösen. Die Sozialdemokratische Partei war früher stolz darauf, in der Innen- wie Außenpolitik über eine innerdemokratische Parteibasis zu verfügen, die stark genug ist, um Richtungskämpfe sogar öffentlich austragen zu könne[n].[249]

Er gab jedoch zu bedenken, dass »[a]ngesichts der heute besonders schwierigen Situation«, es »innerhalb der GLD keinen Zweifel geben« solle, »die sozialdemokratischen Kräfte zusammen[zu]halten, [...] um der deutschen Arbeiterschaft eine künftige Basis ihrer Bewegung schaffen zu helfen«.[250] In diesem Sinne kritisierte er, dass einzelne Mitglieder »in Fragen, die so ausschließlich Dinge der deutschen politischen Emigration berühren, auf eigene Faust Politik mach[t]en«, die auf die GLD zurückfallen müsse.[251]

244 Ebd., S. 236. Siehe zur Beteiligung kommunistischer Vertreter: Keßler, Westemigranten 2019, S. 144-168. Vgl. auch IV. Kapitel 1.2.

245 AdsD Bonn, Bestand Friedrich Stampfer, Mappe 1, Nr. 25, Aufhäuser an Stampfer, 23. 2. 1944. Aufhäuser gibt darin einen Brief von Grzesinski vom 21. Februar 1944 wieder. Siehe ferner: Liebner, Council 2001, S. 237 sowie S. 244.

246 Ebd.

247 Ebd., S. 238. Die Entschließung wurde am 12. 2. 1944 in der NVZ unter dem Titel »Warnung vor kommunistischen Tricks« veröffentlicht.

248 AdsD Bonn, Bestand Friedrich Stampfer, Mappe 1, Nr. 25, Aufhäuser an Stampfer, 23. 2. 1944.

249 Ebd.

250 Ebd.

251 Ebd.

Mit Verweis auf die erfolgreiche Zusammenarbeit in der Union deutscher sozialistischer Organisationen in Großbritannien erhoffte er sich von der nächsten GLD-Sitzung, zumindest hinsichtlich ihrer »Außenpolitik«, eine einheitliche programmatische Basis sowie »eine Verständigung über das Verhalten der einzelnen Mitglieder« herbeizuführen.[252]

In dieser Hinsicht war Siegfried Aufhäusers Initiative allerdings kein Erfolg beschieden. In der Folgezeit zog er sich von der GLD zurück. Stattdessen beteiligte er sich ab März 1944 wieder aktiv an den Sitzungen des »Initiativkomitees«.[253] Hier schritten die Entwicklungen voran: Am 11. März 1944 wurde die formelle Konstitution der Gruppe auf den 25. März terminiert und die bereits erwähnte – abermals überarbeitete – Erklärung signiert, um sie in den kommenden Tagen einem erweiterten Personenkreis mit Bitte um Unterzeichnung vorzulegen.[254] Auf der folgenden Sitzung fiel eine Entscheidung über den endgültigen Namen des Komitees, das in der Presse bislang hauptsächlich als »Tillich-Komitee« firmiert hatte und sich fortan *Council for a Democratic Germany* nannte.[255] Anfang Mai 1944 trat der Council, der seinerzeit aus 19 Vollmitgliedern »aller politischen Richtungen« – unter ihnen Aufhäuser, Budzislawski, Glaser, Grzesinski, Hagen und Hertz – bestand, mit einer ausführlichen Erklärung, die von mehr als 60 weiteren deutschen Emigrant:innen gezeichnet wurde, an die US-amerikanische Öffentlichkeit.[256] Darin wurde die Hoffnung auf Erhalt der »Anti-Hitler-Koalition« nach der militärischen Niederlage Deutschlands zum Ausdruck gebracht. Dadurch sollte der demokratische Wiederaufbau Europas in den Nachkriegsjahren gesichert werden. In Abgrenzung zum NKFD wurde neben der Beseitigung des Nationalsozialismus und der Entmachtung der Eliten in Militär, Bürokratie und Industrie auch die Entwaffnung Deutschlands gefordert. Mit Bezug auf die Prinzipien der Atlantik-Charta schien es außer Frage, dass die demokratische Erziehung der Bevölkerung sich vor dem Hintergrund der territorialen und ökonomischen Einheit Deutschlands zu vollziehen habe.[257]

Die Vorgeschichte des Council ist ebenso wie dessen Entwicklung bis hin zum Scheitern des Projekts Ende 1945/Anfang 1946 detailreich dargestellt worden.[258] Ein-

252 Ebd.

253 Liebner, Council 2001, S. 237, Fußnote 44 sowie S. 249, Fußnote 99.

254 Ebd., S. 249 ff.

255 Ebd., S. 257.

256 Ebd., S. 257-265. Die Deklaration wurde in der Presse zumeist am 3. Mai 1944 rezitiert beziehungsweise abgedruckt. Thomas Michael Ruprecht führte mit Blick auf die »Zusammensetzung des Initiativausschusses« Anfang 1944 aus, dass dieser »unter Ausschluß der Nationalsozialisten zu Recht als Querschnitt der Weimarer Parteienlandschaft bezeichnet werden« könne (Ruprecht, Boenheim 1992, S. 270). In den folgenden Monaten verließen verschiedene Persönlichkeiten aus unterschiedlichen Gründen den Zusammenschluss, andere kamen hinzu (ebd., S. 271 ff.).

257 Die Deklaration findet sich abgedruckt in: Langkau-Alex/Ruprecht (Hg.): Der Council for a Democratic Germany 1995, S. 155-163. Parallel dazu erschien ein »Statement of American Endorsers« (Ruprecht, Boenheim 1992, S. 273 f.).

258 Vgl. hierzu: ebd. sowie Liebner, Council 2001.

gehend wurde dabei auf die Bedeutung der AFGF bei der Sammlung deutscher Exilierter hingewiesen, die sich anlässlich der Council-Gründung in *American Association for a Democratic Germany* (AADG) umbenannte.[259] In einer umfassenden Studie thematisierte Petra Liebner auch die Finanzierungsprobleme des Council und dessen Reaktion auf öffentliche Angriffe und Diffamierungskampagnen.[260] Ferner beschäftigte sie sich ausführlich mit den inhaltlichen Auseinandersetzungen, politischen Initiativen und den publizistischen Aktivitäten in Reaktion auf die Kriegsentwicklungen: Nach der Landung der Alliierten in der Normandie veröffentlichte der Council einen »Appell an das deutsche Volk«.[261] Außerdem wurden Versuche unternommen, sich an der »Aufklärung und Umerziehung« deutscher Kriegsgefangener zu beteiligen.[262] Demgegenüber blieb eine öffentliche Reaktion auf das Hitler-Attentat vom 20. Juli 1944 zunächst aus.[263] Ab September 1944 erschien jedoch ein *Bulletin of the Council for a Democratic Germany*, das sowohl über die Verhältnisse in Deutschland als auch über die dortige Oppositionsbewegung berichtete.[264] Ausführlich beschäftigte sich das Bulletin mit den alliierten Kriegszielen, den Aktivitäten des Council und seiner politischen Agenda. Darüber hinaus wurden Überlegungen angestellt, die US-amerikanische Öffentlichkeit und die für die Nachkriegsplanungen maßgeblichen Entscheidungsträger:innen verstärkt zu adressieren.[265] Über die publizistische Arbeit hinaus versuchten die Council-Mitglieder, Einfluss auf Regierungsstellen und die alliierte Deutschlandpolitik zu nehmen.[266] Obschon zahlreiche persönliche Kontakte bestanden, erwiesen sich solche Initiativen jedoch als nicht sonderlich erfolgreich.[267]

Ungeachtet dessen zogen die US-amerikanischen Behörden einzelne Council-Mitglieder wiederholt zurate. Ein oft konsultierter Gesprächspartner war Siegfried Aufhäuser, bei dem sich Charles B. Friediger etwa nach deutschen Sachverständigen erkundigte, die die alliierten Besatzungskräfte unterstützen könnten.[268] Ein von Aufhäuser im Herbst 1944 verfasstes Memorandum mit Einschätzungen zur gegenwärtigen Situation in Deutschland wurde übersetzt und angeregt diskutiert.[269] Als sich seine Meinung zum NKFD Anfang

259 Vgl. Krohn, Council 1995, S. 22 ff. Siehe zur Zusammenarbeit und den organisatorischen und finanziellen Konflikten auch: Liebner, Council 2001, S. 318-326 und Ruprecht, Boenheim 1992, S. 269.
260 Vgl. etwa: Liebner, Council 2001, S. 320 ff. und 327 ff. Siehe zu den Diffamierungen ferner: S. 344 ff.
261 Ebd., S. 328 f. Siehe zur mäßigen Resonanz auch S. 340 f.
262 Ebd., S. 330-340 sowie Ruprecht, Boenheim 1992, S. 284 ff.
263 Liebner, Council 2001, S. 340 f. und S. 350 f. Diese erfolgte erst im September mit einem »Appeal to the German People« (S. 354 f.).
264 Vgl. Bulletin of the Council for a Democratic Germany Nr. 1-5 (September 1944 bis Mai 1945).
265 Liebner, Council 2001, S. 352 und S. 377 ff.
266 Vgl. ebd., S. 355 sowie S. 374 f.
267 Vgl. ebd. sowie S. 342 ff. und Ruprecht, Boenheim 1992, S. 270 und S. 277.
268 Liebner, Council 2001, S. 375.
269 NARA Washington, Record Group 226, Entry 100, INT-13 GE-1274.

Dezember änderte, bat Friediger ihn, seinen Text entsprechend zu ergänzen.[270] Außerdem war seine Meinung zum Einsatz von deutschem Verwaltungspersonal in besetzten Gebieten gefragt.[271] Gleichwohl zeigten sich die US-amerikanischen Vertreter:innen stets bemüht, den informellen Charakter eines solchen Austauschs zu wahren.[272]

In organisatorischer Hinsicht stand wiederholt das Verhältnis zwischen Council-Vollmitgliedern, die sich im »Initiativkomitee« organisierten und den übrigen Unterzeichner:innen der Deklaration sowie den Mitgliedern der unterschiedlichen (Unter-)Ausschüsse und Arbeitskreise zur Disposition.[273] Solche Komitees hatten sich zwischenzeitlich zu unterschiedlichen Aufgabenbereichen und Themenfeldern gegründet, ihre Struktur erschien in Anbetracht zunehmender Kompetenzstreitigkeiten jedoch reorganisierungsbedürftig.[274] Aus Bemühungen und Debatten um eine Geschäftsführung entstand im Oktober 1944 ein vierköpfiger Verwaltungsausschuss, dem neben Friedrich Baerwald, Albert Schreiner und dem Ausschussvorsitzenden Paul Tillich auch Siegfried Aufhäuser als dessen Stellvertreter angehörten.[275] Im Januar 1945 wurde diese Einrichtung durch einen neunköpfigen Vorstand, »Geschäftsführender Ausschuss« genannt, ersetzt. Ihm gehörten neben den vier genannten Budzislawski, Hagen, Lips sowie der Wirtschaftsjurist Frederick Haussmann und der Theologe Frederik J. Forell an.[276] Bei der Zusammensetzung von Vorstand und »Initiativkomitee« – dem ab Herbst 1944 etwa auch Käte Frankenthal angehörte – spielte das sogenannte »Balance-Prinzip« eine maßgebliche Rolle, wonach die unterschiedlichen politischen Richtungen in einem ausgewogenen Verhältnis vertreten sein sollten.[277] Aus diesem Grund erfolgten die sich immer wieder vollziehenden personellen Wechsel im »Initiativkomitee«, das sich dem Konsens-Prinzip verpflichtet sah, nicht durch Wahlen, sondern durch Neu-Berufungen.[278] Dennoch verfügten die Vertreter:innen von Sozialdemokratie und *Neu Beginnen* hier bald über ein personelles Übergewicht, was Abgrenzungstendenzen förderte und teils zu gravierenden internen Auseinandersetzungen führte.[279]

Ohnehin war die Council-Arbeit von zahlreichen Konflikten und internen Auseinandersetzungen geprägt. Im Zuge einer Debatte um die Aufnahme des kommunistischen Journalisten Albert Norden sah sich Siegfried Aufhäuser sogar veranlasst, mit

270 Ebd., INT-13 GE-1290 sowie INT-13 GE-1292.
271 Ebd., INT-13 GE-1290 und INT-13 GE-1305. Memorandum enthalten in: INT-13 GE-1298.
272 Ebd., INT-13 GE-1290 sowie Liebner, Council 2001, S. 375 f.
273 Ebd. S. 289, S. 297-303, S. 309 ff. Vgl. zur Organisationsstruktur den Rekonstruktionsversuch bei: Ursula Langkau-Alex/Thomas M. Ruprecht, Council for a Democratic Germany: Übersicht über Komitees, Ausschüsse und deren Zusammensetzung, in: dies. (Hg.): Der Council for a Democratic Germany 1995, S. 269-277.
274 Liebner, Council 2001, S. 303.
275 Ebd., S. 304 ff.
276 Ebd., S. 308.
277 Vgl. dazu ausführlich: ebd., S. 299 ff.
278 Ebd., S. 300 ff.
279 Ruprecht, Boenheim 1992, S. 273.

seinem Rücktritt zu drohen: Norden hatte im Oktober 1944 einen Text zur Abtretung deutscher Gebiete publiziert, der nach Aufhäusers Auffassung den Überzeugungen des Council widersprach.[280] Die Aufnahme erfolgte schließlich, nachdem ein Beschluss verabschiedet worden war, wonach künftig »schriftliche[] Äußerungen von Council-Mitgliedern nur noch in Absprache mit dem Presse- und Richtlinienkomitee gemacht werden dürften«.[281] Solche Auseinandersetzungen waren keine Seltenheit. In den letzten Monaten des Jahres 1944 drehten sich die Debatten in erster Linie um das Verhältnis zwischen Council und der AADG, ihrer Unterstützungsorganisation.[282] Dieser Disput konnte beigelegt werden, bevor die Ergebnisse der Jalta-Konferenz vom Februar 1945 für weiteren Konfliktstoff sorgten.[283] Auf ihrem zweiten Zusammentreffen einigten sich die Regierungschefs Churchill, Roosevelt und Stalin auf eine »dismemberment« Deutschlands, auf die Einrichtung von vier separaten Besatzungszonen und die Westverschiebung Polens. Auf diese Beschlüsse reagierte der Council mit sechs unterschiedlichen Stellungnahmen – Ausdruck der dort vertretenen Meinungsdivergenz.[284] Nicht alle teilten Siegfried Aufhäusers positive Rezeption der Konferenzergebnisse:

> [...] the German people are offered the hope of a decent life after Nazism and militarism have been wiped out.
> The most important statement is the declaration that the solidarity of the United Nations, forged in the perils of war, will be maintained in the political field during peace time. In this unity of the peace-loving nations lies the key both for a new world and for the reconstruction of Germany.[285]

Seine Stellungnahme, die auch im kommunistischen *German American* nachgedruckt wurde, rief besonders bei der GLD erzürnte Reaktionen hervor.[286] Friedrich Stampfers Anschuldigung, Siegfried Aufhäuser habe in dem kommunistischen Blatt einen Artikel platziert und mit seiner Position auch die Verpflichtung deutscher Bevölkerungsteile zur Zwangsarbeit sowie Gebietsabtretungen unumwunden gebilligt, konnte dieser zwar widerlegen.[287] Meinungsverschiedenheiten über die zukünftige Rolle der Sowjetunion und das Verhältnis zur kommunistischen Bewegung ließen sich jedoch nicht ausräumen.

280 Liebner, Council 2001, S. 369 f.
281 Ebd., S. 370.
282 Ruprecht, Boenheim 1992, S. 281 sowie Liebner, Council 2001, S. 323-326.
283 Ruprecht, Boenheim 1992, S. 282.
284 Vgl. dazu auch: Liebner, Council 2001, S. 384.
285 Bulletin of the Council for a Democratic Germany, Nr. 4 vom Februar 1945, »The Crimea Concept and the Council«.
286 Vgl. The German American, 3. Jg. Nr. 21 vom 1. 3. 1945, »Stimmen von Deutschamerikanern und von deutschen Hitler-Gegnern zur Krim-Konferenz«.
287 Neue Volks-Zeitung, 14 Jg. Nr. 13 vom 31. 3. 1945, »Sind wir Russland-feindlich? Antwort von Siegfried Aufhäuser auf Friedrich Stampfers Kritik, und ein Schlusswort Stampfers zu der Stellung, die wir angesichts der Politik Russlands einnehmen«.

Der Versuch des Council, eine gemeinsame kritische Stellungnahme zu den wirtschaftlichen Aspekten der Jalta-Beschlüsse und zur »Verwendung von Arbeitskräften im Rahmen der Reparationsleistung« zu erarbeiten, erwies sich als schwierig.[288] Die Veröffentlichung eines auf Siegfried Aufhäuser und Frederick Haussmann zurückgehenden, mehrfach überarbeiteten Entwurfs wurde von den kommunistischen Vertretern Boenheim, Schreiner und Norden wochenlang blockiert.[289] Sie hielten eine Kritik an den Jalta-Beschlüssen für unangebracht und traten vehement für die Durchsetzung sowjetischer Interessen ein, wodurch auch bei Aufhäuser die Skepsis gegenüber einer weiteren Zusammenarbeit wuchs.[290] Ungeachtet dieser Differenzen konnte Friediger vom OSS am 19. April 1945 nach einem Zusammentreffen mit ihm berichten:

> Aufhäuser admitted that the structure of the Council is not too solid but that the Communists for the moment seem to wish to continue with it.[291]

Auf das Kriegsende in Europa reagierte der Council mit einer kurzen Erklärung zur Befreiung des deutschen Volks.[292] Kurz zuvor war ein »Sofort-Programm für Deutschland nach der totalen militärischen Niederlage« veröffentlicht worden.[293] Aufbauend auf Texten und Denkschriften der einzelnen Council-Ausschüsse fanden sich darin allgemeine Überlegungen zur »Ausmerzung« von Nationalsozialismus und Militarismus, dem demokratischen Wiederaufbau sowie zu Selbsthilfemaßnahmen. Außerdem wurden Ernährungs-, Gesundheits-, Bekleidungs- und Wohnraumprobleme sowie Fragen zu Produktion, Beschäftigung, Verwaltung, zur demokratischen Erziehung und Erneuerung sowie zur Wirtschaftsordnung behandelt.[294]

Immer wieder stand der Council in den folgenden Wochen kurz vor seiner Auflösung.[295] Inhaltliche Auseinandersetzungen, finanzielle Fragen, ausbleibender politischer Einfluss und das bröckelnde alliierte Bündnis ließen an der Sinnhaftigkeit der Arbeit zweifeln. Ende Juni 1945 sprachen Paul Hagen, Paul Tillich und Siegfried Aufhäuser offen über ein Ende des Council, letztere beschlossen aber, zumindest bis September weiterzuarbeiten.[296] Die Potsdamer Konferenz, die zwischen dem 17. Juli und dem 2. August 1945 tagte, schuf jedoch eine neue Ausgangslage und leitete das Ende des Council ein.[297] Abermals war es die hier konkretisierte »Territorialfrage«, die

288 Zitiert nach Liebner, Council 2001, S. 386.
289 Ebd., S. 386-390.
290 Ebd., S. 389 ff. sowie NARA Washington, Record Group 226, Entry 100, INT-13 GE-1472.
291 Ebd.
292 Bulletin of the Council for a Democratic Germany, Nr. 5 vom Mai 1945, »The End of Nazism«. Vgl. zur Kontroverse um den Begriff innerhalb des Council: Liebner, Council 2001, S. 452 f.
293 In: Langkau-Alex/Ruprecht (Hg.): Der Council for a Democratic Germany 1995, S. 215-230.
294 Ebd. Vgl. dazu auch die folgenden Abschnitte.
295 Liebner, Council 2001, S. 460 ff.
296 Ebd., S. 465.
297 Ebd., S. 469.

zum Konflikt führte.[298] Die Ausarbeitung einer kritischen Stellungnahme zum Potsdamer Abkommen, in dem die drei alliierten Regierungschefs die Grundsätze ihrer Deutschlandpolitik – darunter Entnazifizierung, Demilitarisierung, Dezentralisierung und Demokratisierung – festgelegt hatten, erwies sich als schwierig. Während sich die drei kommunistischen Vertreter grundsätzlich gegen eine Protesterklärung aussprachen, wurde vonseiten der übrigen Mitglieder eine solche nachdrücklich eingefordert.[299] Insbesondere der Beschluss, die östlich der Oder-Neiße-Linie gelegenen ehemaligen deutschen Gebiete unter polnische Verwaltung zu stellen, erschien ihnen nicht kommentarlos hinnehmbar. Einen Vermittlungsversuch unternahm Siegfried Aufhäuser, der sich auf einer Vollsitzung am 20. September 1945 für eine »besonnene und europäisch gerichtete Kundgebung« ohne »jede revisionistische und nationalistische Begleitmusik« aussprach, um auf die wirtschaftlichen Folgen der Potsdamer Entscheidungen hinzuweisen.[300] Obwohl sein Vorschlag zunächst auf Zustimmung stieß, kam die Arbeit nicht über das Entwurfsstadium hinaus.[301] Vor dem Hintergrund sich verschärfender Differenzen zwischen den Alliierten schlug er Anfang Oktober vor, stattdessen eine allgemeine Erklärung zur weltpolitischen Lage abzugeben.[302] Obschon sich in grundsätzlichen Dingen Einverständnis abzeichnete, gingen die Vorstellungen im Detail deutlich auseinander.[303] In der Folge verließen mehrere Mitglieder – unter ihnen Hagen, Baerwald, Hertz, Haussmann und Forell – den Council.[304]

Paul Hagen, der längst das Interesse an der Council-Arbeit verloren hatte und seine Rückkehr nach Deutschland vorbereitete, bürdete dem Zusammenschluss im Zuge seines Ausscheidens noch eine zusätzlich Last auf.[305] Am 18. Oktober veröffentlichte er – ohne Rücksprache und noch als Mitglied des Council – eine Erklärung über den Verlauf der vorausgegangenen Sitzung des Geschäftsführenden Ausschusses, in dem er die drei Kommunisten öffentlich für dessen Scheitern verantwortlich machte. In der Folgezeit lösten sich die Verbindungen zum AADG.[306] Dennoch sollte die Arbeit zunächst weitergeführt werden. Am 30. Oktober 1945 trat der Geschäftsführende Ausschuss abermals zusammen, Beschlüsse zur Reaktivierung der Aktionsfähigkeit wurden jedoch nicht mehr umgesetzt. Eine weitere Zusammenkunft kam zunächst nicht zustande. Ende Januar 1946 traten auch Siegfried Aufhäuser, Kurt Glaser und Julius Lips aus. Für das endgültige Scheitern des Projekts machten sie in ihrem Schreiben einerseits Paul Tillich verantwortlich, der in den vorausgegangenen Monaten, eine »Politik

298 Ruprecht, Boenheim 1992, S. 305.
299 Liebner, Council 2001, S. 472 ff.
300 Zitiert nach ebd., S. 479 f.
301 Ebd., S. 480 f.
302 Ebd., S. 481 f.
303 Ebd., S. 482 f.
304 Ebd., S. 483.
305 Ebd., S. 486 f.
306 Ebd., S. 486.

völliger Passivität« habe erkennen lassen.[307] Eine maßgebliche Mitverantwortung wiesen sie andererseits Paul Hagen zu:

> Im Interesse der Einigkeit haben die sozialdemokratischen Mitglieder eine Reihe von Zwischenfällen toleriert, die sich bald nach der Gründung aus Sonderaktionen und einseitig gerichteten Veröffentlichungen von Paul Hagen ergeben hatten. [...] Es war längst sichtbar geworden, daß der Council als ein Instrument für die Sonderbestrebungen des Herrn Hagen dienen sollte. Als sich aber ergab, daß der Council sich dafür als nicht tauglich erwies, versuchte er, ihn zu sprengen.[308]

Siegfried Aufhäusers Pläne zum Wiederaufbau der deutschen Gewerkschaftsbewegung

Dabei hatte Siegfried Aufhäuser zuletzt wieder eng mit Paul Hagen zusammengearbeitet. Im März 1944 gewann Charles B. Friediger vom OSS bei einem Zusammentreffen den Eindruck, Aufhäuser sei »at the moment much closer to Hagen than ever before«.[309] Beide gehörten als Council-Vollmitglieder dem »Initiativkomitee« sowie dem Geschäftsführenden Ausschuss an und beteiligten sich im Presse-Ausschuss an der Herausgabe des Bulletins.[310] Gemeinsam mit Baerwald, Schreiner und dem ehemaligen SAP-Vorstand Jacob Walcher verfassten sie überdies eine »Denkschrift über den Wiederaufbau einer Gewerkschaftsbewegung in Deutschland«.[311] Als »erste Gemeinschaftsarbeit, die nach der [Council-]Deklaration abgeschlossen« und einer breiten Öffentlichkeit vorgestellt wurde, kam ihr eine Vorbildfunktion für die Arbeit der übrigen Ausschüsse zu.[312]

Der Inhalt dieser Denkschrift geht im Wesentlichen auf Siegfried Aufhäuser zurück. Seit Mitte 1942 hatte er im Rahmen der *German Study Group* unter anderem mit Horst Baerensprung, Hans E. Hirschfeld und Ernst Fraenkel an Textentwürfen zum politischen und wirtschaftlichen Wiederaufbau Deutschlands und Europas nach Kriegs-

307 Austrittsschreiben von Siegfried Aufhäuser, Kurt Glaser und Julius Lips an Paul Tillich, 27. Januar 1946, in: Quellen zur Geschichte der deutschen Gewerkschaftsbewegung 1999 (Bd. 5), S. 1054 f.

308 Ebd. Der Council wurde jedoch nie offiziell aufgelöst. Kurzzeitig wurde erwogen, den Council in eine Hilfsorganisation umzuwandeln, dieses Vorhaben scheiterte jedoch ebenso (Ruprecht, Boenheim 1992, S. 306 sowie Liebner, Council 2001, S. 490 f.).

309 NARA Washington, Record Group 226, Entry 100, INT-13 GE-1023.

310 Helmut G. Asper/Ursula Langkau-Alex, Die Medien in Nachkriegsdeutschland: Zu den Arbeiten des Presse- und des Kunst-Ausschusses, in: Langkau-Alex/Ruprecht (Hg.): Der Council for a Democratic Germany 1995, S. 101-114, hier S. 102 und S. 106.

311 Abgedruckt als Denkschrift des Unterausschusses des Studienkomitees für Gewerkschaftsfragen, in: ebd., S. 171-180. Aus dem Studienkomitee heraus entstanden später auch ein Wirtschafts-Ausschuss sowie ein Komitee für Erziehung und Wissenschaft.

312 Zitiert nach: Jan Foitzik, Wiederaufbau der Gewerkschaften: Zur Denkschrift des Council for a Democratic Germany, in: ebd., S. 75-90, hier S. 84. Im Frühjahr 1945 fand sie Eingang in das Sofort-Programm (Liebner, Council 2001, S. 403).

ende gearbeitet.[313] Hinsichtlich der gewerkschaftlichen Nachkriegsplanung entwickelte er sich bald zur prägendsten Figur in der US-amerikanischen Emigration. Der Entwurf einer Resolution zur Gewerkschaftsfrage, die im Juli 1943 auf der bereits mehrfach erwähnten Landeskonferenz verabschiedet wurde, stammte von ihm.[314] Anknüpfend an demokratische Traditionen von Sozialdemokratie und freier Gewerkschaftsbewegung wurde darin auf die »hart geschweißte Schicksalsgemeinschaft der Arbeiter in den Betrieben« rekurriert, die auch durch die nationalsozialistische Verfolgung und Gewalt nicht zerstört werden konnte.[315] An dieses kämpferische Potenzial müsse angeknüpft werden, »um der deutschen Demokratie den Weg zu ebnen«:

> Nur vom Betrieb aus wird die neue deutsche Arbeiterbewegung reorganisiert und konsolidiert werden können. Aus dem Betrieb heraus wird sich der Neuaufbau der Gewerkschaften örtlich, regional und zentral vollziehen müssen.[316]

Die Reorganisation solle sich anhand von Industriegewerkschaften vollziehen, »um die großen produktiven Kräfte Deutschlands zur Mitwirkung am Wiederaufbau von Staat und Wirtschaft zu befähigen«.[317] »[I]n der Übergangsperiode vom Krieg zum Frieden« würden die Gewerkschaften so »in der Bewältigung der Tagesaufgaben den Boden der künftigen Demokratie [...] bereiten«.[318]

Die Resolution als Willensbekundung der Konferenz war kurzgehalten. Ausführlicher konkretisierte Aufhäuser seine Vorstellungen in einem undatierten Textentwurf, der sich heute in den Hinterlassenschaften von Max Brauer befindet und vermutlich auf die Jahresmitte 1943 zurückgeht.[319] Mit Hedwig Wachenheim, Alfred Braunthal, Ernst Hamburger und Ernst Fraenkel thematisierte er in diesem Manuskript politische Fragestellungen, die sich infolge der deutschen Kriegsniederlage ergeben würden.[320] Der

313 Vgl. IfZ München, Bestand Kurt Lachmann, ED 223, Band 3 sowie Landesarchiv Berlin, Nachlass Hirschfeld E Rep 200-18, Nr. 7/1, Aufhäuser an Hirschfeld, 27. 2. 1943.

314 Vgl. etwa das Exemplar im Exilarchiv Frankfurt a. M., Teilnachlass Albert Grzesinski, EB 86/124 (Mappe 12/2). Abgedruckt ist die Resolution der Landeskonferenz deutschsprachiger Sozialdemokraten und Gewerkschafter in den USA zur Gewerkschaftsfrage, 3./4. Juli 1943, in: Quellen zur Geschichte der deutschen Gewerkschaftsbewegung 1999 (Bd. 5), S. 1015 f. Vgl. zur Autorenschaft Fußnote 2.

315 Ebd.

316 Ebd.

317 Ebd.

318 Ebd. Während der Veranstaltung war vermutlich die Forderung nach »*Industrie*-Gewerkschaften« gestrichen worden (vgl. Foitzik, Wiederaufbau 1995, S. 84). Vgl. zur Autorenschaft auch ebd., Fußnote 84.

319 Staatsarchiv Hamburg, Bestand Max Brauer, 622/1-139 Signatur 56, Vorschläge betr. Nachkriegsdeutschland, undatiert. Siehe dazu auch das Exemplar im Exilarchiv Frankfurt a. M., Teilnachlass Albert Grzesinski, EB 86/124 (Mappe 12/1).

320 Mit den beiden GLD-Mitgliedern Braunthal und Wachenheim bildete er in der zweiten Jahreshälfte 1943 die Redaktionsgemeinschaft (editorial board) eines neuen GLD-Periodikums, in dem Fragen nach dem gewerkschaftlichen Wiederaufbau diskutiert werden sollten. Die

Text war in die Bereiche Verwaltung, Gewerkschaftswesen, Arbeitsrecht, Versorgung und Fürsorge sowie Wirtschaft gegliedert und sollte im Namen der GLD erscheinen.[321] Siegfried Aufhäuser, der die Verantwortung für den gewerkschaftlichen Teil übernahm, sprach sich dagegen aus, aus dem Exil heraus Vorentscheidungen »programmatischer oder organisatorischer Art« zu treffen.[322] Das niedergelegte »Aktionsprogramm« bezwecke vielmehr, »die praktische Einschaltung der Kräfte der deutschen Arbeiterschaft in die Tagesaufgaben« zu erörtern.[323] Als Ausgangspunkt identifizierte er die Betriebe, in denen er »die letzte Sammelstelle der zielbewußten und organisierten Widerstandsbewegung« vermutete.[324] Als letzter vorhandener Raum des »Arbeiterkollektivismus« würden sie die künftige »Basis für den Aufbau demokratischer Gewerkschaften und einer demokratisch gerichteten Wirtschaftsverfassung« bilden.[325] Zunächst gelte es, durch sie »an der Durchführung der lokalen Selbstverwaltung mitzuwirken«.[326] Über die Zusammenfassung von Betriebsgruppen und Ortsgruppen der Industrieverbände könne auf höheren Ebenen aus örtlichen Gewerkschaftskartellen und regionalen Bezirkskartellen eine zentrale Verwaltung und Exekutive entstehen.[327]

Bei Siegfried Aufhäuser spielten dabei auch taktische Überlegungen eine Rolle: Als »Basis für den Aufbau der deutschen Arbeiterbewegung« sei aus »Zweckmäßigkeitsgründe[n] zeitweise das Schwergewicht auf die Gewerkschaften« zu verlagern.[328] Der organisatorische Aufbau der Partei müsse vor dem Hintergrund der Besatzungspolitik »zunächst elastisch gehalten sein«, zumal womöglich »für die Zukunft mit einer Begrenzung der politischen Bewegungsfreiheit zu rechnen« wäre.[329] Außerdem dürften »[d]ie geistigen Auseinandersetzungen über die neue politische sozialistische Bewegung« wohl einige Zeit beanspruchen.[330] Der Wiederaufbau der Partei könne durch die Vermittlung von politischen Leitgedanken, die Etablierung eines Verbindungsdienstes zwischen den SPD-Gruppen in New York, London und Stockholm und die Vereinheit-

Publikation war als Forum gedacht, »to contribute to the clarification of the problems, tasks and opportunities of a German Labor Movement after the war, through the collection and analysis of the various arguments, opinions, evaluations and tendencies« (Staatsarchiv Hamburg, Bestand Max Brauer, 622/1-139 Signatur 10, Helmuth Wickel [hier als »Editor«] an »Dear Sir and Brother«, undatiert). Allerdings wurde das Vorhaben bald wieder aufgegeben, es lassen sich lediglich zwei Ausgaben nachweisen (Cazden, German Exile Literature 1970, S. 186).

321 Vgl. Staatsarchiv Hamburg, Bestand Max Brauer, 622/1-139 Signatur 56, Vorschläge betr. Nachkriegsdeutschland, undatiert, S. I.

322 Ebd., S. 21-32, hier S. 21.

323 Ebd.

324 Ebd., S. 28.

325 Ebd., S. 22 f.

326 Ebd., S. 23.

327 Ebd., S. 30.

328 Ebd., S. 24.

329 Ebd., S. 23 und S. 25.

330 Ebd., S. 23.

lichung der SPD-Auslandsvertretungen unterstützt werden.[331] Solche Gedankengänge waren jedoch nur für den internen Gebrauch bestimmt. Umso offensiver pochte er darauf, den gewerkschaftlichen Wiederaufbau »von unten« zu forcieren. Dabei sprach Aufhäuser sich klar für eine einheitliche und freie Gewerkschaftsbewegung – unter Wahrung der Koalitionsfreiheit – aus.[332] Die ideologische Trennung der Weimarer Zeit hielt er für überholt, ebenso eine Zwangsmitgliedschaft. Die *Deutsche Arbeitsfront* (DAF) müsse »schon aus politischen Gründen gleich allen Nazi-Organisationen aufgelöst werden«.[333] Allerdings könne am Prinzip des Industrieverbandes festgehalten werden, der »technisch einfacher zu rekonstruieren sei«.[334] Vor diesem Hintergrund könnten die neuen Gewerkschaften – anknüpfend an ihre frühere Funktion als »Schule der Selbstverwaltung« – bei den ersten Übergangsmaßnahmen in den Bereichen der Sozial- und Gesundheitsfürsorge sowie bei Ernährungs-, Bildungs- und Verwaltungsaufgaben mithelfen.[335] Dies galt ohnehin für Fragen des Arbeits-, Lohn- und Erwerbswesens. Nur angedeutet wurde, dass auch wirtschaftspolitische Ansätze – etwa bei der »Gestaltung der örtlichen Wirtschaftsdemokratie« – verfolgt werden könnten.[336]

Der Textentwurf wurde in dieser Form nie publiziert. Dies mag dem Umstand geschuldet sein, dass die Meinungsverschiedenheiten in der GLD nicht beigelegt werden konnten und sich Siegfried Aufhäuser einige Zeit später von der Organisation trennte.[337] Im Juni 1944 veröffentlichte Hedwig Wachenheim jedoch große Teile des Texts in englischer Sprache in der Reihe »Studies in Postwar Reconstruction« unter dem Titel »GERMANY IN THE TRANSITION PERIOD« für die *American Labor Conference on International Affairs* (ALCIA).[338] Dieses Gremium war im Jahr zuvor durch das Engagement der Gewerkschaftsbünde AFL, CIO und der *Railway Brotherhoods* entstanden, um sich mit politischen, ökonomischen und sozialen Problemen zu beschäftigen, die sich aus der Nachkriegsplanung ergaben.

In der Council-Denkschrift zum gewerkschaftlichen Wiederaufbau kamen die oben skizzierten Überlegungen ebenfalls zum Ausdruck: Dass der Text und die GLD-Resolution zur Landeskonferenz »fast identische Aussagen« enthielten, dürfte, so

331 Ebd., S. 24 ff.
332 Ebd., S. 27 f.
333 Ebd., S. 31. Im Original teilweise hervorgehoben.
334 Ebd., S. 30. Obschon er Fachverbände – schon mit Rücksicht auf unterschiedliche Berufsausbildungen – nicht kategorisch ausschloss.
335 Ebd., S. 28 f.
336 Ebd., S. 30. Vgl. dazu folgendes Zitat: »Über die Sofortmaßnahmen hinaus sollte das Programm der Gewerkschaften nicht nur lohnpolitisch, sondern wirtschaftspolitisch konstruktiv in der Richtung eines konstitutionellen Fabriksystems und der Wirtschaftsdemokratie im allgemeinen ausgerichtet sein« (S. 32).
337 Vgl. IV. Kapitel 1.2.
338 Hedwig Wachenheim, Studies in Postwar Reconstruction No.3. Germany in the Transition Period, 1944 [ohne Ort]. Vgl. dazu das Schreiben von Max Brauer und Rudolf Katz an Walter Schevenels, 9. Oktober 1944, in: Quellen zur Geschichte der deutschen Gewerkschaftsbewegung 1999 (Bd. 5), S. 1043 ff.

Siegfried Mielke und Matthias Frese, daran liegen, dass Siegfried Aufhäuser, »in beiden Organisationen die programmatischen Aussagen zum Gewerkschaftsaufbau im nachfaschistischen Deutschland wesentlich mitformulierte«.[339] Jan Foitzik betonte in diesem Sinne ebenfalls, »daß Aufhäuser seine Auffassungen von der neuen Gewerkschaftsbewegung durchzusetzen vermochte«.[340] Dementsprechend wurde in der Council-Denkschrift der gewerkschaftliche Wiederaufbau »von unten«, als »Weg zur Demokratisierung des Landes auf der Basis einer Massenbewegung« beschrieben: Eine organisatorische Beibehaltung der DAF sei abzulehnen, stattdessen solle sich – ausgehend von der Betriebsgemeinschaft – eine richtungsübergreifende, selbstverwaltete Einheitsgewerkschaft auf der Basis des Industrieverbandprinzips bilden.[341] Eine Zwangsmitgliedschaft wurde ebenso abgelehnt wie eine »Überzentralisierung« – vielmehr gelte es, das »Eigenleben der lokalen Organisationen zu sichern« und darüber hinaus »gute Beziehungen zur internationalen Gewerkschaftsbewegung« zu suchen und zu pflegen.[342] Obschon die Gewerkschaften auf »Lohnfragen, Arbeitsbeschaffung, Arbeitsvermittlung, Arbeitslosenfürsorge, Arbeiterschutz und Arbeiterwanderung konzentriert sein« müssten, sei der »Aufbau der Gewerkschaften [...] Teil des Aufbaues einer neuen Wirtschaftsdemokratie«: Dabei ginge es um »die gleichberechtigte Mitwirkung der Arbeitnehmer in einer späteren Wirtschaftsorganisation und -verfassung«.[343]

Die wirtschaftsdemokratischen Neuordnungsvorstellungen blieben jedoch vage ausformuliert und an gewerkschaftlichen Konzepten der Weimarer Zeit orientiert.[344] Dies gilt in besonderem Maße für die Vorschläge des Wirtschafts-Ausschusses, dessen Arbeit nur zögerlich vorankam. Unterschiedliche Ansichten darüber, inwieweit Aussagen über

339 Mielke/Frese, Einleitung 1999, S. 63. Diese waren wiederum »durch die Erfahrungen mit der Organisationsstruktur der amerikanischen Gewerkschaften beeinflußt« (ebd.).

340 Foitzik, Wiederaufbau 1995, insbesondere S. 84.

341 Mielke/Frese, Einleitung 1999, S. 62 f. sowie die Denkschrift des Unterausschusses des Studienkomitees für Gewerkschaftsfragen, in: Langkau-Alex/Ruprecht (Hg.): Der Council for a Democratic Germany 1995, S. 171-180, besonders S. 176 ff.

342 Ebd., S. 178 f.

343 Ebd. Vgl. zum ideengeschichtlichen Kontext der hier dargelegten Konzeptionen, zu Plänen in innerdeutschen Widerstandskreisen und den sich überlagernden Entwicklungen in anderen Exilländern: Foitzik, Wiederaufbau 1995, insbesondere S. 76-83. Siehe zu den transatlantischen Verbindungen und wechselseitigen Einflüssen: S. 85 f. Siehe zu den unterschiedlichen gewerkschaftlichen Neuordnungsvorstellungen unter den Exilierten ferner: Mielke/Frese, Einleitung 1999, S. 62-75.

344 Vgl. ebd., S. 71 und S. 74, wo darauf hingewiesen wurde, dass in Anbetracht der »starke[n] Betonung der Betriebe«, diesen in der Neuordnungskonzeption letztlich nur »geringe[] Kompetenzen« zugebilligt würde (ebd., S. 71). Insofern sei »die Emanzipation von der Wirtschaftsdemokratiekonzeption des ADGB auf halbem Wege stehen« geblieben. Vgl. mit Blick auf den Wirtschafts-Ausschuss des Council auch Krohns Einschätzung zu dessen »praxisfernen Fleißarbeiten«, die an die »soziale Welt der zwanziger Jahre« anknüpfe sowie die Kritik dieser Sichtweise bei Mielke und Frese (ebd., S. 74 f. sowie Krohn, Claus-Dieter: Ordnungsmuster von gestern: Der Wirtschafts-Ausschuß des Council for a Democratic Germany, in: Langkau-Alex/Ruprecht [Hg.]: Der Council for a Democratic Germany 1995, S. 91-99, hier S. 95).

eine zukünftige Wirtschaftsstruktur getroffen werden sollten, mündeten in einer Aufgabenteilung.[345] Siegfried Aufhäuser übernahm Verantwortung für den Entwurf einer demokratischen Wirtschaftsordnung. Vor dem Hintergrund von Kriegszerstörungen und Reparationsansprüchen schlug er vor, »[i]n allen Stockwerken des künftigen demokratischen Deutschlands [...] Unternehmer, Arbeiter und Konsumenten in verfassungsmäßigen Organen« zusammenzufassen, die durch demokratische Wahlen zu bestimmen seien.[346] Sie sollten die Aufsicht über die wirtschaftlichen Sektoren übernehmen, die zukünftig aus verstaatlichten Betrieben, öffentlich kontrollierten Betrieben und freien privatwirtschaftlichen Unternehmen bestehen würden.[347] Es gelte, »eine wirtschaftsdemokratische Gestaltung der Gesamtwirtschaft im Sinne größerer Selbstbestimmung der Produzenten und Konsumenten durch staatliche Organe eines souveränen Volkes« zu etablieren.[348]

Siegfried Aufhäuser hatte seine Vorschläge Ende 1944 verschriftlicht. Allerdings gelang es innerhalb des Wirtschafts-Ausschusses erst im Mai 1945, Einvernehmen über die Textentwürfe herzustellen und die unterschiedlichen Berichte zu einem Gesamtentwurf zusammenzufassen.[349] Kurz zuvor waren die im Aufhäuser-Text enthaltenen »Richtlinien für die Wirtschaftsordnung« aber bereits als »Anlage 1« in das Sofort-Programm des Council aufgenommen worden.[350] Der hier niedergelegte Vorschlag mit privatwirtschaftlichen und verstaatlichten Wirtschaftssektoren vor dem Hintergrund demokratisch verankerter Kontrollmechanismen war als »Kompromiß zwischen den Vertretern einer sozialistischen Umgestaltung der Wirtschaft und den Anhängern einer freien Wirtschaft im Council« zu verstehen.[351] Viele Aspekte blieben vage angedeutet, beruhten auf unrealistischen Annahmen und wurden hinsichtlich der mangelnden zeitgenössischen Expertise kritisiert. Es verwundert insofern kaum, dass die Arbeit dieses Gremiums im Rekurs häufig negativ bewertet wurde.[352]

Über die Arbeit im Council intensivierte sich Siegfried Aufhäusers Verhältnis zu Paul Hertz erneut. In der zweiten Jahreshälfte 1944 versuchten sie, parallel zu den Aktivitäten im Council, eine *German Trade Union Delegation in the United States* ohne kommunistische Beteiligung ins Leben zu rufen. Ein Grund für diese Initiative mag darin zu suchen sein, dass die US-amerikanischen Gewerkschaften – auch wegen der

345 Liebner, Council 2001, S. 395 f.
346 Entwurf einer demokratischen Wirtschaftsordnung von Siegfried Aufhäuser, 26. Dezember 1944, in: Langkau-Alex/Ruprecht (Hg.): Der Council for a Democratic Germany 1995, S. 188-192, hier S. 190.
347 Ebd., S. 190 f.
348 Ebd., S. 190.
349 Liebner, Council 2001, S. 400 f. Vgl. auch S. 413 f.
350 Vgl. ebd., S. 411 sowie Entwurf einer demokratischen Wirtschaftsordnung von Siegfried Aufhäuser, 26. Dezember 1944, in: Langkau-Alex/Ruprecht (Hg.): Der Council for a Democratic Germany S. 188-192, hier S. 190, Fußnote 2.
351 Liebner, Council 2001, S. 411 f.
352 Vgl. zur Kritik insbesondere: Krohn, Ordnungsmuster von gestern 1995.

Diffamierungen seitens der GLD – Distanz zum Council hielten.[353] Impulsgebend für den Gründungsversuch war ein Zusammentreffen von Aufhäuser, Hertz und dem IGB-Generalsekretär Walter Schevenels auf der Konferenz der *Internationalen Arbeitsorganisation* (ILO) in Philadelphia im Frühjahr 1944.[354] In Anbetracht der »Zersplitterung der politischen sozialistischen Gruppen« in den USA schien es notwendig, eine rein gewerkschaftliche Vertretung zu etablieren, um gemeinsam mit dem IGB den Wiederaufbau der europäischen Gewerkschaftsbewegung zu unterstützen.[355] Sie sollte als »beratende[r] Ausschuß von erprobten Gewerkschaftern [...] eine Art Hilfestelle für den IGB bilden« und wurde von diesem autorisiert, mit AFL und CIO »in Fühlung zu treten«.[356] Als Vorbild fungierte die *Landesgruppe deutscher Gewerkschafter in Großbritannien*, die Anfang 1941 unter der Leitung von Hans Gottfurcht in London gegründet worden war.[357]

Am 25. Juni 1944 fand in New York ein erstes sondierendes Treffen von zwölf Gewerkschafter:innen statt.[358] In einem Schreiben vom 18. August befürwortete Walter Schevenels das Vorhaben nochmals ausdrücklich.[359] Allerdings scheiterte das Projekt kurze Zeit später: In Anbetracht der bevorstehenden Gründung und der Ausweitung des Mitgliederkreises unterrichtete Siegfried Aufhäuser nun auch Rudolf Katz.[360] Dieser zeigte sich entrüstet von der vermeintlichen GLD-Konkurrenz und ließ in der Folgezeit nichts unversucht, das Unternehmen zu torpedieren.[361] Gegenüber Ollenhauer, Gottfurcht und Schevenels (hier gemeinsam mit Brauer) diffamierte er den Zusammenschluss

353 Vgl. Mielke/Frese, Einleitung 1999, S. 60.

354 Rundschreiben von Aufhäuser und Hertz zur Gründung eines deutschen Gewerkschaftskomitees in den USA, 15. September 1944, in: Quellen zur Geschichte der deutschen Gewerkschaftsbewegung 1999 (Bd. 5), S. 1033 f.

355 Ebd. sowie Schreiben von Aufhäuser und Hertz an Schevenels über die Vorbereitungen zur Gründung einer German Trade Union Delegation, 15. Juli 1944, in: ebd., S. 1031 ff. Aufhäuser und Hertz berichteten später, dass ihnen bereits im Jahr 1943 eine solche Gründung nahegelegt worden war, sie damals jedoch abgelehnt hätten (NARA Washington, Record Group 226, Entry 100, INT-13 GE-1449).

356 Rundschreiben von Aufhäuser und Hertz zur Gründung eines deutschen Gewerkschaftskomitees in den USA, 15. September 1944, in: Quellen zur Geschichte der deutschen Gewerkschaftsbewegung 1999 (Bd. 5), S. 1033 f.

357 Bitzegeio, Partei- und Landesgrenzen 2009, S. 259 ff. Er war es auch, der Schevenels im März 1944 auf die Nützlichkeit eines solchen Zusammenschlusses hingewiesen hatte (S. 294).

358 Schreiben von Aufhäuser und Hertz an Schevenels über die Vorbereitungen zur Gründung einer German Trade Union Delegation, 15. Juli 1944, in: Quellen zur Geschichte der deutschen Gewerkschaftsbewegung 1999 (Bd. 5), S. 1031 f.

359 Rundschreiben von Aufhäuser und Hertz zur Gründung eines deutschen Gewerkschaftskomitees in den USA, 15. September 1944, in: ebd., S. 1033 f.

360 Schreiben von Katz an Ollenhauer vom 16. September 1944, in: ebd., S. 1035 f.

361 Am Tag nach dem Zusammentreffen mit Aufhäuser betonte Katz in einem Schreiben an Ollenhauer, dass die GLD »die ganze Neugründung als überflüssig, schädlich ablehnen und streng bekämpfen« werde (in: ebd., S. 1035 f.). Vgl. dazu: Ablehnende Stellungnahme der GLD zur Gründung einer German Trade Union Delegation in den USA, 30. September 1944, S. 1037 f. sowie NARA Washington, Record Group 226, Entry 100, INT-13 GE-1244.

als Unterausschuss des Council und riet dazu, sich von dem Projekt zu distanzieren.[362] Keiner der Angeschriebenen teilte seine Auffassung.[363] Durch die Vorwürfe und die gezielte Ansprache von Einzelmitgliedern aus dem Gründungskreis gelang es Katz und der GLD jedoch, Zweifel zu säen und die Gründung zu verzögern.[364] Angriffsfläche bot der Umstand, dass Aufhäuser und Hertz in ihrem Schreiben an Schevenels neben Gründungsmitgliedern auch weitere potenzielle Mitglieder vorgeschlagen hatten, die teils der GLD angehörten.[365] Außerdem beharrte die GLD darauf, dass sie als alleinige »gewerkschaftliche Vertretung[] der exilierten deutschen Arbeiterbewegung« in den USA wirke und in diesem Sinne vonseiten der AFL anerkannt worden war.[366] Deren Vorsitzender William Green hatte die GLD im Februar 1940 mit einem offiziellen Schreiben unterstützt, um ihr bei der Einwerbung von Spendengeldern zu helfen.[367]

Um das Mandat des IGB nicht zu gefährden, mussten solche Unsicherheiten ausgeräumt werden.[368] Erst danach wollten sich Siegfried Aufhäuser und Paul Hertz mit den hiesigen Gewerkschaften in Verbindung setzen.[369] In Anbetracht der verfahrenen Situation galt es ohnehin abzuwarten: Der Konflikt der konkurrierenden Gewerkschaftsbünde AFL und CIO hatte sich in den vergangenen Monaten verschärft und eine für Februar 1945 anberaumte »Weltgewerkschaftskonferenz« entschied über die

362 Brief von Katz an Gottfurcht und Ollenhauer zur geplanten German Trade Union Delegation in den USA, 5./7. Oktober 1944 sowie Schreiben von Brauer und Katz an Schevenels, 9. Oktober 1944, in: Quellen zur Geschichte der deutschen Gewerkschaftsbewegung 1999 (Bd. 5), S. 1040-1045.

363 Vgl. zu den Reaktionen: ebd., S. 1043, Fußnote 15 sowie IISH Amsterdam, Paul Hertz Papers, 16_1_d_1, Gottfurcht an Katz (Abschrift, inkl. Notiz von Aufhäuser an Hertz), undatiert und Schevenels an GLD, 24.10.1944.

364 Rundschreiben von Aufhäuser an die Mitglieder der geplanten German Trade Union Delegation, Anfang Oktober 1944 sowie Aufhäuser an Hertz, 14. Oktober 1944, in: Quellen zur Geschichte der deutschen Gewerkschaftsbewegung 1999 (Bd. 5), S. 1039 und S. 1045 f.

365 Schreiben von Aufhäuser und Hertz an Schevenels über die Vorbereitungen zur Gründung einer German Trade Union Delegation, 15. Juli 1944, in: ebd., S. 1031 ff. Vgl. zum Themenkomplex auch: Liebner, Council 2001, S. 441-450.

366 Ablehnende Stellungnahme der GLD zur Gründung einer German Trade Union Delegation in den USA, 30. September 1944, in: Quellen zur Geschichte der deutschen Gewerkschaftsbewegung 1999 (Bd. 5), S. 1037 f.

367 Vgl. Green an die Funktionäre der Gewerkschaften der American Federation of Labor, 28.2.1940, in: Matthias (Hg.): Gesicht nach Deutschland 1968, S. 445 f. Siehe zu den Bemühungen um gewerkschaftliche Anerkennung ferner: III. Kapitel 3.2.

368 Aufhäuser und Hertz war bewusst, dass Schevenels Befugnisse formal nicht ausreichten, um eine offizielle Anerkennung durch den IGB zu legitimieren. In Anbetracht der Kriegsereignisse erschien ihnen ein solches Vorgehen jedoch legitim, zumal auch die Londoner Gruppe auf diese Weise autorisiert worden war. Diese Position vertrat Aufhäuser jedenfalls in einem Interview, das Franz L. Neumann – in Anwesenheit von Hans Hirschfeld – mit den beiden anlässlich der Gründungsaktivitäten am 7. Februar 1945 für den OSS führte (vgl. NARA Washington, Record Group 226, Entry 100, INT-13 GE-1449, der Name von Neumann ist handschriftlich hinzugefügt worden).

369 Aufhäuser an Hertz, 14. Oktober 1944, in: Quellen zur Geschichte der deutschen Gewerkschaftsbewegung 1999 (Bd. 5), S. 1045 f.

Zukunft des IGB.[370] Als dort die Gründung eines *Weltgewerkschaftsbunds* (WGB) beschlossen wurde, löste sich der IGB kurze Zeit später auf.[371] Noch im Dezember 1944 hatte Walter Schevenels an Siegfried Aufhäuser geschrieben und vorgeschlagen, seine vorangegangenen Schreiben an die potenziellen Gründungsmitglieder zu senden, um die Situation zu klären. Aufhäuser und Hertz kamen diesem Vorschlag am 12. Januar 1945 nach.[372] Warum Aufhäuser auf eine Nachfrage von Schevenels nicht reagierte, die dieser kurz darauf absandte, bleibt unklar.[373] Aufhäuser und Hertz warteten selbst auf Rückmeldung. Um »a public discussion and a split among the non-Communist trade unionists« zu vermeiden, hatten sie ihn am 5. Januar gebeten, »in consultation with the delegates of the A. F.L.« über die künftige Entwicklung zu entscheiden.[374] Es hat den Anschein, als ob die Entwicklungen danach ins Stocken gerieten. Im Juli 1945 jedenfalls berichtete Walter Schevenels an Hans Gottfurcht, dass für ihn bislang kein Komitee existiere.[375] Nicht auszuschließen ist, so mutmaßte Jan Foitzik, dass »hinter Aufhäusers Resignation ein Veto des State Department« stand.[376] Allerdings hielten Aufhäuser und Hertz auch nach dem Kriegsende in Europa an ihrem Vorhaben fest. Schon bald knüpften sie an diesen ersten Versuch an, ein gewerkschaftliches Unterstützungskomitee ins Leben zu rufen.[377]

370 IISH Amsterdam, Paul Hertz Papers, 16_1_d_1, Aufhäuser an Hertz, 7.12.1944. Vgl. dazu auch Goethem, Amsterdam International 2006, S. 240ff. Nur die AFL zählte zu den IGB-Mitgliederorganisationen, der CIO strebte diesen Status an.

371 Sigrid Koch-Baumgarten/Peter Rütters, Einleitung, in: dies. (Hg.): Zwischen Integration und Autonomie. Der Konflikt zwischen den Internationalen Berufssekretariaten und dem Weltgewerkschaftsbund um den Neuaufbau einer internationalen Gewerkschaftsbewegung 1945 bis 1949, Frankfurt a.M. 1991, S. 9-67, hier S. 12ff.

372 Rundschreiben von Aufhäuser und Hertz zur Auseinandersetzung mit der German Labor Delegation, 12. Januar 1945, in: Quellen zur Geschichte der deutschen Gewerkschaftsbewegung 1999 (Bd. 5), S. 1050f.

373 Vgl. ebd., S. 1053, Fußnote 3. Hier wurde aus einem Schreiben von Schevenels an Gottfurcht vom 11. Juli 1945 zitiert.

374 IISH Amsterdam, Paul Hertz Papers, 16_1_d_1, Aufhäuser und Hertz an Schevenels, 5.1.1945. Gegenüber Charles B. Friediger vom OSS führte Aufhäuser Mitte Januar 1945 aus, »he would not want to do anything without the consent of the American Federation of Labor« (NARA Washington, Record Group 226, Entry 100, INT-13 GE-1332). Am 6. Februar 1945 bekam Aufhäuser eine Rückmeldung von AFL-Präsident Green, der trocken kommentierte: »If a German Trade Union Committee in the United States is set up as a part of the International Federation of Trade Unions [IGB], it should in my own judgment be authorized by the International Federation of Trade Unions. Only those who make up the IFTU could act upon your suggestion and advise you officially and authoritatively« (in: NARA Washington, Record Group 226, Entry 100, INT-13 GE-1401, Green an Aufhäuser, 6.2.1945 [Abschrift]).

375 Quellen zur Geschichte der deutschen Gewerkschaftsbewegung 1999 (Bd. 5), S. 1053, Fußnote 3. Hier wird aus einem Schreiben von Schevenels an Gottfurcht vom 11. Juli 1945 zitiert.

376 Foitzik, Wiederaufbau 1995, S. 87. Im Original teilweise hervorgehoben.

377 Vgl. IV. Kapitel 2.1.

2 Remigration in die junge Bundesrepublik

Die US-amerikanischen Gewerkschaftsverbände verfolgten derweilen eigene Ziele in Deutschland und Europa.[378] Frühzeitig hatte die AFL »ihr eigenes außenpolitisches Instrumentarium« aufgebaut und auf die Eindämmung des sowjetischen Einflusses hingearbeitet.[379] Davon profitierten Max Brauer und Rudolf Katz, die sich aktiv um eine Rückkehr bemühten und im August 1945 Unterstützung von der AFL erhielten.[380] Offiziell wurde ihre Reise als eine »study of conditions in Germany for and on behalf of the A. F. of L.« deklariert.[381] Parallel dazu sollten sie deutsche Sozialdemokrat:innen kontaktieren, so Rudolf Katz gegenüber Charles B. Friediger vom OSS, »to influence them against the popular front policies of the Social Democratic leaders in Berlin«.[382] Der Aufenthalt war zunächst zeitlich begrenzt angelegt. Nach ihrer erfolgreichen Rückreise Mitte 1946 blieben beide jedoch kurzerhand im Land, im November wählte die Hamburgische Bürgerschaft Max Brauer überdies zum Bürgermeister der Hansestadt.[383]

Schon im März 1945 hatte Hans Vogel die Initiative ergriffen und von London aus die im Exil lebenden ehemaligen SPD-Vorstandsmitglieder – Aufhäuser, Dietrich, Hertz, Juchacz, Rinner, Sollmann, Stampfer (alle USA) und Stahl (Schweden) – kontaktiert. Auf das Mandat von 1933 rekurrierend, plädierte er in Einvernehmen mit Erich Ollenhauer für eine zeitlich beschränkte »Rekonstruktion des Parteivorstandes«.[384] Vor den notwendigen Neuwahlen könne von den alten Mitgliedern ein »Aufruf an das deutsche Volk und an die Partei« formuliert und »die Rechtswahrung der Ansprüche der Partei auf ihr gestohlenes Eigentum« übernommen werden.[385] Gleichzeitig warnte er davor, die Rückkehr nach Deutschland »mit einer Austragung der alten Differenzen« zu beginnen.[386]

Allerdings teilte kaum eine:r der Angesprochenen Hans Vogels Enthusiasmus, was eine Rückkehr anbelangte. Siegfried Aufhäuser, Georg Dietrich, Paul Hertz und Marie

378 Vgl. dazu ausführlich: Julia Angster, Konsenskapitalismus und Sozialdemokratie. Die Westernisierung von SPD und DGB, München 2003, S. 112 ff. sowie S. 180 ff.

379 Michael Fichter, Besatzungsmacht und Gewerkschaften. Zur Entwicklung und Anwendung der US-Gewerkschaftspolitik in Deutschland 1944-1948, Opladen 1982, S. 27. Vgl. auch S. 57.

380 Vgl. NARA Washington, Record Group 226, Entry 100, INT-13 GE-1670 und GE-1711.

381 Ebd., INT-13 GE-1670. Das offizielle Schreiben der AFL ist abgedruckt in: Fladhammer/Wildt, Einleitung 1994, S. 76.

382 NARA Washington, Record Group 226, Entry 100, INT-13 GE-1670. In Berlin hatte sich zu dieser Zeit ein Zentralausschuss der SPD gebildet, der einen Gesamtvertretungsanspruch auch über die sowjetische Besatzungszone hinaus erhob (Eiber, Einleitung 1998, S. CXII). Vgl. dazu IV. Kapitel 2.2.

383 Paul, Herr K. 1998, S. 706 sowie Fladhammer/Wildt, Einleitung 1994, S. 75 ff.

384 Rundschreiben Vogels an die Mitglieder des Parteivorstandes, 16. 3. 1945, in: Matthias (Hg.): Gesicht nach Deutschland 1968, S. 687-690, hier S. 687.

385 Ebd.

386 Vgl. ebd. Offenkundig war intendiert, Übereinstimmung »in einigen grundsätzlichen und taktischen Fragen« herzustellen und die Stellung zur kommunistischen Partei zu klären (vgl. S. 689). Stampfer war über diesen Schritt unterrichtet (vgl. Fußnote 8 sowie Vogel an Stampfer, 25. 12. 1944, in: ebd., S. 682-684).

Juchacz reagierten mit einer gemeinsamen Stellungnahme, in der sie »die mechanische Neubildung des alten Parteivorstandes« vehement ablehnten:

> Wir, die zwölf Jahre im Ausland gelebt haben, können uns nicht auf ein Mandat berufen, das uns unter völlig anderen Umständen erteilt wurde. Niemand hat im Jahre 1933 daran gedacht, uns ein Mandat für ein halbes Menschenalter zu erteilen, niemand hat daran gedacht, daß die Verbindung zwischen drinnen und draußen Jahre hindurch völlig abgeschnitten sein würde. Dazu kommt, daß wir dieses Mandat viele Jahre nicht haben ausüben können. Wenn wir uns jetzt wieder darauf berufen, so müßte das den Eindruck erwecken, als wenn wir uns als die legitime Leitung einer neuen sozialdemokratischen Bewegung in Deutschland betrachten würden. […] Nur Menschen, die die Drangsale des Naziregimes erlebt haben, werden die Kenntnisse und die Fähigkeit haben, die Probleme zu meistern, die einer neuen Bewegung gestellt sind. Wir können und müssen ihnen bei dieser gewaltigen Aufgabe raten und helfen, aber wir können nicht den Anspruch erheben, sie zu führen.[387]

Der erste Schritt für die künftige sozialistische Bewegung in Deutschland sei die »Zusammenfassung von alten und neuen Kräften«.[388] Da in der von Vogel geleiteten Union deutscher sozialistischer Organisationen in Großbritannien bereits »Genossen der verschiedenen sozialistischen Gruppen« zusammenarbeiteten, solle sie die Initiative ergreifen und eine »Auslandszentrale« schaffen.[389] Auf diese Weise könnten die ehemaligen Vorstandsmitglieder von »draußen« bei der »Neubildung einer Führung der kommenden Partei helfen«.[390]

Die Zurückweisung kam für Hans Vogel wenig überraschend. Ihm war es wichtig, den Versuch einer Rekonstruktion des alten Vorstands zumindest zu unternehmen, um sich gegenüber etwaigen Vorwürfen im Vorfeld abzusichern.[391] Ohnehin hatte sich die Situation inzwischen grundlegend verändert: In der ersten Junihälfte waren in der Sowjetischen Besatzungszone Parteien zugelassen und die SPD gegründet worden. Schon im April 1945 hatten sich in Hannover – ohne Zustimmung der Besatzungs-

387 Gemeinsames Schreiben von Aufhäuser, Dietrich, Hertz und Juchacz an Vogel, 25.5.1945, in: ebd., S. 698-701, hier S. 698 f.

388 Ebd., S. 699.

389 Ebd.

390 Ebd.

391 Vogel an Stampfer, 25.12.1944, in: ebd., S. 682-684. Die Unterschrift Aufhäusers irritierte ihn jedoch: Er habe, so Vogel an Stampfer, »zunächst eine vorläufige […] Antwort« von Aufhäuser erhalten, die eine »definitive Zustimmung erwarten ließ« (Vogel an Stampfer, 17.7.1945, in: ebd., S. 702-704, s. hier S. 702 f.). Dieser hatte jedoch lediglich auf die bestehenden Differenzen vor Ort verwiesen, die »die Verfolgung [des] Planes« erschwerten (AdsD Bonn, Bestand Sopade, Aufhäuser an Vogel, 27.4.1945), und angekündigt, »alles zu tun«, um »die hiesigen Freunde zu einer Aussprache zusammen zu bekommen« und möglichst »eine gemeinsame Stellungnahme herbei[zu]führen«.

mächte – Kurt Schumacher und andere Sozialdemokrat:innen zusammengefunden und den Wiederaufbau der SPD beschlossen.[392] Am 6. Mai wurde der erste provisorische Parteivorstand gewählt. Für Vogel war daher selbstverständlich, dass er die Anregungen aus den USA nicht umsetzen würde. Gegenüber Stampfer rekapitulierte er:

> In diesem Stadium, da in der russischen Zone bereits politische Parteien zugelassen sind und das gleiche bereits in den nächsten Tagen in der engl[isch]-amerik[anischen] Zone zu erwarten ist, eine neue Auslandszentrale zu schaffen, wäre wohl das höchste an Vereinsspielerei. Es ist schon an der Zeit, daß der Emigrationskrampf ein Ende nimmt, daß sich mit der Zulassung politischer Parteien im ganzen deutschen Gebiet recht bald auch eine zentrale Leitung der neuformierten SPD bilden kann und wir endlich unser Mandat in die Hände der Partei zurückgeben können.[393]

Hans Vogel hielt zunächst an seinem Engagement beim Wiederaufbau beziehungsweise beim Neuaufbau der Partei fest.[394] In Großbritannien hatten die Debatten innerhalb der Union dazu beigetragen, dass sich zumindest hinsichtlich Programmatik und Identität »so etwas wie die Vorstufe einer gemeinsamen Partei« herausbildete.[395] Hier begann während des Exils »der Prozess der (Wieder)Annäherung der sozialistischen Zwischengruppen an die SPD«.[396] Eine solche Dynamik war in den USA ausgeblieben. Auch wegen der geografischen Nähe kam der Union in der Phase unmittelbar nach der Befreiung – noch bevor ihre populären Repräsentanten nach Deutschland zurückkehrten – eine maßgebliche Bedeutung bei der Rekonstruktion der SPD zu.[397] Ludwig Eiber verwies in diesem Zusammenhang auf sich »verstärkende[] Kommunikationsnetzwerke« nach Deutschland und zu Mitgliedern der britischen *Labour Party*.[398] Auf der Konferenz von Wenningsen, die zwischen dem 5. und 7. Oktober 1945 mit Vertreter:innen aus den unterschiedlichen Besatzungszonen und dem Exil stattfand, wurde vereinbart, dass

392 Vgl. zur Bedeutung von Schumacher in diesem Prozess: Dowe, Dieter (Hg.): Kurt Schumacher und der »Neubau« der deutschen Sozialdemokratie nach 1945. Referate und Podiumsdiskussion des Gesprächskreises Geschichte der Friedrich-Ebert-Stiftung in Bonn am 12./13. Oktober 1995, Bonn 1996.

393 Vogel an Stampfer, 17.7.1945, in: Matthias (Hg.): Gesicht nach Deutschland 1968, S. 702-704, s. hier S. 703. Ohne auf eine Rekonstruktion zu beharren, sahen sich die Londoner Vertreter des Parteivorstands an das »Mandat der Treuhänderschaft gegenüber der Gesamtpartei gebunden« (Erklärung des Parteivorstandes der SPD, 11.7.1945, in.: ebd., S. 701f.). Vgl. auch: Schneider, Kriegsgesellschaft 2014, S. 1291f.

394 Vgl. zur Debatte etwa: Helga Grebing, »Neubau« statt »Wiederaufbau« der SPD – die Lehren aus der Weimarer Republik, in: Dowe (Hg.): Schumacher 1996, S. 73-89.

395 Schneider, Kriegsgesellschaft 2014, S. 1049f. Dieser verwies auf Eibler, Einleitung 1998, S. LXII.

396 Schneider, Kriegsgesellschaft 2014, S. 1079f. Vgl. dazu auch Helga Grebing (Hg.): Entscheidung für die SPD. Briefe und Aufzeichnungen linker Sozialisten 1944-1948, München 1984.

397 Eiber, Einleitung 1998, S. LXXIf.

398 Ebd., S. LXXII.

Erich Ollenhauer und Fritz Heine baldmöglichst dauerhaft nach Deutschland zurückkehren sollten.[399] Ihre Remigration gelang Anfang 1946. Auf dem ersten Parteitag in Hannover am 11. Mai 1946 wurde Ollenhauer zum stellvertretenden Vorsitzenden und Heine zu einem der fünf besoldeten Mitglieder des Parteivorstands gewählt.[400] Den Vorsitz übernahm Kurt Schumacher. Für Hans Vogel kam eine Rückkehr indes zu spät. Er verstarb am 6. Oktober 1945 in London.

2.1 New Yorker Alltag, Vermittlungsarbeit und Netzwerkpflege nach Deutschland

Dass Siegfried Aufhäuser und die übrigen Unterzeichnenden des Statements an Hans Vogel zunächst nicht daran dachten, zurückzukehren, bedeutete nicht, dass sie sich nicht am demokratischen Wiederaufbau beteiligen wollten. So knüpften Aufhäuser und Hertz nach dem Kriegsende in Europa an ihren Versuch an, ein gewerkschaftliches Unterstützungskomitee zu gründen: Bei einem Treffen am 9. Juni 1945 verständigten sich die Anwesenden auf den Namen *American Committee for Reconstruction of Democratic German Trade Unions*.[401] Weitere Aktivitäten wurden für den Herbst anberaumt. Auf einem Treffen des »Vorbereitenden Ausschusses« im November kam es zu einer Aussprache über die Situation des Komitees nach der Gründung der WGB.[402] Zu jener Zeit wurde auch die Frage der Remigration akut: In Großbritannien hatte sich die hiesige Landesgruppe deutscher Gewerkschafter intensiv um die Rückkehr ihrer Mitglieder bemüht.[403] Ein Teilerfolg schien sich abzuzeichnen, als der *Trades Union Congress* (TUC) sich als gewerkschaftlicher Dachverband vor Ort bei der Regierung für die Registrierung rückwanderungswilliger Gewerkschafter:innen einsetzte.[404] Obschon sich diese Initiative nicht auf die Vereinigten Staaten erstreckte, hofften Aufhäuser und

399 Schneider, Kriegsgesellschaft 2014, S. 1296.

400 Unter ihnen der Vorsitzende und sein Stellvertreter. Vgl. Protokoll der Verhandlungen des Parteitages der Sozialdemokratischen Partei Deutschlands vom 9. bis 11. Mai 1946 in Hannover, S. 180f.

401 Rundschreiben des American Committee for Reconstruction of Democratic German Trade Unions, 7. Juli 1945, in: Quellen zur Geschichte der deutschen Gewerkschaftsbewegung 1999 (Bd. 5), S. 1052f. Vermutlich hatte auch im März ein Treffen stattgefunden (vgl. Exilarchiv Frankfurt a. M., Teilnachlass Albert Grzesinski, EB 86/124 [Mappe 6], Einladung des Committee of German Trade Unionists für den 17. 3. 1945). Ein für April 1945 angesetztes Treffen eines Unterausschusses wurde verschoben (vgl. ebd., Einladungsschreiben für den 7. 4. 1945, inkl. handschriftlicher Notiz).

402 Ebd., Einladungsschreiben für den 3. 11. 1945, inkl. handschriftlicher Notiz sowie Aufhäuser/Hertz an Werte Freunde, 11. 11. 1945.

403 Bitzegeio, Partei- und Landesgrenzen 2009, S. 333ff.

404 Exilarchiv Frankfurt a. M., Teilnachlass Albert Grzesinski, EB 86/124 (Mappe 6), Rundschreiben vom American Committee for Reconstruction of German Democratic Trade Unions (Aufhäuser/Hertz), Dezember 1945.

Hertz, »auch eine Liste aus den USA einzureichen, da in diesem Lande auf unbestimmte Zeit noch keine Anträge auf Rückreise bewilligt« würden.[405] Gegenüber dem OSS hatte Aufhäuser sich im Frühjahr 1945 als kompetenter Ansprechpartner in dieser Frage präsentiert und »the urgent need of technicians who could serve the interest of both German reconstruction and American administration, while at the same time serving as ideologic interpreters between the Germans and the Allies« für den Wiederaufbau betont.[406] Zudem erwähnte er, dass innerhalb der Gewerkschaftsgruppe zumindest 20 Personen dafür infrage kämen.[407] Bevor sie nun aber in diese Richtung aktiv werden wollten, galt es für Aufhäuser und Hertz mittels Rundschreiben herauszufinden, ob überhaupt »eine nennenswerte Zahl von Interessenten vorhanden« wäre.[408] Wie die Reaktionen auf diese Umfrage ausfielen, ist hier nicht überliefert. Die Aktivitäten der gewerkschaftlichen Gruppe wurden in der Folgezeit scheinbar eingestellt.

Auch in seiner Funktion beim NWC wurde Siegfried Aufhäuser mit dem Thema Remigration konfrontiert. Gegenüber seinem OSS-Kontakt Friediger führte er Anfang Oktober 1945 aus, sein Büro sei »overrun with German refugees who want to go to Germany«.[409] Für ihn selbst kam eine Rückkehr zunächst jedoch nicht in Betracht. Die Entwicklungen in den letzten Kriegsmonaten hatten ihn sichtlich enttäuscht. In der zweiten Jahreshälfte 1944 waren Aufhäusers Hoffnungen auf das widerständige Potenzial in der deutschen Bevölkerung stetig gesunken.[410] Im Februar 1945 vermerkte Friediger nach einem Gespräch mit ihm:

> Not without melancholy, Aufhäuser said that there is now sufficient proof that nothing like an organized resistance to the nazis exists in Germany. [...] In view of the chaotic confusion which is now reigning in the towns of Silesia and especially in Berlin, Aufhäuser feels that no terror and no Gestapo could prevent organized

405 Ebd.

406 Vgl. Memorandum der FNB »Foreign Nationality Groups in the United States« vom 31.5.1945 (Nr. B-366): German Refugees on Germany, S. 9 (in: NARA Washington, Record Group 226, Entry 100, INT-33 GE-98).

407 Ebd.

408 Exilarchiv Frankfurt a.M., Teilnachlass Albert Grzesinski, EB 86/124 (Mappe 6), Rundschreiben vom American Committee for Reconstruction of German Democratic Trade Unions (Aufhäuser/Hertz), Dezember 1945.

409 NARA Washington, Record Group 226, Entry 100, INT-13 GE-1700.

410 Vgl. ebd., INT-13 GE 1257. Noch in der Denkschrift über den Wiederaufbau der Gewerkschaftsbewegung war hoffnungsvoll über die »Aktivität der Anti-Nazi-Opposition innerhalb Deutschlands« berichtet und betont worden, dass »unmittelbar nach einer Invasion in Deutschland allgemein, gebietsweise oder auch örtlich mit revolutionären Erhebungen der anti-nazistischen Bevölkerung gegen ihre Unterdrücker gerechnet werden« könne (Denkschrift des Unterausschusses des Studienkomitees für Gewerkschaftsfragen, in: Langkau-Alex/Ruprecht [Hg.]: Der Council for a Democratic Germany 1995, S. 171-180, hier S. 173 und S. 179f.).

groups among the millions of industrial worker in the regions affected by war and war disturbance from striking, if they really existed.[411]

Am 7. Mai 1945 trafen sie sich erneut. Darüber berichtete Friedinger seinen Vorgesetzten:

> When I saw Aufhäuser yesterday he was glad about the surrender but also depressed about the situation in and about Germany. There can be no doubt, Aufhäuser stated, that the German people, including the working class, had been a great disappointment to their friends. Aufhäuser who, in the past, was always realistic about the ›underground‹ said that there was now final proof that the German anti-Nazis do not possess any kind of popular movement.[412]

Überhaupt war die Zeit für Aufhäuser mit vielfältigen Unsicherheiten verbunden. Mitte Juni 1945 berichtete er seinem alten Mitstreiter Hermann Budzislawski resigniert:

> Sie haben wieder einmal recht behalten, daß Sie jetzt die heiße, laute, drängelnde und schiebende und nicht zuletzt mit politischen Rätseln beladene City verlassen haben. Es ist für uns hier nichts zu tun, wir leben am Rande der Gesellschaft und warten, bis etwas mit uns geschieht. Ich finde die Situation mehr als flau.[413]

Mehrere Konstanten und einst vertraute Pfade in Siegfried Aufhäusers Leben hatten sich binnen weniger Wochen in Wohlgefallen aufgelöst: Aus der *German Labor Delegation* war er nach mehreren Jahren ausgetreten, der Council zerbrach sukzessive, die Gründungsaktivitäten für das Gewerkschaftskomitee stagnierten und seine Rolle im NWC war in Anbetracht der Differenzen mit Manfred George von fragiler Natur. Hinzu kam ein ungesicherter Aufenthaltsstatus: Am 21. August 1939 hatten Anna und Siegfried Aufhäuser ihre »First Papers« (Declaration of Intention) entgegengenommen und nach dem Ablauf der fünfjährigen Frist die »Petition for Citizenship« eingereicht.[414] Am 8. Januar 1945 wurde aber lediglich Anna Aufhäuser eingebürgert. Der Inlandsgeheimdienst der USA, das *Federal Bureau of Investigation* (FBI), beobachtete zu jener Zeit eine kommunistische Organisation namens *Free Germany, Inc.* und Siegfried Aufhäuser wurde als eines ihrer Mitglieder geführt. Die verfügbaren Unterlagen sind teilweise geschwärzt. Es hat jedoch den Anschein, als ob es zu einer Verwechslung mit der *Association of Free Germans* kam, der Aufhäuser nach wie vor angehörte. Der Be-

411 NARA Washington, Record Group 226, Entry 100, INT-13 GE-1361.

412 Ebd., INT-13 GE 1499.

413 Archiv der Akademie der Künste, Bestand Hermann Budzislawski, Aufhäuser an Budzislawski, 13.6.1945.

414 Vgl. US Department of Homeland Security, U.S. Citizenship and Immigration Services, AR 1562185 (Anna Aufhäuser) und Receipt No. 1664971 (Siegfried Aufhäuser).

troffene war darüber jedoch nicht unterrichtet worden. Erst als Paul Tillich sich einschaltete, konnte die Situation aufgeklärt werden.[415] Am 4. September 1945 wurde auch Siegfried Aufhäuser eingebürgert.

Journalistisches Arbeiten bei der *New Yorker Staats-Zeitung und Herold*

Nicht minder fragil war es um Siegfried Aufhäusers berufliches Engagement bestellt. In der letzten April-Ausgabe 1944 hatte Manfred George als *Aufbau*-Chefredakteur seinen »Assistant Editor« noch überschwänglich zum 60. Geburtstag gratuliert und dessen publizistisches Engagement als »bewusster Jude und Arbeiterführer« gewürdigt.[416] Nur wenige Tage später zog dieser durch seine Unterschrift unter die Council-Erklärung den Zorn Georges auf sich.[417] Für Aufhäuser kann die Reaktion nicht völlig unerwartet gekommen sein: Mitte Januar 1944 hatte er gegenüber Friediger vom OSS »[t]he sudden turn of Aufbau editorials in the direction of Vansittartism« bedauert und mit der »personal initiative of Manfred George« erklärt.[418] Die Deutlichkeit, mit der sich George nun von Aufhäuser abwandte, kam dennoch überraschend. Die Redaktion konnte er nach diesem Eklat jedenfalls nicht mehr repräsentieren.[419] Im Juli kommentierte Siegfried Aufhäuser gegenüber dem Council-Mitglied Maximilian Scheer:

> Meine Situation im Aufbau hat den Höhepunkt überschritten, ich scheide aus der Redaktion aus.[420]

Fortan publizierte er hier nur noch sporadisch.[421] Ab 1946 verschwand Aufhäusers Name ganz aus der Zeitung. Dem Schauspieler und Regisseur Paul Walter Jacob, der nach Buenos Aires emigriert war, berichtete er im Mai 1948 frustriert:

> Ich selbst bin seit zwei Jahren vom ›Aufbau‹ weg, da wir politisch nicht mehr zusammen passten. Ich konnte nicht genügend ›Deutschenhass‹ entwickeln.[422]

415 Ebd., Tillich an Miss E. Hersey (Dept. Of Justice, Immigration & Naturalization Service), 4.6.1945.
416 Aufbau, 10. Jg. Nr. 17 vom 28.4.1944, »S. Aufhäuser – 60 Jahre«.
417 Vgl. IV. Kapitel 1.2.
418 NARA Washington, Record Group 226, Entry 100, INT-13 GE-960. Im Original teilweise hervorgehoben.
419 Vgl. dazu auch: Dagobert Broh, The History of the Newspaper Aufbau. 1934-1948, Concordia University 1996, S. 88f. Obschon Broh davon ausging, dass Aufhäusers »contributions to the paper« sich zunächst »undiminished« fortsetzten (S. 239).
420 Archiv der Akademie der Künste, Bestand Maximilian Scheer, Aufhäuser an Scheer, 21.7.1944.
421 In der zweiten Jahreshälfte 1944 erschienen noch 13 Texte, die sich ihm zuordnen lassen. In den beiden folgenden Jahren waren es noch jeweils acht Artikel. Vgl. IV. Kapitel 1.2.
422 P. Walter Jacob Archiv Hamburg, Aufhäuser an Jacob, 18.5.1948.

Der *Aufbau* und sein Herausgeber, der *New World Club*, waren aufs Engste miteinander verbunden. Kaum verwunderlich, dass Siegfried Aufhäuser nach seinem Ausscheiden aus der Redaktion bald auch seine Posten im Verein räumte. Am 27. April 1944 wurde er letztmalig in den Vorstand gewählt.[423] Im darauffolgenden Jahr stand seine Personalie nicht mehr zur Disposition.[424]

Für Siegfried Aufhäuser kam nicht ungelegen, dass sich zu jener Zeit ein alternatives Betätigungsfeld auftat. Am 19. April 1945 erwähnte Charles B. Friediger in einem seiner OSS-Berichte, dass Aufhäuser von der »New Yorker Staats-Zeitung« aufgefordert worden war, einen Beitrag für deren Sonntagsbeilage zu verfassen.[425] Das Blatt, dessen Geschichte bis ins Jahr 1834 zurückreicht, wurde in jenen Jahren als »älteste, angesehenste und einflußreichste« deutschsprachige Zeitung in den USA gerühmt.[426] Ende 1919 fusionierte ihre Morgenausgabe mit dem *New Yorker Herold*, später wurde die gesamte Zeitung in *New Yorker Staats-Zeitung und Herold* (NYSZH) umbenannt.[427] Seit 1915 leiteten die Brüder Bernard H., Joseph E. und Victor F. Ridder das Blatt, das sie von ihrem Vater Herman übernommen hatten. Zum Nationalsozialismus in Deutschland verhielt sich die Zeitung zunächst indifferent. Einerseits generierte sich die Redaktion in den Artikeln als »ausgesprochene Verteidigerin des neuen Regimes«, in denen »die nationalsozialistische Gleichschaltung als Garant der wiedergewonnenen Stärke Deutschlands« gewürdigt wurde.[428] Andererseits bezog sie Stellung gegen Antisemitismus, rief mit Blick auf die nationalsozialistischen Gewalttaten zur »Besonnenheit« auf und beschäftigte Emigrant:innen aus Deutschland.[429] Von der nationalsozialistischen Bewegung in New York und ihrem Presseorgan, der *Deutschen Zeitung*, wurde die NYSZH vehement attackiert und des »Verrats« beschuldigt.[430] Ihre Berichterstattung über die Pogrome vom 9. November 1938 wurde als deutliches Zeichen für eine Abkehr von der indifferenten politischen Positionierung gewertet.[431] Die Haltung der NYSZH blieb aber weiter umstritten. In der US-Administration kursierte Anfang 1945 ein vom OSS geprägtes Bild:

423 Aufbau, 10. Jg. Nr. 19 vom 12. 5. 1944, »Generalversammlung des New World Club am 27. April 1944«.

424 Ebd., 11. Jg. Nr. 14 vom 6. 4. 1945, »Die Vorschläge des ›Nominating Committee‹ zur Vorstandswahl«. Sein Büro unterhielt er dort noch einige Zeit.

425 NARA Washington, Record Group 226, Entry 100, INT-13 GE-1472. Im Original teilweise hervorgehoben.

426 Economides, Deutschsprachige Presse 1982, S. 142.

427 Ebd., S. 144 und S. 302.

428 Ebd., S. 151 und S. 158.

429 Ebd., S. 156, S. 158 und S. 175. Vgl. auch S. 163.

430 Ebd., S. 165 ff.

431 Stephen Economides erläuterte, dass damit »dem Schwebezustand der redaktionellen Meinung der NYSZH endgültig ein Ende gemacht« worden sei. In dem Leitartikel habe man »nicht nur die Exzesse des aufgebrachten Gesindels und das dahinterstehende, verantwortliche Regime, sondern auch die damit verbundene Verunglimpfung des deutschen Namens« verurteilt (ebd. S. 175).

> On the occasion of the massacre of Jews in Germany in November 1938, the paper expressed horror. The Hitler regime, nevertheless, continued to be dealt with gently. The Staats-Zeitung was isolationist until Pearl Harbor. [...] Since that time the paper has supported the war effort, vigorously condemned the Hitler regime, and been relatively cordial to the aims of the United Nations. [...]
> The editorial staff has been a conglomerate, with pro-Nazi, Right of Center, and Communist-line opinions all represented. This may account for a somewhat obscure and vacillating editorial position. [...]
> While there has been little outright pro-German pleading in the editorial box, the strong sentimental German interest of the Staats-Zeitung is not concealed. Unconditional surrender has been criticized as offering the forces of opposition inside Germany no alternative but continued resistance.[432]

Ungeachtet aller ideologischen Diskrepanzen wurde die Haltung der Zeitung rekapitulierend häufig positiv rezipiert. Dies dürfte insbesondere der Einstellungspraxis geschuldet sein: Emigrierte Journalist:innen erhielten bei den alteingesessenen deutschsprachigen Presseorganen in den USA oftmals keine Chance, sich zu bewähren. Zu groß waren die Befürchtungen, durch deren Aktivitäten aus einer vermeintlich politisch »neutralen Position gedrängt zu werden«.[433] Hier galt die NYSZH, die auch 1945 noch über eine Auflage von über 200.000 Exemplaren wöchentlich verfügte, als »rühmliche Ausnahme«, so Hanno Hardt.[434] Sie beschäftigte zu jener Zeit nicht nur zahlreiche Emigrant:innen, sondern entwickelte sich auch »zur Anlaufstelle derer [...], die in New York ankamen und sich dort niederließen«.[435]

Die Option, den Lebensunterhalt im Exil in der Hauptsache mit publizistisch-journalistischer Arbeit zu bestreiten, stand schon in Europa nur wenigen Geflüchteten offen. In den USA sanken die Chancen für exilierte Journalist:innen weiter.[436] Einer Mitarbeit bei der Auslandspresse standen, wie bei Siegfried Aufhäuser, oft sprachliche Defizite entgegen. Nach seinem Ausscheiden beim *Aufbau* boten sich ihm in dieser Hinsicht beruflich also nur wenige Alternativen. Einen Ausweg offerierte die NYSZH, wo Aufhäuser bald zum regelmäßigen Beiträger avancierte. Für die Sonntagsausgabe vom 13. Mai 1945, in der »[f]ührende Persönlichkeiten Deutschamerikas und der Immigration« den Sieg über Nazi-Deutschland kommentierten, steuerte er einen Bei-

432 Vgl. ein vervielfältigtes Memorandum der FNB »Foreign Nationality Groups in the United States« vom 2.3.1945 (Nr. 234): The German-Language Press in the United States. With Some Account of the German-American-Community, S. 23 f. (in: NARA Washington, Record Group 226, Entry 100, INT-33 GE-82).

433 Hardt, Situation 1979, S. 324. Vgl. dazu: III. Kapitel 3.3.

434 Ebd., S. 323 f.

435 Ebd., S. 324.

436 Vgl. dazu: Hans-Albert Walter, Deutsche Exilliteratur 1933-1950. Band 3: Internierung, Flucht und Lebensbedingungen im Zweiten Weltkrieg, Stuttgart 1988, S. 453-468.

trag bei.[437] Wöchentlich erschienen nun weitere Texte in der viel gelesenen Sonntagsnummer: Im Mai und Juni warnte er davor, die deutsche Generalität zu Demobilisierung oder zum Wiederaufbau heranzuziehen, hob die Bedeutung der ILO für die sich nun konstituierenden *United Nations* (UN) hervor, beschäftigte sich mit der politischen Struktur der US-amerikanischen Besatzungszone, den Maßnahmen zur »Re-demokratisierung« der Bevölkerung und der politischen und wirtschaftlichen Entwicklung in Deutschland vor dem Hintergrund der sich verschärfenden Blockkonfrontation.[438] Besondere Aufmerksamkeit widmete er der internationalen Gewerkschaftsbewegung. Stets hob er dabei die Bedeutung der gewerkschaftlichen Organisierung für die Re-Demokratisierung der deutschen Bevölkerung hervor.[439] Einen weiteren Schwerpunkt setzte er beim Thema »wirtschaftlicher Wiederaufbau«: Im Gegensatz zu anderen provisorischen Sofortmaßnahmen der Besatzungsbehörden könne dieser nicht interimistisch geführt werden, sondern müsse von Anfang an produktiv und konstruktiv sein.[440] Dabei hob er besonders die gegenwärtigen Herausforderungen – Übergang zur Friedenswirtschaft, Wiedergutmachungsleistungen und außenwirtschaftliche Reintegration – hervor.

Auch in den folgenden Monaten war Siegfried Aufhäuser in der Sonntagsausgabe der NYSZH präsent. Häufig berichtete er über die internationale politische Situation, über die Verhandlungen der Alliierten und über die Konsequenzen, die sich daraus für Europa und Deutschland ergaben.[441] Oft enthielten die Artikel Vorschläge für eine künftige Gestaltung Deutschlands. Dabei stand etwa eine »europäische Einheit« auf der Agenda, die im praktischen Sinne zunächst über eine »ökonomische[] Kooperation« angestrebt werden solle.[442] Mit Wohlwollen berichtete er über den gewerkschaftlichen Wiederaufbau und positive Signale für eine politische »Reaktivierung« in den Besatzungszonen, warnte jedoch davor, darüber die »geistige Erneuerung« zu vernachlässigen:

> Die Besatzungsmächte haben in ihren Anordnungen zur Gewerkschaftsbildung einen wichtigen Schritt getan, die bewußten demokratischen Kräfte zur organisatorischen Entfaltung zu bringen. Noch aber besteht ein politisches und geistiges Vakuum, die Massen aus dem Zustand geistiger Verwirrung und Hilflosigkeit heraus zu heben

437 NYSZH (Sonntagsblatt), 97. Jg. Nr. 19 vom 13.5.1945, »Demokratie triumphiert über den Faschismus«.

438 Ebd., Nr. 20 vom 20.5.1945, »Militarismus überlebt Nazismus«, Nr. 21 vom 27.5.1945, »Das soziale Mandat von San Francisco«, Nr. 22 vom 3.6.1945, »Die politische Struktur in der amerikan. Besatzungszone« und Nr. 23 vom 10.6.1945, »Zwischen Krieg und Frieden«.

439 Etwa in ebd., Nr. 24 vom 17.6.1945, »Gewerkschaftsbewegung in Europa«.

440 Ebd., Nr. 25 vom 24.6.1945, »Konstruktive Wirtschaft auf Trümmern«.

441 Vgl. beispielsweise die Artikel, die sich explizit mit der Potsdamer Konferenz und den Folgen der Beschlüsse beschäftigten: Nr. 27 vom 8.7.1945, »Dritte Konferenz der Großen Drei«, Nr. 32 vom 12.8.1945, »Der totale Sieg«, Nr. 33 vom 19.8.1945, »Wiedergutmachung durch Arbeit« und Nr. 36 vom 9.9.1945, »Schatten über Europa«.

442 Ebd., Nr. 26 vom 1.7.1945, »Lasst Europäer sprechen«.

> und ihnen neue demokratische Führungskraft zu geben. Sie sollen sich ihrer Mitverantwortung an der Hitler-Tragödie bewußt werden, sie sollen aber auch geistig befähigt werden, die Mitverantwortung am Wiederaufbau einer freien, unabhängigen und demokratischen Gewerkschaftsbewegung tragen zu können.[443]

Vorbildcharakter hatte die demokratische Tradition und das politische System der USA.[444] Für Deutschland und Europa galt, dass »die Anziehungskraft der Demokratie davon abhängig sein [werde], daß sie ihre wirtschaftliche Tragfähigkeit unter Beweis stellt«.[445] Dabei orientierte er sich abermals an wirtschaftsdemokratischen Vorstellungen:

> Die ökonomische Neuordnung Europas wird […] keine Anpassung an den russischen Staatssozialismus bringen müssen, wohl aber scheint es unvermeidlich, im Rahmen des privatkapitalistischen Systems einen gewissen gemeinwirtschaftlichen Einbau zuzulassen. Um die Wirtschaft möglichst produktiv zu gestalten, kann es sich als notwendig erweisen, daß der Staat die Kontrolle über einzelne Schlüsselindustrien oder Betriebe übernimmt. Um eine kontinuierliche Planwirtschaft zu entwickeln, werden ferner die politischen Parlamente der Mithilfe durch Organe der Wirtschaftsdemokratie bedürfen.[446]

Darüber hinaus spielten die innenpolitischen Verhältnisse der alliierten Kräfte, vor allem die der USA, in Siegfried Aufhäusers Berichterstattung eine maßgebende Rolle.[447] Einen besonderen Fokus legte er auf die US-amerikanische Wirtschaftspolitik und die Situation der nationalen Gewerkschaften bei der Umstellung von der Kriegs- auf die Friedenswirtschaft.

Ab 1946 rückten der Konflikt zwischen den alliierten Siegermächten und die daraus resultierenden Konsequenzen für Deutschland ins Zentrum der Berichterstattung. In diesem Sinne hob Siegfried Aufhäuser die zentrale Bedeutung der Besatzungspolitik »für Europas Zukunft und den Weltfrieden« hervor.[448] Warnend betonte er:

443 Ebd., Nr. 28 vom 15.7.1945, »Vakuum in der Arbeiterbewegung«.

444 Vgl. etwa ebd., Nr. 29 vom 22.7.1945, »Die große Stunde der Demokratie«.

445 Ebd.

446 Ebd. Vgl. auch Nr. 30 vom 29.7.1945, »Genossenschaften am Werk«. Darin: »Der Aufbau Zentraleuropas wird sich bei den bestehenden politischen Kräfteverhältnissen am reibungslosesten vollziehen, wenn zwischen den Systemen der Staatswirtschaft im Osten und der Freien Wirtschaft im Westen eine Synthese gefunden wird. Der Einbau eines gemeinwirtschaftlichen Sektors der Genossenschaften in die bestehende Privatwirtschaft ist eine Kombination, die weder den Kapitalismus aufhebt, noch den Sozialismus einführt.«

447 Ebd., Nr. 34. Vom 26.8.1945, »Hinein in den Frieden« und Nr. 35 vom 2.9.1945, »Der neue britische Kurs«, Nr. 37 vom 16.9.1945, »Die Quelle echten Wohlstandes« und Nr. 39 vom 30.9.1945, »Eine Kluft tut sich auf«.

448 Ebd., 98. Jg. Nr. 16 vom 21.4.1946, »Weltspannungen über Deutschland«.

> Die Teilung der Welt beginnt in Deutschland und ihre Einigkeit nimmt umgekehrt ihren Ausgangspunkt in der Einheit des Reiches. Die gesamte Gefährlichkeit einer Ost-West-Konkurrenzpolitik zeigt sich zuerst in der deutschen Frage.[449]

Die Potsdamer Beschlüsse und die darin festgelegte, aber ausbleibende Umsetzung einer deutschen Wirtschaftseinheit sowie die segmentierte Zonenverwaltung wurden beanstandet. Mit zahlreichen Artikeln begleitete Siegfried Aufhäuser die wirtschaftliche und politische Entwicklung Deutschlands und Europas, die 1949 in der Gründung der beiden deutschen Staaten mündete. Aber auch die innenpolitischen Entwicklungen in den USA und die hiesigen Arbeitskämpfe der ersten Nachkriegsjahre blieben Bestandteil seiner journalistischen Arbeit.

Schon bald berichtete Aufhäuser nicht nur in seiner wöchentlichen Kolumne, sondern auch in anderen Teilen des Blatts – vor allem in der »Literarischen Sektion«.[450] Im Zuge seines Wiedergutmachungsverfahrens erhielt er 1957 von der NYSZH-Herausgeberin, der *Staats-Herold Corporation*, auf Nachfrage eine Arbeitsbescheinigung. Demnach war er vom 10. Februar 1947 bis zum 30. Januar 1950 mit einem wöchentlichen Gehalt von 77.50 Dollar dort beschäftigt.[451] Eine regelmäßige Mitarbeit lässt sich aber bereits seit Mai 1945 nachweisen.[452] In einem Lebenslauf, den Siegfried Aufhäuser einige Jahre später beim Berliner Entschädigungsamt einreichte, charakterisierte er seine Tätigkeit als NYSZH-Redakteur rekapitulierend wie folgt:

> Meine Aufgabe war die Behandlung der wirtschaftlichen und politischen Entwicklung Westdeutschlands und Berlins. In dieser publizistischen Mission konnte ich viel dazu beitragen, in [den] USA das Verständnis für die wirtschaftlichen Erfordernisse des neuen Deutschlands zu wecken und die nach Kriegsende in der Welt noch bestehenden Vorurteile gegen eine Wiederherstellung der deutschen Souveränität zu überwinden. Nachdem ich diese Aufgabe weitgehend erfüllt hatte, kehrte ich in die Heimat zurück, und wählte Berlin zum Wohnort[,] um an seinem Wiederaufbau mitwirken zu können.[453]

449 Ebd., Nr. 29 vom 21. 7. 1946, »Trotz alledem: Friedenskonferenz«.

450 Dort standen etwa die Tradition des US-amerikanischen Labor Day, internationale Flüchtlings-Initiativen, die verfassungsgebenden Landesversammlungen in Deutschland, Pläne für eine deutsche Währungsreform oder die Zukunft des Mittelstands im Zentrum seines Interesses (ebd., Nr. 35 vom 1.09., »Tag der Arbeit«, Nr. 42 vom 20. 10. 1946, »Heimatlose suchen ein Land«, Nr. 47 vom 24. 11. 1946, »Deutsche Demokratie im Werden«, 99. Jg. Nr. 5 vom 2. 2. 1947, »Die deutsche Währungsreform« und Nr. 7 vom 16.02., »Zwischen den sozialen Klassen«).

451 LABO Berlin, Entschädigungsbehörde, Reg. 7218 (Aufhäuser, Siegfried), John A. Borst an Aufhäuser, 13. 2. 1957.

452 Im Mai 1948 berichtete er Paul Walter Jacob, dass er seit »einigen Wochen […] Mitglied der Redaktion« sei (P. Walter Jacob Archiv Hamburg, Aufhäuser an Jacob, 18. 5. 1948).

453 LABO Berlin, Entschädigungsbehörde, Reg. 7218 (Aufhäuser, Siegfried), Lebenslauf Siegfried Aufhäuser, undatiert.

»Mit dem Gesicht nach Deutschland« Gewerkschaftliche und politische Kontaktpflege in die alte Heimat

Autobiografische Schilderungen sind oft mit einer erzählerischen Konsistenz und Kontinuität ausgestattet, anhand derer sich die Komplexität der historischen Entwicklung – wie in diesem Fall – kaum adäquat nachvollziehen lässt. Allerdings lassen die archivarischen Hinterlassenschaften nur wenige Rückschlüsse auf die alltägliche Lebensführung von Anna und Siegfried Aufhäuser in der zweiten Hälfte der 1940er Jahre zu. Leerstellen ergeben sich sowohl für den privaten und familiären Bereich als auch für ihre organisationspolitischen Aktivitäten. Aus Mitgliedsbüchern geht hervor, dass beide in jenen Jahren nach wie vor der SDF angehörten.[454] Inwiefern sie sich aber innerhalb der Gremienarbeit engagierten, ist nicht rekonstruierbar.[455] Es entsteht der Eindruck, als ob sich Siegfried Aufhäuser kaum noch aktiv in politischen Gruppen und Organisationen vor Ort betätigt habe. Der Bedeutungsverlust exilierter Zusammenhänge und die Auflösung zahlreicher Exilorganisationen dürften diese Entwicklung maßgeblich bedingt haben. Eine aktive Einbindung in die US-amerikanische Politik, Verwaltung oder Gewerkschaftsarbeit kam für ihn ebenfalls nicht infrage. Eine solche Karriere schlug etwa Toni Sender ein. Aufhäuser und Sender hatten in den 1940er Jahren an ihrer vertrauensvollen politischen Zusammenarbeit festgehalten, die sie seit der Weimarer Republik pflegten.[456] In ihrer Funktion als OELR-Abteilungsleiterin kontaktierte sie Aufhäuser wiederholt, um sich mit ihm auszutauschen und seine Expertise einzuholen.[457] Ab 1947 vertrat sie die AFL im Wirtschafts- und Sozialrat der UN.[458]

Demgegenüber betätigte sich Siegfried Aufhäuser in jener Zeit in erster Linie journalistisch. Damit war allerdings kein Rückzug ins Private verbunden. Nach wie vor pflegte er einen regen, politisch motivierten Informations- und Materialaustausch mit Persönlichkeiten aus dem In- und Ausland. Vor allem der Briefverkehr nach Deutschland nahm stetig zu.[459] Dabei wirkte er, wie Siegfried Heimann betonte, als »Multiplikator für Informationen aus Deutschland«, der versuchte, »Interesse an der deutschen

454 AdsD Bonn, Sammlung »Kleine Erwerbungen«, Mitgliedsbücher Anna und Siegfried Aufhäuser.

455 Einzelne Auftritte von Siegfried Aufhäuser bei Veranstaltungen der deutschen Sprachgruppe lassen vermuten, dass er nach 1945 hier zumindest sporadisch aktiv war (siehe etwa: Neue Volks-Zeitung, 17. Jg. Nr. 19 vom 8. 5. 1948, »Deutsche Maifeier in New York«). In ihrem Auftrag unternahm Aufhäuser 1950 den Versuch, Louise Schroeder zu den hiesigen Maifeierlichkeiten einzuladen (vgl. AdsD Bonn, Bestand Paul Löbe, Mappe 37, Aufhäuser an Löbe, 16. 3. 1950).

456 Vgl. dazu etwa ein Schreiben im Nachlass von Toni Sender: State Historical Society of Wisconsin (Madison), Box 1, Aufhäuser an Sender 7.02.[1942] (inkl. Anlage). Darin wird unter anderem ein gemeinsames Zeitschriftenprojekt (für Europa) thematisiert.

457 Vgl. dazu etwa die Korrespondenz und diverse »Interoffice Reports« von 1942 bis 1944 in: NARA Washington, Record Group 226, Entry 168, Folder 863.

458 Anette Hild-Berg, Toni Sender (1888-1964). Ein Leben im Namen der Freiheit und der sozialen Gerechtigkeit, Köln 1994, S. 279 ff.

459 Ende 1947 berichtete er zudem von »täglich[en]« Zusendungen der Wiener Parteikorrespondenz (AdsD Bonn, Bestand Paul Löbe, Mappe 25, Aufhäuser an Löbe, 4. 12. 1947).

Sozialdemokratie in den USA zu wecken«.[460] Dieses Engagement reichte über die Zeilen der NYSZH hinaus: So suchte er im März 1946 Kontakt zu der populären linksliberalen Wochenzeitschrift *The Nation* und bat um Unterstützung, »to voice in the progressive American press the ideology of the German Socialists and leftist labor movement«.[461] Gleichzeitig trat er als Vermittler auf, der Informationsmaterial aus den USA nach Deutschland sandte: Am 25. März 1946 bot er dem remigrierten Heine an, ihn und die hiesigen SPD-Genoss:innen mit relevanten US-amerikanischen Presseberichten zu versorgen.[462] Dabei rekurrierte er auch auf seine sonntägliche Kolumne in der NYSZH und die Möglichkeit, dort Veröffentlichungen zu platzieren. Heine nahm das Angebot gerne an.[463] Der Bitte Aufhäusers folgend, wurden seine Briefe und Materialien auch direkt an Kurt Schumacher weitergeleitet.[464] Dieser stand Siegfried Aufhäusers Anregung über einen »Informationsdienst im Ausland« aufgeschlossen gegenüber.[465]

Ein solches Unterfangen kam wohl aber nicht zustande, dafür ließ sich ein anderes Projekt realisieren: In jenen Monaten konstituierte sich der *Sozialdemokratische Pressedienst* als Nachrichtenagentur und Sprachrohr von Partei und Parteivorstand neu.[466] Siegfried Aufhäuser wurde dafür als Beiträger gewonnen, der im Gründungsjahr über die internationale Gewerkschaftsbewegung und die wirtschaftliche Entwicklung in den USA berichtete.[467] Weitere Artikel über die politischen Verhältnisse und die aktuellen Entwicklungen in den USA folgten. In den ersten Monaten 1947 berichtete er über die hiesige Arbeitsgesetzgebung, die Außenpolitik und die Bevölkerungsentwicklung.[468] Bald schon wurde er als »ständige[r] Mitarbeiter in den USA« oder als »USA-Korrespondent[ ]« des Pressedienstes eingeführt.[469] Neben innenpolitischen und gewerkschaftlichen Themenfeldern richtete er den Fokus auf internationale Ver-

460 Heimann, Politische Remigranten 1997, S. 191, Fußnote 5.

461 Harvard University, Houghton Library (Cambridge), bMS Am 2302 (173), Aufhäuser an Freda Kirchwey, 28. 3. 1946.

462 AdsD Bonn, Bestand Kurt Schumacher, Mappe 64, Aufhäuser an Heine, 25. 3. 1946.

463 Ebd., Heine an Aufhäuser, 25. 4. 1946. Wenig später ersuchte er Aufhäuser auch um die Verbreitung einer Personensuchanzeige (vgl. Aufhäuser an Heine, 2. 7. 1946). Aufhäuser verwies in seinem Juli-Schreiben auf die Notwendigkeit, »in der großen Presse laufend direkte Informationen der SPD zu verbreiten« (ebd.). Heine widersprach nicht, äußerte jedoch Skepsis »angesichts des langen Postweges« (Heine an Aufhäuser, 19. 8. 1946).

464 Ebd.

465 Ebd., Schumacher an Aufhäuser, 27. 8. 1946.

466 Antje Sommer, Vom Pressedienst zur Pressemitteilung. Der Wandel in der politischen Kommunikation von Partei und Bundestagsfraktion der SPD (1946-1995), in: Mengersen, Oliver von u. a. (Hg.): Personen – Soziale Bewegungen – Parteien. Beiträge zur Neuesten Geschichte. Festschrift für Hartmut Soell, Heidelberg 2004, S. 377-405, hier S. 382 ff.

467 Sozialdemokratischer Pressedienst, 1. Jg. Nr. 42 vom 3. 12. 1946, »Wendung zum Internationalismus« und Nr. 48 vom 23. 12. 1946, »Amerika an der Jahreswende«.

468 Ebd., 2. Jg. Nr. 11 vom 4. 2. 1947, »Der Angriff auf die Gewerkschaften«, Nr. 28 vom 8. 4. 1947, »Von Monroe zu Truman« und Nr. 33 vom 25. 4. 1947, »Umschichtung der amerikanischen Bevölkerung«.

469 Ebd. sowie Nr. 85 vom 21. 10. 1947, »Amerikanische Gewerkschaftskongresse«.

handlungen, Kongresse und die Wirtschaftshilfen, die Deutschland bald im Rahmen des Marshall-Plans erhalten sollte.[470] Bis Ende 1950 steuerte er über 20 Artikel für die parteiinterne Nachrichtenagentur bei.

Kurt Schumacher hatte das Antwortschreiben an Siegfried Aufhäuser vom Sommer 1946 genutzt, um ihn über seine politischen Ziele und Pläne als neuer SPD-Vorsitzender in Kenntnis zu setzen. Innenpolitisch hielt er dabei an einem sozialen Lastenausgleich unter Einbeziehung »einer Agrarreform und einer Sozialisierung der Großbetriebe« fest.[471] Außenpolitisch hoffte er auf das »Verständnis der Westmächte«:

> Man muß der Welt zeigen, daß es auch einen Sozialismus europäischer Prägung und nicht nur einen Staatskapitalismus des Kreml gibt.[472]

Diese Fokussierung erfolgte nicht zufällig. Gerade waren auf der Konferenz der alliierten Außenminister in Paris in zwei Sitzungsperioden zwischen April und Juli 1946 die unterschiedlichen Vorstellungen der UdSSR und der Westalliierten bei der Frage nach der wirtschaftlichen Einheit Deutschlands abermals aufeinandergeprallt. Zuvor war es in der sowjetischen Besatzungszone zur (Zwangs-)Vereinigung von SPD und KPD zur *Sozialistischen Einheitspartei Deutschlands* (SED) gekommen.[473] Unterschiedliche Reaktionen waren die Folge. Bernhard Göring, Aufhäusers Vertrauter und langjähriger persönlicher Referent aus Zeiten des AfA-Bundes, hatte den Zusammenschluss nachdrücklich befürwortet und auch gegenüber Siegfried Aufhäuser verteidigt.[474] Als Mitglied des SED-Parteivorstands und stellvertretendem Vorsitzenden des *Freien Deutschen Gewerkschaftsbunds* (FDGB), der sich in der sowjetischen Besatzungszone zwischenzeitlich als Einheitsgewerkschaft konstituiert hatte, kam ihm dabei eine bedeutsame Rolle zu.[475] Aufhäuser erinnerte sich später daran, dass Göring auch ihm eine Rückkehr nahegelegt habe:

> [E]iner meiner früheren Sekretäre im AFA-Bund, der später eine große Rolle spielte, namens Göring, der hat mir sofort geschrieben nach Hitlers Sturz, daß ich gebraucht würde für die Gewerkschaften und brauchte keine Sorge haben wegen Essen und Wohnen usw., also den Funktionären wird alles gegeben. […]

470 Vgl. etwa: ebd., Nr. 83 vom 14.10.1947, »Weltprobleme vor dem Weltparlament«, Nr. 98 vom 26.11.1947, »Die 17. Nation im Marshall-Plan«, Nr. 103 vom 8.12.1947, »Die Soll-Seite des Marshall-Planes« sowie Nr. 109 vom 22.12.1947, »Die nächste Etappe«.

471 AdsD Bonn, Bestand Kurt Schumacher, Mappe 64, Schumacher an Aufhäuser, 27.8.1946.

472 Ebd.

473 Vgl. etwa: Faulenbach, Bernd/Potthoff, Heinrich (Hg.): Sozialdemokraten und Kommunisten nach Nationalsozialismus und Krieg. Zur historischen Einordnung der Zwangsvereinigung, Essen 1998.

474 Vgl. dazu: Detlev Brunner, Sozialdemokraten im FDGB. Von der Gewerkschaft zur Massenorganisation, 1945 bis in die frühen 1950er Jahre, Essen 2000, S. 146 f.

475 Ebd., S. 140.

> Naja, ich habe ihnen zurückgeschrieben: Ich danke ihnen für das Angebot, ich werde auch nach Deutschland zurückgehen, aber lieber als all die Vorteile, die sie mir da in Aussicht haben, lieber ist mir meine Freiheit.[476]

Der genaue Wortlaut des Schreibens lässt sich nicht rekonstruieren, in Abschrift ist jedoch Görings Antwort erhalten. Darin nahm dieser Bezug auf die aufgeworfene Frage nach der »persönliche[n] Freiheit des Einzelnen«, die er mit Rücksichtnahme auf die Besatzungsmächte zukünftig in »kluge[n] Grenzen« gebunden sah.[477] Außerdem bedankte sich Bernhard Göring für die »rücksichtslose[] Offenheit« und versuchte Aufhäuser seine zustimmende Auffassung über den Zusammenschluss von SPD und KPD zur SED in der sowjetischen Besatzungszone näherzubringen.[478] Er betonte, dass Europa nur gesunden könne, »wenn Deutschland sich an Rußland anlehn[e]«, zumal die »wirtschaftliche, und vor allem aber sozialistische Orientierung [...] im Osten« liege.[479]

Davon war Siegfried Aufhäuser keineswegs überzeugt. Mit großer Skepsis blickte er auf die Entwicklungen in der sowjetischen Zone. Seine Haltung war das Ergebnis eines längeren Prozesses: Zunächst hatte sich Aufhäuser zuversichtlich gezeigt, dass die Sowjetunion machtpolitische Ambitionen zugunsten einer Zusammenarbeit mit den Westalliierten und eines friedlichen Wiederaufbaus zurückstellen würde. Im Jahr 1944 kamen ihm jedoch erste Zweifel. Er befürchtete, dass eine konfrontative sowjetische Haltung auf zwei unterschiedliche Einflusssphären »with a demarcation going right across Germany« hinauslaufen könne.[480] Noch Anfang 1945 zeigte sich Siegfried Aufhäuser aber überzeugt, dass Russland grundsätzlich an einer friedlichen Kooperation interessiert sei und keine kommunistischen Regime in Ungarn, Österreich und den besetzten deutschen Gebieten errichten werde.[481] In der Kontroverse mit Friedrich Stampfer, die beide im März 1945 in der NVZ austrugen, kritisierte er dessen »wöchentlichen Monologe gegen das Sowjet-Rußland von heute« scharf und betonte die Kraft der Demokratie, die auch in Russland »im Ringen um den Sozialismus [nicht] länger entbehrt werden« könne.[482] In seinen NYSZH-Artikeln

476 Interview mit Siegfried Aufhäuser im Deutschen Rundfunk, 1. Mai 1967, in: Nikolai (Hg.): Zum 100. Geburtstag, S. 22.

477 Bundesarchiv Berlin, SAPMO, DY 34/ 16471, Göring an Aufhäuser, 15. 7. 1947 (Abschrift).

478 Ebd.

479 Ebd.

480 NARA Washington, Record Group 226, Entry 100, INT-13 GE-979. Vgl. zu den unterschiedlichen Positionen innerhalb der Sozialdemokratie: Udo Vorholt, Die Sowjetunion im Urteil des sozialdemokratischen Exils. Eine Studie des Exilparteivorstandes der SPD, des Internationalen Sozialistischen Kampfbundes, der Sozialistischen Arbeiterpartei und der Gruppe Neu Beginnen, Frankfurt a. M. u. a. 1991.

481 NARA Washington, Record Group 226, Entry 100, INT-13 GE-1323.

482 Neue Volks-Zeitung, 14 Jg. Nr. 13 vom 31. 3. 1945, »Sind wir Russland-feindlich? Antwort von Siegfried Aufhäuser auf Friedrich Stampfers Kritik, und ein Schlusswort Stampfers zu der Stellung, die wir angesichts der Politik Russlands einnehmen«. Vgl. IV. Kapitel 1.3.

zeigte er wiederholt Verständnis für das Misstrauen und Sicherheitsbedürfnis der sowjetischen Position, die in der Pariser Konferenz der Außenminister und der anschließenden Friedenskonferenz abermals offenkundig geworden waren. Aber auch er beobachtete deren »aggressive[] und provokatorische[] Politik in Europa und Asien« mit zunehmendem Argwohn.[483] Vor diesem Hintergrund bewertete er die Gründung der SED kritisch:

> Die Zonen-Vierteilung und künstliche Wirtschaftsgrenzen haben die russisch besetzte Grenze nach außen abgesperrt, während eine diktatorisch eingesetzte sog. ›Sozialistische Einheitspartei‹ mit zentraldeutscher Organisationsform die Aufgabe hat, das westliche Deutschland mit russischer Ideologie zu versorgen.[484]

Als Beobachter der Berliner Geschehnisse knüpfte Siegfried Aufhäuser Kontakt zu seinem früheren SPD-Vorstandskollegen, dem ehemaligen Reichstagspräsidenten Paul Löbe, der seinerzeit in Deutschland verblieben war. Als Mitglied des Berliner SPD-Zentralausschusses hatte er sich nach der zwangsweisen Vereinigung von SPD und KPD zur SED im April 1946 der sich in den Westsektoren neu konstituierenden SPD angeschlossen. Hier trat er als einer von drei Lizenzträgern der auflagenstarken, SPD-nahen Tageszeitung *Telegraf* in Erscheinung, in der Aufhäuser gelegentlich publizierte.[485] Ausführlich korrespondierten die beiden seit 1947 über das Zeitungsgeschäft, Berliner Entwicklungen und die hiesige Parteienlandschaft. Als der neue SPD-Vorsitzende Kurt Schumacher Ende 1947 die USA besuchte, berichtete Aufhäuser auf Bitten Löbes detailliert: Kurt Schumacher habe als Redner »sicher stark gewirkt«, Siegfried Aufhäuser vermisste aber statt »klassenkämpferisch« vorgetragener »sozialistische[r] Bekenntnisse« eine »positive, sozialistische Tagespolitik«.[486] Außerdem habe Schumacher, dem er »früher fast freundschaftlich verbunden war«, so Aufhäuser, »mehr alte Parteigenossen enttäuscht [...] als es bei so wenig Zeit kaum möglich sein sollte«.[487] Er selbst habe »bald aufgegeben, um Audienz zu bitten«.[488] Insofern sei er »vielleicht von der menschlichen Enttäuschung zu sehr getroffen [...], um ganz objektiv zu bleiben«.[489] Anknüpfend daran berichtete er dann aber weiter an Löbe – einen der prominentesten Kritiker von Schumachers autoritärem Führungsstil:

483 NYSZH (Sonntagsblatt), 98. Jg. Nr. 36 vom 8.9.1946, »Amerika in Europa«.
484 Ebd. Siehe dazu auch: Nr. 16 vom 21.4.1946, »Weltspannungen über Deutschland«.
485 Susanne Grebner, Der Telegraf. Entstehung einer SPD-nahen Lizenzzeitung in Berlin 1946-1950, Münster 2002, S. 15, S. 51f. und S. 106f. Siehe etwa Aufhäusers Artikel in: Telegraf, 1. Jg. vom 15.9.1946, »Wohin steuert England«, 2. Jg. vom 19.2.1947, »Warum sind die USA liberal?« und vom 11.6.1947, »USA kontra Gewerkschaften?«. (Texte zitiert nach Korthaase, Aufhäuser 1994, S. 117).
486 AdsD Bonn, Bestand Paul Löbe, Mappe 25, Aufhäuser an Löbe, 4.12.1947.
487 Ebd.
488 Ebd.
489 Ebd.

> Ich will nicht sagen, daß es nur an Sch[umacher] lag, wie er hier seinen Interessentenkreis zusammengestellt hat [...] aber mein Eindruck war, daß Schumacher nach all dem Leid der 14 Jahre und dem raschen Aufstieg in der Nachkriegsbewegung ein einsamer Mensch geworden ist. Seine Umgebung ist furchtbar eng geworden und die große Einstellung, [...] als Vorsitzender menschliche Beziehungen zu pflegen und zu knüpfen, scheint ihm leider verloren gegangen zu sein.[490]

Umso mehr schätze er Löbe, den er um Verschwiegenheit bat:

> [I]ch bin froh, daß es im neuen Deutschland neben dem geschulten politischen Handwerk auch noch politische Künstler gibt, die nicht vergessen haben, daß alle Arbeit, alle Politik und Regungen des Lebens um des Menschen willen geschehen.[491]

Auch andere Genoss:innen waren Gegenstand der Korrespondenz – etwa Louise Schroeder, die im Mai 1947 das Amt der amtierenden Berliner Oberbürgermeisterin übernommen hatte.[492] Als Gerüchte über eine USA-Reise aufkamen, versuchte Siegfried Aufhäuser, sie als Rednerin für die hiesigen Parteigenoss:innen zu gewinnen.[493] Paul Löbe wiederum berichtete von einem Gespräch mit Sollmann, der vorübergehend in Deutschland gastierte.[494] Und er informierte Aufhäuser über die Rückkehr von Paul Hertz. Dieser arbeite seit November 1949 für Ernst Reuter, den Regierenden Oberbürgermeister von West-Berlin, als »rechte Hand in Finanz- und Währungsfragen«.[495] Anhand der Korrespondenz mit Paul Löbe wird deutlich, wie Siegfried Aufhäuser über seine publizistische Position alte Beziehungen (re-)aktivierte und sich als Vermittler von Nachrichten, Informationen und politischen Verbindungen etablierte. Nachdem Aufhäuser einige Artikel in dem Berliner SPD-Organ *Der Sozialdemokrat* publiziert hatte, zeigte sich Paul Löbe überaus erfreut, dass »eine Anzahl alter Freunde« einen seiner Texte »zur Anknüpfung alter Beziehungen benutzt« hätten.[496] Er lobte seine »informativen Artikel« aus New York und rühmte die Präsenz von Aufhäuser als »ständige[n] Gast« in den hiesigen Zeitungen.[497]

490 Ebd.
491 Ebd.
492 Ebd., Aufhäuser an Löbe, 1.11.1947 sowie Mappe 29, Löbe an Aufhäuser, 28.1.1948.
493 Ebd., Mappe 37, Aufhäuser an Löbe, 16.3.1950 und Löbe an Aufhäuser, 27.3.1950.
494 Ebd., Löbe an Aufhäuser, 6.5.1950.
495 Ebd., Löbe an Aufhäuser, 27.3.1950. Siehe auch: Ursula Langkau-Alex, Paul Hertz: »A strong man!«. Zum Einfluß des deutschen Sozialdemokraten auf Eleanor Lansing Dulles and andere amerikanische Politiker, in: Krohn, Claus-Dieter (Hg.): Exil und Neuordnung. Beiträge zur verfassungspolitischen Entwicklung in Deutschland nach 1945, Düsseldorf 2000, S. 351-375, hier S. 359.
496 AdsD Bonn, Bestand Paul Löbe, Mappe 25, Löbe an Aufhäuser, 13.10.1947. Siehe beispielsweise: Der Sozialdemokrat, 2. Jg. Nr. 105 vom 7.5.1947, »Umschichtung der Bevölkerung Amerikas« und Nr. 160 vom 12.7.1947, »Hoffnung für Europa«. Im Mai-Artikel wurde Aufhäuser bereits als »unser[] ständige[r] Mitarbeiter in den USA« angekündigt.
497 AdsD Bonn, Bestand Paul Löbe, Mappe 29, Löbe an Aufhäuser, 30.4.1948.

Siegfried Aufhäuser wiederum schilderte seine Bemühungen, sich »wirklich Tag für Tag in das Denken und Fühlen der Deutschen von heute zu vertiefen«.[498] Allerdings war seine Beschäftigung mit der deutschen Nachkriegsentwicklung in jener Zeit nicht allein sentimentalen und beruflichen Interessen geschuldet. Die Frage nach seiner Rückkehr war inzwischen aus dem Stadium der theoretischen Erörterungen hinausgewachsen.

2.2 Gehen oder bleiben? Die Rückkehr nach Westdeutschland

In dem bereits mehrfach zitierten Interview vom 1. Mai 1967 berichtete Aufhäuser über seine Rückkehr-Pläne:

> Nur nach Berlin, nur nach Berlin, das war mein Entschluß schon seit Jahren. Es hat sich etwas verzögert durch die Einstellung meiner Frau, die erst nicht gern zurück wollte, [...] [sie] war älter als ich, war krank usw. – Dadurch hat sich das verzögert, ich möchte sagen, um einige Jahre, sonst wäre ich früher gekommen. [...] Und dann habe ich die Stelle aufgegeben, die ich drüben als Journalist hatte. [...] Und dann ging ich nach Berlin.[499]

Die Schilderung seines Lebenswegs deckt sich inhaltlich in wesentlichen Teilen mit anderen Überlieferungen. Siegfried Aufhäuser war in seiner retrospektiven Darstellung sichtlich um eine ausgewogene Berichterstattung bemüht – auch hinsichtlich eigener Fehler und Unzulänglichkeiten. Manchmal wurden Umstände aber auch unzutreffend oder verkürzt dargestellt. Das wird hier besonders deutlich: Sicherlich gingen die Ansichten von Anna und Siegfried Aufhäuser beim Thema »Remigration« auseinander. Annas Gesinnungswandel lässt sich aber nicht allein mit dem ärztlichen Rat begründen, dass »es wahrscheinlich besser [sei], wenn sie sich in Deutschland kuriert«.[500] Obwohl das Klima gewiss eine Rolle spielte, sprachen primär ökonomische Gründe für eine Rückkehr. Am 8. Dezember 1950 berichtete Siegfried Aufhäuser seinem alten Freund Paul Hertz und dessen Ehefrau Hanna über den »neuesten Betriebsunfall«:

> Ihr wißt aus meinen Briefen, daß wir seit Eurer Rückreise an unserem Wanderungsproblem nagen und würgen. Meine Sehnsucht nach drüben hielt unvermindert an, während Anna manche verständliche Bedenken nicht überwinden konnte. Sie glaubte, hier – wenn auch relativ – zuhause sein zu können, bis wir Ende November wie von einem Blitzstrahl aus heiterem Himmel von dem seit Monaten laufenden Personalabbau der Staats-Zeitung getroffen wurden. [...] Mr. R[idder] verminderte

498 Ebd., Mappe 25, Aufhäuser an Löbe, 4.12.1947.
499 Interview mit Siegfried Aufhäuser im Deutschen Rundfunk, 1. Mai 1967, in: Nikolai (Hg.): Zum 100. Geburtstag, S. 22f.
500 Ebd., S. 23.

> mechanisch nach dem Dienstalter wiederum den Redaktionsstab. Ganze Spalten der Zeitung wurden abgeschafft […].
> Es ist aus und wenn ich auch versuche, über die nächsten Monate mit freelands hinwegzukommen, so sind wir doch beide von Amerika endgültig geheilt und entschlossen, zu Euch zu kommen.[501]

Auf die maßgebende Rolle von Anna Aufhäuser bei der Flucht aus dem Deutschen Reich im Frühjahr 1933 wurde bereits hingewiesen.[502] Beim gemeinschaftlichen Aushandlungsprozess um die Frage der Remigration konnte sie sich zunächst gegen Siegfrieds Rückkehrwunsch durchsetzen.[503] Aber im Laufe der Nachkriegsjahre wandelten sich die Rahmenbedingungen. Gesundheitliche und ökonomische Faktoren spielten dabei eine Rolle. Aber auch familiäre und freundschaftliche Bindungen und Netzwerke veränderten sich. Viele Bezugspersonen verließen New York oder verstarben und die Sehnsucht wuchs. Eindrücklich schilderte Siegfried Aufhäuser diese Entwicklungen gegenüber Herbert Weichmann, dem späteren Hamburger Bürgermeister. Dieser war Ende 1940 in die USA emigriert und in den Sommermonaten 1941 als Vertretung für den Chefredakteur Manfred George beim *Aufbau* eingesprungen.[504] Dort arbeitete er eng mit Aufhäuser zusammen. Beide engagierten sich zu jener Zeit auch im *German-American Council for the Liberation of Germany from Nazism* und der *Association of Free Germans*. Anfang 1947 hatte sich Rudolf Katz bei Weichmann nach dessen Rückkehrplänen erkundigt und ihn Mitte 1948 in die Hansestadt gelotst.[505] Zwischen Siegfried Aufhäuser und Herbert Weichmann bestand keine enge persönliche Verbindung. Aber

501 AdsD Bonn, Bestand Paul Hertz, Mappe 29, Aufhäuser an Hertz, 8.12.[1950].

502 Vgl. II. Kapitel 3.2. Der Forschungsbefund, dass Männer »gemäß ihres größeren Gewichts in der Öffentlichkeit, in oppositionellen Gruppen und Parteien« aufgrund exponierter Stellungen »in größerer Zahl unmittelbar gefährdet« waren, bildet sich auch mit Blick auf die Flucht der Familie Aufhäuser ab (vgl. Hiltrud Häntzschel, Geschlechtsspezifische Aspekte, in: Krohn u.a. [Hg.]: Handbuch 1998, S. 101-117, hier S. 102). Im Gegensatz zur überwiegenden Zahl der Fälle lässt sich jedoch nicht konstatieren, dass Siegfried Aufhäuser als »männliches Familienoberhaupt« die Entscheidung schlussendlich in Eigenregie traf (Messinger/Prager, Doing Gender 2019, S. 8).

503 Während sich geschlechtsspezifische Fluchtumstände und -ursachen inzwischen aus einer Vielzahl von Quellen anschaulich rekonstruieren lassen, bleiben Forschungsaussagen zum Faktor Geschlecht bei Fragen der Remigration oftmals vage (vgl. Häntzschel, Geschlechtsspezifische Aspekte 1998, S. 101ff. und S. 111). Marie Behrendt hat am Beispiel von Ilse und Ernst G. Lowenthal unlängst darauf aufmerksam gemacht, dass die Rückkehrentscheidung auch individuell getroffen werden konnte und nicht immer von einem geschlechterdichotomen Abhängigkeitsverhältnis geprägt war (Marie Ch. Behrendt, Sorge und Status. Geschlechterperspektiven deutsch-jüdischer Rückwanderung nach 1945 am Beispiel von Ilse und Ernst G. Lowenthal, in: Schulz, Kristina/Bernstorff, Wiebke von/Klapdor, Heike [Hg.]: Grenzüberschreitungen. Migrantinnen und Migranten als Akteure im 20. Jahrhundert, München 2019, S. 86-97).

504 Vgl. Aufbau, 7. Jg. Nr. 27 vom 4.7.1941, Notiz auf S. 18.

505 Marita Krauss, Die Region als erste Wirkungsstätte von Remigranten, in: Krohn/Zur Mühlen (Hg.): Rückkehr und Aufbau 1997, S. 23-37, hier S. 35 sowie Paul, Herr K. 1998, S. 706.

noch Ende der 1940er Jahre hielten sie Kontakt, auch weil Aufhäuser Weichmanns Buch »Alltag in USA« rezensierte. Ihm gegenüber äußerte er sich zur Situation in New York und einer möglichen Rückkehr:

> [A]bgesehen vom ›Job‹ [...] habe ich mich über eine Inflation an Glück nicht zu beklagen, denn ich werde es nie zum Amerikaner bringen, sondern immer Deutscher bleiben. Ich hatte auch frühzeitig ein gutes Angebot zu den Gewerkschaften nach Berlin zurück zu gehen, aber so verlockend die angebotene führende Stellung war, so wenig passte mir die Richtung. Die Tätigkeit in Partei und Gewerkschaft im Westen verlangt nach jüngeren Kräften. So bliebe nur Zeitung oder staatliche Verwaltung. Sie wissen, dazu muss man Zeit und Mittel haben, um erst einmal zum Suchen nach Deutschland fahren zu können [...] und da ich nicht mehr ganz jung bin, wollte ich auch meine berufliche Existenz hier nicht aufgeben, bevor ich eine neue habe. So bin ich trotz großer Sehnsucht nach D[eutschland] hier sitzen geblieben. Dabei ist es in New York recht einsam geworden [...] und auch die SPD-Sprachgruppe ist auf ein Minimum zusammengeschrumpft.
> Ich lese unsere deutschen Zeitungen und die übrige Literatur[,] schreibe fast wöchentlich über die deutsche Entwicklung und lebe so mehr von der Erinnerung an die alte Heimat, als vom American way of Life.[506]

Das familiäre Netzwerk verkleinerte sich ebenfalls: Im Sommer 1949 verstarb Siegfried Aufhäusers Bruder David in New York.[507] Unterdessen ging Eva Aufhäuser, die sich inzwischen Chawa nannte, ihren eigenen Weg. Im Herbst 1944 heiratete sie Kurt Nikolai im Kibbuz Hasorea.[508] Einige Monate später brachte sie eine Tochter zur Welt.[509] Ende 1949 wurde ein Sohn geboren.[510] Für den Jahreswechsel 1950/51 war ein lang vorbereiteter Besuch bei den Großeltern in New York geplant.[511]

Deren Vorbereitungen zur Remigration zogen sich ohnehin in die Länge: Frühzeitig hatten sich Anna und Siegfried Aufhäuser bemüht, frühere Vermögenswerte wiederzuerhalten. Im Jahr 1948 zogen sie Auskünfte über beschlagnahmte Wertpapiere, ein und zwei Jahre später machten sie ihre Ansprüche geltend.[512] Ein Wiedergutmachungs-

506 Vgl. Staatsarchiv Hamburg, Bestand Herbert Weichmann, 622/1-168 Signatur 74 Band 3, Aufhäuser an Weichmann, 4.12.[1949?].

507 Römer (Hg.): Rundbriefe 2007, S. 178 sowie Aufbau, 15. Jg. Nr. 28 vom 15.7.1950, »Prof. Dr. D. AUFHAUSER«.

508 Vgl. die Hochzeitsanzeige der Eltern in: ebd., 10. Jg. Nr. 46 vom 17.11.1944 (S. 18).

509 SCPC Swarthmore, Wilhelm Sollmann Papers, Aufhäuser an Sollmann, 17.9.1945.

510 Landesarchiv Berlin, Nachlass Suhr E Rep 200-17, Nr. 89, Eva Nikolai an Suhr, 14.2.1955.

511 AdsD Bonn, Bestand Paul Hertz, Mappe 29, Aufhäuser an Hertz, 8.12.[1950].

512 Vgl. LABO Berlin, Entschädigungsbehörde, Reg. 7218 (Aufhäuser, Siegfried), Antrag an das Bayerische Landesamt für Wiedergutmachung, 18.2.1950 sowie die ebenfalls enthaltene Auflistung der Anlagen mit Informationen zu den unterschiedlichen Entschädigungs- und Wiedergutmachungsanträgen. Weitere Anträge wurden in den nachfolgenden Jahren unter anderem

antrag auf Rückerstattung des enteigneten Siedlungshauses in Grunewald, Zikadenweg 72 wurde 1949 gestellt.[513] Kurz darauf erhob Siegfried Aufhäuser Anspruch auf seine Rente, die ihm vonseiten der Reichsversicherung für Angestellte zustand.[514] Am 16. August 1950 wurde ihm ein Altersruhegeld von 110,50 DM – rückwirkend ab dem 1. Mai 1949 – zuerkannt, aber vorläufig nicht ausgezahlt.[515] Davon berichtete er Paul Hertz im Dezember 1950: Die Rente liege noch auf einem Sperrkonto und das Haus, in dem zurzeit zwei oder drei Zimmer bewohnbar sein dürften, war ihnen nun auch offiziell zugesprochen worden.[516] Aber die Rückreise selbst, die kurz zuvor beschlossen worden war, verzögerte sich. Im April 1951 vermeldete Aufhäuser, dass sämtliche Schiffe so stark belegt seien, dass sie eine Gelegenheit zur Überfahrt für den 12. Juni sofort gebucht hätten, um »überhaupt zum Sommer wegzukommen«.[517]

Am 21. Mai 1951 ließ er Hanna und Paul Hertz wissen, dass sowohl der US-amerikanische Pass als auch das Einreisevisum inzwischen eingetroffen waren.[518] Nach Ankunft ihres griechischen Linienschiffs *TSS Neptunia* in Bremerhaven am 25. Juni standen zunächst Stippvisiten in Bremen und Hamburg an, um zum Monatsende in Berlin einzutreffen.[519] Weil ihr Haus vorläufig noch belegt war und ohnehin diverse Reparaturen notwendig schienen, suchten die Aufhäusers eine Interimswohnung. Hanna Hertz erklärte sich bereit, die entsprechende Annonce aufzugeben.[520] Es fand sich jedoch eine andere Lösung: Nach seiner Ankunft in Deutschland schrieb Siegfried

zu einer Lebensversicherung, zu Aufsichtsrats-Tantiemen, Bankguthaben und Wertpapieren sowie zu Umzugsgut, zu Schäden im beruflichen Fortkommen sowie zu Auswanderungs- und Rückreisekosten gestellt.

513 Ebd. sowie Landesarchiv Berlin, B Rep. 025 (A), 4 WGA 218/49.

514 Ebd., 2 WGA 2133/50. Ein Antrag auf Anerkennung der Zeit des Auslandsaufenthalts als Ersatz für Wartezeit, Anwartschaft und Verdiensteinbußen wurde einige Zeit später gestellt. Siehe dazu auch: Paul Erker, Rente im Dritten Reich. Die Reichsversicherungsanstalt für Angestellte 1933 bis 1945, Berlin 2019, S. 609 f.

515 Vgl. etwa: Landesarchiv Berlin, B Rep. 025 (A), 2 WGA 2133/50, Schreiben der Reichsversicherungsanstalt für Angestellte an den Magistrat von Groß-Berlin (Wiedergutmachungsamt), 12. 9. 1950.

516 AdsD Bonn, Bestand Paul Hertz, Mappe 29, Aufhäuser an Hertz 8.12.[1950]. Im Detail gestaltete sich das Verfahren langwierig: Das Haus war 1939 vom Deutschen Reich an Hermann Rumpp und seine Ehefrau Eleonore, geborene Beck, verkauft worden. Oberregierungsrat Rumpp starb 1941 und seine Witwe vermietete das teilweise kriegszerstörte Haus nach Kriegsende an Max Taut, Professor an der *Hochschule für Bildende Künste* in Berlin und Leiter der hiesigen Abteilung für Architektur. Im Rückerstattungsverfahren versuchte Eleonore Rumpp wertsteigernde Aufwendungen nach dem Erwerb geltend zu machen. Auch die werterhöhenden Arbeiten nach Beschädigungen durch Kriegseinwirkungen unter anderem durch Taut wurden angeführt, ebenso die Übernahme von Hypotheken und Tilgungsverpflichtungen. Das Rückerstattungsverfahren um die Zahlung von Ausgleichsbeträgen wurde bis in die späten 1950er Jahre weitergeführt (vgl. dazu Landesarchiv Berlin, B Rep. 025 [A], 4 WGA 218/49).

517 AdsD Bonn, Bestand Paul Hertz, Mappe 29, Siegfried Aufhäuser an Hertz, 4.04.[1951].

518 Ebd., Siegfried Aufhäuser an Hanna und Paul Hertz, 21.05.[1951].

519 Ebd.

520 Ebd.

Aufhäuser Mitte Juli an Erich Ollenhauer, dass es noch mindestens drei Monate dauern werde, bevor das Siedlungshaus wieder »bewohnbar hergestellt« sei.[521] In dieser Zeit wohnten sie bei ihrem alten Freund, dem langjährigen SPD-Mitglied Eugen Umrath.

Berliner Verhältnisse. Private und berufliche Neuorientierung

Für Siegfried Aufhäuser war die berufliche Zukunft das zentrale Thema bei den Rückreisevorbereitungen. Unstrittig war das Ziel Berlin, wie er Paul Hertz wissen ließ:

> In Westdeutschland bieten sich sicher Arbeitsmöglichkeiten für mich, doch möchte ich selbst, aber auch Anna, am liebsten nach Berlin.[522]

Der Sonderstatus der gemeinschaftlich verwalteten Großstadt inmitten der sowjetischen Besatzungszone war spätestens mit der sogenannten »Berlin-Blockade«, als die UdSSR vom 24. Juni 1948 bis zum 12. Mai 1949 die Zufahrtswege aus den westlichen Besatzungszonen sperrte, offenkundig geworden. Der Zwist der alliierten Mächte mündete 1949 in der Konstituierung der *Bundesrepublik Deutschland* (BRD) und der *Deutschen Demokratischen Republik* (DDR) als eigenständige Staaten. Im Deutschen Bundestag, dem Parlament der BRD, setzte sich bei den Wahlen 1949 die neu gegründete *Christlich Demokratische Union Deutschlands* (CDU) durch, die in den folgenden zwei Jahrzehnten den Regierungschef stellte. Demgegenüber behauptete sich in Berlin die Sozialdemokratie als Regierungspartei. US-amerikanische Besatzungsbeamte und remigrierte Sozialdemokrat:innen – darunter frühere Mitstreiter:innen Aufhäusers – bestimmten den Kurs der Demokratisierungspolitik.[523]

Sein Dasein als Rentner zu fristen, kam für Siegfried Aufhäuser vorläufig nicht infrage. Er bat Paul Hertz, »gelegentlich ganz unverbindlich« bei Ernst Reuter, dem Regierenden Bürgermeister, wegen einer Tätigkeit anzufragen.[524] Dabei legte Aufhäuser »keinerlei Wert auf irgendwelch politisch-repräsentative Funktion«, er hoffte vielmehr, in der »Sozialverwaltung, Sozialversicherung, Wirtschaft oder Presse etwas leisten zu können«.[525] Hertz versprach Hilfe und suchte, so ließ er Aufhäuser wissen, Kontakt zu Reuter und zu Otto Suhr, Siegfried Aufhäusers engem Mitarbeiter aus den Zeiten des AfA-Bundes, der inzwischen als Vorsteher der Berliner Stadtverordnetenversammlung tätig war.[526] Zudem nannte er Ernst Scharnowski, Mitglied der Stadtverordnetenversammlung und des Landesvorstandes der Berliner SPD, als möglichen Kontakt. Scharnowski war Vor-

521 Ebd., Bestand Erich Ollenhauer, Mappe 318, Aufhäuser an Ollenhauer, 13.7.1951.

522 Ebd., Bestand Paul Hertz, Mappe 29, Aufhäuser an Hertz, 8.12.[1950].

523 Scott H. Krause, Bringing Cold War Democracy to West Berlin. A Shared German-American Project, 1940-1972, London 2019.

524 AdsD Bonn, Bestand Paul Hertz, Mappe 29, Aufhäuser an Hertz, 8.12.[1950].

525 Ebd.

526 Ebd., Paul Hertz an Anna und Siegfried Aufhäuser, 10.1.1950 [falsch datiert].

sitzender der *Unabhängigen Gewerkschaftsopposition* (UGO), die sich während der Teilung Berlins vom FDGB abspaltete und sich hier zunächst als Dachverband der West-Berliner Gewerkschaften – ab 1950 als Landesverband des *Deutschen Gewerkschaftsbunds* (DGB) – etablierte. Paul Hertz riet Siegfried Aufhäuser jedoch, sich zuerst »einzuleben und umzusehen« und vor Ort die »Sache selbst in die Hand [zu] nehmen«.[527] In Anbetracht der gegenwärtigen Situation könne er »von niemand eine bestimmte Antwort [...] erwarten«. Hertz zeigte sich jedoch zuversichtlich, »daß sich irgendeine Lösung finden« werde.[528]

Damit gab sich Siegfried Aufhäuser nicht zufrieden. Bei der »angeblichen Position«, die ihm »in Berlin zugesichert sein soll«, ließ er Erich Ollenhauer im Mai 1951 wissen, handle es sich um ein Gerücht.[529] Eine Tätigkeit außerhalb Berlins schien nun ebenfalls denkbar. Er hoffe, dass »sich in Westdeutschland eine Gelegenheit zu einer geeigneten Aktivität finden« werde.[530] Ollenhauer reagierte ähnlich wie Hertz. Er riet Aufhäuser, »zunächst einmal nach Berlin [zu] gehen, um [seine] persönlichen Angelegenheiten« zu regeln:

> Ich schreibe Ihnen das nicht, um Sie einfach nach Berlin abzuschieben; aber unsere Erfahrung ist, daß sich die Frage der besten und sinnvollen Verwendung unserer Freunde, die nach Deutschland zurückkehren, erst befriedigend erörtern und lösen läßt, wenn die Genossen an Ort und Stelle sind.[531]

Siegfried Aufhäusers Bittgesuch war kein Einzelfall. Marita Krauss verwies auf »überregionale Kommunikations- und Hilfsnetzwerke«, die sich unter den Emigrant:innen bildeten.[532] Gerade diejenigen, die in hohe Staatsämter zurückkehrten, wurden wiederholt um Hilfe gebeten. Etablierte Remigrant:innen stellten außerdem oft »den wichtigsten Motor für Rückholaktionen und Stellenvermittlungen dar, für Auftragsvergaben und Vortragsengagements«.[533] Die Beispiele hierfür sind vielfältig, allerdings vollzog sich diese Entwicklung in der Hauptsache in der zweiten Hälfte der 1940er Jahre.[534] Mit Blick auf die Verbände konstatierte Gunter Lange: »Anfang der 1950er-Jahre ist der gewerkschaftliche Wiederaufbau abgeschlossen, und die Führungspositionen sind vergeben«.[535]

527 Ebd.
528 Ebd.
529 Ebd., Bestand Erich Ollenhauer, Aufhäuser an Ollenhauer, 11. 5. 1951.
530 Ebd.
531 Ebd., Ollenhauer an Aufhäuser, 2. 6. 1951.
532 Krauss, Wirkungsstätte 1997, S. 34.
533 Ebd., S. 34 f.
534 Als sich der Publizist Karl Otto Paetel bei Hertz 1951 nach Perspektiven bei einer Rückkehr erkundigte, zeigte sich dieser skeptisch. Mit Verweis auf Aufhäuser betonte er, dass das Einleben »[s]elbst bei ihm [...] nicht leicht sein« werde (Landesarchiv Berlin, Nachlass Hirschfeld E Rep 200-18, Nr. 31, Hertz an Paetel, 29. 6. 1951).
535 Lange, Aufhäuser 2013, S. 305. Vgl. mit Bezug auf die Parteigremien: Marita Krauss, Heimkehr in ein fremdes Land. Geschichte der Remigration nach 1945, München 2001, S. 95.

Die Aufgabe, sich für Siegfried Aufhäuser nach einer neuen Stelle umzusehen, oblag in erster Linie Paul Hertz. Am 26. Juni 1951 berichtete er Walter A. Friedländer, der sich wegen einer Gastprofessur in Berlin aufhielt:

> Wir erwarten in einigen Tagen Siegfried und Anna Aufhäuser, die sich nun auch entschlossen haben, dauernd hierher zurückzukehren. Wir wissen noch nicht, welche Betätigung [...] gefunden werden kann, aber wir sind entschlossen, ihm zu helfen, so daß ich nicht zweifle, daß auch er seinen Entschluß [...] nicht bereuen wird.[536]

Zu diesem Zeitpunkt befanden sich die Aufhäusers bereits in Deutschland. Am 25. Juni erreichten sie Bremerhaven, wo sie vom Bremer Bürgermeister Wilhelm Kaisen begrüßt wurden.[537] Sie verbrachten einige Tage in Bremen und Hamburg, ehe sie am 3. Juli nach Düsseldorf, zum Hauptsitz des neu gegründeten DGB, reisten.[538] Ab dem 4. Juli hielten sie sich in Berlin auf.[539] Zunächst scheint Siegfried Aufhäuser hier für einige Zeit von Paul Hertz mit Aufträgen zum Thema »Wirtschaft und Arbeitsmarkt« versorgt worden zu sein.[540] Im Oktober 1951 trat er bei der Deutschen Angestellten-Gewerkschaft eine »Aushilfsstellung für wirtschaftspolitische Aufgaben mit einem Bruttogehalt von monatlich DM 600.-« an.[541] Dies erfuhr Herbert Weichmann, der sich Ende des Jahres bei Paul Hertz nach dem Befinden des »alten Freund[es]« erkundigte.[542] Hertz vermeldete:

> Aufhäuser's haben sich ganz gut in Berlin eingelebt. Zuerst hatte ich ihm eine Aufgabe in meiner Abteilung übertragen, die ihn einige Wochen beschäftigt hat. Mittlerweile hat sich die DAG seiner erinnert und [...] als Leiter ihrer volkswirtschaftlichen Abteilung eingestellt. Er ist mit dieser Tätigkeit ganz zufrieden. Aufhäuser's haben bis zum 1. Dezember bei unseren alten Freunden Umrath gewohnt und sind jetzt in ihr Häuschen in Eichkamp gezogen. Es war beschädigt und vernachlässigt und musste instandgesetzt werden. Die Mittel dafür sind Aufhäuser durch einen Kredit der Wohnungsbaugesellschaft gegeben worden. So haben wir also alles getan, um ihm den neuen Anfang zu erleichtern und ich glaube, das wird anerkannt.[543]

536 Landesarchiv Berlin, Nachlass Hirschfeld E Rep 200-18, Nr. 31, Hertz an Friedländer, 27.6.1951.
537 Lange, Aufhäuser 2013, S. 305f. sowie LABO Berlin, Entschädigungsbehörde, Reg. 7218 (Aufhäuser, Siegfried), Kostenaufstellung Rückwanderung USA-Berlin, [1955].
538 Ebd.
539 Ebd.
540 Lange, Aufhäuser 2013, S. 308.
541 LABO Berlin, Entschädigungsbehörde, Reg. 7218 (Aufhäuser, Siegfried), Ergänzungsschreiben vom 9.3.1957.
542 Staatsarchiv Hamburg, Bestand Herbert Weichmann, 622/1-168 Signatur 75 Band 2, Weichmann an Hertz, 10.12.1951.
543 Ebd., Hertz an Weichmann, 12.12.1951.

»Arbeit und Wirtschaft«. Siegfried Aufhäuser als Landesvorsitzender der DAG

Die DAG hatte sich 1949 als Zusammenschluss verschiedener Angestelltenverbände in den drei Westzonen gegründet. Sie ging zurück auf lokale und regionale Gründungen von Angestellten, die sich seit 1945 in allen Besatzungszonen formierten. Solche Entwicklungen standen den im Exil vorherrschenden Vorstellungen einer neuen, einheitlichen Gewerkschaftsbewegung entgegen. Trotz aller programmatischen Unterschiede bestand seit 1944 in organisationsstruktureller Hinsicht zwischen den verschiedenen Exilgruppen, die sich in England, Schweden und den USA mit dem gewerkschaftlichen Neuaufbau beschäftigten, weitgehend Einigkeit.[544] Es dominierte das Ideal einer politisch und weltanschaulich unabhängigen, dem föderativen Prinzip verpflichteten, betrieblich verankerten Gewerkschaftsbewegung, deren Aufbau sich von unten nach oben vollziehen und auf der Freiwilligkeit der Mitgliedschaft basieren sollte. Im Wiederaufbauprozess erfüllten sich diese Vorstellungen auf lokaler und regionaler Ebene weitgehend und auch zonale Zusammenschlüsse entstanden, was Siegfried Aufhäuser im September 1946 in der NVZ wohlwollend kommentierte.[545] Er hegte keine Zweifel, dass sich auch »der Gedanke des Industrieverbandes« bald durchsetzen werde.[546] Eine Organisationsfrage irritierte ihn jedoch:

> Die konsequente Durchführung des Gedankens des Industrieverbandes verlangt zweifellos, dass auch die Angestellten eingereiht werden. Es gehört zu den Überraschungen in den neuen Gewerkschaften, dass man trotzdem in Berlin, Hamburg, Hannover und anderen Orten wieder Sonderverbände für die Angestellten geschaffen hat.[547]

Mit selbstreferenziellem Augenzwinkern fuhr er fort:

> Die frühere Leitung des AFA-Bundes hat mir versichert, sie hält besondere Angestellten-Gewerkschaften heute für entbehrlich.[548]

In Deutschland war diese Entwicklung ebenfalls umstritten. Hier kursierte die Vorstellung einer zentralen Einheitsgewerkschaft, die sich jedoch nicht gegen das von den westlichen Militärregierungen favorisierte Industrie- beziehungsweise Berufsverbandsprinzip durchsetzte.[549] In diesem Sinne wurde die Bildung von eigenständigen Ange-

544 Vgl. zu den unterschiedlichen Neuordnungsvorstellungen: Mielke/Frese, Einleitung 1999, S. 62ff.
545 Neue Volks-Zeitung, 15 Jg. Nr. 37 vom 14.9.1946, »Neuaufbau der deutschen Gewerkschaften«.
546 Ebd.
547 Ebd.
548 Ebd.
549 Fehrmann/Metzner, Angestellte und Gewerkschaften 1981, S. 94ff., Schneider, Kriegsgesellschaft 2014, S. 1276ff. sowie Siegfried Mielke, Einleitung, in: Quellen zur Geschichte der

stelltengewerkschaften von den Westalliierten indirekt gefördert, ausschlaggebend für die Entwicklung erwiesen sich letztendlich jedoch soziale, wirtschaftliche und politische Rahmenbedingungen sowie Statusfragen.[550] Dabei war es in den ersten Nachkriegsmonaten beim örtlichen Aufbau der Gewerkschaften nur selten zur Bildung eigener Angestelltenorganisationen gekommen.[551] Einzelne Gründungen – allen voran die Entwicklungen in Hamburg, die am 1. Juli 1947 in der Konstitution der lokalen DAG mündeten – hatten jedoch Signalwirkung. Von dort ging die Initiative aus, auch in anderen Orten und Bezirken Angestelltenvertretungen zu gründen.[552] Parallel dazu entstanden autonome Industriegewerkschaften, die sich am 12. Oktober 1949 im DGB zusammenschlossen. Eine Beteiligung der DAG an diesem Dachverband stand zwar zur Debatte, kam jedoch nicht zustande. Dabei spielten programmatische und ideologische Fragen eine Rolle. Zentrale Streitpunkte waren aber die Organisierung der Angestellten und die gegenseitigen An- und Abwerbeversuche, die sich aus der uneinheitlichen Organisationsstruktur ergaben.[553] Im Jahr 1952 verfügte die DAG über rund 360.000 Mitglieder, während sich im DGB etwa 648.000 Angestellte organisierten.[554] Jürgen Kocka rekurrierte angesichts der Gegensätze und der Konkurrenzsituation zwischen dem sich konstituierenden DGB und der sich außerhalb des Dachverbands entwickelnden DAG in der Zeit zwischen 1945 und 1949 auf »verwirrende[] Entscheidungsprozesse«, die primär in »Organisationskategorien« ausgetragen wurden.[555] Erst danach wären diese »ideologisch überformt« worden, bis die gesellschaftspolitischen Differenzen ab der zweiten Hälfte der 1950er Jahre schrittweise abnahmen.[556]

In Berlin war die Situation speziell. Hier benannte sich die UGO nach der Spaltung vom FDGB im Sommer 1948 in *Unabhängige Gewerkschafts-Organisation* (UGO) um.[557] Im Frühjahr 1950 schlossen sich die zwei darin organisierten Angestelltengewerkschaften

deutschen Gewerkschaftsbewegung im 20. Jahrhundert. Bd. 6: Organisatorischer Aufbau der Gewerkschaften 1945-1949. Bearbeitet von Siegfried Mielke unter Mitarbeit von Peter Rütters, Michael Becker und Michael Fichter, Köln 1987, S. 9-69, hier S. 38-46 und ders., Einleitung, in: Quellen zur Geschichte der deutschen Gewerkschaftsbewegung im 20. Jahrhundert. Bd. 8: Die Gewerkschaften und die Angestelltenfrage 1945-1949. Bearbeitet von Siegfried Mielke, Köln 1989, S. 9-42, hier S. 12 und S. 21.

550 Ebd., S. 12 ff. sowie S. 28 ff. Vgl. dazu auch: Dietmar Ross, Gewerkschaften und soziale Demokratie. Von der Richtungs- zur Einheitsgewerkschaft, von Weimar zur Nachkriegszeit. Untersuchungen zur gewerkschaftlichen Programmatik für den Aufbau einer demokratischen Gesellschaft, Bonn 1975, S. 154 ff.

551 Vgl. Mielke, Einleitung 1989, S. 21.

552 Ebd., S. 22.

553 Vgl. ebd., S. 37 ff. Vgl. hier auch zu den unterschiedlichen Positionen bei den Betriebsratswahlen und der Sozialversicherungsfrage.

554 Kocka, Die Angestellten in der deutschen Geschichte 1981, S. 213.

555 Ebd., S. 209 ff.

556 Ebd., S. 212 ff.

557 Deutscher Gewerkschaftsbund, Landesbezirk Berlin (Hg.): Berliner Gewerkschaftsgeschichte von 1945 bis 1950. FDGB, UGO, DGB, Berlin 1971, S. 131 ff.

der DAG an und der Berliner Landesverband entstand.[558] Die übrigen Verbände wandten sich dem DGB zu. Als Siegfried Aufhäuser Mitte 1951 nach Berlin zurückkehrte, waren die organisationspolitischen Entwicklungen also vorläufig abgeschlossen. Auf seiner Suche nach einer Beschäftigung hatte er auch Kontakt zum DAG aufgenommen. Bei einem Zusammentreffen in Hamburg mit dem DAG-Vorstandsvorsitzenden Fritz Rettig sprach dieser ihm »jede erdenkliche Unterstützung« zu.[559] Aufhäuser hatte sich zunächst nach einer Art freien Mitarbeit auf Honorarbasis erkundigt, bald ging es aber um eine hauptamtliche Tätigkeit als wirtschaftspolitischer Referent in Berlin.[560] Am 24. August unterzeichnete er einen Personalfragebogen und wurde als Gewerkschaftssekretär zum 15. September 1951 eingestellt.[561] Diese Entwicklung nahm Rettig mit Wohlwollen zur Kenntnis, stand doch auch eine mögliche Beschäftigung Aufhäusers beim DGB im Raum.[562]

Der Zeitpunkt kam für Siegfried Aufhäuser nicht ungelegen. Zwischen dem 19. und dem 22. September 1951 sollte der 4. Gewerkschaftstag der DAG in Berlin stattfinden. Er zählte – neben Hans Bechly, dem langjährigen Vorsitzenden des DHV und anderen – zu den Ehrengästen.[563] In seiner Rede sprach Aufhäuser über die historische Entwicklung der Gewerkschaftsbewegung und die engen Verbindungen zwischen Deutschland und den USA. Dabei thematisierte er auch das Verhältnis von DAG und DGB:

> Beide Gewerkschaftsbünde haben den alten Richtungsstreit überwunden, und das war – das konnte man vielleicht von draußen noch besser beobachten wie von hier – eine große historische Tat […]. Die Schaffung der Einheit verlangt von allen, sowohl von meinen alten Freunden von gestern wie von meinen neuen Freunden von heute, auch Opfer im Interesse der Erhaltung der Einheit. […]

558 Ebd., S. 296 ff.

559 Lange, Aufhäuser 2013, S. 308. Die folgenden Informationen gehen auf die Schilderung von Gunter Lange zurück, der Gelegenheit hatte, die DAG-Personalakte von Siegfried Aufhäuser ausgiebig zu sichten.

560 Ebd. Rekapitulierend sprach Aufhäuser davon, er hätte eine »wirtschaftspolitische Abteilung« einrichten sollen (Interview mit Siegfried Aufhäuser im Deutschen Rundfunk, 1. Mai 1967, in: Nikolai [Hg.]: Zum 100. Geburtstag, S. 24).

561 Lange, Aufhäuser 2013, S. 308 f. Gegenüber dem Berliner Entschädigungsamt berichtete Aufhäuser später von einer »Aushilfsstellung für wirtschaftspolitische Aufgaben mit einem Bruttogehalt von monatlich DM 600.-« (LABO Berlin, Entschädigungsbehörde, Reg. 7218 [Aufhäuser, Siegfried], Aufhäuser an Entschädigungsamt Berlin, 9. 3. 1957). Exklusive der Außendienstzulage, aber inklusive Vorbeschäftigungs- und Teuerungszuschlägen deckt sich diese Summe mit dem Anstellungsvertrag (vgl. Lange, Aufhäuser 2013, S. 309).

562 Ebd. Lange zitiert hier einen Brief von Fritz Rettig an Georg Lehmann von der Berliner Landesleitung vom 16. 10. 1951. Ob tatsächlich ein konkretes DGB-Engagement in Aussicht stand, bleibt fraglich. Dessen Vorsitzender Hans Böckler soll Aufhäuser mit »mangelndem Respekt« und geradezu »ablehnend« gegenübergetreten sein (vgl. Bitzegeio, Partei- und Landesgrenzen 2009, S. 370, die sich auf Korthaase und Gottfurcht bezog). Auch bei seinem Nachfolger Christian Fette, der den DGB 1951/52 leitete, überwog Skepsis (Lange, Aufhäuser 2013, S. 308).

563 Deutsche Angestellten-Gewerkschaft (Hg.): 4. Gewerkschaftstag vom 19.-22. September 1951 in Berlin, S. 10, S. 18.

> [D]er DGB und die DAG [...] marschieren heute noch getrennt. Sie sind getrennt worden in einer Auseinandersetzung über die Form der Organisation [...] und ich wünsche allen Angestellten und allen Arbeitern in dieser Stunde, daß diese beiden großen Kräfte wieder vereinigt werden, [...] um damit die Träger der deutschen Arbeit, ob Kopf- oder Handarbeiter, von ihrem heutigen sozialen Druck zu befreien und um mit diesen beiden großen Gewerkschaftssäulen eine feste Untermauerung der neuen deutschen Demokratie zu schaffen.[564]

An die hier dargelegten Positionen knüpfte Aufhäuser in der Folgezeit an. Sein langjähriges Engagement vor 1933, die Perspektive von außen und seine Erfahrungen mit der US-amerikanischen Arbeiter:innenbewegung bildeten Ausgangspunkte seines Einsatzes für die Gewerkschaftsbewegung in der jungen Bundesrepublik. Die Rolle als »Nestor« der freigewerkschaftlichen Angestelltenbewegung und sein Renommee in der internationalen Gewerkschaftsbewegung sollten sich in den kommenden Jahren insbesondere bei Verhandlungen mit dem DGB als vorteilhaft erweisen. Nachsichtig zeigte er sich gegenüber ehemaligen gewerkschaftlichen Kontrahent:innen, die nun ebenfalls in den beiden richtungsübergreifenden Dachverbänden aktiv waren – sofern sie mit seinen programmatischen Vorstellungen und Zielen übereinstimmten. In erster Linie galt es dabei, den Gewerkschaften eine maßgebende Rolle im politischen und wirtschaftlichen Leben der Bundesrepublik zu sichern. Eine Fusion der Gewerkschaftsverbände schloss er mittelfristig nicht aus. Der Weg, so Aufhäuser, müsse jedoch zunächst über eine Stärkung der eigenen DAG-Position erfolgen.

Obwohl sich Siegfried Aufhäuser bei der DAG-Tagung im September eher als »außenstehender Beobachter« präsentierte, verfügte er zu jener Zeit bereits über eine Festanstellung beim DAG. Wenige Monate später wurde ihm noch weit mehr Verantwortung übertragen: Der Berliner Landesvorsitzende Erich Gierke war Mitte 1951 verstorben. Bei einem außerordentlichen Landesverbandstag, terminiert auf den 12. Januar 1952, wurde Siegfried Aufhäuser einstimmig zu dessen Nachfolger gewählt.[565] Sein Grundsatzreferat über die wirtschaftliche Lage der Berliner Beschäftigten und deren Abhängigkeit von der bundesdeutschen Politik hatte Signalwirkung für das künftige gewerkschaftliche Programm des Verbands. Ausgehend von der Währungsreform kritisierte er die »fehlerhafte Konzeption« der gegenwärtigen Wirtschafts- und Agrarpolitik, mit der »der Rest jedes gemeinwirtschaftlichen Denkens abgeschafft« worden sei.[566] Die Förderung speziell des Berliner Wirtschaftslebens sei nunmehr unabdingbar, um bestehende Standortnachteile auszugleichen. Dabei komme der DAG eine aktive Rolle

564 Ebd., S. 31 ff.

565 Siegfried Aufhäuser, Arbeit und Wirtschaft in Berlin. Landesverbandsleiter der DAG, Landesverband Berlin auf dem außerordentlichen Verbandstag am 12. Januar 1952 in Berlin, Berlin 1952, S. 3.

566 Ebd., S. 4 f.

zu, deren Mitbestimmungsrechte auf verschiedenen Ebenen gestärkt werden müssten. Abermals beschwor er die Einigkeit der Erwerbstätigen:

> Es wäre unwirtschaftlich, ungewerkschaftlich und unsozialistisch gedacht, würden wir es zulassen, daß aus der heutigen Funktion der Angestellten eine ideologische Trennung zwischen den Arbeiter- und Angestellten-Gewerkschaften hergeleitet wird.[567]

Nach Siegfried Aufhäusers Befund befand sich die Welt in einem wirtschaftlichen Umbildungsprozess. Die »frühere Auffassung, als würden bestehende Wirtschaftssysteme durch soziale Revolutionen von einem Tag auf den anderen durch neue Formen in Wirtschaft und Gesellschaft abgelöst«, war zwar »kaum noch aufrechtzuerhalten«.[568] Möglich sei es aber doch, »soziale Elemente« in das kapitalistische Wirtschaftssystem einzubauen, wo die Angestellten etwa im Rahmen der sich gegenwärtig vollziehenden Erneuerung des Betriebsverfassungsgesetzes »Pionierdienste für eine revolutionäre Neugestaltung« leisten könnten.[569] Global und langfristig sei die »soziale Unzufriedenheit« nicht zu verleugnen, »die politisch-formale Demokratie« bliebe »Stückwerk«, wenn sie nicht durch eine Wirtschaftsdemokratie ergänzt würde.[570]

Gewerkschaftsarbeit in West-Berlin

Im Rahmen seines Entschädigungsantrags führte Siegfried Aufhäuser aus, dass er erst jetzt – mit seiner Wahl zum Berliner DAG-Vorsitzenden und Landesverbandsleiter – eine »gleichwertige berufliche Beschäftigung« gefunden habe, die seiner »früheren Stellung als hauptamtlicher Vorsitzender des AfA-Bundes etwa entspr[ach]«.[571] In dieser Funktion wirkte Aufhäuser aktiv im Hauptvorstand der bundesrepublikanischen DAG.[572] Als Sprecher eines vorstandsinternen Sachverständigenausschusses äußerte er sich im Sommer 1952 ausführlich zum Thema Miteigentum der Arbeitnehmer:innen am Betriebsvermögen.[573] Mit seinem öffentlichen Eintreten für dieses Konzept hatte er maßgeblichen Einfluss darauf, dass es in die Verbandsprogrammatik aufgenommen wurde.[574] Im April 1954 veröffentlichte er dazu einen Artikel im DGB-Diskussionsorgan *Gewerkschaftliche Monatshefte*. Bei der Debatte um gerechten Lohn plädierte er nachdrücklich dafür,

567 Ebd., S. 12. Mit Rekurs auf den Gewerkschaftskongress des AfA-Bunds von 1931 und Rudolf Hilferdings Rede über die »wahren Beziehungen zwischen Angestellten und Arbeitern«.

568 Ebd., S. 13.

569 Ebd.

570 Ebd., S. 14.

571 LABO Berlin, Entschädigungsbehörde, Reg. 7218 (Aufhäuser, Siegfried), Ergänzungsschreiben vom 9.3.1957.

572 Vgl. etwa: Hans-Peter Müller, Die Deutsche Angestellten-Gewerkschaft im Wettbewerb mit dem DGB. Geschichte der DAG 1947-2001, Baden-Baden 2011, S. 498.

573 Ebd., S. 545 f.

574 Ebd., S. 547 f.

»die bestehende Trennung von den Produktionsmitteln« zu überwinden und »die Belegschaft allmählich mit in de[ren] Besitz [...] einzubauen«.[575] Im gegenwärtigen Stadium der kapitalistischen Entwicklung sei das Miteigentum am Betriebsvermögen – vor dem Hintergrund niedriger Löhne, hoher Preise und immenser Steuerbegünstigungen für technische Neuanlagen im Rahmen des Wiederaufbaus – ein Anfang zur »Kollektivierung des Besitzes der Produktionsmittel«.[576] Einseitige Vermögensverteilung und -bildung könne dadurch verhindert werden, Mitbestimmung und Miteigentum seien »untrennbare Bestandteile einer echten Wirtschaftsdemokratie«.[577] Weiter bekräftigte er:

> Die Sozialisierung der Schlüsselindustrien und eine auf dem freien Wettbewerb aufgebaute Privatwirtschaft können durchaus neben- und miteinander wirksam sein. Die Anerkennung einer solchen Wirtschaftsform beinhaltet indessen nicht die Anerkennung des Rechtes einer schrankenlosen Verfügungsgewalt des Privateigentümers. [...] Die Wertvermehrung kann nicht allein für den ursprünglichen Eigentümer in Anspruch genommen werden. Durch die Einrichtung des Miteigentums wird die Forderung nach einem sich ständig steigernden Anteil der Arbeitnehmerschaft am Sozialprodukt ihre wesentlichste Stütze finden.[578]

Um sie nicht zum »rein persönlichen Aktienbesitz« verkommen zu lassen, könnten Miteigentumsrechte über betrieblich zu bildende Sozialgenossenschaften zusammengefasst werden. Deutlich grenzte er seine Vorstellungen von der vom DGB favorisierten »Gewinn- oder Erfolgsbeteiligung« im Sinne von Lohnprämien ab, die dazu beitragen würden, die »gegenwärtige[] Eigentumsordnung« zu verankern.[579]

Auch an anderer Stelle überwogen die Unterschiede zum DGB. Ungeachtet dessen zeigte sich Siegfried Aufhäuser bemüht, das Gemeinsame herauszustellen.[580] Bei der Präsentation des am 8. Mai 1953 verabschiedeten DAG-Grundsatzprogramms in der *Freiheit*, dem Publikationsorgan des Landesverbands, hob Aufhäuser hervor, dass seinem Inhalt nach damit »bei gutem Willen auf beiden Seiten alle organisatorischen Voraussetzungen für das solidarische Zusammenwirken aller Gewerkschaften gegeben« seien.[581] In seinem Vortrag auf der Hauptberufsgruppentagung der Werkmeister blieben Spitzen gegen den DGB zwar nicht aus. Aber auch hier betonte er die Möglichkeit, »daß DGB und DAG zur Erfüllung ihrer großen wirtschafts- und gesellschaftspolitischen Aufgaben

575 Gewerkschaftliche Monatshefte, 5. Jg. Nr. 4 vom April 1954, »Produktionsmittel oder Miteigentum?«.
576 Ebd.
577 Ebd.
578 Ebd.
579 Ebd. Vgl. dazu auch seinen Beitrag in: Freiheit, 8. Jg. Nr. 7 vom 15.7.1955, »Miteigentum oder Investment-Gesellschaft«. Siehe zu den divergierenden Positionen – auch innerhalb der DAG: Müller, Deutsche Angestellten-Gewerkschaft 2011, S. 537-592.
580 Vgl. hierzu insbesondere Lange, Aufhäuser 2013, S. 314 ff.
581 Freiheit, 6. Jg. Nr. 5 vom 15.5.1953, »Unser Weg«.

ungeachtet ihrer verschiedenen Organisationsformen zusammenwirken« könnten.[582] Immer wieder rekurrierte Aufhäuser – mit Blick auf Richtungskonflikte innerhalb der DAG, wo »vor breitester Öffentlichkeit um den künftigen Kurs« gestritten werde – auf »unvermeidliche Auseinandersetzung[en]« über gewerkschaftliche Zielsetzungen.[583] Er begriff die Konflikte als notwendige Bestandteile eines Meinungsbildungs- und Entscheidungsfindungsprozesses. Dabei zog er jedoch auch klare Grenzen. Diffamierungsversuche verurteilte er scharf. Auf dem 5. DAG-Gewerkschaftstag 1954 in Hamburg kritisierte er etwa Otto Brenner, seinerzeit einer der beiden Vorsitzenden der *Industriegewerkschaft Metall* (IG Metall), da dieser die DAG als »reaktionär[]« bezeichnet und ihnen »Streikbrechermethoden« unterstellt hatte.[584]

Dabei ging es nur vordergründig um die Nichtbeteiligung der DAG an einem Tarifstreik in Bayern, den sie im Schiedsverfahren lösen konnte. Im Kern betraf der Konflikt das Ansehen und die zukünftige Rolle der DAG in der internationalen Gewerkschaftsbewegung.[585] Die Frage nach einer Reorganisation der DAG beziehungsweise ihrer Autonomie und ihrem Verhältnis zum DGB war – auch intern – seit Gründung ein zentrales Thema. Virulent wurde die Thematik im internationalen Kontext: Vier Jahre nach Gründung des WGB kam es zur Spaltung der internationalen Gewerkschaftsbewegung. Zahlreiche nichtkommunistische Gewerkschaftsbünde – unter ihnen AFL/CIO und der britische TUC – gründeten 1949 den *Internationalen Bund Freier Gewerkschaften* (IBFG). Ab 1950 gehörte ihm der DGB an. Wie seinerzeit im IGB gestaltete sich die Frage nach einer zweiten deutschen Vertretung problematisch. DAG und DGB waren 1949 dem angeschlossenen internationalen Berufssekretariat der Angestellten, dem IPB, beigetreten und arbeiteten dort verhältnismäßig unkompliziert zusammen.[586] Anders gestaltete sich die Situation im IBFG. Hier verzögerte und behinderte der DGB die Mitarbeit des DAG – auf Basis einer Zustimmungsklausel – jahrzehntelang und versuchte, mittels »Wohlverhaltensforderungen« eine dauerhafte Kooperation, die letztlich in der Integration in den DGB münden musste, zu erwirken.[587] Bei den Verhandlungsrunden über einen Beitritt, die wiederholt zwischen DAG und DAG – teilweise mit Beteiligung des IBFG – geführt wurden, war Siegfried Aufhäuser einer der aktivsten Akteure. Hier

582 Siegfried Aufhäuser, Die DAG in Gegenwart und Zukunft. Referat des Landesverbandsleiters gehalten auf dem Hauptberufsgruppentag der Werkmeister am 11. Oktober 1953 in Würzburg, in: Klempien, Wilhelm: 70 Jahre Werkmeisterbewegung, Hamburg 1953, S. 37-46, hier S. 44.

583 Freiheit, 6. Jg. Nr. 5 vom 15.5.1953, »Unser Weg«.

584 Deutsche Angestellten-Gewerkschaft, Hauptvorstand (Hg.): 5. Gewerkschaftstag der deutschen Angestellten. 14. bis 18. September 1954 in Hamburg, S. 289 ff. Auch an anderen Stellen war die mangelnde Kooperationsbereitschaft der IG Metall und die Nichteinhaltung von Absprachen von Aufhäuser kritisiert worden (vgl. Müller, Deutsche Angestellten-Gewerkschaft 2011, S. 256, Fußnote 145).

585 Vgl. dazu auch den Entschließungsantrag, auf den sich Aufhäusers Rede bezog (Deutsche Angestellten-Gewerkschaft [Hg.]: 5. Gewerkschaftstag 1954, S. 288).

586 Müller, Deutsche Angestellten-Gewerkschaft 2011, S. 225 ff.

587 Ebd., S. 229 ff. sowie S. 237 f.

galt er als vermittelnde Instanz und als ein beim DGB hoch angesehener DAG-Vertreter.[588] Walter Freitag, seit 1952 Vorsitzender des DGB, hob mit Blick auf die Besprechungen insbesondere die »angenehm[e]« Arbeit mit Aufhäuser hervor.[589] Der Adressierte verfügte außerdem über einen guten Draht zum IBFG, wo sein früherer AfA-Bund-Kollege Hans Gottfurcht inzwischen als stellvertretender Generalsekretär tätig war.[590] Kaum verwunderlich, dass Aufhäuser im Juni 1955 zum 4. IBFG-Kongress nach Wien reiste, als die DAG während der Beitrittsverhandlungen aufgefordert wurde, einen Beobachter zu entsenden.[591] Aus dem Besuch erwuchsen weitere Verständigungsgespräche, die zuvor ins Stocken geraten waren.[592] Aber auch diese Initiative versandete schließlich.

Während sich das Verhältnis zum DGB auf nationaler Ebene konflikthaft gestaltete, entwickelte sich die Zusammenarbeit auf Landesverbandsebene in der Hauptsache positiv. Im DAG-Geschäftsbericht anlässlich des 3. Landesverbandstags 1954 wurde die erfreuliche Entwicklung vor allem mit Blick auf die gemeinsame Koordination bei den »großen wirtschafts- und sozialpolitischen Fragen« betont.[593] Auch bei dem Aufstand um den 17. Juni 1953 arbeiteten Siegfried Aufhäuser und der DGB-Vorsitzende Ernst Scharnowski eng zusammen. Zahlreiche sogenannte »Grenzgänger« waren DAG- oder DGB-Mitglieder und von den Maßnahmen des DDR-Regimes direkt betroffen.[594] 1955 unterzeichneten die beiden Landesverbandsvorsitzenden gemeinsam eine Denkschrift mit einem 15-Punkte-Programm zur »Behebung der Berufsnot älterer Angestellter«.[595] Im selben Jahr riefen DGB und DAG außerdem erstmals seit Kriegsende am 1. Mai gemeinsam zu einer »machtvolle[n] Gewerkschaftskundgebung« auf, bei der sich mehr als 100.000 Personen vor dem Schöneberger Rathaus versammelten.[596]

Dabei blieb das Tätigkeitsfeld des DAG-Landesverbands nicht auf die tarifpolitische Vertretung seiner Mitglieder beschränkt. Der Geschäftsbericht anlässlich des 4. Berliner Landesverbandstags 1957 gab einen Überblick über das breit gefächerte Engagement bei sozialversicherungs- und sozialpolitischen Fragestellungen, im Rahmen der Wohnungspolitik, des Rechtsschutzes und bei eigenen Angeboten für Bildung und Betriebsräte-

588 Vgl. ebd., S. 232 f. und S. 243. Vgl. zu den Treffen und Verhandlungen unter seiner Beteiligung auch S. 234, S. 236.

589 Ebd., S. 239, Fußnote 68. Freitag bedauerte, dass Aufhäuser nicht dem DGB angehörte (vgl. S. 240).

590 Dieser setzte sich ebenfalls für die Aufnahme der DAG in den IBFG ein (vgl. ebd., S. 239 sowie Bitzegeio, Partei- und Landesgrenzen 2009, S. 378).

591 Müller, Deutsche Angestellten-Gewerkschaft 2011, S. 252.

592 Ebd., S. 252 f.

593 Deutsche Angestellten-Gewerkschaft, Landesverband Berlin (Hg.): Berlin die Stadt der Angestellten. Geschäftsbericht für den 3. Landesverbandstag der Deutschen Angestellten-Gewerkschaft Berlin am 3. und 4. April 1954, S. 12.

594 Lange, Aufhäuser 2013, S. 318 f.

595 Gerhard Halberstadt, Die Angestellten und ihre Gewerkschaft. Stationen einer bewegten Geschichte, Freiburg im Breisgau 1991, S. 221.

596 Freiheit, 8. Jg. Nr. 5 vom 15. 5. 1955, »Der 1. Mai 1955«.

arbeit.[597] Hervorgehoben wurden auch die ausgedehnte Presse- und Rundfunkarbeit, der Theater-, Reise- und Feriendienst, die Stellen für Frauen- und Jugendarbeit sowie eine Abteilung für Gesamtdeutsche Fragen, die seit September 1953 bestand. In seinen einleitenden Worten betonte Aufhäuser vor dem Hintergrund der besonderen Situation in Berlin den unermüdlichen Kampf des Landesverbands um Selbstbestimmung und für die Wiedervereinigung.[598] Da die hiesige Gewerkschaftsarbeit »auf der dünnen Plattform einer Minimalwirtschaft vollzogen werden« müsse, sei sie nicht von der »Förderung der Berliner Wirtschaftspolitik« zu trennen.[599] In diesem Zusammenhang erwähnte er den Einsatz für eine steigende Produktivität, den Kampf gegen die Arbeitslosigkeit unter den Angestellten und gegen die Teuerungsrate. Er verbuchte es als außergewöhnlichen Erfolg, dass der Landesverband »inmitten der krisenhaft politischen Entwicklung und angesichts der in dieser Stadt gegebenen turmhohen ökonomischen Schwierigkeiten« die soziale Lage der Angestellten und Beamten wesentlich verbessert habe.[600] Die Mitglieder honorierten diese Arbeit. Ihre Zahl stieg von rund 46.600 im Dezember 1952 bis Ende 1956 auf fast 53.600.[601] Damit zählte der Berliner Landesverband zu den mitgliederstärksten DAG-Verbänden.[602]

2.3 Siegfried Aufhäuser in der Nachkriegs-SPD

Siegfried Aufhäusers parteipolitisches Engagement nach der Remigration war häufig verknüpft mit wirtschaftspolitischen Fragestellungen und seinen gewerkschaftlichen Aktivitäten. In der *Berliner Stimme*, der Wochenzeitung des SPD-Landesverbands für Wirtschaft, Politik und Kultur, die seit Herbst 1951 regelmäßig erschien, publizierte er über sinkende Kaufkraft, Preissteigerungen und das Problem der hohen Arbeitslosigkeit – speziell in Berlin.[603] Auf einer Kreisvorständekonferenz betonte er am 13. Juni 1952 die dringliche Notwendigkeit, durch die gezielte Vergabe öffentlicher Aufträge neue Arbeitsplätze in Berlin zu schaffen.[604] Dabei ging es nicht nur darum, das lange durch die Blockade gehemmte »Berlin von seiner Minimalwirtschaft zu befreien«.[605] Letztendlich könne auch die Wiedervereinigung »nur durch die ökonomische Selbstbehauptung

597 Deutsche Angestellten-Gewerkschaft, Landesverband Berlin (Hg.): Die DAG im Blickfeld Berlin. Geschäftsbericht für den 4. ordentlichen Landesverbandstag der Deutschen Angestellten-Gewerkschaft Berlin am 27. und 28. April 1957.

598 Ebd., S. 11.

599 Ebd., S. 12.

600 Ebd., S. 14.

601 Ebd., S. 102.

602 Ebd., S. 14. Insgesamt waren 1956 rund 431.500 Mitglieder in der DAG aktiv (Kocka, Die Angestellten in der deutschen Geschichte 1981, S. 213).

603 Vgl. Sozialdemokratische Partei Deutschlands, Landesverband Berlin: Jahresbericht 1951, S. 47 ff. sowie Berliner Stimme, 1. Jg. Nr. 2 vom 27. 10. 1951, »Die deutsche Konsumkrise« und Nr. 11 vom 29. 12. 1951, »Konsumentenwille und Selbsthilfe«.

604 Ebd., 2. Jg. Nr. 24 vom 14. 6. 1952, »Schafft umgehend neue Arbeitsplätze!«.

605 Ebd.

Berlins erlangt werden«.[606] In diesem Sinne verteidigte er gewerkschaftliche Forderungen zur Ankurbelung der Berliner Wirtschaft.[607] Zentral blieben für Siegfried Aufhäuser auch Fragen nach Miteigentum und Mitbestimmung.[608] Vor diesem Hintergrund bewertete er das 1952 verabschiedete Betriebsverfassungsgesetz als »bescheidene[n] Anfang, um die Belegschaft zu befähigen, ein echtes Mitbestimmungsrecht zu entwickeln«.[609] Darüber hinaus beschäftigte er sich in der *Berliner Stimme* mit spezifischen Angestelltenfragen.[610]

Abgesehen davon meldete sich Aufhäuser oft nur bei besonderen Anlässen zu Wort. Dazu zählten die jährlichen Maifeierlichkeiten.[611] Solche Artikel boten ihm Gelegenheit, zeitgenössische Entwicklungen zu kommentieren: Nikita Sergejewitsch Chruschtschow war seit Stalins Tod 1953 Erster Sekretär der *Kommunistischen Partei der Sowjetunion* (KPdSU). Mit dem sogenannten »Berlin-Ultimatum« hatte er im November 1958 die westlichen Alliierten aufgefordert, die Stadt binnen eines halben Jahres zu verlassen. Die Demonstration zum 1. Mai 1959 werde in Anbetracht der akuten Bedrohung, so Siegfried Aufhäuser, »zur großen Freiheitskundgebung des ganzen Berlin«.[612] Als DAG-Vorsitzender blickte er – oft einträchtig mit dem DGB-Vorsitzenden Ernst Scharnowski – in Artikeln zum Jahreswechsel auf die internationale Lage, lotete Chancen für eine Wiedervereinigung aus und beschäftigte sich mit den Aufgaben der künftigen Gewerkschaftspolitik.[613] Gelegentlich kommentierte er darüber hinaus Jubiläen, Ehren- und Todestage.[614] Erinnerungsberichte veröffentlichte er in Gedenken an den 30. Januar und den 23. März 1933.[615]

Reformversuche: Die *Ernst-Reuter-Briefe*

Dem Landesvorstand der Berliner SPD gehörte Siegfried Aufhäuser nach seiner Rückkehr als Beisitzer an. Auch hier trat er nur selten an exponierter Stelle in Erscheinung. Obschon er sich inhaltlich mit tagespolitischen Fragestellungen beschäftigte, hielt er sich

606 Ebd.

607 Ebd., 3. Jg. Nr. 9 vom 28.2.1953, »Mehr Wahrheit und Klarheit. Siegfried Aufhäuser zum Problem der Ermäßigung der Lohnsteuer in Berlin«.

608 Ebd., 2. Jg. Nr. 47 vom 22.11.1952, »Zum Problem des Miteigentums«.

609 Ebd., 3. Jg. Nr. 18 vom 1.5.1953, »Festtag der Arbeit«.

610 Ebd., 4. Jg. Nr. 29 vom 17.7.1954, »Partner im sozialen Kampf«, 5. Jg. Nr. 53 vom 31.12.1955, »Die Angestellten«, 7. Jg. Nr. 17 vom 27.4.1957, »Automation und Angestellte«, 12. Jg. Nr. 4 vom 27.1.1962, »Gewerkschaftsinternationale ruft die Angestellten«.

611 Ebd., 5. Jg. Nr. 18 vom 30.4.1955, »Unser ist der Tag«, 9. Jg. Nr. 18 vom 1.5.1959, »70 Jahre Maifeier«.

612 Ebd.

613 Ebd., 4. Jg. Nr. 1 vom 2.1.1954, »1954: Vorhang hoch!«, 5. Jg. Nr. 1 vom 1.1.1955, »Vor neuen Aufgaben«, 6. Jg. Nr. 52 vom 29.12.1956, »Jahreswende – Zeitenwende!«, 9. Jg. Nr. 1 vom 3.1.1959, »Jahreswende im Sowjetnebel«.

614 Ebd., 3. Jg. Nr. 32 vom 8.8.1953, »Bebel und unsere Zeit«, 4. Jg. Nr. 19 vom 8.5.1954, »Zum Tode von Léon Jouhaux«, Nr. 27 vom 3.7.1954, »Ein Gewerkschafts-Jubilar« und 8. Jg. Nr. 25 vom 21.6.1958, »Arzt und Helfer. Am 23. Juni wird Paul Hertz 70 Jahre«.

615 Ebd., 8. Jg. Nr. 4 vom 25.1.1958, »Mehr als ein Tag!« sowie 13. Jg. Nr. 12 vom 23.3.1963, »23. März 1933: Wehrlos, aber nicht ehrlos«.

mit öffentlichen Verlautbarungen zurück. An Debatten beteiligte er sich oft nur, wenn dezidiert gewerkschaftliche Themenfelder berührt wurden oder grundlegende Pfadentscheidungen anstanden. Etwa im Herbst/Winter 1953/54: Die Bundestagswahl am 6. September 1953 erlebte die SPD als Debakel.[616] Mit 28,8 Prozentpunkten unterschritt sie ihr Ergebnis von 1949 (29,2 Prozent) zwar nur geringfügig. Durch den enormen Stimmenzuwachs der CDU um 14,2 auf 45,2 Prozent rückte die anvisierte Regierungsübernahme jedoch in weite Ferne. Innerparteilich brachen sich Debatten über die künftige Ausrichtung der Partei bahn, an denen sich auch Siegfried Aufhäuser beteiligte. Gemeinsam mit Gustav Klingelhöfer, Paul Löbe, Paul Hertz und Eugen Umrath initiierte er Ende 1953 die Herausgabe einer Schriftenreihe mit dem Ziel, angesichts des Wahlausgangs »eine Diskussion über den geistigen und politischen Standort der SPD [zu] fördern«.[617] Anlässlich des plötzlichen Todes von Ernst Reuter im September 1953, dessen Name als »Symbol für Meinungsfreiheit, Toleranz, innerparteiliche Demokratie und die notwendige geistige Klärung« verstanden wurde, sollte die Reihe den Titel *Ernst-Reuter-Briefe* tragen.[618]

Der erste Brief enthielt einen Beitrag von Gustav Klingelhöfer, in dem dieser zur »innere[n] Erneuerung« der Partei aufrief, die sich von »unzeitgemäß gewordene[n] Vorstellungen und Begriffe[n]« trennen müsse.[619] Er kritisierte die Forderung nach Vergesellschaftung aller Produktionsmittel, betrachtete die Auffassung der »entgegengesetzten Interessen der Arbeiter und des Kapitals« skeptisch und benannte den Eigenwert von Staat, Nation und Religion.[620] Ende Januar folgte eine Ausgabe mit einem Text des ehemaligen *Neu Beginnen*-Mitglieds Richard Löwenthal. Unter dem Pseudonym Paul Sering publizierte er über die spezifische Situation der Berliner Sozialdemokratie und hob die Bedeutung der »Freiheit als Kerngedanke des Sozialismus« hervor.[621] Im Folgemonat erhielt Siegfried Aufhäuser Gelegenheit, seine Auffassung über die Zukunft der Partei zu Papier zu bringen. Er wandte sich ausdrücklich gegen Tendenzen, im Wahlergebnis »eine Niederlage des Sozialismus zu sehen« und die SPD in eine »ideologisch farblose ›Volkspartei‹« umzuwandeln.[622] Im Gegensatz zu Klingelhöfer sprach er sich gegen eine »Preisgabe des

616 Ilse Fischer, Einleitung, in: dies. (Hg.): Die SPD unter Kurt Schumacher und Erich Ollenhauer 1946 bis 1963. Sitzungsprotokolle der Spitzengremien. Band 4: 1952 bis 1954, Bonn 2021, S. 11-147, hier S. 127 f.

617 Ernst-Reuter-Briefe, Nr. 2 von Ende Januar 1954.

618 Seine Witwe Hanna Reuter war im Vorfeld um Erlaubnis gebeten worden (vgl. Landesarchiv Berlin, Nachlass Klingelhöfer E Rep 200-23, Nr. 90, Briefentwurf I an Franz Neumann, 17.3.1954).

619 Ernst-Reuter-Briefe, Nr. 1 von Dezember 1953, »Um die Erneuerung der SPD«.

620 Ebd.

621 Ebd., Nr. 2 von Ende Januar 1954, »Sozialistische Erneuerung und der Fall Berlin«. Siehe zur weiteren Biografie: Felix Pankonin, Vom Kommunisten zum Labour-Man. Richard Löwenthal im britischen Exil, in: Engelhardt, Arndt u. a. (Hg.): Ein Paradigma der Moderne. Jüdische Geschichte in Schlüsselbegriffen. Festschrift für Dan Diner zum 70. Geburtstag, Göttingen 2016, S. 137-156.

622 Ernst-Reuter-Briefe, Nr. 3 von Anfang Februar 1954, »Eine Wahlniederlage und die sozialistische Idee«.

wissenschaftlichen Sozialismus und des Marxismus« aus.[623] Vielmehr sei das Wahlergebnis der »mangelhafte[n] sozialistische[n] Kraftentfaltung im Augenblick einer geschichtlichen Zeitenwende« geschuldet.[624] Die Partei müsse mehr als bisher auf das deutsche Wirtschaftsleben einwirken. Grundlegend sei der Umbau des Wirtschaftssystems:

> Um aber auf die Wirtschaftsführung gestaltend einwirken zu können, bedarf es einer Änderung der gegenwärtigen Wirtschaftsverfassung. Solange die übermäßige Konzentration wirtschaftlicher Macht in der Hand privater Kapitalgruppen unangetastet bleibt, wird die gegenwärtige Krise der Reallöhne nicht überwunden, ein höherer Lebensstandard unserer Arbeiter und Angestellten nicht erreicht werden können.[625]

Auf die Situation am Ende der Weimarer Republik rekurrierend, betonte Aufhäuser das Versäumnis, »den Ausweg aus einer Wirtschaftskrise mit einem konkreten Tagesprogramm zu weisen«:

> Auch heute müßte es die Aufgabenstellung der deutschen Sozialdemokratie sein, ohne irgendwie ihre großen Endziele preiszugeben, sozialistische Elemente in die gegenwärtige kapitalistische Wirtschaftsordnung einzubauen. Die Wähler werden immer wieder eine Erfolgspolitik verlangen, ob es sich nun um Außen-, Kultur- oder Sozialpolitik handelt. So bleibt die sozialdemokratische Wirtschaftspolitik Ausgangspunkt und Voraussetzung des Erfolges auf allen übrigen Gebieten.[626]

Über eine »Sozialisierung der Schlüsselindustrien« hinaus sollten Wirtschafts- und Betriebsreformen in »nicht sozialisierungsreif[en]« Großbetrieben umgesetzt werden.

Solche Gedankengänge hatte Aufhäuser in der Endphase der Weimarer Republik und während seiner Exilzeit wiederholt geäußert. Mit der Fokussierung auf den Eigentumsbegriff als zentrales Element des Wirtschaftsumbaus ergänzte er seine Konzeption jetzt um ein entscheidendes Fragment: Die »in wenigen Jahren gewachsene Betriebssubstanz« habe eine »gewaltige neue Vermögensbildung« für eine kleine Gruppe gebracht, von der die Arbeitnehmer:innen ausgeschlossen seien.[627] Es wäre Aufgabe der Sozialdemokratie, »auf dem Gebiet der Vermögens- und Eigentumsbildung ein Element des Miteigentums der Belegschaft in das herrschende Gesellschaftsrecht einzubauen«.[628] Entscheidend für die Erneuerung der SPD sei die »wirtschaftspolitische Gegenwartsaufgabe«. In diesem Sinne führte er aus:

623 Ebd.
624 Ebd.
625 Ebd.
626 Ebd.
627 Ebd. (vgl. dazu auch: IV. Kapitel 2.2).
628 Ebd.

> Wir brauchen nach alledem die sozialistische Idee über die Änderung der heutigen Eigentumsbegriffe und Besitzverhältnisse keineswegs als ›unnötigen Ballast‹ abzuwerfen, sondern wir sollten etwas beweglicher werden und den Sozialismus vor allem als angewandte Wissenschaft auf die gegenwärtigen ökonomischen Verhältnisse nutzen.[629]

Der Blick auf Inhalt und Ausrichtung der ersten drei *Ernst-Reuter-Briefe* macht deutlich, dass hier keine konsistente politische Linie verfolgt wurde. In einem Begleitschreiben zur Erstausgabe betonte das Redaktionskomitee, »geeignet erscheinende Beiträge« lediglich zu sammeln und zu vermitteln.[630] Sie würden auf ihre Eignung zur Diskussion geprüft, für den Inhalt seien jedoch nur die »jeweils namentlich genannten Verfasser« verantwortlich.[631] Allen Beiträgern ging es im Grundsatz darum, Vorschläge zu unterbreiten, um die sozialdemokratische Partei zu erneuern. Die Ansätze unterschieden sich jedoch beträchtlich. Das zeigte sich auch in der vierten Ausgabe. Darin thematisierte Eugen Umrath, ehemaliger Angehöriger des AEG-Leitungsstabs und Mitglied im wirtschaftspolitischen Ausschuss des Landesverbands, den Zusammenhang von Technik, Ökonomie und Politik.[632] Er plädierte dafür, dass sich die SPD nicht »einseitig an den Arbeiterinteressen« orientieren dürfe, sondern »den Menschen, gleichwo an welchem Platze er der Wirtschaft oder der Gesellschaft dient, respektieren und ihn für ihre Arbeit zu gewinnen suchen« müsse.[633]

Ungeachtet des vorhandenen Meinungspluralismus war das Redaktionskomitee zunächst dem Vorwurf ausgesetzt, eine unzulässige Form der Gruppenbildung zu betreiben.[634] Um dem Eindruck entgegenzuwirken, versendete das Komitee einen Pressetext. In der zweiten Ausgabe der *Ernst-Reuter-Briefe* wurde daraus zitiert und bekräftigt, dass die Publikation an »keinerlei Gruppe oder Richtung gebunden« sei.[635] Berichte, »wonach die Unterzeichneten eine ›Reformgruppe‹ gebildet und Gespräche zur Umwandlung der SPD in eine ›Volkspartei‹ gehabt hätten«, entsprächen nicht den Tatsachen.[636] Die Kritik riss jedoch nicht ab. Der Berliner Landesverband in Person seines Vorsitzenden Franz Neumann schaltete sich ein und forderte, den Namen des Publikationsorgans zu ändern.[637] Das Redaktionskomitee wollte der Aufforderung

629 Ebd.

630 AdsD Bonn, Bestand Gerhard Kreyssig, Mappe 195, Aufhäuser/Hertz/Klingelhöfer/Löbe/Umrath an Werte Genossen, 28.12.1953.

631 Ebd.

632 Ernst-Reuter-Briefe, Nr. 4 von Anfang März 1954, »Technik, Ökonomie und Politik«.

633 Ebd.

634 Landesarchiv Berlin, Nachlass Klingelhöfer E Rep 200-23, Nr. 90, Arno Scholz an Klingelhöfer, 24.1.1954. Vgl. dazu ausführlich auch Kühne, Netzwerk 2018, S. 366ff.

635 Vgl. Textentwürfe in: Landesarchiv Berlin, Nachlass Klingelhöfer E Rep 200-23, Nr. 90 sowie Ernst-Reuter-Briefe, Nr. 2 von Ende Januar 1954.

636 Ebd.

637 Landesarchiv Berlin, Nachlass Klingelhöfer E Rep 200-23, Nr. 90, Neumann an Aufhäuser/Hertz/Klingelhöfer/Löbe/Umrath, 10.3.1954.

nicht folgen. Zwischenzeitlich hatten sich innerhalb der Partei aber Diskussionen über die Gründung einer theoretischen Diskussionszeitschrift konkretisiert. Alsbald sollte die *Neue Gesellschaft* als »Forum für einen vielfältigen gesellschaftspolitischen Diskurs« entstehen.[638] Daraufhin erklärte sich das Komitee bereit, die *Ernst-Reuter-Briefe* mit dem Erscheinen des Diskussionsorgans einzustellen.[639] Auf eine solche Übereinkunft rekurrierte Aufhäuser, der Klingelhöfer im Juni 1954 daran erinnerte, dass sie sich gegenseitig versprochen hätten, »die Diskussionsbriefe mit dem Tag der Schaffung eines wissenschaftlichen Diskussionsorgans der Partei einzustellen«.[640]

Bis die *Neue Gesellschaft* im Sommer mit einem ersten Heft (Juli/August 1954) erschien, wurden drei weitere *Ernst-Reuter-Briefe* publiziert. Dies ging auf Kosten der bis dato geübten Vielseitigkeit der Perspektiven. Im fünften Brief ergriff Gustav Klingelhöfer nämlich abermals das Wort, um sich in die seit einigen Jahren schwelende Diskussion um ein neues Grundsatzprogramm einzumischen, das das »Heidelberger Programm« von 1925 ablösen sollte.[641] Dem folgte im April 1954 eine weitere Ausgabe, in der das Redaktionskomitee ein Manuskript des verstorbenen Ernst Reuter aus dem Jahr 1947 über die »Aufgaben und Funktionen der Partei« – ergänzt von Ausschnitten zweier seiner Reden – veröffentlichte.[642] Im Juni meldete sich Gustav Klingelhöfer zum dritten Mal zu Wort. Nun gemeinsam mit dem Bundestagsabgeordneten Wilhelm Königswarter, dem Vorsitzenden des Berliner SPD-Fachausschusses für Geld und Kredit.[643] Im abschließenden Brief der Publikationsserie beschäftigten sich beide ausgiebig mit dem bevorstehenden SPD-Parteitag, der vom 20. bis zum 24. Juli 1954 in Berlin stattfand. Anlass bildete abermals die Programmdebatte, in deren Zuge sie konkrete Änderungen und Ergänzungen für das Aktionsprogramm forderten, das zwei Jahre zuvor auf dem Parteitag in Dortmund verabschiedet worden war und jetzt erneut auf der Agenda stand.

Speziell dieser letzte Brief sorgte für Unmut bei Siegfried Aufhäuser. Am 15. Juni 1954 erklärte er, dass er nicht mehr bereit sei, *Ernst-Reuter-Briefe* zu unterzeichnen, die er »inhaltlich nicht billigen« könne.[644] Schwerer noch wogen grundlegende Bedenken. Aus einem Schreiben, das er vier Tage zuvor an Gustav Klingelhöfer sandte, geht hervor, dass die letzte Publikation zunächst als »Gemeinschaftsarbeit« veröffentlicht werden

638 Fischer, Einleitung 2021, S. 134ff.

639 Vgl. Landesarchiv Berlin, Nachlass Klingelhöfer E Rep 200-23, Nr. 90, Löbe an Klingelhöfer, 19.3.1954 sowie Aufhäuser/Hertz/Klingelhöfer/Löbe/Umrath an Neumann, 23.3.1954.

640 Ebd., Aufhäuser an Klingelhöfer, 11.6.1954. Ohnehin hatte die Veröffentlichung inzwischen beträchtliche Kosten verursacht (vgl. dazu etwa die Kostenaufstellung über die noch zu deckenden Kosten in: Klingelhöfer an Aufhäuser/Hertz/Klingelhöfer/Löbe/Umrath, 27.11.1954).

641 Ernst-Reuter-Briefe, Nr. 5 von Mitte März 1954, »Gedanken zum Grundsatzprogramm«. Vgl. dazu auch den folgenden Abschnitt.

642 Ebd., Nr. 6 von Anfang April 1954, »Aufgaben und Funktionen der Partei«.

643 Informationen aus: Fischer, Ilse (Hg.): Die SPD unter Kurt Schumacher und Erich Ollenhauer 1946 bis 1963. Sitzungsprotokolle der Spitzengremien. Band 4: 1952 bis 1954, Bonn 2021, S. 230, Fußnote 70.

644 Landesarchiv Berlin, Nachlass Klingelhöfer E Rep 200-23, Nr. 90, Aufhäuser an Klingelhöfer, 15.6.1954.

sollte.[645] Dem verwehrte er sich vehement: Er sei von Anfang an lediglich bereit gewesen, »einen Diskussionsbeitrag zu liefern oder andere einzelne Diskussionsbeiträge« als Redaktionskomitee herauszugeben.[646] Der Vorwurf der Fraktionsbildung hatte sich bis zuletzt gehalten und wog vor allem für Aufhäuser schwer.[647] Seine spezifischen Erfahrungen mit den fragmentierten politischen Zusammenhängen im Exil hatten Spuren hinterlassen. Entschieden trat er dagegen ein, »irgendwelche Gruppentätigkeit mitzumachen«, die »missbräuchliche Verwendung« des Redaktionskomitees bedauerte er zutiefst.[648] Weiter bekräftigte er:

> Eine Stellungnahme zu den Diskussionsergebnissen, zum Parteitag und zum Aktionsprogramm der Partei durch Fraktionsbildung müsste entschieden verurteilt werden.[649]

Erst nachdem Gustav Klingelhöfer sein Einverständnis erklärt hatte, den abschließenden Brief nicht als Gemeinschaftsarbeit zu veröffentlichen, lenkte Siegfried Aufhäuser ein.[650] Die redaktionelle Zusammenarbeit war damit beendet.

Debatten um ein neues Grundsatzprogramm

Einen Monat später bot sich Siegfried Aufhäuser ein breites Forum, um seine Vorstellungen zur Erneuerung der Partei darzulegen: An dem Bundesparteitag der SPD, der in diesem Jahr in seiner Heimatstadt Berlin ausgetragen wurde, nahm er als einer von 19 Delegierten der Landesorganisation teil.[651] Rege beteiligte er sich bei der programmatischen Debatte, die sich im Anschluss an Willi Eichlers Referat über »Die sozialistische Gestaltung von Staat und Gesellschaft« entspann.[652] Erneut trat er für die »Kombination von Planwirtschaft und freiem Wettbewerb« und die »Sozialisierung der Grundstoffindustrie« ein.[653] Die gegenwärtige Situation, in der das Betriebsvermögen rasant anstieg, mache jedoch zunächst eine Änderung von Eigentumsordnung und Eigentumsbegriff notwendig. »[S]olange das kapitalistische System noch besteht«, so Aufhäuser, könnten »sozialistische Elemente in die be-

645 Ebd., Aufhäuser an Klingelhöfer, 11. 6. 1954.
646 Ebd.
647 Vgl. zu den Vorwürfen der Gruppenbildung etwa: ebd., Josef Grunner an Klingelhöfer, 25. 8. 1954.
648 Ebd., Aufhäuser an Klingelhöfer, 11. 6. 1954. Im Original hervorgehoben. Den Vorwurf der missbräuchlichen Verwendung zog Aufhäuser später zurück, um ihre »persönlichen Beziehungen nicht zu trüben« (Aufhäuser an Klingelhöfer, 15. 6. 1954).
649 Ebd., Aufhäuser an Klingelhöfer, 11. 6. 1954. Im Original teilweise hervorgehoben.
650 Vgl. die handschriftliche Notiz vom 16.6. über ein Telefonat mit Aufhäuser in: ebd.
651 Sozialdemokratische Partei Deutschlands, Landesverband Berlin: Jahresbericht 1954, S. 73 f.
652 Vorstand der SPD (Hg.): Protokoll der Verhandlungen des Parteitages der Sozialdemokratischen Partei Deutschlands vom 20. bis 24. Juli 1954 in Berlin, S. 149 ff.
653 Ebd., S. 188.

stehende gegenwärtige Eigentumsordnung« eingebaut werden.[654] Eine Möglichkeit, die »ungleiche[] Verteilung des Sozialproduktes herbeizuführen«, sei die Beteiligung der Belegschaft in der Form des Miteigentums.[655] Obschon in der Partei große Bedenken bestünden, das »Miteigentum [...] unsere Arbeiter zu Kapitalisten« machen würde, beschwor er die Anwesenden:

> [W]enn es unser Ernst ist, die Trennung von den Produktionsmitteln zu überwinden, dann müssen wir auch bereit sein, an diese Produktionsmittel wieder heranzukommen. Diese Produktionsmittel sind ja in Wirklichkeit nichts anderes als das Betriebsvermögen, von dem heute die Unternehmer einseitig ihre Gewinne beziehen. Es wird eine Reihe von Sicherungen notwendig sein, um die Nachteile des Miteigentums zu verhindern. Es mögen auch andere Mittel [...] zur Änderung der Eigentumsordnung vorgeschlagen werden. [...] Aber grundsätzlich kommen wir nicht darüber hinweg, daß auch im Aktionsprogramm der Wille zum Ausdruck kommt, eine grundlegende Änderung herbeizuführen.[656]

In seiner Rede nahm Siegfried Aufhäuser Bezug auf das Dortmunder Aktionsprogramm von 1952, das auf dem Berliner Parteitag einer kritischen Revision unterzogen wurde. Forderungen nach einer Erneuerung der Partei und der Erarbeitung eines neuen Parteiprogramms waren in der Endphase der Weimarer Republik und in den Exiljahren immer wieder erhoben und kontrovers diskutiert worden.[657] Nach der Wiedergründung der SPD in den Westzonen hatte der Düsseldorfer Parteitag 1948 den Vorstand, in dem die Notwendigkeit eines solchen Vorhabens umstritten blieb, beauftragt, eine Programmkommission einzusetzen. Zwar gründete sich eine vorbereitende Kommission, deren Arbeit kam jedoch zunächst nicht voran.[658] Erst der Dortmunder Parteitag verabschiedete, in Vorbereitung auf den anstehenden Wahlkampf 1953, ein sogenanntes »Aktionsprogramm«. Allerdings blieb dessen Charakter in der Folgezeit ungeklärt: Trotz seines Umfangs ließ es »fundierte gesellschaftspolitische Analysen und Entwürfe [vermissen], die es in den Rang eines Grundsatzprogramms erhoben hätten«.[659] Obschon die Ausführungen zur Wirtschaftspolitik verhältnismäßig viel Raum einnahmen, blieb die »Präzisierung der wirtschaftspolitischen Ziele« schwierig.[660]

654 Ebd., S. 190.
655 Ebd.
656 Ebd.
657 Vgl. etwa: Terence Ray Renaud, Restarting Socialism: The New Beginning Group and the Problem of Renewal on the German Left, 1930-1970, University of California, Berkeley 2015.
658 Willy Albrecht, Einleitung, in: ders. (Hg.): Die SPD unter Kurt Schumacher und Erich Ollenhauer 1946 bis 1963. Sitzungsprotokolle der Spitzengremien. Band 2: 1948 bis 1950, S. IX-CII, hier S. XLIIIff.
659 Fischer, Einleitung 2021, S. 32 f.
660 Ebd., S. 34.

Nach den Bundestagswahlen 1953 nahmen Debatten um organisatorische und programmatische Parteireformen an Fahrt auf. Ausufernde Diskussionen brachte der Bundesvorstand, dem seit Kurt Schumachers Tod 1952 Erich Ollenhauer vorsaß, vorläufig aber »unter Kontrolle«: Zwei Kommissionen zur Prüfung der innerparteilichen Kritik gründeten sich und im Mai 1954 wurde eine weitere Kommission unter dem Vorsitz Eichlers mit der Überarbeitung des Dortmunder Aktionsprogramms betraut.[661] Schlussendlich beschloss der Berliner Parteitag, das Aktionsprogramm von 1952 in Teilen umzuformulieren und mit einer Präambel zu ergänzen.[662] Parallel wurde eine Kommission zur Vorbereitung eines Grundsatzprogramms eingesetzt. Aber auch deren Arbeit kam zunächst nur schleppend voran. Erst mit der erneuten Wahlniederlage 1957 trat eine Dynamisierung des Prozesses ein. Die absolute Mehrheit der CDU konterkarierte geringe prozentuale Zugewinne der SPD. Ein deutlich sichtbarer Kurswechsel schien unumgänglich. Neben strukturellen Veränderungen im Organisations- und Personalgefüge stand das neue Grundsatzprogramm oben auf der Agenda.[663] Auf dem Stuttgarter Parteitag wurde ein erster Gesamtentwurf, der im Wesentlichen auf Willi Eichler und Heinrich Deist zurückging, diskutiert.[664] Dazu äußerte sich auch Siegfried Aufhäuser. Abermals warf er die Frage auf, was die Sozialdemokratie im »gegenwärtigen Stadium der kapitalistischen Entwicklung« tun könne, um die Konzentration und den Missbrauch der wirtschaftlichen Macht zu verhindern oder abzubremsen.[665] Und zum wiederholten Male betonte er eine Änderung des Eigentumsbegriffs als entscheidenden Hebel. Es sei eine Gegenwartsaufgabe, die Arbeiter:innen und Angestellten am Betriebsvermögen zu beteiligen:

> Das gehört nach meiner Meinung mit in das Grundsatzprogramm. Das bedeutet, daß wir anfangen, sozialistische Elemente in die bestehenden Eigentumsbedingungen einzubauen. Das bedeutet, daß wir allen Schichten der Bevölkerung einen Anschauungsunterricht bieten, daß wir nicht nur Sozialismus verlangen, sondern auch zeigen, wie man sozialistische Ziele allmählich auch in Deutschland entwickeln kann.[666]

Ob eine neue Eigentumsstreuung über den »Weg des Miteigentums der Belegschaft am Zuwachs des Betriebsvermögens« oder durch »Abschöpfung« von Betriebskapital »zugunsten eines überbetrieblichen, allgemeinen Sozialfonds« erfolgen solle, erschien

661 Angster, Konsenskapitalismus 2003, S. 365 ff.

662 Ebd., S. 366 ff.

663 Obschon die Schaffung eines neuen Grundsatzprogramms zu diesem Zeitpunkt längst nicht von der gesamten Parteispitze befürwortet wurde (Heinrich Potthoff/Susanne Miller, Kleine Geschichte der SPD. 1848-2002, Bonn 2002, S. 208 ff.).

664 Angster, Konsenskapitalismus 2003, S. 417 ff.

665 Vorstand der SPD (Hg.): Protokoll der Verhandlungen des Parteitages der Sozialdemokratischen Partei Deutschlands vom 18. bis 23. Mai 1958 in Stuttgart, S. 385.

666 Ebd., S. 387.

zweitrangig.[667] Es käme darauf an, die »angemaßte Herrschaftsstellung des Besitzes durch soziale Eigentumsformen« zu ersetzen.[668]

Seine Forderungen zum Miteigentum verhallten innerhalb der SPD weitgehend geräuschlos. Unmittelbar nach dem Parteitag setzte auf allen Ebenen der Organisation eine intensive Debatte über das neue Grundsatzprogramm ein, das nach einigen Überarbeitungen auf dem außerordentlichen Parteitag 1959 in Bad Godesberg angenommen wurde.[669] Am umstrittensten blieben bis zum Schluss dessen Aussagen zur Wirtschaftspolitik.[670] In der Endfassung fand der Terminus »Sozialisierung« keine Erwähnung mehr.[671] Obwohl »Machtmißbrauch in der Wirtschaft« beanstandet und das »Gemeineigentum« als »legitime Form der öffentlichen Kontrolle« hervorgehoben wurde, bekannte sich die SPD im Grundsatzprogramm offen zur herausragenden Bedeutung des Wettbewerbs.[672] Marktwirtschaftliche Grundprinzipien wurden darin ebenso anerkannt wie die gegenwärtige demokratische Gesellschaftsordnung. Mit dem Bezug auf die sozialistischen Grundwerte Freiheit, Gerechtigkeit und Solidarität ging die Partei bewusst auf Distanz zum Marxismus und bemühte sich um eine pluralistische Ausrichtung, bezog sich etwa positiv auf den besonderen Auftrag der Kirchen und die Notwendigkeit der Landesverteidigung. Insgesamt trug das Programm entscheidend zur innerparteilichen Klärung sowie zum »Wandel des Erscheinungsbildes der SPD in der Öffentlichkeit« bei und avancierte zum »Schlüsseldokument« einer sich im politischen System der BRD verortenden »Volkspartei«.[673] Bald stand die Chiffre »Godesberg« als »Synonym für eine dezidierte Abkehr von traditionalistischen Positionen und als Hinwendung zu einem modernen Konzept reformistischer Politik«.[674]

Eine unmittelbare Reaktion von Aufhäuser auf die Verabschiedung des neuen Grundsatzprogramms ist indes nicht überliefert. Ein tradierter Postkartengruß an einen alten Bekannten namens Hans Waltmann zeugt von einer ernüchternden Grundhaltung:

> [...] Partei und Gewerkschaft haben aufgehört, die Gemeinschaft von einst zu sein, sie sind ›zeitgemäß‹. [...] Es ist mehr als ein Wechsel von Generationen. Der Programmwechsel von Godesberg wäre nicht so schlimm, die verbürgerlichten

667 Vgl. ebd. Zitate nach: Berliner Stimme, 9. Jg. Nr. 11 vom 14.3.1959, »Unser Grundsatzprogramm«.

668 Ebd.

669 Potthoff/Miller, Geschichte der SPD 2002, S. 211. Aufhäuser selbst blieb dem Parteitag, der zwischen dem 13. und 15. November 1959 stattfand, fern.

670 Ebd., S. 211 f.

671 Ebd., S. 212 sowie Vorstand der SPD (Hg.): Protokoll der Verhandlungen des Außerordentlichen Parteitages der Sozialdemokratischen Partei Deutschlands vom 13.-15. November 1959 in Bad Godesberg, S. 12-30.

672 Zitiert nach: ebd., S. 19.

673 Potthoff/Miller, Geschichte der SPD 2002, S. 212 sowie Angster, Konsenskapitalismus 2003, S. 418.

674 Bernd Faulenbach, Geschichte der SPD. Von den Anfängen bis zur Gegenwart, München 2012, S. 78.

> Methoden der Partei sind eine Katastrophe. Für uns alte Sozis ist kein Platz mehr. Die Ideologie ist außer Mode.[675]

An Resignation war jedoch nicht zu denken. Hinsichtlich der von Siegfried Aufhäuser anvisierten Veränderung der Eigentumsordnung durch eine Beteiligung breiter Bevölkerungskreise am Betriebsvermögen blieb das Programm vage:

> Geeignete Maßnahmen sollen dafür sorgen, daß ein angemessener Anteil des ständigen Zuwachses am Betriebsvermögen der Großwirtschaft als Eigentum breit gestreut oder gemeinschaftlichen Zwecken dienstbar gemacht wird.[676]

Dieser Passus erschien zwar beileibe nicht hinreichend, bot Aufhäuser jedoch einen Ansatz, in den Folgejahren an einer Konkretisierung seiner Forderungen zu arbeiten.

3 Späte Stationen des Lebenswegs

Nach der Verabschiedung des »Godesberger Programms« blieb der Eigentumsbegriff für Siegfried Aufhäuser zunächst von zentraler Bedeutung. Als in der *Berliner Stimme* am 21. November 1959 über die Auswirkungen des programmatischen Wandels debattiert wurde, meldete er sich zu Wort. Obwohl »[d]ie Diskussion in kleinen Arbeitskreisen der Partei [...] noch zu keinem konstruktiven Plan gereift« sei, so Aufhäuser, bestünden »Vorstellungen zur Frage der Eigentumsbildung«, die es wert seien, weiterentwickelt zu werden.[677] Eine Beteiligung einzelner Belegschaften war innerhalb der Partei inzwischen abgelehnt worden, jedoch sei auch eine überbetriebliche Miteigentumsform im Sinne eines Sozialfonds – etwa zur »Finanzierung von Forschung und Wissenschaft, Berufsausbildung und Förderung eines qualifizierten Nachwuchses« – denkbar.[678]

Im Fachausschuss des Berliner SPD-Landesverbands für Wirtschaftspolitik engagierte sich Siegfried Aufhäuser beim Aufbau einer Kommission, die es sich zur Aufgabe machte, Stellungnahmen zur »Beteiligung der Arbeitnehmer an der industriellen Vermögensbildung« zu erarbeiten.[679] Außerdem leitete er seine Überlegungen zur Thematik – in Form des besagten Artikels aus der *Berliner Stimme* – an

675 AdsD Bonn, Bestand Werner Korthaase, Ordner »Briefe 1992«, Hans Waltmann an Korthaase, 5.3.1989. Dieser zitiert eine undatierte Postkarte von Siegfried Aufhäuser aus Badenweiler, die vermutlich aus dem Jahr 1960 stammte. Anna Aufhäuser verstarb dort während eines Kuraufenthalts (vgl. IV. Kapitel 3.2).

676 Vorstand der SPD (Hg.): Protokoll 1959, S. 20.

677 Berliner Stimme, 9. Jg. Nr. 47 vom 21.11.1959, »Betriebsvermögen und Eigentumsbildung«.

678 Ebd.

679 Sozialdemokratische Partei Deutschlands, Landesverband Berlin: Jahresbericht 1959/60, S. 44 ff.

die Vorstandsmitglieder der Bundespartei weiter.[680] Heinrich Deist, seit Sommer 1958 Vorsitzender des *Wirtschaftspolitischen Ausschusses* und maßgeblich für den wirtschaftspolitischen Teil des neuen SPD-Programms verantwortlich, wurde separat über den Fortschritt der Berliner Kommissionsarbeit informiert.[681] Im Dezember 1959 hatte er sich wiederholt nach Siegfried Aufhäusers Einschätzung erkundigt.[682] Bis zum Januar 1960 erarbeitete die Kommission Richtlinien für die künftige Eigentumspolitik der SPD: Demnach könne ein Nationalfonds als öffentlich-rechtliche Körperschaft errichtet werden, um einen gesetzlichen Anspruch am jährlichen Zuwachs des Betriebsvermögens durchzusetzen. Dieser solle allen »vermögenslos[en]« Bevölkerungsschichten zugutekommen.[683] Während der krankheitsbedingten Abwesenheit Aufhäusers im Februar 1960 wurde die Fassung nochmals grundlegend überarbeitet, was dieser mit Empörung zur Kenntnis nahm. Durch die Unstimmigkeiten stagnierte die Kommissionsarbeit in der Folgezeit.[684] Derweilen konkretisierten sich die Überlegungen des Wirtschaftspolitischen Ausschusses der Bundespartei, sodass sich weitere Beratungen in Berlin erübrigten.[685]

3.1 Engagement im Ruhestand

Intensiver als in der SPD wurde die Debatte über eine Beteiligung der Beschäftigten am Betriebsvermögen innerhalb der DAG geführt. Am 18. Juni 1959 warb sie auf der sogenannten »Miteigentumstagung« in München erneut für das Konzept.[686] Inzwischen hatte die Debatte ihren Höhepunkt bereits fast überschritten, zumal der unmittelbare »Problemdruck« nachzulassen schien.[687] Steigende Ersparnisse privater Haushalte und die Vermögensbildungspolitik der Bundesregierung ließen Debatten über Eingriffe in die betriebliche Eigentumsordnung ins Leere laufen. Zwar rückte die DAG auch in der Folgezeit nicht von Miteigentumsforderungen ab, eine baldige Realisierung hatte jedoch kaum mehr Aussicht auf Erfolg und die Intensität der Forderungen ließ nach.[688] Und auch für Siegfried Aufhäuser standen auf gewerkschaftlichem Gebiet bald andere

680 AdsD Bonn, Bestand Carlo Schmid, Mappe 687, Aufhäuser an Sehr geehrte Genossen, 25.11.1959.

681 Vgl. zur Person: Christoph Nonn, Das Godesberger Programm und die Krise des Ruhrbergbaus. Zum Wandel der deutschen Sozialdemokratie von Ollenhauer zu Brandt, in: VfZ 50 (1/2002), S. 71-97, hier S. 79.

682 AdsD Bonn, Bestand Heinrich Deist, Mappe 5, Deist an Aufhäuser, 4.12.1959 und 22.12.1959.

683 Ebd., Mappe 102A, Aufhäuser an Deist, 15.3.1960 (inkl. Anlagen).

684 Vgl. ebd. sowie Aufhäuser an Deist, 2.4.1960.

685 Vgl. ebd., Mappe 5, Deist an Aufhäuser, 11.4.1960.

686 Halberstadt, Die Angestellten 1991, S. 216f. Vgl. dazu auch: Müller, Deutsche Angestellten-Gewerkschaft 2011, S. 559f.

687 Müller, Deutsche Angestellten-Gewerkschaft 2011, S. 538.

688 Vgl. die Erwähnungen bei: Halberstadt, Die Angestellten 1991, S. 248, S. 260 und S. 297. Siehe zu den Versuchen, das Konzept anzupassen, etwa: Müller, Deutsche Angestellten-Gewerkschaft

Themen auf der Agenda – zumal er plante, seine berufliche Laufbahn zu beenden und den Abschied vom gewerkschaftlichen Tagesgeschäft einzuleiten.[689] Mitte Dezember 1958 ließ er den SPD-Vorsitzenden Erich Ollenhauer wissen, dass er seinen Posten als Landesverbandsleiter der DAG aufgeben werde, ohne »von der gewerkschaftlichen und politischen Bewegung Abschied« zu nehmen.[690] Er werde sich nunmehr literarisch betätigen. Außerdem beauftrage der Hauptvorstand der DAG ihn, eine »Verständigung und Einigung mit dem DGB« weiterzuverfolgen.[691]

Im Juni 1956 hatte Siegfried Aufhäuser als DAG-Unterhändler in einem internen Memorandum einmal mehr für eine »weiterhin konziliante und konstruktive Verhandlungsführung« mit dem DGB um die Aufnahme in den IBFG geworben.[692] Das Verhältnis der beiden Gewerkschaftsverbände verschlechterte sich in diesem Zeitraum jedoch zusehends. 1957 rückte die DAG auf ihrem Münchner Gewerkschaftstag sogar von dem im Grundsatzprogramm 1953 ausgesprochenen Angebot zur Bildung einer Aktionseinheit ab.[693] Selbst Siegfried Aufhäuser sprach sich – nach weiteren Spitzen durch den DGB – zwischenzeitlich für eine konfrontativere Gangart aus.[694] Mittelfristig überwog jedoch sein Ansinnen, eine Übereinkunft mit dem DGB zu erzielen: Im Herbst 1958 trat er an Erich Ollenhauer heran und ersuchte ihn, bei den sich verschärfenden »Feindseligkeiten zwischen den beiden Gewerkschaften« zu vermitteln.[695] In einem persönlichen Gespräch erörterten sie die Option, über die SPD ein solches Verfahren in die Wege zu leiten.[696] Ollenhauer versprach, Kontakt zu einigen DGB-Vertrauten aufzunehmen und zu ermitteln, »in wieweit Geneigtheit zu einem ersten Gespräch unter Parteigenossen« bestehe.[697] Durch einen inoffiziellen Austausch erhoffte sich Aufhäuser, mittelfristig eine »Aktionsgemeinschaft von DGB und DAG herbeizuführen«.[698] Trotz Ollenhauers Bemühungen kam die Initiative zunächst nicht zustande.[699] Also beschritt Aufhäuser einen anderen Weg: Auf einer Landeskonferenz der Bayrischen SPD in Nürnberg ergab sich die Möglichkeit, gemeinsam mit dem

2011, S. 560 f. und S. 568 ff. Auch Aufhäuser hielt in den 1960er Jahren an der Vorstellung fest (vgl. Berliner Stimme, 14. Jg. Nr. 42 vom 17. 10. 1964, »Um die Eigentumsstreuung«).

689 Vgl. Interview mit Siegfried Aufhäuser im Deutschen Rundfunk, 1. Mai 1967, in: Nikolai (Hg.): Zum 100. Geburtstag, S. 25. Gunter Lange betonte, dass Aufhäuser ursprünglich bereits 1957 seine hauptamtliche Tätigkeit beenden wollte, aber auf Bitten des Landesverbands bis Ende 1958 blieb (Lange, Aufhäuser 2013, S. 328 f.).

690 AdsD Bonn, Bestand Erich Ollenhauer, Mappe 450, Aufhäuser an Ollenhauer, 15. 12. 1958.

691 Ebd.

692 Müller, Deutsche Angestellten-Gewerkschaft 2011, S. 610.

693 Ebd., S. 283, S. 296 und S. 393.

694 Ebd. sowie S. 256.

695 AdsD Bonn, Bestand Erich Ollenhauer, Mappe 450, Aufhäuser an Ollenhauer, 16. 9. 1958.

696 Ebd., Aufhäuser an Ollenhauer, 7. 10. 1958. Anwesend waren auch die DAG-Kollegen Max Erhardt und Heinz Meyer.

697 Ebd., Aufhäuser an Ollenhauer, 15. 12. 1958 sowie Ollenhauer an Aufhäuser, 20. 12. 1958.

698 Ebd., Aufhäuser an Ollenhauer, 30. 4. 1959.

699 Ebd., Ollenhauer an Aufhäuser, 14. 5. 1959.

DGB-Kollegen Wilhelm Rothe, dem Leiter der Angestelltenabteilung beim Bundesvorstand, auf dem Podium über »die Angestellten in der technischen Gesellschaft« zu debattieren.[700] Der Austausch verlief – Siegfried Aufhäusers Bekunden nach – zufriedenstellend. Er sah sich gar veranlasst, Abschriften seines Referats an ausgewählte Personen weiterzuleiten.[701] Fritz Erler, seit 1957 stellvertretender Fraktionsvorsitzender im Bundestag, reagierte positiv auf die Zusendung. Er kontaktierte den stellvertretenden SPD-Bundesvorsitzenden Herbert Wehner, warb für das Tagungsformat und regte zu weiteren Veranstaltungen dieser Art an. Außerdem unterstrich er die – von Siegfried Aufhäuser postulierte – Forderung, dass die SPD die »organisierten Angestelltenschichten gezielt« ansprechen müsse.[702]

Auf dem 7. Gewerkschaftstag der DAG, der zwischen dem 19. und 23. September 1960 in Karlsruhe stattfand, sprach sich Siegfried Aufhäuser ebenfalls für die Beilegung der Differenzen aus. Perspektivisch sei es eine »lebenswichtige Angelegenheit«, eine »einheitliche Bewegung der Gewerkschaften in Deutschland herzustellen«.[703] Ausgangspunkt seiner Rede war eine Entschließung, die sich mit der Beziehung der DAG zum IBFG beschäftigte. Bis zuletzt hatte der DGB die Aufnahme der DAG in den internationalen Gewerkschaftsbund behindert.[704] In dem zur Debatte stehenden Text wurde der IBFG aufgefordert, sich der »Bedeutung der Angestellten im sozialen Kampf aller arbeitenden Menschen voll bewußt« zu werden und nicht »länger auf die Eingliederung der DAG zu verzichten«.[705] Schon im April 1960 hatte die DAG ein – von Aufhäuser verfasstes und mehrfach überarbeitetes – Schreiben an den IBFG versandt. Der Hauptvorstand empfahl darin die Errichtung eines ständigen Angestelltenausschusses und erklärte, ihren Aufnahmeantrag nunmehr ruhen zu lassen.[706] Augenscheinlich war damit die Hoffnung der DAG-Spitze verbunden, aus der Bittsteller-Position herauszutreten. Vielmehr, so Aufhäuser auf der Konferenz, galt es, die IBFG auf die »heutige Bedeutung der Angestellten« und die »vollkommene Gewichtsverlagerung« hinzuweisen, die sich aus der sich verändernden Beschäftigungsstruktur der Arbeitnehmenden in der ganzen Welt ergebe.[707] Obschon der Angestelltenausschuss sich zunächst nicht konstituierte, konnte

700 Ebd., Aufhäuser an Ollenhauer, 30.7.1959.
701 Siehe ebd. sowie Bestand Fritz Erler, Mappe 67, Aufhäuser an Erler, 30.7.1959.
702 Ebd., Erler an Wehner, 16.9.1959 (Durchschlag mit Notiz an Aufhäuser).
703 Deutsche Angestellten-Gewerkschaft, Hauptvorstand (Hg.): 7. Gewerkschaftstag. Karlsruhe 19.-23. September 1960, S. 128. Beide Gewerkschaftsverbände könnten zumindest »in der Aktion zusammenfinden« (S. 130). Die »Aktionsgemeinschaft« mit den Industrieverbänden jedenfalls solle gefördert und in unmittelbaren Tagesfragen gemeinsam gearbeitet werden, »um später die größere Verständigung zu ermöglichen« (S. 131. Dieser Appell scheint innerhalb der DAG nicht abgestimmt gewesen zu sein [Vgl. Müller, Deutsche Angestellten-Gewerkschaft 2011, S. 394f.]).
704 Ebd., S. 255ff.
705 Deutsche Angestellten-Gewerkschaft, Hauptvorstand (Hg.): 7. Gewerkschaftstag 1960, S. 127.
706 Müller, Deutsche Angestellten-Gewerkschaft 2011, S. 259. Vgl. dazu auch: Deutsche Angestellten-Gewerkschaft (Hg.): 7. Gewerkschaftstag 1960, S. 130.
707 Ebd., S. 130f.

die DAG einen Teilerfolg für sich verbuchen: Für den Herbst 1961 wurde eine große internationale Angestelltenkonferenz geplant, auf der nun alle Hoffnungen ruhten.[708]

Allerdings hatte auch dieser Vorstoß wenig Erfolg. Über den IBP war die DAG personell zwar prominent vertreten, eine volle Anerkennung im IBFG blieb ihr im Anschluss dennoch verwehrt.[709] Dessen ungeachtet verbesserte sich das Verhältnis zwischen DAG und DGB jetzt zusehends. Dafür waren mitunter personelle Wechsel an den Verbandsspitzen ausschlaggebend: 1960 wurde Rolf Spaethen zum Vorsitzenden der DAG gewählt. Zwei Jahre später übernahm mit Ludwig Rosenberg erstmals ein Angestellter das höchste DGB-Amt.[710] Beide hatten schon Mitte der 1950er Jahre ein »enges und kollegiales Verhältnis« unterhalten, das sich nun positiv auf die Beziehung der beiden Verbände auswirkte.[711] Als Mittlerin wirkte darüber hinaus – wie von Siegfried Aufhäuser 1958 erhofft – die SPD: Eine Vermittlungsfunktion übernahm der SPD-Gewerkschaftsrat, in dessen Arbeit DAG- und DGB-Vertreter:innen gleichermaßen involviert waren.[712] Überdies intensivierte sich das Verhältnis zwischen SPD und DAG. Die Angestelltengewerkschaft ließ – auch als Reaktion auf die programmatische Erneuerung – in den 1960er Jahren eine »Öffnung zur SPD« erkennen.[713] Umgekehrt bemühte sich die SPD verstärkt um die Angestellten und ihre gewerkschaftlichen Zusammenschlüsse.

Um die Angestelltenfrage

Für eine Beschäftigung der SPD mit der Angestelltenthematik hatte Siegfried Aufhäuser in den vergangenen Jahren nachdrücklich geworben. Wo er sich parteiintern einerseits um eine Entspannung des Verhältnisses zwischen DAG und DGB bemühte, versuchte er andererseits, die SPD von der Bedeutung der Angestellten für die zukünftige volkswirtschaftliche Entwicklung zu sensibilisieren. Im Herbst 1958 bat er den SPD-Vorsitzenden Erich Ollenhauer nicht nur – wie oben bereits beschrieben – um Hilfe bei der Vermittlung zwischen den beiden Gewerkschaften. Im selben Schreiben bemängelte er ferner, dass die Partei der wachsenden »Bevölkerungsschicht der Angestellten«, die inzwischen fast fünf Millionen Beschäftigte zählte, zu wenig Beachtung schenke.[714] Fatalerweise würde die Sozialdemokratie »das ganze Feld den bürgerlichen Parteien« überlassen, obschon es »angesichts der Bedeutung der Angestelltenschicht [....] wirklich um eine Lebensfrage auch nach der politischen Seite« hin gehe.[715] Mitte 1959 verschriftlichte er

708 Ebd. sowie Müller, Deutsche Angestellten-Gewerkschaft 2011, S. 259 f.

709 Ebd., S. 261 f. Erst Ende der 1990er Jahre bot sich die Chance einer Mitgliedschaft, die wegen Kostengründen dann jedoch ausgeschlagen wurde (S. 266).

710 Rosenberg war vor 1933 im GdA aktiv.

711 Müller, Deutsche Angestellten-Gewerkschaft 2011, S. 395 ff.

712 Vgl. ebd.

713 Ebd., S. 395 f., Fußnote 14. Siehe dazu auch: Kocka, Die Angestellten in der deutschen Geschichte 1981, S. 217.

714 AdsD Bonn, Bestand Erich Ollenhauer, Mappe 450, Aufhäuser an Ollenhauer, 16.9.1958.

715 Ebd.

zudem einen Artikel über die »Bedeutung der Angestellten für die Deutsche Volkswirtschaft«, den er wiederum über Ollenhauer im *Vorwärts* zu platzieren suchte.[716] Außerdem intensivierte er seine Bemühungen, die Thematik im neuen Grundsatzprogramm zu verankern. Diesbezüglich befand er sich in intensivem Austausch mit Waldemar von Knoeringen, der als SPD-Landesvorsitzender in Bayern und als stellvertretender Vorsitzender der Bundespartei maßgeblich an den Entwurfsarbeiten beteiligt war.[717]

Siegfried Aufhäusers Impulse wurden durchaus wohlwollend aufgenommen. Von der praktischen Umsetzung zeigte er sich dennoch enttäuscht. Anerkennend notierte Aufhäuser zwar, dass innerhalb der Partei »allmählich der Boden für eine Kontaktnahme mit der neuen wachsenden Millionenschicht der Angestellten gewonnen werden konnte«.[718] Zeitgleich bemängelte er jedoch gegenläufige Tendenzen, die deren berufliche und gesellschaftspolitische Leistung schmälerten und dazu tendierten, die »Angestellten als Gesamtschicht zu nivellieren«.[719] Ende 1960 kritisierte Siegfried Aufhäuser gegenüber Erich Ollenhauer die stagnierende Entwicklung und eine ausbleibende »Stellungnahme der SPD zum Angestelltenproblem«:

> […] ich muß Dir ebenso deutlich sagen, daß unsere Parteiführung bisher alles versäumt hat, um […] eine fundierte Konzeption der deutschen Sozialisten zu diesem höchst aktuellen Problem des Strukturwandels in der Zusammensetzung der erwerbstätigen Bevölkerung dieses Landes zu erarbeiten und bekanntzugeben. […] Wenn wir an die neuen Wählerschichten herankommen wollen, dann sind die Angestellten zweifellos die größte und aktivste Gruppe unserer Zeit […].[720]

Im Rückblick erschienen Siegfried Aufhäusers Bedenken unbegründet. Die Annäherung der SPD an die sogenannten »neuen Mittelschichten« der Beamten und vor allem an die der Angestellten erwies sich als überaus erfolgreich und »zentral« für die weitere Entwicklung.[721] Deren »allmähliche Zuwendung als Mitglieder und Wähler« verhalf der Sozialdemokratie in den ausgehenden 1960er und frühen 1970er Jahren schließlich sogar zur »Mehrheits- und Regierungsfähigkeit« – auch auf Bundesebene.[722] Diese Dynamik war in den frühen 1960er Jahren allerdings nicht unbedingt absehbar gewesen.

716 Ebd., Aufhäuser an Ollenhauer, 13.7.1959. Vgl. den Artikelentwurf in der Anlage.

717 Für dessen Vorschläge warb Aufhäuser auch bei Carlo Schmid und Erich Ollenhauer (ebd., Aufhäuser an Ollenhauer, 30.4.1959 und Ollenhauer an Aufhäuser, 14.5.1959 sowie Bestand Carlo Schmid, Mappe 687, Aufhäuser an Schmid, 17.7.1959).

718 Ebd., Bestand Erich Ollenhauer, Mappe 239, Aufhäuser an Ollenhauer, 5.5.1960.

719 Ebd. An dieser Stelle mit Bezug auf einen *Vorwärts*-Artikel.

720 Ebd., Aufhäuser an Ollenhauer, 9.12.1960.

721 Michael Prinz, Wandel durch Beharrung. Sozialdemokratie und »neue Mittelschichten« in historischer Perspektive, in: Archiv für Sozialgeschichte 29 (1989), S. 35-73, hier S. 35.

722 Ebd., sowie S. 70 ff. Obschon Prinz als entscheidenden Faktor nicht den Wandel aufseiten der Sozialdemokratie verantwortlich macht, sondern diesen primär auf eine Veränderung der »Mittelschichten selbst« zurückführte.

Siegfried Aufhäuser hatte in den vorherigen Jahrzehnten wiederholt auf die gemeinsame Interessenlage von Arbeiter:innen und Angestellten als abhängig Erwerbstätige rekurriert, den Angestelltenstatus selbst aber nie zur Disposition gestellt. Einer pauschalen »Nivellierung« trat er vehement entgegen.[723] Im Herbst 1960 legte er dem 7. DAG-Gewerkschaftstag eine Denkschrift vor, in der er den Fokus auf »den Angestellten im Hinblick auf seine Gesamtfunktion« in der Volkswirtschaft zu richten und die »Eigengeltung der Angestellten« vor dem Hintergrund ihrer geschichtlichen Entwicklung zu begründen suchte.[724] Anlass boten soziologische Untersuchungen, die eben jene Eigengeltung der Angestellten als »soziale Einheit« zunehmend infrage stellten. Mitte der 1950er Jahre waren, teils auf Betreiben der Bundesregierung und der DAG, Studien angestoßen worden, die sich mit der »Lage der Angestellten in der gewerblichen Wirtschaft« beschäftigten.[725] Die empirisch angelegten Untersuchungen gaben in ihren Analysen teils Anlass, die Angestellten als »funktional stark differenzierte, mehrschichtige Gruppe mit überaus unterschiedlichen Daseinsformen zu interpretieren«.[726] Für die DAG erwiesen sie sich als höchst brisant hinsichtlich der zukünftigen strategischen Ausrichtung.[727] Mithin stellte sich die Frage nach der eigenen Existenzberechtigung. Mit Erleichterung wurde registriert, dass zu jener Zeit auch wissenschaftliche Untersuchungen veröffentlicht wurden, die die soziale Sonderstellung der Angestellten stützten und die Position der DAG stärkten. Zu diesen zählte die Arbeit des anerkannten Soziologen Fritz Croner.[728] Jedoch wurden auch die rassenbiologisch begründeten Argumentationsmuster von Karl Valentin Müller aufgegriffen und teils unkritisch für die eigene Argumentation verwendet.[729]

Intern gründete sich ein Sonderarbeitskreis unter dem Vorsitz von Siegfried Aufhäuser, der sich mit dem soziologischen Standort der Angestellten beschäftigte.[730] Dessen Arbeit resultierte im Herbst 1958 zunächst in zehn »Leitthesen über Beruf und Berufung der Angestellten«, in denen unter anderem die Wissenschaftlichkeit

723 Vgl. dazu die in den 1950er Jahren häufig rezipierte These von der »nivellierten Mittelstandsgesellschaft«, die auf den Soziologen Helmut Schelsky zurückgeht (Hans Braun, Helmut Schelskys Konzept der »nivellierten Mittelstandsgesellschaft« und die Bundesrepublik der 50er Jahre, in: Archiv für Sozialgeschichte 29 [1989], S. 199-223).

724 Aufhäuser, Eine unromantische Betrachtung 1960, S. 5. Versuche einer begrifflich-definitorischen Bestimmung des Angestelltenstatus sind vielfältig und vollzogen sich zumeist in Abgrenzung zu den Arbeiter:innen. Dabei dominierten (beruflich-)funktionale, (politisch-)soziale und historische Ansätze beziehungsweise Bestimmungsfaktoren, die sich häufig nicht »trennscharf« voneinander scheiden ließen (Schulz, Die Angestellten 2000, S. 56 ff.).

725 Ebd., S. 50. Vgl. zum Hintergrund: Müller, Deutsche Angestellten-Gewerkschaft 2011, S. 595 ff.

726 Schulz, Die Angestellten 2000, S. 68.

727 Vgl. dazu ausführlich: Müller, Deutsche Angestellten-Gewerkschaft 2011, S. 595-630.

728 Ebd., S. 600 ff. und S. 608. Vgl. Fritz Croner, Die Angestellten in der modernen Gesellschaft. Eine sozialhistorische und soziologische Studie, Frankfurt a. M. u. a. 1954.

729 Müller, Deutsche Angestellten-Gewerkschaft 2011, S. 600. Müller zitiert an dieser Stelle aus einer Grundsatzrede des DAG-Vorsitzenden Rettig auf dem 6. Gewerkschaftstag 1957. Bezogen auf: Karl Valentin Müller, Die Angestellten in der hochindustrialisierten Gesellschaft. Köln u. a. 1957.

730 Müller, Deutsche Angestellten-Gewerkschaft 2011, S. 596 f.

der soziologischen Untersuchungen zur Angestelltenfrage insgesamt infrage gestellt wurde.[731] Knapp fünf Jahre nach der Veröffentlichung der Thesen knüpfte Aufhäuser in seiner 143-seitigen Publikation »An der Schwelle des Zeitalters der Angestellten« an die Arbeiten des Sonderarbeitskreises an.[732] Darin unternahm er den Versuch, das »Angestelltenproblem […] wieder auf den Ausgangspunkt, d. h. auf die Wirtschaftspraxis« zurückzuführen.[733] Er beharrte darauf, dass die »Angestelltenschaft als Einheit […] eine konstruktive, kommerzielle, administrative, ordnende, disponierende und arbeitsführende Gesamtfunktion in der deutschen Volkswirtschaft zu erfüllen« habe.[734] Wo neuere Untersuchungen, etwa mittels Arbeitsplatzanalysen, funktionale Unterschiede und Gemeinsamkeiten anhand der ausgeübten Tätigkeiten zu bestimmen suchten, nahm er Rekurs auf den sozialwissenschaftlichen Forschungsstand der späten 1920er Jahre. Abermals bekräftigte er die Bedeutung einer Gesamtfunktion, die sich grundlegend von derjenigen der Arbeiter:innen unterscheide:

> Das Vertrauensverhältnis zwischen Arbeitern und Angestellten könnte im Hinblick auf die Funktionen beider Gruppen ähnlich gestaltet werden, wie es unter den Gruppen einer Schiffsbesatzung besteht. Vergleicht man einen Betrieb und ein Schiff, dann haben die Angestellten nicht die Funktion eines Kapitäns, wohl aber die von Steuerleuten, Nautikern und Schiffsingenieuren. Seeleute und Steuerleute bilden eine Gefahrengemeinschaft – Arbeiter und Angestellte sollten ihre Schicksalsgemeinschaft gleichermaßen verstehen.[735]

Unverhohlen wurde hier dennoch implizit von einer hierarchischen Trennung ausgegangen.

Der *Aufbau* lobte Aufhäusers Buch als »wissenschaftliche Studie in die Soziologie unserer Zeit«, das »von Leben und jugendlicher Kampfkraft« sprühe.[736] Auch Heinrich Deist bezog sich positiv auf die Publikation, die er zum Anlass nahm, einen eigenen Artikel im *Vorwärts* zu veröffentlichen.[737] Gleichwohl gab er zu bedenken, dass manche

731 Ebd., S. 613 ff. Dennoch oder gerade deswegen sollte der wissenschaftliche Austausch nunmehr forciert werden. Infolgedessen kam beispielsweise ein Treffen mit Otto Stammer und seinem Team zustande (vgl. ebd., S. 616 und S. 619).

732 Vgl. zu den Parallelen: ebd., S. 624.

733 Siegfried Aufhäuser, An der Schwelle des Zeitalters der Angestellten. Eine wachsende und dynamische Leistungsschicht in Wirtschaft und Verwaltung, Berlin 1963, S. 10 (mit einem Vorwort von Rolf Spaethen und einer »Rückblende« von Max Ehrhardt »auf die ehemalige, gewerkschaftliche und wissenschaftlich fundierte Stellungnahme zum Angestelltenproblem in der Vorkriegszeit« ab S. 117 – wiederum begleitet von einem Vorwort von Siegfried Aufhäuser).

734 Ebd., S. 54. Im Original hervorgehoben.

735 Ebd., S. 111 ff.

736 Aufbau, 29. Jg. Nr. 25 vom 21. 6. 1963, »Der Aufstieg der Angestellten« (Vgl. auch: 30. Jg. Nr. 47 vom 20. 11. 1964, »Der weisse Kragen ersetzt den blauen«).

737 Vorwärts, Nr. 35 vom 29. 8. 1963, »Der Angestellte in der Welt von heute«. Darin hob er den sich wandelnden Status der Angestellten hervor: Die Angestellten hätten sich »aus einer Schicht,

von Aufhäusers Thesen durchaus »angreifbar« seien und man das Buch missverstehen würde, »wenn man es als eine fachwissenschaftliche Veröffentlichung ansehe«. Vielmehr sei es »eine herausfordernde Antwort an Sozialwissenschaftler und Publizisten und ihre – wie Aufhäuser meint – ›stiefmütterliche Behandlung der Angestellten‹«.[738] Und tatsächlich lässt sich Siegfried Aufhäusers »Abrechnung mit der modernen Soziologie auf dem Hintergrund längst entschiedener soziologischer Debatten der 20er und 30er Jahre« eher als Intervention, denn als eigenständige soziologische Analyse lesen.[739] Sein vehementes Eintreten für den Angestelltenstatus speiste sich primär aus eigenen biografischen Erfahrungen, beruflichem Engagement und einer gelebten verbandspolitischen Praxis, die sechzig Jahre zuvor mit dem Eintritt in den VdDK seinen Ausgangspunkt genommen hatte. Sein Buch, so Siegfried Aufhäuser selbst, sei »aus der Berufspraxis eines Angestellten gewachsen«, der an die »Soziologen aller Richtungen« appellierte, »ihre empirischen Untersuchungen [...] in Zukunft an der Betriebspraxis zu orientieren«.[740] Die Angestelltenschaft sei »eine Realität der modernen Wirtschaft«, innerhalb des Betriebs würden die Angestellten »eine geschlossene Einheit« bilden.[741]

Zudem gab Siegfried Aufhäuser zu bedenken, dass die »Nivellierungstendenzen« teils genutzt worden waren, um eine »Unterbewertung der Angestelltentätigkeit« zu pflegen.[742] Allerdings ging es ihm weniger darum, damit die Eigenständigkeit der DAG zu legitimieren. Als langjähriger DAG-Funktionär dürfte Aufhäuser diesem Umstand zwar nicht gänzlich unvoreingenommen gegenübergestanden haben. Bei der Frage nach der gewerkschaftlichen Organisierung der Angestellten hatte er sich aber stets anpassungsfähig gezeigt: In den letzten Kriegsjahren und nach Ende des Zweiten Weltkrieges positionierte er sich deutlich gegen eine eigenständige Angestelltengewerkschaft.[743] Ende 1946 bezog er in einem Brief an seinen ehemaligen Kollegen Bernhard Göring erneut Stellung. Sein Schreiben, angelegt als offener Brief zum Neuaufbau der deutschen Gewerkschaften an die ehemaligen Kolleg:innen aus der freigewerkschaftlichen Angestelltenbewegung, erschien im März 1947 in der *Tribüne*, dem Presseorgan des FDGB. Vehement befürwortete er darin einen gemeinsamen Gewerkschaftsbund für Arbeiter:innen und Angestellte: Auch der AfA-Bund sei seinerzeit niemals »Selbstzweck« gewesen, sondern habe »die erzieherische Aufgabe« verfolgt, »in Gemeinschaft mit dem ADGB Arbeiter und Angestellte einander näher zu bringen und allmählich zur höheren Organisationsform eines allumfassenden Gewerkschaftsbundes zu be-

die gewissermaßen auftragsweise bestimmte Unternehmerfunktionen wahrnimmt, zu einer eigenständigen Schicht in der modernen durchorganisierten Großwirtschaft mit eigenen Aufgaben entwickelt, die in die Unternehmenshierarchie ebenso eingebaut ist wie die Arbeiterschaft«. Dieser Prozess sei noch nicht beendet.

738 Ebd.

739 Zitiert nach: Müller, Deutsche Angestellten-Gewerkschaft 2011, S. 624.

740 Aufhäuser, An der Schwelle 1963, S. 70.

741 Ebd., S. 112f.

742 Ebd., S. 113.

743 Vgl. dazu IV. Kapitel 2.2.

fähigen«.[744] Aufgrund der zonalen Trennung und der unterschiedlichen lokalen Ansätze habe sich eine einheitliche Organisationsform nach Kriegsende jedoch nicht etabliert. Zum gegenwärtigen Zeitpunkt sei es problematisch, eine »prinzipielle Entscheidung« herbeizuführen:

> Ein Monopol der besonderen Angestelltenverbände müßte das gute Verhältnis zur Arbeiterschaft empfindlich stören. Eine Auflösung der Angestelltengewerkschaften aber würde sehr bald die Neugründung bürgerlicher Angestelltenverbände nach sich ziehen.[745]

Ein »erstrebenswertes Ziel« sah Aufhäuser zwar darin, »den Industrieverband in den verschiedenen Industriezweigen einschließlich einer Angestelltensektion« zu etablieren. Allerdings gab er zu bedenken, dass »die gewollte Organisationsform« nach allen bisherigen Erfahrungen »gerade in der Angestelltenbewegung nur entwickelt und niemals verordnet werden« könne.[746] Insofern müsse wohl »zeitweise eine Kompromißlösung akzeptiert werden«.[747]

Mit der Etablierung der DAG außerhalb des DGB Ende der 1940er Jahre rückte dieses Ideal Aufhäusers in weite Ferne. Obschon er eine enge Zusammenarbeit mit dem DGB befürwortete und mittelfristig ein Zusammengehen der beiden Verbände favorisierte, räumte er 1953 ein, dass die Organisationsform »aus der wirtschaftlichen Entwicklung« erwüchse und es »der demokratischen Selbstbestimmung jeder Arbeitnehmergruppe überlassen bleiben« müsse, zu entscheiden, welche Form geeignet sei, »die Gesamtheit der Berufsangehörigen für die Bewegung zu gewinnen«.[748] Rekapitulierend ergänzte er 1960 dazu, dass die »Geschichte und die heutige Bedeutung der Angestellten [...] nur in der Berufsorganisation eine befriedigende Bewertung finden« konnte.[749] Es könne »nach den Grundsätzen aller freien Gewerkschaften stets nur der Selbstentscheidung der Mitglieder überlassen sein, über die zweckmäßigste Organisationsform ihrer Gemeinschaft zu bestimmen«.[750]

Nur über den Berufsverband, so die Einschätzung, war es seinerzeit möglich gewesen, die große Gruppe der Angestellten zu erreichen, um sie in einem überparteilichen, politisch und weltanschaulich unabhängigen gewerkschaftlichen Zusammenschluss zu organisieren. Die Gründung konkurrierender bürgerlicher Angestelltenverbände sollte dadurch verhindert werden. Dafür war Siegfried Aufhäuser bereit, Kompromisse einzugehen. Stolz notierte er 1960, dass es zu Beginn der 1950er Jahre »frühere[n] Gegner[n]«

744 Tribüne, 3. Jg. Nr. 57 vom 8.3.1947, »Industriegewerkschaften und Angestellte«.
745 Ebd. Im Original hervorgehoben.
746 Ebd.
747 Ebd.
748 Aufhäuser, DAG in Gegenwart und Zukunft 1953, S. 44.
749 Aufhäuser, Eine unromantische Betrachtung 1960, S. 29.
750 Ebd.

gelungen war, sich »zusammen[zu]raufen« und »alte, schon verhärtete politische Grundsätze auf einen gewerkschaftlichen Nenner« zu bringen.[751] Dies bezog sich in erster Linie auf die Kooperation mit ehemaligen Kontrahenten aus dem DHV. Für Aufhäuser bedeutete das etwa eine enge Zusammenarbeit mit dem ehemaligen DHV-Exponenten Georg Schneider in der Leitung eines Grundsatzausschusses und bei der Erarbeitung des Grundsatzprogramms von 1953.[752] Bereits 1946 hatte die Hamburger DAG sich gezielt um die ehemaligen Angehörigen des nationalkonservativen Verbands bemüht.[753] Zwei Jahre später warb der frühere DHV-Spitzenfunktionär Hans Bechly auf dem außerordentlichen Gewerkschaftstag in Bielefeld öffentlichkeitswirksam für den Eintritt in die DAG.[754] Schon zuvor hatte die DAG sich auch gegenüber ehemaligen NSDAP-Mitgliedern geöffnet, denen jetzt wieder die Übernahme von Gewerkschaftsfunktionen gestattet wurde.[755] Die Zusammenarbeit mit dem ehemaligen »Sonderbeauftragten für Rassefragen in den böhmischen Ländern«, Karl Valentin Müller und die unkritische Übernahme von dessen »sozialrassistische[n] und eugenische[n]« Argumentationsmustern ab der zweiten Hälfte der 1950er Jahre verdeutlicht das Ausmaß der Konzessionsbereitschaft innerhalb der DAG.[756]

Verfolgungserfahrung und Identifikation mit dem Judentum

Vor diesem Hintergrund verwundert es kaum, dass Siegfried Aufhäuser NS-Verfolgung und Exil in öffentlichen Verlautbarungen nach seiner Rückkehr zunächst nicht oder nur beiläufig thematisierte. Dies war keineswegs ungewöhnlich, sondern gerade auch in seinem politischen Umfeld durchaus üblich. Der »demonstrative Verzicht«, über individuelle »Widerstands- und Verfolgungserfahrungen [...] zu sprechen«, prägte die Biografien zahlreicher Sozialdemokrat:innen in den ersten Nachkriegsjahren.[757] »[D]ezidierte Zurückhaltung« entwickelte sich innerhalb der Partei geradezu »zum Ersatzhabitus für das unerfüllte Anerkennungs- und Distinktionsbedürfnis der Verfolgten und Widerstandskämpfer«.[758] Von den Emigrierten kehrte nach 1945 ohnehin nur ein Bruchteil nach Deutschland zurück. Die

751 Ebd., S. 30.
752 Vgl. ebd., sowie Müller, Deutsche Angestellten-Gewerkschaft 2011, S. 282 ff.
753 Müller, Deutsche Angestellten-Gewerkschaft 2011, S. 75.
754 Ebd. Ungeachtet dessen gründete sich 1950 parallel dazu der *Deutsche Handlungsgehilfenverband*, der einige Zeit später in *Deutscher Handels- und Industrieangestellten-Verband* umbenannt wurde. Vgl. zum begrenzten, aber deutlich wahrnehmbaren Einfluss ehemaliger DHV-Funktionäre auf die DAG: Siegfried Mielke, Organisationsprobleme und Neuordnungskonzeptionen der Gewerkschaften in den westlichen Besatzungszonen (1945 bis 1949), in: Matthias/Schönhoven: Solidarität und Menschenwürde 1984, S. 307-323, hier S. 313 f. und S. 322 f.
755 Müller, Deutsche Angestellten-Gewerkschaft 2011, S. 75, siehe auch S. 205, Fußnote 25 und S. 269 f., Fußnote 5.
756 Ebd., S. 307 sowie S. 600 und S. 622.
757 Kristina Meyer, Die SPD und die NS-Vergangenheit 1945-1990, Göttingen 2015, S. 505.
758 Ebd.

Zahl der remigrierten Sozialdemokrat:innen wird auf rund 4.000 veranschlagt.[759] Dass das gewerkschaftliche Periodikum *Freiheit* anlässlich des 1. Mai 1948 einen Aufhäuser-Artikel aus dem Jahr 1927 abdruckte und in der beigefügten biografischen Skizze der Hoffnung Ausdruck verlieh, »ihn zu gegebener Zeit auch hier in der Heimat wieder aktiv mitwirken zu sehen«, hatte Seltenheitswert.[760] Eine individuelle Aufforderung zur Rückkehr erhielten die wenigsten Geflüchteten.[761] Wenn sie sich zum beschwerlichen Schritt der Rückkehr entschlossen, wurden sie selten mit offenen Armen, sondern überwiegend mit Skepsis empfangen.[762] Was ein solcher Umgang für die persönliche Biografie bedeutete, lässt sich nur erahnen. Viele ehemals Verfolgte dürften »hin- und hergerissen zwischen dem Bedürfnis nach Anerkennung der erbrachten Opfer und dem Wunsch nach einem Ende ihrer gesellschaftlichen Außenseiterrolle« gewesen sein.[763]

Persönliche Unterlagen, die Einsichten in Siegfried Aufhäusers Gedanken- und Gefühlswelt der ersten Nachkriegsjahre vermitteln könnten, sind rar. Selbstverständlich galt sein Interesse der Entwicklung Palästinas, wo seine Tochter eine neue Heimat gefunden hatte. In der NYSZH drehten sich seine Beiträge vermehrt um die Umsetzung der englischen Palästinapolitik und die Problematik, »das charitative Rettungswerk für die vertriebenen Juden in Europa unmittelbar und ausschließlich mit dem politisch-zionistischen Ziel der Errichtung eines Jewish Commonwealth in Palästina [...] zu verbinden«.[764] Mit Blick auf den arabisch-jüdischen Konflikt nahm er insbesondere die britische Mandatsregierung in die Pflicht, eine friedliche Lösung zu finden.[765] In diesem Zusammenhang erwähnte Siegfried Aufhäuser auch die nationalsozialistische Kriegspolitik und die »Ausrottung von sechs Millionen europäischer Juden«.[766] Sonst jedoch agierte er bei der Kommentierung der

759 Claus-Dieter Krohn, Einleitung: Remigranten in der westdeutschen Nachkriegsgesellschaft, in: ders./Zur Mühlen (Hg.): Rückkehr und Aufbau 1997, S. 7-21, hier S. 9. Vgl. zu den Zahlen und den Schwierigkeiten einer genaueren Schätzung auch: Hartmut Mehringer, Impulse sozialdemokratischer Remigranten auf die Modernisierung der SPD, in: ebd., S. 91-110, hier S. 92 f. und Jan Foitzik, Die Rückkehr aus dem Exil und das politisch-kulturelle Umfeld der Reintegration sozialdemokratischer Emigranten in Westdeutschland, in: Briegel/Frühwald (Hg.): Erfahrung der Fremde 1988, S. 255-270.

760 Freiheit, 1. Jg. Nr. 9 vom 27. 4. 1948, »Maitag und Sozialpolitik« sowie »Siegfried Aufhäuser«.

761 Marita Krauss, Heimkehr 2001, S. 73. Vgl. zu kollektiven Rückrufen und ihrer Reichweite: S. 75 ff.

762 Krohn, Remigranten 1997, S. 14 f. Vgl. auch den Sammelband: ders./Schildt, Axel (Hg.): Zwischen den Stühlen? Remigranten und Remigration in der deutschen Medienöffentlichkeit der Nachkriegszeit, Hamburg 2002 sowie Werner Bergmann, »Wir haben Sie nicht gerufen«. Reaktionen auf jüdische Remigranten in der Bevölkerung und Öffentlichkeit der frühen Bundesrepublik, in: Lühe, Irmela von der/Schildt, Axel/Schüler-Springorum, Stefanie (Hg.): »Auch in Deutschland waren wir nicht wirklich zu Hause«. Jüdische Remigration nach 1945, Göttingen 2008, S. 19-39.

763 Meyer, NS-Vergangenheit 2015, S. 505.

764 NYSZH (Sonntagsblatt), 98. Jg. Nr. 32 vom 11. 8. 1946, »Palästina und Mittel-Ost«.

765 Vgl. ebd., Nr. 48 vom 1. 12. 1946, »Palästinas Ausweg«. Siehe dazu auch: 99. Jg. Nr. 11 vom 16. 3. 1947, »U. N.-Lösung für Palästina«.

766 Ebd.

nationalsozialistischen Vertreibungs- und Vernichtungspolitik überaus zurückhaltend.[767] Bezeichnenderweise beschäftigte sich Aufhäuser mit dem Thema Antisemitismus lediglich in einem Artikel über die politischen Verhältnisse in Polen ausführlicher. Am 4. Juli 1946 ereignete sich in Kielce »der blutigste aller Nachkriegspogrome«, bei dem über 40 Personen ermordet und mehr als 100 verletzt wurden.[768] Er notierte dazu:

> Es kann aber nicht unausgesprochen bleiben, daß der ausgesprochene Rassenantisemitismus in weiten Teilen der polnischen Bevölkerung tiefer verwurzelt ist, als es jemals im deutschen Volk der Fall war. Die Nazi-Diktatur hatte in Deutschland auch nach den Nürnberger Gesetzen im Volke nicht die erhoffte Unterstützung und Beteiligung zur Judenverfolgung gefunden, die sie erhofft hatte. Hitler sah sich deshalb veranlaßt, die Beschlüsse von Nürnberg durch seine organisierten SA und SS Horden mit brutaler Gewalt zur Durchführung zu bringen. Er wußte wohl auch, daß er für seine Gaskammern und Todesläger in Polen geeignete Böden finden könnte.[769]

Das Zitat mit der enthaltenen Kontrastierung mag verdeutlichen, wie wenig Siegfried Aufhäuser nach 1945 bereit schien, den Antisemitismus, der im Massenmord an der jüdischen Bevölkerung schlussendlich seine schrecklichste Konsequenz offenbart hatte, überhaupt nur mit der deutschen Bevölkerung in Verbindung zu bringen. Insofern schwenkte Aufhäuser auch bei der Schuldfrage früh auf eine Position ein, die in der bundesdeutschen Nachkriegsgesellschaft bald weit Verbreitung fand.[770] Im Kern ging es darum, für die in den Jahren zwischen 1933 und 1945 begangenen Verbrechen eine kleine Gruppe von Hauptverantwortlichen auszumachen. Dies entsprach den »Entlastungs- und Verdrängungsbedürfnisse[n] der Bevölkerungsmehrheit«, führte eine solche Sichtweise doch im Umkehrschluss dazu, »von den vielfältigen Formen der Mitschuld und Mitverantwortung der Mitläufer abzulenken«.[771] Paradigmatisch hierfür steht ein Artikel, den Siegfried Aufhäuser zum Jahreswechsel 1946/47 in der NYSZH veröffentlichte, in dem er ein gängiges Erzählmuster aufgriff und reproduzierte:

> Ein unermeßliches und unabwendbares Unglück war über die Menschen hereingebrochen. Ein fremder Tyrann hatte sie mehr als zwölf Jahre unterdrückt [...] Dank-

767 Selbst in seinen Berichten zur internationalen Flüchtlingspolitik thematisiert er die vorausgegangene Kriegs- und Vertreibungspolitik oft nur rudimentär (vgl. ebd., Nr. 31 vom 4.8.1946, »Die Rettung der Vertriebenen« sowie Nr. 42 vom 20.10.1946, »Heimatlose suchen ein Land«. Vgl. auch: Nr. 52 vom 29.12.1946, »Flüchtlinge ohne Lebensraum«).

768 Joanna Tokarska-Bakir, Antijüdische Gewalt in Mittel- und Osteuropa der unmittelbaren Nachkriegszeit, in: Bohus, Kata u.a. (Hg.): Unser Mut. Juden in Europa 1945-1948, Berlin 2020, S. 68-85, hier S. 78.

769 NYSZH (Sonntagsblatt), 98. Jg. Nr. 31 vom 4.8.1946, »Generalprobe in Polen«.

770 Vgl. etwa: Norbert Frei, Vergangenheitspolitik. Die Anfänge der Bundesrepublik und die NS-Vergangenheit (Neuausgabe), München 2012.

771 Meyer, NS-Vergangenheit 2015, S. 20 und S. 507.

bar und froh, daß die Hitlerei ein Ende hatte und ohne jedes Rachegefühl gegen die Mächte der Sieger wäre die Bevölkerung am Tag nach dem Zusammenbruch gerne zur friedlichen Tagesarbeit zurückgekehrt. Aber Hitlers Wort ›Gebt mir zehn Jahre Zeit und Ihr werde Deutschland nicht wieder erkennen‹, war mehr als in Erfüllung gegangen. Das Volk konnte die Folgen des faschistischen Krieges nicht mehr fassen. Es stand nicht nur vor einem Trümmerhaufen seiner Städte, sondern einer völlig aufgelösten wirtschaftlichen und staatlichen Ordnung.[772]

Eine solche Perspektive hielt ihn dennoch nicht davon ab, auf individueller Ebene konsequent für eine »Wiedergutmachung« des erlittenen Unrechts zu kämpfen.[773] Rekapitulierend überwogen nach seiner Rückkehr aber die positiven Eindrücke. In den späten 1950er Jahren äußerte sich Siegfried Aufhäuser gegenüber Kurt R. Grossmann, der nach der gemeinsamen Prager Zeit über Paris nach New York geflohen war, zu seiner Aufnahme in West-Berlin:

> Als ich 1951 nach einigem Sträuben meiner Frau nach Deutschland zurückging[,] stand ich zunächst vor dem Nichts. Ich hatte keine Rückkehr zur Angestelltenbewegung geplant, wurde aber unerwartet von der neuen Generation stürmisch und einmütig aufgerufen, die Führung der Berliner Bewegung zu übernehmen und ich darf sagen, es ist mir gelungen. Die Tatsache, daß rund 46.000 Mitglieder [mit Markierung ergänzt: ›heute 55000‹] – fast ausschließlich Arier [–] einen Juden zur Leitung berufen hatten, hat[,] wie sie sich denken können, bei mir hinsichtlich der Beurteilung der Deutschen – mindestens in Berlin – einen tiefen Eindruck hinterlassen.[774]

Diese Darstellung war kaum unverhohlen als Erfolgsgeschichte und Selbststilisierung angelegt. Aber auch andere Belege vermitteln den Eindruck, dass Siegfried Aufhäuser seine Remigration nicht bereute, sondern schon früh als Erfolg verbuchte. Im Herbst 1952 berichtete Anna Aufhäuser der Literaturwissenschaftlerin Maria Leschnitzer nach New York über ihren Ehemann:

> Er ist so zufrieden & ausgeglichen, dass es eine wahre Freude ist. Manfred George hat ihn im Büro besucht & war sehr überrascht über seine Frische.[775]

772 NYSZH (Sonntagsblatt), 98. Jg. Nr. 52 vom 29.12.1946, »Das erste Friedensjahr. Deutschland«. Vgl. dazu auch: 99. Jg. Nr. 10 vom 9.3.1947, »Weder Hass noch Hunger« sowie beispielhaft auch Nr. 8 vom 23.2.1947, »Missbrauch der Kriegsgefangenen«.

773 Vgl. zu den Wiedergutmachungsverfahren: IV. Kapitel 2.2.

774 LBI New York, AR 25032, Kurt Grossmann Collection, Box 2, Folder 38, Aufhäuser an Grossmann, 10.05.[1958].

775 Ebd., AR 25320, Adolf Leschnitzer Collection, Series V: Leschnitzer, Maria, 1929-1984, Anna Aufhäuser an Maria Leschnitzer, 1.11.1952.

Dass George auf einer Deutschlandreise seinem ehemaligen Mitarbeiter einen Besuch abstattete, deutet darauf hin, dass sie ihr Zerwürfnis inzwischen überwunden hatten. Auch den Kontakt zur Jüdischen Gemeinde stellte Siegfried Aufhäuser wieder her: Am 24. März 1952 füllte er für sich und seine Ehefrau Anna einen Fragebogen der Berliner Gemeinde aus, in dem er die Frage »Waren Sie Mitglied einer Jüdischen Gemeinde« bejahte und den Beginn der Mitgliedschaft auf 1900 terminierte.[776] Das Feld, in dem ein Austritt markiert werden konnte, wurde gestrichen. Der Austritt vom 14. Dezember 1929 spiegelt sich hier nicht wider.[777] Solche Fragebögen wurden von den hiesigen Gemeindemitgliedern seit 1945 ausgefüllt. Warum Aufhäuser seine Mitgliedschaft auf das Jahr 1900 datierte und keine weiteren Angaben zu seinem Ausscheiden aus der Gemeinde machte, lässt sich nicht aufklären. Gelegentlich wurden frühere Austritte in den Formularen nicht vermerkt.[778]

Bis 1952 waren bei der Jüdischen Gemeinde zu Berlin etwa 650 Remigrant:innen vorstellig geworden.[779] Die Aufhäusers zählten damit zu der kleinen Zahl der jüdischen Zurückkehrenden, die sich bei einer der wieder entstehenden Gemeinden meldeten. Ihre Gesamtzahl wird auf 12.000 bis 15.000 Personen geschätzt, ein Großteil davon remigrierte jedoch erst in späteren Jahren.[780] Vor diesem Hintergrund erscheint es relevant zu betonen, dass die nationalsozialistische Rassenkategorie auch nach 1945 noch Wirkmächtigkeit entfaltete. Obschon sich viele Zurückkehrende oft nicht in erster Linie »als gläubige Juden definierten […][,] wurde ihnen die Rolle als verfolgte Juden immer wieder angetragen«.[781] Antisemitismus wurde in der Öffentlichkeit zwar oft tabuisiert, spielte im alltäglichen Kontakt aber eine maßgebliche Rolle.[782]

Als Ende der 1950er Jahre die Zahl antisemitischer Vorfälle spürbar zunahm, sah sich Siegfried Aufhäuser zum Handeln veranlasst. Dies ging einher mit einem öffentlichen Bekenntnis zum Judentum. Schon in den Jahren nach seiner Rückkehr hatte er in der Berliner Jüdischen Gemeinde eine nicht näher zu bestimmende Aktivität entfaltet.[783]

776 Stiftung Neue Synagoge Berlin – Centrum Judaicum, CJA, 5 A 1, Nr. 141, Bl. 308, Fragebogen Siegfried Aufhäuser.

777 Ebd., 2 A 1, Austrittskartei Siegfried Aufhäuser, 14.12.1929. Vgl. dazu auch II. Kapitel 3.1.

778 Schriftliche Mitteilung der Archivarin Barbara Welker (Stiftung Neue Synagoge Berlin – Centrum Judaicum), 11. November 2015. Nur ein kleiner Teil der zahlreichen Wiederaufnahmeanträge unmittelbar nach 1945 ist überliefert.

779 Harry Maor, Über den Wiederaufbau der jüdischen Gemeinden in Deutschland seit 1945, Mainz 1961, S. 39.

780 Krauss, Heimkehr 2001, S. 125 ff. Vgl. auch: Foitzik, Rückkehr 1988, S. 255 f.

781 Krauss, Heimkehr 2001, S. 125. Vgl. auch: Kirsten Heinsohn, »Aber es kommt auch darauf an, wie einen die anderen sehen.« Jüdische Identifikation und Remigration, in: Lühe/Schildt/Schüler-Springorum (Hg.): Remigration 2008, S. 69-85, insbesondere S. 82 ff.

782 Krauss, Heimkehr 2001, S. 126 f.

783 Vgl. Loval, We were Europeans 2010, S. 294. Loval berichtete hier auch von der Unterstützung zionistischer Organisationen. Im Januar 1955 erwähnte der *Aufbau*, dass Aufhäuser die Ehrenmitgliedschaft »der neuen deutschen Aufbauaktion für Israel« verliehen worden war (Aufbau, 21. Jg. Nr. 3 vom 21.1.1955, »Wie wir hören«).

Eine seiner raren persönlichen Stellungnahmen zur Identifikation mit dem Judentum findet sich in seiner Antwort auf ein Schreiben von Kurt R. Grossmann. Dieser hatte sich nach vielen Jahren mit einem Geburtstagsgruß gemeldet und einen ausführlichen Dankesbrief von Aufhäuser erhalten:

> [...] wenn wir auch auf verschiedenen Gebieten aktiv waren, so mündete doch unsere demokratisch-sozialistische und politische Wirksamkeit unter gleichen Voraussetzungen in einer stärkeren Bekenntnisbereitschaft zum Judentum, als wir sie beide im Vorkriegsdeutschland aufzubringen geneigt waren. [...] Wir haben uns auf dem neuen Weg gefunden – und sowas freut ein[en] doch.[784]

Die Begründung für den identifikatorischen Wandel lieferte Aufhäuser gleich mit: Dem Brief war ein Flugblatt für die Repräsentantenwahlen der Jüdischen Gemeinde Berlins beigelegt, bei denen er als 3. Spitzenkandidat des *Liberal-Jüdischen Blocks* antrat. Neben ihm kandidierte seine langjährige DAG-Kollegin Jeanette Wolff, Berliner SPD-Bundestagsabgeordnete und ab 1965 stellvertretende Vorsitzende des *Zentralrats der Juden in Deutschland.*[785] In dem besagten Flugblatt erläuterte Siegfried Aufhäuser seine Motivation, sich als Kandidat aufstellen zu lassen. Dabei bezog er sich auf das Schicksal des DDP-Politikers Walther Rathenau, der 1922 als Reichsaußenminister von Rechtsradikalen ermordet wurde.[786] Als »deutscher Politiker jüdischer Herkunft« erschien dieser, so Aufhäuser, »oft zerrissen und zwiespältig«:

> Der aktive deutsche Politiker blieb in allen seinen Äußerungen als Jude ausgesprochen passiv. [...] Als ein geistig vollkommener Staatsmann war er an einer unvollkommenen jüdisch-deutschen Ideologie zerbrochen, die von tausenden deutscher Staatsbürger jüdischen Glaubens geteilt worden war.[787]

Diese Problematik war, wie Siegfried Aufhäuser betonte, ausschlaggebend für sein gegenwärtiges Handeln:

784 LBI New York, AR 25032, Kurt Grossmann Collection, Box 2, Folder 38, Aufhäuser an Grossmann, 10.05.[1958]. Anliegend auch das Geburtstagsschreiben vom 30.4.1958.

785 LBI New York, AR 25032, Kurt Grossmann Collection, Box 2, Folder 38, Aufhäuser an Grossmann, 10.05.[1958] (Anlage). Vgl. Gunter Lange, Jeanette Wolff. 1888 bis 1976. Eine Biographie, Bonn 1988. Mit 19 Mandaten setzte sich ihr *Liberal-Jüdischer Block* von den beiden anderen Listenverbindungen, der *National-Jüdischen Gruppe* (2) und der *Unabhängigen Jüdischen Vereinigung* (5), deutlich ab und prägte die Politik von Vorstand und Gemeindeverwaltung in den kommenden Jahren maßgeblich (Allgemeine Wochenzeitung der Juden in Deutschland, 13. Jg. Nr. 6 vom 9.5.1958, »Das Ergebnis der Berliner Wahlen«).

786 Vgl. II. Kapitel 1.2 sowie Shulamit Volkov, Walther Rathenau. Ein jüdisches Leben in Deutschland 1867-1922, München 2012.

787 LBI New York, AR 25032, Kurt Grossmann Collection, Box 2, Folder 38, Aufhäuser an Grossmann, 10.05.[1958] (Anlage). Vgl. dazu auch Rathenaus Schriften »Staat und Judentum« (1911) und »Der neue Staat« (1919).

> In diesem Stadium der Nachkriegsentwicklung ist das eingangs gezeigte Problem für uns Politiker wieder hochaktuell, angesichts von neonazistischen Regungen in der Bundesrepublik vielleicht brennend geworden. Umso stärker sollten die wenigen im öffentlichen Leben stehenden Juden die Verpflichtung in sich fühlen, unsere Versäumnisse aus der Weimarer Zeit gutzumachen. Das heißt: Die Aktivität des einzelnen Juden im öffentlichen Leben darf nicht zum zweiten Male durch eine jüdische Trägheit überwuchert werden.
> Die Personalunion im politischen Leben und das sichtbare Bekenntnis zur Jüdischen Gemeinde sind Gebot der Stunde.[788]

In den späten 1930er Jahren hatte sich Siegfried Aufhäuser gegen den rassistisch begründeten Antisemitismus gewandt und betont, dass »die Nation ein Reich des Geistes [...] und nicht des Blutes« sei.[789] Außerdem prognostizierte er, der Antisemitismus habe keine Zukunft. Vielmehr würden »die Juden aufgehen im großen Strom der Nationen, denen sie sich angeschlossen haben«.[790] Angesichts der unbegreiflichen nationalsozialistischen Verbrechen wandelte sich diese hoffnungsvoll geäußerte Vorstellung jedoch grundlegend, wie er 1958 auch gegenüber Grossmann ausführte. Stattdessen erklärte Aufhäuser das »sichtbare Bekenntnis« zum Judentum Mitte 1943 in seiner Artikelserie zur jüdischen Zukunft nach dem Krieg zur politisch-demokratischen Gemeinschaftsaufgabe, um einen »Platz in der Nachkriegswelt« zu finden:

> Der Erfolg wird nicht davon abhängen, ob wir prominente Franzosen, Belgier, Holländer, Polen und Österreicher jüdischen Glaubens haben, sondern ob es Juden gibt, die Juden bleiben wollen und sich zur jüdischen Gemeinschaft bekennen.[791]

Der Gedanke an eine jüdische Existenz in Deutschland, das er in dieser Aufzählung aussparte, erschien 1943 kaum mehr vorstellbar. 15 Jahre später war sie für Anna und Siegfried Aufhäuser schon lange wieder gelebte Realität – aber gewiss keine Selbstverständlichkeit. Mit Blick auf den Flugblatttext zu den Repräsentantenwahlen erscheint besonders der Aspekt der eigenen Schuldzuweisung eklatant, den Aufhäuser als »Versäumnisse« und »jüdische Trägheit« formulierte. Auch Kurt R. Grossmann äußerte sich dahingehend:

788 Ebd.
789 Pax. Friedensrevue, 5. Jg. Nr. 20 vom Januar 1938, »Das Wesen der Judenfrage«. Hier in einer Rezension.
790 Ebd. Aufhäuser zitierte hier direkt aus dem besprochenen Buch von Richard Nikolaus Coudenhove-Kalergi »Judenhaß« von 1937.
791 Aufbau, 9. Jg. Nr. 29 vom 16.7.1943, »Politische Willensbildung«. Vgl. dazu auch III. Kapitel 3.3 und IV. Kapitel 1.2.

> In dieser Zeit, wo scheinbar wieder antisemitische Kräfte ihr Haupt auch in Deutschland erheben [...] ist es wichtig, mit der Minderheit sich zu dem zu bekennen, was man ist. Daß es früher nicht so geschehen ist, hat sich ja als ein Fehler herausgestellt. Es gibt allerdings noch immer Menschen, die das nicht tun und glauben sich verstecken zu können. Das geht GottseiDank nicht, und daher gefällt mir Ihre Identifizierung mit den jüdischen Dingen viel mehr als jenes Ausweichen und Weglaufen, wovon nicht wegzulaufen ist.[792]

Ein solches Unbehagen über vergangene Versäumnisse lässt sich nur schwerlich einordnen. »[P]ersönliche Haltungen, Bewältigungsstrategien und Ambivalenzen« waren Teile einer individuell gelebten Alltagspraxis.[793] Wo sich »Selbstverleugnungsstrategien« und »Techniken der Vermeidung und des Vergessens [...] im Alltagshandeln, im Alltagsbewusstsein und im kommunikativen Verhalten« niederschlugen, musste eine kritische Selbstreflexion jedoch nicht gänzlich unterbleiben – im Gegenteil.[794] Die Frage nach eigenen Handlungsmöglichkeiten und -alternativen implizierte einen aktiven Part und unterminierte damit die Perspektivität einer rein passiven »Opferrolle«. Aufhäuser jedenfalls verstand sein Bekenntnis zum Judentum auch als »Verpflichtung« und praktisches Engagement, gerade in Zeiten zunehmender rechtsextremer und neonazistischer Umtriebe. Diesen trat er vehement entgegen, auch publizistisch. Als sich Ende 1964 die *Nationaldemokratische Partei Deutschlands* (NPD) gründete und keine zwei Jahre später erste größere Wahlerfolge bei Kommunalwahlen, unter anderem in Franken, erzielte, warnte er in der sozialdemokratischen Presse eindringlich. Explizit bezog er sich dabei auf den Gauleiter von Franken/Mittelfranken Julius Streicher und dessen antisemitische Wochenzeitung *Der Stürmer*:

> Damals wie heute haben die Rechtsradikalen Wahlbündnisse und Unterstützung bei der ›bürgerlichen Front‹ gefunden. Aus eigener Kraft hätte Hitler die Weimarer Republik nicht zerbrechen können. Ihr schmählicher Untergang muß angesichts der Wahlen in Mittel- und Oberfranken in die Erinnerung gebracht werden.[795]

792 LBI New York, AR 25032, Kurt Grossmann Collection, Box 2, Folder 38, Geburtstagsschreiben vom 30.4.1958. (vgl. zur Sichtbarkeit von Jüd:innen in der Weimarer Republik im Allgemeinen: Kerry Wallach, Passing Illusions. Jewish Visibility in Weimar Germany, Ann Arbor 2017).

793 Bettina Bannasch/Michael Rupp, Einleitung, in: dies. (Hg.): Rückkehrerzählungen. Über die (Un-)Möglichkeit nach 1945 als Jude in Deutschland zu leben, Göttingen 2018, S. 7-14, hier S. 9 f. Siehe auch: Irmela von der Lühe/Axel Schildt/Stefanie Schüler-Springorum, Einleitung, in: dies. (Hg.): Remigration 2008, S. 9-18, hier S. 14 f.

794 Zitat aus: ebd., S. 14.

795 Sozialdemokratischer Pressedienst, 21. Jg. Nr. 61 vom 29.3.1966, »Wo die Wurzeln sind. Schwerpunkte der NPD«. Vgl. dazu auch: Berliner Stimme, 16. Jg. Nr. 13 vom 26.3.1966, »Brauner Nährboden Franken«.

Darüber hinaus publizierte Aufhäuser in den 1960er Jahren wieder gelegentlich im *Aufbau*.[796] Im Jahr 1964 würdigte Manfred George ihn anlässlich des 80. Geburtstags als einen der »tapfersten und kompromisslosesten Kämpfer für ein modernes, sauberes, neues Deutschland«.[797] Glückwünsche wurden ihm hier auch in seinem Todesjahr 1969 zuteil.[798] Siegfried Aufhäuser bedankte sich per Annonce:

> Anlässlich meines 85ten habe ich aus Deutschland und den Vereinigten Staaten eine solche Fülle von Glückwünschen und sonstigen Zeichen menschlicher Verbundenheit empfangen, daß es mir unmöglich ist, den lieben Freunden, vor allem aus der Zeit meiner aktiven Mitarbeit am ›Aufbau‹ und dem New World Club persönlich zu danken. Ich darf deshalb in dem uns Allen vertrauten ›Aufbau‹ allen Gratulanten herzlich danken [...].[799]

Er schloss mit dem jüdischen (Abschieds-)Gruß »Schalom!«.

3.2 Was bleibt: Tod und Gedenken

Anna Aufhäuser starb am 19. Oktober 1960. Zur Vollendung des 80. Lebensjahrs am 11. Juni 1958 hatte ihr der Berliner *Telegraf* einen Beitrag mit biografischer Notiz gewidmet:

> Als junge Angestellte gehörte sie zu den Pionieren des Zentralverbandes der Handlungsgehilfen und -gehilfinnen in Berlin, wo sie [...] zu den aktivsten Vorkämpferinnen für eine Hebung des Lebensstandards der ›kleinen Angestellten‹ und die Emanzipation der Frau zählte. Damals bestand noch ein Organisationsverbot für Frauen. So wurde sie im Oktober 1904 erst einmal nur ›zahlendes Mitglied‹ der ›Sozialdemokratischen Partei Deutschlands‹. 1908 konnte sie dann zum ›ordentlichen Mitglied‹ aufsteigen. [...] Die geistige Vitalität und körperliche Gesundheit, mit der sie ihren 80. Geburtstag begehen kann, mögen ihr noch viele Jahre erhalten bleiben.[800]

Allerdings war Anna Aufhäuser bereits seit einigen Jahren gesundheitlich angeschlagen. Mitte 1953 lag sie mehrere Wochen lang im Wilmersdorfer Sankt Gertrauden-Kranken-

796 Vgl. etwa: Aufbau, 28. Jg. Nr. 35 vom 31.8.1962, »Auf der Suche nach einem modus vivendi: Ein Sofort-Programm für Berlin«, 29. Jg. Nr. 9 vom 1.3.1963, »Berlin bleibt doch Berlin« und Nr. 45 vom 8.11.1963, »Strategie des Friedens«.

797 Ebd. 30. Jg. Nr. 25 vom 19.6.1964, »Vorkämpfer der Angestellten«.

798 Ebd., 35. Jg. Nr. 17 vom 25.4.1969, »Siegfried Aufhäuser 85«.

799 Ebd., Nr. 21 vom 23.5.1969, »Anlässlich meines 85ten« (Anzeigenteil, im Original teils hervorgehoben).

800 Telegraf, 13. Jg. vom 11.6.1958, »Berliner Mosaik« (aus: Ver.di-Archiv Berlin, Mappe Anna Aufhäuser).

haus.[801] Auch in den Folgejahren wurde sie regelmäßig stationär behandelt. Ende 1957 verbrachte sie fast eineinhalb Monate in einem Hospital.[802] Danach verbesserte sich ihr Gesundheitszustand kurzzeitig. Sie verstarb im Oktober 1960 während eines Kuraufenthalts. Der *Aufbau* berichtete:

> In Badenweiler, wo sie zur Kur weilte, ist vor einiger Zeit (am 19. Oktober) Frau Anna Aufhäuser [...] gestorben und auf dem Jüdischen Friedhof in Freiburg i. B. bestattet worden. Viele Leser des ›Aufbau‹ und auch viele Mitglieder des New World Club werden sich mit Trauer an die liebenswürdige und stets aktive Verstorbene erinnern [...].[803]

Für Siegfried Aufhäuser bedeutete Annas Tod einen schweren emotionalen Einschnitt. Beide hatten einander über 50 Jahre begleitet und seit dem frühen 20. Jahrhundert alle Stationen ihres Lebenswegs miteinander bestritten. Auf die maßgebliche Bedeutung von Anna Aufhäuser für die Biografie ihres Ehemanns wurde bereits verschiedentlich hingewiesen.[804] Ihr Ableben hinterließ eine große Lücke und leitete eine tiefe Phase der Trauer ein. Gegenüber Ollenhauer betrauerte er im Dezember 1960 den »schmerzlichen Verlust« und beklagte seine Einsamkeit.[805] Das wirkte sich unmittelbar auf sein politisches Engagement aus. In dieser verlustreichen Phase seines Lebens befürchtete Siegfried Aufhäuser, er werde bei den weiteren politischen und gewerkschaftlichen Entwicklungen übergangen: In dem besagten Schreiben an Ollenhauer erklärte er abermals seine Bereitschaft, die SPD bei der »Gewinnung der großen Wählerschicht der Angestellten« zu unterstützen, hob jedoch gleichfalls hervor, sich »in keinem Falle aufdrängen« zu wollen.[806] Anlass für Ollenhauer, sich mit dem im Sachverhalt betrauten Herbert Wehner auszutauschen. Dieser wiederum ließ Aufhäuser über den stellvertretenden SPD-Landesvorsitzenden Kurt Mattick persönlich ausrichten, dass »kein Grund bestehe, anzunehmen, er werde ›ausgeschaltet‹«.[807] Sein Rat und seine Stellungnahme seien durchaus erwünscht, wenn erst die langwierigen Vorarbeiten abgeschlossen seien. Die zu diesem Vorgang erhaltenen Notizen, die mutmaßlich von Wehner selbst stammen, zeugen jedoch davon,

801 LABO Berlin, Entschädigungsbehörde, Reg. 312 120 (Aufhäuser, Anna), Mitteilung über stationären Krankenhausaufenthalt, 1.9.1953.
802 Vgl. ebd., Entlassungsschein St. Hildegard-Krankenhaus, 18.12.1957.
803 Aufbau, 26. Jg. Nr. 48 vom 25.11.1960, »Personalia«.
804 Vgl. etwa: I. Kapitel 3.3. Mit einem verspäteten Geburtstagsgruß hatten sich Kurt R. Grossmann und seine Ehefrau Elsa zu Annas 80. Geburtstag gemeldet und darin unter anderem die Sorge- und Opferbereitschaft sowie ihre immense Bedeutung für die politische und berufliche Arbeit ihres Mannes – gerade in Zeiten der Krise – hervorgehoben: »In diesen Zeiten haben wir Sie erlebt, und Siegfried wird sicherlich bezeugen, daß viele Dinge, die er getan hat, nicht möglich gewesen wären ohne Sie als Lebens- und Weggefährtin« (LBI New York, AR 25032, Kurt Grossmann Collection, Box 2, Folder 38, Elsa und Kurt R. Grossmann an Anna Aufhäuser, 29.9.1958).
805 AdsD Bonn, Bestand Erich Ollenhauer, Mappe 239, Aufhäuser an Ollenhauer, 9.12.1960.
806 Ebd. Im Original hervorgehoben.
807 Ebd., vgl. die beiliegende Notiz.

dass Aufhäusers gegenwärtiges Auftreten durchaus problematisch gesehen wurde: Ein weiteres Gespräch mit dem neuen DAG-Vorsitzenden Rolf Spaethen habe ergeben, dass der Gewerkschaftsbund ebenfalls seine »Last mit S. Aufhäusers Klagen« habe.[808] Der Benannte sorgte sich und befürchtete die Beschneidung der Privilegien, die mit seinen Ehrenämtern einhergingen. Dass Siegfried Aufhäuser als Ehrenvorsitzender des Landesverbands und Ehrenmitglied des Hauptvorstands stillschweigend aus dem Verteiler der Vorstandsprotokolle herausfiel, führte zwischenzeitlich zum Dissens.[809]

Die Differenzen konnten aus der Welt geschafft werden, aber Siegfried Aufhäusers Einsamkeit blieb. Eine Verfügung, was nach seinem Ableben geschehen sollte, übermittelte er Erich Gießner, seinem Nachfolger als Landesverbandsleiter der Berliner DAG, am 1. November 1961.[810] Mit der Testamentsvollstreckung wurde sein langjähriger Rechtsanwalt Bruno Schmitz betraut, seine Hauswirtschafterin Margarete Ganss sollte bei der Abwicklung unterstützen und mit sechs Monatsgehältern entlohnt werden.[811] Eine Woche zuvor, am 23. Oktober 1961, war sein langjähriger Weggefährte Paul Hertz plötzlich verstorben. Am Folgetag rühmte ihn Aufhäuser im *Sozialdemokratischen Pressedienst* als »große[n] Sozialist[en]« und »treuesten Fürsprecher und Sachverwalter« Berlins.[812] Auf einer groß angelegten Abschiedsfeier, die am 17. November 1961 im Ernst-Reuter-Heim abgehalten wurde, hielt er eine Trauerrede, in der er Hertz mit Blick auf die Weimarer Zeit und seine Funktion als Fraktionssekretär als »Steuermann« der Sozialdemokratie feierte und die Bedeutung seines Lebenswerks auch für die Nachkriegsentwicklung hervorhob.[813]

Den Text seiner Gedenkrede ließ Siegfried Aufhäuser auch Willy Brandt zukommen. Brandt war dem verstorbenen Otto Suhr im Oktober 1957 als Regierender Bürgermeister Berlins gefolgt und bei der Trauerveranstaltung verhindert gewesen.[814] Beide Remigranten standen seit den späten 1950er Jahren sporadisch in Kontakt. Im Jahr 1960 bat Brandt Aufhäuser um Material über die Angestelltenbewegung.[815] Als Willy Brandt im selben Jahr zum Kanzlerkandidaten für den Bundestagswahlkampf bestimmt wurde, korrespondierten sie zur Kampagnenstrategie und zu vermögenspolitischen Ansätzen.[816] Siegfried Aufhäuser bemühte sich, diesen von der Relevanz des Themas »Eigentums- und Vermögensbildung« vor dem Hintergrund des sich vollziehenden Strukturwandels der Erwerbstätigen zu überzeugen.[817] In späteren Jahren waren es in erster Linie Themen der Deutschlandpolitik und

808 Ebd.
809 Lange, Aufhäuser 2013, S. 329.
810 Ver.di-Archiv Berlin, Mappe Siegfried Aufhäuser II, Aufhäuser an Gießner, 1. 11. 1961.
811 Ebd.
812 Sozialdemokratischer Pressedienst, 16. Jg. Nr. 240 vom 24. 10. 1961, »Treuester Fürsprecher Berlins«.
813 Siegfried Aufhäuser/Hans Hirschfeld/Kurt Mattick, Paul Hertz. Sein Weg und Wirken. Drei Vorträge anlässlich einer Stunde der Erinnerung am 17. November 1961 im Ernst-Reuter-Heim, S. 3.
814 WBA im AdsD Bonn, A 6-42, Aufhäuser an Brandt, 20. 11. 1961 sowie Brandt an Aufhäuser, 7. 12. 1961.
815 Ebd., A 6-31, Brandt an Aufhäuser, 12. 2. 1960 und Aufhäuser an Brandt, 16. 2. 1960.
816 Ebd., Aufhäuser an Brandt, 5. 9. 1960 und Brandt an Aufhäuser, 10. 10. 1960.
817 Ebd., A 6-130, Aufhäuser an Brandt, 31. 1. 1961 und Brandt an Aufhäuser, 9. 2. 1961.

der US-amerikanischen (Außen-)Politik sowie die öffentliche Meinung in den USA, die Aufhäuser veranlassten, an Willy Brandt zu schreiben und ihn mit Pressematerial zu versorgen.[818] Im März 1966, Brandt war nach dem Tod Erich Ollenhauers inzwischen zum SPD-Parteivorsitzenden ernannt worden, korrespondierten sie über die Möglichkeit einer kritischen Stellungnahme zur US-Außenpolitik angesichts des Vietnamkriegs.[819]

In der Folgezeit bemühte sich Siegfried Aufhäuser weiter um Kontakt zu Willy Brandt und versuchte, ihn für seine Themen und Artikel zu interessieren.[820] Nach der Ernennung zum Vizekanzler und Außenminister im Dezember 1966 beantwortete zumeist Claus Sönksen, Brandts persönlicher Referent, die Schreiben.[821] Ungeachtet dessen scheint Aufhäuser mit seinen Anliegen bisweilen direkt zu Brandt durchgedrungen zu sein. Am 3. März 1968 verfasste er anlässlich eines Konflikts in der Berliner SPD einen Artikel in der *Welt am Sonntag* und warnte vor einer bevorstehenden Parteispaltung.[822] Seine Sorgen formulierte er zusätzlich direkt gegenüber dem SPD-Parteivorstand.[823] Dazu erhielt er einige Zeit später Rückmeldung von Alfred Nau aus dem Bundesvorstand: Im Auftrag von Willy Brandt ließ er Aufhäuser wissen, dass seine Ausführungen den SPD-Vorsitzenden veranlasst hatten, in dem Konflikt persönlich zu vermitteln.[824]

Insofern standen sich Siegfried Aufhäuser und Willy Brandt persönlich nicht sonderlich nahe, sie begegneten sich jedoch mit Wohlwollen und Respekt vor der politischen Leistung des Gegenübers. Die besondere gegenseitige Wertschätzung zeigte sich Ende 1969: Nachdem Willy Brandt am 21. Oktober 1969 zum Bundeskanzler gewählt worden war, äußerte sich Aufhäuser in einem der letzten Briefe vor seinem Tod geradezu begeistert von dessen Erfolg. Gegenüber seiner Freundin Hanna Hertz ließ er verlauten, Brandt habe politisch »den größten Umbruch Deutschlands vollbracht, den die Geschichte dieses Landes« kenne.[825] Er werde schließlich auch die Oder-Neiße-Linie als deutsche Grenze anerkennen. Dieser »Schritt zum Dauerfrieden mit dem polnischen Nachbarn« sei der »Start zur Versöhnung und Festigung der deutsch-russischen Beziehungen« und damit ein entscheidender »Schritt zum Frieden der Welt«.[826]

Am 6. Dezember 1969, wenige Wochen nachdem er einer Schreibkraft diesen Brief diktiert hatte, verstarb Siegfried Aufhäuser.[827] Auf der Trauerfeier, die eine Woche später

818 Vgl. ebd., A 6-42, Aufhäuser an Brandt, 20.11.1963, A 6-46, Brandt an Aufhäuser, 30.1.1964 sowie Aufhäuser an Brandt, 25.3.1964 und 10.5.1964, A 6-49, Aufhäuser an Brandt, 30.1.1965.
819 Ebd., A 6-53, Aufhäuser an Brandt, 14.3.1966 und Brandt an Aufhäuser, 28.3.1966.
820 Ebd., A 7-19, Aufhäuser an Brandt, 2.7.1967, 13.3.1968, 18.10.1968.
821 Ebd., Sönksen an Aufhäuser, 12.7.1967, 15.3.1968, 25.3.1968 und 20.10.1968.
822 Welt am Sonntag vom 3.3.1968, »Nicht Fehler von Weimar wiederholen« (aus: Ver.di-Archiv Berlin, Mappe Siegfried Aufhäuser II).
823 WBA im AdsD Bonn, A 7-19, Aufhäuser an SPD-Parteivorstand, 13.3.1968.
824 Ebd., A 11.10-64, Nau an Aufhäuser, 2.5.1968.
825 Ebd., A 8-7, Aufhäuser an Hanna Hertz, 4.11.1969.
826 Ebd.
827 Vgl. ebd. Sein Augenleiden hatte sich in den zurückliegenden Monaten so verstärkt, dass er weder lesen noch schreiben konnte.

im Krematorium Wilmersdorf stattfand, hielt Willy Brandt eine Abschiedsrede, in der er Siegfried Aufhäuser als »verdienstvollen Mann und väterlichen Freund« ehrte.[828] Als amtierender Bundeskanzler rühmte er dessen Engagement als »langjährige[r] Reichstagsabgeordnete[r] und Gewerkschaftsführer der Angestellten«.[829] Als SPD-Vorsitzender dankte er Aufhäuser für »viele wertvolle Beiträge bis in die letzten Jahre« und dessen »eigenwillig-treue Verbundenheit über Jahrzehnte hinweg«.[830] Im Anschluss wurden Siegfried Aufhäusers sterbliche Überreste – seinen Wünschen entsprechend – einer Feuerbestattung zuteil.[831] Wenig später wurde die Urne im Grab seiner Ehefrau Anna Aufhäuser auf dem Jüdischen Friedhof in Freiburg im Breisgau beigesetzt.

Der graue, polierte Grabstein mit den in Metallbuchstaben eingefassten Namen der beiden Verstorbenen und der Davidsternverzierung liegt hier noch heute.[832] Auch an anderer Stelle wird Siegfried Aufhäuser und seinem politischen und gewerkschaftlichen Wirken gedacht. Noch zu Lebzeiten waren ihm verschiedene Würdigungen zuteilgeworden: Anlässlich seines 70. Geburtstags hatte er 1954 des Große Verdienstkreuz der Bundesrepublik Deutschland erhalten. Zehn Jahre später wurde er zum Berliner Stadtältesten ernannt – eine vonseiten des Senats verliehene Ehrenbezeichnung. Von gewerkschaftlicher Seite waren ihm nach dem hauptamtlichen Ausscheiden der Ehrenvorsitz des Berliner Landesverbands und die Ehrenmitgliedschaft im DAG-Hauptvorstands angetragen worden. Nach seinem Ableben gab es Überlegungen, in seinem Namen eine Stiftung zu errichten.[833] Schließlich entschloss sich der DAG-Landesverband, eine *Siegfried-Aufhäuser-Medaille* zu stiften, die in den 1980er und 1990er Jahren für Verdienste um die Angestelltenbewegung verliehen wurde.[834] Am 1. Mai 1993 erhielt das damalige DAG-Haus in der Wilmersdorfer Blissestraße 2 seinen Namen.[835] In erinnerungspolitischer Hinsicht spielte besonders das 100. Geburtsjahr von Siegfried Aufhäuser 1984 eine herausragende Rolle. In diesem Jahr wurde der Platz am Berliner S-Bahnhof Sonnenallee nach ihm benannt. Außerdem erhielt eine neu angelegte Straße in Hannover-Wettbergen seinen Namen. Seit 2008 ist der Name Aufhäuser auch im Augsburger Stadtbild wieder prominent vertreten. Seither existiert dort eine Siegfried-Aufhäuser-Straße.

828 Ebd., A 3-1196, Redemanuskript vom 13.12.1969.

829 Ebd.

830 Ebd.

831 Ver.di-Archiv Berlin, Mappe Siegfried Aufhäuser II, Aufhäuser an Gießner, 1.11.1961.

832 Vgl. Landesarchiv Baden-Württemberg, Staatsarchiv Ludwigsburg, EL 228 b II (Landesdenkmalamt Baden-Württemberg: Dokumentation der jüdischen Grabsteine in Baden-Württemberg) Nr. 13889.

833 Ver.di-Archiv Berlin, Mappe Siegfried Aufhäuser II, Entwurfstext (undatiert).

834 Vgl. die Broschüren zu den Festveranstaltungen in: ebd. sowie Hansen, Eckhard/Tennstedt, Florian (Hg.): Biographisches Lexikon zur Geschichte der deutschen Sozialpolitik 1871 bis 1945. Band 2, Kassel 2018, S. 5 f.

835 Presseinformation DAG-Landesverband Berlin und Brandenburg vom 27.4.1993.

Resümee

Seit Siegfried Aufhäusers Tod sind inzwischen über 50 Jahre vergangen, sein Geburtstag jährte sich 2024 zum 140. Mal. Der zeitliche Abstand ermöglichte es, sich den gesellschaftlichen und politischen Entwicklungen, die er als prominente politische Persönlichkeit forciert und mitgeprägt hat, mit der gebotenen Distanz und dem Wissen um die weitere historische Entwicklung bis heute zu nähern. Diese Arbeit beschäftigte sich im Kern mit der per se ausschnitthaft-perspektivischen Rekonstruktion seiner Biografie anhand signifikanter thematischer Schwerpunkte, die wiederum das Zeitgeschehen im Horizont von Aufhäusers Existenz und Wirken beleuchten. Dadurch konnten Entwicklungen, Handlungsweisen und Entscheidungsfindungsprozesse mit dem Fokus auf Aufhäusers individuelle Perspektiven, Praktiken, Interessen und Motive vor dem Hintergrund struktureller Handlungsbedingungen und -kontexte rekonstruiert werden.

Dabei fiel der Blick unweigerlich auf die freigewerkschaftliche Angestelltenbewegung. Unstrittig ist sein persönlicher Einfluss auf die Gründung und Entwicklung des AfA-Bundes, die Formierung der gewerkschaftlichen Angestellten zu einem Dachverband ist maßgeblich mit seinem Namen verknüpft. Konzentrationsbestrebungen innerhalb der Angestelltenbewegung führten in den ersten Nachkriegsjahren zwar auch zur Gründung von GdA und Gedag, wobei sich eine Aufteilung anhand ideologischer Positionen vollzog – ähnlich wie bei den konkurrierenden Dachverbänden der Arbeiter:innen. Die konsequent gewerkschaftliche Stoßrichtung des AfA-Bundes und seine Etablierung als eigenständige Organisationssäule neben dem ADGB resultierte jedoch maßgeblich aus dem Einsatz von Siegfried Aufhäuser. Überhaupt lassen sich die verbandspolitischen Entwicklungen von Arbeiter:innen und Angestellten nur bedingt vergleichen. Die sich anhand von sozialen Klassen formierende Scheidelinie zwischen Arbeitenden und Besitzenden war im Bereich des Angestelltenberufs längst nicht so deutlich ausgeprägt wie bei den Arbeiter:innen. Vermeintliche Interessenkongruenzen zwischen Angestellten und Unternehmer:innen sowie Statusprivilegien standen einer gewerkschaftlichen Organisierung entgegen. Davon zeugten die anfänglichen Erfolge berufsständisch organisierter, sogenannter »gelber« Werkvereine. Liberale und christlich-nationale Verbände hatten im ersten Drittel des 20. Jahrhunderts einen deutlich größeren Einfluss auf die Angestelltenbewegung als auf die der Arbeiter:innen, die sich ganz überwiegend freigewerkschaftlich organisierten. Von ihrer Seite wurde die verhältnismäßig kleine Gruppe der Angestellten angesichts habitueller Gegensätze und sozialrechtlicher Unterschiede zudem oft skeptisch beäugt.

Siegfried Aufhäuser betonte gerade die gemeinsame Interessenlage. Seine dahingehenden Vorstellungen resultierten aus seiner praktischen Tätigkeit als Handlungsgehilfe und seinem verbandspolitischen Engagement im VdDK, das in seinem politischen

Einsatz für die DV eine Fortsetzung fand. Im Alter von 26 Jahren propagierte er die »natürliche Zusammengehörigkeit aller wirtschaftlich Abhängigen«, trat für erweiterte Mitbestimmungsrechte und eine grundlegende Sozialisierung ein, hielt jedoch zunächst daran fest, diese im Rahmen der gegenwärtigen Staatsordnung umzusetzen.[1] In Anbetracht ausbleibender Wahlerfolge der DV setzte bei ihm Ernüchterung ein. Dennoch gelangte er mit Blick auf die außerordentlichen Stimmengewinne der SPD bald zu der Einsicht, dass eine grundlegende Veränderung der sozialen und wirtschaftlichen Verhältnisse angesichts des bestehenden Wahlrechts außerhalb des Parlaments zu suchen sei.

Erweiterte Handlungsspielräume boten sich ihm ab 1913 im Rahmen seiner Beschäftigung in der Berliner Butib-Zentrale. Siegfried Aufhäuser profitierte hier von der sich im Wandel befindlichen Organisationsstruktur des Gewerkschaftsverbandes und seiner Rolle als Berichterstatter über Entwicklungen innerhalb der Angestelltenbewegung. Diese Position ermöglichte ihm bald, auch aktiv auf deren zukünftige Gestalt einzuwirken und die Vereinheitlichung der freigewerkschaftlichen Angestelltenverbände zu forcieren. In dieser Hinsicht kam ihm zugute, dass durch den Ersten Weltkrieg Konzentrationsbestrebungen innerhalb der Verbände befördert wurden und ihm in Anbetracht der zahlreichen Einberufungen weitreichende Verantwortlichkeiten zufielen.[2] Als maßgeblich erwies sich seine Zuständigkeit für die *Arbeitsgemeinschaft für das einheitliche Angestelltenrecht*, die sich unter seiner Leitung zunächst als *Arbeitsgemeinschaft freier Angestelltenverbände* und später als *Allgemeiner freier Angestelltenbund* organisatorisch fixierte. Parallel dazu baute er seinen Führungsanspruch und seine Rolle als Vermittler für die widerstreitenden Interessen innerhalb des Dachverbandes aus. Die eingangs zitierte Satireschrift von 1932 kam nicht umhin, diese Bedeutung gesondert hervorzuheben:

> Wenn man bedenkt, daß diese halbe Million Verbandsmitglieder fünfmalhunderttausend mehr oder weniger individualistische Individualitäten sind, Leute mit ganz besonderen, vom Beruf her bestimmten Ideologien, Schauspieler, Artisten, Architekten, Techniker, Werkmeister, Bankbeamte, Hochseedampferkapitäne, Tänzer, Schiffsingenieure, Chorsänger, kaufmännische Angestellte aller Sparten, dann wird man begreifen, welche gewaltige Leistung Aufhäuser vollbracht hat.[3]

Dabei zeigte sich Siegfried Aufhäuser kompromissbereit, lösungsorientiert und diplomatisch flexibel, aber ohne hinsichtlich seiner sozialistischen Grundauffassung grundlegende Konzessionen zu machen. Das Austarieren unterschiedlicher Interessen und Bedürfnisse kohärent zu seinen gewerkschaftlichen Zielvorstellungen manifestierte sich 1920/21 in einer organisatorischen Pfadentscheidung: Die Etablierung des

1 Vgl. I. Kapitel 2.2.
2 Vgl. I. Kapitel 3.2.
3 O. B. Server, Matadore der Politik 1932, S. 89 f.

eigenständigen Angestellten-Dachverbandes anstelle eines Anschlusses an die freien Arbeiter:innengewerkschaften ließ eine größere Reichweite und einen erweiterten Organisationsgrad erhoffen.

Dass Siegfried Aufhäuser in breiten Bevölkerungskreisen als populärster Vertreter und unumstrittenes Sprachrohr der freien Angestelltenbewegung wahrgenommen wurde, lässt sich aber nicht allein auf seine innerorganisatorische Rolle zurückführen. Als Vorsitzender eines mitgliederstarken Dachverbandes erweiterten sich Aufhäusers persönliche Handlungsräume auch nach außen. Unzählige öffentliche Auftritte als engagierter Gewerkschaftsvertreter wie als streitbarer Parteipolitiker prägten diese Zuschreibung ebenso wie seine Präsenz in der regionalen und überregionalen Presse. Auch seine exponierte Rolle als Ansprechpartner für Verwaltungs- und Regierungsstellen, Interessenverbände sowie als verlässlicher Verbündeter der Arbeiter:innengewerkschaften trug dazu bei. In diesem Zusammenhang ist sein Engagement während des Kapp-Putsches 1920 zu erwähnen, in dem sich die Zusammenarbeit der freigewerkschaftlichen Arbeiter:innen- und Angestelltengewerkschaften bewährte und festigte.

Bei dieser Entwicklung fungierte Siegfried Aufhäuser als Integrationsfigur, der – so lässt sich einem Lexikonartikel von 1931 entnehmen – »die programmatische und organisatorische Verbindung der freigewerkschaftlichen Angestelltenbewegung mit der freigewerkschaftlichen Arbeiterbewegung in erster Linie herbei[]führt[e]«.[4] Die Aussagekraft einer solchen zeitgenössischen Würdigung erscheint angesichts populärer narrativer Traditionen, die Klischees über die Wirkmächtigkeit »großer Männer« bedienten, begrenzt – zumal es sich bei dem Autor um einen Kollegen von Aufhäuser handelte. Unstrittig ist aber, dass Siegfried Aufhäuser weithin als zuverlässiger Partner der freien Arbeiter:innengewerkschaften galt, dem eine gewichtige Rolle und Integrationskraft im Rahmen gemeinsamer gewerkschaftlicher Kämpfe zukam. Dies wird gerade auch mit Blick auf die Endphase der Weimarer Republik ersichtlich, als sich die Verbindungen zwischen dem Dachverband der freigewerkschaftlichen Arbeiter:innen und dem der Angestellten zu lösen begannen. Auf die gemeinsame Interessenlage rekurrierend hatte Aufhäuser sich stets für ein einheitliches Vorgehen in gewerkschaftlichen wie in politischen Kämpfen ausgesprochen. Auch angesichts sinkender Mitgliederzahlen infolge der wirtschaftlichen Krisen und kursierender Statusängste unter den Angestellten hielt er an dem Klassenstandpunkt fest. Mit den von Siegfried Aufhäuser angeregten Plänen zum sozialistischen »Umbau der Wirtschaft« wurde Mitte 1932 mit dem ADGB ein letzter gemeinsamer Versuch unternommen, der politischen und wirtschaftlichen Krise etwas entgegenzusetzen und eine grundlegende Demokratisierung der Wirtschaft einzuleiten. Ohne den Rückhalt des großen gewerkschaftlichen Bündnispartners sah Aufhäuser seine Handlungsoptionen Anfang 1933 jedoch schwinden. Der Rücktritt als Vorsitzender unter dem Zwang der Verhältnisse erschien ihm in Anbetracht der Umstände folgerichtig, die Selbstauflösung des AfA-Bundes, der als Organisation so eng mit

4 Pfirrmann, Aufhäuser 1931, S. 146.

der Person Siegfried Aufhäuser verknüpft war, nur konsequent. Sicherlich war die Abwicklung des freigewerkschaftlichen Dachverbandes angesichts des sich immer weiter einschränkenden Aktionsradius auch strategisch motiviert, um den Bestand der Mitgliedsorganisationen zu sichern. Angesichts der nationalsozialistischen Machtdurchsetzung dieser Monate hofften viele Verbände, durch diesen Schritt wenigstens ein Mindestmaß an Autonomie wahren zu können. Der AfA-Bund hatte seine oppositionelle Haltung gegenüber den nationalsozialistischen Machtansprüchen jedoch bis zuletzt aufrechterhalten. Im Gegensatz zum ADGB stellte er seinen eigenen ideologischen Standpunkt keineswegs zur Disposition. Ein mutiger Schritt, der rekapitulierend Beachtung verdient.

Dieses Vorgehen zog Konsequenzen nach sich. Anfeindungen seitens nationalsozialistischer Anhänger:innen hatten schon in der Spätphase der Weimarer Republik zugenommen. Nun jedoch bestand keine Aussicht mehr auf einen Verbleib im Deutschen Reich. Unter persönlichem Verfolgungsdruck und dem Eindruck der gescheiterten gewerkschaftlichen Anpassungspolitik musste Aufhäuser fliehen. Seine Enttäuschung über die verhängnisvolle Haltung des ADGB und dessen »Gleichschaltungsbestrebungen« wog schwer.[5] Seine persönliche Situation gestaltete sich überaus prekär: Nachdem Siegfried Aufhäuser in beruflich-gewerkschaftlicher Hinsicht als Verbandsvorsitzender über zehn Jahre lang institutionell fest verankert gewesen war, brachen das organisatorische Gefüge und der institutionelle Handlungsrahmen, in dem er sich seither bewegte, binnen kurzer Frist zusammen.

Ein damit einhergehender Orientierungsverlust betraf auch seinen (partei-)politischen Handlungskontext, der bis dato aufs Engste mit seinem beruflich-gewerkschaftlichen Engagement verknüpft gewesen war. Der Ausschaltung des Reichstages folgte wenige Monate später das Verbot der SPD – einer Partei, der er sich seit rund 15 Jahren zugehörig fühlte. Seine Sympathien für die Sozialdemokratie reichten indes noch weiter zurück. Einerseits war seine Partnerin Anna, geborene Stein, der er sich seit den 1900er Jahren verbunden fühlte und mit der er einen inhaltlichen Austausch auf Augenhöhe pflegte, bereits 1904 der SPD beigetreten. Andererseits ließen sich schon in den Vorkriegsjahren markante Überschneidungen mit sozialdemokratischen Positionen ausmachen – obschon er damals noch der DV die Treue hielt. Seine politische Zurückhaltung in den Jahren des Ersten Weltkrieges mochte seiner Position im parteipolitisch neutralen Butib und seiner Rolle als Leiter der *Arbeitsgemeinschaft für das einheitliche Angestelltenrecht* geschuldet sein. Außerdem ist zu berücksichtigen, dass der politisch-parlamentarische Handlungsrahmen während des Krieges ohnehin eingeschränkt war. Dies änderte sich im Spätjahr 1918, als er sich offen zur USPD bekannte und für eine konsequente Umsetzung der demokratisch-sozialistischen Forderungen auch auf wirtschaftlicher Ebene eintrat. In diesem Zeitraum beteiligte er sich aktiv an den Initiativen der Rätebewegung, die er zunächst mit einer parlamentarischen Demokratie für vereinbar hielt.[6]

5 Vgl. III. Kapitel 1.2.
6 Vgl. I. Kapitel 3.3.

Siegfried Aufhäuser war theoretischen Erörterungen keineswegs abgeneigt, besonderen Wert legte er jedoch auf die praktische Umsetzbarkeit gesellschaftspolitischer Vorstellungen. Als sich abzeichnete, dass seine Vorstellungen einer wirtschaftlichen Demokratisierung in der politischen Umbruchphase nicht umsetzbar waren, fokussierte er seine Aufmerksamkeit auf die sich neu konstituierenden Betriebsräte. Diese stilisierte er zum »Kampfboden«, um in ihnen weiter auf eine sozialistische Zukunftsperspektive hinzuarbeiten.[7] Diese Handlungsweise war charakteristisch für Aufhäusers politisches Wirken und Taktieren. Bei der Rekonstruktion seines Lebenswegs konnte verschiedentlich herausgearbeitet werden, wie er angesichts unüberwindlich scheinender politischer Hindernisse oder gegenläufiger Entwicklungen nach Instrumentarien und Handlungsalternativen suchte, um weiter auf seine Ziele hinzuarbeiten. In diesem Sinne setzte er sich mit den vorherrschenden Bedingungen und Handlungskontexten auseinander und versuchte, Ansatzpunkte zu identifizieren, die ein weiteres Engagement im Sinne seiner Vorstellungen ermöglichten. Dies galt für die Frage der wirtschaftlichen Demokratisierung nach dem Ersten Weltkrieg ebenso wie für den Kampf gegen die politischen und wirtschaftlichen Krisenphänomene in den frühen 1930er Jahren oder für seinen Einsatz in den 1950er Jahren, als er bestrebt war, über das Thema Miteigentum eine grundlegende Änderung der Eigentums- und Erwerbsordnung durchzusetzen. Seine fundamentalen Überzeugungen blieben über die Jahrzehnte seines Wirkens dabei nahezu unverändert: Seit den ausgehenden 1910er Jahren zielten Aufhäusers Bemühungen auf eine demokratisch-sozialistische Wirtschafts- und Gesellschaftsordnung. Allein der Weg dorthin und die detaillierte Ausgestaltung waren in Anbetracht tagespolitischer Unwägbarkeiten verhandelbar, hinsichtlich der Mittel und (Um-)Wege zeigte er sich durchaus flexibel. Auch aus einer oppositionellen Rolle oder einer Minderheitenposition heraus ließ sich produktive Arbeit leisten – dies galt für das parlamentarische Tagesgeschäft ebenso wie für die vielfältigen gewerkschaftlichen Aktionsfelder. Zeiten grundlegender politischer und gesellschaftlicher Entscheidungssituationen und Umbrüche begriff Aufhäuser als Chance – etwa die Revolution 1918/19 oder den Kapp-Putsch 1920. In diesen Phasen, in denen eine grundlegende Veränderung der politischen Machtverhältnisse möglich schien, setzte er sich umso intensiver für die Umsetzung seiner gesellschafts- und wirtschaftspolitischen Zielvorstellungen ein.

Siegfried Aufhäusers Handlungsweise differierte je nach Konfliktstellung, eigener Rolle und Situationseinschätzung. Wo er als Verbandsvorsitzender den AfA-Bund oder ab 1922 als SPD-Parlamentarier die Partei als Repräsentant nach außen vertrat, demonstrierte er in aller Regel Geschlossenheit und argumentierte aus einer Position der organisatorischen Stärke. Ganz anders verfuhr er in innerorganisatorischen (Richtungs-) Konflikten. Meinungsverschiedenheiten und Debatten über divergierende Ansichten in politischen Fragen begriff er hier als notwendige Elemente des Entscheidungsfindungsprozesses, die in Anbetracht der eigenen Stärke sogar öffentlich ausgetragen

7 Vgl. II. Kapitel 1.1.

werden konnten.[8] In diesem Sinne war seine scharfe Kritik am SPD-Parteivorstand und seine Rolle als streitbarer Kritiker der Mehrheitsauffassung stets konstruktiv angelegt: Aufhäuser wollte Überzeugungsarbeit leisten und zur innerparteilichen Entscheidungsfindung beitragen. Vor diesem Hintergrund erschienen ihm Separierungsbestrebungen unergiebig, da sie mittelfristig die Schlagkraft der Organisation schwächten. Daher war ihm ein Zusammengehen der USPD mit der MSPD 1922 nur folgerichtig erschienen, aus demselben Grund hatte er die Gründung der SAP negativ beurteilt. Und eben hier ist das Motiv zu suchen, weshalb er eine Kooperation mit der KPD – trotz aller bestehenden Differenzen politischer und ideologischer Natur – nicht rundweg ablehnte. Zu groß war die Sehnsucht nach der »große[n] Kraft einer einheitlichen Arbeiterklasse«.[9]

Der Glaube an die Stärke der organisatorischen Geschlossenheit der Sozialdemokratie und das konsequente Festhalten an der innerorganisatorischen Kritik schienen sich im Laufe der Weimarer Republik für Siegfried Aufhäuser zu bewähren. 1932 fanden die von ihm initiierten Vorschläge zum Umbau der Wirtschaft auch innerhalb der SPD großen Zuspruch. Sein persönliches Ansehen und sein Einfluss waren im Laufe der Jahre deutlich angewachsen. Mit seinen Kandidaturen bei den Vorstandswahlen in den 1920er Jahren war er regelmäßig gescheitert. Nun aber schien ihm bei dem 1933 anstehenden Reichsparteitag eine bedeutsame Rolle für die künftige Entwicklung der Partei zuzufallen. Angesichts der Bedrohungen infolge der nationalsozialistischen Machteroberung in den ersten Monaten des Jahres wurde dieser schließlich abgesagt. Auf der ersatzweise abgehaltenen Reichskonferenz wurde Aufhäuser zwar noch in den Vorstand gewählt.[10] Die Aufgabenbereiche und Tätigkeitsfelder der SPD-Spitze änderten sich unter den Voraussetzungen von Verfolgung und Exil jedoch bald grundlegend. Dies galt speziell auch für die Formen der Konfliktaushandlung.

Die Frühphase von Siegfried Aufhäusers Exil war geprägt von Orientierungsverlusten und Unsicherheiten hinsichtlich seiner persönlichen und beruflichen Zukunft. Neben dem Verlust der beruflichen Existenz sowie den erlebten Verfolgungs- und Entortungserfahrungen wog die Enttäuschung über mangelnde Solidarität und ideologische Unnachgiebigkeit seitens früherer gewerkschaftlicher Kooperationspartner schwer. Vor diesem Hintergrund erschien ein stärkeres parteipolitisches Engagement naheliegend. Obschon sich auch innerhalb der SPD im Frühjahr 1933 eine gewisse Konzessionsbereitschaft gegenüber den nationalsozialistischen Machthabern abzeichnete, hatte sich die Partei einer Vereinnahmung durch die NSDAP zunächst erfolgreich widersetzt und am 23. März 1933 als einzige Partei im Reichstag gegen das Ermächtigungsgesetz gestimmt. Sie müsse sich nun, so Aufhäuser im Juni 1933, »von der Verantwortung für die ADGB[-]Haltung, die im ganzen Ausland verheerend gewirkt« habe, freimachen.[11] Mit den geretteten Parteigeldern und der Etablierung des Exilvorstands

8 Vgl. dazu rekapitulierend: IV. Kapitel 1.3.
9 Vgl. II. Kapitel 2.2.
10 Vgl. III. Kapitel 1.1.
11 Vgl. III. Kapitel 1.2.

waren Voraussetzungen geschaffen worden, um den Kampf gegen den Nationalsozialismus aus dem Ausland fortzusetzen, der jetzt beherzt in Angriff genommen wurde. Der »radikale[] Kurswechsel«, den Aufhäuser auch in ideologischer Hinsicht einforderte, ließ allerdings auf sich warten. Vielmehr wurde bald deutlich, dass sich die politischen Richtungskonflikte in Anbetracht der existenziellen Organisationskrise der deutschen Sozialdemokratie verschärften und etablierte Prozesse des Meinungsaustauschs und der Kompromissfindung an ihre Grenzen gelangten. Anhaltende Differenzen sowohl über die strategische als auch die ideologische Ausrichtung, die teils mit persönlichen Animositäten einhergingen, mündeten 1935 im faktischen Ausschluss von Aufhäuser aus der Arbeit des SPD-Parteivorstands. Der Versuch, die politische Arbeit mit der sich in der Folgezeit konstituierenden Gruppe der *Revolutionären Sozialisten Deutschlands* fortzusetzen, erwies sich schon im Jahr darauf als wenig zielführend.[12]

Die Erfahrung der Verdrängung, Verfolgung und des Exils stellte einen zentralen Bruch in Siegfried Aufhäusers Biografie dar. Halt und Orientierung fand er unter anderem durch seine Ehefrau Anna, die ihn nicht nur auf seinen Fluchtstationen begleitete, sondern seine biografischen und politischen Entwicklungen seit dem frühen 20. Jahrhundert maßgeblich prägte. Außerdem intensivierte er Verbindungen zu internationalen gewerkschaftlichen Organisationsstrukturen und personellen Netzwerken, die er in den Jahrzehnten zuvor geknüpft hatte. Durch sein breites politisches, gewerkschaftliches und journalistisches Engagement verfügte Aufhäuser über ein weitläufiges Kontaktnetzwerk, das über die Grenzen des Deutschen Reichs hinausreichte und sich nun als außerordentlich hilfreich erwies. Darüber knüpfte er Kontakte zu innerdeutschen Widerstandszirkeln und -netzwerken, deren Arbeit vor allem in den ersten Exiljahren mittels Material- und Informationsaustausch unterstützt wurde.[13] Über die internationale Gewerkschaftsarbeit fand Aufhäuser zudem Beschäftigung bei der *Arbeitsgemeinschaft der freien Angestelltengewerkschaften Mitteleuropas* und beim tschechoslowakischen *Einheitsverband der Privatangestellten*, wo er sich anknüpfend an seine Aufgaben beim AfA-Bund beruflich erneut mit wirtschafts- und organisationspolitischen sowie angestelltenspezifischen Fragestellungen beschäftigte.

Parallel dazu intensivierte er sein journalistisch-publizistisches Engagement, das er im Prager Exil bald ausweitete. Siegfried Aufhäuser fand hier einen Resonanzrahmen, in dem er seine gewerkschafts- und wirtschaftspolitische Expertise nutzbar machen und sein personelles, beruflich-politisches Netzwerk weiter ausbauen konnte. Nach dem Ende seiner SPD-Vorstandsarbeit und dem Ausscheiden bei den RSD ergab sich hier ferner die Gelegenheit, weiter an den politischen Debatten und Diskursen des Exils zu partizipieren. Das journalistische Arbeiten bot Exilierten eine Möglichkeit der Selbstvergewisserung, des inhaltlichen Austauschs und die Gelegenheit, im Aufnahmeland Aufklärungsarbeit über die nationalsozialistischen Verbrechen zu leisten und dadurch mittelbar am erhofften

12 Vgl. III. Kapitel 2.2.
13 Vgl. ebd.

Sturz des NS-Regimes mitzuwirken. Das publizistische Schreiben war insofern oftmals verbunden mit der Hoffnung auf eine bessere Zukunft. Lieselotte Maas erwähnte mit Blick auf die *Neue Weltbühne*, an deren inhaltlicher Ausgestaltung Aufhäuser mitwirkte, gar eine »Ideologie des Optimismus«.[14] Diese betraf sowohl die Hoffnung auf eine »Einigung der verschiedenen Lager in der Emigration« sowie Zuversicht hinsichtlich der innerdeutschen Oppositionsbewegung und der deutschen Entwicklung im Allgemeinen.[15] Von einer positiv-hoffnungsvollen Grundstimmung waren auch Aufhäusers Artikel geprägt. In Anbetracht widriger Umstände blieb er bemüht, pragmatische Handlungsoptionen auszuloten und positive Entwicklungen aufzuzeigen. Seine Einschätzungen erschienen dabei nur selten realitätsfern, sondern eher rückgebunden an bestehende Machtkonstellationen und Beschränkungen. Ein positiver und hoffnungsvoller Unterton dominierte seine Berichterstattung. Obwohl sich seine optimistische Perspektive nicht selten als illusorisch erwies, schützte ihn die Zuversicht in die zukünftigen Entwicklungen doch allemal davor, womöglich in der Hoffnungslosigkeit des sich verstetigenden Exildaseins zu versinken.[16]

Siegfried Aufhäuser orientierte sich beim Verfassen seiner Artikel in der Prager Zeit des Exils an persönlichen Kompetenzen, Interessen und Erfahrungen. Dabei sticht eine Artikelserie über Palästina und die jüdische Arbeiter:innenbewegung heraus, die ab Mai 1937 in der *Neuen Weltbühne* erschien. Anlass hierfür war eine Reise zur Tochter Chawa (vormals: Eva), die 1934 emigriert war, um sich mit dem Kibbuz Hasorea eine Existenz aufzubauen. Bedeutung kam dem journalistischen Engagement darüber hinaus als Erwerbsarbeit zu, mittels derer Aufhäuser den gemeinsamen Lebensunterhalt für sich und seine Ehefrau bestritt. Spätestens nachdem Anna und Siegfried Aufhäuser aus Prag über London nach New York geflohen waren, wurde die journalistische Betätigung zur primären Einnahmequelle. In der Redaktion der deutsch-jüdischen Zeitung *Aufbau* engagierte sich Aufhäuser ab 1940 regelmäßig. Daneben arbeitete er ehrenamtlich für dessen Herausgeber, einen jüdischen Verein, der seit den 1930er Jahren neben Geselligkeitsaktivitäten auch zahlreiche Wohlfahrts- und Beratungsangebote unterhielt. Obschon Aufhäuser nun hauptberuflich als Journalist arbeitete, war sein Engagement in Verein und Redaktion nicht allein ökonomisch motiviert. Dass damit eine intensive Auseinandersetzung mit dem Judentum einherging, wird mit Blick auf eine Artikelserie zur »jüdischen Zukunft nach dem Krieg« und seinem Einsatz für den *World Jewish Congress* deutlich.[17] Nach der Remigration in die Bundesrepublik Deutschland 1951 manifestierte sich eine gesteigerte »Bekenntnisbereitschaft«, wie Siegfried Aufhäuser seine Identifikation mit dem Judentum beschrieb, auch in ehrenamtlichem Engagement für die Berliner Jüdische Gemeinde.[18]

14 Maas, Neue Weltbühne und Aufbau 1983, S. 256.
15 Vgl. ebd.
16 So hatte Aufhäuser noch bis 1945 an der Hoffnung festgehalten, dass in der deutschen Bevölkerung ein großer Widerstandswille gegen das NS-Regime vorhanden wäre (vgl. IV. Kapitel 2.1).
17 Vgl. IV. Kapitel 1.2.
18 Vgl. IV. Kapitel 3.1.

Seine regelmäßige Tätigkeit für den *Aufbau* endete 1944 abrupt wegen seiner Beteiligung an einem überparteilichen Zusammenschluss, dem *Council for a Democratic Germany*. Nach seinem Ausscheiden bei den *Revolutionären Sozialisten Deutschlands* 1936 hatte er sich den Mitgliedern des SPD-Exilvorstands wieder sukzessive angenähert. Gegenüber Paul Hertz führte Aufhäuser Anfang 1939 aus, dass sich die politische Emigration »in einem so unsagbar traurigen Zustand« befinde, dass es ihm gerechtfertigt erscheine, »persönliche Spannungen zu liquidieren, um freie Hand für die künftige politische Arbeit zu gewinnen«.[19] In diesem Sinne engagierte er sich nach der Ankunft in den USA bei der *German Labor Delegation*, die sich als organisatorische Basis der SOPADE in den Vereinigten Staaten gegründet hatte. Allerdings verschärften sich die sozialdemokratischen Grabenkämpfe in den USA weiter. Unter den gegebenen Voraussetzungen ließ sich eine Sammlung der sozialdemokratischen Kräfte, wie sie sich in anderen Exilländern bereits vollzogen hatte, auch in der zweiten Kriegshälfte nicht realisieren. Der Council wurde wegen der Beteiligung kommunistischer Akteure vonseiten der GLD ebenfalls misstrauisch beäugt. Aufhäuser wiederum sah in dieser überparteilichen Repräsentation der deutschen Exilierten die Chance, noch vor Kriegsende ein »öffentliches Bekenntnis des demokratischen Deutschland[s]« abzugeben und damit auf die zukünftige Entwicklung in Europa Einfluss zu nehmen.[20] Letztlich führte Aufhäusers dortiges Engagement zur Trennung von der GLD, die er seit 1943 gemeinsam mit Max Brauer geleitet hatte.

Anknüpfend an vorangegangene Überlegungen beschäftigte sich Siegfried Aufhäuser im Council intensiv mit Fragen zur europäischen Nachkriegsordnung und zur demokratischen Ausgestaltung eines zukünftigen Deutschlands. Seit 1933 hatten Fragen zu den Fehlentwicklungen der Weimarer Zeit, zum Sturz der nationalsozialistischen Machthaber und zur Ausgestaltung eines zukünftigen Deutschlands die Debatten innerhalb der politischen Exilzirkel geprägt. Mit der sich abzeichnenden Kriegsniederlage des Deutschen Reichs kam diesen Fragen nunmehr eine gesteigerte Relevanz zu. Anknüpfend an Weimarer Erfahrungen entwickelte Aufhäuser konzeptionelle Entwürfe. Darin wies er den sich aus einzelnen Betriebsgemeinschaften neu konstituierenden Gewerkschaften eine maßgebende Rolle beim Wiederaufbau eines demokratischen Deutschlands zu.[21]

Zögerlich zeigte er sich hinsichtlich seiner eigenen Remigration nach der Befreiung 1945. Insbesondere Anna Aufhäuser sprach sich für einen Verbleib in den USA aus. Schließlich gaben ökonomische Gründe und ein Mangel an beruflichen Entfaltungsmöglichkeiten den Ausschlag zur Rückkehr. Siegfried Aufhäuser hatte sich in den ersten Nachkriegsjahren intensiv um die Reaktivierung seiner Kontakte nach Deutschland bemüht und hier vor allem in der sozialdemokratischen Presse publiziert. Daneben arbeitete er als Journalist bei der deutschsprachigen *New Yorker Staats-Zeitung und*

19 IISH Amsterdam, Paul Hertz Papers, 17-2-1, Aufhäuser an Hertz, 14.1.1939.
20 Vgl. IV. Kapitel 1.2. und 1.3.
21 Vgl. IV. Kapitel 1.3.

Herold. In der US-amerikanischen Metropole etablierte er sich so als Vermittler von Nachrichten, Informationen und politischen Verbindungen aus und nach Deutschland.[22] Aber die Frage nach einer Rückkehr blieb relevant. Als die NYSZH ihren Stab an Mitarbeiter:innen reduzierte, war davon auch Aufhäuser betroffen, was letztendlich den Ausschlag zur Remigrationsentscheidung gab. Dabei erwiesen sich die politischen Kontakte als hilfreich, die er in den Jahren zuvor nach Deutschland geknüpft hatte. Vor allem andere Remigrant:innen – allen voran Hanna und Paul Hertz – unterstützten Anna und Siegfried Aufhäuser bei ihrer Rückreise 1951 und der Ankunft in West-Berlin.

Aus dem Exil hatte Aufhäuser der Gründung separater Angestelltengewerkschaften nach 1945 skeptisch gegenübergestanden. Dennoch arrangierte er sich nach seiner Rückkehr mit den gegebenen Verhältnissen und zeigte sich überaus erfreut, als der Berliner Landesverband der DAG ihn zum Vorsitzenden wählte. Die Zusammenarbeit mit ehemaligen Kontrahenten aus dem antisemitischen DHV nahm er dafür in Kauf. Als Leiter der Berliner DAG beschäftigte er sich intensiv mit den spezifischen wirtschaftlichen und politischen Verhältnissen der geteilten Stadt und setzte sich engagiert für eine Beteiligung der Beschäftigten am Betriebsvermögen ein. Dabei plädierte er für eine enge Zusammenarbeit mit dem DGB.[23] Die Angestelltenthematik blieb für ihn auch nach dem Eintritt in den Ruhestand präsent. In diesem Sinne trat er vehement für die »Eigengeltung« der Statusgruppe ein. Auch innerhalb der Nachkriegs-SPD warb er intensiv dafür, sich verstärkt mit dieser kontinuierlich wachsenden Gruppe der Wähler:innen zu beschäftigen. Außerdem engagierte Aufhäuser sich aktiv an Debatten zum »geistigen und politischen Standort der SPD«.[24] Hier trat er abermals als engagierter sozialistischer Kritiker der sozialdemokratischen Mehrheitsauffassung in Erscheinung – eine Rolle, die ihn in den vergangenen Jahrzehnten ausgezeichnet hatte und ihm zuletzt den Nimbus der »eigenwillig-treuen Verbundenheit« einbrachte.[25]

Siegfried Aufhäusers Biografie ist nicht frei von Widersprüchen, Misserfolgen und individuellen Fehleinschätzungen. Brüche, inkonsistente Verhaltensweisen und Momente des Scheiterns waren ebenso Bestandteil seiner biografischen Entwicklung wie persönliche, berufliche und politische Erfolge. Andere Initiativen von Aufhäuser versandeten klanglos oder scheiterten in der Umsetzung. Unterschiede in politischen, ideologischen oder strategischen Vorstellungen und Zielperspektiven ließen bisweilen eine Trennung von vertrauten Organisationszusammenhängen notwendig erscheinen. Solche Differenzen verliefen selten reibungslos und häufig wirkte eine persönliche Betroffenheit nach. Seinen Abschied von der GLD begründete er gegenüber Max Brauer etwa mit einigen persönlichen Worten von »ganz unten im Tal des wellenförmig verlaufenden Lebens«.[26] Halt gebe ihm in solchen Stunden, so ließ er Brauer wissen, eine

22 Vgl. IV. Kapitel 2.1.
23 Vgl. IV. Kapitel 2.2 und 3.1.
24 Vgl. IV. Kapitel 2.3.
25 Vgl. IV. Kapitel 3.2.
26 Staatsarchiv Hamburg, Bestand Max Brauer, 622/1-139 Signatur 43, Aufhäuser an Brauer, 9.5.1944.

»überzeugte und anständige politische Grundanschauung«.[27] Diese Bekundung war nicht – oder nicht in erster Linie – anklagend zu verstehen. Vielmehr rechtfertigte sich Aufhäuser hier für seine Handlungsweise, die ihm sein politisches Gewissen gebot. Dahingehend hielt er auch in Anbetracht aller Unwägbarkeiten und Enttäuschungen unbeirrt an seiner sozialistischen Zukunftserwartung fest. Siegfried Aufhäusers Handeln war geleitet durch die Vorstellung einer fundamentalen politischen und wirtschaftlichen Demokratisierung im Sinne eines sozialistischen Gesellschaftsentwurfs. Über die materialistische Geschichtsauffassung hinaus, so betonte er gegenüber dem populären österreichischen Regisseur und Schriftsteller Berthold Viertel im Mai 1945, bedürfe es einer »inneren Erhebung und Begeisterung für den ethischen Sozialismus«.[28] Dieser bedeute »nicht nur Arbeit und Brot, sondern blutvolles Leben und Menschenliebe«.[29] Von dieser inneren Überzeugung und Begeisterung war Aufhäuser erfüllt.

Der vorliegende Text verweist auf vielfältige historische Brüche und Dynamiken, die über die Rekonstruktion der Biografie der politischen Persönlichkeit Siegfried Aufhäuser erschlossen werden konnten. In ihr spiegeln sich zahlreiche Facetten der ereignisreichen Geschichte des 20. Jahrhunderts. Der ausschnitthaft-perspektivische Zugang richtet den Blick dabei auf vielfältige Entwicklungspfade, die die Geschichte der deutschen Demokratie und ihrer politischen Kultur(en) prägten und weiterhin prägen werden. Wünschenswert wäre es, Persönlichkeiten wie Siegfried Aufhäuser, die daran maßgeblich beteiligt waren, stärker in der deutschen Erinnerungskultur zu verankern. Der biografische Zugang und die Rekonstruktion von politischen Diskursen und Entscheidungsprozessen aus individueller Perspektive sensibilisieren für die Komplexität und Vielschichtigkeit gesellschaftspolitischer Entwicklungen sowie für die Offenheit des historischen Moments. Mit Fragen nach sozialer, gesellschafts- und wirtschaftspolitischer Teilhabe beschäftigte sich Aufhäuser Zeit seines Lebens. Vor dem Hintergrund aktueller Herausforderungen zur Bewahrung der Demokratie und angesichts ökologischer und ökonomischer Krisen sind solche Fragestellungen von höchster Relevanz. Das Wirken von Siegfried Aufhäuser und sein Einsatz für eine demokratische politische Kultur verdeutlichen, was für die weitere Ausgestaltung der demokratischen Gesellschaftsordnung wichtig ist: sich nicht allein auf die Form der politischen Repräsentativität und Partizipation zu konzentrieren, sondern auch bestehende ökonomische Ungleichgewichte in den Blick zu nehmen, demokratische Errungenschaften mit Leben zu füllen und sich für deren Erhalt einzusetzen.

27 Ebd.
28 DLA Marbach, A: Viertel, x69.1, Aufhäuser an Viertel, 1.5.1945.
29 Ebd.

Quellen- und Literaturverzeichnis

Archive, Archivalien und Auskünfte

Archiv der Akademie der Künste (Berlin)

Bestand Redaktion »Die neue Weltbühne«
Bestand Maximilian Scheer
Bestand Hermann Budzislawski

Archiv der sozialen Demokratie, Bonn (AdsD)

Bestand Siegfried Aufhäuser
Bestand Heinrich Deist
Bestand Fritz Erler
Bestand Felix Fechenbach
Bestand Hans Gottfurcht
Bestand Fritz Heine
Bestand Paul Hertz
Bestand Internationale Transportarbeiter-Föderation
Bestand Werner Korthaase
Bestand Gerhard Kreyssig
Bestand Paul Löbe
Bestand Erich Ollenhauer
Bestand Erich-Rinner-Korrespondenz
Bestand Carlo Schmid
Bestand Seliger Archiv
Bestand Kurt Schumacher
Bestand Sopade
Bestand Friedrich Stampfer
Bestand Fritz Tarnow
Sammlung »Kleine Erwerbungen«
Willy-Brandt-Archiv im Archiv der sozialen Demokratie, Bonn (WBA)

Bundesarchiv Berlin

Bestand Reichssicherheitshauptamt (R 58)
Nachlass Walter Ulbricht (NY 4182)
Stiftung Archiv der Parteien und Massenorganisationen der DDR im Bundesarchiv (SAPMO)
Das Gedenkbuch des Bundesarchivs für die Opfer der nationalsozialistischen Judenverfolgung in Deutschland (1933-1945), in: https://www.bundesarchiv.de/gedenkbuch

Deutsches Exilarchiv 1933-45, Frankfurt am Main (Exilarchiv)

Bestand Emergency Rescue Committee
Teilnachlass Albert Grzesinski
Nachlass Werner E. Thormann

Deutsches Literaturarchiv, Marbach (DLA)

Nachlass Manfred George
Teilnachlass Berthold Viertel

Deutsches Rundfunkarchiv, Frankfurt (DRA)

Gespräch mit dem früheren Mitglied des SPD-Parteivorstandes über seine Emigrationszeit in Prag (73 U 2141/5)

Deutschlandradio (Dokumentation und Archiv), Berlin

Mitschnitt der Sendung »Im Schutz der Freiheit – Deutsche Emigranten in Prag nach 1933« (00359116)

Harvard University (Houghton Library), Cambridge

Nation records

Institut für Stadtgeschichte, Frankfurt am Main

Auskünfte der Mitarbeiterin Sandra Jahnke

Institut für Zeitgeschichte, München (IfZ)

Bestand Geheimes Staatspolizeiamt
Bestand Kurt Lachmann

International Institute of Social History, Amsterdam (IISH)

Otto Bauer Papers
Karl Boromaeus Frank Papers
Paul Hertz Papers
International Federation of Commercial, Clerical and Technical Employees Archives
Labour and Socialist International Archives
Neu Beginnen Archives

The Jacob Rader Marcus Center of the American Jewish Archives, Cincinnati

World Jewish Congress Records

Jüdisches Museum Frankfurt, Frankfurt am Main

Auskünfte des Mitarbeiters Michael Lenarz

Kibbuz Hazorea, Archiv

Auskünfte der Archivarin Lilo Stone

Landesamt für Bürger- und Ordnungsangelegenheiten, Berlin (LABO)

Entschädigungsakten Anna und Siegfried Aufhäuser

Landesarchiv Baden-Württemberg, Staatsarchiv Ludwigsburg

Landesdenkmalamt Baden-Württemberg: Dokumentation der jüdischen Grabsteine in Baden-Württemberg

Landesarchiv Berlin

Bestand Wiedergutmachungsämter von Berlin
Nachlass Hans E. Hirschfeld
Nachlass Gustav Klingelhöfer
Nachlass Otto Suhr

Leo Baeck Institute Archives, New York (LBI)

Aufhaeuser Family Collection
Kurt Grossmann Collection
The diaries of Dr. Rudolf Katz
Adolf Leschnitzer Collection
Memoir Collection
The oral history collection of the Research Foundation for Jewish Immigration

Library of Congress (Manuscript Division), Washington, D. C.

The papers of Reinhold Niebuhr

Národní archiv, Prag

Archival group of the Police Headquarters in Prague II

National Archives and Records Administration, Washington, D. C. (NARA)

Record Group 226 (Records of the Office of Strategic Services)

New York State Department of State

Division of Corporations

P. Walter Jacob Archiv, Hamburg

Korrespondenz von und an P. Walter Jacob

People's History Museum, Manchester (PHM)

Labour Party Archives (The William Gillies Papers)

Staatsarchiv Hamburg

Bestand Max Brauer
Bestand Herbert Weichmann

Stadtarchiv Augsburg

Gewerbekartei
Meldekarten

Stadtarchiv München

Bestand Gewerbeamt
Meldebogen Aufhäuser, Siegfried

Stiftung Neue Synagoge Berlin – Centrum Judaicum

Austrittskartei der Jüdischen Gemeinde zu Berlin
Fragebogen der Jüdischen Gemeine zu Berlin

Stanford University, Hoover Institution Library & Archives

Rudolf Katz papers

State Historical Society of Wisconsin, Madison

Toni Sender Papers

Swarthmore College Peace Collection (SCPC)

Wilhelm Sollmann Papers

Tamiment Library and Robert F. Wagner Archives, New York (Wagner Archives)

Jewish Labor Committee Records (WAG.025.001)
Printed Ephemera Collection on Organizations (PE 036)
Social Democratic Federation of America Records (TAM 011)

University of Warwick Library, Modern Records Centre

Bestand Trades Union Congress

University at Albany, The State University of New York

The German and Jewish Intellectual Émigré Collections (Émigré Collections)

US Department of Homeland Security, U.S. Citizenship and Immigration Services

Akten zu Anna und Siegfried Aufhäuser

ver.di-Archiv, Berlin

Sammelmappen Aufhäuser

Gedruckte Quellen

Quellensammlungen, Erinnerungsberichte und Bibliografiezusammenstellungen

Akten der Reichskanzlei. Herausgegeben für die Historische Kommission bei der Bayerischen Akademie der Wissenschaft von Karl Dietrich Erdmann für das Bundesarchiv. Die Kabinette Brüning I u. II. 30. März 1930 bis 10. Oktober 1931. 10. Oktober 1931 bis 1. Juni 1932. Band 2. Bearbeitet von Tilman Koops, Boppard 1982.

Appelius, Stefan (Hg.): »Der Teufel hole Hitler«. Briefe der sozialdemokratischen Emigration, Essen 2003.

Arndt, Karl J. R./Olson, May E.: Deutsch-amerikanische Zeitungen und Zeitschriften. 1732-1955. Geschichte und Bibliographie = German-American Newspapers and Periodicals. 1732-1955. History and Bibliography, Heidelberg 1961.

Buchholz, Marlis/Rother, Bernd (Hg.): Der Parteivorstand der SPD im Exil. Protokolle der Sopade 1933-1940, Bonn 1995.

Cazden, Robert E.: German Exile Literature in America 1933-1950. A History of the Free German Press and Book Trade, Chicago 1970.

Collomp, Catherine/Groppo, Bruno (Hg.): An American in Hitler 's Berlin. Abraham Plotkin's Diary, 1932-1933, Urbana/Chicago 2009.

Eiber, Ludwig (Hg.): Die Sozialdemokratie in der Emigration. Die »Union deutscher sozialistischer Organisationen in Großbritannien« 1941-1946 und ihre Mitglieder. Protokolle, Erklärungen, Materialien, Bonn 1998.

Fischer, Ilse (Hg.): Die SPD unter Kurt Schumacher und Erich Ollenhauer 1946 bis 1963. Sitzungsprotokolle der Spitzengremien. Band 4: 1952 bis 1954, Bonn 2021.

Fladhammer, Christa/Wildt, Michael (Hg.): Max Brauer im Exil. Briefe und Reden aus den Jahren 1933-1946, Hamburg 1994.

Gerber, Jan/Worm, Anja (Hg.): Curt Geyer, Walter Loeb u. a. Fight for Freedom. Die Legende vom »anderen Deutschland«, Freiburg im Breisgau 2009.

Gottfurcht, Hans: Als Gewerkschafter im Widerstand, in: Löwenthal, Richard/Zur Mühlen, Patrik von (Hg.): Widerstand und Verweigerung in Deutschland 1933 bis 1945, Berlin/Bonn 1982, S. 51-55.

Grebing, Helga (Hg.): Entscheidung für die SPD. Briefe und Aufzeichnungen linker Sozialisten 1944-1948, München 1984.

Grzesinski, Albert: Im Kampf um die deutsche Republik. Erinnerungen eines Sozialdemokraten. Herausgegeben von Eberhard Kolb, München 2001.

Institut für Marxismus-Leninismus beim Zentralkomitee der Sozialistischen Einheitspartei Deutschlands (Hg.): Dokumente und Materialien zur Geschichte der deutschen Arbeiterbewegung. Reihe II: 1914-1945. Band 1, Juli 1914-Oktober 1917, Berlin 1958.

Korthaase, Werner: Siegfried Aufhäuser (1884-1969), in: Spalek, John M./Feilchenfeldt, Konrad/Hawrylchak, Sandra H. (Hg.): Deutschsprachige Exilliteratur seit 1933. Band 4. Bibliographien. Schriftsteller, Publizisten und Literaturwissenschaftler in den USA, Bern/München 1994, S. 108-128.

Korthaase, Werner: Siegfried Aufhäuser. Leben und Werk eines Gewerkschaftsvorsitzenden und Reichstagsabgeordneten. Auszüge, vorläufiger, nichtkorrigierter Manuskriptdruck vor allem des zweiten Teils. Frau Chawa Nikolai zum 80. Geburtstag überreicht, 1997 (Manuskript aus dem Berliner ver.di-Archiv).

Kuehl, Michael [Pseudonym von Rudolf Katz]: Die exilierte deutsche demokratische Linke in USA, in: Zeitschrift für Politik (4) 1957, S. 273-289.

Langkau, Jochem/Matthöfer, Hans/Schneider, Michael (Hg.): SPD und Gewerkschaften. Band 1: Zur Geschichte eines Bündnisses. Darstellung und Dokumentation von Michael Schneider, Bonn 1994.

Langkau-Alex, Ursula/Ruprecht, Thomas M. (Hg.): Was soll aus Deutschland werden? Der Council for a Democratic Germany in New York 1944-1945. Aufsätze und Dokumente, Frankfurt a. M./New York 1995.

Langkau-Alex, Ursula: Deutsche Volksfront 1932-1939. Zwischen Berlin, Paris, Prag und Moskau. Dritter Band: Dokumente zur Geschichte des Ausschusses zur Vorbereitung einer deutschen Volksfront, Chronik und Verzeichnisse, Berlin 2005.

Lewin, Erwin/Reuter, Elke/Weber, Stefan (Hg.): Protokoll der »Brüsseler Konferenz« der KPD 1935. Reden, Diskussionen und Beschlüsse, Moskau vom 3.-15. Oktober 1935. Teil 1, München 1997.

Loebl, Werner: In Ecuador sah sich die Familie wieder, in: Römer, Gernot (Hg.): In der Fremde leben meine Kinder ... Lebensschicksale kindlicher jüdischer Auswanderer aus Schwaben unter der Naziherrschaft, Augsburg 1996, S. 37-46.

Maas, Lieselotte: Handbuch der deutschen Exilpresse 1933-1945. Herausgegeben von Eberhard Lämmert, München/Wien 1976-1990.
Band 1/Bibliographie A-K (1976).
Band 3/Nachträge – Register – Anhang (1981).
Band 4/Die Zeitungen des deutschen Exils in Europa von 1933 bis 1939 in Einzeldarstellungen (1990).

Mammach, Klaus (Hg.): Die Brüsseler Konferenz der KPD (3.-15. Oktober 1935), Frankfurt a. M. 1975.

Matthias, Erich/Morsey, Rudolf (Hg.): Das Ende der Parteien 1933, Düsseldorf 1960.

Matthias, Erich (Hg.): Mit dem Gesicht nach Deutschland. Eine Dokumentation über die sozialdemokratische Emigration. Aus dem Nachlaß von Friedrich Stampfer ergänzt durch andere Überlieferungen. Bearbeitet von Werner Link, Düsseldorf 1968.

Müller, Paul: »Wir wollten die Welt verändern«. Stationen im Leben eines Altsozialisten, Frankfurt a. M. 1987.

Nikolai, Chawa (Hg.): Zum 100. Geburtstag von Siegfried Aufhäuser, Vater von Chawa Nikolai – Kibbuz Hasorea – Israel (enthält Abschriften eines Interviews mit Siegfried Aufhäuser im Deutschen Rundfunk, 1. Mai 1967 und eines Interviews im Zweiten Deutschen Fernsehen am 1. Mai 1969).

Quellen zur Geschichte der deutschen Gewerkschaftsbewegung im 20. Jahrhundert, Begr.: Erich Matthias (Hg.), Hermann Weber, Klaus Schönhoven, Klaus Tenfelde, Köln 1985 ff.
Bd. 1: Die Gewerkschaften in Weltkrieg und Revolution 1914-1919, bearb. von Klaus Schönhoven, Köln 1985.
Bd. 2: Die Gewerkschaften in den Anfangsjahren der Republik 1919-1923, bearb. von Michael Ruck, Köln 1985.
Bd. 3,1: Die Gewerkschaften von der Stabilisierung bis zur Weltwirtschaftskrise 1924-1930, bearb. von Horst-A. Kukuck und Dieter Schiffmann, Köln 1986.
Bd. 3,2: Die Gewerkschaften von der Stabilisierung bis zur Weltwirtschaftskrise 1924-1930, bearb. von Horst-A. Kukuck und Dieter Schiffmann, Köln 1986.
Bd. 4: Die Gewerkschaften in der Endphase der Republik 1930-1933, bearb. von Peter Jahn unter Mitarbeit von Detlev Brunner, Köln 1988.
Bd. 5: Die Gewerkschaften im Widerstand und in der Emigration 1933-1945, bearb. von Siegfried Mielke und Matthias Frese, Frankfurt a. M. 1999.

Römer, Gernot (Hg.): »An meine Gemeinde in der Zerstreuung«. Die Rundbriefe des Augsburger Rabbiners Ernst Jacob 1941-1949, Augsburg 2007.

Schulze, Hagen (Hg.): Anpassung oder Widerstand? Aus den Akten des Parteivorstands der deutschen Sozialdemokratie 1932/33, Bonn 1975.

Söllner, Alfons (Hg.): Zur Archäologie der Demokratie in Deutschland. Band 1: Analysen von politischen Emigranten im amerikanischen Geheimdienst. 1943-1945, Frankfurt a. M. 1986.

Stamm, Christoph: Zur politischen Lage 1932. Unbekannte Aufzeichnungen über zwei Sitzungen des Parteiausschusses der SPD, in: Archiv für Sozialgeschichte 53 (2013), S. 425-450.

Stampfer, Friedrich: Die dritte Emigration. Ein Beitrag zu ihrer Geschichte, in: Matthias, Erich (Hg.): Mit dem Gesicht nach Deutschland. Eine Dokumentation über die sozialdemokratische Emigration. Aus dem Nachlaß von Friedrich Stampfer ergänzt durch andere Überlieferungen. Bearbeitet von Werner Link, Düsseldorf 1968, S. 61-169.

Staudinger, Hans: Wirtschaftspolitik im Weimarer Staat. Lebenserinnerungen eines politischen Beamten im Reich und in Preußen 1889 bis 1934. Herausgegeben und eingeleitet von Hagen Schulze, Bonn 1982.

Stöver, Bernd (Hg.): Berichte über die Lage in Deutschland. Die Lagemeldungen der Gruppe Neu Beginnen aus dem Dritten Reich 1933-1936, Bonn 1996.

Ulbricht, Walter: Zur Geschichte der deutschen Arbeiterbewegung. Aus Reden und Aufsätzen. Band 2: 1933-1946. 2. Zusatzband, Berlin 1968.

Voigt, Klaus (Hg.): Friedenssicherung und europäische Einigung. Ideen des deutschen Exils 1939-1945, Frankfurt a. M. 1988.

Wachenheim, Hedwig: Vom Großbürgertum zur Sozialdemokratie. Memoiren einer Reformistin, Berlin 1973.

Weber, Hermann/Drabkin, Jakov/Bayerlein, Bernhard H. (Hg.): Deutschland, Russland, Komintern. II. Dokumente (1918-1943). Nach der Archivrevolution: Neuerschlossene Quellen zu der Geschichte der KPD und den deutsch-russischen Beziehungen. Band 6/2, Berlin u. a. 2015.

Protokolle, Reden, Organisations- und Verbandsschriften

AfA-Bundesvorstand (Hg.): Angestellten-Bewegung 1921-1925. Deutsche Wirtschaftsgeschichte, Sozialpolitik und Gewerkschaftsentwicklung aus bewegter Zeit, Berlin 1925.

AfA-Bundesvorstand (Hg.): Die Angestelltenbewegung 1925-1928. Geschichts- und Handbuch der Wirtschafts-, Sozial- und Gewerkschaftspolitik, Berlin 1928.

AfA-Bund (Hg.): Gegen den Faschismus. Material für die Funktionäre der freien Angestelltenbewegung, Berlin [3 Ausgaben in 1930/31].

Bund der technischen Angestellten und Beamten (Hg.): 25 Jahre Technikergewerkschaft. 10 Jahre Butab. Festschrift zum 25jährigen Jubiläum des Bundes der technisch-industriellen Beamten (Butib) und zum 10jährigen Jubiläum des Bundes der technischen Angestellten und Beamten (Butab) im Mai 1929. Herausgegeben vom Vorstand des Bundes der technischen Angestellten und Beamten, Berlin 1929.

Bund der technisch-industriellen Beamten (Hg.): Bericht über den neunten ordentl. Bundestag d. technisch-industriellen Beamten, 23. u. 24. März 1913 in Berlin.

Bund der technisch-industriellen Beamten (Hg.): Bericht und Abrechnung für das Jahr 1913. Dem zwölften ordentlichen Bundestage erstattet vom Vorstand.

Bund der technisch-industriellen Beamten (Hg.): Denkschrift für die Beratungen des dreizehnten ordentlichen Bundestages übereicht vom Vorstand, Berlin 1915.

Bund der technisch-industriellen Beamten (Hg.): Bericht und Abrechnung für das Jahr 1916.
Demokratische Vereinigung (Hg.): Der erste Parteitag der Demokratischen Vereinigung zu Berlin am 12. April 1909.
Demokratische Vereinigung (Hg.): Der zweite Parteitag der Demokratischen Vereinigung zu Köln am 15. bis 17. Mai 1910.
Demokratische Vereinigung (Hg.): Der dritte Parteitag der Demokratischen Vereinigung zu Gotha am 4. bis 6. Juni 1911.
Demokratische Vereinigung (Hg.): Der vierte Parteitag der Demokratischen Vereinigung zu Nürnberg am 26. bis 28. Mai 1912.
Demokratische Vereinigung (Hg.): Der fünfte Parteitag der Demokratischen Vereinigung zu Magdeburg am 11. und 12. Mai 1913.
Demokratische Vereinigung (Hg.): Der sechste Parteitag der Demokratischen Vereinigung zu Dortmund am 31. Mai, 1. und 2. Juni 1914.
Deutsche Angestellten-Gewerkschaft (Hg.): 4. Gewerkschaftstag vom 19.-22. September 1951 in Berlin.
Deutsche Angestellten-Gewerkschaft, Hauptvorstand (Hg.): 5. Gewerkschaftstag der deutschen Angestellten. 14. bis 18. September 1954 in Hamburg.
Deutsche Angestellten-Gewerkschaft, Hauptvorstand (Hg.): Deutsche Angestellten-Gewerkschaft. 7. Gewerkschaftstag. Karlsruhe 19.-23. September 1960.
Deutsche Angestellten-Gewerkschaft, Landesverband Berlin (Hg.): Berlin die Stadt der Angestellten. Geschäftsbericht für den 3. Landesverbandstag der Deutschen Angestellten-Gewerkschaft Berlin am 3. und 4. April 1954.
Deutsche Angestellten-Gewerkschaft, Landesverband Berlin (Hg.): Die DAG im Blickfeld Berlin. Geschäftsbericht für den 4. ordentlichen Landesverbandstag der Deutschen Angestellten-Gewerkschaft Berlin am 27. und 28. April 1957.
Deutscher Gewerkschaftsbund, Landesbezirk Berlin (Hg.): Berliner Gewerkschaftsgeschichte von 1945 bis 1950. FDGB, UGO, DGB, Berlin 1971.
Dowe, Dieter (Hg.): Protokoll der Verhandlungen des Ersten Reichskongresses der Betriebsräte Deutschlands. Abgehalten vom 5.-7. Oktober 1920 zu Berlin, Berlin u. a. 1981.
Einheitsverband der Privatangestellten in der Tschechoslowakischen Republik (Hg.): Verbandstag des Einheitsverbandes der Privatangestellten in der CSR. 29.5.-1. 6. 1936. Kulturarbeit 1930-1935, Prag 1936.
Einheitsverband der Privatangestellten in der Tschechoslowakischen Republik (Hg.): Verbandstag des Einheitsverbandes der Privatangestellten in der CSR. 29.5.-1. 6. 1936. Sozialpolitische Tätigkeit 1930-1935, Prag 1936.
Einheitsverband der Privatangestellten in der Tschechoslowakischen Republik (Hg.): Verbandstag des Einheitsverbandes der Privatangestellten in der CSR. 29.5.-1. 6. 1936. Tätigkeitsbericht 1930-1935, Prag 1936.
Einheitsverband der Privatangestellten in der Tschechoslowakischen Republik (Hg.): Verbandstag des Einheitsverbandes der Privatangestellten in der CSR. 29.5.-1. 6. 1936. Volkswirtschaftliche Tätigkeit 1930-1935, Prag 1936.
Internationaler Bund der Privatangestellten (Hg.): 10 Jahre Internationales Angestellten-Sekretariat, Amsterdam 1930.
Internationaler Bund der Privatangestellten (Hg.): Die internationale Angestelltenbewegung. Entstehung, Aufgaben, Struktur und Tätigkeit des Internationalen Bundes der Privatangestellten, Amsterdam 1951.
Miles [Pseudonym von Walter Loewenheim]: Neu beginnen! Faschismus oder Sozialismus. Als Diskussionsgrundlage der Sozialisten Deutschlands, Karlsbad 1933.

Niederschrift vom 2. Gewerkschaft-Kongreß des Allgemeinen freien Angestelltenbundes in München am 15., 16. und 17. Juni 1925.
Protokolle der Parteitage der Unabhängigen Sozialdemokratischen Partei Deutschlands. Band 5. Hartfrid Krause, Kontinuität und Wandel. Anwesenheitsregister. Sprechregister, Glashütten im Taunus 1976.
Protokoll der Sozialdemokratischen Parteitage in Augsburg, Gera und Nürnberg 1922.
Protokoll der Verhandlungen des Parteitages der Sozialdemokratischen Partei Deutschlands vom 9. bis 11. Mai 1946 in Hannover.
Protokoll des Kongresses für einheitliches Angestelltenrecht am 26. April 1914 im Architekturhaus zu Berlin.
Protokoll. Internationale Konferenz der Sozialistischen Arbeiter-Internationale, Paris 1933.
Protokoll Sozialdemokratischer Parteitag Magdeburg 1929. Vom 26. bis 31. Mai in der Stadthalle.
Protokoll vom 1. Gewerkschaft-Kongreß des Allgemeinen freien Angestelltenbundes in Düsseldorf am 2. und 3. Oktober 1921.
Protokolle der Verhandlungen des Deutschen Reichstages.
Sozialdemokratische Partei Deutschlands, Landesverband Berlin: Jahresbericht 1951.
Sozialdemokratische Partei Deutschlands, Landesverband Berlin: Jahresbericht 1954.
Sozialdemokratische Partei Deutschlands, Landesverband Berlin: Jahresbericht 1959/60.
Sozialdemokratischer Parteitag 1924. Protokoll mit dem Bericht der Frauenkonferenz, Berlin 1924.
Sozialdemokratischer Parteitag 1927 in Kiel. Protokoll mit dem Bericht der Frauenkonferenz.
Sozialdemokratischer Parteitag in Leipzig 1931 vom 31. Mai bis 5. Juni im Volkshaus. Protokoll.
Süß, Bruno: Klärung in der Angestelltenbewegung. Mit Materialsammlung zur Reorganisation des AfA-Bundes, Berlin 1921.
Verein der Deutschen Kaufleute (Hg.): Jahres-Bericht des Vereins der Deutschen Kaufleute. pro 1901.
Verein der Deutschen Kaufleute (Hg.): Jahres-Bericht des Vereins der Deutschen Kaufleute. pro 1902.
Verein der Deutschen Kaufleute (Hg.): Jahres-Bericht des Vereins der Deutschen Kaufleute. pro 1903.
Verein der Deutschen Kaufleute (Hg.): Jahres-Bericht des Vereins der Deutschen Kaufleute. pro 1904.
Verein der Deutschen Kaufleute (Hg.): Jahres-Bericht des Vereins der Deutschen Kaufleute. pro 1905.
Vorstand der SPD (Hg.): Protokoll der Verhandlungen des Parteitages der Sozialdemokratischen Partei Deutschlands vom 20. bis 24. Juli 1954 in Berlin.
Vorstand der SPD (Hg.): Protokoll der Verhandlungen des Parteitages der Sozialdemokratischen Partei Deutschlands vom 18. bis 23. Mai 1958 in Stuttgart.
Vorstand der SPD (Hg.): Protokoll der Verhandlungen des Außerordentlichen Parteitages der Sozialdemokratischen Partei Deutschlands vom 13.-15. November 1959 in Bad Godesberg.
Wahlverein der Liberalen (Hg.): Dritter Delegiertentag des Wahlvereins der Liberalen zu Frankfurt a. M. am 21. und 22. April 1908.

Eigenständige Veröffentlichungen von Siegfried Aufhäuser (chronologisch)

Aufhäuser, Siegfried/Lüdemann, Hermann: Angestellte und Demokratie, Berlin [1910].
Aufhäuser S[iegfried]: Weltkrieg und Angestelltenbewegung, Berlin 1918.

Aufhäuser, S[iegfried]: Industrieverband mit Unterteilung nach Berufsgruppen oder Berufsverband mit Industrie-Fachgruppen. Vortrag gehalten auf der 2. Tagung des Bundesausschusses von S. Aufhäuser am 29. Februar 1920, Berlin 1920.
Aufhäuser S[iegfried]: Die freie Angestellten- und Arbeiterbewegung. Referat dem Ersten ordentlichen Bundestag der technischen Angestellten und Beamten erstattet von S. Aufhäuser am 14. Juni 1920, Berlin 1920.
Aufhäuser, Siegfried: Das Gesetz über Betriebsräte, Berlin 1920.
Aufhäuser, S[iegfried]: Die Fortführung der Rätegesetzgebung (Bezirkswirtschaftsräte). Referat dem Zweiten ordentlichen Bundestag der technischen Angestellten und Beamten erstattet von S. Aufhäuser am 7. Mai 1921, Berlin 1921.
Aufhäuser, Siegfried: Gewerkschaften und Politik. Parteipolitische Neutralität. Religiöse Gewissensfreiheit. Faschismus und Kapitalismus. Vortrag, gehalten auf dem 5. ordentlichen Gautag des Bundes der techn. Angestellten und Beamten Gau Rheinland-Westfalen, am 15. Juni 1924 in Barmen, Berlin 1924.
Aufhäuser, Siegfried/Nörpel, Clemens: Arbeitsgerichts-Gesetz. Vollständige Textausgabe mit ausführlichen Erläuterungen und Anmerkungen, Berlin 1927.
Aufhäuser, Siegfried: Ideologie und Taktik der Angestelltenbewegung. Referat, gehalten auf dem 4. AfA-Gewerkschaftskongreß 1931 in Leipzig, Berlin 1931.
Aufhäuser, Siegfried: Arbeit und Wirtschaft in Berlin. Landesverbandsleiter der DAG, Landesverband Berlin auf dem außerordentlichen Verbandstag am 12. Januar 1952 in Berlin, Berlin 1952.
Aufhäuser, Siegfried: Die DAG in Gegenwart und Zukunft. Referat des Landesverbandsleiters gehalten auf dem Hauptberufsgruppentag der Werkmeister am 11. Oktober 1953 in Würzburg, in: Klempien, Wilhelm: 70 Jahre Werkmeisterbewegung, Hamburg 1953, S. 37-46.
Aufhäuser, Siegfried: Eine unromantische Betrachtung zum Geschichtsbild der Angestelltenbewegung, Hamburg 1960.
Aufhäuser, Siegfried/Hirschfeld, Hans/Mattick, Kurt: Paul Hertz. Sein Weg und Wirken. Drei Vorträge anlässlich einer Stunde der Erinnerung am 17. November 1961 im Ernst-Reuter-Heim.
Aufhäuser, Siegfried: An der Schwelle des Zeitalters der Angestellten. Eine wachsende und dynamische Leistungsschicht in Wirtschaft und Verwaltung, Berlin 1963.

Periodika

Adressbücher der Stadt Berlin
Adressbücher der Stadt München
Adressbücher der Stadt Offenbach
AfA-Bundeszeitung (davor: Mitteilungsblatt der Arbeitsgemeinschaft freier Angestelltenverbände)
Allgemeine Wochenzeitung der Juden in Deutschland
Arbeiter-Zeitung
Arbeitsgemeinschaft der freien Angestelltengewerkschaften Mitteleuropas
Berliner Tageblatt und Handels-Zeitung
Berliner Volks-Zeitung
Bulletin of the Council for a Democratic Germany
Correspondenzblatt der Generalkommission der Gewerkschaften Deutschlands
Das Andere Deutschland
Das freie Volk
Der freie Angestellte
Der Handelsangestellte. Zeitschrift der Fachgruppe Handel und Verkehr im Einheitsverband der Privatangestellten in der ČSR

Der Sozialdemokrat
Deutsche Freiheit
Deutschland-Berichte des Internationalen Bundes der Privatangestellten
Die Jugend des Einheitsverbandes der Privatangestellten
Die Welt am Montag
Ernst-Reuter-Briefe
Freiheit (Zeitschrift der Deutschen Angestellten-Gewerkschaft – Landesverband Berlin)
Gewerkschaftliche Monatshefte
Gewerkschafts-Zeitung (Organ des Allgemeinen Deutschen Gewerkschaftsbundes)
Gewerkschafts-Zeitung (Organ der Arbeiter und Angestellten Deutschlands)
Handlungsgehilfen-Zeitung (davor: Handlungsgehülfen-Blatt. Organ des Centralverbandes der Handlungsgehülfen und Gehülfinnen Deutschlands)
Jahrbuch der Angestelltenbewegung
Kaufmännische Rundschau
Mitteilungen des Internationalen Bundes der Privatangestellten
Neue Gesellschaft
Neue Volks-Zeitung
Pariser Tageblatt
Pariser Tageszeitung
Pax. Friedensblatt / Friedensrevue
Sozialdemokratischer Pressedienst
Telegraf
The Labour Magazine
The New York Times
The Times
Tribüne
Unser Weg. Monatsschrift für die Mitglieder der Berliner Sozialdemokratie
Volksblatt für Spandau und das Havelland
Volks-Zeitung für das Vogtland
Vorwärts / Der Abend. Spätausgabe des Vorwärts
Vossische Zeitung
Welt am Sonntag
Zeitschrift für Sozialismus

Literatur

Abendroth, Wolfgang: Einführung in die Geschichte der Arbeiterbewegung. Vorlesungen. Band 1. Von den Anfängen bis 1933, Heilbronn 1985.

Adolph, Hans J.: Otto Wels und die Politik der deutschen Sozialdemokratie 1894-1939. Eine politische Biographie, Berlin 1971.

Ahland, Frank: Bürger und Gewerkschafter Ludwig Rosenberg 1903 bis 1977. Eine Biografie, Essen 2016.

Ahland, Frank: Ludwig Rosenberg. Der Bürger als Gewerkschafter (Dissertationsschrift der Ruhr-Universität Bochum), Bochum 2002.

Albrecht, Thomas: Für eine wehrhafte Demokratie. Albert Grzesinski und die preußische Politik in der Weimarer Republik, Bonn 1999.

Albrecht, Willy: Einleitung, in: ders. (Hg.): Die SPD unter Kurt Schumacher und Erich Ollenhauer 1946 bis 1963. Sitzungsprotokolle der Spitzengremien. Band 2: 1948 bis 1950, S. IX-CII.

Albrecht, Willy/u. a.: Frauenfrage und deutsche Sozialdemokratie vom Ende des 19. Jahrhunderts bis zum Beginn der zwanziger Jahre, in: Borneman, Ernest (Hg.): Der Neanderberg. Vom Aufstieg der Frauen aus dem Neandertal. Beiträge zur Emanzipationsgeschichte des 19. und 20. Jahrhunderts, Frankfurt a. M. u. a. 1983, S. 58-117.

Alianov-Rautenberg, Viola: Migration und Marginalität. Geschlecht als strukturelle Kategorie in der deutsch-jüdischen Einwanderung nach Palästina/Eretz Israel in den 1930er Jahren, in: Bischoff, Doerte/Rürup, Miriam (Hg.): Exilforschung. Ein internationales Jahrbuch: Ausgeschlossen. Staatsbürgerschaft, Staatenlosigkeit und Exil, 36. Jg. (2018), München 2018, S. 105-117.

Altieri, Riccardo/Hüttner, Bernd/Weis, Florian: Die Linke, Jüdinnen und Juden und die »jüdische Frage«. Eine Einführung, in: dies. (Hg.): »Die jüdische mit der allgemeinen proletarischen Bewegung zu vereinen«. Jüdinnen und Juden in der internationalen Linken, Berlin 2021, S. 3-13.

Altieri, Riccardo/Hüttner, Bernd/Weis, Florian (Hg.): »Wenn du ausgegrenzt wirst, gehst du zu anderen Ausgegrenzten«. Jüdinnen und Juden in der internationalen Linken (Band 2), Berlin 2022.

Andresen, Knud: Die Anpassung vergessen? Zur gewerkschaftlichen Debatte in der Bundesrepublik um den 2. Mai 1933, in: Berger, Stefan (Hg.): Gewerkschaftsgeschichte als Erinnerungsgeschichte. Der 2. Mai 1933 in der gewerkschaftlichen Erinnerung und Positionierung nach 1945, Essen 2015, S. 227-244.

Angster, Julia: Konsenskapitalismus und Sozialdemokratie. Die Westernisierung von SPD und DGB, München 2003.

Appelius, Stefan: Heine. Die SPD und der lange Weg zur Macht, Essen 1999.

Arnsberg, Paul: Die Geschichte der Frankfurter Juden seit der Französischen Revolution. Band II. Struktur und Aktivitäten der Frankfurter Juden von 1789 bis zu deren Vernichtung in der nationalsozialistischen Ära. Handbuch. Herausgegeben vom Kuratorium für Jüdische Geschichte e. V., Frankfurt a. M. Bearbeitet und vollendet durch Hans-Otto Schembs, Darmstadt 1983.

Asper, Helmut G./Langkau-Alex, Ursula: Die Medien in Nachkriegsdeutschland: Zu den Arbeiten des Presse- und des Kunst-Ausschusses, in: Langkau-Alex, Ursula/Ruprecht, Thomas M. (Hg.): Was soll aus Deutschland werden? Der Council for a Democratic Germany in New York 1944-1945. Aufsätze und Dokumente, Frankfurt a. M./New York 1995, S. 101-114.

Bachstein, Martin K.: Die Beziehungen zwischen sudetendeutschen Sozialdemokraten und dem deutschen Exil: Dialektische Freundschaft, in: Becher, Peter/Heumos, Peter (Hg.): Drehscheibe Prag. Zur deutschen Emigration in der Tschechoslowakei 1933-1939, München 1992, S. 41-52.

Bailey, Christian: Between Yesterday and Tomorrow. German Visions of Europe. 1926-1950, New York u. a. 2013.

Bair, Deirdre: »Die Biografie ist akademischer Selbstmord«, in: Literaturen. Das Journal für Bücher und Themen, 7/8 (2001), S. 38 f.

Bajohr, Frank: Hanseat und Grenzgänger. Erik Blumenfeld – eine politische Biographie, Göttingen 2010.

Bannasch, Bettina/Rupp, Michael: Einleitung, in: dies. (Hg.): Rückkehrerzählungen. Über die (Un-)Möglichkeit nach 1945 als Jude in Deutschland zu leben, Göttingen 2018, S. 7-14.

Bauer, Matthias: Die transnationale Zusammenarbeit sozialistischer Parteien in der Zwischenkriegszeit. Eine Analyse der außenpolitischen Kooperations- und Vernetzungsprozesse am Beispiel von SPD, SFIO und Labour Party, Düsseldorf 2018.

Becher, Peter: Kurt R. Grossmann und die Demokratische Flüchtlingsfürsorge, in: ders./Heumos, Peter (Hg.): Drehscheibe Prag. Zur deutschen Emigration in der Tschechoslowakei 1933-1939, München 1992, S. 53-63.

Becher, Peter/Heumos, Peter (Hg.): Drehscheibe Prag. Zur deutschen Emigration in der Tschechoslowakei 1933-1939, München 1992.

Beck, Miroslav/Veselý, Jiří u. a.: Exil und Asyl. Antifaschistische deutsche Literatur in der Tschechoslowakei 1933-1938, Berlin 1981.

Becker, Frank: Die Hottentotten-Wahl (1907), in: Zimmerer, Jürgen (Hg.): Kein Platz an der Sonne. Erinnerungsorte der deutschen Kolonialgeschichte, Frankfurt a. M. 2013, S. 177-189.

Becker, Jens: Heinrich Brandler. Eine politische Biographie, Hamburg 2001.

Beer, Susanne: »Noch ist es Zeit der Verwirrung entgegenzutreten …«. Die Abwehr des Antisemitismus im Kaiserreich und der Weimarer Republik, in: Sozial.Geschichte Online 22 (2018), S. 11-42.

Behrendt, Marie Ch.: Sorge und Status. Geschlechterperspektiven deutsch-jüdischer Rückwanderung nach 1945 am Beispiel von Ilse und Ernst G. Lowenthal, in: Schulz, Kristina/Bernstorff, Wiebke von/Klapdor, Heike (Hg.): Grenzüberschreitungen. Migrantinnen und Migranten als Akteure im 20. Jahrhundert, München 2019, S. 86-97.

Behring, Rainer: Demokratische Außenpolitik für Deutschland. Die außenpolitischen Vorstellungen deutscher Sozialdemokraten im Exil. 1933-1945, Düsseldorf 1999.

Behring, Rainer: Vom marxistischen Theoretiker zum politischen Denker. Rudolf Hilferdings Konzept des »organisierten Kapitalismus« und die angelsächsischen Demokratien, in: Lehnert, Detlef (Hg.): Soziale Demokratie und Kapitalismus. Die Weimarer Republik im Vergleich, Berlin 2019, S. 115-148.

Beier, Gerhard: Das Lehrstück vom 1. und 2. Mai 1933, Frankfurt a. M. u. a. 1975.

Beier, Gerhard: Die illegale Reichsleitung der Gewerkschaften 1933-1945, Köln 1981.

Beier, Gerhard, Die illegale Reichsleitung der Gewerkschaften, in: Löwenthal, Richard/Zur Mühlen, Patrik von (Hg.): Widerstand und Verweigerung in Deutschland 1933 bis 1945, Berlin/Bonn 1982, S. 25-50.

Beier, Gerhard: Zur Entstehung des Führerkreises der vereinigten Gewerkschaften Ende April 1933, in: Archiv für Sozialgeschichte 15 (1975), S. 365-392.

Benz, Wolfgang (Hg.): Das Exil der kleinen Leute. Alltagserfahrungen deutscher Juden in der Emigration, München 1991.

Berejan, Nicholas J.: Russian Immigrant Leadership in the Foreign Language Federations of the American Socialist and Communist Parties, 1917-1922. A Thesis Submitted to the University of North Carolina Wilmington in Partial Fulfillment of the Requirements for the Degree of Master of Arts, Wilmington 2012.

Berger, Stefan/Jäger, Wolfgang/Kruke, Anja (Hg.): Gewerkschaften in revolutionären Zeiten. Deutschland in Europa 1917 bis 1923, Essen 2020.

Berghahn, Volker R./Lässig, Simone (Hg.): Biography between Structure and Agency. Central European Lives in International Historiography, New York u. a. 2008.

Bergmann, Werner: »Wir haben Sie nicht gerufen«. Reaktionen auf jüdische Remigranten in der Bevölkerung und Öffentlichkeit der frühen Bundesrepublik, in: Lühe, Irmela von der/Schildt, Axel/Schüler-Springorum, Stefanie (Hg.): »Auch in Deutschland waren wir nicht wirklich zu Hause«. Jüdische Remigration nach 1945, Göttingen 2008, S. 19-39.

Bessner, Daniel: Democracy in Exile. Hans Speier and the Rise of the Defense Intellectual, Ithaca 2018.

Bitzegeio, Ursula: Historische Fragen an die Tertiarisierung, in: Zimmermann, Rüdiger (Hg.): Das gedruckte Gedächtnis der Tertiarisierung. Pilotprojekt zur Sicherung zentraler gewerkschaftlicher Quellenbestände der freien Angestelltenbewegung, Bonn 2010, S. 37-63.

Bitzegeio, Ursula: Über Partei- und Landesgrenzen hinaus. Hans Gottfurcht (1896-1982) und die gewerkschaftliche Organisation der Angestellten. Bonn 2009.

Bödeker, Hans Erich: Biographie. Annäherung an den gegenwärtigen Forschungs- und Diskussionsstand, in: ders. (Hg.): Biographie schreiben, Göttingen 2003, S. 9-63.

Böhles, Marcel: Im Gleichschritt für die Republik. Das Reichsbanner Schwarz-Rot-Gold im Südwesten, 1924 bis 1933, Essen 2016.

Bois, Marcel: Kommunisten gegen Hitler und Stalin. Die linke Opposition der KPD in der Weimarer Republik. Eine Gesamtdarstellung, Essen 2014.

Bois, Marcel: Zwischen Burgfrieden, Repression und Massenstreik. Zum Einfluss der Spartakusgruppe auf die Friedensbewegung während des Ersten Weltkrieges, in: Braune, Andreas/Hesselbarth, Mario/Müller, Stefan (Hg.): Die USPD zwischen Sozialdemokratie und Kommunismus. Neue Wege zu Frieden, Demokratie und Sozialismus?, Stuttgart 2018, S. 91-106.

Böning, Holger: Julius Moses. Volksarzt und Prophet des Schreckens. Ein jüdisches Leben in Deutschland, Berlin 2016.

Bonnesoeur, Frédéric/u. a. (Hg.): Geschlossene Grenzen. Die Internationale Flüchtlingskonferenz von Évian 1938 (Ausstellungskatalog), Berlin 2018.

Borchardt, Georg: Verein der Deutschen Kaufleute, in: Heyde, Ludwig (Hg.): Internationales Handwörterbuch des Gewerkschaftswesens. Band 2, Berlin 1932, S. 1884-1886.

Börner, Markus/Jungfer, Anja/Stürmann, Jakob: Einleitung, in: dies. (Hg.): Judentum und Arbeiterbewegung. Das Ringen um Emanzipation in der ersten Hälfte des 20. Jahrhunderts, Berlin/Boston 2018, S. 1-5.

Brandes, Detlef: Die Sudetendeutschen im Krisenjahr 1938, München 2008.

Braun, Hans: Helmut Schelskys Konzept der »nivellierten Mittelstandsgesellschaft« und die Bundesrepublik der 50er Jahre, in: Archiv für Sozialgeschichte 29 (1989), S. 199-223.

Braune, Andreas/Dreyer, Michael (Hg.): Zusammenbruch, Aufbruch, Abbruch? Die Novemberrevolution als Ereignis und Erinnerungsort, Stuttgart 2019.

Braunthal, Julius: Geschichte der Internationale. Band 2, Hannover 1963.

Brenner, Michael: Der lange Schatten der Revolution. Juden und Antisemiten in Hitlers München 1918-1923, Berlin 2019.

Broh, Dagobert: The History of the Newspaper Aufbau. 1934-1948, Concordia University 1996.

Brumlik, Micha: Vom Scheunenviertel nach Hasorea. Deutsch-jüdische Jugendbewegung als Avantgarde sozialistischer Kollektiverziehung, in: Bartmann, Sylke/u. a. (Hg.): »Natürlich stört das Leben ständig«. Perspektiven auf Entwicklung und Erziehung, Wiesbaden 2009, S. 127-135.

Brunner, Detlev: Sozialdemokraten im FDGB. Von der Gewerkschaft zur Massenorganisation, 1945 bis in die frühen 1950er Jahre, Essen 2000.

Buchholz, Marlis/Rother, Bernd: Einleitung, in: dies. (Hg.): Der Parteivorstand der SPD im Exil. Protokolle der Sopade 1933-1940, Bonn 1995, S. XIII-LXI.

Bungert, Heike: Deutsche Emigranten im amerikanischen Kalkül. Die Regierung in Washington, Thomas Mann und die Gründung eines Emigrantenkomitees 1943, in: VfZ 46 (2/1998), S. 253-268.

Bungert, Heike: »Ein meisterhafter Schachzug«. Das Nationalkomitee Freies Deutschland in der Beurteilung der Amerikaner, 1943-1945, in: Heideking, Jürgen/Mauch, Christof (Hg.): Geheimdienstkrieg gegen Deutschland. Subversion, Propaganda und politische Planungen des amerikanischen Geheimdienstes im Zweiten Weltkrieg, Göttingen 1993, S. 90-121.

Buschak, Willy: Arbeit im kleinsten Zirkel, Gewerkschaften im Widerstand gegen die nationalsozialistische Diktatur, Essen 2015.

Buschak, Willy: Die Vereinigten Staaten von Europa sind unser Ziel. Arbeiterbewegung und Europa im frühen 20. Jahrhundert, Essen 2014.

Buschak, Willy: Edo Fimmen. Der schöne Traum von Europa und die Globalisierung, Essen 2002.

Büttner, Ursula: Weimar. Die überforderte Republik 1918-1933, Bonn 2008.

Čapková, Kateřina/Frankl, Michal: Unsichere Zuflucht. Die Tschechoslowakei und ihre Flüchtlinge aus NS-Deutschland und Österreich 1933-1938. Aus dem Tschechischen übersetzt von Kristina Kallert, Wien u. a. 2012.

Černý, Bohumil: Der Parteivorstand der SPD im tschechoslowakischen Asyl (1933-1938), in: Historica 14/15 (1967), S. 175-218.

Crefeld, Sven: Einführung des Herausgebers, in: Breitscheid, Rudolf: Vornehmste Aufgabe der Linken ist die Kritik. Publizistik 1908-1912. Herausgegeben von Sven Crefeld, Berlin 2015, S. 15-44.

Croner, Fritz: Die Angestellten in der modernen Gesellschaft. Eine sozialhistorische und soziologische Studie, Frankfurt a. M. u. a. 1954.

Depkat, Volker: Ein schwieriges Genre: Zum Ort der Biografik in der Arbeitergeschichtsschreibung, in: Mittag, Jürgen (Hg.): Biografische Ansätze zur Geschichte der Arbeiterbewegung im 20. Jahrhundert (Mitteilungsblatt des Instituts für soziale Bewegungen 45), Bochum 2011, S. 21-35.

Deutscher, Isaac: Der nichtjüdische Jude, in: ders.: Der nichtjüdische Jude. Essays. Vollständige Neuausgabe. Mit einem Beitrag von Tamara Deutscher und einer Einführung von Detlev Claussen, Berlin 1988, S. 59-74.

Dietrich, Christian: Im Schatten August Bebels. Sozialdemokratische Antisemitismusabwehr als Republikschutz 1918-1932, Göttingen 2021.

Dowe, Dieter (Hg.): Kurt Schumacher und der »Neubau« der deutschen Sozialdemokratie nach 1945. Referate und Podiumsdiskussion des Gesprächskreises Geschichte der Friedrich-Ebert-Stiftung in Bonn am 12./13. Oktober 1995, Bonn 1996.

Ebert, Kurt: Die Kaufmannsgerichte nach dem Reichsgesetz vom 6. Juli 1904, Greifswald 1906.

Ebert, Simon: Wilhelm Sollmann. Sozialist – Demokrat – Weltbürger (1881-1951), Bonn 2014.

Economides, Stephen: Der Nationalsozialismus und die deutschsprachige Presse in New York 1933-1941, Frankfurt a. M./Bern 1982.

Eiber, Ludwig, Einleitung, in: ders. (Hg.): Die Sozialdemokratie in der Emigration. Die »Union deutscher sozialistischer Organisationen in Großbritannien« 1941-1946 und ihre Mitglieder. Protokolle, Erklärungen, Materialien, Bonn 1998, S. XV-CLVII.

Eifert, Christiane: Frauenpolitik und Wohlfahrtspflege. Zur Geschichte der sozialdemokratischen »Arbeiterwohlfahrt«, Frankfurt a. M. u. a. 1993.

Elfe, Wolfgang D.: Das Emergency Rescue Committee, in: Spalek, John M./Strelka, Joseph (Hg.): Deutsche Exilliteratur seit 1933. Band 1. Kalifornien. Teil 1, Bern/München 1976, S. 214-219.

Elm, Ludwig: Demokratische Vereinigung (DV). 1908-1918, in: Fricke, Dieter/u. a. (Hg.): Lexikon zur Parteiengeschichte. Die bürgerlichen und kleinbürgerlichen Parteien und Verbände in Deutschland (1789-1945). In vier Bänden. Band 1. Alldeutscher Verband – Deutsche Liga für Menschenrechte, Köln 1983, S. 496-503.

Elm, Ludwig: Von Naumann zu Barth und Breitscheid. Hellmut von Gerlach als Mitbegründer (1908) und Vorsitzender (1912-18) der Demokratischen Vereinigung (DV), in: Koch, Christoph (Hg.): Vom Junker zum Bürger. Hellmut von Gerlach – Demokrat und Pazifist in Kaiserreich und Republik, München 2009, S. 71-87.

Elsbach, Sebastian: Das Reichsbanner Schwarz-Rot-Gold. Republikschutz und politische Gewalt in der Weimarer Republik, Stuttgart 2019.

Elsbach, Sebastian: Eiserne Front. Abwehrbündnis gegen Rechts 1931 bis 1933, Wiesbaden 2022.

Eppel, Peter: Österreicher im Exil. USA 1938-1945. Eine Dokumentation, Band. 2., Wien 1995.

Erel, Shlomo: Neue Wurzeln. 50 Jahre Immigration deutschsprachiger Juden in Israel, Gerlingen 1983.

Erger, Johannes: Der Kapp-Lüttwitz-Putsch. Ein Beitrag zur deutschen Innenpolitik 1919/20, Düsseldorf 1967.

Erker, Paul: Rente im Dritten Reich. Die Reichsversicherungsanstalt für Angestellte 1933 bis 1945, Berlin 2019.

Etzemüller, Thomas: Biographien. Lesen – erforschen – erzählen, Frankfurt a.M. u.a. 2012.

Evans, Richard J.: Sozialdemokratie und Frauenemanzipation im deutschen Kaiserreich. Aus dem Englischen übersetzt von W. G. Sebald unter Mitarbeit des Verfassers, Berlin/Bonn 1979.

Eykman, Christoph: Manfred George und der Aufbau. Ihre Bedeutung für die deutsche Exilliteratur in den USA, in: Spalek, John M./Strelka, Joseph (Hg.): Deutschsprachige Exilliteratur seit 1933. Band 2. New York, Bern 1989, S. 1385-1402.

Falter, Jürgen W.: Hitlers Wähler, München 1991.

Fattmann, Rainer: Die Angestellten und die freigewerkschaftliche Angestelltenbewegung im späten Kaiserreich und in der Weimarer Republik, in: Zimmermann, Rüdiger (Hg.): Das gedruckte Gedächtnis der Tertiarisierung. Pilotprojekt zur Sicherung zentraler gewerkschaftlicher Quellenbestände der freien Angestelltenbewegung, Bonn 2010, S. 65-155.

Faulenbach, Bernd: Geschichte der SPD. Von den Anfängen bis zur Gegenwart, München 2012.

Faulenbach, Bernd/Potthoff, Heinrich (Hg.): Sozialdemokraten und Kommunisten nach Nationalsozialismus und Krieg. Zur historischen Einordnung der Zwangsvereinigung, Essen 1998.

Fehrmann, Eberhard/Metzner, Ulrike: Angestellte und Gewerkschaften. Ein historischer Abriß, Köln 1981.

Feldman, Gerald D.: Armee, Industrie und Arbeiterschaft in Deutschland 1914 bis 1918, Berlin u.a. 1985.

Fesser, Gerd: Zur Genesis des Reichsvereinsgesetzes. Staatsorgane, bürgerliche Parteien und Vereinsgesetzgebung im Deutschen Reich 1906 bis 1908, in: Aisin, Boris Aronovič/Gutsche, Willibald (Hg.): Forschungsergebnisse zur Geschichte des deutschen Imperialismus vor 1917, Berlin 1980, S. 107-139.

Fetz, Bernhard: Die vielen Leben der Biographie. Interdisziplinäre Aspekte einer Theorie der Biographie, in: ders. (Hg.): Die Biographie – Zur Grundlegung ihrer Theorie, Berlin u.a. 2009, S. 3-66.

Fichter, Michael: Besatzungsmacht und Gewerkschaften. Zur Entwicklung und Anwendung der US-Gewerkschaftspolitik in Deutschland 1944-1948, Opladen 1982.

Firsow, Friedrich I.: Die ›Säuberungen‹ im Apparat der Komintern, in: Weber, Hermann u.a. (Hg.): Kommunisten verfolgen Kommunisten. Stalinistischer Terror und ›Säuberungen‹ in den kommunistischen Parteien Europas seit den dreißiger Jahren, Berlin 1993, S. 37-51.

Fischer, Ilse: Einleitung, in: dies. (Hg.): Die SPD unter Kurt Schumacher und Erich Ollenhauer 1946 bis 1963. Sitzungsprotokolle der Spitzengremien. Band 4: 1952 bis 1954, Bonn 2021, S. 11-147.

Fischer, Karl-Rudolf: Hermann Lüdemann und die deutsche Demokratie, Neumünster 2006.

Fitrakis, Robert John: The Idea of Democratic Socialism in America and the Decline of the Socialist Party. Eugene Debs, Norman Thomas and Michael Harrington, Ann Arbor 1990.

Fladhammer, Christa/Wildt, Michael: Einleitung, in: dies. (Hg.): Max Brauer im Exil. Briefe und Reden aus den Jahren 1933-1946, Hamburg 1994, S. 15-100.

Foitzik, Jan: Die Rückkehr aus dem Exil und das politisch-kulturelle Umfeld der Reintegration sozialdemokratischer Emigranten in Westdeutschland, in: Briegel, Manfred/Frühwald, Wolfgang (Hg.): Die Erfahrung der Fremde. Kolloquium des Schwerpunktprogramms »Exilforschung« der Deutschen Forschungsgemeinschaft, Weinheim 1988, S. 255-270.

Foitzik, Jan: Linke Kleingruppen, in: Krohn, Claus-Dieter/Zur Mühlen, Patrik von/Paul, Gerhard/Winckler, Lutz (Hg.): Handbuch der deutschsprachigen Emigration 1933-1945, Darmstadt 1998, S. 506-518.

Foitzik, Jan: Revolution und Demokratie. Zu den Sofort- und Übergangsplanungen des sozialdemokratischen Exils für Deutschland, in: IWK 24 (3/1988), S. 308-342.
Foitzik, Jan: Wiederaufbau der Gewerkschaften: Zur Denkschrift des Council for a Democratic Germany, in: Langkau-Alex, Ursula/Ruprecht, Thomas M. (Hg.): Was soll aus Deutschland werden? Der Council for a Democratic Germany in New York 1944-1945. Aufsätze und Dokumente, Frankfurt a. M./New York 1995, S. 75-90.
Foitzik, Jan: Zwischen den Fronten. Zur Politik, Organisation und Funktion linker politischer Kleinorganisationen im Widerstand 1933 bis 1939/40, Bonn 1986.
Föllmer, Moritz/Graf, Rüdiger/Leo, Per: Die Kultur der Krise in der Weimarer Republik, in: Föllmer, Moritz/Graf, Rüdiger (Hg.): Die »Krise« der Weimarer Republik. Zur Kritik eines Deutungsmusters, Frankfurt a. M./New York 2005, S. 9-41.
Frei, Norbert: Vergangenheitspolitik. Die Anfänge der Bundesrepublik und die NS-Vergangenheit (Neuausgabe), München 2012.
Frevert, Ute: Frauen im freigewerkschaftlichen Zentralverband der Angestellten, in: Borneman, Ernest (Hg.): Der Neanderberg. Vom Aufstieg der Frauen aus dem Neandertal. Beiträge zur Emanzipationsgeschichte des 19. und 20. Jahrhunderts, Frankfurt a. M. u. a. 1983, S. 118-130.
Frevert, Ute: Traditionelle Weiblichkeit und moderne Interessenorganisation: Frauen im Angestelltenberuf 1918-1933, in: Geschichte und Gesellschaft 7 (1981), S. 507-533.
Freyberg, Jutta von: Sozialdemokraten und Kommunisten. Die Revolutionären Sozialisten Deutschlands vor dem Problem der Aktionseinheit 1934-1937, Köln 1973.
Fricke, Ingrid: Franz Künstler (1888-1942). Eine politische Biographie, Berlin 2016.
Führer, Karl Christian: Carl Legien 1861-1920. Ein Gewerkschafter im Kampf um ein »möglichst gutes Leben« für alle Arbeiter, Essen 2009.
Fuhrmann, Uwe: Feminismus in der frühen Gewerkschaftsbewegung (1890-1914). Die Strategien der Buchdruckerei-HilfsarbeiterInnen um Paula Thiede, Bielefeld 2021.
Gallus, Alexander (Hg.): Die vergessene Revolution von 1918/19, Bonn 2010.
Gerland, Kirsten/Möckel, Benjamin/Ristau, Daniel: Die Erwartung. Neue Perspektiven der Generationenforschung, in: dies. (Hg.): Generation und Erwartung. Konstruktionen zwischen Erwartung und Zukunft, Götttingen 2013, S. 9-26.
Geyer, Martin H.: Kapitalismus und politische Moral in der Zwischenkriegszeit. Oder: Wer war Julius Barmat?, Hamburg 2018.
Goethem, Geert van: The Amsterdam International. The World of the International Federation of Trade Unions (IFTU), 1913-1945, Aldershot/Burlington 2006.
Graf, Philipp: Rezension von: Daniel Siemens: Hinter der Weltbühne. Hermann Budzislawski und das 20. Jahrhundert, Berlin: Aufbau-Verlag 2022, in: sehepunkte 22 (2022), Nr. 10 [15. 10. 2022], URL: http://www.sehepunkte.de/2022/10/37061.html, abgerufen am 28. 2. 2023.
Graf, Rüdiger: Die Zukunft der Weimarer Republik. Krisen und Zukunftsaneignungen in Deutschland 1918-1933, München 2008.
Grebing, Helga: Jüdische Intellektuelle in der deutschen Arbeiterbewegung zwischen den beiden Weltkriegen, in: Archiv für Sozialgeschichte 37 (1997), S. 19-38.
Grebing, Helga: Jüdische Intellektuelle und ihre politische Identität in der Weimarer Republik, in: Mitteilungsblatt des Instituts für soziale Bewegungen 34 (2005), S. 11-24.
Grebing, Helga: »Neubau« statt »Wiederaufbau« der SPD – die Lehren aus der Weimarer Republik, in: Dowe, Dieter (Hg.): Kurt Schumacher und der »Neubau« der deutschen Sozialdemokratie nach 1945. Referate und Podiumsdiskussion des Gesprächskreises Geschichte der Friedrich-Ebert-Stiftung in Bonn am 12./13. Oktober 1995, Bonn 1996, S. 73-89.
Grebner, Susanne: Der Telegraf. Entstehung einer SPD-nahen Lizenzzeitung in Berlin 1946-1950, Münster 2002.

Grossmann, Atina: »Neue Frauen« im Exil. Deutsche Ärztinnen und die Emigration, in: Heinsohn, Kirsten/Schüler-Springorum, Stefanie (Hg.): Deutsch-jüdische Geschichte als Geschlechtergeschichte. Studien zum 19. und 20. Jahrhundert, Göttingen 2006, S. 133-156.

Groth, Michael: The Road to New York: The Emigration of Berlin Journalists, 1933-1945, München u. a. 1988.

Gruner, Wolf: Die Judenverfolgung im Protektorat Böhmen und Mähren. Lokale Initiativen, zentrale Entscheidungen, jüdische Antworten 1939-1945, Göttingen 2016.

Grunewald, Michel (Hg.): Der Europadiskurs in den deutschen Zeitschriften (1933-1939), Bern u. a. 1999.

Gusy, Christoph: Die Weimarer Reichsverfassung, Tübingen 1997.

Gutleben, Burkhard: 100 Jahre linksliberale Kleinparteien in Deutschland (1908-2008), 2008, https://nbn-resolving.org/urn: nbn: de: hbz:465-20081022-093024-4, zuletzt abgerufen am 1. 4. 2025.

Hagemann, Harald: Kähler, Alfred E., in: ders./Krohn, Claus-Dieter (Hg.): Biografisches Handbuch der deutschsprachigen wirtschaftswissenschaftlichen Emigration nach 1933. Band 1. Adler – Lehmann, München 1999, S. 293-297.

Hagemann, Karen: Frauenalltag und Männerpolitik. Alltagsleben und gesellschaftliches Handeln von Arbeiterfrauen in der Weimarer Republik, Bonn 1990.

Hähner, Olaf: Historische Biographik. Die Entwicklung einer geschichtswissenschaftlichen Darstellungsform von der Antike bis ins 20. Jahrhundert, Frankfurt a. M. 1999.

Halberstadt, Gerhard: Die Angestellten und ihre Gewerkschaft. Stationen einer bewegten Geschichte, Freiburg im Breisgau 1991.

Hamburger, Ernest: Juden im öffentlichen Leben Deutschlands. Regierungsmitglieder, Beamte und Parlamentarier in der monarchischen Zeit 1848-1918, Tübingen 1968.

Hamel, Iris: Völkischer Verband und nationale Gewerkschaft. Der Deutschnationale Handlungsgehilfen-Verband 1893-1933, Frankfurt a. M. 1967.

Hansen, Eckhard/Tennstedt, Florian (Hg.): Biographisches Lexikon zur Geschichte der deutschen Sozialpolitik 1871 bis 1945. Band 2, Kassel 2018.

Häntzschel, Hiltrud: Geschlechtsspezifische Aspekte, in: Krohn, Claus-Dieter/Zur Mühlen, Patrik von/Paul, Gerhard/Winckler, Lutz (Hg.): Handbuch der deutschsprachigen Emigration 1933-1945, Darmstadt 1998, S. 101-117.

Hardt, Hanno: Die Situation der amerikanischen Presse nach 1933. Prolegomena zu einer Geschichte der deutschen Exilpublizistik in den USA, in: ders./Hilscher, Elke/Lerg, Winfried B. (Hg.): Presse im Exil. Beiträge zur Kommunikationsgeschichte des deutschen Exils 1933-1945, München u. a. 1979, S. 316-325.

Harm, Stine: Bürger oder Genossen? Carlo Schmid und Hedwig Wachenheim – Sozialdemokraten trotz bürgerlicher Herkunft, Stuttgart 2010.

Hartfiel, Günter: Angestellte und Angestelltengewerkschaften in Deutschland, Berlin 1961.

Harzig, Christiane: Lebensformen im Einwanderungsprozeß, in: Bade, Klaus J. (Hg.): Deutsche im Ausland – Fremde in Deutschland. Migration in Geschichte und Gegenwart, München 1992, S. 157-170.

Hebel-Kunze, Bärbel: SPD und Faschismus. Zur politischen und organisatorischen Entwicklung der SPD 1932-1935, Frankfurt a. M. 1975.

Heer, Hannes: Burgfrieden oder Klassenkampf. Zur Politik der sozialdemokratischen Gewerkschaften 1930-1933, Neuwied u. a. 1971.

Heim, Susanne: The Year 1938 and the International Reactions to the Forced Emigration of German Jews, in: Bajohr, Frank/Pohl, Dieter (Hg.): Right-Wing Politics and the Rise of Antisemitism in Europe 1935-1941, Göttingen 2019, S. 81-93.

Heimann, Siegfried: Politische Remigranten in Berlin, in: Krohn, Claus-Dieter/Zur Mühlen, Patrik von (Hg.): Rückkehr und Aufbau nach 1945, Marburg 1997, S. 189-210.

Heinemann, Rebecca: Familie zwischen Tradition und Emanzipation. Katholische und sozialdemokratische Familienkonzeptionen in der Weimarer Republik, München 2004.

Heinsohn, Kirsten: »Aber es kommt auch darauf an, wie einen die anderen sehen.« Jüdische Identifikation und Remigration, in: Lühe, Irmela von der/Schildt, Axel/Schüler-Springorum, Stefanie (Hg.): »Auch in Deutschland waren wir nicht wirklich zu Hause«. Jüdische Remigration nach 1945, Göttingen 2008, S. 69-85.

Heinsohn, Kirsten/Schüler-Springorum, Stefanie (Hg.): Deutsch-jüdische Geschichte als Geschlechtergeschichte. Studien zum 19. und 20. Jahrhundert, Göttingen 2006.

Herweg, Britta /Mielke, Siegfried (Bearb.): Otto Suhr als Gewerkschafter. Von der Arbeiterbildung zur Politikwissenschaft, Berlin 1999.

Heß, Philipp: Ein deutscher Amerikaner. Der kosmopolitische Demokrat Hans Simons, 1893-1972, Göttingen 2018.

Heumos, Peter: Die Emigration aus der Tschechoslowakei nach Westeuropa und dem Nahen Osten 1938-1945. Politisch-soziale Struktur, Organisation und Asylbedingungen der tschechischen, jüdischen, deutschen und slowakischen Flüchtlinge während des Nationalsozialismus. Darstellung und Dokumentation, München 1989.

Heumos, Peter: Tschechoslowakei, in: Krohn, Claus-Dieter/Zur Mühlen, Patrik von/Paul, Gerhard/Winckler, Lutz (Hg.): Handbuch der deutschsprachigen Emigration 1933-1945, Darmstadt 1998, S. 411-426.

Heupel, Eberhard: Reformismus und Krise. Zur Theorie und Praxis von SPD, ADGB und AfA-Bund in der Weltwirtschaftskrise 1929-1932/33, Frankfurt a. M. 1981.

Heyden, Ulrich van der: Die »Hottentottenwahlen« von 1907, in: Zimmerer, Jürgen/Zeller, Joachim (Hg.): Völkermord in Deutsch-Südwestafrika. Der Kolonialkrieg (1904-1908) in Namibia und seine Folgen, Berlin 2004, S. 97-102.

Hild-Berg, Anette: Toni Sender – aus Amerika ein »Blick nach Deutschland«, in: Grebing, Helga/Wickert, Christl (Hg.): Das »andere Deutschland« im Widerstand gegen den Nationalsozialismus. Beiträge zur politischen Überwindung der nationalsozialistischen Diktatur im Exil und im Dritten Reich, Essen 1994, S. 117-145.

Hild-Berg, Anette: Toni Sender (1888-1964). Ein Leben im Namen der Freiheit und der sozialen Gerechtigkeit, Köln 1994.

Hindenburg, Barbara von: Die Abgeordneten des Preußischen Landtags 1919-1933. Biografie – Herkunft – Geschlecht, Frankfurt a. M. u. a. 2017.

Hoba, Katharina: Generation im Übergang. Beheimatungsprozesse deutscher Juden in Israel, Köln u. a. 2017.

Hoffrogge, Ralf: Räteaktivisten in der USPD: Richard Müller und die Revolutionären Obleute in Berliner Betrieben, in: Plener, Ulla (Hg.): Die Novemberrevolution 1918/19 in Deutschland. Für bürgerliche und sozialistische Demokratie. Allgemeine, regionale und biographische Aspekte. Beiträge zum 90. Jahrestag der Revolution, Berlin 2009, S. 189-199.

Hoffrogge, Ralf: Richard Müller. Der Mann hinter der Novemberrevolution (2. korr. und erw. Aufl.), Berlin 2018.

Hoffstadt, Anke: Eine Frage der Ehre – Zur ›Beziehungsgeschichte‹ von »Stahlhelm. Bund der Frontsoldaten« und SA, in: Müller, Yves/Zilkenat, Reiner (Hg.): Bürgerkriegsarmee. Forschungen zur nationalsozialistischen Sturmabteilung (SA), Frankfurt a. M. u. a. 2013, S. 267-296.

Högl, Günther: Gewerkschaften und USPD von 1916-1922. Ein Beitrag zur Geschichte der deutschen Arbeiterbewegung unter besonderer Berücksichtigung des Deutschen Metallarbeiter-, Textilarbeiter- und Schuhmacherverbandes, München 1982.

Horlebein, Manfred: V. Kaufmännische Berufsbildung, in: Berg, Christa (Hg.): Handbuch der deutschen Bildungsgeschichte. Band IV. 1870-1918. Von der Reichsgründung bis zum Ende des Ersten Weltkriegs, München 1991, S. 404-409.

Hurwitz, Maximilian: The Workmen's Circle. Its History, Ideals, Organization and Institutions, New York 1936.

Hyršlová, Květa: Die ČSR als Asylland. Historisch-politische Voraussetzungen, in: Becher, Peter/Heumos, Peter (Hg.): Drehscheibe Prag. Zur deutschen Emigration in der Tschechoslowakei 1933-1939, München 1992, S. 31-40.

Immenkötter, Herbert: Die israelitische Kultusgemeinde in Hainsfarth (Landkreis Donau-Ries) im 19. und 20. Jahrhundert, Augsburg 2002.

Jacobs, Jack: Auf ein Neues: Juden und die Linke, in: Börner, Markus/Jungfer, Anja/Stürmann, Jakob (Hg.): Judentum und Arbeiterbewegung. Das Ringen um Emanzipation in der ersten Hälfte des 20. Jahrhunderts, Berlin/Boston 2018, S. 7-31.

Jacobs, Jack: Ein Freund in Not. Das Jüdische Arbeiterkomitee in New York und die Flüchtlinge aus den deutschsprachigen Ländern, 1933-1945, Bonn 1993.

Jensen, Uffa: Wirtschaft und Berufsstruktur, in: Hamburger Schlüsseldokumente zur deutsch-jüdischen Geschichte, 22. 9. 2016. https://dx.doi.org/10.23691/jgo: article-223.de.v1, abgerufen am 26. 2. 2023.

Jochmann, Werner: Gesellschaftskrise und Judenfeindschaft in Deutschland 1870-1945, Hamburg 1988.

Johnson, Jeffrey A.: Frauen in der deutschen Chemieindustrie: von den Anfängen bis 1945, in: Tobies, Renate (Hg.): »Aller Männerkultur zum Trotz«. Frauen in Mathematik, Naturwissenschaften und Technik, Frankfurt a. M. 2008, S. 283-306.

Jünger, David: Jahre der Ungewissheit. Emigrationspläne deutscher Juden 1933-1938, Göttingen 2016.

Jureit, Ulrike: Generation, Generationalität, Generationenforschung, Version: 2.0, in: Docupedia-Zeitgeschichte, 3. 8. 2017, in: http://docupedia.de/zg/jureit_generation_v2_de_2017, abgerufen am 16. 2. 2023.

Kadritzke, Ulf: Angestellte – Die geduldigen Arbeiter. Zur Soziologie und sozialen Bewegung der Angestellten, Frankfurt a. M./Köln, 1975.

Kaplan, Marion: Hitler's Jewish Refugees. Hope and Anxiety in Portugal, New Haven u. a. 2020.

Kaplan, Marion: Konsolidierung eines bürgerlichen Lebens im kaiserlichen Deutschland 1871-1918, in: dies (Hg.): Geschichte des jüdischen Alltags in Deutschland. Vom 17. Jahrhundert bis 1945, München 2003, S. 226-346.

Kerchner, Brigitte: Beruf und Geschlecht. Frauenberufsverbände in Deutschland 1848-1908, Göttingen 1992.

Kessemeier, Gesa: Ein Feentempel der Mode oder Eine vergessene Familie, ein ausgelöschter Ort. Die Familie Freudenberg und das Modekaufhaus »Herrmann Gerson«, Berlin 2013.

Kessemeier, Gesa: Herrmann Gerson. Das erste Berliner Modekaufhaus, Berlin 2016.

Keßler, Mario: Die SPD und der Antisemitismus in der ersten Hälfte des 20. Jahrhunderts. Ein Überblick, in: Brosch, Matthias u. a. (Hg.): Exklusive Solidarität. Linker Antisemitismus in Deutschland. Vom Idealismus zur Antiglobalisierungsbewegung, Berlin 2007, S. 50-68.

Keßler, Mario: Ruth Fischer. Ein Leben mit und gegen Kommunisten (1895-1961), Köln u. a. 2013.

Keßler, Mario: Sozialisten gegen Antisemitismus. Zur Judenfeindschaft und ihrer Bekämpfung (1844-1939), Hamburg 2022.

Keßler, Mario: Sozialismus und Zionismus in Deutschland 1897-1933, in: ders.: Antisemitismus, Zionismus und Sozialismus. Arbeiterbewegung und jüdische Fragen im 20. Jahrhundert, Mainz 1993, S. 88-101.

Keßler, Mario: Westemigranten. Deutsche Kommunisten zwischen USA-Exil und DDR, Köln 2019.

Keynes, John Maynard: Allgemeine Theorie der Beschäftigung, des Zinses und des Geldes, München u. a. 1936.

Kissenkoetter, Udo: Gregor Straßer und die NSDAP, Stuttgart 1978.

Klein, Anne: Flüchtlingspolitik und Flüchtlingshilfe 1940-1942. Varian Fry und die Komitees zur Rettung politisch Verfolgter in New York und Marseille, Berlin 2007.

Klein, Christian: Einleitung: Biographik zwischen Theorie und Praxis. Versuch einer Bestandsaufnahme, in: ders. (Hg.): Grundlagen der Biographik. Theorie und Praxis des biographischen Schreibens, Stuttgart u. a. 2002.

Klein, Christian (Hg.): Handbuch Biographie. Methoden, Traditionen, Theorien, Stuttgart u. a. 2009.

Klein, Jürgen: Vereint sind sie alles? Untersuchungen zur Entstehung von Einheitsgewerkschaften in Deutschland. Von der Weimarer Republik bis 1946/47, Hamburg 1972.

Kliem, Kurt: Der sozialistische Widerstand gegen das Dritte Reich dargestellt an der Gruppe »Neu Beginnen« (Teil I), Marburg 1957.

Kliner-Fruck, Martina: »Es ging ja ums Überleben«. Jüdische Frauen zwischen Nazi-Deutschland, Emigration nach Palästina und ihrer Rückkehr, Frankfurt a. M./New York 1995.

Klönne, Irmgard: Jugendbewegung und Realitätserfahrung: Von der deutsch-jüdischen Jugendbewegung zur Kibbuzgesellschaft, in: Hotam, Yotam (Hg.): Deutsch-Jüdische Jugendliche im »Zeitalter der Jugend«, Göttingen 2009, S. 121-142.

Klotz, Johannes: Das »kommende Deutschland«. Vorstellungen und Konzeptionen des sozialdemokratischen Parteivorstandes im Exil 1933-1945 zu Staat und Wirtschaft, Köln 1983.

Koch-Baumgarten, Sigrid/Rütters, Peter: Einleitung, in: dies. (Hg.): Zwischen Integration und Autonomie. Der Konflikt zwischen den Internationalen Berufssekretariaten und dem Weltgewerkschaftsbund um den Neuaufbau einer internationalen Gewerkschaftsbewegung 1945 bis 1949, Frankfurt a. M. 1991, S. 9-67.

Kocka, Jürgen: Die Angestellten in der deutschen Geschichte 1850-1980. Vom Privatbeamten zum angestellten Arbeitnehmer, Göttingen 1981.

Kocka, Jürgen: Klassengesellschaft im Krieg. Deutsche Sozialgeschichte 1914-1918, Frankfurt a. M. 1988.

Kocka, Jürgen: Zur Problematik der deutschen Angestellten 1914-1933, in: Mommsen, Hans/Petzina, Dietmar/Weisbrod, Bernd (Hg.): Industrielles System und politische Entwicklung in der Weimarer Republik. Verhandlungen des Internationalen Symposiums in Bochum vom 12.-17. Juni 1973, Düsseldorf 1974, S. 792-811.

Koebner, Thomas: Das »andere Deutschland«. Zur Nationalcharakteristik im Exil, in: Briegel, Manfred/Frühwald, Wolfgang (Hg.): Die Erfahrung der Fremde. Kolloquium des Schwerpunktprogramms »Exilforschung« der Deutschen Forschungsgemeinschaft, Weinheim 1988, S. 217-238.

Koebner, Thomas/Sautermeister, Gert/Schneider, Sigrid (Hg.): Deutschland nach Hitler. Zukunftspläne im Exil und aus der Besatzungszeit 1939-1949, Opladen 1987.

Koeltzsch, Ines: Geteilte Kulturen. Eine Geschichte der tschechisch-jüdisch-deutschen Beziehungen in Prag (1918-1938), München 2012.

Kolb, Eberhard: Die Arbeiterräte in der deutschen Innenpolitik 1918-1919, Frankfurt a. M. u. a. 1978.

König, Mario: Die Angestellten unterwegs. Vom Berufsstand zur modernen Gewerkschaft 1890 bis 1990, Köln 1991.

Korthaase, Werner: Siegfried Aufhäuser (1884-1969). Der Organisator der »Kopfarbeiter«, in: Lösche, Peter u. a. (Hg.): Vor dem Vergessen bewahren. Lebenswege Weimarer Sozialdemokraten. Berlin 1988, S. 15-37.

Kotowski, Elke-Vera (Hg.): Aufbau. Sprachrohr. Heimat. Mythos. Geschichte(n) einer deutsch-jüdischen Zeitung aus New York 1934 bis heute, Berlin 2011.

Krácik, Jörg: Die Politik des deutschen Aktivismus in der Tschechoslowakei 1920-1938, Frankfurt a. M. u. a. 1999.

Krah, Franziska: »Ein Ungeheuer, das wenigstens theoretisch besiegt sein muß«. Pioniere der Antisemitismusforschung in Deutschland, Frankfurt a. M./New York 2016.

Krause, Hartfrid: Die Spaltung der deutschen Arbeiterbewegung und die Gründung der USPD 1917, in: Braune, Andreas/Hesselbarth, Mario/Müller, Stefan (Hg.): Die USPD zwischen Sozialdemokratie und Kommunismus. Neue Wege zu Frieden, Demokratie und Sozialismus?, Stuttgart 2018, S. 3-24.

Krause, Hartfrid: Die USPD 1917-1931. Spaltung und Einheit, Münster 2021.

Krause, Hartfrid, USPD. Zur Geschichte der Unabhängigen Sozialdemokratischen Partei Deutschlands, Frankfurt a. M. u. a. 1975.

Krause, Scott H.: Bringing Cold War Democracy to West Berlin. A Shared German-American Project, 1940-1972, London 2019.

Krauss, Marita: Die Region als erste Wirkungsstätte von Remigranten, in: Claus-Dieter Krohn/Zur Mühlen, Patrik von (Hg.): Rückkehr und Aufbau nach 1945. Deutsche Remigranten im öffentlichen Leben Nachkriegsdeutschlands, Marburg 1997, S. 23-37.

Krauss, Marita: Heimkehr in ein fremdes Land. Geschichte der Remigration nach 1945, München 2001.

Krohn, Claus-Dieter: Der Council for a Democratic Germany, in: Langkau-Alex, Ursula/Ruprecht, Thomas M. (Hg.): Was soll aus Deutschland werden? Der Council for a Democratic Germany in New York 1944-1945. Aufsätze und Dokumente, Frankfurt a. M./New York 1995, S. 17-48.

Krohn, Claus-Dieter: Einleitung: Remigranten in der westdeutschen Nachkriegsgesellschaft, in: ders./Zur Mühlen, Patrik von (Hg.): Rückkehr und Aufbau nach 1945. Deutsche Remigranten im öffentlichen Leben Nachkriegsdeutschlands, Marburg 1997, S. 7-21.

Krohn, Claus-Dieter: Exilierte Sozialdemokraten in New York. Der Konflikt der German Labor Delegation mit der Gruppe Neu Beginnen, in: Grunewald, Michel/Trapp, Frithjof (Hg.): Autour du »Front Populaire Allemand«. Einheitsfront – Volksfront, Bern u. a. 1990, S. 81-98.

Krohn, Claus-Dieter: »Nobody has a Right to Come into the United States«. Die amerikanischen Behörden und das Flüchtlingsproblem nach 1933, in: Koebner, Thomas u. a. (Hg.): Exilforschung. Ein internationales Jahrbuch: Gedanken an Deutschland im Exil und andere Themen, 3. Jg. (1985), München 1985, S. 127-142.

Krohn, Claus-Dieter: Ordnungsmuster von gestern: Der Wirtschafts-Ausschuß des Council for a Democratic Germany, in: Langkau-Alex, Ursula/Ruprecht, Thomas M. (Hg.): Was soll aus Deutschland werden? Der Council for a Democratic Germany in New York 1944-1945. Aufsätze und Dokumente, Frankfurt a. M./New York 1995, S. 91-99.

Krohn, Claus-Dieter: Vereinigte Staaten von Amerika, in: ders./Zur Mühlen, Patrik von/Paul, Gerhard/Winckler, Lutz (Hg.): Handbuch der deutschsprachigen Emigration 1933-1945, Darmstadt 1998, S. 446-466.

Krohn, Claus-Dieter: Wissenschaft im Exil. Deutsche Sozial- und Wirtschaftswissenschaftler in den USA und die New School for Social Research, Frankfurt a. M. u. a. 1987.

Krohn, Claus-Dieter/Schildt, Axel (Hg.): Zwischen den Stühlen? Remigranten und Remigration in der deutschen Medienöffentlichkeit der Nachkriegszeit, Hamburg 2002.

Krohn, Claus-Dieter/Zur Mühlen, Patrik von/Paul, Gerhard/Winckler, Lutz: Vorwort, in: dies. (Hg.): Handbuch der deutschsprachigen Emigration 1933-1945, Darmstadt 1998, S. XI-XIII.

Kruse, Wolfgang: Krieg und nationale Integration. Eine Neuinterpretation des sozialdemokratischen Burgfriedensschlusses 1914/15, Essen 1993.

Kufferath, Philipp/Mittag, Jürgen: Geschichte der Arbeiterwohlfahrt (AWO), Bonn 2019.

Kühne, Tobias: Das Netzwerk »Neu Beginnen« und die Berliner SPD nach 1945, Berlin 2018.

Kukuck, Horst-A./Schiffmann, Dieter: Einleitung, in: Quellen zur Geschichte der deutschen Gewerkschaftsbewegung im 20. Jahrhundert. Bd. 3,1: Die Gewerkschaften von der Stabilisierung bis zur Weltwirtschaftskrise 1924-1930, bearb. von Horst-A. Kukuck und Dieter Schiffmann, Köln 1986, S. 9-80.

Lange, Gunter: Jeanette Wolff. 1888 bis 1976. Eine Biographie, Bonn 1988.

Lange, Gunter: Otto Suhr. Im Schatten von Ernst Reuter und Willy Brand. Eine Biographie, Bonn 1994.

Lange, Gunter: Siegfried Aufhäuser 1884-1969. Ein Leben für die Angestelltenbewegung, Berlin 2013.

Lange, Gunter: Siegfried Aufhäuser (1884-1969). Politische Wanderjahre eines Angestelltengewerkschafters, in: Lehnert, Detlef (Hg.): Vom Linksliberalismus zur Sozialdemokratie. Politische Lebenswege in historischen Richtungskonflikten 1890-1945, Köln u. a. 2015, S. 125-143.

Langkau-Alex, Ursula: Deutsche Volksfront 1932-1939. Zwischen Berlin, Paris, Prag und Moskau. Erster Band: Vorgeschichte und Gründung des Ausschusses zur Vorbereitung einer deutschen Volksfront, Berlin 2004.

Langkau-Alex, Ursula: Deutsche Volksfront 1932-1939. Zwischen Berlin, Paris, Prag und Moskau. Zweiter Band: Geschichte des Ausschusses zur Vorbereitung einer deutschen Volksfront, Berlin 2004.

Langkau-Alex, Ursula: »Es gilt, die Menschen zu verändern …«. Zur Politik des Sozialdemokraten Paul Hertz im Exil, in: Koebner, Thomas/Köpke, Wulf/Krohn, Claus-Dieter (Hg.): Exilforschung. Ein internationales Jahrbuch: Politische Aspekte des Exils, 8. Jg. (1990), München 1990, S. 142-156.

Langkau-Alex, Ursula: Paul Hertz: »A strong man!«. Zum Einfluß des deutschen Sozialdemokraten auf Eleanor Lansing Dulles and andere amerikanische Politiker, in: Krohn, Claus-Dieter (Hg.): Exil und Neuordnung. Beiträge zur verfassungspolitischen Entwicklung in Deutschland nach 1945, Düsseldorf 2000, S. 351-375.

Langkau-Alex, Ursula: Zwischen Tradition und neuem Bewußtsein. Die Sozialdemokratie im Exil, in: Briegel, Manfred/Frühwald, Wolfgang (Hg.): Die Erfahrung der Fremde. Kolloquium des Schwerpunktprogramms »Exilforschung« der Deutschen Forschungsgemeinschaft, Weinheim 1988, S. 61-77.

Langkau-Alex, Ursula/Ruprecht, Thomas M.: Council for a Democratic Germany: Übersicht über Komitees, Ausschüsse und deren Zusammensetzung, in: dies. (Hg.): Was soll aus Deutschland werden? Der Council for a Democratic Germany in New York 1944-1945. Aufsätze und Dokumente, Frankfurt a. M./New York 1995, S. 269-277.

Laurentzsch, Ursula: Zur Geschichte der Judengemeinde Aufhausen bei Bopfingen, Schwäbisch Gmünd 1977.

Lehnert, Detlef: Das »rote« Berlin: Hauptstadt der deutschen Arbeiterbewegung?, in: Glaeßner, Gert-Joachim/ders./Sühl, Klaus (Hg.): Studien zur Arbeiterbewegung und Arbeiterkultur in Berlin, Berlin 1989, S. 1-36.

Lehnert, Detlef: Die Weimarer Republik, Stuttgart 2009.

Lehnert, Detlef: »Staatspartei der Republik« oder »revolutionäre Reformisten«? Die Sozialdemokraten, in: ders./Megerle, Klaus (Hg.): Politische Identität und nationale Gedenktage. Zur politischen Kultur in der Weimarer Republik, Opladen 1989, S. 89-113.

Lehnert, Detlef: Von der Liberaldemokratie zur Sozialdemokratie zwischen Kaiserreich und Weimarer Republik, in: ders. (Hg.): Vom Linksliberalismus zur Sozialdemokratie. Politische Lebenswege in historischen Richtungskonflikten 1890-1945, Köln u. a. 2015, S. 7-35.

Lehnert, Detlef/Megerle, Klaus: Politische Identität und nationale Gedenktage, in: dies. (Hg.): Politische Identität und nationale Gedenktage. Zur politischen Kultur in der Weimarer Republik, Opladen 1989, S. 9-30.

Lehnert, Detlef/Megerle, Klaus (Hg.): Politische Teilkulturen zwischen Integration und Polarisierung, Opladen 1990.

Lemke-Müller, Sabine: Ethischer Sozialismus und soziale Demokratie. Der politische Weg Willi Eichlers vom ISK zur SPD, Bonn 1988.

Lepsius, M. Rainer: Parteiensystem und Sozialstruktur: zum Problem der Demokratisierung der deutschen Gesellschaft, in: Abel, Wilhelm u. a. (Hg.): Wirtschaft, Geschichte und Wirtschaftsgeschichte. Festschrift zum 65. Geburtstag von Friedrich Lütge, Stuttgart 1966, S. 371-393.

Leuschen-Seppel, Rosemarie: Sozialdemokratie und Antisemitismus im Kaiserreich. Die Auseinandersetzungen der Partei mit den konservativen und völkischen Strömungen des Antisemitismus 1871-1914, Bonn 1978.

Liebner, Petra: Paul Tillich und der Council for a Democratic Germany (1933 bis 1945), Frankfurt a. M. u. a. 2001.

Lilla, Joachim: Der Vorläufige Reichswirtschaftsrat 1920 bis 1933/34. Zusammensetzung – Dokumentation – Biographien. Unter Einschluß des Wirtschaftsbeirats des Reichspräsidenten 1931 und des Generalrats der Wirtschaft 1933, Düsseldorf 2012.

Link, Werner: Einleitung, in: Matthias, Erich (Hg.): Mit dem Gesicht nach Deutschland. Eine Dokumentation über die sozialdemokratische Emigration. Aus dem Nachlaß von Friedrich Stampfer ergänzt durch andere Überlieferungen. Bearbeitet von Werner Link, Düsseldorf 1968, S. 25-50.

Loewenheim, Walter: Geschichte der Org [Neu Beginnen]. 1929-1935. Eine zeitgenössische Analyse. Herausgegeben von Jan Foitzik, Berlin 1995.

Lorentz, Ellen: Aufbruch oder Rückschritt? Arbeit, Alltag und Organisation weiblicher Angestellter in der Kaiserzeit und Weimarer Republik, Bielefeld 1988.

Losseff-Tillmanns, Gisela: Frauenemanzipation und Gewerkschaften, Wuppertal 1978.

Loval, Werner: We were Europeans. A Personal History of a Turbulent Century, Jerusalem 2010.

Luft, Gerda: Heimkehr ins Unbekannte. Eine Darstellung der Einwanderung von Juden aus Deutschland nach Palästina vom Aufstieg Hitlers zur Macht bis zum Ausbruch des Zweiten Weltkrieges 1933-1939, Wuppertal 1977.

Lühe, Irmela von der/Schildt, Axel/ Schüler-Springorum, Stefanie: Einleitung, in: dies. (Hg.): »Auch in Deutschland waren wir nicht wirklich zu Hause«. Jüdische Remigration nach 1945, Göttingen 2008, S. 9-18.

Maas, Lieselotte: Die »Neue Weltbühne« und der »Aufbau«. Zwei Beispiele für die Grenzen und Möglichkeiten journalistischer Arbeit im Exil, in: Koebner, Thomas/Köpke, Wulf/Radkau, Joachim (Hg.): Exilforschung. Ein internationales Jahrbuch: Stalin und die Intellektuellen und andere Themen, 1. Jg. (1983), München 1983, S. 245-282.

Mallmann, Klaus-Michael: Kommunisten, in: Krohn, Claus-Dieter/Zur Mühlen, Patrik von/Paul, Gerhard/Winckler, Lutz (Hg.): Handbuch der deutschsprachigen Emigration 1933-1945, Darmstadt 1998, S. 493-506.

Mammach, Klaus: Widerstand 1933-1939. Geschichte der deutschen antifaschistischen Widerstandsbewegung im Inland und in der Emigration, Köln 1984.

Manila, Max: Deutsche Juden in New York nach dem Weltkriege, New York 1931.

Mannheim, Karl: Das Problem der Generationen, in: Kölner Vierteljahrshefte für Soziologie 7 (1928), S. 157-185, S. 309-330.

Maor, Harry: Über den Wiederaufbau der jüdischen Gemeinden in Deutschland seit 1945, Mainz 1961.

Marquardt-Bigman, Petra: Amerikanische Geheimdienstanalysen über Deutschland. 1942-1949, München 1995.

Marquardt-Bigman, Petra: Nachdenken über ein demokratisches Deutschland. Der Beitrag der Research and Analysis Branch zur Planung der amerikanischen Deutschlandpolitik, in:

Heideking, Jürgen/Mauch, Christof (Hg.): Geheimdienstkrieg gegen Deutschland. Subversion, Propaganda und politische Planungen des amerikanischen Geheimdienstes im Zweiten Weltkrieg, Göttingen 1993, S. 122-141.

Marquet, Andreas: Friedrich Wilhelm Wagner. 1894-1971. Eine politische Biografie, Bonn 2015.

Maschke, Manuela: Die israelische Arbeiterorganisation Histadrut. Vom Staat im Staate zur unabhängigen Gewerkschaft, Frankfurt a. M. 2003.

Matthias, Erich: Die Sozialdemokratische Partei Deutschlands, in: ders./Morsey, Rudolf (Hg.): Das Ende der Parteien 1933, Düsseldorf 1960, S. 101-202.

Matthias, Erich: Sozialdemokratie und Nation. Ein Beitrag zur Ideengeschichte der sozialdemokratischen Emigration in der Prager Zeit des Parteivorstandes 1933-1938, Stuttgart 1952.

Matthias, Erich: Zwischen Räten und Geheimräten. Die deutsche Revolutionsregierung 1918/19, Düsseldorf 1970.

Mauch, Christof: Schattenkrieg gegen Hitler. Das Dritte Reich im Visier der amerikanischen Geheimdienste 1941-1945, Stuttgart 1999.

Mauch, Christof: Subversive Kriegführung gegen das NS-Regime. Der Widerstand gegen den Nationalsozialismus im Kalkül des amerikanischen Geheimdienstes OSS, in: Heideking, Jürgen/ders. (Hg.): Geheimdienstkrieg gegen Deutschland. Subversion, Propaganda und politische Planungen des amerikanischen Geheimdienstes im Zweiten Weltkrieg, Göttingen 1993, S. 51-89.

Mayer, Paul: Die Geschichte des sozialdemokratischen Parteiarchivs und das Schicksal des Marx-Engels-Nachlasses, in: Archiv für Sozialgeschichte 6/7 (1966/67), S. 5-198.

Mehringer, Hartmut: Impulse sozialdemokratischer Remigranten auf die Modernisierung der SPD, in: Krohn, Claus-Dieter/Zur Mühlen, Patrik von (Hg.): Rückkehr und Aufbau nach 1945. Deutsche Remigranten im öffentlichen Leben Nachkriegsdeutschlands, Marburg 1997, S. 91-110.

Mehringer, Hartmut: Waldemar von Knoeringen. Eine politische Biographie. Der Weg vom revolutionären Sozialismus zur sozialen Demokratie, München u. a. 1989.

Menschik, Jutta: Rolle und Situation von Frauen in der deutschen Sozialdemokratie 1900-1933, in: Borneman, Ernest (Hg.): Der Neanderberg. Vom Aufstieg der Frauen aus dem Neandertal. Beiträge zur Emanzipationsgeschichte des 19. und 20. Jahrhunderts, Frankfurt a. M. u. a. 1983, S. 47-57.

Mertens, Lothar: Unermüdlicher Kämpfer für Frieden und Menschenrechte. Leben und Wirken von Kurt R. Grossmann, Berlin 1997.

Messinger, Irene/Prager, Katharina: Doing Gender, Doing Difference – Die interdependente Kategorie Geschlecht in der Exil- und Migrationsforschung, in: dies. (Hg.): Doing Gender in Exile. Geschlechterverhältnisse, Konstruktionen und Netzwerke in Bewegung, Münster 2019, S. 7-28.

Meyer, Kristina: Verfolgung, Verdrängung, Vermittlung. Die SPD und ihre NS-Verfolgten, in: Frei, Norbert/Brunner, José/Goschler, Constantin (Hg.): Die Praxis der Wiedergutmachung. Geschichte, Erfahrung und Wirkung in Deutschland und Israel, Bonn 2010, S. 159-202.

Meyer, Kristina: Die SPD und die NS-Vergangenheit 1945-1990, Göttingen 2015.

Misgeld, Klaus: Die »Internationale Gruppe demokratischer Sozialisten« in Stockholm 1942-1945. Zur sozialistischen Friedensdiskussion während des Zweiten Weltkrieges, Bonn 1976.

Möckelmann, Reiner: Wartesaal Ankara. Ernst Reuter – Exil und Rückkehr nach Berlin, Berlin 2015.

Mosse, George L.: German Jews beyond Judaism, Bloomington 1985.

Mosse, Werner E.: Die Juden in Wirtschaft und Gesellschaft, in: ders. (Hg., unter Mitwirkung von Arnold Paucker): Juden im Wilhelminischen Deutschland 1890-1914. Ein Sammelband, Tübingen 1976, S. 57-113.

Michaeli, Jacob: Das Kibbuz Hasorea. Zur Geschichte einer von Juden aus Deutschland gegründeten Gemeinschaftssiedlung, in: Godenschweger, Walter B./Vilmar, Fritz: Die rettende Kraft der Utopie. Deutsche Juden gründen den Kibbuz Hasorea, Frankfurt a. M. 1990, S. 141-161.

Mielke, Siegfried: Einleitung, in: Quellen zur Geschichte der deutschen Gewerkschaftsbewegung im 20. Jahrhundert. Bd. 6: Organisatorischer Aufbau der Gewerkschaften 1945-1949, bearbeitet von Siegfried Mielke unter Mitarbeit von Peter Rütters, Michael Becker und Michael Fichter, Köln 1987, S. 6-69.

Mielke, Siegfried: Einleitung, in: Quellen zur Geschichte der deutschen Gewerkschaftsbewegung im 20. Jahrhundert. Bd. 8: Die Gewerkschaften und die Angestelltenfrage 1945-1949. Bearbeitet von Siegfried Mielke, Köln 1989, S. 9-42.

Mielke, Siegfried: Organisationsprobleme und Neuordnungskonzeptionen der Gewerkschaften in den westlichen Besatzungszonen (1945 bis 1949), in: Matthias, Erich/Schönhoven, Klaus (Hg.): Solidarität und Menschenwürde. Etappen der deutschen Gewerkschaftsgeschichte von den Anfängen bis zur Gegenwart, Bonn 1984, S. 307-323.

Mielke, Siegfried/Frese, Matthias: Einleitung, in: Quellen zur Geschichte der deutschen Gewerkschaftsbewegung im 20. Jahrhundert. Bd. 5: Die Gewerkschaften im Widerstand und in der Emigration 1933-1945. Bearbeitet von Siegfried Mielke und Matthias Frese, Frankfurt a. M. 1999, S. 9-80.

Mielke, Siegfried u. a.: Einzigartig – Dozenten, Studierende und Repräsentanten der Deutschen Hochschule für Politik (1920-1933) im Widerstand gegen den Nationalsozialismus. Begleitband zur Ausstellung in Verbindung mit der Gedenkstätte Deutscher Widerstand unter Mitarbeit von Marion Goers, Stefan Heinz, Matthias Oden, Sebastian Bödecker, Berlin 2008.

Mielke, Siegfried/Heinz, Stefan: Alwin Brandes (1866-1949). Oppositioneller – Reformer – Widerstandskämpfer, Berlin 2019.

Mielke, Siegfried/Heinz, Stefan: Eisenbahngewerkschafter im NS-Staat. Verfolgung – Widerstand – Emigration (1933-1945), Berlin 2017.

Miller, Susanne: Burgfrieden und Klassenkampf. Die deutsche Sozialdemokratie im Ersten Weltkrieg, Düsseldorf 1974.

Miller, Susanne: Die Bürde der Macht. Die deutsche Sozialdemokratie 1918-1920, Düsseldorf 1978.

Mittag, Jürgen: Biografische Forschung und Arbeiterbewegung: Einleitende Anmerkungen, in: ders. (Hg.): Biografische Ansätze zur Geschichte der Arbeiterbewegung im 20. Jahrhundert (Mitteilungsblatt des Instituts für soziale Bewegungen 45), Bochum 2011, S. 5-20.

Mittag, Jürgen: Versäumte Chancen oder realitätsnaher Pragmatismus? Die Arbeiterbewegung im Ruhrgebiet zwischen Sozialisierungsdebatten und Proteststreiks 1918-1920, in: Führer, Karl Christian/ders./Schildt, Axel/Tenfelde, Klaus (Hg.): Revolution und Arbeiterbewegung in Deutschland 1918-1920, Essen 2013, S. 211-236.

Morgan, Ted: A Covert Life. Jay Lovestone. Communist, Anti-Communist, and Spymaster, New York/Toronto 1999.

Müller, Christoph: Hugo Sinzheimer (1875-1945). Selbstorganisation und Selbstverwaltung im Arbeitsrecht, in: Lehnert, Detlef (Hg.): Vom Linksliberalismus zur Sozialdemokratie. Politische Lebenswege in historischen Richtungskonflikten 1890-1945, Köln u. a. 2015, S. 145-174.

Müller, Daniel: Manfred Georg und die »Jüdische Revue«. Eine Exilzeitschrift in der Tschechoslowakei 1936-1938, Konstanz 2000.

Müller, Hans-Peter: Die Deutsche Angestellten-Gewerkschaft im Wettbewerb mit dem DGB. Geschichte der DAG 1947-2001, Baden-Baden 2011.

Müller, Karl Valentin: Die Angestellten in der hochindustrialisierten Gesellschaft. Köln u. a. 1957.

Müller, Werner: Lohnkampf, Massenstreik, Sowjetmacht. Ziele und Grenzen der »Revolutionären Gewerkschafts-Opposition« (RGO) in Deutschland 1928 bis 1933, Köln 1988.

Musch, Sebastian: Zwischen Bermuda und Palästina. Arieh Tartakowers und Kurt R. Grossmanns Suche nach Rettung für jüdische Flüchtlinge (1944), in: Zeithistorische Forschungen/Studies in Contemporary History 15 (3/2018), S. 576-582.

Nachtmann, Walter: Erwin Schöttle. Grenzsekretär der Sozialdemokraten für Württemberg, in: Bosch, Michael/Niess, Wolfgang (Hg.): Der Widerstand im deutschen Südwesten 1933-1945, Stuttgart u. a. 1984, Seite 152-161.

Nelles, Dieter: Widerstand und internationale Solidarität. Die Internationale Transportarbeiter-Föderation (ITF) im Widerstand gegen den Nationalsozialismus, Essen 2001.

Nemitz, Kurt: »Arbeiten und Vorwärtsschauen!«. Jüdische Parlamentarier in der Weimarer Republik, in: ders.: Die Schatten der Vergangenheit. Beiträge zur Lage der intellektuellen deutschen Juden in den 20er und 30er Jahren, Oldenburg 2000, S. 13-36.

Neumaier, Christopher: Familie im 20. Jahrhundert. Konflikte um Ideale, Politiken und Praktiken, Berlin/Boston 2019.

Nienhaus, Ursula: Berufsstand weiblich. Die ersten weiblichen Angestellten, Berlin 1982.

Nienhaus, Ursula: Von Töchtern und Schwestern. Zur vergessenen Geschichte der weiblichen Angestellten im deutschen Kaiserreich, in: Kocka, Jürgen (Hg.): Angestellte im europäischen Vergleich. Die Herausbildung angestellter Mittelschichten seit dem späten 19. Jahrhundert, Göttingen 1981, S. 309-330.

Nonn, Christoph: Das Godesberger Programm und die Krise des Ruhrbergbaus. Zum Wandel der deutschen Sozialdemokratie von Ollenhauer zu Brandt, in: VfZ 50 (1/2002), S. 71-97.

Oellermann, Thomas: Mehr als nur eine Partei. Die deutsche Sozialdemokratie in der Tschechoslowakischen Republik 1918-1938, Düsseldorf 2013 (Dissertation an der Heinrich-Heine-Universität Düsseldorf, Online-Ressource: https://docserv.uni-duesseldorf.de/servlets/DocumentServlet? id=40861, abgerufen am 1. 3. 2023).

Padevět, Jiří: Prag 1939-1945 unter deutscher Besatzung. Orte – Ereignisse – Menschen, Bonn 2021.

Palberg-Landwehr, Joachim: Die Freien Angestelltengewerkschaften zwischen Arbeiterbewegung und ›bürgerlicher‹ Konkurrenz. Eine historisch-soziologische Studie über den Afa-Bund 1921-1933, Paderborn 1993.

Pankonin, Felix: Vom Kommunisten zum Labour-Man. Richard Löwenthal im britischen Exil, in: Engelhardt, Arndt u. a. (Hg.): Ein Paradigma der Moderne. Jüdische Geschichte in Schlüsselbegriffen. Festschrift für Dan Diner zum 70. Geburtstag, Göttingen 2016, S. 137-156.

Paul, Ernst: Was nicht in den Geschichtsbüchern steht. III. Teil: Das tragische Jahr 1938. Ein Beitrag zur Vorgeschichte. Erlebnis und Rückblick, München 1972.

Paul, Gerhard: »Herr K. ist nur Politiker und als solcher aus Amerika zurückgekommen.« Die gelungene Remigration des Dr. Rudolf Katz, in: ders./Gillis-Carlebach, Miriam (Hg.): Menora und Hakenkreuz. Zur Geschichte der Juden in und aus Schleswig-Holstein, Lübeck und Altona (1918-1998), Neumünster 1998, S. 699-711.

Paul, Gerhard: Konzentration oder Kartell? Das gescheiterte Projekt der sozialistischen Einigung im Pariser Exil 1938, Grebing, Helga/Wickert, Christl (Hg.): Das »andere Deutschland« im Widerstand gegen den Nationalsozialismus. Beiträge zur politischen Überwindung der nationalsozialistischen Diktatur im Exil und im Dritten Reich, Essen 1994, S. 12-31.

Petersen, Uta: Das Prager Manifest der SPD von 1934, in: Ergebnisse. Zeitschrift für demokratische Geschichtswissenschaft Nr. 20 (1983), S. 10-130.

Peterson, Walter F.: Das Umfeld: Die Vereinigten Staaten und die deutschen Emigranten, in: Langkau-Alex, Ursula/Ruprecht, Thomas M. (Hg.): Was soll aus Deutschland werden? Der Council for a Democratic Germany in New York 1944-1945. Aufsätze und Dokumente, Frankfurt a. M./New York 1995, S. 49-73.

Peterson, Walter F.: Zwischen Mißtrauen und Interesse. Regierungsstellen in Washington und die deutsche politische Emigration 1939-1945, in: Briegel, Manfred/Frühwald, Wolfgang (Hg.):

Die Erfahrung der Fremde. Kolloquium des Schwerpunktprogramms ›Exilforschung‹ der Deutschen Forschungsgemeinschaft. Forschungsbericht, Weinheim 1988, S. 45-59.

Pfirrmann, Fritz: Aufhäuser, Siegfried, in: Heyde, Ludwig (Hg.): Internationales Handwörterbuch des Gewerkschaftswesens. Band 1, Berlin 1931, S. 146 f.

Pierenkemper, Toni: Allokationsbedingungen im Arbeitsmarkt. Das Beispiel des Arbeitsmarktes für Angestelltenberufe im Kaiserreich, 1880-1913, Opladen 1982.

Pierenkemper, Toni: Der Arbeitsmarkt der Handlungsgehilfen 1900-1913, in: Kocka, Jürgen (Hg.): Angestellte im europäischen Vergleich. Die Herausbildung angestellter Mittelschichten seit dem späten 19. Jahrhundert, Göttingen 1981, S. 257-278.

Pilarczyk, Ulrike/Ashkenazi, Ofer/Homann, Arne (Hg.): Hachschara und Jugend-Alija. Wege jüdischer Jugend nach Palästina 1918-1941, Gifhorn 2020.

Pistorius, Peter: Rudolf Breitscheid 1874-1944. Ein biographischer Beitrag zur deutschen Parteiengeschichte, Nürnberg 1970.

Plum, Günter: Volksfront, Konzentration und Mandatsfrage. Ein Beitrag zur Geschichte der SPD im Exil 1933-1939, in: VfZ 18 (4/1970), S. 410-442.

Plum, Werner (Hg.): Die »Grünen Berichte« der SOPADE. Gedenkschrift für Erich Rinner (1902-1982), Bonn 1984.

Potthoff, Heinrich: Gewerkschaften in Weltkrieg und Revolution: Kontinuität und Wandel, in: Matthias, Erich/Schönhoven, Klaus (Hg.): Solidarität und Menschenwürde. Etappen der deutschen Gewerkschaftsgeschichte von den Anfängen bis zur Gegenwart, Bonn 1984, S. 107-131.

Potthoff, Heinrich: Gewerkschaften und Politik zwischen Revolution und Inflation, Düsseldorf 1979.

Potthoff, Heinrich/Miller, Susanne: Kleine Geschichte der SPD. 1848-2002, Bonn 2002.

Priamus, Heinz-Jürgen: Angestellte und Demokratie. Die nationalliberale Angestelltenbewegung in der Weimarer Republik, Stuttgart 1979.

Prinz, Michael: Vom neuen Mittelstand zum Volksgenossen. Die Entwicklung des sozialen Status der Angestellten von der Weimarer Republik bis zum Ende der NS-Zeit, München 1986.

Prinz, Michael: Wandel durch Beharrung. Sozialdemokratie und »neue Mittelschichten« in historischer Perspektive, in: Archiv für Sozialgeschichte 29 (1989), S. 35-73.

Projektgruppe »Spurensuche«: Frieda Aufhäuser, in: http://www.datenmatrix.de/projekte/hdbg/spurensuche/index_extern.html, abgerufen am 28. 2. 2023.

Pulzer, Peter: Die jüdische Beteiligung an der Politik, in: Mosse, Werner (Hg., unter Mitwirkung von Arnold Paucker): Juden im Wilhelminischen Deutschland 1890-1914. Ein Sammelband, Tübingen 1976, S. 143-239.

Pyta, Wolfram: Biographisches Arbeiten als Methode. Geschichtswissenschaft, in: Klein, Christian (Hg.): Handbuch Biographie. Methoden, Traditionen, Theorien, Stuttgart u. a. 2009, S. 331-338.

Quack, Sibylle: Zuflucht Amerika. Zur Sozialgeschichte der Emigration deutsch-jüdischer Frauen in die USA. 1933-1945, Bonn 1995.

Radkau, Joachim: Die deutsche Emigration in den USA. Ihr Einfluß auf die amerikanische Europapolitik 1933-1945, Düsseldorf 1971.

Ragg, Albrecht: The German Socialist Emigration in the United States 1933 to 1945, Chicago 1977.

Rauh-Kühne, Cornelia: Das Individuum und seine Geschichte. Konjunkturen der Biographik, in: Wirsching, Andreas (Hg.): Oldenbourg Geschichte-Lehrbuch. Neueste Zeit, München 2006, S. 215-232.

Rehling, Andrea: Fritz Perez Naphtali und die »Wirtschaftsdemokratie« in Deutschland und Israel, in: Lehnert, Detlef (Hg.): Soziale Demokratie und Kapitalismus. Die Weimarer Republik im Vergleich, Berlin 2019, S. 281-305.

Reichel, Peter: Der tragische Kanzler. Hermann Müller und die SPD in der Weimarer Republik, München 2018.

Reichert, Günter: Das Scheitern der Kleinen Entente. Internationale Beziehungen im Donauraum von 1933 bis 1938, München 1971.

Renaud, Terence Ray: Restarting Socialism: The New Beginning Group and the Problem of Renewal on the German Left, 1930-1970, University of California, Berkeley 2015.

Rengstorf, Ernst-Viktor: Links-Opposition in der Weimarer SPD. Die »Klassenkampf-Gruppe« 1928-1931, Hannover 1976.

Riemer, Jehuda: Fritz Perez Naphtali. Sozialdemokrat und Zionist, Gerlingen 1991.

Riemer, Jehuda: Nach dem Zusammenbruch. Fritz Naphtali im Briefwechsel 1933-34, in: International Review of Social History 27 (1982), S. 324-356.

Ritter, Gerhard A./Tenfelde, Klaus: Arbeiter im Deutschen Kaiserreich 1871-1914, Bonn 1992.

Röder, Werner: Die deutschen sozialistischen Exilgruppen in Großbritannien 1940-1945, Bonn 1973.

Röder, Werner: Drehscheibe – Kampfposten – Fluchtstation. Deutsche Emigranten in der Tschechoslowakei, in: Becher, Peter/Heumos, Peter (Hg.): Drehscheibe Prag. Zur deutschen Emigration in der Tschechoslowakei 1933-1939, München 1992, S. 15-30.

Rohe, Karl: Das Reichsbanner Schwarz Rot Gold. Ein Beitrag zur Geschichte und Struktur der politischen Kampfverbände zur Zeit der Weimarer Republik, Düsseldorf 1966.

Rohe, Karl: Wahlen und Wählertraditionen in Deutschland. Kulturelle Grundlagen deutscher Parteien und Parteiensysteme im 19. und 20. Jahrhundert, Frankfurt a. M. 1992.

Römer, Gernot: Siegfried Aufhäuser aus Augsburg. Für den Generalstreik gegen Adolf Hitler, in: Ders. (Hg.): »Wir haben uns gewehrt«. Wie Juden aus Schwaben gegen Hitler kämpften und wie Christen Juden halfen, Augsburg 1995, S. 21-29.

Ross, Dietmar: Gewerkschaften und soziale Demokratie. Von der Richtungs- zur Einheitsgewerkschaft, von Weimar zur Nachkriegszeit. Untersuchungen zur gewerkschaftlichen Programmatik für den Aufbau einer demokratischen Gesellschaft, Bonn 1975.

Rostalski, Benjamin: Wilhelm Sander (1895-1978), in: Mielke, Siegfried/Heinz, Stefan (Hg.): Emigrierte Metallgewerkschafter im Kampf gegen das NS-Regime, Berlin 2014, S. 293-306.

Roussel, Hélène: Zur historischen Bedeutung der deutschen Exilpresse und zu den Bedingungen ihrer Erforschung, in: Blome, Astrid/Böning, Holger (Hg.): Presse und Geschichte. Leistungen und Perspektiven der historischen Presseforschung, Bremen 2008, S. 349-373.

Ruck, Michael: Einleitung, in: Quellen zur Geschichte der deutschen Gewerkschaftsbewegung im 20. Jahrhundert. Bd. 2: Die Gewerkschaften in den Anfangsjahren der Republik 1919-1923, bearb. von Michael Ruck, Köln 1985, S. 9-63.

Ruprecht, Thomas Michael: Felix Boenheim. Arzt, Politiker, Historiker. Eine Biographie, Hildesheim u. a. 1992.

Sabrow, Martin: Der Rathenau-Mord und die deutsche Gegenrevolution (Neuausgabe), Göttingen 2022.

Saint Sauveur-Henn, Anne (Hg.): Fluchtziel Paris. Die deutschsprachige Emigration 1933-1940, Berlin 2002.

Sator, Klaus: Anpassung ohne Erfolg. Die sudetendeutsche Arbeiterbewegung und der Aufstieg Hitlers und Henleins 1930-1938, Darmstadt 1996.

Schaaf, Dierk Ludwig: Fluchtpunkt Lissabon. Wie Helfer in Vichy-Frankreich Tausende vor Hitler retteten, Bonn 2018.

Schaffrannek, Christof: Die politische Arbeiterbewegung in den böhmischen Ländern 1933-1938. Politisch-programmatische Wechselbeziehungen zwischen sozialdemokratischen und kommunistischen Strategien zur Abwehr der inneren und äußeren Bedrohung durch Hitler und die Henleinbewegung, Berlin 2003 (Dissertation an der Freien Universität Berlin, Online-Ressource: https://refubium.fu-berlin.de/handle/fub188/1316, abgerufen am 26. 2. 2023).

Scharrer, Manfred: Anpassung bis zum bitteren Ende. Die freien Gewerkschaften 1933, in: ders. (Hg.): Kampflose Kapitulation. Arbeiterbewegung 1933, Reinbek 1984, S. 73-120.
Schaser, Angelika: Bedeutende Männer und wahre Frauen. Biographien in der Geschichtswissenschaft, in: Lühe, Irmela von der/Runge, Anita (Hg.): Querelles. Jahrbuch für Frauenforschung 2001. Band 6. Biographisches Erzählen, Stuttgart u. a. 2001, S. 137-152.
Schildt, Axel: Max Brauer. Hamburger Köpfe, Hamburg 2014.
Schildt, Axel: Militärdiktatur mit Massenbasis? Die Querfrontkonzeption der Reichswehrführung um General von Schleicher am Ende der Weimarer Republik, Frankfurt a. M. u. a. 1981.
Schiller, Dieter: Die Weltbühne im Prager Exil, in: Oswalt, Stefanie (Hg.): Die Weltbühne. Zur Tradition und Kontinuität demokratischer Publizistik. Dokumentation der Tagung »Wieder gilt: der Feind steht rechts!«, St. Ingbert 2003, S. 129-141.
Schilmar, Boris: Der Europadiskurs im deutschen Exil 1933-1945, München 2004.
Schlüter, Anne: Biographisch arbeiten mit Bourdieu?, in: Brake, Anna/Bremer, Helmut/Lange-Vester, Andrea (Hg.): Empirisch arbeiten mit Bourdieu, Weinheim u. a. 2013, S. 278-297.
Schmiechen-Ackermann, Detlef: Nationalsozialismus und Arbeitermilieus. Der nationalsozialistische Angriff auf die proletarischen Wohnquartiere und die Reaktionen in den sozialistischen Vereinen, Bonn 1998.
Schmiedebach, Heinz-Peter: Politische Positionen und ethisches Engagement: Julius Moses und die Medizin im 20. Jahrhundert, in: Schneider, Michael (Hg.): Julius Moses. Schrittmacher der sozialdemokratischen Gesundheitspolitik in der Weimarer Republik, Bonn 2006, S. 9-37.
Schneider, Gustav: Internationale Angestelltenbewegung, in: Heyde, Ludwig (Hg.): Internationales Handwörterbuch des Gewerkschaftswesens. Band 1, Berlin 1931, S. 797-802.
Schneider, Hansjörg: Exil in der Tschechoslowakei, in: Exil in der Tschechoslowakei, in Großbritannien, Skandinavien und in Palästina, Leipzig 1980, S. 17-143.
Schneider, Michael: Das Arbeitsbeschaffungsprogramm des ADGB. Zur gewerkschaftlichen Politik in der Endphase der Weimarer Republik, Bonn 1975.
Schneider, Michael: In der Kriegsgesellschaft. Arbeiter und Arbeiterbewegung 1939 bis 1945, Bonn 2014.
Schneider, Michael: Kleine Geschichte der Gewerkschaften. Ihre Entwicklung in Deutschland von den Anfängen bis heute, Bonn 2000.
Schneider, Michael: Unterm Hakenkreuz. Arbeiter und Arbeiterbewegung 1933 bis 1939, Bonn 1999.
Schneider, Michael: Zwischen »Arbeitsbeschaffung« und »Umbau der Wirtschaft«. Die Konzeptionen der deutschen Sozialdemokratie zur Überwindung der Wirtschaftskrise, in: Annali [della] Fondazione Giangiacomo Feltrinelli 1983/84, S. 475-496.
Schneider, Sigrid: Deutschsprachige Journalisten und Publizisten im New Yorker Exil, in: Spalek, John M./Strelka, Joseph (Hg.): Deutschsprachige Exilliteratur seit 1933. Band 2. New York/Bern 1989, S. 1257-1299.
Schneider, Sigrid: Mit dem Wort als Waffe. Deutschsprachige Publizistik im Exil, in: Böhne, Edith/Motzkau-Valeton (Hg.): Die Künste und die Wissenschaften im Exil 1933-1945, Gerlingen 1992, S. 97-124.
Schneider, Sigrid: »Neue Volks-Zeitung«, in: Hardt, Hanno/Hilscher, Elke/Lerg, Winfried B. (Hg.): Presse im Exil. Beiträge zur Kommunikationsgeschichte des deutschen Exils 1933-1945, München u. a. 1979, S. 347-377.
Schönhoven, Klaus: Die Freien Gewerkschaften zwischen Reichsgründung und Weltkrieg: Organisationsentwicklung, Strukturprobleme und Programmatik, in: Matthias, Erich/ders. (Hg.): Solidarität und Menschenwürde. Etappen der deutschen Gewerkschaftsgeschichte von den Anfängen bis zur Gegenwart, Bonn 1984, S. 39-56.

Schönhoven, Klaus: Die Revolution von 1918/19 in Deutschland, in: Wende, Peter (Hg.): Große Revolutionen der Geschichte. Von der Frühzeit bis zur Gegenwart, München 2000, S. 208-224.
Schönhoven, Klaus: Einleitung, in: Quellen zur Geschichte der deutschen Gewerkschaftsbewegung im 20. Jahrhundert. Bd. 1: Die Gewerkschaften in Weltkrieg und Revolution 1914-1919, bearb. von Klaus Schönhoven, Köln 1985, S. 9-59.
Schönhoven, Klaus: Freiheit und Leben kann man uns nehmen, die Ehre nicht. Das Schicksal der 1933 gewählten SPD-Reichstagsabgeordneten, Bonn 2017.
Schönhoven, Klaus: Strategie des Nichtstuns? Sozialdemokratischer Legalismus und kommunistischer Attentismus in der Ära der Präsidialkabinette, in: Winkler, Heinrich August (Hg.): Die deutsche Staatskrise 1930-1933. Handlungsspielräume und Alternativen, München 1992, S. 59-75.
Schönhoven, Klaus: Wegbereiter der sozialen Demokratie? Zur Bedeutung des Stinnes-Legien-Abkommens vom 15. November 1918, in: Führer, Karl Christian/Mittag, Jürgen/Schildt, Axel/Tenfelde, Klaus (Hg.): Revolution und Arbeiterbewegung in Deutschland 1918-1920, Essen 2013, S. 61-79.
Schönhoven, Klaus/Braun, Bernd (Hg.): Generationen in der Arbeiterbewegung, München 2005.
Schröder, Sebastian: Tagungsbericht: Kulturen des Entscheidens in politischen Übergangssituationen, 11.11.2016 Münster, in: H-Soz-Kult, 7.4.2017, <www.hsozkult.de/conference-report/id/tagungsberichte-7103>, abgerufen am 28.2.2023.
Schüler-Springorum, Stefanie (Hg.): Jahrbuch für Antisemitismusforschung 28 (2019).
Schulz, Gerhard: Bemerkungen zur Wegscheide zwischen parlamentarischer und autoritärer Entwicklung in der Geschichte der Weimarer Republik, in: Winkler, Heinrich August (Hg.): Die deutsche Staatskrise 1930-1933. Handlungsspielräume und Alternativen, München 1992, S. 39-47.
Schulz, Günther: Die Angestellten seit dem 19. Jahrhundert, München 2000.
Schulz, Günther: Die industriellen Angestellten. Zum Wandel einer sozialen Gruppe im Industrialisierungsprozeß, in: Pohl, Hans (Hg.): Sozialgeschichtliche Probleme in der Zeit der Hochindustrialisierung (1870-1914), Paderborn u.a. 1979, S. 217-266.
Schulze, Hagen: Einleitung, in: ders. (Hg.): Anpassung oder Widerstand? Aus den Akten des Parteivorstands der deutschen Sozialdemokratie 1932/33, Bonn 1975, S. XV-XXXIII.
Schulze, Hagen: Otto Braun oder Preußens demokratische Sendung. Eine Biographie, Frankfurt a.M. u.a. 1977.
Schumann, Dirk: Politische Gewalt in der Weimarer Republik 1918-1933. Kampf um die Straße und Furcht vor dem Bürgerkrieg, Essen 2001.
Schuon, Hermann: Der Deutschnationale Handlungsgehilfen-Verband zu Hamburg. Sein Werdegang und seine Arbeit, Jena 1914.
Schüren, Reinhard: Soziale Mobilität. Muster, Veränderungen und Bedingungen im 19. und 20. Jahrhundert, St. Katharinen 1989.
Schuster, Kurt G.P.: Der Rote Frontkämpferbund 1924-1929. Beiträge zur Geschichte und Organisationsstruktur eines politischen Kampfbundes, Düsseldorf 1975.
Seebacher-Brandt, Brigitte: Ollenhauer. Biedermann und Patriot, Berlin 1984.
Seils, Ernst-Albert: Hugo Haase. Ein jüdischer Sozialdemokrat im deutschen Kaiserreich. Sein Kampf für Frieden und soziale Gerechtigkeit, Frankfurt a.M. 2016.
Seliger-Archiv (Hg.): Kampf, Widerstand, Verfolgung der sudetendeutschen Sozialdemokraten. Dokumentation der deutschen Sozialdemokraten aus der Tschechoslowakei im Kampf gegen Henlein und Hitler. Bearbeitet von Adolf Hasenöhrl, Stuttgart/München 1983.
Seliger-Gemeinde (Hg.): Weg, Leistung, Schicksal. Geschichte der sudetendeutschen Arbeiterbewegung in Wort und Bild, Stuttgart/München 1972.

Semelin, Jacques: Das Überleben von Juden in Frankreich 1940-1944. Mit einem Vorwort von Serge Klarsfeld. Aus dem Französischen übersetzt von Susanne Wittek, Göttingen 2018.
Server, O. B. [Pseudonym von Georg Schwarz]: Matadore der Politik. Sechsundzwanzig Politikerporträts mit 26 Karikaturen von Erich Goltz, Berlin 1932.
Siemens, Daniel: Hinter der Weltbühne. Hermann Budzislawski und das 20. Jahrhundert, Berlin 2022.
Smaldone, William: Rudolf Hilferding. Tragödie eines deutschen Sozialdemokraten, Bonn 2000.
Smaldone, William: Siegfried Aufhäuser (1884-1969): »...freedom will always triumph ...«, in: ders. (Hg.): Confronting Hitler. German Social Democrats in Defense of the Weimar Republic, 1929-1933, Lanham 2009, S. 23-46.
Soell, Hartmut: Fritz Erler – Eine politische Biographie. Band I, Berlin/Bonn 1976.
Söllner, Alfons: Archäologie der deutschen Demokratie. Eine Forschungshypothese zur theoretischen Praxis der Kritischen Theorie im amerikanischen Geheimdienst, in: ders. (Hg.): Zur Archäologie der Demokratie in Deutschland. Band 1: Analysen von politischen Emigranten im amerikanischen Geheimdienst. 1943-1945, Frankfurt a. M. 1986, S. 7-40.
Söllner, Alfons: Wissenschaftliche Kompetenz und politische Ohnmacht. Deutsche Emigranten im amerikanischen Staatsdienst 1942-1949, in: Koebner, Thomas/Sautermeister, Gert/Schneider, Sigrid (Hg.): Deutschland nach Hitler. Zukunftspläne im Exil und aus der Besatzungszeit 1939-1949, Opladen 1987, S. 136-150.
Sommer, Antje: Vom Pressedienst zur Pressemitteilung. Der Wandel in der politischen Kommunikation von Partei und Bundestagsfraktion der SPD (1946-1995), in: Mengersen, Oliver von u. a. (Hg.): Personen – Soziale Bewegungen – Parteien. Beiträge zur Neuesten Geschichte. Festschrift für Hartmut Soell, Heidelberg 2004, S. 377-405.
Speier, Hans: Die Angestellten vor dem Nationalsozialismus. Ein Beitrag zum Verständnis der deutschen Sozialstruktur 1918-1933, Frankfurt a. M. 1989.
Stalmann, Volker: Die Wiederentdeckung der Revolution von 1918/19. Forschungsstand und Forschungsperspektiven, in: Zeitschrift für Geschichtswissenschaft 64. Jg. (6/2016), S. 521-541.
Stehr, Konrad: Der Zentralverband der Angestellten. Sein Werdegang, seine Gestalt und sein Charakter, Halle 1926.
Steiner, Frank: Manfred George. His Life and Works, Albany 1977.
Stephan, Alexander: Im Visier des FBI. Deutsche Exilschriftsteller in den Akten amerikanischer Geheimdienste, Berlin 1998.
Stephan, Alexander: Überwacht. Ausgebürgert. Exiliert. Schriftsteller und der Staat, Bielefeld 2007.
Stöver, Bernd: Einleitung, in: ders. (Hg.): Berichte über die Lage in Deutschland. Die Lagemeldungen der Gruppe Neu Beginnen aus dem Dritten Reich 1933-1936, Bonn 1996, S. I-LXVI.
Sühl, Klaus/Meyhöfer, Rita: »Von der Wiege bis zur Bahre ...«. Die Kultur-, Freizeit- und Selbsthilfeorganisationen der sozialdemokratischen Arbeiterbewegung, in: Glaeßner, Gert-Joachim/ Lehnert, Detlef/Sühl, Klaus (Hg.): Studien zur Arbeiterbewegung und Arbeiterkultur in Berlin, Berlin, 1989, S. 203-236.
Süß, Manfred: Bruno Süß. 1876 bis 1943. Ein Leben für die Gewerkschaft. Aufgezeichnet von seinem Enkel Manfred Süß unter Mitarbeit von Dr. Karlheinz Kuba, Berlin 2012.
Swiniartzki, Marco: Der Deutsche Metallarbeiter-Verband 1891-1933. Eine Gewerkschaft im Spannungsfeld zwischen Arbeitern, Betrieb und Politik, Köln u. a. 2017.
Szöllösi-Janze, Margit: Fritz Haber. 1868-1934. Eine Biographie, München 1998.
Szymanski, Tekla: Der Aufbau – »Unser aller Tagebuch«, in: Dachs, Gisela (Hg.): Jüdischer Almanach des Leo Baeck Instituts. Die Jeckes, Frankfurt a. M. 2005, S. 108-118.
Tenfelde, Klaus: Generationelle Erfahrungen in der Arbeiterbewegung bis 1933, in: Schönhoven, Klaus/Braun, Bernd (Hg.): Generationen in der Arbeiterbewegung, München 2005, S. 17-49.

Teuber, Toralf: Ein Stratege im Exil. Hermann Budzislawski und Die neue Weltbühne, Frankfurt a. M. 2004.

Thies, Jochen: Evian 1938. Als die Welt die Juden verriet, Essen 2017.

Thonfeld, Christoph: Krisenjahre revisited. Die Weimarer Republik und die Klassische Moderne in der gegenwärtigen Forschung, in: Historische Zeitschrift 302 (2016), S. 390-420.

Tillmann, Hans: Staat und Vereinigungsfreiheit im 19. Jahrhundert. Von der Paulskirche zum Reichsvereinsgesetz von 1908, Wattenscheid 1976.

Tokarska-Bakir, Joanna: Antijüdische Gewalt in Mittel- und Osteuropa der unmittelbaren Nachkriegszeit, in: Bohus, Kata u. a. (Hg.): Unser Mut. Juden in Europa 1945-1948, Berlin 2020, S. 68-85.

Tomisch, Jürgen u. a.: Denkmale in Berlin. Bezirk Mitte Ortsteil, Hansaviertel und Tiergarten, Petersberg 2005.

Tosstorff, Reiner: Kurze Geschichte des internationalen Gewerkschaftsbundes. 85 Jahre Amsterdamer Internationale, Hamburg 2004.

Tosstorff, Reiner: Profintern: Die Rote Gewerkschaftsinternationale 1920-1937, Paderborn u. a. 2004.

Tosstorff, Reiner: Ursprünge der ILO. Die Gründung der Internationalen Arbeitsorganisation und die Rolle der Gewerkschaften, Hamburg 2020.

Toury, Jacob: Soziale und politische Geschichte der Juden in Deutschland 1847-1871. Zwischen Revolution, Reaktion und Emanzipation, Düsseldorf 1977.

Traussnig, Florian: Geistiger Widerstand von außen. Österreicher in US-Propagandainstitutionen im Zweiten Weltkrieg, Wien u. a. 2017.

Trefz, Bernhard: Jugendbewegung und Juden in Deutschland. Eine historische Untersuchung mit besonderer Berücksichtigung des Deutsch-Jüdischen Wanderbundes »Kameraden«, Frankfurt a. M. 1999.

Tschirbs, Rudolf: Arbeiterausschüsse, Betriebsräte und Gewerkschaften 1916-1922: Versuch einer Neubewertung, in: Führer, Karl Christian/Mittag, Jürgen/Schildt, Axel/Tenfelde, Klaus (Hg.): Revolution und Arbeiterbewegung in Deutschland 1918-1920, Essen 2013, S. 257-284.

Vierling, Birgit: Kommunikation als Mittel politischer Mobilisierung. Die Sudetendeutsche Partei (SdP) auf ihrem Weg zur Einheitsbewegung in der Ersten Tschechoslowakischen Republik (1933-1938), Marburg 2014.

Vietzke, Siegfried: Die KPD auf dem Wege zur Brüsseler Konferenz, Berlin 1966.

Volkov, Shulamit: Jüdische Assimilation und Eigenart im Kaiserreich, in: dies.: Jüdisches Leben und Antisemitismus im 19. und 20. Jahrhundert. 10 Essays, München 1990.

Volkov, Shulamit: Walther Rathenau. Ein jüdisches Leben in Deutschland 1867-1922, München 2012.

Vorholt, Udo: Die Sowjetunion im Urteil des sozialdemokratischen Exils. Eine Studie des Exilparteivorstandes der SPD, des Internationalen Sozialistischen Kampfbundes, der Sozialistischen Arbeiterpartei und der Gruppe Neu Beginnen, Frankfurt a. M. u. a. 1991.

Vormeier, Barbara: Frankreich, in: Krohn, Claus-Dieter/Zur Mühlen, Patrik von/Paul, Gerhard/Winckler, Lutz (Hg.): Handbuch der deutschsprachigen Emigration 1933-1945, Darmstadt 1998, S. 213-250.

Wachenheim, Hedwig: Studies in Postwar Reconstruction No.3. Germany in the Transition Period, 1944 [ohne Ort].

Waldman, Louis: The good Fight. A Quest for Social Progress, Philadelphia 1975.

Wallach, Kerry: Passing Illusions. Jewish Visibility in Weimar Germany, Ann Arbor 2017.

Walter, Hans-Albert: Deutsche Exilliteratur 1933-1950. Band 2: Europäisches Appeasement und überseeische Asylpraxis, Stuttgart 1984.

Walter, Hans-Albert: Deutsche Exilliteratur 1933-1950. Band 3: Internierung, Flucht und Lebensbedingungen im Zweiten Weltkrieg, Stuttgart 1988.

Walter, Hans-Albert: Deutsche Exilliteratur 1933-1950. Band 4: Exilpresse, Stuttgart 1978.

Warren, Frank A.: An Alternative Vision. The Socialist Party in the 1930's, Bloomington/London 1974.

Weber, Hermann: Hauptfeind Sozialdemokratie. Strategie und Taktik der KPD 1929-1933, Düsseldorf 1982.

Weber, Hermann: Zum Verhältnis von Komintern, Sowjetstaat und KPD. Eine historische Einführung, in: ders./Drabkin, Jakov/Bayerlein, Bernhard H./Galkin, Aleksandr: Deutschland, Russland, Komintern. I. Überblicke, Analysen, Diskussionen. Neue Perspektiven auf die Geschichte der KPD und die Deutsch-Russischen Beziehungen (1918-1943). Band 5, Berlin u.a. 2014, S. 9-139.

Wegner, Konstanze: Theodor Barth und die Freisinnige Vereinigung. Studien zur Geschichte des Linksliberalismus im wilhelminischen Deutschland (1893-1910), Tübingen 1968.

Wein, Susanne: Antisemitismus im Reichstag, Judenfeindliche Sprache in Politik und Gesellschaft der Weimarer Republik, Frankfurt a.M. 2014.

Weipert, Axel: Das Rote Berlin. Eine Geschichte der Berliner Arbeiterbewegung 1830-1934, Berlin 2013.

Weipert, Axel: Die Zweite Revolution. Rätebewegung in Berlin 1919/1920, Berlin 2015.

Weipert, Axel: »Eine Sonderorganisation der Betriebsräte ist weder örtlich noch zentral von Nutzen«. Die Berliner Betriebsrätezentrale 1919/20 und ihr Verhältnis zu den Freien Gewerkschaften, in: Buschak, Willy (Hg.): Solidarität im Wandel der Zeiten – 150 Jahre Gewerkschaften, Essen 2016, S. 197-217.

Weipert, Axel: Vor den Toren der Macht. Die Demonstration am 13. Januar 1920 vor dem Reichstag, in: Jahrbuch für Forschungen zur Geschichte der Arbeiterbewegung, 11. Jg. (2/2012), S. 16-32.

Wette, Wolfram: Gustav Noske. Eine politische Biographie, Düsseldorf 1987.

Wetzel, Juliane: Fluchtpunkt New York. Jüdische Auswanderung aus Deutschland in die USA während der NS-Zeit, in: Schulz, Karin (Hg.): Hoffnung Amerika. Europäische Auswanderung in die Neue Welt, Bremerhaven 1994, S. 175-186.

Wetzel, Juliane: Auswanderung aus Deutschland, in: Benz, Wolfgang (Hg.): Die Juden in Deutschland 1933-1945. Leben unter nationalsozialistischer Herrschaft. München 1996, S. 412-498.

Wickert, Christl: Exile or Emigration: Social Democratic Women Members of the Reichstag in the United States, in: Quack, Sibylle (Hg.): Between Sorrow and Strength. Women Refugees of the Nazi Period, Cambridge u.a. 1995, S. 325-340.

Wildt, Michael: Die Kraft der Verblendung. Der Sozialdemokrat Max Brauer im Exil, in: Krohn, Claus-Dieter u.a. (Hg.): Exilforschung. Ein internationales Jahrbuch: Exil und Widerstand, 15. Jg. (1997), München 1997, S. 162-179.

Winkler, Heinrich August: Der Schein der Normalität. Arbeiter und Arbeiterbewegung in der Weimarer Republik 1924 bis 1930, Berlin/Bonn 1988.

Winkler, Heinrich August: Der Weg in die Katastrophe. Arbeiter und Arbeiterbewegung in der Weimarer Republik 1930 bis 1933, Berlin/Bonn 1987.

Winkler, Heinrich August (Hg.): Die deutsche Staatskrise 1930-1933. Handlungsspielräume und Alternativen, München 1992.

Winkler, Heinrich August: Einleitende Bemerkungen zu Hilferdings Theorie des Organisierten Kapitalismus, in: ders. (Hg.): Organisierter Kapitalismus. Voraussetzungen und Anfänge, Göttingen 1974, S. 9-18.

Winkler, Heinrich August: Von der Revolution zur Stabilisierung. Arbeiter und Arbeiterbewegung in der Weimarer Republik 1918 bis 1924, Berlin/Bonn 1984.

Wittke, Carl: The German-language press in America, [Lexington] 1957.

Wolff, Frank: Kollektive Identität als praktizierte Verheißung: Der transnationale Handlungsraum der sozialen Bewegung »Allgemeiner Jüdischer Arbeiterbund«, in: Mittag, Jürgen/Stadtland, Helke (Hg.): Theoretische Ansätze und Konzepte der Forschung über soziale Bewegungen in der Geschichtswissenschaft, Essen 2014, S. 189-217.

Wolowicz, Ernst: Linksopposition in der SPD von der Vereinigung mit der USPD 1922 bis zur Abspaltung der SAPD 1931, München 1983.

Woyke, Meik: Die »Generation Schumacher«, in: Schönhoven, Klaus/Braun, Bernhard (Hg.): Generationen in der Arbeiterbewegung, München 2005, S. 87-105.

Zarusky, Jürgen/Zückert, Martin (Hg.): Das Münchener Abkommen von 1938 in europäischer Perspektive, München 2013.

Zech, Christian: Aufbau. Die Entwicklung einer Emigrantenzeitung zum Medienunternehmen. Hamburg 2011 (Masterarbeit an der Universität Hamburg, Online-Ressource: https://digipres.cjh.org/delivery/DeliveryManagerServlet? dps_pid= IE6254011, abgerufen am 1. 3. 2023).

Zech, Christian: Emigrantenhader verhindert Einigkeit. Die German Labor Delegation in den USA, in: Informationen. Wissenschaftliche Zeitschrift des Studienkreises Deutscher Widerstand 1933-1945 Nr. 79 (2014), S. 20-24, S. 29.

Zech, Christian: Parteipolitischer Wandel und gewerkschaftliche Weichenstellung. Ideologische Standortbestimmung(en) bei Siegfried Aufhäuser vor dem Hintergrund des Ersten Weltkriegs, in: Schöler, Uli/Scholle, Thilo (Hg.): Weltkrieg – Spaltung – Revolution. Sozialdemokratie 1916-1922, Bonn 2018, S. 118-129.

Zech, Christian: Siegfried Aufhäuser. Flucht und Exil 1933, in: Schulte, Sanna/ders. (Hg.): Exil interdisziplinär 2, Würzburg 2018, S. 89-106.

Zech, Christian/Marquet, Andreas: Nach Zerschlagung und Vertreibung: die Politisierung der Arbeiterwohlfahrt im Exil, in: Kaiser, Konstantin/Kreisky, Jan/Lichtenberger, Sabine (Hg.): Rote Tränen. Die Zerstörung der Arbeiterkultur durch Faschismus und Nationalsozialismus. Zwischenwelt 14, Klagenfurt am Wörthersee 2017, S. 312-334.

Zeiß-Horbach, Auguste: Der Verein zur Abwehr des Antisemitismus. Zum Verhältnis von Protestantismus und Judentum im Kaiserreich und in der Weimarer Republik, Leipzig 2008.

Ziemann, Benjamin: Die Zukunft der Republik? Das Reichsbanner Schwarz-Rot-Gold 1924-1933, Bonn 2001.

Zimmermann, Ursula: Die Entwicklung der Gewerbegerichtsbarkeit in Deutschland. Unter besonderer Berücksichtigung der Verhältnisse in Bayern, Hamburg 2005.

Zur Mühlen, Patrik von: Fluchtweg Spanien-Portugal. Die deutsche Emigration und der Exodus aus Europa 1933-1945, Bonn 1992.

Zur Mühlen, Patrik von: »Schlagt Hitler an der Saar!«. Abstimmungskampf, Emigration und Widerstand im Saargebiet 1933-1935, Bonn 1979.

Verzeichnis der Abkürzungen

AADG	American Association for a Democratic Germany
ADB	Allgemeiner Deutscher Beamtenbund
ADG	Auslandsvertretung der deutschen Gewerkschaften
ADGB	Allgemeiner Deutscher Gewerkschaftsbund
AdsD	Archiv der sozialen Demokratie
AfA	Arbeitsgemeinschaft freier Angestelltenverbände
AfA-Bund	Allgemeiner freier Angestelltenbund
AFGF	American Friends of German Freedom
AFL	American Federation of Labor
AKV	Arbeitsgemeinschaft kaufmännischer Verbände
ALCIA	American Labor Conference on International Affairs
ALÖS	Auslandsbüro der österreichischen Sozialdemokraten
AVOES	Auslandsvertretung der österreichischen Sozialisten
AWO	Arbeiterwohlfahrt
BRD	Bundesrepublik Deutschland
BtA	Bund der technischen Angestellten
Butab	Bund der technischen Angestellten und Beamten
Butib	Bund der technisch-industriellen Beamten
BVG	Berliner Verkehrsgesellschaft
BVP	Bayerische Volkspartei
CAS	Centre Américain de Secours
CDU	Christlich Demokratische Union Deutschlands
CGT	Confédération générale du travail
CIO	Congress of Industrial Organizations
Council	Council for a Democratic Germany
DAF	Deutsche Arbeitsfront
DAG	Deutsche Angestellten-Gewerkschaft
DAKV	Deutsch-amerikanischer Kulturverband
DANAT	Darmstädter und Nationalbank
Darpa	Deutsche Arbeitnehmerpartei
DBB	Deutscher Beamtenbund
DDP	Deutsche Demokratische Partei
DDR	Deutsche Demokratische Republik
Dewog	Deutsche Wohnungsfürsorge
DFP	Deutsche Fortschrittspartei
DFrP	Deutsche Freisinnge Partei
DGB	Deutscher Gewerkschaftsbund (1919-1933) / (seit 1949)
DHP	Deutsche Hochschule für Politik
DHV	Deutschnationaler Handlungsgehilfenverband
DIZ	Deutsche Industriebeamten-Zeitung
DLA	Deutsches Literaturarchiv
DMV	Deutscher Metallarbeiter-Verband
DNVP	Deutschnationale Volkspartei
DRA	Deutsches Rundfunkarchiv
DSAP	Deutsche Sozialdemokratische Arbeiterpartei in der Tschechoslowakei
DTV	Deutschen Technikerverband
DtVP	(Süd-)Deutsche Volkspartei

DV	Demokratische Vereinigung
DVP	Deutsche Volkspartei
DWV	Deutscher Werkmeister-Verband
EKKI	Exekutivkomitee der Kommunistischen Internationale
Émigré Collections	The German and Jewish Intellectual Émigré Collections
ERC	Emergency Rescue Committee
EVP	Einheitsverband der Privatangestellten
Exilarchiv	Deutsches Exilarchiv 1933-1945
FAD	Freiwilliger Arbeitsdienst
FBI	Federal Bureau of Investigation
FDGB	Freier Deutscher Gewerkschaftsbund
FEAF	Fédération des Emigrés d'Allemagne en France
FNB	Foreign Nationalities Branch
FrVg	Freisinnige Vereinigung
FrVP	Freisinnige Volkspartei
FVP	Fortschrittliche Volkspartei
GAEC	German American Emergency Conference
GdA	Gewerkschaftsbund der Angestellten
Gedag	Gesamtverband deutscher Angestelltenverbände
Gestapa	Geheimes Staatspolizeiamt
Gestapo	Geheimen Staatspolizei
GJC	German-Jewish Club
GLD	German Labor Delegation
IBFG	Internationaler Bund Freier Gewerkschaften
IBP	Internationaler Bund der Privatangestellten
IBS	Internationale Berufssekretariate
IfZ	Institut für Zeitgeschichte
IGB	Internationaler Gewerkschaftsbund
IG Metall	Industriegewerkschaft Metall
IISH	International Institute of Social History
IJB	Internationaler Jugend-Bund
ILGWU	International Ladies Garment Workers Union
ILO	Internationale Arbeitsorganisation/International Labour Organization
IRA	International Relief Association
ISK	Internationaler Sozialistischer Kampfbund
ITF	Internationale Transportarbeiter-Föderation
IWK	Internationale wissenschaftliche Korrespondenz zur Geschichte der deutschen Arbeiterbewegung
JLC	Jewish Labor Committee
Komintern	Kommunistische Internationale
KPD	Kommunistische Partei Deutschlands
KPD-O	Kommunistische Partei-Opposition
KPdSU	Kommunistische Partei der Sowjetunion
LABO	Landesamt für Bürger- und Ordnungsangelegenheiten
LBI	Leo Baeck Institute Archives
MSPD	Mehrheitssozialdemokratische Partei Deutschlands
NARA	National Archives and Records Administration
NKFD	Nationalkomitee Freies Deutschland
NLP	Nationalliberale Partei
NPD	Nationaldemokratische Partei Deutschlands
NSBO	Nationalsozialistische Betriebszellenorganisation

NSDAP	Nationalsozialistische Deutsche Arbeiterpartei
NSV	Nationalsozialer Verein
NVZ	Neue Volks-Zeitung
NWC	New World Club
NYSZH	New Yorker Staats-Zeitung und Herold
OELR	Office of European Labor Research
OSS	Office of Strategic Services
OWI	Office of War Information
PHM	People's History Museum
PSI	Partito Socialista Italiano
PV	SPD-Parteivorstand
R&B	Research & Analysis Branch (des Office of Strategic Services)
RGI	Rote Gewerkschafts-Internationale
RGO	Revolutionäre Gewerkschafts-Opposition
RS / RSD	Revolutionäre Sozialisten / Revolutionäre Sozialisten Deutschlands
RSÖ	Revolutionäre Sozialisten Österreichs
SA	Sturmabteilung
SAG	Soziale Arbeitsgemeinschaft der kaufmännischen Verbände
SAI	Sozialistische Arbeiter-Internationale
SAJ	Sozialistische Arbeiter-Jugend
SAP	Sozialistische Arbeiterpartei Deutschlands
SAPMO	Stiftung Archiv der Parteien und Massenorganisationen der DDR im Bundesarchiv
SCPC	Swarthmore College Peace Collection
SDAP	Sozialdemokratische Arbeiterpartei Deutschösterreichs
SDF	Social Democratic Federation
SdP	Sudetendeutsche Partei
SED	Sozialistische Einheitspartei Deutschlands
SFIO	Section française de l'Internationale ouvrière
SHF	Sudetendeutsche Heimatfront
SOPADE	Vorstand der Sozialdemokratischen Partei Deutschlands (im Exil)
SPA	Socialist Party of America
SPD	Sozialdemokratische Partei Deutschlands
SS	Schutzstaffel
TUC	Trades Union Congress
UAGD	United Americans of German Descent
UGO	Unabhängige Gewerkschaftsopposition/Unabhängige Gewerkschafts-Organisation
UN	United Nations
USPD	Unabhängige Sozialdemokratische Partei Deutschlands
VdDK	Verein der Deutschen Kaufleute
VfZ	Vierteljahrshefte für Zeitgeschichte
VSPD	Vereinigte Sozialdemokratische Partei Deutschlands
Wagner Archives	Tamiment Library and Robert F. Wagner Archives
WBA	Willy-Brandt-Archiv
WGB	Weltgewerkschaftsbund
WJC	World Jewish Congress
ZAG	Zentralarbeitsgemeinschaft der industriellen und gewerblichen Arbeitgeber und Arbeitnehmer
ZdA	Zentralverband der Angestellten
ZdH	Zentralverband der Handlungsgehilfen und -gehilfinnen
Zentrum	Deutsche Zentrumspartei
ZVE	Zentralvereinigung der deutschen Emigration

Personenregister

Das Register berücksichtigt Personennamen, die im Fließtext erwähnt werden. Für weitere Recherchen in Fußnoten oder nach spezifischen Schlagworten, Orten usw. steht eine Open-Access-Version des Texts zur Verfügung, die kostenlos heruntergeladen oder online auf der Website des Verlags sowie in zahlreichen Bibliothekskatalogen eingesehen werden kann.

Dank

Die vorliegende Publikation ist das Ergebnis einer mehrjährigen Forschungstätigkeit im Rahmen meiner Promotion. Zu dem erfolgreichen Abschluss des Projekts haben zahlreiche Personen aus unterschiedlichen Kontexten beigetragen: An erster Stelle danke ich Prof. Dr. Stefanie Schüler-Springorum und PD Dr. Knud Andresen, die meine Dissertation betreut und begutachtet haben und mir mit Geduld, konstruktiven Ratschlägen sowie Anregungen hilfreich zur Seite standen. Besonders hervorheben möchte ich außerdem den persönlichen Austausch mit Kommiliton:innen und Fachkolleg:innen. Foren hierfür boten mir das Forschungskolloquium und die Promovierenden-Workshops des Zentrums für Antisemitismusforschung, die Bosch Foundation Archival Summer School for Young Historians des German Historical Institute Washington, die Doktorand:innen-Workshops anlässlich von Jahrestagungen der Gesellschaft für Exilforschung, der von Prof. Dr. Detlev Brunner wiederholt initiierte Promovierenden-Austausch in Berlin, die Treffen des Arbeitskreises »Biografie und Geschlecht« sowie die Seminarsitzungen und Veranstaltungen des von der Hans-Böckler-Stiftung geförderten »Ludwig Rosenberg Kolleg – Arbeiterbewegung, Soziale Bewegung, Judentum« am Moses Mendelssohn Zentrum in Potsdam. Ferner konnte ich (Teil-)Ergebnisse meiner Recherchen an mehreren Stellen veröffentlichen und bei dem Workshop »Herkunft und Zukunft – Annäherungen an eine neue Geschichte der Arbeiter- und Gewerkschaftsbewegung« am Leibniz-Institut für jüdische Geschichte und Kultur – Simon Dubnow in Leipzig sowie auf der Jahrestagung des Arbeitskreises ehemals verfolgter und inhaftierter Sozialdemokraten diskutieren.

Die Hans-Böckler-Stiftung hat das Projekt über mehrere Jahre mit einem Promotionsstipendium unterstützt und darüber hinaus einen Sprachkurs finanziert. Zusätzlich profitierte ich von der ideellen Förderung der Stiftung und dem regen Austausch mit anderen Stipendiat:innen. Unterstützung erhielt ich ferner von der Herbert und Elsbeth Weichmann-Stiftung, die Mittel für Archivrecherchen in Amsterdam und an der US-amerikanischen Ostküste zur Verfügung stellte. Der Hans-Böckler-Stiftung danke ich ferner für einen Druckkostenzuschuss zur vorliegenden Veröffentlichung. Darüber hinaus bewilligte die Deutsche Forschungsgemeinschaft eine Publikationsbeihilfe. Weitere Zuschüsse erhielt ich aus dem Open-Access-Publikationsfonds der Technischen Universität Berlin sowie von der Ursula Lachnit-Fixson Stiftung. Die Herbert und Elsbeth Weichmann-Stiftung hat meine Arbeit mit dem Claus-Dieter Krohn Preis für Exilforschung ausgezeichnet, auch hierfür herzlichen Dank.

Dieses Buch ermöglicht haben nicht zuletzt auch diejenigen Personen, die das Manuskript oder Teile davon korrekturgelesen, lektoriert, gesetzt und publikationsreif gemacht haben. Bis dahin standen mir zahlreiche Mitarbeiter:innen von Archiven, Bibliotheken und Forschungseinrichtungen bei meinen Anliegen und Forschungsfragen hilfreich zur Seite und unterstützten mich bei meinen Recherchen. Wissenschaftler:innen, die mir auf Forschungsreisen und Tagungen begegneten, gaben mir wertvolle Anregungen und bestärkten mich in meinem Vorhaben. Mitstreiter:innen in Bürogemeinschaften, meine Kolleg:innen und Mitpromovierenden trugen mit fachlichen Ratschlägen, mit praktischer Unterstützung und einem offenen Ohr entscheidend zum Gelingen des Projekts bei.

Dies gilt in besonderem Maße für mein privates Umfeld – obschon die Grenzen hier fließend verlaufen: Mitbewohner:innen und Freund:innen wurden zu Fachkolleg:innen, Mitstudierende und Expert:innen wurden zu Freund:innen. Mein besonderer Dank gilt meiner Partnerin, meinen Freund:innen und Mitbewohner:innen für ihre Geduld, ihr Verständnis, ihre Verbundenheit und ihre Solidarität!

Ganz besonders danke ich meinen Eltern, meiner tapferen Mutter und meinem viel zu früh verstorbenen Vater.

Der Autor

Christian Zech studierte Politik, Geschichte und Kommunikationswissenschaften an den Universitäten Mannheim und Hamburg. Das vorliegende Buch ist im Rahmen seiner Promotion am Zentrum für Antisemitismusforschung der Technischen Universität Berlin entstanden.